전후 재일조선인 마이너리티 미디어 해제 및 기사명 색인

▮제1권▮

(1945.8~1969.12)

동의대학교 동아시아연구소 편저

이경규 임상민 소명선 김계자
박희영 엄기권 정영미 이행화 현영미 공저

박문사

머리말

　본 해제집 『전후 재일조선인 마이너리티 미디어 해제 및 기사명 색인 제1권』은 일본사회에 동화되기보다는 차이를 만들어가며 공존의 방식을 찾아온 재일조선인 사회와 문화가 변천되고 변용되어 온 과정을 전후 일본의 재일조선인 신문 잡지 매체를 통해 고찰하기 위해서 간행된 것이다. 본 해제집은 동의대학교 동아시아연구소 토대연구사업(2016년 선정, 과제명「전후 재일조선인 마이너리티 신문잡지 기사의 조사 수집 해제 및 DB구축」)의 1차년도 성과물이며, 집필진에는 동 사업팀에 소속된 총 9명의 공동연구원이 참여하였다.

　현재, 일본에서는 GHQ 점령기를 포함한 패전 직후에 대한 연구가 활기를 띠면서 전쟁의 '기록'과 '기억'을 둘러싼 또 다른 전쟁이 시작되고 있다고 말할 수 있는데, 현재까지 식민 유제로 일본에서 생활하고 있는 재일조선인 사회의 기록과 기억을 통사적이고 종합적으로 분석할 수 있는 토대 기초자료는 턱없이 부족했다. 또한, 현재 재일조선인 사회와 문화는 세대를 거듭하면서 개별적이고 다양한 형태로 분절되고 있지만, 재일조선인에 대한 한국 국내의 연구 및 정부의 재원을 통한 DB구축은 문학과 인문학에 집중되어 왔다. 물론, 이와 같은 선행연구를 통해서 재일조선인 작가가 전후 일본 사회 및 일본인, 또는 재일조선인 내부의 세대 간 문제를 사유한다는 측면에서 의미 있는 작업이기는 하지만, 전후 일본인이 재일조선인을 어떻게 인식해 왔는지에 대한 문제 및 일본인과 재일조선인의 상호교섭성 등의 문제는 간과되어 왔다고 볼 수 있다. 따라서 본 해제집에서는 기존의 문학 작품에 집중되었던 DB 구축의 어프로치를 재일조선인 마이너리티 미디어/일본인 메이저리티 미디어, 보수계 미디어/진보계 미디어 등으로 세분화·확장시키고, 재일조선인 관련 기사의 범위 역시 문학 관련 작가에서 벗어나 탈영역·탈장르적으로 확대함으로써 전후 신문잡지 미디어가 산출한 재일조선인의 전체상을 체계적으로 파악하고자 시도했다.

이상과 같이, 1945년 해방이후부터 1960년대 말까지 일본에서 발행된 신문잡지 속의 재일조선인 관련 기사를 수집해서 DB구축 및 재일조선인 관련 기사의 형성·변용 과정을 통시적으로 추적·해제하는 본서는 한반도의 남북 분단의 문제를 포함해서, 재일조선인 사회와 문화가 갖는 차이와 공존의 역학이 한국과 일본을 둘러싼 역동적인 관계망 속에서 어떤 기제로 작동하고 있는지에 대해서도 복합적으로 파악할 수 있게 된다. 그리고 이와 같은 연구 성과는 결과적으로, 언어적인 문제로 접근이 용이하지 못했던 인문·사회과학 등의 한국학 학문분야의 연구자들에게 즉각적으로 활용될 수 있도록 토대자료를 마련함과 동시에, 현재 재일조선인을 둘러싼 한일 간의 정치적 갈등에 대한 대응논리의 구축과 한국 국내의 다문화가정을 둘러싼 복잡한 문제를 해결하기 위한 대처 방안을 구축하게 되며, 전후 일본의 재일조선인 사회를 새롭게 조명하고 한국과 일본을 아우르는 새로운 상호교류적인 대화를 열어가는 길잡이가 될 수 있을 것이라 믿는다.

본 해제집에서는 재일조선인 마이너리티 신문잡지 기사의 동시대성 및 그 특수성을 통시적이고 중층적으로 분석하기 위해서, 일본을 대표하는 3대 신문『아사히신문』『요미우리신문』『마이니치신문』의 재일조선인 관련 기사를 총망라해서 수록했고, 각각의 기사를 정치, 사회, 경제, 문화, 역사, 교육, 문학, 인물 등의 영역으로 세분화해서 데이터를 분류·구축하였다.

또한, 자료 수집 측면에서는 재일조선인 잡지 미디어의 경우, 최초 연구계획서에서 작성한 1차년도의 수집·해제 및 DB구축 대상 잡지는 해방이후부터 1950년대까지는 11종, 1960년대는 20종이었다. 본 연구팀은 자료조사를 위해, 학기 중에는 공동연구원 개인 소장 자료는 물론이고, 제주대학교 재일제주인센터를 비롯해서 전국의 재일조선인 관련 연구소, 그리고 재일조선인 관련 자료가 다수 소장되어 있는 고려대학교의 중앙도서관 및 아연도서실 등을 중심으로 철저하게 자료를 조사·수집했다.

그리고 국내에서 수집 불가능한 자료에 대해서는 방학을 이용한 현지조사를 통해서 수집했다. 특히, 도쿄 신주쿠의 조선장학회, 재일한인역사자료관, 문화센터 아리랑 등의 재일조선인 관련 자료관에서 밀착 자료조사를 한 결과, 1차년도 연구계획서에 수록된 잡지 이외에도 총 45종의 잡지를 추가 수집했다. 물론, 추가 수집한 자료의 경우, 창간호가 없는 경우와 종간된 날짜를 정확히 파악할 수 없는 경우, 그리고 결호가 많은 잡지 등, DB구축 및 해제 작업이 쉽지 않은 매체도 다수 존재하지만, 적어도 일본뿐만 아니라 국내에도 전혀 소개된 적이 없는 잡지라는 점에서 현지조사를 통한 자료 발굴은 획기적인 성과라고 하지 않을 수 없다.

마지막으로, 본 해제 작업은 1년이라는 짧은 기간 동안에 1945년 8월부터 1969년 12월 사이에 발행된 방대한 재일조선인 신문잡지 미디어 기사를 수집·DB 구축해야 했고, 해방 직후의 경우에는 상태가 양호하지 못한 매체들이 많았다는 점에서 해제 작업에 많은 어려움이 있었다. 그러나 동아시아연구소의 토대연구사업팀 멤버들은 끊임없이 국내외의 방대한 자료들을 조사·수집했고, 정기적인 회의 및 세미나를 통해서 서로의 분담 내용들을 공유·체크하면서 계속적으로 누락된 잡지를 추적 조사했다. 자료가 미비한 상황 속에서도 발품을 팔아가며 자료를 찾고 해제를 해 주신 토대연구사업팀 멤버들에게 이 자리를 빌려 다시 한 번 깊이 감사드린다. 끝으로 이번 해제집 출판에 아낌없는 후원을 해주신 도서출판 박문사에 감사를 드리는 바이다.

2018년 6월
동의대학교 동아시아연구소

소장 이경규

목차

제2부

신 문

제1절 마이너리티 신문

제2절 메이저 신문

범례

1. 본 해제집은 해방 직후인 1945.8~1969.12까지 일본에서 발행된 재일조선인 관련 신문 잡지를 대상으로 하였다.

2. 본 해제집은 신문 파트와 잡지 파트로 분류했고, 해제 순서는 가나다순으로 게재하였다.

3. 재일조선인 마이너리티 신문잡지 기사의 동시대성 및 그 특수성을 통시적이고 중층적으로 분석하기 위해서, 일본을 대표하는 3대 신문(아사히신문, 요미우리신문, 마이니치신문)의 재일조선인 관련 기사를 총망라해서 함께 수록하였다.

4. 각 신문 잡지의 목차는 매체명, 발행처, 발행일, 지면정보, 간종별, 필자, 기사제목 순으로 표로 작성했고, 기사제목은 원문으로 표기하였다. 잡지의 목차 작성은 해당 잡지의 목차 순서에 준하여 작성하였다.

5. 해제의 경우, 창간 및 폐간, 발행인, 편집인, 출판사, 잡지의 제호 변경, 잡지 구성 등의 서지적 정보와 주요 집필진 및 특집호(토픽기사)를 개관하면서 매체의 성격과 동시대성을 설명하였다.

6. 각 매체의 발행 의도에 대한 이해를 돕기 위해 창간사가 있는 경우에는 전문 번역하였고, 창간사가 없는 경우에는 편집후기를 번역하여 대체하였다.

7. 국문으로 된 창간사 및 편집후기는 현행 표기법에 맞지 않는 글자도 많지만, 잡지가 발행된 동시대성을 확인하는 측면에서 원문 그대로 게재하였다.

8. 일본어로 된 목차 및 기사제목 입력 시, 촉음과 요음 등은 현행 표기법에 맞게 고쳐서 입력하였고 구한자는 신한자로 표기하였다.

9. 인쇄 상태의 불량 등으로 판독이 불가능한 글자는 ■로 표기하였다.

제1부
잡 지

전후 재일조선인 마이너리티 미디어 해제 및 기사명 색인
┃제1권┃
(1945.8~1969.12)

가리온(カリオン)

○ ○ ○

1 서지적 정보

『가리온』은 『진달래』가 종간된 후, 후속 동인지와 같은 성격으로 발행된 잡지이다. 『진달래』의 중심멤버였던 김시종(金時種)과 정인(鄭仁), 그리고 『진달래』15호(1956.05) 부터 양정웅(梁正雄)이라는 이름으로 시를 발표하기 시작한 양석일(梁石日)이 중심이 되어 발간했다. 1959년 6월과 11월에 창간호와 2호를 발행한 후, 1963년 2월에 발행한 3호가 종간호가 되었다. 창간호와 2호는 각각 6페이지와 10페이지로 구성되어 있고, 시가 중심이지만, 에세이와 평론도 담고 있다. 이에 비해 3호(1963.02)의 경우, 평론 3편, 시 4편, 르포르타주 1편, 총 49페이지에 이르고 있고, 시지(詩誌)로서의 성격도 탈피하고 있다.

창간호와 2호는 발행 정보에 "그룹 '가리온' 대표 김시종"으로 표기되어 있고, 비매품 이라 명시되어 있는데 반해, 3년 이상의 휴간 상태가 지속된 후 발행된 3호는 체제면에 서 대폭적인 변화가 발견된다. 먼저 소수의 동인들을 중심으로 배포되었던 것이 3호는 발행자 대표를 정인으로 하고, 잡지의 정가도 60엔으로 책정하여 독자의 범위를 넓히고 자 한 것으로 보인다. 그리고 창간호와 2호의 경우, 산문도 있지만, 시 작품이 중심이었 던 것에 반해, 3호는 '미국'을 특집으로 다루면서 3편의 평론이 잡지의 서두를 장식하고, 시 작품은 뒤편으로 옮겨져 있으며, 르포르타주 코너를 새롭게 개설하고 있다. 3호에 종간 혹은 휴간의 예고가 없는 것으로 보아 이후에도 계속 발행할 계획이었던 것으로 보이지만, 4호 발행은 실현되지 못하고 결국 3호가 종간호가 되어버렸다.

『가리온』은 『진달래』와 함께 한국어 번역판이 출간되었지만, 3호로 종간된 때문인지 『가리온』을 대상으로 한 연구는 아직 이루어지지 않고 있다.

2 창간사

　꼬박 6년에 걸친 『진달래』의 활동에 우리들은 지난 2월에 막 종지부를 찍었다. 고생에 비해 성과가 적었던 이 기간의 하루하루를 우리들은 심히 애석하고 한탄스럽게 생각하며 지금 새로운 사업의 출발을 기하려고 한다. 그 출발지점은 우연한 것이 아니고 일찍이 오사카에서 시지 『진달래』가 전개해 온 다양한 운동의 지양으로서의 지점이다. 『진달래』가 새겨온 운동의 발자취는 그 시시비비에도 불구하고 오늘날의 재일조선인 문학운동에 귀중한 교훈을 남겼다.

　『진달래』는 1953년 조국해방전쟁 후반에 당시 재일조선인 운동의 거점이었던 오사카에서 저항시인 그룹으로서 출발했다. 당시의 사정을 살펴보면 재일조선인운동은 일본혁명의 일익을 담당하면서, 이른바 삼반투쟁(반미, 반이승만, 반요시다)이라는 극좌파적 편향의 투쟁을 가장 치열하게 전개하고 있었던 시기였다. 그렇기 때문에 저항시인 그룹으로 불리었던 『진달래』도 정치주의를 전면에 내세우고 정치와 문학의 관계에서 당파성 문학이 갖는 확고한 주체성이 아닌 이른바 '동인지'인지 '그룹지'인지 애매한 형태로 정치주의와 야합하고 아첨하는 형세로 운동을 진행했다. 그 점에서 정치주의자들에게 일종의 만족을 주었다. 그렇지만 정치주의와 야합한 시의 운명이 어떠한 것인가는 가장 수치스러워할 슬로건 시로 귀착한 다수의 사례가 증명하고 있다. 말할 필요도 없이 이 불운을 가장 가혹하게 받아들였던 것이 지방정치주의에 의해 매도된 『진달래』의 사람들이었다. 저항시인 그룹이라는 영예로운 환상에 시달리면서 그들이 차츰 '방법'의 식을 각성한 경위는 지금 돌이켜보면 꽤 뻔한 것이지만, 당시 사정을 고려해 보면 일종의 결의와 용기를 필요로 하는 것이었다.

　이후 이 새로운 문제제기는 재일조선인운동의 노선전환이라는 역사적 사건을 배경으로 '진달래논쟁'이라는 명확한 형태로 나타났던 것이다. 재일조선인운동의 노선이 전환되어 올바른 방향이 결정되었다한들, 일부의 정치주의자들이 완전히 자취를 감추었다고는 할 수 없다. 오히려 혁명 주체를 자처한 이들에게 정치와 문학의 관계는 한층 더 질투할 수밖에 없는 상태이기조차 했다. 사회주의 리얼리즘이라는 일반개념으로 뒤덮인 안전지대에 숨 쉬고 있는 보수주의자, 교조주의, 도식주의자들에게 새로운 문제를 제기하면서 날카롭게 대결하고 그를 위한 전위운동을 우리들은 공작하고 지지한다.

우리들은 문학 창조라는 과제를 통하여 정신 형성의 도상에 있는 새로운 발언 등을 '주체성 상실'이라는 한마디로 마치 그것이 반조국적 언동인양 싹둑 베어내고 무시하는 정치주의자들과 끝까지 대립한다. 우리들은 이 새로운 문제제기를 『가리온』에서 전개해 나아갈 것이다. 동인들의 문제의식을 서로 공유하면서 혁명적인 방법에 가까이 가기 위한 상호비판을 소홀히 하지 않을 것이다. 우리들은 두 번 다시 실패를 반복하고 싶지 않다. 정치주의에 무비판적으로 끌려 다녔던 자신을 혐오한 나머지, '조선인'이라는 자의식도 애매해졌던 한 때의 진달래에 대해 우리들은 냉철한 비판을 가하고 있다. 조국귀환문제가 현실문제가 된 오늘날, 새삼스럽게 이 잡지를 창간하는 것을 동포들은 결코 간단히 받아들이지 않을 것이다. 그 요인이 무엇인가와는 별도로 우리들부터가 그 오해에 담긴 위구성을 거듭 인정하는 것이다. 그렇지만 언젠가는 우리들의 이러한 작업이 미래의 조선 문학에 하나의 초석이 될 것을 의심치 않는다.

사회주의 국가건설을 향해 돌진하고 있는 조국, 조선민주주의인민공화국의 혁명적인 모든 사업의 성공을 『가리온』은 기원한다.

1959년 6월

그룹 '가리온회' 일동

3 목차

발행일	지면정보		필자	제목
	권호	페이지		
1959.11.25	2号	4	鄭仁	影の舞台ー不在のヒーローのためにー
1959.11.25	2号	6	梁石日	〈共同連作〉塑像②
1959.11.25	2号	10	金時鐘	〈義眼〉わが性わが命
1963.02.07	3号	1		〈特集〉アメリカ
1963.02.07	3号	2	鄭仁	〈特集〉敵のイメージ
1963.02.07	3号	9	梁石日	〈特集〉強迫観念の論理
1963.02.07	3号	14	趙俊	〈特集〉引き裂かれた世界
1963.02.07	3号	21	金時鐘	〈特集〉猟銃(詩)
1963.02.07	3号	27	趙三竜	〈特集〉捨てられた言葉について(詩)
1963.02.07	3号	29	梁石日	〈特集〉果てしなき幻影(詩)
1963.02.07	3号	31	鄭仁	〈特集〉海の虚構(詩)
1963.02.07	3号	33	高享天	〈特集〉新潟(ルポ)

계림(鷄林)

○ ○ ○

1 서지적 정보

『계림』은 『민주조선(民主朝鮮)』(1946.04~1950.07)과 『조선문예(朝鮮文芸)』(1947.10~
1948.11) 발행에도 참여한 장두식(張斗植)이 편집 겸 발행을 맡아 1958년 11월에 계림
사(鷄林社)에서 창간한 잡지이다. 격월 간행을 목표로 했으나 4호 발행 후 5호를 발행하
기까지 반년의 시간이 소요되었고, 결국 종간 예고도 없이 5호(2년4호, 1959.12)로 종간
되었다.

김달수는 「회람잡지 즈음(回覧雑誌のころ)」(4호)에서 '계림'이라는 잡지명은 해방 전
인 1944년에 장두식, 이은직(李殷直), 김성민(金聖珉)과 함께 만든 회람잡지명이었다고
밝히고 있다. 해방 전부터 기획했던 잡지 발행의 꿈이 장두식의 적극적인 의지로 실현하
게 된 것이다. 아래에 창간사 전문을 인용하겠지만, 『계림』은 『민주조선』이 추구한 이
념을 계승하면서 일본인과의 '상호이해'를 위한 가교역할을 하고자 했다.

주요 집필진으로는 장두식과 김달수 외에도 『민주조선』에도 참여한 강위당(姜魏堂),
허남기(許南麒), 이찬의(李賛義)를 비롯하여 박경식(朴慶植), 박춘일(朴春日), 윤학준(尹
学準) 등의 이름을 확인할 수 있고, 『조선평론』과 서클시지 『진달래』(홍종근이라는 이
름으로 활동)에도 참여한 홍윤표(洪允杓)도 『계림』에 참여하고 있다.

『계림』에는 무라야마 도모요시(村山知義), 오하라 겐(小原元), 구보타 마사후미(久保
田正文), 도마 쓰구아키(当間嗣光), 시모타 세이지(霜多正次) 등 일본인 논객도 적극 기
고를 하고 있는데, 이들은 대부분 신일본문학회와 리얼리즘연구회에서도 활동한 김달
수에 의한 인맥이다. 오키나와 출신 작가 시모타 세이지의 『오키나와섬(沖縄島)』에 대
한 소개를 비롯하여(3호), 역시 오키나와 출신의 사진작가 도마 쓰구아키는 류큐(琉球)
의 조선도공 장헌공(張献功)을 소개하는 글을 싣고 있으며(2호), 김달수의 『박달의 재판』

에 대한 서평을 시모타 세이지가 쓰기도 했다(5호). 이와 같이 오키나와출신의 지식인과의 활발한 교류는 재일조선인이 발행한 잡지 중『계림』에서만 보이는 특징이라 할 수 있다.

문학 영역에서는 시와 소설 작품이 주로 게재되고 있는데, 시작(詩作)은 허남기, 홍윤표, 황인수(黃仁秀)가, 소설 창작은 김달수, 김태생(金泰生), 변재수(卞宰洙), 김송(金松) 등이 참여하고 있으며, 박지원(朴趾源)과 윤세중(尹世重)과 같은 본국 작가의 작품을 번역 소개하기도 했다.

『계림』을 연구대상으로 한 선행연구로는 김학동(2014)「재일작가 장두식(張斗植)과 문예잡지「계림(鷄林)」」(『日本研究』(60) 한국외국어대학교 일본연구소)가 유일하고, 그 외 재일에스닉 잡지 연구에서『민주조선』의 계승지로서『계림』을 재조명한 소명선(2017)「재일조선인 에스닉 잡지 연구-1950년대를 중심으로」(『日本文化学報』(74) 한국일본문화학회)가 있다.

2 창간사

우리들은 앞서 1946년부터 50년에 걸쳐 잡지「민주조선(民主朝鮮)」을 발간한 적이 있다. 이것은 30 수호로 한차례의 사명을 끝내고, 그 뒤를 이어서「조선평론(朝鮮評論)」「새 조선(新しい朝鮮)」을 낸 적은 있지만, 모두 오래 가지 못했다. 물론 여러 가지 사정이 있어 그렇게 된 것이지만, 이것도 또한 우리들에게 있어서는 귀중한 경험이다. 우리들은 이러한 경험 위에 서서 여기에 다시금 계림사(鷄林社)를 설립하고, 잡지「계림(鷄林)」을 간행한다.

지금 이 일본에는 약 60만의 조선인이 살고 있고, 일본인과 함께 일상생활을 영위하고 있다. 우리들은 이 사이에 "상호이해"라는 하나의 다리를 놓고 싶다. 그렇게 해서 일의대수(一衣帶水)의 관계에 있다고는 하면서도 그곳은 아직 "어두운" 조선과 일본과의 사이에까지 이 다리를 놓아, 우리들은 그 위의 자그마한 일등(一灯)의 이정표가 되려고 하는 것이다. 앞서 우리들이「민주조선」을 간행한 것도 이 바람에서에 지나지 않았지만, 그러고 나서 이미 십 수 년, 우리들은 제각각 또 다양한 경험을 쌓아왔다. 그것을 여기에 요약하자면 우리들은 한 걸음 한 걸음 나아간다.── 라는 것이다.

그리고 한 걸음 한 걸음 기반을 다지며 나아가는 것이야말로 진정한 발걸음이라는 것이고, 이것이야말로 누구도 말리지 못하는 진보이다, 라는 것이다. 이 흐름은 또한 벼랑에 맞닥뜨려도 되돌아가는 일은 없을 것이다. 이것은 잡지 그것을 존속시키는 데에서도 마찬가지라고 생각한다.

이상은 우리들이 새로운 출발에 즈음하여 얻은 교훈이지만, 이 위에 서서 우리들은 나아가고 싶다고 생각하고 있다. 본 지의 편집에 있어서는 재일조선인 사회과학자와 문학자들은 물론이지만, 널리 일본인 사회과학자와 문학자들의 협력을 얻어갈 생각이다. 또한 그 이상으로 우리들은 많은 독자들의 참가를 기대한다. 우리들은 특히 "전문가"라는 것에는 얽매이지 않고 싶다. 전문가라 해도 그것은 모두 독자 속에서부터 나온 것이다.

우리들은 얼마동안은 이것을 격월로 간행해 가지만, 독자의 지지와 협력의 증대를 기다려 이것을 월간으로 이행시킴과 동시에 페이지의 증가도 도모해갈 생각이다. 잡지 명인「계림」은 조선의 별명·아호이다.

3 목차

발행일	권호	필자	제목
1958.11.1	1号	朴趾源 (許南麒訳)	〈許南麒「朴趾源について」付〉両班伝
1958.11.1	1号	金泰生	〈小説〉末裔
1958.11.1	1号	朴春日	近代日本における朝鮮像(一)——研究ノート
1958.11.1	1号	無著名	表紙のこと
1958.11.1	1号	無著名	日本語でかかれた朝鮮に関する文献(一)
1958.11.1	1号	(K)	編集後記
1959.1.1	2号	無著名	〈表紙の解説〉青磁彫刻飛竜形水注(表紙)
1959.1.1	2号	裵秉斗	在日朝鮮人の帰国運動について
1959.1.1	2号	無著名	〈平壌九日発新華社=ANS〉来年中に日本追いこす 主要工業製品で
1959.1.1	2号	趙奎錫	日本のなかの朝鮮人——金史良登場前後
1959.1.1	2号	姜魏堂	私の『朝連』時代
1959.1.1	2号	当間嗣光	沖縄の張一六
1959.1.1	2号	尹学準	朝鮮の姓氏のはなし
1959.1.1	2号	張斗植	私の歩いてきた道(二)
1959.1.1	2号	尹紫遠	〈わがふるさと・蔚山〉江陽の鳳根山
1959.1.1	2号	(壬)	〈公ろん・私ろん〉無題
1959.1.1	2号	(肯)	〈公ろん・私ろん〉無題
1959.1.1	2号	尹	〈「編集部尹記」とある〉ルポ・学生と子供たち
1959.1.1	2号	洪允杓	〈詩〉ブーム・タウン
1959.1.1	2号	長谷川四郎	〈読書案内〉遠藤周作著『海と毒薬』
1959.1.1	2号	権寧旭	〈読書案内〉陸井三郎著『社会主義対資本主義——米ソ角逐する現代史』
1959.1.1	2号	金達寿	〈小説〉まくわ瓜と皇帝
1959.1.1	2号	村山知義	〈ラジオ・ドラマ〉沈清伝
1959.1.1	2号	朴春日	近代日本における朝鮮像(二)——研究ノート
1959.1.1	2号	無著名	日本語でかかれた朝鮮に関する文献(二)
1959.1.1	2号	(K)	編集後記
1959.3.1	3号	無著名	〈表紙の解説〉双楹塚羨道東壁画(表紙)
1959.3.1	3号	李賛義	新国家保安法の通過と南朝鮮
1959.3.1	3号	朴宗根	朝鮮に於ける地閥と人間の問題——その歴史的な側面
1959.3.1	3号	久保田正文	〈読書案内〉久保田正次著「沖縄島」について
1959.3.1	3号	(然)	無題
1959.3.1	3号	(総)	無題
1959.3.1	3号	張斗植	私の歩いてきた道(三)
1959.3.1	3号	趙奎錫	金史良の登場と私
1959.3.1	3号	尹	〈「編集部尹記」とある〉ルポ・朝鮮史研究会
1959.3.1	3号	(姜)・読者	〈読者投稿〉読者の声
1959.3.1	3号	尹世重	〈小説(尹学準訳)〉象牙のパイプ
1959.3.1	3号	村山知義	〈ラジオ・ドラマ〉沈清伝(後編)

발행일	권호	필자	제목
1959.3.1	3号	朴春日	近代日本における朝鮮像(三)―研究ノート
1959.3.1	3号	無著名	編集後記
1959.6.1	4号	無著名	〈表紙の説明〉彩篋塚出土 木馬(表紙)
1959.6.1	4号	金達寿	わが家の帰国――在日朝鮮人の帰国によせて
1959.6.1	4号	尹学準	被圧迫者の文学――ヒューズ作品集の教えるもの
1959.6.1	4号	金泰生	わがふるさと・済州島
1959.6.1	4号	金哲央	〈サークル紹介〉「青丘」(名古屋)サークルのこと
1959.6.1	4号	金達寿	〈『文芸山脈』5号より転載〉回覧雑誌のころ
1959.6.1	4号	(宋陀)	〈公ろん・私ろん〉無題
1959.6.1	4号	西野辰吉	中野重治全集
1959.6.1	4号	河道英	人民公社――世紀の実験
1959.6.1	4号	張斗植	私の歩いてきた道(四)
1959.6.1	4号	金正	〈読者の声〉北海道から
1959.6.1	4号	許影俊	〈読者の声〉一日も早く〝月刊誌〟に
1959.6.1	4号	尹	〈「編集部尹記」とある〉ルポ・帰国する〝日本人妻〟たち
1959.6.1	4号	黄寅秀	〈詩〉その男に
1959.6.1	4号	卞宰洙	〈小説〉孤鶴
1959.6.1	4号	金松	〈小説,小説の前に訳者による紹介あり(金棟日訳)〉青蛙
1959.6.1	4号	朴春日	近代日本における朝鮮像(四)――研究ノート
1959.6.1	4号	(K)	編集後記
1959.12.1	5号	無著名	〈表紙の説明〉白磁面取壷(表紙)
1959.12.1	5号	尹学準	帰る人・残る人――在日朝鮮人の帰国
1959.12.1	5号	窪田精	さようなら尹丙甲
1959.12.1	5号	卞宰洙	文学の党派制と作家の創造的自由――ソ連作家大会の報告を読んで
1959.12.1	5号	具源健	他人の飯
1959.12.1	5号	霜多正次	〈読書案内〉朴達とサムライ――金達寿著「朴達の裁判」
1959.12.1	5号	金達寿	病気・入院の記
1959.12.1	5号	尹紫遠	〈小説〉うぶごえ
1959.12.1	5号	朴春日	近代日本における朝鮮像(五)――研究ノート
1959.12.1	5号	無著名	編集後記

고려문예(高麗文芸)

○ ○ ○

1 서지적 정보

『고려문예』는 1945년 11월에 창간되었고, 재일조선인 잡지 중에서는 해방 직후의 빠른 시기에 발간된 잡지 중 하나이다. 도쿄에서 발간된 동 잡지는 각 호당 30페이지 분량이며, 책임 편집인은 허종진이 담당하고 있다. 『재일조선문화연감』에 의하면 5호로 폐간이 되었다고 기술되어 있지만, 프란게문고에는 9·10합병호(1946년 7월)가 수록되어 있어서 그 이후에도 계속해서 발행된 것으로 예상된다.

특히, 4호의 권말에는 「祖国의 文化啓蒙運動에 献身코저 하는 분」을 중심으로 각 지역에 지국을 모집한다는 지국 설치 광고를 싣고 있고, 오사카에 「고려문예사 관서 총지국」을 설치했다는 소식도 함께 전하고 있다.

또한, 원고모집 규정에 대해서 「一. 論説, 文芸, 小説, 詩, 随想. 二. 原稿用紙에 記入. 制限은 없음. 三. 期限은 常時. 四. 採否는 編集部에 一任. 住所氏名을 明記할 事」이라고 되어 있듯이, '문예' 관련 원고를 중심으로 원고를 모집하고 있지만, 실제 게재된 원고를 보면 이퇴계, 이봉창, 이강훈, 박열 등의 전기물(2호에는 윤봉길의 전기를 실을 예정이었지만 사정상 게재하지 못했다는 '사죄'문이 실려 있다)과 시사뉴스, 역사, 평론 등의 다양한 내용이 실려 있다.

문학작품으로는 창간호에서 이순신과 선조의 시조, 애국가도 소개되어 있고, 1호부터 4호에 걸쳐 소설은 한 편도 실리지 않고 있다. 다만, 문학 평론에 대해서는 백철(白鉄)의 「風流人間의 文学(上)―消極的人間의 批判―」을 3호와 4호에 걸쳐 연재하고 있다. 또한, 2호에는 「本社의 姉妹로 国際新聞社創立」이라는 광고에서, 조선과 중국, 그리고 대만과 그 밖의 인재를 모아서 국제신문사를 창립하였고, 「当分間 日本文字로 印刷할 予定이며 第一号가 近日 発刊될 것이다」라고 소개하고 있지만, 3호에는 「여러분! 期待하시든 国際新聞은 陣痛期로 臨月에 와서 近日難産(?) 하기 되었으니 期待하시기를 바라나이다」라고 「社告」를 통해 전하고 있다. 같은 3호에는 음악회 개최를 광고하고 있는데, 1946년 2월 15일 정오부터 시작되며, 장소는 히비야 공회당(日比谷公会堂), 주최는 고려문예사와 위의 국제신문사 친선부로 되어 있다.

2 발간사

地球는 回転하고 歳月은 流転하며, 国家는 興亡함에 따라 歴史는 変遷된다. 中世記의 欧羅巴에서는 발서 文芸復興을 人民大衆의 ■取함에 成功하고, 二十紀初頭의 凄惨한 第一次大戦後, 自由를 뺏인 植民地民族은 그 実存의 絶対的要件인 民族自決을 念喝하여, 欧羅巴에서는 이것에 大部成功할 때, 아아 우리 朝鮮民族에는 그 生存権과 民族権의 絶対的 正義인 万歳事件도 天■ 우리에게 不利하였는지, 한卷의 民族 血史의 遺■에 지나지 못하고, 暴悪한 帝国主義는 一■苛■하야. 우리는 悲惨한 生態을 継続하였다.

허나, 偉大한 真理는 一九四五年 八月 十五日 우리에게 ■■이 알리 주었다. 즉, 「국가는 興亡하고 歴史는 変遷한다는 現実을」

吾人은 悠久한 歴史의 伝統을 通하여서 살어오고 또 微妙하고 巨大한 世界歴史의 活動期에 살어 있으며, 다시금 明日의 開拓과 創造에도 多大한 関心을 갖이고 全智全能을 ■注하지 않을 수 없다.

過去半世紀는 世界各国을 莫論하고, 有史以来 文化 発達은 超飛躍的 最高潮로 発展한난 反面에, 우리 朝鮮文化는 ■国과 強権의 弾圧下에서 決定的 破滅의 境界線을 彷徨하였으니, 其喪失한 貴重한 時間을 急遽히 回復하며, 이를 先進国의 文化 水準에 到達식히며, 다시 世界一流의 文化圏이 되기 為하야. 文化 諸面을 探求함과 同時에 変遷■■ 初頭하는 現世를 忠実히 또는 厳密히 凝視하고, 的確한 判断우에 末日의 創造와 建設을 任務로 平和의 使途 高麗文芸를 発行하는 바이다.

小社는 ■心■意로써 合理的 文化思想과 一般 輿論을 明確히 報道하며, 世界 永遠에 尽■■함으로서 그 目的을 達成하려 한다. 이 微意에 共鳴하시는 諸士의 많은 指導와 鞭撻을 熱望한다.

江湖諸賢의 끝없는 사랑과 絶対찬 後援을 期待하노라.

발행일	지면정보		필자	제목
	권호	페이지		
1946.01.01	신년호	5	洪昌完	〈詩〉独立旗
1946.01.01	신년호	6	孫教兄	〈詩〉일어서라 동무야
1946.01.01	신년호	19		万歳事件
1946.01.01	신년호	18		今昔人物紹介
1946.01.01	신년호	20		時事·뉴스
1946.02.15	제4호	1		巻頭言
1946.02.15	제4호	15	白鉄	風流人間의 文学(中)
1946.02.15	제4호	3		覚醒
1946.02.15	제4호	23		〈伝記〉李退渓先生略伝
1946.02.15	제4호	10	白雲	〈詩〉꿈에게 警鐘
1946.02.15	제4호	11	白雲	〈詩〉말없든그네들이
1946.02.15	제4호	32		時事·뉴스
1948.07.01	7월호	1	宋車影	春香伝と李朝末期の庶民精神(完)
1948.07.01	7월호	8	許南麒	花について
1948.07.01	7월호	13	崔在鶴	ゴーゴリ風景(ゴーゴリ·ノート第一)
1948.07.01	7월호	20	殷武岩	〈随筆〉安川特務刑事
1948.07.01	7월호	25	李殷直	〈小説〉低迷
1948.07.01	7월호	표지3		編輯後記

광야(曠野)

● ● ●

1 서지적 정보

『광야』는 1964년 10월에 간행된 광야동인회의 동인지이며, 발행소는 '재일한국인학생·청년문학 예술애호클럽'으로 되어 있다. 편집 책임자는 성화, 강정기, 임방사이며, 임방사는 편집후기에서 본 잡지의 편집 방침은 투고 원고에 대해서 토의나 검토 과정을 거치지 않았다고 말하고 있다. 오히려 「개개인의 작품이라고 하는 금속군을 용광로 속에 무차별적으로 내던져, 신금속인 합성금속을 기대했다. 개개인이 집합하면 전체를 형성한다. 일단 전체라고 하는 것이 형성되면, 그것은 틀림없이 개개인을 뛰어넘는 무언가가 된다」라고 말하고 있다.

특히, 1964년 8월 15일에 집필된 발간사에서 「일본 거주의 우리들 생활 감각에서 어느 정도 민족성에 밀착할 수 있을지, 각자의 창조 행위의 과정 속에서 묻고」있다고 말하고 있듯이, 재일 한국인 학생의 민족적 아이덴티티를 탐색·구축하는 예술의 장이었다고 볼 수 있다.

내용적인 측면에서 살펴보면, 소설 2편, 시 6편, 수필 1편, 문학 평론 및 에세이 2편으로 되어 있고, 투고자는 와세다대학 영문과 2학년(임방사), 게이오대학 영문과 4학년(강정기), 동 대학 경제학과 4학년(성화), 도쿄대학 교양학부 2학년(김종령), 관서대학 경제학과 4학년(박덕성), 일본대학 대학원 등, 관서대학 이외에는 대부분 도쿄 소재의 대학에 다니고 있는 학생들이 주를 이루고 있다.

또한, 「NIHILISM」과 「기암(奇岩)」 등의 소설과 하기와라 사쿠타로(萩原朔太郎)의 「달에 짖다(月に吠える)」을 유니크하게 풍자한 「달에 짖는 개의 바램(月に吠える犬の願い)」, 그리고 1960년에 4월에 이승만 정권의 부정선거에 항의하여 학생을 중심으로 일어난 반정부 민주주의 혁명을 노래한 시 「4·19」 등, 동시대의 다양한 문제들을 문학의 소재로 삼고 있다.

2 발간사

　보는 모든 것을 알고 있는 자에게 사물이란 언제나 새롭고 태만으로 느껴지는 일은 없다. 손가락 사이로 사물을 바라다보는 자는 우리들이 모든 것을 알지 못하고 있는 이상, 적어도 한정된 맥박, 그것은 문학예술의 애호가들이 현실의 복잡한 조건 하에서 우리들의 민족 주체의 모습을 탐색하고, 리얼한 연계를 유지하며, 각자의 근심이 해소되고 있다. 그러나 창조의 가능성이 조금씩 퇴보하고 있는 일본 거주의 우리들 생활 감각에서 어느 정도 민족성에 밀착할 수 있을지, 각자의 창조 행위의 과정 속에서 묻고는 있지만, 그곳에 다수의 동호 모임, 그러한 회합은 여러 곤란한 조건을 조금이라도 완화할 수 있는 발견의 계기가 기다리고 있는 것은 아닐까.

　과거의 시간이 그대로 흐리고 있는 것은 정체되어 있다는 증거이며, 단절되고 탈각되어 새롭게 태어나기 때문에, 우리들은 비로써 「살아 있다」고 말할 수 있다.

　창간에 앞서, 각자의 소재를 제공해 주기를 부탁했다. 그것은 앞으로의 탐구, 각자의 창조 욕구의 「근본의(根本義)」를 인식해 나가는 과정 속에서 도움이 될 것이다. 같은 세대의 해후는 어떠한 방법을 통해서 이루어질 수 있을까. 그것은 혼란을 질서로, 기회를 가능으로 변화시킬 수 있다고 하는 인간적인 노력이 이루어졌을 때 비로써 가능해진다.

　먼저, 시작하는 것이 선결되어야 한다.

1964년 8월 15일
편집계

3 목차

발행일	지면정보		필자	제목
	권호	페이지		
1964.10.10	創刊号	2	編集系	発刊によせて
1964.10.10	創刊号	4	林芳史	〈小説〉「NIHILISM」
1964.10.10	創刊号	12	姜禎基	〈詩〉「四・十九」
1964.10.10	創刊号	20	聖化	〈随筆〉「エルザ」
1964.10.10	創刊号	24		〈詩〉「燃えあがる夏の」
1964.10.10	創刊号	32	姜禎基	〈詩〉雑感「月に吠える犬の願い」
1964.10.10	創刊号	38	金総領	〈詩〉「たこの木と獅子」
1964.10.10	創刊号	45	姜禎基	「曠野に下って」
1964.10.10	創刊号	48	朴德成	〈詩〉「人間標本」
1964.10.10	創刊号	55	朴門	文芸学雑感
1964.10.10	創刊号	58	聖化	〈詩〉「余白」
1964.10.10	創刊号	67	素月小説	〈小説〉「奇岩」
1964.10.10	創刊号	78	聖化	〈評論〉「桧原湖畔に思う」
1964.10.10	創刊号	87	林芳史	編集後記
1964.10.10	創刊号	88		曠野同人名単

군중

1 서지적 정보

『군중』은 재일조선인문학회의 기관지로 출발한 한글 종합잡지이다. 현재 내용을 확인할 수 있는 것은 3호와 5호뿐으로 창간 시기를 명확히 알 수 없지만, 4호까지 월간 형태가 유지된 점으로 보아 1951년 11월경에 창간된 것으로 추정된다.

3호(1952.01)와 5호(1952.10)는 지면 수와 구성면에서 확연한 차이가 보이는데, 박경식에 의하면, 4호까지는 재일조선문학회의 기관지로 발행되다가, 5호부터 재일조선문화인총회(약칭:문총)로 발행 주체가 바뀌면서 생긴 변화라고 한다.[1] 3호의 경우 소설 2편과 시 3편, 그리고 김일성의 전기라는 단촐한 구성을 보이고 있고, 4호(1952.02 예정) 발행 예고 광고에는 시와 소설 외에 희곡 작품도 게재하고 있어, 4호까지는 주로 문학작품 중심의 잡지였음을 알 수 있다. 그러나 5호에서는 논설, 기행, 수필, 르포르다주, 시와 소설 등 종합잡지로서의 체제를 갖추며 새 단장을 하고 있다. 여기에는 도쿄 조선고등학교 학생들의 시 작품과 신간을 소개하는 코너까지 마련되어 있다. 5호에는『군중』 7호의 원고를 모집하는 광고가 실려 있으나, 7호가 실제 발행되었는지의 여부에 대해서는 확인되지 않고 있다.

5호의 편집후기를 보면 5호부터는 순문학잡지로서의 성격에서 벗어나 '종합민족문화잡지'로 재출발하게 되었다고 밝히고 있다. 재일조선인문학회 기관지로 출발한『군중』이 5호부터는 표지에 기재되어 있는 재일조선통일민주전선, 재일조선교육자동맹, 재일조선문화인협회, 재일조선학생동맹, 재일조선여성동맹, 재일조선인학교PTA연합회, 해방신문사, 학우서방과 같은 단체들의 종합기관지로 새롭게 출발한 것임을 알 수 있다.

---

1) 朴慶植編(2001.02)『在日朝鮮人關係資料集成＜戰後編＞第10卷 朝鮮人刊行新聞・雜誌(3)』不二出版, pp.3-4

편집후기(5호)

　예정보다 한 달이나 늦어서 제5호가 나오게 되었다. 이번 호부터『군중』은 순문학잡지의 형태를 떠나 종합민족문화잡지로 각 층을 망라한 재일조선인 각 단체의 종합기관지의 성격을 띠우게 되었다.

　이『군중』을 내면서 원고도 원고이려니와 무엇보다도 곤란을 느낀 것은 인쇄였다. 우리 자신의 ■■(2글자 불명)한 국문 인쇄시설을 갖지 못한 데서 활판문화가 발전할 만족한 조건을 갖지 못하다는 것은 자명한 이치이나 그러나 우리 문화사업은 이 곤란한 조건을 극복하는 데서만 가능하다. 그러므로 이와 같은 악조건을 무릅쓰고『군중』발간에 노력해 온 것이다.

　그것은 국문잡지가 가지고 있는 커다란 의의라 생각하기 때문이다. 물론 우리의 의사를 발표하고 감정을 표시하기 위해서는 ■■■■(4글자 불명) 충분할지 모른다. 그러나 민족문화의 토대는 그 언어에 있으며 따라서 민족어를 떠나서 우리의 문화적 발전은 있을 수 없다. 우리 공화국의 비약적인 문화발전은 해방 직후부터 열성적으로 전개된 문명퇴치운동의 성과를 토대로 그 위에서 개화된 것이다. 현재 일본에서 모든 문화적 권리를 박탈당하고 있는 우리들은 그 권리를 찾고 또한 찾기 위한 투쟁에서 무엇보다도 식자운동이 긴급한 과제다. 그리고 이 식자운동을 위해서 우리 국문으로서의 출판이 절대 요구된다.『군중』은 이러한 중대한 사명을 띠고 있는 잡지라고 생각한다.

　물론『군중』이 걸어온 길이 그러한 바와 같이 앞으로의 길도 그러할 것이로되 현재 우리 조국에서 그 야수적인 ■■■(3글자 불명)에서 필사적으로 무수한 ■■■(3글자 불명)를 찍어내는데 비하면 우리들의 조건은 아직도 좋았으면 좋았지 나쁘지 않은 것이다. 우리는『군중』을 지키기 위한 투쟁에서 인쇄문제도 해결할 것이며, ■■■■(4글자 불명) 민족문화잡지로서 손색없이 키워나갈 것을 확신하는 바이다.[2]

　『군중』에 대한 연구는 아직 이루어지지 않고 있다.

---

2) 박원준 『『군중』에 주는 말(편집후기)』『군중』(5호, 1952.10), p.65 *한글 잡지이지만, 판독이 어려운 활자도 있었고, 한글 정서법과는 다른 표기나 띄어쓰기 등은 현재의 철자법에 가깝게 수정하였기 때문에 원문의 문장과는 다소 차이가 있음을 밝혀둔다.

군중문예

○ ○ ○

1 서지적 정보

1964년 5월에 창간. 1963년 말에 결성된 재일본조선문학예술가동맹(문예동) 도쿄도 본부의 기관지. 편집 겸 발행인은 문예동 도쿄도 본부 상임위원회로, 총련 중앙본부가 있는 조선회관 내에 있었다. 『군중 문예』는 총련 제7차 전체대회를 기해 발간된 문예잡지로, 재일조선인의 서클 활동가나 문예애호가의 광범위한 조직과 활동을 취지로 삼았다. 남북 조선과 일본 사이에서 가족 이산의 문제나 조선대학교 주위의 사람들 묘사 등, 동시대 총련 주변 사람들의 생활에 밀착한 제재를 다루고 있다. 지면은 시, 소설, 독후감 등으로 구성되어 있다.

2 창간사

오늘 전체 재일 동포들은 경애하는 수령의 지극한 배려에 의하여 결성된 총련의 제7차 전체 대회를 높은 애국적 열의와 커다란 사업 성과로 맞이 하였습니다.

총련 제7차 전체 대회를 열렬히 축하하는 선물로써 세인을 놀래우고 있는 공화국의 황금의 예술을 널리 보급 소개하며 군중들 속에서 일어 나고 있는 무진장한 애국적 모습들을 이에 반영하고 싹 두고 있는 군중 문화 사업을 활짝 꽃 피우게 하는 하나의 마당으로서 작년 말에 결성된 문예동 도꾜도 본부가 기관지 『군중 문예』를 발간하게 된 데 대하여 관하 전체 동포들은 마음 속으로부터 이를 축복하며 기쁨을 금하지 못하고 있습니다.

지난 기간 조국과 수령의 거듭되는 배려와 따뜻한 보살핌 속에서 재일 전체 동포들은 공화국 정부 주위에 총 집결하며 외세를 배격하고 조국의 자주적 평화 통일을 실현하기 위하여서와 동포들의 민주주의적 민족 권리를 옹호하기 위하여 총련의 제반 애국 사업에 그 어느 때보다 총 동원되어 큰 성과를 거두므로써 총련의 위력을 내외에 크게 과시하였습니다.

문예동 도꾜도 본부에 망라된 전체 작가 예술인들은 본부가 결성된 첫 날부터 공화국 정부의 문예 정책에 의거한 총련의 문화 방침을 높이 들고 동포들의 긍정적 모습들을 자기들의 창조적 열성을 발휘하여 예술적 화폭 속에 그리는 데 힘을 경주해 왔으며 또 계속 힘을 기울이고 있습니다.

재일 전체 동포들을 공화국 정부 주위에 더욱 굳게 집결시키며 조국의 자주적 평화 통일을 이룩하기 위한 총련의 제반 애국 사업에 한결 같이 일떠서게 함에 있어 문예동 맹원들이 놀아야 할 역할은 매우 큽니다.

그러니만큼 동포들은 문예동 도꾜도 본부의 앞으로의 활동에 대한 기대와 기관지 『군중 문예』의 비약적 발전을 충심으로부터 바라는 바입니다.

앞으로 문예동 도꾜도 본부에 망라된 전체 작가 예술인들이 더욱 군중 속에 깊이 들어가 다양한 형식으로 생동한 창조 활동과 일대 군중 문화 운동을 이루켜 줄 것을 바라마지 않습니다.

오늘 우리들 앞에는 실로 방대하고 영예로운 과업들이 제기되고 있습니다.

이 영예로운 모든 과업들을 성과적으로 수행해 나가는 데 있어 관하 전체 작가 예술인들은 한 마음 한 뜻으로 되어 창작 사업을 일층 강화해 나가야 할 것입니다.

그를 위하여 기관지 『군중 문예』가 동포들의 사랑을 받으며 좋은 벗이 되어 주기를 간절히 바라는 바입니다.

1964년 5월
총련 도꾜도 본부

3 목차

발행일	지면정보		필자	제목
	권호	페이지		
1964.05.01	창간호	3		〈권두시〉빛나는노정
1964.05.01	창간호	4	김성률	창간을축하하며
1964.05.01	창간호	6	허남기	《군중문예》발간에대하여
1964.05.01	창간호	8	정백운	이원한을풀게하라
1964.05.01	창간호	12	정화수	세상을바로보라
1964.05.01	칭긴호	18	강순	붉은열매외1편
1964.05.01	창간호	23	최설미	〈시〉과녁을쏘아라
1964.05.01	창간호	30	오상홍	그날을위하여
1964.05.01	창간호	36	김학렬	야밤의일터
1964.05.01	창간호	34	이경우	불꽃튀는건설의노래
1964.05.01	창간호	15	김복희	〈수필〉소원
1964.05.01	창간호	26	강남석	〈독후감〉리기영작《한여성의운명》을읽고
1964.05.01	창간호	38	김태경	시에대하여
1964.05.01	창간호	42	김병두	〈단편소설〉편지
1964.05.01	창간호	46	박종상	갱생
1964.05.01	창간호	72		편집후기

김희로공판대책위원회뉴스
(金嬉老公判対策委員会ニュース)

○ ○ ○

 서지적 정보

『김희로공판대책위원회뉴스』(이하, 『뉴스』)는 김희로공판대책위원회의 기관지로, 1968년 6월 24일(1호)부터 동 재판이 종료된 1976년 10월 2일까지 총 40호가 발간되었다. 사건 발생 당시, 현장에는 작가, 대학교수, 평론가, 변호사로 구성된 이른바 〈문화인〉 그룹이 동 사건을 단순 형사사건이 아닌 일본인의 재일조선인에 대한 민족차별이 원인이 되어 발생한 사건으로 인식하고 성명문 발표 및 설득을 위해 사건 현장까지 찾아가기도 해서 이슈화되기도 했는데, 동 〈문화인〉 그룹이 김희로공판대책위원회의 전신에 해당된다. 동 대책위원회의 업무와 역할은 크게 두 가지인데, 첫째는 홍보 및 비용적인 측면에서 변호인단을 서포트하는 것이고, 둘째는 재일조선인에 대한 철저한 조사와 이를 통한 법적 대응 논리를 구축하는 것이다.

또한, 『뉴스』1호에는 김희로 재판을 효율적이며 다각적으로 서포트하기 위해서 대책위원회 후원회원, 변호인, 특별변호인(신청인)이 결성되어 그 명단이 소개되어 있는데, 먼저 대책위원회 후원회원에는 오사와 신이치로, 가지무라 히데키(梶村秀樹, 일본조선연구소), 구보 사토루(久保覚, 본명 정경묵), 사토 가츠미(佐藤勝巳, 일본조선연구소), 사토미 미노루(里見実), 스즈키 미치히코(鈴木道彦), 미하시 오사무(三橋修), 미야타 세츠코(宮田節子) 등의 8명이며, 변호인은 가이노 미치타카(단장), 야마네 지로(주임), 니시야마 마사오(西山正雄, 부주임), 김판엄(金判嚴, 민단 변호사), 권일(権逸, 민단 변호사) 등 26명이다. 그리고 특별변호인(신청인)은 오카무라 아키히코(岡村昭彦), 김달수(金達寿), 히다카 로쿠로(日高六郎), 스즈키 미치히코, 기노시타 준지(木下順二), 고바야시 마사루(小林勝), 츠루미 슌스케(鶴見俊輔), 노마 히로시(野間宏) 등 19명의 이름이 소개되어 있다.

특히, 본 대책위원회에 참가한 재일조선인 작가는 김달수가 유일한데, 김달수는 〈문화인〉 그룹 및 설득을 위한 현장 방문 당시에는 어디까지나 '옵저버(관찰자)'의 입장으로 참여한다고 말하고 있지만, 호텔 회합에서의 '방청자'의 포지션과 각종 미디어에 노출되어 실시간으로 생중계되는 사건 현장으로 출발하는 '옵저버(관찰자)'의 포지션, 그리고 '특별 변호인'으로의 포지션 변화는 그의 발언 자체에도 자연스럽게 무게가 실리게 되어, 결과적으로 변호인단의 방향성 및 재판 과정에도 적지 않은 영향을 주었다고 볼 수 있다(김달수(1970.3.11.) 「「김희로 재판」을 위해-무모시 씨와 스즈키 씨의 일문을 비판하다」14호).

2 김희로공판대책위원회 발족사(제1호)

예상치도 못했던 그와 같은 행위에 의해 날카로운 충격을 우리들에게 던진 김희로는 지금 옥중에 있으며, 자신의 〈범죄〉에 대한 재판 심리를 기다리고 있다. 그리고 그 재판이 가령 권력 측의 자의적인 페이스로 개최된다고 한다면, 김희로의 〈범죄〉는 단순히 이른바 형사 사건의 범위 내에서만 심리되어, 그러한 과정 속에서 판결이 내려지게 될 것이다.

우리들은 먼저 무엇보다도 그러한 각도에서 심리되고 판결이 내려지는 것을 거부하지 않으면 안 된다고 생각한다. 만약 우리들이 무작위의 결과로서의 동의에 의해 사태를 정관할지 혹은 김희로를 국가 권력에 의해 판결할 수 있다고 생각한다면, 우리들은 권력과 이러한 우리들의 사회의 기만에 대한 공범자가 될 수밖에 없다. 만약, 김희로에 대한 〈재판〉을 단지 간과한다고 한다면, 우리들은 역으로 누가 어떠한 자격과 책임 하에 김희로를 판결할 수 있는가 라고 하는 질문에 전면적으로 대답해야 할 의무가 있다.

법이라고 하는 이름에 의한 문제의 본질의 은폐와 왜곡의 강한 위험성에 대항하며, 또한 김희로의 자기 주장의 권리를 일본인 책임의 첫걸음으로 충분히 쟁취하기 위해서 이미 변호단이 결성되어 있다. 다만, 동 〈재판〉이 가지는 의의의 중요성을 추구하는 것은 소수의 변호단의 힘만으로는 달성할 수 있는 것이 아니다. 변호 활동은 많은 자금과 에너지를 필요로 하며, 빈틈없는 지혜와 논리가 요구된다. 우리들 위원회는 이러한 요구를 충족시키기 위해 변호단과 밀착해서 여러 면에서의 지원과 협력을 다하는 것을 목적으로 발족했다.

우리들 위원회의 발족은 동시에, 문제의 개별성과 구체성을 뛰어넘어, 경우에 따라서는 위선적일 수 있는 일반적·관념적 동정론에 환원되기 쉬운 우리들의 경향에 대한 반성에 대해서도 하나의 이유를 가지고 있다. 우리들은 관념적 자기만족에 빠지는 일 없이 김희로를 어디까지나 구체적인 인간으로 관찰함을 통해서, 우리들의 사상을 심화시켜 나가려 한다. 이러한 태도와 행위 이외에, 동 〈사건〉의 뿌리에 있는 일본인과 재일조선인의 전체적인 문제에 대한 전망과 해결의 실마리를 발견하는 방법은 없기 때문이다.

이상과 같은 의미에서 우리들 위원회는 김희로 〈재판〉에 적극적으로 관여함으로써, 법정을 탐구와 인식의 장으로 만들고, 동 〈재판〉 그 자체를 원리적으로 부인하고 김희로 〈재판〉을 일본 속의 조선, 조선 속의 일본을 내일을 향한 것으로 다시 만들어가는 첫걸음으로 하는 것, 그러한 노력의 하나로 만들어가는 것을 스스로의 과제로 삼고 있다. 그리고 이러한 과제를 마지막까지 추구하는 것이 고발자로서의 김희로를 진정으로 변호하는 길이라는 점을 우리들 위원회는 확신하고 있다. 위원회의 참가와 협력을 부탁드립니다.

〈위원회의 업무〉

하나, 재판 비용을 모으고, 노력을 제공하며, 변호단을 물질적으로 지원한다. 무엇보다도 이것이 먼저 〈피고〉로서의 김희로의 권리를 보장한다.(재판 비용은 제1심에 최소한 500만 엔이 필요하다.)

하나, 동 〈사건〉의 과정과 그 배경을 철저하게 조사한다. 이를 통해 일본인과 재일조선인의 근본적 문제를 탐색하고, 문제에 대한 이론적인 어프로치를 심화해서 법정 투쟁의 논리를 충실히 한다.

하나, 그 밖에, 필요한 모든 것(팜플렛 간행 등)을 통해서, 변호단을 전면적으로 서포트하며 돕는다.

1968년 4월 12일
김희로공판대책위원회

3 목차

발행일	지면정보		필자	제목
	권호	페이지		
1969.03.27	第7号	4	大沢真一郎・梶村秀樹	金嬉老公判対策委員会・財政報告
1969.03.27	第7号			集会「金嬉老事件から一年」についての報告
1969.03.27	第7号	11	M	鮮人
1969.03.27	第7号	15		公判報告
1969.03.27	第7号	16	梶村秀樹	Cさんへ
1969.03.27	第7号	20		金嬉老公判維持のためのカンパのうったえ
1969.04.22	第8号	2	金嬉老	弁護団の意見陳述を聞いて
1969.04.22	第8号	4	鈴木道彦	弁護人には意見陳述とその問題点
1969.04.22	第8号	10	三橋 修	トピックス金嬉老事件波紋-成合子供会と「生い立ちの記」
1969.04.22	第8号	12		岩成検察官、突如辞職!
1969.04.22	第8号	13	梶村秀樹	連載(4)在日朝鮮人-歴史と現在在日朝鮮人にとって国籍・戸籍・家族(下)
1969.04.22	第8号	26	高橋素	出入国管理法案をめぐって
1969.04.22	第8号	28		金嬉老公判維持のためのカンパのうったえ
1969.06.25	第9号	2	金嬉老	裁判とは何であるか
1969.06.25	第9号	4	柴田康雄	「アノトキオマエハドオシタカ」-公判を傍聴して
1969.06.25	第9号	8		委員会への通信
1969.06.25	第9号	10	瀬川いち	Yさんへ-『金嬉老問題資料集Ⅰ金嬉老の意見陳述』の感想にかえて
1969.06.25	第9号	13	編輯部	民族衣しょうを身につけて-金嬉老の手紙から
1969.06.25	第9号	14	広田尚久	剰余価値の先取り体制に関する試論-金嬉老と手形との関係から
1969.06.25	第9号	20		金嬉老公判維持のためのカンパのうったえ
1969.08.30	第10号	2		金嬉老問題シンポジウム(六月二八日…要旨)
1969.08.30	第10号	14	一杉陽子	第十五回公判傍聴記-一年後に見たもの
1969.08.30	第10号	15	鈴木道彦	第十六回公判傍聴記-十二抄の法廷
1969.08.30	第10号	17	金嬉老	獄中 より-金嬉老の手紙
1969.08.30	第10号	18	内山祐一 松本昌一 土屋道子 松根孝雄	委員会への通信から
1969.08.30	第10号	20		対策委員会活動報告-七月・八月
1969.10.20	第11号	2		金嬉老と公判対策委員会の近況
1969.10.20	第11号	4	武茂憲一	朝鮮人の〈怨念〉とは何か-第一七回公判傍聴記
1969.10.20	第11号	7	三橋修	「人質」(1)
1969.10.20	第11号	9	村田豊樹	8/9大阪"反博"会場にて
1969.10.20	第11号	13	佐藤勝巳	差別とわたし-金嬉老への手紙
1969.10.20	第11号	20		金嬉老公判維持のためのカンパのうったえ
1969.11.25	第12号	2	金嬉老	一〇月二二日の公判を通して!

발행일	지면정보		필자	제목
	권호	페이지		
1969.11.25	第12号	7		金嬉老公判を傍聴しての感想-T.N君への手紙
1969.11.25	第12号	7	三橋修	「人質」(2)
1969.11.25	第12号	14	松本昌一	金嬉老問題を契機とした「在日朝鮮人」について若干の考察
1969.11.25	第12号	17		おしらせ-資料の公開
1969.11.25	第12号	17		事務局から
1969.11.25	第12号	18		資料紹介① 金嬉老と少年刑務所
1969.11.25	第12号	20		金嬉老公判維持のためのカンパのうったえ
1970.01.19	第13号	2	金嬉老	事件から二年を迎えて!!
1970.01.19	第13号	4		公開資料テープの紹介-金嬉老の声
1970.01.19	第13号	5	金嬉老公判対策委員会	山根、水上介護士裁判所懲刑中抗議
1970.01.19	第13号	6	大沢真一郎・梶村秀樹	金嬉老公判対策委員会・財政報告
1970.01.19	第13号	8		公判から-公判を傍聴して(静岡で考えたこと)
1970.01.19	第13号	10	小林茂喜	金嬉老公判を前後して
1970.01.19	第13号	13	丈創平	『生き舌』
1970.01.19	第13号	18		十一月二十八日の報告集会より
1970.01.19	第13号	28		委員会への通信
1970.01.19	第13号	29	鈴木道彦	法と人間また検察官の精神構造
1970.01.19	第13号	34		狭山差別裁判について
1970.01.19	第13号	36		資料紹介② 金嬉老の獄中交友録
1970.01.19	第13号	38		資料紹介③ 監獄法施行規則
1970.01.19	第13号	40		金嬉老公判維持のためのカンパのうったえ
1970.03.11	第14号	2	金達寿	「金嬉老公判」のために-武武氏と鈴木氏の一文を批判する
1970.03.11	第14号	6	里見実	言葉と事物と法と-一月二十七日の公判から
1970.03.11	第14号	11		委員会への通信
1970.03.11	第14号	12		殺人-ひとつの問題提起
1970.03.11	第14号	16	三橋修	「人質」(3)
1970.03.11	第14号	20		金嬉老公判維持のためのカンパのうったえ
1970.06.17	第15号	2		緊急ニュース
1970.06.17	第15号	3		検察官にとって金嬉老の戸籍とは何か-第二一回(一月二八日)公判記録から
1970.06.17	第15号	11		委員会への通信
1970.06.17	第15号	12	公判対策委員会特派員	第二二回公判
1970.06.17	第15号	16		緊急報告五月二七日抗議集会について
1970.06.17	第15号	17		包丁、ヤスリ等のさし入れ問題について 四月二七日の小川宏ショから

발행일	지면정보		필자	제목
	권호	페이지		
1970.06.17	第15号	21		資料紹介④ 監獄法施行規則つづき
1970.06.17	第15号	24		金嬉老公判維持のためのカンパのうったえ
1970.07.14	第16号	2		緊急報告 証人訊問に強引に突入
1970.07.14	第16号	3	金嬉老公判対策委員会特派員	公判レポート 五月二日の法廷から
1970.07.14	第16号	10	編輯部	〈特輯〉「凶器差入事件」について 発表に至る経緯
1970.07.14	第16号	25		委員会への通信
1970.07.14	第16号	26		資料紹介⑤ 行刑累進処遇令
1970.07.14	第16号	28		金嬉老公判維持のためのカンパのうったえ
1970.09.10	第17号	2		金嬉老の近況
1970.09.10	第17号	4	公判対策委員会特派員	公判レポート 六月二四日の法廷から-強引立証過程
1970.09.10	第17号	8	梶村秀樹	資料紹介 布施辰治筆『朴烈君法廷態度』について
1970.09.10	第17号	17		委員会への通信
1970.09.10	第17号	19		金嬉老公判維持のためのカンパのうったえ
1970.10.13	第18号	2	公判対策委員会特派員	第二五回公判レポート 望月和幸氏の証言を中心に
1970.10.13	第18号	7	岸野淳子	権愛羅女史に会って-韓国で金嬉老求出署名運動にとりくむ人々
1970.10.13	第18号	11	黒岩秩子	"かかわる"とは何か
1970.10.13	第18号	13		事務局から
1970.10.13	第18号	14	大沢真一郎	いま、われわれの運動をどうすすめるか-その１・弁護団と公判対策委員会との協力関係を強めるために
1970.10.13	第18号	26		委員会への通信
1970.10.13	第18号	28		金嬉老公判維持のためのカンパのうったえ
1970.12.07	第19号	2	公判対策委員会特派員	第二六回公判レポート
1970.12.07	第19号	6	金嬉老弁護団	本裁判の審理に関する弁護団の意見書
1970.12.07	第19号	8	佐藤勝巳	金嬉老に対する静岡刑務所の処遇について
1970.12.07	第19号	10	里見実	山村政明の死
1970.12.07	第19号	12		山村の死に際して-金嬉老の手紙
1970.12.07	第19号	17	酒井真右	焼き入り結び合いを-差別について
1971.02.01	第20号	2	公判対策委員会特派員	特輯公判レポート 寸又峡・ふじみ屋旅館の内と外
1971.02.01	第20号	2		第二七回公判レポート-一一月一〇日
1971.02.01	第20号	6		第二八回公判レポート-一一月一一日
1971.02.01	第20号	9		第二九回公判レポート-一二月一六日
1971.02.01	第20号	13		第三〇回公判レポート-一二月一七日
1971.02.01	第20号	16		第三一回公判レポート-一二月一八日

발행일	지면정보		필자	제목
	권호	페이지		
1971.02.01	第20号	20		委員会への通信
1971.02.01	第20号	20	金嬉老公判対策委員会	会計報告-一九七〇年中心、三年間
1971.02.01	第20号	24		三周年集会
1971.04.05	第21号	2	公判対策委員会特派員	恐怖なき「人質」-第三二・三三回公判レポート-証人-市原藤正、寺沢一美、伊藤武雄
1971.04.05	第21号	6	公判対策委員会特派員	年長の同宿者-二月二四日弟三四回法廷より　証人-加藤末一(同宿者)
1971.04.05	第21号	10	公判対策委員会特派員	くたばれ、マスコミ！-二月二五日、第三五回法廷より　証人-秦次男(サンケイ新聞記者)　間山公麿(同、カメラマン)　阿部文朗(日本映画新社社員)　浅野恒夫(同、カメラマン)
1971.04.05	第21号	14		公判対策委員会ニュースのための広告
1971.04.05	第21号	15		資料紹介⑦　サンケイ新聞の記事　一九六八年二月二五日付
1971.04.05	第21号	16		委員会への通信
1971.04.05	第21号	18	鈴木道彦	私にとって「半日本人」とは何か-ある在日朝鮮人に
1971.04.05	第21号	24		出入国管理法を提出する神経への怒り
1971.06.30	第22号	2	金嬉老公判対策委員会	静岡刑務所で、何が行なわれているか
1971.06.30	第22号	4	公判対策委員会特派員	第三六回公判レポート　＜手形＞をめぐる被害と加害の構造　証人-岡村孝、浅風金平
1971.06.30	第22号	12	公判対策委員会特派員	第三七回公判レポート　寸又峡と手形と　証人-松本いし、望月ひな、浅風金平(つづき)
1971.06.30	第22号	18	公判対策委員会特派員	第三八・三九回公判レポート　公判手続の更新をめぐって
1971.06.30	第22号	25	しざわさヨコ	犯人はスメルジャコフであった-＜心証＞に関する一つの問題提起
1971.07.26	第23号	2		特輯　在日朝鮮人裁判運動状況
1971.07.26	第23号	3		寸又峡で朝鮮人への民族差別を告発した金嬉老の場合-運動上の二、三の問題について
1971.07.26	第23号	6		日立製作所による就職差別を告訴した在日朝鮮人青年朴鐘碩の場合-＜朴君を囲む会＞の出発
1971.07.26	第23号	11		冤罪を主張し続ける＜丸正事件＞の被告李得賢の場合-再審請求へ向って
1971.07.26	第23号	16		原爆症の治療を受けるため密入国した朝鮮人被爆者　孫振斗の場合-裁判の経過を中心に
1971.07.26	第23号	20		事務局から読者へ
1971.09.10	第24号	2		第四〇回公判報告-(六月十七日)〈手形〉問題　証人-宇田川直二・岩堀京次
1971.09.10	第24号	11		第四一・四二回公判報告-(七月二一・二二日)城所記者の証言拒否をめぐって
1971.09.10	第24号	17		金嬉老からの手紙
1971.09.10	第24号	19		〈資料1〉韓国記者の伝えるもう一つの沖縄戦史

발행일	지면정보		필자	제목
	권호	페이지		
1971.09.10	第24号	21		〈資料2〉昭和初年の清水と在日朝鮮人
1971.09.10	第24号	26		朝鮮語を学ばないか-あたらしい学期がはじまります
1971.11.01	第25号	2		金嬉老裁判の今後-日程と証人について
1971.11.01	第25号	4		"徹底した外野"-第四三回公判より
1971.11.01	第25号	8		第四四・四五回公判報告(九月二・三日)警察のイデオロギー証人-大橋朝太郎西尾正秀小林牧太郎
1971.11.01	第25号	15		委員会への通信
1971.11.01	第25号	16	高英梨	「裁く者は誰か」-金嬉老における人間性崩遺の一省察
1971.12.10	第26号	2		第四六回公判報告(九月二九日)"射殺せてから合法かどうか考えます"-証人　高松敬治元静岡県警本部長
1971.12.10	第26号	6		第四七回公判報告(九月三〇日)午前-暴力団を護るために偽証した警察官小泉勇
1971.12.10	第26号	13		城所記者証言拒否問題のその後と私たちの見解
1971.12.10	第26号	19	朴鐘碩	裁判を傍聴して
1971.12.10	第26号	21	金嬉老公判対策委員会	資料集了告
1971.12.10	第26号	22	吉川勇一	「チョーセン!」という言葉
1971.12.10	第26号	24		緊急カンパ訴え-金嬉老公判維持のために
1972.01.13	第27号	2	編集部	はじめに
1972.01.13	第27号	2		第四回公判報告(一〇月二六日)　「事件」の意味を問うた人達　証人-伊藤成彦　尹陸道　吉岡治子
1972.01.13	第27号	6		第四九回公判報告(一〇月二七日)〈その一〉偏見差別社会心理学的構造証人-日高六郎
1972.01.13	第27号	7		第四九回公判報告(一〇月二七日)〈その二〉金嬉老または在日朝鮮人の「影」証人-鄭貴文
1972.01.13	第27号	8		第四九回公判報告(一〇月二七日)〈その三〉それからわれわれは何をしたか　証人-山本伸子大沢真一郎
1972.01.13	第27号	10		第五〇回公判報告(一一月十六日)〈その一〉「小泉発言はあったそうです」証人-近藤則夫
1972.01.13	第27号	10		第五〇回公判報告(一一月十六日)〈その二〉金嬉老を知る在日朝鮮人の証言　証人-金本茂　金良順
1972.01.13	第27号	11		第五〇回公判報告(一一月十六日)〈その三〉金嬉老を身すてた党　証人-白鳥良香
1972.01.13	第27号	12		第五一回公判報告(一一月十七日)〈その三〉妻、そして母　証人-築場房子朴得淑
1972.01.13	第27号	13		第五二回公判報告(一一月十八日)〈その一〉地震と竹やり　証人-金達寿
1972.01.13	第27号	14		第五二回公判報告(一一月十八日)〈その二〉本物気力　証人-山辺健太郎
1972.01.13	第27号	15		第五二回公判報告(一一月十八日)〈その三〉対話を深めてゆくために　証人-梶村秀樹
1972.01.13	第27号	16	三橋修	一二月一五日寸又峡現場検証レポート

발행일	지면정보		필자	제목
	권호	페이지		
1972.01.13	第27号	18		ふじみ屋旅館平面図
1972.01.13	第27号	20	金嬉老公判対策委員会	会計報告-一九七一年を中心に
1972.01.13	第27号	23		委員会への通信
1972.01.13	第27号	24		緊急カンパ訴え-金嬉老公判維持のために
1972.03.10	第28号	2		第五三回公判報告(一二月十六日)〈その一〉検察官執念証人-望月雅彦
1972.03.10	第28号	2		第五三回公判報告(一二月十六日)〈その二〉「あの子をもとへもどして下さい」大森靖司の母(貞子)
1972.03.10	第28号	3		第五三回公判報告(一二月十六日)〈その三〉「もちろん死刑にして下さい」会我幸夫の妻(フクノ)
1972.03.10	第28号	3		第五三回公判報告(一二月十六日)〈その四〉日本国家は罪を重ねている-上甲米太郎
1972.03.10	第28号	4		第五四回公判報告(一二月十七日)在日朝鮮人の重い証人 証人-李内洙 李恢成 高史明 金時鐘
1972.03.10	第28号	7		第五五回公判報告(一九七二年一月一七日)韓国の民衆は注視している 証人-趙重泰
1972.03.10	第28号	9		第五六回公判報告(一月一八日)〈その一〉いつわりの「信頼」証人-白柳恵子浅井豊
1972.03.10	第28号	11		第五六回公判報告(一月一八日)〈その二〉コトバと人間 証人-鈴木道彦
1972.03.10	第28号	12		第五六回公判報告(一月一八日)〈その三〉差別とは「人を殺す」ことだ 証人-佐藤勝巳
1972.03.10	第28号	13		第五七回公判報告(一月一九日)最後の証拠しらべ
1972.03.10	第28号	14	朴鐘碩	公判を傍聴して
1972.03.10	第28号	18	梶村秀樹	韓国民衆の証言
1972.06.10	第29号	2	金嬉老	支援して下さった日本の皆さんに-結審の日に
1972.06.10	第29号	3		一九七二年四月七日公判報告　金嬉老の最終陳述
1972.06.10	第29号	8		三月二一・二二日公判報告起訴状訂正命令-論告釈明検察官破産
1972.06.10	第29号	12	白鳥良香	最終弁論 をきいて　私の感じたこと
1972.06.10	第29号	13	武茂憲一	青丘の塔-沖縄のなかの朝鮮
1972.06.10	第29号	15		委員会への通信
1972.06.10	第29号	16	金嬉老公判対策委員会	カンパの訴え
1972.08.26	第30号	2	金嬉老公判対策委員会	判決に対するわれわれの見解
1972.08.26	第30号	5	金嬉老	金嬉老からの手紙
1972.08.26	第30号	6		〈資料〉判決全文
1972.08.26	第30号	29		会計報告-第一審の決算報告として
1972.11.20	第31号	29		会計報告-第一審の決算報告として

발행일	지면정보		필자	제목
	권호	페이지		
1972.11.20	第31号	2	権禧老	日本人の「反省」を私
1972.11.20	第31号	3	里見実	日本の裁判所は金嬉老を裁くことができるか(上)
1972.11.20	第31号	7	梶村秀樹	金嬉老への判決を支えた日本社会
1972.11.20	第31号	13		韓国民衆は注視し続ける
1972.11.20	第31号	6		弁護団・対策委の活動状況
1972.11.20	第31号	16		六〇万在日韓国人への手紙
1973.02.15	第32号	2	志沢小夜子	静岡からのレポート　12月になれば－オモイの話
1973.02.15	第32号	6	金嬉老問題研究会	金嬉老を育てた清水
1973.02.15	第32号	12	青木宏順	ある「朝鮮人」の視点-彼の有罪判決は私たちの無罪放免を意味する
1973.02.15	第32号	12	松山昌一	対策委員会プロフィーウ
1973.02.15	第32号	11		公判対策委員会・日録
1973.02.15	第32号	19		委員会より
1973.02.15	第32号	19		読者からだより
1973.05.30	第33号	2		いよいよ控訴審はじまる　四月一七日　第一回公判
1973.05.30	第33号	5		いよいよ控訴審はじまる　四月一九日　第一回公判
1973.05.30	第33号	5		いよいよ控訴審はじまる　五月一五日　第一回公判
1973.05.30	第33号	6	山本リエ	高栽第二回公判傍聴記　多く民衆の眼をもって金嬉老裁判を監視していこう!!
1973.05.30	第33号	9	権禧老	私の獄中生活
1973.05.30	第33号	14		委員会より
1973.05.30	第33号	15	高英梨	裁く者は誰か
1973.05.30	第33号	16	三橋修	ヨーロッパ難惑
1973.10.01	第34号	2	三橋修	第四回公判報告　現場検証の予定きまる--一〇月五日・寸又峡で
1973.10.01	第34号	9	梶村秀樹	同胞から金兄へ　もう一つの　証言
1973.10.01	第34号	15		朝日新聞への公開質問　裁判報道の在り方をめぐって
1973.10.01	第34号	18	新宅厳	韓国に旅して考えてこと
1973.10.01	第34号	23		委員会だより
1973.12.30	第35号	2	権禧老	高栽現場検証レポート1　三度目の寸又峡-委員会への手紙より
1973.12.30	第35号	4	金嬉老問題研究会	高栽現場検証レポート2　一九七三年一〇月五日寸又峡
1973.12.30	第35号	10	村松武司	〈二・一〇金嬉老公判報告集会　於・全電通会館〉「世界」への出口を閉ざされた在日朝鮮人の存在
1973.12.30	第35号	15	山田昭次	国事犯と破廉恥罪権力による価値視の転倒
1974.02.28	第36号	2	編集部	特集にあたって
1974.02.28	第36号	2		事実経過
1974.02.28	第36号	4		城所賢一郎会見記　証人採用から不出廷までの経過報告

발행일	지면정보		필자	제목
	권호	페이지		
1974.02.28	第36号	11		第六回公判報告-一九七三年一〇月二五日　検面調書と同時に城所本人を証人に採用
1974.02.28	第36号	13		第七回公判報告-一九七三年一一月二九日　城所記者は出廷しなかった
1974.02.28	第36号	13	城所賢一郎	〈資料1〉金嬉老公判対策委員会大沢真一郎様
1974.02.28	第36号	14	城所賢一郎	〈資料2〉上申書
1974.02.28	第36号	15	大沢真一郎	〈資料3〉東京放送記者 城所賢一郎を糾弾する
1974.02.28	第36号	15	金嬉老弁護団	〈資料4〉声明
1974.02.28	第36号	17	金嬉老公判対策委員会かわら版報道部	〈資料5〉かわら版TBS物語
1974.02.28	第36号	19		〈資料6〉公開質問状
1974.06.01	第37号	2		第八回公判報告-一九七四年一一月一二日 控訴審最後の証人-母朴得淑は語った
1974.06.01	第37号	8		第九回公判報告-一九七四年一一月一九日　検察官の論告
1974.06.01	第37号	10		第十回公判報告　結審-一九七四年三月二六日
1974.08.01	第38号	2	金嬉老公判対策委員会	判決に対するわれわれの見解
1974.08.01	第38号	4		〈資料〉判決全文-主文
1974.08.01	第38号	4		〈資料〉判決全文-理由
1974.08.01	第38号	4		〈資料〉資料 判決全文-理由-第一 弁護人らの控訴趣意について
1974.08.01	第38号	14		〈資料〉判決全文-理由-第二検察官の控訴趣意について
1974.08.01	第38号	22		〈資料〉資料判決全文-理由-第三破棄自判(罪となるべき事実)
1974.08.01	第38号	23		〈資料〉判決全文-理由-第三破棄自判(証拠の標目)
1974.08.01	第38号	23		〈資料〉判決全文-理由-第三 破棄自判(累犯資料)
1974.08.01	第38号	24		〈資料〉判決全文-理由-第三 破棄自判(法令の適用)
1974.08.01	第38号	25		〈資料〉資料 判決全文-理由-第三 破棄自判(一部無罪)
1974.08.01	第38号	25		〈資料〉判決全文-理由-第三 破棄自判(量刑について)
1974.08.01	第38号	26		〈会計報告〉控訴審の決算報告として
1975.02.10	第39号	2		〈特輯〉いま思うこと-最高裁をまえにして
1975.02.10	第39号	3	静岡渡辺房男	記憶の風化に抗して
1975.02.10	第39号	3	梶村秀樹	「民族的責任」は古くなったか
1975.02.10	第39号	4	佐藤勝巳	岐路に立ち迷って
1975.02.10	第39号	5	鈴木道彦	委員会の七年にかんする私見
1975.02.10	第39号	9	高英梨	「在日朝鮮人」雑考
1975.02.10	第39号	10	しのはらまきお	かんじる－メモ
1975.02.10	第39号	11	三橋修	これから-
1975.02.10	第39号	12	栗林イエ子	新しい職場で

발행일	지면정보		필자	제목
	권호	페이지		
1975.02.10	第39号	14	大沢真一郎	李圭正さんのこと
1975.02.10	第39号	15	松山昌一	勉強しなくちゃ
1975.02.10	第39号	16	志沢小夜子	面会で
1975.02.10	第39号	18	権禧老	手紙から-私と言葉
1975.02.10	第39号	19		会計報告　一九七四年七~十二月
1976.10.02	第40号	2	金嬉老公判対策委員会	解散にあたって
1976.10.02	第40号	5		対策委員会という組織
1976.10.02	第40号	8		裁判および弁護団と対策委員会との関係
1976.10.02	第40号	11		在日朝鮮人問題とわれわれ
1976.10.02	第40号	13		会計報告　最終決算報告として
1976.10.02	第40号	21		〈年表〉金嬉老裁判とその週辺
1976.10.02	第40号	21		忘れ得ぬ人々
1976.10.02	第40号	30	松山昌一	解放にあたっての私的感想
1976.10.02	第40号	35		編集後記

난민문제해설 및 자료(難民問題解說及び資料)

○ ○ ○

1 서지적 정보

『난민문제해설 및 자료(難民問題解說及び資料)』는 한국정치난민대책위원회에서 간행한 잡지이다. 정치망명자와 난민에 대한 전반적인 사항을 소개하고 있으며 특히 1960년대 한국 독재정권 시절의 한국의 정치망명자와 난민들을 구제하기 위한 다양한 활동사항을 서술하며 인접국인 일본의 적극적이고 구체적인 행동과 책임을 촉구하고 있다.

2 서문(제1집)

정치망명자나 난민을 보호하는 조치는 제2차대전 이전에도 이루어졌다. 하지만 이문제가 국제적으로 긴급을 요하는 구제사업으로서 본격적인 보호활동이 개시된 것은 제2차대전 이후부터이다. 스페인 내란, 제2차대전, 헝가리 동란, 그 외의 국제적 사건이나 분쟁에 따라서 발생한 수많은 정치망명자나 난민은 제2차대전 이후 채택된 IRO규약과 "난민의 지위에 관한 국제조약"에 기반하여 국제연합의 지도와 협력 하에 탄생한 구제기관에 의하여 국제적인 법적보호를 받게 되었다.

이 난민구제는 국제연합의 인도주의 운동의 진가를 보여주는 것으로 현재 수많은 국가가 이것에 협력하게 되어서, 난민보호의 국제조약을 비준, 또는 승인하고 있는 국가만으로도 34개국에 달하고 있다. 그만큼 난민문제는 세계 각국의 국내의 심각한 인도문제가되어 있고, 그 해결방법도 국제연합의 인권선언에 따라서 처리하지 않으면 안 된다.

일본은 정치적 혼란에 의하여 많은 피해를 입은 한민족의 인접국이다. 때문에 난민문

제, 특히 한국정치난민문제는 일본 국내에서 정당하게 제의되어 인도주의 또는 국제관
례의 입장에서 당연히 그 해결책이 추구되지 않으면 안 된다.

 목차

발행일	지면정보		필자	제목
	권호	페이지		
1962.08.20	第2集	48		三、国際赤十字からの書簡
1963.01.18	第3集			一、難民関係ニュース
1963.01.18	第3集	1		① 国際関係
1963.01.18	第3集	1		ⅰ 国連難民弁務官の事務機関延長可決
1963.01.18	第3集	1		ⅱ 国連"避難権"の決意案採択
1963.01.18	第3集	2		ⅲ 中国人難民の援助決意案通過
1963.01.18	第3集	3		ⅳ 韓国軍政大村収容所送還難民を逮捕
1963.01.18	第3集	4		② 国内関係
1963.01.18	第3集	4		ⅰ 日本民間難民救済機関誕生
1963.01.18	第3集	4		同研究会趣旨書
1963.01.18	第3集	6		同研究会の会員名簿
1963.01.18	第3集	6		ⅱ 大村収容所における韓国難民のデモ騒ぎ
1963.01.18	第3集	9		ⅲ 日益に増大する日本流入の韓国難民
1963.01.18	第3集	10		ⅳ 張前内務長官の無罪判決取り消し
1963.01.18	第3集			〈附録〉一、資料
1963.01.18	第3集	11		① ジュネーブ条約(戦時における文民の保護に関する一九四九年八月十二日の条約)
1963.01.18	第3集	43		ⅰ 有利な再審査の要請権(第四十三条)
1963.01.18	第3集	45		ⅱ 迫害を受ける地への移送禁止(第四十五条)
1963.01.18	第3集	33		ⅲ 充分なる寝具毛布の配給(第八十五条)
1963.01.18	第3集	35		ⅳ 充分なる食料配給(第八十九条)
1963.01.18	第3集	39		ⅴ 運動娯楽活動の奨励(第九十四条)
1963.01.18	第3集	42		ⅵ 抑留条件の改善要求権(第百一条)
1963.01.18	第3集	43		ⅶ 書信受領の権利
1963.01.18	第3集	59		② 抑留六年記(韓国難民"方容石"氏の収容生活記録)
1963.01.18	第3集	77		③ 軍政以後公布された迫害諸法律
1963.01.18	第3集	77		ⅰ 特殊犯罪処罰法(一九六一年六月二十三日制定)
1963.01.18	第3集	78		ⅱ 反共法(一九六一年六月二十四日制定)
1963.01.18	第3集	79		ⅲ 密航国束法(一九六一年十二月十三日制定)
1963.01.18	第3集	81		④ 避難権討議の問題点
1963.01.18	第3集	85		⑤ TBSの韓国難民に関する放送記録(昨年の十二月二十四日午後八一八・三〇に放送された目撃者の記録済州番組)
1963.01.18	第3集	93		⑥ 難民問題研究会の大村収容所視察要請書、ならびに無登録韓国人救済申入書
1963.01.18	第3集	94		⑦ 政治難民対策委員会活動主要日誌
	第4集	5		一、国連高等弁務官の難民救済に関する報告(第17回国連総会第3委員会)
	第4集	14		二、難民救済に関する国内外の動き(国内の部)
	第4集	14		(一) 韓国難民問題研究会第2回総会開く(二月二日) 世論喚起活動を強化

발행일	지면정보		필자	제목
	권호	페이지		
1963.07.25	第5集			二、難民関係ニュース
1963.07.25	第5集	17		① 第四回難研総会開く
1963.07.25	第5集	19		○ 研究会規約発表
1963.07.25	第5集	22		② 尹氏の第三回行政裁判
1963.07.25	第5集	23		③ 離散家族金輝男君大将収容所に送らる
1963.07.25	第5集	25		○ 日本赤十字に提出した嘆願書
1963.07.25	第5集	29		④ 大村収容所のデモ事件その后と任宗宰氏の裁判問題
1963.07.25	第5集			〈資料〉韓国難民問題に関する国会質疑
1963.07.25	第5集	30		一、① 衆院法務委員会
1963.07.25	第5集	32		② 参院法務委員会
1963.07.25	第5集	53		二、"世界"六月号誌上に発表された韓国難民問題研究会の報告
1963.07.25	第5集	55	藤島宇内	① 韓国難民の現状
1963.07.25	第5集	81	高野雄一 宮崎繁樹	③ 難民問題の法的処遇と日本人の責任
1963.07.25	第5集	98		※ 在日韓国政治難民対策委員会の主要活動日誌
1964.02.20	第6集	3		一、63年救済活動総括
1964.02.20	第6集	7		二、難民救済に関する国連決議
1964.02.20	第6集	8		三、最近の韓国情勢と難民問題
1964.02.20	第6集	13		四、在日韓国人の法的地位問題
1964.02.20	第6集	13		(1) 日本新聞で発表された法的地位安文
1964.02.20	第6集	15		(2) 在日韓国人側の法的地位に関する要求事項
1964.02.20	第6集	17		(3) 毎日新聞の社説
1964.02.20	第6集	19		五、尹秀吉氏の行政裁判とその経過
1964.02.20	第6集	20		(1) 鑑定事項の内容
1964.02.20	第6集	21		(2) 入管当局の意見書
1964.02.20	第6集	23		六、ジュネーブ国際赤十字委員会尹氏問題で問い合わせ
1964.02.20	第6集	24		七、第五回難民研究会の総会開く
1964.02.20	第6集	25		八、フランスのアルクート大佐裁判事件
1964.02.20	第6集	26		九、離散家族金輝男君居住許可さる
1964.02.20	第6集	26		10、入管行政に関するニュース(華商の再入国問題で法務省敗訴)
1964.02.20	第6集	27		〈資料〉一、国際避難民の保護(宮崎繁樹博士著・「国際法における国家と個人」ー未来社の中から抜萃)
1964.02.20	第6集	45		二、①政治的亡命者保護に関する各国法制
1964.02.20	第6集	53		② 亡命者保護の国際立法(小田滋教授の63年9月1、15・ジュリストに書かれた内容を転載)
	第7集			まえがき
	第7集	3		① 韓国をめぐる最近の内外情勢
	第7集	8		② 今年発生した韓国難民の悲劇

발행일	지면정보		필자	제목
	권호	페이지		
	第7集	11		③ 韓国五輪観光団員の相次ぐ亡命
	第7集	13		④ 具体的な韓国政治難民の現状
	第7集	15		⑤ 在日朝鮮人の実態
	第7集	20		⑥ 政治亡命に関する日本当局の見解
	第7集	22		⑦ 張氏に関する最高裁の判決
	第7集	26		〈資料〉○ 逃亡犯罪人引渡法の一部を改正する法律案
1969.2.15	第9集			一、尹秀吉氏の公判経過
1969.2.15	第9集			二、杉本裁判官の判決全文
1969.2.15	第9集			三、尹氏裁判に提出された学識経験者の鑑定書
1969.2.15	第9集			(一) 高野雄一（東大教授）
1969.2.15	第9集			(二) 小田滋（東北代教授）
1969.2.15	第9集			(三) 大平善梧（一橋大教授）
1970	第10集	1		一、高裁での尹秀吉氏公判経過
1970	第10集	5		二、高裁公判における問題点ー弁護士　藤本時義氏ー
1970	第10集	13		〈資料〉三、弁護人側の高裁準備書面
1970	第10集	39		四、入管側の高裁準備書面
1970	第10集	55		五、日本衆議院での政治難民問題質疑記録
1970	第10集	55		1．昭和40年7月2日　衆院法務の議事録より
1970	第10集	64		1．昭和40年7月8日　衆院法務の議事録より
1970	第10集	71		六、趣意書(在日)韓国政治難民対策委員会
1972.6	第11集	1		一、尹秀吉高裁公判の経過
1972.6	第11集	7		二、判決に対する関係者の意見
1972.6	第11集	9		三、高裁判決全文(1962.4.19)
1972.6	第11集	33		四、被控訴人の主張
1972.6	第11集	57		〈資料付録〉一、柳文卿関係高裁判決文(1971.3.30)
1972.6	第11集	70		二、被控訴人の主張

대동강(大同江)

○ ○ ○

1 서지적 정보

『대동강』은 가와사키조선문학서클(川崎朝鮮文学サークル) 대동강 집단의 기관지로 격월로 간행된 잡지이다. 창간호는 확인하지 못했으나, 7호(1954.07)가 서클 '1주년 기념호'로 꾸며진 점으로 미루어 1953년 7월경에 창간된 것으로 추정되며, 종간 시기도 확인할 수 없는 상태이다. 박경식의 자료집에 수록되어 있는 7호의 편집인은 백령(白珠), 발행인은 김은식(金殷植)이다. 잡지의 구성은 평론, 수필, 르포르타주, 창작 등으로 이루어져 있다. 서클운동이 한창이던 이 시기, 대부분의 서클집단이 좌파적 성향을 띠고 있었는데, 『대동강』에도 「재일조선인 문화활동가에게 전투적인 인사를 보낸다(在日朝鮮人文化活動家に戦闘的な挨拶を送る)」라는 한설야(韓雪夜)의 글이 실려 있다. 서클 1주년을 맞이하여 대동강집단은 "일본인이든 재일조선인이든 평화와 자유와 민족의 독립을 염원하며 투쟁하고 있는 사람들"[3]에게 『대동강』 회원으로 참가해 주길 호소하고 있다. 또한 7호에는 19명의 회원 명부가 소개되어 있는데, 사무국장은 이훈(李勲, 재일조선문화단체연합)이고, 편집장은 백령(白玲, 일본청년미술가연합)이며, 편집부원으로는 한영철(韓永徹, 조선연극연구소)과 성일우(成一宇, 조선문학회)와 김영록(金永録, 가와사키조선인소학교교직원조합)으로 되어 있으며, 그 외 도쿄도립조선인고등학교 소속인 회원이 다수를 차지하고 있다.

『조선평론』(조선평론사) 9호(1954.08)에 게재된 김민(金民)의 「문학서클에 대해(文学サークルについて)」라는 글에는 『대동강』 창간호의 창간사 전문이 인용되어 있는데, 아래 문장은 『조선평론』에서 재인용한 것이다.

---

3) 「会員募集」『大同川』(7号, 1954.07) *인용은 朴慶植編(2001.02)『在日朝鮮人関係資料集成＜戦後編＞ 第10巻 朝鮮人刊行新聞・雑誌(3)』不二出版, p.366

소위 말하는 문학청년은 아니다. 모두 직장을 가지고 고통스런 투쟁을 하고 있는 사람들이 일을 마치고 돌아온 후, 이불 속에 누워 지친 몸을 움직이지도 못하고 천정을 가만히 응시한다. 모든 문제, 신변적인 일, 정치, 경제, 민족, 생활 등. 거기다 뭔가 불만스럽고, 울분이 치밀고, 결국에는 초조함을 느낀다. 투쟁이라고 해도 투쟁을 지치고 제약받은 몸으로 할 수 있는 것, 그것이 연필이든 펜이든 보잘 것 없는 갱지든, 그 위에 휘갈겨 쓰지 않으면 안 되는 사람들. ……그러한 사람들은 모두 이 대동강에 모여 주십시오. 문장과 내용이 잘 쓰고 못쓰고 하는 문제가 아니라, 어쨌든 쓰고 싶은 사람, 써보고 싶은 사람, 쓰는 사람은 모여서 그 투쟁을 통일하고 연구하고 서로 이야기해서 뛰어난 것으로 만들어 싸워가야지 않겠습니까? ■■■■■(5글자 불명) 작은 투쟁, 큰 투쟁, 싸우는 사람이야말로 희망이 있고 싸우는 사람이야말로 승리하는 것을 믿고, 함께 손을 잡읍시다.[4]

현재 7호만 확인 가능한 때문인지 국내외로 『대동강』에 관한 연구논문은 발견되지 않고 있다.

2 목차

발행일	지면정보		필자	제목
	권호	페이지		
1954.07.25	第7号	4	李薫	一週年を迎えて
1954.07.25	第7号	6	趙日球	〈評論〉私達の平和の運動の前進のために
1954.07.25	第7号	10	白玲	〈評論〉新しい美術運動の位置
1954.07.25	第7号	20	金建洙	民族教育を守る闘い
1954.07.25	第7号	25	遠藤亨	日・朝親善は闘いの中から
1954.07.25	第7号	2	韓雪野	在日朝鮮人文化活動家に戦闘的な挨拶を送る
1954.07.25	第7号	37	成一字	〈映画紹介〉足摺岬
1954.07.25	第7号	9	鄭白雲	朝鮮青年の灯火・大同江
1954.07.25	第7号	18	大梨	ささやかな憩い
1954.07.25	第7号	16	李 ?	てやんでえ・べらんめえ

---

4) 金民(1954.08)「文学サークルについて」『朝鮮評論』9号, pp.18-19

발행일	지면정보		필자	제목
	권호	페이지		
1954.07.25	第7号	15		用崎市長日朝親善協会顧問を快?
1954.07.25	第7号	21	林李用	綱島生活を守る会
1954.07.25	第7号	26	李 ?	〈ルポルタージュ〉生活を守る会の婦人たち
1954.07.25	第7号	23	成一字	〈学校だより〉川崎南部朝鮮人小学校
1954.07.25	第7号	40	白玲	〈詩〉目撃者
1954.07.25	第7号	44	同	〈詩〉君大都会にビラを流せ
1954.07.25	第7号	47	鄭洙敦	〈詩〉闘うことを決意して
1954.07.25	第7号	51	朴英徳	〈詩〉胸を犯されたのを知り
1954.07.25	第7号	48	権岳	〈詩〉煙草売いの女たち
1954.07.25	第7号	35	李雄熙	ロシア国民音楽の創始者グリンカ
1954.07.25	第7号	36		ソビエット歌曲名一覧表
1954.07.25	第7号	88	徐黙	一週年をかえりみて
1954.07.25	第7号	56	韓永徹	〈創作〉唐がらし
1954.07.25	第7号	67	李昌成	〈創作〉朝は来る
1954.07.25	第7号	77	李薫	〈創作〉流れに棹さす人々
1954.07.25	第7号	87		会員紹介
1954.07.25	第7号	89		編者欄
1954.07.25	第7号	92		編輯後記

문학보(文学報)

1 서지적 정보

『문학보』는 한국전쟁 발발과 함께 활동이 부진해진 재일조선문학회가 1952년 1월에 재결성하면서 발행하기 시작한 기관지로 일본어로 간행된 잡지이다.

재일조선문학회는 1947년 2월에 김달수(金達寿), 김원기(金元基), 장두식(張斗植), 이은직(李殷直), 박원준(朴元俊), 허남기(許南麒), 강현철(康鉉哲), 윤자원(尹紫遠) 등이 결성한 '재일본조선문학자회'를 이듬해 1월에 재일본조선문학회로 개칭하면서 발족한 단체이다. 발족 후 재일조선문학회는 『봉화』(1949년 6월에 창간한 한글 잡지), 『조선문학』(1954년 3월에 창간한 한글잡지), 『군중』(1951년 11월경에 창간된 것으로 추정되는 한글잡지)등 한글잡지 발행에 주력했는데, 『문학보』는 이러한 흐름 속에서도 일본어로 발행된 잡지이다.

현재까지 발견된 것은 4호뿐으로 창간 시기, 잡지의 전반적인 성향과 특징, 그리고 종간 정보를 파악하기는 어렵다. 4호의 편집 겸 발행인은 김달수로 되어 있으나, 편집후기에 '석범(金石範)'이라는 이름이 기재되어 있는 점으로 미루어, 김석범 또한 『문학보』 편집 실무를 맡은 것으로 추정된다. 주요 집필자로는 김달수, 이은직, 이승옥(李丞玉), 김민(金民), 전화광(全和光), 오임준(呉林俊) 등의 이름을 확인할 수 있고, 오사카조선시인집단의 서클지 『진달래(ヂンダレ)』3호(1953.06)에 발표한 이정자(李静子와) 박실(朴実)의 시가 전재(転載)되어 있다. 그리고 4호에는 『문학보』2호의 「주장(主張)」이란 글이 평양방송에서 소개된 사실을 전하고 있다. 『문학보』의 삽화 담당자는 전화광으로, 『조선평론』(1951.12~1954.08)의 삽화 제작자이기도 한 인물이다.

편집후기를 통해 5호 발행은 9월 5일로 예정되어 있으며, 휴전협정을 특집으로 다루겠다는 예고가 있으나, 5호 발행이 현실화되었는지의 여부에 대해서는 확인할 수 없다.

현재까지 발견된 것은 4호가 유일하기 때문에 『문학보』를 연구대상으로 한 논문은 발표되지 않고 있다.

2 편집후기(제4호)

창간호를 확인할 수 없는 상태이므로, 김석범이 쓴 것으로 추정되는 4호의 편집후기를 인용히면 아래와 같다.

▷ 마침내 정전이 성립했다. 평화세력의 승리다. 가슴이 뭉클하고 뜨거워진다. 이 평화는 더욱 확대되어야 한다. 나아가 그 일익을 우리는 담당해야 한다. 조국의 초토와 동포의 시신과 피 위에 구축된 엄숙한 평화를, 또 다시 전쟁을 유발하는 자들의 침범으로부터 지켜내기 위해 더욱 전진해서 싸워야 한다.

▷ 8·15와 정전 성립 기념으로 5호를 낼 생각이었다. 4호가 예정이 뒤틀어지는 바람에 그것은 어려워졌다. 게다가 '조인' 소식을 들은 것은 인쇄소로 들어가고 나서였다. 4호의 내용이 시의에 적절하지 못한 아쉬움은 거기에 있다. 가능하다면 용서를 구하고 싶다.

▷ 지면 수 관계로 다음 호로 연기한 작품이 많이 있다. 『진달래』(오사카) 사람들의 작품도 거기에 포함되어 있다. 『진달래』가 조선인 문학서클운동의 첫 기수가 되길 진심으로 권투를 빌고 있다.

조선문학회도 '재건'하여 반년이 지났다. 현재와 미래에 새로운 조건, 곤란이 많이 있다. 과거는 어땠는가, 애로는 여러 가지로 있었다고 해도 자기비판해야 할 점은 산더미 같다. 물론, 서기국의 게으름과 무능함에는 엄한 자기비판과 채찍을 가할 것이다. 일본에 있어서 조선에 대한 관심이 점점 상승해 오고 있는 요즘, 『문학보』가 심심풀이의 장이 아님은 분명하다. 아직 한 번도 회비를 내지 않고 간절한 독촉 엽서를 몇 번이고 보내도 소식이 없다. 으스대며——그렇게도 비친다——8엔짜리 우표를 붙인 『문학보』를 코웃음치며 보고 있을지 모른다. 그릇된 추측일지는 모르지만, 그러한 사람들도 충분히 생각해 주었으면 한다.

▷ 마찬가지지만 원고의 경우에도 해당된다. 경험과 역량을 가진 연배 회원이 이유야 어떻든 리드하는 의미에서라도 자신의 원고로 모범을 보였으면 한다. 그러한 '싸움'에서도 보잘 것 없다고는 해도 운동은 추진할 수 있는 것이다.

▷ 별도의 페이지에서와 같이 '작품 모집'을 하고 있다. 분발해서 참가해 주었으면 한다. 다음 호(9월 5일 간행)는 '정전 특집'으로 하고, 일본의 광범한 문학자들의 의견과 감상을 들을 예정.

▷ 이찬의의 연재「재일조선인 작가 메모(在日朝鮮人作家おぼえがき)」는 본인의 사정으로 이번 호는 쉬었다. 다음 호에는 건필을 휘둘러 주실 것으로 생각한다.

마지막으로 조국 판문점에 휘날리는 공화국 국기 아래 감사와 묵도를 타향에서 우리들은 바친다.(석범)

3. 목차

문학예술

○ ○ ○

 1 서지적 정보

1960년 1월에 창간. 문예동이 결성된 지 반 년 후에 이른바 '조국귀국운동'이 시작된 직후에 창간되었다. 편집인 허남기, 발행인 윤병옥(尹炳玉), 발행소는 문학예술사이다. 정가 70엔. 격월간 발행으로 명시되어 있지만, 실제 발간 빈도는 2, 3개월에 1회였다. 「편집후기」에 편집위원을 허남기, 김민, 남시우, 림경상, 류벽의 5인으로 명기했다. 주요 집필진에 강순, 김달수, 윤학준, 안우식 등이 있다.

창간호에 조국에 발을 내딛은 순간의 감격과 감사의 마음을 표현하는 한편 일제강점기에 힘들었던 삶이나 이후의 차별 문제 등을 다양하게 표현했다. 특히, 림경상의 평론 「창작 운동의 새로운 양상」은 일본어로 글을 쓰는 김달수나 김시종에 대해 비판하고 있다. 1호 특집은 「조국의 자유 왕래를 실현시키기 위하여」를 구성하여, 허남기, 김달수, 이은직 등의 조선문학자와 함께 무라야마 도모요시, 노마 히로시 등의 일본 작가들도 함께 한 좌담회 「조국의 자유왕래를 이야기하다」, 공화국 창건 15주년을 기념하는 내용과 시, 소설 등을 실었다. 2호는 1966년 5월에 간행되었는데, 특집 「민족교육의 권리를 지키기 위하여」로 구성했다. 1965년 5월 13호부터 9회 김석범의 『화산도』가 연재된 것은 특기할 만하다.

『문학예술』 7호가 간행될 때 별책 1호(1963.9)가 나왔다. 별책은 일본어판으로, 편집 발행인은 재일본조선문학예술가동맹 문학부위원회이다. 100엔. 별책은 『문학예술』 전체 발행 기간 중에 2번 나왔다.

2 권두언(창간호)

창간호에는 첫 페이지에 총련 초대 의장인 한덕수의 「가사」로 「공화국 대표 환영가」를 싣고, 이어서 「권두언」을 싣고 있다.

지금 이 창간호의 권두언을 쓰는 조선민보사 편집국 실에는 新潟에서 장거리 전화가 그냥 줄곧 걸리여 오고 있다. ≪공화국 대표 리 일경 단장을 선두로 상륙을 시작……≫ ≪부두에서 환영식이 시작됨≫ 등등. 이리하여 바로 어제 밤의 品川 역두의 감격적인 장면과 더불어 일제의 가혹한 착취 밑에 오랜 세월을 이국 땅에서 신음하던 재일 동포들의 력사상에 새로운 페지가 시작된다.

우리들은 이와 같은 새 전기를 열어 준 김 일성 원수를 수반으로 하는 당과 정부와 조국 인민들에게 최대의 영예와 감사들 드린다.

≪문학 예술≫지는 바로 이와 같은 력사적인 순간에 창간호를 내 놓게 된다. 귀국 제一선의 입항과 더불어 우리들의 앞에 가로 놓였던 장벽을 드디여 문어지고 더욱 보람 찬 서광이 앞길을 빛치는 속에서 ≪문학 예술≫지의 앞길에도 더욱 보람찬 성과가 약속되고 있다.

문예동이 결성되여 벌써 六개월, 그간 ≪문학 예술≫지의 창간을 고대하는 동포들의 욕는 그 어느 때 없이 컸다. 그것은 재일 동포들의 민족 문학 예술에 대한 깊은 사랑과 애국적 자각의 고양, 그리고 창조 력량의 비상한 앙양의 반영으로 된다.

앞으로 ≪문학 예술≫지상에는 귀국 실현과 더불어 더욱 앙양되는 재일 동포들의 이와 같은 창조 성과를 반영하며 천리마의 기세로 조국에서 개화되고 있는 사회주의-공산주의 문학 예술 성과들을 계통적으로 이에 반영할 것이다. 또한 ≪문학 예술≫지에는 미제와 리승만 도당들의 학정하에 있는 남반부 동포들의 처참한 처지와 미국식 퇴페 문화가 범란하는 남조선의 문학 예술 실정을 계통적으로 반영할 것이다.

우리들의 갈 길이 더욱 보람차면 찰 수록, 한날 한시에 해방 되였음에도 불구하고 미제의 강점으로 인하여 인간 생지옥ㅇ로 변한 남반부의 처참한 동포들의 처지를 생각하지 않을 수 없다. 귀국 렬차에 오르는 동포들의 가슴 마다에도 남반부의 부모 형제들의 암담한 처지를 걱정하며 미제와 리 승만 도당들의 학정을 규탄하는 증오의 불길이

끌어 오른 것이다.

지난 十一월에 진행된 문예동 제二차 확대 중앙 위원회는 공화국 최고 인민 회의가 제시한 가장 정당한 조국의 평화적 통일 방안을 열렬히 지지하며 그를 창조 활동으로 구체화하기 위하여 재일 문학 예술 일꾼들이 단결하여 일어 설데 대하여 결의하였다.

≪문학 예술≫지는 조국의 평화적 통일을 갈망하는 남반부의 문학 예술인들과 련계와 뉴대를 강화하는데 있어서도 보다 적극적인 역할을 감당할 것이다.

여기 저기서 새로운 것이 부쩍 부쩍 자라나고 낡고 퇴폐적이고 보수적인 것이 자꾸만 뒤으로 뒤으로 물러 가고 있다. 이와 같은 속에서 날카로운 갈등과 대립은 첨예화하여 간다. ≪문학 예술≫지는 가가 응당 찾이 해야 할 역할의 중요성에 비추어 재일 동포들의 사상 교양 사업에서 믿음직한 역할을 놀 수 있도록 앞으로 부단히 노력할 것이며 부진하였던 비평 활동을 강화하는 무대로 삼을 것이다.

우리들은 ≪문학 예술≫지가 조선 로동당의 문예 정책을 심오하게 체특하며 총련의 문교 정책을 구체적으로 실천하는 무리고 되게끔 하기 위하여 또한 항상 동포들과 같은 호흡을 쉴 수 있도록 하기 위해 독자 여러분들의 아낌 없는 지원과 준엄한 비판이 있기를 기대하는 바이다.

≪한 덕수 의장을 선두로 한 재일 동포들, 공화국 대표와 얼싸 안고 감격의 눈물……≫ 新潟에서의 장거리 전화는 계속 보도해 오고 있다.

위대한 시대에 위대한 조국을 갖는 기쁨 - . 머지 않아 보람찬 一九六O년의 새 아침이 밝아 온다.

(一九五九 · 十二 · 十一일)

창간호 「편집후기」(김민)에 "이 책이 나올 지음에는 귀국선이 이미 세차례나 떠난 때 일것이며"라고 하며 그 내용에 대해 다음 호에 상세히 쓸 것을 적으며, "배는 줄곳 조국에로 향하고 동포들은 더욱 조국을 향하여 가슴을 펴고 일어선다. 오늘의 현실은 고생스러우나 우리의 앞길은 영광에 찼다"고 하면서, "귀국 운동이 더욱 전진 될 새해에 우리 「문학 예술」도 더욱 발전 시켜야 할 것이다."고 적고 있다.

3 목차

발행일	지면정보		필자	제목
	권호	페이지		
1967.06.01	제21호	98	박종상	〈수필〉 귀국의 길을 막을수는 없다
1967.06.01	제21호	101	고봉전	〈수필〉《조국과 수령께 드리는 노래》를 보고
1967.06.01	제21호	82	최환주	연극단사업을 돌이켜보면서
1967.06.01	제21호	87	한명우	중앙예술단이 걸어온 자랑찬 행로
1967.06.01	제21호	91	김부일	동포들 속에서 생활하며 배웠다
1967.06.01	제21호	72	서정협	대음악무용서사시 창조사업에 참가하여-합창을 지도하면서
1967.06.01	제21호	75	임추자	대음악무용서사시 창조사업에 참가하여-안무창작의 중책을 지니고
1967.06.01	제21호	79	리찬강	대음악무용서사시 창조사업에 참가하여-무대미술창작에서 얻은 교훈
1967.06.01	제21호	68		가창지도·《귀국하는기쁜길》《조국익사랑》
1967.08.01	제22호	8		문예동 제四차대회 문헌특집-김일성원수께 드리는 편지
1967.08.01	제22호	10		문예동 제四차대회 문헌특집-조국에서 보내온 축기 및 축전
1967.08.01	제22호	13	김순명	중앙위원회 사업보고
1967.08.01	제22호	30	조남두	〈토론〉 문학창작사업에 대하여
1967.08.01	제22호	33	백령	〈토론〉 미술창작사업에 대하여
1967.08.01	제22호	37	조남두	〈토론〉 군중문화사업에 대하여
1967.08.01	제22호	40	려운각	〈토론〉《총련시보》제작사업에 대하여
1967.08.01	제22호	43		〈토론〉《조국의 해빛아래》에 인민상과 금메달
1967.08.01	제22호	44	남시우	〈시〉 결의
1967.08.01	제22호	46	오상홍	〈시〉 행복이 빛나는 길이기에
1967.08.01	제22호	48	최설미	〈시〉 귀국의 길은 계속 틔워야 한다
1967.08.01	제22호	51	정백운	〈시〉 재일동포 풍물시
1967.08.01	제22호	54	정화음	〈시〉 모범교원
1967.08.01	제22호	56	김태경	〈시〉 귀국의 길은 막지 못한다
1967.08.01	제22호	77	김민	〈창작〉 八월
1967.08.01	제22호	84	김석범	〈창작〉 화산도(제九회)
1967.08.01	제22호	60	김순명	〈수필〉 구걸·협잡·헛꿈
1967.08.01	제22호	65	최동옥	〈수필〉 인민상과 금메달수여식에 참가하여
1967.08.01	제22호	68	박송	〈수필〉 마음의 칼날을 갈아
1967.08.01	제22호	58	려향천	귀국의 길은 그누구도 막지 못한다(재담)
1967.08.01	제22호	58	전철	우리의 배길은 막지못한다《그림과 글》
1967.08.01	제22호	59		〈부록1〉 조선민주주의 인민공화국 창건 19주년 경축 재일본 조선인 중앙예술경연-조직요강
1967.08.01	제22호	59		〈부록3〉 조선민주주의 인민공화국 창건 19주년 경축 재일본 조선인 중앙예술경연-지정곡
1967.12.01	제23호	6	김일성	혁명적 문학예술을 창작할데 대하여(1964년 11월 7일 교시)
1967.12.01	제23호	17	남시우	〈시〉 우리의 조국, 우리의 주권!
1967.12.01	제23호	20	정화흠	〈시〉 행복에 목이 메여

발행일	지면정보		필자	제목
	권호	페이지		
1967.12.01	제23호	22	정백운	〈시〉재일동토 풍물시(2)
1967.12.01	제23호	25	황보옥자	〈시〉내 가을이 되면
1967.12.01	제23호	35	리은직	〈창작〉생활 속에서(상)
1967.12.01	제23호	55	김병두	〈창작〉모대기는 돌
1967.12.01	제23호	106	윤채	〈창작〉학습은 첫째가는 임무
1967.12.01	제23호	66	김재남	〈창작〉찾아야 할 사람(하)
1967.12.01	제23호	28	량우직	〈수필〉힘의 뿌리
1967.12.01	제23호	30	김금순	〈수필〉이땅을 조국통일을 위해
1967.12.01	제23호	32	김준성	〈수필〉모든 난관을 극복하고
1967.12.01	제23호	33	고창일	〈수필〉투쟁의 무기가 될 작곡공부를
1967.12.01	제23호	111	최승근	〈자료〉무용개론(제1회)
1967.12.01	제23호	117		지부소식
1967.12.01	제23호	116		미술단평
1967.12.01	제23호	31		가곡해설-유격대행진곡 / 우리는지킨다. 귀국의 배길
1968.02.01	제24호	4	김일성	천리마시대에 상응한 문학예술을 창조하자
1968.02.01	제24호	16	오상홍	〈시〉그이의 심장대로
1968.02.01	제24호	17	정화흠	〈시〉충성의 불길이 타오른다
1968.02.01	제24호	18	김학렬	〈시〉일당백의 대오
1968.02.01	제24호	19	최설미	〈시〉불굴의 1211고지
1968.02.01	제24호	20	김태경	〈시〉나도 그대들처럼
1968.02.01	제24호	22	정리신	〈수필〉곽로인의 다짐
1968.02.01	제24호	24	리광현	〈수필〉2·8절을앞두고
1968.02.01	제24호	27	허남기	〈장편련시〉조선해협(제1회)
1968.02.01	제24호	27	허남기	〈장편련시〉바다의 노래
1968.02.01	제24호	29	허남기	〈장편련시〉현해탄
1968.02.01	제24호	31	허남기	〈장편련시〉여기는 부산, 여기는 하관
1968.02.01	제24호	33	허남기	〈장편련시〉고향에 띄우는 노래
1968.02.01	제24호	35	리호	〈단막희곡〉배고동
1968.02.01	제24호	50	량우직	〈단편소설〉오직 그이의 뜻을 받들어
1968.02.01	제24호	65	박관범	〈단편소설〉분회장 고인호
1968.02.01	제24호	76	리은직	〈단편소설〉생활속에서(하)
1968.02.01	제24호	98	최승근	〈자료〉무용개론(제1장 제2절)
1968.02.01	제24호	103		편집후기
1968.02.01	제24호	4		오라토리오·《조국과수령께무한히충실하리라》 중에서
1968.04.01	제25호	4	김일성	〈담화〉《우리 문학예술의몇가지 문제에 대하여》
1968.04.01	제25호	11	문예동문학부 집체작	위대한 김일성원수께 드리는 노래
1968.04.01	제25호	18	최설미	〈시〉그 대렬속에서 어머니도

발행일	지면정보		필자	제목
	권호	페이지		
1968.04.01	제25호	19	박정혜	〈시〉 나는 노래합니다.
1968.04.01	제25호	21	김태경	〈시〉 오라버님 받아 보옵소서
1968.04.01	제25호	26	정화흠	〈시〉 그날은 오리라
1968.04.01	제25호	28	허남기	〈장편련시〉 조선해협(제2회)
1968.04.01	제25호	28	허남기	〈장편련시〉 출발의 노래
1968.04.01	제25호	30	허남기	〈장편련시〉 소의 아리아
1968.04.01	제25호	31	허남기	〈장편련시〉 밤차의 노래
1968.04.01	제25호	33	백령	〈평론〉 미술창작에서 주체를 확립하자-제21회 일본안데팡전을 보고-
1968.04.01	제25호	39	리미남	〈평론〉 인민군대를 형상하기 위하여-《불타는 고지》의 안무창작을 맡고
1968.04.01	제25호	41	박명준	〈감상〉 가나가와2·8절축하문화공연을보고
1968.04.01	제25호	43	김병두	〈단편소설〉 다리
1968.04.01	제25호	52	황보옥자	〈단막희곡〉 정숙이(1막 2장)
1968.04.01	제25호	91	최승근	〈자료〉 무용개론-제2장 무용작품의 주제와 사상
1968.04.01	제25호	97		지부소식
1968.07.01	제26호	4	김일성	우리 예술을 높은 수준에로 발전시키기 위하여
1968.07.01	제26호	8		김일성원수께 드리는 편지
1968.07.01	제26호	10	김순명	총련중앙위원회 제8기 제3차회의결정을 문예동사업에서 관철하기 위하여
1968.07.01	제26호	44	남시우	〈시〉 대오여, 앞으로
1968.07.01	제26호	45	홍윤표	〈시〉 수류탄의 노래
1968.07.01	제26호	47	황보옥자	〈시〉 100일간 혁신운동의 기관차가 달린다
1968.07.01	제26호	49	라영화	〈시〉 동해는 고한다
1968.07.01	제26호	51	윤채	〈단편희곡〉 혁신
1968.07.01	제26호	28	허남기	〈장편련시〉 조선해협(제3회)
1968.07.01	제26호	28	허남기	철길의 노래
1968.07.01	제26호	29	허남기	다시 고향에 띄우는 노래
1968.07.01	제26호	34	김학렬	〈평론〉 상반년 시작품을 중심으로
1968.07.01	제26호	37	김일순	〈평론〉 대음악 무용서사시 상연사업에 참가하여
1968.07.01	제26호	42	김금옥	〈평론〉 연극창조수기
1968.07.01	제26호	32	박종상	〈평론〉 시대의 앞장에 서자!
1968.07.01	제26호	64	엄호석	〈평론〉 김일성동지의 전형성에 대한 교시를 더욱 철저히 관철하기 위하여
1968.07.01	제26호	80	강능수	〈평론〉 혁명과 문학(상)
1968.07.01	제26호	139	최승근	〈자료〉 무용개론(제3장 제2절)
1968.07.01	제26호	148	허남기 시 최동옥 곡	〈가곡〉 동해바다에 다리를 놓자
1968.07.01	제26호	136	김영자	〈가곡〉 총동원가

발행일	지면정보		필자	제목
	권호	페이지		
1968.07.01	제26호	137	김영국	〈가곡〉돈돌라리
1968.12.01	제27호	10	김일성	〈시〉계급교양에서 문학예술의 역할을 높일데 대하여
1968.12.01	제27호	16		〈시〉조선민주주의 인민공화국 창건20주년 기념 재일본조선인 중앙예술축전에서 한 총련중앙 한덕수의자으이 인사
1968.12.01	제27호	25	김학렬	〈시〉4천만의 위대한 수령님을 우러러
1968.12.01	제27호	30	최설미	〈시〉충성의 노래
1968.12.01	제27호	33	정화수	〈시〉울려다오 그대의 목소리
1968.12.01	제27호	39	고봉전	〈시〉아, 내조국 내 고향이여!(외 2편)
1968.12.01	제27호	36	오상홍	〈시〉우리 고장에 수령님을 모슬 그 날을 그리며
1968.12.01	제27호	34	홍윤표	〈시〉우리의 건설장
1968.12.01	제27호	45	정화흠	〈소설〉태풍
1968.12.01	제27호	55	량우직	〈소설〉투장속에서
1968.12.01	제27호	77	소영호	〈소설〉해살은 여기에도 비친다
1968.12.01	제27호	29	정백운	〈가사〉빛나여라 20년
1968.12.01	제27호	44	김시련	〈가사〉4천만의 가슴은 불탄다
1968.12.01	제27호	목차뒷면		〈가곡〉4천만의 가슴은 불탄다
1968.12.01	제27호	표지4면		〈가곡〉위대한 수령께 충성 다하리
1968.12.01	제27호		현길보	〈소설〉풍경
1968.12.01	제27호		김호일	〈소설〉어둠을 뚫고
1968.12.01	제27호		리단숙	〈소설〉팥죽장사
1968.12.01	제27호		리금옥	〈시〉길
1968.12.01	제27호		서화호	〈시〉노래(외 1편)
1968.12.01	제27호		리경수	〈콩트〉동트는 아침
1968.12.01	제27호		윤채	〈만담〉내가 하고싶은 말
1968.12.01	제27호		김시련	〈동요〉우리 아빠 우리 엄마
1968.12.01	제27호		강능수	〈평론〉혁명과 문학(중)
1968.12.01	제27호		최승근	〈자료〉무용개론(제4장 제1절)
1968.12.01	제27호			편집후기
1969.02.01	제28호	1		4천만 조선인민의 친애하는 수령 김일성원수의 새해축전
1969.02.01	제28호	4		김일성원수께 드리는 문예동의 새해축전
1969.02.01	제28호	10		조국에서 보내온 편지-조선문학 예술총동맹 중앙위원회로부터 보내온 편지
1969.02.01	제28호	13		조국에서 보내온 편지-조선선민주주의 인민공화국 문화성 정무원일동으로부터 보내온 편지
1969.02.01	제28호	15		조국에서 보내온 편지-문예출판사에서 보내온 편지
1969.02.01	제28호	18		조국에서 보내온 편지-조선예술영화촬영소 종업원일동으로부터 보내온 편지
1969.02.01	제28호	21		조국에서 보내온 편지-조선작가동맹 강원도지부 작가일동으로부터 보내온 편지

발행일	지면정보		필자	제목
	권호	페이지		
1969.02.01	제28호	22		재일본 조선문학예술가동맹 중앙위원회 제4기 제3차회의에 제출한 문예동 중앙상임위원회 사업보고
1969.02.01	제28호	42	홍윤표	〈시〉 남조선투사들에게 보내는 노래-그대는 우리 가슴에 길이 살아 있으리라
1969.02.01	제28호	44	서화호	〈시〉 남조선투사들에게 보내는 노래-불굴의 그대들에게
1969.02.01	제28호	47	정화흠	〈시〉 남조선투사들에게 보내는 노래-고 최영도선생이시여 외1편
1969.02.01	제28호	49	정화수	〈시〉 남조선투사들에게 보내는 노래-기어코 원쑤를 갚고말리라
1969.02.01	제28호	52	홍순련	〈시〉 남조선투사들에게 보내는 노래-수령의 전사
1969.02.01	제28호	118	정백운	〈가사〉 조선투사들에게 보내는 노래-일어서서 싸우자
1969.02.01	제28호	91	김학렬	〈가사〉 수령님의 령도따라 60만은 나아간다
1969.02.01	제28호	174		〈가사〉 끝까지 기키리 귀국길 왕래길
1969.02.01	제28호	123	서묵(작) 최종옥(곡)	〈가극대본〉 싸워서 찾으리 고향땅
1969.02.01	제28호	170	리철우	〈수기〉 음악통신 교육사업을 돌이켜 보고
1969.02.01	제28호	175		조선민주주의 인민공화국 창건20돐기념 문예작품 현상모집 응모작품에 대한 심사결과와 총평
1969.02.01	제28호	54	김재남	〈소설〉 새출발
1969.02.01	제28호	69	조남두	〈소설〉 올가미
1969.02.01	제28호	92	고왕민	〈소설〉 보람
1969.02.01	제28호	106	현길보	〈소설〉 갈림길
1969.02.01	제28호	114	정화흠	〈시〉 새날이 밝아온다 외1편
1969.02.01	제28호	116	오상홍	〈시〉 크낙한 영예
1969.02.01	제28호	117	정화수	〈시〉 우리도 인민군이여라
1969.02.01	제28호	119	정백운	〈시〉 수령님께서 마련해 주신 성벽이 있기에
1969.02.01	제28호	121	서화호	〈시〉 미더운 기수 옥련아
1969.02.01	제28호	40	최설미 (외2명)	〈집체시〉 새날이 동터옵니다
1969.02.01	제28호	122	고봉전	〈동시〉 아동단원들에게 배우렵니다
1969.02.01	제28호	155	강능수	〈평론〉 혁명과 문학(하)
1969.02.01	제28호	179	최승근	〈자료〉 무용개론(제4장 제2절)
1969.05.01	제29호	6	김일성	혁명적 문학예술을 창작할데 대하여(1964년 11월 7일 교시)
1969.05.01	제29호	1		〈시〉 수령께 드리는 노래
1969.05.01	제29호	19	정백운	아 위대한 태양이시여
1969.05.01	제29호	21	고봉전	어떤 바람이 불어도 수령께 충직하리라
1969.05.01	제29호	23	김학렬	마음은 달립니다
1969.05.01	제29호	72	집체작	〈희곡〉 뜨거운 심정 전7장
1969.05.01	제29호	50	강종근	〈기행〉 총련 와가나이 분회를 찾아서

발행일	지면정보		필자	제목
	권호	페이지		
1969.05.01	제29호	45		〈동요〉원수님의 초상화
1969.05.01	제29호	46		〈동요〉꽃을 심자요
1969.05.01	제29호	58		〈가곡〉그이의 품속에서
1969.05.01	제29호	59		〈가곡〉보람찬 우리 생활
1969.05.01	제29호	60		〈가곡〉우리 총련 자랑하세
1969.05.01	제29호	61		〈가곡〉꽃피는 민족교육
1969.05.01	제29호	65		〈가곡〉수령님 령도따라 앞으로
1969.05.01	제29호	31	리영	〈시〉미제침략자의 론법
1969.05.01	제29호	32	정화수	〈시〉조국의 냄새를 알아보자고
1969.05.01	제29호	36	홍윤표	〈시〉헤아릴 수 없는 사람
1969.05.01	제29호	37	리성조	〈시〉신념과 각오
1969.05.01	제29호	40	홍상홍	〈시〉열화같은 심정들이여
1969.05.01	제29호	41	리덕호	〈시〉수령님의 따뜻한 품속에 안기려는 붉은 심장들
1969.05.01	제29호	42	서화호	〈시〉원수님 고맙습니다
1969.05.01	제29호	25	량우직	〈수필〉백사만가지 안될 일이 없다
1969.05.01	제29호	28	김병두	〈수필〉감격의 장면
1969.05.01	제29호	47	륙향봉	〈수기〉수령님의 문예일군된 자랑
1969.05.01	제29호	68	문두성	〈수기〉첫출연을 하고
1969.05.01	제29호	24	전철	〈만화〉잉크도 마르기전에
1969.05.01	제29호	103	최승근	〈자료〉무용개론 제4장 제2절
1969.08.01	제30호	1		4천만 조선인민의 위대한 수령 김일성원수께 드리는 편지
1969.08.01	제30호	4		재일본조선문학예술가동맹창립 열돐기념 모임에서 한총련 중앙 한덕수의장의 인사
1969.08.01	제30호	10		문예동창립 열돐을 축하하여 조국전선과 문예총에서 보내온 축전
1969.08.01	제30호	14		재일본 조선문학예술가동맹 중앙위원회 제4기 제4차회의에 제출한 문예동 중앙상임위원회 사업보고
1969.08.01	제30호	30	고봉전	〈시〉어버이수령님이시여 만수무강하시라
1969.08.01	제30호	31	량광우	〈시〉당신께 충직한 전사가 되겠습니다
1969.08.01	제30호	34	집체작	〈시〉추도시-공화국영웅김종태동지의령전에
1969.08.01	제30호	36	서화호	〈시〉고 김종태선생이여
1969.08.01	제30호	44	정화수	〈시〉남녘이여 그날을 위하여
1969.08.01	제30호	45	정화흠	〈시〉그맘 오직 하나이기로
1969.08.01	제30호	47	리창구	〈시〉싸우는 남녘이여
1969.08.01	제30호	48	지영민	〈시〉인민군용사들처럼 싸우리라
1969.08.01	제30호	79	리은직	〈단편소설〉전진
1969.08.01	제30호	68	현길보	〈단편소설〉명숙어머니
1969.08.01	제30호	56	리성조	〈단막희곡〉통쾌한 수술

발행일	지면정보		필자	제목
	권호	페이지		
1969.08.01	제30호	75	김형기	〈수필〉8.15해방의 날을 회상하면서
1969.08.01	제30호	40	강두환	〈수필〉장의 사진을 두고
1969.08.01	제30호	42	고연의	〈수필〉또다시 4월의 항쟁의 거리에서
1969.08.01	제30호	52	허옥녀	〈수기〉총련의 문예일군된 기쁨을 안고
1969.08.01	제30호	51	허남기(시) 최영수(곡)	〈가곡〉락동강
1969.08.01	제30호	38	리시구(시) 리동섭(곡)	〈가곡〉고지의 달밤
1969.08.01	제30호	39	손철호(시) 한재숙(곡)	〈가곡〉반디불아
1969.08.01	제30호	50	김시련(시) 리종석(곡)	〈동요〉우리 아빠 우리 엄마
1969.08.01	제30호	92	최승근	〈자료〉무용개론
1969.08.01	제30호	97		말다듬기
1969.12.01	제31호	4	김일성	천리마기수들은 우리 시대의 영웅이며 당의 붉은 전사이다
1969.12.01	제31호	11		위대한 수령 김일성원소의 육친적인 배려와 사랑을 받고 있는 우리 작가 예술인들은 무한히 행복하다
1969.12.01	제31호	49	김학렬	〈시〉오각별 날린다
1969.12.01	제31호	53	정화수	〈시〉달리는 그대들이여
1969.12.01	제31호	51	리성조	〈시〉영광의 기록
1969.12.01	제31호	55	서화호	〈시〉용코 용한 그들이여
1969.12.01	제31호	50	리덕호	〈시〉60만동포들의 뜨거운 심정이여
1969.12.01	제31호	68	서민	〈시〉치자, 가장 강한 철추로
1969.12.01	제31호	69	최설미	〈시〉가고픈 땅 조국이여
1969.12.01	제31호	71	홍윤표	〈시〉가고야 말 길
1969.12.01	제31호	76	리애호	〈시〉오직 그이께 바쳐 나아가렵니다
1969.12.01	제31호	75	허옥녀	〈시〉따사로운 품
1969.12.01	제31호	74	김성조	〈시〉봄
1969.12.01	제31호	81	신영호	〈소설〉운동회 날에
1969.12.01	제31호	87	김영곤	〈소설〉형제(상)
1969.12.01	제31호	98	리은직	〈소설〉신작로
1969.12.01	제31호	62	김형기	〈수필〉남조선영화가 나아갈 길
1969.12.01	제31호	65	김병두	〈수필〉최청년의 결의
1969.12.01	제31호	57	한미비	〈루뽀〉뭇별이 더욱 아름답소
1969.12.01	제31호	125	김동찬	〈자료〉조선말띄여쓰기해설(1)
1969.12.01	제31호	117	최승근	〈자료〉무용개론
1969.12.01	제31호	67		문예소식

민주조선(民主朝鮮)

○ ○ ○

 서지적 정보

『민주조선』은 해방 직후인 1946년 4월에 창간호가 발간되어 1950년 7월에 33호로 종간이 된 GHQ 시대의 최대 재일조선인 종합잡지이다. 창간호 편집후기에 의하면, 본 잡지가 기획된 것은 광복 전인 1945년 3월 이전이었고, 잡지의 성격 역시 〈종합잡지〉가 아닌 〈문예잡지〉를 목적으로 이미 '2천장'의 원고를 모았지만, 공교롭게도 1945년 3월의 도쿄 공습으로 모든 원고가 소실되었다고 한다.

본지는 창간호부터 3호까지는 민주조선사에서 발행되었고, 4호부터 9호까지는 조선 문화사, 10호는 문화조선사(동호의 잡지명 역시 『문화조선』으로 변경), 11호부터 22호까지는 다시 조선문화사, 그리고 23호부터 33호 종간까지는 민주조선사로 출판사명을 바꾸면서 발행되었다.

특히, 창간 당시의 발행인은 재일본조선인연맹(이하, 조련) 가나가와본부조직부장의 조진용이 맡았지만, 4호 이후부터는 조련 중앙총본부총무부장이자 가나가와본부위원장의 한덕수로 바뀌고, 조진용은 부사장을 역임하게 된다. 또한, 최초 편집인은 조련 가나가와본부 총무부장 김원기, 2호부터 24호까지는 가나가와본부 정보부장의 재일조선인 작가 김달수가 편집장을 담당했고, 25호부터 종간호 33호까지는 조련 도쿄본부위원장의 윤병옥이 발행인과 편집인을 겸하게 된다.

본지에서는 총 9회에 걸쳐 특집호를 다루고 있고, 소설 특집호 2회(8호, 24호), 3.1운동 특집호 2회(9호, 26호), 재일조선인 문제 특집호를 2회(21호, 33호) 게재하고 있고, 「남선정부 1주년특집호」(30호)도 싣고 있다. 내용적인 측면에서 보면, 문학관련 작가 및 평론가의 기사가 가장 많고(김달수, 허남기, 원용덕, 이은직, 임화, 오다기리 히데오, 야스타카 도쿠조, 히라바야시 다이코, 이토 세이 등), 다음으로 정치 및 경제 관련 논문,

그리고 재일조선인의 다양한 문제를 다루는 논평 및 기사, 또한 이와 같은 재일조선인 및 남북의 조선 관련 기사뿐만 아니라, 동시대의 중국 및 사회주의의 문제까지 문제의식을 확장하면서 종합잡지 답게 다양한 문제를 다루고 있다(「중국문제특집호」27호).

또한, 좌담회 참석자를 포함한 집필진을 보면, 창간호부터 종간호까지 재일조선인 216명(특히 조련 관계자가 많음), 본국의 조선인 75명, 일본인 103명, 중국인 14명, 러시아인 1명이 각각 본지에 글을 투고했다. 또한, 임진왜란 당시 일본으로 끌려온 도공의 후예인 강위당도 김달수의 소개를 통해 본지의 편집 및 수필 및 희곡, 그리고 조선인 도공이 집단 거주했던 가고시마현 나에시로가와를 배경으로 한 「도공 고려인」(8호) 등의 소설을 싣고 있고, 이후 김달수는 강위당을 모델로 한 단편 「나에시로가와(苗代川)」(『민주문학』1966년 4월호)를 발표하기도 한다.

 창간사

진보적 민주주의 혁명 과정에 있어서, 조선인은 역사적 현실을 어떠한 각도에서 파악하고, 어떻게 그러한 역사적 사명을 완수하려 하고 있을까. 환언하면, 조선인은 무엇을 생각하고, 무엇을 말하며, 무엇을 하려고 하고 있는 것일까. 특히, 신탁통치문제를 중심으로 객관적 정세와 주관적인 동향은 세계의 주목의 초점이 되고 있다. 이런 시점에서 우리들은 우리들이 나아가야 할 길을 세계에 표명함과 동시에, 과거 36년이라고 하는 긴 시간 동안 왜곡된 조선의 역사, 문화, 전통 등에 대한 일본인의 인식을 바로잡고, 이를 통해 앞으로 전개될 정치, 경제, 사회 건설에 대한 우리들의 구상을 이 작은 소책자를 통해, 조선인을 이해하려고 하는 강호의 현자에게 그 자료로서 제공하는 것을 목적으로 한다.

3 목차

발행일	권호	저자	제목
1946.06.01	3号	德永直	朝鮮について
1946.06.01	3号	金茂喜	日本の女性
1946.06.01	3号	金台俊	〈連載〉第3回（李殷直訳）朝鮮小説史
1946.06.01	3号	林成大	鶏林の由来
1946.06.01	3号	趙碧岩	〈詩〉歓喜の日
1946.06.01	3号	宋車影	〈小説〉残骸
1946.06.01	3号	金達寿	〈小説〉後裔の街 連載第3回
1946.06.01	3号	（金）	編輯後記
1946.07.01	4号	崔弘基	朝鮮経済建設の根本問題
1946.07.01	4号	黄道淵	来るべき朝鮮経済の性格（下）──資本主義経済の本質を論ず
1946.07.01	4号	中西伊之助	日本天皇制の打倒と東洋諸民族の民主的同盟　　朝鮮人連盟への要請
1946.07.01	4号	金台俊	朝鮮民乱史話(金哲訳)
1946.07.01	4号	熊王徳平	朝鮮と日本
1946.07.01	4号	（淳）	朝鮮の慣習
1946.07.01	4号	韓峻	妄想患者
1946.07.01	4号	申鼓頌	演劇運動とその組織(金鐘勲訳)
1946.07.01	4号	村山知義	朝鮮の演劇について
1946.07.01	4号	無著名	朝鮮民主臨時政府樹立促成人民大会
1946.07.01	4号	無著名	朝鮮民主臨時政府樹立促成人民大会の決議による〝メツセーヂ〟
1946.07.01	4号	金台俊	〈連載〉第4回 朝鮮小説史 （李殷直訳）
1946.07.01	4号	許南麒	〈詩〉磯にて──Dedie a Mlle Sukill
1946.07.01	4号	保高徳蔵	日本で活躍した二人の作家
1946.07.01	4号	石塚友二	交友関係から
1946.07.01	4号	読者投稿	読者だより
1946.07.01	4号	孫仁章	〈小説〉李川氏についての二章
1946.07.01	4号	金文洙	〈小説〉床屋にて
1946.07.01	4号	無著名	執筆者紹介
1946.07.01	4号	編集部	朝鮮文壇の動向
1946.07.01	4号	金達寿	〈小説〉後裔の街 連載第4回
1946.07.01	4号	（キム）	編輯室から
1946.09.01	5号(8・9月合併号)	元容徳	〈巻頭言〉解放一周年を迎へて
1946.09.01	5号	朝鮮社会科学研究所	朝鮮財政金融建設対策(元容徳訳)
1946.09.01	5号	江添正	〈短歌〉日本人海外発展
1946.09.01	5号	ウラジミーノフ	樺太の日本人と朝鮮人達

발행일	권호	저자	제목
1946.09.01	5号	中保与作・橘善守・野中喜久男・磯山浩・宍戸寛・加藤政治・海野秀雄・劉宋煥・韓徳銖・元容徳・金達寿	日本のジャーナリストの語る解放朝鮮の現状とその展望
1946.09.01	5号	藤森成吉	礼讃
1946.09.01	5号	岩上順一	朝鮮作家に就て
1946.09.01	5号	金台峻	〈連載〉第5回朝鮮小説史（李殷直訳）
1946.09.01	5号	張斗植	〈小説〉立退き
1946.09.01	5号	フォ・ナムキイ	〈詩〉蒼天
1946.09.01	5号	金元基	〈小説〉奉求の魂
1946.09.01	5号	金達寿	〈小説〉後裔の街 連載第5回
1946.09.01	5号	（キム）	編輯室から
1946.12.01	6号	朴永泰	巻頭言
1946.12.01	6号	風早八十二	日本民主革命と朝鮮
1946.12.01	6号	新日本文学会	朝鮮の作家への挨拶
1946.12.01	6号	元容徳	民主主義民族戦線
1946.12.01	6号	李源朝	民族文化発展の概観——三・一蜂起と文化革命の現段階
1946.12.01	6号	成惠永	朝鮮農業の形態
1946.12.01	6号	三重	朝鮮婦人
1946.12.01	6号	鄭在弼	在日本朝鮮民主青年同盟について
1946.12.01	6号	伊豆公夫	朝鮮の若い世代に
1946.12.01	6号	（朴）	投稿について
1946.12.01	6号	韓暁	（金泳祚訳）民族文化の本質
1946.12.01	6号	希有子	新しき出発
1946.12.01	6号	金台峻	〈連載〉第6回朝鮮小説史（李殷直訳）
1946.12.01	6号	小田切秀雄	朝鮮文学の開花のために
1946.12.01	6号	李殷直	〈小説〉脱皮
1946.12.01	6号	李周洪	〈詩〉歴史（黄景守訳）
1946.12.01	6号	金達寿	〈小説〉後裔の街 連載第6回
1946.12.01	6号	（キム）	編輯室から
1947.01.01	7号	（元）	米ソ共同委員会の再会を促す

발행일	권호	저자	제목
1947.01.01	7号	中西功	朝鮮独立の世界史的意義
1947.01.01	7号	鈴木安蔵	民族独立の条件と形態
1947.01.01	7号	金午星	呂運亨論 南廷揚訳
1947.01.01	7号	韓吉彦	朝鮮婦女解放運動の歴史的意義 黄景守訳
1947.01.01	7号	梅原末治	朝鮮の古蹟調査と其の東亜考古学への寄与
1947.01.01	7号	金沢庄三郎	漢字を通じて見たる朝鮮
1947.01.01	7号	杉原希有子	〈コント〉小さな枠
1947.01.01	7号	韓暁	新しい性格の創造
1947.01.01	7号	金台峻	〈連載〉第7回 朝鮮小説史（李殷直訳）
1947.01.01	7号	壷井繁治	震災の思ひ出
1947.01.01	7号	無著名	文化社雑記
1947.01.01	7号	許南麒	〈詩〉樹林
1947.01.01	7号	平林たい子	朝鮮の人
1947.01.01	7号	金史良	〈戯曲〉福■［ルビ：ポクトル］の軍服（金元基訳）
1947.01.01	7号	金達寿	最近の金史良について
1947.01.01	7号	金達寿	〈小説〉後裔の街 連載第7回
1947.01.01	7号	（キム）	編輯室から
1947.02.01	8号, 小説特集	李殷直	〈小説〉生きてありなば
1947.02.01	8号	金元基	〈小説〉弟の出奔
1947.02.01	8号	金達寿	〈小説〉塵（ごみ）
1947.02.01	8号	尹紫遠	〈詩〉大同江（その一）
1947.02.01	8号	金達寿	〈小説〉後裔の街 連載第8回
1947.02.01	8号	金雨石	文学の解放──とくに小説文学を中心に
1947.02.01	8号	坂井松太郎	朝鮮の漬けもの
1947.02.01	8号	キム・ タルス	車中での感想
1947.02.01	8号	孫仁章	朝鮮文壇の現状
1947.02.01	8号	（キム）	編輯室から（特集について）
1947.04.01	9号, ※3・4月号 ※三・一 運動記念	（金）	三・一の犠牲者に瞑目する
1947.04.01	9号	崔南善	朝鮮独立運動の経過
1947.04.01	9号	金午星	三・一運動と八・一五の歴史的意義
1947.04.01	9号	申鴻湜	三・一革命記念日を迎へて
1947.04.01	9号	金元基	三・一運動の記憶
1947.04.01	9号	孫仁章	三・一運動と朝鮮文学

発行日	権号	著者	제목
1947.04.01	9号	木村靖二	朝鮮農民解放史（上）
1947.04.01	9号	康■哲	〈詩〉階段
1947.04.01	9号	尹紫遠	〈詩〉焼跡
1947.04.01	9号	金台俊	〈連載〉第8回 朝鮮小説史（李殷直訳）
1947.04.01	9号	なかの・しげはる	四人の志願兵
1947.04.01	9号	湯浅克衛	壱岐・中学時代・中島敦
1947.04.01	9号	李泰俊	落書
1947.04.01	9号	厳興燮	〈小説〉氷夜
1947.04.01	9号	金達寿	〈小説〉塵芥船後記
1947.04.01	9号	無著名	文化社雑記
1947.04.01	9号	張斗植	〈小説〉祖父
1947.04.01	9号	東野光太郎	〈書評〉湯浅克衛「カンナニ」
1947.04.01	9号	金達寿	〈小説〉後裔の街 連載第9回
1947.04.01	9号	（キム）	編集室から
1947.05.01	10号	鹿地亘	東洋の相貌
1947.05.01	10号	金午星	金日成論
1947.05.01	10号	細川嘉六・平林たい子・藤森成吉・徳永直・中西功・山川均・伊藤整	〈アンケート〉新しい朝鮮に期待する
1947.05.01	10号	ハン・トクス・趙進勇・李群生・金元基・張斗植・金鐘勲	〈アンケート〉われら朝鮮人の立場
1947.05.01	10号	許南麒	〈詩〉風
1947.05.01	10号	金台俊	〈連載〉第9回朝鮮小説史（李殷直訳）
1947.05.01	10号	小田切秀雄	中国文学の場合──世界民主主義文学の一つとして
1947.05.01	10号	元容徳	〈編訳〉朝鮮近代革命運動史
1947.05.01	10号	姜魏堂	〈戯曲〉壺屋の高麗人
1947.05.01	10号	金達寿	〈小説〉後裔の街(連載終回)
1947.05.01	10号	（キム）	編集部から
1947.06.01	11号	細川嘉六	世界史的情勢と朝鮮
1947.06.01	11号	鄭圭晧	「東学党」闘争の全貌
1947.06.01	11号	元容徳	朝鮮近代革命運動史（第二講）　大院君執政時代と資本主義の侵入

발행일	권호	저자	제목
1947.06.01	11号	青野季吉	朝鮮文学について
1947.06.01	11号	金元基	〈小説〉孫チョムチの「天罰」
1947.06.01	11号	康■哲	〈詩〉波涛
1947.06.01	11号	金達寿	〈小説〉雑草の如く
1947.06.01	11号	(キム)	編集部から
1947.07.01	12号	元容徳	〈巻頭言〉米ソ共同委員会と我等
1947.07.01	12号	李経国	朝鮮農業発展の革命的意義
1947.07.01	12号	宋完淳	民族文化建設の任務──そのルネッサンス的意義
1947.07.01	12号	元容徳	朝鮮近代革命運動史（第三講）　壬午軍乱と清日両国の争覇
1947.07.01	12号	金載元	朝鮮の博物館
1947.07.01	12号	フォ・ナムキイ	〈詩〉詩人
1947.07.01	12号	金達寿	或る日のノウト──日本文学私見
1947.07.01	12号	金台峻	〈連載〉第10回朝鮮小説史（李殷直訳）
1947.07.01	12号	K生	祖国への通信
1947.07.01	12号	李殷直	〈小説〉断層
1947.07.01	12号	李泰俊	〈小説〉解放前後──或る作家の手記
1947.07.01	12号	(キム)	編集部から
1947.08.01	13号	元容徳	〈巻頭言〉解放二周年を迎えて
1947.08.01	13号	劉明電 外	〈座談会〉東洋民主主義革命の進展
1947.08.01	13号	元容徳（編訳）	朝鮮近代革命運動史(第四講)甲申政変
1947.08.01	13号	金達寿	呂運亨先生の生涯(上)
1947.08.01	13号	金台峻（李殷直訳）	〈連載 第11回〉朝鮮小説史
1947.08.01	13号	尹紫遠	朝鮮の民謡について
1947.08.01	13号	李泰俊	〈小説〉解放前後(下)──或る作家の手記
1947.08.01	13号	(キム)	編集部から
1947.09.01	14号	金達寿	〈小説〉李万相と車桂流
1947.09.01	14号	李庸岳	〈詩〉おらんけ花
1947.09.01	14号	許南麒	〈小説〉石鏡説
1947.09.01	14号	李殷直	〈小説〉脱走兵──同志Hのために
1947.09.01	14号	朴元俊	〈小説〉失える魂
1947.09.01	14号	朴賛模	〈小説〉夢見る部落
1947.09.01	14号	(キム)	編集部から
1947.11.01.（10・11月호）	15号	鄭鎮石	朝鮮インテリゲンチャ論

발행일	권호	저자	제목
1947.11.01. (10·11월호)	15号	尹鳳求	在日朝鮮青年の進路
1947.11.01. (10·11월호)	15号	サカイ・ トクゾウ	中国解放区で会つた朝鮮の人々
1947.11.01. (10·11월호)	15号	金台峻 (李股直訳)	〈連載 第12回〉朝鮮小説史
1947.11.01. (10·11월호)	15号	植村諦	朝鮮の追想と希求
1947.11.01. (10·11월호)	15号	金達寿	傷跡の追求
1947.11.01. (10·11월호)	15号	伊藤整	民族の言葉と文学
1947.11.01. (10·11월호)	15号	張斗植	〈小説〉帰郷(上)
1947.11.01. (10·11월호)	15号	朴賛模	〈小説〉夢みる部落
1947.11.01. (10·11월호)	15号	無著名	〈北朝鮮消息〉躍進する教育事業
1947.11.01. (10·11월호)	15号	(キム)	編集部から
1947.12.15	16号	林和	朝鮮民族文学建設の基本課題
1947.12.15	16号	小田切秀雄	体験と創作
1947.12.15	16号	李応奎	愛国心について
1947.12.15	16号	金台峻 (李股直訳)	〈連載 第13回 完結〉朝鮮小説史
1947.12.15	16号	許南麒	〈詩〉階
1947.12.15	16号	村上知行	私と朝鮮語
1947.12.15	16号	金達寿	〈小説〉続・李万相と車桂流
1947.12.15	16号	張斗植	〈小説〉小説帰郷 （下）
1947.12.15	16号	(キム)	編集部から
1948.01.15	17号	(金)	〈巻頭言〉民族主体の確立へ
1948.01.15	17号	岩村三千夫	進歩的民族主義の推進
1948.01.15	17号	李股直	六十万人について-在日朝鮮人問題 文化的な立場から
1948.01.15	17号	尾崎庄太郎	中国・朝鮮および日本における土地改革の比較研究
1948.01.15	17号	許南麒	〈詩〉朝鮮風物詩(その一)　慶州
1948.01.15	17号	洪九	〈小説〉星を抱いて
1948.01.15	17号	安懐南	〈小説〉夜
1948.01.15	17号	金達寿	〈小説 長篇連載 第1回〉族譜
1948.01.15	17号	(タルス)	編集部雑記

발행일	권호	저자	제목
1948.02.15 (2·3월호)	18号	無著名	〈巻頭言〉三·一運動について
1948.02.15 (2·3월호)	18号	金起林	わが朝鮮詩の方向
1948.02.15 (2·3월호)	18号	安英一	朝鮮演劇の歴史的段階
1948.02.15 (2·3월호)	18号	林和	人民抗争と朝鮮文学——三·一運動記念に際して
1948.02.15 (2·3월호)	18号	平野義太郎	幸徳秋水と朝鮮の独立
1948.02.15 (2·3월호)	18号	殷武巌	神信心
1948.02.15 (2·3월호)	18号	孫仁章	新聞読み-浄財と日本の政治
1948.02.15 (2·3월호)	18号	許南麒	〈詩〉朝鮮風物詩(その二)　釜山
1948.02.15 (2·3월호)	18号	朴元俊	〈小説〉金嬢のこと
1948.02.15 (2·3월호)	18号	金達寿	〈小説 長篇連載 第2回〉族譜
1948.02.15 (2·3월호)	18号	(タルス)	編集部雑記
1948.04.15	19号	韓徳銖	〈巻頭言〉創刊二周年に際して
1948.04.15	19号	北載昶	北朝鮮の教育と文化について
1948.04.15	19号	金元基 外	〈座談会〉われらの放談
1948.04.15	19号	小原元	戦後日本文学の鳥瞰-作家のうごきに関して
1948.04.15	19号	姜魏堂	列車内の黙劇
1948.04.15	19号	金元基	歴史も新聞も
1948.04.15	19号	許南麒	〈詩〉朝鮮風物詩(その三)　大邱
1948.04.15	19号	李殷直	〈小説〉隣人
1948.04.15	19号	金達寿	〈小説 長篇連載 第3回〉族譜
1948.04.15	19号	(タルス)	編集部雑記
1948.05.15	20号	無著名	〈巻頭言〉日本の文化人に訴う-民族教育弾圧に抗して
1948.05.15	20号	朴永泰	朝鮮の現状勢とその展望　(附)朝鮮臨時憲法草案(金達寿訳)
1948.05.15	20号	岩村三千夫	戦後の中国·朝鮮·日本
1948.05.15	20号	金永鍵	朝鮮とフランスとの文化関係
1948.05.15	20号	松本正雄	暗い追憶
1948.05.15	20号	無著名	新聞記事
1948.05.15	20号	許南麒	〈詩〉朝鮮風物詩(その四)　扶余

발행일	권호	저자	제목
1948.05.15	20号	朴賛 (金元基訳)	〈小説〉母
1948.05.15	20号	金達寿	〈小説 長篇連載 第4回〉族譜
1948.05.15	20号	(タルス)	編集部雑記
1948.08.15	21号	韓德銖	〈巻頭言〉八月十五日のことば
1948.08.15	21号	尾形昭二	朝鮮人の地位について
1948.08.15	21号	鹿地亘	一つの比較-民族教育の問題について
1948.08.15	21号	金台俊	朝鮮文学の特質——特に三国時代文学の特質の分析
1948.08.15	21号	尹翰鶴	朝鮮の古楽について
1948.08.15	21号	林和 (許南麒訳)	〈解放詩特輯〉旗を下そう
1948.08.15	21号	金起林 (許南麒訳)	〈解放詩特輯〉詩と文化に托するうた
1948.08.15	21号	金哲洙 (許南麒訳)	〈解放詩特輯〉惜春賦
1948.08.15	21号	李秉哲 (許南麒訳)	〈解放詩特輯〉角
1948.08.15	21号	趙仁奎 (許南麒訳)	〈解放詩特輯〉火夫
1948.08.15	21号	許南麒	〈詩〉朝鮮風物詩(その五)　光州
1948.08.15	21号	張斗植	在日朝鮮人教育問題の側面
1948.08.15	21号	金達寿	〈小説 長篇連載 第5回〉族譜
1948.08.15	21号	(タルス)	編集部雑記
1948.09.15	22号	朴永泰	〈巻頭言〉民族の責任
1948.09.15	22号	申鴻湜	〈平和と民族文化の問題〉平和と民族文化
1948.09.15	22号	松本正雄	〈平和と民族文化の問題〉民族、民族文化など——アメリカの友え送る手紙
1948.09.15	22号	林和	文化における封建的残滓との闘争について
1948.09.15	22号	崔在鶴	星の巣——東京朝鮮中学ルポルタージュ
1948.09.15	22号	田中久介	〈詩〉おれたちは知つていた——朝鮮のあらゆる同志に贈る
1948.09.15	22号	林光澈	『現代史』と知識人——朝鮮に居る弟への手紙
1948.09.15	22号	ビノトフ	ソ連作家同盟より朝鮮の作家たちへ
1948.09.15	22号	松山志摩三	朝鮮犬余話
1948.09.15	22号	許南麒	〈詩〉朝鮮風物詩(その六)　木浦港
1948.09.15	22号	姜魏堂	〈戯曲〉モデル——作品と生活
1948.09.15	22号	金達寿	〈小説 長編連載 第6回〉族譜
1948.09.15	22号	(タルス)	編集部雑記
1948.11.15. (10・11月号)	23号	李殷直	〈小説〉仲間

발행일	권호	저자	제목
1948.11.15. (10·11월호)	23号	康■哲	〈小説〉西塔界隈
1948.11.15. (10·11월호)	23号	許南麒	〈小説〉朝鮮風物詩(その七)　太白山脈
1948.11.15. (10·11월호)	23号	金元基	〈小説〉母の像
1948.11.15. (10·11월호)	23号	朴元俊	〈小説〉にんにくを囓る男
1948.11.15. (10·11월호)	23号	(ウオンキ)	編集部雑記
1949.02.01. (1·2월호)	25号	洪登	北朝鮮における産業再建と技術的諸問題 ※　この号より金達寿が編集長から外れる
1949.02.01. (1·2월호)	25号	韓■琦	自然科学の発達とその本質に関する考察——朝鮮自然科学建設の基本方式
1949.02.01. (1·2월호)	25号	新島繁	大陸人群像-私の忘れ得ぬ人々
1949.02.01. (1·2월호)	25号	徐光霽	北朝鮮紀行
1949.02.01. (1·2월호)	25号	松丸志摩三	パーマと雀の巣
1949.02.01. (1·2월호)	25号	金永鍵	外国文化の摂取と民族文化
1949.02.01. (1·2월호)	25号	許南麒	〈詩〉映画
1949.02.01. (1·2월호)	25号	安東洙	〈小説〉その前夜
1949.02.01. (1·2월호)	25号	金達寿	〈小説 長編連載 第7回〉族譜
1949.04.01	26号	無著名	朝鮮の動き
1949.04.01	26号	尾形昭二	日本における民主化とその展望　※　三一運動特輯号
1949.04.01	26号	林光澈	三一運動に於ける歴史的なもの-一つの方法論的考察
1949.04.01	26号	姜声鎬	三一運動の意義
1949.04.01	26号	洪以燮	朝鮮音楽史の文献
1949.04.01	26号	邦正美	ヴィピテーノの人々
1949.04.01	26号	金■根	朝鮮鋳字考
1949.04.01	26号	金南天	〈戯曲〉三·一運動
1949.04.01	26号	竹本員子	〈小説〉別離の賦
1949.04.01	26号	(牛)	編集後記
1949.05.01	27号	無著名	朝鮮の動き
1949.05.01	27号	林光澈	朝鮮資本主義の問題——現代史のための覚え書

발행일	권호	저자	제목
1949.05.01	27号	岩村三千夫	〈中国問題特集〉中国革命の進展と日本
1949.05.01	27号	陳■芳	〈中国問題特集〉中国作家における浪漫的心情について-「五四」三十周年を記念して
1949.05.01	27号	岡崎俊夫	〈中国問題特集〉中国作家における浪漫的心情について-「五四」三十周年を記念して
1949.05.01	27号	駱賓基	〈小説〉老女僕
1949.05.01	27号	薛貞植	〈詩〉童孩受難
1949.05.01	27号	金達寿	〈小説　長編連載　第8回〉族譜
1949.05.01	27号	(牛)	編集後記
1949.06.01	28号	李経国	朝鮮経済の構造的危機
1949.06.01	28号	菅間正朔	農地改革と日本の民主主義
1949.06.01	28号	無著名	誰が為に鐘が鳴る
1949.06.01	28号	松丸志摩三	人間の系統と家畜の血統
1949.06.01	28号	平野義太郎 外	〈四・二四教育事件調査団懇談会討議録〉民族文化の危機を語る-その一教育について
1949.06.01	28号	元容徳	対馬周辺の人々
1949.06.01	28号	飯塚朗	中国映画の近況
1949.06.01	28号	徐光霽	北朝鮮紀行(第二回)
1949.06.01	28号	小野十三郎	〈詩〉人間の土地
1949.06.01	28号	許南麒	〈詩〉(続)朝鮮風物詩1　ソウル詩集
1949.06.01	28号	朴元俊	〈戯曲〉季節の風
1949.07.01	29号	高原哲	ソ連軍は朝鮮で何を為したか？
1949.07.01	29号	山本正美	日本に帝国主義を復活させるな!
1949.07.01	29号	安含光	民族文化の確立とその潮流-日本文化の批判を中心に
1949.07.01	29号	小田切秀雄 外	民族文化の危機を語る(その二)-民主民族文学の諸問題
1949.07.01	29号	康■哲	現代世界文学の動向
1949.07.01	29号	無著名	朝鮮日誌(自五月五日ー至六月七日)
1949.07.01	29号	編集部	前進座訪問記
1949.07.01	29号	染谷格	〈文芸時評〉『季節の風』を読んで
1949.07.01	29号	元容徳	対馬周辺の人々(つゞき)
1949.07.01	29号	無著名	スポット・ライト　光武新聞紙法
1949.07.01	29号	徐光霽	北朝鮮紀行(第三回)
1949.07.01	29号	金達寿	〈小説　長編連載　第一部終〉族譜
1949.07.01	29号	(ウオンキ)	編集後記
1949.08.01	30号	韓徳銖 (聞き手・編集部)	祖国統一民主戦線をめぐって

발행일	권호	저자	제목
1949.08.01	30号	許筆	当面の政治情勢とその展望について
1949.08.01	30号	金三洙	南朝鮮文化界の一年間の動向
1949.08.01	30号	岡倉古志郎	アジアにおける民族革命の全貌——戦後四ヵ年の回顧と展望
1949.08.01	30号	徐光霽	北朝鮮紀行（第四回）
1949.08.01	30号	姜魏堂	〈戯曲〉恩賜の軍刀
1949.08.01	30号	李殷直	〈小説 長編連載 第1回〉枝川町一丁目
1949.08.01	30号	（ウオヌキ）	編集後記
1949.09.01	31号	韓德銖	祖国統一民主戦線をめぐって(その二)
1949.09.01	31号	李賛義	祖国統一民主戦線の結成と新しい朝鮮情勢
1949.09.01	31号	洪登	南朝鮮産業の実態
1949.09.01	31号	江口渙・金斗鎔	朝鮮プロレタリア文化運動の史的展望
1949.09.01	31号	神山茂夫	チンピラ熊——国会の一隅から
1949.09.01	31号	殷武巖	ハルピン兵営訪問
1949.09.01	31号	小原元	〝うしなわれたもの〟の恢復
1949.09.01	31号	李殷直	〈小説 長編連載 第2回〉枝川町一丁目
1949.09.01	31号	趙樹理	〈小説〉小二黒の結婚
1949.09.01	31号	（ウオヌキ）	編集後記
1950.09.01	32号	平野義太郎	新朝鮮と新中国との友好-アジア民族の新しい進路
1950.04.01	32号	布施辰治	〈朝連・民青解散特集〉殖田法務総裁の公開状を斬る
1950.04.01	32号	尾形昭二	〈朝連・民青解散特集〉罪なくして罪あり
1950.04.01	32号	許南麒	〈詩〉裁判詩抄
1950.04.01	32号	元容徳	〈朝連・民青解散特集〉吉田政府への公開状
1950.04.01	32号	キム、ウオヌ、キ	親切心?——話、二つ
1950.04.01	32号	編集部 外	〈座談会 朝連民青・解散特集〉団体法規正法の陰謀を衝く
1950.04.01	32号	ユン・ボング	東北紀行
1950.04.01	32号	酒井真右	〈詩〉豆ノート
1950.04.01	32号	趙馬景	文化運動に於ける二三の所見
1950.04.01	32号	田中久介	『解放詩』第一芸術論-許南麒の作品をめぐつて
1950.04.01	32号	姜魏堂	朝連の思い出-張赫宙氏の所論を駁す
1950.04.01	32号	無著名	豚のはなし(朝鮮イソップ・一)
1950.04.01	32号	金達寿	一九四九年九月八日の記録
1950.04.01	32号	金元基	一九四九年九月九日の「メモ」
1950.04.01	32号	張平	〈詩〉朝鮮牛
1950.04.01	32号	李殷直	〈小説 長編連載 第3回〉枝川町一丁目
1950.04.01	32号	李賛義	編集後記

발행일	권호	저자	제목
1950.07.01	33号	玄尚好	対日講和とわれ等の主張
1950.07.01	33号	呉修竹	対日講話と中国の立場
1950.07.01	33号	尾形昭二	講和と日本の責務
1950.07.01	33号	大竹せい	感激を包みきれずに
1950.07.01	33号	編集部	朝鮮の窓
1950.07.01	33号	陳■芳	解放前夜の台湾
1950.07.01	33号	林光澈	〈特集 在日朝鮮人問題〉渡航史-並にその性格
1950.07.01	33号	李賛義	〈特集 在日朝鮮人問題〉危機に立つ在日朝鮮人の生活—日本の経済危機と朝鮮人の生活
1950.07.01	33号	新居格	〈特集 在日朝鮮人問題〉在日朝鮮人に
1950.07.01	33号	殷武厳	米紙に載った南朝鮮の経済
1950.07.01	33号	李熙哲	大韓民国居留民団論
1950.07.01	33号	李錦玉	〈詩〉風・講演会
1950.07.01	33号	岩村三千夫外	〈座談会〉「アジアの現状」とその展望
1950.07.01	33号	金駿	中国紙に現われた朝鮮問題
1950.07.01	33号	文東宰	金日成将軍のプロフィール
1950.07.01	33号	水野明善	『つばくろ』のなげかけた問題-在日本朝鮮人作家論おぼえがき(その一)
1950.07.01	33号	張斗植	運命の人々
1950.07.01	33号	無著名	編集後記

백민(白民)

 1 서지적 정보

『백민』은 도쿄에서 간행된 김경식·강면성·박희성·정달현·허남기의 동인지이며, 1948년 1월에 결성된 재일조선문학회의 참가 단체에 이름이 확인되는 '조선신인작가클럽『백민』동인회'가 발행 모체인 것으로 추측된다. 또한, 『재일조선문화연감』에는 2회로 중단되었다고 기술되어 있고, 현재 1947년에 발행된 3월호만 확인 가능한 상태이다. 특히, 동 3월호의 권두언에는 「不利한 立場에서 다시 이러한 「白民」을 続刊하는 理由는 거게 있다 할 것이다」라고 되어 있듯이, '創刊'이 아닌 '続刊'이라고 되어 있다는 점에서 본 3월호가 두 번째로 발간된 잡지일 가능성이 높다.

　잡지의 내용적인 면을 살펴보면, 평론과 시단(허기남「다리」 외 5편), 그리고 창작(김경식「가을」) 코너로 나누어져 있고, 3월호 권두언에서 「우리는 朝鮮 民族의 名誉와 民主主義의 名誉에 걸어, 現実的 惨状에서 決断코 黙認할 수 없는 衝動을 느낀다. 생각건대 어느 革命을 勿論하고 社会革命期는 必然的으로 文芸復興을 同伴하고 文芸復興은 科学精神과 古典主義와의 覚醒을 根底로 한다」라고 말하고 있듯이, 『백민』은 '과학정신'과 '고전주의'에 대한 각성을 기반으로 하고 있고, 따라서 김성필의 평론 「朝鮮古代教育(一)―社会史的 考察―」에서는 조선의 원시교와 단군신화, 그리고 화랑무사도 등을 소개하고 있다.

 2 권두언(제3월호)

　世界는 動하고 있다. 太平洋戦争이 끝나자 朝鮮은 解放되였다. 朝鮮의 後進性을 封建

性에 있다 하야 朝鮮独立을 朝鮮의 民主主義 国家로서의 責任있는 指導者가 서기까지 連合軍의 이름을 걸이 約束하였다. 民主主義的인 傾向은 世界史의 動向이며, 近代国家의 規範이라 말하는 것이다. 約言하면 朝鮮의 封建主義에서의 一切의 解放을 意味한다. 생각건대 人間의 解放은 本末부터 国家와 民族의 묵은 桎梏에서의 解放에 依하야 새로운 近代国家로서의 朝鮮과 理性의 빛이 구석구석이 빛나는 科学的 朝鮮民族과의 出現을 待望하는 産婆役이 되는 것의 提起야 말로 이것이다. 所為「못담宣言」이 그의 正義와 文明과의 点에 있어서, 世紀의 意義를 갖이는 第一의 要素이다.

이러한 恩寵의 一面, 朝鮮은 三十八度線을 境界로 南北으로 갈라저 있지 않으면 안 되었다. 「못담宣言」이 正義와 文明과의 恩惠 所為 世界民衆이 朝鮮民衆에 보내는 사랑의 꽃다발인 同時에, 가시다발이였든 것이다. 이리하야 朝鮮은 解放의 꽃다발을 가슴에 안고 苦悩의 가시에 생채기를 얻어, 文化朝鮮의 날인 「明日」의 予感과 渇望과 憧憬과에 남모를 가슴을 읍조리고 있다.

그러면 世界民衆이 朝鮮에게 던저준 꽃다발이란 무엇인가. 그것은 朝鮮民衆의 朝鮮民衆에 依한, 朝鮮의 民衆을 爲한 国家建設, 따라서 그의 政治며 経済며 文化이다. 한말로 말하면, 民主主義에 依한 朝鮮建設이다.

民主主義란 本来 善意에 充満한 것이어서 이것을 살리든 죽이든 이것을 駆使하는 사람에게 매여 있다. 所為 民衆의 손에 그의 열쇠는 쥐여 있다. 이것은 個人의 放縦이나 제멋에서 떠나 人民 各自의 未曾有의 責任의 重大함을 約束하는 民衆의 自覚에 달려 있다는 厳然한 証拠다. 要컨대 民衆의 自覚에 依하지 않는 民主化 같이 凶暴한 것은 없다. 여기서 民主主義 그 自体로서는 全然 責任이 없으면서도 民主主義가 자칫하면 先手하기 쉬운 限界性을 忘却하여서는 안 된다.

지금이야 말로 朝鮮은 過去의 汚名에서 벗어나 古今東西를 通하야 어긋나지 않는 自覚에 서서, 그의 本来의 真理性을 빛이는 民主主義의 烽火를 높이들고, 그 発足을 壮厳이 내어디딜 때가 아니든가.

그러나 第一歩를 내디딘 建設 朝鮮의 現状은 어떠한가. 問題에 当面한 朝鮮의 態度는 「어제」와 다름없다. 即, 새것에 対한 極端的 飛躍과 지내침이 아니면, 헛것에 対한 極端的인 頑固性, 그렇지 않으면 이 둘 사이에 빚어지는 相克이다. 나아가서는 現実的 醜態의 나머지 傍観者流의 自卑的 逃避的 態度의 ■行이다. 朝鮮의 民主化는 過去 数十年間의 「피」의 代償으로 던저진 膳物이 아니면 안 된다.

그럼에도 不拘하고 現在의 朝鮮은 常스럽지 못한 狂瀾怒涛의 混亂을 各方面에서 露呈하고 있다. 이러한 現象은 歷史的 現実을 踏破하지 않은 点에서 明白히 誤診이다. 그러나 滔々히 흐르는 時代의 狂潮는 값높은 民主主義의 温床을 만들랴 하는 것 같이 보인다. 여기서 우리는 朝鮮 民族의 名譽와 民主主義의 名譽에 걸어, 現実的 惨状에서 決断코 黙認할 수 없는 衝動을 느낀다.

생각건대 어느 革命을 勿論하고 社会革命期는 必然的으로 文芸復興을 同伴하고 文芸復興은 科学精神과 古典主義와의 覚醒을 根底로 한다. 不利한 立場에서 다시 이러한 「白民」을 続刊하는 理由는 거게 있다 할 것이다.

3 목차

백엽(白葉)

●●●

 서지적 정보

『백엽』은 비총련계 문화단체인 백엽동인회의 동인지로 월간 종합문화지 형태를 취하고 있다. 편집 겸 발행인은 최선(崔鮮)으로, 그는 『문교신문(文教新聞)』(1947년 창간) 간행에도 참여한 인물이기도 하다. 편집 실무는 김경식(金慶植), 정달현(鄭達鉉), 박수경(朴水卿), 임경상(林炅相) 연우익(延禹益), 김민(金民)이 맡고 있다. 특히 편집후기를 쓴 김민의 경우, 『조선평론(朝鮮評論)』, 『문학보(文学報)』, 『조선문학』과 『조선문예』에도 관여한 인물이다.

창간호에는 20명(崔成源, 柳時鍾, 金炳三, 李允求, 洪万基, 金学鉉, 金楊錫, 李盛夏, 李瑜煥, 崔淑子, 金正鉉, 郭仁植, 張暁, 李美惠, 李光瑞, 崔鮮, 桂玉姫, 文明子, 李鐘弼, 鄭鴻悆) 동인회 회원명이 기재되어 있다.

비총련계 잡지인 『백엽』 창간호에 허남기(許南麒)가 「나는 여기에 한 장의 지도를 갖고 있다(わたしはここに一枚の地図をもっている)」란 제목의 시를 발표하고 있다. 허남기는 재일본조선문학예술가동맹(약칭: 문예동)의 초대 위원장에 취임한(1959.06) 이후로는 주로 한글로만 작품 활동을 하게 된다.

『백엽』은 종합문화지를 자칭하는 만큼 평론, 단편소설, 시, 수필, 만화 등 다양한 구성을 보이고 있고, 문학, 미술, 연극 등 다양한 분야의 사람들이 회원으로 활동하고 있다.

『재일조선인문학자료집 2(在日朝鮮人文学資料集 1954~70 2)』(緑蔭書房, 2016.09)에는 『백엽』 창간호가 수록되어 있는데, 송혜원(宋惠媛)은 특히 백엽문학상을 설치하여 여성작가들을 배출한 점을 『백엽』의 공적 중 하나로 꼽고 있다.[5]

---

5) 宋惠媛 『在日朝鮮人文学資料集 1954~70 1』(緑蔭書房, 2016.09), p.xxii

2 발간사(창간호)

인간의 존엄이 진통의 정도에 따른 것이 아니라 해도 태어나는 작은 생명에 말로 표현할 수 없는 따스한 애정을 품을 수 있는 것은, 역시, 출산의 고통을 경험한 때문일지 모른다.

상당히 오랜 모색 끝에 「백엽(白葉)」도, 이것으로 세상에 나오게 된 것이지만, 힘을 준 것에 비해서는 이상하게 만족스럽지 못한 자식이 될 듯한 몸매이다. 이 땅에 놓인 우리들의 비극성 때문인지, 우리들 자체가 무능한 때문인지 어느 쪽이라 해도 떠맡겨진 십자가는 무겁다.

오늘날 우리들의 고통스런 주위는, 대부분 우리들 자신이 제공하고 있다, 고 해도 과언이 아니다. 지나치게 거친 우리들의 삶의 방식이, 전혀 전진하지 않는 사고와 서로 맞대고 엮여지지 않으면 우리들의 현실을 무기력 쪽으로 내모는, 조건으로는 되지 않는다. 단일민족을 아무리 자랑으로 내세운들, 마음속에 완고하게 38도선을 고집하는 것으로는, 소위 구원받을 길은 없다. 더욱이 좋지 않은 것은 우리들의 마음으로부터는 순응의 도를 넘어 오랜 동안 추잡한 것 속에 푹 빠져서 수완 좋게 살아가는 것을 어느덧 몸에 지녀버리게 되었다. 이러한 약삭빠른 무저항이 결국 "멸망해 가는 것"의 난센스로 끝나지 않으면 다행이다.

위선과 허세와 그 밖의 여러 가지 썩은 냄새가 지독한 속에서, 의지가 되어야 할 젊은 세대들은 비굴이라는 이름으로 위장하고, 자신들에게 분노할 자격이 있음을 잊어버렸음에 틀림없다. 마음속에 몇 가지 속셈이 있는 기성세대의 의견을 기대할 만큼의 어리석은 자들도 아닐 것이다. 제정신이라면 이제 슬슬 주위의 숨 막힘에 반역해도 좋을 때가 아닐까. 우쭐해진 정의감에서, 희생적 정신을 자랑거리로 내세우는 듯해서는 신용할 수 없지만, 솔직한 마음으로 "무엇이든 좋으니까 할 수 있는 것부터 해 보고 싶다"라는 의식만 준비되어 있다면 하나의 전진은 약속된 것이라 해도 좋을 것이다.

의욕적인 동인들이 이 작은 책자를 어떤 식으로 굴려 줄지, 향후 지켜볼만하겠지만, 가능하다면, 이 작은 시도가 동포의 선의의 생활과 굳건히 연결되는 것이었으면 하고 욕심내 본다.[6]

---

6) 「発刊のことば」『白葉』(創刊号, 1957.10), p.1

3 목차

발행일	지면정보		필자	필자
	권호	페이지		
1958.02.01	4号	1		巻頭言
1958.02.01	4号	2	崔鮮	〈詩〉昇る太陽
1958.02.01	4号	3	金元国	平和的共存の論理
1958.02.01	4号	7	金学鉉	新しき抵抗 民族の発展原理を考える
1958.02.01	4号	10	李美恵	〈随想〉おもうこと
1958.02.01	4号	20	李盛夏	暴走するぼくのために
1958.02.01	4号	22	崔琪郷	〈研究論文〉グレハム・グリーンの作品に於ける 神と人間(中の二)
1958.02.01	4号	27		走らなかった韓国選手
1958.02.01	4号	28	金坡禹	アンケート
1958.02.01	4号	35	柳致真	〈戯曲〉姉と妹 全五幕(一)
1958.02.01	4号	36		民族文化向上のためにー「姉妹」の上演を前にしてー
1958.02.01	4号		K·H	編集後記
1958.04.01	5号	1		巻頭言
1958.04.01	5号	2	山虎人	平和線(李ライン)はなぜ引かれたか、なぜ護らねばならないか
1958.04.01	5号	7	李瑜煥	韓日婚姻と混血児について
1958.04.01	5号	12	崔淑子	学園のあり方に思う 子供たちの夢を大人は裏切っている
1958.04.01	5号	14	李盛夏	その日には旗が一つでありました
1958.04.01	5号	16	黄仁村	風
1958.04.01	5号	18	崔鮮	〈随筆〉贋礼・贋善
1958.04.01	5号	20	車洋子	元日本人より
1958.04.01	5号	21	李禧元	〈自由論壇〉民団は如何にあるべきか
1958.04.01	5号	25	蔡洙仁	アジア競技大会にのぞんで
1958.04.01	5号	27	崔琪郷	〈研究論文〉グレハム・グリーンの作品に於ける 神と人間(下)
1958.04.01	5号	41	柳致真	〈戯曲〉姉と妹 全五幕(二)
1958.04.01	5号		K·H	編集後記
1958.06.01	6号	2	竜骨山人	愛する祖国へ放言する
1958.06.01	6号	6	金元国	東西首脳会談をめぐる国際政局
1958.06.01	6号	12		〈座談会〉特集 五・二選挙をどうみるか
1958.06.01	6号	23	崔淑子	〈詩〉悲しき太陽
1958.06.01	6号	25	黄東村	腕
1958.06.01	6号	27	崔鮮	女の重要さ
1958.06.01	6号	28	李美恵	一人いる
1958.06.01	6号	30	朴英勲	じょうぜつ(饒舌)
1958.06.01	6号	31	リユハン	むすめの誕生
1958.06.01	6号	32	李禧元	統一のみ
1958.06.01	6号	38	柳致真	〈戯曲〉姉と妹 全五幕(3)
1958.06.01	6号	35	全栄慶	〈詩〉嘔吐
1958.06.01	6号	34	洞竜窟人	白鉛筆

발행일	지면정보		필자	필자
	권호	페이지		
1958.06.01	6号		K·H	編集後記
1958.09.01	7号	2	金半山	自由云々以前のこと
1958.09.01	7号	4	金在圭	よろみている日韓会談
1958.09.01	7号	8	姜氷祐	韓国産業構造の問題点(一)
1958.09.01	7号	19	金相素	批判随考
1958.09.01	7号	31	鄭達鉉	一つのヒューマニズムへ
1958.09.01	7号	32	宋基復	"ちょうせん人に敗けるな"に思う
1958.09.01	7号	33	崔淑子	潮騒
1958.09.01	7号	34	李光	尊い御身分ということ
1958.09.01	7号	36	金一貫	黒緑の麦の話
1958.09.01	7号	37	金泰伸	私も一言
1958.09.01	7号	38	金元国	現代におけるクリスチャニティ
1958.09.01	7号	20	編集部	〈ルポルタージュ〉同胞の生活を訪ねて(第一輯)
1958.09.01	7号	41	柳致真	〈戯曲〉姉と妹 全五幕(4)
1958.09.01	7号	40	崔鮮	白鉛筆(「朝鮮はこうだってさ」を載る)
1958.09.01	7号		金炳三	編集後記
1958.11.15	8号	2	崔鮮	国是とは何か
1958.11.15	8号	6	金一貫	旅券
1958.11.15	8号	18	廖妙達	〈詩〉思慕を
1958.11.15	8号	20	李盛夏	〈詩〉もの想う落穂
1958.11.15	8号	22	裴東潮	十代の英雄
1958.11.15	8号	25	朴陽雲	三号雑誌に終らなかった嬉しさ
1958.11.15	8号	24	李尚吉	ひがみ
1958.11.15	8号	26	崔学阜	自由を欲する者
1958.11.15	8号	28	編集部	〈ルポルタージュ〉同胞の生活を訪ねて(第二輯)
1958.11.15	8号	34	金泰伸	上野の美術館
1958.11.15	8号	37	イユハン	風呂屋談義
1958.11.15	8号	35	金坡禹	春香伝の思い出と若干の批判
1958.11.15	8号	38	金元国	アメリカ通信
1958.11.15	8号	11	柳致真	〈戯曲〉姉と妹 全五幕(5)
1958.11.15	8号	41	崔鮮	白鉛筆(読者とともに歩いた一年)
1958.11.15	8号	40	H	編集後記
1958.12.15	9号	2	竜骨山人	「新国家保安法案」を駁す
1958.12.15	9号	7	金哲	韓国革新運動の立場
1958.12.15	9号	19	李瑜煥	韓国人中央会館
1958.12.15	9号	20	崔鮮	〈詩〉地下道の夜
1958.12.15	9号	22	金坡禹	高句麗楽と箜篌
1958.12.15	9号	24	崔淑子	〈詩〉送年

발행일	지면정보		필자	필자
	권호	페이지		
1958.12.15	9号	26	崔満貴	〈コント〉嫉妬
1958.12.15	9号	27	鄭達鉉	〈コント〉可愛い嘘付き
1958.12.15	9号	28	洪昶完	〈コント〉お昼寝
1958.12.15	9号	29	金一勉	〈創作〉現代の虜(1)
1958.12.15	9号	4		「〈資料〉新国家保安法案」全文
1958.12.15	9号	46	白葉同人会	声明書
1958.12.15	9号	48	イユハン	白鉛筆(1958年を送る)
1958.12.15	9号		金学鉉	編集後記
1958.02.15	10号	1		巻頭言
1958.02.15	10号	4	竜骨山人	駐日代表部、でしゃばる
1958.02.15	10号	6	金学鉉	渾沌の後にくるもの
1958.02.15	10号	10	金一貫	李大統領よ、韓国の民主主義をかえせ
1958.02.15	10号	28	崔鮮	〈詩〉朝への招待
1958.02.15	10号	30	洪久城	元旦のあさ・僕と子供たち他
1958.02.15	10号	32	李美恵	ひまがない
1958.02.15	10号	34	李光瑞	言いたいこと、言い残したこと
1958.02.15	10号	36	庾妙達	〈詩〉早春
1958.02.15	10号	22		〈座談会〉新春放談
1958.02.15	10号	16	韓国日報社説	自由党の、民主党の、国民の生きる道
1958.02.15	10号	19	スコビルト博士	失われゆく自由に憤慨する
1958.02.15	10号	38	姜永祐	韓国産業構造の問題点(三)
1958.02.15	10号	49	金一勉	〈創作〉現代の虜(2)
1958.02.15	10号	9	崔淑子	白鉛筆(大衆はバカでない)
1958.02.15	10号		K	編集後記
1958.06.15	11号	2	山虎人	巻頭言
1958.06.15	11号	6	裵東潮	在日韓国人の保安反対運動
1958.06.15	11号	10	鄭寅勲	民団は人事中心から政策本位に帰れ
1958.06.15	11号	12	趙鏞寿	曺奉岩氏を殺してはならない
1958.06.15	11号	22		〈座談会〉北鮮送還を載る
1958.06.15	11号	27	姜氷祐	肩書のない社会
1958.06.15	11号	29	朴英勲	ボツ人生
1958.06.15	11号	4	崔鮮	〈詩〉カメの上陸
1958.06.15	11号	31	金元国	アメリカ通信
1958.06.15	11号	34	李錫範	オンボロ社長職の一日
1958.06.15	11号	36	金莉英	〈創作〉たらちね(一)
1958.06.15	11号	46		声明書
1958.06.15	11号	21	南隠海	白鉛筆(カトリックは赤か?)

발행일	지면정보		필자	필자
	권호	페이지		
1958.06.15	11号		K	編集後記
1958.11.15	13号	2	崔鮮	ファッシズムとの対決
1958.11.15	13号	8	山虎人	独島(竹島)は誰のものか
1958.11.15	13号	14	鄭寅勲	在日朝鮮人運動の転換期(一)
1958.11.15	13号	24	金坡禹	朝鮮舞踊音楽史研究(2)
1958.11.15	13号	29	金一勉	朝鮮人と日本女性との結婚について
1958.11.15	13号	40	洪久城	〈詩〉声
1958.11.15	13号	42	安福基子	〈詩〉夢で見る故郷
1958.11.15	13号	44	編集部	〈ルポルタージュ〉同胞の生活を訪ねて(第三輯)
1958.11.15	13号	50	南江洙	諦らめと憤りと
1958.11.15	13号	51	李天心	居座る気ですか
1958.11.15	13号	52	金正柱	十一万七千と二百四十五
1958.11.15	13号	53	崔泰山	眼には眼・歯には歯を
1958.11.15	13号	53	林吉鎬	コップの中の嵐
1958.11.15	13号	54	金元吉	公務員の不正を根絶せよ
1958.11.15	13号	55	安福基子	〈創作〉裏沼(上)
1958.11.15	13号	13	崔鮮	白鉛筆(台風罹災民を救援しよう)
1960.08.15	15号	2	竜骨山人	巻頭言　さまよえる革命
1960.08.15	15号	4	崔鮮	在日朝鮮人史(一)
1960.08.15	15号	24	姜永祐	政治経済の男女性相
1960.08.15	15号	30	李瑜煥	痴漢の閑話
1960.08.15	15号	51	崔淑子	海で
1960.08.15	15号	32	金一勉	〈創作〉現代の虜(四)
1960.08.15	15号	26	編集部	風見どり
1960.08.15	15号	52	金元吉	白鉛筆
1960.09.15	16号	2	趙尚洙	南北統一の具体的法案を明示せよ
1960.09.15	16号	4	崔鮮	在日朝鮮人史(二)
1960.09.15	16号	14	金泰氷	ステフアンクレインの「マギー」を中心に―人間と社会
1960.09.15	16号	21	朴英勲	〈随想〉異国の青春たち
1960.09.15	16号	24	安福基子	〈詩〉ポプラの思い出
1960.09.15	16号	26	朴容九	〈随筆〉あいさつ
1960.09.15	16号	28	金一勉	〈創作〉現代の虜(五)
1960.09.15	16号	17	編集部	風見どり
1960.09.15	16号	52	金鶴千	白鉛筆
1960.10.15	17号	4	郭東儀	韓日会談への一苦言
1960.10.15	17号	6	崔鮮	在日朝鮮人(三)
1960.10.15	17号	2	金民友	〈詩〉静かな背伸び
1960.10.15	17号	17	金坡禹	朝鮮舞踊音楽史研究(3)

발행일	지면정보		필자	필자
	권호	페이지		
1960.10.15	17号	22	朴張植	〈コント〉20才のエチュード
1960.10.15	17号	24	韓郁	〈随想〉限りなき歩き(1)
1960.10.15	17号	30	安福基子	〈創作〉玄海灘(上)
1960.10.15	17号	21	崔淑子	白鉛筆(つんぼ桟敷の法的地位)
1960.10.15	17号	17	編集室	風見どり
1960.10.15	17号	20		表紙の言葉
1961.08.15	18号	2		4・19革命一周年に際して 国内外同胞に送るメッセージ
1961.08.15	18号	27		〈資料〉4・19記念 ソウル大学生会宣言文
1961.08.15	18号	4	金達寿 外	〈特集 座談会〉4・18文化祭を顧みて
1961.08.15	18号	30	崔鮮	〈詩〉怒りの街
1961.08.15	18号	34	韓郁	随想
1961.08.15	18号	32	編集室	風見どり
1961.08.15	18号	36	安福基子	〈創作〉玄海灘(2)
1961.08.15	18号	48	編集室	白鉛筆
1961.09.15	19号	2		巻頭言 軍事ファッショ政権に祖国の未来派ゆだねられない
1961.09.15	19号	4	裵東潮 外	〈特集〉5・16 韓国クーデターを截る
1961.09.15	19号	29		アンケート
1961.09.15	19号	31	郭郁	〈随想〉限りなき歩み
1961.09.15	19号	34	妙達	〈詩〉素描
1961.09.15	19号	35	安福基子	〈創作〉玄海灘
1961.09.15	19号	48	崔鮮	白鉛筆
1961.09.15	19号			編集後記
1961.10.15	20号	2		韓国言論人の救命を訴える
1961.10.15	20号	4		〈献詩〉僕たちは席を同じくした
1961.10.15	20号	8	崔鮮	在日朝鮮人(4)
1961.10.15	20号	20	安道雲	「黒い足跡」のあゆみ
1961.10.15	20号	23	韓郁	拡大された統一運動
1961.10.15	20号	26	鄭達鉉	連立美術展を見て
1961.10.15	20号	27	崔淑子	風見どり
1961.10.15	20号	48		白鉛筆
1961.10.15	20号	28	金泰氷	〈創作〉京子の場合
1961.10.15	20号	33	安福基子	玄海灘(4)
1961.11.15	21号	2	崔鮮	私こそ権逸を除名する
1961.11.15	21号	23	李圭	非常措置法は国是ではない
1961.11.15	21号	4		〈資料〉白葉同人会声明文
1961.11.15	21号	25		〈資料〉4・3宣言全文
1961.11.15	21号	26		〈資料〉規約第40条運用規定
1961.11.15	21号	27		〈資料〉再審査要請書全文

발행일	지면정보		필자	필자
	권호	페이지		
1961.11.15	21号	30	金一勉	白葉文化祭における暴力徒始末記
1961.11.15	21号		編集室	風見どり
1961.11.15	21号		金	編集後記
1962.01.15	22号	2		声明書全文
1962.01.15	22号	4	鄭達鉉 外	〈座談会〉白葉四年の足あと
1962.01.15	22号	23	崔鮮	在日朝鮮人(5)
1962.01.15	22号	39	庾碩	韓国は救われるか?
1962.01.15	22号	31	韓郁	白葉文化祭に至るまで
1962.01.15	22号	38	金慶植	白鉛筆
1962.01.15	22号	36	崔淑子	〈詩〉夜明け
1962.01.15	22号	42	安福基子	〈創作〉玄海灘(終回)
1962.02.15	23号	2	竜骨山人	朴正熙の嘘
1962.02.15	23号	27	崔鮮	在日朝鮮人史
1962.02.15	23号	12	韓郁	民族自主独立のために
1962.02.15	23号	15	姜永祐	韓国人の政治談議
1962.02.15	23号	20	黄基洙	信頼される口伝に依る言論
1962.02.15	23号	18	朴容九	韓国映画発展を阻むもの
1962.02.15	23号	22	金学鉉	冬の旅
1962.02.15	23号	35	崔淑子	白鉛筆
1962.02.15	23号	36	庾妙達	〈詩〉黒い冬
1962.02.15	23号	38	金郎	帰去来
1962.07.15	24号	2		巻頭言
1962.07.15	24号	3	竜骨山人	朴正熙の嘘　その二
1962.07.15	24号	33	韓郁	忍従の限界
1962.07.15	24号	43	崔鮮	在日朝鮮人(7)
1962.07.15	24号	50		東西南北
1962.07.15	24号	54	崔淑子	白鉛筆
1962.07.15	24号	52	金郎	〈詩〉旅人
1962.07.15	24号	55	金泰永	めざめる若者
1962.07.15	24号			編集後記
1963.06.15	25号	2		巻頭言
1963.06.15	25号	6	韓郁	失望と希望の間
1963.06.15	25号	20		在日朝鮮人(8)
1963.06.15	25号	2	白葉同人会	訴える
1963.06.15	25号	45	崔淑子	白鉛筆
1963.06.15	25号	28	編集室	東西南北
1963.06.15	25号	30	崔鮮	〈詩〉哀しき古蹟
1963.06.15	25号	46		白葉賞発表

발행일	지면정보		필자	필자
	권호	페이지		
1963.06.15	25号	32	安日東	〈創作〉甲子園の土(上)
1963.06.15	25号	47	庾妙達	〈第二回白葉賞受賞作〉ウムニ
1963.06.15	25号			編集後記
1964.05.15	26号	2		献詩
1964.05.15	26号	4	竜骨山人	韓日会談に反対したら「アカ」か?
1964.05.15	26号	8	韓郁	この哀しき断絶の中で
1964.05.15	26号	30	河正安	韓国農業の構造的把握と問題点(上)
1964.05.15	26号	41	崔鮮	在日朝鮮人(9)
1964.05.15	26号	58	朴張植	文学漫歩(百済の博士たち)
1964.05.15	26号	56		東西南北
1964.05.15	26号	25	張在述	白鉛筆(今東光の暴言に答える)
1964.05.15	26号	26	崔淑子	〈詩〉祈り
1964.05.15	26号	28	崔鮮	〈詩〉過渡期
1964.05.15	26号	60	金一勉	〈創作〉東京のフンドシ
1964.05.15	26号			編集後記
1964.12.15	27号	2	竜骨山人	統一運動の先頭に立とう
1964.12.15	27号	9		声明書
1964.12.15	27号	10	金寿洋	白葉7周年の歩みに思う
1964.12.15	27号	13	金一勉	関東大震災と帝国主義
1964.12.15	27号	28	河正安	韓国農業の構造的把握と問題点(中)
1964.12.15	27号	44	崔鮮	在日朝鮮人(10)
1964.12.15	27号	58	鄭実	白鉛筆
1964.12.15	27号	60		東西南北
1964.12.15	27号	62	朴張植	文学漫歩(芸妓論介の碑)
1964.12.15	27号	75	編集部	小田原キャンプ日誌
1964.12.15	27号	64	張在述	〈随想〉吸殻
1964.12.15	27号	53	朴閏	〈詩〉ああ!もしあの時
1964.12.15	27号	56	崔鮮	〈詩〉年輪
1964.12.15	27号	78	白民	〈小説〉塔のある風景
1964.12.15	27号	86	安福基子	〈小説〉虐殺の霊
1964.12.15	27号			編集後記

백운(白雲)

1 서지적 정보

1955년에 창간. 1960년대 이후 연 1회 발간. 비매품. 편집 박신충(朴信忠), 김덕치(金德治), 이춘도(李春道), 이경일(李敬一) 외. 발행인 조학래(趙鶴来), 장문환(張文煥), 이영두(李栄斗) 외. 발행소는 메이지(明治)대학 한국사회문화연구회, 메이지대학 한국유학생 동창회이다. 지면은 특집(기사, 인터뷰), 논문, 수필, 기고문, 기행, 창작 등으로 구성되어 있다.

2 권두언

15호(1964년 11월)의 「권두언」에 "역사의 의미가 무지각적인 군중에 의해서 형성된다기보다 소수의 지혜로운 사람들에 의한 부분이 크다는 것을 알고, 진리에 접근하는 학문연마 발로의 장으로서 창간"했다고 본지의 창간 취지를 적고 있다.

3. 목차

발행일	지면정보 권호	페이지	필자	제목
1959.03.01	第三号	2	趙鶴来	巻頭の辞
1959.03.01	第三号	3	藤原弘達	統一の希望と努力
1959.03.01	第三号	4	小島憲	〈特集〉韓国の真の理解者
1959.03.01	第三号	6	大木直太郎	〈特集〉白雲に寄せて
1959.03.01	第三号	7	権逸	〈特集〉後輩に望む
1959.03.01	第三号	10	金広昇	〈特集〉学生と社会
1959.03.01	第三号	12	李根祥	〈特集〉祖国訪問記
1959.03.01	第三号	15	権泰吉	〈論文〉経営管理技術の変遷(1)
1959.03.01	第三号			〈論文〉分権管理論(2)
1959.03.01	第三号	44	鄭炳璇	〈論文〉税務学の所得税論
1959.03.01	第三号	48	張熙東	〈論文〉英国の中世土権の性格
1959.03.01	第三号	61	朴信忠	〈論文〉ローマの世界征服
1959.03.01	第三号	75	松浦植	〈随筆〉自由詩篇一首
1959.03.01	第三号	76	南明	〈随筆〉哀愁詩篇一首
1959.03.01	第三号	77	春玉介	〈随筆〉恋愛雑感
1959.03.01	第三号	81	金栄沢	〈随筆〉民族の誇りとスポーツ
1959.03.01	第三号	84	許南明	〈随筆〉柔道遍歴と懐しむの記
1959.03.01	第三号	88	鄭在植	〈随筆〉卒業雑感
1959.03.01	第三号	90	朴母世	〈随筆〉学窓回顧記
1959.03.01	第三号	95	金海天	〈随筆〉製図説明
1959.03.01	第三号			〈随筆〉卒業生名簿一覧
1959.03.01	第三号			〈随筆〉編集後記
1964.11.01	第十五号	1	張文煥	巻頭言
1964.11.01	第十五号	4	島田正郎	島田部長先生挨拶
1964.11.01	第十五号	6	金正柱	学友に祖国を語る
1964.11.01	第十五号	9	崔成源	韓文研の創設の思い出
1964.11.01	第十五号	12	鄭繁夫	在日僑胞の実態の概要歴史的背景と現状
1964.11.01	第十五号	23	韓国社会文化研究所	僑胞学生の生活と意見特別レポート実態調査より
1964.11.01	第十五号	51	李吉斗	韓米日三国関係解放後の韓国史
1964.11.01	第十五号	73	李栄斗/陳亀夫・崔政義	独島の領有権
1964.11.01	第十五号	87	編集部	韓日会談の歴史的経過
1964.11.01	第十五号	93	編集部	〈特別座談会〉「母国同窓会副会長を囲んで」

발행일	지면정보		필자	제목
	권호	페이지		
1964.11.01	第十五号	105	趙客来	走馬灯－心理の考察と方法低開発国開発論について
1964.11.01	第十五号	117	趙秀吉	自由と平等の一考察
1964.11.01	第十五号	119	張文煥	韓国人の感受性
1964.11.01	第十五号	123	李栄斗	僑胞二世学生に一言
1964.11.01	第十五号	124	湯浅克衛	ソウルの印象
1964.11.01	第十五号	128	崔政義	母国訪問記　陣痛の祖国を見て
1964.11.01	第十五号	135	李栄植	私達の主張
1964.11.01	第十五号	136	徳治郎	「想像という名の風船」の悩み
1964.11.01	第十五号	138	陳亀夫	〈雑感〉「人生の価値観の創造」
1964.11.01	第十五号	139	李平三郎	韓文研と私
1964.11.01	第十五号	141	金光敏	〈詩〉「故里への我が想い」
1964.11.01	第十五号	143	朴成実	編集雑感
1964.11.01	第十五号	145		声明文「法的地位問題・学生運動の主体性」
1964.11.01	第十五号	148	金仁洙	「白雲」の前述を祝して
1964.11.01	第十五号	149	権寧錫	六四年度活動経過報告
1964.11.01	第十五号	158		韓文研規約
1964.11.01	第十五号	162	金徳治	編集後記
1964.11.01	第十五号		趙秀吉	青春放浪歌(韓文研の歌)

백의민족(白衣民族)

○ ○ ○

1 서지적 정보

『백의민족』은 1965년 간행된 재일한국학생동맹교토부본부의 기관지이다. 편집책임자는 김융부이고, 발행자는 재일한국학생동맹교토부본부이다.

유일하게 목차를 확인할 수 있는 1966년 3호를 살펴보면 내용은 재일한국인의 법적지위문제, 한학동운동의 과제 및 본국에 대한 토론 및 탐방기 등이다. 이와 같이 교토의 재일한국학생들의 다양한 담론들을 시대정신과 함께 반영하고 있다.

2 편집후기(제3호)

백의민족 제3호를 발간하면서 편집위원회에서 「신입생 등을 대상으로 하는 한학동에 관한 논문」「우리 재일교포의 사활을 결정하는 법적지위문제」 올해는 교토 학동내에서 다수의 동맹원이 본국에 갔기 때문에 「조국탐방기」를 중심으로 구성하기로 결정하였다. 그리고 금후 학동운동을 이행해 가는 과정에서의 「학습자료」로서도 활용 가능하도록 할 계획이다.

제1호, 제2호를 양적으로 늘려갈 뿐만 아니라 질적으로도 결코 뒤지지 않을 것이라고 주관적으로 판단하고 있다. 특히 1, 2회생이 수고해 준 것과 「제1차 경제5개년계획의 비판적 연구」의 리포트를 제출한 리쓰메이칸지부의 활동은 향후의 교토한학동운동의 발전을 약속하는 것일 것이다.

이와 같은 일은 모두가 처음 경험하는 것이므로 여러모로 고생을 하였지만 투고를 마쳐보니 그 노고도 즐거운 추억이 된다. 밤을 지새우며 추운 다카노가와 주변을 걸었던 때, 허공에 떠있는 달이 인상적이었다. 본국에서는 누가 이 달을 보고 있을까. 잉크 냄새도 새로운 책을 입수하는 것이 두렵고 기다리기 힘들다. 이 복잡한 마음!?

3 목차

발행일	지면정보		필자	제목
	권호	페이지		
1966.12.17	第3号	1		巻頭言
1966.12.17	第3号	4	編集部	在日韓国人の法的地位問題
1966.12.17	第3号	20	執行部	韓学同に関する若干の考察
1966.12.17	第3号	35	文康次	民族のシンボル
1966.12.17	第3号	37	金安吉	我々の根本的な問題
1966.12.17	第3号	39	李権哲	韓学同運動の課題と自分
1966.12.17	第3号	42	金英順	私の雑談
1966.12.17	第3号	43	朝鮮日報	本国論調
1966.12.17	第3号	44	宋連玉	〈読後感想〉「火縄銃のうた」を読んで
1966.12.17	第3号	45	韓	〈詩〉或る日の瞑想"生誕、その生"
1966.12.17	第3号	52	金炅子	〈母国訪問記〉故郷の思い出
1966.12.17	第3号	55	呉治好	母国訪問雑記
1966.12.17	第3号	61	立命館支部	第一次経済五ヶ年計画の批判的研究
1966.12.17	第3号	73	編集部	資料
1966.12.17	第3号	98		編集後記

불씨(BULSSI)

● ● ●

 1 서지적 정보

『불씨』(BULSSI)는 시와 시론을 다룬 「불씨동인회」가 발간한 동인지이며(창간호의 편집 발행인은 김동일), 현재 1957년 1월에 발간된 창간호와 같은 해 8월에 발행된 2호, 그리고 같은 11월에 발간된 3호만이 확인 가능한 상태이다. 1호와 2호는 조선어, 3호는 일본어로 발행하고 있는데, 잡지 편집에 대해서 1호에서는 「어지간히 계산했으나 이런 것이 겨우였다. 다음 호는 활판으로 낼 작정이다」라고 말하고 있고, 2호에서는 「활판은 어려운 짓이다. 이런 것을 만든 호주머니가 지금 우리에게는 당연타 할까. 곧 3호를 내겠다」라고 말하고 있듯이, 당시 조선어라는 문자를 이용해서 잡지를 만든다는 것은 물리적으로도 경제적으로도 상당히 힘든 작업이었다는 것을 상상할 수 있다.

따라서, 3호부터는 일본어판으로 발행되었는데, 2호의 다음 호 광고에서는 1957년도 「불씨연간시집」을 발행한다는 광고 실려 있다. 같은 해 12월 발간 예정이며, 「160페이지」 분량이라고 소개하고 있다. 그런데 3호에 실린 동 시집은 「A5판 84페이지」라고 소개하고 있듯이, 최초 계획보다 반 정도밖에 원고가 모이지 않았다는 사실을 생각하면, 동인회의 운영이 순조로웠다고는 볼 수 없다.

다만, 잡지 구성 및 집필진에 대해서 살펴보면, 1호와 2호가 각각 40페이지, 3호가 85페이지 분량으로 일본어판이 확장되어 간행되었으며, 1호 집필진은 오임준, 이성하, 김태중, 김병삼, 김동일, 구본채, 강순이며, 2호는 황명동, 김주태, 김시종이 추가되었고, 3호에는 강민성, 남민수, 이연주, 박문협, 안우식, 황연주가 참가하면서, 창간호 7명, 2호 10명, 3호 17명으로 불씨동인회 및 집필진의 수는 점점 확대되고 있음을 알 수 있다.

또한, 내용적인 측면에서 보면, 각각의 집필진이 두 세 편의 시를 싣고 있고, 이미 발표된 시집 등에서 중복 게재하고 있는 시도 다수 실리고 있다. 그 뿐만 아니라, 요시다

잇스이(吉田一穂)와 같은 일본 시인의 시『백조』및 미국의 시인 월트 휘트먼의『나는 루이지아나에서 한 그루의 박달나무가 수설수설 자라남을 보았노라』, 영국의 시인 딜런 토마스의『「18시편」초』, 러시아의 서정시인 레르몬포프의『돛』등, 다양한 국가의 시를 번역해서 소개하고 있다. 특히, 3호 일본어판에서는 한국의 시인 11명의 시를 번역해서 소개하고 있고, 윤동주의『자화상』과 김소월의『진달래꽃』을 각각『A Self Portrait』와 『Jindalre』로 영문 번역해서 소개하고 있다(번역은 피천득).

2 편집노트(제3호)

제3호를 보내드립니다. 보시는 바와 같이, 동 3호는 일본어판으로 발행했다. 대부분이 조선어로 발표를 계속해 온 시인들이다. 우리들이 일본어로 작품을 발표하는 것에 대한 논의는 일단 잠시 미루어 두고, 기탄없이 비판을 해 주셨으면 감사합니다. 또한, 12월 중순에 활판으로 연간시집을 출판하기로 예정되어 있다. 기대해 주세요.(태중)

최근, 재일조선문학, 특히 시 분야에서 새로운 기운이 탄생하고 있는 것을 우리들은 느낀다. 그러한 특징(물론 이곳에서는 일반적으로 말할 수는 없지만)의 하나는 「재일」의 역사적·문학적 의미 내용을 깊은 지점에서 파악하고 추구해 가려고 하는 것에 있다.

여기에서 오해를 두려워하지 않고 말하자면, 그러한 경우에 안일한 「노스탤지어」—그것은 한편으로는 고풍스럽고 나약한 서정을 표현하며, 또 다른 한편으로는 관념적·슬로건적 성격을 낳는다—를 내부에서 연구해 나가는 것과, 한 때 경멸과 조소의 대상으로밖에 취급 받지 않았던 「반일본인(반쪽바리)」의 문제—2세 문제라고 바꿔 말해도 좋을 것이다—라고 의식적으로 인식해 가는 것이 필요할 것이다. 그리고 그것은 태평양전쟁 이전부터 존재했던 재일조선문학·문학운동의 정력적·지속적인 재검토의 기초 위에 서지 않으면 안 된다는 것, 이것은 다시 말할 필요도 없다.

우리들은 이와 같은 움직임을 단발성 불꽃으로 끝내서는 안 된다. 서로의 의견을 공개하며 반복적으로 검토할 것, 서로의 시도를 도울 것, 그리고 무엇보다도 안일한 상호 야합에 빠지지 않는 철저한 논의—이것이 지금 우리들에게 가장 필요한 것이다.(민성)

3 목차

발행일	지면정보		필자	제목
	권호	페이지		
1957.11.15	第3号	46	金相湲· 姜舜訳	〈詩〉白鷺
1957.11.15	第3号	48	金相湲· 姜舜訳	〈詩〉洞窟
1957.11.15	第3号	50	朴埼遠· 姜舜訳	〈詩〉遺言
1957.11.15	第3号	52	韓何雲· 姜舜訳	〈詩〉仲秋
1957.11.15	第3号	54	金春洙· 姜舜訳	〈詩〉花
1957.11.15	第3号	56	金潤成· 金東日訳	〈詩〉冊暦
1957.11.15	第3号	58	金奎東· 金棟日訳	〈詩〉蝶と広場
1957.11.15	第3号	60	李東柱· 金棟日訳	〈詩〉祈雨祭
1957.11.15	第3号	62	李炯基· 金棟日訳	〈詩〉コスモス
1957.11.15	第3号	64	朴暘均· 金棟日訳	〈詩〉窓
1957.11.15	第3号	66	ディラントマス ·黄寅秀訳	〈詩〉「十八詩篇」抄
1957.11.15	第3号	68		〈詩〉六
1957.11.15	第3号	70	ブリューゾワ ·安宇植訳	〈詩〉石工
1957.11.15	第3号	72	レールモントフ ·安宇植訳	〈詩〉帆
1957.11.15	第3号	74	金素月· 皮千得訳	〈詩〉Jindalrre
1957.11.15	第3号	75	尹東柱· 皮千得訳	〈詩〉A self Portrait
1957.11.15	第3号	76	アラゴン· 康敏星訳	〈詩〉マティスは語る
1957.11.15	第3号	80	ラングスト ンヒューズ 康敏星 訳	〈詩〉ぼくは
1957.11.15	第3号	82		編集ノート

새 세대(新しい世代)

○ ○ ○

 1 서지적 정보

『새 세대』는 편집인 이승옥(李丞玉)과 발행인 김경철(金慶喆)이 중심이 되어 1960년 2월 조선청년사(朝鮮青年社)에서 발행된 월간 잡지이다. 이후 30여 년간 지속된 잡지인 만큼 그 사이에 편집인과 발행인의 교체는 이루어지지만, 잡지의 기본적 성격에는 변함이 없다. 초창기의 주요 집필진으로는 허남기, 이진규(李珍珪), 이은직, 강재언(姜在彦), 어당(魚塘), 변재수(卞宰洙) 등의 이름을 확인할 수 있다.

재일조선인의 북송사업이 시작되어, 975명을 태운 만경봉호가 니가타항(新潟港)을 처음 출발한 것은 1959년 12월 14일이다. 이후 3년 동안 무려 77,288명의 재일조선인이 북한으로 귀국했고, 『새 세대』 창간호는 이러한 북송사업을 적극 지지하고 귀국을 독려하고자 하는 취지가 강하게 드러나고 있다. 창간호에는 김일성이 '귀국동포를 접견'했다는 기사와 함께 조국(공화국)으로 돌아갈 결심을 한 이들의 글, 그리고 편집부에 의한 「공화국의 실상-발전하는 북반부·몰락하는 남반부(共和国の実状—発展する北半部·没落する南半部)」라는 글을 담고 있다. 2호에서는 귀국을 결심한 재일조선인과 이에 대한 일본인의 생각을 피력한 「우리들의 진로를 어떻게 생각해야 하는가(私たちの進路をどう考えるべきか)」란 제목의 특집도 다루고 있으며, 3호에서는 귀국한 재일조선인의 생활을 그라비아로 담아 소개하고 있다. 5호와 6호는 '남조선인민의 반미구국투쟁'이라는 특집을 연이어 기획하고 있다.

조선민주주의인민공화국 창건의 역사적 의의에 대한 적극적인 홍보와 남한의 체제 비판은 창간호에서부터 현재까지 지속되고 있는 잡지의 성격이자 특징이라 할 수 있다. 이것은 예를 들어 김일성의 글이나 축전이 실리는가 하면, 1990년 2월(348호)에서는 『새 세대』 창간 30주년 기념과 「조국의 발전과 김정일서기(祖国の発展と金正日書記)」

이라는 특집으로 꾸며지고 있고, 1990년 4월호(350호)에서는 김일성 탄생 78주년을 기념하는 내용, 김일성의 사상에 대한 특집호(1991.04, 362호), 김일성 탄생 80주년 특집호(1992.04, 374호), 김일성 추도 특별호(1994.08, 402호) 등의 특집을 통해서 확연히 드러나고 있다.

『새 세대』는 통권 425호를 발간하고, 426호(1998.08)부터는 동일한 의미이지만 잡지명을 '새 세대(新しい世代)'에서 '새 세대(セセデ)'로 개제하는 과정을 거치면서 현재까지 계속 발행 중이다.

1960년에 창간되어 현재까지 지속되고 있는 잡지이지만, 공화국 측 잡지인 때문인지 국내외로 『새 세대』를 연구대상으로 한 논고는 발견되지 않는다.

2 목차

발행일	지면정보		필자	제목
	권호	페이지		
1960.02.10	創刊号	2		創刊のあいさつ
1960.02.10	創刊号	4		金日成首相帰国同胞を接見
1960.02.10	創刊号	8	李珍珪	共和国が来た
1960.02.10	創刊号	10	崔清義	〈報告〉この日の新潟
1960.02.10	創刊号	28	下宰洙	朝鮮大学を訪ねて
1960.02.10	創刊号	15	金明秀 盧敬子	私は祖国へ帰る
1960.02.10	創刊号	17	編輯部	共和国の実状-発展する北半部·没落する南半部-
1960.02.10	創刊号	24	鄭泰裕	黄金の藝術
1960.02.10	創刊号	40	許南麒	〈詩〉青年について
1960.02.10	創刊号	41	金民·訳	〈連載〉パルチザン回想記-山小屋の老人
1960.02.10	創刊号	46		歴史講座(第一回)
1960.02.10	創刊号	36	李種活	1960年度·奨学生募集関して
1960.02.10	創刊号	33	高哲民	〈手記〉ぼくは祖国へ船をこいだ〈朝高生の手記〉
1960.02.10	創刊号	38		奨学生の便り
1960.02.10	創刊号	51		編輯後記
1960.06.01	第1巻 第5号	2	朝鮮労働党 中央委員会	南朝鮮人民に告ぐ

발행일	지면정보		필자	제목
	권호	페이지		
1960.06.01	第1巻 第5号	9	朝鮮労動党中央委員会	諸政党社会団体指導者会議声明
1960.06.01	第1巻 第5号	16	鄭雨沢	〈特輯〉南朝鮮人民反米救国闘争-夜明近づく南朝鮮
1960.06.01	第1巻 第5号	23	崔清義	〈特輯〉南朝鮮人民反米救国闘争-もえあがる若き炎
1960.06.01	第1巻 第5号	30	中島健蔵	〈特輯〉南朝鮮人民反米救国闘争-逆の道をゆく許政「政権」
1960.06.01	第1巻 第5号	30	寺尾五郎	〈特輯〉南朝鮮人民反米救国闘争-アメリカの戦争政治からきたもの
1960.06.01	第1巻 第5号	31	岡倉古志郎	〈特輯〉南朝鮮人民反米救国闘争-南朝鮮人民の次の課題
1960.06.01	第1巻 第5号	27	金沅卓宋相元	〈特輯〉南朝鮮人民反米救国闘争-南朝鮮の青年学生に続こう
1960.06.01	第1巻 第5号	28	呉栄子田信愛	〈特輯〉南朝鮮人民反米救国闘争-南朝鮮の青年学生に続こう
1960.06.01	第1巻 第5号	28	陳永淑	〈特輯〉南朝鮮人民反米救国闘争-同胞の未来と民族のために〈南朝鮮学生抗争参加記録〉
1960.06.01	第1巻 第5号	29	兪宣濬	〈特輯〉南朝鮮人民反米救国闘争-〈詩〉旗-名もない星のために
1960.06.01	第1巻 第5号	18		〈特輯〉南朝鮮人民反米救国闘争-日誌(2月28日~5月12日)
1960.06.01	第1巻 第5号	13		〈特輯〉南朝鮮人民反米救国闘争-南朝鮮人民の闘争によせる世界の支援
1960.06.01	第1巻 第5号	32	姜在彦	祖国解放戦争・その10周年
1960.06.01	第1巻 第5号	14	白仁俊	〈詩〉みにくい裸身をさらけだしたアメリカ
1960.06.01	第1巻 第5号	42	鄭白雲	重機236号〈共和国英雄物語①〉
1960.06.01	第1巻 第5号	38	東京朝鮮中高級学校社会科	李舜臣と壬辰祖国戦争〈朝鮮歴史講座⑤〉
1960.06.01	第1巻 第5号	37	許南麒	歳時記(6月)
1960.06.01	第1巻 第5号	47	李好庸	〈書評〉祖国同胞の姿をうきぼりにする「北朝鮮の記録」
1960.06.01	第1巻 第5号	46	李珠玉/洪幸雄/李富子	読者がつくるページ
1960.06.01	第1巻 第5号	48		しつもんしつ・そうだんしつ▶祖国の内閣構成・大学について
1960.06.01	第1巻 第5号	46		短信
1960.06.01	第1巻 第5号	49		朝鮮のうた紹介
1960.07.01	第1巻 第6号	2	朝鮮総聯中央常任委員会	祖国の平和的統一のため民族の団決を強化しよう
1960.07.01	第1巻 第6号	5	尹牧	新しい段階にはいった南朝鮮人民の闘い
1960.07.01	第1巻 第6号	10	娘への手紙	〈抗日参加者の手記〉おまえは時代の孤児だ
1960.07.01	第1巻 第6号	12	金寅東	〈抗日参加者の手記〉もう一度考えてみよう
1960.07.01	第1巻 第6号	13	姜明姫	〈抗日参加者の手記〉わたしは知っています
1960.07.01	第1巻 第6号	11	沈載信	〈抗日参加者の手記〉恥じる
1960.07.01	第1巻 第6号	12	キムヨンボ	〈抗日参加者の手記〉群衆
1960.07.01	第1巻 第6号	6		日誌(5月16日~6月17日)

발행일	지면정보		필자	제목
	권호	페이지		
1960.07.01	第1巻 第6号	19	朴東春	駆ける"千里の駒"
1960.07.01	第1巻 第6号	14	編輯部	停戦会談とアメリカ
1960.07.01	第1巻 第6号	34	金泰山	祖国行政区域はどうなっているか
1960.07.01	第1巻 第6号	30	鄭文	〈生活の中で〉俺にも故郷がある
1960.07.01	第1巻 第6号	31	崔信夫	〈生活の中で〉朝鮮大学に入って
1960.07.01	第1巻 第6号	33	崔賢錫	〈生活の中で〉望郷
1960.07.01	第1巻 第6号	16	寺尾五郎	10年にして日・朝の友情はほんものになった
1960.07.01	第1巻 第6号	40	朴文侠	〈共和国英雄物語3〉月尾島
1960.07.01	第1巻 第6号	22	李香順/李英愛/金洛中/朴鳳柱/崔載鳳/李憲台	〈座談会〉とりもどした青春-日本の高校から朝鮮大学に入って
1960.07.01	第1巻 第6号	36	洪登	朝鮮古代の数学
1960.07.01	第1巻 第6号	38	安宇植	深い関連をもつ二つ長篇小説「故郷」「歴史」
1960.07.01	第1巻 第6号	29	許南麒	歳時記(7月)
1960.07.01	第1巻 第6号	26		祖国解放15周年記念主要事業について
1960.07.01	第1巻 第6号	46	呉一男/李定子/申元守/李浩一/金奉柱	読者がつくるページ
1960.07.01	第1巻 第6号	44		短信
1960.07.01	第1巻 第6号	48		そうだんしつ・しつもんしつ
1960.12.01	第1巻 第10号	1		巻頭言
1960.12.01	第1巻 第10号	2	李季白	〈청진과 신석을 연결하고 1년〉人道の新潟港での一年
1960.12.01	第1巻 第10号	6	鄭相煥 黄玉倍	〈청진과 신석을 연결하고 1년〉新潟港埠頭に立って
1960.12.01	第1巻 第10号	16	川原乙松	〈청진과 신석을 연결하고 1년〉生涯忘れらぬ仕事
1960.12.01	第1巻 第10号	18	朴南夏	〈청진과 신석을 연결하고 1년〉高まる朝日友好親善
1960.12.01	第1巻 第10号	11	李海明	〈청진과 신석을 연결하고 1년〉清津までの旅から
1960.12.01	第1巻 第10号	12	宋叔姫	〈청진과 신석을 연결하고 1년〉のどかな平壤の街
1960.12.01	第1巻 第10号	14	尹相昊	〈청진과 신석을 연결하고 1년〉教授でも学生でもない生活
1960.12.01	第1巻 第10号	20	金炳元	〈청진과 신석을 연결하고 1년〉自主統一めざす南朝鮮人民
1960.12.01	第1巻 第10号	24	甘英一	電気とローソク
1960.12.01	第1巻 第10号	19	尹元澈	南朝鮮の新しい波
1960.12.01	第1巻 第10号	26	鄭求一	光州学生運動三十一周年
1960.12.01	第1巻 第10号	34	佐藤昇	ある朝鮮人の思い出
1960.12.01	第1巻 第10号	38	藤江一	洪さん一家のこと
1960.12.01	第1巻 第10号	42	李樹哲	作家金史良について

발행일	지면정보		필자	제목
	권호	페이지		
1960.12.01	第1巻 第10号	28	許瑛愛/李和江千夏子/権玉培李英愛/金篤	〈座談会〉1960年をかえりみる
1960.12.01	第1巻 第10号	44	許南麒	歳時記(十二月)
1960.12.01	第1巻 第10号	65		朝鮮のうた・清津浦の舟うた
1960.12.01	第1巻 第10号	46	東京朝鮮中高級学校社会科	〈朝鮮歴史講座 8〉甲午農民戦争
1960.12.01	第1巻 第10号	50	呉白竜	〈抗日パルチザン闘士の回想記〉歓呼にわきたった普天堡
1960.12.01	第1巻 第10号	58		読者のページ
1960.12.01	第1巻 第10号	56		短信
1960.12.01	第1巻 第10号	61		そうだん・しつもんしつ
1960.12.01	第1巻 第10号	64		編輯後記
1960.12.01	第1巻 第10号	62		「新しい世代」第一巻主要目次
1961.01.01	第2巻 第1号	2	河秀図	一九六一年をむかえて
1961.01.01	第2巻 第1号	4	宋枝学	〈特別付禄〉朝鮮の平和的統一のために-民族の運命と南北連邦制
1961.01.01	第2巻 第1号	11	南日竜	〈特別付禄〉朝鮮の平和的統一のために南北聯邦制と南朝鮮学生
1961.01.01	第2巻 第1号	8	編輯部編	〈特別付禄〉朝鮮の平和的統一のために目でみる南北聯邦制提案内容
1961.01.01	第2巻 第1号	15		〈特別付禄〉朝鮮の平和的統一のためにソウル大学民族統一聯盟発起文
1961.01.01	第2巻 第1号	16	野坂参三/江田三郎/中島健蔵/平林たい子	朝鮮の平和統一をのぞむ-朝鮮民主主義人民共和国最高人民会議第二紀第八次会議における崔康健委員長の報告、朝鮮の統一のための南北聯邦制を支持する
1961.01.01	第2巻 第1号	20	劉一孝	ドル危機と南朝鮮経済
1961.01.01	第2巻 第1号	26	魚塘	朝鮮の自然資源
1961.01.01	第2巻 第1号	24	飛揚	浦里号事件
1961.01.01	第2巻 第1号	34	許南麒	歳時記
1961.01.01	第2巻 第1号	18	蔡峻・全哲	〈マンガ特輯〉モウがまんならない
1961.01.01	第2巻 第1号	33	金礼坤	〈連載講座〉国語講座
1961.01.01	第2巻 第1号	36	安宇植	〈連載講座〉朝鮮の文学
1961.01.01	第2巻 第1号	40	金緑陽	〈連載講座〉祖国めぐり(地理講座1)
1961.01.01	第2巻 第1号	50	東洋朝鮮中高級学校社会科	〈連載講座〉抗日義兵闘争(歴史講座9)
1961.01.01	第2巻 第1号	42	姜在彦	乙支文徳将軍
1961.01.01	第2巻 第1号	46	襄秉斗	朝鮮史話(1)

발행일	지면정보		필자	제목
	권호	페이지		
1961.01.01	第2巻 第1号	54	林春秋	〈抗日パルチザン参加者回想記〉不屈の闘士
1961.01.01	第2巻 第1号	60		〈特別付禄〉朝鮮の平和的統一のための南北聯邦制について-短信
1961.01.01	第2巻 第1号	62		〈特別付禄〉朝鮮の平和的統一のための南北聯邦制について-読者のひろば
1961.01.01	第2巻 第1号	64		〈特別付禄〉朝鮮の平和的統一のための南北聯邦制についてそうだん・しつもんしつ
1961.01.01	第2巻 第1号	64		編輯後記
1961.03.01	第2巻 第2号	2		金日成首相の全朝鮮人民におくる新年のあいさつ
1961.03.01	第2巻 第2号	4		金日成首相韓徳銖先生祝電
1961.03.01	第2巻 第2号	9	宋技学	人民経済発展午か年計劃と七か年計劃
1961.03.01	第2巻 第2号	28	金守鎮	わが民族の愛国伝統
1961.03.01	第2巻 第2号	15	李承玉	〈特輯〉帰国する人たち-若き情熱を祖国に-東京朝高と上野市から帰国する青年たち
1961.03.01	第2巻 第2号	18	金泰京	〈特輯〉帰国する人たち-光と希望を見いだした人々-名古屋港支部から集団帰国する労動者たち
1961.03.01	第2巻 第2号	20	白佑勝	〈特輯〉帰国する人たち-同じ働くなら祖国で-大阪から集団帰国する企業家、技術者たち
1961.03.01	第2巻 第2号	23	孫政義	〈特輯〉帰国する人たち-〈帰国青年学生たちの手紙〉あこがれの祖国に帰って
1961.03.01	第2巻 第2号	24	尹相大	〈特輯〉帰国する人たち-〈帰国青年学生たちの手紙〉Kトンムの話
1961.03.01	第2巻 第2号	26	張城祚	〈特輯〉帰国する人たち-民族教育をうけた喜び
1961.03.01	第2巻 第2号	27	朴賢洙	〈特輯〉帰国する人たち-私たちの家族の生活
1961.03.01	第2巻 第2号	44	柳田謙十郎	昔の朝鮮人と今の朝鮮人
1961.03.01	第2巻 第2号	46	朴志亨	朝鮮スポーツ現況
1961.03.01	第2巻 第2号	32	崔日植/金仁植/高昌一/李順姫/朴相範/編輯部	〈座談会〉南朝鮮での生活から
1961.03.01	第2巻 第2号	37	清沢治	どちらが幸福か
1961.03.01	第2巻 第2号	39	朝鮮大学李珍雨	日本の学校から朝鮮学校に入って-悩みから喜びへ
1961.03.01	第2巻 第2号	40	神奈川朝高李京子	日本の学校から朝鮮学校に入って-私にも祖国があって
1961.03.01	第2巻 第2号	42	愛知朝高李光子	日本の学校から朝鮮学校に入って-胸はたかなる
1961.03.01	第2巻 第2号	43	大阪朝高姜君于	日本の学校から朝鮮学校に入って-帰国を決意するまで
1961.03.01	第2巻 第2号	53	金礼坤	〈連載講座〉国語講座(2)
1961.03.01	第2巻 第2号	54	安宇植	〈連載講座〉朝鮮の文学(2)

발행일	지면정보		필자	제목
	권호	페이지		
1961.03.01	第2巻 第2号	54	金緑陽	〈連載講座〉祖国めぐり(地理講座2)
1961.03.01	第2巻 第2号	64	東京朝鮮中高級学校社会科	〈連載講座〉三一独立運動(歴史講座10)
1961.03.01	第2巻 第2号	48	許南麒	歳時記
1961.03.01	第2巻 第2号	60	姜在彦	慧超と崔致遠(人物史物語)
1961.03.01	第2巻 第2号	68	裵秉斗	紐由と密友(朝鮮史話)
1961.03.01	第2巻 第2号	73	李在林	不死鳥
1961.03.01	第2巻 第2号	31	金福姫	〈書評〉「不屈のうた」
1961.03.01	第2巻 第2号	76		短信
1961.03.01	第2巻 第2号	62		読者のひろば
1961.03.01	第2巻 第2号	81		そいだん・しつもんしつ
1961.03.01	第2巻 第2号	81		表紙について
1961.04.01	第2巻 第3号	2		〈特輯〉南朝鮮人民4月蜂起1週年-「自主的な国土統一」のたねに
1961.04.01	第2巻 第3号	6	編輯部	〈特輯〉南朝鮮人民4月蜂起1週年-"四月の血をぼうとくするな"-祖国統一のために闘う南朝鮮の青年学生
1961.04.01	第2巻 第3号	15	申熙九	〈特輯〉南朝鮮人民4月蜂起1週年-統国条約=「韓米経済・技術協定」
1961.04.01	第2巻 第3号	6	編輯部	〈特輯〉南朝鮮人民4月蜂起1週年-南朝鮮青年学生の闘争日誌
1961.04.01	第2巻 第3号	9	金京鎮	〈手記〉1960年 4月 19日-左手で書いた日記
1961.04.01	第2巻 第3号	10	李元洙	〈手記〉1960年 4月 19日-弟のうた一姉に
1961.04.01	第2巻 第3号	11	姜守炫	〈手記〉1960年 4月 19日-母への遺言
1961.04.01	第2巻 第3号	13	高順姫	〈手記〉1960年 4月 19日-姉のうた一弟に
1961.04.01	第2巻 第3号	13	尹義順	〈手記〉1960年 4月 19日-息子はりっぱに生きた
1961.04.01	第2巻 第3号	19	尹元徹	「韓日会談」のもくろみ-「韓日会談」はなぜ反対をおしきって妥結を急いでいるのか
1961.04.01	第2巻 第3号	36	朴密陽	めざめゆく青年たち-支部青年学校で学ぶ青年たちのかわりゆくそのすがた
1961.04.01	第2巻 第3号	32	李周文	青年は国の主人公-子供の級友にあてた手紙-「朝鮮みたまま」
1961.04.01	第2巻 第3号	35	崔艶子	祖国とはこんなによいもの-帰国の喜びを父に伝える帰国一カ月めと一年めの手紙
1961.04.01	第2巻 第3号	22	李相業/朴米子/張武雄	〈韓徳銖先生をかこむ座談会〉祖国を知り祖国のために生きる
1961.04.01	第2巻 第3号	28	崔禮訓	新しい人間像-大火傷の少年を救った医学生たちの愛と感動の物語
1961.04.01	第2巻 第3号	42	阿部知二	こども、若もの、おとな-アジア・アフリカ作家会議のこと。朝鮮と日本のこと。
1961.04.01	第2巻 第3号	49		〈解説〉四・二四教育事件
1961.04.01	第2巻 第3号	48		祖国から第九次教育援助費・奨学金をおくる
1961.04.01	第2巻 第3号	78		短信

발행일	지면정보		필자	제목
	권호	페이지		
1961.04.01	第2巻 第3号	44		読者のひろば
1961.04.01	第2巻 第3号	80		編輯後記
1961.04.01	第2巻 第3号	80		表紙写真について
1961.04.01	第2巻 第3号	55	金礼坤	〈連載講座〉国語講座3
1961.04.01	第2巻 第3号	56	安宇植	〈連載講座〉朝鮮の文学
1961.04.01	第2巻 第3号	60	金緑楊	〈連載講座〉祖国めぐり(地理講座3)
1961.04.01	第2巻 第3号	62	東京朝鮮中高級学校社会科	〈連載講座〉1920年代の反日闘争
1961.04.01	第2巻 第3号	50	許南麒	歳時記 春たけさわ
1961.04.01	第2巻 第3号	66	姜在彦	〈人物史物語〉姜邯贊将軍
1961.04.01	第2巻 第3号	70	裵秉斗	〈朝鮮史話〉奴隷租未押
1961.04.01	第2巻 第3号	74	朴達	斧(おの)抗日パルチザンの話
1961.07.01	第2巻 第5号	7		金一第一副首相の演説
1961.07.01	第2巻 第5号	15		南朝鮮人民へおくるアピール
1961.07.01	第2巻 第5号	18	編輯部	アメリカ帝国主義の植民地支配の危機と南朝鮮の軍事クーデター
1961.07.01	第2巻 第5号	24	編輯部	世界の与論にみる南朝鮮の軍事クーデター
1961.07.01	第2巻 第5号	26	寺尾五郎	南朝鮮の軍事クーデターに思う
1961.07.01	第2巻 第5号	28	朴東春	勝利の道をすすむ朝鮮総聯
1961.07.01	第2巻 第5号	32	韓桂玉	過去の不信と対立をなくす流れ
1961.07.01	第2巻 第5号	36	申彰	わたしはこう思っている-平和統一の火は消せない
1961.07.01	第2巻 第5号	37	呉修義	あたりまえのこと
1961.07.01	第2巻 第5号	38	金君子	統一を願う心はひとつ
1961.07.01	第2巻 第5号	38	姜敏植	あきれはてた話
1961.07.01	第2巻 第5号	42	文性守	世界に誇る本宮ビナロン工場
1961.07.01	第2巻 第5号	45	柳勝煥	海州でのいくつかの話
1961.07.01	第2巻 第5号	50	朴元俊	帰国した息子
1961.07.01	第2巻 第5号	72	村山知義	四年前の思い出
1961.07.01	第2巻 第5号	40	編輯部	朝鮮人民は六月二十五日を忘れない
1961.07.01	第2巻 第5号	49	趙碧岩	〈詩〉両断された臨津江
1961.07.01	第2巻 第5号	56	許南麒	歳時記(仲夏)
1961.07.01	第2巻 第5号	55	徐黙	〈祖国映画紹介〉六人の兄弟
1961.07.01	第2巻 第5号	83		短信
1961.07.01	第2巻 第5号	54		マンガ
1961.07.01	第2巻 第5号	86		本誌創刊一週年記念応募作品入選発表
1961.07.01	第2巻 第5号	61	金礼坤	〈連載講座〉国語講座
1961.07.01	第2巻 第5号	64	安宇植	〈連載講座〉朝鮮の文学(李朝時代の詩歌)

발행일	지면정보		필자	제목
	권호	페이지		
1961.07.01	第2巻 第5号	62	金緑陽	〈連載講座〉祖国めぐり(京畿道)
1961.07.01	第2巻 第5号	68	姜在彦	崔茂宣と文益漸
1961.07.01	第2巻 第5号	78	許昌淑	〈抗日パルチザン参加者回想記〉隊伍をまって
1961.08.01	第2巻 第6号	8	金宝鉉	〈ひろば〉朝鮮解放十六周年をむかえて-祖国の平和的統一のために
1961.08.01	第2巻 第6号	12	李教舜	南朝鮮の厳しい現事態を直視し、祖国の平和統一を妨害する敵を見破ろう-テロ旋風下の南朝鮮と米日反動の新たな策動
1961.08.01	第2巻 第6号	18	編輯部	民団内部においても反クーデター、祖国の平和統一を願う運動が高まっている民団の青年学生ら軍事独裁を排撃
1961.08.01	第2巻 第6号	20		〈マンガ〉軍部独裁の排撃と在日同胞の統一運動促進を主張する在日青年学生各団体の声明
1961.08.01	第2巻 第6号	24	朴容徹	〈マンガ〉千里の駒の勢いで、建設される偉大な祖国は、なによってもたらされたか輝く革命伝統
1961.08.01	第2巻 第6号	28	朴応竜	〈マンガ〉三五一高地(共和国英雄伝)
1961.08.01	第2巻 第6号	36	李根栄	心から笑えるぼく過去
1961.08.01	第2巻 第6号	38	申誠子	明花オモニとわたし
1961.08.01	第2巻 第6号	40	林開雲	創立五周年おむかえた朝鮮大学　ほとばしる民族の誇り
1961.08.01	第2巻 第6号	44	国分一太郎	朝鮮の人には、谷底から山頂によじ登るしつこさがある。私はそれに学ぶ　まっすぐさのためのしつこさ
1961.08.01	第2巻 第6号	35		〈朝鮮民話〉三年峠
1961.08.01	第2巻 第6号	82		短信
1961.08.01	第2巻 第6号	84		読者のひるば
1961.08.01	第2巻 第6号	86		朝鮮解放十六周年記念主要行事
1961.08.01	第2巻 第6号	49	金礼坤	〈連載講座〉国語講座(6)
1961.08.01	第2巻 第6号	54	安宇植	〈連載講座〉朝鮮の文学(李朝時代の文学　その二)
1961.08.01	第2巻 第6号	58	姜在彦	世宗と崔世珍
1961.08.01	第2巻 第6号	50	裵秉斗	〈手記〉三国の統一を妨害した唐と倭(朝鮮史話)
1961.08.01	第2巻 第6号	68	金永寿	祖国のふところに抱かれて一年
1961.08.01	第2巻 第6号	62	白鶴林	パルチザンの母(抗日パルチザン参加者の手記)
1961.09.01	第2巻 第7号	8	金慶喆	朝・ソ、朝・中両条約締結の背景と意義
1961.09.01	第2巻 第7号	14	高昇孝	朝鮮労動党第四回大会をむかえに-勝利と繁栄への偉大な歩み
1961.09.01	第2巻 第7号	19	李東埼	朝・日貿易正常化をめざす在日同胞商工人の力強い歩み-政見越えて祖国貿易推進
1961.09.01	第2巻 第7号	26	朴赫女	平和な未来のためにたたかっている日本お朝鮮の若人が一堂に会し、ゆるぎない友情と連帯のトリデをつくった　花ひらく平和と友好の祭典
1961.09.01	第2巻 第7号	24	安道雲	「祖国は平和的に統一されなければならない」民団系文化人である氏はかく訴える　楽しい夢
1961.09.01	第2巻 第7号	34	姜元淑	〈共和国実話集〉共和国学生間の友情はどうなされているか大学生許宗洙トンムの話

발행일	지면정보		필자	제목
	권호	페이지		
1961.09.01	第2巻 第7号	40	趙根元	〈共和国実話集〉金日成元師と孤児である四人姉妹のあいだにむすばれた心暖まる物語-四人姉妹
1961.09.01	第2巻 第7号	48	壷井繁治	関東大地震記念によせて-でっかい益まれての
1961.09.01	第2巻 第7号	32		〈朝鮮民話〉トンチ少年
1961.09.01	第2巻 第7号	82		短信
1961.09.01	第2巻 第7号	84		読者のひろば
1961.09.01	第2巻 第7号	86		編輯部からのお願い・編輯後記
1961.09.01	第2巻 第7号	71		マンガ紹介
1961.09.01	第2巻 第7号	54	金礼坤	〈連載講座〉国語講座(7)
1961.09.01	第2巻 第7号	62	安宇植	〈連載講座〉朝鮮の文学(李朝時代の文学その三)
1961.09.01	第2巻 第7号	58	姜在彦	李カンと蒋英実(人物物語)
1961.09.01	第2巻 第7号	50	李甲基	花郎の伝説(朝鮮史話)
1961.09.01	第2巻 第7号	72		一九六一-二年度共和国各大学新入学学生募集要綱
1961.09.01	第2巻 第7号	66	呉白竜	〈抗日パルチザン参加者回想記〉手習いの第一歩
1961.10.01	第2巻 第8号	24	曹良奎	信川をたずねて-十一年前アメリカ侵略軍による平和な町・信川での残虐行為をみる
1961.10.01	第2巻 第8号	28	黄寅秀 朴重次	朝鮮をもっと知りたい-ザピープルズコリアによせられた世界各国の人との手紙から
1961.10.01	第2巻 第8号	30	李富子	土をふむ感激-小児マヒのため十九年間「いざり」だった私はいま祖国を自分の足で歩く
1961.10.01	第2巻 第8号	38	朴志亨	東京朝高蹴球部遠征随行記
1961.10.01	第2巻 第8号	37	全哲	〈連載講座〉青春日記
1961.10.01	第2巻 第8号	59		〈朝鮮民話〉大蛇退治
1961.10.01	第2巻 第8号	62		短信
1961.10.01	第2巻 第8号	64	厳君子	〈読者のひろば〉対馬の人々
1961.10.01	第2巻 第8号	64	鄭静子	〈読者のひろば〉朝鮮人も人間だ
1961.10.01	第2巻 第8号	65	宋秋湖	〈読者のひろば〉本名を名乗る
1961.10.01	第2巻 第8号	36	金文子	〈読者のひろば〉青年学校と私
1961.10.01	第2巻 第8号	65	川島みどり	〈読者のひろば〉「不屈のうた」を読んで
1961.10.01	第2巻 第8号	66	李泰鎬	〈読者のひろば〉人類の一人として抗議する
1961.10.01	第2巻 第8号	60	朴順姫	〈朝鮮学校生徒文集〉朝鮮人であるということ
1961.10.01	第2巻 第8号	61	崔憲英	〈朝鮮学校生徒文集〉-〈詩〉父の失敗
1961.10.01	第2巻 第8号	66	権桂子	〈朝鮮学校生徒文集〉朝鮮学校にはいって
1961.10.01	第2巻 第8号	60	金和子	〈朝鮮学校生徒文集〉-〈詩〉わたしの祖国
1961.10.01	第2巻 第8号	27		新刊良書紹介・キューバ、コンゴ、ガーナの指導者を知る本
1961.10.01	第2巻 第8号	45	金礼坤	〈連載講座〉国語講座(8)(動詞)
1961.10.01	第2巻 第8号	46	安宇植	〈連載講座〉朝鮮の文学(李朝時代の劇文学)
1961.10.01	第2巻 第8号	50	姜在彦	朴瑛と姜希顔
1961.10.01	第2巻 第8号	54	李甲基	〈朝鮮史話〉劍君

발행일	지면정보 권호	지면정보 페이지	필자	제목
1961.10.01	第2巻 第8号	67	崔洸	折れた銃
1961.10.01	第2巻 第8号	72	李箕永	千里の駒
1962.02.01	第3巻 第2号	8	金日成	〈随筆〉新しい権利めざし さらに前進しよう-金日成首相の新年のあいさつ
1962.02.01	第3巻 第2号	20	白漢基	南朝鮮の「ローゼンバーグ事件」
1962.02.01	第3巻 第2号	15	張正變	コンゴの朝・日貿易
1962.02.01	第3巻 第2号	48	金明子	回想のろわしい
1962.02.01	第3巻 第2号	40	金民	ある女教師のはなし
1962.02.01	第3巻 第2号	36	許光子	〈手記〉新しい人生
1962.02.01	第3巻 第2号	25	編輯部	寄宿舎建てる朝大生
1962.02.01	第3巻 第2号	44	岡邦雄	朝鮮青年諸君へ
1962.02.01	第3巻 第2号	32	林武鐘	＜明日をになう新しい世代9〉広島朝鮮中・高級学校
1962.02.01	第3巻 第2号	65	金礼坤	〈連載講座〉国語講座形容詞その一
1962.02.01	第3巻 第2号	58	金緑楊	〈連載講座〉祖国めぐり(平安南・北道)
1962.02.01	第3巻 第2号	66	安宇植	〈連載講座〉朝鮮の文学(抗日武装闘争の中で生れた文学)
1962.02.01	第3巻 第2号	70	姜在彦	金弘道と金正浩(人物物語)
1962.02.01	第3巻 第2号	76	李沢基	三五一高地の英雄たち
1962.02.01	第3巻 第2号	81	崔賢	再会〈抗日バルチザン参加者の回想記〉
1962.02.01	第3巻 第2号	47	全哲	〈連載漫画〉青春日記
1962.02.01	第3巻 第2号	54	玄成子	〈ひろば〉「再阪朝鮮人高校生の集い」に参加して
1962.02.01	第3巻 第2号	55	島村英子	〈ひろば〉「劣等感」の克服
1962.02.01	第3巻 第2号	56	高順子	〈ひろば〉後悔先にたたず
1962.02.01	第3巻 第2号	57	成允沢	〈ひろば〉1961年かえりみて
1962.02.01	第3巻 第2号	71		短信
1962.02.01	第3巻 第2号	86		編輯後記
1962.03.01	第3巻 第3号	9	李東準	〈特輯/民主民族教育〉新しい世代の新しい教育
1962.03.01	第3巻 第3号	14	朴庸坤	〈朝鮮大学の先生の立場から〉真・善・美のハーモニ
1962.03.01	第3巻 第3号	18	崔正鶴	〈民主民族教育をうける喜び〉民族意識
1962.03.01	第3巻 第3号	20	鄭鎮仙	唯一の学びの場
1962.03.01	第3巻 第3号	22	姜英才	わたしたちのクラス
1962.03.01	第3巻 第3号	26	楢島利雄	〈日本学校の先生の立場から〉朝鮮を君らのその手で
1962.03.01	第3巻 第3号	28	森川平八	若い朝鮮の友へ
1962.03.01	第3巻 第3号	30	裵秉斗	三一独立運動四十三周年
1962.03.01	第3巻 第3号	35	文性守	六つの高地占領(その一穀物・織物)
1962.03.01	第3巻 第3号	36	編輯部	「坡州木こり射殺事件」
1962.03.01	第3巻 第3号	38	編輯部	世界的発見「経絡」
1962.03.01	第3巻 第3号	54	小島晴則	日本海を平和の海に
1962.03.01	第3巻 第3号	38	全哲	〈連載漫画〉青春日記

발행일	지면정보		필자	제목
	권호	페이지		
1962.03.01	第3巻 第3号	41	朴文玉	〈ひろば〉「島村」さんに
1962.03.01	第3巻 第3号	42	朴玉善	〈ひろば〉決心
1962.03.01	第3巻 第3号	44	申鈴姫	〈ひろば〉朝高での生活-もしあの時こと
1962.03.01	第3巻 第3号	45	李潮	〈ひろば〉もしあの時ことわっていたら
1962.03.01	第3巻 第3号	46	申秀竜	〈ひろば〉身じかに感じた祖国
1962.03.01	第3巻 第3号	48	康成輝	「若き抗日パルチザン」を読んで
1962.03.01	第3巻 第3号	58		短信
1962.03.01	第3巻 第3号	53	金礼坤	〈連載講座〉国語講座形容詞その一
1962.03.01	第3巻 第3号	60	李殷直	〈朝鮮古典名作物語〉洪吉童伝
1962.03.01	第3巻 第3号	67	李斗燦	〈抗日パルチザン参加者回想記〉官地付近であった話
1962.04.01	第3巻 第4号	14		〈〈特輯〉金日成元師誕生50年〉金日成元師誕生50年に際して
1962.04.01	第3巻 第4号	18	朴容撤	〈〈特輯〉金日成元師誕生50年〉金日成元師の偉大な指導
1962.04.01	第3巻 第4号	21	韓衝玉	〈〈特輯〉金日成元師誕生50年〉私たちへの暖かい配慮
1962.04.01	第3巻 第4号	61	畑中政春	〈〈特輯〉金日成元師誕生50年〉生涯忘れられぬ思い出
1962.04.01	第3巻 第4号	63	秋元秀雄	〈〈特輯〉金日成元師誕生50年〉二度お会いして
1962.04.01	第3巻 第4号	34	趙東旭	〈〈特輯〉金日成元師誕生50年〉青年工作員への教え
1962.04.01	第3巻 第4号	42	黄順姫	〈〈特輯〉金日成元師誕生50年〉元師は私たちの親
1962.04.01	第3巻 第4号	51	韓雪野	〈〈特輯〉金日成元師誕生50年〉人間金日成将軍(二)
1962.04.01	第3巻 第4号	28	編輯部	〈〈特輯〉金日成元師誕生50年〉-〈伝略〉幼年時代から抗日武装闘争に入るまで
1962.04.01	第3巻 第4号	32	金光燮	〈〈特輯〉金日成元師誕生50年〉あなたの深いいつくしみの手と英知のひかりにみちびかれて
1962.04.01	第3巻 第4号	26		〈〈特輯〉金日成元師誕生50年〉金日成元師誕生50年主要記念行事について
1962.04.01	第3巻 第4号	83		〈兄弟のきずな・わが国とソビエト社会主義連邦〉生死苦楽をともにする真の友
1962.04.01	第3巻 第4号	88	岩倉政治	〈兄弟のきずな・わが国とソビエト社会主義連邦〉私があった朝鮮青年たち
1962.04.01	第3巻 第4号	79	文性守	〈兄弟のきずな・わが国とソビエト社会主義連邦〉六つの高地占領
1962.04.01	第3巻 第4号	86	成良男	〈兄弟のきずな・わが国とソビエト社会主義連邦〉日本の大学に進学した友に
1962.04.01	第3巻 第4号	90	朴志亨	〈兄弟のきずな・わが国とソビエト社会主義連邦〉政見越えて技を争う
1962.04.01	第3巻 第4号	67		〈動き・動き〉ハツカの能動免疫に成功
1962.04.01	第3巻 第4号	68		〈動き・動き〉共和国の教育現状
1962.04.01	第3巻 第4号	70		〈動き・動き〉「韓日会談」の危険な新局面
1962.04.01	第3巻 第4号	74		〈動き・動き〉日本独占資本の南朝鮮侵入とその意図するもの
1962.04.01	第3巻 第4号	77		〈動き・動き〉決意を新たにした母親たち
1962.04.01	第3巻 第4号	130	全哲	〈連載マンガ〉青春日記

발행일	지면정보		필자	제목
	권호	페이지		
1962.04.01	第3巻 第4号	125	李光一	〈ひろば〉金日成首相贈物
1962.04.01	第3巻 第4号	125	姜玉順	〈ひろば〉金日成元帥と私
1962.04.01	第3巻 第4号	126		〈ひろば〉金日成元帥の偉大さ
1962.04.01	第3巻 第4号	127	戸田明子	〈ひろば〉評判になった本
1962.04.01	第3巻 第4号	127	張富成	〈ひろば〉「不屈のうた」が教えるもの
1962.04.01	第3巻 第4号	128	申義子	〈ひろば〉初めて知った南朝鮮の現状
1962.04.01	第3巻 第4号	131	東栄鎬	みんなにすすめたい本「朝鮮その北と南」
1962.04.01	第3巻 第4号	132	金潤玉	「ある女教師の手記」
1962.04.01	第3巻 第4号	92	金礼坤	〈連載講座〉国語講座(動詞)
1962.04.01	第3巻 第4号	96	李殷直	〈朝鮮古典名作物語〉沈清伝
1962.04.01	第3巻 第4号	103	朴英順	三人の少年の話
1962.05.01	第3巻 第5号	11		貴重な血の教訓は私たちの胸のなかに脈うっている
1962.05.01	第3巻 第5号	22		〈時の動き〉最高人民会議第二紀第十回会議開かる
1962.05.01	第3巻 第5号	25		〈時の動き〉「四月の勇士」たちはたたかっている
1962.05.01	第3巻 第5号	29		〈時の動き〉前進するベトナム人民の反帝・半植民地闘争
1962.05.01	第3巻 第5号	31		〈時の動き〉日警の挑発策動に警戒心をたかめよう
1962.05.01	第3巻 第5号	15	文性守	六つの高地占領
1962.05.01	第3巻 第5号	19	編輯部	〈兄弟のきずな2わが国と中華人民共和国〉血で結ばれた永遠の友
1962.05.01	第3巻 第5号	35	金慶吾	メーデーのはなし
1962.05.01	第3巻 第5号	58	金昌男	「動・植物名集小辞典」をみて
1962.05.01	第3巻 第5号	58	金昌男	〈本紙創刊二周年記念入選発表〉「動・植物名集小辞典」をみて
1962.05.01	第3巻 第5号	59	呉善姫	〈本紙創刊二周年記念入選発表〉魂の記録(手記)
1962.05.01	第3巻 第5号	64	朴栄基	〈本紙創刊二周年記念入選発表〉朴具元君の手記(創作)
1962.05.01	第3巻 第5号	63	洪永昌	〈マンガ〉朴によくにた男
1962.05.01	第3巻 第5号	38	編輯部	〈金日成元帥誕生五十周年を祝う在日同胞〉とこしえにすこやかであられよ
1962.05.01	第3巻 第5号	44		〈座談会〉-〈朝鮮青年の間で「抗日パルチザン参加者の回想記」〉を読む運動がおこなわれている。かれらはここから何を学んでいるか〉抗日パルチザン回想記から何を学ぶか
1962.05.01	第3巻 第5号	52		〈座談会〉-〈日活映画「キューポラのある街」〉は好評裏に上映されている。原作者早船先生と女優さんをかこんで朝高生と対談してみた〉未来を結ぶ朝鮮と日本の子ら
1962.05.01	第3巻 第5号	50	劉光石	「キューポラのある街」をみて
1962.05.01	第3巻 第5号	79	金礼坤	国語講座(動詞の相)
1962.05.01	第3巻 第5号	68	李殷直	〈朝鮮古典名作物語〉壬辰録(上)
1962.05.01	第3巻 第5号	81	朴成哲	群衆の中で(抗日パルチザン回想記)
1962.05.01	第3巻 第5号	87	韓雪野	人間金日成将軍(三)
1962.09.01	第3巻 第7号	5		今月のことば　明るい未来の主人公として自らをきたえておこう

발행일	지면정보		필자	제목
	권호	페이지		
1962.09.01	第3巻 第7号	8		祖国解放十七周年記念祝宴での金日成首相の演説
1962.09.01	第3巻 第7号	14	梁用斗	平和あたたかいとるもの
1962.09.01	第3巻 第7号	12	石野久男	現行帰国協定を延長せよ
1962.09.01	第3巻 第7号	18	朴春日	関東大地震と朝鮮人
1962.09.01	第3巻 第7号	46		世界最高峰の芸術(第八回世界青年学生平和友好祭芸術部門で五一個のメダルを獲得した朝鮮の芸術)
1962.09.01	第3巻 第7号	48	表仁洙	栄誉にみちたわたしたちの任務
1962.09.01	第3巻 第7号	58	金慶呉	驚異の戦績
1962.09.01	第3巻 第7号	52	宋相斗	朝鮮のほまれ、辛金丹選手
1962.09.01	第3巻 第7号	56	辛金丹	〈手記〉あつい感激をもって
1962.09.01	第3巻 第7号	62	ラリ・アブシア	ある米兵の手記わたしは呪われている
1962.09.01	第3巻 第7号	35		〈時の動き〉外勢依存は亡国への道(共和国)
1962.09.01	第3巻 第7号	37		〈時の動き〉語るに語れない(南朝鮮)
1962.09.01	第3巻 第7号	43		〈時の動き〉核戦争の挑発者は誰か(国際)
1962.09.01	第3巻 第7号	40		〈時の動き〉印度の航路を妨害するな(日本)
1962.09.01	第3巻 第7号	28	編輯部	「朝鮮人高校生会」誕生
1962.09.01	第3巻 第7号	30	李義雄	一人で悩まないで
1962.09.01	第3巻 第7号	32	呉久子	あなたに訴える
1962.09.01	第3巻 第7号	34	李成俊	さそいのハガキ
1962.09.01	第3巻 第7号	33	崔洛東	生まれるべくして生まれ
1962.09.01	第3巻 第7号	64	李承玉	思想・丁茶山
1962.09.01	第3巻 第7号	110		原稿募集
1962.09.01	第3巻 第7号	74	全哲	〈マンガ〉青春日記
1962.09.01	第3巻 第7号	79	金礼坤	〈連載講座〉国語講座
1962.09.01	第3巻 第7号	80	李殷直	〈朝鮮古典名作物語〉壬辰録
1962.09.01	第3巻 第7号	88	李永淑	〈パルチザン参加者回想記〉輝ける明日のために
1962.09.01	第3巻 第7号	105		勇敢なかもねたち(朝鮮青年像)
1962.09.01	第3巻 第7号	91	韓雪野	人間金日成将軍
1962.09.01	第3巻 第7号	68	鄭日煥	〈ひろば〉権永壁先生に学ぶ
1962.09.01	第3巻 第7号	69	李春吉	〈ひろば〉朝青の事で頭がいっぱい
1962.09.01	第3巻 第7号	70	高幸子	〈ひろば〉新しいタイプの青年
1962.09.01	第3巻 第7号	71	呉英子	〈ひろば〉夜間登山
1962.09.01	第3巻 第7号	72	金美代子	〈ひろば〉強く生きる
1962.09.01	第3巻 第7号	73	李泰君	〈ひろば〉朝鮮語を忘れた朝鮮人
1962.11.01	第3巻 第9号	5	呉在斗	「韓日会談」早期妥結の侵略的策動
1962.11.01	第3巻 第9号	21	呉亨権	〈アメリカ文化をどうみるべきか〉"アメリカ文化"のネライと本質
1962.11.01	第3巻 第9号	29		〈アメリカ文化をどうみるべきか〉女優志望の恵淑へ

발행일	지면정보		필자	제목
	권호	페이지		
1962.11.01	第3巻 第9号	25	金慶吾	〈アメリカ文化をどうみるべきか〉"アメリカ文化"という名の麻薬
1962.11.01	第3巻 第9号	33		〈アメリカ文化をどうみるべきか〉幼い魂をまもれ(南朝鮮一詩人の随筆)
1962.11.01	第3巻 第9号	35	劉道源	<功労メダル受勲者の手記>祖国とのきずなを強めよう
1962.11.01	第3巻 第9号	49	梅原登代子	民族の心は呼びあう
1962.11.01	第3巻 第9号	55	金聖徳	苦悶の果実
1962.11.01	第3巻 第9号	51	山本美代子	目の輝き
1962.11.01	第3巻 第9号	57	文雲和	真理の泉
1962.11.01	第3巻 第9号	58	金寿男	心からのあいさつを
1962.11.01	第3巻 第9号	10		〈時の動き〉偉大な統一を誇示(共和国)
1962.11.01	第3巻 第9号	18		〈時の動き〉よろこびも新たに(在日同胞)
1962.11.01	第3巻 第9号	13		〈時の動き〉「米飢餓騒動」(南朝鮮)
1962.11.01	第3巻 第9号	16		〈時の動き〉アジアに対するアメリカの侵略策動(国際)
1962.11.01	第3巻 第9号	43	権三竜	〈帰国第百次船記念帰国者の手記〉過去はもう忘れよう
1962.11.01	第3巻 第9号	68		東동風풍西서風풍
1962.11.01	第3巻 第9号	67	全哲	〈マンガ〉青春日記
1962.11.01	第3巻 第9号	20		短信
1962.11.01	第3巻 第9号	48	呉日	カット
1962.11.01	第3巻 第9号	72		太陽は平壌にのぼる(朝鮮青年象2)
1962.11.01	第3巻 第9号	84	金秉斗	〈短篇小説〉チビ先生
1962.11.01	第3巻 第9号	93	朴成哲	〈パルチザン回想記〉柳京洙同志の思い出
1962.11.01	第3巻 第9号	60	李鐘	〈ひろば〉切手愛好家へ
1962.11.01	第3巻 第9号	60	徐昌武	〈ひろば〉帰国した友へ
1962.11.01	第3巻 第9号	62	高宏洲	〈ひろば〉仕事の歌
1962.11.01	第3巻 第9号	63	沈春子	〈ひろば〉私達の運動
1962.11.01	第3巻 第9号	64	梁吉勇	〈ひろば〉青春の力
1962.11.01	第3巻 第9号	65	金弘昌	〈ひろば〉民主朝鮮
1962.11.01	第3巻 第9号	66	金正順	〈ひろば〉淋しくなんかない
1962.12.01	第3巻 第10号	9	韓桂玉	輝かしい勝利の年一九六二年
1962.12.01	第3巻 第10号	12	李教順	崩壊への道急ぐ南朝鮮
1962.12.01	第3巻 第10号	20	金珠栄	〈帰国第百次船に際して〉人道主義の勝利
1962.12.01	第3巻 第10号	25	李東琦	〈帰国の道は何者も妨げない。無修正延長を勝ちとったその日の新潟〉祖国よありがとう!
1962.12.01	第3巻 第10号	50	李善淙	〈正行ちやんを救った西新井病院と三河島事件の惨事、人間愛にもえた朝鮮人医師の愛の記録〉人間愛の気高い精神
1962.12.01	第3巻 第10号	52	卞宰沫	〈朝鮮青年としてどう生きるべきか、朝鮮高校師範科学生の場合〉幼い魂のために
1962.12.01	第3巻 第10号	41		〈時の動き〉最後の突撃戦-「百二十日戦闘」(共和国)

발행일	지면정보		필자	제목
	권호	페이지		
1962.12.01	第3巻 第10号	44		〈時の動き〉日本は朝鮮の産業に寄与したか?(南朝鮮)
1962.12.01	第3巻 第10号	47		〈時の動き〉侵略者はキューバか、アメリカか?
1962.12.01	第3巻 第10号	54	崔鐘憲	〈先生の願い〉朴元治のこと
1962.12.01	第3巻 第10号	57	大野正重	〈先生の願い〉民族教育をうけよう
1962.12.01	第3巻 第10号	59	大野正重	〈先生の願い〉金トンムのめざめ
1962.12.01	第3巻 第10号	38		東동風픙西서風픙
1962.12.01	第3巻 第10号	76		編輯後記
1962.12.01	第3巻 第10号	40	全哲	〈マンガ〉青春日記
1962.12.01	第3巻 第10号			同志愛(朝鮮青年象 (3)
1962.12.01	第3巻 第10号		金泰生	〈短篇小説〉光の中へ
1963.01.01	第4巻 第1号	6	金相権	一九六三年をむがえて
1963.01.01	第4巻 第1号	9	金栄春	わたしたちの進路
1963.01.01	第4巻 第1号	38	金性律	何を優先させるか
1963.01.01	第4巻 第1号	38	金性律	〈今年の夢〉何を優先させるか
1963.01.01	第4巻 第1号	26	許南麒	〈今年の夢〉夜明けとまつうた
1963.01.01	第4巻 第1号	28	ぬやまひろし	〈今年の夢〉ぼくの夢
1963.01.01	第4巻 第1号	30	金達寿	〈今年の夢〉安本末子さんのこと
1963.01.01	第4巻 第1号	32	寺島文夫	〈今年の夢〉朝鮮の人たちと私
1963.01.01	第4巻 第1号	34	帯川潤一郎	歴史の流れ
1963.01.01	第4巻 第1号	57	李慶洙	朝鮮の正月
1963.01.01	第4巻 第1号	57	宋相斗	記録の挑戦
1963.01.01	第4巻 第1号	15		〈時の動き〉朝鮮での米軍の犯罪行為をバクロ
1963.01.01	第4巻 第1号	10		〈時の動き〉新たな飛躍への年--一九六三年
1963.01.01	第4巻 第1号	21		〈時の動き〉「政権移管」で長期執権たくらむ
1963.01.01	第4巻 第1号	24		〈時の動き〉日本政府は民族差別政策をやめよ
1963.01.01	第4巻 第1号	40	崔順南	幸の福日々(最高人民会議代議員になった帰国同胞の手記)
1963.01.01	第4巻 第1号	45		この目でみた南朝鮮(南朝鮮へ行ってきた在日民団同胞の手記)
1963.01.01	第4巻 第1号	53	金正培	一握の土なって(帰国決意在日青年手記)
1963.01.01	第4巻 第1号	61		東동風픙西서風픙
1963.01.01	第4巻 第1号	58		編輯後記
1963.01.01	第4巻 第1号	68	全哲	〈マンガ〉青春日記
1963.01.01	第4巻 第1号	37	蔡峻	月間漫評
1963.01.01	第4巻 第1号	66	安弘	〈ひろば〉過去と現在
1963.01.01	第4巻 第1号	66	姜節子	〈ひろば〉わたしの誓い
1963.01.01	第4巻 第1号	67	朴春成	これからの私
1963.01.01	第4巻 第1号	73	魚塘	〈連載講座〉朝鮮地理(第一回 平壌)

발행일	지면정보		필자	제목
	권호	페이지		
1963.01.01	第4巻 第1号	76	金哲央	〈連載講座〉世界観(第一回哲学)
1963.01.01	第4巻 第1号	80	姜徳相	〈連載講座〉原始共産制社会(第一回社会発展史)
1963.01.01	第4巻 第1号	84	李進熙	〈連載講座〉苗代川を訪ねて(第一回 日本にある朝鮮文化)
1963.01.01	第4巻 第1号	96		〈連載講座〉美わしき先駆者(朝鮮青年象)
1963.01.01	第4巻 第1号	109		〈連載講座〉中隊のヌナ(パルチザン回想記)
1963.01.01	第4巻 第1号	90	李箕永	〈連載講座〉苦難に耐えて
1963.01.01	第4巻 第1号	117	李貞淑	〈短篇小説〉春
1963.01.01	第4巻 第1号	132	姜相勲	〈短篇小説〉道づれ
1963.01.01	第4巻 第1号			〈付禄〉朝鮮絵「栄光の今日」
1963.02.01	第4巻 第2号	6	金日成	希望と信念をもって前進しよう
1963.02.01	第4巻 第2号	9		金日成首相から韓徳鉄議長え新年の祝電
1963.02.01	第4巻 第2号	14	許鳳学	朝鮮人民軍は敗の革命的武装力
1963.02.01	第4巻 第2号	30	トレスノク	わたしは幸運児-共和国へ脱走してきた一アメリカ兵の日記
1963.02.01	第4巻 第2号	58		マラソンの王座に向って-世界的記録に輝く柳万亨選手
1963.02.01	第4巻 第2号	61	李栄吉	南北統一チーム歓迎の足場を
1963.02.01	第4巻 第2号	46	李東演/金永愛/洪鐘球/内藤広信/野見山雄一	〈座談会〉未来に通じる学問を-新学期を目前に迫っている。わたしたいは、朝鮮人学生としてどう学ぶべきだろうか。日本大学に在学している朝鮮学生、日本人大学生の三者に大いに語っている。
1963.02.01	第4巻 第2号	39	安田正子	〈手記〉朝鮮学校とわたし-朝鮮大学を見学して
1963.02.01	第4巻 第2号	41	魚田正行	〈手記〉朝鮮学校とわたし-集団主義の学校
1963.02.01	第4巻 第2号	43	朴春根	〈手記〉朝鮮学校とわたし-朝鮮人として
1963.02.01	第4巻 第2号	18		〈時の動き〉六つ生産目標を勝利のうちに遂行
1963.02.01	第4巻 第2号	20		〈時の動き〉「民政移管」の変装劇
1963.02.01	第4巻 第2号	23		〈時の動き〉前進するアジア帝国人民の闘い
1963.02.01	第4巻 第2号	25		〈時の動き〉朝鮮総聯の今年五つの課題
1963.02.01	第4巻 第2号	54	林秀香	兄さんおめでとう-国旗勲章をもらった兄と日本にいる妹の往復書間
1963.02.01	第4巻 第2号	45	全哲	〈マンガ〉青春日記
1963.02.01	第4巻 第2号	29	蔡峻	月間漫評
1963.02.01	第4巻 第2号	67	金哲央	〈連載講座〉唯物論と観念論(第二回哲学)
1963.02.01	第4巻 第2号	63	姜徳相	〈連載講座〉奴隷制社会(第二回 社会発展史)
1963.02.01	第4巻 第2号	71	李進熙	〈連載講座〉朝鮮文化と北九州(第二回)
1963.02.01	第4巻 第2号	77	李殷直	〈朝鮮古典物語〉春香伝
1963.02.01	第4巻 第2号	86	李忠烈	〈連載読物〉死線を越えて(パルチザン回想記)
1963.02.01	第4巻 第2号	92	李箕永	〈連載読物〉苦難に耐えて(第二回)
1963.02.01	第4巻 第2号	98	劉白羽	陽光燦爛(中国作家の朝鮮訪問記)
1963.03.01	第4巻 第3号	5		南朝鮮青年学生に送る民青中央委のアピール

발행일	지면정보		필자	제목
	권호	페이지		
1963.03.01	第4巻 第3号	12	裵秉斗	三月の烽火を高く上げよ-四四年前三・一人民蜂起の愛国伝統わたしたちはどううけ継ぐべきか
1963.03.01	第4巻 第3号	16	河昌玉	「法的地位」の本質について-「在日朝鮮人の法的地位」とは何か。わたしたちはこれによって基本的人権を無視されている!
1963.03.01	第4巻 第3号	19	中村新太郎	未来真理宝庫-「金日成選集」第四巻を読んで
1963.03.01	第4巻 第3号	23	大森香代子	「ある教師の手記」を読んで自信をもった
1963.03.01	第4巻 第3号	28	全哲	青春日記
1963.03.01	第4巻 第3号	24	金鳳学	科学と青年時代-わが国の世界的科学者が送る若き科学学徒への言葉
1963.03.01	第4巻 第3号	46		育ちゆく子らのために(朝鮮青年像)-「精神異常者以外はみな優等生にすることができる」と確信して模範を示してくれた人民教員金寿福先生の物語
1963.03.01	第4巻 第3号	29	魚塘	〈連載講座〉大同江下流地方(第三回)-金日成元師生誕の地, 万景台中心に平壌一帯の鉄鋼基地を紹介
1963.03.01	第4巻 第3号	69	金哲央	〈連載講座〉哲学「中美」(第三回)-哲学とは何か?世界観とは?物のみかた考え方をやさしく解説する
1963.03.01	第4巻 第3号	32	姜徳相	〈連載講座〉奴隷社会(その2)-社会の発展をどうみるべきか。わが国の歴史をおりまぜて解く社会発展史
1963.03.01	第4巻 第3号	40	李進熙	〈連載読物〉朝鮮文化と北九州(第三回)-先進的朝鮮文化は日本へどのように伝えららたか。そしてそれらはいまどうなっているか。
1963.03.01	第4巻 第3号	56	李殷直	〈朝鮮古典名作物語〉朴氏夫人伝(上)-祖先が書きのこした朝鮮人民の精神世界!
1963.03.01	第4巻 第3号	63	金左侁	〈連載読物〉深い思想に導びかれ(パルチザン回想記)-祖国の独立と解放のためにたたかった抗日パルチザン闘争はわたしたちに多くのことを語り道しるべとなる
1963.03.01	第4巻 第3号	69	李箕永	〈連載読物〉苦難に耐えて(最終回)-作家李箕永先生の作家修業は今月で最終回!
1963.03.01	第4巻 第3号	74		共和国各大学新入生募集要綱
1963.04.01	第4巻 第4号	5	韓徳銖	世界男女スピード・スケート選手権大会に参加した共和国選手を熱烈に歓迎する
1963.04.01	第4巻 第4号	9	高相俊	共和国代表栄誉になって　歓迎大会でおこなった共和国選手団団長のあいさつ
1963.04.01	第4巻 第4号	12	編輯部	〈特輯・四月の広場に集まれ〉青年学生が先頭にたった四月の炎
1963.04.01	第4巻 第4号	21	成均館大学学生代表の手記	〈抗争参加者の手記〉われらはこのように闘った
1963.04.01	第4巻 第4号	25	金朱烈	日記
1963.04.01	第4巻 第4号	28	李正仁	電車と鋸と鉄条網
1963.04.01	第4巻 第4号	26		金朱烈君の日記について
1963.04.01	第4巻 第4号	30	李哲雨	銃と石
1963.04.01	第4巻 第4号	32	李尚玄	〈実話〉夜は明ける

발행일	지면정보		필자	제목
	권호	페이지		
1963.04.01	第4巻 第4号	17	韓桂玉	軍事テロ支配永久化の陰謀
1963.04.01	第4巻 第4号	39	李承玉	君にも「四月の血」は流れている
1963.04.01	第4巻 第4号	65	魚搪	〈連載講座〉朝鮮地理(第三回)
1963.04.01	第4巻 第4号	68	金哲央	〈連載講座〉わが国の唯物論と観念論(哲学第四回)
1963.04.01	第4巻 第4号	72	李進熙	〈連載読物〉朝鮮文化と山口(第四回)
1963.04.01	第4巻 第4号	85	李殷直	〈朝鮮古典名作物語〉朴氏夫人伝(下)
1963.04.01	第4巻 第4号	94	崔民哲	〈連載読物〉チルソンハのたたかい(パルチザン回想記)
1963.04.01	第4巻 第4号	101	鄭鎮錫	南朝鮮を一刻たりとも忘れない
1963.04.01	第4巻 第4号	83	朴春喜	〈ひろば〉四月の血に報いよ
1963.04.01	第4巻 第4号	83	金久子	〈ひろば〉祖国を知った喜び
1963.04.01	第4巻 第4号	78	朴月子	〈ひろば〉四年前のできごと
1963.04.01	第4巻 第4号	81	高昌南	〈ひろば〉橋(詩)
1963.04.01	第4巻 第4号	82	姜竜子	〈ひろば〉オモニの手
1963.04.01	第4巻 第4号	82	孫具子	〈ひろば〉ふしだらな生活
1963.04.01	第4巻 第4号	31	蔡峻	〈マンガ〉月間漫評
1963.04.01	第4巻 第4号	46		〈写真特輯〉一九六三年度世界男女スピード・スケート選手権大会を取材した朝鮮人記者座談会
1963.04.01	第4巻 第4号	53		彗星のように現れた朝鮮選手
1963.04.01	第4巻 第4号	57		編輯後記
1963.05.01	第4巻 第5号	5		金日成首相誕生五十一年に際して
1963.05.01	第4巻 第5号	9		総聯結成八年の輝かしい歴史
1963.05.01	第4巻 第5号	16	河昌玉	〈在日同胞のたたかい〉祖国との往来の自由を実現させよう
1963.05.01	第4巻 第5号	40	権三竜	〈帰国同胞の手記〉祖国でのメーヂー
1963.05.01	第4巻 第5号	38		新しい朝鮮会館落成す
1963.05.01	第4巻 第5号	43		祖国光復会結成二十七周年
1963.05.01	第4巻 第5号	60		〈スポーツ〉世界卓球大会で優秀な成績をおさめた朝鮮選手
1963.05.01	第4巻 第5号	61		〈スポーツ〉鄭吉和選手は帰国同胞
1963.05.01	第4巻 第5号	63		〈スポーツ〉国際重量上げで李興天選手世界新
1963.05.01	第4巻 第5号	63		〈スポーツ〉平壌サッカー・チーム対インドネシア戦で五連勝
1963.05.01	第4巻 第5号	57	韓弼花	〈スポーツ〉-〈日記〉南朝鮮選手と走る日はく
1963.05.01	第4巻 第5号	73		〈朝鮮青年像〉花咲く村
1963.05.01	第4巻 第5号	27	金桂花	〈特輯〉朝鮮人主体性-誇らかに笑いかってみたい
1963.05.01	第4巻 第5号	31	申鶴均	〈特輯〉朝鮮人主体性-生きていてよかった
1963.05.01	第4巻 第5号	33	朴月子	〈特輯〉朝鮮人主体性-悔いのない人生を求めて
1963.05.01	第4巻 第5号	20	裵秉斗	〈特輯〉朝鮮人主体性-胸をはって誇り高く生きよう
1963.05.01	第4巻 第5号	111		〈編輯部から〉ぼくたちの新聞、雑誌を読もう
1963.05.01	第4巻 第5号	112		〈編輯部から〉お願いと編輯後記

발행일	지면정보		필자	제목
	권호	페이지		
1963.05.01	第4巻 第5号	37	全哲	〈マンガ〉青春日記
1963.05.01	第4巻 第5号	104	蔡峻	〈マンガ〉月間漫評
1963.05.01	第4巻 第5号	54	魚塘	〈地理講座〉東北地方の地下資源と工業地帯
1963.05.01	第4巻 第5号	50	金哲央	〈哲学講座〉物質とは何か
1963.05.01	第4巻 第5号	44	李進熙	〈日本にある朝鮮文化〉百済と飛鳥文化
1963.05.01	第4巻 第5号	64	李殷直	〈朝鮮古典名作物語〉謝氏南征記
1963.05.01	第4巻 第5号	81	白鶴林	〈パルチザン回想記〉このように信頼された
1963.05.01	第4巻 第5号	88	姜徳水	〈人民とともに〉人民が栗を食べる時はわれわれも栗を食べなければならない
1963.05.01	第4巻 第5号	96		活路は民族の自主統一にある
1963.05.01	第4巻 第5号	105	李相俊	〈ひろば〉心の革命
1963.05.01	第4巻 第5号	106	金吉男	〈ひろば〉ありがとう
1963.05.01	第4巻 第5号	107	李光錫	〈ひろば〉青春学校
1963.05.01	第4巻 第5号	107	崔他順	〈ひろば〉勇気をだして
1963.05.01	第4巻 第5号	108	陳淑雄	〈ひろば〉めさめ
1963.05.01	第4巻 第5号	109	白井玲子	〈ひろば〉「不屈の歌」を読んで
1963.05.01	第4巻 第5号	110	川崎順子	〈ひろば〉「ある女教師の手記」を読んで
1963.06.01	第4巻 第6号	9		〈「労動新聞」社説〉祖国への往来の自由のための在日朝鮮公民の要求は実現されなければならない
1963.06.01	第4巻 第6号	13		勝利と栄光の道を歩んできた総聯
1963.06.01	第4巻 第6号	19	梁仁元	南朝鮮学生の悲惨な生活
1963.06.01	第4巻 第6号	26		悲惨な教師の生活(G道K国民学教長の場合)
1963.06.01	第4巻 第6号	33	梁用斗	〈在日同胞の運動〉祖国との自由往来は人道上の問題
1963.06.01	第4巻 第6号	41	宋俊美	〈手記〉姉さんに会いたい
1963.06.01	第4巻 第6号	38	畑中政春 外	在日朝鮮人の祖国との往来の自由要請を支持する日本国民の声
1963.06.01	第4巻 第6号	29		民族的団結を強める在日同胞
1963.06.01	第4巻 第6号	43		〈祖国解放戦争13周年〉動かしえぬ証拠
1963.06.01	第4巻 第6号	48		〈祖国解放戦争13周年〉ゆるすまじアメリカの蛮行
1963.06.01	第4巻 第6号	54	姜在彦	〈祖国解放戦争13周年〉侵略者の正体
1963.06.01	第4巻 第6号	60	金正江(家事手伝十九歳)	〈本誌創刊三周年記念入選作品発表〉よみがえったわたし(佳作・手記)
1963.06.01	第4巻 第6号	65	李金順(学生十六歳)	〈本誌創刊三周年記念入選作品発表〉帰国列車(佳作・手記)
1963.06.01	第4巻 第6号	69	高正吉(二二歳)	〈本誌創刊三周年記念入選作品発表〉売国奴の末路
1963.06.01	第4巻 第6号	70	全哲	〈マンガ〉青春日記
1963.06.01	第4巻 第6号	71	蔡俊	月間漫評
1963.06.01	第4巻 第6号	71	張斗珍	カット
1963.06.01	第4巻 第6号	72	金哲央	〈哲学講座〉世界の連関について

발행일	지면정보		필자	제목
	권호	페이지		
1963.06.01	第4巻 第6号	76	李進熙	〈日本にある朝鮮文化〉三国文化と法隆寺
1963.06.01	第4巻 第6号	82	李殷直	〈朝鮮古典名作物語〉謝氏南征記(中)
1963.06.01	第4巻 第6号	92	金文郁	〈パルチザン回想記〉普天堡戦闘の思い出
1963.06.01	第4巻 第6号	96	姜国権	〈人民の中で〉小隊にこられた最高司令官
1963.06.01	第4巻 第6号	104		編輯後記
1963.08.01	第4巻 第8号	1		〈共和国政府声明〉在日朝鮮公民の祖国への自由往来の問題と関連して
1963.08.01	第4巻 第8号	4	上田誠吉	在日朝鮮人に祖国往来の道をひらくべし
1963.08.01	第4巻 第8号	9		〈国際世論〉世界民主青年連盟の声明
1963.08.01	第4巻 第8号	10		〈国際世論〉-〈日本政府におくる〉国際学連書記局の要青書
1963.08.01	第4巻 第8号	11		祖国往来要請を支持・決意した日本の地方議会
1963.08.01	第4巻 第8号	28		〈共和国内閣決定〉南半部絶糧民と風水害罹災民救済について
1963.08.01	第4巻 第8号	30	孫南順	悲惨!飢饉と風水害にあえぐ南朝鮮
1963.08.01	第4巻 第8号	15	南日竜	歴史の勝利
1963.08.01	第4巻 第8号	21	李教舜	祖国の平和的統一のために
1963.08.01	第4巻 第8号	36	任泰光	朝鮮人学生に対する殺傷・暴力事件
1963.08.01	第4巻 第8号	40	李修吾	〈読者手記〉われらみな兄弟
1963.08.01	第4巻 第8号	27	田哲	〈マンガ〉青春日記
1963.08.01	第4巻 第8号	35	蔡峻	月間漫評
1963.08.01	第4巻 第8号	35	張斗珍	カット
1963.08.01	第4巻 第8号	57	魚唐	〈地理講座〉地下資源(その2)
1963.08.01	第4巻 第8号	60	金哲央	〈哲学講座〉飛躍のかたち
1963.08.01	第4巻 第8号	64	李進熙	〈探訪〉朝鮮文化と京都
1963.08.01	第4巻 第8号	46	李殷直	〈朝鮮古典名作物語〉うさぎのはなし
1963.08.01	第4巻 第8号	70	呉白竜	〈抗日パルチザン回想記〉赤軍部隊とともに
1963.08.01	第4巻 第8号	75		〈学習資料〉朝鮮民主主義人民共和国創健十五年の歩み(年代表)
1963.08.01	第4巻 第8号	80		編輯後記
1963.09.01	第4巻 第9号	12		〈今月の言葉〉祖国-朝鮮民主主義人民共和国創建十五周年をむかえて
1963.09.01	第4巻 第9号	14	李珍珪	世界史に登場した朝鮮人民
1963.09.01	第4巻 第9号	18	朴東春	「地上楽園」の社会主義祖国
1963.09.01	第4巻 第9号	26	金鐘鳴	〈抗日パルチザン史〉不屈十五星霜
1963.09.01	第4巻 第9号	34	間宮茂輔	若くて雄々朝鮮民主主義人民共和国
1963.09.01	第4巻 第9号	48		〈国でみる〉判然とした南北朝鮮の現実
1963.09.01	第4巻 第9号	40	編輯部	幸福な日々を送る帰国同胞たち
1963.09.01	第4巻 第9号	57		共和国創建十五周年記念行事
1963.09.01	第4巻 第9号	66	朴密岩	〈共和国の旗の下に〉祖国は希望であり未来である
1963.09.01	第4巻 第9号	5		<クラビア〉駆ける千里の駒

발행일	지면정보		필자	제목
	권호	페이지		
1963.09.01	第4巻 第9号	58	編輯部	〈南朝鮮の出版物から〉自主、自立、自決の叫び
1963.09.01	第4巻 第9号	62		社会漫評(南朝鮮の新聞から)
1963.09.01	第4巻 第9号	88	李東埼	〈在日朝鮮人の運動〉定義の要求は必ず実現する
1963.09.01	第4巻 第9号	92	金節子	〈読者の手記集〉わたしたちは祖国へ行って来たい-還暦をむかえる父
1963.09.01	第4巻 第9号	95	劉貞子	〈読者の手記集〉わたしたちは祖国へ行って来たい-学友の署名を集めて
1963.09.01	第4巻 第9号	96	崔花子	〈読者の手記集〉わたしたちは祖国へ行って来たい-祖国を一目見たい
1963.09.01	第4巻 第9号	96		〈解説〉在日朝鮮人はなぜ日本へ来たか？
1963.09.01	第4巻 第9号	74		〈探訪-〉〈夏期学校をたずねて〉ぼくらの夏休み
1963.09.01	第4巻 第9号	78	崔順香	〈読者手記〉わたしの愛する父母に
1963.09.01	第4巻 第9号	81	崔麻節	〈ひろば〉輝かしい祖国
1963.09.01	第4巻 第9号	87	金福順	〈ひろば〉祖国への自由往来を望む
1963.09.01	第4巻 第9号	82	姜勝子	〈ひろば〉回順
1963.09.01	第4巻 第9号	83	李博万	〈ひろば〉本当の自分を知る
1963.09.01	第4巻 第9号	83	宋桂子	〈ひろば〉私の反省
1963.09.01	第4巻 第9号	84	黄文子	〈ひろば〉母のこと
1963.09.01	第4巻 第9号	85	尹炳和	〈ひろば〉祖国統一を願う
1963.09.01	第4巻 第9号	86	金正江	〈ひろば〉生きる喜び
1963.09.01	第4巻 第9号	164	全哲	〈マンガ〉青春日記
1963.09.01	第4巻 第9号	164	蔡峻	〈マンガ〉月間漫評
1963.09.01	第4巻 第9号	164	張斗珍	〈マンガ〉
1963.09.01	第4巻 第9号	164		編輯後記
1963.09.01	第4巻 第9号	101	魚唐	〈地理講座〉南朝鮮の農業
1963.09.01	第4巻 第9号	104	金哲央	〈哲学講座〉対立物の統一と闘争の法則
1963.09.01	第4巻 第9号	103	李進熙	〈探訪〉近江から名古屋へ
1963.09.01	第4巻 第9号	114	李殷直	〈朝鮮古典名作物語〉必勝の信念
1963.09.01	第4巻 第9号	130	全文燮	〈抗日パツチザン回想記〉必勝の信念
1963.09.01	第4巻 第9号	136	朴達	わたしの思い出
1963.11.01	第4巻 第11号	10	韓桂玉	「わた国滅びて何の政治があるか」南朝鮮の難局を救う道は南北の合作以外にない
1963.11.01	第4巻 第11号	16	楊仁元	学資難にあえぐ南朝鮮の学生たち
1963.11.01	第4巻 第11号	28	勝田守一	〈私は在日朝鮮人の祖国自由往来を支持する〉将来みに傷痕のこすな
1963.11.01	第4巻 第11号	30	旗田巍	〈私は在日朝鮮人の祖国自由往来を支持する〉政治をからませずに
1963.11.01	第4巻 第11号	31		〈私は在日朝鮮人の祖国自由往来を支持する〉日本の著名文化人が日本政府に 要望書渡す
1963.11.01	第4巻 第11号	22	萩野芳夫	朝鮮中高生にたいする人権侵犯事件調査に参加して

발행일	지면정보		필자	제목
	권호	페이지		
1963.11.01	第4巻 第11号	20		現職警官が神奈川朝高生に暴行
1963.11.01	第4巻 第11号	26		光州学生運動三十周年をむかえて
1963.11.01	第4巻 第11号	34	玄時仙	わたしの朝青生活
1963.11.01	第4巻 第11号	32		在日本朝鮮青年同盟について
1963.11.01	第4巻 第11号	5		グラビア　切実な願い
1963.11.01	第4巻 第11号	41	写真黄千寿	"朝六時"の青年学校
1963.11.01	第4巻 第11号	53	全哲	〈マンガ〉青春日記
1963.11.01	第4巻 第11号	59	蔡峻	月間漫評
1963.11.01	第4巻 第11号	39	姜静姫	〈〈特輯〉わたしたちはこうして国語を学んでいる〉奪われていたものをとりかえす
1963.11.01	第4巻 第11号	40	河基連	〈〈特輯〉わたしたちはこうして国語を学んでいる〉せっからであわて者の私
1963.11.01	第4巻 第11号	46	池順姫	〈〈特輯〉わたしたちはこうして国語を学んでいる〉肌身はなさない辞書
1963.11.01	第4巻 第11号	47	千英子	〈〈特輯〉わたしたちはこうして国語を学んでいる〉私の失敗談
1963.11.01	第4巻 第11号	48	真恩希	〈〈特輯〉わたしたちはこうして国語を学んでいる〉国語を常用する運動
1963.11.01	第4巻 第11号	49	朴節子	〈〈特輯〉わたしたちはこうして国語を学んでいる〉新生喜び
1963.11.01	第4巻 第11号	51	朴和男	〈〈特輯〉わたしたちはこうして国語を学んでいる〉大きな収穫
1963.11.01	第4巻 第11号	60	卓熹鉄	国語を学び朝鮮人としての主体性をたかめよう
1963.11.01	第4巻 第11号	64	李日東	〈わたしの学生時代〉つらかった過去をくりかえさないために
1963.11.01	第4巻 第11号	54	東京朝高サッカチーム	〈わが校の誇〉燃えるような気迫と不屈の闘志
1963.11.01	第4巻 第11号	58	南日竜	〈わが校の誇〉民族教育の尊さ
1963.11.01	第4巻 第11号	84	魚塘	〈地理講座〉衰退した南朝鮮の水産業
1963.11.01	第4巻 第11号	74	金哲央	〈哲学講座〉わが国における矛盾問題
1963.11.01	第4巻 第11号	78	李進熙	〈探訪〉東京と高麗村深大寺
1963.11.01	第4巻 第11号	87	李殷直	〈朝鮮古典名作物語〉ねずみの裁判(中)
1963.11.01	第4巻 第11号	96	朴斗京	〈抗日パルチザン回想記〉団結の力
1963.11.01	第4巻 第11号	68	金秋実	〈ひろば〉馬東熙先生に学ぶ
1963.11.01	第4巻 第11号	68	黄愛子	〈ひろば〉朝鮮人としての自覚
1963.11.01	第4巻 第11号	69	玄時仙	〈ひろば〉頭がわれそうだ
1963.11.01	第4巻 第11号	69	安朝子	〈ひろば〉過去, 現在, 未来
1963.11.01	第4巻 第11号	70	全清子	〈ひろば〉動きながら学ぶ
1963.11.01	第4巻 第11号	71	李鳳伊	〈ひろば〉私の決心
1963.11.01	第4巻 第11号	73	金仁玉	〈ひろば〉私が一番いやだったこと
1964.06.01	第5巻 第6号	2	金日成	〈別冊付録〉社会主義労働青年同盟の課題について
1964.06.01	第5巻 第6号	22		〈別冊付録〉朝鮮民主青年同盟第五回大会で行なった中央委員会活動総括報告

발행일	지면정보		필자	제목
	권호	페이지		
1964.06.01	第5巻 第6号	41		〈別冊付録〉朝鮮労働党中央委員会におくる手紙
1964.06.01	第5巻 第6号	45		〈別冊付録〉南半部青年学生におくるアピール
1964.06.01	第5巻 第6号	51		〈別冊付録〉南朝鮮青年学生代表団長の祝賀演説
1964.06.01	第5巻 第6号	63		〈別冊付録〉朝鮮民主青年同盟第五回大会におくる在日本朝鮮青年同盟の祝賀文
1964.06.01	第5巻 第6号	67		〈別冊付録〉朝鮮青年同盟第五回大会経過にかんする報道
1964.06.01	第5巻 第6号	6		朝鮮総聯結成以後九年間の歩み
1964.06.01	第5巻 第6号	14		活躍する朝青(朝青第七次大会によせて)
1964.06.01	第5巻 第6号	20		正一よ、君に祖国がある-半身不随の帰国少年が祖国の大地で歩けるようになった
1964.06.01	第5巻 第6号	28		正一のおばあさんの喜び
1964.06.01	第5巻 第6号	28		正一君がうらやましい
1964.06.01	第5巻 第6号	30		ここにすばらしい人間がいる-行方不明の共和国英雄が三十年目に発見された
1964.06.01	第5巻 第6号	35	崔徳明	秋風嶺の英雄たち
1964.06.01	第5巻 第6号	41		〈朝鮮人物伝〉周時経
1964.06.01	第5巻 第6号	29	全哲	〈マンガ〉青春日記
1964.06.01	第5巻 第6号	13	蔡峻	月間漫評
1964.06.01	第5巻 第6号	40	張斗珍	マンガ手記
1964.06.01	第5巻 第6号	46	金哲央	〈哲学講座〉土台と上部構造
1964.06.01	第5巻 第6号	50	姜在彦	〈経済学講座〉独占資本主義-帝国主義
1964.06.01	第5巻 第6号	56	朴慶植	〈朝鮮人強制連行物語〉旧日本軍軍·人軍属として多数動員され犠牲にされた同胞
1964.06.01	第5巻 第6号	63	李殷直	〈朝鮮古典名作物語〉淑香伝(最終回)
1964.06.01	第5巻 第6号	74	朴元俊	〈連載小説〉たこ部屋
1968.01.01	第5巻 第6号	16		朝鮮人民の念願を抱いて(下)-金日成元帥の少年時代
1968.01.01	第9巻 第1号	6	最高人民会議	〈朝鮮民主主義人民共和国最高人民会議及び地方各級人民会議代議員選挙終わる〉百％投票参加、百％賛成投標
1968.01.01	第9巻 第1号	8	地方人民会議	〈朝鮮民主主義人民共和国最高人民会議及び地方各級人民会議代議員選挙終わる〉朝鮮人民の不敗の威力を再び示威
1968.01.01	第9巻 第1号	10		〈朝鮮民主主義人民共和国最高人民会議及び地方各級人民会議代議員選挙終わる〉不敗団結、偉大な勝利
1968.01.01	第9巻 第1号	42		日本当局は朝鮮赤十字会の重大な転換的提案を受入れるべきだ-コロンボでの朝日赤十字会談
1968.01.01	第9巻 第1号	31		軍事挑発と殺人「裁判」-アメリカと朴正熙一味は何をねらっているのか？
1968.01.01	第9巻 第1号	70		民族教育にたいする弾圧は許せない-在日朝鮮人民族教育対策委員会李季白委員長の談話
1968.01.01	第9巻 第1号	56	大晟姫竜仁/升泳英英/玄張車朴安	〈座談会〉金日成元帥のおしえにしたがい輝ける祖国の未来をになおう

발행일	지면정보		필자	제목
	권호	페이지		
1968.01.01	第9巻 第1号	94	朴成樹	ひたすら日朝友好のために-日朝協会京都府連の若ものたち
1968.01.01	第9巻 第1号	90	申泰子	〈朝鮮民主主義人民共和国最高人民会議代議員選挙の結果に接して〉何ものにもかえがたい喜び
1968.01.01	第9巻 第1号	90	崔英一	〈朝鮮民主主義人民共和国最高人民会議代議員選挙の結果に接して〉青春を祖国統一のために
1968.01.01	第9巻 第1号	91	李武志	〈朝鮮民主主義人民共和国最高人民会議代議員選挙の結果に接して〉鉄のような団結
1968.01.01	第9巻 第1号	91	梁裕子	〈朝鮮民主主義人民共和国最高人民会議代議員選挙の結果に接して〉悔いのない青春を!
1968.01.01	第9巻 第1号	37	朴在英	〈南朝鮮への手紙〉光熙兄さんへ
1968.01.01	第9巻 第1号	38	李基道	〈南朝鮮への手紙〉おばあさんへ
1968.01.01	第9巻 第1号	40	曺信淑	〈南朝鮮への手紙〉おばあさんへ
1968.01.01	第9巻 第1号	47	朴峯玲	〈息子の手紙〉帰国の道を妨げることはできない
1968.01.01	第9巻 第1号	52		〈帰国者の生活〉幸せな金南洙さん
1968.01.01	第9巻 第1号	74		在日朝鮮人に対する「監視」「追放」は許せない-出入国管理令「改悪」の動きをつく
1968.01.01	第9巻 第1号	72		悪質な「反朝」「反総聯」宣伝-またもデッチあげられた「北朝鮮スパイ事件」
1968.01.01	第9巻 第1号	81	姜恵真 (朝青員)	〈今年高校を卒業する後輩へ〉朝鮮青年として忠実にいきよう
1968.01.01	第9巻 第1号	82	鄭博 (東海商事)	〈今年高校を卒業する後輩へ〉私の過去をぐりかえって
1968.01.01	第9巻 第1号	85	李順貞 (朝大生)	〈今年高校を卒業する後輩へ〉善姫への手紙
1968.01.01	第9巻 第1号	87	徐世教 (留学同)	〈今年高校を卒業する後輩へ〉朝鮮人であるという認識にたって
1968.01.01	第9巻 第1号	114	金永吉	〈ひろば〉-〈ジォ・チ・オ先生の寓話を読んで〉祖国を守ろう
1968.01.01	第9巻 第1号	115	金容順	〈ひろば〉-〈ジォ・チ・オ先生の寓話を読んで〉先祖奴の本性がよくわかｔった
1968.01.01	第9巻 第1号	115	高忠義	〈ひろば〉帰国船をみて
1968.01.01	第9巻 第1号	116	金栄子	〈ひろば〉仲間がいて祖国がある
1968.01.01	第9巻 第1号	117	許文子	〈ひろば〉りっぱな朝鮮人にだろう
1968.01.01	第9巻 第1号	118	羅富任	〈ひろば〉〈詩〉友
1968.01.01	第9巻 第1号	92		〈ひろば〉日本の高校,大学文化祭に出演した朝高,朝大生たち
1968.01.01	第9巻 第1号	119		〈ひろば〉新年朝鮮料理
1968.01.01	第9巻 第1号	130	尹泰洪	〈抗日パルチザン回想記〉山小屋の老人
1968.01.01	第9巻 第1号	135	韓千秋	〈抗日パルチザン回想記〉祖国への進軍途上で迎えた正月
1968.01.01	第9巻 第1号	110	蔡峻	マンガ
1968.01.01	第9巻 第1号	108	全哲	マンガ
1968.01.01	第9巻 第1号	112	張斗珍	マンガ

발행일	지면정보		필자	제목
	권호	페이지		
1968.01.01	第9巻 第1号	123	朴奇洙	〈連載手記〉南朝鮮学生の共和国紀行(最終回)
1968.01.01	第9巻 第1号	122		〈新着映画〉敵中偵察
1968.01.01	第9巻 第1号	89		〈相談実〉国語を学びたい
1968.01.01	第9巻 第1号	102		〈朝鮮昔話〉奇妙な洞窟「ちがいます、員さ」ろうもろこしの粥
1968.01.01	第9巻 第1号	141	金炯均	〈短篇小説〉失われた音楽
1968.01.01	第9巻 第1号	151	鄭昌潤	〈連載小説〉砲声(第四回)
1968.02.01	第9巻 第2号	6	金日成	国家活動のすべての分野で自主、自立、自衛の革命精神をいっそう徹底的に具現しよう-最高人民会議第四期第一回会議で発表した朝鮮民主主義人民共和国政府の政綱
1968.02.01	第9巻 第2号	52		金日成元帥を首班とする内閣を組織
1968.02.01	第9巻 第2号	54		最高人民会議常任委員会も選出
1968.02.01	第9巻 第2号	55		〈解説〉共和国最高人民会議第四期第一回会議について
1968.02.01	第9巻 第2号	62	蔡朱善	朝鮮人民の母康盤石オモニの思い出-金日成首相のご母堂・康盤石オモニを回想して
1968.02.01	第9巻 第2号	84		金日成首相を指導者にいただく朝鮮人民は必勝不敗である-南朝鮮「国軍」兵と朝鮮を訪問した外国人の言葉
1968.02.01	第9巻 第2号	140		〈朝鮮人民軍創建20周年〉-〈解説〉朝鮮人民軍必勝不敗革命軍隊
1968.02.01	第9巻 第2号	97	韓世憲	〈朝鮮人民軍創建20周年〉-〈人民の中で〉朝鮮人民は必ず勝利する
1968.02.01	第9巻 第2号	107	鄭学範	〈戦闘実話〉共和国の旗に秘められた話
1968.02.01	第9巻 第2号	115	金亨洛	私の戦闘日記から
1968.02.01	第9巻 第2号	131	共和国英雄 金得純	〈共和国英雄の話〉金日成首相の忠実な戦士
1968.02.01	第9巻 第2号	130	共和国英雄 金昌傑	〈共和国英雄の話〉永生不滅の偉勲
1968.02.01	第9巻 第2号	133	共和国英雄 李大訓	〈共和国英雄の話〉月尾島の英雄
1968.02.01	第9巻 第2号	135	共和国英雄 安洪準	〈共和国英雄の話〉勇敢な飛行士
1968.02.01	第9巻 第2号	124	李寿福	〈魂の記録〉一つしかない祖国のために
1968.02.01	第9巻 第2号	124	姜虎永	〈魂の記録〉手足がこなごなになろうとも
1968.02.01	第9巻 第2号	125	曺君実	〈魂の記録〉深蔵が鼓動するかぎり
1968.02.01	第9巻 第2号	125	韓桂烈	〈魂の記録〉祖国の高地は私の高地
1968.02.01	第9巻 第2号	127	沈正浩	〈魂の記録〉金日成首相はこの時刻にも私をみつめておられつにちがいない
1968.02.01	第9巻 第2号	127	金載景	〈魂の記録〉すべてのものを党と祖国にささげ
1968.02.01	第9巻 第2号	128	黄純福	〈魂の記録〉私は祖国の勝利だけをみつめる
1968.02.01	第9巻 第2号	129	洪淳黙	〈魂の記録〉みんな決戦を準備しよう!
1968.02.01	第9巻 第2号	130	高世弼	〈魂の記録〉希望も、幸福も、愛も
1968.02.01	第9巻 第2号	138		社会主義国軍隊軍事三種競技選手権大会で朝鮮人民軍が一位

발행일	지면정보		필자	제목
	권호	페이지		
1968.02.01	第9巻 第2号	146		南朝鮮の「国軍」はかいらい軍だ
1968.02.01	第9巻 第2号	150	李鳳寿	〈抗日パルチザン回想記〉安スンファトンムの最後
1968.02.01	第9巻 第2号	160		日本側の不当な態度によってコロンボ会談決裂
1968.02.01	第9巻 第2号	162		在日朝鮮人の民族教育に対する弾圧は許さない
1968.02.01	第9巻 第2号	164	初級部3年 李英俊	〈朝鮮学校生徒作品集〉-〈作文〉こくご
1968.02.01	第9巻 第2号	164	中級部3年 朴英子	〈朝鮮学校生徒作品集〉-〈作文〉学期末試験
1968.02.01	第9巻 第2号	164	高級部3年 金利鮮	〈朝鮮学校生徒作品集〉-〈作文〉卒業後の進路
1968.02.01	第9巻 第2号	166	高級部1年 崔珠子	〈朝鮮学校生徒作品集〉-〈作文〉亡き母の思い出
1968.02.01	第9巻 第2号	167	高級部2年 徐昌坤	〈朝鮮学校生徒作品集〉-〈作文〉トンム(友)
1968.02.01	第9巻 第2号	169	高級部3年 徐錫昊	〈朝鮮学校生徒作品集〉-〈作文〉一人はまんなのために
1968.02.01	第9巻 第2号	170	高級部3年 姜吉仙	〈朝鮮学校生徒作品集〉-〈作文〉「午後夜間学校」と子どもたち
1968.02.01	第9巻 第2号	171	高級部3年 李福琴	〈朝鮮学校生徒作品集〉-〈作文〉民族のお願い
1968.02.01	第9巻 第2号	173	初級部4年 韓明玉	〈朝鮮学校生徒作品集〉-〈詩〉ミソントンムがもどった
1968.02.01	第9巻 第2号	174	初級部4年 孫斗翼	〈朝鮮学校生徒作品集〉-〈詩〉ぼくのクラスにおいでよ
1968.02.01	第9巻 第2号	175	中級部1年 金相一	〈朝鮮学校生徒作品集〉-〈詩〉ぼくたちはつぼみ
1968.02.01	第9巻 第2号	175	初級部3年 権妙花	机
1968.02.01	第9巻 第2号	177		不当きわまりない日本当局の「強制査察」-日本当局の同和信用組合に対する弾圧事件
1968.02.01	第9巻 第2号	61	蔡峻	〈マンガ〉
1968.02.01	第9巻 第2号	96	張斗珍	〈マンガ〉
1968.02.01	第9巻 第2号	137	洪永佑	〈マンガ〉
1968.02.01	第9巻 第2号	187	鄭昌潤	〈連載小説〉砲声
1968.03.01	第9巻 第3号	140		南ベトナムに連行された南朝鮮労働者のたたかい
1968.03.01	第9巻 第3号	142		金東希さんは祖国へ帰った
1968.03.01	第9巻 第3号	144	金東希	祖国統一のためにすべてをささげたい
1968.03.01	第9巻 第3号	122		民族教育の弾圧をねらう「外国人学校制度」法案
1968.03.01	第9巻 第3号	122		帰国の道を全面的に保障せよ-日本当国の破壊行為を絶対に許せない
1968.03.01	第9巻 第3号	151	崔竜雲	〈人民の中で〉強い意志がなければ何一つできない

발행일	지면정보		필자	제목
	권호	페이지		
1968.03.01	第9巻 第3号	160	金成国	〈抗日パルチザン回想記〉必ずわが祖国を解放してみせる
1968.03.01	第9巻 第3号	88		三・一蜂起四十周年
1968.03.01	第9巻 第3号	146		〈ルポ〉青年学校で学ぶ仲間たち
1968.03.01	第9巻 第3号	117	金益洙	国語について
1968.03.01	第9巻 第3号	111	吉武男	〈ひろば〉金日成首相の青少年時代をかがみに
1968.03.01	第9巻 第3号	112	姜相仁	〈ひろば〉金日成首相の青少年時代と僕
1968.03.01	第9巻 第3号	112	金日変	〈ひろば〉どんな困難もうちやぶって
1968.03.01	第9巻 第3号	113	文静江	〈ひろば〉姜盤石オモニ学ぶ
1968.03.01	第9巻 第3号	106	鄭千恵	〈ひろば〉姜盤石オモニが私達におしえていること
1968.03.01	第9巻 第3号	110		〈クイズ〉
1968.03.01	第9巻 第3号	92	蔡峻	〈マンガ〉
1968.03.01	第9巻 第3号	92	張斗珍	〈マンガ〉
1968.03.01	第9巻 第3号	92	洪永佑	〈マンガ〉
1968.03.01	第9巻 第3号	168	鄭昌潤	〈連載小説〉砲声〈最終回〉
1968.04.01	第9巻 第4号	138		〈ルポ〉輝く瞳をもった朝鮮の子ら
1968.04.01	第9巻 第4号	144		在日朝鮮人の民族的自主権を侵す民族教育弾圧の企てをやめよ!日本各界人士の「外国人学校法案」に対する声
1968.04.01	第9巻 第4号	164		戦争挑発者-アメリカ-アメリカ帝国主義は朝鮮で新たな戦争を挑発している
1968.04.01	第9巻 第4号	158		アメリカの滅亡を早める「金恐慌」
1968.04.01	第9巻 第4号	171		四・一九人民蜂起八周年をむかえて
1968.04.01	第9巻 第4号	174		その時のまえはどこで何をしていたのか
1968.04.01	第9巻 第4号	176	尹義順	息子は立派に生きた
1968.04.01	第9巻 第4号	178		歴史の一ページに勝利を
1968.04.01	第9巻 第4号	181		命あるかぎり
1968.04.01	第9巻 第4号	184	姜明姫	兄さんと姉さんはなぜ銃にうたれたのですか
1968.04.01	第9巻 第4号	185		われわれの旗をおろしたのではない
1968.04.01	第9巻 第4号	186	金朱烈	日記
1968.04.01	第9巻 第4号	196	山川透	〈見てきた南朝鮮〉「経済の近代化」は何をもたらしたか
1968.04.01	第9巻 第4号	190		お父さんから引離さないで-おさない姉弟に日本当局が「強制退去令」
1968.04.01	第9巻 第4号	192		「臨津江」は原曲どおりうたわなければならない
1968.04.01	第9巻 第4号	194		〈映画紹介〉朝鮮劇映画「私のえらんだ道」
1968.04.01	第9巻 第4号	110	宋昌一	〈ひろば〉金日成首相の青少年時代に学ぶ
1968.04.01	第9巻 第4号	110	安元三	〈ひろば〉「朝鮮人民の念願を抱いて」を読んで
1968.04.01	第9巻 第4号	111	金鐘太	〈ひろば〉姜盤石オモニについて
1968.04.01	第9巻 第4号	112	姜鶴子	〈ひろば〉後輩へ
1968.04.01	第9巻 第4号	113	孫国子	〈ひろば〉私の朝鮮生活
1968.04.01	第9巻 第4号	115	金貞順	〈ひろば〉私は「宝物」を発見した

발행일	지면정보		필자	제목
	권호	페이지		
1968.04.01	第9巻 第4号	117	千健一	〈ひるば〉朝鮮人としての自覚
1968.04.01	第9巻 第4号	118	姜保男	〈ひるば〉青年学校で学んで
1968.04.01	第9巻 第4号	120	鄭和祚	〈ひるば〉憧憬
1968.04.01	第9巻 第4号	120	金久枝	〈ひるば〉チョゴリ
1968.04.01	第9巻 第4号	170	蔡峻	＜マンガ＞
1968.04.01	第9巻 第4号	121	張斗珍	＜マンガ＞
1968.04.01	第9巻 第4号	189	洪永佑	＜マンガ＞
1968.06.01	第9巻 第6号	6		四千万のうた
1968.06.01	第9巻 第6号	24		金日成首相のもとに幸せに暮らす日を南朝鮮人民は願っている
1968.06.01	第9巻 第6号	84		普天堡の夜空にあがったのろし-普天堡戦闘勝利三一周年をむかえて
1968.06.01	第9巻 第6号	30		国家予算を通じてみたわが国の経済の発展
1968.06.01	第9巻 第6号	34		朝鮮総聯中央委第八期第三回会議開かる
1968.06.01	第9巻 第6号	42	徐錫洪	名もないこの科学徒にも-金日成首相の配慮のもとに進む在日同胞の手記
1968.06.01	第9巻 第6号	174		全世界の人民に告ぐ-朝鮮におけるアメリカ帝国主義侵略軍の犯罪行為について
1968.06.01	第9巻 第6号	18		「第二の朝鮮戦争」を企むアメリカ帝国主義
1968.06.01	第9巻 第6号	59	金顕基	朝鮮人民はアメリカ帝国主義の侵略を絶対に許さない-こうして「プエフロ」号をだ捕した
1968.06.01	第9巻 第6号	63		一騎当千の哨兵たち
1968.06.01	第9巻 第6号	69		鋼鉄の隊伍は前進する
1968.06.01	第9巻 第6号	66	白喆寿	南江の新たな伝説
1968.06.01	第9巻 第6号	75	権隼釈	なぜ私は「国軍」を脱走したか?
1968.06.01	第9巻 第6号	121	裵辰根	〈誌上討論〉祖国について日本高校に在学する朝鮮人学生の手配-民族的自覚をもつには
1968.06.01	第9巻 第6号	121	夫順枸	〈誌上討論〉祖国について日本高校に在学する朝鮮人学生の手配-祖国がなかったら
1968.06.01	第9巻 第6号	122	朴正起	〈誌上討論〉祖国について日本高校に在学する朝鮮人学生の手配-とにかく何かをせねば
1968.06.01	第9巻 第6号	112	金清江	〈誌上討論〉祖国について日本高校に在学する朝鮮人学生の手配-祖国ノイメージがわかない
1968.06.01	第9巻 第6号	120	由起子	〈誌上討論〉祖国について日本高校に在学する朝鮮人学生の手配-私はこわい
1968.06.01	第9巻 第6号	129	韓賀世子	〈誌上討論〉祖国について日本高校に在学する朝鮮人学生の手配-私は何も考えたくない
1968.06.01	第9巻 第6号	123	李珍珪	祖国-そこには朝鮮青年の未来があり、希望があり、青春がある
1968.06.01	第9巻 第6号	103	藤田勇	〈在日朝鮮人の民族教育について〉「反日」だと騒ぐ真意
1968.06.01	第9巻 第6号	106	金子光晴	〈在日朝鮮人の民族教育について〉当然の感想

발행일	지면정보		필자	제목
	권호	페이지		
1968.06.01	第9巻 第6号	107	鈴木正四	〈在日朝鮮人の民族教育について〉戦争と暗黒
1968.06.01	第9巻 第6号	108	藤島誠夫	〈在日朝鮮人の民族教育について〉日本人の誇りと責任
1968.06.01	第9巻 第6号	109	清水誠	日本民族を分断させるもの
1968.06.01	第9巻 第6号	112		朝大生の輝く瞳から未来の朝鮮を発見した-朝鮮大学校を訪問した日本各界の人びとの声
1968.06.01	第9巻 第6号	124		理解と親善を深めよう
1968.06.01	第9巻 第6号	132		「永住権申請」は何をねらっているか?
1968.06.01	第9巻 第6号	143		〈わが国の社会主義制度〉真の民主主義の国
1968.06.01	第9巻 第6号	147		〈祖国統一への道〉共和国政府は祖国の自主的統一のために一貫して努力している
1968.06.01	第9巻 第6号	156		〈祖国をよりよく知るために〉南朝鮮革命の性格と任務(その二)
1968.06.01	第9巻 第6号	83	蔡峻	<マンガ>
1968.06.01	第9巻 第6号	47	張斗珍	<マンガ>
1968.06.01	第9巻 第6号	107	洪永佑	<マンガ>
1968.06.01	第9巻 第6号	88	李明善	〈抗日パルチザン参加者の回想記〉いきてさいごまでたたかわねばならぬ
1968.06.01	第9巻 第6号	159	辺熙根	〈短篇小説〉鉄の歴史(下)
1968.07.01	第9巻 第7号	5		祖国と民族の運命を一身になって〈紀行文その一〉
1968.07.01	第9巻 第7号	18		金日成首相のたびかたなる肉親的配慮-祖国から二十八回目の教育援助費および奨学会がおくられてきた
1968.07.01	第9巻 第7号	20		金日成首相を慕い、革命思想を学んで南朝鮮人民は力強くたたかっている
1968.07.01	第9巻 第7号	26	鄭河天	露にぬれたこの朝(詩)
1968.07.01	第9巻 第7号	30		〈特輯〉朝鮮人民軍海軍警備艇が西海でアメリカスパイ船を撃沈!
1968.07.01	第9巻 第7号	34		朝鮮民主主義人民共和国外務省スポースウマんの声明-在日朝鮮公民の民主主義的民族権利をふみにじる日本当局の犯罪行為を糾弾して
1968.07.01	第9巻 第7号	38		日本当局は在日朝鮮公民の民主主義的民族権利を保障すべきである-「外国人学法案」が廃案となったことと関聯して朝鮮総連韓徳銖議長が談話
1968.07.01	第9巻 第7号	40		偉大な金日成首相に捧げる讃歌-朝鮮民主主義人民共和国創建20周年慶祝大音楽舞踊叙事詩「偉大な領袖に栄光を捧げる」が盛況裏に上演された
1968.07.01	第9巻 第7号	56	丸岡秀子	〈大音楽舞踊叙事詩をみて〉栄光の夜の招待
1968.07.01	第9巻 第7号	58	瓜生忠夫	〈大音楽舞踊叙事詩をみて〉偉大な思想の力
1968.07.01	第9巻 第7号	60	デビットフィシャン	〈大音楽舞踊叙事詩をみて〉世界水準をはるかにこえる
1968.07.01	第9巻 第7号	61	ロビン・ラムゼイ	〈大音楽舞踊叙事詩をみて〉朝鮮の自主的統一を希望する
1968.07.01	第9巻 第7号	63		最大の讃辞おくる-一七ヵ国駐日外交官と駐日特派員の声

발행일	지면정보		필자	제목
	권호	페이지		
1968.07.01	第9巻 第7号	65	武者小路実篤	信頼できる指導者をもつ朝鮮民族はしあわせだ
1968.07.01	第9巻 第7号	67		偉大な領袖のふところで
1968.07.01	第9巻 第7号	74	金永植	〈祖国-朝鮮民主主義人民共和国創健20周年(九月九日)にむけて〉-〈人民の中で〉「みなさんが革命的大高揚の先頭に立たねばならない」
1968.07.01	第9巻 第7号	86		〈祖国-朝鮮民主主義人民共和国創健20周年(九月九日)にむけて〉-前進、前進、闘争また前進！-革命的な大高揚おまきおこす共和国北半部の青年たち
1968.07.01	第9巻 第7号	94		〈祖国-朝鮮民主主義人民共和国創健20周年(九月九日)にむけて〉-在日朝鮮青年は「百日間革新運動」の先頭に立とう
1968.07.01	第9巻 第7号	93	梁順子	〈祖国-朝鮮民主主義人民共和国創健20周年(九月九日)にむけて〉-〈「百日間革新運動」参加者の手記〉金日成首相の革命思想を身につけ祖国統一のために闘う
1968.07.01	第9巻 第7号	103	蔡準釾	〈祖国-朝鮮民主主義人民共和国創健20周年(九月九日)にむけて〉-「百日間革新運動」の先頭に立つ
1968.07.01	第9巻 第7号	96		〈祖国-朝鮮民主主義人民共和国創健20周年(九月九日)にむけて〉-〈ルポ〉抗日闘士の革命伝統に学んで
1968.07.01	第9巻 第7号	104		〈祖国-朝鮮民主主義人民共和国創健20周年(九月九日)にむけて〉-〈社会主義の強国-朝鮮〉自分の革命を自分の手で切り開くわが国の自主路線の権利
1968.07.01	第9巻 第7号	108		〈祖国-朝鮮民主主義人民共和国創健20周年(九月九日)にむけて〉-〈わが国の社会主義制度〉真の民主主義の国(その二)
1968.07.01	第9巻 第7号			朝鮮人民の偉大な勝利-祖国解放戦争勝利一五周年をむかえて
1968.07.01	第9巻 第7号			きびしい破れたアメリカ第一機甲師団
1968.07.01	第9巻 第7号	131	林春伊	〈ひろば〉金日成首相さまありがとう
1968.07.01	第9巻 第7号	131	李福順	〈ひろば〉金日成首相の徳性に感動
1968.07.01	第9巻 第7号	132	金清孝	〈ひろば〉「偉大な領袖に栄光を捧げる」をみて
1968.07.01	第9巻 第7号	133	金一奎	〈ひろば〉すばらしかった大音楽舞踊叙事詩
1968.07.01	第9巻 第7号	133	李良子	〈ひろば〉革命的な同志愛
1968.07.01	第9巻 第7号	133	朴順子	〈ひろば〉不屈の精神と同志愛
1968.07.01	第9巻 第7号	136	鄭英子	〈ひろば〉青年学校で学んで
1968.07.01	第9巻 第7号	137	曺順子	〈ひろば〉朝鮮青年のためのすばらしい雑誌
1968.07.01	第9巻 第7号	137		〈クイズ〉
1968.07.01	第9巻 第7号	137		〈クイズ〉
1968.07.01	第9巻 第7号		朝鮮問題研究所	南朝鮮の政治にかんする十七問十七答
1968.07.01	第9巻 第7号			さらみはげしくなった南朝鮮労動者、農民のたたかい
1968.07.01	第9巻 第7号		金東希	〈手記〉祖国のふところに抱かれるまで
1968.07.01	第9巻 第7号			〈祖国統一への道〉私たちの代に祖国を統一しなければならない

발행일	지면정보		필자	제목
	권호	페이지		
1968.07.01	第9巻 第7号			〈南朝鮮を知るために〉南朝鮮革命の対象と動力について
1968.07.01	第9巻 第7号	191	蔡峻	〈マンガ〉
1968.07.01	第9巻 第7号	147	張斗珍	〈マンガ〉
1968.07.01	第9巻 第7号	138	洪永佑	〈マンガ〉
1968.07.01	第9巻 第7号	140	抗日バルチザン参加者	〈絵物語〉司令部をさがして
1968.07.01	第9巻 第7号	192	尹時哲	〈短篇小説〉忠誠
1968.08.01	第9巻 第8号	192		祖国と民族の運命を一身にになって
1968.08.01	第9巻 第8号	16		祖国と民族の運命を一身にになって〈紀行文その二〉
1968.08.01	第9巻 第8号	6		金日成首相の招きでタンザニアのジョリア・ス・Kニエレレ大統領が訪朝
1968.08.01	第9巻 第8号	10		金日成首相の臨席のもとに朝鮮人民軍赤旗中隊運動軍人熱誠者大会開かる
1968.08.01	第9巻 第8号	25		朝鮮民主主義人民共和国創建20周年在日朝鮮人祝賀団を祖国派遣へ
1968.08.01	第9巻 第8号	26		〈八一五祖国解放二三周年〉祖国解放二三周年をむかえに
1968.08.01	第9巻 第8号	31	金佐赫	〈人民の自由と解放のために〉領袖の崇高なこころざしを抱いて
1968.08.01	第9巻 第8号	38	キム・イクヒョン	〈人民の中で〉わが社労青盟員は父なる領袖の手によって育てられた歴史を知らなければならない
1968.08.01	第9巻 第8号	52		三興中学校物語
1968.08.01	第9巻 第8号	58	趙廷吉	統一の日をはためよう
1968.08.01	第9巻 第8号	59	金泰鎬	〈手記〉はじめて会ったイトコの英植
1968.08.01	第9巻 第8号	66		〈祖国-朝鮮民主主義人民共和国創建20周年をまえにして〉-〈偉大な金日成首相の賢明なみちびきのもとに〉革命の首都-平壌よ、栄えあれ
1968.08.01	第9巻 第8号	73		〈祖国-朝鮮民主主義人民共和国創建20周年をまえにして〉-領袖への誓いをまもって-大型しゅんせつ船建造に秘められた話
1968.08.01	第9巻 第8号	76		〈祖国-朝鮮民主主義人民共和国創建20周年をまえにして〉-一年に100万メートル織る-「公秤能力」を破るある織物工の話
1968.08.01	第9巻 第8号	88		〈祖国-朝鮮民主主義人民共和国創建20周年をまえにして〉-トンムも「百日間革新運動」に参加すべきだ-「学生会」の張トンムへの手紙
1968.08.01	第9巻 第8号	94		〈祖国-朝鮮民主主義人民共和国創建20周年をまえにして〉-共和国創建20周年をまえにして革新をまきおこす青年たち-「百日間革新運動」で成果をあげる各地の青年からのたより
1968.08.01	第9巻 第8号	80		〈祖国-朝鮮民主主義人民共和国創建20周年をまえにして〉-〈社会主義強国-朝鮮〉国防における自衛路線は、自分たりの力で祖国と人民を守ろうとする革命思想である
1968.08.01	第9巻 第8号	83		〈祖国-朝鮮民主主義人民共和国創建20周年をまえにして〉-〈わが国の社会主義制度〉人民が経済の主人になっている国（その一）

발행일	지면정보		필자	제목
	권호	페이지		
1968.08.01	第9巻 第8号	62		IOCはわが国チーム名称に対する不当な"決定"を撤回しなければならない
1968.08.01	第9巻 第8号	64		不当な国名のわい曲は許せない-朝鮮民主主義人民共和国の国名を正しく表記することについて
1968.08.01	第9巻 第8号	116		さらに露骨になった日本当局の「永住権申請」「韓国国籍」の強要
1968.08.01	第9巻 第8号	100		日本当局は在日朝鮮人公民の帰国事業を保障すべきだ
1968.08.01	第9巻 第8号	104	金末礼	〈帰国者手記〉
1968.08.01	第9巻 第8号	107	宋奉浩	〈帰国者手記〉
1968.08.01	第9巻 第8号	111		〈ルポ〉異国での暮らしはもうたくさんなぜ故郷にかえしてくれぬ-80歳になる帰国申請者・李仁洙老人の場合
1968.08.01	第9巻 第8号	120		アメリカ帝国主義の新戦争挑発策動とそれに反対してたたかう南朝鮮人民
1968.08.01	第9巻 第8号	128		たくましく前進する南朝鮮人民の闘争
1968.08.01	第9巻 第8号	133	朝鮮問題研究所	南朝鮮の経済に関する一六問一六答
1968.08.01	第9巻 第8号	97		〈祖国統一の道〉在日朝鮮青年学生は祖国統一のため先頭に立ってたたかおう
1968.08.01	第9巻 第8号	152		〈南朝鮮を知るために〉南朝鮮革命の対象と動力について(その二)
1968.08.01	第9巻 第8号	159		〈ルポ〉"祖国のためにつくす青春はすばらしい"-今年朝鮮大学校に入学した日本高校出身の学生たちをたずねて
1968.08.01	第9巻 第8号	166		ひきつづき発展する民族教育-ぞくぞくと新築なる各地の朝鮮学校
1968.08.01	第9巻 第8号	172		〈マンガルポ〉神奈川朝高サッカー部をたずねて
1968.08.01	第9巻 第8号	190		国語教室①
1968.08.01	第9巻 第8号	119	蔡峻	＜マンガ＞
1968.08.01	第9巻 第8号	57	張斗珍	＜マンガ＞
1968.08.01	第9巻 第8号	87	洪永佑	＜マンガ＞
1968.08.01	第9巻 第8号	147	権政雄	〈短篇小説〉歴史の足跡
1968.08.01	第9巻 第8号	178		〈絵物語〉児童団員・全基玉少年(抗日バルチザン参加者の回想記から)
1968.09.01	第9巻 第9号	6		〈特輯・栄えある祖国-朝鮮民主主義人民共和国創建20周年〉祖国と民族の運命を一身にになって(紀行文その三)
1968.09.01	第9巻 第9号	14		栄えある祖国-朝鮮民主主義人民共和国のかがやかしい20年-人民が主人となった社会主義制度の優越性と20年の歴史
1968.09.01	第9巻 第9号	27	リスクジョン	〈人民の中で〉わたしたちの首相同志のようなお方は世界にふたりとおりません
1968.09.01	第9巻 第9号	39	朴舜植	わたしたちは以北に望みを託しています-離日にあたって寄せた南朝鮮青年の切々たる手記
1968.09.01	第9巻 第9号	44		「朝鮮の社会主義はじつにすばらしい」-社会主義朝鮮をたたえる世界の声!

발행일	지면정보		필자	제목
	권호	페이지		
1968.09.01	第9巻 第9号	52	諸遊有道	社会主義の強国-朝鮮民主主義人民共和国をたずねて
1968.09.01	第9巻 第9号	64		〈金日成首相の声明なみちびきのもとに〉鉄が流れる!
1968.09.01	第9巻 第9号	56		革命のゆりかご-解放地区＜抗日遊撃隊と人民が血で守った遊撃根拠地
1968.09.01	第9巻 第9号	76		〈わが国の社会主義制度〉人民が経済の主人になっている国(その二)
1968.09.01	第9巻 第9号	69	趙勝来/金信良/呉英子/姜孝一	〈朝青員座談会〉「100日間革新運動」の中で金日成首相の導きをうけるぼくらの未来と青春
1968.09.01	第9巻 第9号	82	金隆代	金日成首相の導きがあれはこそ
1968.09.01	第9巻 第9号	83	金元福	抗日遊撃隊員のように
1968.09.01	第9巻 第9号	85	申徳松	祖国に忠誠を誓う
1968.09.01	第9巻 第9号	86	徐順玉	祖国からの便りに思う
1968.09.01	第9巻 第9号	88	朴日英	〈ぼくらは幸わせ〉金日成元師の忠実な息子になります
1968.09.01	第9巻 第9号	90	高英姫	〈ぼくらは幸わせ〉「偉大な領袖に栄光を捧げる」
1968.09.01	第9巻 第9号	92	文孝順	〈ぼくらは幸わせ〉一日も早く父と再会する日のために
1968.09.01	第9巻 第9号	94	朱正淑	〈ぼくらは幸わせ〉幸わせと喜びを南朝鮮の少年少女にも
1968.09.01	第9巻 第9号	96	朴正熙	〈ぼくらは幸わせ〉幸わせの日々に南朝鮮を思う
1968.09.01	第9巻 第9号	98	朴末子	〈ぼくらは幸わせ〉革命伝統に学んで
1968.09.01	第9巻 第9号	100	金美順	〈ぼくらは幸わせ〉革命の花は咲く
1968.09.01	第9巻 第9号	103	金貞愛	〈ぼくらは幸わせ〉ハルモニの願い
1968.09.01	第9巻 第9号	140		〈ルポ〉北海道の午後夜間学校をたずねて
1968.09.01	第9巻 第9号	154	梁静淑	〈ひろば〉金日成首相の十大政綱に学ぶ
1968.09.01	第9巻 第9号	155	金廷子	〈ひろば〉「回想記」と私
1968.09.01	第9巻 第9号	156	金正植	〈ひろば〉共和国創建20周年にむけて
1968.09.01	第9巻 第9号	157	梁静子	〈ひろば〉「100日間革新運動」の中で
1968.09.01	第9巻 第9号	158	金洪寿	〈ひろば〉祖国統一はこれ以上おくらすことはできる
1968.09.01	第9巻 第9号	161	高松子	〈ひろば〉「学生会」を通じて祖国を知った
1968.09.01	第9巻 第9号	163	李明淑	〈ひろば〉歓喜(詩)
1968.09.01	第9巻 第9号	162	金恵仙	〈ひろば〉ハルモニの死(詩)
1968.09.01	第9巻 第9号	106		在日本朝鮮人総聯合会の声明-帰国運動開始十周年と帰国協定調印九周年にさいして
1968.09.01	第9巻 第9号	109		〈帰国の日を待ちわびる同胞たち〉帰国だけが生きる道(横浜市李先伊さんの場合)
1968.09.01	第9巻 第9号	110		〈帰国の日を待ちわびる同胞たち〉帰国もできず三男を失った(北海道金時興さんの場合)
1968.09.01	第9巻 第9号	112		〈帰国の日を待ちわびる同胞たち〉家も売り、いまは居候(大阪市梁基玉さんの場合)
1968.09.01	第9巻 第9号	117		さらに深化発展する南朝鮮人民の武装闘争
1968.09.01	第9巻 第9号	122		南朝鮮言論人にたいする弾圧せん風

발행일	지면정보		필자	제목
	권호	페이지		
1968.09.01	第9巻 第9号	114		〈南朝鮮を知るために〉南朝鮮革命の基本任務(その二)
1968.09.01	第9巻 第9号	126	朝鮮問題研究所	南朝鮮人民の闘争と祖国の自主統一についての十一問十一答
1968.09.01	第9巻 第9号	139	蔡峻	〈マンガ〉
1968.09.01	第9巻 第9号	68	張斗珍	〈マンガ〉
1968.09.01	第9巻 第9号	196		国語教室②
1968.09.01	第9巻 第9号	149		〈絵物語〉司令官も人民の息子(抗日バルチザン参加者の回想記から)
1968.09.01	第9巻 第9号	164	崔鶴寿	〈短篇小説〉火だね
1968.10.01	第9巻 第10号	6	金日成	朝鮮民主主義人民共和国はわが人民の自由と独立の旗じるしであり、社会主義・共産主義建設の強力な武器である-朝鮮民主主義人民共和国創建二十周年記念中央慶祝大会でおこなった報告
1968.10.01	第9巻 第10号	57		金日成首相臨席の下に朝鮮民主主義人民共和国創建二十周年記念中央慶祝大会盛大に行われる
1968.10.01	第9巻 第10号	63		<朝鮮民主主義人民共和国創建二十周年慶祝行事に参加した外国人のこえ>「金日成首相は現代史が生んだ偉大な天才の一人である」-金日成首相の生家、革命史跡地をたずねて
1968.10.01	第9巻 第10号	66		「朝鮮は世界の模範」-平壌市内を参観して
1968.10.01	第9巻 第10号	68		「金日成首相は現代の偉大な領袖であいすぐれた指導者である」30万平壌市民の示威行進をみて
1968.10.01	第9巻 第10号	70		「人間の想像をこえる公演」大マスゲーム「チョンリマ朝鮮」をみて
1968.10.01	第9巻 第10号	72		祖国と民族の運命を一身にになって〈紀行文 その四〉
1968.10.01	第9巻 第10号	85		金亨稷先生の革命業績は永生不滅-金亨稷先生の銅像除幕式各地で行なわる
1968.10.01	第9巻 第10号	89	呉在源	〈人民とともに〉金日成首相の大いなるふところのなかで
1968.10.01	第9巻 第10号	108		〈金日成首相の賢明なみちびきのもとに〉自力更生の旗じるし
1968.10.01	第9巻 第10号	114		〈わが国の社会主義制度〉教育と無病長寿の国
1968.10.01	第9巻 第10号	120		朝鮮民主主義人民共和国創建二十周年在日朝鮮人祝賀団の日本「再入国不許可」取消公判傍聴記
1968.10.01	第9巻 第10号	133		〈ルポ〉金日成首相への忠誠と団結の力を示す-共和国創建二十周年を祝し盛大に開かれた中央体育大会
1968.10.01	第9巻 第10号	125		〈ルポ〉祖国統一にささげるぼくらの青春-兵庫の朝青員たちをたずねて
1968.10.01	第9巻 第10号	140		各地朝鮮学校新校舎落成
1968.10.01	第9巻 第10号	166		第九回世界青年学生祝典紀行(その一)-ブルガリアのソフィアでおこなわれた祝典に参加したわが国代表団の活躍
1968.10.01	第9巻 第10号	148		南朝鮮の革命家、愛国者たちの不屈のたたかい-「統一革命党」事件がしめすもの
1968.10.01	第9巻 第10号	153		その日のために〈実話・南朝鮮人民のたたかい〉
1968.10.01	第9巻 第10号	160		南朝鮮の愛国者をただちに釈放せよ!

발행일	지면정보		필자	제목
	권호	페이지		
1968.10.01	第9巻 第10号	162		〈南朝鮮を知るために〉南朝鮮革命の基本任務(その二)
1968.10.01	第9巻 第10号	171	金明花	〈絵物語〉金正淑同志を回想して
1968.10.01	第9巻 第10号	178	李貞仁	〈抗日パルチザン参加者の回想記〉遊撃隊の郎
1968.10.01	第9巻 第10号	147	蔡峻	〈マンガ〉
1968.10.01	第9巻 第10号	132	張斗珍	〈マンガ〉
1968.10.01	第9巻 第10号	113	洪永佑	〈マンガ〉
1968.10.01	第9巻 第10号	186		チェコスロバキアの事態についての歴史的教訓-朝鮮労動党機関紙「労動新聞」の論説
1968.10.01	第9巻 第10号	195		チェコスロバキアの事態について-朝鮮中央通信社の報道
1968.11.01	第9巻 第11号	6	金日成	アジア、アフリカ、ラテンアメリカ諸国人民の偉大な反帝革命偉業は必勝不敗である-チェ・ゲバラの戦死一週年に発表した論文
1968.11.01	第9巻 第11号	17		金日成首相のたびかたなる肉親的配慮-祖国から二十九回目の教育援助費および奨学金がおくられてきた
1968.11.01	第9巻 第11号	18		金日成首相の歴史的な報告「朝鮮民主主義人民共和国はわが人民の自由と独立の旗じるしであり、社会主義・共産主義建設の強力な武器である」の主な内容とその意義
1968.11.01	第9巻 第11号	28		「金日成首相の報告はマルクス・レーニン主義の報告をさらに風かにする綱領的文献である」
1968.11.01	第9巻 第11号	31	日朝協会理事長 畑中政春	金日成首相の報告は大な綱領的文献
1968.11.01	第9巻 第11号	32	堀井利勝	日本労動者階級におおきな励まし
1968.11.01	第9巻 第11号	32	平野義太郎	現代革命のすばらしい理論家
1968.11.01	第9巻 第11号	33	吉村金之助	日朝両国民の団結の一層強化を結意
1968.11.01	第9巻 第11号	34	深田撃	祖国統一めざす朝鮮人民を支援
1968.11.01	第9巻 第11号	34	立松陸子	朝鮮労動党と人民の堅い団結と信頼
1968.11.01	第9巻 第11号	35	壬生照順	深く学ぶべき力強い闘争と勝利の歴史
1968.11.01	第9巻 第11号	36	相沢秀一	ただしい路線をしめす
1968.11.01	第9巻 第11号	37	具島兼三郎	南朝鮮解放と祖国統一
1968.11.01	第9巻 第11号	37	北沢新次郎	一貫した論旨と卓越した主張に感銘
1968.11.01	第9巻 第11号	40		すぐれた国際主義の戦士エルネスト・チェ・ゲバラ
1968.11.01	第9巻 第11号	42		第九回世界青年学生祝典紀行(下)-ブルガリアおこなわれた大会でのわが国代表団の活躍
1968.11.01	第9巻 第11号	50	櫛田ふき	創建二十周年を迎えた朝鮮民主主義人民共和国を訪ねて
1968.11.01	第9巻 第11号	58		わが国選手団に対するIOCの政治的陰謀をきゅう弾-朝鮮民主主義人民共和国オリンピック委員会が声明発表
1968.11.01	第9巻 第11号	60		〈金日成首相の賢明なみちびきのもとに〉水利化の威力
1968.11.01	第9巻 第11号	68		金日成首相の歴史的な報告を高くかかげ祖国統一のために力強く前進しよう!
1968.11.01	第9巻 第11号	76		〈ルポ〉革命伝統に学び、総聯課業遂行へ

발행일	지면정보		필자	제목
	권호	페이지		
1968.11.01	第9巻 第11号	96		〈マンガルポ〉新宿の舞踊サークル
1968.11.01	第9巻 第11号	94		〈群衆舞踊〉「四천만은수령을노래합니다」
1968.11.01	第9巻 第11号	85	鄭葉子	〈ひろば〉金日成元師の忠実な娘になるために
1968.11.01	第9巻 第11号	87	裵荷喆	〈ひろば〉僕の進むべき道
1968.11.01	第9巻 第11号	88	李秉浩	〈ひろば〉体育大会に参加して
1968.11.01	第9巻 第11号	89	尹政植	〈ひろば〉私の変えた日
1968.11.01	第9巻 第11号	90	朴国連	〈ひろば〉民族教育をうけて
1968.11.01	第9巻 第11号	92	李永子	〈ひろば〉「私たちには祖国がある」をみて
1968.11.01	第9巻 第11号	109		〈映画紹介〉「北極星」
1968.11.01	第9巻 第11号	102		日本当局の「韓国籍」と「永住権申請」強要に抗議する!-「外国人登録証明書」の更新期を利用しておこなわれている策動
1968.11.01	第9巻 第11号	80		「北朝鮮スパイ事件」デッチあげの舞台裏
1968.11.01	第9巻 第11号	110		国連は「朝鮮問題」討議の権利はない
1968.11.01	第9巻 第11号	114		外国人がみた板門店-軍事境界線でまたものは
1968.11.01	第9巻 第11号	118	李玉順/朴学竜	〈往復書簡〉-〈南朝鮮日本従兄妹の手紙〉従兄さん、春をよぶつつしのような人みなって-「軍隊に行くべきか、大学へ進学すべきか。。。옥순、僕はわからない。。。」
1968.11.01	第9巻 第11号	124		たたかいの道で-南朝鮮遊撃隊の実話
1968.11.01	第9巻 第11号	130		〈南朝鮮を知るために〉南朝鮮革命の基本方針
1968.11.01	第9巻 第11号	39	張斗珍	＜マンガ＞
1968.11.01	第9巻 第11号	67	洪永佑	＜マンガ＞
1968.11.01	第9巻 第11号	141		国語教室-青年学校上級班①
1968.11.01	第9巻 第11号	142		〈抗日バルチザン参加者の回想記〉領事官同志の命令とあたばいかなる難関と試練ものりこえ最後まで貫徹するためにたたかった
1968.11.01	第9巻 第11号	157	金秉勲	〈短篇小説〉光りをしたって
1969.01.01	第10巻 第1号	6		朝国と民族の運命を一身にになって(最終回)
1969.01.01	第10巻 第1号	20	韓徳銖	一九六九年をむかえて
1969.01.01	第10巻 第1号	209	黄順姫	〈抗日バルチザン参加者の回想記〉金日成同志はわたしたちの父
1969.01.01	第10巻 第1号	218	韓益洙	「革命家にとって学習は第一の義務である」
1969.01.01	第10巻 第1号	179	白鶴林	〈絵物語〉一合のミシカル
1969.01.01	第10巻 第1号	24		〈社会主義制度優越性〉(その一)わが国の社会主義制度
1969.01.01	第10巻 第1号	38	文柚和/河典仁/金義親/趙保来/夫順杓	〈新春対談〉朝鮮大学校学長李珍珪先生をたずねねて祖国の未来はぼくらが切りあく
1969.01.01	第10巻 第1号	34		金日成首相の教えにしたがって在日同胞の民主主義的民族権利を守り祖国統一の実現のために前進しよう
1969.01.01	第10巻 第1号	112		祖国統一と南朝鮮革命に関する朝鮮労働党の路線と方針
1969.01.01	第10巻 第1号	130		南朝鮮同胞にたいする金日成首相のあたたかい配慮

발행일	지면정보		필자	제목
	권호	페이지		
1969.01.01	第10巻 第1号	137		南朝鮮武装遊撃闘争果敢におこなわれている
1969.01.01	第10巻 第1号	155	金順玉	〈南朝鮮への手紙〉春はかならずきます-釜山にいるおじさんへ
1969.01.01	第10巻 第1号	158	姜幸子	夢にまでみる父-ソウルにいる父へ
1969.01.01	第10巻 第1号	150		〈実話〉夜あけへの道
1969.01.01	第10巻 第1号	144		「この裁判も歴史の審判をうけるだろう」-監獄や「法廷」でも届することなくたたかう南朝鮮の革命家と愛国者たち
1969.01.01	第10巻 第1号	144		「この裁判も歴史の審判をうけるだろう」
1969.01.01	第10巻 第1号	162		民族の裏切り者朴正熙の正体
1969.01.01	第10巻 第1号	80		たたかいの中で迎えたお正月-抗日バルチザンは正月をどう迎えたか?
1969.01.01	第10巻 第1号	86		新年おめでとうございます
1969.01.01	第10巻 第1号	56		金日成首相のみちびきもとに発展する朝鮮語
1969.01.01	第10巻 第1号	60		朝鮮語について
1969.01.01	第10巻 第1号	20		「地面に書いてでも文字を学ばねばならない」-抗日バルチザンは文字と革命理論をどのように学んだか?
1969.01.01	第10巻 第1号	102		国語教室-青年学校上級班③
1969.01.01	第10巻 第1号	68		青年学校(第一期新年度)学ぼう!
1969.01.01	第10巻 第1号	64		〈手記〉四歳坊やも国語で
1969.01.01	第10巻 第1号	66	文学哲	子どもの頃から民族の魂を
1969.01.01	第10巻 第1号	76	李聖玉	朝鮮学校への転校の記
1969.01.01	第10巻 第1号	90		各地朝鮮高級学校訪問記(その一)
1969.01.01	第10巻 第1号	70		「朝鮮人生徒は当然朝鮮学校で学ぶべきです」-日本学校の教員は葉語ってくた体験談
1969.01.01	第10巻 第1号	88		マンガ手記
1969.01.01	第10巻 第1号	109		南朝鮮だより
1969.01.01	第10巻 第1号	103		月間漫評
1969.01.01	第10巻 第1号	104	孫良哲	〈私の故郷＞果てないふるさとへの郷愁-慶尚北道義城郡佳音面
1969.01.01	第10巻 第1号	181	金秉勲	〈短篇小説〉光りをしたって(下)
1969.01.01	第10巻 第1号	233		金日成首相の歴史的な報告の解説-報告の基本的体系と序論の部門
1969.02.01	第10巻 第2号	2		金日成首相から新年の祝電-朝鮮総聯中央韓徳株義長へ
1969.02.01	第10巻 第2号	9		四千万朝鮮人民の太陽(その二)-抗日武装闘争期の金日成首相の革命活動
1969.02.01	第10巻 第2号	18		金日成首相の新年おしえにしたがって、革命伝統の継承者としてのほまれをいっそう輝のかしめよう-朝鮮東京都熱誠者大会でおこなった朝鮮総聯中央金炳植副義長のあいさつ
1969.02.01	第10巻 第2号	32		〈社会主義制度の優越性〉自立的民族経済建設路線偉大な勝利
1969.02.01	第10巻 第2号	40		朝鮮人民軍武装力-朝鮮人民軍創建二十一周年をむかえに

발행일	지면정보		필자	제목
	권호	페이지		
1969.02.01	第10巻 第2号	45	李正泰	〈人民軍文芸サークル員詩随筆〉金日成元師がこられた日
1969.02.01	第10巻 第2号	46	李東烈	〈人民軍文芸サークル員詩随筆〉わが胸に憤激の皿はたぎる
1969.02.01	第10巻 第2号	47	張昌周	〈人民軍文芸サークル員詩随筆〉あなたの考え命捧げて貫くでしょう
1969.02.01	第10巻 第2号	49	許麒正	〈人民軍文芸サークル員詩随筆〉兵士のかたい誓い
1969.02.01	第10巻 第2号	66		祖国往来自由全面的正常に!-六人の在日東胞が祖国訪問の途に
1969.02.01	第10巻 第2号	70		「在日朝鮮人祝賀団」の祖国往来を認めよ-東京高裁でも朝鮮総聯が勝訴
1969.02.01	第10巻 第2号	56		〈映画紹介〉朝鮮人民のたたかいと勝利をえがいた総天然色長篇記録映画「新しい朝鮮」
1969.02.01	第10巻 第2号	60	李文亨	〈「新しい朝鮮」をみて〉金日成首相の賢明な指導
1969.02.01	第10巻 第2号	61	朴正起	〈「新しい朝鮮」をみて〉社会主義祖国万歳!
1969.02.01	第10巻 第2号	62	宋昌一	〈「新しい朝鮮」をみて〉朝鮮青年としての誇りあらた
1969.02.01	第10巻 第2号	64		奇跡はつづいている
1969.02.01	第10巻 第2号	169		劇映画「私たちにも祖国がある」に出演した帰国同胞たち
1969.02.01	第10巻 第2号	51		総聯の一九六九年度課業と在日朝鮮青年学生の任務
1969.02.01	第10巻 第2号	74		在日朝鮮人の強制追放をねらう「出入国管理令」改悪に反対しよう
1969.02.01	第10巻 第2号	89		暗黒の大村収容所-「強制退去処分」をうけて大村収容所に収容された青年の日記
1969.02.01	第10巻 第2号	85		〈「プエブロ」号事件関係〉アメリカ帝国主義の「強大さ」の「神話」はこっぱみじんになった-アメリカ帝国主義はふたたび朝鮮人民の前にひざを屈した
1969.02.01	第10巻 第2号	91		〈「プエブロ」号事件関係〉おののくアメリカ帝国主義者のみじめな姿-板門店からの現地報道
1969.02.01	第10巻 第2号	96		〈「プエブロ」号事件関係〉"朝鮮人民に対する犯罪行為に二度と加担しない"-号元乗組員追防直前記者会見
1969.02.01	第10巻 第2号	100	金正植	〈見てきた南朝鮮〉心をあぐる故郷の惨状
1969.02.01	第10巻 第2号	107	朴成寿	〈私の故郷〉愛する故郷の弟はいずこへ
1969.02.01	第10巻 第2号	130		〈南朝鮮の実話〉たたかいはつづいている
1969.02.01	第10巻 第2号	113		わが国の科学技術について
1969.02.01	第10巻 第2号	118	李容寿/張泰鎬/洪仁植/田政玉/宋桂姫	〈座談会〉僕らは祖国建設に役立つ科学技術を学んでいる
1969.02.01	第10巻 第2号	124	金英	〈ひろば〉金日成首相に忠実な青年として
1969.02.01	第10巻 第2号	124	金清孝	〈ひろば〉新しい人生のはじまり
1969.02.01	第10巻 第2号	126	申東富	〈ひろば〉日本高校在学生の唯一の雑誌
1969.02.01	第10巻 第2号	127	高光男	〈ひろば〉日本高校在学生の唯一の雑誌「世代」を通じて学んだこと
1969.02.01	第10巻 第2号	127	朴光政	〈ひろば〉人生観をかえた雑誌
1969.02.01	第10巻 第2号	128	金政子	〈ひろば〉祖国をよりよく知るために

발행일	지면정보		필자	제목
	권호	페이지		
1969.02.01	第10巻 第2号	128	尹海日	〈ひろば〉主体的な立場で物事を考える
1969.02.01	第10巻 第2号	107		〈マンガ〉月間漫評
1969.02.01	第10巻 第2号	55		〈マンガ〉マンガ手記
1969.02.01	第10巻 第2号	108		〈マンガ〉南朝鮮だより
1969.02.01	第10巻 第2号	31		〈歌の紹介〉
1969.02.01	第10巻 第2号	165		実用国語講座①
1969.02.01	第10巻 第2号	136		〈絵物語〉たたかいの第一歩
1969.02.01	第10巻 第2号	143		〈抗日パルチザン参加者の回想記〉領袖の偉大な構想を実現するたたかいで
1969.02.01	第10巻 第2号	160		金日成首相の歴史的な報告の解説〈その二〉人民政権の歴史的な根もとについて
1969.03.01	第10巻 第3号	6		金日成首相から「朝鮮民主主義人民共和国創建二十周年記念秤号」を授与された学校の全教職員と学生に祝賀文
1969.03.01	第10巻 第3号	8		金日成首相のたびかさなる暖かい配慮-祖国から三十回目の教育援助費および奨学金が送られてきた
1969.03.01	第10巻 第3号			〈巻頭写真特輯〉金日成首相の革命的家庭と初期革命活動
1969.03.01	第10巻 第3号	9		四千万朝鮮人民の太陽(その二)-抗日武装闘争時期の金日成首相の革命活動
1969.03.01	第10巻 第3号	72		〈社会主義制度の優越性〉(その三)自力更生の旗もとにばく進するわが国の輝かしい重工業
1969.03.01	第10巻 第3号	17		金日成首相の革命思想にのっとり南朝鮮の統一革命党員が展開した不屈の革命闘争-統一革命党ソウル市責任者金鍾泰をはじめ同党員の反米救国闘争に関する詳報
1969.03.01	第10巻 第3号	28		金日成首相の革命思想を指針として祖国と民族のために生涯を捧げた不屈の革命闘士-統一革命党全羅南道委員崔永道委員長の犠牲に際して
1969.03.01	第10巻 第3号	26		南朝鮮愛国者を虐殺した米帝と朴正熙一味へのたぎる怒りこめて-古崔永道委員長の追悼会(共和国と日本で)
1969.03.01	第10巻 第3号	33	パクサンウン	〈詩〉領袖の戦士よ永久に-共和国英雄崔永道同志の霊前に
1969.03.01	第10巻 第3号	40		〈統一革命党機関誌『青脈』から〉-〈創刊の辞〉「新しい歴史創造の前衛的な旗印を掲げるれい明の打鐘棒を握る!」
1969.03.01	第10巻 第3号	44		〈統一革命党機関誌『青脈』から〉-〈対談〉「良心の声を世に出し、われわれの不幸な現実を根本的にあばこう」
1969.03.01	第10巻 第3号	55		〈統一革命党機関誌『青脈』から〉-自由と解放、祖国統一めざしてたたかう、南朝鮮愛国者の闘志をくじくことはできない-南朝鮮革命組織愛国者弾圧者「事件」
1969.03.01	第10巻 第3号	63		〈統一革命党機関誌『青脈』から〉-各国で抗議と救援運動
1969.03.01	第10巻 第3号	66		〈統一革命党機関誌『青脈』から〉-南朝鮮革命家を即時無条件釈放せよ-日本各界の声
1969.03.01	第10巻 第3号	60		日本国民、救援運動に立つ
1969.03.01	第10巻 第3号	48		南朝鮮の革命家と人民の反米救国闘争を支援し祖国統一なしとげよう

발행일	지면정보 권호	지면정보 페이지	필자	제목
1969.03.01	第10巻 第3号	142		在日朝鮮人弾圧と大量追放企む「出入国官理法案」
1969.03.01	第10巻 第3号	82		三・一人民蜂起五十周年に際して
1969.03.01	第10巻 第3号	86		南朝鮮再侵略を強める日本軍国主義
1969.03.01	第10巻 第3号	104	朴英順	〈抗日パルチザン参加者の回想記〉「革命の血すじを継承する新しい世代をしっかり育てねはならない」
1969.03.01	第10巻 第3号	118		〈絵物語〉みずから機関銃をにぎられて
1969.03.01	第10巻 第3号	125		栄えある革命伝統を輝かしめよう
1969.03.01	第10巻 第3号	130	文鉉順	〈ぼくらは革命伝統をうけつぐ〉偉大な領袖に学ぼう
1969.03.01	第10巻 第3号	131	全聖愛	〈ぼくらは革命伝統をうけつぐ〉私たちの未来を考える
1969.03.01	第10巻 第3号	132		〈ぼくらは革命伝統をうけつぐ〉革命伝統を学習する中で
1969.03.01	第10巻 第3号	133	朴浅子	〈ぼくらは革命伝統をうけつぐ〉朝鮮青年に課せられた任務
1969.03.01	第10巻 第3号	133		〈ルポ〉僕らは前進する世代
1969.03.01	第10巻 第3号	98		朝鮮革命の主人は南朝鮮人民である
1969.03.01	第10巻 第3号	92		＜南朝鮮の実話＞このままでもう生きてゆけない
1969.03.01	第10巻 第3号	148		〈朝鮮高級学校訪問記〉(その二)愛知朝鮮中高級学校
1969.03.01	第10巻 第3号	154	金斗錫	〈朝鮮高級学校編入生の手記〉私のさがした道
1969.03.01	第10巻 第3号	157	成淑南	よろこびの日々
1969.03.01	第10巻 第3号	162	金啓子	金日成首相の教えに忠実な科学者に
1969.03.01	第10巻 第3号	163	文隆雄	私の「革新運動」
1969.03.01	第10巻 第3号	165	鄭成子	〈ひろば〉青年学校で学んで
1969.03.01	第10巻 第3号	166	金寿子	〈ひろば〉新しい人生のはじまり
1969.03.01	第10巻 第3号	39		〈マンガ〉月間漫評
1969.03.01	第10巻 第3号	103		〈マンガ〉マンガ手記
1969.03.01	第10巻 第3号	135		〈マンガ〉南朝鮮だより
1969.03.01	第10巻 第3号	171		実用国語講座②
1969.03.01	第10巻 第3号	172	コ・ビョンサム	〈短篇小説〉明るい朝
1969.03.01	第10巻 第3号	187		金日成首相の歴史的な報告解説(その三)共和国が歩んできた輝かしい路程と業績
1969.05.01	第10巻 第5号	6	金日成	社会主義経済のいくつかの理論的問題について
1969.05.01	第10巻 第5号	34		金日成首相から教育援助費と奨学金
1969.05.01	第10巻 第5号	44		朝鮮民主主義人民共和国政府声明
1969.05.01	第10巻 第5号	49		〈解説〉アメリカ帝国主義がスパイ機の共和国領空侵犯事件を契機に新戦争騒動をおこしていることと関聯して朝鮮人民はわが国の自主権を侵害するいかなる行動も許さない
1969.05.01	第10巻 第5号	57		わが国の防衛力は鉄壁である
1969.05.01	第10巻 第5号	65		アメリカは戦争挑発策動をやめよ-日本各界の怒りと抗議の声
1969.05.01	第10巻 第5号	62		祖国の空を守る-朝鮮人民軍金千葉さん所属の赤旗飛行区分隊をたずねて

발행일	지면정보		필자	제목
	권호	페이지		
1969.05.01	第10巻 第5号	27		四千万朝鮮人民の太陽(その四)-抗日武装闘争期の金日成首相の革命活動
1969.05.01	第10巻 第5号	88		社会主義経済理論発展に貢献-金日成首相の労作を研究する日本各界の人びと
1969.05.01	第10巻 第5号	90	横山正彦	社会主義経済定策立案の基礎となる綱領的な文献
1969.05.01	第10巻 第5号	36		〈『金日成伝』推せんのことば〉『金日成伝』(日本語版)はじめて出版される-金日成首相誕生五十七周年に際して日本の出版社から
1969.05.01	第10巻 第5号	41	日本社会党委員長成田知巳	〈『金日成伝』推せんのことば〉熱情と勇気をよぶ書
1969.05.01	第10巻 第5号	41	総平議長堀井利勝	〈『金日成伝』推せんのことば〉偉大な革命家の歴史
1969.05.01	第10巻 第5号	41	日朝協会議長長野国助	〈『金日成伝』推せんのことば〉強い意志あふれる人間愛
1969.05.01	第10巻 第5号	42	日朝協会理事長畑中政春	〈『金日成伝』推せんのことば〉現代が生んだ不世出の人傑
1969.05.01	第10巻 第5号	42	立命館大学名誉総長末川博	〈『金日成伝』推せんのことば〉感動的な一大叙事詩
1969.05.01	第10巻 第5号	43	日本学術会議会員宗像誠世	〈『金日成伝』推せんのことば〉長年の渇えをいやす
1969.05.01	第10巻 第5号	43	東京教育大学家永三郎	〈『金日成伝』推せんのことば〉史学者も強く期待
1969.05.01	第10巻 第5号	43	雄山閣社長長坂一雄	出版にあたって
1969.05.01	第10巻 第5号	70		〈社会主義制度の優越性〉(その五)世紀的な変革をなしとげた社会主義農村と花咲く教育
1969.05.01	第10巻 第5号	84		祖国光復会の旗のもに
1969.05.01	第10巻 第5号	96		「出入国管理法」案とは何か?-学生会会員の質問に在日朝鮮人人権ようご闘争委員会が答える
1969.05.01	第10巻 第5号	111		共和国への帰国の抗路を閉ざしてはならない
1969.05.01	第10巻 第5号	114		帰国者の手記
1969.05.01	第10巻 第5号	92		『現代朝鮮の基本問題』出版される-金日成首相の革命思想と理論の体系的理解をたすける
1969.05.01	第10巻 第5号	118	尹一珍	〈金日成首相の栄えある初期革命活動から学ぼう〉政治的領袖に対する観点うちたてて
1969.05.01	第10巻 第5号	119	李栄子	〈金日成首相の栄えある初期革命活動から学ぼう〉金日成首相の偉大さを知ってから
1969.05.01	第10巻 第5号	120	権洙植	〈金日成首相の栄えある初期革命活動から学ぼう〉偉大な革命思想

발행일	지면정보		필자	제목
	권호	페이지		
1969.05.01	第10巻 第5号	121	姜順子	〈金日成首相の栄えある初期革命活動から学ぼう〉領袖の革命思想にみちびかれて
1969.05.01	第10巻 第5号	122	金永浩	〈金日成首相の栄えある初期革命活動から学ぼう〉首相の暖かい配慮に励まされ
1969.05.01	第10巻 第5号	123	姜信浩	〈金日成首相の栄えある初期革命活動から学ぼう〉首相の教え守り祖国統一のために
1969.05.01	第10巻 第5号	124	朴仁哲	〈金日成首相の栄えある初期革命活動から学ぼう〉感銘の中で新たな決意
1969.05.01	第10巻 第5号	125	金明一	〈金日成首相の栄えある初期革命活動から学ぼう〉朝鮮人としての誇りをもった
1969.05.01	第10巻 第5号	126	李文植	＜誌上討論＞こういう考え方や行動に反対する-「日本いるのだから。。」?
1969.05.01	第10巻 第5号	126	成正和	＜誌上討論＞こういう考え方や行動に反対する私は国語をしらない
1969.05.01	第10巻 第5号	127	金春権	＜誌上討論＞こういう考え方や行動に反対する自分の顔にツバをはく
1969.05.01	第10巻 第5号	127	李洋姫	＜誌上討論＞こういう考え方や行動に反対する自分に腹が立つ
1969.05.01	第10巻 第5号	128	権永哲	＜誌上討論＞こういう考え方や行動に反対する首相の教え守り祖国統一のために
1969.05.01	第10巻 第5号	129	申太植	＜誌上討論＞こういう考え方や行動に反対する情けない話
1969.05.01	第10巻 第5号	134		〈ルポ〉革命伝統の継承者たる栄誉を輝かしめ
1969.05.01	第10巻 第5号	140		〈ルポ〉大阪の「学生会」をたずねて
1969.05.01	第10巻 第5号	152		南朝鮮に上陸した侵略の元区
1969.05.01	第10巻 第5号	158		南朝鮮人民の闘争実話二題
1969.05.01	第10巻 第5号	151		映画紹介
1969.05.01	第10巻 第5号	130		スポーツ
1969.05.01	第10巻 第5号	165		〈マンガ〉月間漫評
1969.05.01	第10巻 第5号	170		〈マンガ〉マンガ手記
1969.05.01	第10巻 第5号	166	ハン・チョンチュ	〈絵物語〉山人参に秘られた話
1969.05.01	第10巻 第5号	171	黄順姫	〈抗日ㅐパルチザン参加者の回想記〉金日成元帥はわたしたちの慈父
1969.05.01	第10巻 第5号	180		〈金日成首相の歴史的な報告解説〉(その五)社会主義の終局的勝利の社会主義陣営の統一団結を強化する必要性と課業
1969.06.01	第10巻 第6号	6		四千万朝鮮人民の太陽(第五回)
1969.06.01	第10巻 第6号	14		朝ソ両国間の伝統的友好と団結深まる-ソ連最高会議幹部会ポドゴルヌイ議長が朝鮮親善訪問
1969.06.01	第10巻 第6号	18	金炳植	金日成首相がきずいた朝鮮青年運動の伝統を継承し総聯の愛国課題遂行の先頭に立とう-朝青班熱誠者第四回大会で行なった総聯中央のあいさつ
1969.06.01	第10巻 第6号	92		朝青班熱誠者第四回大会開かる

발행일	지면정보		필자	제목
	권호	페이지		
1969.06.01	第10巻 第6号	26		社会主義制度の優越性(最終回)社会主義の楽園
1969.06.01	第10巻 第6号	34		国家予算を通してまたわが国の社会主義建設
1969.06.01	第10巻 第6号	38		「金日成首相の革命史は日本はもちろん世界の社会的進歩を人民に大きな確信と希望を与えている」
1969.06.01	第10巻 第6号	42	畑中政春	〈『金日成伝』を読んで)偉大な闘争、深い感動
1969.06.01	第10巻 第6号	44	福岡精道	〈『金日成伝』を読んで)解放を熱望する諸民族の師表
1969.06.01	第10巻 第6号	46	高橋甫	『金日成伝』を読んで)教訓と示唆に富む
1969.06.01	第10巻 第6号	48	渡辺義晴	〈『金日成伝』を読んで)主体思想の源を知る
1969.06.01	第10巻 第6号	106		「出入国管理法案」と「外国人学校法案」
1969.06.01	第10巻 第6号	110		血に染められた大村収容所
1969.06.01	第10巻 第6号	50		在日朝鮮青年学生は共和国政府声明を熱烈に支持し、アメリカ帝国主義の新たな戦争挑発に反対しよう!
1969.06.01	第10巻 第6号	58	キムヨホン	〈人民の中で)「アメリカ帝国主義侵略者を最後まで掃滅せよ」
1969.06.01	第10巻 第6号	63	イ・ムチョル	〈人民の中で)「みな一騎当千に準備しなければならない」
1969.06.01	第10巻 第6号	72		アメリカ帝国主義は朝鮮に対する軍事挑発をやめよ-世界弾嵐
1969.06.01	第10巻 第6号	82		朝鮮に対する新戦争挑発に加担している日本軍国主義
1969.06.01	第10巻 第6号	76		南朝鮮の愛国者に対する弾圧せん風と朴正煕一味の長期執権策動
1969.06.01	第10巻 第6号	130		栄える祖国進軍の途上で
1969.06.01	第10巻 第6号	125	金明淑	〈絵物語)裁ほう隊員たち
1969.06.01	第10巻 第6号	96		〈偉大な領袖のふところ中で)「みなさんは朝鮮革命のつぼみである」
1969.06.01	第10巻 第6号	86		〈アメリカ帝国主義の朝鮮侵略史)(第三回)朝鮮戦争中の破壊と殺いく
1969.06.01	第10巻 第6号	138		〈新連載!)朝鮮史(第一回)
1969.06.01	第10巻 第6号	150		〈新連載!)朝鮮地理(第一回)
1969.06.01	第10巻 第6号	154		実用国語講座⑤
1969.06.01	第10巻 第6号	156		ひろがる朝日親善の輪
1969.06.01	第10巻 第6号	136		在日朝鮮中央芸術団の公演
1969.06.01	第10巻 第6号	105		在日朝鮮演劇団の公演
1969.06.01	第10巻 第6号	71		<マンガ>月間漫評
1969.06.01	第10巻 第6号	155		<マンガ)マンガ手記
1969.06.01	第10巻 第6号	81		<マンガ)南朝鮮
1969.06.01	第10巻 第6号	160		金日成首相の歴史的な報告の解説(その六)わが国の反帝反米闘争の戦略と戦術
1969.07.01	第10巻 第7号	3		金日成首相は人民をふところに抱き暖かくはぐくみ配慮をよせて下さる四千万朝鮮人民の父なる領袖である(その一)
1969.07.01	第10巻 第7号	14		四千万朝鮮人民太陽(第六回)
1969.07.01	第10巻 第7号	26	チョンヒチョル	〈人民の中で)「花は咲きつづけなけれあならない」というわれた領袖の教えを心にうけとめる

발행일	지면정보		필자	제목
	권호	페이지		
1969.07.01	第10巻 第7号	35		〈金日成首相の暖かい配慮のおとに〉(その一)金日成首相は在日同胞に共和国公民と栄誉を抱かせて下さった
1969.07.01	第10巻 第7号	22	申東権	〈『金日成伝』を読んで〉偉大な領袖をあおぐ栄光がひしひしと
1969.07.01	第10巻 第7号	25	李文植	〈『金日成伝』を読んで〉世界ににに二人といない偉大な領袖
1969.07.01	第10巻 第7号	72	金正植	〈『金日成伝』を読んで〉金日成首相みの偉大さに感銘
1969.07.01	第10巻 第7号	76		栄えある革命伝統の継承者としての栄誉を輝かしめよう!-総聯中央委員会第八期第五回会議の決定をつらぬくために
1969.07.01	第10巻 第7号	80		"日本政府は「出入国官理法案」の審議をやめただちに撤回せよ"-日本の各政党、社会団体のたたかいさらに弾まる
1969.07.01	第10巻 第7号	84		領袖抱-元山帰国学生寄宿舎をたずねて
1969.07.01	第10巻 第7号	48		「金日成首相万歳!」金日成首相の教えにしたがい勇敢にたたかっている南朝鮮の人民
1969.07.01	第10巻 第7号	43		「三選改憲」に決死反対する!-「三選改憲」に反対して南朝鮮の学生が決起
1969.07.01	第10巻 第7号	54		民族の太陽金日成首相をあおぎみながら-統一革命党構成員たちの闘争をふりかえる
1969.07.01	第10巻 第7号	66		永遠なる革命戦士-不屈の革命闘士崔永道先生の生涯
1969.07.01	第10巻 第7号	65		金鐘泰先生に「国際記者賞」
1969.07.01	第10巻 第7号	110		創立十三周年を迎えた朝鮮大学校
1969.07.01	第10巻 第7号	90		いまだに残る爪あと-同胞の屍体いまだに海底にねむる
1969.07.01	第10巻 第7号	124		侵略と戦争の謀議-「アスパック」をあばく
1969.07.01	第10巻 第7号	112		日本の教科書の中の「朝鮮」
1969.07.01	第10巻 第7号	119	金学弼	〈学生会会員の手記〉学生会を強い組織に
1969.07.01	第10巻 第7号	120	金東植	〈学生会会員の手記〉学生会の中で
1969.07.01	第10巻 第7号	121	金和順	〈学生会会員の手記〉変わったわたしの考え
1969.07.01	第10巻 第7号	122	李明玉	〈学生会会員の手記〉学習をふかめ得たもの
1969.07.01	第10巻 第7号	99		革命伝統学習資料
1969.07.01	第10巻 第7号	96		革命伝統とは何か?
1969.07.01	第10巻 第7号	104		〈絵物語〉帯剣についての話
1969.07.01	第10巻 第7号	130		〈アメリカ帝国主義の朝鮮侵略史〉(第四回)銃殺、撲殺、生埋め、火ぶり、細菌兵器
1969.07.01	第10巻 第7号	144		〈朝鮮史〉中世の朝鮮(その二)
1969.07.01	第10巻 第7号	136		〈朝鮮地理〉海と河川、湖
1969.07.01	第10巻 第7号	153		実用国語講座⑥
1969.07.01	第10巻 第7号	83		〈マンガ〉月間漫評
1969.07.01	第10巻 第7号	163		〈マンガ〉マンガ手記
1969.07.01	第10巻 第7号	164		〈マンガ〉南朝鮮だより
1969.07.01	第10巻 第7号	154		金日成首相歴史的報告解説(最終回)南朝鮮革命と祖国統一の基本方針と課業

발행일	지면정보		필자	제목
	권호	페이지		
1969.10.01 · (10·11월)	第10巻 第10号	6		五大陸の進歩的ジャーナリストは革命の筆鋒を高くかざしてアメリカ帝国主義をきびしく断罪しよう-金日成首相の祝賀演説
1969.10.01 · (10·11월)	第10巻 第10号	34		反米世界ジャーナリスト大会開かる-ピョンヤンで九十ヵ国、13国際団体、二百二十一人が参加
1969.10.01 (10·11월)	第10巻 第10号	21		アメリカ帝国主義の侵略に反対してたたかう全世界ジャーナリストのピョンヤン宣言
1969.10.01 · (10·11월)	第10巻 第10号	22		金日成首相のたびかさなる暖かい配慮-祖国から三十三回目の教育援助費および奨学金が送られてきた
1969.10.01 · (10·11월)	第10巻 第10号	40		金日成首相はわが人民をふところに抱き暖かくはぐくみ配慮をよせて下さる四千万朝鮮人民の父なる領袖である（その④）
1969.10.01 · (10·11월)	第10巻 第10号	56		〈偉大な領袖金日成首相にささげる書翰伝達自転車リレー〉金日成首相によせる敬慕の念をこめて-共和国体育節二十周年に際して
1969.10.01 · (10·11월)	第10巻 第10号	60		〈同行記〉ピョンヤンに想いをはせて-長崎→東京間リレー隊とともに
1969.10.01 · (10·11월)	第10巻 第10号	52		『金日成伝』第二部出版される-民主朝鮮建設から千里馬大進軍まで
1969.10.01 · (10·11월)	第10巻 第10号	78		〈映画〉『人民とともに』をみて-領袖のけだかい徳性に対するつきない感動
1969.10.01 · (10·11월)	第10巻 第10号	73		〈金日成首相の暖かい配慮のもとに〉(その三)領袖の配慮に花咲く民主主義的民族教育
1969.10.01 · (10·11월)	第10巻 第10号	98		〈誌上討論会〉ぼくらの前途を照らす偉大な思想-「現代朝鮮の基本問題」を読んで
1969.10.01 · (10·11월)	第10巻 第10号	69		"コリア強し"-「世界女子バレーボール大会で朝鮮チーム優勝」
1969.10.01 · (10·11월)	第10巻 第10号	84		〈三選改憲〉にあがく朴正煕一味の罪悪行為
1969.10.01 · (10·11월)	第10巻 第10号	86		闘争の炎さらにはげしく燃えあがる-南朝鮮人民の「長期執権」反対闘争全国的に拡大
1969.10.01 · (10·11월)	第10巻 第10号	90		みてきた南朝鮮-日本人が語る暗黒の地
1969.10.01 · (10·11월)	第10巻 第10号	94		〈在日同胞に対する日本軍国主義の迫害策動〉②前後迫害強制追放策強める
1969.10.01 · (10·11월)	第10巻 第10号	104		〈ルポ〉ひとつの心で前進する-朝青・大栄信用組合支部のトンムたち
1969.10.01 · (10·11월)	第10巻 第10号	108		〈ルポ〉誇りある青春-東京「学生会」李トンムを訪ねて
1969.10.01 · (10·11월)	第10巻 第10号	136		〈革命伝統学習室〉(第四回)朝鮮労働党の栄えある革命伝統の基本内容(その二)
1969.10.01 · (10·11월)	第10巻 第10号	124		革命伝統学習資料(第四回)

발행일	지면정보		필자	제목
	권호	페이지		
1969.10.01 · (10·11월)	第10巻 第10号	128		〈絵物語〉天宝山の勇士
1969.10.01 · (10·11월)	第10巻 第10号	83		〈マンガ〉月間漫評
1969.10.01 · (10·11월)	第10巻 第10号	67		〈マンガ〉マンガ手記
1969.10.01 · (10·11월)	第10巻 第10号	141		南朝鮮だより
1969.10.01 · (10·11월)	第10巻 第10号	141		世代のひろば
1969.10.01 · (10·11월)	第10巻 第10号	162		読者の蘭
1969.10.01 · (10·11월)	第10巻 第10号	151		〈朝鮮史〉(第五回)近代の朝鮮
1969.10.01 · (10·11월)	第10巻 第10号	142		〈朝鮮地理〉(第五回)西北地方
1969.10.0 (10·11월호)	第10巻 第10号	156		実用国語講座⑨
1969.12.01	第10巻 第11号	6		金日成首相はわが人民をふところに抱き暖かくはぐくみ配慮をよせて下さる四千万朝鮮人民の父なる領袖である（その五）
1969.12.01	第10巻 第11号	20		『金日成伝』英文訳、出版さる-世界各国ではやくも大きな反響をよぶ
1969.12.01	第10巻 第11号	22		〈金日成首相の暖かい配慮のもとに〉在日朝鮮公民の民族的権利の保障に深いこころづかい
1969.12.01	第10巻 第11号	38		〈総聯分会熱誠者第八回大会の決議実践へ〉さらに大きな前進へ
1969.12.01	第10巻 第11号	42		〈ルポ〉どんな逆境にもめげず-朝青愛知·大崎班をたずねて
1969.12.01	第10巻 第11号			<グラビア>模範創造運動一層力づよい展開へ
1969.12.01	第10巻 第11号	33		千里馬進軍の先頭に青年たち-突撃隊のほまれをとどろかせた共和国の青年たち
1969.12.01	第10巻 第11号	46		金日成首相の革命思想の体得はクゴの学習たち
1969.12.01	第10巻 第11号	50		写真と文で見た一九六九年のあゆみ
1969.12.01	第10巻 第11号	62	徐忠明	〈1969年をかえりみて〉人生の新しい出発点に
1969.12.01	第10巻 第11号	63	金明淑	〈1969年をかえりみて〉記念すべき年
1969.12.01	第10巻 第11号	64	朴和順	〈1969年をかえりみて〉いっそう飛躍の足がかりに
1969.12.01	第10巻 第11号	66		死地にあがく米帝と朴正煕一味のこの暴挙-またしても南朝鮮の愛国者を被殺
1969.12.01	第10巻 第11号	74		見てきた南朝鮮
1969.12.01	第10巻 第11号	70		〈手記〉自由をもどめて-元南朝鮮かいらい軍兵士丁勲相青年の手記
1969.12.01	第10巻 第11号	78		「永住権」申請は"死の申請"-ますますろこつ化する策動

발행일	지면정보		필자	제목
	권호	페이지		
1969.12.01	第10巻 第11号	82		帰国だけが生きる道-ひたすらに帰国を待ちわびる同抱たち
1969.12.01	第10巻 第11号	89		〈在日同胞に対する日本軍国主義の迫害策動〉③露骨民族的差別蔑視
1969.12.01	第10巻 第11号	86		あいつぐ朝高生への集団暴行事件-民族教育の破壊をねらう悪らつな策動
1969.12.01	第10巻 第11号	96		〈ルポ〉北海道「学生会」をたずねて
1969.12.01	第10巻 第11号	92		各地の「学生会」だより-大阪・愛知
1969.12.01	第10巻 第11号	100		＜革命伝統学習室〉(第五回)朝鮮労動党の栄えある革命伝統の基本内容(その三)
1969.12.01	第10巻 第11号	106		〈絵物語〉領袖はわれわれを党の息子としてかく育てられた
1969.12.01	第10巻 第11号	88		〈マンガ〉月間漫評
1969.12.01	第10巻 第11号	131		〈マンガ〉マンガ手記
1969.12.01	第10巻 第11号	77		南朝鮮だより
1969.12.01	第10巻 第11号	112		〈朝鮮史〉(最終回)近代の朝鮮
1969.12.01	第10巻 第11号	120		〈朝鮮地理〉(第六回)中部地方
1969.12.01	第10巻 第11号	120		実用国語講座⑩

새로운 조선(新しい朝鮮) ①

○ ○ ○

 1 서지적 정보

『새로운 조선』은 1954년 11월에 신조선사(新朝鮮社)에서 창간호가 나와 1955년 5월 7호까지 이어졌다. 편집 겸 발행인은 이찬의(李贊義)이다. 그런데 1955년 5월에 재일조선민주통일전선(민전)이 해체되고 재일본조선인총연합회(조총련)가 결성됨에 따라 1955년 9월에 8호를 『신조선(新朝鮮)』으로 제명을 변경해 발간했다. 8호 편집인은 김달수, 발행인은 송문철이고 발행소는 이전과 동일하다. 8호 이후의 발간은 확인되지 않는다. 동명의 잡지 『새로운 조선』이 1956년 11월에 다시 발간되는데, 호수를 새롭게 하여 창간호부터 발간했기 때문에 다른 잡지로 보는 것이 적절하다. 조총련이 결성된 이후에 북한을 조국으로 받들면서 실질적인 지시에 따라 잡지가 새로 발간된 것으로 보이기 때문에 앞서 나온 잡지와 이어져 있으면서도 성격이 다른 부분이 있다. 따라서 조총련 결성 이후에 나온 동명의 잡지는 별도로 구분해 보는 것이 적합하다.

지면구성은 창간호 편집후기에서 재일조선인 운동의 이데올로기 학습을 위한 이론과 실천의 안내서라고 밝히고 있듯이 생활과 투쟁의 기록, 학습자료, 학습상담, 독서안내와 같은 내용이 많고, 그 외에 시, 창작, 장편소설, 명작이야기, 평론, 르포르타주, 영화소개, 조선 소식, 해설, 서평 등으로 구성되어 있다. 특히, 생활과 투쟁의 기록이나 르포르타주, 창작 등은 현상작품으로 모집하기도 했다(1955.5. 7호에 창간 1주년 기념호 현상작품모집 광고가 실림).

주요 집필진으로는 김시종, 이찬의, 박태원, 김일성, 노구치 가쿠추(野口赫宙, 장혁주), 한덕수, 김달수, 이기영, 임광철 등이 있다.

7호(1955.5)에서 〈생활과 투쟁의 기록〉 특집으로 오무라(大村) 수용소를 다루었는데, 인간의 존엄성 문제, 수용소에서 보낸 3년간의 기록, 한 소녀의 편지 등을 소개하고 지문등록 문제에 대해 논했다. 또 『신조선』으로 제명이 바뀌어 나온 8호(1955.9)에는 특집을 2가지 기획했다. 첫째, '조선총련활동방침'을 특집 기획해 조국의 평화적 통일과 독립, 민주적 민족 권리를 위해 중요한 사항을 실었다. 둘째, '8·15 십 주년 기념' 특집으로 해방된 지 10년이 지난 현재 조선 경제의 현황, 재일조선인운동 10년의 발자취, 대담 〈일본과 우호 교류를 위해〉 등의 논의를 실었다.

2 편집후기

『새로운 조선』(1954.11)창간호 편집후기

『새로운 조선』 창간호를 보냅니다. 재일조선인의 이론학습서 『새로운 조선』은 지금까지 몇 개의 잡지와 다르게 약간의 특색을 갖고 있습니다.

그 특색의 하나는 무엇보다도 우선 재일조선인운동의 이데올로기 분야에서 이론과 실천의 통일을 도모하고 대중과의 결속을 군건히 하면서 현재 펼쳐지고 있는 학습운동을 최고로 강화하는 데 안내서가 될 역할을 다함과 동시에, 전체적으로 사상 개조의 사업에 복무하는 데 있습니다.

따라서 편집도 편집부를 포함한 몇 명의 사람들이 하지 않고, 광범위한 애독자 여러분들과 군건히 결속해 그 강력한 협력에 뒷받침된 '조직편집'을 해갈 방침입니다. 창간호에도 이를 위해 노력했습니다만, 매우 불충분한 것이 되었습니다. 이 방침을 끝까지 관철해 독자 여러분의 기대에 부응할 수 있도록 미력이나마 다하겠습니다. 이를 위해 독자 여러분의 본 잡지에 대한 비판과 원조를 기탄없이 해주시길 부탁드립니다.

『신조선(新朝鮮)』(1955.9) 편집후기

　　이번 호부터 종래의 『새로운 조선』을 『신조선』으로 제명을 바꾸어 새롭게 재출발하게 되었다. 제명을 변경한 것은 특별히 깊은 의미가 있는 것이 아니라, 종래부터 『새로운 조선』을 신조선사에서 발행해왔기 때문에 이번에 그 내용도 바꾸어 새롭게 재출발하기 위해 사명과 지명을 동일하게 하여 제호를 새롭게 하는 편이 좋을 것 같다고 생각해 『신조선』으로 하였다.

　　그러나 내용은 종래의 것과는 상당히 바꾸어 갈 생각이고, 또 바꿔가지 않으면 안 된다고 생각한다. 물론 종래의 것으로부터도 좋은 것은 취한다는 점에 변함은 없다. 예를 들면, 널리 독자 응모를 중심으로 구성된 「생활 속에서」가 그러한데, 그러나 이것도 종래에는 「생활과 투쟁의 기록」이었다. 여기에도 스타일이나 일의 방식의 차이가 나타나 있다. 차이라고 해도 간판 걸기 방식인 것 같기는 하지만……

　　바꿔간다고 해도 잘 될지 어떨지는 큰소리로 말할 수 없지만, 다만 다음과 같은 점은 말할 수 있다. 우리가 내는 이 잡지는 이것이 처음은 아니다. 앞서 이미 1946년 3월에 제1호를 내서 33호까지 이어진 『민주조선』이 있고, 또 이후 『조선평론』, 그리고 『새로운 조선』으로, 우리는 이들 경험을 포함해서 그 성과와 결함으로부터 배워가려고 생각한다. 더욱이 10년이나 지나왔다. 그리고 이 10년은 우리에게 또한 어떠한 10년이었던가. 조금은 침착하게 사물을 보고 잘 생각해봐야 할 때에 이르렀다. 이번에 재일조선인 운동의 전환도 이러한 관점에서 보지 않으면 그 의의와 중요한 부분을 놓치게 될 우려가 있다.

　　즉, 흐트러짐 없는(그러기 위해서는 부단한 공부가 필요하다) 스스로의 눈을 통해 자신의 발밑을 잘 봐야 한다. 그리고 분노를 터트리는 것만이 상대의 적을 이기는 방법이 아니라는 사실-물론 이것도 하나의 방법이기는 하지만 그러나 이것은 경우에 따라서는 역효과를 갖고 되돌아올지도 모른다는 사실을 알아야 한다.

　　아무튼 스스로 경계하는 바이지만 이를 잡지를 만드는 입장에서 이야기하면 우선 독자를 잘 아는 것, 독자를 위해 잡지를 만들고 있다는 것이 아닐까 생각한다. 독선은 엄격히 삼가야 한다. 이는 모든 작풍에 있어서 가장 있어서는 안 되는 것이다. 전반적으로 이러한 것들을 새롭게 해야 할 때에 와 있다.

3 목차

발행일	지면정보		필자	제목
	권호	페이지		
1954.12	第2号	32	張益煥	学校を巣だつ共和国の新しい幹部たち
1954.12	第2号	37		〈学習相談〉ソヴエト大百科辞典-朝鮮共産党・朝鮮労働党についての学習
1954.12	第2号	34	金朝奎	〈詩〉進め！あらたなる勝利の道へ
1954.12	第2号	49	金時鐘	〈詩〉墓碑
1954.12	第2号	42	徐村 ヤエ	〈読書案内〉小林多喜二の『蟹工船』
1954.12	第2号	47	林光澈	〈読書案内〉朝鮮両国民の友好・団結と文化交流の道具『新しい朝鮮語の学習』
1954.12	第2号	52	金日成	〈学習資料〉戦後復興と建設のためにたたかう朝鮮人民
1954.12	第2号	62		朝鮮だより
1954.12	第2号	63	民戦中央常任委員会編	〈別冊附録〉祖国の平和的統一独立と民キ民族権利をまもるための在日朝鮮人の当面任務
1955.1	第3号	5	民田中央議長団	〈新年挨拶〉われわれの統一と団結をかため一九五五年を勝利の年に!
1955.1	第3号	9	桂昌根	〈祖国の平和的統一の実現をめざして〉最高人民会議のアピールを実現する道
1955.1	第3号	14		〈祖国の平和的統一の実現をめざして〉在日朝鮮人社会活動家にアピールを伝達
1955.1	第3号	18	尹炳玉	〈朝鮮平和的統一実現のアピールにこたえて〉祖国統一の一点にたって
1955.1	第3号	21	野口赫宙	〈朝鮮平和的統一実現のアピールにこたえて〉呼訴文によせる
1955.1	第3号	25	高野実	〈朝鮮平和的統一実現のアピールにこたえて〉新しい朝鮮の建設を願う
1955.1	第3号	26	李浩然	〈朝鮮平和的統一実現のアピールにこたえて〉生涯をかけてのしごと
1955.1	第3号	28	堀真琴	〈朝鮮平和的統一実現のアピールにこたえて〉統一朝鮮の成立はアジア平和の保障
1955.1	第3号	47	閔内均	〈詩〉祖国の高地の勇士達におくる
1955.1	第3号	30	李純	〈詩〉対話
1955.1	第3号	66	金小連	〈詩〉父
1955.1	第3号	31	金敏子	〈生活と闘いの記録〉共産党員としての誇り高くかけて
1955.1	第3号	35	李大樹	〈生活と闘いの記録〉「新聞」のおじいたん
1955.1	第3号	38	申敦姫	〈生活と闘いの記録〉活動家の妻の記録
1955.1	第3号	41	金桂泰	〈生活と闘いの記録〉統一運動を大衆の中へ
1955.1	第3号	55	尾崎圧太良	〈学習相談〉民族=植民地問題をどう学習するか(1)
1955.1	第3号	47	青地 晟	怒りと悲しみの朝鮮海峡
1955.1	第3号	58	淡徳三郎	〈読書案内〉人民の子-金日成元師『金日成将軍略伝』
1955.1	第3号	60	岡田丈夫	〈読書案内〉「フランス共産党初級教科書」
1955.1	第3号	63	許南麒	〈読書案内〉金日成元師の抗日パルチザン物語『歴史』
1955.1	第3号	67	新朝鮮社	三鷹事件の裁判やりなおしの抗議運動をまきおこそう!
1955.1	第3号	66	姜在彦	戦後の朝鮮における経済発展二つの路線

발행일	지면정보		필자	제목
	권호	페이지		
1955.1	第3号	76		朝鮮だより
1955.1	第3号	78		読者だより・編輯後記
1955.2	第4号	5	朴泰遠	朝鮮人民軍創建七周年にさいして
1955.2	第4号	8	李大宇	総選挙と在日朝鮮人
1955.2	第4号	16	岩間正男	〈特輯〉民主民族教育を守るために-教育弾圧粉砕のために
1955.2	第4号	19	阪庭秀清	〈特輯〉民主民族教育を守るために-朝鮮人学校の廃校と日本人の不幸
1955.2	第4号	22	東京私連合	〈特輯〉民主民族教育を守るために-共通の悩みをつき破るために
1955.2	第4号	24	東京都教連	〈特輯〉民主民族教育を守るために-朝鮮人学校の廃教に反対する
1955.2	第4号	26	崔載淳	〈特輯〉民主民族教育を守るために-廃校反対闘争の教訓とその展望
1955.2	第4号	32	東京道立朝鮮人学教教職員組合	〈特輯〉民主民族教育を守るために-教育をまもる闘いの中で日朝友好の組織を-東京都教育研究大会参加記録-
1955.2	第4号	39	東京道立朝鮮人学教教職員組合	〈特輯〉民主民族教育を守るために-親たちの生活-朝鮮人学校父兄の生活実態調査-
1955.2	第4号	44	倉員保海	〈特輯〉民主民族教育を守るために-皆で起ち上って朝鮮人学教を救おう
1955.2	第4号	36	小野牧夫	〈特輯〉民主民族教育を守るために-東京都教研大会を巡っての朝鮮人学教
1955.2	第4号	46	尹喜子	〈特輯〉民主民族教育を守るために-児童生徒作品-大晦日
1955.2	第4号	27	河君子	〈特輯〉民主民族教育を守るために-児童生徒作品-私たちの学教
1955.2	第4号	29	根本尚子	〈特輯〉民主民族教育を守るために-児童生徒作品-朝鮮人はかわいそう
1955.2	第4号	22		〈特輯〉民主民族教育を守るために-児童生徒作品-家の生活
1955.2	第4号	31	金章明	〈特輯〉民主民族教育を守るために-児童生徒作品-日本の友達
1955.2	第4号	21	安教瞭	〈特輯〉民主民族教育を守るために-児童生徒作品-日本のひと
1955.2	第4号	48	白佑勝	少年の死
1955.2	第4号	50		〈書評〉民族の子
1955.2	第4号	52	ジェン・テェ・ジェン	〈詩〉設計図の前で
1955.2	第4号	53	白老児	〈詩〉無実の法廷
1955.2	第4号	81	金時鐘	〈詩〉新聞記事より
1955.2	第4号	84	金允浩	〈詩〉たたかいの一歩を踏む暁に
1955.2	第4号	12		〈解説〉五月の世界平和大会をめざすアジア諸国会議について
1955.2	第4号	93		〈解説〉反植民地闘争デーについて
1955.2	第4号	56	姜順愛	〈生活と闘いの記録〉たたかいを夫とともに
1955.2	第4号	60	曾田和子	〈生活と闘いの記録〉私の朝鮮の娘だのですった

발행일	지면정보		필자	제목
	권호	페이지		
1955.2	第4号	65	李枝遠	〈生活と闘いの記録〉想い出のひとこま
1955.2	第4号	67	金允桓	〈生活と闘いの記録〉空白地帯での民族教育工作
1955.2	第4号	72	金昌根	〈生活と闘いの記録〉外国人登録更新闘争の経験
1955.2	第4号	76		〈学習相談〉民族=植民地問題をどう学習するか(2)-民戦中央委員会編『在日朝鮮人の当面任務』の学習によせて-
1955.2	第4号	86	左膝剛	〈読書案内〉高い理論をこんなにやさしく-自由日本放送シリーズ『学習の時間』
1955.2	第4号	89	李丞玉	〈読書案内〉『白頭山』と『蘇える大地』について-うたいあげられた民族の叙事詩
1955.2	第4号	55	竹内景助	朝鮮人の皆さんへ-獄中からの手紙
1955.2	第4号	82	全東来	ソウルでの猿芝居
1955.2	第4号	94		朝鮮だより
1955.2	第4号	96		読者だより
1955.2	第4号	98		編輯後記
1955.3	第5号	5	朴泰遠	大十月社会主義革命と三・一運動-三一運動三十六周年にさいして
1955.3	第5号	10	廖承志	華僑問題について
1955.3	第5号	16		〈特輯 生活と闘いの記録〉-ヒロポン-Ⅰ.まえがき
1955.3	第5号	18		〈特輯 生活と闘いの記録〉ヒロポン-Ⅱ.「ヒロポン街」を探して
1955.3	第5号	25		〈特輯 生活と闘いの記録〉ヒロポン-Ⅲ.基地周辺
1955.3	第5号	31		〈特輯 生活と闘いの記録〉ヒロポン-Ⅳ.明るい明日のために
1955.3	第5号	28	金在晩	〈特輯 生活と闘いの記録〉ヒロポン-〈手記〉あるヒロポン業者の告白
1955.3	第5号	29	李永一	〈特輯 生活と闘いの記録〉ヒロポン-〈手記〉転落の道
1955.3	第5号	32	ミン・ビョング・ギュン	〈詩〉歌声よ南へ飛んで行け
1955.3	第5号	46	川上なみえ	〈詩〉悲しい青春をうち破って
1955.3	第5号	48	張紀雄	〈詩〉ぼくの靴
1955.3	第5号	36	掘江邑一	〈学習案内〉ソ同盟の新しい『経済学教科書』の学習について
1955.3	第5号	15	李蓮珠	〈解説〉世界母親大会について
1955.3	第5号	33	魚塘	〈解説〉解放後、朝鮮の行政区劃はどう変わったか
1955.3	第5号	34		〈附録〉朝鮮行政区劃地図
1955.3	第5号	50	金光俊	〈名作物語〉李箕永『豆満江』(上)
1955.3	第5号	56	徐村ヤエ	〈名作物語〉小林多喜二『党生活者』
1955.3	第5号	41		〈書評〉『反戦運動の人々』
1955.3	第5号	42	上馬よし子	となりの朴さん
1955.3	第5号	60	A・ソボレフ	〈資料〉社会の新しい政治的組織形態としての人民民主主義(Ⅰ)
1955.3	第5号	49	鈴木 信	朝鮮の兄弟たちへ=獄中からの手紙
1955.3	第5号	72		朝鮮だより
1955.3	第5号	74		読者だより・編輯後記

발행일	지면정보		필자	제목
	권호	페이지		
1955.4	第6号	6		対日関係についての朝鮮民主主義人民共和国南日外相の声明
1955.4	第6号	7		朝鮮民主主義人民共和国最高人民会議宣言
1955.4	第6号	8		ソ同盟最高会義の宣言に関する南日外相の演説
1955.4	第6号	30		世界平和評議会執行国宣言
1955.4	第6号	32	ウイン・アピール	原子戦争の準備に反対する訴え
1955.4	第6号	35	山野郁子	〈解説〉アジアでの原子戦争の危険
1955.4	第6号	16	田村一郎	〈生活と闘いの記録〉友情のきずなは断らきれぬ
1955.4	第6号	20	金永淑	〈生活と闘いの記録〉転落から私を支えたもの
1955.4	第6号	25	朴寿南	〈生活と闘いの記録〉『歌う明日』のために
1955.4	第6号	57		〈書評〉『民族の詩』
1955.4	第6号	41	キム・ジュッテ	日本の空
1955.4	第6号	49	竹内景助	その貴さに応えて
1955.4	第6号	44	李蓮珠	婦人問題をどう学習するか
1955.4	第6号	38	辻本美知子	金さんの歯型
1955.4	第6号	46	金関義則	〈読書案内〉信頼のおける哲学入門書『唯物論と弁証法』
1955.4	第6号	48	茂石正己	〈読書案内〉真実に生きる人間の典型
1955.4	第6号	52	金光俊	李箕永『豆満江』(下)
1955.4	第6号	58		〈名作物語〉社会の新しい政治的組織形態としての人民民主主義(Ⅱ)
1955.4	第6号	72	上杉捨彦	その清らかにうたれて-朝鮮人学教連合大文化祭を観て
1955.4	第6号	70		朝鮮だより
1955.4	第6号	73		読者だより・編輯後記
1955.5	第7号	4		アジア諸国会義での朝鮮問題に関する決議-アジア諸国民に送るアピール
1955.5	第7号	6	李英哲	朝鮮での原子戦争の挑発を許してはならない
1955.5	第7号	10	安正浩	「現情勢当面任務」の正しい実践のために＝民戦第十九回中央委員会での報告と結語によせて
1955.5	第7号	16		〈特輯　生活と闘いの記録〉大村収容所-Ⅰ.人間の尊厳性の各において
1955.5	第7号	21		〈特輯　生活と闘いの記録〉大村収容所-Ⅱ.世界の良心にうったえる-収容所での三年間
1955.5	第7号	25	孫永愛	〈特輯　生活と闘いの記録〉大村収容所-ある少女からの手紙
1955.5	第7号	27		〈特輯　生活と闘いの記録〉大村収容所-指紋登録について
1955.5	第7号	44	イム・チャンスン	〈詩〉工場クラブの夜
1955.5	第7号	31	キム・ジュッテ	〈詩〉生きる
1955.5	第7号	49		〈書評〉『被圧迫民族の知識人』
1955.5	第7号	50		〈映画評〉『朝鮮の子』

발행일	지면정보		필자	제목
	권호	페이지		
1955.5	第7号	32	金良	〈学習案内〉働く者の国際的団結の日
1955.5	第7号	28	金河永	舞踊家 崔承喜　その人と作品
1955.5	第7号	36	劉浩一	〈読書案内〉朝鮮人民の導きの星-金日成『祖国解放戦争』
1955.5	第7号	38	李蓮珠	〈読書案内〉理想的人間像を索めし『ソーヤとシューラ』
1955.5	第7号	42	黄健	〈名作物語〉『幸福』
1955.5	第7号	52	A·I·ソボルフ	〈資料〉社会の新しい政治的組織形態としての人民民主主義(完)
1955.5	第7号	52		朝鮮労動党中央委員会機関誌『勤労者』の主要内容(一九五四年)
1955.5	第7号	70		朝鮮だより
1955.5	第7号	73		読者だより·編輯後記
1955.9	第8号	6		〈『新しい朝鮮』改題 特輯 朝鮮総聯活動方針〉祖国の平和的統一·独立と民主的民族権利のために
1955.9	第8号	9		〈『新しい朝鮮』改題 特輯 朝鮮総聯活動方針〉宣言·綱領
1955.9	第8号	7		〈『新しい朝鮮』改題 特輯 朝鮮総聯活動方針〉国内外の政勢はわれわれに有利に発展している
1955.9	第8号	16		〈『新しい朝鮮』改題 特輯 朝鮮総聯活動方針〉祖国の民主基地強化と平和的統一独立のために
1955.9	第8号	19		〈『新しい朝鮮』改題 特輯 朝鮮総聯活動方針〉平和擁護運動強化のために
1955.9	第8号	22		〈『新しい朝鮮』改題 特輯 朝鮮総聯活動方針〉共和国公民の栄誉とその権利擁護のために
1955.9	第8号	31		〈『新しい朝鮮』改題 特輯 朝鮮総聯活動方針〉朝·日兩国間の国交正常化のために
1955.9	第8号	41	朴海錫	〈『新しい朝鮮』改題 生活の中から〉社会に出て
1955.9	第8号	43	金泰生	〈『新しい朝鮮』改題 生活の中から〉痰コップ
1955.9	第8号	45	李蓮珠	〈『新しい朝鮮』改題 生活の中から〉アイゴウという言葉
1955.9	第8号	46		〈『新しい朝鮮』改題 生活の中から〉バルチサンの少女
1955.9	第8号	48	李賛義	〈『新しい朝鮮』改題 特輯 八·一五十周年記念〉解放十年の朝鮮経済の現状
1955.9	第8号	58	韓徳銖/畑中政春	〈『新しい朝鮮』改題 特輯 八·一五十周年記念〉日本との友好交流のために
1955.9	第8号	71	林光澈	〈『新しい朝鮮』改題〉在日朝鮮人運動十年の歩み
1955.9	第8号	76	坂本徳松	〈『新しい朝鮮』改題〉平和と文化と統一の朝鮮
1955.9	第8号	79	吉塚勤治	〈『新しい朝鮮』改題 書評〉「許南麒詩集」を読んでのくさぐさの思い
1955.9	第8号	75	李錦玉	〈『新しい朝鮮』改題 詩〉
1955.9	第8号	80	李達寿	〈『新しい朝鮮』改題 〉李箕永誕生六十年を迎えて
1955.9	第8号	82	李箕永	〈『新しい朝鮮』改題 〉豆満江
1955.9	第8号	90		〈『新しい朝鮮』改題 〉編輯後記
1955.9	第8号	91		〈『新しい朝鮮』改題 〉在日朝鮮人総聯合会各本部所在地

새로운 조선(新しい朝鮮) ②

○ ○ ○

1 서지적 정보

월간. 1956년 11월에 창간호가 나와 1958년 12월 26호까지 이어졌다. 그리고 1959년 1월에 27호가 나올 때 제명을 『오늘의 조선(きょうの朝鮮)』으로 변경하여 1963년 12월에 86호까지 발간했다. 1954년 11월에 창간된 동명의 『새로운 조선』을 잇는 성격이지만, 호수를 달리하여 창간되었기 때문에 별도의 잡지로 보는 것이 적합하다. 제명이 '새로운 조선'에서 '오늘의 조선'으로 변경된 이유는 1959년 12월부터 본격화되는 이른바 '귀국운동'에 맞춘 것으로 보인다. 『오늘의 조선』은 북한으로 귀국한 재일조선인 관련 내용이 많다.

편집 및 발행은 '새로운조선편집위원회(≪新しい朝鮮≫編集委員会)', '오늘의조선편집위원회(≪きょうの朝鮮≫編集委員会)' 등의 단체명으로 표기했으며, 발행소도 '외국문출판사(外国文出版社) 조선·평양시'로 바뀌고, 『오늘의 조선』부터 '노동신문출판인쇄소 조선·평양시'로 바뀌었다. 즉, 북한에서 발행한 것을 조총련을 통해 재일조선인에게 배포했을 가능성도 있으나 창간사나 편집후기 등을 별도로 적고 있지 않아서 정확한 상황은 파악하기 힘들다. 내용이 재일조선인에 관한 것보다 조선민주주의인민공화국의 현안이나 귀국동포에 관한 내용이 주를 이룬 것으로 추측컨대 공화국과 총련이 밀착된 형태로 잡지가 발간된 것으로 보인다.

지면은 조선민주주의인민공화국 공식문헌 및 자료, 정치, 경제, 농업, 관개공사, 수산업, 사회문화, 시, 산문, 남조선 관계, 시사논평, 조선을 방문한 외국인들의 인상기, 매호 별책부록(공화국 정보), 일본에서 귀국한 동포들의 이야기 〈귀국자 소식란〉, 조선의 풍속, 경승지 소개 등으로 구성되어 있다. 특히, 『오늘의 조선』으로 제명이 바뀐 이후에는 귀국한 사람들의 수기나 김일성과 접견한 내용 등이 많이 실렸다.

주요 집필진은 강재언, 김달수, 홍명희, 김영수, 최명익, 안함광, 무라야마 도모요시
(村山知義), 김창만, 한설야, 박태민, 안병녕, 정국록, 이북명, 김천해, 김일찬, 한재성
등이다.

2 목차

발행일	지면정보		필자	제목
	권호	페이지		
1957.3.	3月号	60		〈附録〉1954-1956年 朝鮮民主主義人民共和国人民経済復旧発展三ヵ年計劃の慣行総括にかんする朝鮮民主主義人民共和国国家計劃委員会中央統計局の報道
1957.4.	4月号	2		ヴエイレーニンと朝鮮人民
1957.4.	4月号	7	金昌満	永遠にソヴエト人民とともに
1957.4.	4月号	13		朝鮮民主主義人民共和国最高人民会議第13会会議
1957.4.	4月号	14	廉義在	朝鮮労動党の穀物増産にかんする方策
1957.4.	4月号	18	金元鳳	朝鮮民主主義人民共和国における賃金制度
1957.4.	4月号	27		朝日親善，友好月間
1957.4.	4月号	33		〈松都政治経済大学生座談会〉越北した学生は語る
1957.4.	4月号	37	呉三用	平壌の新しい面貌
1957.4.	4月号	41	ケボルク・エミン	朝鮮の笛
1957.4.	4月号	25		〈新聞論調〉社会主義諸国にいたするアメリカ帝国主義者どもの破壊活動は国際平和と安全への脅威である
1957.4.	4月号	44		緊縮と膨脹
1957.4.	4月号	21	韓高甲	〈歴史〉炎
1957.4.	4月号	46	李甲基	朝鮮史話
1957.4.	4月号	51	権重範	〈短篇小説〉肖像画
1957.4.	4月号	59		朝鮮だより
1957.4.	4月号	57		文化
1957.4.	4月号	29-32		〈写真〉写真グラフ-韓中親善，友好月間，春を迎えた農村に
1957.4.	4月号	60		〈附録(金日成演説)〉社会主義経済建設において咸鏡南道党組織のまえに堤起される者任務(咸鏡南道の組織、政権機関、社会団体および経済機関要員たちのまえでおこなった)
1957.5.	5月号	2		〈演説文〉メーデ記念平壌市露天大会でおこなった(朝鮮労動党中央委員会朴金喆委員長祝の賀演説)
1957.5.	5月号	11	金一賛	わがくにの経済建設動向
1957.5.	5月号	14		四名の労動英雄
1957.5.	5月号	22	尹亭植	平和予算
1957.5.	5月号	5	朴八陽	〈随筆〉朝鮮の春
1957.5.	5月号	16	鄭益三	祖国に帰りて
1957.5.	5月号	18		〈新聞論調〉英国の水爆実験計劃に反対
1957.5.	5月号	20		パンと自由と民主主義的権利のため南朝鮮労動者たちの闘争
1957.5.	5月号	40		越北した前『国軍』将兵は語る
1957.5.	5月号	8	張端煥	第6回世界青年学生平和友好祭をひかえて
1957.5.	5月号	24		若い化学者たち
1957.5.	5月号	33	韓雪野	朝鮮とインド
1957.5.	5月号	36	趙快燮	親善の旗じるしのもとに

발행일	지면정보		필자	제목
	권호	페이지		
1957.5.	5月号	39	ゲ·ワシリエア	きのうときょう
1957.5.	5月号	43		わが国におけるマルクス·レーニン主義図書の出版
1957.5.	5月号	44		〈演劇,〉『われらつねにともにたたかいし』
1957.5.	5月号	46	張寅遠	三国時代の造形美術
1957.5.	5月号	25	李貞淑	あたらしい生命の誕生（オチェルク）
1957.5.	5月号	51	朴泰珉	〈短篇小説〉放生してはならない
1957.5.	5月号	59		朝鮮だより
1957.5.	5月号	29-32		〈写真グラフ〉-党と政府の指導者たちの現地指導, 平壌紡織工場
1957.5.	5月号	60		〈別冊附録〉(1)チェコスロヴキア共和国政府代表団のわが国親善訪問に関聯する者文献(2)偉大なるウェ·イ·レーニン誕生八·七周年平壌市記念大会でおこなった朝鮮労動党中央委員会宣伝煽動副長李一卿同志の報告(3)祖国統一民主主義戦線中央委員会のアピール(美軍の坡州襲撃事件に関聯して
1957.6.	6月号	2		平和にたいする朝鮮人民の志向
1957.6.	6月号	6		アメリカ軍は朝鮮から徹退せよ!
1957.6.	6月号	11	高凞万	わが国ににおける重工業の発展
1957.6.	6月号	22	余弘麟	新しき電力基地にて
1957.6.	6月号	15	安炳寧	水産業の急速な発展のために
1957.6.	6月号	17	金時昌 (平壌医大教授)	脳外科
1957.6.	6月号	25	イオン·パス	朝鮮での十二日間
1957.6.	6月号	27	金哲	祖国の愛
1957.6.	6月号	10	洪貞淑	モスクワのおかあさん
1957.6.	6月号	37		親善の結実
1957.6.	6月号	33	宋影	普天堡
1957.6.	6月号	47	朴凞春	朝鮮稲재배
1957.6.	6月号	48		〈民談〉逐いたされた官長
1957.6.	6月号	39	金一権	女教員のほまれ
1957.6.	6月号	42		〈新聞論調〉アルゼリアに平和と独立を
1957.6.	6月号	44	姜孝順	新しい世代
1957.6.	6月号	51	崔益翰	慧超の印度旅行とその記行文
1957.6.	6月号	54	呉貴善	朴堧の朝鮮音楽
1957.6.	6月号	57		文化(国立舞踊学校, 古建築の丹青展)
1957.6.	6月号	60		スポーツ"親善のバスケットボール"
1957.6.	6月号	59		朝鮮だより
1957.6.	6月号	29-32		〈写真グラフ〉-幸福な子共たち/春の祭日/穀物増産のため科学者たちのたたかい
1957.6.	6月号	61		(1)ポーランド人民共和国政府代表団のわが国親善訪問に関する諸文献(2)南朝鮮絶糧農民救護米十万石の無償提供にかんして(朝鮮民主主義人民共和国内閣決定第43号)

발행일	지면정보		필자	제목
	권호	페이지		
1957.7.	7月号	2	鄭国禄	朝鮮問題
1957.7.	7月号	6		南朝鮮を飢餓と貧窮に追込んだ
1957.7.	7月号	10	崔星煥	朝鮮と日本
1957.7.	7月号	12	村山知義	十二年目に会った朝鮮
1957.7.	7月号	15	崔誦錫	人民経済の見地からみたわが国の自然条件と天然資源
1957.7.	7月号	22		深海漁業の開拓者たち
1957.7.	7月号	25		山と海をひかえた村
1957.7.	7月号	33		坡州事件その後
1957.7.	7月号	34		〈新聞論調〉進歩的人類を鼓舞する歴史的借置/アメリカ好戦分子どもの昌険的な策動
1957.7.	7月号	36	グレゴリオ・ろーザス・エレラ	板門店に樹木は茂っている
1957.7.	7月号	39		朝鮮平和擁護全国民族委員会で核兵器の使用および実験に反対する声名を発表
1957.7.	7月号	44		蒙古ひつじ
1957.7.	7月号	40	安炳寧	英雄夫婦(エチェルク)
1957.7.	7月号	46	安含光	作家崔曙海
1957.7.	7月号	50	崔曙海	〈短篇小説〉飢餓と殺戮
1957.7.	7月号	56		文化-韓・印文化協会の創立,親善の絵画
1957.7.	7月号	56		朝鮮だより
1957.7.	7月号	60		スポーツ(全国大学体育大会)
1957.7.	7月号	29-32	金宇星(写真)	〈写真グラフ〉-民主首都の復旧建設にケシキした若い労動協力隊!
1957.7.	7月号	62		〈別冊附録〉ソ同盟最高ソヴェト代表団のわが国親善訪問にかんする文献/朝鮮民主主義人民共和国政府声名(アメリカ帝国主義者の朝鮮停戦協定破壊行為に関聯して)
1957.8.	8月号	2		解放後の十二年
1957.8.	8月号	7		全人民の怒り
1957.8.	8月号	8	河仰天	朝鮮の勤労インテリーの力量は日ましたに増大されている
1957.8.	8月号	13	朴仁河	高陽期にはいったわが国の農業協同化運動
1957.8.	8月号	33		ソ同盟最高ソヴェト代表団の朝鮮訪問
1957.8.	8月号	41	南宮 満	鴨緑江
1957.8.	8月号	37	徐弘麟	人も生活もうつりかわった
1957.8.	8月号	18	本田良介	人民の間の結びつきは破れない
1957.8.	8月号	24		朝・ソ両国生産革新者の大面
1957.8.	8月号	26	任淳得	二本のりんごの木
1957.8.	8月号	35		わが国と東南アジア諸国との経済・文化交流の発展
1957.8.	8月号	44		〈新聞論調〉コロンボ会議の成果と歓迎

발행일	지면정보		필자	제목
	권호	페이지		
1957.8.	8月号	45		〈新聞論調〉台湾人民の愛国的蜂起を支持する
1957.8.	8月号	20	金在徳	山間の村の新しい生活
1957.8.	8月号	49		二人看護長
1957.8.	8月号	46	黄澳	国立中央歴史博物館
1957.8.	8月号	50	池在竜	〈戯曲〉田野に鍾は鳴る
1957.8.	8月号	56		文化-原始時代の遺跡発掘さる/ソ同盟芸術団の公演/ヴェトナム芸術団の公演
1957.8.	8月号	59		朝鮮だより
1957.8.	8月号	29-32	金点栄(写真1/2)全昌福(写真3)	〈写真グラフ〉-新浦魚類缶詰工場/ソ同盟最高ソヴエト代表団/松
1957.8.	8月号	60		〈別冊附録〉(1)ソ同盟共産党中央委員会六月総会の決定と関聯し,朝鮮労働党中央委員会からソ同盟共産党中央委員会に送ったメッセージ(2)ヴェトナム民主共和国胡志明主席のわが国親善訪問にかんする諸文献(3)朝鮮民主主義人民共和国弟一次五カ年計劃の第一年目である一九五七年上半期の人民経済発展計劃実行の総括にかんする報道
1957.9.	9月号	2		朝鮮問題をめぐる世界の与論
1957.9.	9月号	5		最高人民会議の選挙カンパ
1957.9.	9月号	9		十月革命四十周年を前にして
1957.9.	9月号	17	朴泰俊(労動性副相)	わが国の社会保険制
1957.9.	9月号	20	菅谷英一	朝鮮での二周間
1957.9.	9月号	12	余万一	朝鮮文学の最近の動向
1957.9.	9月号	46		〈芸術映画〉東方の朝
1957.9.	9月号	22	朴成智	権じいさん
1957.9.	9月号	25	安巴影	ある炭坑夫の半生
1957.9.	9月号	44		〈新聞論調〉世界の対米世論
1957.9.	9月号	40		あるスパイの告白
1957.9.	9月号	33	崔明翊	わがくにはかれにひきつけられた
1957.9.	9月号	48	朱弘済	わが国の韓方医学
1957.9.	9月号	52	金三不	朝鮮の唱劇
1957.9.	9月号	56		文化-鉄路を追って十年,ルーマニア音楽家の演奏会,昔の姿によみがえった成仏寺
1957.9.	9月号	58		朝鮮だより
1957.9.	9月号	29-32	金点栄	〈写真グラフ〉- 炭鉱労働者, 全民族の祭日, 刺繍
1957.9.	9月号	59		〈別冊附録〉(1)文徳選挙区選挙人のまえでおこんった金一成首相の演説(2)中央選挙委員会の報道
1957.10.	10月号	2		党と政付と人民の不敗の統一
1957.10.	10月号	33		わが国の化学工場とその展望(化学工業相との一問一答)
1957.10.	10月号	5	李炳南(保健相)	わが国の無料治療制

발행일	지면정보		필자	제목
	권호	페이지		
1957.10.	10月号	9		〈探訪記事〉若き開拓者たち
1957.10.	10月号	14	海老原幸子	私の選んだ道
1957.10.	10月号	18		舞踊生活三十年〈崔承喜さんを語る〉
1957.10.	10月号	21	バルワソト·カルギ	忘られぬ印象
1957.10.	10月号	42	田在耕	バクロされた陰謀
1957.10.	10月号	22	鄭河千	〈詩〉われわれは知っている
1957.10.	10月号	40		〈新聞論調〉平和と親善, あつい同胞愛
1957.10.	10月号	37		朝鮮の果物
1957.10.	10月号	46	方龍国	めぐりあい
1957.10.	10月号	46		朝鮮映画界の先駆者-羅雲奎
1957.10.	10月号	55		新羅統一時代の造形美術
1957.10.	10月号	59		朝鮮だより
1957.10.	10月号	29-32	韓時煥	〈写真グラフ〉-選挙の日,人民政権の強化へもりあがるが全人民の熱意,生活の中に花咲く大衆芸術
1957.10.	10月号	60		〈別冊附録〉(1)朝鮮民主主義人民共和国最高人民会議第2期第1会議の決定(2)朝鮮民主主義人民共和国最高人民会議第2期第1会議でおこなった金日成首相の演説(3)全国機械部門活動者会議でおこなった金日成首相の演説
1957.11.	11月号	2		偉大な十月革命と朝鮮人民
1957.11.	11月号	6		朝鮮問題の平和的解決の妨害者
1957.11.	11月号	17		韓·日社会·政治活動家の間に共同コミュニケ調印
1957.11.	11月号	33	李北鳴	偉大な十月はつねにわれらとともに
1957.11.	11月号	19	安炳寧	モスクワで会つなひとびと
1957.11.	11月号	37		今は白い花さく
1957.11.	11月号	24		収穫をひかえに三竜ヵ原
1957.11.	11月号	44		南朝鮮が見える村にて
1957.11.	11月号	40		〈新聞論調〉国連の緊急解決すべき問題、中近東にないするアメリカ帝国主義者の侵略行動を阻止せよ
1957.11.	11月号	10		平のあるいてきた道
1957.11.	11月号	42		わが国さいしょの勲功教員丁南淵さん
1957.11.	11月号	34	趙碧岩	〈詩〉肖像
1957.11.	11月号	27		はれないうらみ
1957.11.	11月号	14	田在耕	『개별심사』
1957.11.	11月号	14	都逢渉	わが国の薬用植物
1957.11.	11月号	57		全国美術展覧会
1957.11.	11月号	53	高晶玉	高麗時代の詩歌
1957.11.	11月号	59		朝鮮だより
1957.11.	11月号	29-32	金点栄(写真)	〈写真グラフ〉-最高人民会議第二紀第一回会議、竣工まじかな興南肥料工場窒安職場, 南七農業協同組合

발행일	지면정보		필자	제목
	권호	페이지		
1957.11.	11月号	60		〈別冊附録〉(1)ブルガリア人民共和国政府代表団のわが国親善訪問にかんする諸文献(2)朝鮮民主主義人民共和国外務相の声明
1957.12.	12月号	2		基本建設事業にたいする革新的借置
1957.12.	12月号	6	金天海	朝鮮労働党中央委員会十月総会で-朝鮮は平和的に統一されねばならない
1957.12.	12月号	11	金一贊	貴い経験をつんだ一年
1957.12.	12月号	33		アメリカ軍は朝鮮からでてゆけ!
1957.12.	12月号	17		第四回世界労連大会の宣言を支持して
1957.12.	12月号	22		新設工場
1957.12.	12月号	20	左藤左藤次	延豊ダムを豊視察して
1957.12.	12月号	14	安秉善	一九五七年、一つのおぼえ書
1957.12.	12月号	38	李成鎬	三回目の分配をひかえて
1957.12.	12月号	27	宋影	おばあさん
1957.12.	12月号	36		〈新聞論調〉ソヴエト科学の巨大成果
1957.12.	12月号	18	金応河	わがくにの輸出品
1957.12.	12月号	43		労働者の職場新聞
1957.12.	12月号	56		〈劇映画〉「魚郎川」
1957.12.	12月号	53	文鐘祥	朝鮮の民謡
1957.12.	12月号	48	韓載成	愛
1957.12.	12月号	46		全国芸術祭
1957.12.	12月号	47		バシュキール民族舞踊団の公演
1957.12.	12月号	57		韓・中・台ヴェトナム四ヵ国の排球親善ゲーム
1957.12.	12月号	57		写真グラフ-偉大な十月社会主義革命記念日、労動青年の生活、秋深き妙香山
1957.12.	12月号	59		朝鮮だより
1957.12.	12月号	59		〈別冊附録〉(1)偉大な十月社会主義革命四十周年を慶祝する平壌市露天大会でおこなった金一副首相の演説(2)《新しい朝鮮》一九五七年の重要目録
1958.1.	1月号	2		一九五八年
1958.1.	1月号	5		綱領的文献
1958.1.	1月号	8		日本放送関係者の質問にたいする金一副首相朝鮮労働党中央委員会朴正愛副委員長の答え
1958.1.	1月号	22		来朝した日本社会党親善使節団朝鮮人民にメッセージをおくる
1958.1.	1月号	17	金斗三	わが国の電力工業
1958.1.	1月号	12	李鍾乙	文化的農村建設の展望
1958.1.	1月号	14	韓潤鎬	〈詩〉平和讃歌
1958.1.	1月号	38	金永錫	金在英一家
1958.1.	1月号	24	安炳寧	かつての不毛の干潟地

발행일	지면정보		필자	제목
	권호	페이지		
1958.1.	1月号	36		〈新聞論調〉朝鮮問題の解決は朝鮮人民自身の手でソ同盟の最高ソヴエトのアピールを支持
1958.1.	1月号	33	林哲	また一つの自然改造
1958.1.	1月号	20	林炳夏	操業まじかな室安職場にて
1958.1.	1月号	42	金承亭	暗い新年(南朝鮮のここかしこ)
1958.1.	1月号	45	劉昌宣	十二世紀の抒情詩 鄭知常
1958.1.	1月号	50	金賢一	朝鮮の活字
1958.1.	1月号	52	金常午	〈短篇小説〉鉄工のクエンとつさん
1958.1.	1月号	48		〈公演〉崔承喜舞踊活動三十周年記念公演
1958.1.	1月号	49		〈演劇〉「クレムリンの鐘音」
1958.1.	1月号	59		〈朝鮮だより〉朝鮮だより
1958.1.	1月号	29-32	鄭昌福/鄭雲竜(사진)	〈写真グラフ〉-初作業,また一つの自然改造,オペラ「イワン・スサーニン」の上演
1958.1.	1月号	60		(1)わが国の農業の社会主義的改造事業でおさめた勝利をいっそう固め,それをさらに発展させる問題についてー黄海南道農業協同組合活動者会議でおこなった金日成同志の演説(2)朝鮮民主主義人民共和国政府の声明
1958.2.	2月号	2		団結の精神(カイロ会議の成果を歓迎して)
1958.2.	2月号	8	崔勇進	創建10周年を迎える朝鮮人民軍
1958.2.	2月号	22		平和のために,　祖国の平和統一のために-祖国統一民主主義戦線第二回大会にして
1958.2.	2月号	5		一九五八年度国民経済展望
1958.2.	2月号	13	姜永昌	弟一次五ヵ年計劃其間の金属工場
1958.2.	2月号	33		わが農村のあらたな勝利
1958.2.	2月号	17	鄭寧	ある農村の今昔
1958.2.	2月号	6		労動者,技術家,事務員の賃金引上げにかんして
1958.2.	2月号	25		〈新聞論調〉ソ同盟の平和提唱を支持して
1958.2.	2月号	38		大学を卒業するまで
1958.2.	2月号	41		ある工場図画書で
1958.2.	2月号	44	金奎杰	南朝鮮経済の植民地的ヘンパ性
1958.2.	2月号	27	孫必蘭	祖国の学窓から
1958.2.	2月号	51	燕巌 朴趾源	兩班伝
1958.2.	2月号	48		国立中央美術博物館
1958.2.	2月号	54	李自応	一九世紀末までの朝鮮小説 遺産にかんする 小考
1958.2.	2月号	59		ちょうせんだより
1958.2.	2月号	29-32		写真グラフ-農村現地指導,平和の哨所に花咲く民族美術
1958.2.	2月号	60		〈別冊附録〉(1)新年祝賀宴でおこなった金日成首相の演説(2)祖国統一民主主義戦線第二回大会にかんする諸文献(3)日本の収容所に抑留されている朝鮮公民にたいする日本政府と南朝鮮当局の非人道主意的な借置に関連して

발행일	지면정보		필자	제목
	권호	페이지		
1958.5.	5月号	2		偉大な綱領
1958.5.	5月号	6	鄭子彦	五月の祭日
1958.5.	5月号	9		不朽偉勲
1958.5.	5月号	37		永遠の友-平和の戦士たち
1958.5.	5月号	12	金承亨	朝鮮問題と世界の世論
1958.5.	5月号	24		〈新聞論調〉ベトナム人民の平和的統一闘争支持/アジアを核・ロケット兵機のない平和地帯に
1958.5.	5月号	15	金在徳	社会主義建設にささげる青年たちの熱誠
1958.5.	5月号	26	林炳夏	復興すすむ平壤
1958.5.	5月号	20	余弘麟	二重労動英雄金直鉉
1958.5.	5月号	18	石影	労動安全枝師
1958.5.	5月号	33	金鳴水	韓雪野とその作品
1958.5.	5月号	40	張杓涑	尚沫のお母さん
1958.5.	5月号	43	金昌柱	南朝鮮における反動教育
1958.5.	5月号	46		アメリカ軍は朝鮮から撤退よ
1958.5.	5月号	49	金賢錫	わがくにのスポーツマン
1958.5.	5月号	36		ユーごづすらビア音楽家の来訪
1958.5.	5月号	52	朴応鎬	真実で永遠な友情
1958.5.	5月号	55	文河淵	朝鮮音楽の遺産について
1958.5.	5月号	59		ちょうせんだより
1958.5.	5月号	29-32		〈写真グラフ〉-平壤市に年内に一万七千余世帯の住宅がたつ、鉄鋼工業の基地黄海製鉄所, 労動のなかに花さく文化
1958.5.	5月号	60		〈別冊附録〉(1)朝鮮民主主義人民共和国政府声明(2)ルーマニア人民共和国政府代表団のわが国親善訪問にかんする諸文書
1958.6.	6月号	2		アメリカ軍の撤退は朝鮮問題を平和的に解決する先決条件である
1958.6.	6月号	5	金光侠	永遠の親善
1958.6.	6月号	7	金祥鶴	朝鮮労動党の経済政策
1958.6.	6月号	13	崔載雨	わが国の機械工業
1958.6.	6月号	17	千基哲	楽園機械工場
1958.6.	6月号	26	徐日	絹織物の名産地-寧邊
1958.6.	6月号	33		事実は真相をかたる
1958.6.	6月号	35	郭寧	カービン銃をおけ!
1958.6.	6月号	24		〈新聞論調〉核兵器実験を中止せよ！
1958.6.	6月号	47		南朝鮮経済の現況
1958.6.	6月号	50	徐弘麟	蓋馬高原
1958.6.	6月号	45	ミハイル・タビトクル	事実は預想以上である
1958.6.	6月号	20		李箕永とその作品

발행일	지면정보		필자	제목
	권호	페이지		
1958.6.	6月号	37	郭徳海	おかあさん
1958.6.	6月号	40	宋鳳烈	文芸作品に現われたわが国児童の生活情緒
1958.6.	6月号	42	安巴影	幸福であればこそかれらを思う
1958.6.	6月号	55	呉彰根	高麗文化の特色
1958.6.	6月号	53	韓載成	大聖山
1958.6.	6月号	59		ちょうせんだより
1958.6.	6月号	29-32		〈写真グラフ〉-春祭日,三峯農業協同組合スナップ,玉壺洞静養所
1958.6.	6月号	60		〈別冊附録〉(1)メーデーを祝う平壌市露天大会でおこなった金一副首相の祝賀演説(2)朝鮮民主主義人民共和国政府声明
1958.7.	7月号	2		朝鮮問題は平和的に解決されなければならない
1958.7.	7月号	6		現代修正主義に反対して
1958.7.	7月号	10	金観湜	山間地帯にたいする党の農業政策の勝利
1958.7.	7月号	19	金在徳	三九五万トンの穀物生産をめざして
1958.7.	7月号	13	朱晃燮	わが国の水産業
1958.7.	7月号	26	金彰民	朝ソ親善の決定-興南窒安工場
1958.7.	7月号	28	ア・ペ・ウイルコフ	われわれは朝鮮労働者階級の偉大な力をみた
1958.7.	7月号	16	金尚杰	われわれの力
1958.7.	7月号	22	徐日	江界青年発電所
1958.7.	7月号	49	石影	平壌市の建設にたちあがった学生たち！
1958.7.	7月号	33	編集部	〈新聞論調〉停電後における米帝の罪業
1958.7.	7月号	36	李烱	南朝鮮の『国会』選挙
1958.7.	7月号	46	韓時潤	工場における職業同盟の活動
1958.7.	7月号	40	李成鎬	生活必需品を充足させるために
1958.7.	7月号	42	安炳寧	母と娘
1958.7.	7月号	50	李心塾	黄芩坪
1958.7.	7月号	56		〈新刊紹介〉金鰲神話
1958.7.	7月号	54	張朼洣	〈劇映画〉沈清伝
1958.7.	7月号	53		全人民的な衛生文化運動
1958.7.	7月号	29-32		〈写真グラフ〉-朝ソ親善がうんだ興南窒安工場,民族芸術劇場
1958.7.	7月号	59		朝鮮だより
1958.7.	7月号	60		(1)朝鮮労働党中央委員会総会(一九五八年六月)の報告(2)朝鮮民主主義人民共和国最高人民会議第二期第三回会議にかんする文献
1958.8.	第24号	2		朝鮮民主主義人民共和国創建10周年記念　慶祝大会でおこなった金日成首相の報告
1958.8.	第24号	22		朝鮮人民は祖国の平和統一を成就するかたい決意と確信に充ちている

발행일	지면정보		필자	제목
	권호	페이지		
1958.8.	第24号	24		朝鮮民主主義人民共和国外務相声明-在日同胞の帰国問題に関連して
1958.8.	第24号	26		在日同胞の帰国希望を熱烈に歓迎する
1958.8.	第24号	28		朝鮮対外文化連絡協会をはじめとする四団体代表と朝鮮訪問日本人民使節団との共同コミュニケ
1958.8.	第24号	30		人民の福祉増進は朝鮮労動党の活動最高原則である！-内閣決定弟95号。生活必需品の国政小売価格引下げにかんする内閣決定採択。勤労者にたいする心づかい。かんしゃと誓い。
1958.8.	第24号	38		五ヵ年計劃三年半で
1958.8.	第24号	40		アメリカ帝国主義の占領下でなやむ南半部の同胞へさしのべる救護の手-どうして無関心でいられよう/救護物資が　一日も早く届くように
1958.8.	第24号	44		高潮したわが国の社会主義建設
1958.8.	第24号	52		六月総会の決議は人民生活に一大転変をもたらしている
1958.8.	第24号	54	金元善	千里の駒
1958.8.	第24号	59	柳桂煥	米帝侵略道具『国連韓国再建団』の破産
1958.8.	第24号	62	李郷	野バンは植民地的フアツショ・テロ独裁の強化と南朝鮮人民大衆の無権利
1958.8.	第24号	67		ちょうせんだより
1958.8.	第24号	33		グラフ
1958.8.	第24号	65		文化生活
1958.8.	第24号	68		親善の往来
1958.8.	第24号	69		〈別冊附録〉(1)金日成首相、チェコスロバキア放送およびテレビジョン委員会委員長と談話(2)台湾海峡の事態に関連する朝鮮民主主義人民共和国政府声明
1958.10.	第26号	2		千里の駒にのって駆けて勝利の1年
1958.10.	第26号	7		朝鮮人民は米帝侵略軍の南朝鮮からの即時撤退を要求する
1958.10.	第26号	9		在日同胞におく手紙
1958.10.	第26号	11		日本の諸政党, 社会団体並びに社会活動家諸氏におくる手紙
1958.10.	第26号	12		祖国に帰ろうとする在日同胞切実念願はすみやかに実現されなければならない-金日副首相,朝鮮中央通信社記者の質問にこたう
1958.10.	第26号	35	李楽彦	社会主義文化革命の遂行における歴史的な借置
1958.10.	第26号	15		社会主義建設の決定的な躍進のために-激流のごとさ大躍進!
1958.10.	第26号	18	安栄煥	社会主義的工業化への新しい躍進
1958.10.	第26号	21	徐弘麟	党のよびかけにこたえて
1958.10.	第26号	23	李馬鎬	もっと多くの鉄を社会主義建設へ
1958.10.	第26号	26	朴勝浩	人口1人当り50メートルの織物を生産するため
1958.10.	第26号	33		賃金平均40パーセントあがる!-労動者,技術者,事務員の賃金引上げにかんして

발행일	지면정보		필자	제목
	권호	페이지		
1958.10.	第26号	34	金承亭	勤けば勤くほどゆたかになる生活
1958.10.	第26号	39	李鍾淳	畑潅?システムの確立をめざして
1958.10.	第26号	41		朝鮮を訪問した5大陸学生代表たちの印象記
1958.10.	第26号	46		親善の舞台
1958.10.	第26号	47	李郷	南朝鮮人民の悲惨な生活相
1958.10.	第26号	50		暗黒の地から脱けでて
1958.10.	第26号	14	李周烈	道はかならず開かれる
1958.10.	第26号	53	馬寿活	国立中央民俗博物館
1958.10.	第26号	55	朴雄傑	〈短篇小説〉師団長と兵士
1958.10.	第26号	29-32		グラフ-英雄的な中国人民支援軍将兵たちよ、さようなら
1958.10.	第26号	29-32		朝鮮だより
1958.10.	第26号	60		しんぜんのおうらい
1958.10.	第26号	61		〈別冊附録〉1.中国人民支援軍　送別宴会でおこなった金日成首相の演説　2.朝鮮民主主義人民共和国政府声明　3.中国人民支援軍撤退にかんする中国人民支援軍司令部の公報　4.朝鮮人民におくる中国人支援軍の別れの手紙　5.煕川工作機械工場竣工式金日成首相演説　6.大10月社会主義革命41周年記念平壤市慶祝大会でおこなった朝鮮労動党中央委員会副委員長金昌満同志の報告　7.畜産物の生産を急速に発展させることについて　8.1958年《新しい朝鮮》の重要もくじ

수목(樹木)

1 서지적 정보

『수목』은 1963년에 창간된 문예지로 문예지 수목사에서 발행되었다. 편집 겸 발행인은 시바누마 히로노(柴沼ヒロノ)이다. 창간사에도 나와 있듯이 인간의 본질을 꿰뚫는 창작을 하고 싶다는 일념 하에 다양한 이력과 직업을 가진 사람들이 모여 시, 평론, 단가, 단편소설, 번역 등 다양한 장르에 걸쳐 창작활동을 하며 나무처럼 자연 그대로의 순수함을 그 목표로 삼고자 하였다. 창간호에 실린 「박군의 로망스」, 「조선문학의 번역과 나」의 기술 부분에서 알 수 있듯이 재일조선인의 작품의 소개와 번역에도 상당한 공을 들이고 있다는 점에서 특색을 가지고 있다.

2 창간사

인간은 오래전부터 산다는 것의 의미를 고통으로 생각해 왔다. 그리고 또한 이렇다 할 확실한 해답도 얻지 못하고 있다는 것이 진짜인 것 같다.

오늘과 같이 매스컴이 지배적인 상황에서는 그다지 뇌세포를 움직이지 않아도 편하게 살 수 있게 되어 인생에 대하여 진지하게 생각할 시간이 상실되어 가는듯하다. 멍하니 있으면 개성이나 주장은 눈이 어지러울 정도로 돌아가는 윤전기나 벨트 콘베이어에 빨려 들어가 마모되어 버리고 어느 샌가 똑같은 것밖에 생각하지 않는다. 또한 해내지 못하는 인간이 계속 양산되어 가는 느낌을 깊이 받는다.

우리들에게 남겨진 오늘날 과제는 무엇보다도 이 테크노 클래쉬와 합리주의의 압력에서 생생한 생명을 지키고 그 개성을 살려가는 싸움이라 말할 수 있을 것이다.

그 의미로 자연을 보면 자연은 꽤 괜찮은 것이다. 특히 각양각색의 사계의 수목에는 인생의 맛이라는 것이 있습니다. 마음과 눈으로 느낄 수 없는 곳에 몰래 뿌리를 내린 나무.

문명의 은혜에 맞춰가면서도 불안해하는 우리들은 다시 한 번 주변에 있는 아무렇지도 않게 서있는 한그루의 나무를 조용히 응시하고 싶습니다.

여기에 문학을 사랑하여 창작 장르에 삶의 증거를 선보이고 싶어 하는 무리가 모여서 본지의 창간에 이르게 되었습니다. 모두 바쁜 일에 쫓기는 샐러리맨, 상인, 주부, 또는 문필관계자의 모임이지만, 헛되이 새로움이나 기교를 쫓는 것이 아니라 수수하지만 인간의 본질을 꿰뚫는 창작을 하고 싶다는 바램에서 시작되었다.

이것을 세상에 선보이는데 애써주신 각 방면의 우정에 깊이 감사드립니다.

1963년 1월

수목대표   시바누마 히로노(柴沼ヒロノ)

3 목차

신한학보(新韓学報)

● ● ●

1 서지적 정보

1953년 11월에 창간. 비매품. 조국의 민주주의를 바로잡고 학술 연마를 위해 재일유학생들이 '신한학술연구회'를 조직하고 구성원들의 연구논문으로 구성한 잡지. 게재 논문은 투고를 받아 선정작을 골라 실었다. 도쿄지부, 관서지부(오사카), 본국지부(서울) 세 곳에 지부를 두었다. 연 1회 발간을 기본으로 하나, 2년에 1회 합병호로 발간하거나 휴지기를 두고 발간되기도 하였다. 1996년 7월까지 23호가 발간되었다. 지면은 제1부(사회과학부문)와 제2부(자연과학부문)로 나누어 구성했다. 발행인은 단체명 '신한학술연구회(新韓学術研究会)'로 표기했다.

편집자는 매호 계속 바뀌었다.

『9·10 합병호』(1963.6) 송길영(宋吉永)

『11·12 합병호』(1965.6): 이성기(李盛基)

『13호』(1966.4): 박원석(朴元錫)

『14호』(1967.4): 조상희(趙相熙)

『15호』(1969.11): 송승달(宋承達)

『16호』(1973.5): 조현규(趙顕奎)

『17호』(1974.8): 김동규(金東圭), 발행인 박권희(朴權熙)

인쇄소: 9·10 합병호 동아출판사공무부. 이 호는 서울에서 인쇄했는데, 사정상 도쿄에서 인쇄할 수 없게 되어 서울에 원고를 보내서 인쇄했음을 편집후기에서 밝히고 있다. 이후의 호부터 다시 도쿄에서 출판사를 바꿔가며 인쇄하였다. 11·12 합병호, 13호: 京文

社タイプ印刷部, 14호: 천상(天賞)인쇄주식회사, 15호: 도쿄대학출판회 교재부, 16호: 정미사인쇄소, 17호 인쇄 서울.

2 권두언(1963년 6월 9, 10합병호)

신한학술연구회 창립 10주년 기념호(1963년 6월 9,10합병호)의 권두언(국문)과 15호 (1969.11)의 권두언(일본어)에 본 잡지의 창간 취지가 잘 드러나 있다.

今年으로 新韓学術研究会 創立 拾周年을 맞이하였다. 祖国이 光復되어 民主主義国家로 誕生한지 不過四年인 1952年 一部 政治 그룹의 暴力에 依하여 釜山政治波動이 惹起되어 神聖하여야 할 우리나라 議政壇이 무너져 国政이 独裁暴力化 하였다.

政権을 獲得維持하기 為하여는 如何한 不正이나 凶悪한 暴力이라도 使用하고 政治資金이라면 如何한 不正腐敗라도 敢行하는 政治가 되고 말았다.

이때 日本에 있던 우리 一部同志는 抹殺되어가는 祖国의 民主主義를 바로잡고 不正腐敗化하여가는 人心에 一屢의 燭明이라도 밝히고저 적은 運動을 이르키기로 하였다.

이러한 목적으로 為先 学術団体를 組織하여 在日留学生인 青年学徒를 糾合하여 祖国의 民主政治再建에 貢献할것을 計劃하였다.

이 結果 誕된것이 新韓学術研究会이고, 그 組織綱令에는 『学術을 通하여 祖国의 民主主義発展에 貢献한다.』고 規定하였다.

創立日은 政治波動直後인 1952年 11月 3日이였고 創立 発起人은 当時日本에 있던 数人의 同志와 뜻있는 学生層이였다.

우리는 学術研磨를 為하여 毎月一回씩모여 会員의 学術研究発表와 高名한 学者의 招請講座를 가졌고 不正腐敗의 독안이 속으로 휩쓸려 가는 本国의 政治情勢에 対하여 悲憤慷慨의 高談俊論으로 正義感을 養成하였다.

이러한 潮流가 日本留学生界에 伝波되어 漸次会員이 増加되었고 年一回씩 発刊되는 新韓学報는 在日同胞社会의 異彩이였다.

이러한 発展過程으로 全日本主要大学의 大学院에서 学術을 研究하고 있는 韓国学徒는

大部分이 立会하여 創立五周年에는 会員数가 二百에 가까웠고 現在 博士学位를 成就한 会員이 二十名에 達하고 本国에 帰国하여 大学教授, 官公署銀行言論界事業界等의 重要한 地位에 在職한 会員이 四十余名에 達하는 盛況을 이루고 있다.

本会의 経歴十年에 이와 같은 좋은 成果를 얻어 国家社会에 貢献하게 된 것은 몇몇会員의 物心両面의 絶対한 犠牲과 努力의 結果로 本会十周年을 맞이하여 会員諸位에게 最大의 敬意와 感謝를 올리는 바이다.

이뿐아니라 東亜日報社의 招請으로 本国에서 二次의 学術講演会를 가져 本国学界와 学術交流에도 이바지하였다.

우리는 祖国의 民主主義発展에 貢献하는 指導 目標를 『良知』에 두었다. 学術이나 知識研磨의 基本이 良知良識에 있는 것을 信念으로 하여왔다. 正義正道를 벗어나 私利私慾에 빠지면 知識이 悪用되어 無知無識보다 더욱 悪毒한것을 過去十年間 우리나라 政界에서 実地経験하였다.

故로 우리는 高等学問을 研修하는 学徒들에게 옛날 王陽明이 主張한 『取良知』를 다시 唱道하여 会員諸賢의 学術研修와 知識実践에 있어 正義正道에 立脚하며 国家社会에 光明을 던져주기를 期待하는 바이다. 또한 本会創立人의 한사람으로서 十周年을 맞은 本会의 앞날의 発展을 祝願하여 마지 않는 바이다.

1962年 11月 서울 孝子洞 寓居에서

金竜周

3 권두언(1969년 제15호)

오늘로 우리 연구회는 만 17년을 경과하게 되었다. 학술을 통해 조국의 민주건설과 문화발전에 기여한다고 하는 본 연구회의 강령에 비추어 과거의 본국의 변천 혹은 본 연구회의 기복을 돌아보면 더욱 감개무량하다.

학술발간도 어찌할 수 없는 상황에 있다고는 하나 과거 2년간이나 중단상태에 있었던 것은 회원 제군의 연간 연구의 실상을 바깥 세상에 알리는 기회를 결과적으로 잃었기 때문에 유감스럽기 그지없다.

　이번에 자매단체인 본국의 신한동우회(新韓同友会)로부터 격려와 원조를 받아 여기에 학보 제15호를 간행하기에 이르렀다. 본 연구회의 현황으로 생각건대, 마치 휴지기의 침체로부터 소생의 약동을 개시한 듯한 환희를 느낀다. 동우회 회원 여러분들에게 깊은 사의를 표한다.

　게재된 각 표제는 회원 제군이 평소 임하고 있는 분야의 요약적 소개에 지나지 않는다. 지면 관계상 논하는 바가 개론에 머무르거나 선정에서 빠진 논문도 많이 있음을 독자가 양해해주기 바란다.

　마지막으로 회원 제군은 올바른 지식으로 옳고 그름을 판단하고 양식을 갖고 대도를 지향한 많은 선배들의 업적을 돌아보며 더욱 분기하여 한층 더 열심히 해주기를 바라마지 않는다.

1969년 11월 3일

회장 김정주(金正柱)

4　목차

발행일	지면정보		필자	제목
	권호	페이지		
1963.06.01	第9·10合倂号	135	河德模	〈第2部 自然科学部門〉Asperigillus melleus가 生産하는 抗菌性物質에 대한 研究
1963.06.01	第9·10合倂号	139	権寧福	〈第2部 自然科学部門〉中粒子가 加入한 核破片
1963.06.01	第9·10合倂号	145	姜正雄	〈第2部 自然科学部門〉The Homogeneous Hydrogenations with Cobalt Complex Ions.
1963.06.01	第9·10合倂号	151	申潤植	〈第2部 自然科学部門〉아-치 땜 設計法으로서의 넷쓰리 理論과 그 補正理論-設計例에 비추어서의 比較檢討-
1963.06.01	第9·10合倂号	169	宋吉永	〈第2部 自然科学部門〉Digital Computation of Voltage and Reactive Power Control in Electric power System
1963.06.01	第9·10合倂号	183	宋栄淳	〈第2部 自然科学部門〉不平衡電力에 대한 Scott 結線変圧器의 理論과 応用-交流電気鉄道에 대한 Scott結線変圧器의 응용-
1965.06.25	第11·12合倂号	1	沈晩燮	〈第1部 社会科学部門〉金融媒介機関の機能の分析
1965.06.25	第11·12合倂号	29	黄明水	〈第1部 社会科学部門〉後進国共同組合運動の発展(インド編)『インドに於ける共同組合教育及び訓練に関する一考察』
1965.06.25	第11·12合倂号	45	趙相熙	〈第1部 社会科学部門〉財政政策の経済安定における地衣
1965.06.25	第11·12合倂号	51	李聖淳	〈第1部 社会科学部門〉「経営者の職能と意思決定について」
1965.06.25	第11·12合倂号	73	李元錫	〈第1部 社会科学部門〉団結権条約と韓国労働法
1965.06.25	第11·12合倂号	85	金鐘浩	〈第1部 社会科学部門〉『ホップスの政治理論の解釈をめぐって』
1965.06.25	第11·12合倂号	101	金盛基	〈第1部 社会科学部門〉ワトキンスの政治学的概念構成について
1965.06.25	第11·12合倂号	113	申潤植	〈第2部 自然科学部門〉資源と開発－主として水資源とその管理方法を中心に-
1965.06.25	第11·12合倂号	133	李詳奉	〈第2部 自然科学部門〉グラウトパルプの紙質に及ばす叩解の影響
1965.06.25	第11·12合倂号	149	宋吉永	〈第2部 自然科学部門〉最適VQパタンを考慮した電圧無効電力制御について
1965.06.25	第11·12合倂号	155	裵武	〈第2部 自然科学部門〉Microbiological Conversion of Steroid Compounds
1965.06.25	第11·12合倂号	167		〈第2部 自然科学部門〉附録
1966.04.30	第13号	1	黄明水	〈第1部 社会科学部門〉インド農村の社会経済に関する一考察
1966.04.30	第13号	11	趙相熙	〈第1部 社会科学部門〉公債思想の研究-資本主義公債思想の発展-(その一)
1966.04.30	第13号	19	李聖淳	〈第1部 社会科学部門〉人事管理の基本の問題
1966.04.30	第13号	53	金貞海	〈第1部 社会科学部門〉アメリカ行政学の史的考察(Ⅰ)(ハミルト~ウイルソン)
1966.04.30	第13号	75	成時鐸	〈第1部 社会科学部門〉刑法における責任概念の発展と違法性の認識
1966.04.30	第13号	88	朴元錫	〈第1部 社会科学部門〉時間外労働の規制
1966.04.30	第13号	103	申潤植	〈第2部 自然科学部門〉地下資源開発に関する調査方法および解析基準

발행일	지면정보		필자	제목
	권호	페이지		
1966.04.30	第13号	133	康鐘煥	〈第2部　自然科学部門〉地下資源開発に関する調査方法および解析基準『韓国の地域開発における変遷と展望について』
1966.04.30	第13号	149	宋吉永	〈第2部　自然科学部門〉調相設備適正配置問題の簡略決定法について
1966.04.30	第13号	169	李詳奉	〈第2部自然科学部門〉紙質におよぼすグラフトパルプのエステル基の影響(InfluenceofEsterGroupofGraftedPulponthePaperProperties)
1966.04.30	第13号	185	金吾吉	〈第2部 自然科学部門〉Specific Effects in Acid　Catalysis by Polymericd Sulfonoic Acids the Hydrolysis of some Carboxylie Easters.
1966.04.30	第13号	199	裵武	〈第2部 自然科学部門〉微生物のよるCholesterolの代謝
1966.04.30	第13号	209	李相元	〈第2部 自然科学部門〉Syntheses and Pharmacological　Properties Properties 2-and Aralkyltetrahydro-13-oxazines.
1966.04.30	第13号	226	李応昊	〈第2部 自然科学部門〉Syntheses and Pharmacological　Properties Properties 2-and Aralkyltetrahydro-13-oxazines.
1966.04.30	第13号	235		〈第2部 自然科学部門〉附録
1967.04.30	第14号	1	朴昌熙	〈第1部 社会科学部門〉李奎報の就官と折節
1967.04.30	第14号	9	趙相熙	〈第1部　社会科学部門〉公債思想の研究-資本主義公債思想の発展-(その二)
1967.04.30	第14号	19	黄明水	〈第1部 社会科学部門〉インド農業共同組合運動
1967.04.30	第14号	33	李聖淳	〈第1部 社会科学部門〉行動科学と経済
1967.04.30	第14号	49	呉海鎮	〈第1部 社会科学部門〉日本の朝鮮米穀政策
1967.04.30	第14号	59	全一東	〈第2部 自然科学部門〉Two Nucleons Emission Process in π-Mesons Absorption
1967.04.30	第14号	83	趙江来	〈第2部 自然科学部門〉Pneumatische Forderung in　Lotrechter Rohrleitung
1967.04.30	第14号	107	宋吉永	〈第2部 自然科学部門〉A Simlpified Method for　Determination of the Optimum Operating Pattern
1967.04.30	第14号	137	金吾吉	〈第2部 自然科学部門〉Related Compounds
1967.04.30	第14号	153	李詳奉	〈第2部 自然科学部門〉グラフト改質紙の物性におよぼす測定環境の影響
1967.04.30	第14号	169	宣炳国	〈第2部 自然科学部門〉A New Method for the　Determination of the Location of Disulfide inkages in Proteins
1967.04.30	第14号	169	柳洲鉉	〈第2部 自然科学部門〉微生物による凝乳酵素
1967.04.30	第14号	179	崔賢変	〈第2部 自然科学部門〉A Comparative Snatimical Study　of the Petiole of the Genus Quercus in Korea
1969.11.03	第15号	1	金正柱	〈第1部　社会科学部門〉韓来分会の領域問題について-韓日文化交流の新しい焦点として-
1969.11.03	第15号	6	徐龍達	〈第1部 社会科学部門〉期間損益計算の理論とその一批判
1969.11.03	第15号	14	林炳潤	〈第1部 社会科学部門〉李朝末期の土地所有の変貌過程
1969.11.03	第15号	17	李聖根	〈第1部 社会科学部門〉インパクト

발행일	지면정보		필자	제목
	권호	페이지		
1969.11.03	第15号	37	金栄作	〈第1部 社会科学部門〉韓·日ナショナリズムの相克-甲申政変を中心として-
1969.11.03	第15号	71	尹日炳	〈第2部 自然科学部門〉Measurement of Adhesive Energies of Deopsited Films on GlassSubstrates
1969.11.03	第15号	85	柳洲鉉	〈第2部 自然科学部門〉微生物によるβ-カロチンの分析
1969.11.03	第15号	95	李炳駬	〈第2部 自然科学部門〉イチゴの休眠に関する研究
1969.11.03	第15号	100	梁 隆	〈第2部 自然科学部門〉post-Mortem Changes in Adenosine Triphosphatase Activity of Myofibrils from Rabbit Muscle
1969.11.03	第15号	124	崔賢変	〈第2部 自然科学部門〉Growth-Analytical Studies of Phaseolus vulgaris Seedlings after Varying Dark Treatment Periods
1969.11.03	第15号	134	宋承達	〈第2部 自然科学部門〉Ecological Studies on the Fixation and Metabolism of Nitrogen in Lespedeza bicalor Community
1969.11.03	第15号	165	尹錫文	〈第2部 自然科学部門〉Gas Flow and Pressure Drop through Moving Beds
1969.11.03	第15号	185	李 鍵	〈第2部 自然科学部門〉ガラス面よりの空調負荷計算法とその問題点
1969.11.03	第15号	205	金浩司	〈第2部 自然科学部門〉病院の空調建設備の工事費と経営費
1969.11.03	第15号	223	李相衡	〈第2部 自然科学部門〉床鋼板を用いたコンクリートスラブの設計方針と構造解析
1969.11.03	第15号	231		〈附録〉1.新韓学報既刊論文総目録
1969.11.03	第15号	238		〈附録〉2. 役員と会員の名簿
1969.11.03	第15号	248		編輯後記

안젤루스(Angelus)

1 서지적 정보

　『안젤루스』는 재일한국카톨릭학생회에서 발행한 잡지로, 도쿄 신주쿠 진생회관(真生
会館)에 사무소가 위치하고 있다(11호부터 14호까지의 편집인은 김수미, 15호는 한번
부). 현재, 확인 가능한 호는 1953년 12월에 발간된 제11/12합병호(크리스마스합병호,
72페이지)와 1954년 2월에 발간된 제13/14합병호(42페이지), 그리고 1954년 6월에 발
간된 제15호(67페이지)이다.

　1954년에 발간된 제13/14호의 편집후기에 의하면, 『안젤루스』는 처음에는 「한 장의
갱지(一枚の藁半紙)」로 출발했고, 교회로부터 지원금도 나오지 않아서 회원들 서로가
힘을 합해서 발행했다고 전하고 있다. 또한, 동 잡지를 매개로 해서 「일한은 올바른
선린의 벗이 되어, 아직 종교를 가지지 않은 사람은 카톨릭교회를 가까이 하여, 본국
학생과 재일 학생은 더욱 강하게 결속」되는 것을 목적으로 하고 있다(물론 일한 양국
학생뿐 아니라 일반 사회인의 원고도 모집).

　또한, 제15호의 편집후기에 의하면, 총회는 1년에 1회 개최하고, 1954년에 제6회 정
기총회를 개최했다고 되어 있는데, 그렇게 생각하면 1년에 1회 개최된다는 점을 역으로
계산하면 1949년에 창간했을 것으로 추정할 수 있다. 그리고 본 잡지의 편집방침은 재
일한국인뿐 아니라 일본 학생들에게도 원고를 의뢰하고 있고, 그것이 결과적으로 「일한
학생을 결속시키는 우호의 상징」이 되기를 희망하고 있다. 특히, 「안젤루스의 내용에
대해서는 여러 논의가 있었지만, 결국 딱딱하고 재미없는 회보보다는 오히려 동인잡지
와 같은 회원 상호간의 친목에도 도움이 될 수 있도록 어떠한 원고라고 게재하려 한다」
고 편집 방침을 소개하고 있다.

　내용적인 측면에서 보면, 15호의 발행일은 6월 25일인데, 따라서 한국전쟁을 기념해

서 한국전선에 지원병으로 참전한 최성원의 수기를 싣고 있고, 시(「숙원」, 「기구」), 포교, 구도, 한국 학생운동의 모습, 세대교체에 따른 세계관, 한일친선, 일한학생회의 등, 종교 이외의 다양한 글도 함께 싣고 있다.

2 편집후기(창간호)

마을 거리에는 빌딩의 높이와 버금가는 크리스마스트리가 세워졌다고 한다. 화려한 크리스마스 기분이 마치 타인의 일처럼 전혀 납득이 가지 않는다. 물론, 성탄제를 서로 기뻐하며 축하하는 것은 결과적이기는 하지만 그러한 상혼의 늠름함은 몰상식한 것이다. 다른 한편, 연말을 견디기 어려워 빚과 병고 때문에 일가동반자살사건이 일상사와 같이 속출하고 있는데... 크리스마스 크리스마스라고들 하지만 아무런 의미도 모르는 사람들이 돈벌이를 하고 싶어서 성탄제를 상품화하고 있는 것에는 너무나도 한탄스럽다. 그렇기 때문에 가톨릭 신자는 어떻게 하면 좋을지 다시 한 번 깊이 반성해 볼 필요가 있는 것은 아닌가.

이 조그마한 『안젤루스』도 겨우 숨이 차서 허덕이며 올해 종점에 도착했지만, 과연 어느 정도의 성과를 달성했는지는 알 수 없다. 오로지 한결같이 동포 학생에 대한 포교 뿐만이 아니라, 원만하지 못한 일한관계의 중간에 서서 미력하나마 친선의 가교적 역할을 다해왔다는 심정으로 있다. 그것이 신년과 함께 활성화될 것이라는 것은 말할 필요가 없다. 널리 일본학련(日本学連)의 여러 형제들로부터 원고를 열망하고 있는 것을 이 때문이다.

부디 앞으로도 『안젤루스』를 통해 일한 양국 가톨릭 신자의 공통의 광장으로써 충분히 활용되기를 희망하고, 더불어 1년간의 기부자, 독자 여러분께 감사의 말씀을 드립니다. 행복한 크리스마스, 새해를 맞이하시길.(C)

3 목차

발행일	지면정보		필자	제목
	권호	페이지		
1954.02.20	二月号	18	射山	詩"新春"
1954.02.20	二月号	21		告知板
1954.02.20	二月号	22	姜瞬	詩"紙の岸辺"
1954.02.20	二月号	24	鄭漢求	豪州文化に接して
1954.02.20	二月号	28	ヨゼフ・チャ	訣別
1954.02.20	二月号	30	金貝玉	教会の門と信者の自覚
1954.02.20	二月号	30		こぼれ話
1954.02.20	二月号	32		役員会記録
1954.02.20	二月号	34		お願い
1954.02.20	二月号	35		求道者白記
1954.02.20	二月号	37		質向箱「クオ・バテイス」
1954.02.20	二月号	40	J・F・生	角笛「所謂学生後援会について再び向かう」
1954.02.20	二月号	41		アンジェルス・ニュース
1954.02.20	二月号	42		編集後記
1954.06.25	六月号	2	朴炳勇	第六回定期総会を　期として更に前進しよう
1954.06.25	六月号	4		確固なクリスチャン生活の再生
1954.06.25	六月号	6	金承浩	復興を急げ
1954.06.25	六月号	8		在日韓国カトリック学生会の指導司祭に就任してエルリン・ハーゲン
1954.06.25	六月号	10		新任挨拶　玄栄錫、鄭夏沢、韓夫、金多美恵、左久幸、韓先子
1954.06.25	六月号	12		第六回定期総会に送るメッセージ
1954.06.25	六月号	20	車徹	〈詩〉「宿願」
1954.06.25	六月号	22	ヘルマン・ホイヴエルス	隠遁者
1954.06.25	六月号	26		明らかにされた一部北
1954.06.25	六月号	29	テレサ・ニム	金時山への憶ひは遥かに
1954.06.25	六月号	33	金英明	悩める友への手紙
1954.06.25	六月号	37	李瑜煥	地方の一学生からの便り
1954.06.25	六月号	44	金正章	損な性質
1954.06.25	六月号	46	朴玉善(作)車徹(訳)	〈詩〉「祈求」
1954.06.25	六月号	48	金多美恵	真実を求むる旅人
1954.06.25	六月号	49	武者小路公秀	重テレジアとシモンヌ、ヴエイル
1954.06.25	六月号	51	崔成源	韓国動乱記念日に寄せて
1954.06.25	六月号	55	ＣＳ生	角笛「布教には円満な人格と時間厳守を」
1954.06.25	六月号	56		質問箱
1954.06.25	六月号	59		求道者のための典礼研究(六)
1954.06.25	六月号	62		アンジェルスニュース
1954.06.25	六月号	67		編集後記

약인(若人)

1 서지적 정보

『약인』은 재일본대한청년단(약칭:한청)중앙총본부의 기관지로 8호(1961.04)까지 지속적으로 발행하다가 휴간된다. 7년 후에 복간을 시도하여 복간호 9호(1968.11)를 발행했으나 이후 계속 발행 여부에 대해서는 확인되지 않고 있다.

창간호의 발행소명에는 한청중앙총본부와 한청시보사(韓青時報社)가 병기되어 있다. 곽동의(郭東儀)가 편집과 발행을 모두 맡고 있고, 정가는 50엔이다. 창간특집으로 「한일회담의 문제점」(李聖淳)과 「민족교육의 실태」(李瑜煥)를 비중 있게 다루면서 출발하고 있다. 논설이 중심이고, 그 외 기행 및 수필, 한국의 시를 번역 소개하는 정도이고, 4호에서는 한국의 소설 작품이 번역 소개되기도 했다. 8호는 '4월 민주혁명 1주년 기념 특집호'로 꾸며져 있고, 「4월의 봉화(四月の烽火)」(郭東儀), 「4월혁명 전후의 한국경제와 오늘날(四月革命前後の韓国経済と今日)」(河正安), 「4월 혁명 전후의 한국 예술계의 동향(四月革命前後の韓国芸術界の動向)」(金明洙)와 함께 「그때부터 1년! -기자들이 말하는 혁명 후(あれから一年!―記者たちが語る革命のあと)」란 제목의 좌담회를 개최하고 있다.

8호까지의 발행을 거치면서 『약인』은 다양한 구성과 창작 소설도 게재하는 등 잡지로서의 체제를 갖추어가지만, 7년 남짓한 기간 동안 휴간되었다가 복간된 9호는 종합잡지로서의 면모는 후퇴한 감이 없지 않다. 9호의 발행인은 한청 중앙위원장 김재숙(金宰淑), 편집국장은 김군부(金君夫), 주필(主筆)은 김부웅(金富雄)이며 한청출판사(韓青出版社)에서 발행되고 있다.

9호 발행으로부터 2년 후, 4·19혁명 10주년을 기념하며 10호(1970.04)가 발행되었는데, 이때 발행인은 김은택(金恩沢)이다. 4·19혁명관련 글 외에 「재일한국인의 역사적 배경과 법적 현상(現狀)」과 입관법 투쟁기가 비중있게 다뤄지고 있다.

『약인』에 관한 선행연구는 아직 없는 상태이다.

 2 　권두언(창간호)

　자유의 제1조건은 경제적 발전이다. 생활에 부족이 없고, 또한 생각할 여유를 가진다고 하는 것 이것이 자유로운 사람들의 근본 조건이다"『근대국가에 있어서의 자유(近代國家における自由)』의 저자 해럴드 래스키(Harold Joseph Laski)의 말이다. 정말이지 재일한국 청년의 입장을 떠올리게 한다. 일본에는 십여만 명에 이르는 한국청년이 살고 있다. 그러나 그들에게는 경제적인 아무런 자유도 없다. 그 자유에 맡기려고 하면 할수록 일본이라는 특수한 사회조건의 규정은 그들을 내친다. 오히려 위험할지도 모른다.

　어떠한 사회, 어떠한 경우에도 긍지 높은 청년의 용기와 순결은 항상 그 사회를 지탱하는 매력이고, 힘이다. 이상이 풍부한 청년의 순결한 마음과 아름다운 영혼―그것이야말로 사회의 푸른 싹이다. 사회는 그 싹에 물을 주고 비료를 준다.

　그러나 일본에는 그러한 사회가 없다. 있는 것은 단지 우리들 청년에 대한 특수한 사회인의 도량이 좁은 습성과 분단된 조국의 비통한 현재 상황을 있는 그대로 반영시킨 하나의 축소판이 있을 뿐이다. 그들에게는 그 누구도 아무것도 주지 않는다. 단지 내던져져 있을 뿐이다. 따라서 지주가 없고 의지할 데가 없는 것처럼도 보인다. 마음속에는 아름다운 것, 괴로운 것이 가득 있어도 그것은 좀처럼 관철할 수가 없다. 또한 서로에게 조차 통하지 않는 경우가 있다. 서로 이야기할만한 기회가 없기 때문이 아니다. 이야기하기 위해서는 너무나도 깊고, 관철하기 위해서는 너무나도 동기가 없다. 牛己峠가 없어서는 발버둥 칠 수 없는 것과 마찬가지다. 즉 자유가 없는 것이다.

　자유를 추구하는 하나의 거점으로『약인(若人)』은 시의 적절한 하나의 시도일지 모른다. 만약 거기에 진실이 이야기되어지는 것이라면.

　"자유가 없는 위험한 시대에 생활하고 있는 것, 그것을 아는 것만으로는 충분하지 않다.""위험의 성질을 인정하는 것이야말로 시급한 일이다."

　『약인』을 통해 우리들은 우리들의 입장을 올바르게 파악하고, 우리들의 행복을 추구하는 발판으로 하여 조국의 통일, 일본에 있어서의 우리들의 입장과 생활, 이상과 현실의 격차, 자유 부자유, 시와 창작 등에 우리들이 소망할 수 있는 모든 것, 우리들이 기뻐할 수 있는 모든 것을, 우리들은 우리들의 손으로 구축해야 한다.

서로의 생활을 서로가 구축하기 위해서도, 또한 우리들의 목적을 서로가 달성하기 위해서도, 청년단에서 『약인』이라는 잡지를 발간한다는 것은 어쨌든 기쁜 일이라고 생각한다. '한청'과 『약인』이 융합하면 거기에 무언가 새로운 '청년상'이 생길지도 모른다. 우리들은 이것을 기대하고 자그마한 노력을 기울인 셈이기도 하다.

청년단에 대한 끊임없는 원조는 물론, 특히 『약인』 발행을 위해 진심으로 협력과 많은 원조를 아끼지 않은 교포 유지, 평의원 분들에게 깊이 감사드림과 함께, 투고, 충고, 협조, 모든 면에서 노력을 아끼지 않았던 동지 제현의 분투에 깊은 사의를 표하는 바입니다.[7]

3 목차

발행일	지면정보		필자	제목
	권호	페이지		
1958.12.25	創刊号	2	団長	巻頭言
1958.12.25	創刊号	3	李聖淳	第四次韓日会談の問題点
1958.12.25	創刊号	8	金一貫	「私はかく考える」－中央公論の「在日朝鮮人」を読んで
1958.12.25	創刊号	16	李瑜換	民族教育の実態ー民団および朝総連の民族教育に関して
1958.12.25	創刊号	38	朴徳万	第二次大戦後における愛国意識の諸問題ー人心の国家に対する遠心化ー
1958.12.25	創刊号	42	李禧元	「在日韓国青年の任務」
1958.12.25	創刊号	44	曹基健	自由を求めて一切を捨るー脱出者の記録ー
1958.12.25	創刊号	46	金台浩	〈紀行·随筆〉韓国職業小学校について
1958.12.25	創刊号	48	李武夫	私の人生観
1958.12.25	創刊号	50	趙尚洙	けちんぼう物語
1958.12.25	創刊号	52	金客浩作 黄命東訳	〈詩〉東大門周辺
1958.12.25	創刊号	55		韓青消息

---

7) 「巻頭言」『若人』(創刊号, 1958.12), p.2

발행일	지면정보		필자	제목
	권호	페이지		
1958.12.25	創刊号			編集後記
1959.07.10	第4号	2	郭東儀	民団運動の前進のために
1959.07.10	第4号	5	金允中	大詰に来た北韓送還
1959.07.10	第4号	22	朴英勲	〈随筆〉夢と郷愁と
1959.07.10	第4号	24	蔡洙仁	東京五輪に思う
1959.07.10	第4号	26	具竜書	若いと時は二度とない
1959.07.10	第4号	16		〈座談会〉民団三選機関決議をめぐって
1959.07.10	第4号	30	李聖淳	独逸統一と外相会議とベルリン問題
1959.07.10	第4号	40	曹寧柱	日本ジャーナリストへ
1959.07.10	第4号	11	白鐘基	韓日善隣外交の史的考察(下)
1959.07.10	第4号	28		李起鵬議長のメッセージ
1959.07.10	第4号	58	鐘潤	〈郷土記〉わがふるさと・南海
1959.07.10	第4号	65		〈民話〉犬と猫と珠
1959.07.10	第4号	56	李敬純 姜民訳	〈詩〉流配地の島
1959.07.10	第4号	68	郭夏信 李鐘弨	息子
1959.07.10	第4号	44	李瑜換 金洪鎮	在日韓国人小史(歴史の影に苦悩する六十万)
1959.07.10	第4号			編集後記
1961.04.20	第8号		具常	鎮魂曲
1961.04.20	第8号			四月民主革命一周年記念特集
1961.04.20	第8号	10	郭東儀	四月の烽火
1961.04.20	第8号	18	河正安	四月革命前後の韓国経済と今日ー主に農業問題を中心としてー
1961.04.20	第8号	98	金明洙	四月革命前後の韓国芸術界の動向
1961.04.20	第8号	72		〈座談会〉あれから一年!ー記者たちが語る革命のあとー
1961.04.20	第8号	15	編集部	米国の対韓援助はなにをもたらしたかー利権にまつわる官僚たちの腐敗ー
1961.04.20	第8号	64	韓晛相	三・一独立宣言附帯文書
1961.04.20	第8号	28	李鐘舜	韓青組織の若干の問題点(その二)ー東北地区組織を中心にしてー
1961.04.20	第8号	50	上田源太	無名戦士の墓ー訪韓の旅からー
1961.04.20	第8号	108		革命日誌
1961.04.20	第8号			内外短信
1961.04.20	第8号			若人ひろば
1961.04.20	第8号			若人通信
1961.04.20	第8号	58	山崎昭子	日韓親善のかけ橋ースポーツを通じて結ぶ友情ー
1961.04.20	第8号	70	柳乙作	〈郷土記〉忘れられぬ港都釜山

발행일	지면정보 권호	지면정보 페이지	필자	제목
1961.04.20	第8号	60	中西吟平	〈若人随壇〉青年活動の今昔
1961.04.20	第8号	62	崔天栄	立小便と菊の御紋
1961.04.20	第8号	52		韓国新聞界の現況
1961.04.20	第8号	32		〈座談会〉祖国の平和的統一をめぐって
1961.04.20	第8号	67	編集部	〈韓国歴史説話〉檀君神話
1961.04.20	第8号	53	趙芝薫	〈詩〉激流によせる
1961.04.20	第8号	102	安福基子	〈創作〉無窮花
1961.04.20	第8号			グラビア(打倒独裁にたちあがった若者たち)
1961.04.20	第8号			カット
1961.04.20	第8号			編集後記
1968.11.21	第9号	1		祝落成「花郎台」
1968.11.21	第9号	2		綱領
1968.11.21	第9号	3		グラビア
1968.11.21	第9号	11		巻頭言
1968.11.21	第9号	13		〈論調〉在日同胞の民主民族運動のために
1968.11.21	第9号	18	金宰淑	委員長挨拶
1968.11.21	第9号	20		花郎台落成と「若人」復刊に寄せる祝辞
1968.11.21	第9号	31		〈青年短信〉外国人学校法案上程反対青年短信
1968.11.21	第9号	35		花郎台落成
1968.11.21	第9号	37		散歩道
1968.11.21	第9号	38		第四回韓青全国統一夏季講習会
1968.11.21	第9号	42		"深めよう自覚、語ろう今日と明日"1200名参集
1968.11.21	第9号	49		〈感想文紹介〉サマーキャンプに参加して感想文紹介
1968.11.21	第9号	50		若人だより
1968.11.21	第9号	54		〈連載〉偉人伝(Ⅰ)乙支文徳将軍
1968.11.21	第9号	60		〈研究論文〉古代の韓日関係研究論文
1968.11.21	第9号	64		〈投稿欄〉第一期幹部研修開催ー在日韓国学校に送る手紙ー
1968.11.21	第9号	66	張暁	民族と民族教育
1968.11.21	第9号	77		編集後記
1970.04.19	第10号	3		グラビア「第六回冬期講習会」
1970.04.19	第10号	7		巻頭言
1970.04.19	第10号	8		『四・一九』十周年特集
1970.04.19	第10号	8		詩"4・19"
1970.04.19	第10号	12		宣言文
1970.04.19	第10号	16		現代史への指針ー四・一九革命
1970.04.19	第10号	21		韓国の経済
1970.04.19	第10号	32		民族教育を発展させよう
1970.04.19	第10号	36		女子盟員の「違反」に歓呼を送る

발행일	지면정보		필자	제목
	권호	페이지		
1970.04.19	第10号	43		カラーグラビア・仏国寺
1970.04.19	第10号	41		伝説・若き朱蒙
1970.04.19	第10号	50		近代の夜明け
1970.04.19	第10号	60		祖国のうた・「夢みる白馬江」
1970.04.19	第10号	69		グラビア「闘争する韓青」
1970.04.19	第10号	98		玄海灘　泳いで渡った「祖国」
1970.04.19	第10号	26		在日韓国人の歴史的背景と法的現状
1970.04.19	第10号	64		「入管法」斗争記
1970.04.19	第10号	82		＜本国文学＞記者手帖
1970.04.19	第10号	100		投稿・盟員の声
1970.04.19	第10号	106		編集後記

여명(黎明)

1 서지적 정보

『여명』은 1963년 5월에 창간된 재일한국학생동맹오사카본부의 기관지이다. 발행책임자는 임성개이고 편집인은 고문자, 이상록이며 발행소는 재일한국학생동맹오사카본부이다.

오사카 지역의 재일한국학생들이 주축이 되어 분단된 조국에 대한 문제적 시점을 가지고, 4.19 운동을 비롯하여 당시 한국의 상황과 변화에 대하여 폭넓은 주제를 가지고 적극적인 의견을 개진해 왔다. 특히 창간호에는 한국의 4.19 운동에 많은 의미를 부여하며, 4.19 운동의 전개와 참가자의 수기 및 3주년 기념식과 의미 등 4.19 운동에 대부분의 지면을 할애하였다. 이는 본 잡지의 창간이 4.19 운동에 많은 영향을 받아서 나오게 됐음을 의미하는 것이라 할 수 있다.

2 발간사(창간호)

조국이 약 반세기에 걸친 일본제국주의의 가혹한 식민지 지배에서 해방된 후 걸어온 길은 더욱 참혹하고 곤란하게 되었다. 해방의 기쁨도 잠시, 조국은 분단되어 수많은 민족의 예지와 용감한 애국자를 빼앗은 조국의 남북전쟁은 결실 가득한 국토를 순식간에 황폐화시켰고 그 후 오랜 기간에 걸친 이승만 독재체제는 민족의 장래를 저 멀리 암운 속에 잠기게 하고 동포는 괴로움을 맛보았다.

3년전 민주, 자주, 통일의 기치 아래 젊은 우국의 사자들은 선혈 속에서 민족의 역사에 깊숙이 자리 잡은 암운을 걷어내고 민족의 장래에 빛을 던졌다. 그럼에도 불구하고 조국은 오늘날까지 탄생의 고통인가, 격동과 혼란의 시기를 지속하고 있다. 더불어 현대 세계구조의 수많은 다양성은 조국에 더욱 많은 복잡한 문제를 던지고 있다. 이와 같은 오늘날, 이국의 땅에 있는 우리들도 또한 민족의 일인으로서 방관하는 것은 허용되지 않는다. 이와 같은 관점에서 우리들은 한학동관서본부집행위원회는 과거의 학동집행부가 하고 싶어도 할 수 없었던 기관지의 발행을 통하여 조국의 새로운 전망을 조망하고 종래의 학동이 빠져있던 정체성을 타파하고 확고한 학동활동체계를 확립하여, 그것과 함께 학동맹원 상호의 연대강화와 한층 더 친목을 도모하고자 한다. 그래서 여기에 한학동관서본부기관지『여명』을 창간하게 되었다. 우리 학동집행부는 별지학동연간계획표에 있듯이 금년도내에 4호 발간을 예정하고 있다.『여명』발간을 항구화하는 의미로서 금후에도 학동맹원 모든 이들의 적극적인 협력을 요청하고자 한다.

1963년 5월 20일

3 목차

발행일	지면정보		필자	제목
	권호	페이지		
1963.05	創刊号	43	康成安	無題
1963.05	創刊号	45	許景宇	望郷
1963.05	創刊号	46	高文子	女子大学生という立場
1963.05	創刊号	49	李愛子	ある決心
1963.05	創刊号	51		編集後記
1963.07	第二号	4	李相禄	巻頭言
1963.07	第二号	6	宋在文	黎明の歌
1963.07	第二号	8	林成价	韓国同大阪本部活動経過報告
1963.07	第二号	13	河鐘信	韓国学生同盟の課題
1963.07	第二号	19	康成安	〈詩〉祖国
1963.07	第二号	20	李相禄	外圧と抵抗の歴史
1963.07	第二号	22		統一は民族の判断と勇気いかんに
1963.07	第二号	12		支配者の心
1963.07	第二号	26		〈焦点〉韓国学生同盟第24回中央総会
1963.07	第二号	28	徐光雄	韓国同統一大会に参加して
1963.07	第二号	30	高仁鳳	大会参加余感
1963.07	第二号	32		韓国同中総は一体何をしているのか
1963.07	第二号	33	許景宇	組織と団結
1963.07	第二号	34	夫儀雄	自覚
1963.07	第二号	35	李好央	私の学生観
1963.07	第二号	37	張成秋	大学生と学生運動
1963.07	第二号	40	尹幸子	ひととき
1963.07	第二号	41	高仁鳳·張成秋	六月教養講習会を終えて
1963.07	第二号	43	周国夫	読書会回顧
1963.07	第二号	46		(年表)祖国の主な情勢
1963.07	第二号	51		編集後記
1963.10.	第三号	4	宋在文	〈巻頭詩〉黎明の歌(続)
1963.10.	第三号	6	高仁鳳	〈時事〉秘めえられた民族移譲
1963.10.	第三号	10	張成秋	〈主張〉本国食糧危機と韓日会談
1963.10.	第三号	14		〈焦点〉忘れられた民主主義
1963.10.	第三号	28	高文子·徐光雄	〈特別手記〉初めて見た我が祖国
1963.10.	第三号	32	康成安	〈詩〉済州道の石
1963.10.	第三号	35	高道勲	ソウル大宣言文を読んで
1963.10.	第三号	36	許平宇	国家建設への道
1963.10.	第三号	39	黎明天	〈随想〉幼き頃のロマンス　他
1963.10.	第三号	41		関西連合サマー・キャンプ
1963.10.	第三号	46	李寧宣	有意義だったキャップ
1963.10.	第三号	51	朴孝洋	問題意識深めた学習会

발행일	지면정보		필자	제목
	권호	페이지		
1963.10.	第三号	54	林宏願	キャップ参加雑感
1963.10.	第三号	55	金江子	母国語に於ける民族の自覚
1963.10.	第三号	57	黎明天	〈文学〉春香伝等の由来
1963.10.	第三号	60		第二十三回大阪学同臨時大会
1963.10.	第三号	64		韓国語雄弁大会
1963.10.	第三号	69	周国夫	ガール・スカウト交歓会
1963.10.	第三号	73	李愛子	女子学生の集い
1963.10.	第三号	74		学同ニュース
1963.10.	第三号	72		〈附録〉盟員住所録
1963.10.	第三号	75		編集後記

연구연보 조선문제연구(硏究年報 朝鮮問題研究)

○ ○ ○

1 서지적 정보

1957년 3월에 창간되었다. 부정기적으로 발행되었으며, 창간호 편집 겸 발행인은 한덕수(韓德銖)였다. 3권부터 발행인이 김병식(金炳植), 5권부터 발행인이 배병두(裵秉斗)로 변경되었으며, 발행처는 동경부에 위치해 있는 조선문제연구소이고, 당시 정가는 100엔이었다.

발행정보
vol.1- 2호(1957.5), 3호(1957.7)
vol.2 소장자료 없음.
vol.3- 1호(1959.2), 2호(1959.6)

지면은 논문, 평론, 서평, 소개, 자료, 시사 등으로 구성되어 있고, 주요 집필진은 김병식, 배병두, 이찬의(李賛義), 허남기, 김종회(金宗会), 홍등(洪登), 김민(金民), 허남기(許南麒), 어당, 김병원, 김종명, 백종원, 김일성, 배병두 등이다. 전후의 조선문학이나 일본경제, 북조선의 경제문제나 정치 동향 등을 주로 다루었다.

특집호
5권 1호: 조선민주주의인민공화국 창건 15주년 기념호(1963.9)
6권 1호: 조국으로부터 교육 원조비·장학금 10주년 기념호(1967.4)
7권 1호: 조선민주주의인민공화국 창건 20주년 기념호(1968.12)

2 권두언(5권 1호)

〈조선민주주의인민공화국 창건 15주년을 맞이하며〉

이번 9월 9일에 모든 조선 인민은 한없는 기쁨과 자부심을 갖고 번영하는 조국-조선민주주의인민공화국 창건 15주년 기념일을 맞는다.

이 의의 깊은 날을 맞이하여 우리는 번영하는 공화공민으로서 비할 데 없는 큰 영예와 긍지에 가득 차 늘 조선인민을 승리와 영광과 행복으로 이끌어온 경애하는 김일성 수상을 수반으로 하는 조선노동당과 공화정부에 열렬한 최대의 축하를 보낸다.

공화국 창건 이래 15년간 영웅적인 조선인민은 조선에서 가장 탁월한 마르크스 레닌주의자이고 절세의 애국자인 김일성 수상을 수반으로 하는 조선노동당과 공화정부의 바른 정책과 현명한 지도를 따르며 조국의 자유와 독립을 견지하고 사회주의혁명과 사회주의건설을 수행하는 싸움에서 실로 위대한 승리를 쟁취해왔다.

과거 오랫동안 빈곤과 기아, 무지를 강요받아 온 우리나라는 공화국 창건 이래 그 양상을 완전히 바꾸어 오늘날 역사상 미중유의 민족적인 대약진과 번영의 시대를 맞이하기에 이르러 남을 부러워할 필요 없는 생기발랄하고 부강한 국가로서 발전하고 있다.

이제 바야흐로 조선은 과거의 굴욕적 식민지 반봉건사회로부터 완전히 탈피했을 뿐만 아니라, 자립적인 민족적 경제의 확호한 토대를 갖는 강력하고 선진적인 사회주의적 공업-농업국가가 되었다. 기계공업으로 볼 만한 정도의 것을 거의 갖고 있지 못했던 우리나라에 오늘날 강력한 중공업 기지가 구축되어 국내에서 필요한 기계 설비의 90.6%를 자국의 원료, 기술, 자력으로 자급자족할 수 있게 되었고, 큰 발전소, 화학공장, 도금공장 등의 공장, 기업소가 건설되어 전력, 석탄, 선철, 화학비료, 시멘트 등 중요 공업생산품의 국민 일인당 생산량에서 이미 일본이나 이탈리아를 능가하는 발전을 이루었다.

중공업 발전의 기초 위에 광범위하고 강력한 경공업 기지도 구축되었다. 인민생활 소비물자의 거의 대부분을 수입에 의존하고 국내에 바늘공장, 연필공장 하나 없었던 우리나라는 오늘날 자국에서 생산한 상품으로 거의 대부분의 국내 수요를 충족시킬 수 있게 되었다.

농업에서도 세기적인 혁명이 일어났다. 농업에서는 대규모의 사회주의적 협동화가 수행되어 식량이 부족했던 공화국 북반부는 완전히 자급자족할 수 있을 정도로 발전했다. 농업의 수리화(水利化)는 이미 완성되었고, 그 전기화, 기계화, 화학화가 성공리에 진행되고 있다.

사람들의 생활도 근본적으로 변했다.

오늘날 우리나라에서는 전체 인구의 4분의 1에 해당하는 젊은 세대가 선진적인 교육제도 하에 무료로 장학금도 지급받으며 마음껏 배우고 모든 사람들이 일하면서 배우고 배우면서 일할 수 있게 되었다. 우리나라에서는 무지는 완전히 청산되었다.

우리나라에서는 18만 명 이상의 과학자들이 국민경제의 각 분야에서 활동하고 있고, 모든 대학에서는 매년 2만 5천 명의 새로운 민족 간부가 배출되고 있다.

유구한 역사와 찬란한 전통을 갖는 우리 민족문화는 지금 백화요란한 새로운 개화기를 맞이하고 있다.

이와 같은 나라의 발전과 번영은 우리나라의 국제적 지위를 전에 없을 정도의 높은 곳까지 높이기에 이르렀다.

조선인민이 싸워 쟁취한 오늘날의 역사적 승리는 불패의 마르크스 레닌주의론을 우리나라의 구체적인 실정에 창조적으로 적용한 경애하는 김일성 수상을 수반으로 하는 조선노동당과 공화국 정부의 올바른 정책과 세련된 지도 덕분으로, 이를 전면적으로 받아들인 전 조선인민의 혁명적 정열과 창조적 노동의 빛나는 소산이며, 한없는 생활력을 갖고 있는 사회주의제도의 뛰어난 결실이다.

이 깃발 아래에 오늘날 우리 육십 만 재일동포는 굳게 결속하고 공화국의 재외공민으로서 자긍심과 자부심을 굳게 하여 경애하는 김일성 수상과 공화국 정부의 가르침을 따라 조국의 자주적인 평화통일과 민주주의적 민족 권리를 위해 승리를 향한 확신을 굳건히 하며 전진하고 있다.

조선인민의 자유와 행복의 깃발은 다시 오늘날 미 제국주의를 남조선으로부터 몰아내고 그 앞잡이 군사 파쇼 일당 독재를 분쇄해 북반부 민주기지에 의거하면서 조국의 자주적 평화통일을 달성하기 위해 싸우고 있는 남조선의 형제를 한없이 고무격려하고 있다. 조국 북반부의 눈부실 정도로 빛나는 발전에 고무되어 남조선 인민은 오늘도 반미구국투쟁을 강력하게 전개하고 있으며, 최근에 미 제국주의의 비호를 받아 남조선 재침략을 책략하고 있는 일본 군국주의자의 노골적인 음모를 분쇄하기 위해 싸우고 있다.

조선인민의 경애하는 김일성 수상을 수반으로 하는 조선노동당과 공화국 정부를 따라 조선인민은 이제 과거의 상태가 아니라 그 모든 싸움은 반드시 영광과 승리를 쟁취할 것이다.

우리는 오늘날 번영하는 조국 - 조선민주주의인민공화국 창건 15주년을 조선인민이 전에 경험한 적 없는 영광으로 가득 찬 장엄한 싸움 속에서 맞이한다.

이 의의 깊은 기념일을 맞이하여 우리 조선문제연구소원 일동은 무한한 기쁨을 느끼고 있다. 그리고 우리 경애하는 김일성 수상과 사랑하는 조국 앞에 평소의 연구 성과 일부를 작은 책자에 정리해 바치며 축하의 뜻을 표하는 바이다.

경애하는 김일성 수상을 수반으로 하는 조선노동당과 공화국 정부 만세!

조선인민의 영광스러운 조국- 조선민주주의인민공화국 창건 15주년 만세!

1963년 9월 9일
조선문제연구소

3 목차

발행일	지면정보		필자	제목
	권호	페이지		
1959.06.10	第3巻 2号	14		〈巻頭言〉日本政府は人道主義の原則にもとづいて在日朝鮮公民の帰国問題を早急に解決せよ
1959.06.10	第3巻 2号	21	金炳植	苦難と窮乏のどんぞこにあえぐ在日朝鮮人の生活実態(一)
1959.06.10	第3巻 2号	31	生活実態調査班	京都市西陣・柏野地区朝鮮人集団居住地域の生活実態
1959.06.10	第3巻 2号	43	チェ・チョルスウ	李承晩一味の犯罪的な「移民」策動の反民族的本質
1959.06.10	第3巻 2号	51	キム・キホ	南朝鮮における悪性インフレ勤労者の貧困化
1959.06.10	第3巻 2号	57		〈資料〉在日朝鮮公民帰国問題日誌
1959.06.10	第3巻 2号	69		〈時事〉最近の朝鮮の政治・経済動向
	第4巻 1号		白宗元	朝鮮労動党中央委員会十二月拡大総会についての報道-アメリカの南朝鮮「援助」の過程と特徴
	第4巻 1号		李東準	〈紹介〉朝鮮民主主義人民共和国における人民教育体系の改編とその特徴について
	第4巻 1号		朝鮮民主主義人民共和国国家計劃委員会中央統計局	〈資料〉朝鮮民主主義人民共和国の1959年度国民経済発展計劃実行総括
	第4巻 1号			〈時事〉最近の朝鮮の政治・経済動向
	第4巻 1号		金炳元	南朝鮮人民の半米救国闘争とかんれんする諸重要文献-南朝鮮の現事態とアメリカ帝国主義者
	第4巻 2号		呉在陽	南朝鮮にたいするアメリカ為替政策略奪性
	第4巻 2号		裵秉斗	20世紀初頭朝鮮の対日債務と国債償還運動
	第4巻 2号			〈資料〉南朝鮮人民反米救国闘争日誌(1960.1-5)
	第4巻 2号			〈時事〉最近の朝鮮の政治・経済動向
	第4巻3・4号		高昇孝	八一五解放十五周年慶祝大会でおこなった金日成首相の報告演説-わが国社会主義建設の新段階ろ緩衝期
	第4巻3・4号		金宗会	四二六以後一層隷属破綻した南朝鮮経済をその出口
	第4巻3・4号		姜在彦	関東大地震と朝鮮人迫害
	第4巻3・4号		中央統計国	〈資料〉朝鮮民主主義人民共和国1960年上半期国民経済発展計劃実行総括
	第4巻3・4号		中央統計国	〈時事〉最近の朝鮮の政治・経済動向
1960.12.25	第4巻5・6号	1		祖国の平和的統一をいっそう促進するために-最高人民会議第二期第八次会議における崔庸健委員長の報告
1960.12.25	第4巻5・6号	25	申熙九	アメリカ帝国主義の植民地政策と南朝鮮経済の破綻
1960.12.25	第4巻5・6号	53	金己大	南朝鮮における農家経済の破綻と張勉内閣
1960.12.25	第4巻5・6号	64		〈資料〉朝鮮の平和的統一にかんする朝鮮民主主義人民共和国政府の覚え書「国連韓国統一復興委員団」の「報告」とかんれんして
1960.12.25	第4巻5・6号	76		〈資料〉人道主義はふたたび勝利した韓・日赤十字新潟会談にかんする資料

발행일	지면정보		필자	제목
	권호	페이지		
1960.12.25	第4巻5·6号	99		〈資料〉南朝鮮人民の闘争日誌(1960.8.1-1960.10.31)
1963.09.09	第5巻 1号	2		〈巻頭言〉朝鮮民主主義人民共和国創建15周年をむかえて
1963.09.09	第5巻 1号	6	裵秉斗	〈論文〉南朝鮮支配層の事大主義思想とその系譜
1963.09.09	第5巻 1号	24	申熙九	〈論文〉南朝鮮におけるアメリカ帝国主義の「援助」政策の展開と隷属資本の形成
1963.09.09	第5巻 1号	59	趙成勲	〈論文〉日本独占資本の海外膨脹政策と南朝鮮再侵略について
1963.09.09	第5巻 1号	81	金己大	〈論文〉アメリカ過剰農産物の海外処分策
1963.09.09	第5巻 1号	117	康順益	〈論文〉南朝鮮「財政」の植民地的性格
1963.09.09	第5巻 1号	136	康行祐	〈論文〉南朝鮮における紙幣の過剰発行について
1967.04.25	第6巻 1号	1	裵秉斗	〈巻頭言〉南朝鮮における「近代化論」の虚像と実体
1967.04.25	第6巻 1号	9	文孔鐸	〈論文〉「弟一次五か年計劃」の本質と実体
1967.04.25	第6巻 1号	59	趙成勲	〈論文〉日本独占資本の南朝鮮再侵略における最近の特徴について
1967.04.25	第6巻 1号	89	申熙九	〈論文〉南朝鮮における「外資導入」政策の展開と買弁資本の資本蓄積の本質-「近代化論」のもたらすもの
1967.04.25	第6巻 1号	149	金己大	〈論文〉朴「政権」の「農業近代化論」批判
1967.04.25	第6巻 1号	181	康行祐	〈論文〉朴正熙「政権」のいわゆる「通貨·金融政策」の欺瞞性について-「さいきんの物価は安定しているか」
1967.04.25	第6巻 1号	209	康順益	〈論文〉朴正熙「政権」のいわゆる「通貨·金融政策」の欺瞞性について-「さいきんの物価は安定しているか」
1967.04.25	第6巻 1号	243	崔瀚昊	〈論文〉南朝鮮における教育の実体-反動教育政策とその結果
1967.10.15	第6巻 2号	Ⅰ-1	金炳植	〈論文〉最近の南朝鮮情勢
1967.10.15	第6巻 2号	Ⅱ-1	裵秉斗	〈論文〉南朝鮮支配の扶植する事大主義思想の反動的本質
1967.10.15	第6巻 2号	Ⅱ-26	趙成勲	〈論文〉南朝鮮貿易の特徴について-対米·対日隷属化の深化を中心に
1967.10.15	第6巻 2号	Ⅱ-54	康順益	〈論文〉南朝鮮「財政」の「臨戦体制化」
1967.10.15	第6巻 2号	Ⅱ-79	申熙九	〈論文〉南朝鮮における「中小企業育成」政策の実体-中小企業の資金難を中心に
1967.10.15	第6巻 2号	Ⅱ-106	金己大	〈論文〉新植民地主義下の南朝鮮農業
1967.10.15	第6巻 2号	Ⅱ-142	文孔鐸	〈論文〉南朝鮮漁業の実態-その植民地的後進性と反封建的性格を中心に
1967.10.15	第6巻 2号	Ⅱ-193	金菊漢	〈論文〉南朝鮮における非合理主義哲学の動向
1967.10.15	第6巻 2号	Ⅱ-222	康行祐	〈論文〉南朝鮮における俗流「インフレーション理論」批判-インフレーションの概念規定の問題を中心に
1967.10.15	第6巻 2号	Ⅱ-263	河昌玉	〈論文〉在日朝鮮人の「在留権」と「韓日条約」-抑圧体制追放強化
1968.12.25	第7巻 1号	1	金炳植	〈巻頭論文〉社会主義革命と反帝反米闘争にかんする金日成首相の偉大な戦略戦術について
1968.12.25	第7巻 1号	141	裵秉斗	〈論文〉南朝鮮における軍事ヒャッショ体制の本質とその特徴
1968.12.25	第7巻 1号	161	申熙九	〈論文〉南朝鮮経済の軍事化と買弁資本の「再編成」
1968.12.25	第7巻 1号	195	康順益	〈論文〉新戦争挑発策動に奉仕する南朝鮮「財政」

발행일	지면정보		필자	제목
	권호	페이지		
1968.12.25	第7巻 1号	227	文孔鐸	〈論文〉「臨戦態勢」確立に奉仕する南朝鮮金融機構-さいきんの「開発金融体制確立」策動の本質を中心に
1968.12.25	第7巻 1号	273	康行祐	〈論文〉ドル危機と南朝鮮インフレーション
1968.12.25	第7巻 1号	301	崔瀚昊	〈論文〉南朝鮮労動者の悲惨な状態
1968.12.25	第7巻 1号	339	金己大	〈論文〉南朝鮮における雇農と貧農の労動形態-モスムとコジについて
1968.12.25	第7巻 1号	359	金菊漢	〈論文〉南朝鮮におけるいわゆる「反共理論」の実体とその欺瞞性
1968.12.25	第7巻 1号	359	河昌玉	〈論文〉朝鮮民主主義人民共和国は在日朝鮮公民の地位を法的にしっかりと保障している-「韓国」籍強要の実態をあばく

예협(芸協)

○ ○ ○

1 서지적 정보

1946년 6월에 창간된 『예협』의 표지에는 영문 「The Korean Artist Society PamPhlet」
와 「創立公演 팜프레트」라고 적혀 있듯이, 『예협』은 모체인 조선예술협회의 공연 홍보
적 성격이 강한 잡지이다. 조선예술협회는 해방 이후, 일본에서 활동하던 많은 조선인
연극인이 본국으로 귀국하는 가운데, 일본에 잔류한 장비(회장), 이상효(부회장), 허남
기(서기장), 이진규(문예부장), 박의원(연극부장) 등이, 1946년 2월에 재일조선인 연극
인을 통합하는 예술단체를 목적으로 결성했다.

도쿄에서 발간된 『예협』은 15페이지 분량이며, 또한 동시대의 예술과 관련된 다양한
연구회 광고를 싣고 있듯이(푸로레타리아신극사, 푸로레타리아음악론, 희극작법연구
회, 폭로소설작법연구회, 기록·보고소설작법연구회, 쏘비에트영화론, 노동자예술론, 노
동자시론), 재일조선인 연극인들만의 활동이라기보다는 일본 예술 분야와의 적극적인
교류와 연대를 도모하고 있었다고 볼 수 있다.

특히, 회장 장비의 「朝鮮芸術協会創立에 対하야」이라는 글에서 본 협회의 근본정신은
「古典 再認識   創造方法의 열쇠가 되는 社会科学的 理解」라고 말하고 있듯이, 민요 및
민무, 민극 등을 역사적으로 연구해서 민족 예술을 부흥시키는 것을 목적으로 하고 있
다. 물론, 이것은 단순히 고전 회귀가 아니라, 형식적인 측면에서는 민족적 전통을 중시
하면서 내용적인 면에서는 신시대의 현실을 반영하여 '신흥대중'과 밀접하게 소통하고
자 했다. 또한, 본 협회에서는 기관지 및 팜플렛 발간, 강연연구회, 실연회 개최 등을
계획하고 있고, 앞으로 무용과 음악, 연극을 통합하여 종합예술을 수립하기 위하여 「예
술학원」 설립을 계획하고 있다고 말하고 있다. 다만, 조선예술협회는 1947년 3월에 재
일본조선예술가동맹으로 개칭된 이후, 1948년 10월에 해체된다.

『예협』의 지면을 살펴보면, 조선인에 의한 예술 관련 글 이외에도, 일본의 극작자이자 연출가인 무라야마 도모요시(村山知義)의 「조선의 연극인에게」라는 글과, 연극 배우 나카무라 에이지(中村栄二)의 「우수한 민족 연극을」라는 글을 싣고 있다. 특히, 프롤레타리아 연극 배우 나카무라 에이지는 조선인의 조선어를 사용한 신연극운동의 장려와 협력을 약속하고 있고, 무라야마 도모요시는 일본과 조선은 '계급적 동지'로서 서로 긴밀히 연계하면서 '공동의 적'과 싸워나가지 않으면 안 된다고 말하고 있다.

본 잡지에는 언어적 측면에서는 기본적으로 조선어로 제작되어 있지만, 일본인 투고자에 대해서는 번역을 하지 않고 일본어 원문 그대로 게재하고 있다. 또한, 회장인 장비 역시, 본 협회의 설립 취지 등에 대해서는 한글로 기술하고 있지만, 「동경의 조선어 극단에 대해서」 등은 일본어로 글을 남기고 있다. 즉, 동시대의 조선인 연극인은 조선어뿐만 아니라 일본어 역시 가능했다고 볼 수 있고, 따라서 본지의 독자층은 조선인에 한정하지 않고 일본인도 포함하고 있다고 볼 수 있다.

또한, 『예협』의 권말에는 조선예술협회의 제1회 공연 『결실』을 홍보하고 있는데, 동 연극은 경기도의 어느 농촌을 배경으로 이씨왕조의 일파인 이대감과 농민을 둘러싸고, 일제강점기와 해방 이후의 진보적 청년들의 봉건적 사상과의 투쟁을 그리고 있다.

2 선언(창간호)

鉄鎖는 근허젓다! 祖国이 解放된 오날! 우리는 무엇보다도 먼저 이젓든 우리의 芸術을 찾고 우리의 가장 特徴的인 美의 伝統을 継承 発展시키지 않으면 아니된다. 그러나 여기에 우리가 慎重히 留意하지 않으면 아니될 点은 過去의 朝鮮 芸術이 二重的 桎梏──悪毒한 日本帝国主義와 困■한 封建主義──밋에서 弾圧 · ■縮당하였다는 것이다. 따라서 우리는 저 悪毒한 侵略者의 속에서는 解放되었으나 아직도 勤労 大衆은 土着 뿌르죠와찌의 封建的 搾取밋에서 解放되지 못하였다는 厳然한 事実을 이거서는 안 된다.

그럼에도 不拘하고 一部 国粋主義者들은 이러한 現実에 故意로 눈을 감고 偏狭한 民族主義的 立場에서 少数 特権階級의 享受物로 化한 封建文化를 再建하자고 외치고 있다. 이 얼마나 歷史의 수레를 逆行시키랴는 謬見인가!

우리는 이러한 팟쇼的 封建的 似而 非芸術家들의 妄動을 断行 排撃하고 어디까지든지 世界的 立場에서 進歩的 民主主義 諸国家의 芸術를 만이 본바더가지고 全人民이 創造의 主人公이 될 世界的인 意味의 民族芸術를 創造하것다는 것을 宣言한다.

一九四六年　三月　五日

朝鮮芸術協会

3 목차

월간 조선자료(月刊 朝鮮資料)

○ ○ ○

1 서지적 정보

1961년 2월에 창간, 1999년 12월(39권 12호)까지 발간되었다. 편집 겸 발행인은 김병식. 발행소는 조선문제연구소이다. 정가 100엔.

지면은 월간 동향, 르포, 자료, 시사, 논평, 남조선 단신, 남조선 일지, 노동신문 사설, 탄핵문 등으로 구성되어 있다. 한일회담에 대한 비판, 일본 및 미제국주의의 조선 침략에 대한 비판, 남조선 인민의 투쟁 내용, 남조선 신문잡지의 논조, 조국의 자유로운 왕래 등의 내용을 주로 다루고 있다. 주요 집필진은 배병두, 최한호, 배재욱, 김진, 김승준, 강순익 등이다.

2 특집

1963년 8월: 남조선의 식량 위기
1964년 2월: 침략적 「한일회담」의 책동과 남조선 인민의 반대투쟁
1964년 4월: 새로운 국면에 들어간 남북조선인민의 반미구국투쟁 - 「한일회담」 반대의 애국투쟁 -
1964년 5월: 붕괴에 미제국주의의 남조선 식민지 체제, 집요하게 계속되는 「한일회담」의 조기 타결 책동
1964년 6월: 결정적 단계에 진입한 남조선 인민의 반미구국투쟁
1964년 8월: 조국의 자주평화통일의 길

3 목차

발행일	지면정보		필자	제목
	권호	페이지		
1961.02.25	創刊号			創刊にさいして
1961.02.25	創刊号			〈月間活動〉南朝鮮の最近の動き
1961.02.25	創刊号			〈月間活動〉「間米経済・技術協定」-乙巳売国条約の新版-
1961.02.25	創刊号			〈月間活動〉「レート引き上げ」の意図
1961.02.25	創刊号			〈月間活動〉物価騰貴ではじまった1961年
1961.02.25	創刊号			〈ルポ〉黒い太陽を仰ぐ農民たち-南朝鮮の飢餓帯を行く-
1961.02.25	創刊号			〈資料〉朝鮮民主主義人民共和国第一次五ヵ年計画の遂行成果
1961.02.25	創刊号			〈資料〉民族自主統一中央協議会「統一宣言書」
1961.02.25	創刊号			〈資料〉「韓米経済・技術協定」全文
1961.02.25	創刊号			〈資料〉南朝鮮出版物の論調・日誌（1.1～2.15）
1961.03.25	三月号	2		〈時事〉「韓日会談」の背後にあるもの
1961.03.25	三月号	11		〈時事〉テロ支配の再現めざす弾圧二法
1961.03.25	三月号	16		〈時事〉「乙巳保護条約」の欺瞞性と侵略性
1961.03.25	三月号	22		〈時事〉悪性インフレにあえぐ南朝鮮
1961.03.25	三月号	30		〈時事〉南朝鮮の失業問題-底辺に生きる人々-

발행일	지면정보		필자	제목
	권호	페이지		
1961.03.25	三月号	34		〈資料〉祖国の平和的統一のために朝鮮民主主義人民共和国政府覚え書
1961.03.25	三月号	49		〈資料〉南朝鮮の絶糧農民に救護米十万石を提供することに関する朝鮮民主主義人民共和国内閣決定
1961.03.25	三月号	50		〈資料〉救護米十万石を板門店で引渡すことに関する朝鮮赤十字会と朝鮮農民同盟から南朝鮮側への通知
1961.03.25	三月号	54		〈資料〉民族自主統一中央協議会の結成大会
1961.03.25	三月号	55		〈論調〉類例のない悪法ー「反共臨時特別法」
1961.03.25	三月号	56		〈論調〉李承晩式反共の再検討
1961.03.25	三月号	59		〈論調〉ケネディ政府の韓国統一案も陳腐かつ誠意のない空論である
1961.03.25	三月号	60		〈論調〉韓米経済協定はがまんのならない民族的屈辱である
1961.03.25	三月号	62		〈論調〉日本経済圏への隷属化構想に反対する
1961.03.25	三月号	64		〈日誌〉政治・経済・人民闘争
1961.04.25	四月号	2		〈時評〉南朝鮮人民の反米九国闘争は新しい段階にはいっている
1961.04.25	四月号	11		〈時評〉南朝鮮における労働者の状態
1961.04.25	四月号	17		〈時評〉絶糧農民の現状
1961.04.25	四月号	24		〈時評〉朝鮮侵略をめぐる米・日帝国主義の共謀「桂・タフト協定」(1905年)
1961.04.25	四月号	31		〈資料〉「韓日会談」にたいするー金日成首相より日韓協会畑中理事長宛の回答ー
1961.04.25	四月号	33		〈資料〉国連における朝鮮問題の討議に参加する問題に関してー朝鮮民主主義人民協和国外務相声明ー
1961.04.25	四月号	34		〈資料〉朝鮮民主主義人民共和国政府予算にかんする報告要旨
1961.04.25	四月号	37		〈資料〉「反米救国闘争を一層強化せよ」ー「労働新聞」四月十九日社説ー
1961.04.25	四月号	41		〈資料〉南北学生会談の提案にかんする資料
1961.04.25	四月号	44		〈資料〉ソウル大学校学生会四・十九第二宣言文
1961.04.25	四月号	45		〈資料〉悪法反対全国学生闘争委員会声明文
1961.04.25	四月号	47		〈資料〉悪法反対全国青年団体共同闘争委員会結成宣言文
1961.04.25	四月号	48		〈資料〉労働者の争議権を奪う二大悪法にわれわれは反対する
1961.04.25	四月号	50		〈資料〉密輸品を根絶せよー韓国中小産業人全員大会準備委員会
1961.04.25	四月号	51		〈資料〉祖国の平和的統一促進のためにー在日同胞言論、文化・芸術、経済人の声明文およびアピールー
1961.04.25	四月号	55		〈資料〉四月人民蜂起一周年をむかえた「四月の母」の叫び
1961.04.25	四月号	57		南朝鮮出版物の論調
1961.04.25	四月号	65		〈日誌〉政治・経済・人民闘争
1961.09.25	九月号	2		祖国の平和的統一のためにー朝鮮労働党第四回大会宣言

발행일	지면정보		필자	제목
	권호	페이지		
1961.09.25	九月号	9		朝鮮民主主義人民共和国民経済発展七ヵ年計画にかんする金一第一副首相の報告(要旨)
1961.09.25	九月号	23		党の呼びかけに従い、新しい勝利をめざして前へ!ー「労働新聞」社説
1961.09.25	九月号	28		〈時評〉危機にひんした南朝鮮の軍事ファッショ体制
1961.09.25	九月号	40		〈時評〉「軍事政権」のもとで南朝鮮経済はますます破綻している
1961.09.25	九月号	51		〈資料〉朝・ソ友好協力および相互援助条約
1961.09.25	九月号	52		〈資料〉朝・ソ友好協力および相互援助条約にかんする朝鮮民主主義人民共和国政府の声明
1961.09.25	九月号	53		〈資料〉朝・ソ共同コミュニケ
1961.09.25	九月号	59		〈資料〉朝・中友好協力および相互援助条約
1961.09.25	九月号	61		〈資料〉朝・中共同コミュニケ
1961.09.25	九月号	64		悪〈資料〉法＝「特殊犯罪処罰に関する特別法」「新聞等登録法案」
1961.09.25	九月号	67		〈資料〉南朝鮮日誌(四・一〜八・三一)
1961.10.25	十月号	2		朝鮮労働党第四回大会決定書ー朝鮮労働党中央委員会活動報告についてー
1961.10.25	十月号	23		朝鮮民主主義人民共和国国民経済発展 七ヵ年(1961〜1967)計画統制数字
1961.10.25	十月号	45		〈資料〉朝鮮労働党第四回大会における李孝淳同志の討論
1961.10.25	十月号	59	李ドンハク	〈資料〉アメリカ帝国主義は、南朝鮮人民の第一の闘争目標であり、全朝鮮人民の不倶戴天の敵である
1961.10.25	十月号	64	リュ・ケ・ホワン	〈資料〉地主、隷属資本家、反動官僚はアメリカ帝国主義侵略勢力の手先である
1961.10.25	十月号	68		〈資料〉アメリカ独店資本に隷属しれいる南朝鮮の対外貿易
1961.10.25	十月号	76		〈資料〉南朝鮮日誌(九・一〜九・三〇)
1961.11.25	十一月号	2		ソ連共和党第22回大会における金日成首相の祝賀演説
1961.11.25	十一月号	6		南朝鮮の軍事ファッショ悪党を一掃せよ!ー平譲群衆大会での白南雲副委員長の報告ー
1961.11.25	十一月号	14		外資導入と自立経済建設は両立しえない
1961.11.25	十一月号	20		南朝鮮にたいするアメリカ帝国主義の植民地経済政策
1961.11.25	十一月号	31		〈論評〉アメリカ帝国主義のあやつりのもとに南朝鮮再侵略をたくらむ日本軍国主義者の策動を糾弾する
1961.11.25	十一月号	34		〈論評〉日本軍国主義者と軍事ファッショ一味の犯罪的陰謀を粉砕せよ!
1961.11.25	十一月号	38		〈論評〉南朝鮮への再侵略をたくらむ日本独店財閥の策動
1961.11.25	十一月号	41		〈論評〉ラスクの南朝鮮侵入を糾弾する
1961.11.25	十一月号	43		〈論評〉ラスクは南朝鮮でなにをたくらんで帰ったか!
1961.11.25	十一月号	44		〈論評〉反逆者売国行脚
1961.11.25	十一月号	46		〈論評〉窮地にあえぐ連中の醜悪な騒動

발행일	지면정보		필자	제목
	권호	페이지		
1961.11.25	十一月号	49		〈論評〉ホワイト・ハウスの密偵朴正煕一味をその巣窟のなかで葬らしめよ
1961.11.25	十一月号	51		〈論評〉侵略者どもの恥知らずな「説教」
1961.11.25	十一月号	54		〈論評〉南朝鮮日誌(一〇・一〜三一)
1961.12.25	十二月号	2		ソ連共産党第22回大会に参加した朝鮮労働党代表団の事業について金日成首相の報告
1961.12.25	十二月号	13		第16回国連総会での朝鮮問題最上程と関連する朝鮮民主主義人民共和国外務省声明
1961.12.25	十二月号	15		ファッショ的軍事独裁の崩壊はさけられないー1961年南朝鮮情勢の概観
1961.12.25	十二月号	26		南朝鮮にたいするアメリカ帝国主義の植民地経済政策
1961.12.25	十二月号	40		〈論評〉「軍事政権」の破滅的危機ますます深まる
1961.12.25	十二月号	42		〈論評〉アメリカ帝国主義によってでっちあげられたいわゆる「韓日会談」を粉砕せよ
1961.12.25	十二月号	45		〈論評〉アメリカ帝国主義の「援助」による南朝鮮の財政、金融の隷属と破綻
1961.12.25	十二月号	49		〈論評〉南朝鮮の人民生活を塗炭の苦しみにおいこんだアメリカ帝国主義の略奪的「援助」
1961.12.25	十二月号	52		〈論評〉血ぬられた銃剣下の南朝鮮経済の真相
1961.12.25	十二月号			〈論評〉南朝鮮日誌(十一・一〜三〇)
1962.02.25	二月号			日本軍国主義者の南朝鮮再侵略策動を糾弾するー祖国統一民主主義戦線中央委員会声明ー
1962.02.25	二月号			売国と収奪の「計画」ー軍事ファッショ一味のいわゆる「経済開発五カ年計画」についてー
1962.02.25	二月号			〈資料〉青山里精神と青山里方法の偉大な生活力
1962.02.25	二月号			〈資料〉1961年度国民経済発展計画実行総括ー朝鮮民主主義人民共和国国家計画委員会中央統計局
1962.02.25	二月号			〈資料〉革命的党をもつことによってのみ南朝鮮人民は闘争で勝利しうる
1962.02.25	二月号			〈資料〉現代生物学・医学上に新段階を画した偉大な発見ー金鳳漢博士の「経路の実態に関する研究」
1962.02.25	二月号			〈日誌〉南朝鮮の政治・対外関係・経済(1.1〜31)
1962.02.25	三月号			〈日誌〉日本帝国主義者の南朝鮮再侵略を暴露・粉砕するために断固闘争せよ!-3.1運動43周年平壌市記念大会での金一第一副首相の報告
1962.03.25	三月号			〈日誌〉アメリカ帝国主義の極東にたいする最近の侵略策動
1962.03.25	三月号			〈資料〉アメリカ帝国主義によってでっち上げられた「韓日会談」の犯罪的正体
1962.03.25	三月号			〈資料〉軍事「政権」の反動的「税制改革」の本質
1962.03.25	三月号			〈資料〉軍事「政権」に反対する南朝鮮人民の闘争
1962.03.25	三月号			〈資料〉南朝鮮にたいする日本独店資本の経済的進出にかんする日誌的資料

발행일	지면정보		필자	제목
	권호	페이지		
1962.03.25	三月号			〈日誌〉南朝鮮の政治・軍事・経済・人民闘争・「韓日会談」(2.1〜2.8)
1962.04.25	四月号	2		金日成首相誕生50周年祝賀文ー朝鮮労働党中央委員会、最高人民会議常任委員会、朝鮮民主主義人民協和国内閣の共同名義
1962.04.25	四月号	5		南朝鮮人民におくるアピールー南朝鮮人民の四月蜂起2周年に際して平譲市報告大会
1962.04.25	四月号	9		朴正煕一味の「政治活動浄化法」をめぐる策動
1962.04.25	四月号	16		〈資料〉南朝鮮の革命は、帝国主義に反対する民族解放革命であり、封建主義に反対する民主主義革命であるー「民主朝鮮」論説
1962.04.25	四月号	25		〈資料〉南朝鮮の労働者階級は、民族解放民主主義革命の先頭にたたなければならないー「民主朝鮮」論説
1962.04.25	四月号	42		〈資料〉南朝鮮農民は、民主主義的土地改革と封建的搾取を一掃するために闘争しなければならないー「民主朝鮮」論説
1962.04.25	四月号	67		〈資料〉1961年度南朝鮮情勢概観
1962.04.25	四月号	102		〈資料〉南朝鮮情勢概観(3月)
1962.04.25	四月号	104		〈資料〉悪法ー「政治活動浄化法」
1962.04.25	四月号	108		〈日誌〉南朝鮮の政治・軍事・経済・人民闘争・「韓日会談」
1962.04.25	五月号	2		メーデーにさいして全勤労者におくるアピールー朝鮮労働党中央委員会
1962.05.25	五月号	19		軍事クーデタ以後アメリカ帝国主義者と朴正煕一味が強行した罪悪を暴露し断罪するー朝鮮民主主義人民共和国10社会団体
1962.05.25	五月号	36		終局的崩壊に直面した南朝鮮の軍事独在ー軍事クーデタ後一年の情勢概観ー
1962.05.25	五月号	48		「保税加工貿易」の侵略性
1962.05.25	五月号	51		〈資料〉朝鮮民主主義人民共和国1961年度国家予算執行に対する決算と1962年度国家予算に関する報告ー財務相　韓相斗
1962.05.25	五月号	73		〈資料〉軍事「政権」の1962年度予算の反動的本質
1962.05.25	五月号	85		〈資料〉南朝鮮情勢概観(4月)
1962.05.25	五月号	88		〈資料〉南朝鮮人民の闘争(1962.1〜4)
1962.05.25	五月号	94		〈資料〉ソウル大学校学生の「第三宣言文」
1962.05.25	五月号	96		〈資料〉アメリカ帝国主義の植民地略奪政策による南朝鮮民族資本の破産
1962.05.25	五月号	102		〈資料〉アメリカ帝国主義の朝鮮侵略史ー8.15解放後編(1)
1962.05.25	五月号	113		〈資料〉南朝鮮に対する日本独店資本の経済的再浸出に関する日誌的資料(1962.3〜4)
1962.05.25	五月号	119		〈資料〉金日成同志の著作選集刊行にさいして B・モスコフスキー
1962.05.25	五月号	133		〈統計資料〉1961年度朝鮮民主主義人民共和国国民経済発展
1962.05.25	五月号	125		〈日誌〉政治・軍事・経済・人民闘争・「韓日関係」

발행일	지면정보		필자	제목
	권호	페이지		
1962.06.25	六月号	2		南朝鮮からアメリカ軍を撤退させるための全民族的闘争を展開することについて一朝鮮民主主義人民共和国最高人民会議における崔庸健委員長の報告
1962.06.25	六月号	17		大韓民国国家再建最高会議および南朝鮮の社会・政治活動家と全人民におくる朝鮮民主主義人民共和国最高人民会議の書翰
1962.06.25	六月号	27	趙成勲	〈時評〉五月以降の南朝鮮情勢の概観
1962.06.25	六月号	32	呉在斗	〈時評〉高まる南朝鮮学生の反米教国闘争
1962.06.25	六月号	42	申熙九	〈時評〉南朝鮮における「通貨改革」の収奪的本質
1962.06.25	六月号	52	金熙一	〈紹介〉アメリカ帝国主義の朝鮮侵略史ー8.15解放後編(2)
1962.06.25	六月号	68	ハン・ウンコン	〈紹介〉日本軍国主義の南朝鮮再侵略の企図は粉砕されなければならない
1962.06.25	六月号	74		〈資料〉南朝鮮におけるアメリカ侵略軍の蛮行(1962.1～6.10)
1962.06.25	六月号	82		〈日誌〉政治・軍事・経済・人民闘争・「韓日関係」
1962.07.25	七月号	2		朝鮮にたいするアメリカの侵略行為にかんしてー朝鮮民主主義人民共和国外務省覚え書
1962.07.25	七月号	41	申熙九	〈論評〉南朝鮮をめぐるアメリカ帝国主義の戦争策動
1962.07.25	七月号	53	金鍾鳴	〈論評〉壬辰祖国戦争における朝鮮人民の闘いー外来侵略者に反対する朝鮮人民のかがやかしい愛国的伝統
1962.07.25	七月号	61		〈日誌〉政治・軍事・経済・人民闘争・「韓日関係」
1962.08.25	八月号	2		8.15開放17周年記念祝賀宴で行った金日成首相の祝賀演説
1962.08.25	八月号	5	金炳植	〈時評〉最近の南朝鮮情勢
19620.8.25	八月号	22	金己大	〈時評〉旱害・水害の解決を求める南朝鮮農民
1962.08.25	八月号	28		〈解説〉「外資導入促進法」改悪の意図
1962.08.25	八月号	29	金熙一	〈紹介〉アメリカ帝国主義の朝鮮侵略史ー8.15開放後編(3)
19620.8.25	八月号	43		〈資料〉朝鮮民主主義人民共和国1962年度上半期国民経済発展実行総括ー朝鮮民主主義人民共和国国家計画委員会中央統計局
1962.08.25	八月号	56		〈資料〉■かぎりない同胞愛ー朝鮮民主主義人民共和国、遭難した南朝鮮漁民を救援し帰郷さす
1962.08.25	八月号	58		〈論調〉南朝鮮の新聞論調
19620.8.25	八月号	60		〈南朝鮮短信〉旱害、水害の農村から南朝鮮短信
1962.08.25	八月号	62		〈南朝鮮短信〉病魔におののく農村南朝鮮短信
1962.08.25	八月号	64		〈日誌〉南朝鮮の政治・軍事・経済・人民闘争・「韓日関係」
1962.09.25	九月号			〈特集〉重大段階にはいった「韓日会談」の侵略的策動
1962.09.25	九月号	3	康順益	〈特集〉「韓日会談」早期妥結をたくらむ最近の策動ー前面におどりでたアメリカ帝国主義
1962.09.25	九月号	11	呉在斗	〈特集〉破局に直面した南朝鮮の軍事「政権」ーアメリカ極東侵略政策の破綻ー
1962.09.25	九月号	21	申熙九	〈特集〉日本独店資本の南朝鮮再浸出と「韓日会談」早期妥結の意図ー「獅子の分け前」にむさぼりつく日本独店資本ー
1962.09.25	九月号	35	趙成勲	〈特集〉「韓日会談」に反対する南朝鮮の社会与論ー新聞論調を中心としてー

발행일	지면정보		필자	제목
	권호	페이지		
1962.09.25	九月号	42		〈特集〉「韓日会談」関係日誌・参考資料
1962.09.25	九月号	42		〈特集〉解説他：AID・李完用・「久保田発信」・「沢田発信」・A.ハリマン・裵義煥・伊関佑二郎
1962.09.25	九月号	44		〈資料〉朝鮮民主主義人民共和国創造14周年平譲市慶祝大会で行った崔庸健委員会長の報告
1962.09.25	九月号	49	リ・ヨン	〈資料〉軍事「政権」がでっちあげた悪法の反動性
1962.09.25	九月号	61	金熙一	〈紹介〉アメリカ帝国主義の朝鮮侵略史ー8.15解放後編(4)
1962.09.25	九月号	74		〈南朝鮮短信〉死と苦役の収容所「国土建設団」南朝鮮短信
1962.09.25	九月号	76		〈南朝鮮短信〉順天水害の悲劇南朝鮮短信
1962.09.25	九月号	78		〈日誌〉南朝鮮の政治・軍事・経済・人民闘争・「韓日関係」
1962.10.25	十月号	2		朝鮮民主主義人民共和国政府の当面の課題についてー朝鮮民主主義人民共和国最高人民会議第三期第一回会議で行った金日成首相の演説
1962.10.25	十月号	32		南朝鮮人民におくるアピールー「朝鮮会談」を反対・排撃する平譲市群衆大会
1962.10.25	十月号	35	呉在斗	〈時評〉「韓日会談」の重大局面
1962.10.25	十月号	44	申熙九	南朝鮮における最近の「援助」政策の特徴ー「余剰農産物処理」と「開発借款」を中心に
1962.10.25	十月号	51	河昌玉	「外国人登録法」の不当性
1962.10.25	十月号	59		〈南朝鮮短信〉貧困にあえぐソウル住民南朝鮮短信
1962.10.25	十月号	61	金熙一	〈紹介〉アメリカ帝国主義の朝鮮侵略史ー8.15解放後編(5)
1962.10.25	十月号	70		〈日誌〉南朝鮮の政治・軍事・経済・人民闘争・「韓日関係」
1962.11.25	十一月号	2		〈十一月号〉南朝鮮からアメリカ軍を撤退させ朝鮮の自主的平和統一を実現するためにー朝鮮民主主義人民共和国政府覚え書
1962.11.25	十一月号	24		〈十一月号〉マルクス・レーニン主義の旗をいっそう高くかかげようー11月17日付労働新聞社説
1962.11.25	十一月号	29	康順益	〈時評〉軍事「政権」1963年度「予算」の売国的内容
1962.11.25	十一月号	37	趙成勲	〈時評〉悲惨な南朝鮮人民の生活苦
1962.11.25	十一月号	46		ファッショ的教育政策を糾弾する南朝鮮学生ー「学士考試」反対闘争南朝鮮短信
1962.11.25	十一月号	50	金熙一	〈紹介〉アメリカ帝国主義の朝鮮侵略史ー8.15解放後編(6)
1962.11.25	十一月号	59		〈日誌〉南朝鮮の政治・軍事・経済・人民闘争・「韓日関係」
1962.12.25	十二月号	2		「韓日会談」に関してー朝鮮民主主義人民共和国政府声明
1962.12.25	十二月号	8	金炳植	〈時評〉すぐる一年間の南朝鮮の情勢
1962.12.25	十二月号	26		〈資料〉アメリカ帝国主義と南朝鮮軍事ファッション一味がいわゆる「憲法改正案」をでっちあげて公布し「国民投票」を実施せんと策動していることと関連してー朝鮮民主法律家協会の声明
1962.12.25	十二月号	37		アメリカ帝国主義と軍事「政権」による欺瞞的な「民政移管」策動ー軍事「政権」の「憲法改正案」全文

발행일	지면정보		필자	제목
	권호	페이지		
1962.12.25	十二月号	49		南朝鮮にたいする日本独店資本の経済的再侵略に関する日誌的資料(1962.5～11)
1962.12.25	十二月号	62		1962年度南朝鮮重要日誌
1962.12.25	十二月号	73	金熙一	〈紹介〉アメリカ帝国主義の朝鮮侵略史ー8.15解放後編(完)
1962.12.25	十二月号	79		〈日誌〉南朝鮮の政治・軍事・経済・人民闘争・「韓日関係」
1962.12.25	十二月号	85		総目次(1961～1962)
1963.01.25	一月号	2		金日成首相の新年のあいさつ
1963.01.25	一月号	8		金日成首相より在日本朝鮮人聯合会中央常委員会韓徳鉄議長への祝電
1963.01.25	一月号	9		朝鮮労働党中央委員会第四期第五回総会にかんする報道
1963.01.25	一月号	16		南朝鮮で軍事ファッショ・テロ支配を延長しようとするアメリカ帝国主義と朴正煕一味の策動とかんれんしてー祖国平和統一委員会声明
1963.01.25	一月号	24	呉在陽	〈時評〉ファッショ・テロ独裁の延長をねらういわゆる「民政移管」策動についてー軍事独裁体制の危機の変化ー
1963.01.25	一月号	36		〈資料〉いっそう露骨になった日本軍国主義者の南朝鮮再侵略の意図ー昨年の妄言をめぐってー
1963.01.25	一月号	42		〈資料〉ファッショ・テロ独裁の延長をたくらむ悪法ー「政党法」、「集会および示威に関する法律」
1963.01.25	一月号	50		〈資料〉南朝鮮新聞論調
1963.1.25	一月号	54		〈南朝鮮短信〉死地にむかった「移民団」他南朝鮮短信
1963.01.25	一月号	59		〈日誌〉南朝鮮の政治・軍事・経済・人民闘争・「韓日関係」
1963.02.25	二月号	2		社会主義陣営の統一をまもり国際共産主義運動の団結を強めようー朝鮮労働党機関紙「労働新聞」社説
1963.02.25	二月号	9		朝鮮人民軍創建15周年に際して人民軍金将兵におくる祝賀文ー朝鮮運動党中央委員会、朝鮮民主主義人民共和国最高人民会議常任委員会、朝鮮民主主義人民共和国内閣
1963.02.25	二月号	12		朝鮮人民軍創建15周年平譲市群衆大会でおこなた朝鮮人民軍総参謀長崔光大将の報告
1963.02.25	二月号	25	呉在斗	〈時評〉崩壊に直面した南朝鮮の軍事ファッション体制ーアメリカ帝国主義のあらたな策動について
1963.02.25	二月号	35	申熙九	〈時評〉最近の南朝鮮における物価騰貴ー「50年来の凶作」と「輸出実績リンク制」を中心にー
1963.02.25	二月号	45		〈資料〉朝鮮民主主義人民共和国1962年度国民経済発展計画実行総括ー朝鮮民主主義人民共和国国家計画委員会中央統計局
1963.02.25	二月号	57		〈資料〉悪法ー「大統領選挙法」
1963.02.25	二月号	59		〈南朝鮮短信〉頻発する海上事故、その他南朝鮮短信
1963.02.25	二月号	63		〈日誌〉南朝鮮の政治・軍事・経済・人民闘争・「韓日関係」
1963.03.25	三月号	2		3.1運動44周年平譲市記念大会でおこなた朝鮮労働党中央委員会副委員長李孝淳同志の報告
1963.03.25	三月号	14	康順益	〈時評〉「韓日会談」の「早期妥結」をあせるアメリカ帝国主義の策動

발행일	지면정보		필자	제목
	권호	페이지		
1963.03.25	三月号	25		〈時の焦点〉軍政延長の破廉恥な策動
1963.03.25	三月号	29		〈時の焦点〉たかまるアメリカ帝国主義の「援助」政策批判
1963.03.25	三月号	30		〈時の焦点〉軍事「政権」の「四大汚職」
1963.03.25	三月号	33		〈南朝鮮短信〉御用労組指導部の派閥争い、「味土産業」労働者の闘争南朝鮮短信
1963.03.25	三月号	37	林万, 朴永磯	〈紹介〉日本帝国主義の朝鮮侵略の罪悪相(1)
1963.03.25	三月号	50		〈日誌〉南朝鮮の政治・軍事・経済・人民闘争・「韓日関係」
1963.04.25	四月号	2		活路は民族の自主統一にあるー「労働新聞」社説
1963.04.25	四月号	10		自立的民族経済の建設は祖国の統一と独立と繁栄への道である一「労働新聞」社説
1963.04.25	四月号	21		南朝鮮人民におくるアピールー南朝鮮人民の四月蜂起三周年平譲市群衆大会
1963.04.25	四月号	26	趙成勲	〈時評〉最近の南朝鮮人民の闘争
1963.04.25	四月号	39		〈南朝鮮短信〉耐えがたい農村の春窮、激化する農地闘争、数十年来の不漁南朝鮮短信
1963.04.25	四月号	43		〈資料〉「ソウル大学校学生第四宣言文」
1963.04.25	四月号	44		〈南朝鮮新聞論調〉「朝野は外勢の干渉を誘発した責任を痛感せよ」、「援助なしにくらせるようにせよ」、「5・16軍事クーデターは4.19の延長であるか」、他南朝鮮新聞論調
1963.04.25	四月号	51		〈南朝鮮新聞論調〉「韓国経済と米国援助の役割」、他南朝鮮雑誌論調
1963.04.25	四月号	52	林万, 朴永磯	〈紹介〉日本帝国主義の朝鮮侵略の罪悪相(2)
1963.04.25	四月号	63		〈日誌〉南朝鮮の政治・軍事・経済・人民闘争・「韓日関係」
1963.05.25	五月号	2		祖国への往来の自由のための在日朝鮮公民の要求は実現されなければならないー「労働新聞」社説
1963.05.25	五月号	6	申熙九	〈時評〉南朝鮮における「外資導入」策動の収奪的本質ー「外貨危機収拾、経済再建」の欺瞞性
1963.05.25	五月号	17	金己大	〈時評〉南朝鮮における春窮・絶糧農民問題の解決策
1963.05.25	五月号	25		〈南朝鮮短信〉迫害される南朝鮮の児童南朝鮮短信
1963.05.25	五月号	28		〈資料〉「絶糧にあえぐ南朝鮮の農村」
1963.05.25	五月号	30		〈南朝鮮新聞論調〉「韓日会談において政府は独走してはならない」南朝鮮新聞論調
1963.05.25	五月号	30		〈南朝鮮新聞論調〉「学園査察とは言語道断だ」南朝鮮新聞論調
1963.05.25	五月号	30		〈南朝鮮新聞論調〉「学生たちの直言に耳を傾けよ」南朝鮮新聞論調
1963.05.25	五月号	34	林翊	〈紹介〉「政党法」の反人民的・ファッショ的本質
1963.05.25	五月号	43		〈日誌〉南朝鮮の政治・軍事・経済・人民闘争・「韓日関係」
1963.06.25	六月号	2		マルクス・レーニン主義の裏切り者の正体ー「労働新聞」論説
1963.06.25	六月号	7	呉在斗	〈時評〉軍事ファッショ独裁延長の策動ー朴正熙の「大統領出馬」問題をめぐってー

발행일	지면정보		필자	제목
	권호	페이지		
1963.06.25	六月号	15		〈南朝鮮短信〉軍政二年の罪悪相南朝鮮短信
1963.06.25	六月号	19	韓相斗	〈資料〉朝鮮民主主義人民共和国1962年度国家予算執行にたいする決算と1963年度国家予算に関する報告ー財務相
1963.06.25	六月号	40		〈資料〉南朝鮮にたいする日本独店資本の経済的再侵略に関する日誌的資料(1962.12～1963.5)
1963.06.25	六月号	50		〈南朝鮮新聞雑誌論調〉「どうしてこうなったのか」南朝鮮新聞雑誌論調
1963.06.25	六月号	50		〈南朝鮮新聞雑誌論調〉「世界最高の結核罹病・死亡率」南朝鮮新聞雑誌論調
1963.06.25	六月号	50		〈南朝鮮新聞雑誌論調〉「軍隊的なあまりにも軍隊的な」南朝鮮新聞雑誌論調
1963.06.25	六月号	50		〈南朝鮮新聞雑誌論調〉「日本の対韓国間を批判する」、他南朝鮮新聞雑誌論調
1963.06.25	六月号	60	李鍾奭	〈紹介〉南朝鮮漁業における植民地的・全資本主義搾取とその結果
1963.06.25	六月号	65		〈日誌〉南朝鮮の政治・軍事・経済・人民闘争・「韓日関係」
1963.07.25	七月号	2		南半部の絶糧民と風水害罹災民を救済することに関してー朝鮮民主主義人民共和国内閣決定第四〇号
1963.07.25	七月号	3		崔庸健委員長と劉少奇主席の共同声明
1963.07.25	七月号	11		自力更生と自立的民族経済の建設ー「労働新聞」論説
1963.07.25	七月号	18		せつせつたる同胞愛にみちた救援の手はただちにとどかねばならないー「労働」
1963.07.25	七月号	21		南朝鮮の絶糧民と風水害罹災民を救済することにたいする共和国内閣の決定を支持歓迎する在日本朝鮮人総聯合会中央常任委員会の声明
1963.07.25	七月号	23	河昌玉	〈時評〉祖国への往来は在日朝鮮公民の正当な権利である
1963.7.25	七月号	29	趙成勲	〈時評〉「韓日会談」と日本独店資本の再侵略策動
1963.07.25	七月号	37		〈南朝鮮短信〉激化する労働者の闘争、成均館大学生の闘争、言語に絶する食糧危機、他南朝鮮短信
1963.07.25	七月号	42		〈南朝鮮新聞雑誌論調〉「米価問題に一言」南朝鮮新聞雑誌論調
1963.07.25	七月号	45		〈南朝鮮新聞雑誌論調〉「ひん発する労働争議は民生苦の深刻さを物語る」南朝鮮新聞雑誌論調
1963.07.25	七月号	47		〈南朝鮮新聞雑誌論調〉「韓日会談に対処するわれわれの基本的態度」南朝鮮新聞雑誌論調
1963.07.25	七月号	51	バク・ヨンデ	〈紹介〉南朝鮮中小企業の全面的な破綻
1963.07.25	七月号	62		〈日誌〉南朝鮮の政治・軍事・経済・人民闘争・「韓日関係」
1963.08.25	八月号	2		朝鮮民主主義人民共和国最高人民会議、共和国内閣、祖国統一民主主義戦線中央委員会連席会議でおこなった崔庸健委員長の中華人民共和国親善訪問結果についての報告
1963.08.25	八月号	14		在日朝鮮公民の祖国への往来問題に関してー朝鮮民主主義人民共和国政府声明

발행일	지면정보		필자	제목
	권호	페이지		
1963.08.25	八月号	17		在日朝鮮公民への暴行事件に関して—朝鮮民主主義人民共和国外務省声明
1963.08.25	八月号	20	康順益	〈時評〉「韓日会談」「年内妥結」の露骨な策動
1963.08.25	八月号		編集部	南朝鮮の食糧危機
1963.08.25	八月号	30		〈特集〉I 現状 1 各地方の絶糧民の惨状
1963.08.25	八月号	39		〈特集〉I 現状 2 破滅した今年の麦作
1963.08.25	八月号	42		〈特集〉I 現状 3 南朝鮮人民の怒りの声
1963.08.25	八月号	48		〈特集〉II 解説 4 軍事「政権」の欺瞞的「食糧危機対策」
1963.08.25	八月号	52		〈特集〉II 解説 5 食糧危機の根源と解決の道
1963.08.25	八月号	58	康行祐	〈時評〉南朝鮮における物騰貴の特徴
1963.08.25	八月号	66		〈資料〉アメリカ側の朝鮮停戦協定違反行為について朝鮮民主主義人民共和国外務省覚え書
1963.08.25	八月号	80		〈資料〉新聞報道にみる南朝鮮人民の世論
1963.08.25	八月号	94		〈南朝鮮短信〉南朝鮮の一教師の飲毒・講義南朝鮮短信
1963.08.25	八月号	96		〈日誌〉南朝鮮の政治・軍事・経済・人民闘争・「韓日関係」
1963.09.25	九月号	2		朝鮮民主主義人民共和国創建15周年にさいして全朝鮮人民におくるアピール—朝鮮労働党中央委員会
1963.09.25	九月号	21		ユーゴスラビア修正主義者は帝国主義に仕えている—「労働新聞」編集局論説
1963.09.25	九月号	32		アメリカ帝国主義の核戦争挑発策動に反対し核兵器撤廃のためにたたかおう—「労働新聞」社説
1963.09.25	九月号	37		在日朝鮮公民の祖国への自由往来実現のための闘争を支持する—平譲市群衆大会における朝鮮労働党中央委員会李孝副委員長の演説
1963.09.25	九月号	42	呉在斗	〈時評〉「民政移管」の欺瞞性—官製「選挙」でってあげの策動—
1963.09.25	九月号	47	朴進山	〈論評〉南朝鮮銀行体系の隷属化と買弁性
1963.09.25	九月号	61		〈資料〉朝鮮民主主義人民共和国1963年度上半期国民経済発展計画実行総括—朝鮮民主主義人民共和国国家計画委員会中央統計局
1963.09.25	九月号	70		南朝鮮にたいするアメリカ帝国主義者の侵略的で略奪的な「援助」の本質を暴露糾弾する—共和国経済学者の糾弾文
1963.09.25	九月号	87		〈ルポ〉裏街に生きる人々の生計
1963.09.25	九月号	91		〈南朝鮮新聞雑誌論調〉屈辱の歴史をくりかえすな、その他南朝鮮新聞雑誌論調
1963.09.25	九月号	94		〈日誌〉南朝鮮の政治・軍事・経済・人民闘争・「韓日関係」
1963.10.25	十月号	2		朝鮮民主主義人民共和国創建15周年平譲市慶祝大会でおこなった最高人民会議常任委員会崔庸健委員長の報告
1963.10.25	十月号	16		南北の合作のみが南朝鮮の現難局を打開する道—「労働新聞」社説
1963.10.25	十月号	20		朝中両国人民は不敗のきずなで結ばれた戦友である—「労働新聞」社説

발행일	지면정보		필자	제목
	권호	페이지		
1963.10.25	十月号	24	申熙九	〈時評〉「外勢依存」と経済危機ー最近の対南朝鮮「援助」政策を中心に
1963.10.25	十月号	34		〈資料〉学術文化交流促進に関する共同声明〈現地ルポ〉ー「東亜日報」
1963.10.25	十月号	48		〈南朝鮮新聞雑誌論調〉「公明選挙は公約六項の履行にはじまる」南朝鮮新聞雑誌論調
1963.10.25	十月号	49		〈南朝鮮新聞雑誌論調〉「隷属の道」南朝鮮新聞雑誌論調
1963.10.25	十月号	51		〈南朝鮮新聞雑誌論調〉「南北合作を実現させよ」南朝鮮新聞雑誌論調
1963.10.25	十月号	54		〈南朝鮮短信〉「政治家殿」南朝鮮短信
1963.10.25	十月号	56		〈日誌〉南朝鮮の政治・軍事・経済・人民闘争・「韓日関係」
1963.11.25	十一月号	2		社会主義陣営を擁護しようー「労働新聞」社説
1963.11.25	十一月号	27		部分的核実験禁止条約はアメリカ帝国主義の侵略的策動に服務しているー「労働新聞」社説
1963.11.25	十一月号	31		百戦百勝の栄えあるわが党の旗のもとにー「労働新聞」社説
1963.11.25	十一月号	37		自主・自立は更生の道ー「労働新聞」論説
1963.11.25	十一月号	50		朝鮮民主主義人民共和国国籍法を採択することについてー最高人民会議常任委員会政令
1963.11.25	十一月号	52	金己大	〈時評〉自主・自立と南朝鮮農業ー農産物低価格をめぐって
1963.11.25	十一月号	59		〈資料〉朝鮮対外文化連絡教会と朝鮮訪問日本社会党使節団の共同声明
1963.11.25	十一月号	62		〈資料〉朝鮮対外文化連絡教会と朝鮮訪問日朝協会代表団の共同声明
1963.11.25	十一月号	65		〈資料〉『世界史』(ソ連科学アカデミー編)の朝鮮関係叙述の重大な誤りについて 歴史学博士・教授金錫亨、金熙一、孫永鍾
1963.11.25	十一月号	86	ユン・ヨンホ	〈紹介〉南朝鮮労働者階級の貧困化
1963.11.25	十一月号	91		「旧悪と新悪はすべて退け」南朝鮮雑誌論調
1963.11.25	十一月号	92		「アメリカは何を援助したのか」南朝鮮雑誌論調
1963.11.25	十一月号	97		〈日誌〉南朝鮮の政治・軍事・経済・人民闘争・「韓日関係」
1963.12.25	十二月号	2		南朝鮮人民と政界人士ならびに社会活動家におくるアピールー朝鮮民主主義人民共和国最高人民会議常任委員会祖国統一民主主義戦線中央委員会、祖国平和統一委員会共同連席会議
1963.12.25	十二月号	8		〈弾劾文〉アメリカ侵略軍が南朝鮮の無辜な住民を標的がわりに原子兵器試射を強行したこととかんれんしてー祖国統一民主主義戦線中央委員会、祖国平和統一委員会
1963.12.25	十二月号	11		南北合作は南朝鮮経済復旧の担保ー「労働新聞」論説
1963.12.25	十二月号	23		モスクワ宣言と声明の革命的旗じるしをさらにたかくかかげようー「労働新聞」社説
1963.12.25	十二月号	30		共産主義教育と階級教育ー「勤労者」論説
1963.12.25	十二月号	41		朝鮮統一問題解決の道ー朝鮮民主主義人民共和国政府覚え書
1963.12.25	十二月号	48	裵秉斗	〈時評〉南朝鮮人民の「自主・自立」の声と「選挙」の欺瞞性

발행일	지면정보		필자	제목
	권호	페이지		
1963.12.25	十二月号	63	金在殷	〈紹介〉国民所得からみた南朝鮮経済の破綻と人民生活の零落
1963.12.25	十二月号	73		「自立経済の建設」南朝鮮新聞雑誌論調
1963.12.25	十二月号	73		「韓日会談について」
1963.12.25	十二月号	74		「公務員の選挙運動」
1963.12.25	十二月号	81		〈短信〉かいらい「国軍」内に下剋上ひろがる、アメリカ軍原子砲弾で多数の南朝鮮人民を殺傷、其の他
1963.12.25	十二月号	83		〈日誌〉南朝鮮の政治・軍事・経済・人民闘争・「韓日関係」
1963.12.25	十二月号	90		〈総目次〉月刊朝鮮資料1963年度
1964.01.25	一月号			金日成首相の全朝鮮人民におくる新年のあいさつ
1964.01.25	一月号			金日成首相より在日朝鮮人総聯合会中央常任委員会韓徳銖議長への祝電
1964.01.25	一月号			国連第18回総会でまたも「朝鮮問題」にかんする不法な「決定」が採択されたことと関連して―「朝鮮民主主義人民共和国外務省スポークスマン声明」
1964.01.25	一月号			親米・親日手先の売国・民族裏切りの政綱―「労働新聞」社説
1964.01.25	一月号		裵秉斗	〈時評〉高まる南朝鮮人民の反米救国闘争
1964.01.25	一月号		趙成勲	「韓日会談」をめぐる最近の情勢
1964.01.25	一月号			〈時潮〉朴正熙「政権」の孤立と内紛、朴「政権」の反人民的な「1964年度予算」他
1964.01.25	一月号		キム・スヨン	〈紹介〉「金日成選集」第2版第1巻1巻について南朝鮮「国営企業」の本質
1964.01.25	一月号			〈南朝鮮論調〉「大野妄言を怒る」南朝鮮論調
1964.01.25	一月号			「選挙は民意によったか」
1964.01.25	一月号			〈日誌〉南朝鮮の政治・軍事・経済・人民闘争・「韓日関係」
1964.02.25	二月号	2		民族解放の革命的旗じるしを高くかかげよう―「労働新聞」論説
1964.02.25	二月号	29		書信交流から始めて南北間の障壁を取除こう―「労働新聞」社説
1964.02.25	二月号	34		日本帝国主義の南朝鮮侵略策動を粉砕しその道案内の役をつとめている親日手先を打倒せよ―「労働新聞」社説
1964.02.25	二月号	40		〈特集〉侵略的「韓日会談」の策動と南朝鮮人民の反対闘争
1964.02.25	二月号	40		〈序〉「韓日会談」早期妥結をめぐるアメリカ帝国主義の策動―「第6次韓日会談」の経過―
1964.02.25	二月号	48		アメリカ帝国主義の極東政策・NEATOと「韓日会談」―いわゆる「肩代り」の実体―
1964.02.25	二月号	58		日本国軍主義者の南朝鮮再侵略策動―「経済協力」ちう名の軍事協力
1964.02.25	二月号	72		破局的危機にひんした朴正熙ファッショ「政権」
1964.02.25	二月号	84		祖国の平和的統一を求め「韓日会談」に反対する南朝鮮人民の闘争
1964.02.25	二月号	92		「韓日会談」に反対する南朝鮮の社会世論

발행일	지면정보		필자	제목
	권호	페이지		
1964.02.25	二月号	103		「韓日会談」主要日誌(1951.10～1964.1)
1964.02.25	二月号	106		〈日誌〉南朝鮮の政治・軍事・経済・人民闘争・「韓日関係」
1964.03.25	三月号	2		わが国の社会主義農村問題にかんするテーゼ朝鮮労働党中央委員長金日成
1964.03.25	三月号	27	文性守	〈時評〉祖国への往来の自由は人道と人権の問題である
1964.03.25	三月号	35	河昌玉	〈論評〉「韓日会談」の「法的地位」論議の不当性ー米「韓」日反動支配層は安保体制強化の一環として在日朝鮮公民の生活権と人権をさらにふみじろうとしている
1964.03.25	三月号	45	権寧旭	〈論評〉朝鮮併呑(1910年)前における日本帝国主義の経済的侵略ー特に土地収奪の側面からー
1964.03.25	三月号	55	朴進山	〈論評〉収奪と隷属をつよめる南朝鮮予算の特徴ー1964年度を中心としてー
1964.03.25	三月号	70		〈時潮〉ナンセンスな「国会」劇
1964.03.25	三月号	71		〈時潮〉三粉疑獄事件
1964.03.25	三月号	73		〈時潮〉「選挙」後は「殺農政策」
1964.03.25	三月号	74		〈時潮〉大学教授の賃上げ要求
1964.03.25	三月号	75		〈時潮〉耐乏以前
1964.03.25	三月号	77		〈時潮〉「日本色」の再侵入
1964.03.25	三月号	78		〈時潮〉アメリカ帝国主義者の蛮行を糾弾する
1964.03.25	三月号	78		〈時潮〉(1)蛮行問題の本質
1964.03.25	三月号	79		〈時潮〉(2)米兵の蛮行(1月末～2月末)
1964.03.25	三月号	78		〈時潮〉(3)南朝鮮人民の怒りの声
1964.03.25	三月号	84		〈資料〉かがやかしい勝利の総括ー1963年国民経済発展計画実行総括にかんする朝鮮民主主義人民共和国国家計画委員会中央統計局の報道
1964.03.25	三月号	95		〈現地ルポ〉南朝鮮の農魚村
1964.03.25	三月号	101		〈現地ルポ〉荒廃した農魚村
1964.03.25	三月号	10		〈現地ルポ〉1月にはや絶糧農家続出
1964.03.25	三月号	103		〈南朝鮮論調〉(1)「韓日会談」反対南朝鮮論調
1964.03.25	三月号	106		〈南朝鮮論調〉(2)南北交流・統一の要求南朝鮮論調
1964.03.25	三月号	109		〈南朝鮮論調〉(3)「耐乏生活」反対、「国会」不信南朝鮮論調
1964.03.25	三月号	115		〈日誌〉南朝鮮の政治・軍事・経済・人民闘争・「韓日関係」
1964.04.25	四月号	2		南朝鮮人民と諸政党、社会団体人士および南朝鮮国会議員に送る朝鮮民主主義人民共和国最高人民会議アピール
1964.04.25	四月号	6		「韓日会談」を粉砕し、祖国の平和的統一を促進することについてー朝鮮民主主義人民共和国最高人民会議第3期第3回会議で行った朴成哲外務相の報告
1964.04.25	四月号	17		協同農場の経済的土台を強め農民の生活を向上させることについてー朝鮮民主主義人民共和国最高人民会議3期第3回会議で行った金一第一副首相の報告

발행일	지면정보		필자	제목
	권호	페이지		
1964.04.25	四月号	39		協同農場の経済的土台を強め農民の生活を向上させることについて－朝鮮民主主義人民共和国最高人民会議法令
1964.04.25	四月号	43		〈解説〉同胞愛にみちた救援の手
1964.04.25	四月号	43	編集部	〈特集〉新しい局面に入った南朝鮮人民の反米救国闘争－「韓日会談」反対の愛国闘争－
1964.04.25	四月号	47		〈特集〉Ⅰ 背景…南朝鮮人民の反米救国闘争
1964.04.25	四月号	51		〈特集〉Ⅱ 内容…愛国闘争の特徴と志向、支配層の欺瞞策動、結語
1964.04.25	四月号	65		〈特集〉Ⅲ 資料…闘争宣言文、社会世論、闘争日誌
1964.04.25	四月号	79		〈時潮〉"反共のために国は売れない"
1964.04.25	四月号	80		〈時潮〉米保有量と民生苦
1964.04.25	四月号	81		〈時潮〉南朝鮮学生の愛国闘争
1964.04.25	四月号	83		〈時潮〉無責任に豹変する「教育行政」
1964.04.25	四月号	85		〈時潮〉粉砕された「早期妥結」の陰謀
1964.04.25	四月号	86		〈現地ルポ〉信じられない現実
1964.04.25	四月号	87		〈現地ルポ〉ここかが狂っている
1964.04.25	四月号	88		〈現地ルポ〉残忍な年中行事－春窮
1964.04.25	四月号	91		〈南朝鮮論調〉「韓日会談」反対南朝鮮論調
1964.04.25	四月号	100		〈南朝鮮論調〉現状への憤まん・批判南朝鮮論調
1964.04.25	四月号	104		〈日誌〉南朝鮮の政治・軍事・経済・人民闘争・「韓日関係」
1964.05.25	五月号	2		〈巻頭言〉在日本朝鮮人総聯合会第7次全体大会にさいして
1964.05.25	五月号	4		南朝鮮の青年学生と人民は反帝救国闘争の淡をいっそう高めよー「労働新聞」社説
1964.05.25	五月号	8		国際共産主義運動を分裂させようとする策動を阻止しよう－「労働新聞」社説
1964.05.25	五月号	18	編集部	〈特集〉Ⅰ 崩壊にひんしたアメリカ帝国主義の南朝鮮植民地体制－最近の情勢を中心に－
1964.05.25	五月号	18		〈特集〉(1)「レート引き上げ」の背景とその収奪性
1964.05.25	五月号	25		〈特集〉(2)深まっていく経済危機－企業閉鎖・物価騰貴・民生苦－
1964.05.25	五月号	30		〈特集〉(3)命運つきた朴正熙「政権」－南朝鮮学生・人民闘争の新しい高揚－
1964.05.25	五月号	37		〈特集〉Ⅱ 執拗に続けられる「韓日会談」早期妥結の策動
1964.05.25	五月号	45	高秉雲	〈論評〉南朝鮮における農業生産の破綻－経済地理的な面から－
1964.05.25	五月号	54		〈時潮〉混乱と狼の中で
1964.05.25	五月号	55		〈時潮〉「国公有地払下げ」汚職事件ひん発
1964.05.25	五月号	56		〈時潮〉南朝鮮学生の闘争目標
1964.05.25	五月号	57		〈時潮〉断腸の直訴
1964.05.25	五月号	59		〈時潮〉「対日財産請求権」の欺瞞

발행일	지면정보		필자	제목
	권호	페이지		
1964.05.25	五月号	60		〈資料〉朝鮮労働党の農村政策の偉大な勝利ー「労働新聞」論説
1964.05.25	五月号	73		〈資料〉朝鮮に対する日本帝国主義の犯罪行為についてー朝鮮民主法律家声明
1964.05.25	五月号	91		〈紹介〉わが国における自立的民族経済の建設(1)ー科学院経済・法学研究所編
1964.05.25	五月号	103		〈南朝鮮論調〉(1)「韓日会談」反対南朝鮮論調
1964.05.25	五月号	110		〈南朝鮮論調〉(2)学生の愛国闘争を支援南朝鮮論調
1964.05.25	五月号	114		〈南朝鮮論調〉(3)祖国の統一を願う南朝鮮論調
1964.05.25	五月号	114		〈南朝鮮論調〉(4)不正事件を糾弾南朝鮮論調
1964.05.25	五月号	118		〈日誌〉南朝鮮の政治・軍事・経済・人民闘争・「韓日関係」
1964.06.25	六月号	2		社会主義労働青年同盟の課題についてー朝鮮民主青年同盟第5回大会で行なった金日成首相の演説
1964.06.25	六月号	20		三千万人民は南朝鮮青年学生の愛国闘争を支持声援しようー「労働新聞」社説
1964.06.25	六月号	24	編集部	〈特集〉決定的段階にはいった南朝鮮人民の反米救国闘争ー朴「政権」打倒の愛国闘争ー
1964.06.25	六月号	24	編集部	〈特集〉Ⅰ　燃えあがる愛国闘争
1964.06.25	六月号	25		〈特集〉(1)愛国闘争の背景
1964.06.25	六月号	29		〈特集〉(2)愛国闘争の内容と特徴
1964.06.25	六月号	38		〈特集〉(3)アメリカ帝国主義と朴正熙一味の弾圧策動
1964.06.25	六月号	43		〈特集〉(4)結語
1964.06.25	六月号	46		〈特集〉Ⅱ　資料
1964.06.25	六月号	46		〈特集〉(5)南朝鮮学生の叫びー闘争宣言・決議文
1964.06.25	六月号	49		〈特集〉(6)朴「政権」を批判し愛国闘争を支援する世論
1964.06.25	六月号	57		〈特集〉(7)愛国闘争の経過(1964.4.1〜6.5)
1964.06.25	六月号	67		〈時潮〉手づなをひきしめた主人
1964.06.25	六月号	68		〈時潮〉レート引き上げと経済危機
1964.06.25	六月号	69		〈時潮〉スパイ・テロ組織と闘う学生
1964.06.25	六月号	70		〈時潮〉最後のあがきー「正常化」以前の「韓日経済協力」
1964.06.25	六月号	71		〈紹介〉「金日成選集」第2版第2巻についてわが国における自立的民族経済の建設(2)ー科学院経済・法学研究所編
1964.06.25	六月号	86		〈現地ルポ〉ー飢餓の南朝鮮からー
1964.06.25	六月号	86		〈現地ルポ〉五月の山河を行く
1964.06.25	六月号	86		〈現地ルポ〉死線をさまよう絶糧の群像
1964.06.25	六月号	95		〈南朝鮮論調〉"韓日会談にたいするアメリカの裏面交渉"南朝鮮論調
1964.06.25	六月号	100		〈日誌〉南朝鮮の政治・軍事・経済・人民闘争・「韓日関係」

발행일	지면정보		필자	제목
	권호	페이지		
1964.07.25	七月号	2		南朝鮮の愛国的学生・青年に対するアメリカ帝国主義と朴正熙一味のファッショ的暴圧に反対する共和国北半部各大学学生代表の共同声明
1964.07.25	七月号	7		自力更生と自立的民族経済建設についてーアジア経済討論会における朝鮮民主主義人民共和国代表団　南春和団長の報告
1964.07.25	七月号	22		アジア経済討論会平讓宣言ー自力更生して自立的民族経済を建設することについて
1964.07.25	七月号	25	趙成勲	〈時評〉「韓日経済協力」という名の再侵略策動
1964.07.25	七月号	31		〈時潮〉ワシントン・ソウルの間
1964.07.25	七月号	32		〈時潮〉「蔚山精油工場」竣工の正体
1964.07.25	七月号	33		〈時潮〉"戒厳令は無能と失政の証明"
1964.07.25	七月号	34		〈時潮〉無責任きわまる「義務教育5年制案」
1964.07.25	七月号	35		〈時潮〉さらけだされた無能無策
1964.07.25	七月号	36		〈時潮〉卑劣な「非公式会談」策動
1964.07.25	七月号	37		〈資料〉全世界の人民に告ぐー南朝鮮でのアメリカ軍の蛮行についてー朝鮮民主法律家協会、他11団体
1964.07.25	七月号	56		〈紹介〉わが国における自立的民族経済の建設(3)ー科学院経済・法学研究所
1964.07.25	七月号	64		〈南朝鮮論調〉(1)南朝鮮青年学生の闘争支援、ファッショ弾圧反対海外論調、他南朝鮮論調
1964.07.25	七月号	68		〈南朝鮮論調〉(2)「韓日会談」反対南朝鮮論調
1964.07.25	七月号	77		〈南朝鮮論調〉(3)民生苦を解決せよ南朝鮮論調
1964.07.25	七月号	81		〈日誌〉南朝鮮の政治・軍事・経済・人民闘争・「韓日関係」
1964.08.25	八月号	2		アメリカ帝国主義のベトナム民主共和国にたいする挑発的な武力侵攻と関連してー朝鮮民主主義人民共和国政府声明
1964.08.25	八月号	4		在日朝鮮人公民への殺傷暴行事件と朝鮮総聯諸機関への不法な襲撃、破壊陰謀の激化と関連してー朝鮮民主主義人民共和国外務省声明
1964.08.25	八月号	7	編集部	〈特集〉祖国の自主的平和統一への道ー8.15解放後19年の現実とその展望ー
1964.08.25	八月号	7		〈特集〉Ⅰ(1)アメリカ帝国主義の南朝鮮支配体制
1964.08.25	八月号	24		〈特集〉(2)アメリカ帝国主義の植民地略奪政策と南朝鮮経済の破綻
1964.08.25	八月号	38		〈特集〉(3)南朝鮮教育の惨状と腐敗混乱した社会相
1964.08.25	八月号	45		〈特集〉Ⅱ　共和国北半部における輝かしい社会主義建設の勝利
1964.08.25	八月号	56		〈特集〉Ⅲ　祖国の自主的平和統一をめざす朝鮮人民の闘争
1964.08.25	八月号	65		〈時潮〉「特別教書」と「墓穴」
1964.08.25	八月号	66		〈時潮〉「中小企業稼動率振興政策」
1964.08.25	八月号	67		〈時潮〉労働者の闘争高まる
1964.08.25	八月号	69		〈時潮〉池田新内閣と「韓日会談」
1964.08.25	八月号	70		〈紹介〉わが国における自立的民族経済の建設(4)

발행일	지면정보		필자	제목
	권호	페이지		
1964.08.25	八月号	85		〈南朝鮮論調〉"政治の貧困と都市零細民"南朝鮮論調
1964.08.25	八月号	86		〈南朝鮮論調〉"民族の志向を反映していない"南朝鮮論調
1964.08.25	八月号	87		〈南朝鮮論調〉"教育公納金の大巾引上げ策と国家百年の大計"南朝鮮論調
1964.08.25	八月号	88		〈南朝鮮論調〉"日本でみる韓日会談反対運動"南朝鮮論調
1964.08.25	八月号	90		〈日誌〉南朝鮮の政治・軍事・経済・人民闘争・「韓日関係」
1964.09.25	九月号	2		分裂をもたらす各国党会議は阻止せねばらなぬー「労働新聞」社説
1964.09.25	九月号	8		南朝鮮の青年学生と愛国者弾圧のためのアメリカ帝国主義と朴正熙一味の最後のあがきー「祖国統一」社説
1964.09.25	九月号	12	編集部	〈時評〉極東におけるアメリカ帝国主義の犯罪的策動ー南朝鮮・ベトナム・日本ー
1964.09.25	九月号	12		〈時評〉(1)ベトナムでのアメリカの戦争挑発策動とNEATOの既成実化
1964.09.25	九月号	26		〈時評〉(2)南朝鮮におけるファッショ弾圧策動
1964.09.25	九月号	34		〈時評〉朴正熙一味の内部抗争
1964.09.25	九月号	34		〈時評〉ますます増える軍事費負担
1964.09.25	九月号	34		〈時評〉「学則」改悪反対の声
1964.09.25	九月号	34		〈時評〉陰険な「対韓緊急援助」策動
1964.09.25	九月号	38		〈紹介〉わが国における自立的民族経済の建設(5)ー科学院経済・法学研究所
1964.09.25	九月号	47		〈資料〉革新につぐ革新、前進につぐ前進によって達成された輝かしい成果1964年上半期国民経済発展総括にかんする国家計画委員会中央統計局の報道
1964.09.25	九月号	57		〈資料〉悪法に反対する南朝鮮言論人大会宣言文・決議文/悪法「言論倫理委員会法」
1964.09.25	九月号	62		〈南朝鮮論調〉"自主・自立の新転機をきり開こう"南朝鮮論調
1964.09.25	九月号	62		〈南朝鮮論調〉"明日の暗黒を防ぐための言論人の自由闘争"南朝鮮論調
1964.09.25	九月号	63		〈南朝鮮論調〉"学園を統制することはできない"南朝鮮論調
1964.09.25	九月号	67		〈日誌〉南朝鮮の政治・軍事・経済・人民闘争・「韓日関係」
1964.10.25	十月号	2		朝鮮民主主義人民共和国創建16周年を慶祝する新義州群衆大会で行った最高人民会議常任委員会　崔庸健委員長の演説
1964.10.25	十月号	6		国際共産主義運動の革命的伝統を固守しようー第1インタナショナル創立100周年にさいしてー『労働新聞』社説
1964.10.25	十月号	14		なぜ平譲経済討論会の成果を中傷しようとするのかー第2回アジア経済討論会に対する『プラウダ』の誹謗を論ばくするー『労働新聞』論説
1964.10.25	十月号	24	金己大	〈時評〉南朝鮮におけるアメリカ帝国主義の《対応策》
1964.10.25	十月号	30		〈時潮〉「人民革命党事件」の正体
1964.10.25	十月号	31		〈時潮〉「税制改革案」のねらい

발행일	지면정보		필자	제목
	권호	페이지		
1964.10.25	十月号	32		〈時潮〉「国軍」兵士のデモ・脱走
1964.10.25	十月号	33		〈時潮〉アメリカ帝国主義のあせりとあがき
1964.10.25	十月号	34	河仰天	〈紹介〉南朝鮮青年学生の6・3蜂起について
1964.10.25	十月号	43		〈紹介〉わが国における自立的民族経済の建設(6)ー朝鮮民主主義人民共和国科学院経済・法学研究所
1964.10.25	十月号	50		〈南朝鮮論調〉"政府は言論に干渉してはならない"南朝鮮論調
1964.10.25	十月号	51		〈南朝鮮論調〉"学園弾圧は言語道断だ"南朝鮮論調
1964.10.25	十月号	52		〈南朝鮮論調〉"拷問の事実をあきらかにせよ"南朝鮮論調
1964.10.25	十月号	54		〈南朝鮮論調〉"65年度予算案と国民負担の過重"南朝鮮論調
1964.10.25	十月号	55		〈南朝鮮論調〉"李・ブラウン共同声明に対する疑問"南朝鮮論調
1964.10.25	十月号	56		〈南朝鮮論調〉"日本の近隣窮乏化政策"南朝鮮論調
1964.10.25	十月号	56		〈南朝鮮論調〉"国辱日をくりかえすな"南朝鮮論調
1964.10.25	十月号	58		〈日誌〉南朝鮮の政治・軍事・経済・人民闘争・「韓日関係」
1964.11.25	十一月号	2		栄えある党の旗に従い新しい勝利めざしていっそう力強く前進しようー朝鮮労働党創建19周年を記念してー『労働新聞』社説
1964.11.25	十一月号	8		南北間の接触と往来の道は一日も早く開かれるべきであるー祖国平和統一委員会 洪命熹委員長の談話
1964.11.25	十一月号	11		平和のための闘争でおさめた中国人民の偉大な勝利ー『労働新聞』社説
1964.11.25	十一月号	14		オリンピックは帝国主義反動勢力の利用物に転落しているー『労働新聞』社説
1964.11.25	十一月号	18	康順益	〈時評〉「韓日会談」早期妥結に狂奔するアメリカ帝国主義の策動
1964.11.25	十一月号	27	李海澈	〈解説〉南朝鮮の「保健事業」の現状
1964.11.25	十一月号	33		〈時潮〉中国核実験成功の波紋
1964.11.25	十一月号	33		〈時潮〉激減する対南朝鮮「援助」
1964.11.25	十一月号	33		〈時潮〉高まる南北統一の叫び
1964.11.25	十一月号	33		〈時潮〉執拗な「韓日会談」年内妥結策動
1964.11.25	十一月号	37		〈紹介〉わが国における自立的民族経済の建設(7)ー朝鮮民主主義人民共和国科学院経済・法学研究所
1964.11.25	十一月号	52		南と北南朝鮮論調
1964.11.25	十一月号	53		肉親間に横たわる障壁を打ち破ろう南朝鮮論調
1964.11.25	十一月号	54		統一と恐共主義南朝鮮論調
1964.11.25	十一月号	54		李財務部長官がすること南朝鮮論調
1964.11.25	十一月号	56		韓日会談とアメリカの介入南朝鮮論調
1964.11.25	十一月号	57		日本人の亡霊が再び南朝鮮論調
1964.11.25	十一月号	52		日本海軍の動向を注視する南朝鮮論調
1964.11.25	十一月号	59		〈日誌〉南朝鮮の政治・軍事・経済・人民闘争・「韓日関係」

발행일	지면정보		필자	제목
	권호	페이지		
1964.12.25	十二月号	2		三千万人が力を合わせて南北間に横たわる障壁を切り崩そう―『労働新聞』社説
1964.12.25	十二月号	7	裵秉斗	〈時評〉祖国の自主的統一を要求する南朝鮮人民の闘争
1964.12.25	十二月号	21		〈時潮〉「野党共同声明」の意味
1964.12.25	十二月号	22		〈時潮〉通貨に対する統制強化の策動
1964.12.25	十二月号	23		〈時潮〉声なき農民の闘争
1964.12.25	十二月号	24		〈時潮〉パンフレット『今日の日本』
1964.12.25	十二月号	25		〈紹介〉わが国における自立的民族経済の建設(8)―朝鮮民主主義人民共和国科学院経済・法学研究所
1964.12.25	十二月号	34		〈資料〉Ⅰ 南朝鮮の農村から―農民は泣いている
1964.12.25	十二月号	38		〈資料〉Ⅱ 《南朝鮮の中の日本を告発する》
1964.12.25	十二月号	41		―南北統一論を中心に―南朝鮮論調
1964.12.25	十二月号	41		"強力な統一政府への意志"南朝鮮論調
1964.12.25	十二月号	42		"南北面会所問題にあらわれた既成政治家の本質"南朝鮮論調
1964.12.25	十二月号	42		"統一を恐れる野党の本質"南朝鮮論調
1964.12.25	十二月号	43		"朴正煕の統一観"南朝鮮論調
1964.12.25	十二月号	44		"統一に対する警戒論をつく"南朝鮮論調
1964.12.25	十二月号	46		〈日誌〉南朝鮮の政治・軍事・経済・人民闘争・「韓日関係」
1964.12.25	十二月号	54		〈総目次〉『月刊朝鮮資料』1964年度
1965.01.25	一月号			金日成首相の新年のあいさつ
1965.01.25	一月号			金日成首相より韓徳銖議長への祝電
1965.01.25	一月号			祖国の統一問題に関して「朝鮮問題研究所」(ワシントン)所長にあてた金日成首相の回答書簡付「朝鮮問題研究所」所長の所管
1965.01.25	一月号			朝鮮民主主義人民共和国政府声明―南朝鮮かいらい軍の南ベトナム派遣を糾弾して―
1965.01.25	一月号			国際共産主義運動の団結を強化し反帝革命闘争を協力に展開しよう―『労働新聞』社説
1965.01.25	一月号			犯罪的「韓日会談」を決定的に粉砕しよう―『民主朝鮮』社説
1965.01.25	一月号			「韓日会談」の侵略的策動を糾弾する
1965.01.25	一月号		申熙九	〈特集〉Ⅰ アメリカ帝国主義の侵略戦争と「韓日会談」
1965.01.25	一月号		趙成勲	〈特集〉Ⅱ 対南朝鮮「緊急援助」と「軍援移管」
1965.01.25	一月号		金己大	〈特集〉Ⅲ 「韓日会談」に反対する南朝鮮人民の闘争
1965.01.25	一月号			〈特集〉Ⅳ 資料(1)南朝鮮社会世論
1965.01.25	一月号			〈特集〉(2)日本反動支配層の妄言集
1965.01.25	一月号			〈特集〉(3)「韓日会談」日誌
1965.01.25	一月号			〈紹介〉わが国における自立的民族経済の建設(九)
1965.01.25	一月号			〈日誌〉南朝鮮の政治・軍事・経済・人民闘争・「韓日関係」
1965.02.25	二月号	2		祖国統一のためのただ一つの正しい道―『労働新聞』社説

발행일	지면정보		필자	제목
	권호	페이지		
1965.02.25	二月号	8		ベトナム人民、アジア、アフリカ人民に反対するアメリカ帝国主義の手先朴正熙一味の犯罪的行為を断固糾弾する一朝鮮民主主義人民共和国政府覚え書
1965.02.25	二月号	13		南朝鮮「国軍」を南ベトナムへかり出す犯罪的陰謀を全人民の闘争で粉砕しよう一祖国平和統一委員会アピール
1965.02.25	二月号	16		反帝・反植民地主義の旗のもとに硬く団結して前進するアジア、アフリカ人民は必勝不敗である一最高人民会議常任委員会 崔庸健委員長の帰還報告
1965.02.25	二月号	28		〈時評〉「韓日会談」と「乙巳保護条約」ーしかし歴史はくりかえせないー
1965.02.25	二月号	35		〈時評〉南朝鮮かいらい政権の売国的財政政策ー対米追従と人民収奪をよりつめた1965年度予算ー
1965.02.25	二月号	42		〈論評〉アメリカ帝国主義による朝鮮の金略奪について
1965.02.25	二月号	50		〈時潮〉政治 犯罪的な南ベトナム派兵
1965.02.25	二月号	51		〈時潮〉経済「単一変動換率制度」のからくり
1965.02.25	二月号	52		〈時潮〉人民闘争 "派兵は歴史の汚点"
1965.02.25	二月号	53		〈時潮〉「韓日関係」侵略的本姓をさらけだした「高杉暴言」
1965.02.25	二月号	54		〈資料〉1964年度国民経済発展計画実行総括ー朝鮮民主主義人民共和国国家計画委員会中央統計局
1965.02.25	二月号	62		〈資料〉ひん死の南朝鮮経済
1965.02.25	二月号	62		〈資料〉Ⅰ 解説
1965.02.25	二月号	62		〈資料〉Ⅱ 実態
1965.02.25	二月号	76		〈紹介〉わが国における自立的民族経済の建設(10)ー朝鮮民主主義人民共和国科学院経済・法学研究所編
1965.02.25	二月号	83		〈南朝鮮論調〉Ⅰ 「高杉発言」を糾弾する南朝鮮論調
1965.02.25	二月号	91		〈南朝鮮論調〉Ⅱ 南ベトナム派兵に反対する南朝鮮論調
1965.02.25	二月号	94		〈日誌〉
1965.03.25	三月号	2		朝鮮代表団とソ連代表団の共同声明
1965.03.25	三月号	8		ソ連代表団歓迎宴で行った金日成首相の演説
1965.03.25	三月号	11		ソ連代表団歓迎宴で行ったコスイギン首相の演説
1965.03.25	三月号	13		日本政府と朴正熙一味間のどのような合意も無効である一朝鮮民主主義人民共和国外務省声明
1965.03.25	三月号	18		第二の「乙巳保護条約」を焼きはらえー『労働新聞』演説
1965.03.25	三月号	21		南朝鮮人民におくるアピールー全朝鮮人民が一致団結して犯罪的「韓日会談」を粉砕しようー祖国統一民主主義戦線中央委員会祖国平和統一委員会・連席会議
1965.03.25	三月号	26		ベトナム民主共和国に対するアメリカ侵略軍の爆撃を糾弾する一朝鮮民主主義人民共和国国政府声明
1965.03.25	三月号	28	編集部	〈時評〉危険な段階に入った「韓日会談」ー「韓日基本条約」仮調印の侵略的ねらい
1965.03.25	三月号	45	申熙九	〈論評〉朴正熙「政権」の「外資導入」政策(上)ーそれは隷属と破滅への道であるー

발행일	지면정보		필자	제목
	권호	페이지		
1965.03.25	三月号	53		〈時潮〉ソウル・東京・ワシントン・台北
1965.03.25	三月号	54		〈時潮〉1965年度「財政安定計画」の実体
1965.03.25	三月号	55		〈時潮〉漁民闘争の背景
1965.03.25	三月号	56		〈時潮〉「韓日学生親善使節団」とは？
1965.03.25	三月号	57		〈資料〉Ⅰ 歴史の証言ー朝鮮における日本帝国主義のつめ跡ー
1965.03.25	三月号	60		〈資料〉Ⅱ 朴正煕「政権」の不正・腐敗相
1965.03.25	三月号	68		〈紹介〉わが国における自立的民族経済の建設(11)ー朝鮮民主主義人民共和国科学院経済・法学研究所編
1965.03.25	三月号	81	南朝鮮論調	〈南朝鮮論調〉ー「韓日会談」に反対するー南朝鮮論調
1965.03.25	三月号	86		〈日誌〉
1965.04.25	四月号	2		朝鮮民主主義人民共和国政府声明ー南ベトナム民族解放戦線の声明を支持するー
1965.04.25	四月号	6		仮調印された「韓日会談」の協定要綱は無効であるー朝鮮民主主義人民共和国外務省スポークスマン声明
1965.04.25	四月号	9		「韓日会談」を論ずー『祖国統一』論説
1965.04.25	四月号	28	編集部	〈特集〉「韓日会談」ー侵略と売国への道
1965.04.25	四月号	28		〈特集〉Ⅰ 「韓日会談」の侵略的本質
1965.04.25	四月号	35		〈特集〉Ⅱ 「懸案問題」仮調印のねらい
1965.04.25	四月号	44		〈特集〉Ⅲ 「韓日会談」粉砕に決起する南朝鮮人民
1965.04.25	四月号	49		〈特集〉Ⅳ 資料：南朝鮮学生の闘争声明文
1965.04.25	四月号	51		〈特集〉南朝鮮漁民の怒りの叫び
1965.04.25	四月号	55		〈特集〉南朝鮮新聞の主張
1965.04.25	四月号	58	金己大	〈論評〉南朝鮮の漁業問題と「韓日会談」
1965.04.25	四月号	67		〈解説〉「単一変動為替レート制度」についてーそのからくりと収奪的意図ー
1965.04.25	四月号	72		〈時潮〉朴正煕一味の学生工作
1965.04.25	四月号	73		〈時潮〉「特恵金融」のからくり
1965.04.25	四月号	74		〈時潮〉「登録金」引き上げ反対闘争
1965.04.25	四月号	75		〈時潮〉「基本条約」仮調印の侵略性
1965.04.25	四月号	76		〈資料〉Ⅰ 朴正煕「政権」の不正・腐敗相(続)ー「特恵」を中心にー
1965.04.25	四月号	83		〈資料〉Ⅱ 絶糧の南朝鮮農漁村
1965.04.25	四月号	89		〈紹介〉わが国における自立的民族経済の建設(12)ー朝鮮民主主義人民共和国科学院経済・法学研究所編
1965.04.25	四月号	96		〈日誌〉
1965.05.25	五月号	2		〈巻頭言〉在日本朝鮮人総聯合会結成十周年を熱烈に祝賀する
1965.05.25	五月号	8		朝鮮民主主義人民共和国における社会主義建設と南朝鮮革命についてー金日成首相の講義
1965.05.25	五月号	34		日本の『共同通信社』と『日本経済新聞』記者の質問に対する金日成首相の回答

발행일	지면정보		필자	제목
	권호	페이지		
1965.05.25	五月号	38		朝鮮民主主義人民共和国とインドネシア共和国の共同声明ー日本政府の在日朝鮮公民と朝鮮総聯に対する弾圧と関連してー
1965.05.25	五月号	43	編集部	〈特集〉「韓日会談」に反対する南朝鮮人民の愛国闘争
1965.05.25	五月号	44		〈特集〉Ⅰ 愛国闘争の背景
1965.05.25	五月号	50		〈特集〉Ⅱ 愛国闘争の内容と特徴
1965.05.25	五月号	59		〈特集〉Ⅲ 資料(1)闘争宣言文
1965.05.25	五月号	61		〈特集〉(2)南朝鮮世論
1965.05.25	五月号	68		〈特集〉(3)愛国闘争日誌
1965.05.25	五月号	73	康行祐	〈論評〉南朝鮮における対外為替相場の暴落と悪性インフレ(上)
1965.05.25	五月号	82		〈時潮〉「布告なき戒厳令」
1965.05.25	五月号	83		〈時潮〉「金利現実化」の思惑
1965.05.25	五月号	84	河仰天	〈紹介〉六・三蜂起後における南朝鮮人民の闘争と青年学生、意識人の任務
1965.05.25	五月号	95		〈紹介〉わが国における自立的民族経済の建設(13)
1965.05.25	五月号	108		〈日誌〉
1965.06.25	六月号	2		金日成首相、崔庸健委員長より韓徳銖議長への祝電
1965.06.25	六月号	4		在日本朝鮮人総聯合会結成10年慶祝大会におくる祝賀文ー祖国統一民主諏義戦線中央委員会
1965.06.25	六月号	6		全民族が団結して犯罪的「韓日会談」を粉砕することについて
1965.06.25	六月号	6		最高人民会議における朴成哲外相の報告
1965.06.25	六月号	25		朝鮮民主主義人民共和国最高人民会議決定
1965.06.25	六月号	28		朝鮮人民は兄弟的ベトナム人民の反米救国抗戦を全力をつくして支援するであろうー朝鮮民主主義人民共和国最高人民会議決定
1965.06.25	六月号	32		在日本朝鮮人総聯合会結成10年慶祝大会における韓徳銖議長の報告
1965.06.25	六月号	43	編集部	〈時評〉最終段階の「韓日会談」ーその犯罪的策動を糾弾する
1965.06.25	六月号	56	康行祐	〈論評〉南朝鮮における対外為替相場の暴落と悪性インフレ(下)
1965.06.25	六月号	64		〈時潮〉「軍事クーデタ陰謀」事件
1965.06.25	六月号	65		〈時潮〉1億5,000万ドル借款のウラ
1965.06.25	六月号	66		〈時潮〉米軍雇用労働者の争議権を要求する闘い
1965.06.25	六月号	67		〈時潮〉朴正煕の「訪米」と「韓日会談」
1965.06.25	六月号	68		〈紹介〉わが国における自立的民族経済の建設(14)ー朝鮮民主主義人民共和国科学院経済・法学研究所編
1965.06.25	六月号	80		〈南朝鮮論調〉現行韓日会談を粉砕しよう南朝鮮論調
1965.06.25	六月号	82		〈南朝鮮論調〉黄金漁場譲歩の代価は何か南朝鮮論調
1965.06.25	六月号	83		〈南朝鮮論調〉知識人に挑戦する愚を捨てよ南朝鮮論調

발행일	지면정보		필자	제목
	권호	페이지		
1965.06.25	六月号	88		〈日誌〉
1965.07.25	七月号			〈巻頭言〉通巻第50号にさいして
1965.07.25	七月号			日本政府と朴正熙一味間の「条約」と諸「協定」は無効である―朝鮮民主主義人民共和国政府声明
1965.07.25	七月号			「韓日会談」の犯罪的内幕について―朝鮮民主主義人民共和国政府覚え書
1965.07.25	七月号			アメリカ帝国主義による朝鮮侵略戦争挑発15周年を関連して―朝鮮民主主義人民共和国政府覚え書
1965.07.25	七月号		申熙九	〈特集〉「韓日条約」調印の軍事的指向
1965.07.25	七月号		趙成勲	〈特集〉南朝鮮を再侵略する日本独店資本
1965.07.25	七月号		康順益	〈特集〉排訴そまぬかれない日本軍団主事の思想・文化的侵略
1965.07.25	七月号		金己大	〈特集〉誰のための調印か
1965.07.25	七月号		呉在斗	〈特集〉第二の「乙巳条約」に反対する南朝鮮人民の愛国的闘争
1965.07.25	七月号			〈資料〉Ⅰ 「韓日条約」に反対する南朝鮮人民の声
1965.07.25	七月号			〈資料〉Ⅱ 南朝鮮人民の愛国闘争日誌
1965.07.25	七月号			〈資料〉Ⅲ 「韓日会談」関係日誌
1965.07.25	七月号			〈日誌〉
1965.08.25	八月号	2		売国的「韓日条約」は全的に無効である―『労働新聞』社説
1965.08.25	八月号	6		兄弟的ベトナム人民に対しあらゆる形態に物質的・精神的支援を強化するであろう―朝鮮民主主義人民共和国政府声明
1965.08.25	八月号	9	裵秉斗	〈時評〉朴正熙「政権」の対外従属政策―「韓日条約」批准強行の背景
1965.08.25	八月号	18	編集部	〈特集〉8・15後20年の南北朝鮮―図表が示す自主・統一道
1965.08.25	八月号	42		〈時潮〉「批准国会」の演出者
1965.08.25	八月号	43		〈時潮〉具体化した「対韓投資協議体」
1965.08.25	八月号	44		〈時潮〉日本商品ボイコット運動
1965.08.25	八月号	46		〈時潮〉「請求権」のカラクリ
1965.08.25	八月号	48		〈資料〉1965年上半期国民経済発展計画実行総括―朝鮮民主主義人民共和国国家計画委員会中央統計局
1965.08.25	八月号	54		〈南朝鮮論調〉韓日協定調印を廃棄せよ南朝鮮論調
1965.08.25	八月号	55		〈南朝鮮論調〉アメリカ政策の是非南朝鮮論調
1965.08.25	八月号	57		〈南朝鮮論調〉「韓日協定」反対文学者声明南朝鮮論調
1965.08.25	八月号	59		〈日誌〉
1965.09.25	九月号	2		8・15解放20周年慶祝宴における金日成首相の演説
1965.09.25	九月号	5		8・15解放20周年慶祝元山市群衆大会における金一第一副首相の演説
1965.09.25	九月号	11		第二の李完用を打倒し「韓日協定」を打ち砕け！-『労働新聞』社説
1965.09.25	九月号	16	呉在斗	〈時評〉南朝鮮人民の闘いは不屈である
1965.09.25	九月号	30	金純	〈論評〉いわゆる「法的地位協定」の本質

발행일	지면정보		필자	제목
	권호	페이지		
1965.09.25	九月号	38		〈時潮〉南ベトナム増派の舞台裏
1965.09.25	九月号	39		〈時潮〉くりかえされる「増税計画」
1965.09.25	九月号	40		〈時潮〉荒れくるう水害
1965.09.25	九月号	41		〈時潮〉教員の待遇改善要求
1965.09.25	九月号	42		〈時潮〉露骨になったNEATO
1965.09.25	九月号	43		〈資料〉南朝鮮人民の愛国闘争日誌(1965.7.10～8.31)
1965.09.25	九月号	51		〈南朝鮮論調〉売国外交を中止せよ南朝鮮論調
1965.09.25	九月号	52		〈南朝鮮論調〉執権者は傍若無人な態度をすてよ南朝鮮論調
1965.09.25	九月号	54		〈南朝鮮論調〉武装軍人の高麗大乱入事件を重視する南朝鮮論調
1965.09.25	九月号	54		〈南朝鮮論調〉戦慄すべき国内の雰囲気南朝鮮論調
1965.09.25	九月号	56		〈南朝鮮論調〉あまりに腹立たしい南朝鮮論調
1965.09.25	九月号	56		〈南朝鮮論調〉誰のための国か南朝鮮論調
1965.09.25	九月号	57		〈南朝鮮論調〉むなしく送った20年の悲願南朝鮮論調
1965.09.25	九月号	59		〈紹介〉わが国における自立的民族経済の建設(15)－朝鮮民主主義人民共和国科学院経済・法学研究所編
1965.09.25	九月号	66		〈日誌〉
1965.10.25	十月号	2		朝鮮民主主義人民共和国創建17周年平譲市慶祝大会における金光侠副首相の報告
1965.10.25	十月号	12		アメリカ帝国主義は朝鮮人民の不倶戴天の敵ー『労働新聞』編集局論説
1965.10.25	十月号	25	趙成勲	〈時評〉アメリカの「韓日経済協力」政策ー「より少ないドルでより強い支配を」
1965.10.25	十月号	40		〈時潮〉「大学教育正常化方案」のねらい
1965.10.25	十月号	41		膨張予算の使途
1965.10.25	十月号	42		はこびる病魔
1965.10.25	十月号	43		暴圧下の愛国闘争
1965.10.25	十月号	45		かくされた策動「アジア反共連盟」
1965.10.25	十月号	46		〈紹介〉わが国における自立的民族経済の建設(16)－朝鮮民主主義人民共和国科学院経済・法学研究所編
1965.10.25	十月号	57		〈南朝鮮論調〉無期休校令を撤回せよ南朝鮮論調
1965.10.25	十月号	58		休校令を糾弾する
1965.10.25	十月号	59		大学、教授、学生への強圧をやめよ
1965.10.25	十月号	60		アメリカ軍政のもたらした遺産
1965.10.25	十月号	63		〈日誌〉
1965.11.25	十一月号	2		朝鮮労働党創建20周年に際して
1965.11.25	十一月号	24		慶祝対価における朝鮮労働党中央委員会金日成委員長の報告
1965.11.25	十一月号	24		朝鮮民主主義人民共和国とカンボジア王国の共同声明
1965.11.25	十一月号	28	康順益	〈時評〉「韓日条約」の危険なねらい

발행일	지면정보		필자	제목
	권호	페이지		
1965.11.25	十一月号	34	金守鎮	〈論評〉「韓日条約」と在日朝鮮人の民族教育
1965.11.25	十一月号	41		〈時潮〉金鍾泌「復帰」のウラ
1965.11.25	十一月号	42		〈時潮〉農民の取分
1965.11.25	十一月号	43		〈時潮〉「学制改編案」のねらい
1965.11.25	十一月号	44		〈時潮〉大学教授のたたかい
1965.11.25	十一月号	45		〈時潮〉駐「韓」日本大使館設置の目的
1965.11.25	十一月号	47		〈紹介〉わが国における自立的民族経済の建設(17)
1965.11.25	十一月号	55		アメリカ政府の対韓政策は何か南朝鮮論調
1965.11.25	十一月号	56		大学正常化方案のねらい南朝鮮論調
1965.11.25	十一月号	58		韓国の中の日本ー政治南朝鮮論調
1965.11.25	十一月号	64		韓日国交正常化は韓国経済の隷属をもたらす南朝鮮論調
1965.11.25	十一月号	67		〈日誌〉
1965.12.25	十二月号	2		「韓日条約」は無効であるー朝鮮民主主義人民共和国政府声明
1965.12.25	十二月号	4		日本政府は国際法の諸原則にしたがって在日朝鮮公民の基本的人権を保障しなければならないー朝鮮民主主義人民共和国外務省声明
1965.12.25	十二月号	6		朝鮮労働党創建20周年慶祝大会における南朝鮮革命組織代表の祝賀演説
1965.12.25	十二月号	10	編集部	〈時評〉南朝鮮における最近の財政・金融政策ー「66年度予算案」と「金利現実化」問題を中心にー
1965.12.25	十二月号	22	申熙九	〈論評〉朴正煕「政権」の「外資導入」政策(下)ーそれは隷属と破滅への道であるー
1965.12.25	十二月号	30		〈時潮〉反共ラッパの下で
1965.12.25	十二月号	31		〈時潮〉厚化粧のはげおちた経済論
1965.12.25	十二月号	32		〈時潮〉おいつぐ爆発事故
1965.12.25	十二月号	33		〈時潮〉米軍機関労働者の闘い
1965.12.25	十二月号	34		〈時潮〉あわただしいNEATO劇
1965.12.25	十二月号	35	崔吉春	〈紹介〉南朝鮮における反帝・民主主義運動の20年
1965.12.25	十二月号	44	金四哲	〈紹介〉南朝鮮工業20年
1965.12.25	十二月号	48	李永鉉	〈紹介〉南朝鮮農業20年
1965.12.25	十二月号	52		〈紹介〉わが国における自立的民族経済の建設(18・完)ー朝鮮民主主義人民共和国科学院経済・法学研究編
1965.12.25	十二月号	59		民族の希望を育てる度量南朝鮮論調
1965.12.25	十二月号	61		協の極伝状況は誰の責任か南朝鮮論調
1965.12.25	十二月号	62		日本軍国主義を警戒しよう南朝鮮論調
1965.12.25	十二月号	63		見すごせない日本側の発言南朝鮮論調
1965.12.25	十二月号	64		慣慨にたえない米兵の蛮行南朝鮮論調
1965.12.25	十二月号	65		〈日誌〉
1965.12.25	十二月号	72		1965年総目次

발행일	지면정보		필자	제목
	권호	페이지		
1966.01.01	一月号	2		〈巻頭言〉新年をむかえて
1966.01.01	一月号	4		国連は朝鮮問題から完全に手をひけー朝鮮民主主義人民共和国外務省声明
1966.01.01	一月号	9		すべての革命勢力を結集して反帝闘争をいっそう強力に展開しようー『労働新聞』12.6社説
1966.01.01	一月号	14		「韓日条約」と「東北アジア軍事同盟」結成の陰謀ー『労働新聞』12.2論説
1966.01.01	一月号	18	裵秉斗	〈時評〉1965年の南朝鮮情勢概観ー今後の展望のためにー
1966.01.01	一月号	34	金菊漢	〈論評〉南朝鮮思想界における実存主義の悪影響
1966.01.01	一月号	40		〈時潮〉「民防衛法案」のねらい
1966.01.01	一月号	42		〈時潮〉動き出す「米韓日閣僚会議」
1966.01.01	一月号	43		〈時潮〉「輸出増大」の意味するもの
1966.01.01	一月号	45		〈時潮〉暗い南朝鮮の師走
1966.01.01	一月号	46		〈時潮〉低賃金・失業・就職難
1966.01.01	一月号	48		〈紹介〉朝鮮労働党の祖国統一政策の正当性とその偉大な生活力ー『祖国統一』10.10論説
1966.01.01	一月号	59	パク・チェウク	〈紹介〉朝鮮労働党の千里馬運動(1)
1966.01.01	一月号	71		〈南朝鮮論調〉この道を進もう南朝鮮論調
1966.01.01	一月号	72		〈南朝鮮論調〉東北アジア条約機構の幻想をすてよ南朝鮮論調
1966.01.01	一月号	73		〈南朝鮮論調〉国恥60周年の感懐南朝鮮論調
1966.01.01	一月号	74		〈南朝鮮論調〉大学の魂を哭する南朝鮮論調
1966.01.01	一月号	76		〈日誌〉北朝鮮
1966.01.01	一月号	78		〈日誌〉南朝鮮
1966.02.01	二月号	2		金日成首相より在日本朝鮮人総聯合会中央常任委員会韓徳銖議長への祝電
1966.02.01	二月号	4		日本国軍主義に反対してたたかようー『労働新聞』1.10編終局論説
1966.02.01	二月号	21	全斗南	〈時評〉朴正煕「政権」の犯罪的役割ー「反共軍事同盟」と南ベトナム増派の策動をめぐってー
1966.02.01	二月号	32		〈時潮〉朴一味の棄民政策
1966.02.01	二月号	34		〈時潮〉危険なハンフリーの極東訪問
1966.02.01	二月号	35		〈時潮〉『物価暴走に息をのむ庶民』
1966.02.01	二月号	37		〈時潮〉あばかれた鉄道汚職
1966.02.01	二月号	39		〈紹介〉全世界の人民に告ぐー南朝鮮におけるアメリカ軍の蛮行についてー朝鮮民主法律家協会、他12団体
1966.02.01	二月号	54	白再煜	〈紹介〉朝鮮労働党の千里馬運動(2)
1966.02.01	二月号	64		〈南朝鮮論調〉強いられた沈黙の中での批准書交換式南朝鮮論調

발행일	지면정보		필자	제목
	권호	페이지		
1966.02.01	二月号	65		〈南朝鮮論調〉外交発言を慎重にせよ南朝鮮論調
1966.02.01	二月号	66		〈南朝鮮論調〉石原新太郎氏の暴言に反論する南朝鮮論調
1966.02.01	二月号	66		〈南朝鮮論調〉1965年を送りながら南朝鮮論調
1966.02.01	二月号	68		〈日誌〉北朝鮮
1966.02.01	二月号	70		〈日誌〉南朝鮮
1966.03.01	三月号	2		われわれは全力をつくして、アメリカ帝国主義の侵略に反対してたたかうベトナム人民を支援するであろうー朝鮮民主主義人民共和国最高人民会議常任委員会崔庸健委員長のベトナム民主共和国ホー・チミン主席への書簡
1966.03.01	三月号	5		アメリカ帝国主義はベトナム侵略から手をひけー朝鮮民主主義人民共和国外務省声明
1966.03.01	三月号	7		「韓日条約」は無効であるー朝鮮民主主義人民共和国政府声明
1966.03.01	三月号	11		在日同胞の民族権利をふみにじる「永住権申請」騒動をただちにとりやめよー『労働新聞』1.24社説
1966.03.01	三月号	14		在日同胞の民族教育にたいする不当な弾圧策動を中止せよー『労働新聞』1.14編集局論説
1966.03.01	三月号	16		南朝鮮労働者階級は南朝鮮革命において指導的役割をはたさなければならないー『労働新聞』1.12論説
1966.03.01	三月号	21	編集部	〈時評〉たかまる南朝鮮労働者の闘争
1966.03.01	三月号	33		〈資料〉南朝鮮労働者の闘争を支援しアメリカ軍の晩っこうを糾弾するー南朝鮮新聞論調
1966.03.01	三月号	35		〈時潮〉『京郷新聞』競売事件
1966.03.01	三月号	37		〈時潮〉「国軍」増派と米「韓」密議
1966.03.01	三月号	39		〈時潮〉「請求権資金管理法案」のねらい
1966.03.01	三月号	41		〈時潮〉「韓日漁業協定」のもたらしたもの
1966.03.01	三月号	43		〈資料〉朝鮮人民の英雄的勤労闘争のかがやかしい総括ー1965年国民経済発展計画実行総括に関する朝鮮民主主義人民共和国国家計画委員会中央統計局の報道
1966.03.01	三月号	46	金永起	〈紹介〉復活した日本国軍主義の「大東亜戦争肯定論」を論ずーアジア侵略のための日本帝国主義の思想的土台
1966.03.01	三月号	58	白再煜	〈紹介〉朝鮮労働党の千里馬運動(3)
1966.03.01	三月号	66		〈南朝鮮論調〉対日請求権の事前使用合意を怒る南朝鮮論調
1966.03.01	三月号	67		〈南朝鮮論調〉車長官の発言に憤る南朝鮮論調
1966.03.01	三月号	68		〈南朝鮮論調〉誰のための行政協定か南朝鮮論調
1966.03.01	三月号	69		〈南朝鮮論調〉民衆の抗議をふみにじるな南朝鮮論調
1966.03.01	三月号	70		〈南朝鮮論調〉ベトナム増派問題を慎重に南朝鮮論調
1966.03.01	三月号	71		〈南朝鮮論調〉少女車掌の人権を認めよ南朝鮮論調
1966.03.01	三月号	72		〈日誌〉北朝鮮
1966.03.01	三月号	74		〈日誌〉南朝鮮
1966.04.01	四月号	2		朴正熙一味の南ベトナム増派策動を糾弾するー朝鮮民主主義人民共和国政府声明

발행일	지면정보		필자	제목
	권호	페이지		
1966.04.01	四月号	5		農村問題解決のための朝鮮労働党のマルクス・レーニン主義的方途ー土地改革法令発布20周年に際してー『労働新聞』3・4編集局論説
1966.04.01	四月号	26	編集部	〈時評〉「韓日経済協力」の実態と「早期使用」資金の使途
1966.04.01	四月号	42		〈資料〉南朝鮮農漁村の実態
1966.04.01	四月号	42		〈資料〉Ⅰ 絶糧の農村から
1966.04.01	四月号	45		〈資料〉Ⅱ 半封建敵搾取の支配する漁村
1966.04.01	四月号	52		〈時潮〉南ベトナム増派の策動
1966.04.01	四月号	54		〈時潮〉朴正熙一味の東南ア巡歴
1966.04.01	四月号	55		〈時潮〉いっそう強まる学園の暴利化
1966.04.01	四月号	56		〈時潮〉ベトナム増派への怒り
1966.04.01	四月号	58	白再煜	〈紹介〉朝鮮労働党の千里馬運動(4)
1966.04.01	四月号	67		〈南朝鮮論調〉第二の3・1運動を起こそう南朝鮮論調
1966.04.01	四月号	68		〈南朝鮮論調〉3・1精神の再反省南朝鮮論調
1966.04.01	四月号	69		〈南朝鮮論調〉日本の経済侵略を警告する南朝鮮論調
1966.04.01	四月号	70		〈南朝鮮論調〉ベトナム増派に反対する南朝鮮論調
1966.04.01	四月号	72		〈日誌〉北朝鮮
1966.04.01	四月号	74		〈日誌〉南朝鮮
1966.05.01	五月号	2		ソ連共産党第23回大会における崔庸健委員長の祝賀演説
1966.05.01	五月号	5		朝鮮労働党代表団と日本共産党代表団の共同声明
1966.05.01	五月号	12		南朝鮮人民におくるアピールー最高人民会議常任委員会、祖国統一民主主義戦線中央委員会、祖国平和統一委員会
1966.05.01	五月号	16		日本政府は在日朝鮮公民の民主主義的民族教育を保障しなければならないー朝鮮民主主義人民共和国外務省声明
1966.05.01	五月号	18		日本政府は在日朝鮮人の民族教育の権利を保障しなければならないー在日本朝鮮人総聯合会中央常任委員会声明
1966.05.01	五月号	20	全斗南	〈時評〉朴正熙一味の長期執権策動
1966.05.01	五月号	27		〈時潮〉「アジア外相会議」のねらい
1966.05.01	五月号	29		〈時潮〉「第一次追加修正予算」の性格
1966.05.01	五月号	31		〈時潮〉文化財密輸出事件
1966.05.01	五月号	32		〈時潮〉ひきつづく米軍機関労働者の闘争
1966.05.01	五月号	34	李黙	〈紹介〉南朝鮮社会における基本矛盾と現段階の主要矛盾
1966.05.01	五月号	41	カン・ソクヒ	〈紹介〉朝鮮侵略のための米・日帝国主義の共謀・野合についての歴史的考察
1966.05.01	五月号	52	白再煜	〈紹介〉朝鮮労働党の千里馬運動(5)
1966.05.01	五月号	61		〈南朝鮮論調〉釈然としないベトナム増派南朝鮮論調
1966.05.01	五月号	61		〈南朝鮮論調〉昨今の不愉快な韓日関係をみて南朝鮮論調
1966.05.01	五月号	63		〈南朝鮮論調〉はびこる政府機関の腐敗南朝鮮論調
1966.05.01	五月号	65		〈南朝鮮論調〉われわれの底力をつちかおう南朝鮮論調

발행일	지면정보		필자	제목
	권호	페이지		
1966.05.01	五月号	66		〈日誌〉北朝鮮
1966.05.01	五月号	68		〈日誌〉南朝鮮
1966.06.01	六月号	2		農業現物税制を完全に廃止することについて一朝鮮民主主義人民共和国最高人民会議法令
1966.06.01	六月号	4		南朝鮮人民におくるアピール一朝鮮民主主義人民共和国最高人民会議第3期第5回会議
1966.06.01	六月号	9		南朝鮮でのアメリカ帝国主義の戦争準備策動を阻止しよう一『労働新聞』5・18社説
1966.06.01	六月号	13		4・19の精神を継承し半米求国闘争の炎を高めよー『労働新聞』4・19社説
1966.06.01	六月号	16		在日朝鮮公民子弟の民主主義的民族教育の正当性一『労働新聞』4・20論説
1966.06.01	六月号	20	白楊	〈時評〉南朝鮮における「農業近代化論」登場の背景
1966.06.01	六月号	26	金道元	〈論評〉「出入国管理特別法」の反動的本質
1966.06.01	六月号	35		〈時潮〉「アジア外相会議」と「反共軍事同盟」
1966.06.01	六月号	37		〈時潮〉「国会議員」のひんぱんな「外遊」
1966.06.01	六月号	38		〈時潮〉「倍増」された租税収奪
1966.06.01	六月号	41		〈時潮〉4・19六周年に決意をかためる南朝鮮人民
1966.06.01	六月号	43		〈時潮〉教科書にまでのびた魔手
1966.06.01	六月号	45	白再煜	〈紹介〉朝鮮労働党の千里馬運動(6)
1966.06.01	六月号	53		〈南朝鮮論調〉4・19すでに6周年南朝鮮論調
1966.06.01	六月号	54		〈南朝鮮論調〉4・19、6周年南朝鮮論調
1966.06.01	六月号	55		〈南朝鮮論調〉再度迎える4・19南朝鮮論調
1966.06.01	六月号	56		〈南朝鮮論調〉民主的発展を追求する南朝鮮論調
1966.06.01	六月号	57		〈南朝鮮論調〉教育抹殺構想を廃棄せよ南朝鮮論調
1966.06.01	六月号	58		〈南朝鮮論調〉国民経済をおびやかす物価高騰南朝鮮論調
1966.06.01	六月号	59		〈南朝鮮論調〉米軍の国軍兵士侮蔑南朝鮮論調
1966.06.01	六月号	61		〈日誌〉北朝鮮
1966.06.01	六月号	63		〈日誌〉南朝鮮
1966.07.01	七月号	2		朝鮮民主主義人民共和国政府声明一南朝鮮人民はキューバ人民の側にしっかりと立ち最後までともにたたかうであろう
1966.07.01	七月号	5		アジアと世界平和に新たな脅威をもたらす
1966.07.01	七月号	5		「アジア・太平洋地域閣僚会議」を排撃する一朝鮮民主主義人民共和国外務省声明
1966.07.01	七月号	8		「アジア・太平洋地域閣僚会議」と関連して一朝鮮民主主義人民共和国外務省覚書
1966.07.01	七月号	13		アメリカ帝国主義とその追随者たちの無謀な策動は破綻をまぬがれない『労働新聞』6・18社説
1966.07.01	七月号	16		輝かしい勝利につぐ勝利ー『労働新聞』4・30社説
1966.07.01	七月号	20		誇りにみちた道程ー『労働新聞』5・25編終局論説

발행일	지면정보		필자	제목
	권호	페이지		
1966.07.01	七月号	22	康順益	〈時評〉反共同盟結成をねらう「アジア・太平洋閣僚会議」
1966.07.01	七月号	31		〈時潮〉朴正熙一味の統一論弾圧策動
1966.07.01	七月号	33		〈時潮〉動き出した「対韓国際経済協議体」
1966.07.01	七月号	35		〈時潮〉「農地法改正」と「輸出農業」
1966.07.01	七月号	37		〈時潮〉激増する兵役忌避者、脱走兵
1966.07.01	七月号	38		〈時潮〉「学園浄化運動」の本質
1966.07.01	七月号	40	陳学柱	〈紹介〉南朝鮮に浸透する日本独店資本の政治・経済的背景
1966.07.01	七月号	44	白再煜	〈紹介〉当選労働党の千里馬運動(7)
1966.07.01	七月号	56		〈南朝鮮論調〉5・16の遺産南朝鮮論調
1966.07.01	七月号	56		〈南朝鮮論調〉日本の経営者部隊派遣説とわれわれの見解南朝鮮論調
1966.07.01	七月号	61		〈日誌〉北朝鮮
1966.07.01	七月号	63		〈日誌〉南朝鮮(政治・「韓」米日関係・軍事・経済・人民闘争)
1966.08.01	八月号	2		金日成首相のホー・チミン主席への電報ーアメリカ帝国主義の侵略に反対してたたかうベトナム人民にあらゆる形態の支援を積極的におこなうであろう
1966.08.01	八月号	5		朝鮮民主主義人民共和国外務省声明ーハノイ・ハイフォンにたいするアメリカ帝国主義者の爆撃行為を糾弾する
1966.08.01	八月号	7		アメリカ帝国主義反対闘争月間に際しての共同声明ー祖国平和統一委員会ほか11団体
1966.08.01	八月号	12		南朝鮮人民におくるアピールー「南朝鮮からのアメリカ軍即時撤退をめざす闘争の日」平讓市大衆集会
1966.08.01	八月号	16	文孔鐸	〈時評〉通貨膨張下の金融逼迫ー朴「政権」の「超緊縮政策」の反動的本質
1966.08.01	八月号	29	河光容	〈論評〉在日朝鮮人にたいする政治的抑圧の強化ー「法的地位協定」実施とその後の動き
1966.08.01	八月号	36		〈時潮〉あばかれた「テロ犯」でっちあげ工作
1966.08.01	八月号	38		〈時潮〉朴「政権」の低麦価政策
1966.08.01	八月号	40		〈時潮〉「第二石油精製工場」をめぐる暗闘
1966.08.01	八月号	42		〈時潮〉朴「政権」の日本映画導入策動
1966.08.01	八月号	43		〈時潮〉愛国学生に「無罪」宣告
1966.08.01	八月号	45	白再煜	〈紹介〉朝鮮労働党の千里馬運動(8)
1966.08.01	八月号	54		〈南朝鮮論調〉6・25、16周年と国土統一への悲願南朝鮮論調
1966.08.01	八月号	55		〈南朝鮮論調〉国の体面をきがす親日のやから南朝鮮論調
1966.08.01	八月号	54		〈南朝鮮論調〉主権無視の駐韓米軍地位協定南朝鮮論調
1966.08.01	八月号	60		〈日誌〉北朝鮮
1966.08.01	八月号	62		〈日誌〉南朝鮮(政治・「韓」米日関係・軍事・経済・人民闘争)
1966.09.01	九月号	2		自主性を擁護使用ー『労働新聞』8・12論説
1966.09.01	九月号	25		朝鮮民主主義人民共和国政府覚書ー国連での「朝鮮問題」討議は不法である

발행일	지면정보		필자	제목
	권호	페이지		
1966.09.01	九月号	29		朝鮮民主主義人民共和国外務省声明ー帰国協定を一方的に廃棄しようとする日本当局の不法行為を断固糾弾する
1966.09.01	九月号	31		朝鮮民主主義人民共和国外務省声明ーアメリカ帝国主義のカンボジアにたいする侵略策動を糾弾する
1966.09.01	九月号	33	編集部	〈特集〉隆盛発展する朝鮮民主主義人民共和国
1966.09.01	九月号	49		〈時潮〉「派兵家族」に対する欺瞞策動
1966.09.01	九月号	51		〈時潮〉「外資導入法」の改悪
1966.09.01	九月号	54		〈時潮〉南朝鮮女性労働者の現状
1966.09.01	九月号	55		〈時潮〉悲惨な南朝鮮の保健状態
1966.09.01	九月号	57	白再煜	〈紹介〉朝鮮労働党の千里馬運動(9)
1966.09.01	九月号	66		〈南朝鮮論調〉ふたたび8・15をむかえて南朝鮮論調
1966.09.01	九月号	67		〈南朝鮮論調〉「70年代統一論」の空談議南朝鮮論調
1966.09.01	九月号	68		〈南朝鮮論調〉まだつかまらぬテロ犯南朝鮮論調
1966.09.01	九月号	72		〈日誌〉北朝鮮
1966.09.01	九月号	74		〈日誌〉南朝鮮(政治・「韓」米日関係・軍事・経済・人民闘争)
1966.10.01	十月号	2		朝鮮民主主義人民共和国創建18周年平譲市慶祝大会での金光侠副首相の報告
1966.10.01	十月号	16		アメリカ帝国主義は歴史的に朝鮮人民の不倶戴天の敵であるー『労働新聞』9・2論説
1966.10.01	十月号	29	金鎮	〈時評〉「韓米行政協定」の意図するものー「臨戦体制」の強化と「治外法権」の成文化
1966.10.01	十月号	38	崔瀚昊	〈論評〉南朝鮮における教育の実態(上)ーかいらい一味の反動的教育政策と教育の破綻
1966.10.01	十月号	46		〈時評〉「糞尿譚」をよんだ「サッカリン密輸事件」
1966.10.01	十月号	48		〈時評〉「アジア議員連盟」第二回総会のねらい
1966.10.01	十月号	50		〈時評〉「現金詐欺」のもたらすもの
1966.10.01	十月号	53		〈時評〉朴「政権」の日本脳炎蔓延「対策」
1966.10.01	十月号	54		〈時評〉「韓日文化交流」の実態
1966.10.01	十月号	56		〈紹介〉マルクス・レーニン主義は「左」右の日和見主義との闘争のなかで発展してきた
1966.10.01	十月号	62	白再煜	〈紹介〉朝鮮労働党の千里馬運動(10)
1966.10.01	十月号	73	姜東七	ア〈紹介〉メリカ帝国主義の侵略政策と南朝鮮経済の軍事化
1966.10.01	十月号	86		〈南朝鮮論調〉自覚と反省の新時点南朝鮮論調
1966.10.01	十月号	87		〈南朝鮮論調〉米価に対するアメリカの干渉南朝鮮論調
1966.10.01	十月号	88		〈南朝鮮論調〉政治資金に流用された商業借款南朝鮮論調
1966.10.01	十月号	91		〈日誌〉北朝鮮
1966.10.01	十月号	93		〈日誌〉南朝鮮(政治・「韓」米日関係・軍事・経済・人民闘争)
1966.11.01	十一月号	2		現情勢とわが党の任務ー朝鮮労働党代表者会議でおこなった朝鮮労働党中央委員会金日成委員長の報告
1966.11.01	十一月号	53		ベトナム問題に関する朝鮮労働党代表者会議の声明

발행일	지면정보		필자	제목
	권호	페이지		
1966.11.01	十一月号	56		朝鮮民主主義人民共和国外務省スポークスマン声明ー「平新号」船員にたいする日本政府当局の不当な措置と関連して
1966.11.01	十一月号	十一月号	編集部	〈特集〉朴正熙一味の不正腐敗を糾弾する
1966.11.01	十一月号	59		〈特集〉Ⅰ 「密輸事件」にゆらぐ朴「政権」
1966.11.01	十一月号	66		〈特集〉Ⅱ 〈資料〉朴正熙一味の不正腐敗の歴史
1966.11.01	十一月号	73		〈特集〉Ⅲ 不正腐敗を糾弾する南朝鮮論調から
1966.11.01	十一月号	84		〈時潮〉「韓日閣僚会議」で話されたこと
1966.11.01	十一月号	86		〈時潮〉「人力輸出」のねらうもの
1966.11.01	十一月号	87		〈時潮〉南朝鮮での「文化財虐待週間」
1966.11.01	十一月号	89	白再煜	〈紹介〉朝鮮労働党の千里馬運動(11)
1966.11.01	十一月号	97		〈日誌〉北朝鮮
1966.11.01	十一月号	100		〈日誌〉南朝鮮(政治・「韓」米日関係・軍事・経済・人民闘争)
1966.12.01	十二月号	2		社会主義経済建設における当面の課題についてー朝鮮労働党代表者会議でおこなった金一第一副首相の報告
1966.12.01	十二月号	35		朝鮮民主主義人民共和国の党および政府代表団とキューバ共和国の党および政府代表団の共同声明
1966.12.01	十二月号	40		朝鮮民主主義人民共和国外務省声明ーアメリカ帝国主義と朴正熙一味の武力攻撃を糾弾する
1966.12.01	十二月号	42		朝鮮民主主議人民共和国外務省スポークスマン声明ー「マニラ会議」と関連して
1966.12.01	十二月号	56	崔瀚昊	〈時評〉南朝鮮における教育の実態(下)ーかいらい一味の反動的教育政策と教育の破綻
1966.12.01	十二月号	66		〈時潮〉朴「政権」の「政治資金」捻出策動
1966.12.01	十二月号	68		〈時潮〉「死の商人」ジョンソンの南朝鮮行脚
1966.12.01	十二月号	69		〈時潮〉低米価の背景
1966.12.01	十二月号	71		〈時潮〉信用できない統計数字
1966.12.01	十二月号	73		〈時潮〉「煉炭飢饉」と朴「政権」
1966.12.01	十二月号	75	白再煜	〈紹介〉朝鮮労働党の千里馬運動(12・完)
1966.12.01	十二月号	92		集会の自由と警察南朝鮮論調
1966.12.01	十二月号	92		財閥が国を亡ぼしている南朝鮮論調
1966.12.01	十二月号	97		〈日誌〉北朝鮮
1966.12.01	十二月号	97		〈日誌〉南朝鮮(政治・「韓」米日関係・軍事・経済・人民闘争)
1966.12.01	十二月号	107		〈本誌〉1966年総目次
1967.01.01	一月号	2		〈巻頭言〉新年をむかえて
1967.01.01	一月号	4		全般的九年制技術義務教育を実施することについてー朝鮮民主主義人民共和国最高人民会議第三期第六回議でおこなった金一第一副首相の報告
1967.01.01	一月号	31		全般的九年制技術義務教育を実施することについてー朝鮮民主主義人民共和国最高人民会議法令

발행일	지면정보		필자	제목
	권호	페이지		
1967.01.01	一月号	34		世界各国の外相におくる朝鮮民主主義人民共和国朴成哲外相の書簡ーアメリカのベトナム侵略戦争における国連旗の盗用と関連して
1967.01.01	一月号	36		在日朝鮮公民の民主主義的民族教育の権利を保障せよー朝鮮民主主義人民共和国外務省声明
1967.01.01	一月号	38	裵秉斗	〈時評〉1966年の南朝鮮情勢概観と今後の展望
1967.01.01	一月号	68	金昇俊	〈紹介〉朝鮮における農村問題解決の歴史的経験(1)
1967.01.01	一月号	84		〈南朝鮮論調〉言論立法に反対する南朝鮮論調
1967.01.01	一月号	86		〈南朝鮮論調〉「援助」よりも国土統一を南朝鮮論調
1967.01.01	一月号	91		〈日誌〉北朝鮮
1967.02.01	一月号	94		〈日誌〉南朝鮮(政治・「韓」米日関係・軍事・経済・人民闘争)
1967.02.01	二月号	2		金日成首相より在日本朝鮮人総聯合会中央常任委員会韓徳銖議長への祝電
1967.02.01	二月号	4		在ワシントン朝鮮問題研究所所長への金日成首相の回答書簡
1967.02.01	二月号	11	金鎮	〈時評〉精油工場建設役の意図と問題点ー「黒い石油」にかくされた朴正熙の「票田」
1967.02.01	二月号	21		〈時潮〉朴「政権」の言論弾圧
1967.02.01	二月号	22		〈時潮〉10万名大量増派と空軍派遣のウラ
1967.02.01	二月号	25		〈時潮〉「アジア開発銀行」の開店
1967.02.01	二月号	27		〈時潮〉戦争のための「自由食糧法」と朴「政権」
1967.02.01	二月号	29		〈時潮〉南朝鮮の"入試地獄"
1967.02.01	二月号	31		〈時潮〉「人権」不在の「人権擁護週間」
1967.02.01	二月号	33		〈時潮〉帰国をきらう南朝鮮の海外留学生
1967.02.01	二月号	35	金昇俊	〈紹介〉朝鮮における農村問題解決の歴史的経験(2)
1967.02.01	二月号	50		〈南朝鮮論調〉言論をふみじじる暴力行為南朝鮮論調
1967.02.01	二月号	50		〈南朝鮮論調〉不安のなかですごした66年南朝鮮論調
1967.02.01	二月号	50		〈南朝鮮論調〉中小企業の萎縮南朝鮮論調
1967.02.01	二月号	59		〈日誌〉北朝鮮
1967.02.01	二月号	62		〈日誌〉南朝鮮(政治・「韓」米日関係・軍事・経済・人民闘争)
1967.03.01	三月号	2		挑発者は懲罰をまぬかれないー『労働新聞』1・20編終局論説
1967.03.01	三月号	4	任基鳳	〈時評〉「第一次五か年計画」のもたらしたもの
1967.03.01	三月号	20	姜洪植	〈時評〉今年度南朝鮮「予算」の内容ー「選挙」めあてと戦争準備
1967.03.01	三月号	30		〈解説〉朴正熙一味の犯罪的な「ベトナム派兵」
1967.03.01	三月号	42		〈時潮〉はやくもはじまった不正選挙
1967.03.01	三月号	44		〈時潮〉「外資会社」のモデルケース
1967.03.01	三月号	45		〈時潮〉「外国為替銀行」設立の背景
1967.03.01	三月号	47		〈時潮〉「財政安定」と「農家安定」
1967.03.01	三月号	48		〈時潮〉高まる労働者の闘争、悪化する生活
1967.03.01	三月号	50		〈時潮〉「国連軍」憲兵隊長による麻薬もちこみ

발행일	지면정보		필자	제목
	권호	페이지		
1967.03.01	三月号	52		〈時潮〉日本映画の再侵入に反対する南朝鮮人民
1967.03.01	三月号	54	朴銅根	〈紹介〉「近代化論」を解剖する
1967.03.01	三月号	71	金昇俊	〈紹介〉朝鮮における農村問題解決の歴史的経験(3)
1967.03.01	三月号	78		〈南朝鮮論調〉政権交替の民主伝統をうち立てよう南朝鮮論調
1967.03.01	三月号	80		〈南朝鮮論調〉韓米行政協定の発効南朝鮮論調
1967.03.01	三月号	88		〈日誌〉北朝鮮
1967.03.01	三月号	90		〈日誌〉南朝鮮(政治・「韓」米日関係・軍事・経済・人民闘争)
1967.04.01	四月号	2		「外国人学校制度」を創設する策動を直ちに中止せよー朝鮮民主主義人民共和国外務省声明
1967.04.01	四月号	4		在日朝鮮青少年に「同化教育」を強要する「外国人学校制度」の犯罪的本質ー『民主朝鮮』3・19論説
1967.04.01	四月号	12	金鎬俊	〈時評〉朴正熙一味の「選挙」工作ー銃剣と権力、金力による不正選挙騒動
1967.04.01	四月号	25	金守鎮	時評〉在日朝鮮公民の民族教育抑圧を意図した「外国人学校制度」
1967.04.01	四月号	31	康行祐	〈論評〉朴正熙「政権」の「通貨・金融政策」の欺瞞性(上)ーいわゆる「金利現実化措置」はなにをもたらしたか
1967.04.01	四月号	42		〈解説〉南朝鮮における「人力輸出」の真相
1967.04.01	四月号	54		〈時潮〉「5ヵ年計画」をめぐる二枚舌
1967.04.01	四月号	56		〈時潮〉新「大東亜共栄圏」構想
1967.04.01	四月号	58		〈時潮〉「国営企業」払下げのからくり
1967.04.01	四月号	60		〈時潮〉「肥料価格引下げ」のうら
1967.04.01	四月号	63		〈時潮〉「行政協定」の本質
1967.04.01	四月号	65	金昇俊	〈紹介〉朝鮮における農村問題解決の歴史的経験(4)
1967.04.01	四月号	84		〈南朝鮮論調〉抵抗の姿勢を積極化しよう南朝鮮論調
1967.04.01	四月号	85		〈南朝鮮論調〉百戸長制などをもって民心を刺激するな南朝鮮論調
1967.04.01	四月号	87		〈南朝鮮論調〉朝鮮日報記者連行事件を重視する南朝鮮論調
1967.04.01	四月号	92		〈日誌〉北朝鮮
1967.04.01	四月号	94		〈日誌〉南朝鮮(政治・「韓」米日関係・軍事・経済・人民闘争)
1967.05.01	五月号	2		〈巻頭言〉在日本朝鮮人総聯合会第八次全体大会にさいして
1967.05.01	五月号	4		戦争挑発行為をつづけるならばアメリカ侵略者は地上から永遠に掃滅されるであろうー朝鮮民主主義人民共和国外務省声明
1967.05.01	五月号	8	編集部	〈特集〉「韓日条約」調印二年後の南朝鮮情勢
1967.05.01	五月号	9		〈特集〉Ⅰ アメリカ帝国主義極東戦略と南朝鮮
1967.05.01	五月号	18		〈特集〉Ⅱ 経済的再侵略とその結果
1967.05.01	五月号	31		〈特集〉Ⅲ 二重の植民地化をめざす思想・文化攻撃
1967.05.01	五月号	37		〈特集〉Ⅳ 高まる南朝鮮人民の闘争
1967.05.01	五月号	46	金昇俊	〈紹介〉朝鮮における農村問題解決の歴史的経験(5)

발행일	지면정보		필자	제목
	권호	페이지		
1967.05.01	五月号	62		〈南朝鮮論調〉闘争の月、三月にちなんで南朝鮮論調
1967.05.01	五月号	63		〈南朝鮮論調〉三・一節をむかえて南朝鮮論調
1967.05.01	五月号	64		〈南朝鮮論調〉過重な国民負担と新年度予算編成方針南朝鮮論調
1967.05.01	五月号	70		〈日誌〉北朝鮮
1967.05.01	五月号	72		〈日誌〉南朝鮮(政治・「韓」米日関係・軍事・経済・人民闘争)
1967.06.01	六月号	2		朝鮮労働党中央委員会、最高人民会議常任委員会および共和国内閣の共同名義による朝鮮総聯第八次全体大会への祝電
1967.06.01	六月号	4		朝鮮民主主義人民共和国政府声明ーベトナム非武装地帯へのアメリカ軍とかいらい軍の侵入を糾弾する
1967.06.01	六月号	6	金哲洙	〈時評〉在日朝鮮公民の帰国協定の一方的破棄決定は不当である
1967.06.01	六月号	15	李勇鎬	〈時評〉飢餓賃金にあえぐ南朝鮮労働者の実状
1967.06.01	六月号	26	金己大	〈論評〉南朝鮮かいらせ意見の財政構造と農民負担の特徴
1967.06.01	六月号	38		〈時潮〉南朝鮮の「大統領選挙」劇
1967.06.01	六月号	40		〈時潮〉具体化した「ベトナム再増派」
1967.06.01	六月号	41		〈時潮〉「外貨貸付」のいきつく先は？
1967.06.01	六月号	43		〈時潮〉「会計年度」変更騒動
1967.06.01	六月号	51	金昇俊	〈紹介〉朝鮮における農村問題解決の歴史的経験(6)
1967.06.01	六月号	65		〈南朝鮮論調〉主権者の寛容は民主主義を絞殺する南朝鮮論調
1967.06.01	六月号	70		〈南朝鮮論調〉われわれは辱しめをうけた南朝鮮論調
1967.06.01	六月号	71		〈日誌〉北朝鮮
1967.06.01	六月号	73		〈日誌〉南朝鮮(政治・「韓」米日関係・軍事・経済・人民闘争)
1967.07.01	七月号	2		朝鮮民主主義人民共和国政府声明ーアラブ人民の正義の闘争を支持する
1967.07.01	七月号	6		朝鮮労働党の軍事路線の勝利の示威ー『労働新聞』6月9日付社説
1967.07.01	七月号	10		祖国平和統一委員会ほか11団体による共同声明ー南朝鮮からのアメリカ軍の撤退を要求する
1967.07.01	七月号	17		闘争の隊列を拡大しれいっそう頑強にたたかおうー『労働新聞』6月17日付社説
1967.07.01	七月号	20		帰国協定を破壊しようとする日本当局の策動は許すことができないー『労働新聞』6月2日付社説
1967.07.01	七月号	24	編集部	〈時評〉朴正熙一味の不正「選挙」と南朝鮮人民の闘争
1967.07.01	七月号	53	朴文国	〈論評〉アメリカ帝国主義と「太平洋共同体」について
1967.07.01	七月号	70		〈時潮〉バラ色ムードの色あせたが外資導入
1967.07.01	七月号	72		〈時潮〉B・A政策の再強化
1967.07.01	七月号	73		〈時潮〉「輸入のための輸出」と買弁資本のふところ
1967.07.01	七月号	75		〈時潮〉アメリカ版「税制改革」策動
1967.07.01	七月号	77		〈時潮〉金価格昂騰の意味するもの

발행일	지면정보		필자	제목
	권호	페이지		
1967.07.01	七月号	81	金昇俊	〈紹介〉朝鮮における農村問題解決の歴史的経験(7)
1967.07.01	七月号	96		〈南朝鮮論調〉堕落した選挙戦南朝鮮論調
1967.07.01	七月号	97		〈南朝鮮論調〉殺人選挙南朝鮮論調
1967.07.01	七月号	103		〈日誌〉北朝鮮
1967.07.01	七月号	105		〈日誌〉南朝鮮(政治・「韓」米日関係・軍事・経済・人民闘争)
1967.08.01	八月号	2		在日朝鮮公民の帰国事業にたいする日本当局の破壊策動にだんこ反対するー祖国統一民主主義戦線中央委員会拡大会議での朴成哲副首相の報告
1967.08.01	八月号	10		新たな「反共」騒動によって南朝鮮人民の正義のたたかいを抑えることはできないー朝鮮民主主義人民共和国外務省スポークスマン声明
1967.08.01	八月号	12	編集部	〈時評〉「ソウル会談」の意図ー本格化した「韓日条約」・NEATOー
1967.08.01	八月号	20		〈時潮〉"二升の米"と"黒髪"
1967.08.01	八月号	21		〈時潮〉「大統領就任式」のウラ、オモテ
1967.08.01	八月号	23		〈時潮〉強制たちのきに催涙弾
1967.08.01	八月号	24		〈時潮〉「選挙」とともに消えた「韓肥、国家献納」と「肥料価格引下げ」
1967.08.01	八月号	26		〈時潮〉南朝鮮でのホテル稼業
1967.08.01	八月号	28	金昇俊	〈紹介〉朝鮮における農村問題解決の歴史的経験(8)
1967.08.01	八月号	47		〈南朝鮮論調〉強制休校措置と生活苦南朝鮮論調
1967.08.01	八月号	48		〈南朝鮮論調〉文教当局の猛省を促す南朝鮮論調
1967.08.01	八月号	53		〈日誌〉北朝鮮
1967.08.01	八月号	55		〈日誌〉南朝鮮(政治・「韓」米日関係・軍事・経済・人民闘争)
1967.09.01	九月号	2		反帝反米闘争を強化しようー三大陸人民連帯機構機関理論誌創刊号に発表された金日成首相の論文
1967.09.01	九月号	8		国連は朝鮮問題に介入するどのような資格も権限もないー朝鮮民主主義人民共和国政府声明
1967.09.01	九月号	12		党と領袖のまわりに固く団結した朝鮮人民の力は必勝不敗であるー『労働新聞』7・26論説
1967.09.01	九月号	18	河光容	〈時評〉出入国管理令「改正」のねらいー在日朝鮮人にたいする政治的差別と抑圧、強制追放の強化ー
1967.09.01	九月号	24		〈時潮〉第一回「韓日閣僚会議」のねらいテーラーの南朝鮮行脚
1967.09.01	九月号	27		〈時潮〉「貿易自由化」のもたらすもの
1967.09.01	九月号	29		〈時潮〉蔓延する日本脳炎
1967.09.01	九月号	30		〈時潮〉高まる米軍機関労働者のたたかい
1967.09.01	九月号	32	ホワン・ジンシク	〈紹介〉アメリカ帝国主義の世界制覇野望と各個撃破戦略
1967.09.01	九月号	41	金昇俊	〈紹介〉朝鮮における農村問題解決の歴史的経験(9)
1967.09.01	九月号	60		〈南朝鮮論調〉不正選挙処理にたいする疑問南朝鮮論調

발행일	지면정보		필자	제목
	권호	페이지		
1967.09.01	九月号	61		〈南朝鮮論調〉教育行政の放棄を意味する公納金の53％引上げ南朝鮮論調
1967.09.01	九月号	62		〈南朝鮮論調〉農村の実情と立稲先売南朝鮮論調
1967.09.01	九月号	65		〈日誌〉北朝鮮
1967.09.01	九月号	67		〈日誌〉南朝鮮(政治・「韓」米日関係・軍事・経済・人民闘争)
1967.10.01	十月号	2		朝鮮民主主義人民共和国創建19周年記念平譲市慶祝大会での朴成哲副首相の報告
1967.10.01	十月号	17		アメリカ帝国主義があえて新戦争を挑発するならばそれはかれら自身の終局的敗北に終るであろうー朝鮮民主主義人民共和国外務省声明
1967.10.01	十月号	19		帰国事業をあくまでも破壊しようとするならば峻厳な審判をまぬがれないであろうー朝鮮民主主義人民共和国赤十字会声明
1967.10.01	十月号	22	文孔鐸	〈時評〉経済の軍事化と人民収奪に狂奔する朴正煕「政権」ー「選挙」後の動向を中心に
1967.10.01	十月号	40		〈時潮〉「民防衛法」案作成の背景
1967.10.01	十月号	41		〈時潮〉海兵一個大隊派遣のてんまつ
1967.10.01	十月号	43		〈時潮〉本格化する日本書籍の南朝鮮侵入
1967.10.01	十月号	45		〈時潮〉落盤事故の真の原因
1967.10.01	十月号	47		〈時潮〉80年来の干害
1967.10.01	十月号	49	金昇俊	〈紹介〉朝鮮における農村問題解決の歴史的経験(10)
1967.10.01	十月号	69		〈南朝鮮論調〉民族の主体性を確立し祖国を統一しよう南朝鮮論調
1967.10.01	十月号	73		〈南朝鮮論調〉ベトナム増派と憲法と国防南朝鮮論調
1967.10.01	十月号	77		〈日誌〉北朝鮮
1967.10.01	十月号	80		〈日誌〉南朝鮮(政治・「韓」米日関係・軍事・経済・人民闘争)
1967.11.01	十一月号	2		不敗の党、偉大な勝利ー『労働新聞』10・10社説
1967.11.01	十一月号	11		敬愛する領袖に寄せる朝鮮人民の限りない信頼と忠誠のあらわれー『労働新聞』10・19社説
1967.11.01	十一月号	17		国連でいかなる決定を一方的に採択しようともそれは無効であるー朝鮮民主主義人民共和国外務省声明
1967.11.01	十一月号	19		日本側は遅滞なく朝日赤十字会談の再開に応ぜよー朝鮮民主主義人民共和国赤十字会声明
1967.11.01	十一月号	21	編集部	〈時評〉「総動員体制」の確立を画策する朴正煕「政権」
1967.11.01	十一月号	32	金圭昇	〈論評〉朝鮮民主主義人民共和国における選挙制度
1967.11.01	十一月号	37		〈時潮〉「ベトナム増派」の新局面
1967.11.01	十一月号	39		〈時潮〉「第二次追加修正予算」の通過
1967.11.01	十一月号	41		〈時潮〉「韓肥献納」という人民欺瞞劇
1967.11.01	十一月号	43		〈時潮〉公共料金引上げが「安定政策」か？
1967.11.01	十一月号	44		〈時潮〉「日本大使館」新築策動にまつわる因縁
1967.11.01	十一月号	47	金昇俊	〈紹介〉朝鮮における農村問題解決の歴史的経験(11)

발행일	지면정보		필자	제목
	권호	페이지		
1967.11.01	十一月号	63		うれうべき8・15南朝鮮論調
1967.11.01	十一月号	64		駐韓日本大使館を南山に建てさせるな南朝鮮論調
1967.11.01	十一月号	65		政治人の良識を促求する南朝鮮論調
1967.11.01	十一月号	68		〈日誌〉北朝鮮
1967.11.1	十一月号	70		〈日誌〉南朝鮮(政治・「韓」米日関係・軍事・経済・人民闘争)
1967.12.01	十二月号	2		10月の旗、革命の旗ー『労働新聞』11月7日付社説
1967.12.01	十二月号	8	趙成勲	〈時評〉最近の日本独店資本の南朝鮮再侵略
1967.12.01	十二月号	15	玄源錫	〈論評〉朴軍事「政権」下における南朝鮮民族資本の零落状態ー経営規模・経営形態の側面からー
1967.12.01	十二月号	28		〈時潮〉米兵の蛮行に高まる反米気勢
1967.12.01	十二月号	30		〈時潮〉たゆまぬ南朝鮮労働者のたたかい
1967.12.01	十二月号	31		〈時潮〉深まる飢餓・絶糧、高まる農民闘争
1967.12.01	十二月号	33		〈時潮〉ガルフ独店体制の確立
1967.12.01	十二月号	34		〈時潮〉現代版「奴隷輸出」
1967.12.01	十二月号	36		〈時潮〉文化財受難記
1967.12.01	十二月号	38		〈時潮〉南朝鮮教員の惨状
1967.12.01	十二月号	40		〈時潮〉死の恐怖と望郷の念にかられる「国軍」兵士たち
1967.12.01	十二月号	42	金昇俊	〈紹介〉朝鮮における農村問題解決の歴史的経験(12)
1967.12.01	十二月号	62		慨嘆すべき警察の人権じゅうりん南朝鮮論調
1967.12.01	十二月号	63		税務査察権の発動南朝鮮論調
1967.12.01	十二月号	68		〈日誌〉北朝鮮
1967.12.01	十二月号	70		〈日誌〉南朝鮮(政治・「韓」米日関係・軍事・経済・人民闘争)
1967.12.01	十二月号	80		〈本誌〉1967年　総目次
1968.01.01	一月号	2		国家活動のすべての分野で自主、自立、自衛の革命精神をしっそう徹底的に具現しよう最高人民会議第4期第1回会議で金日成首相が発表した朝鮮民主主義人民共和国政府政綱
1968.01.01	一月号	38		松林選挙区での金日成首相の演説
1968.01.01	一月号	45		偉大な勝利、不敗の統一の示威ー『労働新聞』11・27社説
1968.01.01	一月号	52		アメリカ帝国主義に反対するたたかいに主要なほこ先をむけようー『労働新聞』11・16論説
1968.01.01	一月号	60	裵秉斗	〈時評〉1967年の南朝鮮情勢と今後の展望
1968.01.01	一月号	92		〈時潮〉南ベトナム派遣南朝鮮労働者の反米気勢
1968.01.01	一月号	94		〈時潮〉「大韓航空公社」の汚職事件
1968.01.01	一月号	95		〈時潮〉入試地獄と覚醒剤
1968.01.01	一月号	98	金昇俊	〈紹介〉朝鮮における農村問題解決の歴史的経験(13)
1968.01.01	一月号	117		〈南朝鮮論調〉国家権力乱用の誤った発想ー民防衛方案南朝鮮論調
1968.01.01	一月号	118		〈南朝鮮論調〉桎梏の抗に呻吟する人間の尊厳性南朝鮮論調
1968.01.01	一月号	122		〈日誌〉北朝鮮

발행일	지면정보		필자	제목
	권호	페이지		
1968.01.01	一月号	124		〈日誌〉南朝鮮(政治・「韓」米日関係・軍事・経済・人民闘争)
1968.02.01	二月号	2		金日成首相より在日本朝鮮人総聯合会中央常任委員会韓徳銖議長への祝電
1968.02.01	二月号	4		日本国民への新年の挨拶在日本朝鮮人総聯合会中央常任委員会議長韓徳銖
1968.02.01	二月号	7		敵があえて挑みかかるならばせん滅的な打撃を加えるであろうー朝鮮民主主義人民共和国政府声明
1968.02.01	二月号	9		アメリカ帝国主義者の新戦争挑発策動を粉砕しよう!ー『労働新聞』1・28社説
1968.02.01	二月号	13		日本側の朝・日赤十字会談破壊策動を非難するー祖国統一民主主義戦線中央委員会声明
1968.02.01	二月号	16		コロンボ会談を一方的に決裂させた日本当局の不当な行為を糾弾するー在日本朝鮮人総聯合会中央常任委員会声明
1968.02.01	二月号	18	康順益	〈時評〉朴正熙一味の1968年度「予算」の特徴
1968.02.01	二月号	26	文孔鐸	〈論評〉南朝鮮「漁業協同組合」の実態ーその反動的本質を中心にー
1968.02.01	二月号	37		〈時潮〉戦争準備をたくらむ「非常治安会議」
1968.02.01	二月号	39		〈時潮〉南朝鮮への日本人「商用客」の増大
1968.02.01	二月号	40		〈時潮〉「税法」改悪の意図するもの
1968.02.01	二月号	42		〈時潮〉たたかいのなかのゆく年くる年ー南朝鮮労働者
1968.02.01	二月号	44		〈時潮〉「乱中日記」盗難事件はなぜ起こったか
1968.02.01	二月号	46		〈時潮〉悪化一路の電力飢饉
1968.02.01	二月号	48	金昇俊	〈紹介〉朝鮮における農村問題解決の歴史的経験(14)
1968.02.01	二月号	61		〈南朝鮮論調〉歴史の審判は峻厳である南朝鮮論調
1968.02.01	二月号	62		〈南朝鮮論調〉共和党に警告する南朝鮮論調
1968.02.01	二月号	69		〈日誌〉北朝鮮
1968.02.01	二月号	69		〈日誌〉南朝鮮 (政治・「韓」米日関係・軍事・経済・人民闘争)
1968.03.01	三月号	2		朝鮮人民軍創建20周年祝賀宴での金日成首相の演説
1968.03.01	三月号	7		朝鮮人民軍第611軍部隊の兵士、初級指揮員、将校に送った金日成首相の祝賀文
1968.03.01	三月号	11		金日成首相に南朝鮮の革命家と愛国者から寄せられた祝賀文
1968.03.01	三月号	16		コロンボ会談を再び一方的に破綻させた日本政府の犯罪行為を糾弾するー朝鮮民主主義人民共和国外務省声明
1968.03.01	三月号	19	編集部	〈時評〉最近の南朝鮮情勢高まる武装遊撃闘争、露骨化する戦争挑発策動
1968.03.01	三月号	43		〈時評〉武装スパイ船プェブロ号艦長の自由書と全乗組員の共同謝罪文
1968.03.01	三月号	59	朴正汶	〈論評〉南朝鮮における言語の混乱状態と言語学の反動性
1968.03.01	三月号	69		〈解説〉アメリカ帝国主義の南朝鮮支配機構
1968.03.01	三月号	78		〈時潮〉戦争準備のための「京釜高速道路」
1968.03.01	三月号	80		〈時潮〉いっそう緊密になた「韓」日結託

발행일	지면정보		필자	제목
	권호	페이지		
1968.03.01	三月号	81		〈時潮〉「第二経済」とは？
1968.03.01	三月号	82		〈時潮〉朴正熙の戯言
1968.03.01	三月号	84		〈時潮〉「中央情報部」のアルバイト
1968.03.01	三月号	86	金昇俊	〈紹介〉朝鮮における農村問題解決の歴史的経験(15・完)
1968.03.01	三月号	96		〈南朝鮮論調〉『第二の経済』にたいする疑問南朝鮮論調
1968.03.01	三月号	98		〈南朝鮮論調〉また一つの文教部怪処事南朝鮮論調
1968.03.01	三月号	99		〈南朝鮮論調〉腐敗・不正は絶頂に南朝鮮論調
1968.03.01	三月号	100		〈南朝鮮論調〉対日文化開放政策南朝鮮論調
1968.03.01	三月号	101		〈日誌〉朝鮮民主主義人民共和国
1968.04.01	四月号	2		金日成同志の直接的な指導のもとに組織、展開された朝鮮人民の抗日武装戦争ーハバナ文化大会で大会の文献として採択された栄えある抗日武装闘争時期の戦略戦術に関する文献
1968.04.01	四月号	25		わが国の領海に侵入した武装スパイ船プエブロ号の挑発事件は完全に計画的で組織的な戦争策動である－『労働新聞』2・9編終局論説
1968.04.01	四月号	30		金日成首相の指導のもとに共和国政府は海外同胞の民族的権利を擁護して断固たたかうであろう－『労働新聞』2・23社説
1968.04.01	四月号	36	金漢宇	〈時評〉ひきつづき強化される南朝鮮での「臨戦態勢」
1968.04.01	四月号	45	朴炳浩	〈論評〉アメリカ帝国主義の極東政策と南朝鮮
1968.04.01	四月号	57		〈解説〉南朝鮮における「反共」騒動の本質
1968.04.01	四月号	66		〈解説〉あとをたたないアメリカ軍の犯罪
1968.04.01	四月号	67		〈解説〉激増する警察官の退職
1968.04.01	四月号	68		〈解説〉南朝鮮での平気生産に加担する日本独店資本
1968.04.01	四月号	70		〈解説〉「安定政策」のもたらした物価騰貴
1968.04.01	四月号	73		〈解説〉ひきつづく炭鉱労働者のたたかい
1968.04.01	四月号	75		〈南朝鮮論調〉雲峴宮に日本大使館とは言語道断南朝鮮論調
1968.04.01	四月号	76		〈南朝鮮論調〉笑止な節米対策南朝鮮論調
1968.04.01	四月号	77		〈南朝鮮論調〉勤労者の健康管理状態南朝鮮論調
1968.04.01	四月号	78		〈南朝鮮論調〉安月給にもだえる教員南朝鮮論調
1968.04.01	四月号	80		〈日誌〉朝鮮民主主義人民共和国
1968.05.01	五月号	2		「和平会談」の名のもとに戦争拡大を策するアメリカ帝国主義ー朝鮮民主主義人民共和国外務省声明
1968.05.01	五月号	4		朝鮮におけるアメリカ帝国主義の新戦争挑発策動は自らの滅亡を促すだけである－『労働新聞』3・27社説
1968.05.01	五月号	8		わが党の反帝革命路線の正当性ー『労働新聞』3・16論説
1968.05.01	五月号	20		在日同胞の民族教育にたいする佐藤政府の野蛮な弾圧策動は許せないー『労働新聞』3・6社説
1968.05.01	五月号	24	金己大	〈時評〉朴「政権」をゆさぶる干害と飢饉
1968.05.01	五月号	32		〈解説〉南朝鮮かいらい政権の階級的本質
1968.05.01	五月号	38		〈時潮〉「郷土予備軍」創設の意味するもの

발행일	지면정보		필자	제목
	권호	페이지		
1968.05.01	五月号	39		〈時潮〉アメリカでひらかれた南朝鮮「経済シンポジウム」
1968.05.01	五月号	41		〈時潮〉いっそう加重される租税収奪
1968.05.01	五月号	43		〈時潮〉南朝鮮民族資本の「栄養失調状態」と破産
1968.05.01	五月号	45		〈時潮〉黒い縮図ー黒い海苔は美味なれど？
1968.05.01	五月号	48		〈時潮〉外資獲得に「賭博場」
1968.05.01	五月号	49		〈時潮〉高まる南朝鮮人民の反日感情
1968.05.01	五月号	51		〈紹介〉10月の思想は勝利している
1968.05.01	五月号	61	キムソンテ	〈紹介〉金日成首相によって創造された大安の事業体系
1968.05.01	五月号	72		〈南朝鮮論調〉前代未聞の公約と前代未聞の空約南朝鮮論調
1968.05.01	五月号	73		〈南朝鮮論調〉通禁過剰取締りは対民奉仕の道ではない南朝鮮論調
1968.05.01	五月号	74		〈南朝鮮論調〉指紋登録に反対する南朝鮮論調
1968.05.01	五月号	75		〈南朝鮮論調〉日本漁船の横暴さを傍観していられようか南朝鮮論調
1968.05.01	五月号	76		〈南朝鮮論調〉教師不足と不正教師南朝鮮論調
1968.05.01	五月号	77		〈南朝鮮論調〉朝鮮民主主義人民共和国
1968.06.01	六月号	2		抗日武装闘争の時期金日成首相が明らかにした反日民族統一戦線とその偉大な生命力ー『労働新聞』5・5論説
1968.06.01	六月号	12		1967年国家予算の執行にかんする決算と1968年国家予算について一朝鮮民主主義人民共和国最高人民会議第四期第二回会議でおこなった尹基福財政相の報告
1968.06.01	六月号	39		アメリカ帝国主義侵略者と売国奴朴正熙一味を打倒しよう一祖国平和統一委員会の弾劾文
1968.06.01	六月号	50	編集部	〈時評〉重大な段階に入ったアメリカ帝国主義の新たな戦争挑発
1968.06.01	六月号	60		〈時潮〉強まる言論へのファッショ・テロ行為
1968.06.01	六月号	61		〈時潮〉乱闘と変則にあけくれるかいらい国会
1968.06.01	六月号	63		〈時潮〉ニュースにならなかった「第五回韓日貿易会談」の背景
1968.06.01	六月号	64		〈時潮〉外貨逃避の意味するもの
1968.06.01	六月号	66		〈時潮〉朴正熙一味のファッショ的な家屋「立ち退き」騒動
1968.06.01	六月号	68		〈紹介〉金日成首相の社会主義的農村問題解決の偉大な構想とその輝かしい具現
1968.06.01	六月号	88		〈資料〉全世界の人民に告ぐ一朝鮮でのアメリカ帝国主義侵略軍の犯罪行為について
1968.06.01	六月号	112		〈南朝鮮論調〉郷軍法案審議にたいする疑問南朝鮮論調
1968.06.01	六月号	113		〈南朝鮮論調〉労働問題の全般的な再検討を望む南朝鮮論調
1968.06.01	六月号	114		〈南朝鮮論調〉不正の巣窟と化した農協南朝鮮論調
1968.06.01	六月号	115		〈南朝鮮論調〉暴力化した日本航空の労使紛糾南朝鮮論調
1968.06.01	六月号	117		〈日誌〉朝鮮民主主義人民共和国
1968.07.01	七月号	2		反米救国の旗じるしのもとに固く団結して力強くたたかおう一『労働新聞』6・3論説

발행일	지면정보		필자	제목
	권호	페이지		
1968.07.01	七月号	7		千里馬作業班動を拡大、発展させ全国をひきつづき革命的大高揚でわきたたせようー『労働新聞』5・14社説
1968.07.01	七月号	14		在日朝鮮公民の民主的民族権利をふみにじる日本当局の不当な行為を糾弾するー朝鮮民主主義人民共和国外務省スポークスマン声明
1968.07.01	七月号	17		朝鮮総聯中央常任委員会の声明ー朝鮮民主主義人民共和国外務省スポークスマン声明を支持して
1968.07.01	七月号	20	崔瀚昊	〈時評〉「臨戦体制」下の南朝鮮経済ー強まる軍事化、深まる経済危機
1968.07.01	七月号	31		〈時潮〉「韓米国防長官会談」とその後の推移
1968.07.01	七月号	33		〈時潮〉金鐘泌脱党の意味するもの
1968.07.01	七月号	34		〈時潮〉「韓日国会議員懇談会」で話されたこと
1968.07.01	七月号	36		〈時潮〉「貿易」の破綻と促進する経済の軍事化
1968.07.01	七月号	38		〈時潮〉「移民5ヵ年計画」の本質
1968.07.01	七月号	40		〈時潮〉かいらい軍における「軍記紊乱」の真の原因
1968.07.01	七月号	42	キムジェヨン	〈紹介〉わが国におけるプロレタリア独裁政権の樹立とその強化、発展
1968.07.01	七月号	51		〈南朝鮮論調〉5・16を再考す南朝鮮論調
1968.07.01	七月号	53		〈南朝鮮論調〉輸出政策の再検討南朝鮮論調
1968.07.01	七月号	55		〈南朝鮮論調〉干害の脅威南朝鮮論調
1968.07.01	七月号	56		〈南朝鮮論調〉病菌をふりまく保健行政南朝鮮論調
1968.07.01	七月号	58		〈南朝鮮論調〉「軍」における気合というもの南朝鮮論調
1968.07.01	七月号	59		〈日誌〉朝鮮民主主義人民共和国
1968.08.01	八月号	2		アメリカ帝国主義と朴正煕一味の南朝鮮愛国者へのフゥァショ弾圧を糾弾する祖国平和統一委員会声明
1968.08.01	八月号	5	梁権浩	〈時評〉いっそう激化した南朝鮮の「反共」騒動
1968.08.01	八月号	12		〈時潮〉米高級軍事視察団の行脚
1968.08.01	八月号	14		〈時潮〉「暴力団狩り」に名をかりた徴用策動
1968.08.01	八月号	15		〈時潮〉水飢饉と供水、これが天災か！
1968.08.01	八月号	17		〈時潮〉飢餓賃金にあえぐ南朝鮮労働者
1968.08.01	八月号	19		〈時潮〉「資本市場育成法案」のねらい
1968.08.01	八月号	21	キムギュンヒョン	〈紹介〉四千万朝鮮人民の敬愛する領袖金日成首相にたいする南朝鮮人民の限りない尊敬と熱烈な敬慕
1968.08.01	八月号	30		〈資料〉全朝鮮人民と全世界の平和愛好人民は団結して日本軍国主義の侵略的野望を破綻させるためたたかおうー朝鮮民主主事人民共和国外務省覚え書き
1968.08.01	八月号	46		〈南朝鮮論調〉生存権すら認められぬ勤労者の賃金実態南朝鮮論調
1968.08.01	八月号	47		〈南朝鮮論調〉勤労基準法は改正する必要がない南朝鮮論調
1968.08.01	八月号	48		〈南朝鮮論調〉話にもならぬ教科書代の値上げ南朝鮮論調
1968.08.01	八月号	49		〈南朝鮮論調〉社会悪除去のためにまず官紀粛正を南朝鮮論調

발행일	지면정보		필자	제목
	권호	페이지		
1968.08.01	八月号	50		〈南朝鮮論調〉不正官史に徹底した取り締まりを南朝鮮論調
1968.08.01	八月号	52		〈日誌〉朝鮮民主主義人民共和国
1968.09.01	九月号	2		〈巻頭言〉栄えある祖国ー朝鮮民主主義人民共和国創建20周年を熱烈に祝賀して
1968.09.01	九月号	4		革命の旗を高くかかげ新たな勝利をめざして力強く先進しようー『労働新聞』8・15論説
1968.09.01	九月号	8		チェコスロバキア自体の歴史的教訓ー『労働新聞』8・23論説
1968.09.01	九月号			〈特集〉金日成首相の指導のもとに隆盛、発展する社会主義強国ー朝鮮民主主義人民共和国
1968.09.01	九月号	18		〈特集〉Ⅰ 金日成首相の偉大な革命思想とその輝かしい具現
1968.09.01	九月号	29		〈特集〉Ⅱ 隆盛、発展する「千里馬の国」、「社会主義模範の国」
1968.09.01	九月号	29		〈特集〉1. 輝かしい自立的民族経済の建設
1968.09.01	九月号	33		〈特集〉(1) ひきつづき発展する重工業
1968.09.01	九月号	37		〈特集〉(2) 領袖にたいする千里馬騎手の限りない忠誠
1968.09.01	九月号	39		〈特集〉(3) 現代的な軽工業基地の築成
1968.09.01	九月号	44		〈特集〉2. 農村でおこなった偉大な変貌
1968.09.01	九月号	44		〈特集〉(1) 発展する社会主義農村
1968.09.01	九月号	49		〈特集〉(2) 変革の歩み
1968.09.01	九月号	52		〈特集〉3. 人民福祉の増進、教育文化水準の向上
1968.09.01	九月号	52		〈特集〉(1) 日増しに豊かになるう人民生活
1968.09.01	九月号	56		〈特集〉(2) 教育、文化水準の向上
1968.09.01	九月号	64		〈特集〉Ⅲ 金日成首相を敬慕し共和国北半部をあおぎみる南朝鮮人民の反米救国闘争
1968.09.01	九月号	73		朝鮮民主主義人民共和国主要年表 1945.8～1968.8
1968.09.01	九月号	97		〈日誌〉朝鮮民主主義人民共和国
196810.01	十月号	2		朝鮮民主主義人民共和国は、わが人民の自由と独立の旗じるしてあり、社会主義・共産主義建設の強力な武器である朝鮮民主主義人民共和国創建20周年記念中央慶祝大会でおこなった 金日成首相の報告
196810.01	十月号	68		国連は「朝鮮問題」の不法な討議をやめ「韓国統一復興委員団」を即時解体せよー朝鮮民主主義人民共和国政府声明
196810.01	十月号	71	編集部	〈時評〉日本軍国主義の南朝鮮再侵略の激化
196810.01	十月号	84		〈時潮〉「住民登録法」の改悪に狂奔する朴正熙一味
196810.01	十月号	86		〈時潮〉「産業銀行法」改訂のねらうもの
196810.01	十月号	88		〈時潮〉「統一革命党」に網羅された南朝鮮人民のたたかい
196810.01	十月号	91		〈紹介〉朝鮮労働党の主体思想とその偉大な生命力
196810.01	十月号	103		〈南朝鮮論調〉軍機の定義にたいして論難す南朝鮮論調
196810.01	十月号	104		〈南朝鮮論調〉警官の横暴な対民姿勢南朝鮮論調
196810.01	十月号	105		〈南朝鮮論調〉国公立各級学校の不足教員は平均40％南朝鮮論調

발행일	지면정보		필자	제목
	권호	페이지		
1968.10.01	十月号	106		〈南朝鮮論調〉盛んな立稲先売南朝鮮論調
1968.10.01	十月号	107		〈南朝鮮論調〉風水害はあきらかに人災である南朝鮮論調
1968.10.01	十月号	109		〈日誌〉朝鮮民主主義人民共和国
1968.11.01	十一月号	2	金日成	アジア、アメリカ、ラテンアメリカ諸国人民の偉大な反帝革命偉業は必勝不敗である(チェ・ゲバラの戦死一周年にさいして)
1968.11.01	十一月号	16		栄えある党の旗のもとに新たな勝利をめざして力強く先進しよう一『労働新聞』10・10社説
1968.11.01	十一月号	26		在日本朝鮮人総聯合会中央常任委員会の声明一朝鮮民主主義人民共和国創建20周年在日朝鮮人祝賀団の再入国不許可取り消しを要求する行政訴訟にたいする東京地方裁判所の判決と関連して
1968.11.01	十一月号	28	金泰鎮	「外国人登録証明書」の更新と不当な「韓国籍」、「永住権申請」の強要
1968.11.01	十一月号	39		〈時潮〉ソウルでの「四者軍事高位会談」
1968.11.01	十一月号	42		〈時潮〉いっそう暴露された「韓米行政協定」の本質
1968.11.01	十一月号	43		〈時潮〉南朝鮮にたいする日本軍国主義の思想・文化侵略の激化
1968.11.01	十一月号	45		〈時潮〉暴利をよぶ「黒い手」・反動官僚
1968.11.01	十一月号	47		〈時潮〉南朝鮮逓信部門労働者のたたかい
1968.11.01	十一月号	49		〈紹介〉わが革命の勝利と社会主義・共産主義建設の偉大な綱領
1968.11.01	十一月号	62		干害ショック分析南朝鮮論調
1968.11.01	十一月号	64		空念仏にすぎない干害学生救護策南朝鮮論調
1968.11.01	十一月号	65		『新進』の暴利と横流し説南朝鮮論調
1968.11.01	十一月号	67		汚い井戸水を飲む道内の児童たち南朝鮮論調
1968.11.01	十一月号	69		〈日誌〉朝鮮民主主義人民共和国
1968.12.01	十二月号	2		朝鮮民主主義人民共和国政府声明一ベトナム民主共和国政府声明とホー・チ・ミン主席のアピールを支持して
1968.12.01	十二月号	4		朝鮮民主主義人民共和国外務省声明一朝鮮民主主義人民共和国創建20周年在日朝鮮人祝賀団の日本再入国許可を拒否する日本当局の不当な策動を糾弾して
1968.12.01	十二月号	6	編集部	強化される人民収奪策動と南朝鮮人民生活の零落
1968.12.01	十二月号	18		出入国管理令「改正」の真のねらい
1968.12.01	十二月号	25		南朝鮮貿易の実態
1968.12.01	十二月号	36		戦争挑発を策す南朝鮮での米空軍力の増強
1968.12.01	十二月号	38		「韓日強直委員会」発足の意図するもの
1968.12.01	十二月号	40		外資導入企業体への特恵・暴利のからくり
1968.12.01	十二月号	43		燃えひろがる武装遊撃闘争
1968.12.01	十二月号	46		祖国の統一と南朝鮮革命にかんする朝鮮労働党の路線と方針

발행일	지면정보		필자	제목
	권호	페이지		
1968.12.01	十二月号	71		税金にかじりとあれる国民南朝鮮論調
1968.12.01	十二月号	72		無秩序の跳躍
1968.12.01	十二月号	73		恐怖と戦慄の煉炭ガス中毒事件
1968.12.01	十二月号	73		50ウオン人生
1968.12.01	十二月号	75		〈日誌〉朝鮮民主主義人民共和国
1968.12.01	十二月号	87		本誌1968年度総目次
1969.02.01	二月号	2		金日成首相より在日本朝鮮人総聯合会中央常任委員会 韓徳鉄議長への祝電
1969.02.01	二月号	6		日本国民への新年のあいさつ在日本朝鮮人総聯合会中央常任委員会 議長 韓徳鉄
1969.02.01	二月号	9	編集部	〈時評〉激化する南朝鮮人民の革命闘争、深まる植民地支配の危機
1969.02.01	二月号	20		〈時潮〉南朝鮮経済のいわゆる「高度成長」の実体
1969.02.01	二月号	22		〈時潮〉外国人企業を庇護する売国奴
1969.02.01	二月号	24		〈時潮〉欺瞞的な「義務教育」の実施
1969.02.01	二月号	26		〈解説〉社会主義の基礎建設の歴史的勝利を保障した創造的な戦略と戦術、社会主義革命と社会主義建設をめざす偉大な綱領的文献ー『金日成著作選集』第二巻出版にさいして
1969.02.01	二月号	50		〈南朝鮮論調〉政治と経済の未分化南朝鮮論調
1969.02.01	二月号	52		〈南朝鮮論調〉学園企業南朝鮮論調
1969.02.01	二月号	53		〈南朝鮮論調〉公立中学校の授業料値上げ南朝鮮論調
1969.02.01	二月号	54		〈日誌〉朝鮮民主主義人民共和国
1969.03.01	三月号	2		〈巻頭言〉南朝鮮統一革命党の愛国者たちにたいするアメリカ帝国主義と朴正熙一味のファッショ弾圧と殺人裁判に反対する抗議行動を訴える
1969.03.01	三月号	4		南朝鮮の革命闘士、故崔永道英雄に朝鮮民主主義人民共和国英雄称号を授与
1969.03.01	三月号	5		金日成首相がさししめす革命の道にそってたたかう南朝鮮革命家と人民は必勝不敗であるー『労働新聞』1・30社説
1969.03.01	三月号	11		〈特集〉南朝鮮統一革命党に網羅された南朝鮮の革命家、愛国者の不屈の闘争
1969.03.01	三月号	11		〈特集〉Ⅰ 南朝鮮統一革命党の不屈の革命闘争
1969.03.01	三月号	11		〈特集〉Ⅱ 南朝鮮人民の愛国闘争とあれくるうファッショ暴圧
1969.03.01	三月号	44		〈資料〉『青脈』誌の主張
1969.03.01	三月号	55		〈資料〉南朝鮮人民の主要闘争年表
1969.03.01	三月号	65		〈資料〉南朝鮮統一革命党の金鍾泰をはじめとする愛国者に対するアメリカ帝国主義者と朴正熙一味のファッショ的弾圧と殺人裁判に関する最近の事例
1969.03.01	三月号	70		〈資料〉「国家保安法」、「反共法」、「特殊犯罪処罰に関する特別法」の要旨

발행일	지면정보		필자	제목
	권호	페이지		
1969.03.01	三月号	73		〈解説〉社会主義建設の雄大な綱領、その実現を保障する偉大なマルクス・レーニン主義的文献ー『金日成著作選集』第三巻出版にさいしてー
1969.03.01	三月号	98		〈日誌〉朝鮮民主主義人民共和国
1969.04.01	四月号	2		四千万朝鮮人民の敬愛する領袖金日成首相の誕生57周年を熱烈に祝賀する
1969.04.01	四月号	6		社会主義経済のいくつかの理論的問題についてー科学・教育部門の活動家だちが提起した質問にたいする回答ー
1969.04.01	四月号	32		社会主義経済建設で綱領的指針となる卓越したマルクス・レーニン主義の文献ー『労働新聞』3・16社説
1969.04.01	四月号	44	編集部	〈時評〉新戦争挑発策動の激化と「韓」日結託の強化
1969.04.01	四月号	51	河光容	〈時評〉犯罪的な「出入国管理法案」ー在日朝鮮公民にたいする弾圧と大量追放をめざす
1969.04.01	四月号	60		〈時潮〉激増する凶悪な米軍の蛮行
1969.04.01	四月号	62		〈時潮〉不正公務員事件の報道は「まかりならぬ」
1969.04.01	四月号	64		〈時潮〉苛酷な税金取立て
1969.04.01	四月号	66		絶糧にあえぐ南朝鮮の農民たち
1969.04.01	四月号	68		〈時潮〉侵略と暴圧策動に反対する南朝鮮人民の闘争の激化
1969.04.01	四月号	71		〈紹介〉偉大な主体思想をかがやかしく具現した自主、自立、自衛の革命的路線、社会主義建設を力づよくうながす綱領的文献ー『金日成著作選集』第四巻出版にさいして
1969.04.01	四月号	98		〈南朝鮮論調〉少年にたいしる米軍人の銃撃南朝鮮論調
1969.04.01	四月号	104		〈日誌〉朝鮮民主主義人民共和国
1969.05.01	五月号	2		偉大な領袖金日成首相の指導のもとに先進する朝鮮人民の革命偉業は必勝不敗であるー『労働新聞』4・15社説
1969.05.01	五月号	13		朝鮮民主主義人民共和国政府声明ーアメリカ帝国主義の新たな戦争挑発騒動を断固糾弾する
1969.05.01	五月号	18		アメリカ帝国主義の激化する新戦争挑発策動に革命的警戒心をいっそう高めようー『労働新聞』4・18社説
1969.05.01	五月号	22	編集部	〈時評〉危険な段階にはいったアメリカ帝国主義の戦争挑発策動
1969.05.01	五月号	32		〈時潮〉米軍の蛮行に憤怒した南朝鮮人民の闘争
1969.05.01	五月号	34		〈時潮〉南朝鮮の深刻な食糧事情
1969.05.01	五月号	36		〈時潮〉激増する労働災害と職業病
1969.05.01	五月号	38		〈紹介〉南朝鮮人民の家屋強制撤去反対の闘争
1969.05.01	五月号	40		〈紹介〉社会主義社会における経済の規模と生産発展のテンポとの相互関係についての金日成首相のすぐれた思想
1969.05.01	五月号	70		〈紹南朝鮮論調〉国民経済本質の洞孔をふさげ南朝鮮論調
1969.05.01	五月号	72		〈紹南朝鮮論調〉4・19 9周年南朝鮮論調
1969.05.01	五月号	73		〈紹南朝鮮論調〉飼料なみの日本米南朝鮮論調
1969.05.01	五月号	75		〈紹南朝鮮論調〉勤労者の前途南朝鮮論調

발행일	지면정보		필자	제목
	권호	페이지		
1969.05.01	五月号	76		〈紹南朝鮮論調〉保健政策の不在南朝鮮論調
1969.05.01	五月号	78		〈日誌〉朝鮮民主主義人民共和国
1969.06.01	六月号	2		社会主義の完全な勝利の道を明るく照らした金日成首相の偉大な思想ー『労働新聞』5・6,7論説
1969.06.01	六月号	21		朝鮮民主主義人民共和国とソビエト社会主義共和国連邦間の共同コミュニケ
1969.06.01	六月号	25		朝鮮民主主義人民共和国外務省声明ー「出入国管理法」の国会強行通過策動と関連してー
1969.06.01	六月号	28		朝鮮人民は先に手出しをしないがだれかがわれわれに手を書けることを決して許しはしないー『労働新聞』4・25社説
1969.06.01	六月号	34	編集部	〈時評〉拡大、発展する南朝鮮人民の革命闘争、いっそう深まる植民地支配の危機
1969.06.01	六月号	51		〈時潮〉「尹同胞拉致事件」が意味するもの
1969.06.01	六月号	53		〈時潮〉「釜山市庁」の汚職事件
1969.06.01	六月号	55		〈時潮〉絵にかいたもち「第三次五か年計画」
1969.06.01	六月号	57		〈時潮〉朴正煕一味の犯罪的「人力輸出」策動の意味するもの
1969.06.01	六月号	60		〈紹介〉1968年国家予算の執行にかんする決算と1969年国家予算についてー尹基福財政相の報告ー
1969.06.01	六月号	86		〈南朝鮮論調〉腐敗した釜山市政南朝鮮論調
1969.06.01	六月号	87		〈南朝鮮論調〉教員の退職激増南朝鮮論調
1969.06.01	六月号	88		〈南朝鮮論調〉勤労者の賃金実態南朝鮮論調
1969.06.01	六月号	89		〈南朝鮮論調〉慶尚南道当局の農家強制撤去の意味するもの南朝鮮論調
1969.06.01	六月号	90		〈日誌〉朝鮮民主主義人民共和国
1969.07.01	七月号	2		南朝鮮からアメリカ帝国主義侵略軍を撤退させるための6.25～7.27反米共同紛争月間に際しての祖国平和統一委員会ほか11団体による共同声明
1969.07.01	七月号	8	編集部	〈時評〉激化する日本軍国主義の南朝鮮再侵略策動
1969.07.01	七月号	19		〈時潮〉第二回「韓米国防長官会議」の内容
1969.07.01	七月号	21		〈時潮〉露骨になった「三選改憲」策動
1969.07.01	七月号	23		〈時潮〉激増する教員退職
1969.07.01	七月号	26		〈紹介〉1.　社会主義社会における商品生産と価値法則にかんする金日成首相の創造的思想
1969.07.01	七月号	40		〈紹介〉2.　社会主義社会における生産手段の商品的形態と価値法則の形態的利用
1969.07.01	七月号	52		〈紹介〉3.　社会主義社会における消費物資の生産と流通における価値法則の正しい利用
1969.07.01	七月号	60		〈資料〉全世界の人民に告ぐー南朝鮮でのアメリカ帝国主義侵略軍の犯罪行為についてー
1969.07.01	七月号	81		〈南朝鮮論調〉5・16がもたらしたこの現実を直視しなければならない南朝鮮論調

발행일	지면정보		필자	제목
	권호	페이지		
1969.07.01	七月号	82		〈南朝鮮論調〉零細農と営農資金南朝鮮論調
1969.07.01	七月号	83		〈南朝鮮論調〉物価行政の無政府状態南朝鮮論調
1969.07.01	七月号	84		〈南朝鮮論調〉日ましに広がる不正腐敗南朝鮮論調
1969.07.01	七月号	86		〈日誌〉朝鮮民主主義人民共和国
1969.08.01	八月号	2		故金鍾泰英雄を追悼することにかんする朝鮮労働党中央委員会政治委員会決定書
1969.08.01	八月号	4		故金鍾泰同志に共和国英雄称号を授与することについて朝鮮民主主義人民共和国最高人民会議常任委員会政令
1969.08.01	八月号	5		統一革命党ソウル市委員会委員長金鍾泰英雄の犠牲に際して
1969.08.01	八月号	10		金日成首相が提示された朝鮮労働党の統一戦線路線の輝かしい勝利ー祖国統一民主主義戦線結成20周年に際してー『労働新聞』6・26論説
1969.08.01	八月号	27	編集部	〈時評〉朴正熙一味の長期「執権」策動に反対する南朝鮮青年学生の闘争
1969.08.01	八月号	40		〈資料〉南朝鮮青年学生の主要闘争日誌
1969.08.01	八月号	46		「三選改憲」反対宣言文
1969.08.01	八月号	51		〈紹介〉社会主義社会における農民市場とそれをなくす方途の問題に関する金日成首相の創造的思想
1969.08.01	八月号	61		〈南朝鮮論調〉「三選改憲」は行うべきではない南朝鮮論調
1969.08.01	八月号	62		〈南朝鮮論調〉納得できぬ「共和党」の態度南朝鮮論調
1969.08.01	八月号	63		〈南朝鮮論調〉嘆かわしい政治風土南朝鮮論調
1969.08.01	八月号	64		〈南朝鮮論調〉「改憲」反対の叫びに共鳴する南朝鮮論調
1969.08.01	八月号	65		〈日誌〉朝鮮民主主義人民共和国
1969.09.01	九月号	2		「月刊朝鮮資料」創刊100号の刊行にあたって
1969.09.01	九月号	4		イラク通信社が提起した質問にたいする金日成首相の回答
1969.09.01	九月号	13		〈創刊100号記念特集〉さいきんの南朝鮮情勢ー高まる南朝鮮人民の反米救国闘争と深まる植民地支配の危機ー創刊100号記念特集
1969.09.01	九月号	13		〈創刊100号記念特集〉Ⅰ 激化する南朝鮮人民の反米救国闘争創刊100号記念特集
1969.09.01	九月号	26		〈創刊100号記念特集〉Ⅱ 露骨化する戦争挑発策動、強まるファッショ暴圧創刊100号記念特集
1969.09.01	九月号	42		〈創刊100号記念特集〉Ⅲ 強まる経済の軍事化、強まる経済危機創刊100号記念特集
1969.09.01	九月号	59		〈創刊100号記念特集〉Ⅳ 南朝鮮人民の悲惨な生活創刊100号記念特集
1969.09.01	九月号	67		〈創刊100号記念特集〉Ⅴ 激化する日本軍国主義の南朝鮮再侵略創刊100号記念特集
1969.09.01	九月号	76	金道元	〈論評〉アメリカ帝国主義占領下の南朝鮮における治安立法の変遷過程とその基本的動向(上)
1969.09.01	九月号	88		〈紹介〉在日朝鮮同胞にたいする日本軍国主義者の迫害策動

발행일	지면정보		필자	제목
	권호	페이지		
1969.09.01	九月号	116		〈南朝鮮論調〉「三選改憲」不要論南朝鮮論調
1969.09.01	九月号	117		〈南朝鮮論調〉憲法精神をわすれるな南朝鮮論調
1969.09.01	九月号	118		〈南朝鮮論調〉政治家の姿勢は健全であろうか南朝鮮論調
1969.09.01	九月号	120		〈南朝鮮論調〉理由なき反抗だろうか？南朝鮮論調
1969.09.01	九月号	121		〈南朝鮮論調〉いきすぎた学生処罰南朝鮮論調
1969.09.01	九月号	122		〈南朝鮮論調〉本末を転倒した水害対策南朝鮮論調
1969.09.01	九月号	124		〈日誌〉朝鮮民主主義人民共和国
1969.10.01	十月号	2		アブラ連合の『ダール・アル・タフリル』出版社総局長が提起した質問にたいする金日成首相の回答
1969.10.01	十月号	15		フィンランド民主青年同盟代表団が提起した質問にたいする金日成首相の回答
1969.10.01	十月号	36		五大陸の進歩的ジャーナリストは、革命の筆鋒を高くかかげてアメリカ帝国主義をきびしく断罪しよう　反米世界ジャーナリスト大会でおこなった　金日成首相の祝賀演説
1969.10.01	十月号	50		アメリカ帝国主義の侵略に反対してたたかう全世界ジャーナリストの任務　国際ジャーナリスト同盟蔡俊炳副委員長の報告
1969.10.01	十月号	88		アメリカ帝国主義の侵略に反対してたたかう全世界ジャーナリストピョンヤン宣言
1969.10.01	十月号	100	編集部	〈時評〉朴正煕一味の長期「執権」策動に反対する南朝鮮青年学生の闘争の高揚
1969.10.01	十月号	112	金道元	〈論評〉アメリカ帝国主義占領下の南朝鮮における治安立法の変遷過程とその基本的動向(中)
1969.10.01	十月号	141		〈時潮〉「第三回韓日閣僚会議」のうらおもて
1969.10.01	十月号	143		〈時潮〉激増する朴正煕「政権」の債務
1969.10.01	十月号	146		〈時潮〉深刻化する「外資導入」業体の破産
1969.10.01	十月号	150		〈時潮〉朴正煕一味の反人民的なコレラ対策
1969.10.01	十月号	152		〈時潮〉風水害は天災か？
1969.10.01	十月号	153		〈時潮〉「大韓造船公社」労働者のたたかい
1969.10.01	十月号	157		〈南朝鮮論調〉「共和党」の詭弁南朝鮮論調
1969.10.01	十月号	158		〈南朝鮮論調〉「共和党」による電撃的な「改憲案」可決南朝鮮論調
1969.10.01	十月号	159		〈南朝鮮論調〉寒心にたえないコレラ対策南朝鮮論調
1969.10.01	十月号	160		〈南朝鮮論調〉豪雨は防げないのか？南朝鮮論調
1969.10.1	十月号	162		〈日誌〉朝鮮民主主義人民共和国
1969.11.01	十一月号	2		朝鮮民主主義人民共和国政府覚書ー南朝鮮からアメリカ帝国主義侵略軍を撤退させ、「国連韓国統一復興委員団」を解体せよ
1969.11.01	十一月号	16	編集部	〈時評〉朴正煕一味の長期「執権」策動ーテロと不正、詐欺にみちた「三選改憲」のための「国民投票」ー
1969.11.01	十一月号	29	金道元	〈論評〉アメリカ帝国主義占領下の南朝鮮における治安立法の変遷過程とその基本的動向(下の一)

발행일	지면정보		필자	제목
	권호	페이지		
1969.11.01	十一月号	49		〈時潮〉米軍機関に雇用されている南朝鮮労働者のたたかい
1969.11.01	十一月号	51		〈時潮〉第五次「米日軍事専門家会議」のないよう
1969.11.01	十一月号	53		〈時潮〉朴正熙一味の「輸出振興政策」の中味
1969.11.01	十一月号	55		〈時潮〉生活苦にあえぐ南朝鮮漁民
1969.11.01	十一月号	58		〈紹介〉在日朝鮮同胞にたいする日本軍国主義者の迫害策動（下）
1969.11.01	十一月号	85		投・開票事犯の厳断を南朝鮮論調
1969.11.01	十一月号	86		「国民投票」がもたらした経済動向南朝鮮論調
1969.11.01	十一月号	87		「改憲」の後遺症南朝鮮論調
1969.11.01	十一月号	88		「拙速な共和党政権」南朝鮮論調
1969.11.01	十一月号	89		〈日誌〉
1969.12.01	十二月号	2		朝鮮民主主義人民共和国外務省声明ー共和国代表の参加と同意なしにでっちあげられた国連のいかなる「決議」もすべて無効である
1969.12.01	十二月号	4		朝鮮民主主義人民共和国外務省声明ーベトナム侵略戦争の長期化を企むアメリカ帝国主義の策動を糾弾する
1969.12.01	十二月号	6	編集部	〈時評〉危機にひんした南朝鮮経済
1969.12.01	十二月号	18	金道元	〈論評〉アメリカ帝国主義占領下の南朝鮮における治安立法の変遷過程とその基本的動向(元)
1969.12.01	十二月号	47		〈時潮〉「レート」切下げのからくり
1969.12.01	十二月号	49		激化する戦争挑発策動とほろまるえん戦気勢
1969.12.01	十二月号	52		戦争挑発激化にともない凶暴化する米兵の蛮行
1969.12.01	十二月号	54		はんらんする日本色
1969.12.01	十二月号	57		末期症状の腐敗相
1969.12.01	十二月号	59		「住宅難」にあえぐ南朝鮮人民
1969.12.01	十二月号	61		〈紹介〉アメリカ帝国主義の身体の各部分をばらばらにする戦略は反米闘争の勝利を促す偉大な戦略
1969.12.01	十二月号	73		水害よりも恐ろしい人災南朝鮮論調
1969.12.01	十二月号	74		「低位層」の悲哀南朝鮮論調
1969.12.01	十二月号	75		生活物価の安定をはかれ南朝鮮論調
1969.12.01	十二月号	76		義務教育を墜落させる雑賦金南朝鮮論調
1969.12.01	十二月号	77		「公約」が「空約」にならぬよう南朝鮮論調
1969.12.01	十二月号	78		「肥料価格の引上げ」に反対する南朝鮮論調
1969.12.01	十二月号	79		〈日誌〉朝鮮民主主義人民共和国
1969.12.01	十二月号	89		本誌1969年度総目次

일본 속 조선문화(日本のなかの朝鮮文化)

● ● ●

1 서지적 정보

『일본 속 조선문화(日本のなかの朝鮮文化)』는 정귀문, 정조문 형제를 중심으로 작가 김달수, 역사학자 이진희(李進熙), 작가 시바 료타로(司馬遼太郎), 역사학자 우에다 마사아키(上田正昭) 등이 참여하여 1969년 3월에 창간된 잡지이다.

창간호와 2호는 정귀문(鄭貴文)이 편집과 발행을 모두 맡고 있으나, 3호(1969.09)부터 발행은 동생인 정조문(鄭詔文)이 맡았으며, 형제가 나란히 편집과 발행을 해 오다가 15호(1972.09)부터 종간호(50호, 1981.06)까지는 정조문이 편집과 발행을 모두 담당하고 있다. 50권의 잡지를 발행하는 동안 출판사명도 한 차례 변경되었는데, 창간호에서 12호(1971.12)까지는 일본 속 조선문화사(日本のなかの朝鮮文化社), 13호(1972.03)부터 종간호까지는 조선문화사(朝鮮文化社)로 표기되어 있다.

정조문이 마지막 50호를 발행하면서 "일본의 고대사에 있어서의 조선상(像)은 많은 경우 왜곡되어 있었습니다. 그것들은 고쳐져야 하지 않는가라는 것이 본지 발간의 주된 취지였습니다."[8]라고 밝히고 있는 것처럼, 『일본 속 조선문화』는 일본 속 조선문화를 발굴·소개하고, 조선과 조선문화에 대한 왜곡된 이미지를 바로잡기 위한 시도였음을 알 수 있다.

창간호와 2호에서는 연속하여 「일본 속의 조선(日本の中の朝鮮)」이라는 제목의 좌담회를 개최하고 있고, 우에다 마사아키, 김달수, 시바 료타로 외에 역사학자 무라이 야스히코(村井康彦), 이노우에 히데오(井上秀雄), 하야시야 다쓰사부로(林屋辰三郎), 수필가 오카베 이쓰코(岡部伊都子) 등이 논객으로 참여하고 있다. 창간호부터 재일조선인뿐 아니라 일본인들로부터 호평을 받은 『일본 속 조선문화』는 40호까지 발행하겠다는 목표

---

8) 「休刊について」『日本のなかの朝鮮文化』(50号, 1981.06), p.106

를 달성하고도 독자들의 요망으로 50호까지 이어가게 된 것이다.

정소문이 수집한 1700점에 이르는 미술품과 서적 등은 교토(京都)에 소재한 고려미술관(高麗美術館)에 소장되어 있다.

『일본 속 조선문화』에 대한 국내 연구는 아직 발견되지 않고, 히로세 요이치(広瀬陽一)의 2017년 논고인 「金達寿と雑誌『日本のなかの朝鮮文化』」『コリアン・スタディーズ = Korean studies』(5) 国際高麗学会日本支部)가 유일하다.

 2 편집후기(창간호)

『일본 속 조선문화』는 창간사 없이 출발한 잡지이므로 대신 정귀문이 작성한 창간호의 편집후기를 인용하겠다.

작년 여름 사가현(佐賀県)의 아리타(有田)에 갔다. 이참평(李参平)이라는 조선인이 아리타도자기의 원조라는 것으로, 이전부터 흥미가 있었다. 그때까지의 일본에서는 아직 도기밖에 굽지 않았는데 조선에서 건너온 이참평이 아리타에서 처음으로 자기라는 것을 구웠다. 과연 아리타의 그곳에는 '도조 이참평의 묘'라 새긴 거대한 석비가 자그마한 산꼭대기에 세워져 있었다. 그리고 당시의 가마 유적도 근래에 발굴되었거나, 그의 무덤도 있었거나 해서 사흘간이 삽시간에 지났다. 이 소책자를 구체적인 이미지로 하여 생각한 것은 그 여행에서 돌아오는 길이다.

규슈(九州)지방으로는 그보다 3년 전에 사쓰마(薩摩)에 간 적이 있다. '이조(李朝)의 불꽃을 지킨다'라는 심수관(沈寿官)씨를 만났는데, 그는 14대째 이조의 전통을 360년에 걸쳐 지켜가고 있다고 한다. 기묘한 감동이었다.

여행 얘기만 하고 있는데, 그것보다 더욱 4년 정도 전에 친구들과 사이타마현(埼玉県)의 고려신사(高麗神社)에 갔다. 고려신사 등에 관해서는 본 호에서 상세히 언급하고 있는데, 그 고려마을로 간 일이, 이러한 것에 관심을 가지게 된 계기가 되어 또 본 잡지를 시작하는 시초가 되었던 것 같다.

어쨌든 우리들은, 나 자신 말하자면, 자신의 민족의 문화라는 것을 너무도 모르고 있었다. 바로 요전날도 그랬지만, 어떤 사람의 집을 방문해 이조시대의 도자기를 상당수 보았다. 그런데 그것들과는 전혀 다른, 어떤 종류의 물품들이 눈앞에 놓인 것이다. 이제 까지 본 적도 들은 적도 없는 물건으로 그것들이 무엇인지 전혀 짐작할 수 없었다. 그건 그렇다 치더라도 나 같은 무지는 놔두고라도 엄청나게 정교하기 그지없는 미술품뿐이 라서 당황하고 있자, "당신 선조가 만드신 물건입니다."라고 웃으면서 말하는 것이었다.

그러한 다양한 사물이 폭넓게 유지되어 이어지고 또 층도 두텁게 보존되고 있는 것인데, 일본 속에 있는 이러한 조선 문화의 유산과 유적 등을 본지에서는 다뤄가고 싶다고 생각한다. 역량부족으로 실수를 저지르는 일도 있겠으나, 여러분의 질정과 협력 하에 느긋하게 해 가고 싶다고 생각합니다.[9]

3 목차

9) 「編集後記」『日本のなかの朝鮮文化』(創刊号, 1969.03), p.50

발행일	지면정보		필자	제목
	권호	페이지		
1969.6.25	第2号	55	藤沢一夫	摂津百済寺考
1969.6.25	第2号	29		通信
1969.6.25	第2号	43		寄稿募集
1969.12.25	第4号	1	鄭詔文	〈誌上〉朝鮮美術館
1969.12.25	第4号	4	野村増一	備前のなかの朝鮮
1969.12.25	第4号	12	鄭貴文	萩焼の美と伝統
1969.12.25	第4号	24	三上次男/小山富士夫/金達寿/長谷部落爾	座談会
1969.12.25	第4号	36	谷林博	周防にある朝鮮遺跡
1969.12.25	第4号	40	東平介	東洋外科医学の祖
1969.12.25	第4号	45	姜魏堂	薩摩焼の由来
1969.12.25	第4号	54	足立巻一	本居宣長と朝鮮
1969.12.25	第4号	11	佐藤欣子	夢の青磁
1969.12.25	第4号	58		通信
1969.12.25	第4号	35		寄稿募集

일조무역(日朝貿易)

○ ○ ○

1 서지적 정보

『일조무역(日朝貿易)』은 1958년에 창간되어 1993년 폐간 시까지 간행된 조선과 일본의 다양한 무역 관계 및 문화 교류와 상황을 기술한 잡지이다. 간행도중 한 번 폐간되었으나 1966년 복간되어 다시 발행되었다고 한다. 복간사를 통하여 알 수 있듯이 그동안 간극이 벌어진 조선과 일본 간의 안타까운 상황을 극복하기 위하여 책임감을 가지고 본 잡지를 발전시켜 나가야 함을 강조하고 있다. 발행소는 동경의 일조무역회이며 복간 시 편집인은 사토 다카히로(佐藤剛弘)이며 발행인은 무라카미 사다오(村上貞雄)로 되어 있다.

2 복간사(복간 제1호)

홍보위원장 오치아이 요시지로(落合吉治郎)

지구 반대편으로 불과 수십 시간에 도착하여 달세계로 왕복도 가능한 이 시대에 역사적으로 지리적으로 세계에서 가장 가깝고 그리고 가장 친밀해야할 우방이자 인접한 국가가 가장 멀게 그리고 사람과 물자의 교류도 거의 없어진 것과 마찬가지인 현상황은 어찌된 일인가. 이것은 인위적인 장해가 아니면 무엇이겠는가. 이와 같은 장해는 불행히도 현재 세계 여러 곳에서 볼 수 있으며, 우리들은 그것을 배제하기 위하여 설령 그것이 천천히 진행될 지라도 끊임없이 노력하지 않으면 안 된다. 그러기 위해서 우리들이 먼저 하지 않으면 안 되는 것은 「아는 것」이고 그리고 더욱 그것을 「알리는 것」이다.

악명 높은 한일조약이 발효되고 현재 일본이 걸어온 길이 과거의 혼미함 속으로 다시 들어가려는 것처럼 보이는 가을, 우리들은 그 필요성을 오늘만큼 절실히 느껴본 적이 없다. 여기에 월간 『일조무역』이 복간된 것은 정말로 시의적절한 것이며, 우리들은 본 잡지를 큰 뜻을 이루기 위하여 키워 나가지 않으면 안 되는 책임을 통렬하게 느낀다. 월간 『일조무역』은 특정한 누군가를 위한 것이 아니다. 전회원이 총의와 예지를 가지고 높은 목표를 향하여 나아가기 위한 광장으로 삼고 싶다. 일조간의 경제, 문화 그 외의 모든 것이 뜻을 가진 사람들을 위하여 자유롭게 교류될 수 있는 날을 향하여.

(神栄生系주식회사 동경지점장)

3 목차

발행일	지면정보		필자	제목
	권호	페이지		
1966.06.01	(復刊)第1号	26		日朝貿易取引状況 (一～四月)
1966.06.01	(復刊)第1号	29		朝鮮関係日誌
1966.06.01	(復刊)第1号	32		輸出入実績 (一九六六年一～三月)
1966.07.01	第2号	2	広岡良雄	朝鮮代表の入国問題に見る政府の外交姿勢
1966.07.01	第2号	6		朝鮮貿易技術代表団入国実現をめざして
1966.07.01	第2号	10	和光交易株式会社 斎藤秀和	〈随想〉これ以上待てぬ朝鮮代表の入国
1966.07.01	第2号	10	新日本通商株式会社 豊田恭介	〈随想〉朝鮮大学で
1966.07.01	第2号	10	株式会社東邦商会鶴岡修	〈随想〉朝鮮を思う
1966.07.01	第2号	18		躍進する朝鮮の鉄鉱産業
1966.07.01	第2号	23		資料・茂山鉄鉱石
1966.07.01	第2号	28		朝鮮の民俗・チャンギ(将棋)
1966.07.01	第2号	13		朝鮮の動向
1966.07.01	第2号	16		月間情勢
1966.07.01	第2号	26		貿易会通信
1966.07.01	第2号	26		日朝貿易取引状況(五月)
1966.07.01	第2号	29		朝鮮関係日誌
1966.07.01	第2号	32		輸出入実績(一九六六年四月)
1966.08.01	第3号	2	アジア経済研 桜井浩	朝鮮の農業の水利か、機械化、電化、化学化と農業生産
1966.08.01	第3号	9		許可をかちとり、重大段階にはいった入国実現運動
1966.08.01	第3号	12		資料・入国をめぐる国会討論
1966.08.01	第3号	15	日本電子株式会社 内藤康雄	〈随想〉互恵平等と平和に基づく友好精神
1966.08.01	第3号	15	日華貿易興業株式会社野尻識正	〈随想〉政府は貿易業界の大行進をよく見よ
1966.08.01	第3号	18		南朝鮮から見た「日韓経済協力」
1966.08.01	第3号	25		朝鮮の民俗・チャンギ(将棋)
1966.08.01	第3号	22		朝鮮の動向
1966.08.01	第3号	20		月間情勢
1966.08.01	第3号	26		貿易会通信
1966.08.01	第3号	26		日朝貿易取引状況(六月)
1966.08.01	第3号	28		朝鮮関係日誌
1966.08.01	第3号	28		輸出入実績(一九六六年五月)
1966.09.01	第4号	2	東洋文化研究所 所員 梶村秀樹	朝鮮の繊維産業

발행일	지면정보		필자	제목
	권호	페이지		
1966.09.01	第4号	9		〈座談会〉日朝関係の新事態
1966.09.01	第4号	18	日朝化学技術協力委員会代表団長東京大学名誉教授永井彰一良	日朝関係の新事態
1966.09.01	第4号	25		朝鮮の民俗・ユンノリ(擲柶)
1966.09.01	第4号	22		朝鮮の動向
1966.09.01	第4号	24		朝鮮貿易ニュース
1966.09.01	第4号	20		月間情勢
1966.09.01	第4号	26		貿易会通信
1966.09.01	第4号	26		日朝貿易取引状況
1966.09.01	第4号	28		朝鮮関係日誌
1966.09.01	第4号	28		輸出入実績(一九六六年五月)
1966.10.01	第5号	2	アジア経済研究所所員 桜井浩	朝鮮の石炭産業
1966.10.01	第5号	9		日本の無煙炭需給状況と朝鮮炭
1966.10.01	第5号	13	日朝貿易会事務局長村上貞雄	「平新艇事件」現地調査記
1966.10.01	第5号	15	明治大学工学部教授川口寅之輔	朝鮮の工芸品
1966.10.01	第5号	25		朝鮮の民俗・コヌ(地碁)
1966.10.01	第5号	22		朝鮮の動向
1966.10.01	第5号	24		朝鮮貿易ニュース
1966.10.01	第5号	18		月間情勢
1966.10.01	第5号	20		貿易会通信
1966.10.01	第5号	20		日朝貿易取引状況(八月)
1966.10.01	第5号	26		朝鮮関係日誌
1966.10.01	第5号	30		輸出入実績(一九六六年七月)
1966.12.01	第6号	2	アジア経済研究所所員 桜井浩	朝鮮の電力産業
1966.12.01	第6号	8		〈座談会〉注目される朝鮮労働党の路線
1966.12.01	第6号	21		桂応泰副相、貿易発展の現状を語る
1966.12.01	第6号	26		朝鮮の民俗・ヨンテウギ(タコあげ)
1966.12.01	第6号	27		各野党、朴政権攻撃の火ぶた
1966.12.01	第6号	22		月間情勢
1966.12.01	第6号	24		貿易会通信
1966.12.01	第6号	24		日朝貿易取引状況
1966.12.01	第6号	25		朝鮮の動向
1966.12.01	第6号	28		朝鮮関係日誌

발행일	지면정보		필자	제목
	권호	페이지		
1966.12.01	第6号	30		輸出入実績(一九六六年八月)
1967.01.01	第7号	2		一九六七年の日朝貿易の展望
1967.01.01	第7号	4		〈特集〉朝鮮から主な輸入品-日本における需給のもよう-
1967.01.01	第7号	42		朝鮮の民俗・スバクダギ（スイカとり）
1967.01.01	第7号	34		貿易会通信
1967.01.01	第7号	34		日朝貿易取引状況
1967.01.01	第7号	36		朝鮮の動向
1967.01.01	第7号	38		朝鮮貿易ニュース
1967.01.01	第7号	39		朝鮮関係日誌
1967.01.01	第7号	39		輸出入実績(一九六六年一～十月)
1967.03.01	第8号	2		友好の強化と貿易発展の方針は不変-日韓貿易会相三専務理事・訪問記録
1967.03.01	第8号	10		〈日韓貿易の当面する諸課題〉貿易関係者の即時入国と輸銀
1967.03.01	第8号	10		〈日韓貿易の当面する諸課題〉融資による長期延払いの実現
1967.03.01	第8号	12		一九六六年の日韓貿易
1967.03.01	第8号	14		日韓貿易統計
1967.04.01	第9号	2		先進工業国への雄大な展望-朝鮮の七ヵ年計画と当面の課題(一)
1967.04.01	第9号	14		日本の政治動向と民俗教育問題
1967.04.01	第9号	15		〈朝鮮の論調〉在日朝鮮青少年に「同化教育」を押
1967.04.01	第9号	15		しつける「外国人学校制度」の本質
1967.04.01	第9号	10		時の焦点
1967.04.01	第9号	12		貿易会だより
1967.04.01	제9호	12		日朝貿易取引状況
1967.04.01	第9号	20		短信三題
1967.04.01	第9号	20		朝鮮関係日誌
1967.04.01	第9号	24		輸出入実績(一九六七年一～二月)
1967.05.01	第10号	2	福島要一	朝鮮民主主義人民共和国の化学技術の交流について
1967.05.01	第10号	6		先進工業国への雄大な展望-朝鮮の七ヵ年計画と当面の課題(二)
1967.05.01	第10号	14		平和な生活のなかで万全の備え-畑中政春氏の訪朝報告-
1967.05.01	第10号	17		朝鮮戦争前夜を思わ挑発行為
1967.05.01	第10号	18		朝鮮と各国との六七年度貿易協定
1967.05.01	第10号	19		朝鮮の商品紹介
1967.05.01	第10号	20		朝鮮の民俗・タルノリ
1967.06.01	第11号	2		貨物船による帰国者の輸送は困難であり人道に反する
1967.06.01	第11号	4		先進工業国への雄大な展望-朝鮮の七ヵ年計画と当面の課題(三)
1967.06.01	第11号	9		朝鮮の国家予算に見る-経済各部門の今年の施策

발행일	지면정보		필자	제목
	권호	페이지		
1967.06.01	第11号	15	東工物産株式会社営業部第一課長中島晋	朝鮮滞在八ヵ月の感想
1967.06.01	第11号	12		朝鮮の貿易機関
1967.06.01	第11号	19		朝鮮の民俗(武技一)＝石合戦と弓術
1967.06.01	第11号	18		貿易会だより
1967.06.01	第11号	18		日朝貿易取引状況
1967.06.01	第11号	20		時の焦点
1967.06.01	第11号	22		朝鮮関係日誌
1967.06.01	第11号	24		日朝貿易統計(一九六七年四月)
1967.07.01	第12号	2		先進工業国への雄大な展望-朝鮮の七ヵ年計画と当面の課題(四)
1967.07.01	第12号	9		朝鮮の商品紹介
1967.07.01	第12号	10		朝鮮の奇跡－バーチェット記者の訪朝印象記(『労働新聞』掲載)
1967.07.01	第12号	14		帰国はすべての在日同胞の切実な願い--朝鮮人帰国者の話
1967.07.01	第12号	16		南朝鮮の選挙と左藤訪「韓」
1967.07.01	第12号	18	日朝協会常任理事清水克巳	新しい情熱下の日韓友好運動
1967.07.01	第12号	19		貿易会だより
1967.07.01	第12号	20		時の焦点
1967.07.01	第12号	22		朝鮮関係日誌
1967.07.01	第12号	24		日韓貿易統計(一九六七年五月)
1967.08.01	第13号	2		先進工業国への雄大な展望-朝鮮の七ヵ年計画と当面の課題(五)
1967.08.01	第13号	8		日本の諸政党、大衆団体さらびに各界人士におくる書簡
1967.08.01	第13号	10	日朝協会副理事長印南広志	〈八・一五朝鮮解放二二周年〉〈九・九朝鮮民主主義人民共和国創建十九周年〉朝鮮の歩み(上)
1967.08.01	第13号	14	朝日交易株式会社営業部次長望月清照	はじめ訪れた朝鮮の印象
1967.08.01	第13号	17		朝鮮の商品紹介(ポルトランド・セメント、特殊鋼)
1967.08.01	第13号	18		今年一六月の日朝貿易輸出入実態－昨年同期の二三パーセント増し
1967.08.01	第13号	20		貿易会だより
1967.08.01	第13号	21		朝鮮関係日誌
1967.08.01	第13号	26		日韓貿易統計(一九六七年一～六月)
1967.09.01	第14号	2		先進工業国への雄大な展望-朝鮮の七ヵ年計画と当面の課題(六)

발행일	지면정보		필자	제목
	권호	페이지		
1967.09.01	第14号	10	日隆商事株式会社取締役八木高三	成功をおさめた日本化学技術図書展示会
1967.09.01	第14号	12	展示会事務局松田頼宗	展示会の経過ともよう
1967.09.01	第14号	14	日朝協会副理事長印南広志	〈八・一五朝鮮解放二二周年〉〈九・九朝鮮民主主義人民共和国創建十九周年〉朝鮮の歩み(下)
1967.09.01	第14号	18		朝鮮民主主義人民共和国創建十九周年 平壤市慶祝大会における朴成哲副相の報告(要旨)
1967.09.01	第14号	20		新局面にはいる「日韓」けいざい関係
1967.09.01	第14号	9		朝鮮の商品(黒鉛およびの製品)
1967.09.01	第14号	13		貿易会だより
1967.09.01	第14号	22		朝鮮関係日誌
1967.09.01	第14号	24		日韓貿易統計(一九六七年七月)
1967.10.01	第15号	2		現行帰国協定の無条件延長と朝鮮大学校の認可を要求する日韓貿易会会員各社代表の意見
1967.10.01	第15号	6		〈資料1〉硅酸塩工業・科学機器展　朝鮮側希望出品物リスト
1967.10.01	第15号	10		〈資料2〉ケネディ・ラウンと日韓貿易
1967.10.01	第15号	8		朝鮮の商品(モナザイト精鉱、マグネシア・クリンカー、けい砂、タルク)
1967.10.01	第15号	18		〈朝鮮の論調〉アジア侵略で米日間の結託を強化するための陰謀
1967.10.01	第15号	18		〈朝鮮の論調〉佐藤の反共侵略外交に警戒心を高めよう
1967.10.01	第15号	18		〈朝鮮の論調〉新戦争がおこる危険性が日増しに増大
1967.10.01	第15号	20		一九六七年ライプチヒ春季見本市における朝鮮の商品
1967.10.01	第15号	21		貿易会だより
1967.10.01	第15号	16		時の焦点
1967.10.01	第15号	22		朝鮮関係日誌
1967.10.01	第15号	24		日朝貿易統計(一九六七年八月)
1967.11.01	第16号	2		〈座談会〉最近の朝鮮の状況と日朝関係
1967.11.01	第16号	9		先進工業国への雄大展望-朝鮮の七ヵ年計画と当面の課題(七)
1967.11.01	第16号	18		朝鮮の商品(無煙炭、葉タバコおよび巻タバコ、電線オヨビケーブル)
1967.11.01	第16号	20		朝鮮の経済・貿易短信
1967.11.01	第16号	21		貿易会だより
1967.11.01	第16号	22		朝鮮関係日誌
1967.11.01	第16号	24		日韓貿易統計(一九六七年九月)
1967.11.01	第16号	23		一～九月の主要取引商品
1967.12.01	第17号	2		先進工業国への雄大展望-朝鮮の七ヵ年計画と当面の課題(八)

발행일	지면정보		필자	제목
	권호	페이지		
1967.12.01	第17号	9	イ·ウォンヒョク	〈論文紹介〉経済発展の要求にあわせて輸送事業をいっそう改善強化しよう
1967.12.01	第17号	16		朝鮮における電気機械器具の生産
1967.12.01	第17号	14		朝鮮の商品(炭素工具鋼、運輸機械、化崗岩)
1967.12.01	第17号	21		〈主要目次〉【『日朝貿易』第七号(一月号)～第四号(九月号)】
1967.12.01	第17号	18		時の焦点
1967.12.01	第17号	20		貿易会だより
1967.12.01	第17号	16		経済·貿易短信
1967.12.01	第17号	22		朝鮮関係日誌
1967.12.01	第17号	24		日朝貿易統計(一九六七年十月)
1968.01.01	第18号	2		一九六八年の日朝貿易の課題
1968.01.01	第18号	6	東京大学校教授 東京大学応用微生物研究所長 植村定治郎	〈随筆－日本と朝鮮〉一市井人として思うこと
1968.01.01	第18号	9	東京都立大学教授 塩田圧兵衛	〈随筆－日本と朝鮮〉Pさんへの返書
1968.01.01	第18号	13	日本朝鮮研究所所員 吉岡吉典	＜特集＞「日朝条約」締結から二年-朝鮮敵視への急傾斜
1968.01.01	第18号	19	評論家 中山義夫	＜特集＞「日朝条約」締結から二年-経済·政治·文化の急速な対「韓」進出
1968.01.01	第18号	24		先進工業国への雄大展望-朝鮮の七ヵ年計画と当面の課題(完)
1968.01.01	第18号	28		朝鮮の商品(マグネサイト)
1968.01.01	第18号	29		貿易会だより
1968.01.01	第18号	30		朝鮮関係日誌
1968.01.01	第18号	32		日朝貿易統計(一九六七年一一月)
1968.02.01	第19号	2		〈特集〉フエブロ事件と戦争挑発
1968.02.01	第19号	3		〈特集〉朝鮮民主主義人民共和国政府声明
1968.02.01	第19号	4		〈特集〉アメリカ政府に対する日朝貿易会の抗議文
1968.02.01	第19号	4		〈特集〉朝鮮国際貿易促進委員会からの電報
1968.02.01	第19号	58		〈特集〉五回以上も領海侵入·プエブロの情報活動
1968.02.01	第19号	6		〈特集〉激化する軍事警界線一帯の戦争挑発
1968.02.01	第19号	9		朝鮮民主主義人民共和国の政府政綱について
1968.02.01	第19号	13	経済評論家 吉村一	ドル防衛行方と東西貿易(上)
1968.02.01	第19号	19		〈資料〉在日朝鮮人帰国問題についてのコロンボ会談の決裂に関する 朝鮮民主主義人民共和国外務省の声明(全文)
1968.02.01	第19号	20		日朝貿易会の決議文

발행일	지면정보		필자	제목
	권호	페이지		
1968.02.01	第19号	23		Pさんからの手紙
1968.02.01	第19号	21		貿易会だより
1968.02.01	第19号	22		朝鮮関係日誌
1968.02.01	第19号	24		日朝貿易統計(一九六七年一二月)

장학생소식(奬学生だより)

○ ○ ○

1 서지적 정보

『장학생소식(奬学生だより)』은 1968년 10월에 창간된 조선장학회의 기관지이다. 편집은「장학생소식」편집부이고, 발행소는 재단법인 조선장학회이다.

『장학생소식(奬学生だより)』은 조선장학회에서 모집한 고교 장학생, 대학 장학생들에게 다양한 장학회 소식을 전달해 주는 역할을 하고 있다.

제2호의 목차를 보면「과세안녕하십니까」,「대표이사의 인사말」,「모국에서의 설날놀이」,「장학생 선배로서」,「대학 장학생의 기고」,「장학생 통신」,「대학 진학 또는 취업 지원하는 제군에게」,「국사강좌(제1회)」,「강좌·국어교실 제2강」등으로 구성되어 있다. 목차를 통하여 알 수 있듯이 장학회 행사에 대한 소식, 장학회 선배들의 인사말과 기고문, 모국어 강좌와 역사 교실, 대학 진학 및 취직 활동 등 다채로운 코너를 통하여 장학생들에게 유익한 정보를 전달하려고 상당한 노력을 기울이고 있다. 이후 호서부터는 좀 더 내용의 폭을 확장하여 이 사항들 이외에도 장학생들의 시, 소설 등의 작품 및 관심 분야에의 기고문들이 상당한 부분을 차지하였다.

2 편집후기(제2호)

▽ 1969년의 새로운 해를 맞이하여 편집부 일동으로부터 고교 장학생 여러분, 그리고 대학 장학생 여러분에게 마음 깊이 축하의 말씀을 드립니다. 이 "장학생소식"이 성장해 가는 장학생 여러분과 마찬가지로 보다 훌륭하게 될 수 있도록 올해도 또한 여러분의

적극적인 협력을 기대해 마지않습니다.

　많은 장학생 여러분에게 정중하고 아름다운 마음이 담긴 연하장을 받았습니다. 하나하나 답장을 하지 못하므로 이 지면을 빌려서 예를 표하고자 합니다. 감사합니다.

　▽ 본호부터 「국사강좌」를 연재합니다. 종종 "진정한 애국심은 자신의 민족의 역사를 알아야만 생겨난다"고 합니다. 장학생 특히 고교 장학생 여러분에게서 우리 민족의 역사에 대해서 알고 싶다는 강한 희망이 있어서 거의 5회로 나누어 연재합니다. 일본 고교에서 세계사나 일본사 등을 배우고 있겠지만 무엇보다도 자신의 민족 역사를 주제로 그것을 중심으로 삼아 외국의 역사를 배워갈 것을 가슴에 새깁시다. 이 「국사강좌」가 금후 여러분이 역사 공부를 해나갈 때 안내 역할을 제대로 수행하기를 바랍니다.

　▽ 「국어교실」은 제2회입니다만, 상당히 어려운듯합니다. 전호에서도 말씀드렸습니다만, 음없이 배우기 때문에 더욱 그러한 듯 생각됩니다. 하지만 자기 나라 민족의 언어를 알지 못하고서는 아무리 풍부한 지식이 있더라도 허무한 듯합니다. 자기 언어를 모른 채 다른 언어를 사용하고 있다는 것은 정상이 아닙니다. 재차 국어 공부를 강조하게 되지만 분발해서 이 「국어교실」을 이용해주세요. 이 「국어교실」은 만국음표문자를 모르면 말이 안 됩니다. 아직 음표문자를 잘 모르는 사람은 하루 빨리 외워 주세요. 그리고 보다 정확한 발음이 가능하도록 노력해 주십시오.

　▽ 본호부터 대학 장학생으로부터의 기고를 게재하였습니다. "장학생 선배로서"의 전일동씨는 고학 끝에 높은 학문적 성과를 얻어, 오늘날의 위치에 있습니다만, 장래 학문을 해나가는 고교 장학생 여러분에게 크게 참고가 될 의견이네요. 또한 대학 장학생으로부터 다양한 의견, 감상이 왔습니다. 고교 장학생 여러분은 물론 대학 장학생 여러분도 이러한 문장에 의견을 주시기 바랍니다. "『메이지 백년』을 생각하다"의 필자 김동훈씨는 한국 출신 유학생이지만 "메이지 백년"을 되돌아보게 만드는 의견이라 생각합니다.

　▽ 아직 확실한 일정과 내용을 계획하고 있지 않습니다만, 학교 봄 방학에 이 "소식"의 기고자 모집을 동경에서 열고 싶습니다. 장학생 통신을 통해서 알게 된 친구와 한번 직접 얼굴을 보고 여러 가지 이야기를 나누고 싶습니다. 또한 장학회 임직원도 꼭 그러한 기회를 가지고 싶어 합니다. 아무래도 구체적인 사항이 결정되면 안내할테니 꼭 동경에 와주시기 바랍니다. 물론 비용은 장학회에서 부담합니다.

　▽ "고교 장학생 연말 모임"을 작년 12월 21일(동경) 22일(나고야)에서 열렸습니다.

동경에서는 어째선지 참가자가 적어서 쓸쓸했습니다만 나고야에서는 편도 3시간이나 걸리는 기후현에서도 출석자가 있을 정도로 성황이었습니다. 높은 빌딩(11층)에서 다소 비싼 중국 요리를 먹으면서 대학 장학생 선배들과 교감을 나누었습니다. 금후에도 다양한 날들을 기획해서 모임을 가지고자 합니다.

▽ 고교 장학생으로 이번 봄 졸업하시는 분은 빨리 「졸업후 진로 앙케이트」를 장학회 본부 문교부로 보내 주십시오. 아직 일부 사람이 미제출입니다. 소정의 요지가 없으면 요청해 주세요.

 목차

발행일	지면정보		필자	제목
	권호	페이지		
1969.05.30	No.3	1		〈詩〉わが祖国
1969.50.30	No.3	2		高校奨学生座談会ー「奨学生だより」寄稿者の集いー
1969.05.30	No.3	17		大学奨学生の寄稿
1969.50.30	No.3	26		「奨学生通信」
1969.05.30	No.3	39		「高校奨学生サマーキャンプ」案内
1969.50.30	No.3	40		国史講座(第二回)
1969.05.30	No.3	51		国語教室(3)
1969.50.30	No.3	52		編集後記
1969.09.30	No.4	1		〈詩〉「宿題」
1969.09.30	No.4	2		"心の底から語りあえた"ー第一回高校奨学生夏期野営を終えてー
1969.09.30	No.4	10		参加者感想文
1969.09.30	No.4	18		詩
1969.09.30	No.4	19		「奨学生通信」
1969.09.30	No.4	27		<古典への招待>洪吉童伝
1969.09.30	No.4	30		"日本に生きるわが国の文化"東京国立博物館などにみるわが国の文化遺産
1969.09.30	No.4	36		<歴史上の人物>朴提上
1969.09.30	No.4	40		国史講座(第三回)
1969.09.30	No.4	47		国語教室(4)
1969.09.30	No.4	48		財団法人朝鮮奨学会奨学金給与規程
1969.09.30	No.4			編集後記
1969.12.20	No.5	1		〈詩〉「個性」
1969.12.20	No.5	26		<古典への招待>沈清伝
1969.12.20	No.5	38		<歴史上の人物>崔致遠
1969.12.20	No.5	2		〈特集〉高校・大学奨学生座談会「真に人間らしくいきてゆくことに」ー新鮮な民族的感情をいつまでもー
1969.12.20	No.5	14		大学奨学生の寄稿
1969.12.20	No.5	18		「奨学生通信」
1969.12.20	No.5	25	崔正夫	〈詩〉「その日のために」
1969.12.20	No.5	12	井手理事	〈随筆〉人間生活のものさし
1969.12.20	No.5	11	旗田理事	南北の学友
1969.12.20	No.5	30		"日本に生きるわが国の文化"李参平と有田焼
1969.12.20	No.5	34		우리나라風土(第一回)
1969.12.20	No.5	42		歴史講座(第四回)
1969.12.20	No.5	51		国語教室(5)
1969.12.20	No.5	41		大学進学または就職志願の諸君へ
1969.12.20	No.5	52		編集後記

조국과 학문(祖国と学問)

1 서지적 정보

『조국과 학문(祖国과 学問)』은 1962년 9월에 창간된 재일본조선유학생동맹의 기관지이다. 편집발행은 재일본조선유학생동맹 중앙상임위원회이다.

주로 주체사상 등의 북한의 다양한 사상 자료를 비롯하여 재일본유학생들의 사상교육을 위한 자료들로 본 잡지는 대부분의 내용이 구성되어 있다. 특히 북한의 체제선전과 김일성 주석에 대한 찬양이 주로 담겨져 있다.

2 창간사

1962년도에 들어서서 유학생 간에서는 총련의 금년도 6개 중요 과업을 완수하기 위해서 반미호국투쟁과 민족단합사업을 비롯하여 조직, 학습사업 등에 정력적으로 활동을 전개하여 이미 적지 않은 성과를 거두어 왔다.

경애하는 김일성 주석의 탄생 50주년 기념사업의 학술토론과 기념보고회를 시작으로 신입생 환영 사업을 성공리에 마치고, 국어학교, 지부토요학습회를 시작으로 한 수많은 학습회, 또는 여름에 들어서 산중호반에서의 여름 야영회 등 문화, 학습사업에서 큰 성과를 거두었다.

이와 같은 우리들의 사업과 노력을 통하여 많은 재일조선학생이 공화국의 공민으로서의 자신과 자부심을 지니게 되어 함께 배우고 함께 싸우는 유학생 간의 대열에 더하여 자신의 학문에 대한 주체성을 확립하기 위한 목적 의식도 한층 더 노력을 기울일 것이다.

이것은 올해 12월에 개최되는 제7차 전체 학과별 회의를 성공시키기 위한 총의로서 나타났고 강력한 물질적 담보가 되어 왔다.

이와 같이 전재일조선학생이 자신의 전문 학문의 연마와 학문의 주체성 확립에 서있을 때 잡지 『조국과 학문』을 발행할 수 있게 된 것은 다시없는 기쁨이다.

우리들은 이후 이 『조국과 학문』을 우리 재일조선학생의 연구 성과를 집약하고 사상과 생활을 반영한 전재일조선학생의 기대에 부응할 수 있는 것으로서 성장시키고 싶다.

오늘 조선인민은 역사적인 순간에 살고 있다. 우리들을 둘러싼 정세는 〈한일회담〉조기체결의 책동을 중심으로 긴장된 공기가 감싸고 있다.

하지만 우리들은 조국의 평화적 통일을 이루기 위한 싸움을 유리하게 이끌고 있고 조선인민은 반드시 승리를 거둘 것이다.

우리들은 이 『조국과 학문』 발행에 즈음하여 재일조선학생이 그 통일단결을 한층 강화하고, 학문적으로 주체성을 확립하고, 조국의 평화적 통일을 달성하기 위한 영예로운 싸움에 참가할 것을 기대해 마지않는다.

1962년 9월 25일
재일본조선유학생동맹
중앙 상임위원회

3 목차

발행일	지면정보		필자	제목
	권호	페이지		
1962.10	第2号	62		農学研究会全体夏期中間報告会開かる
1962.10	第2号	64		〈紹介〉社会主義インテリの育成のためのわが党の政策
1962.10	第2号	73		わが党の科学政策の輝かしい勝利
1962.10	第2号	80		七個年計劃と科学部門に提起された課業
1962.10	第2号	86		〈書評〉「朝鮮近代革命運動史」
1962.10	第2号	96		南朝鮮に流布されている反動的経済理論への批判
1962.10	第2号	104		生体内にもう一つの管様系統が存在している
1962.10	第2号	111		〈資料〉1961年わが国人民経済発展
1962.10	第2号	121		《人民の中で》ビナロンにまつわる話
1962.10	第2号	135		資料目録
1963.09.09	第4号	13		一、朝鮮民主主義人民共和国創建十五年に際して内閣で兆説した慶祝宴会ー金日成首相の演説
1963.09.09	第4号	17		二、朝鮮民主主義人民共和国創建十五年平壌市慶祝大会でした最高人民会議常任委員会ー崔庸健委員長の報告
1963.09.09	第4号	43	留学同中央常任委員会	三、朝鮮民主主義人民共和国創建十五年にあたって
1963.09.09	第4号	47	編集委員会	四、栄えあるわが祖国ー朝鮮民主主義人民共和国は全朝鮮人民の自由と幸福の旗幟である
1963.09.09	第4号			五、隆盛発展する共和国北半部(朝鮮通覧より)
1963.09.09	第4号	55		① 発展を保障する土台国家制度
1963.09.09	第4号	58		② 政党・大衆団体
1963.09.09	第4号	62		③ 人民経済
1963.09.09	第4号	93		④ 人民生活
1963.09.09	第4号	99		⑤ 文化
1963.09.09	第4号			六、朝鮮民主主義人民共和国1962年度国家予算執行にたいする決算と1963年度国家予算に関する報告ー財政相　韓相斗代議員
1963.09.09	第4号	111		① 1963年度国家予算執行にたいする決算について
1963.09.09	第4号	116		② 1963年度国家予算について
1963.09.09	第4号	133		③ 1963年上半期国民経済発展計画実行総括に関する報告
1963.09.09	第4号	136		七、1963年度国民帰依在計画実行についての予備総括と1964年度国民経済発展計画についてー朝鮮労働党第4回全員会議でおこなった　鄭準沢　副首相の報告
1963.09.09	第4号			八、アメリカ帝国主義によって全面的に破壊された祖国南半部(朝鮮に関する資料集より)
1963.09.09	第4号	148		① 米帝の南朝鮮占領とファッショ的軍政統治
1963.09.09	第4号	151		② 米帝による民族分裂と李承晩カイライ政権の樹立
1963.09.09	第4号	153		③ 米帝による朝鮮侵略戦争の挑発とその敗北
1963.09.09	第4号	155		④ 戦後における米帝とそのカイライ一味のろこつな新しい戦争準備政策

발행일	지면정보		필자	제목
	권호	페이지		
1963.09.09	第4号	157		⑤ 米帝の植民地従属化政策による南朝鮮経済の没落と破綻
1963.09.09	第4号	171		⑥ 米帝の民族文化抹殺政策による南朝鮮文化の没落
1963.09.09	第4号	173		⑦ 南朝鮮人民大衆のみじめな生活境遇
1963.09.09	第4号	178		⑧ 米帝による李承晩ファッショ統治機構の強化
1963.09.09	第4号	182		⑨ 南朝鮮各階層人民の憤怒の爆発、南朝鮮における米帝の植民地統治制度のよりいっそうの危機
1963.09.09	第4号	145		⑩ 南朝鮮の政治的経済的危機のよりいっそうの激化
1963.09.09	第4号			九、南朝鮮の食糧危機
1963.09.09	第4号	190		① 南朝鮮の食糧危機を救済するために
1963.09.09	第4号	195		② 現状
1963.09.09	第4号	215		③ 解説
1963.09.09	第4号	225		十、南朝鮮にたいするアメリカ帝国主義の『援助』の本質
1963.09.09	第4号			十一、南朝鮮中小企業の全面的破綻
1963.09.09	第4号	256		① 南朝鮮における春窮・絶糧農民問題の解決策
1963.09.09	第4号	264		② 南朝鮮漁業における植民地的・全資本主義的搾取とその結果
1963.09.09	第4号			十二、在日朝鮮公民の祖国への自由な往来を実現するために
1963.09.09	第4号	271		① 朝鮮民主主義人民共和国政府声明
1963.09.09	第4号	274		② 祖国への往来の自由のための在日朝鮮公民の要求は実現されなければならない
1963.09.09	第4号	278		③ 祖国への往来の自由実現のための決議
1963.09.09	第4号	280		④ 日本政府は不当な態度を捨てよ
1963.09.09	第4号	283		⑤ 賀屋発言は事実をわい曲し世論を欺くもの
1963.09.09	第4号			十三、在日本朝鮮学生、第8次全体学科別研究討論会の成功のために
1963.09.09	第4号	286		① 朝鮮民主主義人民共和国科学院創立10周年記念大会 科学院 姜泳昌院長の報告
1963.09.09	第4号	302		② 在日本朝鮮学生第7次全体化学別会議 実行委員会 委員長の報告
1963.09.09	第4号	319		③ 第8次全体化学別研究討論会の研究方向 留学同中央常任委員会
1963.09.09	第4号	323		④ 第7次全体化が区別研究討論会の基本的研究方向について 留学同中央常任委員会
1963.09.09	第4号	327	立命館大/権太一	⑤ アメリカ帝国主義の対外政府とドル危機対南朝鮮対策について
1963.09.09	第4号	329	秋田大/鄭正信	⑥ 七カ年計画に於ける鉱業の重要性とそれを超過完遂する為の我々の任務
1964.05.30	第5号	4		朝鮮人民の敬愛する金日成首相におくる手紙
1964.05.30	第5号	6		第8次学科別会議によせられた祖国からの祝電
1964.05.30	第5号	7	金日植	報告

발행일	지면정보		필자	제목
	권호	페이지		
1964.05.30	第5号	20	金石鉉	在日朝鮮学生は学問研究において主体性を確立し祖国のために熱心に学んでいる
1964.05.30	第5号	22		祖国だより(1)　祖国で学術討論会行わる
1964.05.30	第5号	23	南時雨	講師団代表講評
1964.05.30	第5号	26		祖国だより(2)
1964.05.30	第5号	26		祖国だより(3)
1964.05.30	第5号	27		全在日朝鮮学生におくる手紙
1964.05.30	第5号	32		学科別研究討論会の今後の展望
1964.05.30	第5号	33		祖国だより(4)
1964.05.30	第5号	34		第8次学科別研究討論会を国語修得の成果で迎えよう
1964.05.30	第5号	40		祖国だより(5)
1964.05.30	第5号	41		第8次学科別研究討論会分科会研究発表に関して
1964.05.30	第5号	48		在日朝鮮公民の祖国往来の自由が法的及び歴史的政治的朝鮮公民の基本的人権として正当である事の究明
1964.05.30	第5号	59		千潟地開発に於いて提起される諸問題
1964.05.30	第5号	66		塩化ビニールについて
1964.05.30	第5号	79		朝鮮民主主義人民共和国々籍法(全文)
1964.05.30	第5号	80		〈解説〉国籍法と朝鮮公民
1964.05.30	第5号	83		編集後記
1969.05.01	新入生歓迎特集号	1		あいさつ・朝鮮学生としての主体性を確立し、祖国統一と建設の頼もしい担い手になろう
1969.05.01	新入生歓迎特集号	3		人民は太陽をうたう
1969.05.01	新入生歓迎特集号	12		『金日成伝』を日本の出版社で翻訳出版
1969.05.01	新入生歓迎特集号	13		金日成首相の労作を学ぼう
1969.05.01	新入生歓迎特集号	21		革命伝統について
1969.05.01	新入生歓迎特集号	23		在日朝鮮留学生の任務と役割について
1969.05.01	新入生歓迎特集号	35		在日朝鮮公民の民主主義的民族権利をよう護しようー「出入国管理法案」と関連してー
1969.05.01	新入生歓迎特集号	15		金日成首相の偉大な教育思想とその輝かしい具現
1969.05.01	新入生歓迎特集号	37		人民の大学、科学の最高殿堂・金日成綜合大学
1969.05.01	新入生歓迎特集号	41		栄えある祖国ー朝鮮民主主義人民共和国
1969.05.01	新入生歓迎特集号	55		いっそう高まる反米救国闘争・1月～3月の南朝鮮人民の闘争

발행일	지면정보		필자	제목
	권호	페이지		
1969.05.01	新入生歓迎特集号	58		破産に直面する南朝鮮の教育
1969.05.01	新入生歓迎特集号	59		〈資料〉南朝鮮統一革命党機関誌「青脈」の主張"創刊の辞"
1969.05.01	新入生歓迎特集号	61		南朝鮮革命と祖国統一の基本方針とその課題について
1969.05.01	新入生歓迎特集号	73		共和国政府の科学文化政策・金日成首相の主体思想にしっかりと依拠して国の科学、技術の発展を促し、社会主義分科を建設しよう
1969.05.01	新入生歓迎特集号	79		朝鮮語について・朝鮮語の優秀さと科学性
1969.05.01	新入生歓迎特集号	83		朝鮮の常識(1)・朝鮮の位置と面積
1969.05.01	新入生歓迎特集号	72		本を大いに読もう
1969.05.01	新入生歓迎特集号	86		読者から

조련문화(朝連文化)

○ ○ ○

 서지적 정보

  재일본조선인연맹(在日本朝鮮人連盟, 약칭:조련) 중앙총본부 문화부가 발행한 등사 인쇄의 한글잡지로 종합잡지 형태를 취하고 있다. 창간호는 1946년 4월에 발행되었고 2호(1946.10)로 종간되었다. 창간호의 편집자는 조련의 문화부장 이상요(李相堯)이고, 2호는 조선인연맹 중앙총본부 문화부로 되어 있다.

  등사판으로 인쇄된 창간호는 오자와 탈자가 많아 한글임에도 불구하고 해독이 불가 능한 부분이 눈에 띈다. 잡지 창간 당시 월간잡지로 기획한 『조련문화』는 2호가 발행까 지 반년의 시간이 소요되었으나, 지면 수는 창간호의 약 2배에 가깝고, 편집후기에서도 "겨우 잡지다운 형태와 내용"[10]을 갖추게 되었다고 밝히고 있다. 이와 같이 종합잡지다 운 면모를 드러내기 시작한 2호가 종간호가 되어버린 배경에는 조선청년동맹(朝鮮青年 同盟, 약칭:청동) 오사카본부가 『조선청년(朝鮮青年)』을 기관지로 발행하게 되자, 조련 중앙총본부 문화부의 상임위원회에서 『조련문화』를 『조선청년』과 통합하기로 결정된 사실이 크게 작용한 것으로 보인다.

  주요 집필진으로는 허남기(許南麒), 길원성(吉元成), 이은직(李殷直), 정백운(鄭白雲), 임광철(林光徹) 등의 이름이 보인다. 창간호의 편집을 맡은 이상요는 『조련문화』 발간 의 의미와 의의를 「민족해방의 길」이라는 글을 통해 밝히고 있다. 해방 후 일본에 재류 하는 동포에게 있어 진정한 민족의 해방을 위해 "우리의 유일한 무기는 팬"이고, "조국 건설은 즉 문화건설"을 의미하며, "정치와 문화는 별개의 것이 아니다"[11]라며 재일조선 인 문화인들의 참여를 호소하고 있다. 창간호에는 전전의 비공산당계 마르크스주의자

---

10) 「編輯을 마치고」 『朝聯文化』(2号, 1946.10), p.111
11) 李相堯(1946.04) 「民族解放의 길은」 『朝聯文化』 創刊号, p.6

집단인 노농파(勞農波)의 이론적 지도자였던 사회주의자 야마카와 히토시(山川均)의 「朝鮮同胞에게」와 박병곤(朴炳昆)의 「民主主義」, 2호에 실린 임두립(林豆粒)의 「太極旗의 意味」 등의 글을 통해 일본제국으로부터의 해방에 대한 기쁨과 새로운 조국건설에 대한 의지와 다양한 모색의 흔적이 엿보이고, 특히 사상과 이념에 있어 편파적인 경향은 드러나지 않고 있다. 종합잡지인 만큼 논설 외에 시, 희곡, 수필과 같은 문학 작품도 게재하고 있다. 2호로 종간된 때문인지『조련문화』에 대한 연구는 현재까지 찾아볼 수 없다.『조련문화』총2권은 박경식(朴慶植)이 편집한『재일조선인관계자료집성 〈전후편〉 제9권』(不二出版, 2001.02)에 수록되어 있다.

2 창간사

조련 문화부의 부위원장 김정홍(金正洪)은 「창간사(創刊辭)」에서 잡지 발행의 의의를 아래와 같이 언급하고 있다.

허구한 시간을 심오한 암운 속에서 고민으로 보내다 돌연히 ■■ 하의 가로에 나온 그는 형언할 수 없는 피곤과 흥분의 포로가 ■■ 순간은 의식불명의 혼미상태를 못 면할 것과 같이 우리 조선도 과거 반년의 경과를 회고할 때 여기에 우리는 이상과 같은 혼미 과정을 밟아왔다.

이 과정을 통해서의 수확은 ■■의 우리의 발전 단계에 있어 큰 의의를 갖고 있는 것이다.

이 수확을 솔직하게 자기비판할 때 우리는 대담하게 과장할 것도 있■■■■■ 청산해야 할 모든 과오도 갖고 있다. 이 과오의 하나로 지적할 것은 계몽에 관한 노력 부족 그것이었다. 우리는 대중의 절실한 요구의 하나인 계몽사업의 요청을 결코 등한시하거나 "사보타주(sabotage)"한 것은 아니었지만 사실과 결과로 보아 우리는 충분히 자기비판할 여지가 있다.

이제 우리는 이 자기비판에서 새 출발하기 위해 이제 소지(小誌)를 세상에 보내는 때, 이에 대한 포부는 크고 희망은 광범하다. 이 포부와 희망을 완수하기에는 오직 이

이 잡지를 극력 애호하여 육성시킬 의무를 가진 우리의 침착하고 끊이지 않는 여력의 제공에 있다고 본다.

 목차

| 발행일 | 지면정보 | | 필자 | 제목 |
	권호	페이지		
1946.04.05	창간호	4	金正洪	創刊辞
1946.04.05	창간호	5	李相尭	〈巻頭言〉民族解放의 길은
1946.04.05	창간호	7	山川均	〈特別寄稿〉朝鮮同胞에게
1946.04.05	창간호	9	朴炳昆	〈論評〉民主主義
1946.04.05	창간호	18	金錫寅	〈論評〉解放朝鮮의 一断面
1946.04.05	창간호	24	金四哲	〈論評〉朝鮮青年의 使命
1946.04.05	창간호	33	韓東渉	〈論評〉解放女性의 길
1946.04.05	창간호	36	許南麒	〈詩〉내피를
1946.04.05	창간호	35	鄭白雲	〈詩〉하늘
1946.04.05	창간호	37	吉元成	〈芸術論,〉出発하는 우리詩壇
1946.04.05	창간호	39	李殷直	〈芸術論,〉春香伝과 朝鮮人民精神
1946.04.05	창간호	52	朴興圭	〈報告〉強制労動者
1946.04.05	창간호	55	林光微	〈報告〉芸術라 人民大衆
1946.04.05	창간호	50	白頭山人	病床日記
1946.04.05	창간호	60	文化部	編輯後記
1946.10.05	제2호	4	안두루 토스	日本帝国의 朝鮮圧政政略史
1946.10.05	제2호	11	林豆粒	太極旗의 意味
1946.10.05	제2호	18	金基億	朝鮮民族性小論
1946.10.05	제2호	23	鄭東文	젊은이의 路線
1946.10.05	제2호	33		民戦의 教育対策과 軍政庁文教部의 教育対策
1946.10.05	제2호	47	金相文	〈教育資料〉美国教育界에 대한 要請
1946.10.05	제2호	44		〈教育資料〉全国未就学者表
1946.10.05	제2호	46		〈教育資料〉学校連落総表
1946.10.05	제2호	46		〈教育資料〉南朝鮮学校一覧表
1946.10.05	제2호	50		南朝鮮大学一覧表
1946.10.05	제2호	51	洪海相	中国文化小史
1946.10.05	제2호	66		機械와 精神
1946.10.05	제2호	75		春香伝과 朝鮮人民精神(下)

발행일	지면정보		필자	제목
	권호	페이지		
1946.10.05	제2호	71		解放以後 雜誌一覽表
1946.10.05	제2호	50		南朝鮮各種重要都市大学専門学校一覧表
1946.10.05	제2호	86		本国文化資料集
1946.10.05	제2호	88		解放以後 出版図書一覧表
1946.10.05	제2호	64	허남기	〈詩〉青春
1946.10.05	제2호	72	김생	旗
1946.10.05	제2호	1		〈朝鮮民謠〉이(虱)
1946.10.05	제2호	91		〈朝鮮民謠〉서울노래
1946.10.05	제2호	92	車影	〈戲曲〉땅파는 사람들
1946.10.05	제2호	103	林光澈	〈巻頭言〉네눈이 밝구나!

조선(朝鮮)

1 서지적 정보

1963년 11월에 창간되었다. 창간호 손글씨. 도쿄(東京)대학 조선문화연구회에서 발행했다. 지면은 평론「조국 왕래 실현은 재일조선인의 비원(悲願)!!」,「일본국민의 지지 "가야(賀屋) 발언" 앞으로도 더욱 확대되다!」,「일본정부는 재일조선인에게 외국인의 대우를 보장하라!」,「광범위한 지지로 조국 왕래는 반드시 실현될 것이다!」,「인도와 인권을 존중하라"왕래 실현의 보장을"」,「한일회담」,「한일회담의 보다 좋은 이해를 위하여」,「재일조선 중·고교생 살상사건의 '개요'」,「현대의 북조선」으로 구성되어 있다.

2 인사말(창간호)

안녕하십니까!

조문연(朝文研)의 연구 성과를 보다 잘 이해해주기를 바랍니다. 조선과 일본은 과거 역사적 흐름 속에서 문화와 그 밖의 모든 방면에서 밀접한 관계를 갖고 있습니다.

현재의 조선과 일본을 볼 때, 역사적인 양국의 관계를 올바로 인식하지 않고서는 진정한 우호와 친선은 얻을 수 없을 것입니다. 특히, 일본제국주의 식민지 지배에 대해서 적절한 이해가 필요한데, 이것 없이는 양국의 일은 생각할 수 없습니다. 불행하게도 일본의 교육 반동은 더욱 심해져서 의식적인 노력 없이는 올바른 인식을 얻는 것이 불가능하다고 해도 좋을 상황에 있다고 할 수 있겠죠. 조선에 대해 거의 인식을 갖고 있지 않으면서 왜곡된 감정만을 갖고 있는 일본인이 얼마나 많은가.

현재 재일조선 공민의 조국과 자유 왕래를 요구하는 운동이 일본에서 광범위한 인민의 지지를 얻으며 전개되고 있고, 또 일본의 남조선에 대한 침략을 필연화하는 한일회담, 나아가 이들 움직임과 병행해 일부의 일본인 불량 청년학생에 의한 조선 중·고교생에 대한 폭행살상 사건의 빈발 등, 매우 심각한 의미를 가진 움직임이 있습니다. 우리는 연대를 강화해 진정한 조일 우호를 위해 협력할 필요가 있습니다. 그런 의미에서 조선의 올바른 모습을 아는 것이 일본의 긴급한 과제가 아니겠습니까. 이 불충분한 소책자가 조금이라도 그 역할을 할 것을 기대하고 있습니다.

'63.11

3 목차

조선과 문학(朝鮮と文学)

○ ○ ○

1 서지적 정보

『조선과 문학』은 1964년 1월 조선연구소 내 「조선문학의 모임」에서 간행되었다. 편집인은 오무라 마스오(大村益夫)와 도모다 요시노(友田よしの)이다. 창간사 및 편집후기가 없어서 목차를 통해서만 그 내용을 짐작할 뿐이다. 「조선인과 나」, 「내속의 조선의 빈곤함」을 통하여 조선에 대한 자신들의 관점을 제시하고자 하였고, 「조선문학을 왜 배우는가」, 「김달수와 그 작품에 대하여」 등의 목차를 통하여 조선문학에 대한 정당성과 번역본을 통한 조선문학을 소개하고자 하였다.

2 목차

발행일	지면정보		필자	제목
	권호	페이지		
1964.01.21	発刊号	1		「朝鮮文学の会」発足にあって
1964.01.21	発刊号	2		設立総会の報告
1964.01.21	発刊号	3		朝鮮文学をなぜ学ぶか
1964.01.21	発刊号		樋口雄一	ごあいさつ
1964.01.21	発刊号		山北美知子	朝鮮人と私
1964.01.21	発刊号		中神秀子	小説好き
1964.01.21	発刊号		片岡公正	自己の中の「朝鮮」の貧しさ
1964.01.21	発刊号	8	趙明熙(作) 大村益夫(訳)	洛東江
1964.01.21	発刊号	16	梶井渉	金達寿とその作品について
1964.01.21	発刊号	20		会員名簿

조선무역월보(朝鮮貿易月報)

○ ○ ○

1 서지적 정보

『조선무역월보(朝鮮貿易月報)』는 1962년 9월에 창간된 조국무역추진 재일조선인위원회의 기관지이다. 편집 겸 발행인은 조국무역추진 재일조선인위원회이다.

일본정부에 의한 제재로 인하여 그동안 정상적이지 못했던 조일무역의 순조로운 정상화 및 발전과 실현을 목적으로 창간된 잡지이다. 목차를 통하여 잡지의 구성과 내용을 살펴볼 수 있는데 논설, 시평, 소개, 자료 등과 같이 세부화 된 내용으로 조일무역 뿐만 아니라 한국에 대한 담론 등 다양한 내용을 담고 있다. 창간호에서 구체적으로 살펴보면 「한일회담재개에 대하여」란 논설, 「통화개혁의 실패와 한국5개년계획」의 시평, 「3억달러라는 것은 청구액의 이자도 되지 않는 금액이다」의 소개, 「조선민주주의 인민공화국의 사회주의경제건설의 발전」의 자료 등 다채롭게 구성되어 있다.

2 창간사

우리들이 조국 조선민주주의 인민공화국과 일본과의 사이에서 무역의 정상적인 발전에 기여하고 또한 조국과의 무역을 바라는 재일조선인의 숙원을 실현시키기 위하여 조국무역추진운동을 일으킨 이래 벌써 1년 이상이 지났다. 일전에 우리들은 조일무역의 정상화에 기여하여 약 8억엔(왕복)에 이르는 조국무역을 실현할 수 있었다. 하지만 조일무역에 다양하고 중대한 제한들을 가하고 있는 일본정부의 비우호적인 정책 때문에 우리들의 조국무역추진운동은 계속해서 많은 곤란에 직면하고 있다.

이러한 정세 속에서 일본의 경제계, 정계, 언론계 그 외 각계에서 우리들의 운동과 우리들의 요구에 대한 이해를 깊이 받고 싶다는 바램에서 이 월보를 발간하게 되었다.

이 월보에는 우리들의 조국무역, 보다 광범위한 내용을 가진 조일무역의 발전과 확대를 바라는 입장에 서서 그것에 필요하다 여겨지는 제 종류의 조사기사, 자료, 주장 등을 게재해 가고 싶다.

많은 분들의 따스한 성원을 바란다.

1962년 9월
조국무역추진 재일조선인위원회

 목차

발행일	지면정보		제목
	권호	페이지	
1963.05.15	No.9	9	〈資料〉日本政府は在日朝鮮公民に対し外国人大愚とすべての公法的権利を保障せねばならぬ
1963.05.15	No.9	14	〈紹介〉朝鮮の金属工業基地と燃料・動力工業基地
1963.05.15	No.9	14	Ⅰ．金属工業基地
1963.05.15	No.9	19	Ⅱ．燃料・動力工業基地
1963.05.15	No.9	23	朝鮮貿易ノート
1963.06.15	No.10	1	〈特輯〉朝日貿易の経過と問題点-はしがき
1963.06.15	No.10	2	Ⅰ．大連経由取引から直航貿易実現まで
1963.06.15	No.10	6	Ⅱ．きびしい制約下の直航貿易
1963.06.15	No.10	12	Ⅲ．直接決済実施・強制バーター製鉄廃の意義とそ限界
1963.06.15	No.10	17	Ⅳ．残された問題点
1963.06.15	No.10	19	むすび
1963.06.15	No.10	21	朝鮮貿易ノート
1963.07.15	No.11	1	南朝鮮の絶糧民と風水害罹災民を救護することに関する朝鮮民主主義人民共和国政府の決定
1963.07.15	No.11	2	南朝鮮の食糧飢饉
1963.07.15	No.11	7	食糧危機と南朝鮮新聞論調
1963.07.15	No.11	7	Ⅰ．緊急な全般的物価安定策の要
1963.07.15	No.11	10	Ⅱ．食量援助は日本にまで要請すべきではない
1963.07.15	No.11	13	朝鮮における社会主義的紙幣体系の諸特徴
1963.07.15	No.11	24	朝鮮貿易ノート
1963.08.15	No.12	1	〈時評〉1963年上半期朝日貿易実績と問題点
1963.08.15	No.12	8	〈ドキュメント〉訪朝日本商社代表に対する李貿易談話
1963.08.15	No.12	10	〈ドキュメント〉1963年上半期国民経済発展実績の総括
1963.08.15	No.12	17	〈紹介〉朝鮮の7ヵ年計画と自立的燃料基地の確立
1963.09.15	No.13	1	〈時評〉東西貿易の新局面と朝日貿易
1963.09.15	No.13	9	〈ドキュメント〉1963年度国民経済計画実行についての予備総括と1964年度国民経済計画について
1963.09.15	No.13	27	〈紹介〉朝鮮の軽工業基地
1963.09.15	No.13	36	朝鮮貿易ノート
1963.10.15	No.14	1	〈時評〉成熟する朝日貿易広大の条件と日本政府の責任
1963.10.15	No.14	8	朝鮮の農業と水産業
1963.10.15	No.14	12	Ⅰ．朝鮮の農業(上)
1963.10.15	No.14	21	Ⅱ．朝鮮の水産業
1963.10.15	No.14	29	朝鮮貿易ノート
1963.11.15	No.15	1	〈調査〉南朝鮮貿易の現状と構造
1963.11.15	No.15	10	〈時評〉南朝鮮貿易破局打開のためにはまず南北交易が必要
1963.11.15	No.15	14	〈朝鮮の輸出商品〉工具類
1963.11.15	No.15	19	〈紹介〉Ⅰ．躍進つる雲山工具工場

조선문예(朝鮮文芸)

1 서지적 정보

『조선문예』는 1947년 10월에 창간하여 1년 후인 1948년 11월까지 통권 6호까지 발행하고 종간한 잡지이다. 조선문학을 일본에 소개하고자 편집 겸 발행인을 맡은 김삼문(金三文)을 주축으로 하여 조선문예사(朝鮮文芸社)에서 발행되었다. 아래에 전문을 인용하겠지만, 편집후기에서 『조선문예』의 집필진 대부분이 조선문학자회 회원이라고 밝히고 있고, 그 중 김달수(金達寿), 허남기(許南麒), 강진철(康珍哲), 윤자원(尹紫遠), 이은직(李殷直)은 『민주조선(民主朝鮮)』에서도 활동한 인물들이다. 3호(1948.02)의 편집후기에는 "이번 호부터 자매지로서 '조선국문판 조선문예'를 간행한다, 16페이지 B6판의 빈약한 잡지"[12]이긴 하지만, 활자문제 등을 비롯한 여러 난관을 극복해 나가면서 오랫동안 지속해 가고자 하는 의지가 드러나고 있다.

『조선문예』에서 주목할 특징은 창간호에서부터 재일조선인의 언어문제가 논의되고 있다는 점이다. 창간호에서는 프롤레타리아작가인 아오노 스에키치(青野季吉)가 「조선작가와 일본어문제(朝鮮作家と日本語問題)」라는 글을 발표하고 있고, 4호(제2권2호, 1948.04)에서는 「용어문제에 대해서(用語問題について)」라는 특집을 마련하고 있다. 여기에는 이은직의 「조선인인 나는 왜 일본어로 쓰는가(朝鮮人たる私は何故日本語で書くか)」(李殷直), 「일본어에 의한 조선문학에 대해(日本語による朝鮮文学に就て)」(魚塘), 「하나의 가능성(一つの可能性)」(金達寿)과 같은 글이 게재되어 있다. 『조선문예』가 한글판 발행을 시도한 점에서도 알 수 있듯이, 당시 재일조선문학회는 그들의 현실적인 언어환경에도 불구하고 '조선문학'은 '조선어'로 해야 한다는 인식이 강했던 것으로 보인다. 이후 발행된 재일조선문학회의 기관지는 대부분 한글로 발행된 잡지들이다.

---

12) 「編集後記」『朝鮮文藝』(3号, 1948.02), p.34

일본에서는 가와무라 미나토(川村湊)가 책임편집한 『'전후'라는 제도—전후사회의 '기원'을 찾아서(「戦後」という制度—戦後社会の「起源」を求めて)』(インパクト出版会2002. 03)에 수록된 다카야나기 도시오(高柳俊男:2002)의 「『조선문예』로 보는 전후 재일조선인문학의 출발(『朝鮮文芸』にみる戦後在日朝鮮人文学の出立)」이라는 논고가 유일하고, 국내에서는 2006년부터 『朝鮮文芸』, 『漢陽』, 『青丘』, 『三千里』 등을 연구대상으로 공동연구를 진행한 연구진들에 의해 산출된 결과물들이 유일하다.

- 이재봉(2006) 「해방 직후 재일한인 문단과 '일본어' 창작문제-『朝鮮文芸』를 중심으로」,『韓国文学論叢』(42) 한국문학회
- 하상일(2006) 「재일 한인 잡지 소재 시문학과 비평문학의 현황과 의미-『조선문예』 『한양』 『청구』를 중심으로」,『韓国文学論叢』(42) 한국문학회
- 조강희 「在日韓人 雜誌에 나타나는 言語生活의 様相 : 『民主朝鮮』『朝鮮文芸』『三千里』『青丘』의 「特集」과 「対談」을 중심으로」,『일본어문학』(33) 일본어문학회
- 소명선(2006) 「재일한인 에스닉 미디어의 계보와 현황:에스닉 잡지를 중심으로」,『일어일문학』(30) 대한일어일문학회

2 편집후기(창간호)

『조선문예』의 경우 창간사가 없기 때문에 박삼문(朴三文)에 의해 작성된 창간호의 편집후기를 인용하면 아래와 같다.

창간호를 보낸다. 예정보다는 대단히 빈약한 것이 되어버렸다. 그러나 형태대로의 잡지를 낼 수 있었던 것은 기쁘다. 재일동포가 60만 명이나 있으면서 문예잡지 하나도 없는 것은 쓸쓸한 일이었다.

해방이 되자 곧, 조선문학자회가 창립되어 『민주조선』을 비롯하여 그밖에 동포가 경영하는 신문지상에서 왕성하게 문예활동이 이루어지고 있고, 최근에 이르러서는 문예잡지 『현해(玄海)』가 창간되려 하고 있다. 소지(小誌)도 미력하나마 이들 문학운동의

일조가 된다면 다행이다.

　지면은 대단이 좁지만, 일반에게 해방한다. 주저 없이 투고해 주길 바란다. 제재가 조선에 관한 것이라면 조선인에 한정하지 않는다.

　본 호 집필은 주로 조선문학자회 회원이다. 아오노 스에키치(青野季吉)씨의「조선작가와 일본어 문제(朝鮮作家と日本語の問題)」는 일본어로 쓰고자 하는 우리들이 가장 탐독해야 한다. 이은직씨의「미래(未来)」는 페이지 수 사정으로 분재하기로 했다. 또한 장두식, 김원기씨의 창작도 페이지 사정상 다음 호에 싣기로 했다. 양해를 구한다.

　본디 무력하지만 노력은 아끼지 않을 생각이다. 제현의 후원을 바란다.

3 목차

발행일	지면정보		필자	제목
	권호	페이지		
1948.04.01	4月号	13	金達寿	〈特集 用語問題について〉一つの可能性
1948.04.01	4月号	19	朴元俊	〈創作〉年代記
1948.04.01	4月号	表紙		編輯後記

조선문학(朝鮮文学) ①

○ ○ ○

1 서지적 정보

『조선문학』은 1954년 3월에 재일조선문학회에서 발행한 조선어 잡지이며, 3호(1956년 3월)부터는 본지의 잡지명이 『조선문예』로 바뀌어 1958년 3월까지 통상 9호가 발행되었다(50엔). 편집인은 남시우이며, 재일조선문학회는 창간호에서는 문예총(재일조선문학예술가총회) 소속으로 표기되어 있지만, 2호부터는 문예단(재일조선문화단체총연맹, 1953년 12월 결성)으로 소속이 변경되어 있다. 또한, 9호(1958년 3월)에는 「10호부터 활자판을!」이라고 되어 있듯이, 10호부터는 활자판으로 격월 간행, 64페이지 분량을 목표로 하고 있었음을 알 수 있다.

본지의 창간호 편집후기에는 「그 동안 무엇보담도 우리들은 채쯕질한 것은 지역의 써-클 동무들이다. 동무들이 밤낮으로 애써 키워내는 써-클 기관지를 손에 들 때마다 우리는 몇 배로 힘을 돋구었다. 겨우 지금에야 보게 되는 이 창간호가 학수고대하던 동무들 기대에 얼마나 보답할지? 더구나 이번에는 인쇄의 날짜 관계로 써-클지에서 작품을 한 편도 전재하지 못하였다」라고 말하고 있듯이, 지역 동인지와의 연대를 강조하고 있다. 특히, 2호 편집후기에는 본 문학회의 오사카지부가 결성되었고, 아이치(愛知), 교토(京都), 효고(兵庫), 도쿄 근처의 지부도 조만간 결성된다는 소식을 전하고 있다.

그리고 본지의 발행 취지 및 문학회 결성의 이유에 대해서, 「우리들은 자기의 작품이 싸우는 대중의 대렬 속에서 날카로운 무기로써 제공될 것을 가장 큰 자랑으로 생각한다. 그러기 때문에 우리 기관지는 그 무기를 닦고 훈련하는 마당으로 삼는 것이다」(창간호 편집후기)라고 말하고 있듯이, 창작 활동이 이념적인 측면에서 '날카로운 무기'로 작용하기를 바라고 있고, 지역의 지부 역시 '실질적으로 싸우는 지부'를 지향하고 있다.

또한, 『조선문예』8호(1957년 11월)에는 재일조선문학회의 허남기와 남시우, 그리고 김민이 북한의 조선작가동맹의 정회원으로 가입되었다는 소식을 전하고 있듯이, 북한과의 연대를 강조하고 있다. 그리고 같은 호에는 제7차 재일본조선문학회 회의의 토론 내용이 실려 있는데, 여기에서 오사카지부의 『진달래』에 실린 김시종의 「大阪총련」이라는 시의 발화 포지션에 대해서 논쟁이 벌어지고 있다. 먼저, 도쿄의 허남기는 "내부의 문제라고 다소 안일하게 생각하고 있"다고 말하고 있고, 김한석은 "우리는 작가·시인이기 전에 혁명가·애국자가 되어야만 할 것이다. (중략) 「大阪총련」을 비롯한 「진달래」의 일련의 작품들을 보면 그 내용이 이 원칙에서 벗어났"다고 지적하면서, 재일조선인 작가에 의한 작품의 '문학회의 지도성'이 부족하다고 비판하고 있다. 이에 대해 의장을 맡은 김달수는 "작품 비판의 태도로써 상대를 일방적으로 쳐버리는 타격주의는 버리자"라고 중재를 하고 있고, 김시종은 "사회주의 사실주의에 대한 인식이 문제라고 생각한다. 사회주의 사실주의란 과연 어떤 것인가? 언제나 중요한 문제가 생겼으므로 써야 하는가? 그렇다면 그 문제 안에 얼마만큼 자기 자리를 차지하고 있는가가 문제로 된다. 사건을 보고 그리는 쩌-너리스틱한 그런 것에 도취하는 데서 도식주의가 생기지 않을까?"라고 반론하면서, "구호나 스로-강만으로 그려낸 문학의 시기는 지나갔다고 생각한다"고 창작 방법에 있어서 탈이데올로기를 주장하고 있다.

2 편집후기(창간호

　대회 이후 석 달이 지났다. 마음을 되도록 사로잡아 한 틋기없는 청년의 마음으로 지나간 석 달을 돌아 본다. 팽개치지 않으면 안될 밉살스러운 꼬락서니가 마음을 여이는 듯이 날카롭게 치박힌다. ―거기엔 깨트려 내지 않으면 안될 어구센 벽이 역시 앞에 안타깝다. 모두 만나면 무엇인가 새롭고 활기찬 것이 금시에 솟아날 듯 서로 마음을 들띠우다가도 연신, 말은 일만 무거운 것 같아 그 자리에 주저앉고 만다.

　그럴 때마다 낡고 무딘 자기의 칼날을 미워하는 마음은 컸다. 그리고 빨리 서슬푸른 날창으로 닦아 세우지 않으면 안되겠다고 생각했다. 기관지 "조선문학"을 편집하면서 다섯 번의 상임위원회를 가졌었다. 한가지식 일을 띠어 맡어 우리들은 되도록 이것이 무엇보담 우리 조직을 강화하고 힘있는 것으로 키워내는데 크게 도움으로 될 것을 빌었다.

그동안 무엇보담도 우리들을 채쭉질한 것은 지역의 써-클 동무들이다. 동무들이 밤낮으로 애써 키워내는 써-클 기관지를 손에 들 때마다 우리는 몇 배로 힘을 돋구었다—겨우 지금에야 보게 되는 이 창간호가 학수고대하던 동무들 기대에 얼마나 보답할지? 더구나 이번에는 인쇄의 날짜관계로 써-클지에서 작품을 한편도 전재하지 못하였다.

"조선문학"은 무엇보담도 써-클 동무들의 좋은 벗으로 되지 않으면 안 될 것이고 그러니만치 보담 더한 동무들의 성원과 협력을 바래마지 않는다.

우리들은 자기의 작품이 싸우는 대중의 대렬 속에 날카로운 무기로써 제공될 것을 가장, 큰 자랑으로 생각한다. 그러기 때문에 우리 기관지는 그 무기를 닦고 훈련하는 마당으로 삼는 것이다. 또 그 마당은 우리의 조직을 싸울 수 있는 전투적인 것으로 강화시키는 중요한 힘으로도 될 것이다.

3 목차

발행일	지면정보		필자	제목
	권호	페이지		
1954.05.16	제2호	25	빠리(작) 박혁(역)	〈短篇〉사과
1954.05.16	제2호	54	김순호	〈読者評論〉토끼와 록두영감에 대하여
1954.05.16	제2호	62	리원우	〈評論〉아동문학의 전진을 위하여
1954.05.16	제2호	54	김민	『樹林』9호를 읽고
1954.05.16	제2호	2		문단련 대회에 보내온 한설야선생의 편지
1954.05.16	제2호	60		조국 문학 단신
1954.05.16	제2호	51		제1호 합평회 보고/제2호 합평회 예고
1956.11.10	제3호	3	남시우	현실이 제기하는 기본적 과제에 대하여
1956.11.10	제3호	6	강순	〈詩〉풀잎새
1956.11.10	제3호	11	김시종	〈詩〉유품
1956.11.10	제3호	13		〈제2차조선작가대회문헌〉「조선문학의현상태와전망」에관한 결정서
1956.11.10	제3호	18	림경상	〈콩트〉리별
1956.12.22	제4호	1		제2차 중앙위원회에 제출한 상무위원회의 활동 보고
1956.12.22	제4호	7	허남기	〈詩〉닭
1956.12.22	제4호	8	류벽	〈콩트〉화해(和解)
1956.12.22	제4호	11	김민	〈短篇〉개이지않는 하늘
1956.12.22	제4호	14	남시우	〈散文詩〉나의 집은 남쪽에 있다
1956.12.22	제4호	15		제2차 중앙위원회 경과 보고
1957.01	제5호	3	조벽임	〈詩〉삼각산이 보인다
1957.01	제5호	4		〈卷頭言〉신년 첫호를 내면서
1957.01	제5호	6	리경선	〈小説〉거북(亀)(상)
1957.01	제5호	17	탁희수	〈公論〉나의 금년 관상
1957.01	제5호	18	손진형	〈公論〉새해잡감
1957.01	제5호	20		오무라 조선문학회 작품 특집〈시와 수필〉
1957.01	제5호	26	김태경	〈小説〉김교장과 남선생
1957.01	제5호	5	작가동맹 중위	신년축사
1957.04	제6호	3		권두언
1957.04	제6호	6	리경성	〈小説〉거북(亀)(중)
1957.04	제6호	18	김태경	〈詩〉고향에 띄우는 노래
1957.04	제6호	21		보고 및 소식
1957.04	제6호	22	장평	〈詩〉돌아가는 그대
1957.04	제6호	24	야토쓸라브 쓰레타꼬브	〈詩〉부다페쓰트에서
1957.04	제6호	25	쓰테빤 슈치빠체브 작/ 김한석 역	〈詩〉안해

발행일	지면정보		필자	제목
	권호	페이지		
1957.04	제6호	26	허남기	〈詩〉경고
1957.04	제6호	29	류벽	〈콩트〉첫층돌
1957.05	제7호	2		권두언
1957.05	제7호	4	리경성	〈小説〉거북(亀)(하)
1957.05	제7호	10		「조국에 드리는 노래」 조국 작가 동맹에서 출판
1957.05	제7호	12	허남기	〈短篇〉김시종동부의일본문시집-『지평선』에 관련하여
1957.05	제7호	14	나질 히크엣트 작/ 안우식 역	〈短篇〉아흐멧드에게
1957.05	제7호	18	전화광	한국 뉴스
1957.05	제7호	19	박춘일	断想ー石川啄木ー그의 노래
1957.05	제7호	22	홍운표	누가 詩를 쓰는가(한 지역 써-클외 문제전에 대하여)
1957.05	제7호	24	김주태	〈詩〉비/눈
1957.05	제7호	26	남시우	자의 불만-〈불씨〉의 강순형에게
1957.11	제8호	1		총괄 보고와 당면한 활동 방침-재일 조선 문학회 중앙 위원회-
1957.11	제8호	18		창작의 의욕을 일층 제고하자
1957.11	제8호	19		〈巻頭辞〉〈권두사〉조선 작가 동맹 중앙 위원회 개막
1957.11	제8호	23		〈小説〉송서방
1957.11	제8호	33	윤광영	〈詩〉조국의 품안에 안기고저
1957.11	제8호	34	장순	〈詩〉생철지붕 아래
1957.11	제8호	35	윤광영	〈詩〉가을의 의장
1957.11	제8호	37	윤광영	〈詩〉바다가에서
1957.11	제8호	38	김윤호	〈詩〉8월 시초
1957.11	제8호	41		제6차 재일본 조선 문학회 회의 결정
1957.11	제8호	47	윤광형	〈雑感〉문학회 제7차 대회에 참가
1957.11	제8호	49	김태경	〈小説〉안해
1957.11	제8호	53		제7차 문학회 대회 경과
1958.03	제9호	1		〈巻頭言〉문학회 창립 10주년을 맞이하며
1958.03	제9호	1	김태경	〈短篇小説〉역중
1958.03	제9호	49	류벽	〈短篇小説〉미완성의 자화상
1958.03	제9호	17	허남기	〈詩〉영춘
1958.03	제9호	19	김윤호	〈詩〉무명시인 부부의 속삭임
1958.03	제9호	22	김홍식	〈詩〉영광의 길에서
1958.03	제9호	28	진화황	〈随筆〉조국 예술가들이 보내신 편지를 받고
1958.03	제9호	25	김경상	〈随筆〉토사 설법
1958.03	제9호	30	윤광영	〈随筆〉동무와 친구
1958.03	제9호	38	성윤식	〈随筆〉고향
1958.03	제9호	44	류벽	〈童話〉수남이의 작문
1958.03	제9호	41-43		〈나의창작푸랑〉성문식·고태순·김창규·김윤호·윤광영
1958.03	제9호	68		편집후기

조선문학(朝鮮文学) ②

◦ ◦ ◦

 1 서지적 정보

『조선문학』은 1969년 6월에 창간되어 1971년 1월에 10호까지 발행되었고, 창간호는 신흥서방(新興書房), 2호부터는 조선문학연구회가 방행 주체가 병기되어 있다. 신흥서방은 조총련을 이탈한 박원준이 1965년에 출판한 출판사이며, 김석범의 『까마귀의 죽음』 및 이은직의 『탁류』 등을 간행하기도 했다. 본지의 가격은 창간호는 100엔이며, 9호(1970년 10월)부터는 150엔, 10호(1971년 1월) 200엔으로 인상되어 있다(매호 30페이지 전후이며, 9호부터는 50페이지 전후).

내용적인 측면에서 보면, 창간호의 편집후기에는 「본지는 조선문학을 소개하는 것을 목적으로 간행되었지만, 조선문학을 모르는 독자에게 조금이나마 친숙해졌으면 다행이다. 본고에서 다룬 최서해, 박지원은 각각 그 세대를 대표하는 작가이며, 연대기, 고가요, 비설문학, 한시, 시조, 소설에 이르기까지 각각의 장르에서 대표작을 선정하여 앞으로 소개할 계획이다」라고 전하고 있듯이, 일본인 독자들에게 조선의 다양한 문학을 소개하는 역할을 담당하고 있다.

본 잡지의 이념적인 성격을 보면, 3호(1969년 8월)의 편집후기에서 창간호에 실린 최서해의 『탈출기』는 조선민주주의인민공화국 조선작가동맹출판사가 발행한 『현대조선문학전집』을 원본으로 했고, 박지원의 『허생전』은 대학민국 을유사가 발행한 『한국고전소설전집』을 원본으로 하고 있다고 설명하고 있듯이, 특정 국가를 지지하거나 편향적인 담론을 형성하지는 않은 것으로 보인다. 다만, 7호(1969년 12월)에 의하면, 본지의 편집인이 조총련의 「문화관료」이었던 탓에, 「비조직책동분자들의 기관지」라고 중상 비방하고 있기 때문에, 앞으로 〈언론의 자유〉를 위해 자기 방어를 한다고 의지를 밝히고 있다.

또한, 3호 편집후기에서 「조선어를 일본어로 번역하는 작업의 어려움을 통감하고 있습니다. 문맥은 같지만, 아무래도 직역이 많아집니다. 하지만 문학작품인 이상, 직역은 용서되지 않는다는 것은 두말할 나위 없습니다. 어떻게 해서든 극복하지 않으면 안 될 과제입니다」라고 말하고 있듯이, 번역가의 문학적 소양의 결여 및 전문 번역가의 인력이 부족했다는 사실을 알 수 있다.

물론, 본지의 목적이 일본 독자에게 조선문학을 소개하는 것에 있지만, 반드시 조선문학에 한정되어 있지는 않다. 예를 들면, 임진왜란 당시 일본으로 끌려온 조선 도공의 후예인 강위당은 창간호에 「재일조선청소년제군에게」라는 수필을 싣고 있고, 8호(1970년 2월)부터는 『반일본인』을 종간호까지 4회 연재하고 있으며, 2호(1969년 7월) 편집후기에서는 『군조』의 신인상을 수상한 이회성의 『또 다시 이 길을』에 대한 오에 겐자부로 (大江健三郎)의 재일조선인 인식 부족과 이회성의 리얼리티 결여를 지적하고 있다.

2 편집후기(제1호)

일본의 조선문학 연구에 대해서는 그 평가는 사람에 따라 제각각이지만, 작금에 범람하는 번역 문학 속에 조선문학이 없다는 사실은 불행한 일이다.

하지만 최근, 조선에 대한 관심이 고조됨에 따라, 특히 고대의 일본과 조선의 관계를 해명하는 과정 속에서, 일·조비교문화연구의 중요성이 아직 한정된 범위이기는 하지만 언급되고 있다는 것은 축하해야 할 일이다.

본 잡지는 조선문학을 소개하는 것을 목적으로 간행하고 있지만, 조선문학을 모르는 독자들에게 조금이나마 친숙해진다면 더 바랄 것이 없다.

동 호에서 다룬 최서해, 박지원은 각각 그들 연대를 대표하는 작가이지만, 연대기, 고가요, 비설문학, 한시, 시조, 소설에 이르기까지, 다양한 장르로부터 대표작을 선정해서 앞으로도 소개할 예정이다.

다만, 처음 시도하는 기획인 만큼, 여러 장해가 많을 것으로 예상되지만, 결실이 있는 일을 계속해서 이어나가고자 염원하고 있다.

3 목차

발행일	지면정보		필자	제목
	권호	페이지		
1969.11.01	Vol.1 No.6	27	胐健之助	兀然童(朝鮮の玩具5)
1969.11.01	Vol.1 No.6	32	金佐喆	朝鮮演劇史3
1969.12.01	Vol.1 No.7	18	金東仁	甘藷(現代)
1969.12.01	Vol.1 No.7	1	李範宣	もみじ(現代)
1969.12.01	Vol.1 No.7	8	朴元俊	1953年・夏
1969.12.01	Vol.1 No.7	25	胐健之助	柳笙と柳複簧(朝鮮の玩具6)
1969.12.01	Vol.1 No.7	26	南民樹	金東仁(作者略歷)
1969.12.01	Vol.1 No.7	28	金佐喆	朝鮮演劇史4

조선문화(朝鮮文化)

○ ○ ○

 서지적 정보

1962년 7월에 창간되어 『조선문화』는 조선문화사에서 월간으로 발행된 잡지이다. 3호(1962.09)까지 발행된 것은 확인할 수 있으나, 이후의 간행 상태는 확인할 수 없다. 편집인은 이은직(李殷直), 발행인은 윤병옥(尹炳玉)이다. 주요 집필진으로는 안우식(安宇植), 박원준(朴元俊), 허남기(許南麒), 송영(宋影) 등의 이름을 확인할 수 있다.

"조선의 문학과 문화예술의 발전 상황을 소개"[13]하기 위한 목적으로 발간된 잡지인 만큼 공화국의 문예정책과 문예동향, 공화국 작가와 작품 소개를 비롯하여 미술계와 영화계 소식을 전하고 있다. 그러나 안회남(安懷南)의 「남조선의 어느 작가에게 보내는 편지(南朝鮮のある作家への手紙)」(창간호), 김난희(金蘭姫)의 「남조선의 어느 여배우의 생활-배우를 지망하는 혜숙에게 보내는 편지(南朝鮮のある女優の生活)」(3호), 그리고 한국의 문예잡지평(3호) 등을 통해 한국의 문예활동 전반에 대해서도 많은 관심을 보이고 있음을 알 수 있다.

『조선문화』에는 각 호마다 일본인 문학자의 글을 게재하고 있다. 시모타 세이지(霜多正次)가 이은직이 번역한 한설야의 『황혼』에 대한 서평으로 「사회주의리얼리즘의 방법적 승리(社会主義リアリズムの方法的勝利)」(창간호)를, 기노시타 쥰지(木下順二)는 「나의 조선관(私の朝鮮観)」(2호)을, 무라야마 도모요시(村山知義)는 「내가 본 조선(私のみた朝鮮)」(3호)을 각각 기고하고 있다. 이들 중 시모타와 무라야마는 장두식(張斗植)이 중심이 되어 1958년 11월에 창간한 잡지 『계림(鷄林)』(鷄林社, 1958.11~1959.12)에도 기고한 바 있는 인물이기도 하다.

---

13) 「編集後記」『朝鮮文化』(第1卷第1号, 1962.07), p.31

『조선문화』전 3권은 송혜원의『재일조선인문학자료집 1954~70 3』(綠蔭書房, 2016. 09)에 수록되어 있고, 잡지에 대한 본격적인 연구는 아직 이루어지지 않고 있다.

2 편집후기(창간호)

『조선문화』는 창간사가 없으므로 창간호의 편집후기를 인용하면 아래와 같다.

나날이 발전 속도를 빨리하며 눈부신 건설성과를 내고 있는 조선민주주의인민공화국의 모습은 여러 가지 형태로 일본에 소개되고 있지만, 이 잡지는 주로 조선의 문학과 문화예술의 발전 상황을 소개하기 위해 계획된 것이다.

조선에 있어서의 문학예술단체는 모두 조선문학예술총동맹에 망라되어 있는데, 각 부문별로 기관지가 발행되고 있다. 예를 들면 조선작가동맹에서는 문학신문, 월간조선문학, 청년문학, 아동문학 등이 발행되고 있다.

이후 가능한 이들 각 부문의 기관지에서 되도록 많은 것을 번역해 소개하거나, 그 동향과 문헌목록 등도 소개하고자 한다. 또한 남조선에 있어서 조국의 평화적 통일을 위해 애쓰고 있는 예술가들의 움직임도 소개해 갈 생각이다.

이 잡지가 조선과 일본과의 문화교류와 우호친선에 조금이나마 도움이 되었으면 하는 것이 우리들의 목적이다.

널리 여러분의 지도와 편달을 부탁해 마지않는다.

3 목차

조선미술(朝鮮美術)

○ ○ ○

1 서지적 정보

『조선미술』은 재일조선미술회의 중앙 기관지로 1953년 11월 1일에 창간되었다. 현재, 2호(1954년 1/2월 합병호)와 3호(1954년 3월 20일)만이 확인 가능하며, 2호는 8페이지, 3호는 3페이지로 지면이 구성된 조선어 잡지이다. 창간사에는 「조국의 평화적 통일과 독립」을 향한 미술운동 추진의 첫걸음으로서, 「재일동포와 직결하는 유일한 무기」로서의 본지의 역학이 기술되어 있다. 3호 기사에 의하면, 2호의 발행부수는 250부(일반판매 60부, 각 지부 130부, 중앙본부 50부, 그 외)이며, 한 부의 정가는 「10円」으로 되어 있다.

회장 이인두(李寅斗)는 2호 「새해를 맞이하여」라는 글 속에서, 「1954년을 맞이하여, 우리조국 조선민주주의인민공화국의 발전과 경애하는 우리의 수령 김일성 원수의 만수무강을 축원한다. 아울러 조국의 평화적 통일 독립을 위하여, 전투인민·경제·복구 건설에 주야로 분투하고 있는 북반부의 형제자매들과, 미제일·이승만 역도들의 식민지 정책과 전쟁 정책을 반대하며 싸우고 있는 남반부 동포들과 또, 일본에서 반미제 반이승만, 반요시다, 반재군비투쟁에 총궐기하여 싸우고 있는 재일 60만 온 동포들에게 영예와 축하를 드리는 바이다」라고 말하고 있듯이, 동 미술회 및 기관지의 이데올로기는 북한을 지지하고 있고, 반미·반한·반일의 입장을 취하고 있다는 사실을 알 수 있다. 또한, 「특히, 조국문예총 내에 잠입하였던 림화를 중심으로 한 간첩분자, 종파분자들을 폭로, 숙청하는 과정에서 이들의 「부루죠아 이데올로기-」의 표현인 문학예술에서의 자연주의와 형식주의와의 강한 투쟁을 전개함으로서 우리 문학예술 발전에 획기적 전변을 갖어왔다」라고 말하고 있듯이, 부르조아적 이념의 배척은 물론, 자연주의와 형식주의를 청산하고 「현실 생활 속에서 그 원천을 찾어 우수한 작품들을 창조」하는 것을 목적으로 하고 있다.

또한, 2호의「飛躍하는 美術会」에서는 각 지부의 결성 및 활동을 소개하고 있는데, 동 미술회는 중앙본부 외에, 도쿄지부, 가나가와지부, 오사카지부가 결성되어 있고, 1953년 11월 11일에 결성된 오사카지부에서는 매월 3회에 걸쳐 '석고뎃상' 연구회를 개최하고 있으며, 또한 그림 대여를 통해 대중들을 위안하고 있고, 새해에는 전람회 개최에 총력을 기울이겠다고 전하고 있다.

『조선미술』에는 반일의 입장에서 일본의 재군비와 재일조선인의 문화 파괴 정책을 비판하고 있지만, 3호에는 일본미술회 주최의 전람회를 소개하고 있듯이, 일본의 미술 관련 단체와는 연대를 하고 있다고 볼 수 있다. 또한,「世界美術의 음지김」이라는 기사에서는 소련과 프랑스, 그리고 중국 등의 작품 전시 현황 및 예술가 모임 결성, 중국미술협회의 월간 잡지「미술」등의 발간 소식을 전하고 있다.

제2호 편집후기에는 3호부터는 유료광고를 기획하고 있다고 말하고 있는데, 3호에는 「文化人의 오아씨스」라는 광고 문구의「홍광원」이라고 하는 조선요리점이 소개되어 있다(가격은 100엔 균일, 위치는 이케부쿠로 서쪽 출구). 또한,「근대미의 최첨단을 달리다!!」라는 문구를 이용한「M식 편물기」의 광고가 실려 있다(단, 편물기의 광고는 일본어로 게재).

2 편집후기(제2호)

本誌 第二号는 年末年初의 여러 가지의 事務処理의 整頓과 編集者의 個的 事情으로 늦어졌음을 誤過드리며, 이번은 一, 二月文을 合併하여 発刊하니, 諒解하여 주시길 바랍니다.

또, 이번 号에는 祖国에서 온「멧세-지」全文을 올렸기 때문에 編集에 余裕가 없어 李영우氏의 随想文 및 二·三 原稿는 다음 号에 미루었음을 寄稿者에게 사과드립니다.

三月号부터는 毎月 十五日에는 꼭꼭 発行하겠으니, 各会員은 画論, 随想, 生活의 消息, 本会에 対한 批判, 要求, 其他 뉴스를 毎月 五日까지 編集部로 많이 보내 주시길 바랍니다.(六〇〇字内外) 또 다음부터는「有料広告」란을 企画하고 있으니, 많이 利用하시길 바랍니다.

이번 号는 많은 無理가 있으니, 읽기 어려운 点은 諒解해 주시길 바라며, 以上 合하며 編集者의 未熟을 謝過합니다.(許)

3 목차

발행일	지면정보		필자	제목
	권호	페이지		
1954.01	제2호	1		情勢와 우리들의 任務
1954.01	제2호	2	안춘식	조국복구사업 공작차를 타고
1954.01	제2호	3	李寅斗	새해를 맞이하여
1954.01	제2호	4		飛躍하는 美術会
1954.01	제2호	5		祖国復旧사업에궐기한文芸総
1954.01	제2호	6		조국미동에서 멧세-지
1954.01	제2호	8		편집후기
1954.3.20	제3호	2		文化朝鮮一步前進!
1954.3.20	제3호	3		세계미술의 음지김

조선사연구회회보(朝鮮史研究会会報)

○ ○ ○

1 서지적 정보

『조선사연구회회보(朝鮮史研究会会報)』는 1959년 8월에 창간된 조선사연구회의 기관지이다. 편집 겸 발행인은 조선사연구회 간사회이다.

조선사연구회는 매월 연구회를 통하여 조선사에 대한 이해를 높이고 국적을 뛰어넘어서 연구자 간의 활발한 교류와 다양한 조선사 주제를 통하여 연구회의 깊이를 더해가고 있다. 이를 통하여 발표된 내용들이 『조선사연구회회보』에 실리게 된다.

2 창간사

조선사연구회가 발족하고 나서 반년 이상 지났다. 그 사이 매월 예회에는 30여명 전후의 열심인 연구자가 모였다. 이러한 종류의 연구회로서 이만큼의 사람들이 매월 모인 것은 성공이라 할 수 있을 것이다.

게다가 커다란 수확은 매회 다수의 조선인 연구자가 참가하여 일본인 연구자와 함께 연구 발표하고 토론한 적도 있다. 국적이나 신조를 넘어서 조선역사의 진실을 명확히 하고자 하는 공통의 입장에서 자유롭게 말할 수 있었던 것은 무엇보다 수확이었다. 이것은 학회로서 당연한 것이지만 이후에도 소중히 성장시켜 나가지 않으면 안 되는 것이다.

회원에게서 조선의 학계와의 교류, 조선의 학계 상황의 소개, 테마 별 소연구회의 편성 등 다양한 귀중한 의견이 나오고 있다. 그 외 본연구회가 이뤄야 할 것은 적지 않다. 현재 모임에는 기금도 아무것도 없지만 회원들이 열의를 가지고 하면 달성할 것이라 확신한다.

3 목차

발행일	지면정보		필자	제목
	권호	페이지		
1962.05.15	第3号	15		会員消息
1962.05.15	第3号	17		研究会雑記
1962.05.15	第3号	18		研究発表の時代別の分類
1962.10.10	第4号	1		例会報告
1962.10.10	第4号	5		研究会動向
1962.10.10	第4号	6		朝鮮史研究の問題点
1962.10.10	第4号	9		朝鮮関係講座
1962.10.10	第4号	10		私の朝鮮史研究
1962.10.10	第4号	10		海外通信
1962.10.10	第4号	10		研究者短信
1962.10.10	第4号	10		寄贈図書
1962.10.10	第4号	10		会計報告
1962.10.10	第4号	11		書評
1962.10.10	第4号	11		会員消息
1962.10.10	第4号	14		会報三号正誤表
1962.10.10	第4号	14		編集後記
1963.02.25	第5号	1		例会報告
1963.02.25	第5号	4		朝鮮史研究の当面の問題点第二回
1963.02.25	第5号	7		関西地方の研究状況
1963.02.25	第5号	7		お知らせ
1963.02.25	第5号	10		私の朝鮮史研究第二回
1963.02.25	第5号	11		書評
1963.02.25	第5号	12		編集後記
1963.07.10	第6号	1		例会報告
1963.07.10	第6号	6		朝鮮史研究の当面の問題点第三回
1963.07.10	第6号	8		研究会だより　高麗史食貨志ゼミ
1963.07.10	第6号	9		私と朝鮮史研究
1963.07.10	第6号	13		学術大会開催について
1963.07.10	第6号	15		研究者短信
1963.07.10	第6号	16		元会員消息
1963.07.10	第6号	16		新入会員氏名
1963.07.10	第6号	16		朝鮮史関係論文リスト
1963.07.10	第6号	16		編集後記
1963.11.20	第7号	1		例会報告
1963.11.20	第7号	9		書評
1963.11.20	第7号	11		私と朝鮮史研究
1963.11.20	第7号	13		寄贈図書
1963.11.20	第7号	14		全国大会開催について

발행일	지면정보		필자	제목
	권호	페이지		
1963.11.20	第7号	14		(1) 大会開催に当って
1963.11.20	第7号	14		(2) 準備経過
1963.11.20	第7号	15		(3) 朝鮮史研究会の回顧
1963.11.20	第7号	18		(4) 大会プログラム
1963.11.20	第7号	19		綱領·会則案
1963.11.20	第7号	18		編集後記
1964.05.01	第8号	1		〈第一回朝鮮史研究会大会特集〉会長挨拶
1964.05.01	第8号	1		〈第一回朝鮮史研究会大会特集〉大会準備経過報告
1964.05.01	第8号	3		〈第一回朝鮮史研究会大会特集〉-＜大会報告＞問題提起(Ⅰ) 古代·中世
1964.05.01	第8号	5		〈第一回朝鮮史研究会大会特集〉-＜大会報告＞問題提起(Ⅱ) 近代·現代
1964.05.01	第8号	9		〈第一回朝鮮史研究会大会特集〉個別報告
1964.05.01	第8号	39		〈第一回朝鮮史研究会大会特集〉第一回大会を省みて
1964.05.01	第8号	42		〈第一回朝鮮史研究会大会特集〉例会報告(五六回－五八回)
1964.05.01	第8号	47		編集後記
1964.09.10	第9号	1		個別報告
1964.09.10	第9号	11		会員便り
1964.09.10	第9号	11		新入会員氏名
1964.09.10	第9号	12		私と朝鮮史
1964.09.10	第8号			朝鮮学会第十五回大会について
1964.09.10	第8号	15		前記会計報告
1964.09.10	第8号	16		朝鮮史研究会第二回大会準備状況
1964.09.10	第8号	16		編集後記
1966.03.20	第10号	1	旗田 巍	＜問題提起＞朝鮮史の現代区分について
1966.03.20	第10号	5		例会報告
1966.03.20	第10号	10		第三回大会について
1966.03.20	第10号	12		幹事会報告
1966.03.20	第10号	12		書籍会計報告
1966.03.20	第10号	11		アンケートの回答から
1966.03.20	第10号	14	宮田節子	五年間の経過から
1966.03.20	第10号	14		例会報告
1966.03.20	第10号	14		編集後記
1966.04.29	第11号	1	井上秀雄	関西部会の回顧と展望
1966.04.29	第11号	5	青山公亮	偶感
1966.04.29	第11号	5	期田 巍	朝鮮史建久会への期待
1966.04.29	第11号	7	中瀬寿一	朝鮮史建久会への期待「近代日韓関係史研究会」の時代
1966.04.29	第11号	9		例会報告　第1回-第8回

발행일	지면정보		필자	제목
	권호	페이지		
1966.04.29	第11号	15	中瀬寿一	朝鮮戦争の真相
1966.04.29	第11号	18	井上秀雄	会計報告
1966.07.10	第12号	1	藤間生大	<問題提起>古代日本の一つの転換
1966.07.10	第12号	6		例会報告〈東京部会〉
1966.07.10	第12号	11		例会報告〈関西部会〉
1966.07.10	第12号	16		朝鮮史研究大会準備状況について
1966.07.10	第12号	17		五月例会討議事項(関西)
1966.07.10	第12号	17		アンケート(関西)
1966.07.10	第12号			「朝鮮史研究入門」編集討議の準備会計報告
1966.07.10	第12号			編集後記
1966.11.10	第14号	1	権寧旭	<問題提起>資本主義萌芽問題をめぐる若干の方法論
1966.11.10	第14号	7	梶村秀樹	資本主義萌芽問題関係文献目録
1966.11.10	第14号	10		関東部会
1966.11.10	第14号	13		関西部会
1966.11.10	第14号	14		新入会員紹介
1966.11.10	第14号	15		「会報」13号正誤表
1967.01.20	第15号	1	金載洪	「翻訳紹介」村山氏の『古代日朝関係について』
1967.01.20	第15号	11	矢沢康祐	大会の批判と感想
1967.01.20	第15号	12	茶谷十六	大会の批判と感想
1967.01.20	第15号	13	金森裏作	大会の批判と感想
1967.01.20	第15号	14	武田幸男	第四回大会の経過と反省
1967.01.20	第15号	16		総会記事・会計報告
1967.04.15	第16号	1	ジョージ・マックレイン	<学会動向特集>Ⅰ．アメリカにおける朝鮮研究
1967.04.15	第16号	7		<学会動向特集>Ⅱ．ヨーロッパの朝鮮研究の現状
1967.04.15	第16号	9	申日柱	<学会動向特集>Ⅲ．韓国における韓国研究
1967.04.15	第16号	12		例会報告「関東部会」
1967.04.15	第16号	15		例会報告「関東部会」
1967.04.15	第16号	17		研究会の最近の活動
1967.04.15	第16号	18		年報の進行状況について
1967.11.20	第18号	1	旗田巍/西条晃	「テシスト朝鮮史」の編集について
1967.11.20	第18号	3		例会報告「関東部会」
1967.11.20	第18号	9		関東部会会員名簿
1967.11.20	第18号	12		一九六七年度大会案内
1968.02.20	第19号	1		第五回大会関係記事総会報告
1968.02.20	第19号	4	林浩平	関東部会会員感想記
1968.02.20	第19号	6	渡部学	関東部会会員感想記
1968.02.20	第19号	7		例会報告

발행일	지면정보		필자	제목
	권호	페이지		
1968.02.20	第19号	11	蔡熙国	翻訳紹介「院士金錫亨著」『初期韓日関係』について
1968.02.20	第19号	23		交換・受贈図書目録
1968.09.20	第21号	1	江原 謙	大会テーマによせて
1968.09.20	第21号	5	唐沢たけ子	防穀令事件の研究動向
1968.09.20	第21号	8		例会報告
1968.09.20	第21号	17		金嬉老公判について資料
1968.11.10	第22号	1		服部之総の発想について
1968.11.10	第22号	3	坂東孝夫	『併合前後の朝鮮文学』
1968.11.10	第22号	11	梶村秀樹	権丙卓著『韓末農村の織物手工業に関する研究』(1968)
1968.11.10	第22号	17	鬼頭順子	「韓国施政改善ニ関スル協議会」
1968.11.10	第22号	18	雀部倉平	「日本仏教と朝鮮侵略」
1968.11.10	第22号	25		編集後記

조선시(朝鮮詩)

1 서지적 정보

『조선시』는 조국문학사 관동본사가 간행한 시 전문 잡지이며, 발행인 이화석·편집인은 길원성이다. 『재일조선문화연감』에 의하면, 동 조국문학사에서는 『조국문학』과 『조선시』를 발행했고, 『조선시』는 2호로 폐간되었다고 기술되어 있다. 1946년 2월에 발간된 2호의 권말 「소식란」에 의하면, 오사카에 관서본사를 설치했다는 사실을 알 수 있고 (사장 이길무, 편집인 강은숙), 「朝鮮文学을 사랑하는 同胞諸氏여!! 本社는 事務所가 없서々 流転의 生活을 継続하고 있다. 適当한 事務所를 求하여 주면 感謝하겠다」라는 말처럼, 재정적인 측면에서는 다소 자금난에 어려움을 겪고 있었다고 볼 수 있다.

제2호의 독자모집 광고에는 동 잡지는 「조선문학사회과학」을 통합적으로 학습·소개하는 월간 「연구잡지!!」이며, 「朝鮮民族을 사랑하고 文学을 사랑하시는 분은 朝鮮詩을 읽으시라」고 소개하고 있다. 잡지 가격은 1부에 1엔 50전, 반년에 24엔, 1년에 48엔이며, 2호는 49페이지로 지면이 구성되어 있다.

내용적인 측면에서 보면, 시론이 5편, 수필 1편, 시 26편, 희곡 1편, 소설 1편이 실려 있고, 편집인 길원성은 「朝鮮詩人에게 寄함─建設朝鮮의 詩技術에 対하여─」라는 글에서, 「우리 朝鮮文化는 '旧式' 封建的·鎖国的·破壊文化의 再建을─우리 朝鮮文化人에게 要望하는 것이 아니고, 새로운 進歩的·科学的으로 平和国家 建設을 등에 지고 世界文化市場에 나설만한 새롭고 偉大한 文化의 創造를 要望하고 있다」라고 말하고 있듯이, 재일조선문화인의 역할은 단순히 과거의 봉건적 문화를 비판하고 재건하는 것이 아니라, 세계문화와 통용될 수 있는 진보적이고 과학적인 문화를 창조하는 것에 있다고 말하고 있다. 또한, 조국이 재일 조선시인에게 바라는 것은 「自由的이고 平和的이고 純粋的인 世界平和建設에 貢献할만한 偉大한 朝鮮詩의 創造」에 있다고 강조하고 있다.

따라서, 각 작품 역시 「애국연설」(송영길), 「나는 民族 反逆者로소이다」(임두립), 「부인전선-며느리 해방」(시극, 백석), 「조선청년대」(길원성), 「우리의 急務」(이상영), 「평화」(진예훈), 「피와 땀」(최시란), 「피」(소설, 적철) 등의 작품이 실려 있고, 「관동대지진」과 관련된 희곡 및 각본, 시나리오를 응모하고 우수작에 한해서는 이를 영화화한다는 「현상작품모집!!」광고도 실려 있다.

 2   편집후기(세1권 제2호)

오랫동안 惡夢에 쪼들려서 歲月이 가고 靑春이 갔다. 부질없이 靑春이 가버린 가슴 속은 寧白測々한 絶望의 끝머리까지 到達했든 것이다. 詩를 써서 죽으려는 熱情과 希望만은 겨우 그 慘憺한 絶望의 絶頂까지 가슴 속에서 복밭으며 사라지지 않었다. 그때다 八月 十五日이 돌아온 것은 「時局」이라는 것은 모든 眞理의 審判官이다. 모든 惡夢은 痕跡없이 사라지고 表現할 수 없는 心境으로 그날 그때를 불어 半年間 同安이, 継続되였으며 새로운 新聞을 좇아단였다. 嚴肅한 人生経驗이 여기서 처음이다. 왜 그다지 半年 同安이나 맹서렸을가? 眞理는 그리 簡単히 把握되지 않는 것이고 蘇또의 過程은 安静한 時局 必要함이 自然大測이기 때문이였다. 나는 여지것 雑誌의 編集을 求景한 적도 없고 또 그런 素質도 없다.

그러나 나는 하지 않으면 안 될 일만은 안다. 創刊号 속에 날아난 吉元成氏의 胸襟에 크게 歎服코 철不知한 강아지 같은 마음으로 無条件히 助力하기로 했다. 이 詩誌가 얼마나쯤 価値가 있는가는 나도 斟酌할 수가 있다. 貧弱한 資料, 거렁뱅이 같은 또計이 속에서 雑誌가 생겼다. 우리 朝鮮 사람의 偉大한 精力에 나는 스스로 感動한다.

그 險難한 가이밭에서 싯벌언 꽃을 되여내는 海棠花 뿌리를 엿볼 수 있으며 無窮花의 年々히 피여오르는 素性을 歎服치 않을 수 없다. 이 拙劣한 編集을 넓은 天下에 내놓을려하는 編集者의 良心은 무릇 낯붉어짐을 늦기는 바이나 読者諸氏의 正確한 判断과 諒解와 寬容과 声援을 없대여 비난 바이다.

B·U·生

3 목차

조선에 관한 연구자료(朝鮮に関する研究資料)

1 서지적 정보

『조선에 관한 연구자료(朝鮮に関する研究資料)』는 1960년 4월에 창간된 조선대학의 기관지이다. 편집발행자는 이동준이고 발행소는 조선대학 자료편집위원회로 되어 있다.

조선과 한국의 다양한 분야에 대한 연구 자료를 일본에 소개하는 형식으로 본 잡지는 구성되어 있다. 그 동안 출간된 잡지의 목차를 살펴보면 잡지의 성격을 알 수가 있다. 정치적인 분야인 「한일회담의 경과와 본질」, 「미국의 남조선에 대한 식민지 정책의 파탄과 한일회담」 등도 보이고, 「다산 정약용 탄생 200주년을 즈음해서」와 같은 조선의 인물에 대한 소개 호도 있고 이외에도 「관동대지진의 조선이 학살의 진상과 실태」, 「발전하는 조선의 언어학 및 문예학」 등 모든 장르와 분야의 내용을 잡지에서 다루고 담고 있다.

2 권두언(창간호)

조선대학이 창립되고 올해로 5년째가 됩니다. 일전에 일본의 각 대학, 연구기관, 학자들과의 연구, 자료교환 등이 이루어져 왔습니다. 이 교류를 통하여 상호의 이해와 관계가 깊어지고 있습니다. 특히 재일조선인의 조선민주주의 인민공화국으로의 귀국이 실현되어 이후 양국 국민 간의 우호친선이 더욱 깊어짐에 따라서 본 학교와의 교류를 체계적이고 다각적으로 해나가고 싶다는 요망이 각 방면에서 나오고 있습니다. 창립이후 얼마 되지 않은 본 학교로서는 기대에 충분히 응할 수는 없다고 생각하지만 최초의 시도로서 조선에 관한 자료집을 간행하기로 하였습니다. 일본의 학계, 특히 사회과학

방면의 연구자, 언론, 보도관계 분들로부터 오늘날의 조선에 관한 자료가 요구되는 관계상 그것들을 중심으로 점점 넓혀 가고 싶습니다. 여기에 담긴 자료는 교육관계이지만, 이것을 통하여 오늘날의 조선과 내일의 조선을 판단해 나가는데 도움이 될 것이라 생각한다. 독자 여러분에게는 금후 학문적 애정을 가지고 여러 가지 지적을 받고 싶습니다. 이 자료가 조선의 평화적 통일과 조일 양국의 우호에 도움이 되도록 염원하겠습니다.

1960년 4월 1일
조선에 관한 자료 편집위원회

3 목차

발행일	지면정보		필자	제목
	권호	페이지		
1960.03.20	第1集	1		資料集を出すにあたって
1960.03.20	第1集	5		朝鮮民主主義人民共和国最高人民か意義法令人民教育体系の改編に関して
1960.03.20	第1集	9	李一卿	人民教育系の改編に関する報告教育文化相
1960.03.20	第1集	32	李東準	教育と生産労働の結合について
1961.05.05	第4輯	1		〈「韓·日会談」の本質について-その経過と背景に関する考察〉ましがき
1961.05.05	第4輯	5		〈「韓·日会談」の本質について-その経過と背景に関する考察〉「韓·日会談」の経過と本質
1961.05.05	第4輯	48		〈「韓·日会談」の本質について-その経過と背景に関する考察〉アメリカの南朝鮮にたいする植民地政策の破たん「韓·日会談」
1961.05.05	第4輯	94		〈「韓·日会談」の本質について-その経過と背景に関する考察〉祖国の平和的統一のための南朝鮮人民の斗争
1961.05.05	第4輯	108		〈「韓·日会談」の本質について-その経過と背景に関する考察〉日本帝国主義の朝鮮支配の罪悪相
1961.05.05	第4輯	126		〈「韓·日会談」の本質について-その経過と背景に関する考察〉日本独店資本の南朝鮮進出の策動
1962.08.10	第7輯	1		〈朝鮮の偉大な思想家-丁若鏞-茶山丁若鏞誕生二百周年を記念して-〉茶山丁若鏞誕生二百周年を記念して
1962.08.10	第7輯	3	金洸鎮	〈朝鮮の偉大な思想家-丁若鏞-茶山丁若鏞誕生二百周年を記念して-〉土地問題に関する丁茶山の思想

발행일	지면정보		필자	제목
	권호	페이지		
1962.08.10	第7輯	94	リユスウ	〈朝鮮の偉大な思想家-丁若鏞-茶山丁若鏞誕生二百周年を記念して-〉茶山丁若鏞とかれの作品
1962.08.10	第7輯	111	金鐘鳴	〈朝鮮の偉大な思想家-丁若鏞-茶山丁若鏞誕生二百周年を記念して-〉茶山丁若鏞の実学思想
1962.08.10	第7輯	131		〈朝鮮の偉大な思想家-丁若鏞-茶山丁若鏞誕生二百周年を記念して-〉著作年表
1963.02.23	第8輯	1		〈朝鮮民主主義人民共和国における最近の自然科学分野の成果〉ましがき
1963.02.23	第8輯	3		〈朝鮮民主主義人民共和国における最近の自然科学分野の成果〉経絡の実態に関する研究(論文概説)
1963.02.23	第8輯	16		〈朝鮮民主主義人民共和国における最近の自然科学分野の成果〉経絡実態の発見は医学・生物学における人業績
1963.02.23	第8輯	20		〈朝鮮民主主義人民共和国における最近の自然科学分野の成果〉あらたな麻疹能動免疫法にかんする研究
1963.02.23	第8輯	36		〈朝鮮民主主義人民共和国における最近の自然科学分野の成果〉甲状腺機能調節による豚の速成肥育
1963.02.23	第8輯	42		〈朝鮮民主主義人民共和国における最近の自然科学分野の成果〉一酸化炭素変性触媒にかんする研究(第1報)
1963.02.23	第8輯	48		〈朝鮮民主主義人民共和国における最近の自然科学分野の成果〉アレン系炭素にかんする研究(第5報)
1963.02.23	第8輯	58		〈朝鮮民主主義人民共和国における最近の自然科学分野の成果〉帯鎔融法による国産ゲルマニウムの超高純度にたいする研究
1963.02.23	第8輯	69		〈朝鮮民主主義人民共和国における最近の自然科学分野の成果〉自然科学部門における最近の研究成果
1963.08.10	第9輯	1		〈関東大震災における朝鮮人の真相と実態〉はしがき
1963.08.10	第9輯	5		〈関東大震災における朝鮮人の真相と実態〉Ⅰ. 朝鮮人虐殺の真相 (解説)
1963.08.10	第9輯	17		〈関東大震災における朝鮮人の真相と実態〉Ⅱ. 朝鮮人虐殺の陰謀
1963.08.10	第9輯	50		〈関東大震災における朝鮮人の真相と実態〉Ⅲ. 朝鮮人虐殺の実態
1963.08.10	第9輯	69		〈関東大震災における朝鮮人の真相と実態〉1. 東京府
1963.08.10	第9輯	97		〈関東大震災における朝鮮人の真相と実態〉2. 神奈川県
1964.07.11	第10輯	1		〈発展する朝鮮の言語学および文芸学〉はじめに
1964.07.11	第10輯	3	副教授学士 安含光	〈発展する朝鮮の言語学および文芸学〉わが国における社会主義リアリズム・芸術発展のために朝鮮労働党の政策とその正当性
1964.07.11	第10輯	37	学士　朴宗軾	〈発展する朝鮮の言語学および文芸学〉アメリカ帝国主義に仕える実存主義的美学思想と南朝鮮における実存しゅぎ文学の反動的本質
1964.07.11	第10輯	102	李瑾栄	〈発展する朝鮮の言語学および文芸学〉主格吐「가」の発生について

발행일	지면정보		필자	제목
	권호	페이지		
1964.08.30	第11輯	1		〈侵略勢力と売国政権に反対する南朝鮮の学生闘争〉はじめに
1964.08.30	第11輯	3	河仰天	〈侵略勢力と売国政権に反対する南朝鮮の学生闘争〉南朝鮮青年学生の六・三蜂起について
1964.08.30	第11輯	15		〈侵略勢力と売国政権に反対する南朝鮮の学生闘争〉朝鮮における学生運動の歴史的発展について
1964.08.30	第11輯	30		〈侵略勢力と売国政権に反対する南朝鮮の学生闘争〉南朝鮮における最近の学生闘争について
1964.08.30	第11輯	48		〈侵略勢力と売国政権に反対する南朝鮮の学生闘争〉青年学生の愛国闘争を激化させた南朝鮮の社会、経済的危機
1964.08.30	第11輯	68		〈資料〉朝鮮民主青年同盟第五回大会で採択された南朝鮮青年学生におくるアピール
1964.08.30	第11輯	70		〈資料〉朝鮮民主青年同盟第五回大会でおこなった南朝鮮青年学生代表団金哲満団長の祝賀演説
1964.08.30	第11輯	81		〈資料〉アメリカ帝国主義と朴正煕一味のフアッショ的爆圧に反対する共和国半部九六大学生代表の共和国声明
1964.08.30	第11輯	87		〈資料〉学生闘争にかんする南朝鮮の諸文献
1964.08.30	第11輯	102		〈資料〉南朝鮮青年学生の闘争日誌
1965.05.05	第12輯	3	金日成	〈朝鮮における社会主義的農村問題にかんするテーゼについて〉わが国における社会主義的農村問題にかんするテーゼ
1965.05.05	第12輯	37		〈朝鮮における社会主義的農村問題にかんするテーゼについて〉社会主義的農村建設のかんする創造的マルクス・レーニン主義の文献
1965.05.05	第12輯	48	ピィチャンリン	〈朝鮮における社会主義的農村問題にかんするテーゼについて〉農村における技術革命の課題を成功裏に実現するために
1965.05.05	第12輯	54	キン ソム キ	〈朝鮮における社会主義的農村問題にかんするテーゼについて〉農村における文化革命
1965.05.05	第12輯	61	リ ヤンフウン	〈朝鮮における社会主義的農村問題にかんするテーゼについて〉農村における思想革命
1965.05.05	第12輯	70	リ スウ キン	〈朝鮮における社会主義的農村問題にかんするテーゼについて〉労働者階級と農民との階級的差異を克服する対策
1965.05.05	第12輯	77	チェ ウン ギ	〈朝鮮における社会主義的農村問題にかんするテーゼについて〉農村にたいする労働者階級の支援と国家予算
1965.05.05	第12輯	84	キム キョンホン	〈朝鮮における社会主義的農村問題にかんするテーゼについて〉企業的指導と共同的所有の強化発展について
1965.05.05	第12輯	91	キム ヤンセン	〈朝鮮における社会主義的農村問題にかんするテーゼについて〉共産主義的農村建設における地域的拠点について
1965.05.05	第12輯	99	李命瑞	〈朝鮮における社会主義的農村問題にかんするテーゼについて〉共産主義的農村建設における地域的拠点について
1965.05.05	第12輯	109		〈朝鮮における社会主義的農村問題にかんするテーゼについて〉社会主義的農村問題にかんするテーゼがあきらかにした輝かしいみちに沿って
1965.08.05	第13輯	1		〈売国的「韓日条約」は無効である〉はしがき

발행일	지면정보 권호	지면정보 페이지	필자	제목
1965.08.05	第13輯	4		〈売国的「韓日条約」は無効である〉「韓日条約」締結をめぐるアメリカの策動
1965.08.05	第13輯	14		〈売国的「韓日条約」は無効である〉売国的「韓日条約」の本質
1965.08.05	第13輯	31		〈売国的「韓日条約」は無効である〉「韓日経済協力」と日本独店資本の南朝鮮への再進出
1965.08.05	第13輯	52		〈売国的「韓日条約」は無効である〉売国的「韓日漁業協定」について
1965.08.05	第13輯	61		〈売国的「韓日条約」は無効である〉いわゆる「法的地位協定」と在日朝鮮人の基本人権
1965.08.05	第13輯	72		〈売国的「韓日条約」は無効である〉民族教育の正当性と「同化」教育の不当性
1965.08.05	第13輯	84		〈売国的「韓日条約」は無効である〉欺瞞的「文化財協定」について
1965.08.05	第13輯	93		〈売国的「韓日条約」は無効である〉「韓日条約」破壊をめざす南朝鮮人民のたたかい
1965.08.05	第13輯	109		〈附録〉「韓日条約」と諸「協定」は無効である
1965.08.05	第13輯	113		〈附録〉不法的「韓日条約」は無効である
1965.08.05	第13輯	115		〈附録〉在日朝鮮公民に「韓国籍」を強要してはならない
1965.08.05	第13輯	117		〈附録〉「朝鮮会談」にかんして
1965.08.05	第13輯	124		〈附録〉朝鮮民主主義人民共和国国籍法
1965.08.05	第13輯	125		〈附録〉「韓日条約」に反対する南朝鮮大学校教授団宣言書、他
1965.08.05	第13輯	130		〈附録〉南朝鮮学生の闘争スローガン
1965.08.05	第13輯	133		〈附録〉「韓日条約」関係資料
1966.04.10	第13輯	3	金載洪	〈朝鮮歴史における諸問題〉一三-一四世紀高麗と蒙古の関係について
1966.04.10	第13輯	49	朴時亨	〈朝鮮歴史における諸問題〉李朝時期の手工業について
1966.04.10	第13輯	119	金永起	〈朝鮮歴史における諸問題〉復活した日本軍国主義の「大東亜戦争肯正論」を論ず
1966.12.15	第15輯	5		〈朝鮮民主主義人民共和国における人民教育の発展〉全般的九年制技術義務教育を実施することについて-朝鮮人シュ主義人民共和国最高人民会議法令
1966.12.15	第15輯	9		〈朝鮮民主主義人民共和国における人民教育の発展〉全般的九年制技術義務教育を実施することについて-最高人民会議第三期第六回会議でおこなった金一第一副首相報告-
1966.12.15	第15輯	43		〈朝鮮民主主義人民共和国における人民教育の発展〉朝鮮労働党の人民教育綱領の輝かしい具現-朝鮮労働党中央委員会機関紙「労働新聞」社説
1966.12.15	第15輯	51		〈朝鮮民主主義人民共和国における人民教育の発展〉朝鮮労働党の指導のもとに発展してきた朝鮮の人民教育-朝鮮労働党創建二十周年を記念して-
1966.12.15	第15輯	112		〈朝鮮民主主義人民共和国における人民教育の発展〉アメリカ帝国主義と朴正熙一味の反動的教育文化政策

발행일	지면정보		필자	제목
	권호	페이지		
1966.12.15	第15輯	132		〈朝鮮民主主義人民共和国における人民教育の発展〉南朝鮮の普通教育体系の反動性
1966.12.15	第15輯	153		〈朝鮮民主主義人民共和国における人民教育の発展〉南朝鮮の普通教育内容の反動性
1966.12.15	第15輯	185		〈朝鮮民主主義人民共和国における人民教育の発展〉あとがき

조선연구월보(朝鮮研究月報)

1 서지적 정보

『조선연구월보(朝鮮研究月報)』는 1962년 1월에 창간된 일본조선연구소의 기관지이다. 일본조선연구소는 남북조선의 정치, 경제 분석에 중점을 두고 역사·사회·문화 등의 연구부회를 가지고 각자의 연구 성과를 이 『조선연구월보』에 발표하고 또한 자료의 모집, 소개에 중점을 두어 속보성을 가미한 순보를 발행하고 또한 조선관계문헌목록 및 연감을 간행하고 있다. 『조선연구월보』의 창간호를 보면 「고도성장과 일한교섭」, 「국제연합에 의한 조선문제」, 「조선에 대한 아이들의 인식」, 「함석헌의 사상」등 한국과 북한의 다양한 연구 성과를 구체적으로 담아내고 있다.

2 목차

발행일	지면정보		필자	제목
	권호	페이지		
1962.01.25	創刊号	1	古屋貞雄	朝鮮研究月報の創刊に際して
1962.01.25	創刊号	2	藤島宇内	高度成長と日韓交渉(上)
1962.01.25	創刊号	16		日韓会談の底流と支配層の動向-付、伊関外務省アジア局長南朝鮮むけあいさつ全文スカラピーノ教授の発言(南朝鮮と沖縄における)
1962.01.25	創刊号	27	川越敬三	国連における朝鮮問題(上)
1962.01.25	創刊号	43	德武敏夫	朝鮮に対する子どもの認識
1962.01.25	創刊号	56		〈資料〉朝鮮労働党第四回大会と朝鮮民主主義人民共和国の貿易政策
1962.01.25	創刊号	67		北朝鮮における郡単位農業協同組合経営委員会の組織

발행일	지면정보		필자	제목
	권호	페이지		
1962.01.25	創刊号	71		咸錫憲の思想(Ⅰ)－南朝鮮の思想界の一断面として
1962.01.25	創刊号	77		〈書評・紹介〉朝鮮通史(上)/悲しみと悔みと怒りを明日のために
1962.01.25	創刊号	79		日本朝鮮研究所設立の経過
1962.03.25	第3号	1	秋元秀雄/小松久麿/佐藤剛弘/白井博久/文性守	〈シンポジウム〉「日韓経済協力」の問題点
1962.03.25	第3号	16		〈資料〉日本資本の対韓進出状況
1962.03.25	第3号	21	金沢幸雄	米・日・「韓」関係について
1962.03.25	第3号	24	山本進	アメリカの対韓援助政策の推移
1962.03.25	第3号	35		韓国経済再建5ヶ年計画概要
1962.03.25	第3号	55		〈資料〉韓国経済再建5ヶ年計画に対する批判
1962.03.25	第3号	69		南朝鮮の農民の状態
1962.03.25	第3号	79	寺尾五郎	日韓会談についての若干の感相
1962.03.25	第4号	1	野口肇	こんにちの民族教育
1962.04.25	第4号	3	幼方直吉/小沢有作/渡部学/野口肇	〈シンポジウム〉民族教育の問題をめぐって－日教組教研集会の報告を中心に－
1962.04.25	第4号	27	朴尚得	在日朝鮮人の民主主義的民族教育
1962.04.25	第4号	41	渡部学	朝鮮近代教育への視点について
1962.04.25	第4号	54	東上高志	日本における差別教育について
1962.04.25	第4号	68		〈資料〉南北朝鮮と在日朝鮮人の教育の現状
1962.04.25	第4号	61	中神秀子翻訳	咸錫憲の思想(Ⅱ)
1962.04.25	第4号	77		〈書評〉金寿福著：ある女教師の記録
1962.08.25	第7・8合併号	1	金達寿/安藤彦太郎/幼方直吉/遠山方雄/宮田節子	〈シンポジウム〉日本における朝鮮研究の蓄積をいかに統承するか②－朝鮮人の日本観－
1962.08.25	第7・8合併号			朝鮮戦争特集
1962.08.25	第7・8合併号	16	寺尾五郎	米国のアジア政策における日本と朝鮮と中国－朝鮮戦争発生時と現在－
1962.08.25	第7・8合併号	26	内田穣吉	朝鮮戦争と日本資本主義
1962.08.25	第7・8合併号	32		朝鮮労働党第4回大会における姜氷昌科学院院長の討論
1962.08.25	第7・8合併号	37		〈資料〉最近朝鮮関係雑誌論文目録
1962.08.25	第7・8合併号	15・38		六つの高地の占領のために「円」による統制をいっそう強化せよ　中央銀行李理事長
1962.10.25	第9・10合併号	1	高橋磌一/西順蔵/尾藤正英/朴宗根/渡部学/梶村秀樹/楠原利治	〈シンポジウム〉丁若鏞(茶山)の思想の理解のために

발행일	지면정보		필자	제목
	권호	페이지		
1962.10.25	第9·10合併号	18		〈資料〉丁若鏞の思想ー南朝鮮科学院発行朝鮮哲学史よりー
1962.10.25	第9·10合併号	33	中神秀子	咸錫憲の思想(3)ー南朝鮮思想界の一断面としてー
1962.10.25	第9·10合併号	32		短信
1962.10.25	第9·10合併号	41		所報
1962.11.25	創立一周年記念号	1	古屋貞雄	日本朝鮮研究所設立1周年に際して
1962.11.25	創立一周年記念号	2	中野重治/朴春日/安藤彦太郎/幼方直吉/小沢有作/楠原利治/後藤直/西方博/旗田巍/藤島宇内/宮田節子	〈シンポジウム〉日本における朝鮮研究の蓄積をいかに続承するか③ー日本文学にあらわれた朝鮮観ー
1962.11.25	創立一周年記念号	22	寺尾五郎	〈研究·日韓会談〉運動と研究における日本人の立場·朝鮮人の立場
1962.11.25	創立一周年記念号	28	梶村秀樹	日韓交渉と日本資本主義
1962.11.25	創立一周年記念号	38	吉岡吉典	「竹島問題」とはなにか
1962.11.25	創立一周年記念号	50	木本賢輔	〈書評·紹介〉「太平洋戦争中における朝鮮人労働者の強制連行について」(朝鮮大学地歴科編)
1962.11.25	創立一周年記念号	51	管野裕臣	ソ連邦発行朝鮮観系図書目録
1962.11.25	創立一周年記念号	56		朝鮮科学院寄贈図書目録
1962.11.25	創立一周年記念号	59		最近朝鮮観系雑誌論文目録
1962.12.25	第12号	1	安藤彦太郎/上原専禄/幼方直吉/四方博/旗田巍/宮田節子	〈シンポジウム〉日本における朝鮮研究の蓄積をいかに続承するか④ー「京城帝大」における社会経済史研究ー
1962.12.25	第12号			〈講座〉《創立1周年記念公開講座＝日韓会談·特別講座》
1962.12.25	第12号	15	安藤彦太郎	ライシャワー路線と学術文化交流ーアジア·朝鮮研究をめぐってー
1962.12.25	第12号	29	朴慶植	在日朝鮮人の歴史についてー朝鮮人の強制連行を中心にー
1962.12.25	第12号	37	管野裕臣	〈報告〉〈報告〉「双釖奇逢」について
1962.12.25	第12号	40		〈紹介〉朝鮮科学院寄贈図書目録
1962.12.25	第12号	14		〈案内〉朝鮮語講座案内
1963.01.25	第13号	1	野口肇	〈日韓問題·時評·資料〉日韓会談の局面ー日本経済の二つの道ー
1963.01.25	第13号	6		日韓会談に関して、朝鮮民主主義人民共和国政府声明

발행일	지면정보		필자	제목
	권호	페이지		
1963.01.25	第13号	13		日韓会談促進PR要綱・自由民主党広報委員
1963.01.25	第13号	20	善生氷助/安藤彦太郎/小沢有作/旗田巍/宮田節子	〈シンポジウム〉日本における朝鮮研究の蓄積をどう継承するか⑤ー朝鮮総督府の調査事業についてー
1963.01.25	第13号	37	高沢義人	〈紹介・報告〉ある皮革労働者のみた朝鮮
1963.01.25	第13号	36		近着『勤労者』総目次
1963.02.25	第14号	1		〈今日から明日へ〉南朝鮮の政情とNEATO今日から明日へ
1963.02.25	第14号			〈解説・資料〉《李ライン問題》
1963.02.25	第14号	9		日韓交渉における「漁業及び李ライン問題と南朝鮮の世論」
1963.02.25	第14号	12		大韓民国隣接海洋の主権に関する宣言
1963.02.25	第14号	14		大日本水産会・日韓漁業協議会の陳情書
1963.02.25	第14号	16	和田洋一	〈報告・資料〉北朝鮮の印象
1963.02.25	第14号	35		わが国科学技術の急速な発展、科学院姜氷昌院長
1963.02.25	第14号	24	末松保和/幼方直吉/旗田巍/武田幸男/宮田節子	〈シンポジウム〉日本における朝鮮研究の蓄積をどう継承するか⑥ー朝鮮史編修会の事業を中心にー
1963.03.25	第15号	1	寺尾五郎	朝鮮民主主義人民共和国政府声明について
1963.03.25	第15号	7	川越敬三	在日朝鮮人の法的地位問題について
1963.03.25	第15号	19	畑田重夫	〈資料〉第2次大戦後の南朝鮮における社会科学の動向ー「中日韓」三国学術委の報告によせてー
1963.03.25	第15号	25		南朝鮮の歴史学者による日帝時代の朝鮮史研究批判
1963.03.25	第15号	6		最近朝鮮関係雑誌論文目録
1963.03.25	第15号	17	野口肇	〈今日から明日へ〉日米安保条約の破棄へ
1963.03.25	第15号	35	管野裕臣	朝鮮語教授の若干の問題点
1963.04.25	第16号	1	桜井浩	〈研究・報告〉北朝鮮における"千里馬運動"ー生産競争としての側面からー
1963.04.25	第16号	12	藤島宇内	青山里見聞記
1963.04.25	第16号	22	吉岡吉典	ふたたび「竹島問題」について
1963.04.25	第16号	30		〈書評・紹介〉朝鮮における社会主義の基礎建設
1963.04.25	第16号	35		日韓交渉に関する東京新聞の世論調査
1963.04.25	第16号	38	畑田重夫	〈今日から明日へ〉日本資本主義の運命をかける日韓会談
1963.05.25	第17号	1	藤島宇内	〈在日朝鮮人殉難問題特集〉在日朝鮮人問題と日本人の立場
1963.05.25	第17号	12	小沢有作/加藤貞造/姜徳相/中野良介/藤島宇内/松井勝重	〈座談会〉在日朝鮮人問題について 殉難の歴史とその調査・研究を中心にその1
1963.05.25	第17号	34		〈資料〉「朝鮮人の労務管理に就て」(鹿児島労務部編)
1963.05.25	第17号	38		「私は日帝からこのように迫害された」(朝鮮新報連載の手記)

발행일	지면정보		필자	제목
	권호	페이지		
1963.06.25	第18号	1	旗田巍	〈研究・報告〉アジア・アフリカ講座「日本と朝鮮」第1回　日韓会談の思想
1963.06.25	第18号	9	畑田重夫	朝鮮戦争勃発13周年記念　朝鮮戦争の一局面における国際政治の動態ー中国人民志願軍の参戦をめぐってー
1963.06.25	第18号	40		〈部会報告〉現代朝鮮研究部会の活動状況
1963.06.25	第18号	43		〈資料〉最近朝鮮関係雑誌論文目録
1963.06.25	第18号	42		編集後記
1963.07.25	第19号	5		〈古屋貞雄〉訪朝にあたって
1963.07.25	第19号	1	藤島宇内	〈今日から明日へ〉妥結を焦る日韓会談
1963.07.25	第19号			〈研究・報告〉アジア・アフリカ講座「日本と朝鮮」第2回
1963.07.25	第19号	8	安藤彦太郎	日本帝国主義と朝鮮
1963.07.25	第19号	13	原一彦	日韓会談と合理化
1963.07.25	第19号	22	寺尾五郎	北朝鮮の農業研究における理論的諸問題ーその1ー
1963.07.25	第19号	31		〈部会報告〉朝鮮近代史研究部会の活動状況
1963.07.25	第19号	35		〈資料〉人民教育1962年度総目次
1963.08.25	第20号	1	畑田重夫	〈アジア・アフリカ講座〉第3回　日韓会談反対運動の歴史的意義と役割
1963.08.25	第20号	7	川越敬三	第4回　南朝鮮の政治と経済
1963.08.25	第20号	11	寺尾五郎	〈研究・報告〉北朝鮮における農業研究に関する諸問題、その2
1963.08.25	第20号	19	朝鮮人教育研究会	在日朝鮮人子弟にたいする暴行・殺傷事件について小報告
1963.08.25	第20号	24	梶村秀樹	〈報鮮史のひろば〉第1回 李朝後半期朝鮮の社会経済構成に関する最近の研究をめぐって
1963.08.25	第20号	44	渡部学	〈紹介・資料〉秋元良治著「私の訪朝走り書き」を読む
1963.08.25	第20号	45		ドイツ民主共和国等国交未開国との学術交流の円滑化についてー学術会議第35回総会決議
1963.09.25	第21号	22	藤島宇内	〈研究〉朝鮮統一問題と日本
1963.09.25	第21号			朝鮮民主主義人民共和国建国15年記念
1963.09.25	第21号	1	古屋貞雄/安藤彦太郎/赤尾五郎/畑田重夫/川越敬三/小沢有作	北朝鮮学術界の現状ー訪朝代表団帰国座談会ー
1963.09.25	第21号	33	渡部学	〈報鮮史のひろば〉第2回 朝鮮教育史研究における近世と近代の「断絶」について
1963.09.25	第21号	39		〈資料〉朝鮮北半部の農業問題に関する文献目録（Ⅰ）
1963.09.25	第21号	31		〈資料〉最近朝鮮関係雑誌論文目録
1963.10.25	第22号	1	金沢洋	〈研究〉日韓経済協力の本質ー大統領選挙と"財界"
1963.10.25	第22号	10	河野六郎/旗田巍/宮田節子	〈シンポジウム〉日本における朝鮮研究の蓄積をいかに継承するか⑦ 日本の朝鮮語研究について

발행일	지면정보		필자	제목
	권호	페이지		
1963.10.25	第22号	27		〈部会報告〉教育研究部会報告
1963.10.25	第22号	27	桑谷森男	テキスト「教育学」の基礎編をよんで
1963.10.25	第22号	28	渡部学	朝鮮近代教育把握の二筋道
1963.10.25	第22号	31	戸沢仁三郎/藤島宇内	〈対談〉関東大震災における朝鮮人虐殺の責任ー自警団を中心に、日本人の立場からー
1963.10.25	第22号	25		朝鮮史研究会全国学術大会開催趣意書
1963.11.25	第23号		森谷克己/旗田巍/渡部学/宮原兎一/村山正雄/宮田節子	〈シンポジウム〉日本における朝鮮研究の蓄積をいかに継承するか⑧ アジア社会経済史研究についてー朝鮮社会経済史を中心に
1963.11.25	第23号		貫井正之	〈報鮮史のひろば〉第3回「壬辰倭乱」の初期における朝鮮人民の動向について
1963.11.25	第23号		朝鮮研究月報編集部	紹介〈〉日本における朝鮮研究の現状ー朝鮮学会・朝鮮史研究会・朝鮮研究会・朝鮮近代資料研究会在日朝鮮人の研究機関
1963.11.25	第23号		中神秀子	〈資料〉咸錫憲の思想(4)ー南朝鮮思想界の一断面としてー
1963.11.25	第23号		大村益夫	中国訳朝鮮文学作品の目録
1963.11.25	第23号		宮田節子	〈報告〉朝鮮史研究大会をかえりみて
1963.12.25	第24号	1	川越敬三	〈訪朝報告〉金日成首相との会見
1963.12.25	第24号	6		〈資料〉朝鮮北半部の農業問題に関する文献目録 その2
1963.12.25	第24号	24		〈資料〉朝鮮民主主義人民共和国「科学院に関する規定」
1963.12.25	第24号	22		〈資料〉1964年北京科学シンポジウム準備会議コミュニケ
1963.12.25	第24号	28		〈資料〉南朝鮮で配布を許可されている日本の定期刊行物一覧
1963.12.25	第24号	29		〈資料〉「私は日帝からこのように迫害された」その2
1963.12.25	第24号	33		朝鮮研究月報総目録
1964.01.25	第25号	1	近藤康男	〈研究〉李ライン問題について
1964.01.25	第25号	5	大村益夫	〈研究〉植民地支配下における革新的インテリの1側面ー崔曙海の場合を中心にー
1964.01.25	第25号	13	安藤彦太郎	〈訪朝報告〉日韓学術交流促進の前提ー訪朝報告一端ー
1964.01.25	第25号	19	小沢有作	〈訪朝報告〉朝鮮のおとなたちー社会主義インテリゲンチヤと朝鮮の教師を中心にー
1964.01.25	第25号	34		〈資料〉地方議会「日朝自由往来実現に関する決議案」が提出された場合の反対討論資料(自由民主党広報部)
1964.01.25	第25号	18		〈資料〉日朝両国の人事往来、学術交流促進に関する「趣意書」
1964.01.25	第25号	40	佐藤寿子	朝鮮人参今昔物語
1964.01.25	第25号	37	編集部	読者アンケート報告
1964.03.25	第26・27号	1	畑田重夫	〈訪朝報告〉思想の面からみた朝鮮
1964.03.25	第26・27号	9	梶村秀樹	〈研究〉「不正蓄財処理問題」と南朝鮮の隷属的独店資本
1964.03.25	第26・27号	33	高田保夫	〈時評〉日韓会談をめぐって対立を深める日米の支配層
1964.03.25	第26・27号	42	寺尾五郎	〈動向〉日朝友好運動の中での学習活動

발행일	지면정보		필자	제목
	권호	페이지		
1964.03.25	第26·27号	50	楠原利治	〈朝鮮史のひろば〉「朝鮮産米増殖計画」について
1964.03.25	第26·27号	65	宮田節子	〈資料紹介〉3·1運動と「阪谷文書」
1964.05.25	第28·29号	1		〈研究〉朝鮮統一問題と日本
1964.05.25	第28·29号	42		〈研究〉李ライン問題について
1964.05.25	第28·29号	13	渡部学/阿部洋/幼方直吉/海老原治善/小沢有作/新島淳良/旗田巍/朴尚得/宮田節子	〈シンポジウム〉日本における朝鮮研究の蓄積をいかに継承するか⑨明治以後の朝鮮教育研究について
1964.05.25	第28·29号	48	玉井茂	〈紹介〉朝鮮の哲学についてー「朝鮮哲学史」の研究を中心にー
1964.06.25	第30号			朝鮮戦争勃発14周年記念特集
1964.06.25	第30号	2	畑田重夫	戦争論のうえでの朝鮮戦争
1964.06.25	第30号	13	立田精一	朝鮮先頭とわが石油産業
1964.06.25	第30号	25	三宅鹿之助	「二つの朝鮮」「二つの中国」そして日本の安保体制
1964.06.25	第30号	30	寺尾五郎	日中国交回復運動と日韓会談粉砕運動
1964.06.25	第30号	35	竹本賢三	もういちど李ライン問題について
1964.06.25	第30号	38	安藤彦太郎	北京シンポジウム参加の意義
1964.06.25	第30号	41	旗田/幼田/渡部/小沢/宮田	〈第10回総括討論〉日本における朝鮮研究の蓄積をいかに継承するか
1964.06.25	第30号			朝鮮史のひろば　第5回朝鮮近代
1964.06.25	第30号	53	渡部学	教育研究における近世と近代の「断絶」
1964.06.25	第30号	64		〈朝鮮講座〉「祖国光復会」「李灝」
1964.06.25	第30号	68	梶村秀樹	〈書評〉「世界」4月号「共同討議日韓交渉の基本的再検討について」
1964.07.25	第31号			「南朝鮮をめぐる現実」特集
1964.07.25	第31号	1	牧瀬恒二	沖縄と朝鮮問題の内面的な結合
1964.07.25	第31号	9	前田道夫	日本労働者段階と「朝鮮問題」
1964.07.25	第31号	17	梶村秀樹	「不正蓄財処理問題」と南朝鮮の隷属的独店資本
1964.07.25	第31号	28	楠原利治	〈朝鮮講座〉6·10運動について
1964.07.25	第31号	30	中神秀子	咸錫憲
1964.07.25	第31号	36	金炳済	〈翻訳紹介〉「わが党の人民的言語政策」
1964.07.25	第31号	32	川越敬三	〈書評〉「世界」4月号「共同討議日韓交渉の基本的再検討について」
1964.07.25	第31号	40		〈資料〉1963年「歴史科学」総目次、1963年「経済知識」総目次、最近における朝鮮関係雑誌(日本発行)論文目録
1964.08.25	第32号	1	旗田巍/畑田重夫/泳田善三郎/宮田節子	8·15と朝鮮と私

발행일	지면정보		필자	제목
	권호	페이지		
1964.08.25	第32号	5	宮原正宏	日朝貿易の経過と現状
1964.08.25	第32号	14	吉岡吉典	南朝鮮学生闘争のめざすもの(上)
1964.08.25	第32号	21	寺尾五郎	北京からの便り
1964.08.25	第32号	25	近藤康男/福島裕/梶村秀樹/渡部学/桜井浩/楠原利治	〈研究座談会〉金日成「わが国の社会主義農村問題に関するテーゼ」と朝鮮の農村問題
1964.08.25	第32号	38	森谷克己	〈朝鮮史のひろば〉第6回：朝鮮歴史経過の大要とその時代の経済的社会的機構
1964.08.25	第32号	48	桑ヶ谷森男	〈朝鮮講座〉普天堡のたたかい
1964.08.25	第32号	50	渡部学	翰西・南宮檍
1964.08.25	第32号	52	飯田重夫	崔承喜
1964.08.25	第32号	53	桜井浩	〈紹介〉「朝鮮民主主義人民共和国・国家社会制度」について
1964.10.25	第33号			〈特集〉民族教育
1964.10.25	第33号	1	渡部学	民族教育に対する「例外」観について
1964.10.25	第33号	5	小沢有作	民族教育の諸問題
1964.10.25	第33号	11	キム・クワン・リョル	朝鮮中級学校での実践記録
1964.10.25	第33号	16	桑谷森男	現場教師のつかんできた"民族教育"メモ
1964.10.25	第33号	19	楠原利治	朝鮮大学をたずねて
1964.10.25	第33号			1964年北京科学シンポジウム参加論文
1964.10.25	第33号	21	幼方直吉/安藤彦太郎	日本民族の独立と中国・朝鮮研究
1964.10.25	第33号	26	寺尾五郎	北京からの便り(2)
1964.10.25	第33号	29	吉岡吉典	南朝鮮学生闘争のめざすもの(下)
1964.10.25	第33号	41	高田保夫	動き出す2000万ドルの対韓援助
1964.10.25	第33号	44	松尾尊発	関東大震災下の朝鮮人暴動流言に関する二三の問題
1964.10.25	第33号			朝鮮語こぼれ話(1)
1964.10.25	第33号	42	塚本勲	朝鮮語はむつかしいか
1964.12.15	第34号			日本朝鮮研究所における各研究部会の活動の総括と展望
1964.12.15	第34号	1	「朝鮮研究」編集部	〈シンポジウム〉日本における朝鮮研究の蓄積をいかに継承するか
1964.12.15	第34号			朝鮮語学・文学研究部会
1964.12.15	第34号			現代朝鮮研究(農業)部会
1964.12.15	第34号			朝鮮教育部会
1964.12.15	第34号			全所員研究会
1964.12.15	第34号	13	畑田重夫	〈研究〉ケナン論文によせて―日本安全保障論―
1964.12.15	第34号	19	藤島宇内	中国核実験を南北統一への与件とみる南朝鮮人民の主体性と日本
1964.12.15	第34号	26	梶井陟	朝鮮近代文学の歩み

발행일	지면정보		필자	제목
	권호	페이지		
1964.12.15	第34号	34	寺尾五郎	続・北京だより(3)
1964.12.15	第34号			アジア経済セミナーの諸問題
1964.12.15	第34号	39	田中脩二郎	自立する朝鮮
1964.12.15	第34号	41	北田芳治	「自力更生」の検討
1964.12.15	第34号	45	梅原宏之	第2回アジア経済セミナーの意義
1964.12.15	第34号	50		〈資料〉第2回アジア経済セミナーの2つの文書「宣言」・「決議」
1964.12.15	第34号			南朝鮮の政治と経済
1964.12.15	第34号	54	吉岡吉典	日韓会談に対する朴政権の論理
1964.12.15	第34号	59	高田保夫	進展する「日韓経済提携」と抬頭する「韓国中立化論」
1964.12.15	第34号	65	旗田巍/許南麒/鄭世哲/中神秀子/宮田節子/梶村秀樹/楠原利治/渡部学	〈座談会〉韓国の学生運動と日本人
1964.12.15	第34号	73	旗田巍	朝鮮のひろば(第7回)日本の東洋史家の朝鮮観ー「満鮮史」の虚像
1965.01.20	第36号	3	川越敬三	朝鮮の自力更生に関する覚書(中)
1965.01.20	第36号			1964年北京科学シンポジウム参加論文
1965.01.20	第36号	16	李命瑞	朝鮮民主主義人民共和国における自立的民族経済の建設
1965.01.20	第36号	23	渡部学	日朝文化交流史の一断面ー日本における朝鮮教育把握の形態と構造
1965.01.20	第36号	1		〈時評〉朴政権の南ベトナムへの派兵
1965.01.20	第36号	9	梶村秀樹	〈朝鮮講座〉乙巳「保護」協約
1965.01.20	第36号	33		〈資料〉第7次日韓会談と新聞論調の特徴
1965.01.20	第36号	39		高杉発言をめぐる南朝鮮の新聞論説
1965.01.20	第36号	31	千葉謙太郎	北海道講演あとさきの記(遺稿)
1965.01.20	第36号	41		「日朝中三国人民連帯の歴史と理論」について(Ⅱ)
1965.03.15	第37号			〈特集〉教育実践の記録
1965.03.15	第37号	28	小沢有作	教育上の課題としての朝鮮
1965.03.15	第37号	33	小笠原師孝/松実頼一	「愛朝研」のあゆみ
1965.03.15	第37号	39	奈良和夫	歴史教育と朝鮮
1965.03.15	第37号	43	相沢吉之助	吉原正雄という朝鮮の子ども
1965.03.15	第37号	48	渡部学	東京朝鮮人学校参観記
1965.03.15	第37号	3	中塚明	日本帝国主義と朝鮮支配ーその善意とは何かー
1965.03.15	第37号	9	前田道夫	日韓会談と労働者の闘い
1965.03.15	第37号	12	佐藤勝巳	日朝友好運動の課題
1965.03.15	第37号	17	川越敬三	朝鮮の自力更生に関する覚書(下)
1965.03.15	第37号	24	安藤彦太郎	少数民族の歌と踊りー北京通信(1)

발행일	지면정보		필자	제목
	권호	페이지		
1965.03.15	第37号	1		〈時評〉「三矢作戦」と日韓会談
1965.03.15	第37号	50		〈紹介〉わが国におけるブルジョア民族運動発生に関する学術討論会ー歴史科学1963年第3号ー
1965.03.15	第37号	53		〈資料〉日韓会談・高杉発言・「童話と政治」に関する石野久男氏の発言ー衆議院予算委員会議録 第12号よりー
1965.04.15	第38号			「大詰め」の日韓会談
1965.04.15	第38号	1	畑田重夫	日韓基本条約の仮調印を急がせた国際的背景
1965.04.15	第38号	5	川越敬三	日韓基本条約の問題点付「日韓基本条約」の日・英・朝3カ国語正文
1965.04.15	第38号	11	寺尾五郎	〈時評〉「大詰め」を迎えた日韓会談と朝鮮研究者の任務
1965.04.15	第38号	13	萩原春夫	日韓会談とインドシナ戦争
1965.04.15	第38号	15	灰島清久	「高杉発言」と日本のマスコミ
1965.04.15	第38号			〈特集〉朝鮮の社会主義農業
1965.04.15	第38号	17	副島種典	「金日成テーゼ」の覚え書
1965.04.15	第38号	24	桜井浩	農機械作業所について
1965.04.15	第38号	30	梶村秀樹	農業協同組合の里単位統合(1958年)について
1965.04.15	第38号	36	李命瑞	翻訳資料・協同的所有の全人民的所有への移行について
1965.04.15	第38号	42	旗田巍	〈朝鮮講座〉朝鮮土地制度史の研究文献
1965.05.15	第39号	1	畑田重夫	日本独店資本対「韓」進出の帝国主義的性格について
1965.05.15	第39号	3	川越敬三	日韓会談における漁業問題
1965.05.15	第39号	9	安藤彦太郎	日朝中人民団結の声ー北京通信2ー
1965.05.15	第39号	11	梶井陟	回想記"都立朝鮮人学校"
1965.05.15	第39号	20	琴秉洞	「乙巳保護条約」についての史料紹介(1)
1965.05.15	第39号			〈資料〉日朝貿易と平壌日本商品展示会
1965.05.15	第39号	28		1964年度日朝貿易取引実績とその特徴
1965.05.15	第39号	30		1964年1月〜12月輸出入実績表
1965.05.15	第39号	37		朝鮮の貿易機構と貿易商社
1965.05.15	第39号	38		朝鮮の貿易商社及び取り扱い品目
1965.05.15	第39号	39		平壌日本商品展示会展示品一覧
1965.06.15	第40号	1		巻頭言
1965.06.15	第40号	3	畑田重夫	日本における日韓階段反対闘争高揚のために
1965.06.15	第40号	6	藤島宇内	日韓基本条約をいかに見るか
1965.06.15	第40号	15	井上清	乙巳保護条約と日韓会談
1965.06.15	第40号	23	梶井陟	"回想記"都立朝鮮人学校ー第2部
1965.06.15	第40号	31		朝鮮人がはじめて参加した第3回メーデー前後ー白武氏に聞く
1965.06.15	第40号	34	町田茂	北朝鮮の自然科学と技術
1965.06.15	第40号	37		〈翻訳紹介〉わが国封建末期資本主義発生問題に関する討論会
1965.06.15	第40号	41		〈資料〉朴・ジョンソン共同声明全文
1965.07.15	第41号	1	羽仁五郎	韓国併合55周年をむかえてー朝鮮問題と歴史学ー

발행일	지면정보		필자	제목
	권호	페이지		
1965.07.15	第41号	12	加藤邦男	〈時評〉景気刺激という名の対「韓」経済進出
1965.07.15	第41号	15	樋口雄一	日韓経済・請求権協定と今後の日韓経済協力
1965.07.15	第41号	16	吉岡吉典	米騒動と朝鮮(1)
1965.07.15	第41号	23	梶井陟	"回想記"都立朝鮮人学校ー第3部
1965.07.15	第41号	33	琴秉洞	「乙巳保護条約」についての資料(その2)
1965.07.15	第41号	42		〈資料(1)〉「日韓条約」本調印にかんする声明
1965.07.15	第41号	47		〈資料(2)〉「日韓条約」本調印にかんする政府と自民党の声明
1965.08.15	第42号	1	藤島宇内	「日韓条約」は南北統一を阻害しないと政府がいうのは本当か
1965.08.15	第42号	10	畑田重夫	「日韓条約」は全然軍事的色彩をもたないか
1965.08.15	第42号	15	川越敬三/高田保夫	対韓経済協力の本質とねらい
1965.08.15	第42号	21	山本太一	「一括解決論」と「譲歩外交論」の意味するもの
1965.08.15	第42号	27	渡部学	「日韓条約」に対する「韓国世論」の様相
1965.08.15	第42号	31	中野良介	「日韓国交正常化は、日韓国民の大多数が賛成しているか」のか
1965.08.15	第42号	34		〈資料(1)〉ベトナム戦争に関するアジア研究者有志の見解および政府に対する要望
1965.08.15	第42号	40		〈資料(2)〉「日韓条約」本調印にかんする声明
1965.08.15	第42号	45		〈資料(3)〉「日韓条約」本調印にかんする政府と人民党の声明
1965.08.15	第42号	49	渡部学	日「韓」学術交流論の抬頭についてー編集後記にかえてー
1965.09.15	第43号			〈特集〉日本の朝鮮観
1965.09.15	第43号	5	旗田巍	朝鮮併合前夜における樽井藤吉の朝鮮観
1965.09.15	第43号	9	楠原利治	矢内原忠雄の朝鮮関係論文について
1965.09.15	第43号	14	田駿・梶井陟	日本の教科書に現れた韓国観
1965.09.15	第43号	1	務台理作	〈特別寄稿〉安藤昌益と朝鮮の実学
1965.09.15	第43号	25	川越敬三	〈日韓条約問題〉日韓条約をめぐる国際法の原則
1965.09.15	第43号	44		〈資料〉最近の日本と朝鮮の関係についての声明
1965.09.15	第43号	45		「日韓条約」についての声明
1965.09.15	第43号	31	原忠彦	歴史教育と朝鮮ー歴教協17回大会に参加して
1965.09.15	第43号	33	前島幸子	実践記録・日本人学校のなかの朝鮮人生徒
1965.09.15	第43号	40	大村益夫	〈翻訳紹介〉韓国民族運動史(韓国文化史大系)
1965.09.15	第43号	18	桑谷森男	1923年関東大震災当時の在日朝鮮同胞にたいする日本帝国の野獣的虐殺蛮行(歴史科学)
1965.10.15	第44号			〈特集〉朝鮮の化文
1965.10.15	第44号	1	中吉・旗田・宮田・大坪	〈シンポジウム〉「朝鮮の美術史研究」ー日本における朝鮮研究の蓄積をいかに維承するかー第11回
1965.10.15	第44号	10	尹学準	作家と現実参与ー南朝鮮文学の新しい傾向
1965.10.15	第44号	14	任展慧	日本に翻訳・紹介された朝鮮文学につて

발행일	지면정보		필자	제목
	권호	페이지		
1965.10.15	第44号	21	梶井陟	金素雲論
1965.10.15	第44号	27	桑谷森男訳	祖国解放戦争を反映した作品創作のために(「朝鮮文学」1965年2月号方燕昇)
1965.10.15	第44号	35	渡部学訳	20世紀初め私立学校を通じての愛国的教育運動(「歴史科学」1965・チホッン・コンルュル)
1965.10.15	第44号	43	結城康宣	〈調査報告〉宮城県亘理郡三門山高射砲台工事と朝鮮人タコ人夫
1965.10.15	第44号	46		〈資料〉最近の日韓関係と諸論文資料目録
1966.01.15	第46号	1	寺尾五郎	〈時論〉年頭感ー新段階における研究者の任務
1966.01.15	第46号	4	宮崎繁樹/藤島宇内	〈対談〉国連と朝鮮問題
1966.01.15	第46号	23	安藤彦太郎	北京だより(3)
1966.01.15	第46号	27	中瀬寿一	日本資本主義と「対韓援助」ーその財政史的考察(1)
1966.01.15	第46号	51	高田保夫	報告書「日韓経済協力の方向と背景」批判ー「韓国」経済を実質的に従属化するための設計図
1966.01.15	第46号	58		〈資料(1)〉「民族教育」に関する資料
1966.01.15	第46号	63		〈資料(2)〉日本科学者会議の創立
1966.01.15	第47号		民族教育特集	民族教育特集
1966.02.15	第47号	1	川越敬三	〈時論〉米・日・韓の垂直型諸関係
1966.02.15	第47号	3	小沢有作	教育侵略のみちをくりかえすな
1966.02.15	第47号	5	渡部学	日帝治下の朝鮮の修身教育
1966.02.15	第47号	15	梶井陟	"回想記"都立朝鮮人学校(最終回)
1966.02.15	第47号	32	群馬県日朝教研修会	日朝教育研究集会の基調的問題提起ーその基本的態度ー
1966.02.15	第47号	34	由井鈴枝	"日韓条約"下の日朝友好運動ー教育の分野におけるー
1966.02.15	第47号	38		〈記録〉日朝協会全国大会の教育関係者経験交流会の記録
1966.02.15	第47号	44	佐藤勝巳	〈書評〉『朝鮮人の民族教育』
1966.02.15	第47号	46	渡部学	〈翻訳〉在日僑胞教育をみてきてー「新教育」ー
1966.02.15	第47号	48	桑谷森男	韓国的な教育の展開ー「思想界」ー
1966.02.15	第47号	52	小沢有作編	〈資料〉《在日朝鮮人教育にたいする日本政府の政策》
1966.03.15	第48号	1	畑田重夫	〈論説〉「日本軍国主義に反対してたたかおう」がもつ意義
1966.03.15	第48号	13	川越敬三	革命的大事変に備える朝鮮人民ー労働党20周年慶祝大会での金日成報告についてー
1966.03.15	第48号	19	吉永長生	〈研究〉南朝鮮からの「労働力導入」問題について
1966.03.15	第48号	29	塩見青嵐	朝鮮の想い出
1966.03.15	第48号	32	吉岡吉典	〈研究〉米騒動と朝鮮(3)
1966.03.15	第48号	37	佐藤勝巳	日韓反対運動をふりかえってー日朝友好運動発展のためにー
1966.03.15	第48号	41	桑谷森男	〈翻訳〉国史をおしえることができなかった悲哀ー『新教育』ー

발행일	지면정보		필자	제목
	권호	페이지		
1966.03.15	第48号	45	渡部学	〈書評〉『韓国教育史』を読んで一韓国教育史学のたゆたいー
1966.04.15	第49号	1	山本太一	〈時論〉アジア外相会議と日本
1966.04.15	第49号	3	寺尾五郎	〈研究〉「日韓新関係」と日本軍国主義の復活
1966.04.15	第49号	14	中瀬寿一	戦後における日本独店の「対韓」進出一日本資本主義と「対韓援助」(その2)
1966.04.15	第49号	30	安藤彦太郎	「朝鮮三訪記」(上)
1966.04.15	第49号	34	佐藤勝巳	日韓反対運動をふりかえって(2)ー日朝友好運動発展のためにー
1966.04.15	第49号	40	渡部学	朝鮮における近世・近代の教育(上)
1966.04.15	第49号	45	梶井陟	〈翻訳〉統一の当為性と必然性ー民族主義の高次元と統一ー『青脈』
1966.04.15	第49号	48		〈動向〉日朝協会の動き
1966.05.15	第50号			〈特集〉「日韓条約」具体化状況
1966.05.15	第50号	1	寺尾五郎	「日韓条約」妥結後の思想状況
1966.05.15	第50号	11	吉永長生	対「韓」経済進出の具体化状況
1966.05.15	第50号	16	高田保夫	「日韓条約」の具体化とベトナム戦争拡大
1966.05.15	第50号	23	藤島宇内	在日朝鮮人に対する迫害方法の制度化
1966.05.15	第50号	34	畑田重夫	「日韓条約」締結以後の極東軍事状況
1966.05.15	第50号	40	川越敬三/佐藤勝巳/宮田節子/小沢有作/渡部学	〈座談会〉「日韓条約」の実施と民族問題(その1)
1966.05.15	第50号	50	藤尾達正	「日韓条約」後の国内政治状況ー解説ー
1966.05.15	第50号	52	佐藤勝巳	"第53海洋丸拿捕事件"の意味するもの
1966.05.15	第50号	56	安藤彦太郎	「朝鮮三訪記」(下)
1966.05.15	第50号	60		〈動向〉在日朝鮮人民族教育弾圧に反対する運動
1966.05.15	第50号	61		〈資料(1)〉全日本労働総同盟の村「韓」方針
1966.05.15	第50号	63		〈資料(2)〉民族教育に関する資料
1966.06.15	第51号			朝鮮戦争特集
1966.06.15	第51号	1		在日朝鮮人の民主的民族教育への迫害に反対する声明
1966.06.15	第51号	3	畑田重夫	朝鮮戦争試論一開戦16周年記念日を迎えてー
1966.06.15	第51号	15	塩田庄兵衛	朝鮮戦争下の労働運動
1966.06.15	第51号	22	永井武/足立一夫/平野一郎	〈座談会〉「朝鮮戦争」とLST輸送労働者
1966.06.15	第51号	38	土生長穂	〈書評〉『朝鮮戦争ー米中対決の原型』
1966.06.15	第51号	41	木本賢輔	『朝鮮民主主義人民共和国の国家・社会体制』
1966.06.15	第51号	44	渡部学	〈動向〉各種学校規制と「並んで」の外国人学校の新設ということ
1966.06.15	第51号	46		朝鮮技術者代表団入国問題

발행일	지면정보		필자	제목
	권호	페이지		
1966.06.15	第51号	47	全日本赤十字労働組合連合会	〈資料〉『三矢作戦』下の日赤ー献血、医療班の真相ー
1966.07.15	第52号			『朝鮮文化史』特集
1966.07.15	第52号	1	安倍能成	『朝鮮文化史』を推薦する
1966.07.15	第52号	2	渡部学	安倍能成先生の逝去をうたむ
1966.07.15	第52号	3	末松保和/藤間生大/旗田巍/渡部学	〈座談会〉日本人の見た朝鮮文化ー『朝鮮文化史』発刊にあたってー
1966.07.15	第52号	19	熊谷宣夫	高麗の仏画
1966.07.15	第52号	22	中吉功	高麗螺鈿小箱について
1966.07.15	第52号	23	李進熙	美川王陵について思うこと
1966.07.15	第52号	26	中吉功	『朝鮮文化史』上巻を読んで
1966.07.15	第52号	28	大村益夫	金笠幔筆
1966.07.15	第52号	29	中村専之助	朝鮮の気象学について
1966.07.15	第52号	30	渡部学	『朝鮮文化史』をどのような基底からとらえるか
1966.07.15	第52号	35	ひらいえいじろう	『万葉集』にみえる朝鮮の文化について
1966.07.15	第52号	40	森下文一郎	〈書評〉浜口良光著《朝鮮の工芸》を読んで
1966.07.15	第52号	41	계정희·渡部学	〈翻訳〉朝鮮歴史「渤海」部門の取り扱い上の問題について
1966.07.15	第52号	45		〈動向〉在日朝鮮人帰国協定延長問題
1966.07.15	第52号	46		『朝鮮文化史』総目次
1966.08.15	第53号	1	吉屋貞雄/三宅鹿之助/渡部学/佐藤勝巳	〈座談会〉暗黙下の日朝人民の連帯ー昭和初期日本人先覚者の体験を聞くー
1966.08.15	第53号	14	吉岡吉典	日朝連帯の歴史研究によせて(上)
1966.08.15	第53号	23	中瀬寿一	戦後における日本独店の「対韓」進出ー日本資本主義と「対韓援助」(その3)
1966.08.15	第53号	36	尹庚子	〈資料〉朝鮮民族受難史年表(1)ー『青脈』創刊号ー
1966.08.15	第53号	38	渡部学訳	『朝鮮文化史』総目次ー創刊号～52号までー
1966.11.15	第56号	1	金沢洋	「国威発揚」のベトナム派兵ー最近の南朝鮮の断面ー
1966.11.15	第56号	6	小沢有作	〈研究〉同化教育の歴史
1966.11.15	第56号	29	吉岡吉典	米騒動と朝鮮(最終回)
1966.11.15	第56号	39	崔曙海(作)大村益夫(訳)	〈翻訳〉朝鮮文学『脱出記』
1966.11.15	第56号	44	井上秀雄	『朝鮮文化と日本』を読んで
1966.11.15	第56号	46	鬼頭忠和	日朝協会東京都連合会の歴史
1966.11.15	第56号	48		現代朝鮮研究部会(農業)の動向
1966.12.15	第57号	1	川越敬三	難局に処する朝鮮労働党

발행일	지면정보		필자	제목
	권호	페이지		
1966.12.15	第57号	7	寺尾五郎/高田保夫/畑田重夫/宮田節子/吉岡吉典/吉永長生/山本太一/渡部学/佐藤勝末巳	〈座談会〉「日韓条約」発効一年
1966.12.15	第57号	32	任展慧	〈研究〉金史良ノート
1966.12.15	第57号	38		〈動向〉朝鮮史研究会関西部会の動き
1966.12.15	第57号	36		研究生のページ
1966.12.15	第57号	39		〈資料〉朝鮮民主主義人民共和国の国際交流

조선영화(朝鮮映画)

1 서지적 정보

『조선영화』는 1953년 7월에 결성된 재일조선영화인집단(1974년에 설립된 조선총련 영화제작소의 전신)의 기관지이며, 현재 1953년 12월에 간행된 제1호 창간호만 확인 가능한 상태이다. 잡지 지면은 12페이지이며, 언어는 일본어이다. 특히, 창간호의 표지 에는 「특집 향토를 지키는 사람들」이라고 되어 있듯이, 1952년에 북한 국립촬영소에서 제작된 동 영화의 특집호로 되어 있다.

따라서, 본 특집호에서는 영화의 줄거리 및 영화를 제작한 북한 국립촬영소의 소개, 조 선인뿐 아니라 일본인 이와사키 아키라(岩崎昶, 영화 평론가), 노다 신키치(野田真吉, 기록 영화제작협의회), 하세가와 유타카(長谷川豊, 북성영화기획부장), 후지하라 스기오(藤原杉 雄, 감독) 등과 같은 영화 관계자 및 일반 일본 시민들의 영화평이 소개되고 있다.

특히, 시인 허남기는 동 영화에 대해서, 재일조선인들은 1945년 이후에 조국을 직접 가서 볼 수 없었지만 「그러나 우리들은 영화 「향토를 지키는 사람들」을 통해 가장 사랑 하는 그 조국, 그 나라의 모든 것을 직접 눈앞에서 볼 수 있었다. 그 투쟁의 모든 것과 그 조국의 살아 있는 숨결 모든 것, 이 눈과 귀, 몸 전부로 볼 수 있었다. 이 기분은 무엇으로도 비교할 수 없는 큰 용기를 일으켜 주는 것이다.」(「눈앞에 보이는 조국」)라고 영화평을 남기고 있듯이, 많은 재일조선인들은 동 영화에 대해서 한국전쟁의 참상과 인민군 빨치산의 활약, 반미 등의 측면에서 평가하고 있다.

또한, 『조선영화』에는 북한 국립촬영소에서 제작·상영 예정인 「정찰병」과 「비행기탈 취」를 소개하고 있고, 재일조선통일민주전선 중앙위원회가 기획하고 조선영화인집단에 서 제작한 뉴스영화 「민전뉴스(民戦ニュース)」(본 영화인집단의 첫 번째 제작 영화), 김달수의 『현해탄』 광고 등을 소개하고 있다.

2 해설(제1호)

　　일본 제국주의에 의해 통치되었던 36년간, 조선의 문학과 연극 등이 그러했듯이 영화역시 굴욕의 역사였다. 난폭한 식민지 정책에 의해 조선 영화는 정상적인 발전이 저해되어 흔적조차 찾아볼 수 없게 되었다. 그것이 해방 직후인 1947년에는 우리들 스스로의 손으로 평양 교외 남형제리에 대규모 국립촬영소를 건립하고, 민족 영화의 수립이라는 새로운 출발을 시작한 것이다. 초대 소장인 주인규, 부소장에 강홍식, 사무장에 추민이 추대되었다. 촬영소의 직원은 200명을 넘는 대규모 세트를 어떻게든 만들었다.

　　그러나 스테이지는 대규모였지만 가장 중요한 기계설비는 턱없이 부족했다. 카메라역시 렌즈가 갖추어져 있지 않은 아이모가 1대, 아스카니야 1대가 전부였다. 녹음기역시 물론 없었다. 때문에, 초기 뉴스나 「민주개혁」 등의 기록물은 사일런트이다.

　　그럼에도 불구하고, 탁아소를 마련하고 숙소를 정비하며, 채소밭을 가꾸고 양돈·양계장을 하면서, 학습을 하는 것부터 시작했다. 이렇게 해서 겨우 몇 편의 뉴스와 기록영화를 제작했다.

　　그 무렵, 우연히 북한의 기록영화를 촬영하기 위해 북한 방문한 소비에트 영화인들이 그 전까지의 조선 영화인의 활약과 능력을 칭찬해 주었다.(「북조선」에는 조선 뉴스를 거의 반 정도 복제했다)

　　그리고 촬영 기계 등을 원조해 주기로 했다. 그것은 1948년의 일이었다. 극영화를 만들기 시작한 것은 그 때부터였다. 그리고 2년 후인 1950년 10월에 이번에는 미국의 야만적인 폭격에 의해 촬영소는 흔적도 없이 파괴되어 버렸다.

　　이와 같은 상황 속에서 수십 편의 뉴스와 30여 편의 장편 기록영화 및 10여 편의 극영화가 제작되었다. 매년 개최되는 체코 국제영화제에서도 1951년에는 윤용규 감독의 「소년유격대」, 1952년에는 천상인 감독의 「또 다시 전선으로」가 각각 입상하였고, 공화국의 영화예술에 눈부신 발전을 보여주고 있다.

　　「향토를 지키는 사람들」는 「소년유격대」의 윤용규 감독의 두 번째 작품이다. 이 영화는 이미 소련연맹과 중국을 비롯한 여러 민주국가에서 상영되었고, 작품의 우수성을 평가받고 있다. 이 영화가 제작된 것은(1952년) 적의 폭격이 가장 격렬했을 때이며, 촬영소는 물론이고 읍내와 동내가 모두 폐허가 되어버렸다. 이 영화는 실로 그러한 곤란한 상황 속에서 만들어진 것이다.

3 목차

조선인(朝鮮人)

○ ○ ○

1 서지적 정보

『조선인』은 1969년 7월부터 1991년 5월까지 무려 20여 년 간 총 27호가 발간된 부정기 잡지이며, 발행 주체는 재일조선인이 아닌 일본인 이이누마 지로(飯沼二郎)와 츠루미 슌스케(鶴見俊輔)이다. 잡지의 부제가 「오무라수용소를 폐지하기 위하여(大村収容所の廃止のために)」라고 되어 있지만, 본지의 내용 및 구성은 오무라수용소 자체의 〈폐지〉를 위한 것이라기보다는 재일조선인의 인권과 교육, 역사, 문학, 문화 등의 피차별적인 처우에 대한 〈폐지〉를 목적으로 하고 있다. 따라서, 재일조선인 문제에 관심을 갖고 있는 일본인 집필자뿐만 아니라, 재일조선인 문학가와 역사가를 중심으로 한 좌담회 개최 및 재일조선인 마이너리티 입장에서 본 일본 사회의 차별적인 구조와 관련된 다양한 글들이 실려 있다.

잡지 운영적인 측면에서 보면, 제8호 편집후기에는 「1500부」가 발행되었고, 정가 「100엔」, 송료 「55엔」이다. 그러나 10호의 편집후기에는 「전호는 한 권에 지출되는 실비 136엔, 한 권 팔릴 때마다 36엔의 적자였다. 이번 호는 한 권의 실비 204엔. 따라서 정가를 200엔으로 했다. 부디 용서해 주시길 부탁드립니다」라고 말하고 있듯이, 본지는 특정 단체에서 지원을 받아서 운영되었던 것이 아닌 만큼, 운영적인 측면에서 잡지의 판매 수입에 의존할 수밖에 없는 경제적 어려움이 있었다고 볼 수 있다.

잡지의 내용적인 측면을 보면, 1972년 3월에 발행된 7호는 「일본어는 일본인의 것인가」라는 특집호로 기획되었는데, 편집후기에는 이회성의 아쿠타가와상 수상을 비롯해서 재일조선인문학이 각광을 받고 있는 이유에 대해서, 1)일본인 신인작가의 저조, 2)닉슨 대통령의 방중을 시작으로 동아시아에 대한 관심으로 일본인들에게 조선이 관심 사항으로 부상, 3)무엇보다 가장 중요한 이유는 「현재 재일조선인의 마음속에 조용히 진행되고 있는 영혼의 풍화작용, 민족성의 위기와 대응하고 있고, 재일조선인이 일본 속에서 조선인으로서 진정으로 자립하는 길을 진지하게 추구하고 있는 모습이라고 할 수 있을 것이다. 이러한 사람들에게 조금이나마 도움이 되었으면 하는 마음에 이번 호는 「일본어」에 대해서 특집을 기획했다」라고 말하고 있듯이, 재일조선인의 자기 구축을 서포트할 수 있는 동시대의 다양한 이슈를 특집호로 기획하고 있다.

특히, 1970년대 후반부터 재일조선인의 세대교체에 따른 새로운 아이덴티티 구축을 모색하는 논쟁이 일어나는데, 이이누마 지로는 본지에 「좌담회·「제3의 길」을 둘러싸고」를 기획하면서 적극적으로 참여하고 있다. 당시, 이이누마 지로는 재일조선인 3·4세대의 비율이 80%에 육박한 현 상황에서, 조국의 정세가 불안정하기 때문에 1·2세대의 귀국지향은 무리가 있고, 귀화지향은 동화주의와 이어지기 때문에 바람직하지 못하며, 따라서 국적을 유지한 채 일본에 정주하는 것이 바르게 평가되어야 할 '제3의 길'이라고 주장했다.

2 편집후기(창간호)

○ 산초는 비록 작은 알갱이일지라도 라는 생각으로 시작했지만, 너무나도 맵지 않은 듯하다. 그것 자체를 반성하지는 않겠지만, 다소 정념이 부족했던 것 같다. 다음 호인 9월호는 조금 더 나은 것을 만들겠다. 보다 나은 것으로 만들기 위해서는 나 스스로 조금 더 행동하고 더 알아가야 하며, 조금 더 생각해야 한다는 의미이다.

○ 주위를 둘러보면, 다양한 문제들이 산적해 있다. 교토대학에서 조선어를 배우기 시작한 것은 좋은 일이지만, 길을 거닐며 아무렇지 않게 조선어를 흥얼거리며, 타인의 집 벽에 조선어로 낙서를 하고 가는 남자가 있다. 「일단 가보고 나서」라며 단숨에 한국으로 날아가는 청년도 있다. 제 각각의 방법으로 자신의 내부에 숨겨진 「조선」을 발굴해 내는 작업을 시작하자. 다만, 교토대학에는 아직까지 조선어 강좌가 존재하지 않는다. 그가 배우고 있는 곳은 「관서반대학(関西反大学)」=교토대학 교양학부 바리케이드 안에서이다.

○ 일본 국가는 지금까지 백 년 가까이 지겹도록 조선인을 착취하며 차별해 왔다.

1969년에 이르러서는 더욱 더 그 악랄한 의사를 분명히 드러내고 있다. 그렇다면 우리들 일본 인민은 이 또한 지겹도록 일본 국가에 대항해야 하는 것이 아닌가.(大島流人)

3 목차

발행일	지면정보		필자	제목
	권호	페이지		
1969.07	第一号			「任錫均」とは何のことか
1969.07	第一号		任錫均	「朝鮮・日本そして朝鮮①」大村収容所にはいる
1969.07	第一号		飯沼二郎	<私と朝鮮>私の中なる「朝鮮」
1969.07	第一号		佐伯幸雄	<私と朝鮮>国家総体との対決へ
1969.07	第一号		三枝寿勝	<私と朝鮮>朝鮮語を学ぶこと
1969.07	第一号		鶴見俊輔	<私と朝鮮>スナイダーの話
1969.07	第一号		橋本峰雄	<私と朝鮮>朝鮮と私
1969.07	第一号		関谷滋	<報告>3・31大村収容所デモに参加して
1969.12.20	第二号	1		「言葉」と「目次」
1969.12.20	第二号	19	飯沼二郎	「任錫均氏を支持する会」解散の辞
1969.12.20	第二号	20	編集部	オオムラ日記
1969.12.20	第二号	20	佐藤清	壁の内側の人間こそ最も人間的だ
1969.12.20	第二号	9	笠原芳光	「異邦人」としての朝鮮人
1969.12.20	第二号	11	任錫均	朝鮮・日本そして朝鮮②
1969.12.20	第二号	2	編集部	連載・大村の幽囚者

조선통신자료(朝鮮通信資料)

○ ○ ○

1 서지적 정보

『조선통신자료』는 조선통신자료 편집위원회에 의해 조선통신사에서 발행된 책자로, 창간호에서 6호(1963.04)까지는 확인할 수 있었으나 이후의 계속 발행 여부는 명확하지 않다.

집필진으로는 창간호부터 활동한 김윤(金潤), 『새 세대(新しい世代)』에서도 활동했던 이효순(李孝淳) 등의 이름이 확인된다. 『조선통신자료』는 공화국 건설 과정의 주요 과제를 핵심적으로 다루고 있고, 4호까지는 「소개」 「서평」 「자료」 「논설」 등의 코너를 잡지 구성의 기본틀로 하고 있으나, 5호(1963.01)와 6호(1963.04)는 이 틀을 지키지 못하고 있다.

창간호는 크게 두 가지 흐름의 내용을 담고 있다. 먼저 공화국의 국민경제발전 7개년 (1961-1967) 계획, 남한의 정세, 일본과의 무역의 발전과 과제, 일본에서의 조선문제 연구 현황을 '회고와 전망'이라는 코너에서 핵심적으로 다루고 있는 부분과 조선노동당 제4차대회 주요 토론 내용을 각 분야별로 소개하는 부분으로 나뉘어져 있다. 3호 (1962.05)에서는 김일성 탄생 50년 주년을 기념하여 김일성의 사상과 활동 내용을 소개 하고 있고, 남한을 '괴뢰군사정권'으로 비판하면서 정치와 경제면에서 비판적인 글을 게재하고 있다. 4호(1962.08)에서는 공화국 최고인민회의 제2기 제11회 회의 내용을 특집으로 다루고 있으며, 5호(1963.01)에는 김일성의 연설문(공화국인민회의 제3기 제1 회 회의)과 군(郡)의 역할을 높이고 지방공업과 농업을 한층 발전시켜, 인민의 생활을 획기적으로 향상시키자」는 제목의 글을 함께 싣고 있다. 6호까지의 내용을 통해 잡지의 성격은 한국의 정치 및 경제 정세를 개관하고 비판하며, 공화국 체제의 우수성과 금후의 과제 등을 주요 내용으로 하고 있음을 알 수 있다.

『조선통신자료』에 대한 선행연구는 발견되지 않는다.

2 목차

발행일	지면정보		필자	제목
	권호	페이지		
1962.2.25	第2号	70		朝鮮民主主義人民共和国科学院歴史研究所編『朝鮮通史』(上)(朴慶植ほか訳)
1962.2.25	第2号	75		〈資料〉朝鮮関係日誌
1962.2.25	第2号	79		朝鮮関係文献目録(Ⅰ)
1962.2.25	第2号	85		朝鮮関係統計
1962.4.25	第3号	1		金日成同志への祝賀文ー誕生50周年にさいしてー
1962.4.25	第3号	1		朝鮮労働党中央委員会、朝鮮民主主義人民共和国最高人民会議常任委員会、朝鮮民主主義人民共和国内閣
1962.4.25	第3号	3		金日成首相は朝鮮人民をつねに勝利へみちびいているー誕生50周年にさいしてー
1962.4.25	第3号	7		金日成首相の思想と革命活動
1962.4.25	第3号	13		南朝鮮におけるアメリカ帝国主義の侵略と支配
1962.4.25	第3号	21		南朝鮮カイライ軍事政権の「経済緊急政策」の欺瞞性とインフレの危機
1962.4.25	第3号	27		南朝鮮カイライ軍事政権の「経済開発5ヵ年計画」の売国的本質
1962.4.25	第3号	33	朴鎮斉	〈紹介〉祖国の平和的統一のための朝鮮労働党の闘争
1962.4.25	第3号	39	李基変	「韓日会談」の売国的・侵略的本質
1962.4.25	第3号	45	S.A.ハン	朝鮮勤労者の極東ロシアにおける国内戦争への参加(1919～1923年)
1962.4.25	第3号	51	金熙一	アメリカ帝国主義の朝鮮侵略史(2)
1962.4.25	第3号	74	李基応	朝鮮歴史学界における古朝鮮問題に関する討論概要
1962.4.25	第3号	81	金錫淡	〈書評〉朝鮮民主主義人民共和国科学院 歴史研究所近世・最近世史研究室編『朝鮮近代革命運動史』
1962.4.25	第3号	87	金熙一	朝鮮労働党中央委員会直属党史研究所編『馬東熙の生涯とその活動』
1962.4.25	第3号	91		〈資料〉朝鮮関係文献目録(Ⅱ)『金日成選集』(朝鮮労働党出版社版)第4,5,6巻目次
1962.4.25	第3号	95		『歴史科学』誌目次(科学院歴史研究所編集、1956～1961年)
1962.4.25	第3号	101		朝鮮関係日誌(1962年2月～3月)
1962.4.25	第3号	106		朝鮮関係統計
1962.4.25	第3号	73		〈短信〉「箕子東来説」の虚偽性に関する科学的討論会
1962.4.25	第3号	107	祖父江昭二	〈読者寄稿〉わが無知についてー日本と朝鮮とアジアとー
1962.4.25	第3号	109	梶村秀樹	朝鮮史研究者の立場からー日朝両研究者の共同研究推進のためにー
1962.8.15	第4号	1		全民族的闘争によって、アメリカ帝国主義侵略軍を南朝鮮から撤退させよう!1962年6月22日付け《労働新聞》社説
1962.8.15	第4号	4		南朝鮮からアメリカ軍を撤退させるための全民族的闘争を展開することについてー最高人民会議常任委員会崔庸委員長の報告
1962.8.15	第4号	14		大韓民国国家再建最高会議ならびに南朝鮮の社会・政治活動家と全人民におくるメッセージ

발행일	지면정보		필자	제목
	권호	페이지		
1962.8.15	第4号	18		世界各国国会におくるメッセージ
1962.8.15	第4号	20		〈主要討論〉全民族の力を結集して、南朝鮮からアメリカ帝国主義侵略軍を撤退させよう!ー朝鮮労働党中央委員会副委員長李孝淳代議員
1962.8.15	第4号	26		南朝鮮のインテリたちは民族的良心をまげないで、アメリカ帝国主義侵略者に反対して最後まで戦え!ー金日成綜合大学総長河仰天代議員
1962.8.15	第4号	28		南朝鮮労働者は反米救国闘争の先頭にたて!ー朝鮮職業総同盟中央委員会委員長金日竜代議員
1962.8.15	第4号	30		祖国の歴史に再び恥辱の汚点を残さないために、民族挙げての闘争でアメリカ軍を追い出せ!ー科学院歴史研究所金錫亭所長
1962.8.15	第4号	33	洪命熹	〈論説〉民族の力を総結集して、アメリカ帝国主義侵略軍を南半部から追い出そう!
1962.8.15	第4号	36		〈資料〉朝鮮にたいするアメリカの侵略行為について朝鮮民主主義人民共和国外務省の覚え書き
1962.8.15	第4号	61		〈日誌〉共和国北半部関係
1962.8.15	第4号	64		共和国南半部関係
1962.8.15	第4号	68		統計
1962.12.25	第5号	1	金日成	朝鮮民主主義人民共和国政府の当面の課題についてー共和国最高人民会議第3期第1回会議でおこなった演説
1962.12.25	第5号	21	金日成	郡の役割をたかめ、地方興行と農業をいっそう発展させ、人民の生活を画期的に向上させよう
1962.12.25	第5号	32		「韓日会談」で結ばれる協約はすべて無効 朝鮮民主主義人民共和国政府声明
1962.12.25	第5号	36		南朝鮮からアメリカ軍を撤退させ、朝鮮の自主的平和統一を実現するために朝鮮民主主義人民共和国政府のメモランダム
1962.12.25	第5号	50	金尚学	朝鮮労働党の自立的民族経済建設政策の輝かしい勝利
1962.12.25	第5号	62	金圭傑	「民政移管」の芝居は植民地テロ支配をひきのばすためのアメリカ帝国主義の陰謀
1962.12.25	第5号	65	沈顕相	軍事ファシスト一味の「改憲案」の不法性とその反動的正体
1962.12.25	第5号	68		軍事「政権」の経済政策転換後の南朝鮮の経済状態
1962.12.25	第5号	70	朴弘烈	南朝鮮農業の破局的危機をいっそう深めた軍事「政権」の「重農政策」
1962.12.25	第5号	73		朝鮮民主主義人民共和国要人名簿
1962.12.25	第5号			〈日誌〉(1962年7月～11月)
1962.12.25	第5号	75		共和国北半部関係
1962.12.25	第5号	80		南朝鮮関係
1962.12.25	第5号	87		統計
1963.4.25	第6号	1	李孝淳	全朝鮮人民は一致して反米救国闘争に決起しよう 3・1運動44周年平壌市記念大会でおこなった報告

발행일	지면정보		필자	제목
	권호	페이지		
1963.4.25	第6号	9	姜英鐸	祖国統一のためのもっとも正当かつ合理的な方針
1963.4.25	第6号	16		社会主義革命と自力更生
1963.4.25	第6号	20	李錫心	朝鮮における自立的民族経済の建設
1963.4.25	第6号	26	崔中克	朝鮮における国民経済発展のテンポと均衡
1963.4.25	第6号	32	林寿雄	工業管理における大安事業体系
1963.4.25	第6号	37	李錫録	新しい農業指導体系の優越性とその生活力
1963.4.25	第6号	45	姜孝鎮	ケネディの「新戦略」と南朝鮮
1963.4.25	第6号	49	李東鐸	アメリカ帝国朱y義の対南朝鮮「経済援助」の本質と結果
1963.4.25	第6号	55	金鎮	南朝鮮における学生運動の成長発展とその特徴
1963.4.25	第6号	59	李載英	1962年の南朝鮮の政治情勢概観
1963.4.25	第6号	65	安竜	1962年の南朝鮮の経済情勢概観
1963.4.25	第6号	71	金黒一	再び朝鮮近代史の時期区分問題について
1963.4.25	第6号	78	朝鮮民主主字人民共和国科学院歴史研究所近代/現代史研究室	朝鮮近代史の時期区分問題に関する学術討論の総括
1963.4.25	第6号			〈日誌〉(1962年12月～1963年3月)
1963.4.25	第6号	83		共和国北半部関係
1963.4.25	第6号	86		南朝鮮関係
1968.9.25	特別号	2		朝鮮民主主義人民共和国はわが人民の自由と独立の旗じるしであり、社会主義・共産主義建設の強力な武器である
1968.9.25	特別号	2		朝鮮民主主義人民共和国創建20周年記念中央慶祝大会で行った朝鮮労働党中央委員会総書記・朝鮮民主主義人民共和国内閣首相金日成同志の報告
1968.9.25	特別号	33		わが革命の勝利と社会主義建設の偉大な綱領ー1968年9月13日『労働新聞』社説
1968.9.25	特別号	43		金日成同志は朝鮮民主主義人民共和国の創健者であるー1968年9月3日『労働新聞』論説
1968.9.25	特別号	60		金日成同志の直接的な指導のもとに組織され、展開された朝鮮人民の抗日武装闘争ーハバナ文化大会において大会貢献として採択された光栄ある抗日武装闘争時期の戦略戦術にかんする文献
1968.9.25	特別号	79		「朝鮮民主主義人民共和国はたたかう各国人民に自主、自立精神の輝かしい模範を示している」朝鮮民主主義人民共和国創建20周年記念中央慶祝大会で行った各国代表の祝賀演説
1968.9.25	特別号	105		朝鮮民主主義人民共和国20周年主要日誌(1948.9～1968.9.9)
1968.9.25	特別号	150		年間国内主要日誌

조선평론(朝鮮評論)

○ ○ ○

1 서지적 정보

1951년 1월, 조련(朝連)의 후속 단체로 재일본조선민주통일전선(在日本朝鮮民主統一戰線, 약칭:민전)이 설립되고, 이와 함께 오사카조선인문화협회(大阪朝鮮人文化協會)가 결성되면서 이들의 기관지로 발행한 잡지이다. 1951년 12월에 창간호를 발간하여 약 3년 동안 총 9권의 잡지를 발행하고 있다. 창간호(1951.12)는 김석범(金石範)이, 3호부터는 오사카조선인문화협회 회장인 김종명(金鐘鳴)이 직접 편집과 발행을 맡고 있으며, 종간호가 되고 만 9호의 경우, 편집 책임을 신홍식(申鴻湜)이, 김종명은 발행인으로 편집과 발행을 분담하고 있다. 오사카를 거점지역으로 출발한『조선평론』은 5호까지는 오사카에서 발행되었으나 6호부터는 도쿄로 발행 장소를 옮겨 6호와 7호는 오월서방(五月書房)에서, 8호는 신세당(新世堂)에서, 그리고 9호는 조선평론사(朝鮮評論社)에서 각각 발행하고 있다.

창간호 편집후기에서 1946년 4월에 창간하여 한국전쟁 발발과 함께 종간한『민주조선(民主朝鮮)』의 계승지로서, 관서지역에서는 처음으로 시도되는 잡지임을 강조하고 있다. 1950년대 재일조선인에 의한 잡지들의 창간 시기를 보면 대부분 한국전쟁이 휴전협정에 돌입한 후에 집중되어 있다. 이에 반해『조선평론』의 경우, 동족간의 전쟁이라는 비극적인 참사가 한반도에서 전개되고 있는 시기에 약 2년에 걸쳐 9권의 잡지를 발행하고 있다는 점에서 주목할 만한 잡지라 할 수 있다.

『조선평론』의 독자는『민주조선』과 마찬가지로 재일조선인에 한정하지 않고 일본인도 대상으로 하고 있고, 집필진에도 일본인 지식인의 이름이 눈에 띈다. 창간호가 발행되기 3개월 전인 1951년 9월에는 샌프란시스코 강화조약이 체결된 만큼, 창간호는 조국의 전쟁문제와 재일조선인이 당면한 현실문제가 맞물려 있다고 할 수 있다. 창간호에는

출입국관리령 시행과 조선인학교 폐쇄령 이후의 민족교육문제 등의 재일조선인의 정치적 현안을 중점적으로 다루고 있고, 공화국의 대표 문인 조기천(趙基天)의 시(詩) 등 공화국의 문학 뿐 아니라 본국의 문학도 적극 소개하고 있어 중립적인 입장에서 출발하고 있음을 알 수 있다. 창작으로는 김시종(金時鐘)이 시「유민애가(流民哀歌)」와 김석범(金石範)이 소설「1949년경의 일지에서─「죽음의 산」의 일절로부터(1949年頃の日誌より─「死の山」の一節より)」을 각각 발표하고 있다. 2호부터는 허남기(許南麒)와 이은직(李殷直)이 각각 시와 소설 작품을 발표하면서 집필진으로 참가하고 있고, 이외 희곡 작품까지 수록하면서 2호는 창간호에 비해 내용면에서 더욱 충실해졌다. 3호에서는 샌프란시스코강화 조약 체결 후, 10월에는 한일 양정부와의 사이에 회담이 이루어졌고, 이 회담 내용에 분개한 재일조선인과 일본인 지식인의 목소리가 소특집과도 같이 다루어지고 있다. 오사카조선인문화협회의「일한회담에 대한 공개항의문(日韓会談に対する公開抗議文)」을 비롯하여 외무성 조사국장을 지낸 오가타 쇼지(尾形昭二)의「대일강화발효와 재일조선인(対日講和発効と在日朝鮮人)」, 정치가 가자미 아키라(風見章)의「배척하는 자는 배척당한다(排斥するものは排斥される)」, 문학연구자 구와바라 다케오(桑原武夫)의「조선의 사람들에 대해(朝鮮の人々について)」, 중국연구자 히라노 요시타로(平野義太郎)의「국제법상으로 본 강제퇴거(国際法上からみた強制退去)」 등의 글을 싣고 있다.

그러나「조선해방전쟁 2주년 기념 특집호」를 기획한 4호에서 김일성의 글을 게재하기 시작하면서 이후 문학 작품 수가 감소하고 공화국의 정치사상과 경제와 관련된 글의 비중이 커져가고, 1952년 12월에 재일조선인문학예술가총회(약칭: 문예총)가 결성된 후에는 잡지 편집이 오사카조선인문화협회에서 문예총으로 옮겨지고, 발행소 또한 오사카에서 도쿄로 바뀌게 된다. 9호에서는 김달수, 김민, 홍종근 등이 새롭게 집필진에 참여하면서 월간 종합잡지로서 재출발하려는 의지를 보였으나 결국 종간호가 되고 만다.

『조선평론』 총9권은 박경식(朴慶植)이 편집한『재일조선인관계자료집성 〈전후편〉 제9권』(不二出版, 2001.02)에 모두 수록되어 있다. 지금까지『조선평론』을 중심으로 한 연구는 없으나, 1950년대에 발행된 재일에스닉 잡지에 관한 연구 논문에서『민주조선』의 계승지로서『조선평론』을 재조명하고, 그 역사적 의의를 평가하고 있는 논고로는 소명선(2017)「재일조선인 에스닉 잡지 연구-1950년대를 중심으로」(『日本文化学報』(74) 한국일본문화학회)가 있다.

2 창간사

김종명의 글로 추정되는 창간사(「創刊に寄せて」)는 아래와 같다.

원자폭탄, No more Hiroshima──평화를 사랑하는 사람들의 고뇌하는 영혼에서 태어난 이 말은 결코 단순한 유행어가 아니다. 그날부터──선량한 몇 만 명의 남녀시민이 일순간에 검게 탄 시체와 재로 변하고, 대낮의 지옥에 내던져졌다.──그날로부터 이제 6년이 된다.

조선의 산하는 폐허다. 그래도 아직 부족해서 죽음의 해저에 조국을 매몰시키려고 하는 원폭 투하가 정의의 이름하에, 혹은 일국의 의회에서, 혹은 살롱의 담소 속에 멋대로 지껄여진다.

소위 역사의 심판은 단지 시간적인 미래에 대한 희구가 아니다. 현실은 하나하나의 심판을 지금 이루고 있는 중인 것이다. 전 세계를 자유와 영광의 파도로 감싸려고 도도히 흘러가는 역사의 대하, 신중국의 건설, 소위 살육과 방해를 밟고 넘어서 민족과 조국의 자유 독립을 쟁취하는 전 아시아 인민의 봉기, 아니 아시아만이 아니다. 지구 구석구석까지 거세게 일어나 봉화가 불타오르고 있는 것이다. 여명이 온다. 여명 후에 태양이 온다. 찬란하게 쏟아지는 햇살 속에서 밤의 악마는 더 이상 숨 쉴 수 없다.

자유와 독립의 승리는 가깝다. 게다가 우리들은 그 도상에 있다. 고난에 가득 찬 수많은 언덕을 갖고 있다. 그 때문이야말로 투쟁은 도처에서 모든 형태로 이루어지고 있다. 이 투쟁의 크고 작은 물결이 역풍을, 폭풍을 물리치고 큰 역사의 흐름을 만들어가는 것이다.

보잘 것 없는 본 잡지와 같은 것이 무엇을 이룰 수 있는가, 남녀노소를 불문하고 계속해서 쓰러져가는 이 조국의 순간에 검에는 검을 가지고 싸울 수 없는 우리들은 과연 무엇을 해야 하는 것인가, 우리들 자신 본 잡지에 대해 같은 질문을 되풀이한다. 그리하여 다만 그 나름의 사명을 믿고 적어도 역사의 강의 물결의 하나라도 되어서 열심히 노력할 뿐이다. 그것이 또한 조국에 대한 길이라고 믿는다.

평화와 독립 자유를 사랑하는 재일조선 동포 여러분과 일본 인민 여러분의 편달과 애정을 깊이 부탁드리며 창간 1호를 세상에 내보내는 말로 대신하고 싶다.

3 목차

발행일	지면정보		필자	제목
	권호	페이지		
1952.02.15	第2号	88	康玹哲	朝鮮近代文学の史的展望(上)
1952.02.15	第2号	52	リングファング	新中国の朝鮮人
1952.02.15	第2号	58		大阪東成事件の真相について
1952.02.15	第2号	35		朝鮮地方めぐり-開城
1952.02.15	第2号	98	張羅	〈戯曲〉平壌解放(一幕)
1952.02.15	第2号	101	李殷直	〈連載小説〉わが誇りを守らん(第一回)
1952.05.01	第3号	4	大阪朝鮮人文化協会	日韓会談に対する公開抗議文
1952.05.01	第3号	7	尾形昭二	対日強化発効と在日朝鮮人
1952.05.01	第3号	20	風見章	〈朝鮮人強朝鮮人強制追放に対する所感〉排斥するものは排斥される
1952.05.01	제3호	23	桑原武夫	〈朝鮮人強朝鮮人強制追放に対する所感〉朝鮮の人々について
1952.05.01	第3号	22	平野義太郎	〈朝鮮人強朝鮮人強制追放に対する所感〉国際法上からみた強制退去
1952.05.01	第3号	45	徐復均	李政府不信任論
1952.05.01	第3号	38	尾崎庄太郎	新中国抗米援朝運動
1952.05.01	第3号	47	李承燁	〈資料〉朝鮮労働党と朝鮮人民軍
1952.05.01	第3号	13		〈世界の眼〉国際経済会議
1952.05.01	第3号	17		〈世界の眼〉細菌戦
1952.05.01	제3호	15		〈世界の眼〉昂場する日本製労動運動
1952.05.01	第3号	16		〈世界の眼〉荒廃した南鮮の経済
1952.05.01	第3号	51	康玹哲	朝鮮近代文学の史的展望(中)
1952.05.01	第3号	36	全和光	〈詩画〉声-亡国奴の感覚によせて
1952.05.01	第3号	70	金鐘鳴	〈歴史講座〉朝鮮近代史(第二回)
1952.05.01	第3号	62	小夜三十郎	〈詩〉不知火
1952.05.01	第3号	55	許南麒	〈詩〉誰にも俺たちの愛の絆を断ち切ることは出来ない
1952.05.01	第3号	64	金時鐘	〈詩〉巨済島
1952.05.01	第3号	67		漢詩
1952.05.01	第3号	35		映画評
1952.05.01	第3号	27	白佑勝	〈ルポルタージュ〉多奈川事件
1952.05.01	第3号	78	桜沢如一	平和の原理
1952.05.01	第3号	79	李東準	嵐に抗する子供たち-日、韓両国の児童作文をよんで
1952.05.01	第3号	87	朴珍	〈討論〉われわれの工作のために
1952.05.01	第3号	68		朝鮮地方めぐり-興南
1952.05.01	第3号	85		読書室
1952.05.01	第3号	92	周玉銘	〈小説〉出国の前
1952.05.01	第3号	98	李殷直	〈連載小説〉わが誇りを守らん(第二回)
1952.05.01	第3号	114		読者の声

발행일	지면정보		필자	제목
	권호	페이지		
1952.05.01	第3号	116		編輯後記
1952.07.01	第4号	1	金日成	プロレタリヤ国際主義と朝鮮人民の斗争
1952.07.01	第4号	11	大阪朝鮮問題研究会	朝鮮人民の勝利の記録-祖国解放戦争二ヶ年の歴史
1952.07.01	第4号	37		〈国際民主法律家協会調査団報告〉米国の朝鮮における犯罪について-米国は朝鮮で何を行なったか
1952.07.01	第4号	64	許南麒	〈詩〉アメリカに与う
1952.07.01	第4号	67	巴金	〈ルポルタージュ〉開城の中立区にて
1952.07.01	第4号	70	李北鳴	〈小説〉悪魔
1952.07.01	第4号	80		編輯後記
1952.09.25	第5号	1	大阪朝鮮人文化協会	〈巻頭言〉朝鮮人民共和国創立四周年を迎えて
1952.09.25	第5号	6	小山弘健	再軍備・アジア朝鮮問題太平洋平和会談
1952.09.25	第5号	13		〈世界の眼〉朝鮮問題のあれこれ
1952.09.25	第5号	15		〈世界の眼〉アメリカ大統領選挙の意味するもの
1952.09.25	第5号	16		〈世界の眼〉ソ同盟の新しい動き
1952.09.25	第5号	18		〈世界の眼〉波瀾をよぶ中近東
1952.09.25	第5号	20	岡倉古志郎	〈特輯〉アメリカ世界政策の崩壊過程-前後七ヶ年間の世界情勢の動き
1952.09.25	第5号	50	全和光	ある革命家の画像
1952.09.25	第5号	52	小牧竹秀	〈美術評〉懺悔と行動
1952.09.25	第5号	53	朴貞男 訳	金日成将軍伝(第一回)
1952.09.25	第5号	58	呉林俊	〈詩〉たとえ嵐はすさぶこと
1952.09.25	第5号	65	康玹哲	朝鮮近代文学の史的展望(下)
1952.09.25	第5号	72	クロード・ロア	〈ルポルタージュ〉私の朝鮮で見たもの
1952.09.25	第5号	76	朱徳	中国人民軍の二十五年
1952.09.25	第5号	83	金鐘鳴	〈歴史講座〉朝鮮近代史(第三回)
1952.09.25	第5号	92		〈映画評〉「原爆の子」の意義
1952.09.25	第5号	94	朴贊謨韓寛碩 訳	〈창작〉手榴弾
1952.09.25	第5号	102	李殷直	〈連載小説〉わが誇りを守らん(第三回)
1952.09.25	第5号	113		編輯後記
1952.12.15	第6号	4	高成浩	外国人登録切替と出入国管理法
1952.12.15	第6号	36	李替義	朝鮮人中小企業の実態-日本経済と平和産業
1952.12.15	第6号	43	許回天	日本教育の基本的性格-危機にある教育のために
1952.12.15	第6号	11		世界の焦点　朝鮮の動き
1952.12.15	第6号	83		〈附録〉外国人登録法・出入国管理令
1952.12.15	第6号	14	朴昌玉	レーニン主義の勝利と朝鮮民族解放戦争
1952.12.15	第6号	14	朴昌玉	一.レーニンの偉業とマルクス・レーニン主義の勝利

발행일	지면정보		필자	제목
	권호	페이지		
1952.12.15	第6号	18	朴昌玉	二.日本帝国主義下における朝鮮民族解放運動とマルクス・レーニン主義
1952.12.15	第6号	20	朴昌玉	三.八一五解放後における朝鮮民族解放運動とマルクス・レーニン主義
1952.12.15	第6号	21	朴昌玉	四.マルクス・レーニン主義をいかに理解すべきか?
1952.12.15	第6号	22	朴昌玉	五.ブルジョしア思想とアメリカ帝国主義の本質
1952.12.15	第6号	26	朴昌玉	六.アメリカ帝国主義の対朝鮮侵略の歴史的諸事実
1952.12.15	第6号	28	朴昌玉	七.祖国解放戦争における朝鮮人民の勝利とマルクス・レーニン主義
1952.12.15	第6号	32	朴昌玉	郷里の爆撃
1952.12.15	第6号	34	全和光	〈詩〉
1952.12.15	第6号	54	金時鐘	〈詩〉秋の歌
1952.12.15	第6号	49	魏巍	最も愛すべき人は誰が
1952.12.15	第6号	60	朴貞男 訳	金日成将軍伝(第二回)
1952.12.15	第6号	66	李殷直	〈連載小説〉わが誇りを守らん(第四回)
1952.12.15	第6号	99		編輯後記
1953.04.01	第7号	4	河浪	アメリカの新アジア政策と李承晩の訪日について
1953.04.01	第7号	11	高成浩	忘れ去られた歴史は呼びかける-日・朝親善を念願するが故に
1953.04.01	第7号	23		朝鮮戦争をめぐる休戦協定(草案)
1953.04.01	第7号	36	李替義	白日下に曝された侵略者の正体-I・F・ストーン秘史・朝鮮戦争が訴えるもの
1953.04.01	第7号	20		世界の焦点　朝鮮の動き
1953.04.01	第7号	45	横田健一	朝鮮芸術の性格について-三・一運動を偲ぶ
1953.04.01	第7号	51	Z・K	激流に抗する力
1953.04.01	第7号	42	全和光	〈詩〉長白山
1953.04.01	第7号	55	呉林俊	〈詩〉もう誰もお前を奪うことはできない
1953.04.01	第7号	57	朴貞男 訳	金日成将軍伝(第三回)
1953.04.01	第7号	63	金鐘鳴	〈歴史講座〉朝鮮近代史(第四回)
1953.04.01	第7号	41		獄中からの手紙
1953.04.01	第7号	50		三広事件被告・竹内景助氏からの便り
1953.04.01	第7号	70	崔明翊 金民 訳	〈創作〉運転手キルボの戦斗記
1953.04.01	第7号	84	李殷直	〈連載小説〉わが誇りを守らん(第五回)
1953.04.01	第7号	48		「現代朝鮮辞典」刊行事業に際して
1953.04.01	第7号	105		編輯後記
1953.10.20	第8号	1	申鴻湜	アジア親善の強化のために-本地再出発に際して
1953.10.20	第8号	4	金日成	すべてを戦後の復興へ
1953.10.20	第8号	19	申徹浩	停戦成立の意義と政治会議への展望
1953.10.20	第8号	26		〈プラウダ社説〉朝鮮の停戦について
1953.10.20	第8号	29		朝鮮戦争日誌

발행일	지면정보		필자	제목
	권호	페이지		
1953.10.20	第8号	30	全致五	朝鮮国立撮影所1952年作品「郷土を守る人々」について
1953.10.20	第8号	32	金時鐘	〈詩〉ふところ
1953.10.20	第8号	34	李錦玉	〈詩〉敬愛よ
1953.10.20	第8号	35	韓鶴洙	〈ルポルタージュ〉わが学校の記-朝鮮の子らを守って
1953.10.20	第8号	42	李亭錫	〈朝鮮文化の動き〉白日のもとにさらされた林和一派の罪悪
1953.10.20	第8号	46	鄭律	戦時下における朝鮮の造形芸術
1953.10.20	第8号	48	鎌田美弥子	在日朝鮮民族舞踊とモダニズム
1953.10.20	第8号	53	朴貞男 訳	金日成将軍伝(最終回)
1953.10.20	第8号	52		編輯後記
1954.08.20	第9号	6	申鴻湜	〈巻頭言〉ふたたび文化戦線の強化と拡大について
1954.08.20	第9号	8		〈労働新聞社説〉祖国の平和的統一は実現されねばならない
1954.08.20	第9号	12	姜在彦	停戦後に於ける共和国の人民経済復旧発展について
1954.08.20	第9号	47	李東準	〈教育〉平和と民主主義の民族教育を守るために
1954.08.20	第9号	18	金民	〈在日朝鮮人・文学サークルのうごき〉文学サークルについて
1954.08.20	第9号	20	洪宗根	〈在日朝鮮人・文学サークルのうごき〉大阪・詩人集団「チンダレ」の一年
1954.08.20	第9号	26	李季白	在日朝鮮統一民主戦線の五大方針について
1954.08.20	第9号	22	韓雪野	〈朝鮮の二人の作家とその作品〉前後人民経済復旧建設と作家芸術家の当面の任務
1954.08.20	第9号	34	金達寿	金史良の作品と人
1954.08.20	第9号	45	関丙均	戦斗的詩人・趙基天
1954.08.20	第9号	50	全致五	朝鮮映画史(第一回)
1954.08.20	第9号	24	金時鐘	〈詩〉薄明
1954.08.20	第9号	58	李吉男	〈詩〉夜のときわ橋
1954.08.20	第9号	60	金民	〈小説〉試写会
1954.08.20	第9号	66		編輯後記

조선학술통보(朝鮮学術通報)

○ ○ ○

1 서지적 정보

『조선학술통보(朝鮮学術通報)』는 1964년 11월에 창간된 재일본조선인과학자협회의 기관지이다. 편집자는 재일본조선인과학자협회 이시구이며, 발행소는 재일본조선인과학자협회로 되어 있다.

『조선학술통보(朝鮮学術通報)』는 해당 연도의 조선민주주의 인민공화국의 학술논문을 게재하고 소개하는데 중점을 두고 있다. 분야는 주로 과학기술을 중심으로 분야를 확장하여 인문학에 이르기까지 폭넓은 분야를 다루며 일본과의 학술교류와 관계를 증진시키는데 지대한 영향을 끼쳤다.

2 창간사

이전에는 늦은 식민지 농업국이었던 조선은 오늘날 자립적인 국민경제의 토대를 가진 사회주의 공업·농업국으로 바뀌었다. 조선인민은 김일성 주석을 수반으로 하는 공화국 정부의 올바른 정책과 노선 하에 자력갱생의 깃발을 높이 올리고 모든 곤란과 난관을 극복하여 사회주의 건설을 추진하여 왔다. 조선인민의 애국적 정열과 불굴의 의지를 반영한 천리마운동이야말로 이 경이적인 경제건설의 커다란 추진력이 되었던 것이다.

학자들은 〈현재 우리나라에서 과학의 기본 사명은 적극적으로 기술혁명에 임하는 것이다〉라는 관점으로 사회주의 건설 과정에서 제기된 과학기술적 과제의 해결에 커다란 노력을 기울여 왔다. 그리고 우리나라의 과학발전의 기본방향에 따라 선진적인 과학 성과를 섭취하고, 우리나라의 과학을 하루라도 빨리 세계적 수준으로 높이기 위하여 열심히 노력하고 있다.

공화국 정부는 시종일관해서 과학 기술 정책으로서 과학 연구의 주체성의 확립, 과학과 생산의 통합, 민족문화유산의 계승발전이라는 기본방침을 취하여 과학 연구 사업에 대하여 끊임없이 따스한 배려와 지도를 게을리 하지 않고 있다.

그 결과 상당히 짧은 기간에 우리나라의 과학기술은 급속히 발전하여 자연과학, 기술과학, 의학 등에 사회과학 각 분야에 걸쳐서 수많은 눈부신 연구 성과가 이루어졌다.

예를 들어 국민경제의 국내 자원의 합리적 이용이라는 방침에 근거하여 완성된 피나로서의 연구, 철콕스의 연구, 연속제강법의 연구, 무연탄 가스화의 연구 등은 이미 공업화되어, 자립적 국민경제의 건설에 크게 공헌하고 있다. 또한 조선의 동의학의 과학적 유산을 계승하여 행해진 경락계통에 관한 연구는 현대의학과 생물학의 발전에 신기원을 긋는 성과를 올렸다. 사회과학부분에서도 철학, 경제학, 역사, 언어학 등의 각 분야에서 민족적 주체성이 확립된 귀중한 연구 성과를 거두고 있다.

최근 일본의 학계 각 분야의 학자·연구자 사이에서는 조선의 이와 같은 과학성과에 주목하여 학술교류의 실현을 바라는 목소리가 높아져 갔다. 올해 7월에 발족한 〈일본학술교류촉진의 회〉는 그와 같은 학문 연구 상의 요망을 반영한 것이라 할 수 있다. 게다가 9월에 아시아, 아프리카, 라틴 아프리카, 오세아니아 등에서 30여 개국의 과학자들이 중국의 북경에 모여서 개최한 북경과학 심포지움은 이 지역의 각국 간의 학술교류를 촉진시키는 데에 상당히 커다란 의의를 지닌 것이지만, 특히 이 회의에 참가한 일본 학자, 연구자 일부가 조선민주주의인민공화국을 방문하여 구체적인 학문상의 교류를 이룬 것은 주목해야만 한다.

조선과 일본 사이에 문화 교류가 이루어진 역사는 이미 오래되었다. 작은 해협 하나를 사이에 둔 인접국이라는 관계의 필연적인 결과이다. 그리고 양국 사회, 경제 및 문화 발전은 상호간에 영향을 주어 왔다. 하지만 현재는 양국 간의 인사왕래는 물론, 학술교류조자도 실현되고 있지 않다. 이것은 양국의 정상적인 학술문화의 발전을 생각할 때 정말로 유감스러운 것이다.

당 협회에서는 양국 인민의 상호이해와 우호친선을 깊게 형성하고 학술교류를 촉진시키기 위해서는 〈조선의 현대과학기술〉 제1집 및 제2집을 편집 발행한 참에 다행히도 호평을 얻을 수 있었다.

그래서 더욱 일본의 학계 각 분야의 요망에 응하여 정기간행물로서 〈조선학술통보〉
(월간)을 발간하게 되었다. 이 소책자가 조선의 과학기술 발전 방향과 연구 성과를 널리
알리는데 조금이라도 역할을 한다면 다행일 것이다.

1964년 11월
재일본조선인과학자협회
회장　이시구

3 목차

발행일	지면정보		필자	제목
	권호	페이지		
1964.11.10	Vol.1 No.1	45		ZenSiEn,AnInHoenandKimRakJe;ResearchontheSpecificProphylacticandTherapeuticMeasuresforTypeBEncephalitis
1965.01.10	Vol.2 No.1	1		朝鮮民主主義人民共和国における1964年度学術誌掲載論文要旨(Ⅰ)
1965.01.10	Vol.2 No.1	1		〈自然科学部門〉数学
1965.01.10	Vol.2 No.1	2		〈自然科学部門〉物理学
1965.01.10	Vol.2 No.1	3		〈自然科学部門〉化学
1965.01.10	Vol.2 No.1	6		〈自然科学部門〉生物学
1965.01.10	Vol.2 No.1	17		〈自然科学部門〉地学
1965.01.10	Vol.2 No.1	9		〈自然科学部門〉工学
1965.01.10	Vol.2 No.1	12		〈医学化学部門〉
1965.01.10	Vol.2 No.1	14		〈社会科学部門〉哲学
1965.01.10	Vol.2 No.1	14		〈社会科学部門〉歴史学・考古民俗学
1965.01.10	Vol.2 No.1	14		〈社会科学部門〉経済学
1965.01.10	Vol.2 No.1	15		〈社会科学部門〉語文学
1965.01.10	Vol.2 No.1	16		1964年北京科学シンポジウムに提出した朝鮮代表団の研究論文(Ⅱ)
1965.01.10	Vol.2 No.1	21		Li Dje Gon: Propertes of Singular Intergral and Boundary Value Problem for the Systems of Elliptic Partial Differential Equations
1965.01.10	Vol.2 No.1	37		Li Hua Gieng: Fight against Siliconsis in Our Country
1965.01.10	Vol.2 No.1	1		朝鮮民主主義人民共和国における1964年度学術誌掲載論文要旨(Ⅱ)
1965.03.10	Vol.2 No.2	1		〈自然科学部門〉数学
1965.03.10	Vol.2 No.2	2		〈自然科学部門〉物理学
1965.03.10	Vol.2 No.2	3		〈自然科学部門〉化学
1965.03.10	Vol.2 No.2	6		〈自然科学部門〉生物学
1965.03.10	Vol.2 No.2	7		〈自然科学部門〉地学
1965.03.10	Vol.2 No.2	8		〈自然科学部門〉工学
1965.03.10	Vol.2 No.2	11		〈医学化学部門〉
1965.03.10	Vol.2 No.2	15		〈社会科学部門〉経済学
1965.03.10	Vol.2 No.2	15		〈社会科学部門〉歴史学・考古民俗学
1965.03.10	Vol.2 No.2	17		〈社会科学部門〉語文学
1965.03.10	Vol.2 No.2	17		歴史研究における主体性確立のために
1965.03.10	Vol.2 No.2	21		社会主義建設のあらたな高揚と経済学者の課題
1965.03.10	Vol.2 No.2	23		朝鮮科学技術発展史主要年表
1965.03.10	Vol.2 No.2	26		1964年北京科学シンポジウムに提出した朝鮮代表団の研究論文(Ⅲ)
1965.03.10	Vol.2 No.2	29		Guac Dae Hong:Decarburization and Desulfurization in a Powdered Coal Fired Steelmoking Furnace

발행일	지면정보		필자	제목
	권호	페이지		
1965.03.10	Vol.2 No.2	61	経絡研究院	《経絡系統》と《サンアル学説》(要旨)
1965.05.10	Vol.2 No.3	1		朝鮮民主主義人民共和国における1964年度学術誌掲載論文要旨(III)
1965.05.10	Vol.2 No.3	1		〈自然科学部門〉数学
1965.05.10	Vol.2 No.3	3		〈自然科学部門〉物理学
1965.05.10	Vol.2 No.3	5		〈自然科学部門〉化学
1965.05.10	Vol.2 No.3	9		〈自然科学部門〉生物学
1965.05.10	Vol.2 No.3	10		〈自然科学部門〉地学
1965.05.10	Vol.2 No.3	13		〈自然科学部門〉工学
1965.05.10	Vol.2 No.3	16		〈医学化学部門〉
1965.05.10	Vol.2 No.3	16		〈社会科学部門〉経済学
1965.05.10	Vol.2 No.3	16		〈社会科学部門〉歴史学・考古民俗学
1965.05.10	Vol.2 No.3	17		〈社会科学部門〉語文学
1965.05.10	Vol.2 No.3	21		〈資料〉《歴史科学》創刊10周年にあたって
1965.05.10	Vol.2 No.3	23		朝鮮における封建末期資本主義の発生問題に関する討論
1965.05.10	Vol.2 No.3	29		朝鮮民主主義人民共和国における遺跡発掘年表
1965.05.10	Vol.2 No.3	33		1964年北京科学シンポジウムに提出した朝鮮代表団の研究論文(IV)
1965.05.10	Vol.2 No.3	33	林周永	わが国土壌の特性と土壌肥沃度増強の措置について(英文)
1965.05.10	Vol.2 No.3	48	李鐘斗/朱成淳	朝鮮における肺ジストマの絶滅についての研究(英文)
1965.05.10	Vol.2 No.3	59	李鐘斗/韓敬淳/羅順栄	肺ジストマの実験的ならびに臨床治療の研究(英文)
1965.05.10	Vol.2 No.4	1		朝鮮民主主義人民共和国における1964年度学術誌掲載論文要旨(IV)
1965.07.10	Vol.2 No.4	1		〈自然科学部門〉数学
1965.07.10	Vol.2 No.4	3		〈自然科学部門〉物理学
1965.07.10	Vol.2 No.4	4		〈自然科学部門〉化学
1965.07.10	Vol.2 No.4	10		〈自然科学部門〉生物学
1965.07.10	Vol.2 No.4	11		〈自然科学部門〉工学
1965.07.10	Vol.2 No.4	13		〈医学化学部門〉
1965.07.10	Vol.2 No.4	30		〈社会科学部門〉哲学
1965.07.10	Vol.2 No.4	30		〈社会科学部門〉経済学
1965.07.10	Vol.2 No.4	31		〈社会科学部門〉歴史学・考古民俗学
1965.07.10	Vol.2 No.4	32		〈社会科学部門〉語文学
1965.07.10	Vol.2 No.4	32		〈資料〉朝鮮における封建末期資本主義の発生問題に関する討論
1965.07.10	Vol.2 No.4	36		1964年北京科学シンポジウムに提出した朝鮮代表団の研究論文(V)
1965.07.10	Vol.2 No.4	41	崔東吉	水稲の段階的発育の特徴と新品種の育成について(英文)

발행일	지면정보		필자	제목
	권호	페이지		
1965.07.10	Vol.2 No.4	57	金鐘禧	我が国の豚コレラの根絶について(英文)
1965.07.10	Vol.2 No.4	40		血球の《ボンハンサンアルー細胞環》ー経絡研究集団が有機体における血球の発生機転を解明
1965.05.30	別冊	5		〈経絡体系〉序論
1965.05.30	別冊	5		〈経絡体系〉第1編 経絡系統の構成要素
1965.05.30	別冊	5		〈経絡体系〉第1章 ボンハン管
1965.05.30	別冊	5		〈経絡体系〉第1節 ボンハン管の一般構造
1965.05.30	別冊	6		〈経絡体系〉第2節 内ボンハン管
1965.05.30	別冊	7		〈経絡体系〉第3節 内外ボンハン管
1965.05.30	別冊	8		〈経絡体系〉第4節 外ボンハン管
1965.05.30	別冊	8		〈経絡体系〉第5節 神経ボンハン管
1965.05.30	別冊	8		〈経絡体系〉第2章 ボンハン小体
1965.05.30	別冊	8		〈経絡体系〉第1節 ボンハン小体の一般構造
1965.05.30	別冊	9		〈経絡体系〉第2節 表層ボンハン小体
1965.05.30	別冊			1. 表層ボンハン小体の解剖学的所見
1965.05.30	別冊			2. 表層ボンハン小体の組織学的構造
1965.05.30	別冊			3. 表層ボンハン小体の電子顕微鏡的構造
1965.05.30	別冊	11		〈経絡体系〉第3節外ボンハン小体
1965.05.30	別冊			1. 外ボンハン小体の解剖学的所見
1965.05.30	別冊			2. 外ボンハン小体の組織学的構造
1965.05.30	別冊			3. 外ボンハン小体の電子顕微鏡的構造
1965.05.30	別冊	13		〈経絡体系〉第4節 内ボンハン小体
1965.05.30	別冊			1. 内ボンハン小体の解剖学的所見
1965.05.30	別冊			2. 内ボンハン小体の組織学的構造
1965.05.30	別冊	13		〈経絡体系〉第5節 内外ボンハン小体
1965.05.30	別冊			1. 内外ボンハン小体の解剖学的所見
1965.05.30	別冊			2. 内外ボンハン小体の組織学的構造
1965.05.30	別冊	14		〈経絡体系〉第6節 神経ボンハン小体
1965.05.30	別冊	15		〈経絡体系〉第7節 臓器内ボンハン小体
1965.05.30	別冊			1. 臓器内ボンハン小体の解剖学的所見
1965.05.30	別冊			2. 臓器内ボンハン小体の組織学的構造
1965.05.30	別冊	15		第8節 ボンハン小体の形態学的動態
1965.05.30	別冊			1. リンパ管内ボンハン小体の形態学的動態
1965.05.30	別冊			2. 表層ボンハン小体の形態学的構造
1965.05.30	別冊	16		〈経絡体系〉第2編 経絡系統の体系
1965.05.30	別冊	16		〈経絡体系〉第1節 内ボンハン管体系
1965.05.30	別冊	17		〈経絡体系〉第2節 内外ボンハン管体系
1965.05.30	別冊	18		〈経絡体系〉第3節 外ボンハン管体系

발행일	지면정보		필자	제목
	권호	페이지		
1965.05.30	別冊	36		〈サンアル学説〉第1章 経絡循環
1965.05.30	別冊	36		〈サンアル学説〉第1節 ボンハン液の循環路
1965.05.30	別冊	36		〈サンアル学説〉第2節 ボンハン液の内容
1965.05.30	別冊	37		〈サンアル学説〉第2章 サンアルの特徴
1965.05.30	別冊	37		〈サンアル学説〉第1節 サンアルの形態学的特徴
1965.05.30	別冊			1. サンアルを分離して観察する方法
1965.05.30	別冊			2. サンアルの形態および大きさ
1965.05.30	別冊	38		〈サンアル学説〉第2節 サンアルの生化学的研究
1965.05.30	別冊			1. サンアルの重要な科学的組成
1965.05.30	別冊			2. サンアル液の重要な科学的組成
1965.05.30	別冊	40		〈サンアル学説〉第3章 《ボンハンサンアルー細胞環》
1965.05.30	別冊	40		〈サンアル学説〉第1節 サンアルの培養方法
1965.05.30	別冊	41		〈サンアル学説〉第2節 サンアルから細胞に形成される過程
1965.05.30	別冊	42		〈サンアル学説〉第3節 細胞のサンアル化
1965.05.30	別冊	42		〈サンアル学説〉第4節 《ボンハンサンアルー細胞環》
1965.05.30	別冊	43		〈サンアル学説〉第5節 《ボンハンサンアルー細胞環》と生合成
1965.05.30	別冊	45		〈サンアル学説〉第4章 サンアルと細胞分裂
1965.05.30	別冊	46		〈サンアル学説〉第5章 サンアルと細胞
1965.05.30	別冊	47		〈サンアル学説〉第6章 《ボンハンサンアルー細胞環》と経絡系統の役割
1965.05.30	別冊			〈サンアル学説〉第1節 サンアルの分布
1965.05.30	別冊			〈サンアル学説〉第2節 サンアルの循環
1965.05.30	別冊			〈サンアル学説〉第3節 正常組織における《ボンハンサンアルー細胞環》
1965.05.30	別冊			〈サンアル学説〉第4節 損傷組織の崔性過程
1965.05.30	別冊			〈サンアル学説〉結論
1965.05.30	別冊			1. 有機体の事故後進運動は《ボンハンサンアルー細胞環》の形態をとる
1965.05.30	別冊			2. 有機体のすべての形態的構成要素はたえず更新する
1965.05.30	別冊			3. 有機体の自己更新過程は経絡系統によって営まれる
1965.05.30	別冊			〈サンアル学説〉付録
1965.05.30	別冊			1. 偉大な科学的功績
1965.05.30	別冊			2. Distribution of Kyungrak System(Summary)
1965.05.30	別冊			3. Theory of Sanal(Summary)
1965.05.30	別冊			〈サンアル学説〉あとがき
1965.09.10	Vol.2 No.5			朝鮮民主主義人民共和国における1965年度学術誌掲載論文要旨(Ⅰ)
1965.09.10	Vol.2 No.5	1		〈自然科学部門〉数学
1965.09.10	Vol.2 No.5	4		〈自然科学部門〉物理学

발행일	지면정보		필자	제목
	권호	페이지		
1965.09.10	Vol.2 No.5	6		〈自然科学部門〉化学
1965.09.10	Vol.2 No.5	8		〈自然科学部門〉生物学
1965.09.10	Vol.2 No.5	9		〈自然科学部門〉工学
1965.09.10	Vol.2 No.5	11		〈医学部門〉
1965.09.10	Vol.2 No.5	18		〈社会科学部門〉哲学
1965.09.10	Vol.2 No.5	18		〈社会科学部門〉経済学
1965.09.10	Vol.2 No.5	19		〈社会科学部門〉歴史学・考古民族学
1965.09.10	Vol.2 No.5	21		〈社会科学部門〉語文学
1965.09.10	Vol.2 No.5	21		〈社会科学部門〉朝鮮民主主義人民共和国における学術誌掲載論文(全文)紹介
1965.09.10	Vol.2 No.5	23	経絡研究院	〈社会科学部門〉血球の《ボンハンサンアルー細胞環》
1965.09.10	Vol.2 No.5	30	崔錫権	〈社会科学部門〉塩化パラジウムとオレフィンとの反応(第1～3報)
1965.09.10	Vol.2 No.5	45	李鐘鉉	〈社会科学部門〉反日6・10万歳示威闘争
1965.12.10	Vol.2 No.6	1		朝鮮民主主義人民共和国における1965年度学術誌掲載論文要旨(Ⅱ)
1965.12.10	Vol.2 No.6	1		〈自然科学部門〉数学
1965.12.10	Vol.2 No.6	2		〈自然科学部門〉物理学
1965.12.10	Vol.2 No.6	3		〈自然科学部門〉化学
1965.12.10	Vol.2 No.6	7		〈自然科学部門〉生物学
1965.12.10	Vol.2 No.6	9		〈自然科学部門〉工学
1965.12.10	Vol.2 No.6	10		〈医学部門〉
1965.12.10	Vol.2 No.6	13		〈社会科学部門〉哲学
1965.12.10	Vol.2 No.6	13		〈社会科学部門〉経済学
1965.12.10	Vol.2 No.6	14		〈社会科学部門〉歴史学・考古民族学
1965.12.10	Vol.2 No.6	16		〈社会科学部門〉語文学
1965.12.10	Vol.2 No.6	16		朝鮮民主主義人民共和国における学術誌掲載論文(全文)紹介
1965.12.10	Vol.2 No.6	18	李載坤	〈数学〉特異積分オペレーターの連続性について
1965.12.10	Vol.2 No.6	21	韓仁錫	〈物理〉プラズマ内の電子の非定常速度分布に関する研究
1965.12.10	Vol.2 No.6	24	金基鎬	〈経済学〉アメリカ帝国主義占領後の南朝鮮におけるインフレのよりいっそうの激化とその基本要因
1965.12.10	Vol.2 No.6	31	林宗相	〈歴史〉邪馬台国の位置と三韓三国との関係について(抄訳)
1965.12.10	Vol.2 No.6	34	金正熙	朝鮮民主主義人民共和国における技術革命
1965.12.10	Vol.2 No.6	40		学術分化各分野の動向(1965.1～12)
1966.02.15	Vol.3 No.1	1		朝鮮民主主義人民共和国における1965年度学術誌掲載論文要旨(Ⅲ)
1966.02.15	Vol.3 No.1	1		〈自然科学部門〉数学
1966.02.15	Vol.3 No.1	2		〈自然科学部門〉物理学
1966.02.15	Vol.3 No.1	3		〈自然科学部門〉化学

발행일	지면정보		필자	제목
	권호	페이지		
1966.02.15	Vol.3 No.1	5		〈自然科学部門〉生物学
1966.02.15	Vol.3 No.1	6		〈自然科学部門〉地学
1966.02.15	Vol.3 No.1	7		〈自然科学部門〉工学
1966.02.15	Vol.3 No.1	10		〈自然科学部門〉農学
1966.02.15	Vol.3 No.1	14		〈医学部門〉
1966.02.15	Vol.3 No.1	17		〈社会科学部門〉哲学
1966.02.15	Vol.3 No.1	17		〈社会科学部門〉経済学
1966.02.15	Vol.3 No.1	18		〈社会科学部門〉歴史学・考古民族学
1966.02.15	Vol.3 No.1	20		〈社会科学部門〉語文学
1966.02.15	Vol.3 No.1	22		朝鮮民主主義人民共和国における学術誌掲載論文紹介
1966.02.15	Vol.3 No.1	24	呉世天/劉竜鉉	〈生物学〉亜硫酸パルプ廃液から蛋白酵母を製造するための研究(第1報)ー亜硫酸パルプ廃液から蛋白酵母を製造するための菌株の選定ー
1966.02.15	Vol.3 No.1	30	呉世天/劉竜鉉	〈生物学〉亜硫酸パルプ廃液から蛋白酵母を製造するための研究(第2報)ーGeotrichum Candidum-1.1175の栄養源要求性を検討ー
1966.02.15	Vol.3 No.1	36	金錫亨	〈歴史学〉日本の《天孫降臨》の神話を通してみた駕洛人の日本列島への進出(抄訳)
1966.02.15	Vol.3 No.1	38	朴永海	〈歴史学〉高麗初期の対外政策研究(抄訳)
1966.02.15	Vol.3 No.1	42	崔泰鎮	〈歴史学〉1920年代における日本帝国主義の「産米増殖」計画の略奪的本質
1966.02.15	Vol.3 No.1	51	韓洛奎	〈法学〉プロレタリア独裁を強化の武器としての共和国刑法
1966.02.15	Vol.3 No.1	63		『高等教育』『技術教育』『人民教育』1965年主要目次
1966.02.15	Vol.3 No.1	71		学術文化各分野の動向(1965.12.16～1966.1.30)
1966.04.15	Vol.3 No.2	1		朝鮮民主主義人民共和国における1965年度学術誌掲載論文要旨(Ⅳ)
1966.04.15	Vol.3 No.2	1		〈自然科学部門〉数学
1966.04.15	Vol.3 No.2	1		〈自然科学部門〉物理学
1966.04.15	Vol.3 No.2	2		〈自然科学部門〉化学
1966.04.15	Vol.3 No.2	7		〈自然科学部門〉生物学
1966.04.15	Vol.3 No.2	8		〈自然科学部門〉地学
1966.04.15	Vol.3 No.2	10		〈自然科学部門〉工学
1966.04.15	Vol.3 No.2	15		〈自然科学部門〉農学
1966.04.15	Vol.3 No.2	21		〈医学部門〉
1966.04.15	Vol.3 No.2	21		〈社会科学部門〉経済学
1966.04.15	Vol.3 No.2	22		〈社会科学部門〉歴史学・考古民族学
1966.04.15	Vol.3 No.2	24		〈社会科学部門〉語文学
1966.04.15	Vol.3 No.2			朝鮮民主主義人民共和国における学術誌掲載論文紹介
1966.04.15	Vol.3 No.2	27	劉忠吉	〈物理学〉SnO2-ハロゲン計数管の計数特性(Ⅰ)

발행일	지면정보		필자	제목
	권호	페이지		
1966.04.15	Vol.3 No.2	33	金相錬	〈農学〉稲発育段階の特性と新品種の育成について
1966.04.15	Vol.3 No.2	40	鄭達根	〈哲学〉社会主義建設における朝鮮労働党の総路線としての千里馬運動
1966.04.15	Vol.3 No.2	51	全政黑	〈経済学〉自立的民族経済の建設と経済建設の基本路線
1966.04.15	Vol.3 No.2	58		南北統一を願う鳥類学者父子の話
1966.04.15	Vol.3 No.2	60		学術文化各分野の動向(1965.2.1～1966.3.30)
1966.07.15	Vol.3 No.3	1	沈道鉉	無水酢酸の製造に関する研究(第1報)
1966.07.15	Vol.3 No.3	7	呉世天/劉竜鉉	亜硫酸パルプ廃液から蛋白酵母を製造するための研究(第3報)
1966.07.15	Vol.3 No.3	12	金錫淡	17世紀の社会経済変化と鉱業における資本主義的要素の発生
1966.07.15	Vol.3 No.3			《韓国史》を評論する
1966.07.15	Vol.3 No.3	18	李址麟/李相昊	1. 古代を中心として
1966.07.15	Vol.3 No.3	25	金錫亨/金世翊	2. 三国～高麗時代を中心として
1966.07.15	Vol.3 No.3	32	金錫亨/張国鍾	3. 15～19世紀中葉を中心として
1966.07.15	Vol.3 No.3	38	呉吉宝	4. 19世紀後半～20世紀初葉を中心として
1966.07.15	Vol.3 No.3	48	方桂文	共和国法は朝鮮労働党の政策実現のための強力な手段
1966.07.15	Vol.3 No.3	59	李尚泰	文学·芸術における民族的特性の具現について
1966.09.15	Vol.3 No.4			朝鮮民主主義人民共和国における1966年度学術誌掲載論文要旨(Ⅰ)
1966.09.15	Vol.3 No.4	1		〈自然科学部門〉数学
1966.09.15	Vol.3 No.4	2		〈自然科学部門〉物理学
1966.09.15	Vol.3 No.4	3		〈自然科学部門〉化学
1966.09.15	Vol.3 No.4	7		〈自然科学部門〉生物学
1966.09.15	Vol.3 No.4	8		〈自然科学部門〉地学
1966.09.15	Vol.3 No.4	10		〈自然科学部門〉工学
1966.09.15	Vol.3 No.4	13		〈自然科学部門〉農学
1966.09.15	Vol.3 No.4	22		〈医学部門〉
1966.09.15	Vol.3 No.4	28		〈社会科学部門〉哲学
1966.09.15	Vol.3 No.4	28		〈社会科学部門〉経済学
1966.09.15	Vol.3 No.4	29		〈社会科学部門〉歴史学·考古民俗学
1966.09.15	Vol.3 No.4	31		〈社会科学部門〉語文学
1966.09.15	Vol.3 No.4	31		〈社会科学部門〉朝鮮民主主義人民共和国における学術研究文紹介
1966.09.15	Vol.3 No.4	33	金享洛/金仁氷	〈化学〉錯化合物が生じる反応形での酸化還元ポテンシャルの計算
1966.09.15	Vol.3 No.4	43	金鳳漢	〈医学〉経絡の実態にかんする研究
1966.09.15	Vol.3 No.4	48	劉貞秀	〈哲学〉朝鮮哲学史研究における科学的方法論について
1966.09.15	Vol.3 No.4	53		学術文化各分野の動向(1965.4.1～1966.7.31)
1966.10.15	Vol.3 No.5	1		朝鮮民主主義人民共和国における1966年度学術誌掲載論文要旨(Ⅱ)

발행일	지면정보		필자	제목
	권호	페이지		
1966.10.15	Vol.3 No.5	1		〈自然科学部門〉数学
1966.09.15	Vol.3 No.5	1		〈自然科学部門〉物理学
1966.10.15	Vol.3 No.5	3		〈自然科学部門〉化学
1966.10.15	Vol.3 No.5	3		〈自然科学部門〉生物学
1966.10.15	Vol.3 No.5	5		〈自然科学部門〉地学
1966.10.15	Vol.3 No.5	6		〈自然科学部門〉工学
1966.10.15	Vol.3 No.5	8		〈自然科学部門〉農学
1966.10.15	Vol.3 No.5	15		〈医学部門〉
1966.10.15	Vol.3 No.5	18		〈社会科学部門〉哲学
1966.10.15	Vol.3 No.5	18		〈社会科学部門〉経済学
1966.10.15	Vol.3 No.5	19		〈社会科学部門〉歴史学・考古民俗学
1966.10.15	Vol.3 No.5	20		〈社会科学部門〉語文学
1966.10.15	Vol.3 No.5	21		朝鮮民主主義人民共和国における学術研究文紹介
1966.10.15	Vol.3 No.5	23	朴泰鎮	〈化学〉アルキル置換環状アミのアルコールにかんする研究(第3,4報)
1966.10.15	Vol.3 No.5	34	呉世天/金鐘赫/金玉鉉	〈物理学〉亜硫酸パルプ廃液から蛋白酵母を製造するための研究(第4報)
1966.10.15	Vol.3 No.5	40	鄭鎮石	〈哲学〉金玉均の哲学および社会政治思想
1966.10.15	Vol.3 No.5	46	金光淳	〈歴史学〉わが国封建制度解体期の土地所有で起きた変化
1966.10.15	Vol.3 No.5	52		学術文化各分野の動向(1966.8.1～1966.9.30)
1966.12.15	Vol.3 No.6	1	劉忠吉	SnO2-ハロゲン計数管の計数特性(Ⅱ)
1966.12.15	Vol.3 No.6	7	金享洛/朴潤寿	錯化合物形成制による各種元素の分別陰蔽計算
1966.12.15	Vol.3 No.6	17	康氷豪	朝鮮における新生代および中生代岩石の古地磁気学的研究
1966.12.15	Vol.3 No.6	22	朱用七	朝鮮西海岸の隆起運動のいくつかの徴候について
1966.12.15	Vol.3 No.6	24	権義植	朝鮮における労働者階級の形成とその時期
1966.12.15	Vol.3 No.6	32	金載洪	村山氏の「古代の日朝関係について」をよんで
1966.12.15	Vol.3 No.6	40		学術文化各分野の動向(1966.10.1～1966.10.31)
1967.02.15	Vol.4 No.1	1		朝鮮民主主義人民共和国における1966年度学術誌掲載論文要旨(Ⅱ)
1967.02.15	Vol.4 No.1	1		〈自然科学部門〉数学
1967.02.15	Vol.4 No.1	2		〈自然科学部門〉物理学
1967.02.15	Vol.4 No.1	3		〈自然科学部門〉化学
1967.02.15	Vol.4 No.1	5		〈自然科学部門〉生物学
1967.02.15	Vol.4 No.1	7		〈自然科学部門〉金属
1967.02.15	Vol.4 No.1	9		〈自然科学部門〉電気
1967.02.15	Vol.4 No.1	10		〈自然科学部門〉地学
1967.02.15	Vol.4 No.1	12		〈自然科学部門〉農学
1967.02.15	Vol.4 No.1	17		〈医学部門〉

발행일	지면정보		필자	제목
	권호	페이지		
1967.02.15	Vol.4 No.1	20		〈社会科学部門〉哲学
1967.02.15	Vol.4 No.1	21		〈社会科学部門〉経済学
1967.02.15	Vol.4 No.1	22		〈社会科学部門〉歴史学·考古民俗学
1967.02.15	Vol.4 No.1	25		〈社会科学部門〉語文学
1967.02.15	Vol.4 No.1			朝鮮民主主義人民共和国における学術研究文紹介
1967.02.15	Vol.4 No.1	26	李衝元/金貞仁	高次最良操縦理論と解析函数の境界値問題(Ⅰ)
1967.02.15	Vol.4 No.1	35	李衝元/金貞仁	高次最良操縦理論と解析函数の境界値問題(Ⅱ)
1967.02.15	Vol.4 No.1	44		学術文化の動向(1966.11.1〜1966.12.31)
1967.02.15	Vol.4 No.1	47		朝鮮民主主義人民共和国における1966年度学術誌掲載論文題目(Ⅲ)(英文)
1967.04.15	Vol.4 No.2	53	金昌洞	二核子転換反応(Ⅰ·Ⅱ)
1967.04.15	Vol.4 No.2	64	朱和鐘/李相均/孔丞義	溶融法によるエポキシ樹脂形成反応に関する研究
1967.04.15	Vol.4 No.2	75	洪性根	炭化タングステンの硬質合金における結晶粒子の大きさと粘結金属層の厚さとの関係
1967.04.15	Vol.4 No.2	83	呉世天/金鐘赫/金玉鉉	亜硫酸パルプ廃液から蛋白酵母を製造するための研究(第5·6報)
1967.04.15	Vol.4 No.2	89	金鐘来	朝鮮の地質と地下資源
1967.04.15	Vol.4 No.2	97	金錫享	日本船山古墳出土の大刀銘文について
1967.04.15	Vol.4 No.2	103	崔廷厚	朝鮮語語彙構成の発達について
1967.04.15	Vol.4 No.2	107	金宋基	朝鮮労働党におけるマルクス·レーニン主義教養理論の創造的具現
1967.04.15	Vol.4 No.2	114		学術文化の動向(1967.1.1〜1967.1.31)
1967.08.15	Vol.4 No.3			朝鮮民主主義人民共和国における1966年度学術誌掲載論文要旨
1967.08.15	Vol.4 No.3	117		〈自然科学部門〉数学
1967.08.15	Vol.4 No.3	118		〈自然科学部門〉物理学
1967.08.15	Vol.4 No.3	118		〈自然科学部門〉化学
1967.08.15	Vol.4 No.3	123		〈自然科学部門〉生物学
1967.08.15	Vol.4 No.3	124		〈自然科学部門〉金属
1967.08.15	Vol.4 No.3	125		〈自然科学部門〉電気
1967.08.15	Vol.4 No.3	126		〈自然科学部門〉地学
1967.08.15	Vol.4 No.3	129		〈自然科学部門〉農学
1967.08.15	Vol.4 No.3	134		〈医学部門〉
1967.08.15	Vol.4 No.3	136		〈社会科学部門〉哲学
1967.08.15	Vol.4 No.3	136		〈社会科学部門〉経済学
1967.08.15	Vol.4 No.3	137		〈社会科学部門〉歴史学·考古民俗学
1967.08.15	Vol.4 No.3	138		〈社会科学部門〉語文学
1967.08.15	Vol.4 No.3	139		学術研究論文紹介

발행일	지면정보		필자	제목
	권호	페이지		
1967.08.15	Vol.4 No.3	140	呉世天/金鐘赫/金玉鉉	亜硫酸パルプ廃液から蛋白酵母を製造するための研究(第7・8報)
1967.08.15	Vol.4 No.3	145	林宗相	6世紀初の日本大和地方の豪族と百済系の「小国」
1967.08.15	Vol.4 No.3	156	金錫亨	歴史研究で党派性の原則と歴史主義の原則を貫くことについて
1967.08.15	Vol.4 No.3	164		学術文化の消息(1966.2.1～1967.2.28)
1967.08.15	Vol.4 No.3	165		学術誌掲載論文題目(英文)
1967.09.15	Vol.4 No.4			朝鮮民主主義人民共和国における1966年度学術誌掲載論文要旨
1967.09.15	Vol.4 No.4	173		〈自然科学部門〉数学
1967.09.15	Vol.4 No.4	174		〈自然科学部門〉物理学
1967.09.15	Vol.4 No.4	175		〈自然科学部門〉化学
1967.09.15	Vol.4 No.4	177		〈自然科学部門〉生物学
1967.09.15	Vol.4 No.4	179		〈自然科学部門〉金属
1967.09.15	Vol.4 No.4	180		〈自然科学部門〉電気
1967.09.15	Vol.4 No.4	181		〈自然科学部門〉地学
1967.09.15	Vol.4 No.4	183		〈自然科学部門〉農学
1967.09.15	Vol.4 No.4	189		〈医学部門〉
1967.09.15	Vol.4 No.4	193		〈社会科学部門〉哲学
1967.09.15	Vol.4 No.4	194		〈社会科学部門〉経済学
1967.09.15	Vol.4 No.4	195		〈社会科学部門〉歴史学・考古民俗学
1967.09.15	Vol.4 No.4	197		〈社会科学部門〉語文学
1967.09.15	Vol.4 No.4			学術研究論文紹介
1967.09.15	Vol.4 No.4	200	尹泳浩	東南アジアに対するアメリカ帝国主義の経済的侵略と資本関係での変化
1967.09.15	Vol.4 No.4	205		時代の要求と文芸学の課題
1967.09.15	Vol.4 No.4	210		学術文化の消息(1966.2.1～1967.2.28)
1967.09.15	Vol.4 No.4	219		学術誌掲載論文題目(英文)
1967.11.15	Vol.4 No.5	225	鄭啓宣/金昌潤/金昌国	Fe-WC, Ni-WC, Fe-Ni-WC硬質合金の高温クリープ
1967.11.15	Vol.4 No.5	231	朱和鐘/李相均/孔丞義/李泰和	酸無水物によるエポキシ樹脂の硬化反応(第1報)
1967.11.15	Vol.4 No.5	238	李範秀/高斗河	分光学的方法による芳香族炭化水素の分子間相互作用の特性研究
1967.11.15	Vol.4 No.5	243	全斗煥	分散された帯電体の逆流理論
1967.11.15	Vol.4 No.5	249	林容淋	花崗岩の成因について
1967.11.15	Vol.4 No.5	254	金光淳	カ・マルクスの『資本主義的生産に先行する諸形態』について
1967.11.15	Vol.4 No.5	260	林宗相	「聖徳太子」について
1967.11.15	Vol.4 No.5	269	李炳善	鴨緑江流域における鉄器時代の開始について

발행일	지면정보		필자	제목
	권호	페이지		
1967.12.15	Vol.4 No.6	273	鄭啓宜/金昌潤/金昌国	粉末合金体の高温クリープ
1967.12.15	Vol.4 No.6	281	朱和鐘/李相均/孔丞義/李泰和	酸無水物によるエポキシ樹脂の硬化反応(第2報)
1967.12.15	Vol.4 No.6	286	李拏英	朝鮮におけるマルクス・レーニン主義教育理論の輝かしい勝利
1967.12.15	Vol.4 No.6	313		学術文化の消息(1967.5.23〜1967.10.31)
1968.04.15	Vol.5 No.1			朝鮮民主主義人民共和国における1967年度学術誌掲載論文要旨(Ⅱ)
1968.04.15	Vol.5 No.1	1		〈自然科学部門〉数学
1968.04.15	Vol.5 No.1	1		〈自然科学部門〉物理学
1968.04.15	Vol.5 No.1	2		〈自然科学部門〉化学
1968.04.15	Vol.5 No.1	6		〈自然科学部門〉生物学
1968.04.15	Vol.5 No.1	7		〈自然科学部門〉金属
1968.04.15	Vol.5 No.1	8		〈自然科学部門〉電気
1968.04.15	Vol.5 No.1	9		〈自然科学部門〉地学
1968.04.15	Vol.5 No.1	11		〈自然科学部門〉農学
1968.04.15	Vol.5 No.1	16		〈社会科学部門〉哲学
1968.04.15	Vol.5 No.1	18		〈社会科学部門〉経済学
1968.04.15	Vol.5 No.1	18		〈社会科学部門〉歴史学・考古民俗学
1968.04.15	Vol.5 No.1	22		〈社会科学部門〉語文学
1968.04.15	Vol.5 No.1			学術研究論文紹介
1968.04.15	Vol.5 No.1	24	丁均煥/金栄賛	回転炉酸化物からのゲルマニウム、インジウム生産の工業化に対する研究(Ⅰ)
1968.04.15	Vol.5 No.1	29	文正沢	「後進国開発論」の反動的本質とその批判
1968.04.15	Vol.5 No.1	39		日朝親善と学術交流・在日朝鮮人の民族教育についての懇親会ひらく
1968.04.15	Vol.5 No.1	46		学術誌掲載論文題目(英文)
1968.05.15	Vol.5 No.2			朝鮮民主主義人民共和国における1967年度学術誌掲載論文要旨(Ⅲ)
1968.05.15	Vol.5 No.2	53		〈自然科学部門〉数学
1968.05.15	Vol.5 No.2	53		〈自然科学部門〉物理学
1968.05.15	Vol.5 No.2	54		〈自然科学部門〉化学
1968.05.15	Vol.5 No.2	58		〈自然科学部門〉生物学
1968.05.15	Vol.5 No.2	59		〈自然科学部門〉金属
1968.05.15	Vol.5 No.2	60		〈自然科学部門〉電気
1968.05.15	Vol.5 No.2	61		〈自然科学部門〉地学
1968.05.15	Vol.5 No.2	63		〈自然科学部門〉農学
1968.05.15	Vol.5 No.2	66		〈医学部門〉

발행일	지면정보 권호	지면정보 페이지	필자	제목
1968.05.15	Vol.5 No.2	68		〈社会科学部門〉哲学
1968.05.15	Vol.5 No.2	69		〈社会科学部門〉経済学
1968.05.15	Vol.5 No.2	71		〈社会科学部門〉歴史学·考古民俗学
1968.05.15	Vol.5 No.2	72		〈社会科学部門〉語文学
1968.05.15	Vol.5 No.2			学術研究論文紹介
1968.05.15	Vol.5 No.2	76	揚昌福/李鍾泰	霞石精鉱配合物の焼成に関する研究(第2報)
1968.05.15	Vol.5 No.2	83	方文権	朝鮮における民族解放運動のあらたなより高い段階としての抗日武装闘争
1968.05.15	Vol.5 No.2	93		朝鮮科学院呉東昱院長朝鮮大学校認可と関連して談話発表
1968.05.15	Vol.5 No.2	95		学術文化の消息(1967.11～1968.2)
1968.05.15	Vol.5 No.2	98		学術誌掲載論文題目(英文)
1968.07.15	Vol.5 No.3	105	金世昌	遅延効果をもつ確立積分方程式について(Ⅰ)
1968.07.15	Vol.5 No.3	113	金世昌	遅延効果をもつ確立積分方程式について(Ⅱ)
1968.07.15	Vol.5 No.3	119	金享洛/姜景姫	キレート滴定における指示薬の変色曲線作成と錯化合物の安定度定数の決定
1968.07.15	Vol.5 No.3	126	李竹南	朝鮮の地体構造の基本特徴
1968.07.15	Vol.5 No.3	141	林宗相	百済ー倭関係からみた大和王廷の645年クーデター
1968.07.15	Vol.5 No.3	150	権炯九	朝鮮における社会主義経済建設と科学技術の発展
1968.10.15	Vol.5 No.4	155	金世昌	遅延効果をもつ確立積分方程式について(Ⅲ)
1968.10.15	Vol.5 No.4	159	金昌洞	二核子転換反応(Ⅲ)
1968.10.15	Vol.5 No.4	164	李万革/朴宗実	希土類金属総合合金製造に関する研究(Ⅱ)
1968.10.15	Vol.5 No.4	169	姜永浩/金載浩	朝鮮東北部地域に分布する新生代噴出岩の磁性
1968.10.15	Vol.5 No.4	179	洪達善	金日成首相による社会主義的農村問題に関する理論の創始
1968.10.15	Vol.5 No.4	191	金勇男	朝鮮の新石器時代
1968.10.15	Vol.5 No.4	199		言語学分野で朝鮮労働党の政策と革命の伝統をより深く研究しよう
1968.10.15	Vol.5 No.4	203		学術文化の消息(1968.5.1～1968.6.30)
1968.12.15	Vol.5 No.5·6	207	金日大/金錫泌	元素有機化合物を触媒とするビニル重合(第1報)
1968.12.15	Vol.5 No.5·6	212	金日大/金正愛	元素有機化合物を触媒とするビニル重合(第2報)
1968.12.15	Vol.5 No.5·6	217	金日大/朴共雄/韓昇南	元素有機化合物を触媒とするビニル重合(第3報)
1968.12.15	Vol.5 No.5·6	222	丁世鐘/金福現/白明国	イオン交換法によるウラニウム、ジルコニウム、チタンおよび稀土類元素の分類
1968.12.15	Vol.5 No.5·6	227	方道訓/林寿浩	わが国のマンガン土の地冶金学的特性に対する研究
1968.12.15	Vol.5 No.5·6	231	金斗煥	逆流による気体放電理論

발행일	지면정보		필자	제목
	권호	페이지		
1968.12.15	Vol.5 No.5·6	238	趙七鉉/柳春学 ほか2名	乳児下痢症の細菌学的研究
1968.12.15	Vol.5 No.5·6	241	金勇幹/黄基徳	朝鮮の青銅器時代
1968.12.15	Vol.5 No.5·6	248		学術文化の消息(1968.6.28～1968.12.31)
1969.04.15	Vol.6 No.1	1	金日成	社会主義経済のいくつかの理論的問題について—科学・教育部門の活動家たちが提起した質問にたいする回答—
1969.04.15	Vol.6 No.1	17		社会主義経済建設において綱領的指針となる卓越したマルクス・レーニン主義の文献
1969.04.15	Vol.6 No.1	26		「社会主義経済のいくつかの理論的問題について」の討論内容
1969.04.15	Vol.6 No.1	36	金炳植	金日成首相の画期的労作『社会主義経済のいくつかの理論的問題について』は、現代の偉大なマルクス・レーニン主義文献である
1969.08.15	Vol.6 No.2	1		金日成首相の労作『社会主義経済のいくつかの理論的問題について』は、社会主義経済の基本問題を天才的にあきらかにすぐれたマルクス・レーニン主義文献
1969.08.15	Vol.6 No.2	10		金日成首相の天才的労作『社会主義経済のいくつかの理論的問題について』は、社会主義・共産主義建設の綱領的指針
1969.08.15	Vol.6 No.2	17		社会主義社会における経済の規模と生産発展のテンポとの相互関係についての独創的理論
1969.08.15	Vol.6 No.2	25		社会主義社会における経済の規模と生産発展のテンポとの相互関係についての金日成首相のすぐれた思想
1969.08.15	Vol.6 No.2	48		金日成首相が指し示された社会主義社会における生産手段の商品的形態と価値法則の利用についての偉大な思想
1969.08.15	Vol.6 No.2	57		社会主義社会における商品生産と価値法則にかんする金日成首相の創造的思想
1969.08.15	Vol.6 No.2	68		社会主義社会における生産手段の商品的形態と価値法則の形態的利用
1969.08.15	Vol.6 No.2	77		社会主義社会における消費物資の生産と流通における価値法則の正しい利用
1969.08.15	Vol.6 No.2	83		社会主義社会における農民市場とそれをなくす方途の問題にかんする金日成首相の創造的思想
1969.08.15	Vol.6 No.2	90		"金日成首相は、朝鮮が生んだ20世紀の巨人"
1969.12.15	Vol.6 No.3·4	1		イラク通信社副社長の質問にたいする金日成首相の回答
1969.12.15	Vol.6 No.3·4	5		アラブ連合共和国の『ダール・アル・タフリル』出版社総局長の質問にたいする金日成首相の回答
1969.12.15	Vol.6 No.3·4	14		フィンランド民主青年同盟代表団の質問にたいする金日成首相の回答

발행일	지면정보		필자	제목
	권호	페이지		
1969.12.15	Vol.6 No.3·4	28		五大陸の進歩的ジャーナリストは革命の筆鋒を高くかざしてアメリカ帝国主義をきびしく断罪しようー反米世界ジャーナリスト大会でおこなった金日成首相の祝賀演説
1969.12.15	Vol.6 No.3·4	37		南朝鮮革命祖国統一の前途を明らかにした戦闘的綱領
1969.12.15	Vol.6 No.3·4	44		祖国の統一と南朝鮮革命にかんする朝鮮労働党の路線と方針
1969.12.15	Vol.6 No.5·6	1		プロレタリア独裁に関する金日成首相の思想とその偉大な生活力
1969.12.15	Vol.6 No.5·6	25		金日成首相の賢明な指導のもとに隆盛発展するわが国の社会主義制度
1969.12.15	Vol.6 No.5·6	34		我が国の社会主義制度はわが人民の最も偉大な革命的獲得物である
1969.12.15	Vol.6 No.5·6	41		社会主義制度の優越性を一層発揚させ、社会主義の完全な勝利をめざして力強く前進しよう
1969.12.15	Vol.6 No.5·6	50		社会主義の基礎が建設されたのちにも革命をひきつづき徹底的に遂行しなければならない
1969.12.15	Vol.6 No.5·6	58		朝鮮民主主義人民共和国は南北全朝鮮人民の利益と意思を代表する唯一の国家である

조선화보(朝鮮画報)

○ ○ ○

 1 서지적 정보

별칭: (Korean pictorial)

1962년 8월에 창간해 1996년 5월까지 월간 발간, 1996년에 가을호, 겨울호 2호 발간을 끝으로 종간했다. 편집 겸 발행인은 허남기(許南麒)였는데, 1963년부터 발행인 문동건(文東建)/편집인 허남기, 1965년부터 편집 겸 발행인 문동건, 1965년 9월부터 편집 박영일(朴英逸) 발행 문동건, 1967년 9월부터 편집인 한계옥(韓桂玉)으로 바뀌었다. 발행소는 조선화보사 東京都 千代田区 富士見町2-4, 学友書房빌딩. 3호부터 東京都 台東区 上車坂45, 조선상공회관 빌딩. 정가 100엔(후에 150엔).

지면은 공화국의 경제발전상 소개, 천리마 운동 홍보, 명승고적이나 공예품 소개, 기행문, 회화, 시, 단편소설, 지역 소식, 교육, 인물 소개, 조선의 영화, 민화, 귀국한 사람들의 이야기, 대담 등 다양한 내용을 사진자료와 함께 수록했다. 잡지 마지막에 「만화 페이지(漫画のページ)」란을 만들어 채준(蔡峻) 그림의 시사만평을 싣고 있는 점이 특징적이다.

주요 집필진은 한영일, 백용해, 강대욱, 정옥, 박승만, 김동수, 홍춘근, 김 순, 이교순, 오백룡, 박윤섭, 노재룡 등이다.

 2 특집호

1962년 8월 창간호: 「김일성 원수 탄생 50주년 기념 특집호」
창간호부터 한일회담에 반대한다는 메시지를 만평이나 평론을 통해 강조했다.

1964년 특집: 「조선 오륜 선수단 귀국, 조국의 영예를 지키고 민족의 자긍심 드높게」
1968년 10월에 10월호와 별도로 임시증간호 발간: 「조선민주주의인민공화국 창건20
주년 경축 기념호」

 ## 3 목차

발행일	지면정보		필자	제목
	권호	페이지		
1962.09.05	Vol.1 No.9	14		親善往来
1962.09.05	Vol.1 No.9	16	姜大郁	希望にもえて
1962.09.05	Vol.1 No.9	18		油絵〈祖国解放のために〉
1962.09.05	Vol.1 No.9	20	崔昌華	早瀬をのりきって
1962.09.05	Vol.1 No.9	22	董昌活	金剛山夫婦
1962.09.05	Vol.1 No.9	24	金憲亭	思想家·作家としての丁茶山
1962.09.05	Vol.1 No.9	26		夏の金剛
1962.09.05	Vol.1 No.9	28	金洛柱	江南山脈の探査隊
1962.09.05	Vol.1 No.9	30		科学·生産する学徒たち
1962.09.05	Vol.1 No.9	32		反米救国闘争たかまる南朝鮮
1962.09.05	Vol.1 No.9	35		暗黒の日々
1962.09.05	Vol.1 No.9	36		体操
1962.09.05	Vol.1 No.9	38		楽しいキャンプ
1962.09.05	Vol.1 No.9	41	崔昌変	〈短篇小説〉ひばり
1962.09.05	Vol.1 No.9	42		メモランダム
1962.09.05	Vol.1 No.9	44	蔡峻	マンガ
1962.10.05	Vol.1 No.10	1	韓英一	宝の湖
1962.10.05	Vol.1 No.10	5		世界の声
1962.10.05	Vol.1 No.10	6		油絵
1962.10.05	Vol.1 No.10	8	朴竜海	輝かしい二つの記録
1962.10.05	Vol.1 No.10	11		強固な同盟
1962.10.05	Vol.1 No.10	12	姜大旭	鉄道の電化すすむ
1962.10.05	Vol.1 No.10	14		交通安全員
1962.10.05	Vol.1 No.10	16	鄭玉	提防をめぐるあつい友情
1962.10.05	Vol.1 No.10	18		花園をつくる人々
1962.10.05	Vol.1 No.10	20	朴勝万	軍事限界線の村で
1962.10.05	Vol.1 No.10	22		地方だより
1962.10.05	Vol.1 No.10	24		いか釣り
1962.10.05	Vol.1 No.10	26	金東洙	江華島のたたかい
1962.10.05	Vol.1 No.10	28		祖国の医学遺産·〈医方類聚〉
1962.11.05	Vol.1 No.11	1	金貴蓮	〈詩〉首相がいた蒋種
1962.11.05	Vol.1 No.11	2	鄭玉	トップをきる人々
1962.11.05	Vol.1 No.11	4	李箕永	10月の旗
1962.11.05	Vol.1 No.11	6		昌城郡の物語
1962.11.05	Vol.1 No.11	10	朴勝万	労動者が発明家に
1962.11.05	Vol.1 No.11	12		親善往来(イラクからきたお客)
1962.11.05	Vol.1 No.11	13		キューバに対するアメリカ帝国主義の侵略策動を糾弾する!
1962.11.05	Vol.1 No.11	14		フイーウェ!最高の芸術

발행일	지면정보		필자	제목
	권호	페이지		
1962.11.05	Vol.1 No.11	20		地方だより
1962.11.05	Vol.1 No.11	22		高原にさく花
1962.11.05	Vol.1 No.11	24		工場大学生
1962.11.05	Vol.1 No.11	26		絵画
1962.11.05	Vol.1 No.11	28	黄泰均	荷性ソーダ工場
1962.11.05	Vol.1 No.11	30	洪春根	みんなが体育選手
1962.11.05	Vol.1 No.11	32	崔在鶴	22戦全勝!在日朝鮮蹴球団
1962.11.05	Vol.1 No.11	34		十二年目に大地を踏みしめて
1962.11.05	Vol.1 No.11	36		在日朝鮮公民の帰国事業に関する協定は修正なしに延長されなければならない
1962.11.05	Vol.1 No.11	38		境界線を越えて-また米兵入北
1962.11.05	Vol.1 No.11	39		朝鮮人民のきずなも固くたかまる韓日会談反対のたたかい
1963.01.05	Vol.2 No.1	1		金日成首相
1963.01.05	Vol.2 No.1	2		1963年を迎えて
1963.01.05	Vol.2 No.1	4	洪春根	増産の炎はもえたぎる
1963.01.05	Vol.2 No.1	6		黄金の野の主人公たち
1963.01.05	Vol.2 No.1	10	朴勝万	ミルが原の新しい歴史
1963.01.05	Vol.2 No.1	12	朴順雨	より多くの鉄鉱石を
1963.01.05	Vol.2 No.1	15		労働者区の大家さん
1963.01.05	Vol.2 No.1	16	鄭玉	小科学者たち
1963.01.05	Vol.2 No.1	18	虚在竜	労働者代議員
1963.01.05	Vol.2 No.1	20		雲山工具工場
1963.01.05	Vol.2 No.1	22		青空いっぱい飛び舞う若人たち
1963.01.05	Vol.2 No.1	24		風景画展
1963.01.05	Vol.2 No.1	26		躍動する青春
1963.01.05	Vol.2 No.1	28		南北朝鮮の統一チームをつくろう
1963.01.05	Vol.2 No.1	30		映画の頁
1963.01.05	Vol.2 No.1	35		破壊と没落の地南朝鮮
1963.01.05	Vol.2 No.1	33		ベトナム美術展
1963.01.05	Vol.2 No.1	34		親善往来
1963.01.05	Vol.2 No.1	35	韓徳株	日本国民のあいさつ
1963.01.05	Vol.2 No.1	36	崔在鶴	のびゆく信用組合
1963.01.05	Vol.2 No.1	38		帰国者のページ
1963.01.05	Vol.2 No.1	39		シャーマン号
1963.01.05	Vol.2 No.1	40		小説夜あけ
1963.01.05	Vol.2 No.1	42		高句麗の壁画
1963.01.05	Vol.2 No.1	44		〈座談会〉1963年を語る
1963.01.05	Vol.2 No.1	48	蔡峻	漫画のページ

발행일	지면정보		필자	제목
	권호	페이지		
1963.06.05	Vol.2 No.6	1		花
1963.06.05	Vol.2 No.6	2	洪春根	不滅の栄光に輝く普天堡
1963.06.05	Vol.2 No.6	7		親善往来
1963.06.05	Vol.2 No.6	8		おさないころ
1963.06.05	Vol.2 No.6	10	申奉贊	鉱物標本室
1963.06.05	Vol.2 No.6	14		彫刻遺産
1963.06.05	Vol.2 No.6	16	董昌活	再びあのように暮らすまい
1963.06.05	Vol.2 No.6	20		人形〈チビ司令官〉
1963.06.05	Vol.2 No.6	18	朴勝万	沃田はひろがる
1963.06.05	Vol.2 No.6	22		じぶんの力で
1963.06.05	Vol.2 No.6	24		風景
1963.06.05	Vol.2 No.6	25		各地のたより
1963.06.05	Vol.2 No.6	26		まごころと愛で
1963.06.05	Vol.2 No.6	28	朴長完	わたし達は幸福です
1963.06.05	Vol.2 No.6	30		飛行機で農楽をまく
1963.06.05	Vol.2 No.6	32		金正浩ものがたり
1963.06.05	Vol.2 No.6	33		アメリカ侵略軍は南朝鮮から直ちに撤退せよ
1963.06.05	Vol.2 No.6	36		歌のページ
1963.06.05	Vol.2 No.6	37		偉容誇る朝鮮会館竣工!
1963.06.05	Vol.2 No.6	39		メモランダム
1963.07.05	Vol.2 No.7	1		メーデー
1963.07.05	Vol.2 No.7	2		自由と隷属の二つの道
1963.07.05	Vol.2 No.7	7	太尚圭	高地の夢は実現された
1963.07.05	Vol.2 No.7	10		わが設計家たち
1963.07.05	Vol.2 No.7	13		甕津半島紀行
1963.07.05	Vol.2 No.7	15		板門店
1963.07.05	Vol.2 No.7	20	金東洙	李朝工芸品
1963.07.05	Vol.2 No.7	22		芝峰李睟光誕生四百周年
1963.07.05	Vol.2 No.7	24	金成煥	大漁のうた
1963.07.05	Vol.2 No.7	28	鄭玉	音楽堂にて
1963.07.05	Vol.2 No.7	30		各地のたより
1963.07.05	Vol.2 No.7	32	洪春根	願いかなって
1963.07.05	Vol.2 No.7	33		民画〈青ガエル〉
1963.07.05	Vol.2 No.7	34		歌のページ
1963.07.05	Vol.2 No.7	35		朝鮮総聯創立8周年を盛大に祝賀
1963.07.05	Vol.2 No.7	37		在日朝鮮工民は祖国への往来の自由を要求する
1963.07.05	Vol.2 No.7	40		メモランダム
1963.08.05	Vol.2 No.8	1		人民のための国家予算

발행일	지면정보		필자	제목
	권호	페이지		
1963.08.05	Vol.2 No.8	2	金成煥	大いなる希望
1963.08.05	Vol.2 No.8	4		わたしたちは18才!
1963.08.05	Vol.2 No.8	6		〈銀の糸〉をつむぐ乙女たち
1963.08.05	Vol.2 No.8	8	朴承河	育種
1963.08.05	Vol.2 No.8	10		夏来りぬ
1963.08.05	Vol.2 No.8	14		黄金の侵略者は誰か
1963.08.05	Vol.2 No.8	16		芸術コンクール
1963.08.05	Vol.2 No.8	18	太尚圭	黒い記録
1963.08.05	Vol.2 No.8	20		油絵〈祖国めざして〉
1963.08.05	Vol.2 No.8	22		旧石器時代の遺跡
1963.08.05	Vol.2 No.8	24		あるサーカス団員のものがたり
1963.08.05	Vol.2 No.8	26		自主と自立の叫び
1963.08.05	Vol.2 No.8	28		アジアのペンよ団結せよ
1963.08.05	Vol.2 No.8	29		名人伝
1963.08.05	Vol.2 No.8	30		歌のページ
1963.08.05	Vol.2 No.8	31	金基昊	しあわせな祖国の空に
1963.08.05	Vol.2 No.8	35		在日朝鮮公民の祖国への自由な往来は実現されねばならない
1963.08.05	Vol.2 No.8	39		メモランダム
1963.08.05	Vol.2 No.8	40		ドラム
1963.09.05	Vol.2 No.9	2		不滅の友誼・不敗の団結
1963.09.05	Vol.2 No.9	4	太尚圭	創造と変革の15年
1963.09.05	Vol.2 No.9	11		人民主権のもとで
1963.09.05	Vol.2 No.9	13	朱宰三	怒りの糾弾
1963.09.05	Vol.2 No.9	14	鄭玉	ただ住民たちのために
1963.09.05	Vol.2 No.9	16		東寧県城戦闘勝利30周年を迎えて
1963.09.05	Vol.2 No.9	20		名人伝〈李奎報〉
1963.09.05	Vol.2 No.9	21		数字で見た南と北の暮らし
1963.09.05	Vol.2 No.9	24	朴炳枢	実を結んだ協同化
1963.09.05	Vol.2 No.9	28		技術革新で生産をたかめる
1963.09.05	Vol.2 No.9	32		さきがける人びと
1963.09.05	Vol.2 No.9	34	朱宰三	開城紀行
1963.09.05	Vol.2 No.9	37		親善往来
1963.09.05	Vol.2 No.9	38		アメリカ侵略軍の道具
1963.09.05	Vol.2 No.9	40		在日朝鮮公民祖国への往来の自由は侵せない
1963.09.05	Vol.2 No.9	44		メモランダム
1963.10.05	Vol.2 No.10	1		リンゴ
1963.10.05	Vol.2 No.10	2		朝鮮-ベトナム　ゆるぎなき連帯
1963.10.05	Vol.2 No.10	4		鋼鉄の千里馬は走る

발행일	지면정보		필자	제목
	권호	페이지		
1963.10.05	Vol.2 No.10	9		カーバイド
1963.10.05	Vol.2 No.10	11		奇跡を生む人々
1963.10.05	Vol.2 No.10	12		不死鳥がつくりだした朝鮮の現代建築
1963.10.05	Vol.2 No.10	18		海の上の教室
1963.10.05	Vol.2 No.10	20		わが国の養魚
1963.10.05	Vol.2 No.10	22		ある鉱夫の半生
1963.10.05	Vol.2 No.10	24		花咲く白頭高原で
1963.10.05	Vol.2 No.10	26		一頭の牛からトラクタ-中隊へ
1963.10.05	Vol.2 No.10	29		辛金丹選手 また世界新!
1963.10.05	Vol.2 No.10	30		親善往来
1963.10.05	Vol.2 No.10	32		植民主義をほうむれ!
1963.10.05	Vol.2 No.10	34		〈死の商人〉からイサをもらす犬
1963.10.05	Vol.2 No.10	36		祖国への往来の自由
1963.10.05	Vol.2 No.10	38		朝鮮民主主義人民共和国創健15周年を在日同胞が盛大に祝賀
1963.11.05	Vol.2 No.11	1		金日成首相 両江道で現地指導
1963.11.05	Vol.2 No.11	2		祖国をわが手に18年
1963.11.05	Vol.2 No.11	6		共和国の旗のもとに
1963.11.05	Vol.2 No.11	10		親善と団結朝鮮-インドネシア
1963.11.05	Vol.2 No.11	12		わが心は党の中に羽ばたく
1963.11.05	Vol.2 No.11	16		栄光騎手たち
1963.11.05	Vol.2 No.11	17		美術サークラ展
1963.11.05	Vol.2 No.11	19		はちみつ
1963.11.05	Vol.2 No.11	21		肉と卵をいっぱい
1963.11.05	Vol.2 No.11	24		名人伝朴趾源
1963.11.05	Vol.2 No.11	25		わが国の電話は進む
1963.11.05	Vol.2 No.11	28		親善往来
1963.11.05	Vol.2 No.11	30		新設なった恵山製紙工場
1963.11.05	Vol.2 No.11	32		音楽舞踊叙事詩〈栄えあるわが祖国〉
1963.11.05	Vol.2 No.11	34		集団操〈千里馬の朝鮮〉
1963.11.05	Vol.2 No.11	36		親善競技
1963.11.05	Vol.2 No.11	37		日本社会党国会議員団が訪朝
1963.11.05	Vol.2 No.11	39		メモランダム・民話
1963.12.05	Vol.2 No.12	1		金日成首相から劉少奇主席
1963.12.05	Vol.2 No.12	2		朝鮮-中国不滅の友誼・不敗の団結
1963.12.05	Vol.2 No.12	6		葦から〈金の糸〉を
1963.12.05	Vol.2 No.12	9	李万勝	日用品をもっと多く質もよく
1963.12.05	Vol.2 No.12	13	洪春根	山の中の楽園
1963.12.05	Vol.2 No.12	17		歌のページ

발행일	지면정보		필자	제목
	권호	페이지		
1963.12.05	Vol.2 No.12	18		栄誉をになう人々
1963.12.05	Vol.2 No.12	19		うるわしき水のほとりで
1963.12.05	Vol.2 No.12	21		〈詩〉リイ・ケエスンの髪の毛
1963.12.05	Vol.2 No.12	22	張漢進	消えたらぬ傷の物語
1963.12.05	Vol.2 No.12	21		朝鮮の民話
1963.12.05	Vol.2 No.12	25		各地のたより
1963.12.05	Vol.2 No.12	26		ことしも豊作
1963.12.05	Vol.2 No.12	27		名将 李舜臣
1963.12.05	Vol.2 No.12	29	鄭玉	寧辺の娘たち
1963.12.05	Vol.2 No.12	31	泰相圭	彼の願いはかなった
1963.12.05	Vol.2 No.12	33		傷だらけの地で
1963.12.05	Vol.2 No.12	35		中国人民の舞踊劇わが国で上演
1963.12.05	Vol.2 No.12	36		ピュンヤン指してペダルは走る
1963.12.05	Vol.2 No.12	37		在日朝鮮公民の祖国へ自由往来を認める
1963.12.05	Vol.2 No.12	39		メモランダム
1964.01.05	Vol.3 No.1	1		金日成首相
1964.01.05	Vol.3 No.1	2	鄭玉	北中機械工場の千里馬騎手たち
1964.01.05	Vol.3 No.1	5		のろしは上がった
1964.01.05	Vol.3 No.1	6		ピュンヤン・スピード
1964.01.05	Vol.3 No.1	11	洪春根	地底のパイオニア
1964.01.05	Vol.3 No.1	15		全力を3万台生産に!
1964.01.05	Vol.3 No.1	17		名勝古跡を訪ねて
1964.01.05	Vol.3 No.1	20		設計家〈研究室〉
1964.01.05	Vol.3 No.1	22	洪日	オチェルク・鉄の流れとともに
1964.01.05	Vol.3 No.1	25		花咲く家族
1964.01.05	Vol.3 No.1	28	金東洙	宮殿の扉はひらかれた
1964.01.05	Vol.3 No.1	33		〈訓民正音〉制定520周年
1964.01.05	Vol.3 No.1	34		演劇・〈徐熙将軍〉
1964.01.05	Vol.3 No.1	36		親善スポーツ
1964.01.05	Vol.3 No.1	37		親善往来
1964.01.05	Vol.3 No.1	39		インドネシア人民の芸術
1964.01.05	Vol.3 No.1	40		ようこそ!日本民族歌舞団
1964.01.05	Vol.3 No.1	42	韓徳株	日本国民へのあいさつ
1964.01.05	Vol.3 No.1	43		祖国への自由往来実現のために
1964.01.05	Vol.3 No.1	44	徐永鎬	東京オリンピックと朝鮮
1964.01.05	Vol.3 No.1	45		朝鮮の正月・民話・料理
1964.01.05	Vol.3 No.1	46		メモランダム
1964.01.05	Vol.3 No.1	47	蔡峻・全鉄	青春マンガ展

발행일	지면정보		필자	제목
	권호	페이지		
1964.02.05	Vol.3 No.2	1		地方主権機関代議員選挙で投標する
1964.02.05	Vol.3 No.2	2	太尚奎	100%投票、100%賛成
1964.02.05	Vol.3 No.2	4	朱宰三	人類への偉大な貢献
1964.02.05	Vol.3 No.2	9		発展つづける朝鮮の農業
1964.02.05	Vol.3 No.2	11		春をまつ文徳平野
1964.02.05	Vol.3 No.2	13		郷土を守るわが子に
1964.02.05	Vol.3 No.2	15	任今順/黄太均	電化進む鉄道
1964.02.05	Vol.3 No.2	19		親善往来
1964.02.05	Vol.3 No.2	20		祖国は鉄壁の中にある
1964.02.05	Vol.3 No.2	22	金東秀/朱宰三	より豊かな生活のために
1964.02.05	Vol.3 No.2	24		銀嶺は走る
1964.02.05	Vol.3 No.2	25		南朝鮮人民の生きる道
1964.02.05	Vol.3 No.2	26		名勝古跡を訪ねて
1964.02.05	Vol.3 No.2	28		帰国者のページ
1964.02.05	Vol.3 No.2	30		職場の作曲家
1964.02.05	Vol.3 No.2	32	洪春根/朱宰三	千里馬中学校ものがたり
1964.02.05	Vol.3 No.2	36		朝鮮民族の気概を全世界に誇示
1964.02.05	Vol.3 No.2	40		ぽどなむ
1964.03.05	Vol.3 No.3	1		育て　わが子よ
1964.03.05	Vol.3 No.3	2	朴世永	3・1蜂起を回顧して
1964.03.05	Vol.3 No.3	4		私は代議員であり販買員です-洪仁実さんの話
1964.03.05	Vol.3 No.3	6		金日成選集(第2版)出版さる
1964.03.05	Vol.3 No.3	6		自力でポログラム施盤を製作
1964.03.05	Vol.3 No.3	7		真実な人間のなかで
1964.03.05	Vol.3 No.3	9		女子バレーが優勝-東京五輪アジア予選-
1964.03.05	Vol.3 No.3	13	金東洙	力浦牧場を訪ねて
1964.03.05	Vol.3 No.3	12		反米愛国闘争に決起したパナマ人民
1964.03.05	Vol.3 No.3	14		盛漁期を迎えた東海沿岸漁港
1964.03.05	Vol.3 No.3	16		侵略者は処断される
1964.03.05	Vol.3 No.3	17		民話
1964.03.05	Vol.3 No.3	20	金熙満	洋々たる希望を抱いて
1964.03.05	Vol.3 No.3	22		映画〈大地の子〉
1964.03.05	Vol.3 No.3	24		スケートたけなわ
1964.03.05	Vol.3 No.3	26	韓東新	名勝古跡を訪ねて(3)
1964.03.05	Vol.3 No.3	28		原始林にいどむ労働者たち
1964.03.05	Vol.3 No.3	32	朴承河	女性たちが建設した黄州織物工場
1964.03.05	Vol.3 No.3	35		在日朝鮮工民の祖国への往来の自由を即時認めよ
1964.03.05	Vol.3 No.3	37		発展する民主民族教育

발행일	지면정보		필자	제목
	권호	페이지		
1964.03.05	Vol.3 No.3	39		メモランダム
1964.03.05	Vol.3 No.3	40		ぽどなむ
1964.04.05	Vol.3 No.4	1		万景台
1964.04.05	Vol.3 No.4	2		南朝鮮の姉へ
1964.04.05	Vol.3 No.4	4		侵略的〈韓日会談〉の陰謀を糾弾する
1964.04.05	Vol.3 No.4	5		革命の炎の中できたえられた人びと
1964.04.05	Vol.3 No.4	10		あるアパートの居住者たち
1964.04.05	Vol.3 No.4	14		第7回国家美術展ひらかる
1964.04.05	Vol.3 No.4	16		さあ新学期だ!
1964.04.05	Vol.3 No.4	18		もっと多くのP.C.Pと2・4を農村へ
1964.04.05	Vol.3 No.4	20		安国寺の建築美
1964.04.05	Vol.3 No.4	22		文盲から技師へ
1964.04.05	Vol.3 No.4	24		解放の嵐ふきすさぶアジア
1964.04.05	Vol.3 No.4	26		のびゆくガラス工業
1964.04.05	Vol.3 No.4	28		〈社会主義の橋〉
1964.04.05	Vol.3 No.4	34		鴨緑江畔の〈緞子宮殿〉
1964.04.05	Vol.3 No.4	36		在日朝鮮工民の祖国への往来の自由を即時認めよ
1964.04.05	Vol.3 No.4	39		メモランダム
1964.04.05	Vol.3 No.4	40		ぽどなむ
1964.05.05	Vol.3 No.5	1		美岩協同農場員たちの喜び
1964.05.05	Vol.3 No.5	2		社会主義建設のために偉大な綱領
1964.05.05	Vol.3 No.5	5		熱情、創造、革新-降仙製鉄所労動者-
1964.05.05	Vol.3 No.5	8		ある鋳物工の家庭
1964.05.05	Vol.3 No.5	10		栄えある勝利のあしあと-茂山地区戦闘25周年-
1964.05.05	Vol.3 No.5	12		ベアリング
1964.05.05	Vol.3 No.5	14		農村を〈都市〉に　農民を〈労働者〉に
1964.05.05	Vol.3 No.5	18		花ひらく農村文化
1964.05.05	Vol.3 No.5	20		油絵
1964.05.05	Vol.3 No.5	22		火を吐くアフリカ
1964.05.05	Vol.3 No.5	24		工芸品
1964.05.05	Vol.3 No.5	27		ここにすばらしい人間がいる-李明錫2重英雄の物語
1964.05.05	Vol.3 No.5	28		80万ｋｍ無事故運転めざし
1964.05.05	Vol.3 No.5	29		各地にたより
1964.05.05	Vol.3 No.5	30		七宝山
1964.05.05	Vol.3 No.5	32		民族の怒り爆発!〈韓日会談〉粉砕のみなみ朝鮮全域に拡大
1964.05.05	Vol.3 No.5	36		在日朝鮮公民の祖国への往来の自由を即時認めよ-〈大阪-東京〉610kmを徒歩行進
1964.05.05	Vol.3 No.5	40		ぽどなむ

발행일	지면정보		필자	제목
	권호	페이지		
1964.06.05	Vol.3 No.6	1		最高人民会議第3期第3回会議
1964.06.05	Vol.3 No.6	2		社会主義農村建設の展望
1964.06.05	Vol.3 No.6	4		われわれは南の兄弟の不幸を黙視できない
1964.06.05	Vol.3 No.6	6		「韓日会談」粉砕の闘争さらに激化
1964.06.05	Vol.3 No.6	8		もっと多くの鋼材を南の兄弟へ
1964.06.05	Vol.3 No.6	10		ピョンヤン農産加工工場のきのうときょう
1964.06.05	Vol.3 No.6	12		トラクターは農民の手
1964.06.05	Vol.3 No.6	16		芸術映画『織り姫』
1964.06.05	Vol.3 No.6	18		名勝古跡を訪ねて
1964.06.05	Vol.3 No.6	20		ひまわり
1964.06.05	Vol.3 No.6	22		夏の子供服
1964.06.05	Vol.3 No.6	24		侵略者を裁く法廷-信川
1964.06.05	Vol.3 No.6	28		日本共産党代表団が朝鮮訪問
1964.06.05	Vol.3 No.6	30		祖国に帰って5年
1964.06.05	Vol.3 No.6	33		ビルマに勝つ-東京五輪アジア地域サッカー予選
1964.06.05	Vol.3 No.6	34		在日朝鮮公民の祖国への往来の自由を即時認めよ!
1964.06.05	Vol.3 No.6	40		ぽどなむ
1964.07.05	Vol.3 No.7	1		江界青年発電所が操業開始
1964.07.05	Vol.3 No.7	2		朝鮮民主青年同盟第5回大会
1964.07.05	Vol.3 No.7	6		親善往来
1964.07.05	Vol.3 No.7	8		親善と協力と団結
1964.07.05	Vol.3 No.7	10		飢えにあえぐ南朝鮮農村
1964.07.05	Vol.3 No.7	12		南朝鮮「国軍」兵士がまた北朝鮮へ脱出
1964.07.05	Vol.3 No.7	12		民話 欲ばり地主
1964.07.05	Vol.3 No.7	13		東京五輪選手選抜第1回大会
1964.07.05	Vol.3 No.7	14		ピョンヤン市の住宅街
1964.07.05	Vol.3 No.7	16		このすばらしい織物を南の兄弟へ!
1964.07.05	Vol.3 No.7	20		抗争の炎南朝鮮全域に広がる
1964.07.05	Vol.3 No.7	22		名勝古跡を訪ねて(5)
1964.07.05	Vol.3 No.7	24		アメリカが署名した「降伏書」
1964.07.05	Vol.3 No.7	26		ピョンヤン大衆文化会館の夜
1964.07.05	Vol.3 No.7	28		怒れるラテンアメリカ
1964.07.05	Vol.3 No.7	30		正一少年には祖国がある!
1964.07.05	Vol.3 No.7	34		輝かしい成果誇り高き前進-在日本朝鮮人総聯合会第7回全体大会-
1964.07.05	Vol.3 No.7	38		共化国オリンピック調査団訪日
1964.07.05	Vol.3 No.7	39		メモランダム
1964.07.05	Vol.3 No.7	40		ぽどなむ

발행일	지면정보		필자	제목
	권호	페이지		
1964.08.05	Vol.3 No.8	1		葡萄をつむ乙女
1964.08.05	Vol.3 No.8	2		アジア経済討論会開かる!
1964.08.05	Vol.3 No.8	10		アメリカ侵略軍を南朝鮮から追いだそう!
1964.08.05	Vol.3 No.8	12		農村を行く俳優たち
1964.08.05	Vol.3 No.8	16		二つの現実
1964.08.05	Vol.3 No.8	18		救国の闘いはつづく
1964.08.05	Vol.3 No.8	20		20,000人のマスゲーム
1964.08.05	Vol.3 No.8	22		親善往来
1964.08.05	Vol.3 No.8	24		功勲俳優 文芸峰物語
1964.08.05	Vol.3 No.8	26		名勝古跡を訪ねて(6)-妙香山
1964.08.05	Vol.3 No.8	28		韓・日親善の旗高く
1964.08.05	Vol.3 No.8	30		米、水、野菜…震災地新潟での朝鮮総聯の救援活動
1964.08.05	Vol.3 No.8	32		在日朝鮮公民の祖国往来実現要請に内外の支持さらに高まる
1964.08.05	Vol.3 No.8	32		朝鮮料理教室
1964.08.05	Vol.3 No.8	33		メモランダム
1964.08.05	Vol.3 No.8	33		朝鮮の民話
1964.08.05	Vol.3 No.8	34		朝鮮と日本の文化(第一回)
1964.08.05	Vol.3 No.8	40		ぼどなむ
1964.09.05	Vol.3 No.9	1		全在三堀進小隊員たち
1964.09.05	Vol.3 No.9	2		祖国の統一をかちとる道
1964.09.05	Vol.3 No.9	4		「われらの管理委員長」-金楽姫大議員
1964.09.05	Vol.3 No.9	8		労働者と科学者
1964.09.05	Vol.3 No.9	10		生まれかわった北青郡
1964.09.05	Vol.3 No.9	12		方夏洙少年・その後
1964.09.05	Vol.3 No.9	14		朝鮮の野に咲く花
1964.09.05	Vol.3 No.9	16		朝鮮の映画
1964.09.05	Vol.3 No.9	20		ししゅう「長生図」
1964.09.05	Vol.3 No.9	22		甲山鉱山の歴史
1964.09.05	Vol.3 No.9	25		朝鮮の民話
1964.09.05	Vol.3 No.9	26		名勝古跡を訪ねて(7)-咸興本宮
1964.09.05	Vol.3 No.9	28		われから5年-在日朝鮮人帰国協定締結5周年
1964.09.05	Vol.3 No.9	30		日朝学術交流促進の会発足
1964.09.05	Vol.3 No.9	31		第2回世界宗教者平和会議ひらかる
1964.09.05	Vol.3 No.9	32		核兵器全面禁止と世界平和の願いこめて
1964.09.05	Vol.3 No.9	34		朝鮮と日本の文化(第二回)-朝鮮と室町時代の日本
1964.09.05	Vol.3 No.9	39		メモランダム
1964.09.05	Vol.3 No.9	40		ぼどなむ
1964.09.05	임시증간호	1		金日成首相に感射の花束をささげる選手たち

발행일	지면정보		필자	제목
	권호	페이지		
1964.09.	임시증간호	2	金基洙	千里馬の国　朝鮮のスポーツ
1964.09.	임시증간호	4		みんながスポーツマン
1964.09.	임시증간호	7		70才の「青春」
1964.09.	임시증간호	8		バレーコートが24!-馬洞セメント工場
1964.09.	임시증간호	10		陸上界の女王 辛金丹
1964.09.	임시증간호	12		ピョンヤン体育大学
1964.09.	임시증간호	13		未来の選手たち
1964.09.	임시증간호	14	桂晶熙	朝鮮の民族体育
1964.09.	임시증간호	15		むかしのスポーツ
1964.09.	임시증간호	16		走り高とび・砲丸投げ
1964.09.	임시증간호	16		棒高飛び
1964.09.	임시증간호	17		水泳
1964.09.	임시증간호	18	李興天	二つの世界記録の保持者
1964.09.	임시증간호	20		花咲く体育舞踊
1964.09.	임시증간호	21		わが国のスポーツ切手
1964.09.	임시증간호	22	鄭吉和	国際卓球第10位
1964.09.	임시증간호	23	韓弼花	銀盤のすい星
1964.09.	임시증간호	24		ヨット
1964.09.	임시증간호	25		体操
1964.09.	임시증간호	26		陸上
1964.09.	임시증간호	26	全万興	もっと汗を流そう
1964.09.	임시증간호	27	辛金子	南のきょうだいと共に
1964.09.	임시증간호	28		サッカー・バスケット
1964.09.	임시증간호	29		バレー
1964.09.	임시증간호	30		団結の力　集団の美
1964.09.	임시증간호	32		自転車
1964.09.	임시증간호	32	韓宗鎬	国際親善に役立ちたい
1964.09.	임시증간호	33	金安弘	私たちは幸福です
1964.09.	임시증간호	34		ボクシング
1964.09.	임시증간호	35		柔道・レスリング
1964.09.	임시증간호	36	李一成	射撃・馬術・フェンシング
1964.09.	임시증간호	37		躍進する在日朝鮮人スポーツ
1964.09.	임시증간호	40		オリンピッ・クニュース
1964.10.05	Vol.3 No.10	1		祖国のいずこをみても黄金なす実りの秋
1964.10.05	Vol.3 No.10	2	崔万鉉	鋼鉄はすべてをつくる-わが国の鉄鋼工業の歩み
1964.10.05	Vol.3 No.10	6		国立中央図書館
1964.10.05	Vol.3 No.10	9		農業のために気象観測
1964.10.05	Vol.3 No.10	10		いきる道を求めて-あいつぐ南朝鮮「軍国」兵士の正義の脱出

발행일	지면정보		필자	제목
	권호	페이지		
1964.10.05	Vol.3 No.10	11	東昌活	長津湖畔にて
1964.10.05	Vol.3 No.10	14		朝鮮料理教室(4)
1964.10.05	Vol.3 No.10	14		朝鮮の民話
1964.10.05	Vol.3 No.10	15		公園の一日
1964.10.05	Vol.3 No.10	18		名勝古跡をたずねて(8)-牡丹峰
1964.10.05	Vol.3 No.10	20		アメリカ帝国主義者はベトナムから直ちに撤退せよ!
1964.10.05	Vol.3 No.10	22		朝鮮画「月夜」
1964.10.05	Vol.3 No.10	23		朝鮮画「あらし」
1964.10.05	Vol.3 No.10	24		親善往来
1964.10.05	Vol.3 No.10	26		帰国した四人きょうだい
1964.10.05	Vol.3 No.10	28		帰国者座談会
1964.10.05	Vol.3 No.10	31	尹光永	8月の手帖から-在日朝鮮公民帰国協定締結5周年記念ピョンヤン市民集会
1964.10.05	Vol.3 No.10	32		「ピョンヤン」万年筆
1964.10.05	Vol.3 No.10	33		栄えある祖国をたたえて-朝鮮民主主義人民共和国創建16周年記念在日本朝鮮人中央大会
1964.10.05	Vol.3 No.10	35		朝鮮と日本の文化(第三回)-通信使の往来と朝・日友好関係
1964.10.05	Vol.3 No.10	40		ぼどなむ
1964.11.05	Vol.3 No.11	2		千里馬大進軍万才!-朝鮮民主主義人民共和国創建16周年慶祝新義州群衆大会
1964.11.05	Vol.3 No.11	4	盧在竜	ピョンヤン-新義州-電化一番列車に乗って
1964.11.05	Vol.3 No.11	8		炎のような人間愛の記録
1964.11.05	Vol.3 No.11	10		永遠に忘れられぬ人びと-日本人船員左藤茂さんの手記
1964.11.05	Vol.3 No.11	12		勤労者の休日
1964.11.05	Vol.3 No.11	16	朴三奎	人民俳優・李載徳
1964.11.05	Vol.3 No.11	18		親善往来
1964.11.05	Vol.3 No.11	20		朝鮮画「春」
1964.11.05	Vol.3 No.11	21		在日本朝鮮蹴球団、強豪古河電工を降ろす
1964.11.05	Vol.3 No.11	22	盧在竜	トラクタ-運転実習所をたずねて
1964.11.05	Vol.3 No.11	24		名勝古跡をたずねて(9)-九月山
1964.11.05	Vol.3 No.11	26	董昌活	葦の島から「綴子宮殿」まで
1964.11.05	Vol.3 No.11	30	宋高泉	闘いの炎は消えず-光州学生運動35周年
1964.11.05	Vol.3 No.11	31		朝鮮料理教室(5)
1964.11.05	Vol.3 No.11	32		ギニア人民の芸術
1964.11.05	Vol.3 No.11	34		メモランダム
1964.11.05	Vol.3 No.11	35	編輯部	朝鮮と日本の文化(第四回)-朝鮮と飛鳥文化
1964.11.05	Vol.3 No.11	40		ぼどなむ
1964.12.05	Vol.3 No.12	1		内金剛真珠潭
1964.12.05	Vol.3 No.12	2	洪春根	山間の僻地に花咲くしあわせな生活

발행일	지면정보		필자	제목
	권호	페이지		
1964.12.05	Vol.3 No.12	8		偉大親善-朝鮮党政府代表団中国訪問
1964.12.05	Vol.3 No.12	10		親善往来
1964.12.05	Vol.3 No.12	13	朴勝万	帰国した二人の少年と少女-高瑾栄と金福恵
1964.12.05	Vol.3 No.12	17		名勝古跡をたずねて(10)-金剛山
1964.12.05	Vol.3 No.12	20		第1次帰国者座談会「祖国にかえって五年」
1964.12.05	Vol.3 No.12	22		革命戦士をたたえる四つのドラマ
1964.12.05	Vol.3 No.12	24	金東洙	工場新聞「興南肥料」ができるまで
1964.12.05	Vol.3 No.12	26		朝鮮の民話
1964.12.05	Vol.3 No.12	27		「朝日会談」再開策動の粉砕をめざして
1964.12.05	Vol.3 No.12	29		朝鮮料理教室(6)
1964.12.05	Vol.3 No.12	30		コンゴはコンゴ人民のものだ
1964.12.05	Vol.3 No.12	32		日本人民におくる手紙-朝鮮民主主義人民共和国体育デ-15周年記念全国大会の名で
1964.12.05	Vol.3 No.12	33	上原淳道/三尾艶子	一日も早く朝鮮の統一を!-日本人民へ送る手紙を読んで
1964.12.05	Vol.3 No.12	34	三木栄	朝鮮と日本の文化(第五回)-朝鮮医学と朝・日関係
1964.12.05	Vol.3 No.12	39		メモランダム
1964.12.05	Vol.3 No.12	40		ぽどなむ
1965.01.05	Vol.4 No.1	1		平壌・乙密台の雪景色
1965.01.05	Vol.4 No.1	2		親善団結反帝平和のめざして
1965.01.05	Vol.4 No.1	2		マリ共和国代表団を歓迎する
1965.01.05	Vol.4 No.1	6		朝鮮・インドネシア両国人民の親善と団結を示威
1965.01.05	Vol.4 No.1	10		コンゴ人民の使節を迎えて
1965.01.05	Vol.4 No.1	13	鄭字峰	平壌のきょうとあす
1965.01.05	Vol.4 No.1	19		朝鮮の民話/朝鮮料理教室(7)
1965.01.05	Vol.4 No.1	20	金達葉	われわれの力と英知で-トカクタ-「千里馬」28号
1965.01.05	Vol.4 No.1	22		最近竣工したサーカス劇場普通江畔の一部
1965.01.05	Vol.4 No.1	24		東海ちゃんはすこやかに
1965.01.05	Vol.4 No.1	27		親善往来
1965.01.05	Vol.4 No.1	29		14年目の母と子の再会-五輪観光客一家の喜び
1965.01.05	Vol.4 No.1	32		唱劇「春香伝」
1965.01.05	Vol.4 No.1	36		松山バレエ団の朝鮮公演
1965.01.05	Vol.4 No.1	36	安聖黙	バレエ芸術の革命化・民族化での成果
1965.01.05	Vol.4 No.1	37		朝鮮公演のおえて-松山バレエ団団員の発言の中から
1965.01.05	Vol.4 No.1	38	井町昭	素晴らしい朝鮮のオーケストラ
1965.01.05	Vol.4 No.1	38	韓徳銖	1965年迎えて日本国民へのあいさつ
1965.01.05	Vol.4 No.1	41	奥田直栄/戸田紹安	朝鮮と日本の文化(第六回)-〈対談〉朝鮮の磁器と日本の磁器

발행일	지면정보		필자	제목
	권호	페이지		
1965.01.05	Vol.4 No.1	41	奥田直栄/ 戸田紹安	メモランダム
1965.02.05	Vol.4 No.2	1		鋼鉄の生産のために
1965.02.05	Vol.4 No.2	2	洪春根	社会主義農村のモデル-こんにちの青山里
1965.02.05	Vol.4 No.2	8		朝鮮のさいはて-咸鏡北道
1965.02.05	Vol.4 No.2	15	洪春根	英雄のふるさとと李寿福英雄物語
1965.02.05	Vol.4 No.2	18	董昌活	ある捕鯨船長の話
1965.02.05	Vol.4 No.2	21		祖国のまもりは固い
1965.02.05	Vol.4 No.2	22	金誠実	南朝鮮の夫への手紙
1965.02.05	Vol.4 No.2	26		メモランダム
1965.02.05	Vol.4 No.2	27		わが国の有給休暇
1965.02.05	Vol.4 No.2	28		朝鮮の民話
1965.02.05	Vol.4 No.2			油絵「祖国のために」
1965.02.05	Vol.4 No.2	32		「韓日会談」早期妥結の陰謀を無視できない
1965.02.05	Vol.4 No.2	34	岡崎 敬	朝鮮と日本の文化(第7回)-朝鮮と弥生・古墳文化
1965.02.05	Vol.4 No.2	39		朝鮮料理教室(8)
1965.02.05	Vol.4 No.2	40		朝鮮史のしおり(第1回)
1965.03.05	Vol.4 No.3	1		南朝鮮の兄弟たちに光明を！
1965.03.05	Vol.4 No.3	2		アジア・アフリカ諸国人民との親善団結のために
1965.03.05	Vol.4 No.3	8		朝鮮・コンゴ(ブラザビル)間科学技術協定のために貿易・支払協定調印
1965.03.05	Vol.4 No.3	10	太尚奎	地下資源の宝庫-咸鏡南道
1965.03.05	Vol.4 No.3	15	朴勝万	この幸福をまんなに！
1965.03.05	Vol.4 No.3	17	李三	女性の手で動かす工場-平壌絹紡績工場を訪ねて
1965.03.05	Vol.4 No.3	20	千昌元	創造と探究の15年-平壌美術大学の歩み
1965.03.05	Vol.4 No.3	22	旗田巍	「韓日会談」を断固紛砕しよう！高杉暴言-それは日本支配層の本音
1965.03.05	Vol.4 No.3	28	福間浩子	日本にいるお母さんへ
1965.03.05	Vol.4 No.3	25		アラブ人民の民族舞踊団　わが国で新鮮公演
1965.03.05	Vol.4 No.3	25		親善往来
1965.03.05	Vol.4 No.3	24		メモランダム
1965.03.05	Vol.4 No.3	31		帰国者の家庭訪問記-立石協同農場洪鍾先さんをたずねて
1965.03.05	Vol.4 No.3	33		自覚と誇りも高く-在日朝鮮人子弟教育
1965.03.05	Vol.4 No.3	34		朝鮮料理教室(9)
1965.03.05	Vol.4 No.3	35	田村専之助	朝鮮と日本の文化(第八回)-朝鮮の科学技術と日本
1965.03.05	Vol.4 No.3	39		朝鮮の民話
1965.03.05	Vol.4 No.3	40		朝鮮史のしおり(2)
1965.04.05	Vol.4 No.4	1		平壌・万景台革命学院を尋ねた金日成首相

발행일	지면정보		필자	제목
	권호	페이지		
1965.04.05	Vol.4 No.4	2		兄弟的なソ連人民の親善使節-コスイギン首相一行わが国を訪問
1965.04.05	Vol.4 No.4	4	鄭勝吉	朝鮮の統一をはばむものは誰か!
1965.04.05	Vol.4 No.4	6		朝鮮人民は「韓日会談」でのいかなる取決めも認めない
1965.04.05	Vol.4 No.4	8		「韓日会談」はアジア極東平和への挑戦
1965.04.05	Vol.4 No.4	10	洪春根	革命家遺子学院を訪ねて
1965.04.05	Vol.4 No.4	12	董昌活	共に敵をうつ気持ちで
1965.04.05	Vol.4 No.4	14	太尚奎	栄光の地-両江島
1965.04.05	Vol.4 No.4	18		4.19の炎は消しとめられない
1965.04.05	Vol.4 No.4	20	朴八陽	〈詩〉万景台
1965.04.05	Vol.4 No.4	22	高東日	歓喜の港・悲しみの港
1965.04.05	Vol.4 No.4	26	董昌活	労働学習休息
1965.04.05	Vol.4 No.4	30	朴応浩	演劇「青年前衛」(弟1部)
1965.04.05	Vol.4 No.4	33		親善往来
1965.04.05	Vol.4 No.4	34	編輯部	朝鮮と日本の文化(第九回)-朝鮮の絵画と日本
1965.04.05	Vol.4 No.4	36		朝鮮料理教室(10)
1965.04.05	Vol.4 No.4	39		メモランダム
1965.04.05	Vol.4 No.4	40		朝鮮史のしおり(3)
1965.04.05	Vol.4 No.4	40		朝鮮の民話
1965.05.05	Vol.4 No.5	1		農村ではもう田植えがはじまった
1965.05.05	Vol.4 No.5	2		日朝友好運動の新しい段階-日朝協会畑中政春理事長とのインタビュー
1965.05.05	Vol.4 No.5	6		〈特輯〉朝鮮人民は「韓日会談」での「合意文書」を絶対の認めない
1965.05.05	Vol.4 No.5	17	太尚奎	のびゆく平安北道
1965.05.05	Vol.4 No.5	22	黄泰均	「労働と国防のために!」-人民賞桂冠作品・集団体育「千里馬朝鮮」の中から
1965.05.05	Vol.4 No.5	24	董昌活	鉄鋼の高地は1,211高地
1965.05.05	Vol.4 No.5	28	洪錫浩	果せぬ構想
1965.05.05	Vol.4 No.5			朝鮮料理教室(11)
1965.05.05	Vol.4 No.5	32		みんな無料で-わが国の医療制度
1965.05.05	Vol.4 No.5	34		朝鮮の民話
1965.05.05	Vol.4 No.5	35		朝鮮総連結成10周年(1955-1965)-多彩な記念行事の準備すすむ
1965.05.05	Vol.4 No.5	38	李炳路	わたしの思い出
1965.05.05	Vol.4 No.5	40		メモランダム
1965.05.	臨時増刊号	1		白頭山
1965.05.	臨時増刊号	2		朝鮮民主主義人民共和国国章・国旗・朝鮮模系図
1965.05.	臨時増刊号	3		朝鮮民主主義人民共和国内閣首相　金日成
1965.05.	臨時増刊号	4		民主首都・平壌

발행일	지면정보		필자	제목
	권호	페이지		
1965.05.	臨時増刊号	6	韓徳銖	朝鮮総聯で歩んだ輝かしい10年
1965.05.	臨時増刊号	8		総聯結成10周年を祝う-祖国からの祝賀メッセージ-
1965.05.	臨時増刊号	10		祖国の自主的平和統一のために
1965.05.	臨時増刊号	16		在日同胞の民主主義的民族権利を守って
1965.05.	臨時増刊号	20	帰国第1次船全国団長李舜英	日本の皆さんようなら
1965.05.	臨時増刊号	21		祖国への往来の自由をめざして-民主的民族権利を守るために-
1965.05.	臨時増刊号	24		統一と団結を示した総聯第7回全体大会
1965.05.	臨時増刊号	25		興野分会を訪ねて
1965.05.	臨時増刊号	26		オリンピック朝鮮選手団を歓迎
1965.05.	臨時増刊号	28		花咲く民主民族教育
1965.05.	臨時増刊号	30		ある教員の話
1965.05.	臨時増刊号	34		科学と芸術
1965.05.	臨時増刊号	36		幅ひろいサークル活動
1965.05.	臨時増刊号	38		ゆたかな民族芸術
1965.05.	臨時増刊号	40		スポーツ
1965.05.	臨時増刊号	42		100勝めざして-在日朝鮮蹴球団成文慶団長の生活
1965.05.	臨時増刊号	43		言論と出版
1965.05.	臨時増刊号	47		救援活動
1965.05.	臨時増刊号	48		平和・友好・親善
1965.05.	臨時増刊号	55		総聯結成10周年に寄せて-日本各界の祝賀メッセージ
1965.05.	臨時増刊号			〈附録〉座談会-朝・日親善友好のために
1965.06.05	Vol.4 No.6	1		巻頭
1965.06.05	Vol.4 No.6	2		朝鮮農業勤労者同盟創立さる
1965.06.05	Vol.4 No.6	5		親善往来
1965.06.05	Vol.4 No.6	6		爆発した民族の怒り　再び韓日会談粉砕めざして立ち上がった南朝鮮青年学生たち
1965.06.05	Vol.4 No.6	10		「お前は祖国の息子　わたしの息子」
1965.06.05	Vol.4 No.6	11	鄭承吉	戦争挑発の末路
1965.06.05	Vol.4 No.6	16	太尚奎	闘うベトナム人民と共に-平壌タオル工場でも
1965.06.05	Vol.4 No.6	20		「兵士たちの休息」
1965.06.05	Vol.4 No.6	22	洪春根	穀倉地帯-平安南道
1965.06.05	Vol.4 No.6	26		こどもの絵
1965.06.05	Vol.4 No.6	28		楽元機械工場のエクスカベータ
1965.06.05	Vol.4 No.6	31		朝鮮料理教室(12)
1965.06.05	Vol.4 No.6	32		平壌師範大学↔朝鮮大学(日本)
1965.06.05	Vol.4 No.6	35	田辺尚雄	朝鮮と日本の文化(第10回)-音楽からみた朝鮮と日本

발행일	지면정보		필자	제목
	권호	페이지		
1965.06.05	Vol.4 No.6	39		朝鮮の民話
1965.06.05	Vol.4 No.6	40		メモランダム
1965.07.05	Vol.4 No.7	1		親善の訪問　熱狂的な歓迎-金日成首相　インドネシアを訪問
1965.07.05	Vol.4 No.7	16		ギニア大統領夫人を迎えて
1965.07.05	Vol.4 No.7	20	李智寿	科学への偉大な貢献-金鳳漢教授と経済研究集団「経済体系」「サンアル学説」を発表-
1965.07.05	Vol.4 No.7	27		朝鮮料理教室(13)
1965.07.05	Vol.4 No.7	28		版画南朝鮮人民の抗争
1965.07.05	Vol.4 No.7	29	朴重国	板門店は証言する
1965.07.05	Vol.4 No.7	32		祖国の深い配慮と同胞愛
1965.07.05	Vol.4 No.7	33		栄光と誇りの10年－総連；結成10年を祝って
1965.07.05	Vol.4 No.7	40		日朝協会第10回全国大会ひらかる
1965.08.05	Vol.4 No.8	1		朝鮮民主主義人民共和国最高人民会議第3期第4回会議
1965.08.05	Vol.4 No.8	2		朝鮮とベトナムは生死を共にする戦友
1965.08.05	Vol.4 No.8	4	太尚奎	解放20年(1945-1965)
1965.08.05	Vol.4 No.8	10		「解放っ子」たち
1965.08.05	Vol.4 No.8	14	洪河石	こうしあわせよ永遠に
1965.08.05	Vol.4 No.8	17	董昌活	ふるさとの未来像-ある設計家のノートから
1965.08.05	Vol.4 No.8	20		油画「金日成首相の祖国への凱旋を歓迎する平壌市群衆大会」
1965.08.05	Vol.4 No.8	22		南朝鮮-アメリカ占領下の20年(1945-1965)
1965.08.05	Vol.4 No.8	25		朝鮮の民話
1965.08.05	Vol.4 No.8	26		舞踊劇「玉蓮池物」語
1965.08.05	Vol.4 No.8	28		港町の若ものたち
1965.08.05	Vol.4 No.8	31		「韓日条約を破壊せよ!」-激化する　朝・日両国人民のたたかい
1965.08.05	Vol.4 No.8	35		朝鮮の日本の文化(第11回)
1965.08.05	Vol.4 No.8	40		メモランダム
1965.10.05	Vol.4 No.10	1		祖国への凱旋を歓迎する平壌し群衆大会で熱狂的な歓呼をうける金日成首相
1965.10.05	Vol.4 No.10	2		共同の偉業の勝利めざして
1965.10.05	Vol.4 No.10	6	董昌活	革命の戦跡をたずねて
1965.10.05	Vol.4 No.10	11		親善往来
1965.10.05	Vol.4 No.10	12		「ヤンキ-だまれ!朴政権打倒」-韓日条約破棄をめざす南朝鮮人民の戦い
1965.10.05	Vol.4 No.10	17	太尚奎	不屈の地・花咲く江原道
1965.10.05	Vol.4 No.10	22		白頭山頂の天池
1965.10.05	Vol.4 No.10	24	李甲基	南朝鮮の10月人民抗争
1965.10.05	Vol.4 No.10	26	李昌洽	ベトナム人民の勝利とアメリカ帝国主義の惨敗
1965.10.05	Vol.4 No.10	29	董海善	わが家の青春
1965.10.05	Vol.4 No.10	31		朝鮮の民話

발행일	지면정보		필자	제목
	권호	페이지		
1965.10.05	Vol.4 No.10	32		反帝の旗高く-第11回原水爆禁止世界大会
1965.10.05	Vol.4 No.10	34	李万峰	野菜の島
1965.10.05	Vol.4 No.10	35		朝鮮料理教室(15)
1965.10.05	Vol.4 No.10	36		共和国公民の誇りと権利を守るために
1965.10.05	Vol.4 No.10	40		メモランダム
1965.11.05	Vol.4 No.11	1		8.15解放20周年慶祝元山市群衆大会で歓呼に答えている金日成首相
1965.11.05	Vol.4 No.11	2	李柳民	限りない感激と興奮のるつぼ-8.15朝鮮解放20周年慶祝元山市群衆大会
1965.11.05	Vol.4 No.11	6	李錦頭	熱い友情・固い団結-コンゴ(ブ)大統領夫妻を迎えて
1965.11.05	Vol.4 No.11	12		親善往来-わが国を訪問した各国の賓客たち
1965.11.05	Vol.4 No.11	16		コンゴ(ブ)への親善使節 朝鮮民主主義人民共和国最高人民会議代表団コンゴ(ブ)共和国を訪問
1965.11.05	Vol.4 No.11	18	李昌汲	アジア・サッカ・ガネフォ
1965.11.05	Vol.4 No.11	22	太尚奎	成長する工場肥よくな大地-平安南道
1965.11.05	Vol.4 No.11	26		屏風画〈耕耘図〉
1965.11.05	Vol.4 No.11	27		朝鮮の切手
1965.11.05	Vol.4 No.11	28		朝鮮民主女性同盟第3回大会
1965.11.05	Vol.4 No.11	30		共和国創建17周年を熱烈に祝う在日同胞
1965.11.05	Vol.4 No.11	32		切実な念願、正当な権利-在日朝鮮祖国往来要請大会
1965.11.05	Vol.4 No.11	34	石三達三/李珍珪	母国語による民族教育は当然-対談
1965.11.05	Vol.4 No.11	37	伊東 信	13万5,000人のかん声
1965.11.05	Vol.4 No.11	40		メモランダム
1965.11.05	Vol.4 No.11	40		朝鮮料理教室(16)
1965.12.05	Vol.4 No.12	1	金日成委員長	朝鮮労働党創建20周年慶祝大会で報告をおこなっている
1965.12.05	Vol.4 No.12	2		朝鮮労働党創建刊20周年慶祝大会
1965.12.05	Vol.4 No.12	6		在日本朝鮮人祝賀団も参加
1965.12.05	Vol.4 No.12	8		朝鮮カンボジア両国人民の親善深まる
1965.12.05	Vol.4 No.12	12		カンボジア大室舞踊団/親善競技
1965.12.05	Vol.4 No.12	14	金鎮河	豊かな山間地代-慈江道
1965.12.05	Vol.4 No.12	18		大マスゲーム「革命の時代」
1965.12.05	Vol.4 No.12	20	太尚奎	荒れ果てたた南朝鮮の農村
1965.12.05	Vol.4 No.12	22	洪春根	活躍する鉄鋼生産
1965.12.05	Vol.4 No.12	26		親善往来
1965.12.05	Vol.4 No.12	29		国籍選択の権利をふみにじるな-周尚会さんの場合
1965.12.05	Vol.4 No.12	32		「韓日条約」は無効-「韓日条約」の破棄をめざす日本人民の闘い
1965.12.05	Vol.4 No.12	34		朝鮮と日本の文化(第12回)-朝鮮の実学と日本の実学

발행일	지면정보		필자	제목
	권호	페이지		
1965.12.05	Vol.4 No.12	39		朝鮮の民話
1965.12.05	Vol.4 No.12	40		メモランダム
1966.01.05	Vol.5 No.1	1		新年おねでとうごさいます
1966.01.05	Vol.5 No.1	2	金善愛	科学の殿堂-金日成総合大学
1966.01.05	Vol.5 No.1	6		親善往来
1966.01.05	Vol.5 No.1	10	金奎徳	興南肥料工場を訪ねて
1966.01.05	Vol.5 No.1	14		新年の抱負-輝かしい1996年迎えに
1966.01.05	Vol.5 No.1	17		建設現場の朝
1966.01.05	Vol.5 No.1	18		朝鮮画
1966.01.05	Vol.5 No.1	20		アメリカ帝国主義者は南ベトナムから出てゆけ
1966.01.05	Vol.5 No.1	22	洪春根	陽光の移える宝の山-咸鏡南道北青郡竜田里文化協同農場
1966.01.05	Vol.5 No.1	26		大聖山
1966.01.05	Vol.5 No.1		呉征熙	希望にみちた日々　第4次船で帰国朱泰禄さんの生活
1966.01.05	Vol.5 No.1	30		板跳び
1966.01.05	Vol.5 No.1	30		朝鮮料理教室(17)
1966.01.05	Vol.5 No.1	31		朝鮮の切手
1966.01.05	Vol.5 No.1	31		群舞「大鼓の踊り」
1966.01.05	Vol.5 No.1	32	洪渭	戦友よ　いつかの日か　このうらみを
1966.01.05	Vol.5 No.1	34		昌奎ちゃんの一日
1966.01.05	Vol.5 No.1	37		朝鮮豆知識-朝鮮文学と芸術
1966.01.05	Vol.5 No.1	38	韓徳銖	日本国民へのあいさつ-1966年を迎えに
1966.01.05	Vol.5 No.1	39		アスゲーム
1966.01.05	Vol.5 No.1	40		在日朝鮮芸術家の共和国功勲芸術家功勲俳優称号
1966.01.05	Vol.5 No.1	41		座談会/朝・日文化共同交流のために-連載「朝鮮と日本の文化」を語る
1966.01.05	Vol.5 No.1	46		カメラ訪問/高峰秀子さん
1966.01.05	Vol.5 No.1	47	蔡峻・全哲	新春まんが
1966.01.05	Vol.5 No.1	48		メモランダム
1966.02.05	Vol.5 No.2	1		鴨緑江の潅漑工事
1966.02.05	Vol.5 No.2	2		国をあげての農村支援
1966.02.05	Vol.5 No.2	4		タンザニア人民の親善使節
1966.02.05	Vol.5 No.2	6		時事ニュース
1966.02.05	Vol.5 No.2	8	李万勝	豊作の秘訣-定州郡協同農場経営委員会の活動から
1966.02.05	Vol.5 No.2	12	金東洙	「たたかいはまだ終っていない」
1966.02.05	Vol.5 No.2	15		農民休養所
1966.02.05	Vol.5 No.2	18		朱乙温泉
1966.02.05	Vol.5 No.2	20	洪春根	国の主人・工場の主人-平壌電機工場労働者たちの技術革新運動
1966.02.05	Vol.5 No.2	24	金善愛	物理学者のタマゴたち

발행일	지면정보		필자	제목
	권호	페이지		
1966.02.05	Vol.5 No.2	26		朝鮮チーム　アジア代表に-第8回世界サッカー選手権大会
1966.02.05	Vol.5 No.2	28	董海善	断ちきれぬ同胞愛
1966.02.05	Vol.5 No.2	29		朝鮮統一への道(1)
1966.02.05	Vol.5 No.2	30	朴応浩	「演劇青年前衛」(第2部)
1966.02.05	Vol.5 No.2	32		「韓日条約」は無効だ!
1966.02.05	Vol.5 No.2	34		帰国実現6周年を祝う-東京・新宿で多彩な記念行事
1966.02.05	Vol.5 No.2	36		カメラ訪問/谷川撤三氏
1966.02.05	Vol.5 No.2	37		朝鮮豆知識/朝鮮の教育制度
1966.02.05	Vol.5 No.2	37		朝鮮の名人・名将/全琫準
1966.02.05	Vol.5 No.2	38		油絵
1966.02.05	Vol.5 No.2	39		朝鮮の切手
1966.02.05	Vol.5 No.2	40		祖国統一をめざして
1966.02.05	Vol.5 No.2	47		朝鮮の民話
1966.02.05	Vol.5 No.2	48		メモランダム
1966.03.05	Vol.5 No.3	1		さあ　出発だ!
1966.03.05	Vol.5 No.3	2	洪河石	「白金の山」－世界第一位を誇るマグネサイト鉱山
1966.03.05	Vol.5 No.3	6		鶏の村-西里養鶏場
1966.03.05	Vol.5 No.3	8	洪春根	土地の主人
1966.03.05	Vol.5 No.3	12	金東洙	農村の科学知識普及室
1966.03.05	Vol.5 No.3	14		ウインタースポーツ
1966.03.05	Vol.5 No.3	16	金善愛	お母さん技師
1966.03.05	Vol.5 No.3	18	金奎徳	木材とパルプ
1966.03.05	Vol.5 No.3	22	鄭鐘汝	戦うベトナム人民の中で
1966.03.05	Vol.5 No.3	24		劇映画「嵐の時代」(第1・2部)
1966.03.05	Vol.5 No.3	27		朝鮮の民話
1966.03.05	Vol.5 No.3	28	林克也	よみがえった日本軍国主義
1966.03.05	Vol.5 No.3	31		朝鮮統一への道(2)
1966.03.05	Vol.5 No.3	33	朴殷用	民族楽器
1966.03.05	Vol.5 No.3	35		朝鮮の切手
1966.03.05	Vol.5 No.3	36		時事ニュース
1966.03.05	Vol.5 No.3	37		朝鮮豆知識/朝鮮の文化遺物
1966.03.05	Vol.5 No.3	37		朝鮮の名人・名将/洪範図
1966.03.05	Vol.5 No.3	38		〈特輯〉在日朝鮮公民の民主民族教育の権利を守るために
1966.03.05	Vol.5 No.3	47		カメラ訪問/森繁久弥氏
1966.03.05	Vol.5 No.3	47		朝鮮料理教室(18)
1966.03.05	Vol.5 No.3	48		メモランダム
1966.04.05	Vol.5 No.4	1		本宮化学工場第2荷性ソーダ職場の電解班
1966.04.05	Vol.5 No.4	2	洪河石	「千里馬工場」-女性だけの平壌製糸工場

발행일	지면정보		필자	제목
	권호	페이지		
1966.04.05	Vol.5 No.4	6	盧在竜	大魚の海
1966.04.05	Vol.5 No.4	10	洪春根	より豊かな人民生活をつくりだす大化学工業基地-本宮
1966.04.05	Vol.5 No.4	16	金永哲	みんなが主治医をもっている-区域病院の予防医療活動
1966.04.05	Vol.5 No.4	19		時事ニュース
1966.04.05	Vol.5 No.4	20	李万勝	高山地帯の農業にとり組む化学者たち
1966.04.05	Vol.5 No.4	24		油絵「金日成首相と子供たち」
1966.04.05	Vol.5 No.4	26		大同江に沿って
1966.04.05	Vol.5 No.4	28	金東洙	工場大学の技師たち
1966.04.05	Vol.5 No.4	30	金連華	「わたしは生きている」
1966.04.05	Vol.5 No.4	32		朝鮮豆知識/わが国の体育
1966.04.05	Vol.5 No.4	32		朝鮮の名人・名将/洪景来
1966.04.05	Vol.5 No.4	33		朝鮮統一への道(3)
1966.04.05	Vol.5 No.4	34		版画
1966.04.05	Vol.5 No.4	36		はじめて祖国を訪問したふたり
1966.04.05	Vol.5 No.4	39		朝鮮の民話
1966.04.05	Vol.5 No.4	40		韓・日両国人民の友好と連帯をつよめるために
1966.04.05	Vol.5 No.4	47		カメラ訪問/林 美智子さん
1966.04.05	Vol.5 No.4	47		朝鮮料理教室(19)
1966.04.05	Vol.5 No.4	48		メモランダム
1966.05.05	Vol.5 No.5	1		金松順選手と韓弼花選手
1966.05.05	Vol.5 No.5	2	洪春根	自力更生の勝利-わが国の機械制作工業と軽工業の発展
1966.05.05	Vol.5 No.5	8		ゆるぎなき団結－日本共産党代表がわが国を訪問
1966.05.05	Vol.5 No.5	12		日朝友好国民使節団がわが国を訪問
1966.05.05	Vol.5 No.5	14	朴相東	朝鮮の陶磁器
1966.05.05	Vol.5 No.5	18		燃えひろがる南朝鮮労働者の闘争
1966.05.05	Vol.5 No.5	21	金善花	ターニング盤祖国統一号
1966.05.05	Vol.5 No.5	24		平壌尚業学院
1966.05.05	Vol.5 No.5	27	金連華	帰国した李さん一家
1966.05.05	Vol.5 No.5	30	董昌活	黒い爪-復活した日本軍国主義
1966.05.05	Vol.5 No.5	34		油絵
1966.05.05	Vol.5 No.5	36		朝鮮の名人・名将/金弘道
1966.05.05	Vol.5 No.5	36		朝鮮豆知識/朝鮮の名勝古跡
1966.05.05	Vol.5 No.5	37		朝鮮統一への道(4)
1966.05.05	Vol.5 No.5	38		在日朝鮮公民の民族教育の権利を防ぐことはできない
1966.05.05	Vol.5 No.5	48		カメラ訪問/横山泰三氏
1966.05.05	Vol.5 No.5	48		朝鮮料理教室(20)
1966.06.05	Vol.5 No.6	1		トラクターによる除草作業
1966.06.05	Vol.5 No.6	2		より多くのトラクター部品を農村へ-沙里院トラクター付属品工場

발행일	지면정보		필자	제목
	권호	페이지		
1966.06.05	Vol.5 No.6	6	洪春根	工場の娘と農場の息子
1966.06.05	Vol.5 No.6	10	金善愛	新しいインテリ-李貞求副教授の話
1966.06.05	Vol.5 No.6	14	金東洙	地下資源を探ねて
1966.06.05	Vol.5 No.6	16	金永哲	平壌医学大学
1966.06.05	Vol.5 No.6	20		第5号急行列車に乗って
1966.06.05	Vol.5 No.6	24	董昌活	死の火薬庫を忘れるな
1966.06.05	Vol.5 No.6	26		水豊湖
1966.06.05	Vol.5 No.6	28	全日	血の足跡-アメリカ帝国主義の残虐行為
1966.06.05	Vol.5 No.6	31		朝鮮統一への道(5)
1966.06.05	Vol.5 No.6	32		文化短信
1966.06.05	Vol.5 No.6	33		朝鮮の名人・名将/周時経
1966.06.05	Vol.5 No.6	33		朝鮮豆知識/わが国の社会保険制度
1966.06.05	Vol.5 No.6	34		演劇「セッカウルの春」
1966.06.05	Vol.5 No.6	36		民族教育を守る決意も固く-たかまる朝・日両国人民の運動
1966.06.05	Vol.5 No.6	42		17年目の夢みのる-北陸朝鮮初中・高級学校が新築落成
1966.06.05	Vol.5 No.6	45		朝鮮の民話
1966.06.05	Vol.5 No.6	46	田代博之	在日朝鮮人にたいする弾圧取締りはどのように強化されようとしているか
1966.06.05	Vol.5 No.6	47		カメラ訪問/吉永小百合さん
1966.06.05	Vol.5 No.6	47		朝鮮料理教室(21)
1966.06.05	Vol.5 No.6	48		メモランダム
1966.07.05	Vol.5 No.7	1		豊年の序曲
1966.07.05	Vol.5 No.7	2	洪春根	りっぱな管理　すばらしい収穫
1966.07.05	Vol.5 No.7	5	洪夏碩	不死鳥の島-平壌
1966.07.05	Vol.5 No.7	10	金芝花	幸せをうたう女性たち
1966.07.05	Vol.5 No.7	14		朝鮮統一への道(6)
1966.07.05	Vol.5 No.7	15	董昌活	アメリカ「常勝師団」の末路
1966.07.05	Vol.5 No.7	18		一日も早朝鮮の自主的統一の道を開こう
1966.07.05	Vol.5 No.7	20	金善愛	ある母親のしあわせ
1966.07.05	Vol.5 No.7	22		避暑地
1966.07.05	Vol.5 No.7	23		朝鮮の切手
1966.07.05	Vol.5 No.7	24		朝鮮の名人・名将/許浚
1966.07.05	Vol.5 No.7	24		朝鮮豆知識/わが国の国歌・社会制度
1966.07.05	Vol.5 No.7	25	洪偉	引抜き鋼管
1966.07.05	Vol.5 No.7	28	董海善	アメリカ帝国主義はベトナムから手をひけ!
1966.07.05	Vol.5 No.7	30		ドルのいけにえ
1966.07.05	Vol.5 No.7	33		朝鮮総聯結成11周年中央祝賀大会
1966.07.05	Vol.5 No.7	34		民族教育の殿堂-朝鮮大学創立10周年を祝って

발행일	지면정보		필자	제목
	권호	페이지		
1966.07.05	Vol.5 No.7	38	李珍珪	朝鮮大学の10年
1966.07.05	Vol.5 No.7	44		希望にみち日々/朴勝玉さん
1966.07.05	Vol.5 No.7	45		朝鮮大学生のサークル活動
1966.07.05	Vol.5 No.7	46		朝鮮の民話「猿の裁判」
1966.07.05	Vol.5 No.7	46		「外国人学校制度案」の廃棄めざして
1966.07.05	Vol.5 No.7	47		カメラ訪問/井上靖氏
1966.07.05	Vol.5 No.7	48		日朝協会第11回定期全国大会
1966.08.05	Vol.5 No.8	1		朝鮮民主主義人民共和国最高人民会議第3期第5回会議
1966.08.05	Vol.5 No.8	2	董昌活	断ち切られたレールをつなごう!
1966.08.05	Vol.5 No.8	5		朝鮮統一への道(7)
1966.08.05	Vol.5 No.8	6		故郷をはなれて20年
1966.08.05	Vol.5 No.8	8		2・8馬洞セメント工場
1966.08.05	Vol.5 No.8	10		活躍する機械化作業班-文徳郡竜中協同農場
1966.08.05	Vol.5 No.8	14		夏の農村風景
1966.08.05	Vol.5 No.8	15	洪春根	鉄に生きる/崔東岩さんと家族たち
1966.08.05	Vol.5 No.8	18		工場試験所の一日
1966.08.05	Vol.5 No.8	20	金善愛	めぐまれた出産
1966.08.05	Vol.5 No.8	22		大理石
1966.08.05	Vol.5 No.8	24		大音楽舞踊叙事詩〈栄えあるわが国〉
1966.08.05	Vol.5 No.8	26		海へ! 山へ!
1966.08.05	Vol.5 No.8	28		民族の鼓動を旋律にのせて-人民芸術家李冕相さん
1966.08.05	Vol.5 No.8	30	李東洙	学校の工場
1966.08.05	Vol.5 No.8	32	李昌洽	追いつめられたジョンソン
1966.08.05	Vol.5 No.8	34		演劇〈敵後方中隊〉
1966.08.05	Vol.5 No.8	36		朝鮮体育代表が来日
1966.08.05	Vol.5 No.8	38		南北の親子を結んだこむく鳥
1966.08.05	Vol.5 No.8	40		祖国統一の願いをこめて-群馬県桐生市の金順伊さん
1966.08.05	Vol.5 No.8	42	斉藤孝	「日韓新時代」の半年
1966.08.05	Vol.5 No.8	45		朝鮮の民話
1966.08.05	Vol.5 No.8	47		カメラ訪問/大河内一男氏
1966.08.05	Vol.5 No.8	47		朝鮮料理教室(22)
1966.08.05	Vol.5 No.8	48		メモランダム
1966.09.05	Vol.5 No.9	1		朝鮮少年団創立20周年
1966.09.05	Vol.5 No.9	6	洪春根	史上はじめて-税金のない農村
1966.09.05	Vol.5 No.9	10		重税にあえぐ南朝鮮農村
1966.09.05	Vol.5 No.9	12		世界サッカー界をゆさぶった朝鮮チーム-第8回世界サッカー選手権大会
1966.09.05	Vol.5 No.9	18		重量あげ

발행일	지면정보		필자	제목
	권호	페이지		
1966.09.05	Vol.5 No.9	19	洪夏碩	「災の河」から「宝の河」へ
1966.09.05	Vol.5 No.9	22		遠洋冷凍船-白頭山号
1966.09.05	Vol.5 No.9	24		朝鮮画「平壌城での解放戦争」
1966.09.05	Vol.5 No.9	26	董海善	ともに舞台に立つ日を願って
1966.09.05	Vol.5 No.9	29	董昌活	シャーマン号からマタドールまで
1966.09.05	Vol.5 No.9	33		彫刻
1966.09.05	Vol.5 No.9	36	金善愛	人気アナウンサー
1966.09.05	Vol.5 No.9	38		祖国とともに
1966.09.05	Vol.5 No.9	38		総聯・三多摩南部支部大政分会成人学校を訪ねて
1966.09.05	Vol.5 No.9	40		李勝順君は生きかえった
1966.09.05	Vol.5 No.9	44		大衆の中をゆく-京都・朝鮮文宣団の活動から
1966.09.05	Vol.5 No.9	47		カメラ訪問/細川ちか子さん
1966.09.05	Vol.5 No.9	47		朝鮮料理教室(23)
1966.09.05	Vol.5 No.9	48		メモランダム
1966.10.05	Vol.5 No.10	1		湖水でのあひるの飼育
1966.10.05	Vol.5 No.10	2		朝鮮の非鉄金属
1966.10.05	Vol.5 No.10	6		金日成総合大学創立20周年
1966.10.05	Vol.5 No.10	10	許炳碩	郷土に描く若ものの夢-松田里の10ヵ年計画
1966.10.05	Vol.5 No.10	14		朝鮮統一への道(8)
1966.10.05	Vol.5 No.10	15		十月人民抗争の炎
1966.10.05	Vol.5 No.10	18	金永善	金剛山
1966.10.05	Vol.5 No.10	20		親善往来
1966.10.05	Vol.5 No.10	22	金鳳雲	ワングル工芸
1966.10.05	Vol.5 No.10	24	金正国	マメ音楽家たち
1966.10.05	Vol.5 No.10	26		民俗装身具
1966.10.05	Vol.5 No.10	28	朴炳枢	塩
1966.10.05	Vol.5 No.10	30		民族舞踊
1966.10.05	Vol.5 No.10	32		第29回世界卓球選手権大会めざして
1966.10.05	Vol.5 No.10	34		帰国希望者がいる限り現行協定による帰国事業を保障せよ!
1966.10.05	Vol.5 No.10	40		肌の痛みと良心の疼き
1966.10.05	Vol.5 No.10	41		カメラ訪問/多々良純氏
1966.10.05	Vol.5 No.10	44		帰国後の金貴河選手
1966.10.05	Vol.5 No.10	45		第12回原子爆禁止世界大開
1966.10.05	Vol.5 No.10	46	南日竜	中等教育実施20周年を迎えて
1966.10.05	Vol.5 No.10	48		朝鮮の民話「虎の皮」
1966.10.05	Vol.5 No.10	48		朝鮮料理教室(24)
1966.11.05	Vol.5 No.11	1		豊作のよとこび
1966.11.05	Vol.5 No.11	2		ことしも豊作

발행일	지면정보		필자	제목
	권호	페이지		
1966.11.05	Vol.5 No.11	4	韓哲煥	豊かな生産·豊かな消費
1966.11.05	Vol.5 No.11	8	李万勝	集団の英知と創造
1966.11.05	Vol.5 No.11	11		朝鮮統一への道(9)
1966.11.05	Vol.5 No.11	12		危険な"火遊び
1966.11.05	Vol.5 No.11	14		朝鮮人民は韓国軍のベトナム増派に断固反対する
1966.11.05	Vol.5 No.11	16	金徳潤	アジア侵略の"突撃隊"
1966.11.05	Vol.5 No.11	18	金日	躍進する朝鮮の女子バレー
1966.11.05	Vol.5 No.11	20	金文浩	松禾果樹園
1966.11.05	Vol.5 No.11	23	金圭徳	螺鈿工芸
1966.11.05	Vol.5 No.11	26		三防
1966.11.05	Vol.5 No.11	28	金東洙	限りなき献身-朝鮮赤十字病院　第3外科医師たち
1966.11.05	Vol.5 No.11	30	金善愛	地と作家-千世鳳をたずねて
1966.11.05	Vol.5 No.11	32		帰国者だより-朴魯吉さんの休日
1966.11.05	Vol.5 No.11	34		閣議決定撤回·帰国協定無修正延長を要求
1966.11.05	Vol.5 No.11	36		共和国創建18周年を熱烈に祝う
1966.11.05	Vol.5 No.11	38		在日朝鮮人の生活権と企業権を守るために
1966.11.05	Vol.5 No.11	40		相互扶助の実りー瀬戸朝鮮人商工協同組合
1966.11.05	Vol.5 No.11	42		朝鮮民主主義人民共和国創建18周年　在日本朝鮮人中央体育祝典
1966.11.05	Vol.5 No.11	44		いつも同胞の中で-朝銀埼玉信用組合の青年たち
1966.11.05	Vol.5 No.11	45		カメラ訪問/三岸節子さん
1966.11.05	Vol.5 No.11	46		民族的な怒りと抗議のうず
1966.11.05	Vol.5 No.11	48		朝鮮の民話/ロバ耳の王様とづきん師
1966.11.05	Vol.5 No.11	48		朝鮮料理教室(25)
1966.12.05	Vol.5 No.12	1		秋耕
1966.12.05	Vol.5 No.12	2	金勝福	炭鉱のわかものたち
1966.12.05	Vol.5 No.12	6	洪春根	坑夫の息子が技師長
1966.12.05	Vol.5 No.12	8	金東洙	家族みんなが先生
1966.12.05	Vol.5 No.12	10	洪夏碩	三台の靴下編機からー江西メリヤス工場
1966.12.05	Vol.5 No.12	12	董昌活	オモニ郵便配達員
1966.12.05	Vol.5 No.12	14	金東洙	工場図書室
1966.12.05	Vol.5 No.12	16	盧在竜	七里協同農場クラス
1966.12.05	Vol.5 No.12	20		合成樹脂
1966.12.05	Vol.5 No.12	22		高句麗壁画
1966.12.05	Vol.5 No.12	24	崔君善	劇映画「鉄路の人びと」
1966.12.05	Vol.5 No.12	26		アフリカ·カメラ訪問
1966.12.05	Vol.5 No.12	28		われわれはベトナム人民と共にいる
1966.12.05	Vol.5 No.12	30		こどもの絵

발행일	지면정보		필자	제목
	권호	페이지		
1966.12.05	Vol.5 No.12	32		南朝鮮の住宅難
1966.12.05	Vol.5 No.12	34		帰国者だよりー生きるよろこび
1966.12.05	Vol.5 No.12	36		民俗教育の擁護と発展めざして
1966.12.05	Vol.5 No.12	40		民族教育を受けた誇り
1966.12.05	Vol.5 No.12	40		苦難の日々をのりこえて
1966.12.05	Vol.5 No.12	41		スポーツマンとして生きる
1966.12.05	Vol.5 No.12	42		祖国の配慮があればこそ
1966.12.05	Vol.5 No.12	43		祖国への往来の自由を全国的認めよ
1966.12.05	Vol.5 No.12	44		死ぬ前にぜひ故郷のちを
1966.12.05	Vol.5 No.12	45		お母さん!生きているうちに会いたい
1966.12.05	Vol.5 No.12	46	吉岡吉典	「日韓条約」批准強行から1年
1966.12.05	Vol.5 No.12	47		カメラ訪問/高木 東六氏
1966.12.05	Vol.5 No.12	48		朝鮮の民話/ひとつぶの栗から
1966.12.05	Vol.5 No.12	48		朝鮮料理教室(26)
1967.01.05	Vol.6 No.01	1		朝鮮労働党代表者会議
1967.01.05	Vol.6 No.01	4		朝鮮労働党代表者会議に参加した在日朝鮮人祝賀団
1967.01.05	Vol.6 No.01	6		増産ののろしはあがる!
1967.01.05	Vol.6 No.01	8		永遠の親善と堅い団結!ーキューバ共和国代表団わが国を訪問
1967.01.05	Vol.6 No.01	12	洪春根	「千里馬」のふるさと
1967.01.05	Vol.6 No.01	16		親善往来
1967.01.05	Vol.6 No.01	18	崔君善	工場の中のアフリカ
1967.01.05	Vol.6 No.01	19	洪夏碩	18人の生徒2人の先生
1967.01.05	Vol.6 No.01	22	金東洙	労働青年の家
1967.01.05	Vol.6 No.01	24		冬の休養所
1967.01.05	Vol.6 No.01	26	金奎徳	元山鉄道工場
1967.01.05	Vol.6 No.01	30		雪の季節
1967.01.05	Vol.6 No.01	32	金賛黙	帰国者だよりーこれがわたしの祖国だ
1967.01.05	Vol.6 No.01	34		明太魚
1967.01.05	Vol.6 No.01	36		アメリカにふみにいられた南朝鮮
1967.01.05	Vol.6 No.01	38	韓徳洙/大河内一男	〈新春対談〉1967年朝・日両国の学術・文化交流の年に
1967.01.05	Vol.6 No.01	44		職場でつよまる朝・日友好と連帯-日朝協会大会大阪俯蓮鳩タクシー班
1967.01.05	Vol.6 No.01	45		カメラ訪問/勅使河原 霞さん
1967.01.05	Vol.6 No.01	46		朝鮮の営農法を学ぶ農民たち-埼玉県ミチューリン会の新井秀幸さんを訪ねて
1967.01.05	Vol.6 No.01	47		新春マンガ
1967.01.05	Vol.6 No.01	48		朝鮮の民話/ネギをひろめた人
1967.01.05	Vol.6 No.01	48		朝鮮料理教室(27)

발행일	지면정보		필자	제목
	권호	페이지		
1967.02.05	Vol.6 No.02	1		全般的な9年制技術義務教育の実施
1967.02.05	Vol.6 No.02	2	金永哲	祝福された新しい世代
1967.02.05	Vol.6 No.02	6	李昌汲	国の宝を育てる誇り-全国保育員·教養員大会
1967.02.05	Vol.6 No.02	8	金連熙	祖国の守りは鉄壁だ
1967.02.05	Vol.6 No.02	11	董昌活	一枚岩のように団結して
1967.02.05	Vol.6 No.02	13	金永哲	片手にハンマー　片手に銃を
1967.02.05	Vol.6 No.02	15	元成熹	創造の家
1967.02.05	Vol.6 No.02	18		親善往来
1967.02.05	Vol.6 No.02	20		冬の代採場
1967.02.05	Vol.6 No.02	22		阿吾地科学工場
1967.02.05	Vol.6 No.02	24		代音楽舞踊叙事詩「祖国の栄光のもとに」
1967.02.05	Vol.6 No.02	34		在日朝鮮人の民族教育に強い支持-近畿地方20大学の総長·学長·教授座談会で
1967.02.05	Vol.6 No.02	37		カメラ訪問/奥田　東氏
1967.02.05	Vol.6 No.02	38		世界ではじめて　働く母親に6時間労働制実施
1967.02.05	Vol.6 No.02	40	洪春根	明日への設計
1967.02.05	Vol.6 No.02	42	金連花	彼は建設場の英雄
1967.02.05	Vol.6 No.02	44		旱ばつ·供水·飢餓ーだれのための「農業近代化」
1967.02.05	Vol.6 No.02	46		愚かな戦争挑発行為
1967.02.05	Vol.6 No.02	48		朝鮮の民話/バウと三人の大男
1967.02.05	Vol.6 No.02	48		朝鮮料理教室(28)
1967.03.05	Vol.6 No.03	1		祖国自主統一の具体案を重ねて示す-金日成首相が回答書簡ー在ワシントン·朝鮮問題研究所々長に
1967.03.05	Vol.6 No.03	5	洪河碩	統一への航路-元山↔主文津
1967.03.05	Vol.6 No.03	9	金東洙	城津製鋼所病院
1967.03.05	Vol.6 No.03	12	金蓮花	郷土を守りぬいた人びと
1967.03.05	Vol.6 No.03	15	金善愛	村の女教師
1967.03.05	Vol.6 No.03	18	洪春根	電気の家の建設者たち
1967.03.05	Vol.6 No.03	22		あたたかい愛につつまれて
1967.03.05	Vol.6 No.03	24		朝鮮画
1967.03.05	Vol.6 No.03	26		油絵
1967.03.05	Vol.6 No.03	28	盧在竜	「荒野の原」から「黄金の原」
1967.03.05	Vol.6 No.03	32	尹桂郁	ある農場員学生の手記
1967.03.05	Vol.6 No.03	35		漫画
1967.03.05	Vol.6 No.03	36		不正腐敗の朴正熙「政権」の「選手」さわぎ
1967.03.05	Vol.6 No.03	39		「統一こそ生きる道」
1967.03.05	Vol.6 No.03	40	朴成樹	七人の子どもがみんな優等生
1967.03.05	Vol.6 No.03	44		共和国公民権を守り通して

발행일	지면정보		필자	제목
	권호	페이지		
1967.03.05	Vol.6 No.03	47		カメラ訪問/砂原美智子さん
1967.03.05	Vol.6 No.03	48		朝鮮の民話/バウと三人の大男(下)
1967.03.05	Vol.6 No.03	48		朝鮮料理教室(29)
1967.04.05	Vol.6 No.04	1		9年制技術義務教育はじまる
1967.04.05	Vol.6 No.04	4		運搬工とその息子たち
1967.04.05	Vol.6 No.04	6	董昌活	大学通信教育をうける労働者
1967.04.05	Vol.6 No.04	8	金善愛	沙里院師範大学で
1967.04.05	Vol.6 No.04	9		よく学びよく育つ在日朝鮮同胞の子弟たち
1967.04.05	Vol.6 No.04	12		入学を待ちこがれる明愛さん
1967.04.05	Vol.6 No.04	14	李錫初	〈南朝鮮〉「学校へ行きたい!」
1967.04.05	Vol.6 No.04	18		島の休養所
1967.04.05	Vol.6 No.04	20	金奎徳	労働と休息
1967.04.05	Vol.6 No.04	22		早春
1967.04.05	Vol.6 No.04	24	盧在竜	技術革新のパイオニア
1967.04.05	Vol.6 No.04	26		大空の青春
1967.04.05	Vol.6 No.04	28	李昌汲	アジアはアメリカ帝国主義の墓場
1967.04.05	Vol.6 No.04	30	崔君善	演劇「青い芝」
1967.04.05	Vol.6 No.04	32	金乃植	南の空にこの旗を!
1967.04.05	Vol.6 No.04	35	金忠烈	光を求めて-南朝鮮カイライ軍兵士の手記
1967.04.05	Vol.6 No.04	36	董昌活	親善と団結の祭典-弟1回アジア・ガネフォ
1967.04.05	Vol.6 No.04	38		朝鮮画-弟9回国家美術展出品作品の中から
1967.04.05	Vol.6 No.04	40		アジア人民への挑戦-韓国軍の南ベトナム増派
1967.04.05	Vol.6 No.04	42		南朝鮮における「人力輸出」の正体
1967.04.05	Vol.6 No.04	43		インチキ「選手」より祖国の自主的統一を!-燃えひろがる南朝鮮人民の反米救国闘争
1967.04.05	Vol.6 No.04	46		「私の息子を返せ!」-南ベトナムで息子を奪われた朴為祚(福井県居住)は叫ぶ
1967.04.05	Vol.6 No.04	47		カメラ訪問/樫山文枝さん
1967.04.05	Vol.6 No.04	48		朝鮮の民話/仲よしの秘訣
1967.04.05	Vol.6 No.04	48		朝鮮料理教室(30)
1967.06.05	Vol.6 No.06	1		普天堡に立っている金日成将軍の銅像
1967.06.05	Vol.6 No.06	2		党と首相のまわりに結集した人民の不敗の統一・団結
1967.06.05	Vol.6 No.06	3		朝鮮人民軍政治活動会議ひらかる
1967.06.05	Vol.6 No.06	4	太尚奎	不滅の烽火-普天堡戦闘勝利30周年
1967.06.05	Vol.6 No.06	8	金乃植	かけがえのない祖国のために
1967.06.05	Vol.6 No.06	12	金文逸	もっともしあわせな子供たち-海州革命学院を訪ねて
1967.06.05	Vol.6 No.06	14		金日成首相の周年を祝う-日本各地の朝鮮同胞が多彩な祝賀行事

발행일	지면정보 권호	지면정보 페이지	필자	제목
1967.06.05	Vol.6 No.06	16		祖国と金日成首相に心から感謝-教育援助費・奨学金援助10周年記念集会
1967.06.05	Vol.6 No.06	18	畑中政春	三たび金日成首相にお会いして
1967.06.05	Vol.6 No.06	19		外国人の見た金日成首相
1967.06.05	Vol.6 No.06	20		三大陸人民こくる戦闘的な連帯
1967.06.05	Vol.6 No.06	21		いちごときゅうり
1967.06.05	Vol.6 No.06	22		少年の宮殿
1967.06.05	Vol.6 No.06	24		油絵
1967.06.05	Vol.6 No.06	26	金光七	妙香山
1967.06.05	Vol.6 No.06	28	盧在竜	新たな躍進めざして-今日の竜城機械工場で
1967.06.05	Vol.6 No.06	31	李万勝	技術革新をおし進める人びと
1967.06.05	Vol.6 No.06	33	董昌活	ダレスの「二の舞」をふむジョンソン
1967.06.05	Vol.6 No.06	36	明天東	民族解放闘争のほこ先を米帝へ！
1967.06.05	Vol.6 No.06	38	李錫初	アメリカの軍事基地-日本
1967.06.05	Vol.6 No.06	40	金周殷	崔三文さん一家帰国
1967.06.05	Vol.6 No.06	43		帰国協定は無修正で延長されねばならない
1967.06.05	Vol.6 No.06	44		"帰国者の善意をふみにじるな"-日本各界の声
1967.06.05	Vol.6 No.06	47		「外国人学校制度」創設案を破壊せよ-日本の国民がこぞって反対運動を展開
1967.06.05	Vol.6 No.06	48		カメラ訪問/大松博文氏
1967.07.05	Vol.6 No.07	1		主席擅上からデモ大衆の歓呼にこたえる金日成首相
1967.07.05	Vol.6 No.07	2		金日成首相　各国の代表団と会見
1967.07.05	Vol.6 No.07	2		アラブ連合代表団がわが国を親善訪問
1967.07.05	Vol.6 No.07	4		在日朝鮮人子弟に対する教育援助費送金10周年にさいし朝鮮総連代表団が祖国を訪問
1967.07.05	Vol.6 No.07	6		日朝協会の畑中政春理事長が朝鮮を訪問
1967.07.05	Vol.6 No.07	8	太尚奎	各地にあがる千里馬手たちのがい歌
1967.07.05	Vol.6 No.07	12	洪夏錫	義気さかんな新昌の坑夫たち
1967.07.05	Vol.6 No.07	14		子供たちの祭典-9年制技術義務教育の実施を祝って
1967.07.05	Vol.6 No.07	18		党と人民の不敗の統一団結を示威
1967.07.05	Vol.6 No.07	24		しあわせの歌と団結の絵巻
1967.07.05	Vol.6 No.07	28	金東洙	ぼくらのキャンプ生活
1967.07.05	Vol.6 No.07	30	董昌活	歴史の教訓
1967.07.05	Vol.6 No.07	32		映画＜崔学信家の物語＞
1967.07.05	Vol.6 No.07	34	金鎮洙	帰国者だより-祖国で働くよろこび
1967.07.05	Vol.6 No.07	36		"友情の樹"に花ひらく
1967.07.05	Vol.6 No.07	36		帰国記念樹を育てた辰野中学校の生徒たち
1967.07.05	Vol.6 No.07	38		朝鮮人学校舎落成を祝う埼玉県民
1967.07.05	Vol.6 No.07	40		帰国協定の一方的破棄と「外国人学校制度」案に反対して

발행일	지면정보		필자	제목
	권호	페이지		
1967.07.05	Vol.6 No.07	46	古波倉 正偉	民族排外政策の是正を求める
1967.07.05	Vol.6 No.07	47		カメラ訪問/吉杏和子さん
1967.07.05	Vol.6 No.07	48		朝鮮の民話/だまされた虎(上)
1967.07.05	Vol.6 No.07	48		朝鮮料理教室/ミクラジ・クッ(どじょう汁)
1967.08.05	Vol.6 No.08	1		普天堡戦闘勝利記念塔の正面の彫刻
1967.08.05	Vol.6 No.08	2	李昌洽	不滅の塔-普天堡戦闘勝利記念塔の除幕式
1967.08.05	Vol.6 No.08	4		不敗の威力を示す-朝鮮人民軍総合軍事競技大会
1967.08.05	Vol.6 No.08	8		燃えひろがる南朝鮮人民の救国闘争
1967.08.05	Vol.6 No.08	12		アメリカ帝国主義者は南朝鮮からすぐ出て行け!
1967.08.05	Vol.6 No.08	14		光を求めて-南ベトナム連行されていった南朝鮮「国軍」兵士安学수さんが共和国に帰環
1967.08.05	Vol.6 No.08	15		在日朝鮮青年にまた「徴兵通知」
1967.08.05	Vol.6 No.08	16	洪春根	金日成首相の教えにしたがって
1967.08.05	Vol.6 No.08	20		マスゲーム〈革命の時代〉
1967.08.05	Vol.6 No.08	24		朝鮮絵「前線の勝利のために」
1967.08.05	Vol.6 No.08	26		夏の松涛園
1967.08.05	Vol.6 No.08	28		祖国と金日成首相の配慮のもとに朝鮮総聯第8回全体大会ひらかる
1967.08.05	Vol.6 No.08	32		6人の"解放っ子"
1967.08.05	Vol.6 No.08	35		朝鮮の自主的統一を希望する強く支持-第12回日朝協会定期全体大会
1967.08.05	Vol.6 No.08	36	金永哲	生まれかわった三峰村
1967.08.05	Vol.6 No.08	39		連帯と友好の使節
1967.08.05	Vol.6 No.08	42	李昌洽	在日朝鮮公民の帰国の道を閉ざすことはできない
1967.08.05	Vol.6 No.08	45		朝・日両国人民の要請行動つづく
1967.08.05	Vol.6 No.08	46	土田明子	詩/連帯の闘い組もう
1967.08.05	Vol.6 No.08	48		カメラ訪問/森 恭三氏
1967.08.05	Vol.6 No.08	48		朝鮮の民話/だまされた虎(下)
1967.08.05	Vol.6 No.08	48		朝鮮料理教室/ソンピョン(松片)
1967.09.05	Vol.6 No.09	1		第150次帰国船が清津港に入った
1967.09.05	Vol.6 No.09	2	盧在竜	第150次帰国船が清津港に入った
1967.09.05	Vol.6 No.09	6	洪春根	北方の坑夫たち
1967.09.05	Vol.6 No.09	9	李万勝	工場あげて農村支持
1967.09.05	Vol.6 No.09	12		親善往来
1967.09.05	Vol.6 No.09	14	金善愛	働く母親のしあわせ
1967.09.05	Vol.6 No.09	16	洪春根	暮らしを織る
1967.09.05	Vol.6 No.09	18	李万勝	労働の中で花咲く青春
1967.09.05	Vol.6 No.09	22	金東洙	大音楽舞踊叙事詩
1967.09.05	Vol.6 No.09	27	李昌洽	かれらには祖国がある

발행일	지면정보		필자	제목
	권호	페이지		
1967.09.05	Vol.6 No.09	34		大いなる誇りと喜び
1967.09.05	Vol.6 No.09	38		日本政府は現行帰国協定を無修正で延長せよ-
1967.09.05	Vol.6 No.09	38		日本政府は現行帰国協定を無修正で延長せよ-150次帰国船の出航を祝って
1967.09.05	Vol.6 No.09	40		猛署をついて朝・日両国人民の要請つづく
1967.09.05	Vol.6 No.09	44		「南朝鮮からアメリカ軍の即時撤退要求闘争デー」平壤市民大会
1967.09.05	Vol.6 No.09	46		南朝鮮人民の不屈の救国闘争つづく
1967.09.05	Vol.6 No.09	48		朝鮮料理教室(34)/カジ・ジャンアチ(なすのしょう油清け)
1967.10.05	Vol.6 No.10	1		わが国を訪ねた親善の使節
1967.10.05	Vol.6 No.10	2	董昌活	新しい記録 新しい水準の創造めざして
1967.10.05	Vol.6 No.10	6	金東洙	革命の後継者たち
1967.10.05	Vol.6 No.10	10	金昌洽	金日成首相の教えに忠実な人びと
1967.10.05	Vol.6 No.10	15	洪春根	生活のうた
1967.10.05	Vol.6 No.10	20		くだものがいっぱい
1967.10.05	Vol.6 No.10	24	鄭寛徹	油絵「そこくの夜明け」
1967.10.05	Vol.6 No.10	26	太尚奎	この道ひとすじに
1967.10.05	Vol.6 No.10	30	金文逸	村の医師たち
1967.10.05	Vol.6 No.10	33		国際短信
1967.10.05	Vol.6 No.10	34		アラブ人民の正義の闘争は必ず勝利するであろう!
1967.10.05	Vol.6 No.10	36		祖国統一の決意も新たに-8.15祖国解放22周年在日本朝鮮人中央慶祝大会
1967.10.05	Vol.6 No.10	38		人道問題を政治の犠牲するな!
1967.10.05	Vol.6 No.10	42		在日朝鮮公民の現行帰国協定を無修正で延長することを支持します
1967.10.05	Vol.6 No.10	44		世界人民の反帝共同闘争に寄与
1967.10.05	Vol.6 No.10	45		朝鮮総聯韓徳銖議長が第13回原水爆禁止世界大会に参加した各国代表をまねいて宴会
1967.10.05	Vol.6 No.10	46		祖国があればこそ-差別と圧迫をはねのけ 共和国公民として生きる広島の被爆同胞たち
1967.10.05	Vol.6 No.10	48		カメラ訪問/古賀政男氏
1967.10.05	Vol.6 No.10	48		朝鮮の民話/三つのかたみ
1967.11.05	Vol.6 No.11	1		金日成首相 竜城機械工場を現地指導
1967.11.05	Vol.6 No.11	2	鄭完山	輝かしい伝統 不滅の業績
1967.11.05	Vol.6 No.11	8	董海善	朝鮮労働党の旗のもとに
1967.11.05	Vol.6 No.11	12	洪海民	「テーゼ」が示した道にしたがって
1967.11.05	Vol.6 No.11	14	盧在竜	千里馬進軍にふたたび拍車を!
1967.11.05	Vol.6 No.11	18	洪春根	「朝鮮のわた」-ビナロン
1967.11.05	Vol.6 No.11	22	金東洙	英雄の心は生きている

발행일	지면정보		필자	제목
	권호	페이지		
1967.11.05	Vol.6 No.11	24		油絵「苦難の行軍」
1967.11.05	Vol.6 No.11	26		アメリカ帝国主義を葬れ!
1967.11.05	Vol.6 No.11	30		秋
1967.11.05	Vol.6 No.11	32		たたかう南朝鮮人民
1967.11.05	Vol.6 No.11	34	崔君善	村の幼稚園
1967.11.05	Vol.6 No.11	36		朝鮮民主主義人民共和国創建19周年を迎えて
1967.11.05	Vol.6 No.11	33		朝鮮大学の認可を一日も早く-ますます高まる日本国民の支持声援
1967.11.05	Vol.6 No.11	42		日本当局は帰国協定を無修正延長し帰国申請の受付けを再開せよ
1967.11.05	Vol.6 No.11	44		在日朝鮮公民の現行帰国協定を無修正で延長することを支持します
1967.11.05	Vol.6 No.11	46		あくまで祖国への道をまもる
1967.11.05	Vol.6 No.11	47		カメラ訪問/三浦綾子さん
1967.11.05	Vol.6 No.11	48		朝鮮の民話/トルセのちえ
1967.11.05	Vol.6 No.11	48		朝鮮料理教室(35)ジャン・キムチ(しょう油キムチ)
1967.12.05	Vol.6 No.12	1		巻頭
1967.12.05	Vol.6 No.12	2	金錦山	自力更生の革命精神で
1967.12.05	Vol.6 No.12	6		短信
1967.12.05	Vol.6 No.12	8	金万植	国をあげて千里馬の大躍進
1967.12.05	Vol.6 No.12	12	董昌活	朝鮮人民軍創建20周年をひかえて
1967.12.05	Vol.6 No.12	14		音楽舞踊叙事劇-『金日成首相のしめす勝利の道めざして』
1967.12.05	Vol.6 No.12	16		侵略にそなえて
1967.12.05	Vol.6 No.12	18	盧在竜	農村の二重千里馬作業班
1967.12.05	Vol.6 No.12	20		光をもとめて
1967.12.05	Vol.6 No.12	21	金永哲	花は咲きつづける
1967.12.05	Vol.6 No.12	24		油絵
1967.12.05	Vol.6 No.12	26	洪海民	あひるの牧場
1967.12.05	Vol.6 No.12	30	金東洙	三興中学校ものがたり
1967.12.05	Vol.6 No.12	34		朝鮮民主主義人民共和国創建19周年慶祝1967年度在日本朝鮮人中央体育大会ひらく
1967.12.05	Vol.6 No.12	36		在日本朝鮮民主女性同盟の20年
1967.12.05	Vol.6 No.12	39		祖国と金日成首相の配慮につつまれて-朝鮮女性同盟　東京・本木分会-
1967.12.05	Vol.6 No.12	41		日本当局は朝・日赤十字会議の再会に応じ　帰国協定をそのまま延長しなければならない
1967.12.05	Vol.6 No.12	44		朝鮮大学校の認可を実現させ在日朝鮮人の民族教育をまもろう
1967.12.05	Vol.6 No.12	46		カメラ訪問/立川談志さん

발행일	지면정보		필자	제목
	권호	페이지		
1967.12.05	Vol.6 No.12	47	いわさき ちひろ	朝鮮大学校をたずねて
1967.12.05	Vol.6 No.12	48		朝鮮の民話/ものまね大会
1967.12.05	Vol.6 No.12	48		朝鮮料理教室(36)/シリトック(むし餅)
1968.01.05	Vol.7 No.01	1		<カラー>白頭山上の金日成首相
1968.01.05	Vol.7 No.01	1		〈巻頭〉金日成首相への限りない信頼
1968.01.05	Vol.7 No.01	2	金昌洽	人民主権のもとで栄える松林市
1968.01.05	Vol.7 No.01	6		〈朝鮮民主主義人民共和国最高人民会議代議員選挙〉在日同胞も熱烈に支持-朝鮮総聯代表らもすいせんをうける-
1968.01.05	Vol.7 No.01	8		反帝闘争で結ばれた親善と団結
1968.01.05	Vol.7 No.01	10	洪春根	<カラー>前進をつづける龍城の機械工たち
1968.01.05	Vol.7 No.01	14		金日成首相の導きをうける朝鮮人民は限りなく幸福だ－訪朝外国人の印象記から－
1968.01.05	Vol.7 No.01	16	盧在竜	もっと多くの建材!
1968.01.05	Vol.7 No.01	20	洪夏錫	にわとり工場
1968.01.05	Vol.7 No.01	24	董昌活	人民軍と村びと
1968.01.05	Vol.7 No.01	26	李錫初	〈カラー〉赤い戦車兵
1968.01.05	Vol.7 No.01	28	洪海民	〈カラー〉自力更生の旗のもとに　大型冷蔵運搬船が進水
1968.01.05	Vol.7 No.01	30		〈カラー〉歌劇「無窮花のネッカチーフ」
1968.01.05	Vol.7 No.01	32	金善愛	〈カラー〉子供たちのためには惜しみなく
1968.01.05	Vol.7 No.01	36		チェ・ゲバラ同志は永遠に生きている
1968.01.05	Vol.7 No.01	37		親善の往来
1968.01.05	Vol.7 No.01	38		滅亡へのあがき-朝鮮で新しい戦争挑発をたくらむアメリカ帝国主義-
1968.01.05	Vol.7 No.01	40		<新春対談>朝・日両国民の友好と連帯のために(朝鮮総聯中央議長韓徳洙先生/評論家中野好夫先生)
1968.01.05	Vol.7 No.01	45	TBSテレビ解説室長田英夫さん	〈カメラ訪問〉
1968.01.05	Vol.7 No.01	48		〈帰国希望者がいる限り〉帰国事業は続けられねばならない-寒空のもとで不安につつまれている帰国希望者たち
1968.01.05	Vol.7 No.01	49		<帰国は人間として当然の権利だ>訪日のトインビー博士語る
1968.01.05	Vol.7 No.01	50		〈カラー〉在日朝鮮中央が芸術団<民族芸術を通じて朝・日親善のかけ橋に>
1968.01.05	Vol.7 No.01	54		<新連載>親善風土記①京都
1968.01.05	Vol.7 No.01	57		<新連載>「さんぷん寄席」大空ヒット・三空ますみ
1968.01.05	Vol.7 No.01	58		メモランダム
1968.01.05	Vol.7 No.01	59		青春まんが展
1968.01.05	Vol.7 No.01	60		朝鮮の民話

발행일	지면정보		필자	제목
	권호	페이지		
1968.01.05	Vol.7 No.01	60		朝鮮料理教室(37)
1968.01.05	Vol.7 No.01	61		＜付録＞論説、朝鮮語講座、読者のひろば、歌曲、その他
1968.02.05	Vol.7 No.02	1		巻頭
1968.02.05	Vol.7 No.02	2		〈特集〉＜カラー＞朝鮮民主主義人民共和国最高人民会議および地方各級人民会議代議員選挙
1968.02.05	Vol.7 No.02	8		〈特集〉＜カラー＞最高人民会議代議員選挙の偉大な権利を熱烈に祝う-朝鮮総聯幹部と在日同各界の代表7名当選
1968.02.05	Vol.7 No.02	12		〈特集〉＜カラー＞金日成元師を首班とする新内閣を熱烈に支持する在日同胞
1968.02.05	Vol.7 No.02	13	土井大助	〈特集〉＜カラー＞詩-秩序ある熱気
1968.02.05	Vol.7 No.02	14		〈特集〉＜カラー＞朝鮮·キューバ両国人民のゆつぎない親善団結
1968.02.05	Vol.7 No.02	16	董昌活	＜カラー＞必勝不敗の革命武力(朝鮮人民軍創建20周年)
1968.02.05	Vol.7 No.02	24	劉煥基	＜カラー＞油絵-前線を視察される金日成元師
1968.02.05	Vol.7 No.02	26	蔡済京	＜カラー＞労農赤衛隊員の決意
1968.02.05	Vol.7 No.02	28	盧在竜	＜カラー＞よみがえった"農作村"
1968.02.05	Vol.7 No.02	32	董海善	＜カラー＞1,211高地戦士の対面＜朝鮮人民軍鋼鉄労働者＞
1968.02.05	Vol.7 No.02	34	洪春根	＜カラー＞たゆみなき前進
1968.02.05	Vol.7 No.02	37		南ベトナム人民解放軍歌舞団がわ国で公演
1968.02.05	Vol.7 No.02	38		＜カラー＞日本当局は帰国事業を最後まで続けなければならない
1968.02.05	Vol.7 No.02	41		〈カメラ訪問〉新劇俳優　鈴木光枝·佐々木　愛
1968.02.05	Vol.7 No.02	42		日本当局は「外国人学校制度法案」をとりため　在日朝鮮公民の民族教育を保障すべきである
1968.02.05	Vol.7 No.02	44		＜連載＞親善風土記②長野
1968.02.05	Vol.7 No.02	46		＜連載＞「さんぷん寄席」コロンビア　トップ·ライト
1968.02.05	Vol.7 No.02	47		メモランダム
1968.02.05	Vol.7 No.02	48		朝鮮の民話/四つのねがい
1968.02.05	Vol.7 No.02	48		朝鮮料理教室(38)/はまぐりと石もちのちり鍋
1968.02.05	Vol.7 No.02	49		＜付録＞論説、朝鮮語講座、読者のひろば、歌曲、その他
1968.03.05	Vol.7 No.03	2		首相のまわりに固く団結した朝鮮人民の偉大ば統一-朝鮮民主主義人民共和国最高人民会議第4期第1回会議
1968.03.05	Vol.7 No.03	4	李昌洽	〈特集〉〈祖国解放の念願をいだいて〉〈1〉偉大な革命家の家庭
1968.03.05	Vol.7 No.03	11	洪夏錫	＜カラー＞青山里精神のふるさと
1968.03.05	Vol.7 No.03	16	洪春根	＜カラー＞新しい農業指導体系の発祥地-粛川
1968.03.05	Vol.7 No.03	18	金蓮花	＜カラー＞最高人民会議代表員になった　婦人美装工
1968.03.05	Vol.7 No.03	20	董昌活	＜カラー＞「わが国の社会主義農村問題に関するテーゼ」は延安に大農作をもたらした
1968.03.05	Vol.7 No.03	24		＜カラー＞油絵-ご尊父金亨稷先生から愛国主義教養をうけられる金日成元師

발행일	지면정보		필자	제목
	권호	페이지		
1968.03.05	Vol.7 No.03	26	金海善	〈カラー〉農業の化学化のために
1968.03.05	Vol.7 No.03	30	李錫初	〈カラー〉アメリカ帝国主義にふみにじられる南朝鮮の農業
1968.03.05	Vol.7 No.03	32		すべてを祖国統一のために〈共和国政府の10大政綱を熱烈に支持する在日同胞〉
1968.03.05	Vol.7 No.03	34		朝鮮民主主義人民共和国最高人民会議　第4期第1回会議で発表された　金日成首相の10大政綱は国際的意義をもつ重要文献-日本各界人士の談話・世界各国でも大きな反響-
1968.03.05	Vol.7 No.03	37		コロンボ会談を決裂させた日本側-日本当局は帰国事業を最後まで保障せよ
1968.03.05	Vol.7 No.03	38		あくまでも帰国の権利を守りぬく〈怒りぶちまける玄正三さん〉
1968.03.05	Vol.7 No.03	38		〈カメラ訪問〉俳優　渥美清さん
1968.03.05	Vol.7 No.03	39		〈連載〉親善風土記③愛知
1968.03.05	Vol.7 No.03	47		〈連載〉「さんぶん寄席」林家正蔵さん
1968.03.05	Vol.7 No.03	41		〈カラー〉たゆみなく前進する民族教育
1968.03.05	Vol.7 No.03	45		〈カラー〉もりあがる熱意　つきない喜び　5つの学校建設に立上がった大阪地方の同胞たちを訪ねて
1968.03.05	Vol.7 No.03	46	児童文学者 来栖良夫	〈カラー〉朝鮮人学校を見学して
1968.03.05	Vol.7 No.03	48		朝鮮の民話/うずらときつね
1968.03.05	Vol.7 No.03	48		朝鮮料理教室(39) /水正菓
1968.03.05	Vol.7 No.03	49		〈付録〉論説、朝鮮語講座、読者のひろば、歌曲、その他
1968.05.05	Vol.7 No.05 創刊6周年記念	2		四千万のうた
1968.05.05	Vol.7 No.05 創刊6周年記念	8	趙成範	祖国光復の偉大な革命的旗じるし-祖国光復会創建30周年
1968.05.05	Vol.7 No.05 創刊6周年記念	11		新しい6人の共和国英雄
1968.05.05	Vol.7 No.05 創刊6周年記念	12		革命の基地-共和国北半部は鉄壁の要塞
1968.05.05	Vol.7 No.05 創刊6周年記念	16	洪春根	千里馬工場のほまれ高く
1968.05.05	Vol.7 No.05 創刊6周年記念	20	金善愛	人民教員のよろこび
1968.05.05	Vol.7 No.05 創刊6周年記念	22		「金日成首相は民族の英雄だ」朝鮮人民の声
1968.05.05	Vol.7 No.05 創刊6周年記念	24		朝鮮人民の反米救国闘争ひろがる
1968.05.05	Vol.7 No.05 創刊6周年記念	26		金日成首相誕生56周年を熱烈に祝賀(在日同胞)
1968.05.05	Vol.7 No.05 創刊6周年記念	28		朝鮮画「金日成元師と児童団員たち」

발행일	지면정보		필자	제목
	권호	페이지		
1968.05.05	Vol.7 No.05 創刊6周年記念	32		短歌「金日成首相の第56回の誕生日を祝う」
1968.05.05	Vol.7 No.05 創刊6周年記念	33	クジェアイエ・オモレジェ	詩「金日成!あなたは赤い太陽」
1968.05.05	Vol.7 No.05 創刊6周年記念	34		<連載>祖国統一のために〈2〉-共和国政府は一貫して自主統一の為に協力している
1968.05.05	Vol.7 No.05 創刊6周年記念	36		<連載>祖国の自主統一を一日も早く〈在日同胞の切実な念願〉
1968.05.05	Vol.7 No.05 創刊6周年記念	38		金雪筍さん〈京都〉のねがい
1968.05.05	Vol.7 No.05 創刊6周年記念	40		〈特集〉朝鮮大学校の認可実現!-在日朝鮮公民の正当な要求と広はんな日本国民の支援実る
1968.05.05	Vol.7 No.05 創刊6周年記念	44		〈特集〉朝鮮大学校の認可を喜び、在日朝鮮人の民族教育が保障される要望する〈在日各界人士の声〉
1968.05.05	Vol.7 No.05 創刊6周年記念	46		〈特集〉日本政府は「外国人学校法案」を即時撤回し在日朝鮮人の民族教育を全国的に保障せよ
1968.05.05	Vol.7 No.05 創刊6周年記念	47		〈特集〉町内会(茨城)あげて「外国人学校法案」に反対
1968.05.05	Vol.7 No.05 創刊6周年記念	48		崩れゆくアメリカ帝国主義
1968.05.05	Vol.7 No.05 創刊6周年記念	52	朴成樹	親善風土記⑤兵庫
1968.05.05	Vol.7 No.05 創刊6周年記念	54		<連載>カメラ訪問/徳川夢声さん
1968.05.05	Vol.7 No.05 創刊6周年記念	54		<連載>さんぷん寄席/滝の家鯉香さん
1968.05.05	Vol.7 No.05 創刊6周年記念	55		<連載>メモランダム
1968.05.05	Vol.7 No.05 創刊6周年記念	56		朝鮮の民話/虎のお兄さん
1968.05.05	Vol.7 No.05 創刊6周年記念	56		朝鮮料理教室(41)/たけのこ　ご飯
1968.06.	Vol.7 No.06	2		自主・自立・自衛の革命的旗じるしをさらに高く-朝鮮民主主義人民共和国最高人民会議第4期第2回会議
1968.06.	Vol.7 No.06	6	趙哲済	不滅ののろし〈普天堡戦闘勝利31周年〉
1968.06.	Vol.7 No.06	10		祖国の統一と建設のために〈全国青年総動員大会ひらく〉
1968.06.	Vol.7 No.06	12	趙炳雪	ゆるぎない祖国の守り
1968.06.	Vol.7 No.06	14		アメリカ帝国主義は身さかいなくふるまうな!
1968.06.05	Vol.7 No.06	17		世界が朝鮮人民の正義の闘争を支持している
1968.06.05	Vol.7 No.06	18	崔秉昕	金日成元師の深い愛のつつまれて
1968.06.05	Vol.7 No.06	21		明るくすこやかに〈共和国の子供たち〉
1968.06.05	Vol.7 No.06	23		ぼくらはみんな仲よしだ

발행일	지면정보		필자	제목
	권호	페이지		
1968.06.05	Vol.7 No.06	24		<カラー>魚の養殖
1968.06.05	Vol.7 No.06	26		<カラー>遊撃根拠地の人民の前で演説される金日成元師
1968.06.05	Vol.7 No.06	28		<カラー>祖国統一国際連帯〈在日同胞　メーテーを祝う〉
1968.06.05	Vol.7 No.06	30		兵士の時の意気ごみで
1968.06.05	Vol.7 No.06	34		<連載>祖国統一のために③
1968.06.05	Vol.7 No.06	36		日本当局は在日朝鮮公民の民族教育を保障せよ
1968.06.05	Vol.7 No.06	39		日本の学校から朝鮮人学校へ〈李幸香さんの新しい出発〉
1968.06.05	Vol.7 No.06	40		外国人学校法案に思う/渡辺洋三氏
1968.06.05	Vol.7 No.06	41		さんぶん寄席/桂 光丸さん
1968.06.05	Vol.7 No.06	42		理解と親善を深めよう/湯川秀樹 博士
1968.06.05	Vol.7 No.06	43	成東煥	<連載>親善風土記⑤新潟
1968.06.05	Vol.7 No.06	46		<連載>カメラ訪問/猿橋勝子氏
1968.06.05	Vol.7 No.06	47		<連載>メモランダム
1968.06.05	Vol.7 No.06	48		<連載>朝鮮料理教室(42) ・朝鮮の民話
1968.06.05	Vol.7 No.06	49		朝鮮語講座・今月のしおり
1968.06.05	Vol.7 No.06	50		読者の声・ゆほど
1968.06.05	Vol.7 No.06	51		資料
1968.07.05	Vol.7 No.07	1		〈巻頭〉「偉大な領袖に栄光を捧げる」
1968.07.05	Vol.7 No.07	2		「祖国と人民の運命を一身にになって」〈3〉金日成首相の初期革命活動①
1968.07.05	Vol.7 No.07	8	金哲満	「人民の自由と解放のために」ふたたび祖国に進軍して
1968.07.05	Vol.7 No.07	12	董昌活	金日成首相が創造された大安事業体系の偉大な力
1968.07.05	Vol.7 No.07	18	李錫初	一騎当千の哨兵たち
1968.07.05	Vol.7 No.07	20		〈特輯カラー〉朝鮮民主主義人民共和国創建20周年慶祝　大音楽舞踊叙事詩「偉大な領袖に栄光を捧げる」
1968.07.05	Vol.7 No.07	32		〈特輯カラー〉金日成首相の限りない配慮〈在日同胞子弟のために教育援助費と奨学金〉
1968.07.05	Vol.7 No.07	33	端伊玖磨	〈特輯カラー〉偉大な指導者 偉大な芸術
1968.07.05	Vol.7 No.07	34		〈特輯カラー〉"偉大な指導者をもつ朝鮮人民はしあわせだ"-日本各界人士も絶賛-
1968.07.05	Vol.7 No.07	36		〈特輯カラー〉独創的な芸術にふかい感銘
1968.07.05	Vol.7 No.07	36		〈特輯カラー〉栃木県下日本各界人士100余名が東京で感想会ひらく
1968.07.05	Vol.7 No.07	37		〈特輯カラー〉"最高水準をゆく朝鮮の舞台芸術"
1968.07.05	Vol.7 No.07	38		<連載>祖国統一のために〈4〉
1968.07.05	Vol.7 No.07	40		「外国人学校法案」三たび廃案に-北海道の学長・教授らが「朝鮮大学校認可祝賀・第2回日朝学術交流相談会」ひらく-
1968.07.05	Vol.7 No.07	41		カメラ訪問/岩井章氏
1968.07.05	Vol.7 No.07	42		日本当局は朝・日赤十字会談を再開し在日朝鮮公民の帰国事業を保障せよ!

발행일	지면정보		필자	제목
	권호	페이지		
1968.07.05	Vol.7 No.07	44		在日朝鮮人に対する人権侵害を許すな!ー朝鮮人学生への集団行件
1968.07.05	Vol.7 No.07	45	田代博之	朝鮮を敵視する政治的暴力行為
1968.07.05	Vol.7 No.07	46	金東圭	<連載>親善風土記⑤岡山
1968.07.05	Vol.7 No.07	48		<連載>さんぶん寄席/桂二三夫さん
1968.07.05	Vol.7 No.07	49		<連載>メモランダム
1968.07.05	Vol.7 No.07	50		<連載>朝鮮料理教室(43)・朝鮮の民話
1968.07.05	Vol.7 No.07	51		今月のしおり・朝鮮の島・朝鮮語講座
1968.07.05	Vol.7 No.07	52		読者の声・ゆほど
1968.08.05	Vol.7 No.08	2		<カラー>「祖国と人民の運命を一身にになって」〈4〉
1968.08.05	Vol.7 No.08	8		金日成首相に最後まで忠実であった夫や息子・父母の遺志をうけつぎ 革命偉業を輝かしく完遂しよう〈全国列士家族・栄誉軍人家族大会〉
1968.08.05	Vol.7 No.08	10	洪春根	第2回全国千里馬作業班運動先駆者大会
1968.08.05	Vol.7 No.08	12	許明哲	<カラー>年産計画200％超過達成へ-金洛斗さんが働く工場で-
1968.08.05	Vol.7 No.08	16		<カラー>中央工業と地方工業の並進政策は偉大な成果をおさめている
1968.08.05	Vol.7 No.08	22		金日成首相の論文「反帝反米闘争を強化しよう」は"世界人民の正義の闘争に新しい紀元をひらいた"
1968.08.05	Vol.7 No.08	24		<連載>祖国統一のために〈5〉南朝鮮同胞は自主統一のために力強くたたがっている
1968.08.05	Vol.7 No.08	26		<油絵>「燃える洛東江」
1968.08.05	Vol.7 No.08	28		〈特集〉アメリカ帝国主義侵略軍は南朝鮮からすぐでていけ!
1968.08.05	Vol.7 No.08	28		〈特集〉全世界の人民がきびしく糾弾
1968.08.05	Vol.7 No.08	30		〈特集〉ますます露骨になるアメリカの戦争挑発策動
1968.08.05	Vol.7 No.08	32		〈特集〉急速に進む米・日・南朝鮮の軍事的結宅
1968.08.05	Vol.7 No.08	34		〈特集〉南朝鮮人民の反米救国闘争高まる-日本人民も朴正煕一味の人民弾圧を糾弾-
1968.08.05	Vol.7 No.08	36		〈特集〉ひたすら祖国の統一めざして-力強く立上がっている在日同胞(神奈川県・川崎)
1968.08.05	Vol.7 No.08	38		日本当局は帰国事業を一日も早く再開せよ!
1968.08.05	Vol.7 No.08	40		帰国の道が閉ざされなかったら私の息子は死なずにすんだ-김시흥さんの悲しみと怒り-北海島
1968.08.05	Vol.7 No.08	41		日本人民の1人として　作家・松田解子さん
1968.08.05	Vol.7 No.08	42		発展する民族教育ー朝鮮大学校の第2研究棟と新潟朝鮮初中級学校が新築落成
1968.08.05	Vol.7 No.08	44	朴成樹	<連載>親善風土記⑧埼玉
1968.08.05	Vol.7 No.08	46		<連載>さんぶん寄席/三遊亭円之助さん
1968.08.05	Vol.7 No.08	47		<連載>メモランダム
1968.08.05	Vol.7 No.08	48		<連載>朝鮮の民話/朝鮮料理教室(44)

발행일	지면정보		필자	제목
	권호	페이지		
1968.08.05	Vol.7 No.08	49		今月のしおり/朝鮮の島/朝鮮語講座
1968.08.05	Vol.7 No.08	50		読者の声/ゆほど
1968.08.05	Vol.7 No.08	51		資料
1968.08.05	Vol.7 No.08	52		カメラ訪問/大空真弓さん
1968.09.05	Vol.7 No.09	1		〈巻頭〉民族の太陽-金日成元師
1968.09.05	Vol.7 No.09	2		〈特集〉「勝利と栄光の20年」金日成首相の賢明な導きのもとに隆盛発展する朝鮮民主主義人民共和国
1968.09.05	Vol.7 No.09	10	金佐赫	〈特集〉「人民と自由と解放のために」敬愛する領袖の高い志を胸に
1968.09.05	Vol.7 No.09	12	金成福	〈特集〉南朝鮮の同胞にたいする金日成首相のあたたかい配慮
1968.09.05	Vol.7 No.09	14		〈特集〉＜共和国の旗のもとに＞偉大な10大政綱を高くかかげて
1968.09.05	Vol.7 No.09	16		〈特集〉祖国統一めざして
1968.09.05	Vol.7 No.09	19		〈特集〉三多摩朝鮮第2初中級学校の新校舎が竣工
1968.09.05	Vol.7 No.09	20		〈特集〉共和国創建20周年おめでとう－日本各界人士の談話
1968.09.05	Vol.7 No.09	22		祖国統一のために〈6〉
1968.09.05	Vol.7 No.09	24		照れば早ばつ　降れば洪水　飢えと貧困　災害に泣く南朝鮮
1968.09.05	Vol.7 No.09	27		＜カラー＞鉱山にとどろく革新のうた
1968.09.05	Vol.7 No.09	30		＜カラー＞朝鮮画「四千万朝鮮人民の偉大な領袖金日成元師万歳!」
1968.09.05	Vol.7 No.09	32		＜カラー＞「わが領袖に永遠の忠誠を！」朝鮮警備隊芸術サークルの公演
1968.09.05	Vol.7 No.09	35		朝鮮・タンザニア両国人民の親善団結－タンザニア連合共和国大統領夫婦がわが国を訪問-
1968.09.05	Vol.7 No.09	38		〈座談会〉朝鮮民主主義人民共和国創建20周年記念特別座談会「見てきた朝鮮」
1968.09.05	Vol.7 No.09	44		カメラ訪問/吉田嘉清さん
1968.09.05	Vol.7 No.09	45		反帝反米共和国闘争の強化〈第14回原水爆禁止世界大会〉
1968.09.05	Vol.7 No.09	48		もうこれ以上待てない！－日本当局はすみやかに帰国事業を再開せよ-
1968.09.05	Vol.7 No.09	52		朝鮮大学校の認可と「外国人学校法案」の廃案をよろこぶ
1968.09.05	Vol.7 No.09	53		「朝鮮民主主義人民共和国の国名を正しく表記するよう」朝鮮総聯が日本報道機関の申し入れ
1968.09.05	Vol.7 No.09	54	金周殷	＜連載〉親善風土記⑨青森
1968.09.05	Vol.7 No.09	56		＜連載〉さんぷん寄席/古今亭志ん朝さん
1968.09.05	Vol.7 No.09	57		＜連載〉メモランダム
1968.09.05	Vol.7 No.09	58		＜連載〉朝鮮の民話/朝鮮料理教室(45)
1968.09.05	Vol.7 No.09	59		今月のしおり/朝鮮の島/朝鮮語講座
1968.09.05	Vol.7 No.09	60		読者の声/ゆほど

발행일	지면정보 권호	지면정보 페이지	필자	제목
1968.09.	Vol.7 No.10 臨時増刊号	2		不滅の革命伝統をうけついだ人民政権
1968.09.	Vol.7 No.10 臨時増刊号	8		栄えある祖国－朝鮮民主主義人民共和国の創建
1968.09.	Vol.7 No.10 臨時増刊号	12		祖国解放戦争の輝かしい勝利
1968.09.	Vol.7 No.10 臨時増刊号	18		千里馬の勢いで躍進する自立経済
1968.09.	Vol.7 No.10 臨時増刊号	24		万年豊作の社会主義農村
1968.09.	Vol.7 No.10 臨時増刊号	28		すばらしい社会主義制度　しあわせな生活
1968.09.	Vol.7 No.10 臨時増刊号	34		不敗の威力しめす自衛路線
1968.09.	Vol.7 No.10 臨時増刊号	38		反米救国!たたかう南朝鮮人民
1968.09.	Vol.7 No.10 臨時増刊号	46		固く団結して前進する在日朝鮮公民
1968.10.05	Vol.7 No.11	2	任弼済/兪柄健	＜カラー＞〈朝鮮労働党創建23周年〉金日成元帥が創建し指導する朝鮮労働党は必勝不敗である
1968.10.05	Vol.7 No.11	6	金順奎	＜カラー＞現代の英雄-解放前の１年間の生産量をたった1人織りあげる李和順さん-
1968.10.05	Vol.7 No.11	10		千里馬朝鮮の気概をしめす－第９回世界青年学生平和友好祭で
1968.10.05	Vol.7 No.11	14		＜カラー特集＞＜朝鮮民主主義人民共和国創建２０周年＞偉大な指導者金日成首相をたたえる在日朝鮮公民
1968.10.05	Vol.7 No.11	18		＜カラー特集＞盛大に中央体育祝典
1968.10.05	Vol.7 No.11	24		＜カラー特集＞各地であいつぐ記念建設事業
1968.10.05	Vol.7 No.11	26		＜カラー特集＞日本国民も心から祝う
1968.10.05	Vol.7 No.11	28	金東圭	＜カラー特集〉200勝！輝かしい記録-勇名をはせる在日挑戦蹴球団
1968.10.05	Vol.7 No.11	28	洪東哲	＜カラー特集〉衰退と没落の南朝鮮スポーツ
1968.10.05	Vol.7 No.11	36		〈新連載〉アメリカ帝国主義は朝鮮人民の野望-100年も前から侵略の野望
1968.10.05	Vol.7 No.11	38		日本当局はただちに帰国事業を再開せよ!
1968.10.05	Vol.7 No.11	41	宗左近	疼きを怒り
1968.10.05	Vol.7 No.11	40		〈連載〉カメラ訪問·池内淳子さん
1968.10.05	Vol.7 No.11	42	朴成樹	＜連載〉親善風土記⑩福岡
1968.10.05	Vol.7 No.11	44		＜連載〉さんぷん寄席·桂　枝太郎さん
1968.10.05	Vol.7 No.11	45		＜連載〉メモランダム
1968.10.05	Vol.7 No.11	46		＜連載〉朝鮮料理教室(46)·朝鮮の民話
1968.10.05	Vol.7 No.11	47		今月のしおり·朝鮮の島·朝鮮語講座(文章編〈6〉)

발행일	지면정보		필자	제목
	권호	페이지		
1968.10.05	Vol.7 No.11	48		読者の声・ゆほど
1968.10.05	Vol.7 No.11			〈付録〉チェコスロバキアの事態について歴史的教訓-〈労働新聞論説〉
1968.10.05	Vol.7 No.11			〈付録〉最近のチェコスロバキアの事態について-〈朝鮮中央通信の報道〉
1968.11.10	Vol.7 No.13 増刊	2		金日成首相が歴史的報告-朝鮮民主主義人民共和国創建20周年記念中央慶祝大会
1968.11.10	Vol.7 No.13 増刊	4		力強くはなやかな30万人の大パレード-平壤市群衆大会
1968.11.10	Vol.7 No.13 増刊	34		朝鮮人民の気概をしめす-集団体操『千里馬朝鮮』
1968.11.10	Vol.7 No.13 増刊	40		勝利と栄光の歴史をつづる大絵巻-音楽舞踊叙事詩『栄えあるわが祖国』
1968.11.10	Vol.7 No.13 増刊	44		偉大な領袖の指導をうける朝鮮人民はもっともしあわせだ-共和国創建20周年を慶祝するためわが国を訪ねられた各国代表団の印象
1968.12.05	Vol.7 No.14	2	崔君善	首相のよびかけにこたえてさらに前進する労働者たち
1968.12.05	Vol.7 No.14		盧在竜	＜カラー＞千里馬協同農場の栄誉を胸に
1968.12.05	Vol.7 No.14	7		朝鮮民主主義人民共和国政府が声明 『北爆』停止と関連するベトナム民主共和国の立場を全面的に支持して
1968.12.05	Vol.7 No.14	8	金蓮花	いたるところでアメリカ侵略者を徹底的にうちめそう！
1968.12.05	Vol.7 No.14	12		アメリカはスパイ行為を認め謝罪せよ-世界各国の記者たちがプエブロ号乗組員と会見
1968.12.05	Vol.7 No.14	16		「生きているのが奇跡」〈南朝鮮〉
1968.12.05	Vol.7 No.14	20		アメリカ帝国主義は朝鮮人民の敵
1968.12.05	Vol.7 No.14	22	成東煥	＜カラー＞首相の教えに忠実に-在日本朝鮮人総連合会分会熱誠者第7回大会
1968.12.05	Vol.7 No.14	24		＜カラー＞新たな前進めざして-「朝鮮民主主義人民共和国創建20周年称号」の栄誉にかがやく朝鮮総聯東京・興野分会
1968.12.05	Vol.7 No.14	28		世界の最高水準をゆく千里馬朝鮮の芸術-絶賛あびた在日朝鮮中央芸術団の関西公演
1968.12.05	Vol.7 No.14	32		日本政府は東京地裁の判決を尊重し 在日朝鮮公民の祖国への往来を直ちに認めよ
1968.12.05	Vol.7 No.14	36		いつまで帰国の道を閉ざすのか！
1968.12.05	Vol.7 No.14	38		朝鮮の自主統一を強く支持-第13回 日朝協会定期全国大会-
1968.12.05	Vol.7 No.14	40		この目で見ためざましい発展－共和国を訪問した日本各界代表団の印象
1968.12.05	Vol.7 No.14	41	金周殷	〈連載〉親善風土記⑪大阪
1968.12.05	Vol.7 No.14	43		〈連載〉カメラ訪問/自由法曹団弁護士　中村とき子さん
1968.12.05	Vol.7 No.14	45		＜連載＞さんぶん寄席/松鶴家千代菊・千代若
1968.12.05	Vol.7 No.14	46		＜連載＞メモランダム
1968.12.05	Vol.7 No.14	47		＜連載＞朝鮮の民話/朝鮮料理教室(48)

발행일	지면정보		필자	제목
	권호	페이지		
1969.03.05	Vol.8 No.3	10		ともに学べる日を
1969.03.05	Vol.8 No.3	14		アメリカ帝国主義は朝鮮人民のてき(6)-朝鮮闘争中の無差別爆撃による破壊と殺りく
1969.03.05	Vol.8 No.3	16	成壬石	大型機械の生産高まる
1969.03.05	Vol.8 No.3	21	金東洙	機械化すすむ千里馬炭鉱
1969.03.05	Vol.8 No.3	24	陳明成	＜カラー＞革新つづく社会主義農村
1969.03.05	Vol.8 No.3	28		＜カラー＞朝鮮画
1969.03.05	Vol.8 No.3	30		＜カラー＞記録映画「新しい朝鮮」
1969.03.05	Vol.8 No.3	32		＜特集＞南朝鮮の愛国者にたいするアメリカ帝国主義と朴正煕一味の殺人蛮行を断罪する-在日同胞「南朝鮮統一革命党の愛国者にたいする死刑反対闘争月間」を設定
1969.03.05	Vol.8 No.3	35		＜特集＞南朝鮮統一革命党の反米救国のたたかい
1969.03.05	Vol.8 No.3	35		＜特集＞アメリカと朴正煕一味のファッショ弾圧を糾弾する日本各界人士の声
1969.03.05	Vol.8 No.3	39		＜特集＞世界各国でも非難高まる
1969.03.05	Vol.8 No.3	40		日本当局は在日朝鮮公民の民族権利を保障せよ
1969.03.05	Vol.8 No.3	41		6名の同胞の祖国往来実現にあたって-在日本朝鮮人総聯合会中央常任委員会 한덕수議長の談話
1969.03.05	Vol.8 No.3	44	弁護士 柴田徳一	出入国管理令改悪のねらい
1969.03.05	Vol.8 No.3	46	成東煥	共和国の旗のもとに(3)
1969.03.05	Vol.8 No.3	46		希望と誇りの青春-京都の留学生同盟を訪ねて
1969.03.05	Vol.8 No.3	45		カメラ訪問　江上不二夫氏
1969.03.05	Vol.8 No.3	50	金東圭	親善風土記⑮山口
1969.03.05	Vol.8 No.3	52		さんぶん寄席/三笑亭笑三
1969.03.05	Vol.8 No.3	53		メモランダム
1969.03.05	Vol.8 No.3	54		朝鮮の民話/朝鮮料理教室(51)
1969.03.05	Vol.8 No.3	55		読者の声/ゆほど
1969.03.05	Vol.8 No.3	56		朝鮮の島/今月のしおり
1969.04.05	Vol.8 No.4	2	兪秉健	人民は太陽をうたう
1969.04.05	Vol.8 No.4	5		祖国と人民の運命を一身ににないて-が組織指導された抗日武装闘争(4)
1969.04.05	Vol.8 No.4	8	金根衡	＜カラー＞首相が示した『わが国の社会主義農村問題にかんするテーゼ』の偉大な生活力
1969.04.05	Vol.8 No.4	16	金錫初	＜カラー＞自力更生の実り-大型冷凍運搬船「龍岳山」号の進水
1969.04.05	Vol.8 No.4	20	金東洙	＜カラー＞育ちゆく海の征服者-新浦市漁港中学校をたずねて
1969.04.05	Vol.8 No.4	14		全国農業勤労者大会ひらく
1969.04.05	Vol.8 No.4	22		出漁300日！
1969.04.05	Vol.8 No.4	24		南朝鮮の革命闘士故崔永道同志に共和国英雄称号-平壌でおごそかに追悼式

발행일	지면정보		필자	제목
	권호	페이지		
1969.04.05	Vol.8 No.4	26		激しい怒りの行動ひろがる-南朝鮮の愛国者にたいするアメリカ帝国主義と朴正煕一味のファッショ暴圧を糾弾する
1969.04.05	Vol.8 No.4	32		アメリカ軍の野獣のような蛮行<南朝鮮>子どもに猟銃を乱射・4名重体
1969.04.05	Vol.8 No.4	34	金誠和	共和国の旗のもとに(4)"祖国の未来"を教える喜び
	Vol.8 No.4			すばらしい寄宿舎生活-新潟朝鮮初中級学校で
	Vol.8 No.4			生きれかわった子どもたち-横浜朝鮮初級学校で
	Vol.8 No.4			幼い心に子望の種をうえる-砂川朝鮮午後夜間学校で
1969.04.05	Vol.8 No.4	30		<カラー>油絵　司令部を守る抗日パルチザン
1969.04.05	Vol.8 No.4	40		<カラー>朝鮮人民軍創建21周年-在日同胞の各地で慶祝行事
1969.04.05	Vol.8 No.4	42		「すばらしい発展　繁栄に驚いた」祖国を訪問した同胞は語る
1969.04.05	Vol.8 No.4	44		アメリカ帝国主義は朝鮮人民の敵〈7〉銃殺、撲殺、絞殺、生き埋め、火あぶり
1969.04.05	Vol.8 No.4	46		〈座談会〉緊迫する南朝鮮の情勢を語る
1969.04.05	Vol.8 No.4	52	真壁仁	「外国人学校法案」ニおもう
1969.04.05	Vol.8 No.4	53	ジョリー・ブランセンシア	英雄的にたたかう南朝鮮人民に連帯
1969.04.05	Vol.8 No.4	51		〈連載〉カメラ訪問/長山藍子さん
1969.04.05	Vol.8 No.4	54	金東圭	〈連載〉親善風土記(16)高知
1969.04.05	Vol.8 No.4	56		<連載>さんぶん寄席/夢路いとし・喜味こいし
1969.04.05	Vol.8 No.4	57		<連載>メモランダム
1969.04.05	Vol.8 No.4	58		<連載>朝鮮の民話/朝鮮料理教室(52)
1969.04.05	Vol.8 No.4	59		今月のしおり/朝鮮の島/朝鮮語講座(1)
1969.04.05	Vol.8 No.4	60		読者の声/ゆぼと
1969.04.05	Vol.8 No.4	61		〈付禄〉「出入国管理法案」問題
1969.05.05	Vol.8 No.5	2	金東洙	読者の声/ゆぼと「朝鮮国民会」創建52周年-革命の史跡地ー烽火理をたずねて
1969.05.05	Vol.8 No.5	4		祖国と人民の運命を一身にになって-金日成元師が組織指導された抗日武装闘争〈5〉
1969.05.05	Vol.8 No.5	8	白鶴林	白頭の密林でむかえたメーデー
1969.05.05	Vol.8 No.5	10		金日成元師が組織指導された抗日武装闘争は「世界民族解放闘争の模範」
1969.05.05	Vol.8 No.5	12	董昌活	7カ年人民経済計画達成!増産の火花散る黄海製鉄所
1969.05.05	Vol.8 No.5	16		大豊作めざして-赤い旗上中協同農場
1969.05.05	Vol.8 No.5	18	洪春根	<カラー>伸びゆく鉄道電化
1969.05.05	Vol.8 No.5	22	金善愛	<カラー>「女性工場」
1969.05.05	Vol.8 No.5	26	成圡石	<カラー>無料・無病・長寿-わが国の医療制度
1969.05.05	Vol.8 No.5	28		<カラー>朝鮮画「青峯の朝」
1969.05.05	Vol.8 No.5	30	金蓮花	<カラー>工場託児所

발행일	지면정보		필자	제목
	권호	페이지		
1969.05.05	Vol.8 No.5	34		＜カラー＞金日成首相誕生57周年－敬愛の情をこめて熱烈に祝う在日同胞
1969.05.05	Vol.8 No.5	38		＜共和国の旗のもとに＞同胞のこころに呼びかける在日朝鮮演劇団
1969.05.05	Vol.8 No.5	36		金日成将軍の抗日武装闘争　日本人の見聞記①
1969.05.05	Vol.8 No.5	32		アフリカ人民の反帝反米闘争
1969.05.05	Vol.8 No.5	42	金誠和	ぼくもわたしも1年生
1969.05.05	Vol.8 No.5	43		作文-わたしの学校
1969.05.05	Vol.8 No.5	45		総天然色長編記録映画「新しい朝鮮」を見て
1969.05.05	Vol.8 No.5	46		アメリカ帝国主義は朝鮮人の敵〈8〉朝鮮闘争で細菌兵器
1969.05.05	Vol.8 No.5	48		日本政府は在日朝鮮公民弾圧をねらう「出入国管理法案」を撤回せよ
1969.05.05	Vol.8 No.5	41		〈連載〉カメラ訪問/鈴木四郎氏
1969.05.05	Vol.8 No.5	50	金学元	〈連載〉親善風土記(17)岩手
1969.05.05	Vol.8 No.5	52		＜連載＞さんぷん寄席/柳亭燕路
1969.05.05	Vol.8 No.5	53		＜連載＞メモランダム
1969.05.05	Vol.8 No.5	54		＜連載＞朝鮮の民話/朝鮮料理教室(53)
1969.05.05	Vol.8 No.5	55		朝鮮の島/今月のしおり/朝鮮語講座
1969.06.05	Vol.8 No.6	2		祖国と人民の運命を一身に　にないて-金日成元帥が組織指導された抗日武装闘争〈6〉
1969.06.05	Vol.8 No.6	6	金東洙	栄光の地-普天堡をたずねて
1969.06.05	Vol.8 No.6	10		金日成首相誕生57周年を祝い-朝鮮少年平壌市連合団体会ひらく-
1969.06.05	Vol.8 No.6	12	董昌活	＜カラー＞7ヵ年人民経済計画達成へ!-生産目標に肉迫する鋼鉄部門
1969.06.05	Vol.8 No.6	16	洪錫浩	＜カラー＞ヨルド三千里平野の新しい歴史
1969.06.05	Vol.8 No.6	19		親善と連帯
1969.06.05	Vol.8 No.6	20		親善と連帯「金日成首相は世界革命の卓越した指導者のひとりである」
1969.06.05	Vol.8 No.6	22		金日成首相南イェメン人民共和国に友好と連帯の贈り物
1969.06.05	Vol.8 No.6	25	金錫初	朝鮮戦争における惨敗の教訓を忘れたアメリカ帝国主義の戦争挑発策動はられらの破滅を早めるだけである
1969.06.05	Vol.8 No.6	27	金善愛	＜カラー＞幸せをとりもどした四姉妹
1969.06.05	Vol.8 No.6	30		＜カラー＞朝鮮画〈敵艦狩り〉
1969.06.05	Vol.8 No.6	32		＜カラー＞帰国者だより-私はりっぱな社会主義読者となった
1969.06.05	Vol.8 No.6	34		＜カラー＞「金日成伝」を読んで
1969.06.05	Vol.8 No.6	34		＜カラー＞「金日成伝」を読んで
	Vol.8 No.6		自民党代議士宇都宮徳馬	世に広く読まれることをのぞむ
	Vol.8 No.6		東京大学校教授江口朴郎	奇跡ともいえ稀にみるすぐれた指導者の伝記

발행일	지면정보		필자	제목
	권호	페이지		
1969.06.05	Vol.8 No.6	36		金日成将軍の抗日武装闘争　日本人の見聞記(2)
1969.06.05	Vol.8 No.6	37		金日成首相の偉大な革命思想をかかげて力強くたたかう南朝鮮人民
1969.06.05	Vol.8 No.6	39		アメリカ帝国主義のせんそう挑発策動をだんこ糾弾する
1969.06.05	Vol.8 No.6	40		朝鮮民主主義人民共和国政府声明-朝鮮人民の集権を侵害するいかなる行動もゆるさない
1969.06.05	Vol.8 No.6	41		全世界がアメリカの侵略行動を非難している
1969.06.05	Vol.8 No.6	43		〈座談会〉朝鮮で戦争の火種をまき散らすアメリカ-米スパイ機の朝鮮領空侵犯とその危険な背景を語る-
1969.06.05	Vol.8 No.6	48		アメリカ侵略者は南朝鮮から出て行け!-在日同胞　各地でメーデーの集い
1969.06.05	Vol.8 No.6	50		金日成首相誕生57周年を祝い-各地で盛大な記念事業
1969.06.05	Vol.8 No.6	52		「出入国管理法案」をとりさげ!-高まる朝・日両国人の反対運動-
1969.06.05	Vol.8 No.6	51		〈連載〉カメラ訪問/松谷みよ子氏
1969.06.05	Vol.8 No.6	54	李石在	〈連載〉親善風土記(18)宮崎
1969.06.05	Vol.8 No.6	56		<連載>さんぷん寄席/金原亭馬生
1969.06.05	Vol.8 No.6	57		<連載>メモランダム
1969.06.05	Vol.8 No.6	58		<連載>朝鮮の民話/朝鮮料理教室(54)
1969.06.05	Vol.8 No.6	59		今月のしおり/朝鮮の島/朝鮮語講座
1969.06.05	Vol.8 No.6	60		読者の声/ゆぼと
1969.07.05	Vol.8 No.7	2		敬愛する金日成首相の参席のもとに最高人民会議　第4期第3回会議ひらく
1969.07.05	Vol.8 No.7	4		祖国と人民の運命を一身ににさいて-金日成将軍による反帝反封建民主主義革命の成功と革命的民主主義基地の発展〈1〉
1969.07.05	Vol.8 No.7	8		金日成将軍の抗日武装闘争　日本人の見聞記(3)
1969.07.05	Vol.8 No.7	14		チリ共和国上院議長がわが国を訪問
	Vol.8 No.7			カイロでわが国の図書展覧会
	Vol.8 No.7			シンガポールでわが国の商品展覧会
1969.07.05	Vol.8 No.7	15		生存と民主主義的権利-朝鮮統一をめざす南朝鮮人民の力強い闘争
1969.07.05	Vol.8 No.7	18		劇映画「遊撃隊の5人兄弟」
1969.07.05	Vol.8 No.7	20		アメリカ帝国主義は朝鮮人の敵〈9〉-死の収容所
1969.07.05	Vol.8 No.7	10		<カラー>偉大な闘争　不滅のあしあと-金日成将軍の直接的指揮のもとにおこなわれた茂山地区戦闘勝利30周年
1969.07.05	Vol.8 No.7	22	趙応天	<カラー>"青春"炭鉱
1969.07.05	Vol.8 No.7	25	張益守	<カラー>豊かな電力　進む建設
1969.07.05	Vol.8 No.7	29		<カラー>朝鮮画「飛行機狩り」
1969.07.05	Vol.8 No.7	30	洪春根	<カラー>機械化の威力でわきたつ社会主義農村
1969.07.05	Vol.8 No.7	32		<カラー>賢明な指導　高い徳性　輝かしい業績を称えて『金日成伝』出版記念会日本各界人士により盛大にひらかれる

발행일	지면정보		필자	제목
	권호	페이지		
1969.07.05	Vol.8 No.7	34		<カラー>『金日成伝』を読んで
1969.07.05	Vol.8 No.7	46		<カラー>ゆびゆく民族教育-朝鮮大学校創立13周年祝賀の集い
1969.07.05	Vol.8 No.7	36		在日本朝鮮人総連合結成14周年を祝う
1969.07.05	Vol.8 No.7	38		日本政府は「出入国管理法案」の立法化をとりめ在日朝鮮公民の民主的民族権利を全面的に保障せよ!
1969.07.05	Vol.8 No.7	41	信夫澄子	「出入国管理法案」に思う
1969.07.05	Vol.8 No.7	42	朴成樹	<共和国の旗のもとに>祖国の自主統一めざして-発展する朝銀大阪信用組合
1969.07.05	Vol.8 No.7	48		搾取と抑圧 戦争政府に反対して闘う世界各国の労働者
1969.07.05	Vol.8 No.7	45		〈連載〉カメラ訪問/小野十三郎氏
1969.07.05	Vol.8 No.7	50	成東煥	〈連載〉親善風土記(19)奈良
1969.07.05	Vol.8 No.7	52		<連載>さんぷん寄席/牧野周一
1969.07.05	Vol.8 No.7	53		<連載>メモランダム
1969.07.05	Vol.8 No.7	54		<連載>朝鮮の民話/朝鮮料理教室(55)
1969.07.05	Vol.8 No.7	55		朝鮮の島/今月のしおり朝鮮語講座
1969.07.05	Vol.8 No.7	56		ゆぼど/読者の声
1969.08.05	Vol.8 No.8	2		祖国と人民の運命を一身ににないて-金日成将軍による反帝反封建民主主義革命成功と革命的民主基地の発展〈2〉
1969.08.05	Vol.8 No.8	6		金日成将軍の抗日武装闘争-日本人の見聞記④
1969.08.05	Vol.8 No.8	8		朝ソ両国人民の伝統的親善を強化-ソ連最高会議幹部会ポドゴルヌイ議長がわが国を訪問
1969.08.05	Vol.8 No.8			日朝協会理事長畑中正春夫妻 わが国を親善訪問
1969.08.05	Vol.8 No.8	11		朝鮮民主主義人民共和国を訪問して
	Vol.8 No.8		畑中正春	金日成首相のまわりゆるぎなく団結する人民
	Vol.8 No.8		畑中知加子	しあわせな婦人とこどもたち
1969.08.05	Vol.8 No.8	13		親善と連帯
1969.08.05	Vol.8 No.8	14		金日成首相の著作が日本国民の間で広く読まれている
1969.08.05	Vol.8 No.8	16	金淑子	南ベトナム共和国臨時革命政府樹立-わが国との間に大使級外交関係ひらく-
1969.08.05	Vol.8 No.8	19	董昌活	経済建設と国防建設により多くのセメントを!
1969.08.05	Vol.8 No.8	22	金文鎬	<カラー>大型機械の生産すすむ
1969.08.05	Vol.8 No.8	26	韓鳳賛	<カラー>金日成首相の限りない配慮-子どもの宮殿
1969.08.05	Vol.8 No.8	30		<カラー>油絵『1,211高地戦闘』
1969.08.05	Vol.8 No.8	32		<カラー>お腹すいたよぉ!-南朝鮮そ子どもたち
1969.08.05	Vol.8 No.8	35		<カラー>金日成首相の主体思想を理論、実践的に解明『現代朝鮮の基本問題』出版記念盛大にひらく
1969.08.05	Vol.8 No.8	36		アメリカ帝国主義は南朝鮮から出て行け!-6.25～7.27国際反米共同闘争月間
1969.08.05	Vol.8 No.8	39		朴正熙一味の長期「執権」策動に反対して南朝鮮の青年学生縛圧けって強力な闘争を展開

발행일	지면정보		필자	제목
	권호	페이지		
1969.08.05	Vol.8 No.8	42		南朝鮮の統一革命党金種泰闘士を虐殺したアメリカ帝国主義と朴正煕一味を断罪する!
1969.08.05	Vol.8 No.8	44		「出入国管理法案」を撤回せよ!-私は「法案」に反対する-日本各界の声
1969.08.05	Vol.8 No.8	47	金学元	〈共和国の旗のもとに〉同胞の生活に根ざして-兵庫朝鮮歌舞団
1969.08.05	Vol.8 No.8	50		〈連載〉カメラ訪問/友井唯起子さん
1969.08.05	Vol.8 No.8	51	金東基	〈連載〉親善風土記(20)福井
1969.08.05	Vol.8 No.8	53		<連載>さんぶん寄席/桂円技
1969.08.05	Vol.8 No.8	54		<連載>メモランダム
1969.08.05	Vol.8 No.8	55		<連載>朝鮮の民話/朝鮮料理教室(56)
1969.08.05	Vol.8 No.8	56		朝鮮の島/今月のしおり朝鮮語講座
1969.08.05	Vol.8 No.8	56		ゆぼど/読者の声
1969.09.05	Vol.8 No.9	2		〈祖国と人民の運命を一身ににないて〉金日成将軍による反帝反封建民主主義革命の成功と革命的民主主義基地の発展〈3〉
1969.09.05	Vol.8 No.9	6		親善と連帯・親善競技
1969.09.05	Vol.8 No.9	8		<カラー>祖国解放の偉大な志をしのびー金亨稷先生の革命史跡地中江を訪ねて
1969.09.05	Vol.8 No.9	10		金日成将軍の抗日武装闘争-日本人の見聞記⑤
1969.09.05	Vol.8 No.9	12	董昌活	アメリカ侵略軍を断罪する審判場-板門店
1969.09.05	Vol.8 No.9	16		アメリカ帝国主義は朝鮮人民の敵⑩
1969.09.05	Vol.8 No.9	18		<労農赤衛隊>生産では革命者　訓練では名射撃手
1969.09.05	Vol.8 No.9	22		経済建設の大高場のなかで　4月13日製鉄所が生産を開始・大型冷蔵運搬船大宝山号が進水
1969.09.05	Vol.8 No.9	24	黄泰均	大型自動車の大量生産すすむ
1969.09.05	Vol.8 No.9	26	金東洙	<カラー>総合的機械化時代の農村
1969.09.05	Vol.8 No.9	30		<カラー>『決戦を前にして』
1969.09.05	Vol.8 No.9	32	韓東鎬	<カラー>遠海にあがる大魚のうたごえ
1969.09.05	Vol.8 No.9	34		豊かな生活-高まる生産
1969.09.05	Vol.8 No.9	36		<長編記録映画>『人民とともに』
1969.09.05	Vol.8 No.9	38		祖国統一の決意新たに-8.15祖国解放24周年を祝う在日朝鮮人中央大会
1969.09.05	Vol.8 No.9	40		反帝反米共同闘争をいっそう強化しよう-第15回原水爆禁止世界大会
1969.09.05	Vol.8 No.9	41		金日成首相からよせられたメッセージ
1969.09.05	Vol.8 No.9	41		朝鮮総聯韓徳鉄議長第15回原水禁止世界大会に参加した各国代表を招き盛大なレセプション
1969.09.05	Vol.8 No.9	42		外国代表が朝鮮人民に連帯のあいさつ
1969.09.05	Vol.8 No.9	44		日本政府は在日朝鮮公民の民主的民族権利を全面的に保障しなければならない
1969.09.05	Vol.8 No.9	46		金日成首相のあたたかい配慮のもとに-祖国から32回目の教育援助費・奨学金

발행일	지면정보		필자	제목
	권호	페이지		
1969.09.05	Vol.8 No.9	47		楽しい林間学校
1969.09.05	Vol.8 No.9	48	金周殷	＜共和国の旗のもとに＞映写機かついで7000キロ-朝鮮映画運営員会 西日本出張所の巡回活動
1969.09.05	Vol.8 No.9	43		〈連載〉カメラ訪問/北法相宗管長 大西 良慶氏
1969.09.05	Vol.8 No.9	51	張右桂	〈連載〉親善風土記(21)北海道
1969.09.05	Vol.8 No.9	53		＜連載＞さんぶん寄席/都家文雄・歌江
1969.09.05	Vol.8 No.9	54		＜連載＞メモランダム
1969.09.05	Vol.8 No.9	55		＜連載＞朝鮮の民話/朝鮮料理教室(57)
1969.09.05	Vol.8 No.9	57		今月のしおり/朝鮮の島/朝鮮語講座
1969.09.05	Vol.8 No.9	58		読者の声/ゆぼど

직국(直国)

1 서지적 정보

『직국』은 조선청년동맹중앙총본부의 기관지이고 이에 대한 내용은 1947년에 8월에 간행된 제1권 제2호의 편집후기에서 살펴볼 수 있다.

편집 겸 발행자는 신룡이고 발행소는 조선청년동맹중앙총본부이다. 「청년운동의 본질론」, 「국가의 본질론」, 「인간성에 대하여」, 「재일동포의 사명」, 「재일학도의 사명」 등의 저작에서 살펴볼 수 있듯이 먼 이국땅에서 조국의 완전한 독립과 새로운 조국 건설에 대한 기원과 우려에 대한 글이 가득 담겨져 있는 잡지이다. 해방 이후 복잡한 정세와 더불어 국가에 대한 정체성의 혼란 속에서 재일동포의 사명감 등을 기술한 1권 1호의 편집후기가 특히 주목된다.

2 편집후기(제1권 제2호)

저 멀리 고국의 미·소 공동위원회를 떠올리며 편집후기를 쓰려할 때 여운형씨 암살 소식을 접하였다. 거성이 땅에 떨어졌다. 이 사람의 존재는 조선정계의 기수였다. 씨의 업적은 잠시 차치해 두더라도 인간적으로도 위대한 씨를 건국도상의 조선이 잃은 것은 얼마나 큰 손실인가! 마음 깊이 씨의 죽음을 안타까워함과 동시에 새로이 분개의 눈물을 멈출 수가 없었다. 우리들이 역사의 운동법칙에 대하여 과학적으로 파악하고 있더라도 우리들이 인간인 이상 역시 인간적으로 위대한 지도자를 필요로 하는 것도 또한 필연적 이다. 자주독립으로의 기수로서의 역할을 생각할 때 씨가 죽은 조선 정계는 빗의 이가

빠진 것과 같이 생각하는 것이 어찌 필자인 나뿐이겠는가. 하지만 씨여 잠드소서. 씨의 죽음은 영원히 우리들 청년의 혼 속에서 기억될 것이다. 그리고 커다란 자부심과 격려, 용기를 바로 불어 넣어주실 것이다. 아직 그리워하고 영원히 만날 수 없는 사람에게 애도의 뜻을 표시하며 조국이 보다 잘되기를 걱정한다.

현상논문 「재일학도의 사명」은 가작 한 편(와세다대학 송정현 군)을 채택하기로 하였다. 이후 들어오는 원고(전기제명에 대하여)도 한 편 채택할 수 있는 여지를 남겨두었다. 그리고 채택사례이외에도 다소 고려해서 미게재분에 대한 노고를 치하하기로 하였다.

해방 제2주년기념을 앞두고 잠시 제2호를 미루기로 하였다. 우리 편집원의 무능함, 뭐라 사죄의 말을 드려야할지 모든 분들의 양해를 구할 뿐이다. 매일 격려와 원조를 주시는 제형에 대하여 다시 죄송한 마음을 금할 길이 없다.

우리들은 논의할 시간을 가지고 있지 않다. 조금이라도 먼저 실행하는 것이 실천의 제일 첫 번째이다. 사색과 탐구는 이 실천과 함께 존재하지 않으면 안 된다. 우리들 스스로 격려하고 도치한 이 기관지도 정직하게 말한다면 너무나도 빈약하게 출간되었다. 이것은 회원 전부의 태만이다. 우리들이 진심으로 건국을 자신의 것으로 만들고자 한다면 그 길은 쉬울 것이다. 그것은 우선 스스로 행동하는 것이다. 그것은 건국으로 통하는 길임에 동시에 진실한 것으로 한발 전진하는 것일 것이다.

그리고 우리들은 어려운 논을 내뱉기 위하여 이 잡지를 출간한 것은 아니기 때문에 좀 더 인간미 있고 가까이 느낄 수 있는 체온을, 숨결을 느낄 수 있는 것을 요망한다. 그것은 우리들 민족의 결함을 보충하기 때문이다.

여씨의 영혼에 조국의 완전독립을 기원하며 마음 속 깊이 애도의 마음을 바친다.

(S 生)

3 목차

직하(稷下)

1 서지적 정보

『직하(稷下)』는 1962년 12월에 창간된 게이오대학 코리안학생클럽의 잡지이다. 편집 책임자는 이성화이고 발행인은 게이오의숙대학 코리안학생클럽으로 되어 있다.

발행을 확인할 수 있는 것은 1962년 12월 창간호와 1964년 5월에 간행된 제2호이다. 창간호를 살펴보면 수필, 시, 기행, 소설, 번역 등 다양한 장르에 걸친 게이오 대학 재일 조선인 학생들의 창작활동을 살펴볼 수 있다. 창간호의 편집후기를 보면 자유로운 토론의 장인 직하를 위한 클럽 선후배 부원들의 단결된 모습들이 보인다. 하지만 이후 1년 반 만에 간행된 제2호를 보면 편집후기를 비롯하여 제2호 간행사를 통하여 알 수 있듯이 재일조선인 학생으로서 느낄 수밖에 없었던 '조선·한국'의 근본적인 정체성 문제, 그리고 원고의 수급과 간행자금의 문제 등 복잡한 현실적 상황에 직면하게 되면서 고심한 흔적들을 엿볼 수가 있다. 이후의 간행 잡지가 확인되지 않는 이유는 이러한 사정에서 기인되고 있다고 추정된다.

2 발간사

봄, 어느 날 누구라 할 것 없이 「잡지를 만들면 어떨까」 「우리들 모임이라면 다른 써클과는 달리 재미있는 것이 나오는 것이 아닐까」라는 소박한 요구가 기원이 되어 발간에 이르렀다.

기원전 2세기의 춘추전국시대 말기에 제나라의 직문 부근에서 3천명에 이르는 학자,

문예인들이 모여 앉아 활기차게 토론을 주고받았던 이른바 「백가쟁명」에서 힌트를 얻어서 우리들 잡지를 『稷下』라 명명하게 되었다.

우리들은 창간호에서는 거대한 요구는 그 자체가 무리라고 생각한다. 왜냐면 제일조선인학생들의 대부분은 일본에서 태어난 「역사의 부산물」로서의 운명을 지니고 있다. 그래서 민족허무주의에 빠지기 쉽고 조국에 대한 인식이 부족하다. 한편 조국을 볼 때 남·북으로 분단되어 있는 상황이므로 재일조선인학생의 입장은 굉장히 미묘하여 우리들의 모임을 게이오 코리안 학생 클럽으로 한 이유는 여기에 있다.

따라서 일정한 편집방침을 세우기 곤란함은 명확하기 때문에 백가쟁명을 본 따서 충분히 의견을 교환하기로 하였다. 우리들 모임의 존속에 따라 『직하』가 해나갈 역할을 아무리 강조하더라도 지나치지 않다고 생각한다. 우리들 모두가 『직하』를 지켜나가려고 한다면 이룰 수 있는 단 하나는 "『직하』 밑으로 모여라"이다.

1962년 12월 5일
편집계

3 목차

발행일	지면정보		필자	제목
	권호	페이지		
1962.12.18	創刊号		編集部	発刊によせて
1962.12.18	創刊号	4	李永義	〈投稿論文〉僕の問題
1962.12.18	創刊号	19	金正年	〈随筆〉微笑への散文ー創刊号によせて
1962.12.18	創刊号	21	秦東完	「春の先駆者」にはじまり
1962.12.18	創刊号	24	姜禎基	〈創作「詩」〉思い川、「片々想」
1962.12.18	創刊号	28	全吉秀	〈紀行〉北海道旅行の記
1962.12.18	創刊号	33	姜英男	〈創作「小説」〉明日の讃歌
1962.12.18	創刊号	39	李聖化	〈生きんかな生活〉嘆きのピエロを過ぎて
1962.12.18	創刊号	45	洪淳道。	〈日録〉三田山上日記
1962.12.18	創刊号	47	李士純	〈翻訳〉「？一歩」アンナ・ゼーガース
1962.12.18	創刊号	52	権寧	〈創作「小説」〉ある木曜日
1962.12.18	創刊号	61	全吉秀	K.K.S.C活動報告

발행일	지면정보		필자	제목
	권호	페이지		
1962.12.18	創刊号	64	李聖化	編集後記
1968.06.20	第二号	1		「稷下問題」
1968.06.20	第二号	4		『第二号に寄せて』
1968.06.20	第二号	6	平良	感想
1968.06.20	第二号	7	洪淳道	「生きる事」
1968.06.20	第二号	9	李聖化	〈連詩〉『第二号に寄せて』
1968.06.20	第二号	15	李聖化	ー青と黒の独白ー
1968.06.20	第二号	19	李聖化	『空気』
1968.06.20	第二号	22	李聖化	『絵ーその序』
1968.06.20	第二号	24	李起治	「方法の模索」
1968.06.20	第二号	29	李聖化	『白衣』
1968.06.20	第二号	30		編集後記

진달래(ヂンダレ)

●○●

1 서지적 정보

『진달래』는 오사카조선시인집단의 기관지로 1953년 2월에 창간되어 1958년 10월까지 총 20호를 발행한 서클시지이다. 김시종(金時鐘)을 편집책임자로, 홍종근(洪宗根)을 발행책임자로 출발하고 있으나 이후 편집과 발행에는 많은 변화를 보이고 있고, 종간호에서는 양석일(梁石日)과 정인(鄭仁)이 각각 편집과 발행을 맡고 있다. 20호의 편집후기에서 21호는 에세이특집으로 꾸밀 예정이라고 언급하고 있는 것으로 보아 계속 발행의 의지는 확인되지만, 결국 예고도 없이 종간되고 말았다. 창간호부터14호까지 등사판으로 인쇄되었고, 15호와 16호는 타이프, 17호부터 활판인쇄로 발행하고 있다.

창간 당시 김시종, 한라(韓羅), 김민식(金民植), 홍종근, 박실(朴實), 송재랑(宋才娘), 이구삼(李逑三), 권동택(権東沢), 임부남(林富男), 총 9명의 회원으로 출발, 창간호 발행 후 지속적으로 회원 수가 증가하여 3호(1953.06)에 기재된 회원명부는 29명에 이르고 있다. 오사카조선시인집단은 전후일본에서 다양한 형태의 문화운동이 전개되는 가운데, 재일조선인들에 의한 서클운동의 선두주자이다. 『진달래』의 활동이 기폭제가 되어 이후 재일조선인들 사이에도 많은 서클단체들이 생겨나 각 지역마다 다양한 문화활동이 전개되었다.

그러나 재일조선인을 통합하는 단체가 재일본조선민주통일전선(약칭:민전)에서 재일조선인총연합회(약칭:총련)으로 노선전환을 하자 대부분의 단체가 공화국에 직결되는 형태로 재편되면서 이즈음부터 김시종과 『진달래』에 대한 비판이 시작되었다. 김시종과 『진달래』 비판은 『진달래』지상에서 전개되었는데, 발단은 13호(1955.10)에 게재된 아다치시인집단(足立詩人集団)과 정인(鄭仁)의 왕복서신 「시의 존재방식에 관하여(詩の在り方をめぐって)」에 대해 송익준(宋益俊)이 14호(1955.12)에서 반론을 제시한 것에서 비롯되었다. 이후 「김시종 연구」를 특집한 15호(1956.05)에서 홍윤표(洪允杓)가 「유민의 기억에 대해(流民の記憶について)」로 김시종의 첫 작품집인『지평선(地平線)』을 비판하자, 16호(1956.08)에서 김시종이 「나의 작품의 장과 '유민의 기억'(私の作品の場と「流民の記憶」)과 18호(1957.07)에서 「맹인과 뱀의 언쟁(盲人と蛇の押問答)」으로 반박하고 있다. 허무주의와 민족적 주체성 상실이라는 비판을 받기 시작하면서 회원의 이탈이 늘어났고, 대중적 기반이 무너진『진달래』는 결국 종간에 이르게 된 것이다.

『진달래』는 아마추어 시인의 창작시가 중심인 잡지이지만, 시 외에도 에세이, 르포르타주, 서신, 회원들의 자유 발언 코너 등으로 구성되어 있고, 재일조선인 서클단체뿐 아니라 일본인 서클단체와도 교류를 가짐으로써 서클지를 상호기증하게 되자, 서클지 소개와 서클지평도 하고 있다. 재일조선인에 의한 서클문화운동의 시발점이 되었을 뿐 아니라, 가장 오랜 기간 서클지를 발간해 온『진달래』는 1950년대의 재일조선인의 문화운동 연구에 있어 귀중한 자료가 되고 있다.

재일에스닉 잡지 연구 중 연구성과가 가장 눈부시게 산출된 것은『진달래』라 할 수 있다. 2008년 11월에 후지출판(不二出版)에서 복각판을 간행한 것을 계기로 '진달래연구회'를 구성하여 2010년에는 결과물로『'재일'과 50년대 문화운동—환상의 잡지『진달래』『가리온』을 읽다(「在日」と50年代文化運動—幻の詩誌『ヂンダレ』『カリオン』を読む)』(人文書院)을 산출해 냈다. 이러한 일본에서의 연구에 자극을 받은 국내 연구진들도 복각판을 번역 출판했다(『진달래·가리온:오사카 재일 조선인 시지(1~5)』지식과 교양). 연구논문으로는 아래와 같다.

- ヂンダレ研究会編(2010)『「在日」と50年代文化運動—幻の詩誌『ヂンダレ』『カリオン』を読む』人文書院
- 宋恵媛(2009)「在日朝鮮人の文学における1950年代—詩誌『ヂンダレ』」分析朝鮮学報(212) 朝鮮学会
- 金子るり子(2017)「50年代サークル誌『ヂンダレ』における在に朝鮮人女性の詩—李静子の作品を中心に」『日本学』(44) 동국대학교 일본학연구소
- 하상일(2017)「김시종과『진달래』『한민족문화연구』(57) 한민족문화학회
- 김계자(2017)「1950년대 재일조선인의 문화운동-서클시지『진달래』를 중심으로」『아시아문화연구』(44) 가천대학교 아시아문화연구소

- 이동진(2017)「김시종과 서클시지『진달래』1-정치와 시 사이」,『사회와 역사』(116) 한국사회사학회
- 심수경(2017)「재일조선인 문예지『진달래』의 오노 도자부로 수용 양상」,『日本文化研究』(64) 동아시아일본학회
- 마경옥(2016)「50년대 서클운동과 원수폭금지운동-재일서클시지『진달래』를 중심으로」,『일본언어문화』(37) 한국일본언어문화학회
- 마경옥(2015)「서클시지『진달래』를 통해서 본 50년대 '재일여성'」,『일본언어문화』(32) 한국일본언어문화학회
- 마경옥(2015)「1950년대 재일서클시지『진달래』연구-『진달래』의 갈등과 논쟁의 실상」,『일어일문학』(67) 대한일어일문학회
- 마경옥(2014)「오사카조선시인집단 기관지「진달래」연구-50년대 서클시지(詩誌)와 시의 기록」,『일본언어문화』(28) 한국일본언어문화학회
- 이승진「문예지『진달래(ヂンダレ)에 나타난 '재일'의식의 양상」,『日本研究』(37) 중앙대학교 일본연구소
- 이승진(2014)「문예지『진달래』와 재일여성문학의 발현」,『日本語文学』(63) 한국일본어문학회

2 창간사

시란 무엇인가? 고도의 지성을 요하는 것 같아서 어쩐지 우리들에게는 친숙해지기 어렵다. 하지만 너무 어렵게 생각할 필요는 없을 것 같다. 이미 우리들은 목구멍을 타고 나오는 이 말을 어쩔 수 없다.

살아있는 그대로의 핏덩어리 같은 분노, 진정 굶주린 자의 "밥"이라는 한마디 말이면 충분할 것이다. 적어도 나이팅게일이 아닌 것만은 사실이다. 우리들은 우리들에게 입각한 진짜 노래를 부르고 싶다.

일찍이 동화 같은 성의 깊은 도랑 속에서 신음하던 노예들의 신음소리와 철 채찍 소리는, 오늘날 이 세상에 아직도 강하게 울려 퍼지고 있지 않은가? 몇 번 해방되어도

역시 새로운 철책은 만들어지고 있다.

　우리들이 쓰는 시가, 시가 아니라면 아니래도 좋다. 백년이나 채찍 아래서 살아온 우리들이다. 반드시 외침소리는 시 이상의 진실을 전달할 수 있을 것이다! 우리들은 이제 어둠에 떨고 있는 밤의 자식이 아니다. 슬픔 때문에 아리랑은 부르지 않을 것이다. 눈물을 흘리기 위해 도라지는 부르지 않을 것이다. 노래는 가사의 변혁을 고하고 있다.

　자 벗이여 전진이다! 팔짱을 끼고 드높이 불사조를 계속 노래하자. 이 가슴 속의 진달래를 계속 꽃 피우자!

　조선시인집단 만세!

　1953년 2월 7일 빛나는 건군절(建軍節)을 앞두고

　조선시인집단[14]

3 목차

발행일	지면정보		필자	제목
	권호	페이지		
1953.02.16	1号	2		〈表題詩〉ヂンダレ
1953.02.16	1号	3		〈創刊辞〉創刊のことば
1953.02.16	1号	4	韓羅	〈詩〉二月八日
1953.02.16	1号	5	金民植	〈詩〉たたかう朝鮮のうた
1953.02.16	1号	10	洪宗根	〈詩〉戦列
1953.02.16	1号	14	金時鐘	〈詩〉朝の映像
1953.02.16	1号	17	朴実	〈詩〉西の地平線
1953.02.16	1号	11	宋才娘	〈詩〉東京の歌声
1953.02.16	1号	12	李逑三	〈詩〉물애기 진리
1953.02.16	1号	14	権東沢	〈詩〉望郷
1953.02.16	1号	19	林富男	〈詩〉足音
1953.02.16	1号	16		〈アンテナ〉放談らん
1953.02.16	1号	9		〈アリランコケ〉保安隊
1953.02.16	1号	13		〈アリランコケ〉日中貿易のうた・ハトポツポ
1953.02.16	1号	7	宋益俊	〈エッセイ〉ある詩友えの手紙-芸術えの一考察

---

14) 朝鮮詩人集団「創刊のことば」『ヂンダレ』(創刊号, 1953.02), p.3

발행일	지면정보		필자	제목
	권호	페이지		
1953.03.31	2号	3		〈朝鮮童謡〉雁
1953.03.31	2号	4	金時鐘	〈詩〉きえた星
1953.03.31	2号	7	金希文	スターリンの名において
1953.03.31	2号	7	権東沢	アメリカのの兵の靴
1953.03.31	2号	8	李星子	眠れない夜
1953.03.31	2号	9	朴実	赤煉瓦の建物
1953.03.31	2号	5	韓羅	〈主張〉文化人に対する意見
1953.03.31	2号	13	金民植	〈詩〉大阪駅の別れ
1953.03.31	2号	14	林日晧	〈詩〉今に電灯を
1953.03.31	2号	15	金鐘植	〈詩〉母
1953.03.31	2号	17	吉田 豊	〈詩〉若い朝鮮の同志とともに
1953.03.31	2号	18	林太洙	〈散文〉第一回 卒業生の皆さんえ
1953.03.31	2号	21	洪宗根	〈詩〉Ⅰ地区から同志達は出て行く
1953.03.31	2号	23	金逑三	〈書信往来〉S君え
1953.03.31	2号	12		アンテナ
1953.03.31	2号	24		〈広告〉愛贈誌紙芳名
1953.03.31	2号	24		〈広告〉会員募集
1953.03.31	2号	20		〈広告〉2号詩話会
1953.03.31	2号	25		編輯後記
1953.06.22	3号	2		〈主張〉三度六・二五をむかえて
1953.06.22	3号	5		〈扉詩〉ひぐらしの歌
1953.06.22	3号	6	柳英助	〈詩〉(結ばれる心)友愛
1953.06.22	3号	7	李静子	〈詩〉(結ばれる心)ひどたの夜に
1953.06.22	3号	9	朴実	〈詩〉(生活の歌)われた下駄
1953.06.22	3号	11	権東沢	〈詩〉(生活の歌)市場の生活者
1953.06.22	3号	12	洪宗根	〈詩〉(生活の歌)もやし露路
1953.06.22	3号	13	李健信	〈詩〉(生活の歌)教師となって
1953.06.22	3号	14	林日晧	〈詩〉(生活の歌)何を食っても
1953.06.22	3号	22	夫徳秀	〈詩〉(街のすみずみから)同志たちよ
1953.06.22	3号	25	民海	〈詩〉(街のすみずみから)젊은동무들
1953.06.22	3号	26	柳海玉	〈詩〉(街のすみずみから)同志は起ち上った
1953.06.22	3号	29	金柱	〈詩〉(街のすみずみから)とらえらえる前に
1953.06.22	3号	33	金千里	〈詩〉祖国の山は緑だ
1953.06.22	3号	34	金希球	〈詩〉白い掌とハンマ
1953.06.22	3号	35	金時鐘	〈詩〉開票
1953.06.22	3号	17	金豪俊	〈ルポルタージュ〉西大阪をめぐって
1953.06.22	3号	8	草津信男	〈寸評〉寄せて下さった書信より
1953.06.22	3号	16	金千里	〈散文〉ジンダレの新会員になって

발행일	지면정보		필자	제목
	권호	페이지		
1953.06.22	3号	32		アンテナ(放談らん)
1953.06.22	3号	15		〈広告〉「朝鮮新民主主義革命史」刊行会通知
1953.06.22	3号	36	韓羅	〈詩〉チャーリーの死
1953.06.22	3号	20	安輝子	〈詩〉欲求
1953.06.22	3号	20	崔恵玉	〈詩〉目ざめ
1953.06.22	3号	21	金民植	〈詩〉瞳
1953.06.22	3号	41		編輯後記
1953.09.05	4号	4		〈主張〉叛徒の名のつくすべては抹殺される
1953.09.05	4号	24	梁元植	〈詩〉こ奴　お前　やっぱり俺の弟だ
1953.09.05	4号	25	安輝子	〈詩〉内灘接収反対に全村民起つ!我等の祖国
1953.09.05	4号	27	邵銓淡	〈詩〉願い
1953.09.05	4号	27	林日晧	〈詩〉川の流れを
1953.09.05	4号	29	金希球	〈詩〉鶴橋駅よ!
1953.09.05	4号	3		〈抗議文〉横浜税関に対して
1953.09.05	4号	18	金千里	〈ルポルタージュ〉水害地和歌山を行く
1953.09.05	4号	20		〈詩〉降りつく雨に-"みどりのつどい"での
1953.09.05	4号	6	李静子	〈詩〉ふるさとの江に寄せて
1953.09.05	4号	8	韓羅	〈詩〉李承晩にあたう
1953.09.05	4号	11	権東沢	〈詩〉土・奈良の黄昏
1953.09.05	4号	13	朴実	〈詩〉血潮を甦らせろ
1953.09.05	4号	15	金時鐘	〈詩〉ふところ-母国朝鮮に捧ぐるの歌
1953.09.05	4号	14	洪恭子	〈詩〉朝鮮の母
1953.09.05	4号	33	洪宗根	〈詩〉或る風景・韓国中尉
1953.09.05	4号	36	金民植	ひまわり・夜明けに
1953.09.05	4号	37	柳英助	小島と私・俺はいやだ
1953.09.05	4号	39	金時鐘	タロー
1953.09.05	4号	40	宋才娘	停戦
1953.09.05	4号	41	(訳)高順一	晩歌(シエレー)
1953.09.05	4号	31		アンテナ(放談らん)
1953.09.05	4号	32	梁元植	〈書信往来〉金時鐘同무え-
1953.09.05	4号	42		編輯後記
1953.09.05	4号	43		会員消息
1953.12.01	5号	4		〈主張〉真犯人をあばけ
1953.12.01	5号	16	梁元植	〈病友通信(2)〉生活と健康を守るために
1953.12.01	5号	2	椎敬沢	われらの詩
1953.12.01	5号	36	白佑勝	感じたまとの記　　第四号をよみおえて
1953.12.01	5号	11	宋才娘	心の母に・外一篇
1953.12.01	5号	10	李静子	ビラ貼り

발행일	지면정보		필자	제목
	권호	페이지		
1953.12.01	5号	12	姜順喜	愛の泉
1953.12.01	5号	13	金淑姫	家計簿
1953.12.01	5号	6	洪宗根	バラエの死
1953.12.01	5号	8	金希球	六阪の街角
1953.12.01	5号	34	権敬沢	きこえてくる　外 一篇
1953.12.01	5号	30	金時鐘	松川事件を歌う(詩三篇)
1953.12.01	5号	9		祖国映画奪還さる！
1953.12.01	5号	19	コ・ハンス	叙事詩 或るパルチザンの手記
1953.12.01	5号	14	金守沢	病友通信(一)
1953.12.01	5号	24	洪宗根	〈バックミラ〉夜道
1953.12.01	5号	26	金平善	美わしくたくましたわが祖国
1953.12.01	5号	23		小野三十郎先生よりの葉書
1953.12.01	5号	29		アンテナ
1953.12.01	5号	35		消息
1953.12.01	5号	37		編輯後記
1953.12.01	5号	38		后記の后記
1954.02.28	6号	10	康清子	〈詩〉籠の小鳥であったわたしに
1954.02.28	6号	10	権東沢	〈詩〉妹
1954.02.28	6号	11	梁元植	〈詩〉散歩
1954.02.28	6号	12	権敬沢	〈詩〉帰休兵
1954.02.28	6号	13	姜順喜	〈詩〉帰り道
1954.02.28	6号	14	李静子	〈詩〉帽子のうた
1954.02.28	6号	15	安輝子	〈詩〉意志
1954.02.28	6号	3	金時鐘	〈散文〉正しい理解のために
1954.02.28	6号	7	金民	〈手紙〉いま一つの壁を突き破ろう
1954.02.28	6号	18	白佑勝	〈論壇〉あたふた文化際
1954.02.28	6号	21	洪宗根	〈詩〉日本の食卓
1954.02.28	6号	23	邵銓淡	〈詩〉冷やかな温度
1954.02.28	6号	24	羅安那	〈詩〉車の音
1954.02.28	6号	24	高順姫	〈詩〉あなたと共に
1954.02.28	6号	25	金希球	〈詩〉猪飼野
1954.02.28	6号	28	権敬沢	〈バックミラ〉花環
1954.02.28	6号	29	金時鐘	〈バックミラ〉年の瀬
1954.02.28	6号	29	金時鐘	〈バックミラ〉真昼
1954.02.28	6号	30		編輯後記
1954.04.30	7号	24	白佑勝	4.24教育斗争六周年記念によせて　少年の死
1954.04.30	7号	3		〈主張〉文団連結成をわれわれのものに
1954.04.30	7号	4	李静子	〈詩〉労動服のうた

발행일	지면정보		필자	제목
	권호	페이지		
1954.04.30	7号	5	権敬沢	〈詩〉春の朝
1954.04.30	7号	6	康清子	〈詩〉夢みたいなこと
1954.04.30	7号	6	朴実	小さな裁断工のために
1954.04.30	7号	11		アヒル博士旅行記(1)-朕島発見の巻
1954.04.30	7号	13	元永愛	K동무えの手紙
1954.04.30	7号	8	金啄村	〈散文詩〉宴途の土産にならない話
1954.04.30	7号	9	鄭仁	〈散文詩〉或る丁稚の友に
1954.04.30	7号	10	夫白水	〈散文詩〉芸者の素顔
1954.04.30	7号	15	金希球	〈散文詩〉弟の地図
1954.04.30	7号	16	権東沢	日本海
1954.04.30	7号	26	梁元植	白い天井のスクリん
1954.04.30	7号	22	金千里	〈공부실〉국어작품란 조선사람
1954.04.30	7号	17	洪宗根	勇気
1954.04.30	7号	20	金時鐘	新聞記事より
1954.04.30	7号	21	方一	わが友に
1954.04.30	7号	26	金栄	死の灰
1954.04.30	7号	32		編輯後記
1954.06.30	8号	1		〈朝鮮童謡〉ナーリ
1954.06.30	8号	2		〈主張〉集団の歩む道
1954.06.30	8号	4	朴実	〈水爆特輯〉安全な避難所
1954.06.30	8号	5	洪宗根	〈水爆特輯〉行方
1954.06.30	8号	7	権敬沢	〈水爆特輯〉夏の海辺で
1954.06.30	8号	9	金啄村	〈水爆特輯〉いちごのとれる頃ぶぬ思う
1954.06.30	8号	10	鄭仁	〈水爆特輯〉実験
1954.06.30	8号	11	夫白手	〈水爆特輯〉水爆がなんだい
1954.06.30	8号	13	安輝子	〈水爆特輯〉死の商人達はねらっている
1954.06.30	8号	13	金時鐘	〈水爆特輯〉処分法
1954.06.30	8号	6	元永愛	〈水爆特輯〉水爆と女性
1954.06.30	8号	14		〈水爆特輯〉悪質な水爆戦映画
1954.06.30	8号	17	文化宣伝省副相 鄭律	前進する朝鮮文学
1954.06.30	8号	15	壷井繁治	詩の言葉について
1954.06.30	8号	34	エセル・ローゼンバーゲ	〈ローゼンバーゲ夫妻処刑一週忌〉私たちが死んでも
1954.06.30	8号	35	金炳国	"愛は死を超えて"を読んで
1954.06.30	8号	26	姜順喜	枯木
1954.06.30	8号	26	洪恭子	私の一日
1954.06.30	8号	27	羅安那	日課を終えて

발행일	지면정보		필자	제목
	권호	페이지		
1954.06.30	8号	28	鄭仁	パチンゴ店
1954.06.30	8号	28	金啄村	渡航許可取消
1954.06.30	8号	31	권경택	〈공부실〉국어작품란 이웃교실
1954.06.30	8号	32	李学烈	〈作品〉月給日
1954.06.30	8号	33	金重学	やがく
1954.06.30	8号	38		編輯後記
1954.06.30	8号	37		研究会通知
1954.10.01	9号	2	洪宗根	外国人登録証談義
1954.10.01	9号	3	方一	青い手帖
1954.10.01	9号	13	洪宗根	〈追悼詩集-久保山氏の死を悼む〉告発1
1954.10.01	9号	14	洪宗根	〈追悼詩集-久保山氏の死を悼む〉告発2
1954.10.01	9号	16	金時鐘	〈追悼詩集-久保山氏の死を悼む〉知訟
1954.10.01	9号	17	金時鐘	〈追悼詩集-久保山氏の死を悼む〉墓碑
1954.10.01	9号	18	金時鐘	〈追悼詩集-久保山氏の死を悼む〉処分法
1954.10.01	9号	19	金時鐘	〈追悼詩集-久保山氏の死を悼む〉知られざる死に-南の島
1954.10.01	9号	20	金時鐘	〈追悼詩集-久保山氏の死を悼む〉たしかに　そういう　目がある
1954.10.01	9号	6	金希球	〈投稿作品〉陰暦八月十五日
1954.10.01	9号	8	姜順喜	〈投稿作品〉仕事の歌
1954.10.01	9号	9	安輝子	〈投稿作品〉近江絹糸の乙女
1954.10.01	9号	10	夫白手	〈投稿作品〉風と波と足音と
1954.10.01	9号	11	金啄村	〈投稿作品〉雲の芸術祭典に思う
1954.10.01	9号	21	金啄村	〈投稿作品〉反逆者
1954.10.01	9号	22	韓光済	〈投稿作品〉パンに寄せて
1954.10.01	9号	23	朴実	〈投稿作品〉七月二一日の海で
1954.10.01	9号	24	鄭仁	〈投稿作品〉ラジオに寄す
1954.10.01	9号	24	白佑勝	〈投稿作品〉瞳
1954.10.01	9号	29	金愁	〈投稿作品〉나의 작은가슴
1954.10.01	9号	30	児玉忠士	〈投稿作品〉金玉姫君, 君はえらいよ
1954.10.01	9号	26	李逑三	〈日記〉生活断面
1954.10.01	9号	31		編輯後記
1954.12.25	10号	4	金啄村	憎しみと怒りと笑いと
1954.12.25	10号	5	金時鐘	え?
1954.12.25	10号	6	元春植	微笑みたい
1954.12.25	10号	8	権敬沢	年末風景
1954.12.25	10号	8	宋才娘	忘れる事の出来ない　十一月十五日
1954.12.25	10号	10	白佑勝	鋼鉄はいかに鍛えられたか
1954.12.25	10号	11	鄭仁	訣別の彼方
1954.12.25	10号	12	権敬沢	計数管

발행일	지면정보		필자	제목
	권호	페이지		
1954.12.25	10호	12	権東沢	久保山さんに
1954.12.25	10호	16	曺今子	感じたまとの記 -진달래의 夕べ-
1954.12.25	10호	14	朴相洪	〈投稿作品〉望郷
1954.12.25	10호	14	金武七	〈投稿作品〉ほしきもの(即興詩)
1954.12.25	10호	7		受贈詩読『ひると夜』
1954.12.25	10호	17		図書案内
1954.12.25	10호	17		新会員招介
1954.12.25	10호	19		消息
1954.12.25	10호	18		編輯後記
1954.12.25	10호	19		文学の家
1954.12.25	10호	15		新会員歓迎
1954.12.25	10호	19		投稿歓迎
1954.12.25	10호	18		定例研究会
1955.03.01	11호	4	大阪朝鮮詩人集団	誕生二周年記念を迎えて
1955.03.01	11호	5		朝日友好のために-ヂンダレ発行二周年記念へ-ひると夜の会
1955.03.01	11호	13	金時鐘	あなたはもうわたしを差配できない
1955.03.01	11호	14	金啄村	素晴らしい朝のために　もえろ　炎よ!
1955.03.01	11호	18	元春植	附添婦のうた(一)
1955.03.01	11호	20	元春植	附添婦のうた(二)
1955.03.01	11호	21	朴実	夜営
1955.03.01	11호	27	金希球	祈り
1955.03.01	11호	28	権東沢	青い瞳
1955.03.01	11호	31	金千里	イカイノ物語
1955.03.01	11호	32	韓光済	苦悩と情熱
1955.03.01	11호	34	金啄村	宗教と科学-「招かれた最后のため善者」に捧げる詩
1955.03.01	11호	35	鄭仁	済州島
1955.03.01	11호	11	李逑三	〈随想〉「異国記」より
1955.03.01	11호	36	元永愛	〈随想〉父のファション
1955.03.01	11호	6	権敬沢	〈作品〉季節はづれのいちぢくの実
1955.03.01	11호	6	康清子	〈作品〉母さんに
1955.03.01	11호	7	李静子	〈作品〉りんご
1955.03.01	11호	8	李静子	〈作品〉天井
1955.03.01	11호	8	白佑勝	〈作品〉友よ
1955.03.01	11호	9	洪宗根	〈作品〉不安
1955.03.01	11호	10	邵一路	〈作品〉異郷への出船
1955.03.01	11호	23	金玉姫	〈児童作品欄〉ルポ　大谷せいこうを訪南して
1955.03.01	11호	24	児玉忠士	〈児童作品欄〉舎利寺朝鮮小学校へいった日

발행일	지면정보		필자	제목
	권호	페이지		
1955.03.01	11号	25	藤田靖介	〈児童作品欄〉そろって歩く電車道
1955.03.01	11号	25	磯山たけし	〈児童作品欄〉たのしかった一日
1955.03.01	11号	41		編輯後記
1955.07.01	12号	3		〈巻頭言〉生活のささえ
1955.07.01	12号	6	洪宗根	〈作品〉凍結地帯
1955.07.01	12号	7	権東沢	〈作品〉装飾
1955.07.01	12号	8	権東沢	〈作品〉あまだれ
1955.07.01	12号	10	朴実	〈作品〉血まみれの歌はもう作るまい
1955.07.01	12号	11	金啄村	〈作品〉素晴らしい未来
1955.07.01	12号	13	鄭仁	〈作品〉真夜中の話
1955.07.01	12号	14	鄭仁	〈作品〉美
1955.07.01	12号	15	権敬沢	〈作品〉特別居住地
1955.07.01	12号	27	南吉雄	〈国語作品欄〉동무
1955.07.01	12号	20	韓光済	〈作品〉もだえ
1955.07.01	12号	21	韓光済	〈作品〉かんづめ
1955.07.01	12号	22	金啄村	〈作品〉オップ記事と三面記事
1955.07.01	12号	23	金仁三	〈作品〉思い出
1955.07.01	12号	23	金華奉	〈作品〉ある午後の憂ウツ
1955.07.01	12号	24	林隆	〈作品〉漁村の平和
1955.07.01	12号	25	林隆	〈作品〉夜よ
1955.07.01	12号	25	邵一路	〈作品〉雨が降る雨が降る
1955.07.01	12号	26	丁五福	〈作品〉手袋
1955.07.01	12号	16	洪孝一	〈児童作品欄〉みせばん
1955.07.01	12号	17	권조자	〈児童作品欄〉老いた父
1955.07.01	12号	17	権南海子	〈児童作品欄〉母のねがお
1955.07.01	12号	18	金時子	〈児童作品欄〉雨の日
1955.07.01	12号	18	김순일	〈児童作品欄〉우리집생활
1955.07.01	12号	28	金啄村/坂井たかを	書信往来
1955.07.01	12号	32		編輯後記
1955.10.01	13号	3		〈巻頭言〉母国語を愛することから
1955.10.01	13号	17	康清子	〈作品〉雨
1955.10.01	13号	18	権東沢	〈作品〉焼跡の井戸
1955.10.01	13号	19	趙三竜	〈作品〉帰郷
1955.10.01	13号	20	洪宗根	〈作品〉私の海
1955.10.01	13号	21	金啄村	〈作品〉日本の海
1955.10.01	13号	22	朴実	〈作品〉四人の手帖
1955.10.01	13号	23	宋益俊	〈作品〉独房-刑務所風景(1)

발행일	지면정보		필자	제목
	권호	페이지		
1955.10.01	13号	10	金時鐘	〈評論〉権敬沢の作品について
1955.10.01	13号	6		〈特輯 権敬沢作品〉冬の日近く
1955.10.01	13号	6		〈特輯 権敬沢作品〉犬の遠吠がする夜ぶけ－工事場で、落下する鉄骨が父の肩を砕いた
1955.10.01	13号	7		〈特輯 権敬沢作品〉地下足僕
1955.10.01	13号	8		〈特輯 権敬沢作品〉年末風景
1955.10.01	13号	8		〈特輯 権敬沢作品〉季節はづれのいちぢくのぢくの実
1955.10.01	13号	9		〈特輯 権敬沢作品〉特別居住地
1955.10.01	13号	24	金啄村	〈国語作品〉八・一五讚歌앞길을태양은밝힌다
1955.10.01	13号	27	南吉雄	〈国語作品〉꿈에 본 동무얼굴
1955.10.01	13号	27	李守一	〈国語作品〉黄菊花
1955.10.01	13号	27	허명수	〈国語作品〉진달래
1955.10.01	13号	27	조홍기	〈国語作品〉아침의 바다
1955.10.01	13号	35	足立詩人集団鄭仁	〈往復書簡〉詩の在り方をめぐって
1955.10.01	13号	30	金時鐘	社会戯評
1955.10.01	13号	32	足立詩人集団共同創作	〈投稿〉たたかいのうた同志Kの出獄を迎えて
1955.10.01	13号	34	邵泉若	〈投稿〉ニンニク
1955.10.01	13号	43		合評ノート
1955.10.01	13号	44		編輯後記
1955.12.01	号外	3		巻頭言
1955.12.01	号外	6	洪宗根	凍結地帯
1955.12.01	号外	7	扠東沢	装飾
1955.12.01	号外	8	権東沢	あまだれ
1955.12.01	号外	10	朴実	血まみれの歌はもつつくるまい
1955.12.01	号外	11	金?村	素晴らしい末未
1955.12.01	号外	13	鄭仁	真夜中の話
1955.12.01	号外	14	鄭仁	美
1955.12.01	号外	15	権敬沢	特別居住地
1955.12.01	号外	27	南吉雄	〈国語作品蘭〉동무
1955.12.01	号外	20	韓光済	もだえ
1955.12.01	号外	21	韓光済	かんづめ
1955.12.01	号外	22	金?村	トップ記事と三面記事
1955.12.01	号外	23	金華奉	ある午后の憂ウツ
1955.12.01	号外	24	林降	漁村の平和
1955.12.01	号外	25	林降	友よ
1955.12.01	号外	25	邵一路	雨が降りる雨が降りる
1955.12.01	号外	26	丁卨福	手袋

발행일	지면정보		필자	제목
	권호	페이지		
1955.12.01	号外	16	洪孝一	〈児童作品〉みせばん
1955.12.01	号外	17	권조자	〈児童作品〉老いた父
1955.12.01	号外	17	権南海子	〈児童作品〉母のゆがお
1955.12.01	号外	18	金時子	〈児童作品〉雨の日
1955.12.01	号外	18	김순일	〈児童作品〉우리집 생활
1955.12.01	号外	18	金?村 /坂井さかを	書信往未
1955.12.01	号外	32		編集后記
1955.12.30	14号	3		〈巻頭言〉一九五五年を送るにあって
1955.12.30	14号	21	権東沢	〈作品Ⅰ〉案山子の青春
1955.12.30	14号	22	趙三竜	自殺者のあった朝
1955.12.30	14号	23	朴実	くらしの記録
1955.12.30	14号	24	金華奉	新地の朝
1955.12.30	14号	26	金平淋	響け十点鐘
1955.12.30	14号	27	韓光済	私の夢
1955.12.30	14号	28	宋益俊	影画
1955.12.30	14号	29	康清子	大阪のある一隅で
1955.12.30	14号	30	権敬沢	真昼の川で
1955.12.30	14号	33	金啄村	『河口は今もわあくと泣いている』
1955.12.30	14号	34	鄭仁	自動車耐久レース
1955.12.30	14号	35	李光子	顔・絵
1955.12.30	14号	36	夫貞大	竹の子
1955.12.30	14号	40	李逑三	随想「難メモ」から
1955.12.30	14号	14	洪宗根	〈評論〉李静子作品ノート
1955.12.30	14号	6		〈李静子作品集〉畑を耕せて
1955.12.30	14号	6		〈李静子作品集〉ある靴
1955.12.30	14号	7		〈李静子作品集〉ひとやの友に
1955.12.30	14号	8		〈李静子作品集〉ふるさとの江によせて
1955.12.30	14号	11		〈李静子作品集〉帽子のうた
1955.12.30	14号	12		〈李静子作品集〉労伤服のうた
1955.12.30	14号	44	김탁촌	〈作品Ⅱ〉나의 어머니의 마음을
1955.12.30	14号	46	박실	열번째 맞이한 해방의 날
1955.12.30	14号	47	김학연	새해 첫 아침에!
1955.12.30	14号	48	정문행	새들은 숲으로 간다
1955.12.30	14号	49	김승수	금강산 생각
1955.12.30	14号	50	宋益俊	〈評論〉詩の在り方をめぐって-鄭仁君への反論
1955.12.30	14号	37	西康一	〈寄稿〉中央文宣隊 牧丹峰劇場の公演を見て
1955.12.30	14号	42	朴実	詩と私

발행일	지면정보		필자	제목
	권호	페이지		
1955.12.30	14号	60		合評ノート
1955.12.30	14号	62		ヂンダレ·ニュース
1955.12.30	14号	63		編輯後記
1956.05.15	15号	4		四月におくる手紙
1956.05.15	15号	2	金時鐘	作品二篇
1956.05.15	15号	7	洪充杓	流民の記憶について
1956.05.15	15号	12	村井平七	金時鐘とその周辺について
1956.05.15	15号	31	金平善	朝鮮民謡と民族性
1956.05.15	15号	41		十四号合評ノート
1956.05.15	15号	24	趙三竜	未完成風景
1956.05.15	15号	25	金仁三	美
1956.05.15	15号	26	鄭仁	なくしてい現実
1956.05.15	15号	27	李静子	涙の谷
1956.05.15	15号	28	金啄村	光明
1956.05.15	15号	29	金知峰	小さな戦士
1956.05.15	15号	30	権敬沢	とんびと貧しい兄弟
1956.05.15	15号	33	洪充杓	距離
1956.05.15	15号	35	成子慶	昆虫と昆虫
1956.05.15	15号	36	金華奉	わが愛するテンエイジャー
1956.05.15	15号	38	李恵子	カーネーション
1956.05.15	15号	39	梁正雄	正午
1956.05.15	15号	40	安輝子	朝鮮人小学校に学んでいる子供たちに
1956.05.15	15号	42		編輯後記
1956.05.15	15号	6		愛贈誌
1956.08.20	16号	26	金平善	婦女謡雑記
1956.08.20	16号	27	姜尚祐	サラン·サンチョルブ·アム
1956.08.20	16号	2	金時鐘	私の作品の場と「流民の記憶」
1956.08.20	16号	14	洪充杓	小野三十郎先生訪問記
1956.08.20	16号	31	呉興在	太陽の季節に反発して
1956.08.20	16号	32		合評ノート
1956.08.20	16号	32		会員消息
1956.08.20	16号	33		編輯後記
1956.08.20	16号	9	洪充杓	〈作品〉鳩と空席
1956.08.20	16号	10	鄭仁	〈作品〉少年·蠅
1956.08.20	16号	11	権東沢	〈作品〉蟬の歌·海の記憶
1956.08.20	16号	12	梁正雄	〈作品〉曇天·他
1956.08.20	16号	19	金時鐘	〈作品〉白い手·インデアン狩り
1956.08.20	16号	21	姜春子	〈作品〉夜学生

발행일	지면정보		필자	제목
	권호	페이지		
1956.08.20	16号	22	権敬沢	〈作品〉沖縄・街の片隅で
1956.08.20	16号	23	金仁三	〈作品〉不安
1956.08.20	16号	24	成子慶	〈作品〉蟹の科白
1956.08.20	16号	25	金啄村	〈作品〉四等飯
1957.02.06	17号	2	洪充杓	春の朝
1957.02.06	17号	3	洪充杓	朝
1957.02.06	17号	4	金華奉	夢の中の現実
1957.02.06	17号	5	金華奉	名犬
1957.02.06	17号	6	梁正雄	富士頂上
1957.02.06	17号	8	梁正雄	冬の交響詩
1957.02.06	17号	9	鄭仁	証人
1957.02.06	17号	16	金時鐘	ロボットの手記
1957.02.06	17号	19	趙三竜	裸像
1957.02.06	17号	20	南相九	火星
1957.02.06	17号	21	康清子	わが家
1957.02.06	17号	22	成子慶	石の上で
1957.02.06	17号	23	成子慶	師徒の像
1957.02.06	17号	23	金啄村	悪党
1957.02.06	17号	24	金知奉	マグロの悲嘆
1957.02.06	17号	25	高永生	再会
1957.02.06	17号	11	許南麒	「春香伝」飜訳雑記
1957.02.06	17号	13	金華奉	詩にならない話
1957.02.06	17号	14	梁正雄	回想
1957.02.06	17号	14	仁志奈徹/南相九	交流
1957.02.06	17号	26	姜尚祐	民謡 マツゲの数
1957.02.06	17号	29		合評ノート
1957.02.06	17号	30		編輯後記
1957.07.05	18号	9	鄭仁	〈作品〉街
1957.07.05	18号	10	趙三竜	〈作品〉退屈
1957.07.05	18号	10	朴実	〈作品〉夜よ明りを
1957.07.05	18号	11	梁正雄	〈作品〉記憶の始まり
1957.07.05	18号	12	梁正雄	〈作品〉実験解剖学
1957.07.05	18号	13	宋利男	〈作品〉荒野
1957.07.05	18号	19	洪充杓	〈作品〉お勝山
1957.07.05	18号	20	金華奉	〈作品〉赤い喪服
1957.07.05	18号	20	成子慶	〈作品〉エレガント
1957.07.05	18号	21	金知峯	〈作品〉夜の鼓動

발행일	지면정보 권호	지면정보 페이지	필자	제목
1957.07.05	18号	22	金仁三	〈作品〉築港
1957.07.05	18号	23	南相九	〈作品〉黄色い小鳥
1957.07.05	18号	24	金元瑞	〈作品〉隣室
1957.07.05	18号	25	金元瑞	〈作品〉酔っぱらいへの期待
1957.07.05	18号	26	金時鐘	〈作品〉大阪総連
1957.07.05	18号	2	金時鐘	〈作品〉盲と蛇の押問答
1957.07.05	18号	14	鄭仁	エッセイ
1957.07.05	18号	16		合評ノート
1957.07.05	18号	28		サークル詩評
1957.07.05	18号	30		編輯後記
1957.11.10	19号	10	趙三竜	エッセイ
1957.11.10	19号	2	金華奉	〈作品〉唖の少年
1957.11.10	19号	4	梁正雄	薔薇と超現実
1957.11.10	19号	4	梁正雄	片田舎
1957.11.10	19号	6	朴実	異端者
1957.11.10	19号	7	洪充杓	仕掛け玩具
1957.11.10	19号	8	金時鐘	犬を食う
1957.11.10	19号	8	金時鐘	雨と墓と秋と母と
1957.11.10	19号	18	鄭仁	うまずめ
1957.11.10	19号	19	南民樹	尾行記
1957.11.10	19号	20	金元瑞	宙ぶらりんなギャップ
1957.11.10	19号	20	成子慶	ニヒル
1957.11.10	19号	22	金啄村	愛について
1957.11.10	19号	24	金知峯	豪雨
1957.11.10	19号	25	権敬沢	阪神電鉄淀川駅附近
1957.11.10	19号	26	鄭仁	詩集評
1957.11.10	19号	28		合評ノート
1957.11.10	19号	30		編輯後記
1958.10.25	20号	13	鄭仁	逃亡と攻撃
1958.10.25	20号	17	草津信男	夜を希うもの
1958.10.25	20号	2	梁石日	流産児
1958.10.25	20号	4	権敬沢	夜の海図
1958.10.25	20号	7	洪充杓	接骨院
1958.10.25	20号	8	鄭仁	運河・祈り
1958.10.25	20号	10	金時鐘	しゃりっこ
1958.10.25	20号	22	南民樹	血緑
1958.10.25	20号	23	朴実	子守物語
1958.10.25	20号	24	金啄村	わしらの娘は殺された

발행일	지면정보		필자	제목
	권호	페이지		
1958.10.25	20号	25	成子京	頭についている耳のこと
1958.10.25	20号	26	安秉順	牝猫
1958.10.25	20号	26	金仁三	春
1958.10.25	20号	27	成進一	絶望
1958.10.25	20号	28	金時鐘	〈特輯評〉ダイナミズムの変革
1958.10.25	20号	21	梁石日	「灰色の壁に」を読んで
1958.10.25	20号	29		編輯後記

첨성대(瞻星台)

● ● ●

1 서지적 정보

『첨성대(瞻星台)』는 1966년에 시바우라공대 한국문화연구회(芝浦工大韓国文化研究会)에서 간행한 잡지이다. 편집은 한문연일동이고, 발행자는 성강일이다. 현재 확인할 수 있는 호가 많지가 않아서 제4호의 목차와 편집후기를 통하여 그 내용을 유추해 보면 다음과 같다. 제4호의 목차를 보면 「통일의 필요성」, 「조선동란후의 통일운동」, 「4.19 학생혁명」, 「4.19 학생혁명 후의 통일 운동」, 「4.19 학생혁명의 의의」, 「5.16 군사 쿠데타」, 「현재의 정세」, 「한국의 고적」, 「자각과 모국어」, 「나와 한국」 등과 같이 나와 있다. 목차를 통하여 알 수 있듯이 한국의 정치적 상황에 대하여 상당한 관심을 표명하면서 특히 정치적 활동에서 의미와 정당성을 찾으려 하고 있다. 다만 특이한 점은 편집후기에서 한문연은 정치 조직이 아님을 언급하고 있음에도 불구하고 한국문화의 소개에 중점을 두기 보다는 정치 활동의 의미 찾기에 보다 힘을 쏟고 있음을 확인할 수 있다.

2 편집후기(제4호)

시바우라공대 한문연(芝浦工大韓文研)의 목적은 무엇인가. 물론 우리들 모임은 정치 조직이 아니다. 시바공대 학내의 조선인 학생의 문화조직이고 자주적으로 모여서 활동하고 있는 조직이다. 과거 2년간의 활동은 어느 정도 성과를 올렸을까. 한문연에 대하여 물어보면 모두 애매하고 확실하지 않다. 이래서는 안 되겠구나 생각하지만 아무래도 명확하지 않다. 여러 면에서 불만이 있다. 불만이 무엇이든 좋게 생각하고자 하여 히스

테리가 되지 않도록 노력할 뿐이다. 남자의 히스테리 따위 정말 보탬이 되지 않기 때문에...

(S)

3 목차

친화(親和)

○ ○ ○

1 서지적 정보

1953년 11월에 창간되어 1977년 11월(285호)까지 발간되었다. 월간. 편집발행인은 후나다 교지(船田享二), 발행소는 일한친화회(日韓親和会)이다. 후에 편집인은 후루타 쓰네지(古田常二)로 변경. 일한친화회는 회장, 부회장 및 이사진 모두 일본인들의 진용을 보이는데, 잡지의 성격이나 내용이 재일조선인이나 한국 소개, 한일 관련 내용이 있고, 집필자에 재일조선인과 한국인 필자가 들어 있다. 주요 집필진에 시모무라 가이난, 후나다 교지, 소바 기요시(相場清), 구로다 시노부(黒田しのぶ), 스즈키 하지메, 유아사 가쓰에(湯浅克衛), 가토 소린진(加藤松林人), 고니시 아키오(小西秋雄), 김희명(金熙明), 김을한(金乙漢), 이상권(李相權) 등이 있다.

주요 내용으로 한국이나 북한 소개, 한일관계, 한일회담, 재일조선인의 법적 문제나 처우 관련 내용, 일본인과 재일조선인의 대담, 한국 방문기, 한국의 소리, 한국 근대사 (김희명의 연재), 한국 현대문학, 한국 민화, 시, 창작, 잡기, 단카 등을 다루고 있다. 특히 1950년대는 1959년에 시작되는 재일조선인 북한 귀국 문제를 놓고 논의가 이루어 졌다. 스즈키 하지메(鈴木一)의 63호(1959.1) 권두언을 보면, "재일조선인 문제는 외교 이전의 문제로 신속히 국내적으로 처리되어야 한다. 재일조선인 문제의 핵심은 그들로 하여금 자유롭게 국적을 선택하게 하는 것에 있다. 귀화의 문를 크게 열어두는 것은 행정 방침으로 곧바로 가능하다. 귀화를 희망하지 않는 전전부터 있던 사람들에게는 곧바로 영주 허가를 부여하면 된다. 그러나 반도로 언제 귀환할 것인가는 외교를 기다리는 수밖에 없다"는 내용이 있다.

재일조선인이나 한국인의 글로 보이는 것에 김파우(金坡禹)의 「한국의 음악과 무용 계보 1」(1958.9), 김을한의 「전환점에 온 일본외교」(1958.4), 「조선을 모르는 "조선통"

먼저 편견과 우월감을 버리자」(1958.9), 권일(權逸)의 「후나다 나카(船田中) 회장 취임 피로 파티-후나다 선생의 회장 취임을 축하하며」(1958.4), 송기복(宋基復)의 「한국 본대로-한국 교포 생산품 전시회 소견」(1959.1), 배동호(裵東湖)의 「재일한국인에게 시민권을」(1960.1), 이상권의 「민주혁명 후의 한국의 동향」(1960.8), 최상(崔相)의 「공학박사가 된 정만영 군의 고생을 칭찬한다」(1960.8), 김경하(金景河)의 「방일 인쇄 시찰단의 감상」(1960.10), 김규환(金圭煥)의 「〈한국의 소리〉 한일회담과 평화선 문제」(1960.12), 김희명의 「우사미 가쓰오(宇佐美勝夫) 선생과 그 덕성」(1961.1, 연재), 정인식(鄭仁植)의 「일본에 온 한국백양회전을 보고」(1961.1), 이상권의 「자립경제를 향한 5개년 계획안」(1961.8), 함석헌(咸錫憲)의 「5·16은 어떻게 봐야 하는가」(1961.9), 김정주(金正柱)의 「백조의 무사시노 산보」(1961.11, 연재), 유진오(兪鎭午)의 「일한회담을 회고하며-「시사(時事) 11월호에서」」(1962.1)가 있다. 『친화』 100호 특집호(1962.3)에는 정비석(鄭飛石)의 「옛날이야기」, 김을한의 「가장 가깝고도 먼 나라」가 실렸다. 또한, 홍용희(洪竜熹)의 「외자 도입의 수용 태세 확립」(1962.4), 민영복(敏泳福)의 「벚꽃과 무궁화」(1963.1), 김종해(金鐘海)의 「'서로 돕는' 길」(1963.3), 김인숙(金仁淑)의 「일한인가, 한일인가」(1963.5), 이홍식(李弘植)의 「일본의 정치풍토」(1963.7), 전영복(田泳福)의 「인격과 존엄」(1963.8), 정문기의 「한국 수산업의 장래와 평화선」(1963.10), 최학근의 「'신라'의 어원에 대하여」(1964.10)와 「백제에 대하여」(1964.11), 「한(韓)에 대하여」(1964.12), 박영훈의 「전후 한국영화의 발자취」(1964.10), 이소영의 「일한 양국의 애증을 넘어」(1964.10), 정두섭의 「일본이라는 나라」(1965.9), 이완석의 「한국 민예품전을 앞두고」(1965.12), 이건의 「백자 항아리」(1966.3), 조용만의 「독립만세의 추억」(1966.5), 이윤실의 「어느 재일한국인의 실감」(1966.6), 박철의 「한국의 옛 도자기」(1966.8), 우한정의 「한국의 철새에 대하여」(1966.10), 박영훈의 「머나먼 산하」(1966.11), 이범훈의 「한국 교육의 현상과 일본을 보며」(1967.12), 임병직의 「문화로 결합된 고대 일한 관계」(1968.1), 박두병의 「경제개발과 경제협력의 관련성」(1968.3), 김을한의 「광화문과 야나기 무네요시(柳宗悦) 선생」(1968.6), 박화성의 「한국 부인의 생활과 문학」(1968.7), 이영개의 「김추사(金秋史)와 일본화」(1968.9), 김희명의 「한국시선」(1969.9), 황수영의 「한국 반가사유상 연구」(1969.11), 박원선의 「한국의 상법에 대하여」(1969.12) 등이 있다. 이 외에도 김소운이나 조병화 등 한국문학을 번역해 실은 내용도 보인다.

2 창간호(인사말)

창간에 즈음하여

일한친화회 회장 시모무라 가이난(下村海南)

석가는 자비를, 그리스도는 사랑을, 공자는 인(仁)을 설파했다. 쇼토쿠(聖德) 태자의 헌법 십칠 조의 처음에 '어우러짐을 귀하게 여긴다(以和爲貴)'고 나와 있다.

서로 이웃하면서 서로 반목하고 서로 받아들이지 않고 서로 헐뜯고 서로 화내고 서로 미워하며 서로 어우러지지 않고 서로 범하고 서로 싸우기에 이르면 불행하기 그지없을 것이니 한스러운 일의 극치이다.

그러나 집안이 건강하고 입고 먹는 것이 충분하며 무사히 재앙 없는 원만한 생활을 영위하면서도 여전히 처마를 나란히 하고 화합하지 않고 서로 반목하는 일이 있다.

지구상에는 부단한 싸움이 수시에 도처에서 일어났다. 가깝게는 세계대전의 뒤를 이어 냉전 10년에 이르고, 조선 및 인도차이나에는 전쟁이 계속되고 있다. 최근에 극동의 일각에서 전쟁에 패해 영토의 10분의 4를 잃고 과잉인구에 더해 육백십만 명의 인양 동포를 껴안고 가시밭길을 가고 있는 일본에 예로부터 교섭을 가져왔고 지금도 가까운 이웃나라에 조선반도가 있다.

세계대전의 여파를 받은 반도는 삼십팔도선을 경계로 서로 대치하며 까닭 없이 전쟁의 불길이 일어 오십여만 호가 소실되고 천여만 명이 피난민이 되었다. 간신히 휴전상태가 되긴 했지만 남북이 서로 나뉘어 반목하고 통일화평의 가능성이 옅은 것은 통탄스럽기 그지없으며, 그러한 사태에 있는 것은 또한 일한 사이를 악화시키는 하나의 소인으로도 생각된다.

이번 일한회담은 결렬되었다. 현실의 경로를 보면 이론이 일관되지 않고 감정에 헐뜯는 증오가 적지 않다.

이제 한국은 이웃나라 일본과 소원해지고 반도에서는 남북이 서로 대립하고 있다.

이웃나라가 서로 반목하고 서로 싸운다. 서로 등을 돌리기는 쉬우나 서로 화합하기는 어렵다. 우리 천수는 백세를 넘기지 못하고 유구한 일한 양국의 장래를 생각하건대 지금

이 서로 알고 서로 화합하지 않는다면 그야말로 천년의 후회가 있을 것이다.

　이번에 잡지 『친화』가 탄생했다. 단지 일한 두 민족을 위하는 데 머무르지 않고 세계 인류의 평화로 나아가길.

 3　목차

발행일	권호	필자	제목
1957.10.15	第四十八号		外交青書「わが外交の近況」より
1957.10.15	第四十八号		日韓交渉混迷つづく
1957.10.15	第四十八号	江田俊雄	朝鮮の仏教
1957.10.15	第四十八号		北朝鮮最高人民会議第二期第一回会議
1957.10.15	第四十八号	相場清	崔南善氏著　朝鮮常識問答抄訳(八)
1957.10.15	第四十八号	三木治夫	ちかごろの韓国の話題　らい患者の悲劇
1957.10.15	第四十八号	N・S・Z	ニュースにおもう
1957.12.15	第五十号	鈴木一	下村会長の長逝を悼む
1957.12.15	第五十号	天羽英二	下村さんの思い出
1957.12.15	第五十号	金素雲	ある抗議
1957.12.15	第五十号	三木治夫	南朝鮮の書籍展示に思う
1957.12.15	第五十号		韓国海苔の輸入問題
1957.12.15	第五十号		韓国ノリの輸入問題ー国家速記録よりー
1957.12.15	第五十号	相場清	崔南善氏著　朝鮮常識問答抄訳(十)
1957.12.15	第五十号	三瀦信吾	韓国学生の諸君と日韓関係の将来
1957.12.15	第五十号		日韓親和懇談会を開催ー東京に於ける第二回懇談会ー
1957.12.15	第五十号		あいさつ
1957.12.15	第五十号	加藤松林人	日韓会談によせて
1958.04.15	第五十四号	金乙漢	曲がり角に来た日本外交
1958.04.15	第五十四号	杉本長夫	あの日・あの頃(短詩六編)
1958.04.15	第五十四号		数字からみた北鮮五ヵ年計画の目標
1958.04.15	第五十四号		船田中会長就披露パーティ
1958.04.15	第五十四号	権逸	船田先生の会長就任を祝う
1958.04.15	第五十四号	三木治夫	K君への手紙
1958.04.15	第五十四号		第二十八国会における日韓関係についての論議(中)
1958.04.15	第五十四号	加藤松林人	日本人の差別観
1958.09.15	第五十九号	斉藤惣一	国際親和の原則と実際その一
1958.09.15	第五十九号		〈座談会〉朝鮮への郷愁ー初秋のよるに語るー
1958.09.15	第五十九号	小西秋雄	〈誌一篇〉関釜連絡船
1958.09.15	第五十九号	金坡禹	韓国の音楽と舞踊系譜(その一)
1958.09.15	第五十九号	庾妙達	ま近かな希望
1958.09.15	第五十九号	君島夜詩	〈短歌〉静かに憶う
1958.09.15	第五十九号		第二十八国会における日韓関係についての論議(下)
1958.09.15	第五十九号	金乙漢	朝鮮を知らない"朝鮮通"先づ偏見と優越感を捨てよ
1958.09.15	第五十九号	相場清	崔南善氏著　朝鮮常識問答抄訳(十五)
1958.11.15	第六十一号	斉藤惣一	国際親和の原則と実際(その三)
1958.11.15	第六十一号	小西秋雄	〈詩〉朝鮮は空の国
1958.11.15	第六十一号		第三十国会における日韓関係の論議(上)
1958.11.15	第六十一号	森田芳夫	韓国における新民法の新義経過(下)

발행일	권호	필자	제목
1958.11.15	第六十一号	高取静	高取焼再興について
1958.11.15	第六十一号	相場清	崔南善氏著　朝鮮常識問答抄訳(十七)
1958.12.15	第六十二号	阿部吉雄	江戸文化の夜明けと朝鮮文化(上)
1958.12.15	第六十二号	横山実	在日朝鮮人の帰化について―雑感―
1958.12.15	第六十二号	相場清	崔南善氏著　朝鮮常識問答抄訳(十八)
1958.12.15	第六十二号		日本にいる韓国の子どもたちの作品
1958.12.15	第六十二号		居住地選択の自由について―日赤井上外事部長は語る―
1958.12.15	第六十二号		〈投稿〉「第三十国会における日韓関係の論議をよみて」
1958.12.15	第六十二号		第三十国会における日韓関係の論議(下)
1959.01.15	第六十三号	鈴木一	券頭言
1959.01.15	第六十三号		新春によせて
1959.01.15	第六十三号	小西秋雄	伝説の都
1959.01.15	第六十三号	加藤松林人	亥の年
1959.01.15	第六十三号	君島夜詩	ソウルを憶う
1959.01.15	第六十三号	素雲生	冬扇雑記
1959.01.15	第六十三号	宋基復	韓国みたまま―韓僑生産品展示会所見―
1959.01.15	第六十三号		日朝友好託児所―日本人青年たちで形成されている―
1959.01.15	第六十三号		〈対談〉在日朝鮮人問題を中心に　権逸・鈴木一対談
1959.01.15	第六十三号	阿部吉雄	江戸文化の夜明けと朝鮮文化(下)
1959.02.15	第六十四号	加藤通夫	苦境に立つ李承晩政権
1959.02.15	第六十四号		★新国家保安法めぐる反対闘争
1959.02.15	第六十四号		★在日朝鮮人の北鮮帰国問題
1959.02.15	第六十四号	井上益太郎	在日朝鮮人の帰国問題はなぜ人道問題であり緊急処理を要するのか
1959.02.15	第六十四号	藤田亮策	諸鹿さんと六村先生―朝鮮の思い出―
1959.02.15	第六十四号	素雲生	冬扇雑記(二)
1959.02.15	第六十四号	小西秋雄	日本近代詩に歌はれた朝鮮(その一)韓の都にきてみればー与謝野鉄幹篇ー
1959.02.15	第六十四号	杉本良	李鶴圭氏のことども
1959.02.15	第六十四号	加藤松林人	朝鮮歳時記立春・上元の頃
1959.02.15	第六十四号		〈ほんやく〉国家保安法発効日に寄せる
1959.03.15	第六十五号		〈アンケート〉一、北鮮帰還決定に対してどうお考えですか
1959.03.15	第六十五号		二、今後この問題の進め方について、どんな事が大事だとお考えですか
1959.03.15	第六十五号		三、その他この問題についてお気付きの事について
1959.03.15	第六十五号	小西秋雄	〈詩〉百済観音覚書
1959.03.15	第六十五号		百済観音
1959.03.15	第六十五号		北鮮帰還をめぐって
1959.03.15	第六十五号	相場清	〈座談会〉崔南善氏著　朝鮮常識問答抄訳(十九)
1959.03.15	第六十五号	三宅知子	Kさんへのたより

발행일	권호	필자	제목
1959.03.15	第六十五号	新田陸信	随相二題
1959.04.15	第六十六号	坪江汕二	〈紹介〉韓国の政情「朝鮮民族独立運動秘史」
1959.04.15	第六十六号	相場清	崔南善氏著　朝鮮常識問答抄訳(二十)
1959.04.15	第六十六号	藤田亮策	加藤勧覚さんー朝鮮の思い出ー
1959.04.15	第六十六号	三木治夫	申興雨博士をしのびて
1959.04.15	第六十六号	小西秋雄	〈詩〉落花岩
1959.04.15	第六十六号		大村収容所の人たちー開設から今日までー
1959.04.15	第六十六号	松田純	韓国の国民学校の教科書の中から　棉の花と文益漸
1959.04.15	第六十六号	崔在錫	〈ほんやく〉言語生活と通じてみた韓国人(上)
1959.05.15	第六十七号	桜井義之	〈羊我堂閑話(一)〉江戸戯作者の朝鮮研究
1959.05.15	第六十七号		この頃の感想ー北鮮帰還問題につながるものー
1959.05.15	第六十七号		日本国会における北鮮帰還論議
1959.05.15	第六十七号		在日朝鮮人の北鮮帰還と抑留漁夫問題ー日本・韓国・北鮮の報道からー
1959.05.15	第六十七号	相場清	崔南善氏著　朝鮮常識問答抄訳(二十一)
1959.05.15	第六十七号	みき・はるお	時想
1959.05.15	第六十七号		〈ほんやく〉「言語生活を通じてみた韓国人」(中)
1959.05.15	第六十七号		〈紹介〉「三八度線の北」
1959.06.15	第六十八号	桜井義之	蘭英学者の朝鮮研究ー手塚律蔵と榎本武揚ー(その一)
1959.06.15	第六十八号	本誌記者	〈ルポルタージュ〉大村収容所をたずねて
1959.06.15	第六十八号	小西秋雄	〈詩〉去りゆく五月
1959.06.15	第六十八号		〈ほんやく〉「言語生活を通じてみた韓国人」(下)
1959.06.15	第六十八号	横山実	寸感ー朝鮮人の帰化についてー
1959.06.15	第六十九号	桜井義之	蘭英学者の朝鮮研究ー手塚律蔵と榎本武揚(その二)
1959.07.15	第六十九号	文明子	釜山日本人漁夫収容所を慰問して
1959.07.15	第六十九号	趙炳華	〈詩〉かくなるを知りつつ
1959.07.15	第六十九号		〈座談会〉夢の国よりほしい最低のやすらぎー在日朝鮮人労働者は語るー
1959.07.15	第六十九号	相場清	崔南善氏著　朝鮮常識問答抄訳(二十二)
1959.08.15	第七十号	鄭寅錫・鈴木一	〈座談〉韓国居留民団にのぞむこと
1959.08.15	第七十号	君島一郎	アメリカの責任ー出来るだけ早く韓国をよい国に造りあぐべしー
1959.08.15	第七十号	小西秋雄	城津峠の桔梗花
1959.08.15	第七十号	加藤松林人	九月
1959.08.15	第七十号	相場清	崔南善氏著　朝鮮常識問答抄訳(二十三)
1959.08.15	第七十号	K	とまどい、たちすくむ思い
1959.08.15	第七十号	森田芳夫 吉田常二	朝鮮における終戦と引揚(第一回)ー十四年前の八・一五の思い出を語るー
1959.09.15	第七十一号	ローランド・ハーカー	融和への道
1959.09.15	第七十一号	桜井義之	福沢諭吉と朝鮮ー朝鮮に於ける新聞の発刊ー

발행일	권호	필자	제목
1959.09.15	第七十一号		「帰還案内の要点」とその波紋日韓会談をめぐる経過ー日本・在日韓国紙にみるー
1959.09.15	第七十一号	松林義三/堀野仙策	朝鮮における終戦と引揚(第二回)ー十四年前の八・一五の思い出を語るー
1959.09.15	第七十一号	相場清	崔南善氏著　朝鮮常識問答抄訳(二十四)
1959.90.15	第七十一号	三木治夫	日韓農業技術のかけはし哀惜される禹長春博士の逝去
1959.10.15	第七十二号	桜井義之	朝鮮に於ける邦字新聞の刊行ー青山好恵とその事業ー
1959.10.15	第七十二号	新田陸信	非常時韓国と対日関係ー印英関係をポイントとしてー
1959.10.15	第七十二号	小西秋雄	蘇満国境の秋
1959.10.15	第七十二号		〈評論〉最近の朝鮮学の歩み
1959.10.15	第七十二号	嶋元謙郎	「帰還案内」の問題点ー要は民族不信の感情によるー
1959.10.15	第七十二号		「帰還案内」発表以後の主な経過
1959.10.15	第七十二号	相場清	崔南善氏著　朝鮮常識問答抄訳(二十五)
1959.10.15	第七十二号		〈座談会〉にくしみから融和の心にーMRA大会から帰られた金珊瑚女史をかこんでー
1959.11.15	第七十三号	桜井義之	森鴎外と朝鮮ー附「鶏林医事」のことー
1959.11.15	第七十三号	嶋元謙郎	「日韓会談」の経過と背景
1959.11.15	第七十三号	宮崎森三郎	日本と韓国間の貿易中断について
1959.11.15	第七十三号	加藤松林人	”こんにちの朝鮮展”を見る
1959.11.15	第七十三号	相場清	崔南善氏著　朝鮮常識問答抄訳(二十六)
1959.11.15	第七十三号	小西秋雄/岡野正典	朝鮮における終戦と引揚(第三回)ー十四年前の思い出を語るー
1959.11.15	第七十三号		北鮮送還問題のうごき
1959.12.15	第七十四号	桜井義之	朝鮮研究の機関とその事業ーその一　明治期ー
1959.12.15	第七十四号	湯浅克衛	三つの優れた作品
1959.12.15	第七十四号	小西秋雄	〈詩〉月明の羅津軍港
1959.12.15	第七十四号	相場清	崔南善氏著　朝鮮常識問答抄訳(二十七)
1959.12.15	第七十四号		ささやかな本会談話室開設を記念してー「親和」愛読者のつどいー
1959.12.15	第七十四号		十一月の韓国新聞社説における日本関係
1960.01.15	第七十五号	外務大臣藤山愛一郎	日韓新和会の御検討を祈る
1960.01.15	第七十五号	船田亭二	暗い前途を明るく
1960.01.15	第七十五号	君島一郎	世界的視野から解決を
1960.01.15	第七十五号	穂積真六郎	真実と友情…と
1960.01.15	第七十五号	鈴木一	十五年間の出入国管理令の迷子を救う年
1960.01.15	第七十五号	湯浅克衛	東洋食味順礼
1960.01.15	第七十五号	相場清	崔南善氏著　朝鮮常識問答抄訳(二十八)
1960.01.15	第七十五号	小西秋雄	〈詩〉古都慕情
1960.01.15	第七十五号	裵東湖	〈投稿〉在日韓国人に市民権をー政治の犠牲から救う人道主義のためにー
1960.01.15	第七十五号		十二月の新聞社説にとりあげられた日本関係

발행일	권호	필자	제목
1960.02.15	第七十六号	桜井義之	朝鮮研究の機関とその事業
1960.02.15	第七十六号	湯浅克衛	東洋食味順礼
1960.02.15	第七十六号		明るい二つの話題
1960.02.15	第七十六号	小西秋雄	〈詩〉金冠塚
1960.02.15	第七十六号	相場清	崔南善氏著　朝鮮常識問答抄訳(二十九)
1960.02.15	第七十六号		〈座談会〉両国の相互理解は女性の力で　呉基文・文琴煕・金信三・文明子・水木洋子・君島夜詩・湯浅正子
1960.02.15	第七十六号		韓国紙の論調
1960.03.15	第七十七号	君島一郎	三・一独立宣言文を読んで一新しい国造りの出来るだけ早い達成を待望す
1960.03.15	第七十七号	横山実	在日韓国人の処遇に関する最近の論議について
1960.03.15	第七十七号		裵東湖氏の所説について(本誌七五号掲載)
1960.03.15	第七十七号	小西秋雄	〈詩〉帰化人村
1960.03.15	第七十七号	加藤松林人	韓国の画家　白陽会同人の一行を迎えて
1960.03.15	第七十七号		日本に在留を許されて学ぶ若人たち
1960.03.15	第七十七号	湯浅克衛	東洋食味順礼
1960.03.15	第七十七号	相場清	崔南善氏著　朝鮮常識問答抄訳(三十)
1960.03.15	第七十七号		日本に留学して工学博士になるまで一南宮寔さんにきくー
1960.04.15	第七十八号	桜井義之	明治時代の対韓意識一出版活動を通じての一考察ー
1960.04.15	第七十八号		〈座談会〉韓国言論人は語る一日本訪問の李寛求氏をかこんでー李寛求・李相権・村常男・船田享二・古田常二
1960.04.15	第七十八号	小西秋雄	〈詩〉梨泰院
1960.04.15	第七十八号	湯浅克衛	東洋食味順礼(四)
1960.04.15	第七十八号	相場清	崔南善氏著　朝鮮常識問答抄訳(三一)
1960.04.15	第七十八号		〈解説〉韓国暴動の背景(朝日新聞記事より転載)
1960.04.15	第七十八号		韓国における大学
1960.04.15	第七十八号		韓国報道界の現状②
1960.05.15	第七十九号	鈴木一	日韓会談に先立つもの一日本代表部の設置、在日朝鮮人の所遇
1960.05.15	第七十九号	村常男	韓国民主革命の経過とその解明一東洋食味巡礼(五)
1960.05.15	第七十九号	湯浅克衛	日本、朝鮮の宮廷料理・さまざまの酒
1960.05.15	第七十九号	相場清	崔南善氏著　朝鮮常識問答抄訳　朝鮮の文学(二)
1960.05.15	第七十九号		〈紹介〉"Korea its Land, People and Culture of all age"
1960.05.15	第七十九号	小西秋雄	〈詩〉高麗村
1960.05.15	第七十九号		〈座談会〉朝鮮向けNHK国際放送を語る
1960.05.15	第七十九号		大学教授団時局宣言文(前文)
1960.06.15	第八十号	鄭寅錫/大野信三	〈対談〉韓国経済の現状と再建を語る
1960.06.15	第八十号	相場清	崔南善氏著　朝鮮常識問答抄訳　朝鮮の文学(三)
1960.06.15	第八十号		★映画化された日韓両国　小学生の友情物語
1960.06.15	第八十号	相田慶浩	★映画に声の出演をした話
1960.06.15	第八十号	小西秋雄	〈詩〉半島の舞姫

발행일	권호	필자	제목
1960.06.15	第八十号	加藤松林人	半島古美術巡礼(一)
1960.06.15	第八十号	HM生	日本のデモと韓国のデモ
1960.07.15	第八十一号	君島一郎	アメリカと日韓両国ー両国関係をこのままに放置するかー
1960.07.15	第八十一号	鈴木一	斉藤惣一先生を偲びて
1960.07.15	第八十一号		韓国農村の再建を語る　語る人　曺寧柱　きく人　古田常二
1960.07.15	第八十一号	相場清	崔南善氏著　朝鮮常識問答抄訳(三四)　朝鮮の文学(四)
1960.07.15	第八十一号	小西秋雄	〈詩〉高麗青磁
1960.07.15	第八十一号	加藤松林人	半島古美術巡礼(二)ー散在せる古美術ー
1960.07.15	第八十一号		外交青書にみる日韓関係　北朝鮮帰還問題
1960.08.15	第八十二号	李相権	民主革命後の韓国のうごき
1960.08.15	第八十二号	鎌田光登	じかにみた韓国
1960.08.15	第八十二号	君島夜詩	〈短歌〉京城の雨期
1960.08.15	第八十二号	加藤松林人	半島古美術巡礼(三)
1960.08.15	第八十二号	中西吟平	友よ頑張れーQ画伯との交友
1960.08.15	第八十二号	崔相	工学博士となった鄭万永君のご苦労をたたえる
1960.08.15	第八十二号		新刊紹介
1960.09.15	第八十三号	君島一郎	韓国の経済建設興進についてーアメリカと日本の協力方いかにー
1960.09.15	第八十三号	鄭飛石/金竜煥/三木治夫	韓国文化と日本文化を語るー日本を訪れた鄭飛石氏をかこんでー
1960.09.15	第八十三号		民主党挙党内閣成るー韓国政局の近況ー
1960.09.15	第八十三号	小西秋雄	〈詩〉その歌声
1960.09.15	第八十三号	相場清	崔南善氏著　朝鮮常識問答抄訳(三十五)　朝鮮の文学(五)
1960.09.15	第八十三号	加藤松林人	半島古美術巡礼(四)ー散在せる古美術ー
1960.09.15	第八十三号	小西秋雄	「碧霊集」の詩人佐藤清先生について
1960.09.15	第八十三号		ー現代詩に歌われた朝鮮(二)ー
1960.10.15	第八十四号	権逸/鈴木一	〈対談〉きょうの韓国・あすの韓国
1960.10.15	第八十四号	金景河	訪日印刷視察団の韓相
1960.10.15	第八十四号		韓国を訪問するパール・バック女史一行
1960.10.15	第八十四号	加藤松林人	半島古美術巡礼(五)
1960.10.15	第八十四号	中西吟平	〈随想〉阿里蘭記者
1960.10.15	第八十四号	小西秋雄	〈詩〉調布・布田村
1960.10.15	第八十四号	相場清	崔南善氏著　朝鮮常識問答抄訳(三十五)　朝鮮の文学(六)
1960.10.15	第八十四号		今後の日韓外交について(東亜日報翻訳)
1960.10.15	第八十四号		〈新刊紹介〉朝鮮銀行史編纂委員会(朝鮮銀行略史)新刊紹介
1960.11.15	第八十五号		韓国の美術教育
1960.11.15	第八十五号		第五次日韓前面会談予備会談開かる
1960.11.15	第八十五号	相場清	崔南善氏著　朝鮮常識問答　朝鮮の図書(一)
1960.11.15	第八十五号		〈座談会〉韓国みてある記　きく人　湯浅克衛　かたる人　沢田美喜・鎌田信子
1960.12.15	第八十六号	宋志英/鎌田光登	〈対談〉1960年の日韓関係をかたる

발행일	권호	필자	제목
1960.12.15	第八十六号	上田源太	〈詩〉さようなら韓国の友よーわかれのメッセージにかえてー
1960.12.15	第八十六号	上田源太	韓国の雪解けーバスケット・ボールの旅から
1960.12.15	第八十六号	相場清	崔南善氏著 朝鮮常識問答 朝鮮の図書(二)
1960.12.15	第八十六号		韓国のお友達へプレゼント
1960.12.15	第八十六号	中西吟平	初めて見たニッポン＝韓国の友の手紙から＝
1960.12.15	第八十六号	趙永植	「親和」に寄せる
1960.12.15	第八十六号	鎌田信子	韓国大学生東南アジア使節団と同行して
1960.12.15	第八十六号	金圭煥	〈韓国のこえ〉日韓会談と平和線問題
1961.01.15	第八十七号	小坂善太郎	新春を迎えて理解と協力を願う
1961.01.15	第八十七号	鈴木一	たのしみ多き年
1961.01.15	第八十七号		今年の楽しみー日韓芸術家の交流ー
1961.01.15	第八十七号	金熙明	宇佐美勝夫先生とその徳性(1)ー朝鮮人を愛しつくした人の面影ー
1961.01.15	第八十七号	郭仁植	来日した韓国白陽会展をみて
1961.01.15	第八十七号	鮮干宗源	韓日国交正常化のためにー交歓を通じて理解増進をー
1961.01.15	第八十七号		〈座談会〉韓国おしゃべり行脚 かたる人 南宮寔 きく人 李熙洙、他
1961.01.15	第八十七号	相場清	崔南善氏著 朝鮮常識問答 続編抄訳(三十九) 朝鮮の金石(一)
1961.02.15	第八十八号		〈座談会〉日本人特派員韓国を語る 出席者 背黒忠勝/矢野俊一/李俊相/向井正人
1961.02.15	第八十八号	鈴木一	〈詩〉早春
1961.02.15	第八十八号	穂積真六郎	新会長を迎えて
1961.02.15	第八十八号	金熙明	宇佐美勝夫先生とその徳性(2)ー朝鮮人を愛しつくした人の面影ー
1961.02.15	第八十八号	小杉文夫	若き世代の交歓 韓国大学生と共に
1961.02.15	第八十八号	松田純	「あれが港の灯だ」をみて
1961.02.15	第八十八号	相場清	崔南善氏著 朝鮮常識問答 続編抄訳(四十) 朝鮮の金石(二)
1961.03.15	第八十九号		〈座談会〉日韓美術の交流を語るー韓国美術家の一行をむかえてー
1961.03.15	第八十九号	湯浅克衛	楽しい一夜
1961.03.15	第八十九号	金熙明	宇佐美勝夫先生とその徳性(3)ー朝鮮人を愛しつくした人の面影ー
1961.03.15	第八十九号	森田芳夫	数字からみた在日朝鮮人ー二世に関する事項を中心にー
1961.04.15	第九十号		〈座談会〉はじめて日本にきて語るー来日した朴啓周氏をかこんでー
1961.04.15	第九十号	加藤松林人	〈随筆〉刻露清秀
1961.04.15	第九十号		大行寺へ詣でるの記
1961.04.15	第九十号	金熙明	宇佐美勝夫先生とその徳性(4)ー朝鮮人を愛しつくした人の面影ー
1961.04.15	第九十号	相場清	崔南善氏著 朝鮮常識問答 朝鮮の金石(三)
1961.04.15	第九十号	小西秋雄	〈詩〉四月とともに
1961.04.15	第九十号		日本における統一運動ー四月十八日文化祭にみるー
1961.04.15	第九十号		ある少女の声韓国籍なるが故にー朝日新聞ひととき欄よりー
1961.04.15	第九十号		韓国人孤児の父曾田喜伊智さん近く韓国へ愛の招待実現
1961.04.15	第九十号		韓国の日本人妻近く里帰り実現か

발행일	권호	필자	제목
1961.05.15	第九十一号	鈴木一	韓国クーデターに憶う
1961.05.15	第九十一号		最近の勧告をかたる―韓国のクーデターとその背景―
1961.05.15	第九十一号	安部能成	柳宗悦君を惜しむ
1961.05.15	第九十一号	穂積真六郎	遠い昔のこと
1961.05.15	第九十一号	金熙明	柳宗悦先生と朝鮮の芸術
1961.05.15	第九十一号		貴重なおとし子―朝鮮民族美術館と柳さん―
1961.05.15	第九十一号		柳宗悦氏年譜
1961.05.15	第九十一号	中西吟平	ゴムぐつ監督―韓国映画の日本ロケー
1961.05.15	第九十一号	相場清	崔南善氏著　朝鮮常識問答　朝鮮の音楽(一)
1961.05.15	第九十一号	K	〈詩〉ソウルの友へ
1961.06.15	第九十二号		〈対談〉新生韓国に期待する　大野信三・土田豊
1961.06.15	第九十二号	森田芳夫	韓国における日本書籍の翻訳
1961.06.15	第九十二号	相場清	崔南善氏著　朝鮮常識問答　朝鮮の音楽(二)
1961.06.15	第九十二号	荒木重義	トキ(朱鷺)を探してください
1961.06.15	第九十二号		〈対談〉韓国国家再建非常措置法　他通信・新聞より
1961.06.15	第九十二号	小西秋雄	〈詩〉南大門
1961.06.15	第九十二号		"ある少女の声"後日ものがたり
196107.15	第九十三号	鈴木一	巻頭言
1961.07.15	第九十三号		韓国親善使節団をむかえて
1961.07.15	第九十三号	向井正人	革命後の韓国を語る
196107.15	第九十三号	湯浅克衛	朝鮮紀行ダイジェスト 花袋の「行楽」(一)
1961.07.15	第九十三号		韓国の日本人妻が里帰り―日韓両国政府の暖かい計らいで―
1961.07.15	第九十三号	尹鶴子 高尾益太郎 湯浅克衛	お里帰りの"孤児の母"をかこんで
196107.15	第九十三号	中西吟平	新星捜しある記
1961.07.15	第九十三号		朝鮮近代史研究会訪問記
1961.07.15	第九十三号	相場清	崔南善氏著　朝鮮常識問答抄訳(四十四)　朝鮮の音楽(三)
1961.08.15	第九十四号	沢田廉三	日韓国交早期樹立を望む
1961.08.15	第九十四号	李相権	自立経済をめざす　五個年計画案
1961.08.15	第九十四号	上田源太	「梅」のはなし
1961.08.15	第九十四号	湯浅克衛	朝鮮紀行ダイジェスト 潤一郎と桂月(二)
1961.08.15	第九十四号	相場清	崔南善氏著 朝鮮常識問答抄訳(四十五)　朝鮮の音楽(四)
1961.08.15	第九十四号		韓国の日本語熱・朝鮮の歴史を知る手引
1961.09.15	第九十五号	鈴木一	巻頭言
1961.09.15	第九十五号		第二のふるさとを語る―前田利一氏にきく―
1961.09.15	第九十五号	金乙漢	病床の李王垠殿下を訪ねて
1961.09.15	第九十五号		五・一六はどう見るべきか―思想界より―
1961.09.15	第九十五号		〈随想〉「パコダ公園」

발행일	권호	필자	제목
1961.09.15	第九十五号	湯浅克衛	朝鮮紀行ダイジェスト 柏亭と放庵(三)
1961.10.15	第九十六号	土田豊	巻頭言
1961.10.15	第九十六号		日韓親善スポーツを終えてー高校バスケット遠征の旅ー
1961.10.15	第九十六号	中谷忠治	韓国五個年 再建計画案に対する意見
1961.10.15	第九十六号	金正柱/井上謙/ 岩田渉/趙思玉	〈随想〉「パコダ公園」
1961.10.15	第九十六号	相場清	崔南善氏著 朝鮮常識問答抄訳(四十六) 朝鮮の音楽(五)
1961.10.15	第九十六号	湯浅克衛	朝鮮紀行ダイジェスト 秀雄と新吉(四)
1961.10.15	第九十六号	多久安貞	朝鮮語の手引
1961.11.15	第九十七号		〈座談会〉日韓関係のあり方を語る 鎌田光登/羅必成/新井宝雄/背黒忠勝
1961.11.15	第九十七号	中谷忠治	韓国五個年 再建計画案に対する意見(下)
1961.11.15	第九十七号	金正柱	白鳥の武蔵野散歩(一)
1961.11.15	第九十七号	湯浅克衛	朝鮮紀行ダイジェスト 扶余(五)
1961.11.15	第九十七号	相場清	朝鮮の音楽(六)
1961.11.15	第九十七号	近藤剣一	「朝鮮学会」に出席して
1961.12.15	第九十八号		〈座談会〉韓国の教育者は語る 朴元圭/金宅圭/姜栄浩/南宮寔
1961.12.15	第九十八号	金宅圭、鈴木一	在日韓人の法的地位及び処遇問題に対する質問と回答
1961.12.15	第九十八号	エドワードW ・ワグナー	韓国における失敗ーフオーリン・アフエヤズよりー
1961.12.15	第九十八号	外務省北東アジ ア課	〈解説〉日韓会談について
1961.12.15	第九十八号	金正柱	白鳥の武蔵野散歩(二)
1961.12.15	第九十八号	湯浅克衛	朝鮮紀行ダイジェスト 安倍能成(六)
1961.12.15	第九十八号	藤原てい 穂積真六郎 徐恵子	〈随想〉「パコダ公園」
1962.01.15	第九十九号	鈴木一	〈巻頭言〉日本の道 アジアの道
1962.01.15	第九十九号	石井光太郎	年頭所感
1962.01.15	第九十九号	長谷川才次	大局的打算ー善隣友好の哲学ー
1962.01.15	第九十九号	兪鎮午	日韓会談を回顧してー雑誌「時事」1961年11月号よりー
1962.01.15	第九十九号	渋沢敬三 崔相	〈対談〉ナマコ問答
1962.01.15	第九十九号	嶋元謙郎	<ソウル短信1>金鐘泌氏の横顔
1962.01.15	第九十九号	金潤成詩 金熙明訳	〈詩〉風
1962.01.15	第九十九号	小西秋雄	〈詩〉遠い砧
1962.01.15	第九十九号		〈随想〉「パコダ公園」
1962.01.15	第九十九号	柳根周	〈随想〉捨てられた戦争道具
1962.01.15	第九十九号	二階堂清寿	〈随想〉進明高校舞踊団を迎えて
1962.01.15	第九十九号	尹赫柱	〈随想〉恩師と無窮花

발행일	권호	필자	제목
1962.01.15	第九十九号	君島一郎	〈随想〉一つのバイウエー
1962.01.15	第九十九号	金正柱	〈連載〉白鳥の武蔵野散歩(三)
1962.01.15	第九十九号	崔南導/相場清訳	〈連載〉朝鮮の演劇(一)
1962.01.15	第九十九号		〈資料〉韓・米・日円卓会議を提案する(韓国日報)
1962.01.15	第九十九号		〈資料〉経済建設に奇蹟はあり得ず(韓国日報)
1962.01.15	第九十九号		〈資料〉ソウル日日新聞の廃刊と新聞界のゆく道(韓国日報)
1962.01.15	第九十九号		〈資料〉張将軍の死刑判決(毎日新聞)
1962.01.15	第九十九号		〈資料〉いうべきことはいい尽くした(韓国日報)
1962.01.15	第九十九号		韓国からの便り
1962.3.15	第百号	崔徳新	「親和」誌第百号発刊に際して
1962.03.15	第百号	裵義煥	誌齢百号を祝う
1962.03.15	第百号	小坂善太郎	「親和」百号によせる
1962.03.15	第百号	渋沢敬三	「親和」百号の発刊に当りて
1962.03.15	第百号	鄭飛石	今は昔の話
1962.03.15	第百号	金乙漢	最も近くて遠い国
1962.03.15	第百号	相場清	「親和」第百号の発刊に寄せて
1962.03.15	第百号	権逸	「親和」百号によせる
1962.03.15	第百号	鈴木一	日韓親和への情熱
1962.04.15	第百一号	鈴木一	日韓会談を前進させるために
1962.04.15	第百一号	村野孝	国際協力からみた日韓関係
1962.04.15	第百一号	洪竜熹	外資導入の受入体勢確立
1962.04.15	第百一号	大野信三	ソウルに住むある未見の友人への私信
1962.04.15	第百一号		〈座談会〉日韓両国の文化交流を語る
1962.04.15	第百一号		「パコダ公園」
1962.04.15	第百一号	黄命東	京人形の道
1962.04.15	第百一号	来海朋親	韓国の灯
1962.04.15	第百一号	高遠	紀行詩三首
1962.04.15	第百一号	嶋元謙郎	ソウル短信　衣・食・住
1962.04.15	第百一号		曾田嘉伊智さんの逝去
1962.04.15	第百一号		日韓親和会記念パーティ
1962.04.15	第百一号		書評・青筵の発刊
1962.04.15	第百一号		鈴木・古田・鎌田三氏を囲む懇親会
1962.04.15	第百一号	金正柱	〈連載〉白鳥の武蔵野散歩(四)
1962.05.15	第百二号	今井啓一	帰化人について－講演要旨－
1962.05.15	第百二号		曾田嘉伊智翁を悼む
1962.05.15	第百二号		青山学院本部チヤペル追悼式・文化勲章国民章訳文・遺言状
1962.05.15	第百二号	大和与一	曾田老夫妻を偲ぶ
1962.05.15	第百二号	真崎光晴	曾田嘉伊智老残したもの
1962.05.15	第百二号	金貞淑	お父さん！

발행일	권호	필자	제목
1962.05.15	第百二号	嶋元謙郎	韓国の学生生活（ソウル短信4）
1962.05.15	第百二号	小西秋雄	〈詩〉民族舞楽
1962.05.15	第百二号		「パコダ公園」
1962.05.15	第百二号	日野啓三	大田の奇妙な日本人
1962.05.15	第百二号	金寿姫	五月に祈る
1962.05.15	第百二号		ソウルの新聞がみた親和記念号
1962.05.15	第百二号		〈書評〉韓国語入門・李恒寧「教育家族」
1962.05.15	第百二号		しんわかい・だんわしつ
1962.05.15	第百二号		日韓美術協会発足の集い
1962.05.15	第百二号	相場清	崔南善氏著　朝鮮常識問答抄訳(50) 朝鮮の演劇(3)
1962.05.15	第百二号		「親和」総目次ーその2ー
1962.06.15	第百三号		その眼でみた韓国
1962.06.15	第百三号	今村文雄	新政府一周年祝典に出席して
1962.06.15	第百三号	荒川あや	地域婦人団体代表として
1962.06.15	第百三号		韓国から帰った平林たい子さんにきく
1962.06.15	第百三号	湯浅克衛	訪韓日記抄
1962.06.15	第百三号	小西秋雄	〈詩〉忍冬唐草
1962.06.15	第百三号		パゴダ公園
1962.06.15	第百三号	佐久間久雄	ソウルでの約束
1962.06.15	第百三号	鎌田光登	ルーカス記者の教訓
1962.06.15	第百三号	嶋元謙郎	韓国の兵隊さんーソウル短信5
1962.06.15	第百三号	金正柱	白鳥の武蔵野散歩(5)
1962.06.15	第百三号		しんわかい・だんわしつ
1962.06.15	第百三号	曾田嘉伊智	私と朝鮮(上)
1962.07.15	第百四号	徐信夫	通貨改革の政策的意義
1962.07.15	第百四号	趙容万	日本人の眼
1962.07.15	第百四号	具常	日本に来て(1)
1962.07.15	第百四号	鈴木一	「アジア高原の旅」を読みて
1962.07.15	第百四号		〈座談会〉学術講演の旅から帰って(上)
1962.07.15	第百四号		韓国大学生の見解＝韓国関係に関する意見調査
1962.07.15	第百四号	嶋元謙郎	韓国の新聞(ソウル短信6)
1962.07.15	第百四号		パゴダ公園
1962.07.15	第百四号	望月賢一郎	韓国の印象
1962.07.15	第百四号		日韓親善韓国高校バスケットボールチームを迎えて
1962.07.15	第百四号		しんわかい・だんわしつ
1962.07.15	第百四号	松林義三	李土妃随行記
1962.07.15	第百四号	相場清	崔南善氏著　朝鮮常識問答抄訳(51) 朝鮮の演劇(4)
1962.07.15	第百四号		郷土の民話・高麗人(浅野孝吉)-32青空によせて(岩波利枝)
1962.08.15	第百五号	鈴木一	八月十五日の意義

발행일	권호	필자	제목
1962.08.15	第百五号		韓国のきのう・きょう＝講演と映画の会
1962.08.15	第百五号	鈴木一	挨拶
1962.08.15	第百五号	平林たい子	ソウルの日本人妻
1962.08.15	第百五号	湯浅克衛	新生韓国の表情
1962.08.15	第百五号	古田常二	韓国の農村
1962.08.15	第百五号		〈梗概・解説〉崔銀姫さんの挨拶と映画「お母さんと離れのお客さん」梗概・解説
1962.08.15	第百五号		アンケート
1962.08.15	第百五号	具常	日本に来て(2)
1962.08.15	第百五号		〈座談会〉学術講演の旅から帰って(下)
1962.08.15	第百五号		パゴダ公園
1962.08.15	第百五号	岩波利枝	いつの日か母にまみえん
1962.08.15	第百五号	橋本順子	ある朝のこと
1962.08.15	第百五号	嶋元謙郎	ソウル短信ー⑦ 韓国農村の明暗
1962.08.15	第百五号	相場清	崔南善氏著 朝鮮常識問答抄訳 朝鮮の演劇(5)
1962.08.15	第百五号		韓国の綜合経済対策(ニュース)
1962.08.15	第百五号		しんわかい・だんわしつ
1962.09.15	第百六号	長谷川才次	〈論説〉逆施倒行
1962.09.15	第百六号	鈴木一	大詰の日韓会談に期待する
1962.09.15	第百六号		日韓会談・早期妥結・是か非か＝アンケート
1962.09.15	第百六号		〈時点〉「戦争十七年・交渉十年・会談六回」
1962.09.15	第百六号	嶋元謙郎	ソウル短信ー⑧ 韓国映画苦心談
1962.09.15	第百六号		パゴダ公園
1962.09.15	第百六号	里見安吉	思い出の京成
1962.09.15	第百六号	小森ゆき	あれから十五年
1962.09.15	第百六号	安福基子	秋と仏像
1962.09.15	第百六号	李桂祚	韓国の一女性として
1962.09.15	第百六号	三木治夫	C兄への手紙
1962.09.15	第百六号	相場清	崔南善氏著 朝鮮常識問答抄訳(53) 朝鮮の演劇(6)
1962.09.15	第百六号		しんわかい・だんわしつ
1962.10.15	第百七号	ジョーン・マツクレイン	再び韓国を訪ねて
1962.10.15	第百七号	江上幸雄	ソウルの秋によせて
1962.10.15	第百七号		〈座談会〉韓国文学評論家・白鉄氏を囲んで
1962.10.15	第百七号	安藤豊禄	十七年ぶりの韓国視察談
1962.10.15	第百七号	小西秋雄	〈詩〉百済琴
1962.10.15	第百七号	柳根周	〈詩〉祖国
1962.10.15	第百七号	嶋元謙郎	ソウル短信ー⑨ ソウルそぞろ歩き
1962.10.15	第百七号		パゴダ公園
1962.10.15	第百七号	堀貞次良	韓国の月

발행일	권호	필자	제목
1962.10.15	第百七号	山下喬子	トツカータとフーガ
1962.10.15	第百七号	小塩完次	土の共同体あたりから
1962.10.15	第百七号	趙容万	韓国女性の美しさ
1962.10.15	第百七号	趙和子	理解
1962.10.15	第百七号		〈朝鮮日報ニュース〉物価統制とその影響
1962.10.15	第百七号	相場清	崔南善氏著 朝鮮常識問答抄訳 朝鮮の演劇(7)
1962.10.15	第百七号	中保与作	〈短信〉
1962.10.15	第百七号	中村孝二郎	韓国の農業に想う
1962.11.15	第百八号	後宮虎郎	韓国みたまま
1962.11.15	第百八号		韓国の憲法改正案について
1962.11.15	第百八号		韓国憲法改正案(上)
1962.11.15	第百八号		民政移譲と軍人の去就
1962.11.15	第百八号	嶋元謙郎	ソウル短信ー⑩ ソウルそぞろ歩きーその2ー
1962.11.15	第百八号		パゴダ公園
1962.11.15	第百八号	南宮寔	銀杏の実る頃
1962.11.15	第百八号	須江愛子	淑子さん
1962.11.15	第百八号	菊池晃	祖父菊池謙譲のこと
1962.11.15	第百八号		金英鳳さんのこと(日韓バレーボール国際親善試合ひらく)
1962.11.15	第百八号	湯浅克衛	〈新刊紹介〉趙重玉著「韓国料理」
1962.11.15	第百八号	朱松子/金千代子/湯浅克衛	在日二世女性は語る シンキング・イン・コリアン
1962.12.15	第百九号	鈴木一	民族を超えて民族の上に
1962.12.15	第百九号	李敏載	韓日関係の底辺をなすもの
1962.12.15	第百九号		〈座談会〉1962年・日韓親和会の歩み
1962.12.15	第百九号		韓国憲法改正案(下)
1962.12.15	第百九号	嶋元謙郎	ソウル短信ー⑪ キムチとともに冬が来る
1962.12.15	第百九号		パゴダ公園
1962.12.15	第百九号	松本博一	『春香伝』の人形
1962.12.15	第百九号	李一球	韓日両国民に告げたい言葉
1962.12.15	第百九号	田辺尚雄	朝鮮の思い出
1962.12.15	第百九号	上田源太	北と南とスポーツと
1962.12.15	第百九号	相場清	崔南善氏著 朝鮮常識問答抄訳・55 朝鮮の書学ー1ー
1962.12.15	第百九号		しんわかい・だんわしつ
1962.12.15	第百九号		★昭和三十七年度「親和」総目次
1963.01.15	第百十号	外務大臣 大平正芳	年頭の挨拶
1963.01.15	第百十号	駐日大使 裵義煥	年頭辞
1963.01.15	第百十号	鈴木一	再び在日韓人六十万の綜合対策を提唱する
1963.01.15	第百十号	北沢直吉	今年こそ日韓国交正常化の年にしよう

발행일	권호	필자	제목
1963.01.15	第百十号	君嶋一郎	婆心一片
1963.01.15	第百十号	閔泳福	「桜」と「無窮花」
1963.01.15	第百十号		〈座談会〉韓国文学の胎動期
1963.01.15	第百十号		パゴダ公園
1963.01.15	第百十号	李敏載	農村と田舎と郊外と
1963.01.15	第百十号	佐瀬玄邦	想い出のあれこれ
1963.01.15	第百十号	裵武	韓国の酒
1963.01.15	第百十号	加藤松林人	雑談「雪と韓国」
1963.02.15	第百十一号	李相権/鎌田光登	〈対談〉新局面を迎えた韓国
1963.02.15	第百十一号	徐信夫	政治活動再開発後の韓国政界
1963.02.15	第百十一号		朝鮮海峡における漁業(小浜八弥氏にきく)
1963.02.15	第百十一号		第四十三国会における日韓問題
1963.02.15	第百十一号		パゴダ公園
1963.02.15	第百十一号	君島夜詩	雨をたぐれば
1963.02.15	第百十一号	朴又玄	日本語で話せ
1963.02.15	第百十一号	小西秋雄	〈詩〉紫の夢
1963.02.15	第百十一号		韓国・新聞論説
1963.02.15	第百十一号	相場清	崔南善氏著 朝鮮常識問答続編抄訳 朝鮮の書学(8)
1963.02.15	第百十一号		激動する韓国の経済情勢
1963.03.15	第百十二号	斉藤忠	五・一六革命の終末
1963.03.15	第百十二号	金鐘海	「助け合い」の道
1963.03.15	第百十二号	徐信夫	流産した民政移管
1963.03.15	第百十二号		朝鮮の山・水・花を語る
1963.03.15	第百十二号	小西秋雄	〈詩〉酔胡王
1963.03.15	第百十二号	金南祚	早春
1963.03.15	第百十二号	小堀杏奴	韓国の友
1963.03.15	第百十二号		パゴダ公園
1963.03.15	第百十二号	神戸英雄	われら兄弟
1963.03.15	第百十二号	裵畢伊	近況短片
1963.03.15	第百十二号	殿光祐	私は思う
1963.03.15	第百十二号	金容爕	日本官学者たちの韓国史観
1963.04.15	第百十三号	J・S・P	〈時点〉混迷する政局と朴声明
1963.04.15	第百十三号		韓国への米経済援助をめぐって(日本の新聞論調)
1963.04.15	第百十三号	田川孝三 李弘植	〈対談〉朝鮮の社会・生活・文化
1963.04.15	第百十三号	韓戊淑	〈東京紀行〉抵抗と共感
1963.04.15	第百十三号		馬海松夫妻を囲んで 文化同好会の歓迎会
1963.04.15	第百十三号	金竜煥	帰国感想
1963.04.15	第百十三号	金南祚	〈詩〉恋歌

발행일	권호	필자	제목
1963.04.15	第百十三号		パゴダ公園
1963.04.15	第百十三号	朴英勲	二つの故郷
1963.04.15	第百十三号	田村倭子	友情の橋
1963.04.15	第百十三号		玄海灘に友情の橋を!(友情の手紙その1・2)
1963.04.15	第百十三号	相場清	崔南善氏著　朝鮮常識問答抄訳・58 朝鮮の書学(4)
1963.04.15	第百十三号		しんわかい・だんわしつ・来日した黄美代さん
1963.04.15	第百十三号		編集後記
1963.05.15	第百十四号	鈴木一	人類文化五千年
1963.05.15	第百十四号	三谷静夫	韓国に旅して
1963.05.15	第百十四号	井上靖	韓国の春
1963.05.15	第百十四号		〈韓国重要日誌〉3月1日ー4月30日　外務省アジア局北東アジア課韓国重要日誌
1963.05.15	第百十四号		パゴダ公園
1963.05.15	第百十四号	金仁淑	日韓か・韓日か
1963.05.15	第百十四号	安福基子	ミス・アジア・コンテストによせる
1963.05.15	第百十四号		〈座談会〉日韓青年の生活と意見
1963.05.15	第百十四号	中西吟平	恩師を訪ねて三十五年
1963.05.15	第百十四号	小西秋雄	〈詩〉望郷
1963.05.15	第百十四号	金南祚	樹と風
1963.05.15	第百十四号	相場清	崔南善氏著 朝鮮常識問答抄訳・59　朝鮮の絵画ー1ー
1963.06.15	第百十五号	鎌田光/金熙明	〈対談〉韓国の実相を解明する
1963.06.15	第百十五号	森田芳夫	韓国の印象
1963.06.15	第百十五号		韓国重要日誌
1963.06.15	第百十五号		韓国新聞論調
1963.06.15	第百十五号	服部嘉香	〈詩〉百済観音
1963.06.15	第百十五号	金南祚	貧しき名に
1963.06.15	第百十五号		韓国ファッション・ショーをみて
1963.06.15	第百十五号	宣一九 古田常二	日本を初めて訪れて
1963.06.15	第百十五号	相場清	崔南善氏著　朝鮮常識問答抄訳・60　朝鮮の絵画ー2ー
1963.06.15	第百十五号		ちゃんむ
1963.07.15	第百十六号	楓元夫/大野信三	〈対談〉韓国の経済を語る
1963.07.15	第百十六号	李弘稙	日本の政治風土
1963.07.15	第百十六号	須賀国靖	韓国を訪問して
1963.07.15	第百十六号	小西秋雄	〈詩〉山脈の雪
1963.07.15	第百十六号		〈座談会〉「ラジオ日本」朝鮮語放送番組編成の歩み
1963.07.15	第百十六号		韓国重要日誌
1963.07.15	第百十六号	相場清	崔南善氏著　朝鮮常識問答抄訳・61　朝鮮の絵画ー3ー
1963.08.15	第百十七号		〈座談会〉韓国の民芸

발행일	권호	필자	제목
1963.08.15	第百十七号		朝鮮の地方史・郷土史(上)
1963.08.15	第百十七号	和田太郎	〈緑陰清話〉「ベルツの日記」と李容翊
1963.08.15	第百十七号	田永福	人格と尊厳
1963.08.15	第百十七号	中西吟平	拝啓・朴議長閣下
1963.08.15	第百十七号	桜井義之	朝鮮の地方史・郷土史(上)
1963.08.15	第百十七号	小西秋雄	〈詩〉夢の王国
1963.08.15	第百十七号	高遠	今日遠はく
1963.08.15	第百十七号		韓国新聞論調
1963.08.15	第百十七号	相場清	崔南善氏著　朝鮮常識問答抄訳・62　朝鮮の絵画ー4ー
1963.08.15	第百十七号		〈アンケート〉「常識問答」訳載完結を迎えて
1963.08.15	第百十七号		夏の松原町
1963.08.15	第百十七号	李弘稙	計り知れぬ六堂先生の学殖
1963.08.15	第百十七号	朴又玄	崔南善とジョイス
1963.08.15	第百十七号		パゴダ公園
1963.08.15	第百十七号	芝田徳次	韓国と私
1963.08.15	第百十七号	加藤松林人	関西日韓親和の会合
1963.08.15	第百十七号		ちやんむ
1963.08.15	第百十七号		編集後記
1963.09.15	第百十八号	鈴木一	まぶたの韓国訪問記
1963.09.15	第百十八号	加藤松林人	十八年ぶりのソウル(画と文)
1963.09.15	第百十八号		ソウルの星空ーテープに聞く　あの声この声
1963.09.15	第百十八号	座談会	韓国の民芸(下)
1963.09.15	第百十八号	桜井義之	朝鮮の地方史・郷土史(下)
1963.09.15	第百十八号	小西秋雄	〈詩〉玄海灘の橋
1963.09.15	第百十八号	高遠	雨のふる　夜の幻想曲
1963.09.15	第百十八号	中西吟平	はじめて聞いた"アリラン"
1963.09.15	第百十八号		韓国重要日誌
1963.09.15	第百十八号		まど
1963.09.15	第百十八号		編集後記
1963.10.15	第百十九号	アルフレット・スムーラ/鈴木一	〈対談〉国際的にみた韓国の諸問題
1963.10.15	第百十九号	リ・ジュン・ハン	韓国国民農業協同組合連合会の現在と将来
1963.10.15	第百十九号	鈴木一	軍事政権の農業政策に対する私見
1963.10.15	第百十九号	野田卯一	日韓農林水産技術交流会議に出席して
1963.10.15	第百十九号	加藤松林人	自責と悔恨の詩
1963.10.15	第百十九号	小西秋雄	〈詩〉ヌンムルー涙
1963.10.15	第百十九号	高遠	グラジオラス
1963.10.15	第百十九号		鈴木・加藤両氏の韓国訪問報告会
1963.10.15	第百十九号	加藤松林人	ソウルの周辺

발행일	권호	필자	제목
1963.10.15	第百十九号	鄭文基	韓国水産業の将来と平和線
1963.10.15	第百十九号		韓国重要日誌
1963.10.15	第百十九号		まど
1963.10.15	第百十九号		編集後記
1963.11.15	第百二十号		故渋沢会長 追悼
1963.11.15	第百二十号	鈴木一	今は亡き渋沢会長を悼む
1963.11.15	第百二十号	上村健太郎	台湾旅行
1963.11.15	第百二十号	土田豊	渋沢会長を悼む
1963.11.15	第百二十号		朝鮮多島か海旅行覚書小序
1963.11.15	第百二十号	渋沢敬三	私の夢
1963.11.15	第百二十号		心の交渉
1963.11.15	第百二十号	今井啓一	帰化人と東国
1963.11.15	第百二十号	三森功	派遣学生として韓国へ
1963.11.15	第百二十号		〈座談会〉韓国の国民生活を中心に
1963.11.15	第百二十号	服部嘉香	「韓来文化の後栄」敬読感
1963.11.15	第百二十号	牛田かな	母国日本の皆さまに訴える
1963.11.15	第百二十号		まど
1963.11.15	第百二十号		編集後記
1963.12.15	第百二十一号		〈座談会〉韓国の二大選挙を終えて
1963.12.15	第百二十一号		〈アンケート〉早稲田大学国際関係研究会発表
1963.12.15	第百二十一号		日本人は韓国をどれほど認識しているか(上)
1963.12.15	第百二十一号		日本を知らない世代の日本観(韓国日報調査)
1963.12.15	第百二十一号		〈座談会〉この1年を顧みて
1963.12.15	第百二十一号		韓国重要日誌
1963.12.15	第百二十一号	許春英	〈詩〉独白
1963.12.15	第百二十一号		「親和」昭和三十八年度(109号～121号)総目次
1963.12.15	第百二十一号		まど
1963.12.15	第百二十一号		編集後記
1964.01.15	第百二十二号	大平正芳	画竜点晴の年
1964.01.15	第百二十二号	大野信三	新しい経済政策によせて
1964.01.15	第百二十二号		〈座談会〉日本の学生がみた韓国
1964.01.15	第百二十二号	鈴木一	〈随想〉せまくなった地球
1964.01.15	第百二十二号	早稲田大学国際関係研究会	〈アンケート〉日本人は韓国をどれほど認識しているか(下)
1964.01.15	第百二十二号		パゴダ公園
1964.01.15	第百二十二号	田村倭子	ウリ・サラン
1964.01.15	第百二十二号	洪亨麟	私の確信
1964.01.15	第百二十二号	加藤松林人	〈新春随想〉古代日本の民族歴史地図
1964.01.15	第百二十二号	金南祚	〈詩〉元旦の朝

발행일	권호	필자	제목
1964.01.15	第百二十二号		韓国重要日誌
1964.01.15	第百二十二号		まど
1964.02.15	第百二十三号		〈座談会〉第三共和国に流れるもの＝鎌田光登氏を囲む座談会＝
1964.02.15	第百二十三号	君島一郎	韓国の風景ー観光施設計画によせてー
1964.02.15	第百二十三号	平田照世	在韓日本婦人会の立場よりみた日本婦人の状況
1964.02.15	第百二十三号		国民にきびしい新経済施策
1964.02.15	第百二十三号		パゴダ公園
1964.02.15	第百二十三号	西牟田堅次	あんなコトこいんなコト
1964.02.15	第百二十三号	三森功	ある職人気質
1964.02.15	第百二十三号	佐藤清	京城の春
1964.02.15	第百二十三号	小西秋雄	〈詩〉終戦後日譚
1964.02.15	第百二十三号	金耀燮	年とった農夫
1964.02.15	第百二十三号	金熙明	李成桂とその時代ー朝鮮王朝創始者の栄光と苦節
1964.02.15	第百二十三号		韓国重要日誌
1964.02.15	第百二十三号		朝鮮民話
1964.02.15	第百二十三号		あとがき
1964.03.15	第百二十四号	日野啓三	フランスの中国承認と日韓関係
1964.03.15	第百二十四号	有山崧	訪韓感想
1964.03.15	第百二十四号	安福基子	〈報告〉日本の僻地の韓国人の子どもたち
1964.03.15	第百二十四号	金昭元	あなたは日本人をどう思いますかー在日韓国人高校生に問うー
1964.03.15	第百二十四号	高遠	〈詩〉丸太橋
1964.03.15	第百二十四号		パゴダ公園
1964.03.15	第百二十四号	森磯夫	新編浮世風呂
1964.03.15	第百二十四号	加藤松林人	夢が実現する
1964.03.15	第百二十四号	段熙麟	安羅神社(滋賀県草津市)を探訪して
1964.03.15	第百二十四号	湯浅克衛	韓国歴史と美術の旅(まえがき)
1964.03.15	第百二十四号		韓国重要日誌
1964.03.15	第百二十四号		朝鮮民話
1964.03.15	第百二十四号	金熙明	圃隠「鄭夢周」の生涯
1964.04.15	第百二十五号		〈座談会〉会談折衝下の韓国を訪ねて
1964.04.15	第百二十五号		<朴大統領の特別放送>韓日交渉はあくまで推進
1964.04.15	第百二十五号	李英石	平和線ーソウル新聞よりー
1964.04.15	第百二十五号	田辺尚雄	韓国国楽院演奏の感想
1964.04.15	第百二十五号	吉川直身	韓国見たまま・聞いたまま(撮影と文)
1964.04.15	第百二十五号	湯浅克衛	<韓国歴史と美術の旅>古朝鮮時代
1964.04.15	第百二十五号	金熙明	李滉(退渓)と李珥(栗谷)
1964.05.15	第百二十六号		〈座談会〉日韓国交正常化を阻むもの
1964.05.15	第百二十六号	さがら・たけお	一日本人より見た韓国学生デモ
1964.05.15	第百二十六号	川島藤也	韓国留学記

발행일	권호	필자	제목
1964.05.15	第百二十六号	鈴木一	時代錯誤
1964.05.15	第百二十六号		パゴダ公園
1964.05.15	第百二十六号	和田太郎	軍部大臣李根沢の遭難
1964.05.15	第百二十六号	中野良江	韓国のひとゆえに
1964.05.15	第百二十六号	湯浅克衛	韓国歴史と美術の旅② 高句麗・朱蒙
1964.05.15	第百二十六号	金熙明	韓国近世史から⑤ 朝鮮王朝の士禍と党争史(一)
1964.06.15	第百二十七号		〈座談会〉A・A地域の韓国をみる
1964.06.15	第百二十七号	新田隆信	訪韓印象記
1964.06.15	第百二十七号	小泉哲也	今年も韓国のワークキャンプへ
1964.06.15	第百二十七号		パゴダ公園
1964.06.15	第百二十七号	三木治夫	わが家のパカチ
1964.06.15	第百二十七号	柳根周	あんなコトこいんなコト
1964.06.15	第百二十七号	金正雄	日本にいる兄弟達よ
1964.06.15	第百二十七号	金里美	釜山の灯
1964.06.15	第百二十七号	湯浅克衛	韓国歴史と美術の旅③ 韓(から)ほか
1964.06.15	第百二十七号	金熙明	韓国近世史から⑤ 朝鮮王朝の士禍と党争史(2)
1964.06.15	第百二十七号		韓国主要日誌
1964.06.15	第百二十七号		新刊紹介
1964.07.15	第百二十八号	今井啓一	那須国造碑・多胡碑と帰化人(上)
1964.07.15	第百二十八号	早稲田大学国際関係研究会	ここに日韓の向上を希望する若い意志と力がある
1964.07.15	第百二十八号		韓国経済の動向・物価と資金
1964.07.15	第百二十八号	加藤松林人	浅川巧さんの墓
1964.07.15	第百二十八号	本誌記者	永松カズさんとの一時間
1964.07.15	第百二十八号	小西秋雄	〈詩〉おたあジュリア
1964.07.15	第百二十八号	相場清	西下表筆
1964.07.15	第百二十八号	湯浅克衛	韓国歴史と美術の旅④ 百済などの神話伝説
1964.07.15	第百二十八号	金熙明	韓国近世史から⑥ 朝鮮王朝の士禍と党争史(3)
1964.07.15	第百二十八号		韓国主要日誌
1964.07.15	第百二十八号		韓国学生を日本に招待
1964.08.15	第百二十九号	川村知也	韓国に旅行して―保税加工貿易の振興をのぞむ
1964.08.15	第百二十九号	今井啓一	那須国造碑・多胡碑と帰化人(下)
1964.08.15	第百二十九号	本誌記者	若さみなぎるパーティ(親和主催)―訪日韓国学生諸君を迎えて
1964.08.15	第百二十九号	安福基子	"アリラン"号訪問記
1964.08.15	第百二十九号	小西秋雄	〈詩〉法隆寺
1964.08.15	第百二十九号		だんわしつ
1964.08.15	第百二十九号	湯浅克衛	韓国歴史と美術の旅⑤ 古朝鮮時代(扶余)
1964.08.15	第百二十九号	金熙明	韓国近世史から⑦ 朝鮮王朝の士禍と党争史(4)
1964.08.15	第百二十九号		韓国主要日誌

발행일	권호	필자	제목
1964.08.15	第百二十九号		まど
1964.08.15	第百二十九号		編集後記
1964.09.15	第百三十号	鈴木一	感想
1964.09.15	第百三十号		〈座談会〉高麗大学生と共に二十五日間
1964.09.15	第百三十号	湯浅克衛	〈新刊書評〉朝鮮終戦の記録(森田芳夫著)
1964.09.15	第百三十号	金竜煥	画と文 帰国所感
1964.09.15	第百三十号	金延鶴	日本人の民族心理(ほんやく)
1964.09.15	第百三十号	湯浅克衛	韓国歴史と美術の旅⑥ 古朝鮮時代(新羅)
1964.09.15	第百三十号	金熙明	韓国近世史から⑧ 朝鮮王朝の士禍と党争史(4)
1964.09.15	第百三十号		韓国主要日誌
1964.09.15	第百三十号		編集後記
1964.10.15	第百三十一号	鈴木一	会長就任に当りて
1964.10.15	第百三十一号	君島一郎	進会長を歓び迎え前途を祝福す
1964.10.15	第百三十一号	東畑精一	韓国農業の振興のために
1964.10.15	第百三十一号	崔鶴根	「シラキ」(新羅奇・志羅記・新良貴)の語源について
1964.10.15	第百三十一号	朴英勲	戦後・韓国映画のあゆみ
1964.10.15	第百三十一号	李泰栄	日韓両国の愛憎をこえてー特殊児童の教育に奉仕するものの決意
1964.10.15	第百三十一号	湯浅克衛	韓国歴史と美術の旅⑦ 古朝鮮時代ー慶州・仏国寺ー
1964.10.15	第百三十一号	金熙明	韓国近世史から⑨ 壬辰 丁酉の倭乱(一)
1964.10.15	第百三十一号		編集後記
1964.11.15	第百三十二号	鈴木一	オリンピックの印象
1964.11.15	第百三十二号	柳在明/安義燮	〈座談会〉日韓交流あれこれ
1964.11.15	第百三十二号	関邦男	高麗大学に招かれて
1964.11.15	第百三十二号	崔鶴根	百済(クダラ)に就いて
1964.11.15	第百三十二号		ーこの人・その事業ー(金益達氏)「農園」発行と育英事業
1964.11.15	第百三十二号	安福基子	工学博士 金鉄佑氏を訪ねて
1964.11.15	第百三十二号	斉藤幸子	感謝のなかに培うもの
1964.11.15	第百三十二号	湯浅克衛	〈連載〉韓国歴史と美術の旅⑧ 新羅(3)
1964.11.15	第百三十二号	金熙明	韓国近世史から⑩ 壬辰・丁酉の倭乱(二)
1964.12.15	第百三十三号		〈座談会〉日韓交流この1年
1964.12.15	第百三十三号	崔鶴根	〈研究〉韓(カラ)について
1964.12.15	第百三十三号		日韓会談によせる日本の新聞社説
1964.12.15	第百三十三号	加藤松林人	(画と文)済州島ところどころ
1964.12.15	第百三十三号		孫・金両氏を迎える会
1964.12.15	第百三十三号	安福基子	裴星鎬さん
1964.12.15	第百三十三号	湯浅克衛	〈連載〉韓国歴史と美術の旅⑨ 王建伝説
1964.12.15	第百三十三号	金熙明	韓国近世史から⑪ 壬辰・丁酉の倭乱(三)
1965.01.15	第百三十四号	椎名悦三郎	年頭の辞
1965.01.15	第百三十四号	鈴木一	新春の言葉

발행일	권호	필자	제목
1965.01.15	第百三十四号	服部嘉香	〈新春随想〉日本の書簡と韓文化
1965.01.15	第百三十四号	君島一郎	〈新春随想〉西独の韓国経済援助協力を歓迎す
1965.01.15	第百三十四号	朝岡良平	〈新春随想〉帽子の戯言
1965.01.15	第百三十四号	裵武	〈新春随想〉韓国の正月
1965.01.15	第百三十四号	加藤松林人	(画と文)済州島ところどころ
1965.01.15	第百三十四号	安福基子	李健(評論家)氏を訪ねて
1965.01.15	第百三十四号	相場清/金熔均	〈漢詩〉日韓会談再開
1965.01.15	第百三十四号	朴斗鎮	〈詩〉年輪
1965.01.15	第百三十四号	張曉	「ムサシ」語源考
1965.01.15	第百三十四号	湯浅克衛	韓国歴史と美術の旅⑩ 古朝鮮時代 高麗(二)
1965.01.15	第百三十四号	金煕明	韓国近世史から⑫ 壬辰・丁酉の倭乱(四)
1965.02.15	第百三十五号	鎌田光登	模索の時代は終った
1965.02.15	第百三十五号	中谷忠治	日韓親和会にしてもらいたいこと
1965.02.15	第百三十五号	酒井改蔵	随想
1965.02.15	第百三十五号	崔鶴根	東京雑感
1965.02.15	第百三十五号	岸謙	李朝白磁杯に寄せて
1965.02.15	第百三十五号	浜口良光	朝鮮工芸と工匠の地位
1965.02.15	第百三十五号	山本光利	辛金丹選手父娘の対面
1965.02.15	第百三十五号	加藤松林人	(画と文)済州島ところどころ
1965.02.15	第百三十五号	湯浅克衛	韓国歴史と美術の旅⑪ 古朝鮮時代 高麗(三)
1965.02.15	第百三十五号	金煕明	韓国近世史から⑬ 壬辰・丁酉の倭乱(五)
1965.02.15	第百三十五号		鈴木会長就任披露パーティ
1965.03.15	第百三十六号	木内信胤	韓国と世界経済
1965.03.15	第百三十六号	段煕麟	平安京遷都についての考察
1965.03.15	第百三十六号		韓国的思考の病理
1965.03.15	第百三十六号	岸謙	三島杯の想い出
1965.03.15	第百三十六号	加藤松林人	(画と文)済州島ところどころ
1965.03.15	第百三十六号	小西秋雄	〈詩〉愛と別れ
1965.03.15	第百三十六号	中西吟平	「阿里蘭峠」を越えて
1965.03.15	第百三十六号	湯浅克衛	韓国歴史と美術の旅⑫ 李氏朝鮮(一)
1965.03.15	第百三十六号	金煕明	韓国近世史から⑭ 壬辰・丁酉の倭乱(六)
1965.04.15	第百三十七号	君島一郎/土田豊/大野信三/鈴木一	日韓会談仮調印に際して─今後の課題を検討する
1965.04.15	第百三十七号	三木治夫	C兄への手紙(韓国の印象)
1965.04.15	第百三十七号	崔南善/相場清訳	「朝鮮常識問答」出版予約について
1965.04.15	第百三十七号		〈座談会〉長い在日生活から
1965.04.15	第百三十七号	加藤松林人	(画と文)済州島ところどころ
1965.04.15	第百三十七号	湯浅克衛	韓国歴史と美術の旅⑬ 李氏朝鮮(二)
1965.04.15	第百三十七号	金煕明	韓国近世史から⑮ 興宣大院君と閔姫(一)

발행일	권호	필자	제목
1965.05.15	第百三十八号		〈座談会〉永住権と帰化問題をめぐって
1965.05.15	第百三十八号	広瀬達夫	日韓問題の仮調印について
1965.05.15	第百三十八号	加藤松林人	(画と文)済州島ところどころ
1965.05.15	第百三十八号	安福基子	理学博士 金喆祐氏を訪ねて
1965.05.15	第百三十八号	小西秋雄	〈詩〉やがては五月
1965.05.15	第百三十八号	中西吟平	韓国友情漫歩
1965.05.15	第百三十八号	湯浅克衛	韓国歴史と美術の旅⑭ 李氏朝鮮(三)
1965.05.15	第百三十八号	金熙明	韓国近世史から⑯ 興宣大院君と閔妃(二)
1965.06.15	第百三十九号	李弘稙	文化からみた日韓交流
1965.06.15	第百三十九号	小泉顕夫	慶州南山の仏蹟調査
1965.06.15	第百三十九号	安福基子	医学博士 崖達俊氏を訪ねて
1965.06.15	第百三十九号	湯浅克衛	韓国歴史と美術の旅⑮ 李氏朝鮮(四)
1965.06.15	第百三十九号	金熙明	韓国近世史から⑰ 興宣大院君と閔妃(三)
1965.06.15	第百三十九号		ニュース
1965.06.15	第百三十九号	加藤松林人	(画と文)済州島ところどころ
1965.06.15	第百三十九号	広瀬達夫	日韓問題の仮調印について(下)
1965.07.15	第百四十号	鈴木一	日韓条約正式調印を迎えて
1965.07.15	第百四十号		〈座談会〉日韓新時代の諸問題
1965.07.15	第百四十号		〈特集〉日韓基本関係条約・協定(全文)
1965.07.15	第百四十号		〈特集〉基本関係条約
1965.07.15	第百四十号		〈特集〉漁業関係
1965.07.15	第百四十号		〈特集〉紛争処理に関する交歓公文
1965.07.15	第百四十号		〈特集〉請求権・経済協力関係
1965.07.15	第百四十号		〈特集〉法的地位・待遇関係
1965.07.15	第百四十号		〈特集〉文化協力協定
1965.08.15	第百四十一号	中谷忠治	韓国の野と山と海
1965.08.15	第百四十一号	加藤松林人	あれから二十年
1965.08.15	第百四十一号	湯浅克衛	パール・バック著「生ける葦」に思う
1965.08.15	第百四十一号		日韓条約批准前における対日不信感「思想界」七月号より
1965.08.15	第百四十一号	安福基子	沈晩燮氏を訪ねて
1965.08.15	第百四十一号		高麗大訪日団を迎えて・親和会主催パーティ
1965.08.15	第百四十一号		若人の籠球親善
1965.08.15	第百四十一号	湯浅克衛	韓国歴史と美術の旅⑯ 李氏朝鮮(五)
1965.08.15	第百四十一号	金熙明	韓国近世史から⑱ 興宣大院君と閔妃(四)
1965.08.15	第百四十一号	加藤松林人	(画と文)咸徳砂丘
1965.09.15	第百四十二号		〈アンケート〉日韓交流について二つの提案
1965.09.15	第百四十二号	宮原兎一	韓国訪史紀行
1965.09.15	第百四十二号		パゴダ公園
1965.09.15	第百四十二号	安福基子	洪性坤さん

발행일	권호	필자	제목
1965.09.15	第百四十二号	痩妙達	月花美人
1965.09.15	第百四十二号	鄭斗燮	日本という国
1965.09.15	第百四十二号	早稲田大学国際関係研究会	〈アンケート〉はじめて韓国を訪ねて
1965.09.15	第百四十二号	鈴木一	日本の善意
1965.09.15	第百四十二号	湯浅克衛	韓国歴史と美術の旅⑰ 李氏朝鮮(六)
1965.09.15	第百四十二号	金熙明	韓国近世史から⑲ 興宣大院君と閔妃(五)
1965.10.15	第百四十三号	鎌田光登	〈韓国講座〉韓国国民の対日感情からみた日韓関係
1965.10.15	第百四十三号		〈座談会〉学生が見てきた韓国
1965.10.15	第百四十三号	西山雄次/鄭漢永	〈アンケート〉西山雄次・鄭漢永
1965.10.15	第百四十三号		パゴダ公園
1965.10.15	第百四十三号	臼井国雄	隣の国のひと
1965.10.15	第百四十三号	朴英勲	武蔵野の店
1965.10.15	第百四十三号	崔漢雄	書簡
1965.10.15	第百四十三号	E・K・N	南孝祐さん
1965.10.15	第百四十三号		〈韓国経済ニュース〉第三回日韓親善馬術大会韓国経済ニュース
1965.10.15	第百四十三号	加藤松林人	(画と文)済州島ところどころ
1965.10.15	第百四十三号		新刊紹介
1965.10.15	第百四十三号	湯浅克衛	韓国歴史と美術の旅⑱ 李氏朝鮮(七)
1965.10.15	第百四十三号	金熙明	韓国近世史から⑳ 興宣大院君と閔妃(六)
1965.11.15	第百四十四号	山口英治	日韓経済協力の現状と展望
1965.11.15	第百四十四号	岸謙	電力政策から見た韓国の将来
1965.11.15	第百四十四号	増田純男	日韓交流とその問題点
1965.11.15	第百四十四号	竹森仁之介	ちいさな交流
1965.11.15	第百四十四号	金学鉉	みちのくの一夜
1965.11.15	第百四十四号	編集部	韓国語を学ぶ人に
1965.11.15	第百四十四号	編集部	幼いもののために(1)
1965.11.15	第百四十四号	加藤松林人	(画と文)済州島ところどころ
1965.11.15	第百四十四号	湯浅克衛	韓国歴史と美術の旅⑲ 曇徴、江戸ッ子
1965.11.15	第百四十四号	金熙明	韓国近世史から㉑ 興宣大院君と閔妃(七)
1965.12.15	第百四十五号	西村敏夫	日韓国交正常化と今後
1965.12.15	第百四十五号	鈴木一	韓国のこころ
1965.12.15	第百四十五号	具常	〈詩〉山の話
1965.12.15	第百四十五号	李完錫	韓国民芸品展を前にして
1965.12.15	第百四十五号		相場清先生出版記念祝賀会の記
1965.12.15	第百四十五号		総目次
1965.12.15	第百四十五号	加藤松林人	(画と文)済州島ところどころ
1965.12.15	第百四十五号	金熙明	韓国近世史から㉒ 興宣大院君と閔妃(八)
1965.12.15	第百四十五号		〈座談会〉親和会・この1年

발행일	권호	필자	제목
1966.01.15	第百四十六号	椎名悦三郎	新年の辞
1966.01.15	第百四十六号	鈴木一	日韓国交新発足の新春を迎えて
1966.01.15	第百四十六号	穂積真太郎	所感
1966.01.15	第百四十六号		〈新春放談〉日韓・これからの歩み新春放談
1966.01.15	第百四十六号	桃山虔一	日韓親善の一兵士として
1966.01.15	第百四十六号	相場清	〈新春随想〉語学の難しさ
1966.01.15	第百四十六号	阪野於菟	韓国よいとこ又おいで
1966.01.15	第百四十六号	加藤松林人	(画と文)済州島ところどころ
1966.01.15	第百四十六号	西村敏夫	韓国案内(上)
1966.01.15	第百四十六号	岸謙	朝鮮の古灯器(一)
1966.01.15	第百四十六号	桜井義之	明治前期の「錦絵」に現れた日韓関係
1966.01.15	第百四十六号	金熙明	韓国近世史から㉓ 興宣大院君と閔妃(九)
1966.02.15	第百四十七号	蝋山政道	〈韓国講座〉日韓国交正常化と日本のビジョン
1966.02.15	第百四十七号	宮原兎一	日韓の文化交流について
1966.02.15	第百四十七号	中西吟平	夢はるかアリランの歌
1966.02.15	第百四十七号	岸謙	朝鮮の古灯器(二)
1966.02.15	第百四十七号	西村敏夫	韓国案内(下)
1966.02.15	第百四十七号	加藤松林人	(画と文)済州島ところどころ
1966.02.15	第百四十七号	金熙明	韓国近世史から㉔ 興宣大院君と閔妃(十)
1966.02.15	第百四十七号		〈座談会〉文化交流をさかんに
1966.03.15	第百四十八号	鎌田光登	動き出した日韓正常化の進路「感情」から「国家利益」へ
1966.03.15	第百四十八号	李健	白磁の壷
1966.03.15	第百四十八号	増田純男	日韓の文化交流と放送の役割
1966.03.15	第百四十八号	加藤松林人	(画と文)済州島ところどころ
1966.03.15	第百四十八号	金光	尹妃の死と李王家の終焉
1966.03.15	第百四十八号	岸謙	朝鮮の古灯器(三)
1966.03.15	第百四十八号	金熙明	韓国近世史から㉕ 興宣大院君と閔妃(十一)
1966.03.15	第百四十八号	大野晋	〈韓国講座〉日本語の起源と朝鮮語(上)
1966.04.15	第百四十九号	鈴木一	巻頭言
1966.04.15	第百四十九号		〈提言〉対韓経済進出は技術調査で焦点を定めよ
1966.04.15	第百四十九号		〈座談会〉韓国の人びとに接して
1966.04.15	第百四十九号	鈴木信幸	韓国の電気通信事情
1966.04.15	第百四十九号	中西吟平	連絡船の歌(前承)
1966.04.15	第百四十九号	具常	石原氏に一言
1966.04.15	第百四十九号	加藤松林人	(画と文)済州島ところどころ
1966.04.15	第百四十九号	岸謙	朝鮮の古灯器(四)
1966.04.15	第百四十九号	中谷忠治	日韓併合の経緯に関する資料
1966.05.15	第百五十号	金熙明	韓国近世史から㉖ 興宣大院君と閔妃(十二)
1966.05.15	第百五十号	大野晋	〈韓国講座〉日本語の起源と朝鮮語(下)

발행일	권호	필자	제목
1966.05.15	第百五十号	広田洋二	日韓新時代の基礎条件
1966.05.15	第百五十号	鈴木一	「親和」第一五〇号に思う
1966.05.15	第百五十号	西山昭	日韓条約後の経済協力の動向
1966.05.15	第百五十号	趙容万	「独立万歳」の思い出
1966.05.15	第百五十号	金竜煥	(画と文)ベトナムをみる
1966.05.15	第百五十号	宮原兎一	韓国と沖縄と
1966.05.15	第百五十号		「韓国の野と山と海」に対する「大韓日報」の批判
1966.05.15	第百五十号	三木治夫	穂積真太郎氏の栄誉を祝いて
1966.05.15	第百五十号	鈴木一	巻頭言
1966.05.15	第百五十号	岸謙	朝鮮の古灯器(五)
1966.05.15	第百五十号	金熙明	興宣大院君と閔妃(十三)
1966.05.15	第百五十号	中谷忠治	日韓併合の経緯に関する資料(二)
1966.05.15	第百五十号	編集部	韓国を空から訪ねて 加藤千佳さんにきく
1966.06.15	第百五十一号	上田常隆	〈韓国講座〉三十年ぶりの韓国
1966.06.15	第百五十一号	鈴木一	巻頭言
1966.06.15	第百五十一号	服部嘉香	日韓親和の道
1966.06.15	第百五十一号	李允実	〈提言〉一在日韓国人の実感
1966.06.15	第百五十一号		韓国中学生の日本及び日本人観
1966.06.15	第百五十一号	朴英勲	〈随想〉近くて親しい国
1966.06.15	第百五十一号	岸謙	朝鮮の古灯器(六)
1966.06.15	第百五十一号	金熙明	興宣大院君と閔妃(十四)
1966.06.15	第百五十一号	宮原兎一	〈書評〉
1966.06.15	第百五十一号	中谷忠治	日韓併合の経緯に関する資料(三)
1966.07.15	第百五十二号	青木信一	〈韓国講座〉アジア経済圏における日韓両国の使命
1966.07.15	第百五十二号	鈴木一	巻頭言
1966.07.15	第百五十二号		在日韓国人の協定永住について十三の質問と解説
1966.07.15	第百五十二号	三木治夫	韓国を訪ねて
1966.07.15	第百五十二号		韓国ニュース
1966.07.15	第百五十二号		〈座談会〉韓国の民芸品について
1966.07.15	第百五十二号	岸謙	朝鮮の古灯器(七)
1966.07.15	第百五十二号	金熙明	興宣大院君と閔妃(十五)
1966.08.15	第百五十三号	鎌田光登	ベトナム戦争と日韓関係
1966.08.15	第百五十三号	鈴木一	韓国を見る
1966.08.15	第百五十三号	クルハーチ博士	韓国経済の現況
1966.08.15	第百五十三号		パゴダ公園
1966.08.15	第百五十三号	柳根周	「想い出」と極東人
1966.08.15	第百五十三号	中西吟平	五線譜に結ぶ日韓親和
1966.08.15	第百五十三号	加藤松林人	(画と文)済州島ところどころ
1966.08.15	第百五十三号	宮原兎一	〈書評〉

발행일	권호	필자	제목
1966.08.15	第百五十三号		韓国の読者から
1966.08.15	第百五十三号	朴徹	韓国の古いやきもの
1966.08.15	第百五十三号	岸謙	朝鮮の古灯器(八)
1966.08.15	第百五十三号	金熙明	興宣大院君と閔妃(十六)
1966.08.15	第百五十三号		韓国ニュース
1966.08.15	第百五十三号	中谷忠治	日韓併合の経緯に関する資料(四)
1966.09.15	第百五十四号	青木信一	政経分離は岐路に立っているか
1966.09.15	第百五十四号		〈時論〉北朝鮮の自主性強調と韓国紙の論評
1966.09.15	第百五十四号	松田純	韓国における「第二の光復論」
1966.09.15	第百五十四号	増田純男	北朝鮮技術者入国問題とその背景
1966.09.15	第百五十四号	鈴木一	巻頭言
1966.09.15	第百五十四号	田中香浦	〈提言〉百済の旧都扶余に仏教請来の謝恩碑を
1966.09.15	第百五十四号	岸謙	朝鮮の古灯器(九)
1966.09.15	第百五十四号	金熙明	興宣大院君と閔妃(十七)
1966.09.15	第百五十四号	宮原兎一	〈書評〉「日本と朝鮮」
1966.09.15	第百五十四号	三木治夫	〈新刊紹介〉「竹島の歴史地理学的研究」
1966.09.15	第百五十四号	中谷忠治	日韓併合の経緯に関する資料(五)
1966.10.15	第百五十五号		韓国の第二次五ヵ年計画(大要)
1966.10.15	第百五十五号	鈴木一	巻頭言
1966.10.15	第百五十五号	具常	日本での楽しみなど
1966.10.15	第百五十五号	申国柱/旗田巍	〈対談〉韓国史研究の姿勢
1966.10.15	第百五十五号	禹漢貞	韓国の渡り鳥について
1966.10.15	第百五十五号		〈談話室〉太平洋学術会議に出席した李海英氏にきく
1966.10.15	第百五十五号	中谷忠治	一老知韓派の憤りと悩み
1966.10.15	第百五十五号	宮原兎一	〈書評〉
1966.10.15	第百五十五号	加藤松林人	(画と文)済州島ところどころ
1966.10.15	第百五十五号		韓国ニュース
1966.10.15	第百五十五号		平田照世さんと一時間
1966.10.15	第百五十五号	岸謙	朝鮮の古灯器(十)
1966.10.15	第百五十五号	金熙明	興宣大院君と閔妃(十八)
1966.10.15	第百五十五号	中谷忠治	日韓併合の経緯に関する資料(六)
1966.11.15	第百五十六号	鈴木一	巻頭言
1966.11.15	第百五十六号	山路明	日本と韓国
1966.11.15	第百五十六号		〈時論〉北朝鮮の新しい進路
1966.11.15	第百五十六号	鈴木信昭	韓国の新しい通信施設拡張計画
1966.11.15	第百五十六号		韓国ニュース
1966.11.15	第百五十六号	中谷忠治	韓国雑記(一)
1966.11.15	第百五十六号	加藤松林人	日韓・詩文(一)
1966.11.15	第百五十六号	朴英勲	遥かなり山河

발행일	권호	필자	제목
1966.11.15	第百五十六号	三木治夫	韓国語の多久さん おめでとう
1966.11.15	第百五十六号	岸謙	朝鮮の古灯器(十一)
1966.11.15	第百五十六号	金熙明	興宣大院君と閔妃(十九)
1966.12.15	第百五十七号	三木武夫	日韓親和会創立十五周年を祝す
1966.12.15	第百五十七号	船田亨二	未知の人の温情(祝辞にかえて)
1966.12.15	第百五十七号		日韓親和会　法人許可の経過報告ー日韓親和会定款および役員ー
1966.12.15	第百五十七号	鈴木一	日韓親和会と私
1966.12.15	第百五十七号	相場清	祝詩
1966.12.15	第百五十七号		日韓親和会　記念パーティなごやかに
1966.12.15	第百五十七号	中村完	文化交流の基礎にあるもの
1966.12.15	第百五十七号	鎌田光登	朝鮮統一論の展望
1966.12.15	第百五十七号	山口英治	日韓経済協力の1年
1966.12.15	第百五十七号	山路明	ソウルの教会
1966.12.15	第百五十七号	小杉一雄	鬼瓦の国韓国
1966.12.15	第百五十七号	丸山兵一	釜山の日本人墓地
1966.12.15	第百五十七号	湯浅克衛	片々録(1)
1966.12.15	第百五十七号	中谷忠治	韓国雑記(二)
1966.12.15	第百五十七号	岸謙	朝鮮の古灯器(十二)
1966.12.15	第百五十七号	金熙明	興宣大院君と閔妃(二十)
1966.12.15	第百五十七号	マックグレーン/ジョージ	アメリカにおける朝鮮研究
1966.12.15	第百五十七号	宮原兎一	朝鮮学会と朝鮮史研究会
1966.12.15	第百五十七号	湯浅克衛	〈新刊紹介〉韓国その民族と文化
1966.12.15	第百五十七号	加藤松林人	〈日韓・詩文〉人を恋うるの歌
1966.12.15	第百五十七号	小西秋雄	遠い空
1966.12.15	第百五十七号		〈詩の話〉いけばなで日韓親善
1966.12.15	第百五十七号		「親和」一四語号→一五六号総目次
1967.01.15	第百五十八号	鈴木一	巻頭言
1967.01.15	第百五十八号		〈時論〉
1967.01.15	第百五十八号	吉田弘	WCOPTソウル総会に出席して
1967.01.15	第百五十八号	桜井義之	角兵衛獅子考
1967.01.15	第百五十八号	中谷忠治	四十分の遅れに泣いたり笑ったり
1967.01.15	第百五十八号	湯浅克衛	片々録(二)
1967.01.15	第百五十八号		〈日韓・詩文〉落花岩日韓・詩文
1967.01.15	第百五十八号	三木治夫	金素雲さんのおたより
1967.01.15	第百五十八号	李恵淑	漢江女信・或る事業家におくる
1967.01.15	第百五十八号		韓国ニュース
1967.01.15	第百五十八号		韓国論評
1967.01.15	第百五十八号		新刊紹介

발행일	권호	필자	제목
1967.01.15	第百五十八号	岸謙	朝鮮の古灯器(十三)
1967.01.15	第百五十八号	金煕明	興宣大院君と閔妃(二一)
1967.02.15	第百五十九号		巻頭言
1967.02.15	第百五十九号	黒川克彦	日韓漁業民間協定による漁船の紛争処理について
1967.02.15	第百五十九号		〈時評〉近づく韓国の大統領・国会議員選挙
1967.02.15	第百五十九号	山路明	中国大陸の混乱に思う
1967.02.15	第百五十九号	金竜煥	(画と文)日本人妻たち
1967.02.15	第百五十九号	中谷忠治	韓国雑記(4)
1967.02.15	第百五十九号	湯浅克衛	片々録(三)
1967.02.15	第百五十九号		パゴダ公園
1967.02.15	第百五十九号	中田武司	文化財の風化
1967.02.15	第百五十九号	上田光治	唐太宗高麗の役
1967.02.15	第百五十九号	相場清	三つの話
1967.02.15	第百五十九号		韓国ニュース
1967.02.15	第百五十九号	岸謙	朝鮮の古灯器(十四)
1967.02.15	第百五十九号	金煕明	興宣大院君と閔妃(二二)
1967.03.15	第百六十号		巻頭言
1967.03.15	第百六十号	宮原兎一	韓国の教育について
1967.03.15	第百六十号		〈時評〉
1967.03.15	第百六十号	山路明	日韓の対話
1967.03.15	第百六十号	中谷忠治	韓国雑記(五)
1967.03.15	第百六十号	中西吟平	玄海灘に歌のかけ橋
1967.03.15	第百六十号	平田照世	芙蓉会(もと在韓日本婦人会)からのお便り
1967.03.15	第百六十号		韓国ニュース
1967.03.15	第百六十号	岸謙	朝鮮の古灯器(十五)
1967.03.15	第百六十号	マックグレーン/ジョージ	五年ぶりに韓国を訪ねて＝一外国人の印象＝
1967.03.15	第百六十号	加藤松林人	日韓詩文
1967.03.15	第百六十号		〈書評〉
1967.04.15	第百六十一号		巻頭言
1967.04.15	第百六十一号	金南祚	蒼穹のなか その厳粛な孤独
1967.04.15	第百六十一号		〈時評〉
1967.04.15	第百六十一号	山路明	〈時事雑感〉
1967.04.15	第百六十一号		李穂根氏の語る 北朝鮮の現況
1967.04.15	第百六十一号	中谷忠治	韓国雑記(六)
1967.04.15	第百六十一号	R女	立春大吉(北の兄をおもう)
1967.04.15	第百六十一号	加納一明	「相撲」を通じて日韓親善を
1967.04.15	第百六十一号	庾妙達	〈詩〉"ちよう・すんらん"
1967.04.15	第百六十一号	安倍一郎	地下女将軍

발행일	권호	필자	제목
1967.04.15	第百六十一号	書評	現代朝鮮語辞典
1967.04.15	第百六十一号	岸謙	朝鮮の古灯器(十六)
1967.04.15	第百六十一号		忙中閑談(訪日三作家を囲んで)
1967.04.15	第百六十一号	マックグレーン/ジョージ	五年ぶりに韓国を訪ねて(2)＝一外国人の印象＝
1967.04.15	第百六十一号		韓国ニュース
1967.05.15	第百六十二号	金八峰	私の歩いてきた道
1967.05.15	第百六十二号	鄭飛石	韓国の文学
1967.05.15	第百六十二号		巻頭言
1967.05.15	第百六十二号		〈時評〉朴正熙大統領の再選ほか
1967.05.15	第百六十二号	山路明	韓国の大統領選挙
1967.05.15	第百六十二号		多久さんを偲ぶ(録音)
1967.05.15	第百六十二号	宮原兎一	〈時評〉青丘史草 第二
1967.05.15	第百六十二号	三木治夫	朝鮮戦争史
1967.05.15	第百六十二号		農業奉仕に若い生命を
1967.05.15	第百六十二号		慶州古都で昔脱解王の遺跡発見
1967.05.15	第百六十二号	中谷忠治	韓国雑記(7)
1967.05.15	第百六十二号	相場清	松原漫筆
1967.05.15	第百六十二号		東国大学校から高麗版大蔵経の寄贈
1967.05.15	第百六十二号	岸謙	朝鮮の古灯器(十七)
1967.05.15	第百六十二号		韓国ニュース
1967.06.15	第百六十三号	稲葉秀三	韓国産業経済の今後の課題ー第十八回韓国講座ー
1967.06.15	第百六十三号		巻頭言
1967.06.15	第百六十三号		〈時評〉
1967.06.15	第百六十三号	金竜煥	韓国の漫画
1967.06.15	第百六十三号	岸謙	朝鮮の古灯器(十八)
1967.06.15	第百六十三号	中谷忠治	韓国雑記(8)
1967.06.15	第百六十三号	相場清	松原漫筆
1967.06.15	第百六十三号		韓国ニュース
1967.06.15	第百六十三号		〈対談〉韓国の印象
1967.07.15	第百六十四号	織本正慶	〈韓国講座〉韓国における肺結核の現状
1967.07.15	第百六十四号	マックグレーン・ジョージ	米国人の朝鮮のイメージーThe American Image of koreaー
1967.07.15	第百六十四号		巻頭言
1967.07.15	第百六十四号	山路明	第二ページに入った日韓関係ー対話
1967.07.15	第百六十四号		〈時評〉
1967.07.15	第百六十四号	金正柱	〈新刊紹介〉百済王敬福・天日槍
1967.07.15	第百六十四号	朴英勲	望郷
1967.07.15	第百六十四号		「興宣大院君と閔妃」の出版をむかえて

발행일	권호	필자	제목
1967.07.15	第百六十四号	中谷忠治	韓国雑記(9)
1967.08.15	第百六十五号	鈴木一	一週間訪韓の記
1967.08.15	第百六十五号		巻頭言
1967.08.15	第百六十五号		〈時評〉
1967.08.15	第百六十五号		韓国ニュース
1967.08.15	第百六十五号		〈書評〉「興宣大院君と閔妃」
1967.08.15	第百六十五号		ゼミナールだより
1967.08.15	第百六十五号	春紅	「氷点」から熱点が生みだされた
1967.08.15	第百六十五号	八代弘二	英霊よ安らかに眠れ
1967.08.15	第百六十五号	中谷忠治	韓国雑記(10)
1967.08.15	第百六十五号	佐藤健吉	韓国稲作随想
1967.08.15	第百六十五号		韓国に対するわが技術協力
1967.09.15	第百六十六号		巻頭言
1967.09.15	第百六十六号		〈時評〉
1967.09.15	第百六十六号	山路明	四つの島の孤立主義
1967.09.15	第百六十六号		韓国ニュース
1967.09.15	第百六十六号	相場清	松原漫筆
1967.09.15	第百六十六号	宮原兎一	〈書評〉
1967.09.15	第百六十六号	宋性化	〈創作〉嫂の死
1967.09.15	第百六十六号	湯浅克衛	〈創作〉虹のかかる前(1)
1967.09.15	第百六十六号		〈座談会〉在日韓国研修生・留学生の生活と意見
1967.09.15	第百六十六号		〈座談会〉韓国怪獣映画「ヨンガリ」製作に協力して
1967.10.15	第百六十七号	相場清	帆船への道(李無影)
1967.10.15	第百六十七号		現代韓国文学の翻訳と紹介について
1967.10.15	第百六十七号		巻頭言
1967.10.15	第百六十七号		〈時評〉
1967.10.15	第百六十七号	塚本政雄	壊しの韓国を後にして
1967.10.15	第百六十七号	崔承万	日本を辞するに当たって
1967.10.15	第百六十七号	早稲田国際関係研究会	〈座談会〉見てきた韓国
1967.10.15	第百六十七号		韓国雑記(十一)
1967.10.15	第百六十七号		〈詩〉砧
1967.10.15	第百六十七号		韓国ニュース
1967.10.15	第百六十七号	湯浅克衛	虹のかかる前(2)
1967.11.15	第百六十八号	今井啓一	〈韓国講座〉古代日韓関係からみた北九州圏
1967.11.15	第百六十八号		巻頭言
1967.11.15	第百六十八号	山路明	「平和共存」
1967.11.15	第百六十八号		〈時評〉
1967.11.15	第百六十八号	宮原兎一	〈報告〉朝鮮学会大会

발행일	권호	필자	제목
1967.11.15	第百六十八号	湯浅克衛	虹のかかる前(3)
1967.11.15	第百六十八号	柳周鉉 日笠陽一郎訳	〈現代韓国文学翻訳と紹介〉張氏一家
1967.12.15	第百六十九号	韓国講座	〈韓国講座〉韓国の教育の現状と日本をみて韓国講座
1967.12.15	第百六十九号		巻頭言
1967.12.15	第百六十九号	上村健太郎	訪韓報告
1967.12.15	第百六十九号		〈時評〉
1967.12.15	第百六十九号		吉田さんと韓国
1967.12.15	第百六十九号	宮原兎一	〈書評〉朝鮮西教史
1967.12.15	第百六十九号	湯浅克衛	虹のかかる前(4)
1967.12.15	第百六十九号	呉永寿/ 大谷森繁訳	〈現代韓国文学翻訳と紹介〉秋風嶺
1968.01.15	第百七十号	鈴木一	新春随想
1968.01.15	第百七十号	山口英治	1968年の日韓経済に示唆するもの
1968.01.15	第百七十号	松平剛	韓国ーその政治学印象記
1968.01.15	第百七十号		〈時評〉
1968.01.15	第百七十号	山路明	日韓1968年
1968.01.15	第百七十号	林炳稷	文化で結ばれた古代日韓関係
1968.01.15	第百七十号	相場清	韓国の俚諺(一)
1968.01.15	第百七十号	具常	〈詩〉敵軍基地
1968.01.15	第百七十号	朝岡良平	私の病気
1968.01.15	第百七十号	玄鎮健 青山秀夫訳	〈現代韓国文学翻訳と紹介〉好運な日
1968.01.15	第百七十号		親和157号→169号　総目次
1968.02.15	第百七十一号		〈時評〉
1968.02.15	第百七十一号	竹本良平	最近の韓国経済とその問題点
1968.02.15	第百七十一号		巻頭言
1968.02.15	第百七十一号	相場清	韓国の俚諺(二)
1968.02.15	第百七十一号	宮原兎一	〈書評〉「朝鮮社会の歴史的発展」
1968.02.15	第百七十一号	金栄胤	船田博士へのおたより
1968.02.15	第百七十一号	中谷忠治	韓国雑記(12)
1968.02.15	第百七十一号	八代弘二	足跡の記
1968.02.15	第百七十一号	加藤松林人	(詩と画)加佐里だより(三好達治)
1968.02.15	第百七十一号	湯浅克衛	虹のかかる前(六)
1968.2.15	第百七十一号	孫渉昌 日笠陽一郎訳	〈現代韓国文学翻訳と紹介〉ほほえみ
1968.03.15	第百七十二号		第三回日韓合同経済懇談会特別講演
1968.03.15	第百七十二号	朴斗秉	経済開発と経済協力の関連性
1968.03.15	第百七十二号		〈時評〉
1968.03.15	第百七十二号	山路明	最近の情勢に思う

발행일	권호	필자	제목
1968.03.15	第百七十二号		巻頭言
1968.03.15	第百七十二号		新刊紹介
1968.03.15	第百七十二号		パゴダ公園
1968.03.15	第百七十二号	酒井改蔵	白村江の敗戦
1968.03.15	第百七十二号	柳根周	酒と私
1968.03.15	第百七十二号	阿部吉雄	近世儒学をとおしてみた日韓関係(一)
1968.03.15	第百七十二号	相場清	韓国の俚諺(三)
1968.03.15	第百七十二号	湯浅克衛	虹のかかる前(七)
1968.03.15	第百七十二号	康信哉/大口茂訳	〈現代韓国文学翻訳と紹介〉若いけやき(1)
1968.04.15	第百七十三号		〈時評〉
1968.04.15	第百七十三号		巻頭言
1968.04.15	第百七十三号	山路明	ヴィエトナム和平?
1968.04.15	第百七十三号	阿部吉雄	近世儒学をとおしてみた日韓関係(二)
1968.04.15	第百七十三号	相場清	韓国の俚諺(四)
1968.04.15	第百七十三号	加藤松林人	懿陵にて(安倍一郎)
1968.04.15	第百七十三号		韓国姓氏しらべ
1968.04.15	第百七十三号	中谷忠治	韓国雑記(13)
1968.04.15	第百七十三号	湯浅克衛	虹のかかる前(八)
1968.04.15	第百七十三号		韓国ニュース
1968.04.15	第百七十三号	康信哉/大口茂訳	〈現代韓国文学翻訳と紹介〉若いけやき(2)
1968.05.15	第百七十四号	鈴木一	台湾の旅
1968.05.15	第百七十四号		〈時評〉
1968.05.15	第百七十四号		第一回韓国貿易博のために
1968.05.15	第百七十四号	郭順姫(訳)	慶尚北道軍威郡の三尊の石窟(黄寿永)
1968.05.15	第百七十四号	相場清	韓国の俚諺(俗談)(五)
1968.05.15	第百七十四号		本会主催　韓国語教室ひらく
1968.05.15	第百七十四号	湯浅克衛	虹のかかる前(九)
1968.05.15	第百七十四号		しんわ・うおるぽう
1968.05.15	第百七十四号		日韓ポリオ児童の交歓
1968.05.15	第百七十四号		韓国ニュース
1968.05.15	第百七十四号	孫素熙 上次田功二訳	〈現代韓国文学翻訳と紹介〉帰郷
1968.06.15	第百七十五号		〈時評〉
1968.06.15	第百七十五号	鎌田光登	〈韓国講座〉ベトナムでみた韓国
1968.06.15	第百七十五号		巻頭言
1968.06.15	第百七十五号	相場清	韓国の俚諺(俗談)（六）
1968.06.15	第百七十五号		パゴダ公園
1968.06.15	第百七十五号	中西吟平	ああ!アリラン記者
1968.06.15	第百七十五号	金乙漢	光化門と柳宗悦先生

발행일	권호	필자	제목
1968.06.15	第百七十五号	鈴木信昭	韓国語入門
1968.06.15	第百七十五号	湯浅克衛	虹のかかる前(十)
1968.06.15	第百七十五号	金裕鴻	韓国の標準語を
1968.06.15	第百七十五号		韓国ニュース
1968.06.15	第百七十五号		しんわ·うおるぼう
1968.06.15	第百七十五号	金東仁 竹下英五郎訳	〈現代韓国文学翻訳と紹介〉さつまいも
1968.07.15	第百七十六号	朴花城	〈韓国講座〉来日歓迎講演会　韓国の婦人の生活と文学
1968.07.15	第百七十六号		〈時評〉
1968.07.15	第百七十六号	竹本良平	韓国における工業化と機械工業育成問題
1968.07.15	第百七十六号		巻頭言
1968.07.15	第百七十六号	郭順姫(訳)	扶余窺岩出土　百済仏菩薩像(黄寿永)
1968.07.15	第百七十六号	鈴木一	人類の苦悩
1968.07.15	第百七十六号		パゴダ公園
1968.07.15	第百七十六号	宮川やすえ	韓国から帰って(1)
1968.07.15	第百七十六号	相場清	韓国の俚諺(俗談)（七）
1968.07.15	第百七十六号	湯浅克衛	虹のかかる前(11)
1968.07.15	第百七十六号		朴花城女史訪日写真ニュース
1968.08.15	第百七十七号		〈時評〉
1968.08.15	第百七十七号		本誌主催　韓国親善訪問団日程
1968.08.15	第百七十七号		巻頭言
1968.08.15	第百七十七号	鈴木信昭	新しい日韓通信幹線開通
1968.08.15	第百七十七号	秦聖麒	耽羅先住民の文化的内面
1968.08.15	第百七十七号	相場清	韓国の俚諺(俗談)（八）
1968.08.15	第百七十七号		パゴダ公園
1968.08.15	第百七十七号	宮川やすえ	韓国から帰って(2)
1968.08.15	第百七十七号	酒井改蔵	朝鮮土俗二話
1968.08.15	第百七十七号	李完錫	忘憂の愛が
1968.08.15	第百七十七号	中谷忠治	韓国雑記(一四)
1968.08.15	第百七十七号	広田洋二	天羽英二氏を誄する
1968.08.15	第百七十七号	湯浅克衛	虹のかかる前(12)
1968.08.15	第百七十七号	朴栄濬/中尾剛 (訳)	〈現代韓国文学翻訳と紹介〉体臭
1968.09.15	第百七十八号		〈時評〉
1968.09.15	第百七十八号		巻頭言
1968.09.15	第百七十八号	山路明	第二回日韓定期閣僚会議について
1968.09.15	第百七十八号		対日貿易逆調の改善と問題点
1968.09.15	第百七十八号		苦難を克服する韓国を見てー日本学生訪韓団座談会ー
1968.09.15	第百七十八号	相場清	韓国の俚諺(俗談)(9)

발행일	권호	필자	제목
1968.09.15	第百七十八号	李英介	金秋史と日本画
1968.09.15	第百七十八号	中谷忠治	韓国雑記(15)
1968.09.15	第百七十八号	相場清	松原漫筆
1968.09.15	第百七十八号	湯浅克衛	虹のかかる前(13)
1968.09.15	第百七十八号		スポーツ短信
1968.09.15	第百七十八号	金光植 下村正之(訳)	〈現代韓国文学翻訳と紹介〉連帯保証人(一)
1968.10.15	第百七十九号		〈時評〉
1968.10.15	第百七十九号		巻頭言
1968.10.15	第百七十九号	中谷忠治	対韓食糧援助を促進せよ
1968.10.15	第百七十九号	金正柱	背振山の茶木
1968.10.15	第百七十九号	友枝参	韓国再々訪の記
1968.10.15	第百七十九号	相場清	韓国の俚諺(俗談) (10)
1968.10.15	第百七十九号	朴聖雨	民話・馬耳山の由来
1968.10.15	第百七十九号	李英介	近代日韓墨蹟集・金玉均
1968.10.15	第百七十九号	湯浅克衛	虹のかかる前(14)
1968.10.15	第百七十九号		韓国ニュース
1968.10.15	第百七十九号	金光植 下村正之(訳)	〈現代韓国文学翻訳と紹介〉連帯保証人(二)
1968.11.15	第百八十号	鈴木一	〈特集〉日韓親和会の親善訪問団々長として
1968.11.15	第百八十号	金山政英 鈴木一	〈対談〉交流は密接に・速やかに
1968.11.15	第百八十号	親善訪問団員	〈座談会〉韓国での一週間
1968.11.15	第百八十号	鎌田光登	Eさんへのたより
1968.11.15	第百八十号		〈時評〉
1968.11.15	第百八十号	中谷忠治	全羅南道華厳寺で飲んだ茶
1968.11.15	第百八十号	相場清	韓国の俚諺(俗談) (11)
1968.11.15	第百八十号	宮原兎一	第十九回朝鮮学会大会
1968.11.15	第百八十号	李英介	近代日韓墨蹟集・白隠禅師と朝鮮虎
1968.11.15	第百八十号	湯浅克衛	虹のかかる前(15)
1968.11.15	第百八十号	朴花城 建部喜代子(訳)	〈現代韓国文学翻訳と紹介〉残影
1968.12.15	第百八十一号		巻頭言
1968.12.15	第百八十一号		〈時評〉国連総会に韓国だけを招請
1968.12.15	第百八十一号	間宮章	電波で結ぶ韓国と日本
1968.12.15	第百八十一号	山口泉	四十年ぶりの韓国
1968.12.15	第百八十一号	李英介	近代日韓墨蹟集・李朝風俗画
1968.12.15	第百八十一号	中谷忠治	韓国雑記(完)
1968.12.15	第百八十一号		〈座談会〉韓国現代文学の流れ
1968.12.15	第百八十一号	相場清	韓国の俚諺(俗談)(12)

발행일	권호	필자	제목
1968.12.15	第百八十一号	湯浅克衛	虹のかかる前(16)
1968.12.15	第百八十一号	朴聖雨	〈民話〉古武洞と馬転峠
1968.12.15	第百八十一号	趙容万 三木治夫(訳)	〈現代韓国文学翻訳と紹介〉束草行
1968.12.15	第百八十一号	宮原兎一	〈書評〉朝鮮総督府
1969.01.15	第百八十二号	鎌田光登	〈特集〉「ベトナム後」の意味
1969.01.15	第百八十二号	飯塚繁太郎	〈特集〉国連と朝鮮問題
1969.01.15	第百八十二号	竹本良平	〈特集〉韓国経済と外資導入
1969.01.15	第百八十二号	横堀洋一	〈特集〉こころのかよい路
1969.01.15	第百八十二号	三谷静夫	〈随想〉韓民族の年輪
1969.01.15	第百八十二号	鈴木一	月旦感想
1969.01.15	第百八十二号		〈時評〉韓国憲法改正の動き
1969.01.15	第百八十二号		プエブロ号乗組員の釈放
1969.01.15	第百八十二号	金正柱	韓国茶事片々
1969.01.15	第百八十二号	相場清	韓国の俚諺(俗談)(13)
1969.01.15	第百八十二号	李英介	近代日韓墨蹟集・四溟堂惟政
1969.01.15	第百八十二号	朴英勲	「亡郷」その後
1969.01.15	第百八十二号	湯浅克衛	虹のかかる前(17)
1969.01.15	第百八十二号	金東仁 菅野裕臣(訳)	〈現代韓国文学翻訳と紹介〉赤い山―ある医者の手記―
1969.02.15	第百八十三号	大畑篤四郎	在日韓国人の永住権をめぐる諸問題(1)
1969.02.15	第百八十三号		〈時評〉朴大統領年頭に当り施政方針を明示
1969.02.15	第百八十三号	鈴木一	月旦感想
1969.02.15	第百八十三号	黒板昌夫	韓国訪問旅行スケッチ
1969.02.15	第百八十三号	洪亨麟	私の見た日本の基督教
1969.02.15	第百八十三号	相場清	韓国の俚諺(俗談)(14)
1969.02.15	第百八十三号	李英介	近代日韓墨蹟集・孤雲崔致遠
1969.02.15	第百八十三号	朴聖雨	〈民話〉ソガリの尾ひれ
1969.02.15	第百八十三号	湯浅克衛	虹のかかる前(18)
1969.02.15	第百八十三号	鄭漢淑/志賀友聡	〈現代韓国文学翻訳と紹介〉田黄堂印譜記
1969.02.15	第百八十三号		本会主催新年会の集い
1969.03.15	第百八十四号	宋淩	対韓投資の現況と展望
1969.03.15	第百八十四号	鈴木一	月旦感想
1969.03.15	第百八十四号	大庭さち子	平和探求のために《韓国人犠牲者慰霊祭》
1969.03.15	第百八十四号	加藤松林人	私の旅―北九州など
1969.03.15	第百八十四号	相場清	韓国の俚諺(俗談)(15)
1969.03.15	第百八十四号	李英介	近代日韓墨蹟集・金明国達摩図
1969.03.15	第百八十四号	湯浅克衛	虹のかかる前(19)
1969.03.15	第百八十四号	黄順元 馬場峯雄(訳)	〈現代韓国文学翻訳と紹介〉星

발행일	권호	필자	제목
1969.03.15	第百八十四号		〈報告〉希望村開拓をはげます会
1969.03.15	第百八十四号	宮原兎一	〈書評〉「九州と韓人」
1969.03.15	第百八十四号		読者短信
1969.04.15	第百八十五号	久保田洋史	私の触れた韓国の農村
1969.04.15	第百八十五号	北村隆	急ピンチの韓国経済
1969.04.15	第百八十五号		〈時評〉朝鮮情勢とフォーカス・レティナ作戦の意味するもの
1969.04.15	第百八十五号	鈴木一	月旦感想
1969.04.15	第百八十五号		韓国語講座　盛況裡に開講式
1969.04.15	第百八十五号	中谷忠治	済州空港の李春紅さん
1969.04.15	第百八十五号		＜試写室より＞高麗村
1969.04.15	第百八十五号	相場清	韓国の俚諺(俗談)(16)
1969.04.15	第百八十五号		3.1運動紙上シンポジウムーソウル新聞より
1969.04.15	第百八十五号	宮原兎一	日本の教科書では大ざっぱな取り扱い
1969.04.15	第百八十五号	リチャード・ローツ	根強かった民族の自尊心
1969.04.15	第百八十五号	鄭在覚	民族再発見・近代化の踏み台
1969.04.15	第百八十五号	李英介	忘れてはならない善意の人々
1969.04.15	第百八十五号	湯浅克衛	虹のかかる前(20)
1969.04.15	第百八十五号		読者短信
1969.05.15	第百八十六号	鎌田光登	「抑止」か「強制」かー朝鮮半島をめぐる緊張の一断面
1969.05.15	第百八十六号	増田純男	朝鮮半島の緊張とその影響
1969.05.15	第百八十六号		〈時評〉権五柄文教部長官の不信任案可決とその底流
1969.05.15	第百八十六号		米空軍偵察機撃墜事件
1969.05.15	第百八十六号	鈴木一	月旦感想
1969.05.15	第百八十六号	金正柱	韓日関係史の研究態度について
1969.05.15	第百八十六号	李英介	古市事件と私
1969.05.15	第百八十六号	中谷忠治	探し当てた二十五年前の本
1969.05.15	第百八十六号	地曳隆紀	希望村から
1969.05.15	第百八十六号	湯浅克衛	虹のかかる前(21)
1969.05.15	第百八十六号	兪鎮午作 日笠陽一郎訳	〈現代韓国文学翻訳と紹介〉「滄浪亭」の記
1969.05.15	第百八十六号		新刊紹介
1969.06.15	第百八十七号	竹本良平	韓国経済の現状と課題ー量的拡大より構造改革をー
1969.06.15	第百八十七号	早川徹	〈韓国講座〉韓国のナショナリズムを正しく評価せよ
1969.06.15	第百八十七号	竹内亨	日韓共通の立場で
1969.06.15	第百八十七号		〈時評〉ソ連ポドゴルヌイ議長の北朝鮮訪問
1969.06.15	第百八十七号		チュ南ベトナム大統領の韓国訪問
1969.06.15	第百八十七号	鈴木一	月旦感想
1969.06.15	第百八十七号	李英介	近代日韓墨蹟集・安平大君李瑢
1969.06.15	第百八十七号	湯浅克衛	虹のかかる前(完)

발행일	권호	필자	제목
1969.06.15	第百八十七号	徐基源作 猪律榛夫訳	〈現代韓国文学翻訳と紹介〉暗射地図(上)
1969.07.15	第百八十八号	中野謙二	アスパックーその現状と将来ー平和路線は定着したかー
1969.07.15	第百八十八号		〈韓国留学生座談会〉日韓の近代化をめぐって韓国留学生座談会
1969.07.15	第百八十八号	鈴木信昭	ー私の提言ーソウル〜仁川間高速道路開通について鈴木信昭
1969.07.15	第百八十八号		所得額からみた韓国国内企業100社
1969.07.15	第百八十八号	三谷陽子	玄琴と伽耶琴の音楽をたづねて三谷陽子
1969.07.15	第百八十八号	宮原兎一	〈書評〉近世朝鮮教育史研究
1969.07.15	第百八十八号	李英介	崔北筆・水墨山水図
1969.07.15	第百八十八号	湯浅克衛	金玉均伝「虹のかかる前」あとがき
1969.07.15	第百八十八号	鈴木一	月旦感想
1969.07.15	第百八十八号	徐基源作 猪律榛夫訳	〈現代韓国文学翻訳と紹介〉暗射地図(下)
1969.08.15	第百八十九号	山口英治	日韓経済交流の現況(上)
1969.08.15	第百八十九号	岡井輝雄	振り返り見る韓国
1969.08.15	第百八十九号		昭和43年度　わが外交の近況
1969.08.15	第百八十九号	三谷静夫	二つの愛国心
1969.08.15	第百八十九号		〈時評〉朴正煕大統領三選改憲を決意
1969.08.15	第百八十九号	鈴木一	月旦感想
1969.08.15	第百八十九号	李英介	近代日韓墨蹟集・蕙園　申潤福
1969.08.15	第百八十九号	近藤兵衛	出入国管理法案と在日朝鮮人
1969.09.15	第百九十号	山口英治	日韓経済交流の現況(下)
1969.09.15	第百九十号		〈時評〉第三回日韓定期閣僚会議開催
1969.09.15	第百九十号		ニクソン・朴正煕サンフランシスコ会談
1969.09.15	第百九十号		〈座談会〉韓国語を修得するために
1969.09.15	第百九十号	鈴木一	月旦感想
1969.09.15	第百九十号		朝鮮書芸略史
1969.09.15	第百九十号		李完錫氏を悼む
1969.09.15	第百九十号	金熙明	〈新刊紹介〉韓国詩選
1969.09.15	第百九十号	宮原兎一	シンポジウム・日本と朝鮮
1969.09.15	第百九十号	金光植作 林ひろし訳	〈現代韓国文学翻訳と紹介〉二一三号住宅
1969.10.15	第百九十一号	秋憲樹	朝鮮の民族的特性の形成過程
1969.10.15	第百九十一号		〈時評〉三選改憲をめぐる韓国学生の動き
1969.10.15	第百九十一号		北朝鮮政府代表団の中共国慶節参加
1969.10.15	第百九十一号	増田純男	海洋開発の現状と将来
1969.10.15	第百九十一号	鈴木一	月旦感想
1969.10.15	第百九十一号	志賀友聡	はじめての韓国の旅から
1969.10.15	第百九十一号	李英介	朝鮮絵画小史
1969.10.15	第百九十一号	金熙明	「韓国詩選」より

발행일	권호	필자	제목
1969.10.15	第百九十一号		〈コラム〉あらかると
1969.10.15	第百九十一号		在韓主要日本商社一覧
1969.10.15	第百九十一号	孫昌渉作 竹下英五郎	〈現代韓国文学翻訳と紹介〉雨の降る日
1969.11.15	第百九十二号	黄寿永	〈特集〉韓国の半跏思惟像の研究
1969.11.15	第百九十二号	三上次男	朝鮮の文化と日本
1969.11.15	第百九十二号		〈時評〉朴政権新体制へ
1969.11.15	第百九十二号		改憲国民投票の意味するもの
1969.11.15	第百九十二号	鄭求瑛	私の心境
1969.11.15	第百九十二号	鈴木一	月旦感想
1969.11.15	第百九十二号	宮原兎一	〈書評〉朝鮮幽囚記
1969.11.15	第百九十二号	古谷正行	네!
1969.11.15	第百九十二号	嶋村正彦	韓国訪問(1)
1969.11.15	第百九十二号		〈アンケート〉①現在特に関心を寄せられている問題
1969.11.15	第百九十二号		②親和会又は「親和」に対する御意見
1969.12.15	第百九十三号	朴元善	韓国の商法について
1969.12.15	第百九十三号	梅田博之	再び韓国の国字問題について
1969.12.15	第百九十三号		〈時評〉国連の朝鮮問題審義
1969.12.15	第百九十三号	鈴木一	月旦感想
1969.12.15	第百九十三号	金熙明	韓国詩選より
1969.12.15	第百九十三号	嶋村正彦	韓国訪問(2)
1969.12.15	第百九十三号	地曳隆紀	近況報告
1969.12.15	第百九十三号		〈コラム〉あらかると
1969.12.15	第百九十三号		韓国新聞論説
1969.12.15	第百九十三号	宋炳洙作 鈴木正剛訳	〈現代韓国文学翻訳と紹介〉残骸
1969.12.15	第百九十三号		「親和」総目次

코리아평론(コリア評論)

○ ○ ○

 서지적 정보

> 월간. 1957년 10월에 창간. 1989년 6월에 종간. 편집 겸 발행인은 김삼규(金三奎)이다. 김삼규는 1928년에 도쿄제국대학 독문과에 입학했지만 좌익운동에 참여하여 치안유지법 위반으로 체포되어 송환되었다. 이후, 재도항하여 서점을 경영하다 귀국, 해방을 맞이한다. 해방 후 동아일보사의 편집국장, 서울대 교수를 역임했지만, 이승만 정권과 대립하면서 일본으로 망명해 조선의 무산계급과 연대해 운동을 펼쳐가며 본지를 발행했다. 발행소는 민족문제연구소, 코리아평론사이다. 지면은 시평, 논조, 시, 한국뉴스, 일지(한국과 북한의 소식), 좌담회 등으로 구성되어 있다. 주요 집필진은 김삼규, 서대숙, 최일혜, 남종팔, 박영수, 류정기, 이건, 박성수, 편집부이고 일본인 집필자도 섞여 있다. 1960년대에 나온 내용에는 조선공산주의운동의 계보, 박정희 정권이나 한일조약에 대한 비판 등이 눈에 띈다.

 목차

발행일	지면정보		필자	제목
	권호	페이지		
1969.10.01	103号	46	北村崇郎	深い河(6)
1969.10.01	103号	52		<論調>改憲発議国会の宿命　暴走する語文政策
1969.10.01	103号	54	編集部	韓国ニュース
1969.10.01	103号			「国民投票法案」
1969.10.01	103号			不実企業整理は違憲
1969.10.01	103号			輸出自由地域構想
1969.10.01	103号	60	編集部	<日誌>韓国、北朝鮮
1969.10.01	103号	64		編集だより
1969.11.01	104号	2	金三奎	<時評>変則国会が意味するもの
1969.11.01	104号	4	高興門	三選改憲は阻止されねばならぬ
1969.11.01	104号	12	編集部	三戦改憲をみぐる国会討論
1969.11.01	104号	30	玉城　素	「日韓新体制」の実体ー日韓閣僚会議の意味するものー
1969.11.01	104号	40	徐大粛　著 金進　訳	朝鮮共産主義運動1918～1948(10)徐大粛　著　金進　訳
1969.11.01	104号	48	南鍾八	北朝鮮を動かす人々(7)
1969.11.01	104号	52	崔一恵	言葉をかえして
1969.11.01	104号	53	北村崇郎	深い河(7)
1969.11.01	104号	59	編集部	<日誌>韓国日誌：北朝鮮日誌
1969.11.01	104号	64		編集だより
1969.12.01	105号	2	金三奎	時評：国民投票が意味するもの
1969.12.01	105号	4	玉城　素	1969年10月メモ
1969.12.01	105号	12	山口房雄	超大国の悩み
1969.12.01	105号	17	崔一恵	〈詩〉やがてお日さまが輝くとき
1969.12.01	105号	18	林英樹	朝・中の再接近と極東情勢
1969.12.01	105号	24	高田富佐雄	九全大会以後の中共の内情と米ソの対中態度
1969.12.01	105号	33	徐大粛　著 金進　訳	朝鮮共産主義運動1918－1948(11)
1969.12.01	105号	43	南鍾八	北朝鮮を動かす人々(8)
1969.12.01	105号	47	北村崇郎	深い河(8)
1969.12.01	105号	53	ソウル法大 闘争委員会	<資料>われらの闘争はやめられない
1969.12.01	105号	57	編集部	韓国ニュース
1969.12.01	105号	59		<日誌>韓国日誌、北朝鮮日誌

통일평론(統一評論)

1 서지적 정보

1961년 4월에 창간해 2018년 현재도 계속 발간되고 있다.

『통일평론』은 조선, 한국, 통일문제 전문지이다. 한국 민중이 이승만 독재정권을 타도한 4·19시민혁명을 맞이하여 조국의 통일을 염원하는 재일동포 유지들에 의해 1961년 4월 19일에 창간되었다고 적고 있다. 또한 창간 이래 민족 통일을 유일의 편집방침으로 하여 발간하고 있다고 편집부가 밝히고 있다. 통일평론은 일본뿐만 아니라, 남북한, 미국, 캐나다, 유럽 등 해외의 각계인사가 기고한 글을 싣고 있는 잡지로, 내외로 많은 독자를 갖는 잡지로 해외 동포사회에 널리 알려져 있다. 지면은 평론, 시, 소설, 역사 이야기, 북조선 단신, 남조선 단신, 재일동포 단신, 국제 단신, 대담, 좌담회, 통일광장, 시사만평, 북조선으로부터의 소식, 통일문답, 자료, 수기, 르포 등으로 구성되어 있다. 주요 집필진에 김일성, 김종태, 송석찬, 신병진, 강순, 이은직, 박춘일, 박문원, 최명익, 신병진 등이 있다.

인터넷사이트: http://www.tongilpyongron.com/index.html

2 권두언(1966년 1월)

1966년 1월 31호 신년 「권두언」에 잡지의 취지가 잘 나타나 있다. 주요 내용 부분을 발췌하면 다음과 같다.

우리는 올해도 이국땅에서 새해를 맞이했다. 조국에 있는 친형제와 친척, 또는 지인도 만나지 못하고 그저 주마등처럼 환영 같은 이미지를 좇을 뿐이다. 조국 사람들도 남북으로 나뉘어 떨어진 채 이미 이십 년이 경과한 오늘날까지 서로 왕래하는 것조차 할 수 없고 한 번도 만나는 것조차 하지 못한 채 있다. 남으로 북으로, 또는 외국으로 이산(離散)된 채 흐려가는 기억을 더듬어 서로의 안부를 걱정할 뿐이다. 남북의 조선 사이에서 편지 교환조차 하지 못하고 있다. 이러한 일은 외국과의 사이에서도 있을 수 없는 일로, 너무 비인도적인 일이다.

이것이 5년이나 10년이 아니라 이미 20년을 경과했다. 긴 장구한 세월에서 보면 20년은 짧은 기간일지도 모른다. 인간이 한 세대 70년이라고 하면 이는 긴 세월이다. 동안의 소년이 머리에 흰머리가 나는 장년이 되고, 청년이 노년이 되어버리는 시간이다. '십 년이면 한 옛날'이라는 말은 무심한 듯싶다. 헤어져 있는 부모형제가 서로의 용모도 잊어버릴 정도이고, 이후 태어난 아이나 손자들의 얼굴도 모른다. 내 아이 넷도 할머니의 얼굴을 모른 채일 뿐만 아니라, 한 번도 그 무릎에 안겨보지도 못한 채 자라고 있다. 이 얼마나 부자연스러운 일인가.

이러한 상태를 원하는 자는 조선인민 중에 단 한 사람도 없을 것이다. 새해가 아니더라도 하루라도 빨리 부모형제가 한곳에 모여 가족이 단란하게 보내고 싶다는 비원으로 보내고 있다. 한 걸음 양보해서 우리는 외국에 있으므로 다소의 제약이 있고 수속이 필요하다고 해도, 외국도 아닌 자신의 나라에서 그것도 같은 땅이 이어진 국토 안에서 서로 왕래할 수 없다는 것은 불합리하기 그지없는 일이다. 이 이상 참을 수 없다.

이는 현재 총검으로 남조선을 군사지배하고 있는 미국의 간섭의 소산임은 말할 것도 없다. '북으로부터의 침략'이라든가 '북으로부터의 위협'이라고 거짓을 말해 같은 동포끼리 하나의 국토 안에서 일가를 이루고 융화하고 독립자존의 발전을 도모하는 길을 막아 국토의 양단과 민족의 분열, 반목을 조장하고 있다. 이와 같은 강도 같은 미국의 행태와 침략행위는 증오스럽기 그지없어 곧바로 배제해야 한다.(중략)

남조선과 북조선 사이의 왕래 문제도 반복해서 말하는데 사천 만 조선 인민의 일치된 염원이다. 방해하고 있는 것은 외래 침략자뿐이고 그 앞잡이 일당뿐이다. 편지를 주고받아 서로의 안부를 알고 부모형제나 친척, 지인이 서로 왕래해 건강함을 서로 기뻐하는 것은 정치 이전의 문제이고 인도상의 문제이다. 이러한 당연한 일이 외래 침략자 때문에 막혀있는 것은 허용될 수 없다.

우리가 마음을 하나로 하여 힘을 합쳐 노력한다면 반드시 실현될 것이라고 확신한다.

1966년은 미일 반동의 이중 침략을 떨쳐내고 조국의 자주적 평화통일을 달성하기
위해 남북간 편지 왕래와 사람들의 왕래부터 실현해야 할 것이다.

4 목차

발행일	지면정보		필자	제목
	권호	페이지		
1964.07	第20号		朴春日	(2)失敗に終った『偉大なドラマ』ーアメリカ軍と朝鮮戦争ー
1964.07	第20号		金民煥	(3)従属化された南朝鮮経済
1964.07	第20号		安在均	(4)アメリカ軍と『韓国国軍』の関係
1964.07	第20号			(5)全世界の人民に告ぐー北朝鮮十二社会団体の告発状ー
1964.07	第20号		張利郁	このどん詰まりの袋小路から突き抜けねば
1964.07	第20号		崔珍栄	私はなぜ南朝鮮を脱出したか?
1964.07	第20号			隠語にみる南朝鮮の社会相
1964.07	第20号		全英植	高まる南朝鮮人民の愛国闘争
1964.07	第20号			南朝鮮青年学生の愛国闘争主要日誌
1964.07	第20号			三千万人民が南朝鮮青年学生の愛国闘争を支持声援しよう
1964.07	第20号			『平譲宣言』および『決議』ーアジア経済セミナーで採択ー
1964.07	第20号			『韓国政府は言論の自由を尊重せよ』ー日本人著名ジャーナリスト有志の声明書ー
1964.07	第20号		甘水範	『韓日会談』のあらたな装い
1964.07	第20号		申秉鎮	在日朝鮮人の『法的地位』問題について
1964.07	第20号		黄金潤	〈統一広場〉不幸を強いるものへの憤り
1964.07	第20号		金福燦	在に同胞の間に三十八度線はない
1964.07	第20号		朴正順	〈随想〉トックッ
1964.07	第20号		姜南石	大邱風土記
1964.07	第20号		李股直	李舜臣将軍(3)
1964.07	第20号		朴知成	民族解放の炎は燃えさかるー東南アジアにおけるアメリカ侵略政策の敗退ー
1965.09	第28号	6		巻頭言
1965.09	第28号	8	朴承鎬	祖国は必ず自主的に統一されねばならない
1965.09	第28号	15	趙基麟	高く揚げた反米救国の旗じるし
1965.09	第28号			〈特集〉今日の北朝鮮
1965.09	第28号	26	朴世昌	祖国統一の一貫した立場
1965.09	第28号	33	尹東立	自立的民族工業
1965.09	第28号	40	金仁虎	伸びゆく農業
1965.09	第28号	56	成剛一	豊かな人民生活
1965.09	第28号	51	金哲央	最近の文化芸術
1965.09	第28号	67		〈北朝鮮短信〉コンゴ(ブ)のマサンバ・テバ大統領の北朝鮮訪問
1965.09	第28号	69		〈南朝鮮短信〉南朝鮮の生活相
1965.09	第28号	71		〈国際短信〉日本国民の「日韓条約」批准阻止運動盛り上る・外
1965.09	第28号	99	朴重錫	大同団結して共同利益を守ろう
1965.09	第28号	73	朴寛範	わが故郷
1965.09	第28号	75	鄭守鉉	日本にいる友人のT兄に
1965.09	第28号	80	陸尚鎮	働きながら学ぶ

발행일	지면정보		필자	제목
	권호	페이지		
1965.09	第28号	85	ジョーン・ロ ビンソン	北朝鮮の奇跡
1965.09	第28号	23	毛允淑	わたしたちには最後も死もない
1965.09	第28号	92	金明胤	白頭の密林を探ねて(一)
1965.09	第28号	100	南延賢/成允 植(訳)	〈小説〉糞地
1966.01	第31号	6		巻頭言
1966.01	第31号	22	柳宗黙 外	〈新春座談会〉「祖国統一の展望」を語るー1966年度の課題ー
1966.01	第31号	8	崔承喜	〈北朝鮮からの便り〉祖国あればこそ
1966.01	第31号	10	金永吉	新年を迎える私の願い
1966.01	第31号	12	文芸峯	永遠の若人として
1966.01	第31号	15	李昌成	祖国統一実現の大路ー祖国統一への方策ー
1966.01	第31号	36	金万石	"批准書"交換後の南朝鮮ー今後の南朝鮮時勢ー
1966.01	第31号	54	尹東立	ベトナム戦争と南朝鮮ー「韓国軍」の南ベトナム派兵は何を もたらしたかー
1966.01	第31号	69		読者と編集室との応答室《朝鮮の統一と国連》
1966.01	第31号	68		民族の誇り《美術・工芸》
1966.01	第31号	30・100・ 107		亀甲船《거북선》
1966.01	第31号	47		時事漫評
1966.01	第31号	64		〈南朝鮮短信〉珠算競技で南朝鮮選手が日本に圧勝・外
1966.01	第31号	67		〈在日同胞短信〉たすけあいでむつまじい正月・外
1966.01	第31号	66		〈国際短信〉南ベトナムで敗勢濃いアメリカ軍
1966.01	第31号	81	徐相漢	〈統一広場〉私の考え
1966.01	第31号	82	権熙祚	子孫のためにも統一を
1966.01	第31号	83	金炳益	統一への前進のために
1966.01	第31号	62	鄭白雲	〈詩〉夢
1966.01	第31号	72	李慶洙	わが故郷
1966.01	第31号	70	柳原義次	板門店の丘で考えたこと
1966.01	第31号	74	李甲基	祖国の山河とその歴史(一)
1966.01	第31号	108	姜舜	わがこころの故里ー江華島風土記ー
1966.01	第31号	116	李股直	庶民の英雄 金徳齡
1966.01	第31号	84	申相楚	〈座談会〉今日の政局混乱を語るー『思想界』1965年11月号か らー
1967.03	第38号	6		巻頭言
1967.03	第38号			〈特集〉韓日修好一年を顧みる
1967.03	第38号	28	宋錫賛	緊密化する政治・軍事面
1967.03	第38号	38	甘水範	深まる経済的従属化ー付録資料・韓日経済日誌ー
1967.03	第38号	50	黄秉揚	「法的地位」の波紋

발행일	지면정보		필자	제목
	권호	페이지		
1967.03	第38号	59	金哲淳	氾濫する輸入文学
1967.03	第38号	19	安在均	三・一精神と自主統一
1967.03	第38号	8	李克魯	民族の尊厳についてーかれらはなぜ「わが民族の後進性」をわめきたてるのかー
1967.03	第38号	64		〈時の潮〉波乱含みの「選挙戦線」
1967.03	第38号	70		南ベトナムへの大量増派と選挙
1967.03	第38号	73		農村事情はよくなったか
1967.03	第38号	76		南朝鮮の物価を見る
1967.03	第38号	79		〈統一問答〉《停戦協定と米軍駐留》
1967.03	第38号	92		第六回新春囲碁大会開かる《本社主催》
1967.03	第38号	80		〈短信〉反共法にふれた映画監督(南朝鮮)
1967.03	第38号	82		作曲家となった漁労工(北朝鮮)
1967.03	第38号	84		金東希青年を救おう(在日同胞)
1967.03	第38号	85		暴かれるC－Aの黒い手と資金(国際)
1967.03	第38号	86		安在鴻先生の遺稿集《私の見聞録1》
1967.03	第38号	94	呉太植	〈投稿〉韓国見たまま聞いたまま
1967.03	第38号	12・41・77		亀甲船
1967.03	第38号	62		時事漫評
1967.03	第38号	128		読者の声
1967.03	第38号	89	康桂林	〈統一広場〉祖国統一と知るということ
1967.03	第38号	90	申鉉東	亡父への誓い
1967.03	第38号	110	李甲基	祖国の山河とその歴史(完)
1967.03	第38号	103	朴春日	朝鮮通信使紀行ー朝鮮と江戸文化ー
1967.03	第38号	120	李殷直	〈歴史物語〉金富軾
1967.11	第44号			巻頭言
1967.11	第44号		宋錫賛	朝鮮の統一と国連
1967.11	第44号		申秉鎮	「法的地位協定」適用の実態ー韓・日了解事項のねらいー
1967.11	第44号			朝鮮現代史への証言《私の見聞録5》ー安在鴻先生の遺稿集ー
1967.11	第44号		金泰一	干害にあえぐ南朝鮮
1967.11	第44号		姜太憲	〈民族教育と私〉息子と共に学ぶ
1967.11	第44号		金正植	過去と現在
1967.11	第44号		尹性任	背負うた子に教えられる
1967.11	第44号			〈時の潮〉混乱つづく南朝鮮政界
1967.11	第44号			公共料金の引上げと生活苦
1967.11	第44号			頻発する軍事挑発の背景
1967.11	第44号		李益順	〈統一広場〉子らに誇りを
1967.11	第44号		朴承仁	〈ずいひつ〉ある良心の悩み
1967.11	第44号			時事漫評

발행일	지면정보		필자	제목
	권호	페이지		
1967.11	第44号			亀甲船
1967.11	第44号			〈短信〉1820人にのぼる結核感染者(南朝鮮)
1967.11	第44号			一家38名が出演する家族サークル(北朝鮮)
1967.11	第44号			在日同胞からも最高人民会議員に選ばれる(在日同胞)
1967.11	第44号			高まるアメリカのベトナム反戦運動(国際)
1967.11	第44号		朴春日	朝鮮通信使紀行ー朝鮮文化と江戸ー
1967.11	第44号		李殷直	蒙古襲来に抵抗なし名将たち
1969.07	第62号	6	成重錫	アメリカの戦争政策とASPACー侵略体制の再編を迫られるアメリカと「反共軍事同盟」ー
1969.07	第62号	13	朴時完	燃え広がる南朝鮮学生の闘争ー「三選改憲」策動に反対して闘う南朝鮮学生ー
1969.07	第62号	25		〈資料〉「民主・自由のこだま」《思想界・五月号から》ー時局宣言文ー
1969.07	第62号	30	金在淳	最近における南朝鮮人民の闘争ー日増しに激化しつつある反米救国闘争を中心にー
1969.07	第62号	52		不屈の革命家金鍾泰に「国際記者賞」授与
1969.07	第62号	38		〈時の潮〉1.「第二の朝鮮戦争」企むニクソン
1969.07	第62号	44		〈時の潮〉2. ファッショ弾圧に血眼の朴「政権」
1969.07	第62号	48		〈時の潮〉3.「釜山市庁」不正事件をめぐって
1969.07	第62号	62		〈資料〉全世界の人民に告ぐーアメリカ帝国主義侵略軍が南朝鮮ではらいた犯罪行為についてー
1969.07	第62号	54	畑中知加子	初めて見た朝鮮ー美しい街・ピョンヤンー
1969.07	第62号	59		「出入国管理法案」に反対する民団同胞の動き
1969.07	第62号	83	金錫亨	初期朝・日関係史の再検討ー船山古墳から出土した大刀の銘文についてー
1969.07	第62号	51		時事漫評
1969.08	第63号			特集・故金鍾泰闘士の革命業績を讃える
1969.08	第63号	8		輝かしい闘争の足跡ー統一革命党員の闘争を顧みてー
1969.08	第63号	20	金鍾泰	祖国を痛哭るー統一革命党機関誌『青脈』巻頭言からー
1969.08	第63号	27		〈対談〉民衆意識の顕在化ー『青脈』1966年8月号からー
1969.08	第63号	34		統一革命党ソウル委員会金鍾泰委員長の虐殺蛮行を糾弾する共和国大衆団体の共同書簡
1969.08	第63号	38	李鎮永	統一革命党代表の追悼辞
1969.08	第63号	10		朝鮮民主主義人民共和国最高人民会議常任委員会政令
1969.08	第63号	46	趙尚準	日本軍国主義の野望ー8・15解方24周年に因んで日本国軍主義の南朝鮮再侵略策動を衝くー
1969.08	第63号	54	金英旭	「三選改憲」策動の本質ー朴正熙「三選策動」に反対する南朝鮮人民の闘争ー
1969.08	第63号	62		〈資料〉「三選改憲に反対する」《思想界》7月号から
1969.08	第63号	66		〈時の潮〉1. 絶糧にあえぎ離農する農民

발행일	지면정보		필자	제목
	권호	페이지		
1969.08	第63号	68		〈時の潮〉2. 氾濫するエロ・グロ出版物
1969.08	第63号	72		原水爆禁止世界大会によせて－国際連帯・相互支援の強化へ－
1969.08	第63号	78	朴文源	初期朝・日関係史の再検討(15)－止利の本国について(上)－
1969.08	第63号	77		時事漫評
1969.11.20	第65号			特集・反米世界ジャーナリスト大会
1969.11.20	第65号	8	金日成	五大陸の進歩的ジャーナリストは革命の筆鋒を高くかざしてアメリカ帝国主義を厳しく断罪しよう
1969.11.20	第65号	18	蔡俊炳	アメリカ帝国主義の侵略に反対してたたかう全世界ジャーナリストの任務
1969.11.20	第65号	63		アメリカ帝国主義の侵略に反対してたたかう全世界ジャーナリストのピョンヤン宣言
1969.11.20	第65号	77	安炳哲	反米世界ジャーナリスト大会でおこなった南朝鮮代表の討論
1969.11.20	第65号	87	朴桂元	「三選改憲」騒動と政治的背景－ファッショ・テロの渦巻く不正選挙の実態－
1969.11.20	第65号	98		〈時の潮〉1. 「不実企業」整理騒動の内幕
1969.11.20	第65号	102		〈時の潮〉2. 南朝鮮労働者の賃金の実態
1969.11.20	第65号	111	丁勲相	〈手記〉共和国への道を日本に求めて
1969.11.20	第65号	126	朴文源	初期朝・日関係史の再検討(17)－止利の本国について(下)－
1969.11.20	第65号	134	崔明翊	ソウル・乙巳年の冬(下)
1969.11.20	第65号	97		時事漫評
1969.12	第66号	6		金日成首相の回答文－フィンランド民主青年同盟代表団の提起した質問にたいして－
1969.12	第66号	54		朝鮮で平和を維持し、朝鮮の統一問題を平和的に解決するためには、なによりもまずアメリカ帝国主義侵略軍を南朝鮮から撤退させるべきであり、「国連韓国統一復興委員団」を解体させるべきである－朝鮮民主主義人民共和国政府覚書－
1969.12	第66号	22	高永淳	南朝鮮の愛国者の不屈の闘争－南朝鮮の愛国者たちに加えられた朴「政権」の犯罪行為を糾弾する－
1969.12	第66号	29		燃え広がる民族解放闘争の炎－アジア、アフリカ、ラテンアメリカ人民の反帝・反米闘争の動き－
1969.12	第66号	42		〈時の潮〉1. ウォン価格引下げ騒動の内幕
1969.12	第66号	49		〈時の潮〉2. 低米価政策に苦しむ南朝鮮農民
1969.12	第66号	69		農民はどう暮らしているか《新東亜》69年11月号から
1969.12	第66号	83		1969年『統一評論』総目次
1969.12	第66号	75		初期朝・日関係史の再検討(18)－日本で活躍したわが国の美術家たち(一)－
1969.12	第66号	41・68		時事漫評

평화(平和)

○ ○ ○

1 서지적 정보

『평화』는 재일본조선인연맹(조련) 효고현(兵庫県) 본부 문화부에서 발행한 잡지이며, 편집 책임자는 문화부장 김경환이다. 현재, 1946년 11월에 발간된 제5호만이 확인 가능한 상태이다.

　내용적인 측면에서 보면, 본지는 조련 및 결성을 앞둔 재일본조선민주청년동맹(민청)과 관련된 기사, 효고현 본부의 사회부, 청년부, 문화 등에서 각각 민청 및 학교 교육의 문제들을 다루고 있다. 특히, 사회부 코너에서는 「남선수해구제금 10만엔돌파」라는 기사를 통해, 한국의 30년 이래의 큰 수해 소식을 전하면서, 「이 조국의 참상에 대한 재일 80만 동포의 원호의 정은 각처에서 아름답게 발휘되어, 현금 의류 그 밖의 원호물품은 산적」이라고 전하고 있듯이, 한국의 수해 복구에도 적극적으로 참여하고 있다.

　또한, 본고에서는 「청년, 학생, 부인, 일반 등 국적 여하 관계없이 건설적 의욕에 넘치는 원고를 희망합니다. 내용은 정치, 경제, 문화, 과학, 부인문제, 소설, 등 무엇이든 괜찮습니다. 매수 제한은 없습니다」라고 다양한 글을 모집하고 있고, 그 뿐만 아니라 조련 효고현 본부 문화부에서는 재일조선인의 '자주적인 역량'을 강조하며, 재일조선인 스스로의 힘으로 영화 제작을 시도하고 있다. 영화 제목은 「효고현의 동료」(가제, 민중영화사)이며, 1946년 14일부터 촬영을 시작해서 10월 중순에 완료할 예정이었지만, 10월 15일에 영화·연극 관계자의 총파업에 따라 늦어지고 있다고 말하고 있다. 특히, 본 영화는 기존의 조선인연맹 문화부에서 제작한 「조련뉴스」가 기록영화인 것에 반해, 동 영화는 「효고현에 거주하는 조선인의 다양한 면, 예를 들면 경제적, 문화적, 국제적 활동에 한층 더 구체적으로 일상생활 면에 밀착하고 있고, 또한 조련 효고현 본부를 중심으로 한 각 지부, 분회의 조선인 생명, 재산 등을 옹호하기 위한 투쟁 상황 등, 그야말로

3막 구성의 영화 안에 효고현에 거주하고 있는 조선인의 모든 것을 담기 위해 상당히 고심했다」라고 전하고 있다.

　제5호 「편집후기」에는 요시다내각을 일본인과 조선인의 '공동의 적'으로 규정하고 있고, 이를 위한 이론적 근거와 실천을 위해 일본인 3명에게 원고를 의뢰했다고 되어 있고, 4호에는 3명의 외국인이 원고를 실었지만, 5호에는 위의 3명에 1명이 더한 4명이 투고하면서 내용적인 면에서도 비약적으로 범위를 확장했다고 말하고 있다. 하지만, 4호에는 3명의 조선 여성과 일본인 여성이 여성해방과 관련된 글을 투고했지만, 이번 호에는 여성 투고자가 한 명도 없다고 하면서, 젊고 과감한 여성들의 원고를 독려하고 있다.

 2 권두언(제5호)

　요시다(吉田) 반동 내각의 음모와 배타적 정책은 신성해야 할 일본의 의회에서 여지없이 그 본모습을 드러내고 있고, 진보당의 시이쿠마 사부로(椎熊三郎)는 공공연히 「...일본의 암시장의 근원은 다름 아닌 오늘날 이러한 부정한 조선인 등이 중심이 되어 있다...」라고 용서할 수 없는 모습으로 폭언을 하고 있고, 이에 대해 일부 반동 정객은 찬동하면서 박수를 보냈는데, 이것은 과연 포츠담선언을 수락하고 민주화를 세계적으로 약속한 재생 일본 의회의 진정한 모습이라고 할 수 있는가. 일부 반동 정객과 같은 반동 요시다내각은 이와 같은 궤변을 늘어놓음으로써, 현재 일본의 근로 인민대중이 절규하며 돌진하고 있는 「요시다반동내각타도!!」의 흐름과 그러한 기세를 우리들 재일 80만 조선민족에게 돌리려는 획책인 한편, 그들의 비민주적인 정책을 타도하고 선량한 일본 대중을 조롱하고 있는 것이다.

　이것이야 말로 진정으로 두려워해야 할 전 세계의 눈을 속이려고 하는 일대 음모이며, 또한 이것이 조선과 일본, 중국과 일본의 친선을 파괴하려 하는 무모한 국제괴리책이고, 중국인과 일본인, 조선인과 일본인을 다투게 해서 그들의 비민주적 정책의 여러 모습을 은폐하려 하는 내막의 연극이라는 것을 중국인도 조선인도 일본인도 분명 알지 않으면 안 된다.

더욱이, 시이쿠마의 질문 연설에 대해서 득의양양한 태도로 찬의의 답변을 한 내무대신 및 관계 대신들은 우리들이 생각건대, 완전히 정신이 혼미한 미치광이라고밖에 말할 수 없고, 이것이 가령 패전국이라고는 하지만 일국의 대신의 태도이며, 정상적인 정신의 소유자라고는 도저히 생각할 수 없다.

이와 같은 이른바 지도자를 가진 일본의 선량한 대중은 정말이지 불쌍하며, 현재의 선량한 일본인 대중의 궁핍한 일상생활 등을 생각할 때 동정심을 금할 수 없지만, 이것 역시 필경 민주주의의 「민」의 글자조차 모르는 권력주의자들이 정권을 잡고 있기 때문이며, 문제는 이러한 전제적, 배타적, 비양심적인 내각이 타도되어, 진정으로 대중의 의지를 대표하는 민주주의 내각이 탄생해야만 모든 것이 해결될 것이다. 우리들은 스스로 일본의 내각에 간섭하고 싶은 의지도 없고 사실 그렇게 한 적도 없지만, 그러나 문제 그 자체가 우리들 조선인의 신의를 상처입히고 생명과 생활권을 위협하며, 또한 일본인 대중의 자유로운 생활까지도 빼앗으려는 경우에 있어서는 우리들은 국제적 신의에 입각해서, 우리들의 생명과 생활권을 옹호해야 하는 인으로서의 원칙적인 필연적 요구에 기초하여, 그들에게 폭탄적 자기 반성과 퇴진을 요구하지 않을 수 없다. 공동의 적인 요시다 반동내각의 타도를 위해서, 일본의 근로 대중 및 조선인민은 한층 더 단단히 결속하지 않으면 안 된다.(1946년 11월 2일)

3 목차

발행일	지면정보		필자	제목
	권호	페이지		
1946.11.20	第5号	31		西神戸朝聯学院秋季大運動会
1946.11.20	第5号	32	畑専一郎	日本の明日の姿
1946.11.20	第5号	35	社会部	南鮮水害救済金
1946.11.20	第5号	36		〈読者の声〉在日技術者に告ぐ
1946.11.20	第5号	37	鄭清栄	平和の基調は親善にあり
1946.11.20	第5号	39	社会部	"民青"結成着着進捗
1946.11.20	第5号	41	文化部	映画 兵庫の仲間---仮題
1946.11.20	第5号	42	成基守	〈朝聯高等学院の卒業論文から〉青年よ奮起し団結せよ
1946.11.20	第5号	45	文化部	朝聯高等学院 卒業生一覧
1946.11.20	第5号	46		朝聯兵庫県本部の陣容
1946.11.20	第5号	48	金慶煥	吉田反動内閣政治的波状
1946.11.20	第5号	54		このポスターは何か!
1946.11.20	第5号	55		日本政府の追放サボ

한국문예(韓国文芸)

1 서지적 정보

『한국문예』는 잡지명에 '한국'이라는 국적을 달고 있는 것에서도 알 수 있는 것처럼 공화국 중심의 총련계의 잡지들과는 성격을 달리 하고 있는 순문예잡지이다. 비슷한 시기인 1962년 7월에 공화국의 문학과 문화예술을 소개하기 위한 목적으로 창간된 『조선문화(朝鮮文化)』(朝鮮文化社)와는 대조적인 양상을 보이고 있다. 창간호의 편집인은 김윤(金潤)이고, 발행인은 김경식(金慶植)이다. 2호(1963.05)부터는 김경식이 편집과 발행을 겸하고 있고 발행처는 한국문예사(韓国文芸社)이다. 종간 정보는 명확하지 않지만, 3호(1963.11)로 종간된 것으로 추정된다.

잡지의 구성은 평론과 에세이, 시, 희곡, 소설과 같은 문학작품, 그리고 매호마다 재일 문화인들을 초청하여 좌담회를 개최하고 있다. 시인 김윤은 매호마다 시를 발표하고 있고, 김경식은 「회색 구름(灰色の雲)」(창간호)과 「지도(地図)」(2호)라는 소설을 발표하고 있고, 3호에서는 '전후한국 문제작품 시리즈'의 첫 작품으로 제3회 동인문학상을 수상한 오상원(呉尚源)의 소설 「모반」(1957)을 번역 소개하고 있다.

조연현(趙演鉉)이 2호부터 「한국현대문학사」를 연재하기 시작하고 있고, 박길희(朴喆熙)의 「한국문학의 환경과 탈피(韓国文学の環境と脱皮)」(창간호), 구중서(具仲書)의 「한국문화인 기질의 비판(韓国文化人気質の批判)」(2호), 강현철(康玄鉄)의 「구국문학운동의 제창(救国文学運動の提唱)」(2호), 백철(白鉄)의 「전후 15년의 한국소설(戦後五年の韓国小説)」(3호)와 같은 글을 통해서는 한국의 문예상황에 대한 비판적 태도가 드러나고 있다.

『한국문예』 전 3권은 송혜원의 『재일조선인문학자료집 1954~70 3』(緑蔭書房, 2016. 09)에 수록되어 있고, 잡지에 대한 본격적인 연구는 아직 이루어지지 않고 있다.

2 편집후기(창간호)

　　창간호의 편집후기를 보면 창간호를 발간하기까지 많은 어려움이 있었으나, 그 중 가장 큰 고민은 잡지를 "국문판으로 하는가, 일본어판으로 하는가 하는 문제"였다고 한다. 그러나 결국 "일본에서 태어나 일본에서 자라서 조국의 문화를 실감적으로 접할 기회가 없는, 없었던 소위 재일 2세들"이 주요 독자인만큼 일본어판으로 결정했다고 밝히고 있다. 아래 인용은 김윤이 쓴 편집후기 전문이다.

　　완성되는 것을 기다리는 신세인 기분은 두고라도, 마지막 교정을 끝내고, 독특하게 풍기는 활자 계곡에서 빠져나와 오랜만에 후련한 기분이 된다. 이러한 기분은 잡지를 만드는 혹은 만들어본 사람은 알 것이라고 생각한다.

　　안심하는 것도 순식간, 마지못해 다음 호를 걱정하는 것도 이것 또한 어쩔 수 없는 일이다.

　　무엇보다 돈이 충분히 있어서 하고 싶은 것을 마음껏 할 수 있는, 걱정 없는 거라면 다를 것이다.

　　대단히 기분이 처지는 일이면서 즐겁기도 하다.

×　　　×

　　한국문예가 그 창간호를 세상에 내보내기까지는 많은 힘든 점이 있었다.

　　먼저 이야기할 수 있는 것은 국문판으로 하는가, 일본어판으로 하는가 하는 문제였다. 시간을 들여 논의한 끝에 우리들은 일본에 살고 있고 주로 일본에서 태어나 일본에서 자라서 조국의 문화를 실감적으로 접할 기회가 없는, 없었던 소위 재일 2세들이 많이 읽어줬으면 하는 의미에서라도 일본어판으로 하자는 주장이 인정되어 일본어판으로 하게 되었다.

　　이 일은 쓰는 쪽이든, 읽는 쪽이든 여러 가지 많은 문제와 의문을 남기게 되겠지만, 특히, 재일 2세의 문제는 다양한 면에서 우리들에게 문제점을 제기해 주고 있는 것으로 생각한다. 저 고마쓰가와사건(小松川事件)의 이 소년의 일도 포함해서——

　　다음으로 우리들을 둘러싸고 있는 주위의 문제이다. 미주알고주알 정치를 논하는 사람은 많지만, 그것이 문학이니 연극이니 그림이니 하게 되면 어딘가 별세계에서의 일인 것처럼 느껴지는 것 같고, 상당한 방해꾼 취급을 받게 되었다. 그것과 마찬가지로 잡지의 성격은 어떤 것이냐는 질문을 상당히 받았고, 협력을 부탁했지만 좀 더 주변의 상황을 보고 협력하겠다고 하는 사람도 있었다. 이러한 것은 이제부터를 위해서라도 생각해야 하는 문제이기도 하고, 그러한 의미에서 이번 고생은 일본에서의 문화운동을 해 가는데 크게 도움이 될 것이라고 느꼈다.

그런데, 한국문예의 이제부터의 일이지만 가능한 오래 가고 싶다. 그렇다고 해도 이것만은 어떻게도 안 되는 것이다. 처음은 두고라도 마지막만은 언제 찾아올지 모르는만큼, 여러분의 협력을 얻어, 보다 좋은 내용으로 보다 오랜 동안, 많은 것을 서로 이야기해 가고 싶은 것이다.

3 목차

발행일	지면정보		필자	제목
	권호	페이지		
1963.05.25	第二号	63	金潤	〈詩〉おたまじゃくし他一篇
1963.05.25	第二号	61	張万栄	〈詩〉世代と世代の交替
1963.05.25	第二号	65	金慶植	〈創作〉地図
1963.11.10	第三号	4	白鉄	戦後50年の韓国小説
1963.11.10	第三号	13	李健	「芸総」－その存立の条件－
1963.11.10	第三号	26	趙演鉉	韓国現代文学史
1963.11.10	第三号	17	金泰伸 外	〈座談会〉秋夜放談　在日美術家の諸問題
1963.11.10	第三号	31	趙芝薫	ポンペイ有感
1963.11.10	第三号	33	呉尚源	謀反
1963.11.10	第三号	46		あとがき

한국시사(韓国時事)

1 서지적 정보

1965년 5월에 창간, 1968년 12월에 종간. 월간. 민단계에서 발간한 잡지이다.

편집 겸 발행인은 별도 표기하지 않았음. 지면은 한국의 소식, 한국의 소리, 사진특보, 시평, 르포, 논평, 신문 논조, 시사의 눈, 한국 잡견(雜見), 좌담회, 시, 한국방문기(일본인 집필자), 한국 인물 시리즈, 민화, 수필, 한국어강좌, 한국문학 소개, 법률상담, 해외에 있는 한국인, 단편소설, 서평, 평론, 사화(史話) 등의 다양한 내용으로 번갈아가며 구성했다. 주요 집필진에 김파우, 이석영, 박동규, 김기석, 박정희, 최규하, 김용환, 이응백, 이숭녕, 홍종철, 엄민영, 서정주 등이 있다. 특집은 「7·13 공약실천요강」(1965.9), 「경제문제특집」(1966.4) 등이 있었다.

2 창간사

한국과 일본이라는 명제를 앞에 놓고 몇 번인가의 경험을 돌아보고 적지 않은 시기를 생각하며 우리는 여기에 「한국시사」를 창간한다.

한국회담은 급속한 진전을 보여 국교정상화가 이루어지게 되었고, 이미 한일 양 민족은 새로운 토대 위에 서서 교류의 친분을 시작했다. 이는 진심으로 기뻐할 일로, 행복하다고 하지 않을 수 없다. 반세기에 걸쳐 두 민족의 사위스러운 관계를 여기에 청산하고, 밝은 광명이 반짝이기 시작했다. 우리는 이를 세기의 업적으로 여기고 부푼 가슴으로 맞이하고자 한다.

이 시점에서 우리가 바라는 바는 양 민족이 모두 인간의 사명감에 눈을 뜨고 창달을 지향하여 모우 같이 나아가는 것이다. 인간이 사명감과 창조성을 가질 수 없다면 이만큼 비참한 일은 또 없을 것이다. 이는 개개인의 경우에 머무르지 않고 민족의 경우도 마찬가지이며, 특히 민족 상호의 교류에 있어서는 더욱 그러하다. 과거 반세기 동안 양 민족의 경우가 그러했다. 우리는 이를 뼈에 사무치게 느끼고 있다.

새로운 시대의 양 민족 교류에는 상호 갖고 있는 사명을 모두 이야기하고 서로 협력함으로써 같이 만들어갔으면 한다. 이것이 양 민족 교류의 출발점이고 방향이며, 또한 목표일 것이라고 생각한다. 우리는 이를 위해 공통의 장을 만들어 그 사명을 논하고 창조를 확인해가려 한다.

일본의 곳곳에 오늘날의 새로운 한국을 소개하는 것은 우리가 가장 바라는 바이다. 완전히 새로운 각도에서 올바르게 한국에 대해 인식할 수 있도록 해야할 것이다. 우리는 이 토대에 전력을 다할 것이다.

3 목차

발행일	지면정보		필자	제목
	권호	페이지		
1965.05.01	創刊号	32		編集の記
1965.06.01	6月号			巻頭言
1965.06.01	6月号			歳時記
1965.06.01	6月号			〈時事の眼〉朴大統領訪米の意義/ロッジ氏来る/ラーマン首相の訪韓/日韓経協委設立/南ベトマウ経援団常設/
1965.06.01	6月号		編集部	六・二五動乱の回顧
1965.06.01	6月号			＜韓国だより＞大ソウル市街計画
1965.06.01	6月号			＜韓国だより＞のびゆく図書館
1965.06.01	6月号			＜韓国だより＞植樹緑化の運動
1965.06.01	6月号			＜韓国だより＞済州島開発ブーム
1965.06.01	6月号			新聞論調
1965.06.01	6月号			韓国のこころ〈韓独貿易協定〉
1965.06.01	6月号			文化トピックス
1965.06.01	6月号			日韓交渉に思う
1965.06.01	6月号		谷信一	古代における日韓の美術関係
1965.06.01	6月号			編集の記
1965.07.01	7月号	1		巻頭言
1965.07.01	7月号	2		目次
1965.07.01	7月号	3		歳時記-七月の言葉
1965.07.01	7月号	4		時事の眼-朴大統領訪米/ロストウ氏来韓/法の日記念式/海外僑胞徴兵なし/在日僑胞企業資金/タイ大使の来任/韓中文化協定/AID借款計画/第四肥料工場/金南干拓事業/農家所得上昇す/AA会議に参席
1965.07.01	7月号	10		朴・ジョンソン頂上会談
1965.07.01	7月号	12		韓米関係の今昔
1965.07.01	7月号	9		〈韓国だとり〉テレビは活発
1965.07.01	7月号	16		〈韓国だとり〉サーチライト・スタヂオ
1965.07.01	7月号	18		〈韓国だとり〉歌謡界はいま
1965.07.01	7月号	19		〈韓国だとり〉新聞人口のこと
1965.07.01	7月号	17		文化トピックス
1965.07.01	7月号	20		新聞論調
1965.07.01	7月号	23		韓国のこころ〈文化協定〉
1965.07.01	7月号	24	関貴星	自由母国を訪ねて
1965.07.01	7月号	27	ロストウ	韓国経済は跳躍の段階
1965.07.01	7月号	32		編集の記
1965.08.01	8月号	1		巻頭言
1965.08.01	8月号	2		独立を想う
1965.08.01	8月号	3		歳時記-八月は晴れて
1965.08.01	8月号	4		時事の眼

발행일	지면정보		필자	제목
	권호	페이지		
1965.08.01	8月号	9		韓日会談妥結に際して-朴大統領特別談話文-
1965.08.01	8月号	12		解放後の二十年を綴る
1965.08.01	8月号	中面		グラビヤ-韓国の造形
1965.08.01	8月号	17		文化トピックス
1965.08.01	8月号	18		宇都宮氏論理への批判〈投稿〉
1965.08.01	8月号	20		〈韓国だとり〉延世大と高麗大
1965.08.01	8月号	21		〈韓国だとり〉訪韓の日本人
1965.08.01	8月号	22		〈韓国だとり〉金基洙タイトル防衛
1965.08.01	8月号	23		〈韓国だとり〉ソウルの近況三題
1965.08.01	8月号	42		帰順漁民は語る
1965.08.01	8月号	62		新聞論調
1965.08.01	8月号	29		韓国のこころ〈国際学術会議〉
1965.08.01	8月号	33		韓国のこころ〈AA会議〉
1965.08.01	8月号	30		アジアにおける韓国の役割り
1965.08.01	8月号	34		韓国雑見
1965.08.01	8月号	37		「法的地位」教室
1965.08.01	8月号	8		豆じてん-国営企業体
1965.08.01	8月号	19		〈書評〉「殉教者」
1965.08.01	8月号	25		〈片想〉困ったはなし
1965.08.01	8月号	39		<ポット・ニュース>全国高校野球
1965.08.01	8月号	40		〈表紙のことば〉王冠のはなし
1965.08.01	8月号	40		編集の記
1965.12.01	12月号			ボイスオブコリア-韓国の声
1965.12.01	12月号			朴大統領施政演説(全文)
1965.12.01	12月号			北韓傀儡政権の対日態度
1965.12.01	12月号			ベトナム派兵の理由
1965.12.01	12月号			自民党県賞受賞論文
1965.12.01	12月号			韓国条約批准後に何をなすべきか
1965.12.01	12月号			韓国関係の一年史
1965.12.01	12月号			〈写真特集>時事の眼-韓国の動き
1966.01.01	1月号			ボイスオブコリア-韓国の声
1966.01.01	1月号			朴大統領新年メッセージ-朴大統領マレーシア・中国訪問二月七日に出発決定
1966.01.01	1月号		李星澈	韓日両国関係の新時代を迎えて
1966.01.01	1月号		朱源	韓国経済の現段階
1966.01.01	1月号		李永順	韓日両国の文化交流への提言
1966.01.01	1月号			韓国資借対照表は力の誇示-ブラウン駐韓米大使演説
1966.01.01	1月号		李錫泳	韓国最近の表情

발행일	지면정보		필자	제목
	권호	페이지		
1966.01.01	1月号		金正柱	徳川尋交と文化交流
1966.01.01	1月号		柳根柱	従軍落穂
1966.01.01	1月号			〈写真特報〉時事の眼-政治/経済/社会
1966.01.01	1月号			韓国公報館案内
1966.01.01	1月号			北韓断面
1966.01.01	1月号			書評
1966.01.01	1月号			たより
1966.03.01	3月号			ボイスオブコリア-韓国の声
1966.03.01	3月号			朴大統領の東南アジア訪問の成果
1966.03.01	3月号		徐基源	三・一運動と対日感情
1966.03.01	3月号			これからの韓日協力の姿勢-日本外交協会で行なった金東祚大使の演説
1966.03.01	3月号		山手満男	日韓新時代への決意
1966.03.01	3月号		林 健太郎	韓日友好のために
1966.03.01	3月号		崔恵淑	日本女性に贈る
1966.03.01	3月号		小山いと子	韓国行政協定の締結まじか
1966.03.01	3月号			〈写真特報〉時事の眼-政治/経済/文化・社会
1966.03.01	3月号		石栄鶴	飛躍する輸出貿易
1966.03.01	3月号		金坡禹	韓国の楽器解説(1)
1966.03.01	3月号		李錫泳	韓国最近の表情(2)
1966.03.01	3月号			北韓断面
1966.03.01	3月号			歳時記
1966.03.01	3月号			〈たより〉四年前と比較した人口移動
1966.03.01	3月号			〈たより〉十六大映画と観客
1966.03.01	3月号			〈たより〉同人誌の現況
1966.04.01	4月号			ボイスオブコリア-我等はベトナムに前進する
1966.04.01	4月号			韓国経済合同懇談会綜合報告
1966.04.01	4月号		宋大淳	〈経済問題特輯〉韓日経済協力について大韓商工会議所々長
1966.04.01	4月号		韓国経済使節団副団長 任文桓	韓国経済成長発展
1966.04.01	4月号		閔丙権/金俊淵 他各委員	ベトナムから帰った国防委員は語る
1966.04.01	4月号		洪鍾哲	アジアに植えた新しい里程表
1966.04.01	4月号		木本長	日本学生韓国でデモる〈私の訪韓記〉
1966.04.01	4月号			〈写真特報〉時事の眼-選挙準備を整えた韓国政界/請求権資金使用税目決定/「万歳三唱」を廃する国民儀礼
1966.04.01	4月号			韓国の楽器解説(2)
1966.04.01	4月号			北韓断面
1966.04.01	4月号			〈趣味記事〉日本と覇権をたたかう韓国棋界

발행일	지면정보		필자	제목
	권호	페이지		
1966.05.01	5月号			ボイスオブコリア-巻頭言
1966.05.01	5月号		車智澈	五・一六革を命回顧する
1966.05.01	5月号			ベトナム増派の意義
1966.05.01	5月号		柳憲	中共よりソ連に傾く北韓
1966.05.01	5月号			韓国経済の未来像
1966.05.01	5月号		金東祚	韓国新時代は文化交流から
1966.05.01	5月号		青葉翰於	これからの日韓経済関係
1966.05.01	5月号		秋山ちえ子	韓国の女性
1966.05.01	5月号			〈写真特報〉時事の眼-政治/経済/文化・社会
1966.05.01	5月号			韓国の楽器解説(3)
1966.05.01	5月号			ベトナム・ニュース
1966.05.01	5月号			北韓断面
1966.05.01	5月号			歳時記
1966.05.01	5月号			書評「朝鮮戦争」
1966.05.01	5月号			〈たより〉世界チャンピオンをねらう金基洙選手
1966.05.01	5月号			〈たより〉韓国棋界に新時代来る
1966.06.01	6月号			ボイスオブコリア-韓国の声
1966.06.01	6月号			アジア・太平洋地域閣僚会議の歴史的意義
1966.06.01	6月号		李錫永	六・二五動乱に思う
1966.06.01	6月号			躍進する韓国経済
1966.06.01	6月号		朴東奎	日本の財界人に望む
1966.06.01	6月号		登川直樹/ 劉振植	アジア映画祭に参加せて
1966.06.01	6月号		左久間良子	〈私の手記〉感激の「鳳仙花」
1966.06.01	6月号		山本陽子	〈私の訪韓記〉異国とは思えぬ親近感を味う
1966.06.01	6月号		船越英二	〈私の訪韓記〉清禁で家庭的でしとやかな韓国女性
1966.06.01	6月号			九千三百万ドルの用途 公報部商工人世論調査
1966.06.01	6月号		具常	〈詩〉畠 三章
1966.06.01	6月号			〈写真特報〉時事の眼-政治/経済/文化・社会-ソウル九老洞 工業団地
1966.06.01	6月号			北韓断面
1966.06.01	6月号			歳時記
1966.06.01	6月号			自由を求めて
1966.06.01	6月号			〈たより〉ソウルで開かれる最大規模の国際会議
1966.06.01	6月号			〈たより〉ソウルを世界一週観光コースに編入
1966.06.01	6月号			〈たより〉日本での永住を許可
1966.07.01	7月号	2		ボイスオブコリア-韓国の声
1966.07.01	7月号	3		〈写真特報〉アジア・太平洋地域閣僚会議,開会式で行なった 朴正熙大統領の演説

발행일	지면정보		필자	제목
	권호	페이지		
1966.07.01	7月号	6	洪鍾哲	拡められた「対話の工場」
1966.07.01	7月号	8	閔丙権	八億ドルをどう使うか
1966.07.01	7月号	10		半世紀ぶりに帰って来たわが文化財
1966.07.01	7月号	12	張垌淳	アジアにおける冷戦と熱戦
1966.07.01	7月号	16	山水満男	〈私の訪韓記〉改善されつつある対日感情
1966.07.01	7月号	21	荻 昌弘	〈私の訪韓記〉ソウルを訪ねて
1966.07.01	7月号	23		陶工沈寿官を訪ねて
1966.07.01	7月号	26		非武装地帯はこう変わった
1966.07.01	7月号	28		時事の眼-政治
1966.07.01	7月号	30		時事の眼-経済
1966.07.01	7月号	36		時事の眼-文化・社会
1966.07.01	7月号	38		ベトナム・ニュース
1966.07.01	7月号	40		北韓断面
1966.07.01	7月号	40		〈グラビア〉-李垌謨写真展より
1966.07.01	7月号	41		〈たより〉ついに世界の王者となった金基洙選手
1966.07.01	7月号	41		〈たより〉民族文化センターの建造
1966.07.01	7月号	42		〈たより〉三歳の神童が米国留学
1966.07.01	7月号	43	上田常隆	三十年りのぶ韓国
1966.07.01	7月号	55		歳時記
1966.07.01	7月号	56		本国時局講演会各地で開催
1966.08.01	8月号	2		ボイスオブコリア-韓国の声
1966.08.01	8月号	3	鮮千輝	〈写真特報〉八・一五の回想
1966.08.01	8月号	10		一四年ぶりに妥結した韓米行政協定
1966.08.01	8月号	13		アジアの新しい波
1966.08.01	8月号	15	李健	韓国と日本の間で
1966.08.01	8月号	20	松浦周太郎	〈私の訪韓記〉韓国を訪問して
1966.08.01	8月号	24		韓国の梵鍾
1966.08.01	8月号	27	金正柱	上代日本史における百済女性の顕現
1966.08.01	8月号	32		転機にたつ電力事情
1966.08.01	8月号	33		時事の眼-政治
1966.08.01	8月号	35		時事の眼-経済
1966.08.01	8月号	38		時事の眼-社会
1966.08.01	8月号	47		〈グラビア〉ベトナム・ニュース
1966.08.01	8月号	41		ベトナム・ニュース
1966.08.01	8月号	43		北韓断面
1966.08.01	8月号	45		〈たより〉張昌宣選手世界選手権獲得
1966.08.01	8月号	46		〈たより〉大韓体育館開館
1966.08.01	8月号	46		〈たより〉韓国科学研究設立に拍車

발행일	지면정보		필자	제목
	권호	페이지		
1966.08.01	8月号	46		〈たより〉村の文庫20カ所に設置
1966.08.01	8月号	47		〈たより〉称讚される韓国の発展ぶり
1966.08.01	8月号	48	呉基完	私は北鮮のスパイだった(上)
1966.08.01	8月号	56		歳時記
1966.09.01	9月号	2		ボイスオブコリア-韓国の声
1966.09.01	9月号	3		〈写真特報〉
1966.09.01	9月号	7		李孝祥国会議長光復節記念辞
1966.09.01	9月号	11		第一五次「世界教職団体総連合」大会ソウルで開かる
1966.09.01	9月号	13		第二次午か年計画の青写真
1966.09.01	9月号	18	李永根	建設面より見た最近の韓国
1966.09.01	9月号	25	禹溶海	本格化する韓日経済協力
1966.09.01	9月号	28	猪木武徳	〈私の訪韓記〉満韓十日見聞記
1966.09.01	9月号	31	秋元征紘	〈私の訪韓記〉「近くて遠い国」から「近くて近い国」へ
1966.09.01	9月号	34	遠山万理子	〈私の訪韓記〉十日間の韓国旅行から
1966.09.01	9月号	36		時事の眼-政治
1966.09.01	9月号	38		時事の眼-経済
1966.09.01	9月号	41		時事の眼-文化·社会
1966.09.01	9月号	46		〈民話〉金さんとその犬
1966.09.01	9月号	47		〈グラビア〉門
1966.09.01	9月号	51	徐基源	現代韓国文学の動向
1966.09.01	9月号	54		ここに一つの碑が
1966.09.01	9月号	56		ベトナム·ニュース
1966.09.01	9月号	58		北韓断面
1966.09.01	9月号	60		〈たより〉ソウルに建てられる東洋最大の科学館
1966.09.01	9月号	60		〈たより〉千台のベットをもつ結核病院
1966.09.01	9月号	61		〈たより〉韓国の第二次経済開発計画野心的ながらも現実に立脚
1966.09.01	9月号	61		〈たより〉第四回アジア競技大会のソウル開催申請書アジア競技連盟に提出さる
1966.09.01	9月号	61		新聞論調
1966.09.01	9月号	66	呉基完	私は北鮮のスパイだった(中)
1966.09.01	9月号	72		歳時記
1966.10.01	10月号	2		ボイスオブコリア-韓国の声
1966.10.01	10月号	3		〈写真特報〉
1966.10.01	10月号	7		南北統一のため韓国の前進
1966.10.01	10月号	10		APU第2回総会の成果
1966.10.01	10月号	13	崔朱喆	第二次五カ年計画の成果と第二次五カ年計画の展望
1966.10.01	10月号	23		成功裡に終了した韓日経済閣僚会議
1966.10.01	10月号	27	岸信介	〈私の訪韓記〉韓国を訪韓して

발행일	지면정보		필자	제목
	권호	페이지		
1966.10.01	10月号	31		時事の眼-政治
1966.10.01	10月号	35		時事の眼-経済
1966.10.01	10月号	37		時事の眼-文化·社会
1966.10.01	10月号	39		〈民話〉「ソウル」と「往十里」
1966.10.01	10月号	40		第11回太平洋学術会議と韓国代表団の活躍
1966.10.01	10月号	42	李永根	韓国「外資導入法」
1966.10.01	10月号	53		〈グラビア〉ベトナム·ニュース
1966.10.01	10月号	57		ベトナム·ニュース
1966.10.01	10月号	59		北韓断面
1966.10.01	10月号	61		〈たより〉韓国古書目録を出版
1966.10.01	10月号	61		〈たより〉南韓総人口2,865万人
1966.10.01	10月号	61		〈たより〉「働く年」の実り多き成果
1966.10.01	10月号	63		新聞論調
1966.10.01	10月号	66	呉基完	私は北鮮のスパイだった(下)
1966.10.01	10月号	71		歳時記
1966.11.01	11月号	2		ボイスオブコリア-韓国の声
1966.11.01	11月号	3		〈写真特報〉
1966.11.01	11月号	7		恒久的な平和と安全が念願-マニラ頂上会議で行なった朴大統領の演説
1966.11.01	11月号	21		ベトナム戦支援国頂上会談の性格と意義
1966.11.01	11月号	18		北韓の最近の動態
1966.11.01	11月号	21	足立正	〈私の訪韓記〉近くて近い·仲になろう
1966.11.01	11月号	22		時事の眼-政治
1966.11.01	11月号	30		時事の眼-経済
1966.11.01	11月号	34		時事の眼-文化·社会
1966.11.01	11月号	38		〈民話〉琉球王子の宝物
1966.11.01	11月号	39	趙重玉	キムチよもやま話
1966.11.01	11月号	41		〈グラビア〉ベトナム·ニュース
1966.11.01	11月号	45		ベトナム·ニュース
1966.11.01	11月号	46		北韓断面
1966.11.01	11月号	48		新聞論調
1966.11.01	11月号	51		観光地めぐり(上)
1966.11.01	11月号	59		螺鈿漆器
1966.11.01	11月号	61		自由へのアジアの道
1966.11.01	11月号	71		歳時記
1966.12.01	12月号	2		ボイスオブコリア-韓国の声
1966.12.01	12月号	3		〈写真特報〉
1966.12.01	12月号	7		ベトナム戦支援国頂上会談の成果

발행일	지면정보		필자	제목
	권호	페이지		
1966.12.01	12月号	14	李東元	対国連外交と統韓問題
1966.12.01	12月号	16	呉在璟	世界反共連盟の誕生-第12回民族反共連盟総会の成果
1966.12.01	12月号	20	金鶴烈	20世紀を「アジアの時代に」
1966.12.01	12月号	23		〈座談会〉一九六六年を顧みて
1966.12.01	12月号	28		ベトナム・ニュース
1966.12.01	12月号	29		〈グラビア〉ジョスン大統領訪韓
1966.12.01	12月号	33	ロナルド・A・ウイルス	最大で最も友情にあふれた歓迎-ジョスン大統領韓国訪韓に取材して
1966.12.01	12月号	35	ボブ・コンシタイン	成功そのものであったジョスン大統領の訪韓
1966.12.01	12月号	37		時事の眼-政治
1966.12.01	12月号	38		時事の眼-経済
1966.12.01	12月号	43		時事の眼-文化・社会
1966.12.01	12月号	47		〈民話〉落花岩
1966.12.01	12月号	48		欄干と屋根
1966.12.01	12月号	51		北韓断面
1966.12.01	12月号	53		新聞論調
1966.12.01	12月号	56		観光地めぐり(下)
1966.12.01	12月号	63	朴東雲	北韓政権の政策決定の過程
1966.12.01	12月号	69		歳時記
1966.12.01	12月号	70		韓国時事一九六六年度各号主要記事索引
1967.01.01	1月号	2	金竜煥(画)	時事戯画
1967.01.01	1月号	3		〈写真特報〉
1967.01.01	1月号	7		ボイスオブコリア-韓国の声
1967.01.01	1月号	8		朴正熙大統領新年メッセージ
1967.01.01	1月号	11	洪鍾哲	「前進の年」を迎えて
1967.01.01	1月号	12		日韓国交第三年を迎えて
1967.01.01	1月号	15	申永澈	一九六七年の国際情勢と韓国の役割
1967.01.01	1月号	20		「自信をもって祖国近代化を」朴大統領就任三周年記者会見の要旨
1967.01.01	1月号	24		経済協力の国際的多辺化　大韓国際経済協議体創立総会開催
1967.01.01	1月号	27		第五回アジア競技大会の決算
1967.01.01	1月号	29		〈グラビア〉韓国の絵画
1967.01.01	1月号	33		ベトナム・ニュース
1967.01.01	1月号	35		時事の眼-政治
1967.01.01	1月号	41		時事の眼-経済
1967.01.01	1月号	47		時事の眼-文化・社会
1967.01.01	1月号	50		〈民話〉洗剣亭
1967.01.01	1月号	51		漢紙

발행일	지면정보		필자	제목
	권호	페이지		
1967.01.01	1月号	53		北韓断面
1967.01.01	1月号	55		怪異にして非人道的な処置
1967.01.01	1月号	56		新聞論調
1967.01.01	1月号	61	李漢基	韓国の北洋漁業は実現されうるか
1967.01.01	1月号	68		〈韓国人物シリーズ〉聖雄李舜臣
1967.01.01	1月号	70		五月の風習
1967.02.01	2月号	2	金竜煥(画)	時事戯画
1967.02.01	2月号	3		〈写真特報〉
1967.02.01	2月号	7		ボイスオブコリア-韓国の声
1967.02.01	2月号	8		「偉大な前進の年」にしよう　朴大統領年頭教書
1967.02.01	2月号	25		韓国はどれほど変わったか-第三共和国三年間の足跡
1967.02.01	2月号	29		〈グラビア〉韓国の仏像
1967.02.01	2月号	33		国連100日の動き
1967.02.01	2月号	35		「自由の恋人」
1967.02.01	2月号	38		ベトナム・ニュース
1967.02.01	2月号	39		時事の眼-政治
1967.02.01	2月号	40		時事の眼-経済
1967.02.01	2月号	46		時事の眼-文化・社会
1967.02.01	2月号	49		〈民話〉女の怨み
1967.02.01	2月号	50	朴哲	仮面
1967.02.01	2月号	52		北韓断面
1967.02.01	2月号	54		新聞論調
1967.02.01	2月号	60		第五次五カ年計画の総決算
1967.02.01	2月号	63	張暁	韓国五の起源
1967.02.01	2月号	68	金熙明	〈韓国人物シリーズ〉聖雄李舜臣
1967.03.01	3月号	2	金竜煥(画)	時事戯画
1967.03.01	3月号	3		〈写真特報〉
1967.03.01	3月号	7		ボイスオブコリア-韓国の声
1967.03.01	3月号	8	金東祚	三一節に際して
1967.03.01	3月号	9	金基錫	三一運動と歴史の転潮
1967.03.01	3月号	14		韓国政府の今年の計画-よくなる国民生活
1967.03.01	3月号	16		도표で見る五カ年計画-一目でわかるその全容
1967.03.01	3月号	21	アルフレット・スムーラー	相互理解への道を歩む韓日関係
1967.03.01	3月号	24		ベトナム・ニュース
1967.03.01	3月号	27		北韓断面
1967.03.01	3月号	29		〈グラビア〉風景とおんな
1967.03.01	3月号	33		時事の眼-政治

발행일	지면정보		필자	제목
	권호	페이지		
1967.03.01	3月号	37		時事の眼-経済
1967.03.01	3月号	40		時事の眼-文化·社会
1967.03.01	3月号	44		〈民話〉北斗七星
1967.03.01	3月号	45	朴哲	高麗人蔘
1967.03.01	3月号	47	金坡禹	韓国の民謡
1967.03.01	3月号	51	高鳳錫	古時調による韓民族の芸術感情
1967.03.01	3月号	55		新聞論調
1967.03.01	3月号	59	李丙憲	〈随筆〉アリラン曲の由来
1967.03.01	3月号	62		開かれた「観光韓国」の門
1967.03.01	3月号	68		〈韓国人物シリーズ〉＜名将＞乙支文徳
1967.04.01	4月号	2	金竜煥(画)	時事戯画
1967.04.01	4月号	3		〈写真特報＞
1967.04.01	4月号	7		ボイスオブコリア-韓国の声
1967.04.01	4月号	8		リュブケ独逸大統領訪韓の意義
1967.04.01	4月号	13	金亨錫	四·一九を回顧する　それは倫理的な革命えあった
1967.04.01	4月号	19	白尚健	韓国の選挙制度
1967.04.01	4月号	25		韓国政党現状
1967.04.01	4月号	31		第二回韓日合同経済懇談会の報告
1967.04.01	4月号	34		ベトナム·ニュース
1967.04.01	4月号	35		北韓断面
1967.04.01	4月号	37		時事の眼-政治
1967.04.01	4月号	40		時事の眼-経済
1967.04.01	4月号	44		時事の眼-文化·社会
1967.04.01	4月号	51		新聞論調
1967.04.01	4月号	53		慶北文良神奈川御所見農協姉妹結縁
1967.04.01	4月号	54		〈民話〉三方一分の得
1967.04.01	4月号	56	朴哲	麻(あさ)
1967.04.01	4月号	58	金元竜	〈随筆〉韓国の耳飾り
1967.04.01	4月号	61		〈グラビア〉韓国の耳飾り
1967.04.01	4月号	65	李応百	〈連載第一回〉韓国語講座
1967.04.01	4月号	69		〈韓国人物シリーズ〉＜名将＞金庾信
1967.05.01	5月号	2		時事戯画
1967.05.01	5月号	3		〈写真特報＞
1967.05.01	5月号	7		ボイスオブコリア-韓国の声
1967.05.01	5月号	8	李永根	朴大統領再選の背景
1967.05.01	5月号	14	朴忠勲	アジアの繁栄を目指して
1967.05.01	5月号	17	朴東昂	今日の韓国農村
1967.05.01	5月号	21	平沢和重	私の訪韓記

발행일	지면정보		필자	제목
	권호	페이지		
1967.05.01	5月号	24		劇的な北韓脱出記　なぜ私は北韓を脱出したか
1967.05.01	5月号	28		ベトナム・ニュース
1967.05.01	5月号	30		北韓断面
1967.05.01	5月号	32		時事の眼-政治
1967.05.01	5月号	34		時事の眼-経済
1967.05.01	5月号	41		時事の眼-文化・社会
1967.05.01	5月号	45		〈グラビア〉朴大統領の再選
1967.05.01	5月号	23/31/56/65		大統領選挙投票風景あれこれ
1967.05.01	5月号	49		新聞論調
1967.05.01	5月号	53		在日公館めぐり(1)駐札幌大韓民国総領事館
1967.05.01	5月号	55		〈民話〉端午
1967.05.01	5月号	57	李応百	〈連載第二回〉韓国語講座
1967.05.01	5月号	62		〈韓国人物シリーズ〉李退渓
1967.05.01	5月号	66	沈寿官	韓国の心
1967.06.01	6月号	2	金竜煥(画)	時事戯画
1967.06.01	6月号	3		〈写真特報〉
1967.06.01	6月号	7		ボイスオブコリア-韓国の声
1967.06.01	6月号	8	朴正熙	民団創立20周年に寄せて
1967.06.01	6月号	10	金聖恩	アジアの安全と韓国の役割　韓国動乱第一七周年を迎えて
1967.06.01	6月号	13	鄭在徳	請求権資金はどう使われるか
1967.06.01	6月号	18	柳憲	悪化する北韓・中共関係
1967.06.01	6月号	22		工業入国を目指す韓国
1967.06.01	6月号	27	山室英男	大統領選挙を現地に見て
1967.06.01	6月号	29		〈グラビア〉韓国の首都ソウル
1967.06.01	6月号	33		ベトナム・ニュース
1967.06.01	6月号	35		北韓断面
1967.06.01	6月号	37		時事の眼-政治
1967.06.01	6月号	39		時事の眼-経済
1967.06.01	6月号	41		時事の眼-文化・社会
1967.06.01	6月号	45		〈資料〉国会議員当選者一覧表
1967.06.01	6月号	51		新聞論調
1967.06.01	6月号	54		在日公館めぐり(2)駐大阪大韓民国総領事館
1967.06.01	6月号	56		新羅文武王陵海中で発見さる
1967.06.01	6月号	58		〈民話〉鯉女と漁夫
1967.06.01	6月号	60	朴哲	竹細工
1967.06.01	6月号	62	李応百	〈連載第三回〉韓国語講座
1967.06.01	6月号	67		〈韓国人物シリーズ〉元暁大師

발행일	지면정보		필자	제목
	권호	페이지		
1967.06.01	6月号	71		国民登録及び永住許可申請要項
1967.08.01	8月号	2	金竜煥(画)	時事戯画
1967.08.01	8月号	3		〈写真特報〉
1967.08.01	8月号	7		ボイスオブコリア-韓国の声
1967.08.01	8月号	8	金東祚	光復節記念辞
1967.08.01	8月号	11		アスパック第二回閣僚会議の成果
1967.08.01	8月号	15	大林実	〈インタビュー〉新しい韓国のビジョンをきく-統一は十年後に(金鐘泌)
1967.08.01	8月号	16	大林実	〈インタビュー〉新しい韓国のビジョンをきく-対日輸入一億ドル増(張基栄)
1967.08.01	8月号	20	崔大元	いかなる形の北韓送還にも反対する
1967.08.01	8月号	22		李承晩博士の遺言狀
1967.08.01	8月号	23		ベトナム・ニュース
1967.08.01	8月号	25		北韓断面
1967.08.01	8月号	27		時事の眼-政治
1967.08.01	8月号	29		時事の眼-経済
1967.08.01	8月号	33		時事の眼-文化・社会
1967.08.01	8月号	38	閔庚泰	〈特別読み物〉自由への凱旋
1967.08.01	8月号	41	金熙明	私が迎えた八月十五日
1967.08.01	8月号	45		新聞論調
1967.08.01	8月号	47		在日公館めぐり(4)駐横浜大韓民国総領事館
1967.08.01	8月号	49	谷ケ崎和子	私の知っている韓国人
1967.08.01	8月号	53		〈グラビア〉
1967.08.01	8月号	57		〈民話〉初夜芭蕉
1967.08.01	8月号	59	李応百	〈連載第五回〉韓国語講座
1967.08.01	8月号	63		〈韓国人物シリーズ〉安重根
1967.08.01	8月号	67	李殷相	〈新連載〉祖国
1967.09.01	9月号	2	金竜煥(画)	時事戯画
1967.09.01	9月号	3		〈写真特報〉
1967.09.01	9月号	7		ボイスオブコリア-韓国の声
1967.09.01	9月号	8	朴正熙	第二二回光復節慶祝辞
1967.09.01	9月号	11	張基栄	韓国経済の今日と明日
1967.09.01	9月号	19	趙正均	ベトナムの韓国軍
1967.09.01	9月号	22	金玄玉	ソウルの都市計画
1967.09.01	9月号	24		〈資料〉第一回韓日定期閣僚会議公同モミュニケ
1967.09.01	9月号	28		ベトナム・ニュース
1967.09.01	9月号	29		北韓断面
1967.09.01	9月号	31		時事の眼-政治

발행일	지면정보		필자	제목
	권호	페이지		
1967.09.01	9月号	37		時事の眼-経済
1967.09.01	9月号	40		時事の眼-文化・社会
1967.09.01	9月号	42	閔庚泰	〈特別読み物〉自由への凱旋
1967.09.01	9月号	46	小牧正英	韓国の芸術によせる
1967.09.01	9月号	48	李応百	〈連載第六回〉韓国語講座
1967.09.01	9月号	53		〈グラビア〉
1967.09.01	9月号	57		新聞論調
1967.09.01	9月号	59		在日公館めぐり(5)駐名古屋大韓民国総領事館
1967.09.01	9月号	61		〈民話〉爪のはなし
1967.09.01	9月号	63		〈韓国人物シリーズ〉鄭茶山
1967.09.01	9月号	67	李殷相	〈連載第二回〉祖国
1967.10.01	10月号	2	金竜煥(画)	時事戯画
1967.10.01	10月号	3		〈写真特報〉
1967.10.01	10月号	4		ボイスオブコリア-韓国の声
1967.10.01	10月号	8	金点坤	韓国軍20周年の足跡
1967.10.01	10月号	14	平林たい子	在留外国人の学校
1967.10.01	10月号	16	金正柱	古代韓国の建国神話
1967.10.01	10月号	20	鮮干輝	日本見たまま聞いたまま
1967.10.01	10月号	25		ベトナム・ニュース
1967.10.01	10月号	26		北韓断面
1967.10.01	10月号	28		時事の眼-政治
1967.10.01	10月号	32		時事の眼-経済
1967.10.01	10月号	35		時事の眼-文化・社会
1967.10.01	10月号	39	閔庚泰	〈特別読み物〉自由への凱旋
1967.10.01	10月号	43		新聞論調
1967.10.01	10月号	45		〈グラビア〉
1967.10.01	10月号	49	李崇寧	世宗研究の余滴
1967.10.01	10月号	52		祖国訪問を終わって
1967.10.01	10月号	53		母なる土地
1967.10.01	10月号	54		在日公館めぐり(5)駐仙台大韓民国総領事館
1967.10.01	10月号	56	李応百	〈連載第七回〉韓国語講座
1967.10.01	10月号	61		〈民話〉孝行と童蔘
1967.10.01	10月号	63		〈韓国人物シリーズ〉金玉均
1967.10.01	10月号	67	李殷相	〈連載第三回〉祖国
1967.12.01	12月号	2	金竜煥(画)	時事戯画
1967.12.01	12月号	3		〈写真特報〉
1967.12.01	12月号	7		ボイスオブコリア-韓国の声
1967.12.01	12月号	8	中保与作	朝鮮大学校問題の諸背景と対韓工作

발행일	지면정보		필자	제목
	권호	페이지		
1967.12.01	12月号	14	李元洪	北送八年の実態
1967.12.01	12月号	18	兪致亨	一九六七年経済白書解説
1967.12.01	12月号	25	成慶麟	国楽とは何か
1967.12.01	12月号	30		ベトナム・ニュース
1967.12.01	12月号	31		北韓断面
1967.12.01	12月号	33		時事の眼-政治
1967.12.01	12月号	36		時事の眼-経済
1967.12.01	12月号	38		時事の眼-文化・社会
1967.12.01	12月号	43	閔庚泰	〈特別読み物〉自由への凱旋
1967.12.01	12月号	49		新聞論調
1967.12.01	12月号	51		在日公館めぐり(8)駐下関大韓民国総領事館
1967.12.01	12月号	53		〈グラビア〉ベトナムの韓国軍
1967.12.01	12月号	57	朴信子	選手時代の回顧
1967.12.01	12月号	59	李応百	〈連載第九回〉韓国語講座
1967.12.01	12月号	63		〈民話〉祭祀の時刻
1967.12.01	12月号	63		〈韓国人物シリーズ〉李栗谷
1968.03.01	3月号	2	金竜煥(画)	時事戯画
1968.03.01	3月号	3		〈写真特報＞
1968.03.01	3月号	7		巻頭言
1968.03.01	3月号	8	厳敏永	三・一節記念辞
1968.03.01	3月号	11	朴忠勲	韓国経済の現況と展望
1968.03.01	3月号	15	朴斗秉	経済開発と経済協力
1968.03.01	3月号	20		第二次五カ年計画の焦点
1968.03.01	3月号	26	大森実	誤算の危険性
1968.03.01	3月号	29		〈グラビア〉ソウルの横顔
1968.03.01	3月号	33	方弼柱	北韓の挑発行為とその背景
1968.03.01	3月号	38	殿木圭一	訪韓人象記
1968.03.01	3月号	41		韓国の名字は四一一種
1968.03.01	3月号	42		ベトナム・ニュース
1968.03.01	3月号	43		北韓断面
1968.03.01	3月号	45		時事の眼-政治
1968.03.01	3月号	49		時事の眼-経済
1968.03.01	3月号	51		時事の眼-文化・社会
1968.03.01	3月号	54	馬海松	〈韓国の童話〉ひょうだんと鳳仙花
1968.03.01	3月号	59		新聞論調
1968.03.01	3月号	61	白鉄	今日の韓国文学
1968.03.01	3月号	65		韓国の山と登山
1968.03.01	3月号	67		〈民話〉大蛇退治

발행일	지면정보		필자	제목
	권호	페이지		
1968.03.01	3月号	69		〈韓国人物シリーズ〉曇徴
1968.08.01	8月号	2	金竜煥(画)	時事戯画
1968.08.01	8月号	3		〈写真特報〉
1968.08.01	8月号	7		巻頭言
1968.08.01	8月号	8	厳敏永	光復節記念辞
1968.08.01	8月号	9	崔圭夏	第三回閣僚会議の基調演説
1968.08.01	8月号	14	閔忠植	韓日経済協力の現況と今後の在り方
1968.08.01	8月号	19	久武雅夫	世界大学総長会議に出席して
1968.08.01	8月号	23	金正柱	新時代の提携は旧時代の整理から
1968.08.01	8月号	28		〈座談会〉優勝した韓国女子バスケットボ0ル選手を囲んで
1968.08.01	8月号	32		ベトナム・ニュース
1968.08.01	8月号	33		北韓断面
1968.08.01	8月号	37		〈グラビア〉
1968.08.01	8月号	41	鮮干輝	板門店13年(4)
1968.08.01	8月号	45		時事の眼-政治
1968.08.01	8月号	48		時事の眼-経済
1968.08.01	8月号	51		時事の眼-文化・社会
1968.08.01	8月号	53	金昌式	第10回在日韓国人体育大会の報告
1968.08.01	8月号	60	柳甫相	韓国人被爆者の悲劇
1968.08.01	8月号	64		〈民話〉地震のはない
1968.08.01	8月号	66		新聞論調
1968.08.01	8月号	68		法律相談
1968.08.01	8月号	69		〈韓国人物シリーズ〉柳寛順
1968.10.01	10月号	2	金竜煥(画)	時事戯画
1968.10.01	10月号	3		〈写真特報〉
1968.10.01	10月号	7		巻頭言
1968.10.01	10月号	8	朴正熙	開拓者精神で努力しよう
1968.10.01	10月号	13		朴大統領のオーストラリア　ニュージーランド訪問の成果
1968.10.01	10月号	17	崔端泳	「韓国・日本・アジアの将来」に対する韓日両国の対話
1968.10.01	10月号	24	金連俊	我等は何処へ行くのであろうか
1968.10.01	10月号	32	金玨	チェコ事件と韓国民の反応
1968.10.01	10月号	35		三周年迎えたベトナム派兵と経済進出
1968.10.01	10月号	39		ベトナム・ニュース
1968.10.01	10月号	40		北韓断面
1968.10.01	10月号	42	鮮干輝	板門店13年(6)
1968.10.01	10月号	46		時事の眼-政治
1968.10.01	10月号	51		時事の眼-経済
1968.10.01	10月号	53		時事の眼-文化・社会

발행일	지면정보		필자	제목
	권호	페이지		
1968.10.01	10月号	58	林鍾文	二年七ヵ月北韓実情記
1968.10.01	10月号	60		法律相談
1968.10.01	10月号	61		〈グラビア〉「成年国軍」の日を迎えて
1968.10.01	10月号	65		〈民話〉秋夕
1968.10.01	10月号	67		新聞論調
1968.10.01	10月号	69		〈韓国人物シリーズ〉崔世珍
1968.11.01	11月号	2	金竜煥(画)	時事戯画
1968.11.01	11月号	3		〈写真特報〉
1968.11.01	11月号	7		巻頭言
1968.11.01	11月号	8	金壁斗	韓国自主国防態勢
1968.11.01	11月号	12	閔丙岐	国連総会と韓国問題
1968.11.01	11月号	16	白東柱	恐るべき北韓スパイ団の陰謀
1968.11.01	11月号	20	李基万	活発になる韓国の畜産業
1968.11.01	11月号	25	笠置正明	訪韓印象記
1968.11.01	11月号	29		〈グラビア〉韓国民俗芸術団日本公演
1968.11.01	11月号	33	藤原儀江	〈韓国民俗芸術団日本公演を見て〉美しい足のさばき
1968.11.01	11月号	34	小牧正英	〈韓国民俗芸術団日本公演を見て〉世界の磨かざる宝石
1968.11.01	11月号	36	高橋空山	〈韓国民俗芸術団日本公演を見て〉気品と生動
1968.11.01	11月号	38	金圭煥	電波メディア時代を迎えた新聞
1968.11.01	11月号	40		ベトナム·ニュース
1968.11.01	11月号	41		北韓断面
1968.11.01	11月号	43	鮮于輝	板門店13年(7)
1968.11.01	11月号	47		時事の眼-政治
1968.11.01	11月号	49		時事の眼-経済
1968.11.01	11月号	51		時事の眼-文化·社会
1968.11.01	11月号	55	林鍾文	〈連載第五回〉二年七ヵ月北韓実情記
1968.11.01	11月号	60	李崇寧	「ハングル」の解放
1968.11.01	11月号	63		〈民話〉卜術
1968.11.01	11月号	65		新聞論調
1968.11.01	11月号	67		法律相談
1968.11.01	11月号	68		〈韓国人物シリーズ〉金正浩
1969.01.01	1月号	2	金竜煥	時事戯画
1969.01.01	1月号	3		〈写真特報〉
1969.01.01	1月号	7		巻頭言
1969.01.01	1月号	8	朴正熙	〈新年メッセージ〉祖国の飛躍を自負しよう
1969.01.01	1月号	10	洪鍾哲	統一と明日のため前進しよう
1969.01.01	1月号	13	厳敏永	新しい歴史の創造へ
1969.01.01	1月号	16		国民教育憲章解説

발행일	지면정보		필자	제목
	권호	페이지		
1969.01.01	1月号	21	崔德新	韓国統一への道
1969.01.01	1月号	27	金鳳基	ニクスン政権と韓米関係の展望
1969.01.01	1月号	35	藤枝泉介	新年と日韓の課題
1969.01.01	1月号	39		ベトナム・ニュース
1969.01.01	1月号	40		北韓断面*
1969.01.01	1月号	42		酉年あれこれ
1969.01.01	1月号	44		時事の眼-政治
1969.01.01	1月号	50		時事の眼-経済
1969.01.01	1月号	53		時事の眼-文化・社会
1969.01.01	1月号	54	林鍾文	〈連載第七回〉二年七ヵ月北韓実情記
1969.01.01	1月号	60		法律相談
1969.01.01	1月号	61		〈グラビア〉復元された光化門
1969.01.01	1月号	65		新連載〈史話〉兎と亀
1969.01.01	1月号	67		新聞論調
1969.01.01	1月号	69		〈韓国人物シリーズ〉徐載弼
1969.02.01	2月号	2	金竜煥	時事戯画
1969.02.01	2月号	3		〈写真特報〉
1969.02.01	2月号	7		巻頭言
1969.02.01	2月号	8	李孝祥	尊敬される国民になろう
1969.02.01	2月号	10		朴大統領の年頭記者会見
1969.02.01	2月号	24		1968年度外国観光客韓国訪問数
1969.02.01	2月号	25	兪致亨	第二次五カ年計画中間展望
1969.02.01	2月号	29	桂光吉	不当な北韓往来許可
1969.02.01	2月号	32	金容珣	今年の輸出目標
1969.02.01	2月号	34	K・C・ファン	陽性化した韓国改憲論
1969.02.01	2月号	37	李秉禧	統一院発足の意義
1969.02.01	2月号	40	鄭泰成	「第二経済」とその運動方向
1969.02.01	2月号	44		ベトナム・ニュース
1969.02.01	2月号	45		北韓断面
1969.02.01	2月号	49	高橋空山	ザ・イトルエンジェルスの公演を観て
1969.02.01	2月号	50		法律相談
1969.02.01	2月号	51		プエブロ号ブッチャー艦長の証言
1969.02.01	2月号	54		時事の眼-政治
1969.02.01	2月号	57		時事の眼-経済
1969.02.01	2月号	59		時事の眼-文化・社会
1969.02.01	2月号	60		北韓124軍部隊正体
1969.02.01	2月号	62		＜史話＞新羅のはじまり
1969.02.01	2月号	64	金允経	ハングル専用を急げ

발행일	지면정보		필자	제목
	권호	페이지		
1969.02.01	2月号	67		新聞論調
1969.02.01	2月号	69		〈韓国人物シリーズ〉金弘集
1969.03.01	3月号	2	金竜煥	時事戯画
1969.03.01	3月号	3		〈写真特報〉
1969.03.01	3月号	7		巻頭言
1969.03.01	3月号	8	厳敏永	三・一記念辞
1969.03.01	3月号	10	金正柱	三・一運動の先駆者東京の留学生たち
1969.03.01	3月号	15	李龍根	極東安全保障基地-沖縄
1969.03.01	3月号	18		日本で暗躍する北韓スパイ
1969.03.01	3月号	26	金成守	〈韓日協力委員会特集〉韓日協力委員会の創立
1969.03.01	3月号	32	白南檍	〈韓日協力委員会特集〉現代における韓日両国の政治的指標
1969.03.01	3月号	37	中村菊男	〈韓日協力委員会特集〉日韓関係の将来
1969.03.01	3月号	38	高承済	〈韓日協力委員会特集〉世界経済新動向韓日経済関係展望
1969.03.01	3月号	45	木内信胤	〈韓日協力委員会特集〉日韓経済協力の在り方について
1969.03.01	3月号	47		ベトナム・ニュース
1969.03.01	3月号	48		北韓断面
1969.03.01	3月号	49		〈韓国人物シリーズ〉全琫準
1969.03.01	3月号	53		〈グラビア〉戦いつづくベトナム
1969.03.01	3月号	57		時事の眼-政治
1969.03.01	3月号	60		時事の眼-経済
1969.03.01	3月号	61		時事の眼-文化・社会
1969.03.01	3月号	65	金一煥	発展する韓国観光事業
1969.03.01	3月号	67		法律相談
1969.03.01	3月号	68		〈史話〉高句麗
1969.03.01	3月号	70		新聞論調
1969.03.01	3月号	72	黄順元	〈読切短編〉幕は降りたが
1969.04.01	4月号	2	金竜煥	時事戯画
1969.04.01	4月号	3		〈写真特報〉
1969.04.01	4月号	7		巻頭言
1969.04.01	4月号	8	斎藤志郎	日韓経済協力の展望
1969.04.01	4月号	13	金泰永	フォーカス・レチナ大空輪作戦
1969.04.01	4月号	17	竹内 亨	目ざましい発展に敬服
1969.04.01	4月号	21	申化鳳	九全大会と中共の動き
1969.04.01	4月号	28		海外の世論と文筆家の責任
1969.04.01	4月号	35		北韓粛清史の内幕
1969.04.01	4月号	40		ベトナム・ニュース
1969.04.01	4月号	41		北韓断面
1969.04.01	4月号	43		〈韓国人物シリーズ〉李康年

발행일	지면정보		필자	제목
	권호	페이지		
1969.04.01	4月号	47		時事の眼-政治
1969.04.01	4月号	50		時事の眼-経済
1969.04.01	4月号	52		時事の眼-文化·社会
1969.04.01	4月号	53		〈グラビア〉史上最長韓米大空輸作戦
1969.04.01	4月号	57		海外にいる韓国人
1969.04.01	4月号	61		＜史話＞百済
1969.04.01	4月号	63		新聞論調
1969.04.01	4月号	65	朱燿燮	〈読切短編〉仙人掌
1969.05.01	5月号	2	金竜煥	時事戯画
1969.05.01	5月号	3		〈写真特報＞
1969.05.01	5月号	7		巻頭言
1969.05.01	5月号	8	夫琓爀	沖縄返還と韓国の安保問題
1969.05.01	5月号	15		中ソ国境紛争が意味するもの
1969.05.01	5月号	21	林鍾文	金日成政権の傀儡性
1969.05.01	5月号	28	李真燮	チュー大統領単独会見記
1969.05.01	5月号	32		ベトナム·ニュース
1969.05.01	5月号	33		北韓断面
1969.05.01	5月号	35		〈韓国人物シリーズ〉孫秉熙
1969.05.01	5月号	39		時事の眼-政治
1969.05.01	5月号	42		時事の眼-経済
1969.05.01	5月号	43		時事の眼-文化·社会
1969.05.01	5月号	44	信原尚武	韓国生れの坊ちゃん力士
1969.05.01	5月号	48	朴基媛	家政儀礼準則とは
1969.05.01	5月号	53		〈グラビア〉マレーシア国王親善訪問
1969.05.01	5月号	57	泰哲洙	米国におけるニクスン措置への評価
1969.05.01	5月号	60		＜史話＞開天ということ
1969.05.01	5月号	62		新聞論調
1969.05.01	5月号	64	鮮于煇	〈読切短編〉上院寺
1969.06.01	6月号	2	金竜煥	時事戯画
1969.06.01	6月号	3		〈写真特報＞
1969.06.01	6月号	7		巻頭言
1969.06.01	6月号	8	林丙稷	チュー·ベトナム大統領訪韓の決算
1969.06.01	6月号	11	閔丙岐	米機撃墜事件と韓国安保の将来
1969.06.01	6月号	16	亀岡大郎	＜訪問記＞平和と戦争の二つの顔
1969.06.01	6月号	20	中村均	私がみた反共の最前線
1969.06.01	6月号	25	半藤一利	防衛本位のナショナリズム
1969.06.01	6月号	30	阿部英郎	"戦いながら建設"する隣国の表情
1969.06.01	6月号	35		ベトナム·ニュース

발행일	지면정보		필자	제목
	권호	페이지		
1969.06.01	6月号	36		北韓断面
1969.06.01	6月号	37		〈グラビア〉日本の子供たちが見た韓国のおどり
1969.06.01	6月号	41		日本の子供たちが見た韓国のおどり
1969.06.01	6月号	44		〈韓国人物シリーズ〉金九
1969.06.01	6月号	48		時事の眼-政治
1969.06.01	6月号	53		時事の眼-経済
1969.06.01	6月号	53		時事の眼-文化·社会
1969.06.01	6月号	55	徐廷柱	韓国の美
1969.06.01	6月号	61		<史話>新羅遺跡群
1969.06.01	6月号	63		新聞論調
1969.06.01	6月号	65	金東里	〈読切短編〉雪の夕暮
1969.07.01	7月号	2	金竜煥	時事戯画
1969.07.01	7月号	3		〈写真特報＞
1969.07.01	7月号	7		巻頭言
1969.07.01	7月号	8	崔圭夏	「アジア福祉社会のために」
1969.07.01	7月号	14	李俊一	第4回アスパック会議の成果
1969.07.01	7月号	17	朝倉金三	韓国産業の印象
1969.07.01	7月号	22	横田康夫	韓国昨今
1969.07.01	7月号	28	金東煥	北韓報道の虚偽性
1969.07.01	7月号	33		度重なる北韓の挑発行為
1969.07.01	7月号	36		時事の眼-政治
1969.07.01	7月号	38		時事の眼-経済
1969.07.01	7月号	40		時事の眼-文化·社会
1969.07.01	7月号	42		ベトナム·ニュース
1969.07.01	7月号	43		北韓断面
1969.07.01	7月号	44		新聞論調
1969.07.01	7月号	45		〈グラビア〉韓国休戦16周年
1969.07.01	7月号	49		〈韓国人物シリーズ〉安昌浩
1969.07.01	7月号	53		〈書評〉捏造された「金日成伝」
1969.07.01	7月号	56	徐廷柱	韓国の美
1969.07.01	7月号	62		<史話>新羅忠臣·朴堤上
1969.07.01	7月号	65	呉永寿	〈読切短編〉灸
1969.08.01	8月号	2	金竜煥	時事戯画
1969.08.01	8月号	3		〈写真特報＞
1969.08.01	8月号	7		巻頭言
1969.08.01	8月号	8	厳敏永	第24回光復節記念辞
1969.08.01	8月号	10		朴大統領7.25談話国内論調
1969.08.01	8月号	20	金濬浩	韓国統一への努力

발행일	지면정보		필자	제목
	권호	페이지		
1969.08.01	8月号	25	金龍国	第三次五カ年計画
1969.08.01	8月号	32	金東益	韓国の輸出
1969.08.01	8月号	38		時事の眼-政治
1969.08.01	8月号	41		時事の眼-経済
1969.08.01	8月号	43		時事の眼-文化·社会
1969.08.01	8月号	45		〈グラビア〉慶州の表情
1969.08.01	8月号	49		〈韓国人物シリーズ〉韓龍雲
1969.08.01	8月号	53		ベトナム·ニュース
1969.08.01	8月号	54		北韓断面
1969.08.01	8月号	55	李相魯	月と愛(民話の中の月)
1969.08.01	8月号	58		<史話>百結先生
1969.08.01	8月号	60	伊藤治子	韓国公演を終えて
1969.08.01	8月号	62	宮永康治	若い世代の文化交流を
1969.08.01	8月号	64	張雄鐸	〈読切短編〉編郷歌
1969.09.01	9月号	2	金竜煥	時事戯画
1969.09.01	9月号	3		〈写真特報〉
1969.09.01	9月号	7		韓米頂上会談の意義
1969.09.01	9月号	11	趙孝源	憲法改正と民主主義
1969.09.01	9月号	18	金在春	自主国防と政局の安定
1969.09.01	9月号	24	南時旭	韓国閣僚会議の成果
1969.09.01	9月号	30	漆山成美	韓国人象記
1969.09.01	9月号	34	張敬熙	海外に進出する韓国商品
1969.09.01	9月号	39		時事の眼-政治
1969.09.01	9月号	45		時事の眼-経済
1969.09.01	9月号	46		時事の眼-文化·社会
1969.09.01	9月号	48		ベトナム·ニュース
1969.09.01	9月号	49		北韓断面
1969.09.01	9月号	50		新聞論調
1969.09.01	9月号	52		〈韓国人物シリーズ〉曺晩植
1969.09.01	9月号	56	徐廷柱	〈評論〉韓国の美
1969.09.01	9月号	61		〈グラビア〉母国訪問夏季学校
1969.09.01	9月号	65		<史話>異次頓の忠誠
1969.09.01	9月号	67	崔貞熙	〈読切短編〉郷歌
1969.10.01	10月号	2	金竜煥	時事戯画
1969.10.01	10月号	3		〈写真特報〉
1969.10.01	10月号	7		〈時評〉改憲を前向きに見る
1969.10.01	10月号	9	尹相哲	朴正熙大統領訪米成果
1969.10.01	10月号	13	安宗爀	創軍21周年を迎えた韓国軍

발행일	지면정보		필자	제목
	권호	페이지		
1969.10.01	10月号	18	李奇建	ベトナムの韓国軍
1969.10.01	10月号	23		経済自立と近代化への道(1)
1969.10.01	10月号	28	金珏	第24回国連総会と韓国問題の展望
1969.10.01	10月号	31		〈座談会〉極東の安保と韓日関係
1969.10.01	10月号	36		ベトナム・ニュース
1969.10.01	10月号	37		〈韓国人物シリーズ〉周時経
1969.10.01	10月号	41		時事の眼-政治
1969.10.01	10月号	44		時事の眼-経済
1969.10.01	10月号	47		時事の眼-文化・社会
1969.10.01	10月号	48		新聞論調
1969.10.01	10月号	49	申泰旻	「ハングルの日」とハングル専用
1969.10.01	10月号	53		〈グラビア〉高まる韓国語熱
1969.10.01	10月号	57	増田善彦	韓国語と私
1969.10.01	10月号	59	徐明錫	韓国観光の道しつべ
1969.10.01	10月号	63		〈史話〉率居の大壁画
1969.10.01	10月号	65	朴景利	〈読切短編〉家
1969.12.01	12月号	2		巻頭言
1969.12.01	12月号	3		〈写真特報〉
1969.12.01	12月号	7	吉在号	
1969.12.01	12月号	11	ダン・H・シャノン	明るい韓国農村の表情
1969.12.01	12月号	14	李康洙	活躍する郷土予備軍
1969.12.01	12月号	18		経済自立と近代化への道(3)
1969.12.01	12月号	26	兪致亨	韓国の人口増加と人力開発
1969.12.01	12月号	30	李奇建	中ソ関係と北韓
1969.12.01	12月号	34		時事の眼-政治
1969.12.01	12月号	37		時事の眼-経済
1969.12.01	12月号	38		時事の眼-文化・社会
1969.12.01	12月号	41		〈韓国人物シリーズ〉張志淵
1969.12.01	12月号	45		〈グラビア〉高麗青瓷の美
1969.12.01	12月号	49		ベトナム・ニュース
1969.12.01	12月号	50		北韓断面
1969.12.01	12月号	53	趙演鉉	韓国の詩壇
1969.12.01	12月号	55		観光韓国の今日と明日
1969.12.01	12月号	58	李相魯	韓国の山(続)
1969.12.01	12月号	60		〈史話〉九層塔
1969.12.01	12月号	62	徐廷柱	〈評論〉韓国の美
1969.12.01	12月号	76	崔貞熙	〈読切短編〉論法

한수회회보(韓水会会報)

○ ○ ○

1 서지적 정보

『한수회회보(韓水会会報)』는 1963년 6월에 창간된 한수회의 기관지이다. 발행자는 송성곤이고 편집자는 이춘식, 최철락, 조창홍, 권세혁, 홍성곤, 고춘길이며, 발행소는 동경수산대학 내 한수회로 되어 있다.

한국의 수산계열 유학생과 일본의 수산계열 학생들이 손을 맞잡고 함께 배우고 있는 수산 학문을 통하여 상호의 친목과 지식의 향상을 도모함과 동시에 양국의 수산업의 진보, 발전에 기여하는 것을 목적으로 한 한수회의 이념을 제대로 살리기 위하여 만들어진 기관지이다. 무엇보다 바다에 대한 조선 동포들의 이해 증진을 통한 바다 활용에 대한 새로운 인식의 전환점을 마련하고자 하는 것이 본 잡지의 목적이기도 하다.

2 권두언(창간호)

본회의 발족 이래 1년이란 긴 시간에 걸쳐서 세상에 나오기 위해 힘든 진통을 겪어온 창간호가 드디어 탄생하였다. 어찌되었든 마음 깊이 '축하해'라고 말하고 싶다.

지구 총면적의 70.8%를 점하는 광대한 해양, 그곳에는 생물을 비롯한 막대한 천연자원이 매장되어 있을 뿐만 아니라 우리 젊은이들의 한없는 꿈을 불러일으키는 대자연의 아름다움이 있다. 오래전부터 해양국 영국에서는 해상 근무자의 신분은 높게 여겨져서 청소년의 뜨거운 피는 오로지 바다로 향하였다. 우리 조국이 삼면이 바다로 둘러싸이고 해양국으로서 발전할 기본적 조건을 갖추고 있으면서 그 분야에서 상당히 뒤쳐져 있는 요인의 하나는 바다에 대한 국민의 잘못된 개념과 무관심에서 기인한다. 해상 취노자의 사회적 지위의 낮음, 청소년의 바다에 대한 동경의 상실에 있다고 여겨진다. 우리들이 우선 바다에 대한 국민적 관심을 조성할 필요성을 통감하는 바이다. 바다를 상대로 배우고 있는 우리들이 각각의 전공분야 연구발표를 통하여 상호간의 교류를 도모함과 함께 널리 동포사회에 바다에의 관심을 불러일으킬 의도를 가지고 만들어진 것이 본지이다. 그러한 의미에서 한명이라도 많은 수의 동포들에게 읽혀 바다를 사랑하는 자가 조금이라도 늘어 준다면 이보다 더 큰 기쁨은 없을 것이다.

하나의 전문분야로 한정하여 일반인들의 흥미를 이끄는 형태로 이루어져 있으며 게다가 우리들의 입지조건을 충분히 살려 조국과 일본을 연결시키는 중개자적 역할을 기획하여 원고를 수집, 편집한 것은 본회보가 처음이 아닐까 생각한다.

이러한 관점에서 금후의 재일동포의 연구 활동 및 그 발표형태에서 하나의 선구를 이루었다고 믿는다. 한수회의 탄생은 필연적이었지만 결코 그것에 걸맞을 만큼의 좋은 환경에 놓여있던 것은 아니었다. 이른바 거친 바다에 단지 한 명만이 남겨진 조각배와 같은 상황이었다. 우리들은 모든 고통을 악물고 참아가며 버티면서 여기까지 왔다. 창간호는 조난당한 현재 위치를 알려주는 구조의뢰신호라 하더라도 과언이 아니다.

우리들의 존재가 사람들의 주의를 환기시킬 수 있다면 드디어 목적지 항구에 가벼운 마음으로 도달할 수 있을 것이다.

창간호 발행을 계기로 한층 더 연구 활동을 활발하게 할 것을 계획함과 동시에 본회의 영속적인 발전을 위하여 회원의 봉사적, 자주적, 창조적 태도를 강하게 요구할 것이다.

마지막으로 바쁘신 데도 불구하고 본회를 위하여 기고해주신 모든 선생님 및 경제적인 도움을 주셨던 손달원씨께 깊은 감사의 인사를 드립니다.

회장 홍성권

3 목차

현해(玄海)

1 서지적 정보

1960년 1월에 현해사(玄海社)에서 발행된 잡지로, 2호는 2개월 후에 발행된 것을 확인했으나, 이후의 발행 상태는 확인할 수가 없다. 편집 겸 발행인은 다무라 유키오(田村幸雄)으로 되어 있으나, 논객 중 일본인명은 보이지 않는다.

창간호의 주요 내용을 보면, 차기벽(車基壁)의 「한국인이 본 일본의 근대화(韓国人の見た日本の近代化)」, 신사훈(申四勳)의 「동양종교의 문제점(東洋宗教の問題点)」, 안림(安霖)의 「한국 경제계획 작성의 제전제(韓国経済計画作成の諸前提)」, 이근희(李根熙)의 「제주도 종합학술조사단 보고(済州島総合学術調査団報告)」 외에도 한국의 통화(通貨)량과 한미통화협정 등을 포함한 한국의 경제동향, 한국의 출판 사정 등을 다루고 있다. 문학작품으로는 손창섭(孫昌渉)의 「잉여인간(剰余人間)」이라는 소설이 유일하다. 「잉여인간」은 1958년 9월 『사상계』에 발표된 한국의 단편소설로 이듬해 동인문학상을 수상한 작품을 번역 소개하고 있다.

『현해』는 "한국의 젊은 학자들이 무엇을 생각하고, 무엇을 하고 있는가"를 알 수 있는 실마리를 제공함으로써 전일본인과 재일동포들이 공유할 수 있는 정보가 될 수 있도록 하고, 또한 그 역할을 수행하기 위해 한국의 언론을 정확히 전달하는 것에 중점을 둔다고 밝히고 있다.15) 『현해』는 재일조선인의 현재에 중점이 놓인 잡지라기보다 재일조선인과 일본인에게 한국의 현재 상황을 전하는 것에 있음을 알 수 있다.

창간호의 원고모집 광고를 보면, 논문, 학술발표 논문, 번역물, 감상문, 한 페이지 읽을거리, 체험기, 역사물, 자료, 지방의 생활보고문, 그룹 활동 상황, 사진 르포 등으로 세분화해서 원고를 독려하고 있다.

---

15) 「編集後記」『玄海』(創刊号, 1960.01)

『현해』에 대한 선행연구는 국내외를 막론하고 발견되지 않는다.

2 권두언

민족 간의 감정대립은, 국가 간의 투쟁의 중대한 요인이 된다. 이것은 감정의 융화로 양국민의 감정을 풀든가, 무력에 의해 전쟁으로 호소하든가 두 가지에 의해서밖에 해결할 수 없는 것이다. 현재의 일본과 한국의 관계는 정확히 이 기로에 서 있다고 봐도 좋을 것이다.

미군 또는 유엔군의 주류에 의해 양국이 바로 전쟁 상태로는 들어갈 수 없다는 절대에 가까운 조건은 있지만, 양국의 국민감정이 나날이 격해지고 있는 것으로 보아 꼭 무력분쟁이 발생하지 않을 거라는 보증은 없다. 오히려 그것을 바라고 있는 외부의 강력하고 교묘한 유도로 인해 이 요인은 국민의 일부에서는 더욱더 견고해지고 있다는 것을 간과해서는 안 된다.

그러나 양국민의 양식과 이성은 멀리 이들 장해를 뛰어넘는 것이 있다고 여겨진다. 이것이 있기 때문에 큰 분쟁을 일으키는 일 없이, 또는 양국 간의 우호를 찾아내기 위한 노력이 양국 정부에 의해 이루어지고 있는 것이다.

국민감정의 융화는 국민 상호간의 이해라는 것으로 과분하지만, 그러나 유감스럽게 이 노력은 그다지 진지하게 이루어지고 있지 않은 것 같다. 그 증거로는 양국민의 상대국에 대한 인식이 전전의 그것의 영역을 조금도 벗어나지 못한 채인 구태의연한 것이기 때문이다. 즉 새로운 양국의 모습을 서로 모르는 것이다.

우리들은 전전의 개념으로 상대방을 보아서는 안 된다. 그것은 양국에는 제각각 일반 사람들에게는 보이지 않는 새로운 사고가 생겨나고 있고, 양성되어 실로 그것이 이제부터의 양국을 제각각 형성하는 기본적인 요소가 되는 것이기 때문이다. 이것이야말로 이제부터 서로에게 전하고, 서로 알고, 그리고 서로 이해해야 하는 것이고, 노력의 초점도 거기에 있어야 한다고 생각하는 것이다.

이 견지에 서서 본지는 양국의 젊은 세대의 사고의 교류를 시도하고, 새로운 양국을 이해하는 역할을 하여, 아울러 양국민의 감정 융화의 일조를 다하고 싶다.

이 의미에서 게재문은 가능한 원문을 그대로 전달한다고 하는 것에 유의했으면 한다. 이 주지를 양해해 주었으면 한다.[16]

3 목차

발행일	지면정보		필자	제목
	권호	페이지		
1960.01.15	創刊号	1		巻頭言
1960.01.15	創刊号	2	車基璧	韓国人の見た日本の近代化
1960.01.15	創刊号	17		背のび
1960.01.15	創刊号	18	申四勳	東洋宗教の問題点
1960.01.15	創刊号	23		韓国の通貨量
1960.01.15	創刊号	24		韓国の出版事情を解明する
1960.01.15	創刊号	26	安森	韓国経済計画作成の諸前提
1960.01.15	創刊号	34		新旧年度予算内容
1960.01.15	創刊号	35		発展する国家の動脈
1960.01.15	創刊号	36	李根黑	済州島綜合学術調査団報告
1960.01.15	創刊号	43		タクシーのメータ制
1960.01.15	創刊号	44		花郎道解説
1960.01.15	創刊号	45		韓・米換率協定
1960.01.15	創刊号	46	孫昌涉	〈小説〉剰余人間
1960.01.15	創刊号	60		韓国の経済動向

---

16) 「巻頭言」『玄海』(創刊号, 1960.01), p.1

화랑(花郞)

1 서지적 정보

『화랑』은 도쿄의 유학생 모임 화랑클럽(花郞俱楽部)에서 발행한 기관지이며, 현재 1952년 1월에 발간된 3호(표지그림, 첨성대), 1952년 6월에 발간된 제4호(표지그림, 첨성대), 1954년 1월의 제4권 제1호(표지그림, 새신랑)만이 확인 가능한 상태이다.

1952년 1월호 편집후기에 의하면, 『화랑』은 1951년 8월 15일에 제1호를 발간했고, 창간호는 사진판으로 '16페이지'이었는데, 같은 해 12월에는 '32페이지'로 확장되었다. 이후, 1952년 1월 신년호(3호)에는 '42페이지'로 증가했고, 2호까지의 사진판에서 인쇄판(활자판)으로 바뀌게 된다. 또한, 「今後는 隔月 発刊으로 定期的으로 継続하여 出版하겠습니다」라고 되어 있지만, 1954년 제4권 1호 이외에는 확인되지 않고 있다.

내용적인 측면에서 보면, 「或読者間에 趣味에 조금 맞이 않는 분이 계실언지 모르나 숨어 있는 人材의 들리지 않었든 소리를 伝하여 드리겠습니다. 特히 우리 留学生이 蛍雪의 功을 쌓아도 그의 発表하는 機関이 없어서 各自의 冊床서랍에서 或은 学校 倉庫에서 世上을 못보고 잠자는 学問을 読者에게 알려드리겠습니다」(1952년 3호, 편집후기)라고 말하고 있듯이, 유학생의 현실, 교육문제, 일본 정치인의 망언, 미국과 소련 등의 국제정치, 경제, 시, 희곡 등 다양한 장르의 글이 실려 있다(집필자는 대학교 교수 및 교육관계자, 시인, 유학생 논문 등).

또한, 3호의 편집후기에 의하면, 「学生論文을 쓴 早稲田大学建築科生 崔찬경君은 終戦後부터 새로히 習得한 国文으로 썻기 때문에 그 文章이 부드럽지는 않으나 内容에 있어서는 実로 充実한 것이올시다」라고 기술하고 있듯이, 언어적인 측면에서 1세 이후의 세대에게는 조선어 학습 및 모국어를 이용한 글쓰기에 대한 어려움을 전하고 있다.

2 편집후기(제4호)

侵略, 春窮, 無智, 実로 不請의 客이지요. 請치도 않는 이 나그네는 우리를 송도리채 먹어버릴려고 虎視眈々하고 있지요. 이것을 물리치기 爲하여서는 国民全体가 共同하고 労働하고 工夫하여야지요. 그러자면 民主主義政治 計画経済, 義務教育의 実施가 絶対必要하지요. 그래야만 비로소 特権階級 特権国家를 打倒하여 権力의 均等을 享受할수 있고 独占資本家 独占地主를 撤廃하여 富力의 均等을 享受할 수 있고 無産者 無力者도 工夫하여 智力의 均等을 享受할수 있지요.

『花郎』도 이제 四号를 맞이하였지요. 創刊 当初부터 読者의 趣味에 맞게 하는 것보다 読者 스스로가 그 現実에서 客観的으로 重要한 것을 추려내여 거기에 焦点을 기우리는 方針을 取하여왔지요. 왜냐하면 우리는 真実로 할 일이 많지요. 그것을 只今으로서는 다하지를 못하는 것은 遺憾이지요. 그러나 그러면 그럴수록 우리의 길을 힘차게 거러가랴고 反省도 하고 努力도 하지요.

祖国의 消息은 寒心하기 짝이 없고 우리 学徒들의 그날 그날의 거름거리도 呼訴할 곳 없고 외친들 듣는 이 없는 処地에 쓸아린 마음을 쥐여안고 焦点만을 꼭바로 보고 힘껏 배워보자고 허득이는 우리에게 未来가 約束될 것이겠지요.

悲観材만이 박차오르는 이때이나 試練을 겪고 넘어가야 할 것이니 努力하기만 願하며 来日의 希望를 바로잡고 꾸준히 한거럼식이나 나아가기를 바래고 다음 号에는 우리의 情熱을 다한 記録을 새로히 期待하며 이 号를 보내는 바이외다.

3 목차

발행일	지면정보		필자	제목
	권호	페이지		
1952.01.20	第三号	11	女史	美州開拓의偉大한由来
1952.01.20	第三号	15	金哲	平壤最後의날
1952.01.20	第三号	17	編集部	〈表紙〉瞻星台
1952.01.20	第三号	18	鄭寅勲	〈詩〉가을밤비
1952.01.20	第三号	19	崔瓚卿	〈学生論文〉抗木의腐朽度判定
1952.06.20	第四号	1	張利郁	在日本韓国留学生과苦学問題
1952.06.20	第四号	5	李大偉	現代労働運動의真意
1952.06.20	第四号	9	뉴-리-다誌	捕虜를背信하지마라
1952.06.20	第四号	13	타임스誌	美国의젊은世代
1952.06.20	第四号	21	론돈·에코노미스트誌	一九五一年의쏘聯経済
1952.06.20	第四号	25	趙万済	国際経済会議의意義
1952.06.20	第四号	30	金星	〈詩〉민주주의
1952.06.20	第四号	31	金星	〈詩〉목장
1952.06.20	第四号	33	申潤植	〈詩〉魂아
1952.06.20	第四号			編集後記
1954.01.01	新年号	4	張利郁	年頭辞
1954.01.01	新年号	8	崔鮮	수리나라文教運動의몇가지課題
1954.01.01	新年号	17	G·J·아담스	마음의平和
1954.01.01	新年号	20	呉貞根	久保田発信을批判함
1954.01.01	新年号	27	姜舞	〈詩〉回帰
1954.01.01	新年号	30	申海空	〈詩〉時調를알려면(完)
1954.01.01	新年号	41	申潤植	〈詩〉外挿의空論
1954.01.01	新年号	48	金仁培	사람中心에서일中心으로
1954.01.01	新年号	53	趙万済	財政学노-트(完)
1954.01.01	新年号	65	南宮寔	小感
1954.01.01	新年号	71	安守漢	各国의自然改造
1954.01.01	新年号	78	T·J·랏쎌	天然資源의保護와管理
1954.01.01	新年号	84	金光明	貧困에関한原始的観念等閑信
1954.01.01	新年号	88	선우학원	〈戯曲〉문을열자
1954.01.01	新年号	95		共通의広場

제2부

신 문

전후 재일조선인 마이너리티 미디어 해제 및 기사명 색인
┃제1권┃
(1945.8~1969.12)

제1절

마이너리티 신문

동경민보

○ ○ ○

1 서지적 정보

「동경민보」는 재일조선통일민주전선(민전) 동경위원회가 발행한 기관지이다. 제호는 한글이지만 내용은 일본어로 되어 있다. 총 4면으로 한 부에 5엔에 판매되었다. 1953년 신년호(제10호)에는 김일성의 메시지와 함께, '조국의 통일독립과 평화를 쟁취하자!', '일본의 군국주의부활·조선출병반대!', '생활과 자유·민족교육문화를 지키자!', '전 동포는 민전의 깃발 아래에 결집하자!', '일본국민과 친선·공동투쟁을 강화하자!', '조·일친선평화월간을 성공적으로 쟁취하자!'라는 여섯 개의 슬로건이 게재되어 있다.

2 목차

발행일	발행호	지면정보	필자	기사제목
1953.01.01	新年号 No.10	01頁01段		一九五三年こそ勝利の才に-主席議長の年頭辞
1953.01.01	新年号 No.10	01頁01段		アジアから米帝を追い出そう民族解放民主統一戦線の一層の強化を!金日成首相より
1953.01.01	新年号 No.10	01頁05段	東京民戦書記長 崔龍根	一九五三年を勝利と栄光の年にしよう!
1953.01.01	新年号 No.10	02頁01段		一九五三年を真剣な努力と偉大な収穫の年に-在日朝鮮民主愛国青年会東京本部
1953.01.01	新年号 No.10	02頁02段		婦人運動により一層の理解と援助を!-女同東京本部
1953.01.01	新年号 No.10	02頁03段		愛国者の救援を全同胞のあたゝかい手で-解教東京本部
1953.01.01	新年号 No.10	02頁04段		斗いのさなかにある民族にふさわしい文化を！-文化人総会

발행일	발행호	지면정보	필자	기사제목
1953.01.01	新年号 No.10	02頁06段		学生の生活防衛と学習の自由を斗い取れ-学同関東本部
1953.01.01	新年号 No.10	02頁08段		子供に立派な民族教育と教員に差別ない待遇を！-教同東京本部
1953.01.01	新年号 No.10	03頁01段	世界労聯日本連絡事務所渡邊三知夫	金日成首相のメッセージにこたえよう
1953.01.01	新年号 No.10	03頁05段	来馬琢道	在日朝鮮人諸君に訴える
1953.01.01	新年号 No.10	03頁07段	日本中国友好協会	中国の偉大なる建設の発展はアジア平和の保証
1953.01.01	新年号 No.10	03頁07段	日ソ親善協会	本年こそ国際親善の偉大な前進を!
1953.01.01	新年号 No.10	03頁01段	掘江邑一	朝鮮戦争の回顧と展望

동경조련뉴스(東京朝連ニュース)

○ ○ ○

1 서지적 정보

「동경조련뉴스」는 재일본조선인연맹 동경본부서기국에서 1947년 12월 8일에 창간된 일본어 신문이다. 발행은 이창기(李昌基)가 맡았고 발행부수는 3천 부 정도였다. 현재 열람 가능한 지면은 1948년 6월 10일에 2면으로 발행된 제14호뿐이다. 1947년 12월 19일자 조련중앙시보의 지면에는 동경조련뉴스의 발간 소식을 전하며 동경본부에서 발행하였다가 폐간된 「조련순보」를 복간한 것이라고 전하고 있다. 동경조련뉴스 제14호 지면에는 슬로건으로 '단독선거단독정부 절대반대 구국투쟁!'과 '민족문화를 지키기 위해서 교육의 자주성을 확보하자'는 두 가지를 내세우고 있다.

2 목차

문교신문(文敎新聞)

1 서지적 정보

「문교신문」은 1945년 9월 15일에 창립된 조선문화교육회의 기관지로, 1947년 9월 15일에 제1호를 발행했다. 발행처는 조선문화교육회로, 주소는 동경도 도요시마구 이케부쿠로 1-611이었다. 발행 겸 편집은 최선이 맡았고, 정가 2엔의 매주 월요일에 발행되는 일본어신문이었다.

문교신문의 지면은 총 4면 구성으로, 1면에는 주로 회장인 최선이 '산호인'이라는 필명으로 정치 및 교육에 관해 쓴 '주장'등의 기사가 게재되어있다. 2면과 3면에는 국내외의 정세에 관한 기사, 그리고 4면에는 조선의 문화에 관한 기사나 장편소설, 수필, 시와 같은 내용으로 채워져 있다. 창간호의 지면을 보면 문교신문 창간 전 해에 결성된 신조선건국동맹(건동)의 단장인 박열의 '조국애와 국제관념'을 시작으로, 최선의 '창간사'를 볼 수 있다. 또한 1면에는 문교신문의 창간을 축하하는 신문사로서 '국제타임즈', '조선신문사', '무역신문사', '조선정보사'의 이름이 보이고, 2면에는 '오모리 아동계몽회', '이바라키 아동계몽회', '이타바시 아동계몽회', '조선문화동지회', '조선사회사상연구회', '고려출판사', '한국도서출판협회', '한무관' 등 조선문화교육회의 산하단체의 이름이 실려있다. 그리고 4면에는 '오모리 지부', '호야 지부', '류가사키 지부', '오가사 지부' 등 조선문화교육회의 4개의 지부의 이름이 실려있어 창간 당시의 규모를 알 수 있다.

문교신문의 논조에 대해서는 최선이 창간사에서 주장하고 있듯이, '창조와 진리의 조선문화를 수립하고 문화국가조선을 건설'하는 것을 목표로, 조선문화교육회가 '항시 어떠한 기성정치이론이나 정치운동에도 편중하지 않는다'고 하며, 기관지인 문교신문도 '어떠한 주의주장을 고집'하지 않는 신문임을 강조하고 있다. 또한 1947년 10월 6일자의 문교신문 제4호에서는 '먼저 인간을 만들어라, 교육이야말로 조국건설의 버팀목'이라는 제목 하에, 전후 미국과 소련이 견인해 온 상황 하에서 조선과 같은 약소국의 민족이 갈 길은 무력이 아니라 교양 밖에 없음을 강조한다. 그러면서 그 때의 교육이란 '편견적 사상교육을 주입시키는 것 보다 인간본래의 휴머니즘으로부터 출발하는 것이 가장 바람직하고, 또 당면한 목표여야 한다'고 주장한다. 이러한 최선의 주장은 이후에도 계속 이어져, 다음 해인 1948년 2월 9일자 지면에는 조련과 민단의 대립을 비난하면서, '우리들이 요망하고 있는 것은 주의주장을 지양하고 무조건 단결이며 우리들의 권리와 이익을 옹호해 주는 강력한 일원적 조직체의 출현이다'고 주장하기에 이른다. 또한, 문교신문이 휴간이 되는 1949년의 신년사에서는 '우리들에게 주어진 명제는 우익이라든가 좌익이라든가 중립이라든가 하는 것이 아니라, 완전해방, 완전독립, 완전한 자주자립체제의 실현이다'고 이야기하고 있다. 이러한 문교신문사 사장 최선의 주장과 사상은 문교신문 전반에 걸쳐 반영되어 발간되던 문교신문은 1949년 8월에 제60호를 종간호로 창간 이래 2년이라는 짧은 기간의 막을 내렸다.

 ## 2 창간사 「우리들에게 평화와 행복을 가져다주는 문화운동-회장 최선」

우리들에게 평화와 행복을 가져다주고 보다 큰 자유 아래에 사회적 진보와 생활수준의 향상을 촉진하도록 조직되고 또한 의무화된 조선문화교육회는 여기에 결성이래 2주년의 긴 침묵을 깨고, 우리들의 정당한 논리와 주장을 삼천만 전동포 앞에 피로하여 건국 도상중인 조국에 한줄기 청량함을 보내려는 염원에서, 그 의의가 깊은 창립기념 2주년이 되는 9월 15일을 기해서 조선문화교육회 중앙기관지 문교신문을 발간하게 되었다. 우리들의 노력의 결집이며 애국의 지고지순한 발현인 문교신문의 발간은 비록 그 지면이 좁고 취재에 한계가 있다하더라도 우리들 동지의 자랑임과 동시에 또한 조국 조선의 기쁨이지 않으면 안 된다.

1945년 9월 15일에 동경 오모리에서 제1회 대회를 개최한 이래 만2년 눈물겨운 동지들의 헌신적인 활동과 굳건한 결합은 마침내 오늘날의 성과를 거두었다. 이것은 실로 의지의 승리라고도 말할 수 있는 소중한 교훈을 갖고 있다. 하지만 조국조선은 미소 양군에 의해 분할점령되어 남북의 동포는 적색이라느니 백색이라느니 서로 다투고 있다. 불행하게도 주의주장을 달리해서 민족에게 부과된 역사적 사명을 잊고 쓸데없이 정쟁을 반복하여, 결국에는 세계에서 가장 초라한 민족이 되려하고 있다. 이리하여 조국 건설의 항로는 다사다난, 바로 풍파와 가시밭길이 겹겹이 쌓여있다. 여기에 이성에 입각한 젊은 힘과 정열 외에는 올바른 지도이론과 그 실천만이 모든 것을 해결해줄 키포인트이다. 우리들은 기성외래사상을 무조건적으로 받아들이기 보다는 그것에서 벗어나서, 조선적인 정치이론을 창조하여 모범적인 문화교육운동을 강력히 추진하여, 대중을 몽매한 상태에서 계몽하여 민족이 나아가야 할 방향을 제시하지 않으면 안 된다. 그렇게 하기 위해 우리들은 먼저 겸허한 자기완성부터 하지 않으면 안 된다는 것을 통감하는 것이다.

이제 자유과 관용과 정의를 기반으로 하는 새롭고 위대한 문화조선창건의 거대한 발걸음을 내딛으려 하고 있고, 또한 내딛지 않으면 안 된다. 우리들은 예로부터의 봉건적 영역을 뛰어넘어 민족적 통일을 향하고 또한 그것을 기준으로 국제적 활동과 함께 인간적 활동의 새로운 천지를 개척하지 않으면 안 된다.

세계지도를 펼쳐 우리 조선을 응시하면 여러 말이 필요 없이 조선 그리고 조선인의 현실을 똑똑히 지각할 것이다. 이 냉엄한 자각으로 인해 조선건설의 기반이 깊숙이 대지에 뿌리내리게 될 것이다.

사상도 주장도 좋다. 하지만 더 중요한 것은 인간적으로 되는 것이다. 우리들은 무엇보다도 먼저 개개인의 인격의 완성을 통해 조국건설의 대도를 걷도록 하자. 우리들은 문교신문을 통해 자신을 발견해 내는 것을 배우고, 이것이 얼마나 귀중한 것인가를 알고, 그리고 노력하여 고식과 부정█의 세계에서 창조와 진리의 조선문화를 수립하여 문화국가조선을 건설하여 인류의 문화발전에 참여하지 않으면 안 된다.

폭력을 자랑하는 국가민족은 결국은 그 폭력으로 망한다. 인류의 이상세계는 지와 덕과 용을 기반으로 하여, 그 위에 인류로서 우애적 정신으로 서로 교류할 때 비로소 축복받을 것이다.

여기에 우리들의 노력을 규합하여 결의함에 있어서, 일체의 악조건과 끝까지 싸워, 모든 편향사상으로부터 완전히 벗어나 단호히 진리의 웅장한 필력으로, 한 자루의 연필이 부러질 때까지 같은 근심을 하는 분들과 함께 이 신문을 키워나가려고 한다. 하지만 우리들은 확고한 사회적 양심과 씩씩한 지성적 용기, 아니 오히려 만용을 부려, 그 중책을 수행할 것을 맹세하는 바이다.

조선문화교육회는 항상 진리의 탐구자이기에 어떠한 기성정치이론이나 정치운동에도 편중하지 않는 것처럼, 문교신문 역시 어떠한 주의주장을 고지하지 않고 오로지 새로운 것을 추구하고 창조하여 인간완성을 위해 전력을 다할 생각이다. 이 작은 신문이 조금이라도 동포들에게 읽혀 우리들의 인격완성에 도움이 되고, 또한 무형의 자극이 된다면 우리들의 목적은 충분히 달성될 것이다.

바라건데 조선문화교육회를 사람하는 것처럼 본지의 건전한 성장을 위해 정신적으로는 물론, 경제면에 특히 절대적인 원조와 현명하신 여러분들의 따끔한 충고를 바라마지 않는다.

3 목차

발행일	발행호	지면정보	필자	기사제목(원문)
1947.09.15	第1号	01頁01段	朴烈	祖国愛と国際観念
1947.09.15	第1号	01頁01段	会長 崔鮮	文化運動
1947.09.15	第1号	02頁01段		〈文化の展堂〉在日六十万同胞の文化会館の設立
1947.09.15	第1号	02頁05段		創立二週年記念式馬込て盛大に挙行さる
1947.09.15	第1号	02頁06段		十月二十九日ハングル記念日
1947.09.15	第1号	02頁07段		朝鮮文化教育会二カ年足跡(一)
1947.09.15	第1号	03頁01段		社会主義圧倒的 本会第二回挙論調査
1947.09.15	第1号	03頁07段		ラーチ軍政長官心臓病に逝去す
1947.09.15	第1号	03頁07段		ユネスコ
1947.09.15	第1号	04頁01段	林和	〈文化〉民族抗争と文学運動
1947.09.15	第1号	04頁03段		J.Pサルトルとアンドレ・マルシャン
1947.09.15	第1号	04頁06段		〈文化通信〉朝鮮文化界の近況
1947.09.15	第1号	04頁08段		〈詩〉
1947.09.22	第2号	01頁01段	金景軾	朝鮮文化国の樹立
1947.09.22	第2号	01頁01段		文化人総蹶起の秋
1947.09.22	第2号	02頁01段		〈朝鮮問題〉「これ以上独立を遅らせぬ」米の新提案にソ連はどう出る
1947.09.22	第2号	02頁01段		社会道徳の危機中国評論家の論調
1947.09.22	第2号	02頁06段		アインシュタイン　世界政府樹立要望
1947.09.22	第2号	02頁08段		十月九日はハングル誕生日
1947.09.22	第2号	03頁01段		朝鮮文化教育会二カ年足跡(二)

발행일	발행호	지면정보	필자	기사제목(원문)
1947.09.22	第2号	03頁06段	洪万基(作) 明華春(画)	〈長篇小説〉流れ星(一)
1947.09.22	第2号	04頁01段	金克真	〈文化〉朝鮮演劇の危機
1947.09.22	第2号	04頁03段		日本新劇界の近況
1947.09.22	第2号	04頁06段		朝鮮風俗
1947.09.22	第2号	04頁08段	金慶植	〈詩〉
1947.09.29	第3号	01頁01段	朴佳秋	社会革命を断行せよ　自己批判を徹底せよ
1947.09.29	第3号	01頁01段		新文化の要望
1947.09.29	第3号	01頁08段		風見鳥
1947.09.29	第3号	02頁01段		〈国際聯合第二回総会〉朝鮮問題総会上程可決す
1947.09.29	第3号	02頁05段		朝鮮同時徹兵-ソ連共同委員会提案
1947.09.29	第3号	03頁01段		朝鮮文化教育会　二ヶ年の足跡(三)
1947.09.29	第3号	03頁03段		国連総会日誌
1947.09.29	第3号	03頁03段	洪万基作 明華春　画	〈長篇小説〉流れ星(2)
1947.09.29	第3号	04頁01段		朝鮮社会経済史資料
1947.09.29	第3号	04頁02段	鄭義禎	〈詩〉空を見よう
1947.09.29	第3号	04頁03段	金永佑	秋
1947.09.29	第3号	04頁04段	鄭達鉉	自己を悟れ
1947.09.29	第3号	04頁05段		〈文化通信〉　朝鮮大学に校育書配給
1947.09.29	第3号	04頁07段	崔鮮	小さな努力
1947.10.06	第4号	01頁01段	崔鮮	失う人間をつくる
1947.10.06	第4号	01頁01段		生活の合理化
1947.10.06	第4号	01頁08段		風見鳥
1947.10.06	第4号	02頁01段		対日講和予備会議に-於ける中国の主張
1947.10.06	第4号	02頁02段		自由は来たが平和来らず独立日・出てこぬガンジー
1947.10.06	第4号	02頁04段		北鮮の弱点暴露　金主席演説のうら
1947.10.06	第4号	02頁07段		北鮮の労働者　強制徴発さる
1947.10.06	第4号	03頁01段		〈特輯〉独立したインド
1947.10.06	第4号	03頁04段		〈政治構成〉二自治領の成立
1947.10.06	第4号	04頁01段	朴佳秋	〈文化〉　朝鮮古代の音楽
1947.10.06	第4号	04頁03段		〈朝鮮風俗〉
1947.10.06	第4号	04頁05段		〈海外短信〉
1947.10.06	第4号	04頁07段	洪万基作 明華春　画	〈長篇小説〉流れ星(3)
1947.10.13	第5号	01頁01段		訓民正音発布記念日　所謂「ハングルナル」に就いて
1947.10.13	第5号	01頁01段		教育の機会均等
1947.10.13	第5号	01頁08段		風見鳥
1947.10.13	第5号	02頁01段		朝鮮同時撤兵ソ連提案の波紋

발행일	발행호	지면정보	필자	기사제목(원문)
1947.10.13	第5号	02頁03段		五小国委員会で監視-在米朝鮮人会長金氏提唱
1947.10.13	第5号	02頁05段		国連総会日誌
1947.10.13	第5号	02頁04段		朝鮮の自立可能か-経済的に見た南北統一と分離
1947.10.13	第5号	03頁01段		〈各国教育行政の大要〉 海外教育事情-その一アメリカ/その二イギリス
1947.10.13	第5号	03頁06段		朝鮮風俗
1947.10.13	第5号	04頁01段		〈文化〉 朝鮮英画製作状況 南鮮の部
1947.10.13	第5号	04頁03段		各映画監督案内(1)-デュヴィヴィエ JULIEN DUVIVER
1947.10.13	第5号	04頁03段		〈長篇小説〉流れ星(4)
1947.10.20	第6号	01頁01段	林竹松	青年の指導を誤るな 文化運動層に題言す
1947.10.20	第6号	01頁01段		青年の奮起を要望す
1947.10.20	第6号	01頁08段		風見鳥
1947.10.20	第6号	02頁01段		新コミンテルンと極東への影響-対日講和ソ連の参加全く絶望 赤色攻勢は積極化する
1947.10.20	第6号	02頁01段		東洋平和機構の重大要素"朝鮮"
1947.10.20	第6号	02頁04段		国連総会日誌
1947.10.20	第6号	02頁07段		ビルマ独立 来年一月か
1947.10.20	第6号	02頁07段		ソ連の攻勢は対内策
1947.10.20	第6号	03頁01段		アメリカの議会図書館
1947.10.20	第6号	03頁03段		科学界の新話題-マラリヤ新特効薬/点眼薬にペニシリンを/カンの判別に色素/メタノールと水から水素/樹の皮から可ソ剤
1947.10.20	第6号	03頁05段		"白衣の同胞に温い手"-朝鮮人傷病者協会決成
1947.10.20	第6号	03頁05段		〈長篇小説〉流れ星(5)
1947.10.20	第6号	04頁01段		"独映画界"虚脱状態から脱せられるか
1947.10.20	第6号	04頁03段		純爛豪華な音楽会-今秋のコーラル・ユニエン演奏
1947.10.20	第6号	04頁04段		中国文学界近状
1947.10.20	第6号	04頁06段		イーデン氏著「自由と秩序」
1947.10.27	第7号	01頁01段	山虎人	民族幽久発展のために叡智を注ぐ-開天節の所感
1947.10.27	第7号	01頁01段		(第三十八回忌追悼日 十月二十六日)義士安重根を偲ぶ
1947.10.27	第7号	01頁08段		風見どり
1947.10.27	第7号	02頁01段		〈朝鮮問題〉米国案愈よ提出十七日の国連-ソ連と同時撤退総選挙施行監視
1947.10.27	第7号	02頁01段		信託統治は断念-米代表の見解
1947.10.27	第7号	02頁03段		米提案は解決の一歩-ニュ-ヨクタイムス地評
1947.10.27	第7号	02頁04段		米ソ公委ソ代表平壌に引揚げ-米の休会提案受諾か
1947.10.27	第7号	02頁06段		琉球は中国へ-張院長, 参政会で主張
1947.10.27	第7号	02頁08段		上海のインフレ
1947.10.27	第7号	03頁01段		ソ連の学校に於ける-生徒自治制度
1947.10.27	第7号	03頁04段		教育革新時代-ソ連中等教育の動向

발행일	발행호	지면정보	필자	기사제목(원문)
1947.10.27	第7号	03頁05段		女子大学国際会議開く-戦後はじめてトロント市に
1947.10.27	第7号	03頁07段		アンドレ·モーロア米ソ観
1947.10.27	第7号	04頁01段	朴佳秋	日本における高句麗族の分布
1947.10.27	第7号	04頁02段		ピカンの作品-ソヴエトから排撃
1947.10.27	第7号	04頁04段		ソウル図書館利用者
1947.10.27	第7号	04頁04段		国連映画「人民勲章」第一回作品
1947.10.27	第7号	04頁05段		朝鮮人類学会-世界学会に加盟
1947.10.27	第7号	04頁05段		風俗
1947.10.27	第7号	04頁06段		トーマス·マンの新作
1947.10.27	第7号	04頁07段		〈長篇小説〉流れ星(6)
1947.11.03	第8号	01頁01段		文化建設の諸問題 民主教化創建を目指して
1947.11.03	第8号	01頁01段		民族的欠陥の是正
1947.11.03	第8号	01頁08段		風見どり
1947.11.03	第8号	02頁01段		ソ·フの明暗対照物乞う老婆の群-モスコー印象記
1947.11.03	第8号	02頁01段		〈デンマーク近況〉森教会国音楽美術再建-ウワース氏は斯く語る
1947.11.03	第8号	02頁08段		朝鮮問題は国連で 深い関心を示す-王部長声明
1947.11.03	第8号	02頁10段		ユネスコ国際的の演劇協会設を立提案す
1947.11.03	第8号	03頁01段		海外教育事情(三)-フランスの巻
1947.11.03	第8号	03頁04段	池島重信	啓蒙家の必要
1947.11.03	第8号	03頁06段		記録映画-ルーズベルト伝
1947.11.03	第8号	03頁08段		東亜の文盲対策-経費は大陸資源から
1947.11.03	第8号	03頁09段		朝鮮に急速な独立を-米政府国連に提案
1947.11.03	第8号	03頁10段		出版印刷業者など再登録- 登録せぬ場合は営業停止
1947.11.03	第8号	04頁01段		戦禍から立ち上るフランス演劇-だが財政は苦しい
1947.11.03	第8号	04頁02段		海外スポ-ツ短信-米陸上競技界の展望
1947.11.03	第8号	04頁04段		アメリカ大統領系図
1947.11.03	第8号	04頁06段		世界記録二つ
1947.11.03	第8号	04頁06段		チヤツプりん選挙さる!
1947.11.03	第8号	04頁06段		プロゴルフのかせぎ手
1947.11.03	第8号	04頁07段		〈長篇小説〉流れ星(7)
1947.11.10	第9号	01頁02段	朴佳秋	在日学生諸君! 中国の学生運動に続け
1947.11.10	第9号	01頁01段		日進月歩に遅れるな
1947.11.10	第9号	01頁08段		ガラスの王国 国聯本部の建築
1947.11.10	第9号	01頁08段		風見どり
1947.11.10	第9号	02頁01段		〈朝鮮問題〉国連·米提案を採択明年三月独立政府樹立-米·ソ両軍三箇月以内撤退
1947.11.10	第9号	02頁01段		マ元師大統領選へ-ホイット氏談
1947.11.10	第9号	02頁03段		国府民主同盟非合法宣言-内政部発表-

발행일	발행호	지면정보	필자	기사제목(원문)
1947.11.10	第9号	02頁04段		教育研究会開催-文教部長発表
1947.11.10	第9号	02頁05段		精細な朝鮮字地図出現
1947.11.10	第9号	02頁03段		中国民主同盟に弾圧の施風
1947.11.10	第9号	03頁01段		アレサンドロフ事件 ソ連哲学界一異変
1947.11.10	第9号	03頁01段		インド初代駐ソ大使　パンディット夫人
1947.11.10	第9号	03頁05段		疑問のシェイクスピア-新オクスフオード公設
1947.11.10	第9号	04頁01段	金昌奎	〈文化〉文学の対象と表現
1947.11.10	第9号	04頁04段		ピカソ南仏へ
1947.11.10	第9号	04頁06段		風俗
1947.11.10	第9号	04頁03段		進出する中国新劇人-戦後の電影レポート
1947.11.10	第9号	04頁07段		〈長篇小説〉流れ星(8)
1947.11.17	第10号	01頁01段		米・ソ撤兵前に南鮮を整備せよ-我等はかく望む
1947.11.17	第10号	01頁01段		青年運動の将来
1947.11.17	第10号	01頁08段		風見どり
1947.11.17	第10号	02頁01段		荒廃を越えて生きるベルリン-アンだーソン氏印象記
1947.11.17	第10号	02頁05段		〈朝鮮問題〉混迷より曙光-朝鮮独立の決議案採択される/朝鮮政府の樹立撤兵前に必要/朝鮮に独立政府樹立か
1947.11.17	第10号	02頁08段		＜もろとフ原爆声明反響＞未だ疑問ー米の観測
1947.11.17	第10号	02頁09段		人口都市へ集中化-南鮮人口二千百万
1947.11.17	第10号	03頁01段		革命の画家オラスコ熾烈なメキシコの代表画風
1947.11.17	第10号	03頁03段		ソ連にもヤミ初符活気づく演劇界
1947.11.17	第10号	03頁04段		〈祖国文化短信〉郷土音楽舞踊大会を明春開催
1947.11.17	第10号	03頁05段		〈祖国文化短信〉ユネスコ朝鮮協会創立
1947.11.17	第10号	03頁07段		〈祖国文化短信〉朝鮮医学界の朗報
1947.11.17	第10号	03頁09段		非難ゴウく"海外文化の目かくし"…英国で書籍輸入制限…
1947.11.17	第10号	03頁04段	大島 氏	〈回顧記〉マラソンの三選手を語る
1947.11.17	第10号	04頁01段	仁洙蔡	体育と学生
1947.11.17	第10号	04頁03段		スケート界の女王ヘニー銀幕へ復帰
1947.11.17	第10号	04頁04段		中国出版法規改正
1947.11.17	第10号	04頁03段		海外スポーツ短信
1947.11.17	第10号	04頁04段		＜ユネスコ＞第二回総会
1947.11.17	第10号	04頁07段		〈長篇小説〉流れ星(9)
1947.11.24	第11号	01頁01段	宋諒	本末の顚倒を切にいましめよ
1947.11.24	第11号	01頁01段		実際的教養
1947.11.24	第11号	01頁08段		風見どり
1947.11.24	第11号	02頁01段		国連に信頼せよ　ホツヂ中将声明

발행일	발행호	지면정보	필자	기사제목(원문)
1947.11.24	第11号	02頁01段		〈東京裁判〉厳正なる法廷に侵略者は裁から-法廷雑記帖から
1947.11.24	第11号	02頁03段		朝鮮民衆マ長官新提案を支持
1947.11.24	第11号	02頁04段		中国の自力更生
1947.11.24	第11号	02頁05段		米・ソの提案と朝鮮独立政府
1947.11.24	第11号	03頁01段		海外教育事情(四)
1947.11.24	第11号	03頁03段		二度目の大戦回顧録-チヤーチル氏執筆
1947.11.24	第11号	03頁08段		二つの戦争文学-アーニー・バイルとサローヤン
1947.11.24	第11号	04頁01段	金昌奎	〈随筆〉「その路」
1947.11.24	第11号	04頁02段		海外スポーツ短信-ヘース伍長三種目優勝
1947.11.24	第11号	04頁07段		〈長篇小説〉流れ星(10)
1947.12.01	第12号	01頁01段	金仁洙	教育に対する認識を深めよ
1947.12.01	第12号	01頁01段		吾らの言ひ分
1947.12.01	第12号	01頁07段		風見どり
1947.12.01	第12号	02頁01段		〈南北不統一はたたる〉総選挙はどうなる　ソ連の動き主目
1947.12.01	第12号	02頁04段		洗錬された新任植民地行政官
1947.12.01	第12号	02頁04段		伸びる中国　安定勢力へ
1947.12.01	第12号	02頁06段		北鮮は共産主義の国際学校?-最近の上海電報
1947.12.01	第12号	02頁09段		〈時の言葉〉鉄のカーテン
1947.12.01	第12号	02頁09段		貿易に張切る-朝鮮代表 Dコウイン氏語る
1947.12.01	第12号	02頁10段		マ元師大統領戦に出馬か
1947.12.01	第12号	03頁01段		〈学生生活〉戦後角帽物語り
1947.12.01	第12号	03頁03段		頭痛の種　困る名画の保存
1947.12.01	第12号	03頁05段		ハートの遺産で公園建設
1947.12.01	第12号	03頁03段		祖国文化短信
1947.12.01	第12号	03頁06段		誕生する子供世界劇場
1947.12.01	第12号	03頁06段		国連にも菅鉉楽団
1947.12.01	第12号	03頁08段		アタるも八卦-天気予報に新機軸
1947.12.01	第12号	03頁10段		美国学生の意見
1947.12.01	第12号	04頁01段		〈文化〉濠洲文学のグリンプス
1947.12.01	第12号	04頁02段		〈スポーツ欄〉ジャニーの記録の抗議/世界重量挙大会出場の三選手歓迎大会/五輪大会参加五十一ヶ国
1947.12.01	第12号	04頁04段		日本音楽について
1947.12.01	第12号	04頁04段		〈随想〉女性の自覚
1947.12.01	第12号	04頁06段		〈風俗〉つけ物の調理
1947.12.01	第12号	04頁07段		〈長篇小説〉流れ星(11)
1947.12.08	第13号	01頁01段	尹決炳	米・ソの同時撤兵と我等の態度
1947.12.08	第13号	01頁01段		学同臨時総会に寄す

발행일	발행호	지면정보	필자	기사제목(원문)
1947.12.08	第13号	01頁08段		風見どり
1947.12.08	第13号	02頁01段		印度文学の現況－オールド氏は斯く語る
1947.12.08	第13号	02頁03段		羊毛王国 濠洲を築いた「羊毛の歴史」
1947.12.08	第13号	02頁07段		文化教育会の躍進自覚まし支部続々誕生
1947.12.08	第13号	02頁07段		生れる「ユネスコ学生クラブ」
1947.12.08	第13号	02頁09段		〈語事時〉クー・デ・ター
1947.12.08	第13号	03頁01段		音楽から見たアジアの三兄弟(上)
1947.12.08	第13号	03頁03段		〈祖国文化短信〉今年六歳のピアニスト/新教育建設に各大学出品実演
1947.12.08	第13号	03頁03段		〈中国受験界〉何処も同じ秋の夕暮れ
1947.12.08	第13号	03頁06段		戦争宣伝禁止法案可決-ユネスコ第二回総会
1947.12.08	第13号	03頁07段		共愛主義でサルトルに対抗する-仏のセヴィーユ
1947.12.08	第13号	03頁08段		砂糖と米の台湾 徴兵を恐れる青年達
1947.12.08	第13号	03頁07段		反響を呼んだ ハリウドの赤騒ぎ
1947.12.08	第13号	03頁10段		第三次世界大戦防止国民運動
1947.12.08	第13号	04頁01段		〈文化〉ソ連音楽の傾向-多分含英雄主義
1947.12.08	第13号	04頁02段		〈スポーツ欄〉ハウイ同胞慰問の全朝鮮野球軍歓迎準備成る/アメリカテニスのナンバーワンペイルス・プロへ転向/ソ連オリンピック不参加か
1947.12.08	第13号	04頁03段		実存主義のパレス-サルトルの思想
1947.12.08	第13号	04頁03段		ノーベル賞はフランスのアンドレ・ジイドに
1947.12.08	第13号	04頁06段		〈風俗〉城主祭
1947.12.08	第13号	04頁07段		〈長篇小説〉流れ星(12)
1947.12.15	第14号	01頁02段		ぢつくり物事を考へて悪いとこるは直していきませう
1947.12.15	第14号	01頁01段		国連の叡智に期待す
1947.12.15	第14号	01頁08段		風見どり
1947.12.15	第14号	02頁01段		〈躍進するフィリッピン〉国民総力を結集建設に驀進す-米国権威者は語る
1947.12.15	第14号	02頁04段		最も苦ーい勤労者 パンの色濃くなる-仏の耐乏生活
1947.12.15	第14号	02頁07段		時の言語
1947.12.15	第14号	02頁08段		東洋一の畜産病院
1947.12.15	第14号	03頁01段		実質主義に進む 英国映画界 矛盾打破に万進
1947.12.15	第14号	03頁05段		明年度の予算可決
1947.12.15	第14号	03頁07段		〈対日理事会〉尚震中国代表
1947.12.15	第14号	04頁01段		〈初期に於ける〉アメリカ女流詩人の発足
1947.12.15	第14号	04頁02段		〈スポーツ欄〉恐れをなしたソ連チーム/ナ・リーグの最優秀選手は/五輪大会英陸上決まる/ペイルスの契約条件
1947.12.15	第14号	04頁03段		新離婚哲学
1947.12.15	第14号	04頁04段		〈所惑〉「最近の婦人雑誌」

발행일	발행호	지면정보	필자	기사제목(원문)
1947.12.15	第14号	04頁05段		〈風俗〉乾釘
1947.12.15	第14号	04頁06段		問題の「永遠のアンバー」反対の火の手あがる
1947.12.15	第14号	04頁06段		フランス画壇に映画の流行
1947.12.15	第14号	04頁07段		南朝鮮大学連盟結成
1947.12.15	第14号	04頁07段		〈長篇小説〉流れ星(13)
1947.12.22	第15号	01頁02段	朝鮮体育協会長 蔡洙仁	朝鮮と体育の問題について
1947.12.22	第15号	01頁01段		知識人は捨石となれ
1947.12.22	第15号	01頁08段		風見どり
1947.12.22	第15号	02頁01段		〈長短試合〉軍配は何れにスカートの流行争い
1947.12.22	第15号	02頁01段		敗戦日本の縮図-往年の夢破れ
1947.12.22	第15号	02頁04段		富と貧の嵐過巻く-東京の横顔
1947.12.22	第15号	02頁06段		国連朝鮮委員会 明年一月来鮮
1947.12.22	第15号	02頁07段		文化人は不断に努力-思索会開かる
1947.12.22	第15号	02頁09段		女性が怒ると胃がそう白になる
1947.12.22	第15号	02頁09段		道義を誇りし日本に夜の女
1947.12.22	第15号	03頁01段		〈第二回ユネスコ総会　平和に万進〉国際情報機関の設立を準備
1947.12.22	第15号	03頁03段		賛否兩論激し三大美術館の交流
1947.12.22	第15号	03頁03段		音楽に結ばれたアジアの三兄弟(下)
1947.12.22	第15号	03頁06段		朝鮮放送国際舞台に
1947.12.22	第15号	03頁07段		復員学生はアメリカ大学の課題-在学生との関係
1947.12.22	第15号	03頁09段		御婦人は何がお好みか-読書の世論調査
1947.12.22	第15号	03頁08段		赤旋風余問!
1947.12.22	第15号	04頁01段	金昌奎	〈随筆〉「一つの動機」
1947.12.22	第15号	04頁02段		〈スポーツ欄〉「ターザン」の横断記/来年度全英テニス選手権/マイルの王者引退/人種的障壁を撤廃/
1947.12.22	第15号	04頁03段		共産党員"ピカソ"追放を叫ㄲぶ
1947.12.22	第15号	04頁05段		南鮮では甘党の努力増大
1947.12.22	第15号	04頁06段		教育訓練所設置さる
1947.12.22	第15号	04頁07段		〈風俗〉冬至
1947.12.22	第15号	04頁08段		〈長篇小説〉流れ星(14)
1947.12.29	第16号	01頁01段	会長　崔鮮	一年を省みて
1947.12.29	第16号	01頁03段	山処人	〈随想〉"さんげ"
1947.12.29	第16号	01頁04段		本会一年の重要事項
1947.12.29	第16号	02頁01段		〈朝鮮文化教育会〉去り行く一ヵ年会成長の跡-団結と努力の賜
1947.12.29	第16号	02頁04段		建青と離別し　新たなる方策の下に-第四回臨時総会
1947.12.29	第16号	02頁08段		三星学院の創設　定式に認可さる-在日同胞教育に曙光
1947.12.29	第16号	02頁08段		民族の興望を荷う-朝鮮民族自主連盟発足

발행일	발행호	지면정보	필자	기사제목(원문)
1947.12.29	第16号	02頁08段		国連朝鮮委員会書記局に鮮人二世二名
1947.12.29	第16号	03頁01段		〈展望〉在日学童教育事情
1947.12.29	第16号	04頁01段		〈回顧する一年の運命〉大詰の朝鮮問題　ソ連飽く迄も非協力か
1947.12.29	第16号	04頁07段		徹底しているアメリカの性教育
1947.12.29	第16号	04頁07段	洪万基(作) 明華春(画)	〈長篇小説〉流れ星(15)
1948.01.05	第17号	01頁01段	金昌奎	新年に擬して
1948.01.05	第17号	02頁01段	林竹松	〈民族反省の史的考察〉汝自身を知れ
1948.01.05	第17号	05頁01段	尹決炳	年頭所感
1948.01.05	第17号	05頁05段	李順子	折にふれて
1948.01.05	第17号	05頁05段	朴慶植	年頭所感
1948.01.05	第17号	06頁01段		全面広告
1948.01.12	第18号	01頁02段	崔勲	国際連合に朝鮮独立問題
1948.01.12	第18号	01頁01段		学童用教書について
1948.01.12	第18号	01頁08段		風見とり
1948.01.12	第18号	02頁01段		〈躍進印度えの忠言〉剰余労働力を工業化へ向けよ
1948.01.12	第18号	02頁03段		＜実現への構想成る＞夢の都ダーウイン-濠洲訪問に聴
1948.01.12	第18号	03頁01段		〈文化〉トルコに見る盲人教育
1948.01.12	第18号	03頁01段		〈三八度線〉米国現在の外交政策と朝鮮問題
1948.01.12	第18号	03頁04段		エリザベス女王に賀詩
1948.01.12	第18号	03頁05段	石用迪夫	古代鮮日音楽史考-日本民謡の史的展開
1948.01.12	第18号	03頁10段		地球の回転速度漸次緩慢となる
1948.01.12	第18号	04頁01段		〈美術〉ドイツの画増明暗二潮流
1948.01.12	第18号	04頁03段		〈スポーツ欄〉ルイス世界重量級ボクシング選手権
1948.01.12	第18号	04頁03段		〈スポーツ欄〉ルイス世界重量級ボクシング選手権/米ツケー界対立五輪大会出場でもむ/朝鮮スケート選手サンモリッツ大会へ/
1948.01.12	第18号	04頁03段		演芸と科学に見る-ソ連のこのごろ
1948.01.12	第18号	04頁04段	宗諒	〈随筆〉空席
1948.01.12	第18号	04頁07段	金海流	僕の戀
1948.01.12	第18号	04頁08段		中国でもラジオ教育
1948.01.12	第18号	04頁09段		〈長篇小説〉流れ星(15)
1948.01.19	第19号	01頁02段	朴峻	朝鮮独立の障害となる　利己主義の根絶に努めませう
1948.01.19	第19号	01頁01段		国定教科書の日本内飜刻発行権　本会に許可さる
1948.01.19	第19号	01頁08段		風見どり
1948.01.19	第19号	02頁01段		〈神秘の国〉砂湾にしん気ろう　忘れ得ぬ思出-印度旅行記
1948.01.19	第19号	02頁01段		着々実を結ぶ米の対希援助

발행일	발행호	지면정보	필자	기사제목(원문)
1948.01.19	第19号	02頁09段		朝鮮民族自主連盟のその後
1948.01.19	第19号	02頁10段		南鮮人民の生活はその最底線が多大のきよ威を受く-ニューヨーク「朝鮮の声」
1948.01.19	第19号	02頁10段		戦争発生の予想者が激増
1948.01.19	第19号	03頁01段		昨年のパリ展印に象残った三画展
1948.01.19	第19号	03頁02段		朝鮮民謡の概観(一)
1948.01.19	第19号	03頁03段		義務教育完全実施に一八億余円-先づ初等教育を
1948.01.19	第19号	03頁05段		〈祖国民生恒久策〉洛東江水利施設工事 促進会生る
1948.01.19	第19号	03頁08段		工業技術者連盟 人民経済計劃に貢献
1948.01.19	第19号	03頁08段		朝鮮民族自由連盟 初の中執委員会開かる
1948.01.19	第19号	03頁09段		釜山, 大邱, 光州に少年審理院を新設
1948.01.19	第19号	03頁08段		ドイツでこれは又変った-肺臓のヤミ売り
1948.01.19	第19号	04頁01段		〈文化〉ジイドは長期休養! 静かに閉じこもるコレット
1948.01.19	第19号	04頁02段		〈スポーツ欄〉オリンピック氷上選手ニューヨークからサンモリツツえ/世界新記録生る百ヤード平泳五十九秒四/サンモリツツの名花/ルイス引退を決意
1948.01.19	第19号	04頁03段	金昌奎	〈随想〉鼠(上)
1948.01.19	第19号	04頁07段		大学でニューモア文学講座
1948.01.19	第19号	04頁07段		米大学香科課を新設
1948.01.19	第19号	04頁08段		〈長篇小説〉流れ星(17)
1948.01.26	第20号	01頁02段	山処人	嫉妬こそ最大の悪
1948.01.26	第20号	01頁01段		国連朝鮮委員団に期待す
1948.01.26	第20号	01頁08段		風見どり
1948.01.26	第20号	02頁01段	金昌煥	在日朝鮮学生同盟 今後の在方について
1948.01.26	第20号	02頁01段		住宅難のアメリカ　新様式生まる
1948.01.26	第20号	02頁06段		ソウル-東京"旅客機が新記録"
1948.01.26	第20号	03頁01段		宗教への関心高まり-キリスト教への新理論生まる
1948.01.26	第20号	03頁03段		朝鮮民謡の概観(二)
1948.01.26	第20号	03頁04段		彷徨するユネスコ-活路を何処に出現すか
1948.01.26	第20号	03頁08段		待望の通信教育-三月十五日から初る-
1948.01.26	第20号	03頁09段		日本にキリスト教大学建設計劃
1948.01.26	第20号	03頁09段		人工雨も可能
1948.01.26	第20号	04頁01段		〈文化〉映画-最近欧州映画をのぞく
1948.01.26	第20号	04頁03段		〈スポーツ欄〉冬期オリンピック日程決まる
1948.01.26	第20号	04頁03段	金昌奎	〈随想〉鼠(中)
1948.01.26	第20号	04頁03段		朝ソ文化交流を推進-国際文化協会第二次全国大会-
1948.01.26	第20号	04頁05段		うらたましい米の標準生活
1948.01.26	第20号	04頁08段		〈長篇小説〉流れ星(17)
1948.02.02	第21号	01頁02段		平和聖者遂に民族闘争の犠牲となる

발행일	발행호	지면정보	필자	기사제목(원문)
1948.02.02	第21号	01頁01段		聖雄の屍を越えて行け
1948.02.02	第21号	01頁06段		印度の"父"の国葬に
1948.02.02	第21号	01頁08段		風見どり
1948.02.02	第21号	02頁01段		インドの父を悼む
1948.02.02	第21号	02頁04段		印度の救世主-ガンジーこそ私達の永遠の
1948.02.02	第21号	02頁07段		偉大な世界の指導者
1948.02.02	第21号	03頁01段		非暴力思想の普及と独立一生を捧げた
1948.02.02	第21号	03頁05段		朝鮮民謡の概観(三)
1948.02.02	第21号	04頁01段		〈文化〉が翁の無抵抗主義
1948.02.02	第21号	04頁03段	崔鮮	〈随筆〉ガンジーと私
1948.02.02	第21号	04頁06段	金昌奎	印度マハトマへの懸念
1948.02.02	第21号	04頁08段		〈長篇小説〉流れ星(18)
1948.02.09	第22号	01頁02段		権威もつて素志を貫け
1948.02.09	第22号	01頁01段		在日団体統合の秋
1948.02.09	第22号	01頁08段		風見どり
1948.02.09	第22号	02頁01段		〈科学の源泉〉躍進する濠洲のアルミニウム工業
1948.02.09	第22号	02頁01段		＜所変れど人変らず＞変り易きは男心女心とヤミ直段？　パラシュートで落す魔薬の国際市場
1948.02.09	第22号	02頁06段		世界第二の金持は「ソ連」
1948.02.09	第22号	02頁06段		公唱更生策など考慮中-民政長官発表-
1948.02.09	第22号	02頁07段		朝鮮は東洋の無限な電源地
1948.02.09	第22号	02頁09段		東北鮮の選挙法検討
1948.02.09	第22号	02頁09段		大型船舶入手の急務-遠洋漁業の打開策として
1948.02.09	第22号	03頁01段		〈鼻の中から〉赤外線吸収される"におい"の波長
1948.02.09	第22号	03頁03段		朝鮮民謡の概観(四)
1948.02.09	第22号	03頁03段		昨年の米出版界-発行部数は五億冊
1948.02.09	第22号	03頁06段		コンクリート新混合法
1948.02.09	第22号	03頁08段		教育文化協会，国民学校　児童教育貢献多大
1948.02.09	第22号	03頁09段		米国農村女子就学率
1948.02.09	第22号	04頁01段		〈文化〉映画-最近欧州映画をのぞく
1948.02.09	第22号	04頁03段		〈スポーツ欄＞李選手,五国スケート競技会に優勝等
1948.02.09	第22号	04頁03段	金昌奎	〈随想〉鼠(下)
1948.02.09	第22号	04頁08段		〈長篇小説〉流れ星(18)
1948.02.16	第23号	01頁02段	朴峻	独立への新方途も前提は米ソ両軍の撤退
1948.02.16	第23号	01頁01段		在日同胞の団結
1948.02.16	第23号	01頁08段		風見どり
1948.02.16	第23号	02頁01段		農業の大革命　水中化学農園
1948.02.16	第23号	02頁01段		長スカートに軍配　だがなたみは附随する
1948.02.16	第23号	02頁06段		パリの新商売-パリの貸帽子展

발행일	발행호	지면정보	필자	기사제목(원문)
1948.02.16	第23号	02頁09段		遺骨流水式ガンジー翁
1948.02.16	第23号	03頁01段		巨匠ダリの 新作展三つつの問題作品
1948.02.16	第23号	03頁03段		日本占領目的は"学校教育"が主眼-オール教育課長談
1948.02.16	第23号	03頁05段		新しい少年運動ジュニア・オりんピック
1948.02.16	第23号	03頁07段		米国絵図書館に朝鮮語大辞典を寄贈
1948.02.16	第23号	03頁09段		「肉体の悪魔」-本国でも上映禁止さる
1948.02.16	第23号	03頁10段		児童の個性に立脚入試準備撤廃
1948.02.16	第23号	03頁03段		世界女性ベストテン ラェさんも入賞
1948.02.16	第23号	03頁04段		医学朝鮮の誇り-国際がん研究大会で気焔
1948.02.16	第23号	03頁05段		天然色テレヴィヴィ時代
1948.02.16	第23号	03頁06段		さすがは世界一 米国人の観光熱
1948.02.16	第23号	03頁08段		浮かれぐブロードウェー
1948.02.16	第23号	03頁09段		感情と血液の変化
1948.02.16	第23号	03頁10段		汽車運賃五倍引上げ説
1948.02.16	第23号	04頁01段		〈文化〉映画-最近欧州映画をのぞく(3)
1948.02.16	第23号	04頁03段		〈スポーツ欄〉冬季オリンピック大会開幕
1948.02.16	第23号	04頁03段	石用迪夫	〈紫煙抄〉随想「龍胆花」(上)
1948.02.16	第23号	04頁03段		「悪の花」など
1948.02.16	第23号	04頁07段		ウィスキーよりペニシリン
1948.02.16	第23号	04頁07段		ぜいたく品はお断り
1948.02.16	第23号	04頁08段		〈長篇小説〉流れ星(20)
1948.03.01	第24・25号	01頁02段	朴峻	朝鮮民族と三一運動
1948.03.01	第24・25号	01頁01段		三一革命記念日
1948.03.01	第24・25号	01頁08段		風見どり
1948.03.01	第24・25号	02頁05段		独立宣言文に関する秘史
1948.03.01	第24・25号	02頁08段		三一革命志士略歴
1948.03.01	第24・25号	02頁10段		李寅煥先生の三一革命後
1948.03.01	第24・25号	03頁01段		独立運動の経過
1948.03.01	第24・25号	04頁01段	崔鮮	吾々の運命を吾々の手で切拓け
1948.03.01	第24・25号	04頁01段	金哲洙	三一革命の烈士に続け
1948.03.01	第24・25号	04頁03段	尹決炳	三一革命運動と我等の任務
1948.03.01	第24・25号	04頁03段	鄭達鉉	三一運動とフューマニズム(上)
1948.03.01	第24・25号	04頁07段	鄭義禎	三一革命を迎えて
1948.03.08	第26号	01頁02段	尹決炳	大同団結して国難を打開せよ
1948.03.08	第26号	01頁01段		単独政府樹立絶対反対
1948.03.08	第26号	01頁08段		風見どり
1948.03.08	第26号	02頁01段		〈民団第四次臨時全体大会〉"政治路線問題"が集中 民国か、朴烈か
1948.03.08	第26号	02頁01段		兪々成果をあげる濠洲玩具工業

발행일	발행호	지면정보	필자	기사제목(원문)
1948.03.08	第26号	02頁04段		〈暗夜に光明〉文教会員の殊勲　ミタカランプの発明話題の主鄭宗鉉氏を訪う
1948.03.08	第26号	02頁09段		教育の厳正を望むや切
1948.03.08	第26号	03頁01段		世界通信教育の先駆　教育は全世界に躍しつづける
1948.03.08	第26号	03頁03段		書物なきベルリン用紙不足に悩む-占領軍各地域の現況
1948.03.08	第26号	03頁09段		人気の焦点国連幼稚園
1948.03.08	第26号	04頁01段	鄭達鉉	三一運動とフューマニズム(下)
1948.03.08	第26号	04頁03段		〈スポーツ欄〉
1948.03.08	第26号	04頁03段	石用迪夫	〈紫煙抄〉随想「龍胆花」(下)
1948.03.08	第26号	04頁03段		〈長篇小説〉流れ星(21)
1948.03.15	第26号	01頁02段	崔鮮	朝鮮は一つなり-分裂すれば永久の破滅へ-
1948.03.15	第26号	01頁01段		今こそ団結の秋
1948.03.15	第26号	01頁07段		「一つの朝鮮」こそ我等のスローガン
1948.03.15	第26号	01頁07段		風見どり
1948.03.15	第26号	02頁01段		〈武器なき挑戦〉コミンホルムの目標　赤色攻撃を見る
1948.03.15	第26号	02頁04段		愈々親密を加う英国と中国々民-コックス女史のお別れ送放
1948.03.15	第26号	02頁08段		文教の努力実を結び国定教科書翻刻版　続々発刊す
1948.03.15	第26号	03頁01段		米将兵の心の父アーニー・パイル
1948.03.15	第26号	03頁02段		ぐんぐん更生する戦災児への光明-シュ神父の熱誠補導
1948.03.15	第26号	03頁04段	李順子	「個性」を知ろう
1948.03.15	第26号	03頁09段		義務教育制四月から
1948.03.15	第26号	03頁09段		＜祖国便り＞ソ連のピアニストミハイル氏来訪/文盲六万余眼開く/ノリは外貨獲得のちょう児
1948.03.15	第26号	04頁01段		〈イギリス便り〉世界の友好機関「ベンの友情」誕生
1948.03.15	第26号	04頁03段	田村アツ	〈紫煙抄〉随筆「茶碗」
1948.03.15	第26号	04頁05段	張鐘錫	宴
1948.03.15	第26号	04頁07段		新「出エジプト記」
1948.03.15	第26号	04頁07段		在日朝鮮文学者会便り
1948.03.15	第26号	04頁08段		〈長篇小説〉流れ星(22)
1948.03.22	第27号	01頁02段	金仁洙	惰性を精算し生活に計劃図を
1948.03.22	第27号	01頁01段		人類愛に自覚めよ
1948.03.22	第27号	01頁08段		風見どり
1948.03.22	第27号	02頁01段		〈安昌先生逝いて十年〉偉大なる民族の指導者を偲ぶ
1948.03.22	第27号	02頁05段		活溌に動く　文教山口県支部　本部に報告書
1948.03.22	第27号	02頁06段	田村アツ	アメリカの働く女性
1948.03.22	第27号	03頁01段		最近の中国における学生運動動の向
1948.03.22	第27号	03頁03段		〈イタリー童話〉「パテユア・少年愛国者」

발행일	발행호	지면정보	필자	기사제목(원문)
1948.03.22	第27号	03頁09段		〈祖国便り〉司法幹部養成に拍車/朝鮮船の外国港湾出入自由/釜山発電船機能発軍/軍楽学校開校/体育会長後任決る/赤十字社役員改選/米小学生より教材の贈物
1948.03.22	第27号	04頁01段	白鉄著 鄭達鉱 訳	〈文化〉政治と文学の友情に就いて(一)
1948.03.22	第27号	04頁02段		〈名画紹介〉"気狂ひ女"-スウチン作
1948.03.22	第27号	04頁05段		知ヱ問答
1948.03.22	第27号	04頁06段	張鐘錫	失意
1948.03.22	第27号	04頁07段		〈書評〉「民主朝鮮三月号」
1948.03.22	第27号	04頁08段		〈長篇小説〉流れ星(22)
1948.03.29	第28号	01頁02段		デモクラシーの骨子-本会の研究講座記録より(上)
1948.03.29	第28号	01頁01段		日本人の反省を促す
1948.03.29	第28号	01頁08段		風見どり
1948.03.29	第28号	02頁01段		ニュースの落穂より世界の話題を拾う
1948.03.29	第28号	02頁01段		〈ニュースの落穂より世界の話題を拾う〉ソ連俳優謀の死/ベルギー共産党敗北/鋼鉄直上げ大反響を呼ぶ/お医者さんのボイコット/パン焼競争/音響を聴き分ける濠洲の犬/レマルク帰化す/文盲者激増
1948.03.29	第28号	02頁04段		流石は持てる国カナダの天然資源 開発は今後の問題
1948.03.29	第28号	03頁01段		サルトルの時代は去りコクトーの映画も単に変ったもの
1948.03.29	第28号	03頁02段		悲惨な子供を救う為に皆さんの"一日の労賃を" 米国の少年十字軍
1948.03.29	第28号	03頁07段		原爆の災禍は残らぬ-調査委員長談
1948.03.29	第28号	03頁09段		〈祖国便り〉金九氏、　南北協商運動開始/北朝鮮の天道教徒被検説/毛織物及び毛織物等輸入禁止/南朝鮮師範学校長会
1948.03.29	第28号	04頁01段	白鉄著 鄭達鉱 訳	〈文化〉政治と文学の友情に就いて(二)
1948.03.29	第28号	04頁03段		〈濠洲文学界〉作品の重点は 社会的, 哲学的問題に女流作家の進出自覚し
1948.03.29	第28号	04頁04段	金億	海棠
1948.03.29	第28号	04頁06段	洪万基	「流れ星」中断に際して
1948.03.29	第28号	04頁06段	大山郁夫	〈書評〉日本進路
1948.03.29	第28号	04頁08段		〈童話〉フランダースの犬(一)
1948.04.05	第29号	01頁02段	赤神良譲	デモクラシーの骨子-本会の研究講座記録より(下)
1948.04.05	第29号	01頁01段		学校閉鎖の悪令を即時撤回せよ
1948.04.05	第29号	01頁08段		風見どり
1948.04.05	第29号	02頁01段		本会山口現支部に学院朝連の集団暴力に脅さる-崔鄭・兩調査員の報告書
1948.04.05	第29号	03頁01段	朴烈	日本国民に奇す

발행일	발행호	지면정보	필자	기사제목(원문)
1948.04.05	第29号	03頁04段	医学博士 土田守長	精神犯罪者の話
1948.04.05	第29号	03頁07段		民族, 民主革命を標榜する-朝鮮社会民主同志会生る
1948.04.05	第29号	03頁09段		〈祖国便り〉民戦、南北協同の支持声明/選挙準備進む/ロンドン五輪大会に選手波遣/万項大学院六月開院/朝鮮拳闘倶楽部発足/朝鮮体操競技聯盟新役員/米国からの書籍青少年に回覧
1948.04.05	第29号	04頁01段	白鉄著 鄭達鉱 訳	〈文化〉政治と文学の友情に就いて(三)
1948.04.05	第29号	04頁02段		〈朝鮮民謡〉待君
1948.04.05	第29号	04頁04段	夫太昌	〈紫煙抄〉「エッセイ」哲学の領域
1948.04.05	第29号	04頁06段	洪万基	森の細道
1948.04.05	第29号	04頁06段		〈童話〉フランダースの犬(二)
1948.04.12,19	第30号	01頁02段	朴太石	朝鮮の文庫について-東洋唯一の制度
1948.04.12,19	第30号	01頁01段		暴力行為を排せ
1948.04.12,19	第30号	01頁08段		風見どり
1948.04.12,19	第30号	02頁01段		〈教育・第五回臨時総会〉会員総意のもと六部を廃し三局制に期待される今後の活躍
1948.04.12,19	第30号	02頁06段		私財を支部に投じ文化事業に寝食を忘れる-小野田市の金, 韓兩氏
1948.04.12,19	第30号	03頁01段	金鳳奎	「個性を知ろう」の封建性….李順子氏….
1948.04.12,19	第30号	03頁03段	李順子	女性の新しい生態＝金鳳奎氏の反撥に答えて
1948.04.12,19	第30号	03頁04段		DDT物語
1948.04.12,19	第30号	03頁06段		「タゴール世界大学」の誕生
1948.04.12,19	第30号	03頁07段		戦争は起るが-米国の与論に見る
1948.04.12,19	第30号	03頁09段		〈祖国便り〉選挙日五月十日に延期　朝委で決定 등
1948.04.12,19	第30号	04頁01段	白鉄著 鄭達鉱 訳	〈文化〉政治と文学の友情に就いて(四)
1948.04.12,19	第30号	04頁04段		〈スターリン賞〉女流作家の進出自立つ
1948.04.12,19	第30号	04頁06段	金順愛	私
1948.04.12,19	第30号	04頁04段	洪昶完	コント「朝鮮語をししゃべる女」
1948.04.12,19	第30号	04頁08段		朝鮮の映画界
1948.04.12,19	第30号	04頁08段		〈童話〉フランダースの犬(三)
1948.04.26	第31号	01頁02段	崔鮮	人間の心の中に平和の城塞を築け＝ユネスコ運動のために
1948.04.26	第31号	01頁01段		学校閉鎖令に再警告す
1948.04.26	第31号	01頁07段		風見どり
1948.04.26	第31号	02頁02段		〈決然立って教育の自由権を戦取せよ!〉さらに新たなる試練 在日児童教育問題いまや重大化
1948.04.26	第31号	02頁05段		在日同胞教育問題は　米人顧問とも協議し本国政府て-呉文化部長談

발행일	발행호	지면정보	필자	기사제목(원문)
1948.04.26	第31号	02頁05段		本国の文化団体総けつ起-在日同胞教育護委員会設置
1948.04.26	第31号	02頁08段		在日同胞の教育は本国教育令によって-安, 民政長官談
1948.04.26	第31号	02頁08段		民族文化を抹殺する日本-南鮮女同抗議文
1948.04.26	第31号	02頁08段		学校閉鎖の波に抗し　検束あるも授業を断続-東京における闘争
1948.04.26	第31号	02頁09段		挙族して圧迫と不法干渉を排除-民戦談話を発表
1948.04.26	第31号	03頁01段		機会均等を目指す米国高等教育制-目ざましき最近の躍進
1948.04.26	第31号	03頁02段	曹廷漢	日政同胞子弟教育問題干渉は「不完全な法律」が根拠だ
1948.04.26	第31号	03頁07段		少年少女に性教育映画　オレゴン教育局で実施
1948.04.26	第31号	03頁09段		〈祖国便り〉南北代表者連席会議開催/金九氏一行ペンヤン着/メーテ準備進/都立金山癩患療養所国立移管/南朝鮮製紙生産上昇自給自足/文化賞創設
1948.04.26	第31号	04頁01段	白鉄著 鄭達鉉 訳	〈文化〉政治と文学の友情に就いて(五)
1948.04.26	第31号	04頁04段		ハリウット笑話
1948.04.26	第31号	04頁03段		チューホフの弟に与えた覚書
1948.04.26	第31号	04頁07段		「廃虚の小島」フノワの新小説
1948.04.26	第31号	04頁09段		〈童話〉フランダースの犬(四)
1948.05.03	第32号	01頁01段	赤神良譲	「政治と哲学」
1948.05.03	第32号	01頁01段		南北政治要人会談の成功を祈る
1948.05.03	第32号	01頁07段		風見どり
1948.05.03	第32号	02頁01段		〈朝鮮人学教問題〉教育を政治団体から切り離せ総司令部真意問題
1948.05.03	第32号	02頁01段		南北協商会議の成果は特別人民会議に左右される
1948.05.03	第32号	02頁04段		五個条と真相調査団派遣-過渡政府政務会で決定
1948.05.03	第32号	02頁05段		学校教育上の特権は認ねる　但し政治学校の存在は反対-東京軍政府声明発表
1948.05.03	第32号	02頁06段		アジア問題の鍵は一般的な人道主義
1948.05.03	第32号	03頁01段	崔鮮	〈アイケル・バーカー中将の声明に答う〉朝鮮人を与太者扱いは以ての外自だかを追って大魚を逸する勿れ
1948.05.03	第32号	03頁06段		機会均等を目指す米国高等教育制-目ざましき最近の躍進
1948.05.03	第32号	03頁09段		〈祖国便り〉南北協商代表資格確認/ソウルに女性立候補者　外
1948.05.03	第32号	04頁01段	白鉄著 鄭達鉉 訳	〈文化〉政治と文学の友情に就いて(六)
1948.05.03	第32号	04頁03段	長鐘錫	〈映画随想〉デュヴィヴィエと「旅路の果て」
1948.05.03	第32号	04頁03段	洪亀城	春の巻(1)　田舎の道を歩む
1948.05.03	第32号	04頁05段		「宿命論」は戦争
1948.05.03	第32号	04頁07段	鄭義禎	〈童謡〉子 子雀

발행일	발행호	지면정보	필자	기사제목(원문)
1948.05.03	第32号	04頁07段		〈童話〉フランダースの犬(五)
1948.05.10.(17)	第33号	01頁02段	山処人	学校問題闘争を通じて-反省すべき根本要点の数々
1948.05.10.(17)	第33号	01頁01段		三っつの朝鮮
1948.05.10.(17)	第33号	01頁07段		風見どり
1948.05.10.(17)	第33号	02頁01段		〈覚書手校-学校問題一応解決へ〉自主性の認められる範囲で独立の教育行をう-二ヶ月以内に認可申請
1948.05.10.(17)	第33号	02頁02段		共産化か民主化か渦中のアジア
1948.05.10.(17)	第33号	02頁06段		李承晩氏の言は民族の意志に反する
1948.05.10.(17)	第33号	02頁07段	李順子	〈婦人の声〉時間の合理化
1948.05.10.(17)	第33号	02頁07段		〈教育問題〉日本政府は不当に圧迫-在米朝鮮人声明
1948.05.10.(17)	第33号	02頁09段		パリ発モスクワ行『平和列車』
1948.05.10.(17)	第33号	02頁10段		師大専門部学生けつ起大会
1948.05.10.(17)	第33号	02頁10段		世界最古の宗教
1948.05.10.(17)	第33号	03頁01段		米ソ戦わば日本のかいらい?
1948.05.10.(17)	第33号	03頁4段		北鮮単独政府不樹立確約　統一独立運動に新機軸-兩金氏声明発表
1948.05.10.(17)	第33号	03頁09段		〈祖国便り〉ペンヤン市普通江運河工事始る/済州島の暴による動被害者三七名、趙部長治安維持に関し声明/北朝鮮の監生産好調/釜山東洋大学等でも盟休/李承晩博士投票成功確信表明
1948.05.10.(17)	第33号	04頁01段	白鉄著 鄭達鈜 訳	〈文化〉政治と文学の友情に就いて(七)
1948.05.10.(17)	第33号	04頁03段	林栄一	『コント』或青年反省
1948.05.10.(17)	第33号	04頁07段	洪最義	小島
1948.05.10.(17)	第33号	04頁09段	洪最義	〈童話〉フランダースの犬(六)
1948.05.24	第34号	01頁02段	赤神良謙	社会主義弁証論(上)-本会研究講座速記銀より-
1948.05.24	第34号	01頁01段		送電停止は民族自滅行為
1948.05.24	第34号	01頁07段		風見どり
1948.05.24	第34号	02頁01段		福岡県人民大会の決意文大部分承認-実行監視委員選出
1948.05.24	第34号	02頁03段		朝鮮人記者倶楽部生る
1948.05.24	第34号	02頁01段		軍事裁判開かる-於神戸商工会議所ビル講堂
1948.05.24	第34号	02頁04段		三十日学同総会開く
1948.05.24	第34号	02頁05段		在日同胞学校閉鎖令に反対-金日星大学総長演説
1948.05.24	第34号	02頁07段		科学万能国奇現象-占い好きのアメリカ人
1948.05.24	第34号	02頁08段		〈時の人〉李承晩博士
1948.05.24	第34号	02頁10段		南鮮留学生米五大学奨学金設定
1948.05.24	第34号	02頁10段		修復される独立門
1948.05.24	第34号	03頁01段		初の受賞者は中国研究のボッデ博士-フルブライ国際育英法の運栄状況
1948.05.24	第34号	03頁03段		戦後の中国映画界-進出する新人群

발행일	발행호	지면정보	필자	기사제목(원문)
1948.05.24	第34号	03頁05段		あちらの闇の話-家畜ドロ大はやり
1948.05.24	第34号	03頁07段		「短波放送」木登りする魚/トルコ語のモーロクは日本語のモーロク/売出豪華版
1948.05.24	第34号	03頁09段		〈祖国便り〉選挙報告書は上海で作成/北鮮から送電中止し発電活動開始/兩金氏政界動活溌/金日星委員長にチ国より書翰/南北間物資交易近日中に法令発布/与南第二人民工場生産活気を呈す/全国少年野球選手権大会/五輪大会参加記念切手発行
1948.05.24	第34号	04頁01段		ジャズ音楽創始者ボルデン
1948.05.24	第34号	04頁04段	金昌奎	〈コント〉薄のろ
1948.05.24	第34号	04頁06段	金起林	個性
1948.05.24	第34号	04頁08段		米国言葉浄化運動
1948.05.24	第34号	04頁09段		〈童話〉フランダースの犬(七)
1948.05.31	第35号	01頁02段	赤神良譲	社会主義弁証論(下)-本会研究講座速記銀より-
1948.05.31	第35号	01頁01段		南鮮総選挙と居留民団
1948.05.31	第35号	01頁08段		風見どり
1948.05.31	第35号	02頁01段		〈朝鮮人教育問題〉朝連の一方的屈服に不満　最後の交渉を断続中-断乎教育自主性を擁護せよ
1948.05.31	第35号	02頁07段		ア中将の皮相的見解に対し　公開書翰文を伝達す-朝鮮社会民主同志会より
1948.05.31	第35号	02頁01段	佐山彰子	朝鮮人学校問題に関し　自主性を欠く日本同胞に
1948.05.31	第35号	03頁01段		〈海外教育事情〉アメリカ各州憲法における教育費に関する規定
1948.05.31	第35号	03頁03段	成当煥	アルクス主義批判(1)
1948.05.31	第35号	03頁09段		〈祖国便り〉李承晩氏ウェイフ代将要談/米軍家族南鮮引場げ/北朝鮮医療設備拡充/工業技術者を日本に派遣/北朝鮮の文盲退治/百八十五万ドルの生産品米国に向け輸出/六月六日を少年団記念日に
1948.05.31	第35号	04頁01段		ソ連精神に引返す-音楽界に「自己批判」の風
1948.05.31	第35号	04頁03段	鄭達鉉	〈コント〉可愛い嘘付き
1948.05.31	第35号	04頁06段	張鐘錫	〈詩〉禁断の現実
1948.05.31	第35号	04頁08段		人気呼二著「心の平和」「男性の欲情」
1948.05.31	第35号	04頁09段		〈童話〉フランダースの犬(八)
1948.06.07	第36号	01頁02段		〈教育問題で声明書〉文化侵略を企て日政に対抗し-毅然たる態度を保持しよう
1948.06.07	第36号	01頁01段		学同総会の対立闘争
1948.06.07	第36号	01頁08段		風見どり
1948.06.07	第36号	02頁01段		<教育問題・文教必死の努力も効なく交渉遂に全面決裂へ!>日本政府は予定の行動当初より解決の意志なし根本目的は朝鮮人弾圧/朝連と手交した覚書に在留民は不満/卑怯にもずらか日政朝鮮人を無国籍人呼ばり

발행일	발행호	지면정보	필자	기사제목(원문)
1948.06.07	第36号	02頁06段		回答文に見る反動性　交渉遂に全面的打切りえ-六十万在留民の自重を望む
1948.06.07	第36号	02頁07段		〈第五回定期総会〉政治闘争展開かメツェージ採択問題で学同完全分裂さる
1948.06.07	第36号	02頁09段		同胞教育問題に議論沸騰し日本を甘やかすなと警告-チャイナーマンスリ紙
1948.06.07	第36号	03頁01段		「記憶すべき二つ日」伊太利と朝鮮国民のために
1948.06.07	第36号	03頁03段	成当煥	マルクス主義批判(二)
1948.06.07	第36号	03頁05段		南鮮最初の国会開く-議長に李承晩博士
1948.06.07	第36号	03頁08段		憲法起草委員詮委員の選出国会第二日
1948.06.07	第36号	03頁08段		オリムピック派遣選手六月二十二日出発
1948.06.07	第36号	03頁09段		〈祖国便り〉米国撤退後軍事、外交、政治、顧問団残留か/単選反対運動南鮮各地で/第二次物価引下げ北鮮で一日より実施/延白監田施設改善/国産リンコ、ナシを多量に輸出/中央女専男女共学制で中央大と改称
1948.06.07	第36号	04頁01段		ソ連精神に引返す-音楽界に「自己批判」の風
1948.06.07	第36号	04頁04段	洪昶完	〈創作〉『ひろのひと』
1948.06.07	第36号	04頁06段		自画像
1948.06.07	第36号	04頁07段		亭保時代に於ける-日本人の朝鮮語研究書発見
1948.06.07	第36号	04頁08段		国際ペンクラブ開く
1948.06.07	第36号	04頁09段		〈童話〉フランダースの犬(九)
1948.06.21	第37号	01頁02段		第一次解の決意志なき石頭吾々党然の要求も不可能,六々敷しいの一点張り
1948.06.21	第37号	01頁02段		〈教育問題〉日本政府との交渉経過(速記録)
1948.06.21	第37号	02頁01段		教科書問題で一悶着　日本側-日本語が国語で朝鮮語は参考書　韓国側-朝鮮語が国語で日本語は外国語
1948.06.21	第37号	02頁03段	成当煥	マルクス主義批判(三)
1948.06.21	第37号	02頁09段		覚書に対する文部省の答
1948.06.21	第37号	03頁01段		〈ポツダム宣言に違反する解釈－再び振り廻す朝鮮人無国籍者〉第二次骨なき自主性を押付け　空論ばかりに説明　結論は「俺の言う事を開け!!」
1948.06.21	第37号	03頁03段		確約した時間に留守, 出席者一名 判然とする文部省の不誠意!(第三次)! 交渉決裂に既予想
1948.06.21	第37号	04頁01段		劇的一瞬・交渉決裂宣言「講義は教室でやれ」と野次られ!(第四次)!文部省高等管席を蹴る
1948.06.21	第37号	04頁05段	洪万基	〈創作〉真実の巨火-われらの教育問題に加担した日本人先輩に送る手紙
1948.06.28	第38号	01頁02段		フアツシズムと官僚主義を如何に排除するか
1948.06.28	第38号	01頁01段		スポーツを通じて世界の朝鮮へ
1948.06.28	第38号	01頁07段		風見どり

발행일	발행호	지면정보	필자	기사제목(원문)
1948.06.28	第38号	02頁01段		初の"檜舞台"にオリンピック派遣団二十四日横に賓到着
1948.06.28	第38号	02頁03段		極東オリンピックの復活-中国大公報開催を提唱
1948.06.28	第38号	02頁01段		〈民族の希望〉統一運動の構想成る　唯一の武器は民族の団結のみ兩金氏声明書を発表
1948.06.28	第38号	02頁05段		〈建青〉政治路線確立をめぐって烈しい論争展開か二十六日中央委員会開く
1948.06.28	第38号	02頁05段		建青は民団の傘下団体ではない　民団との友好関係も当分保留
1948.06.28	第38号	02頁06段		統一朝鮮政府樹立は努力 国連朝委比鳥代表語る
1948.06.28	第38号	03頁01段		アメリカに住むシュールリアズムの画家-サルウアドドール・ダリ
1948.06.28	第38号	03頁01段		マルクス主義批判(四)
1948.06.28	第38号	03頁04段		"事件"は新聞が生む恐ろしきものは『せんでん』
1948.06.28	第38号	03頁06段		〈祖国便り〉南化統一運動対策樹立委員選出/安在鴻南鮮民政長官就任/北朝鮮工業着々充実/工業技術通信講座開講/北朝鮮少年体育祭
1948.06.28	第38号	04頁01段		ソ連精神に引返す-音楽界に「自己批判」の風
1948.06.28	第38号	04頁02段		올림픽노래
1948.06.28	第38号	04頁04段	木版画 金無/文怪童	人生航路
1948.06.28	第38号	04頁06段		〈童話〉フランダースの犬(十)
1948.06.28	第39・40号	01頁01段		〈われらのホープ〉オリンピック朝鮮代表団来る
1948.06.28	第39・40号	02頁01段		選手団一行の元気な姿に歓迎陣無慮数万 巻起す歓呼の嵐!
1948.06.28	第39・40号	02頁06段		皆さんありがとう御座いまういた　在日本朝鮮体育会 会長蔡洙仁氏談
1948.06.28	第39・40号	02頁09段		思わぬ埠頭の歓送-日本学童の歓迎
1948.06.28	第39・40号	02頁09段		在日同胞の贈物
1948.06.28	第39・40号	03頁01段		頼母しき選手一行のコンディシン
1948.06.28	第39・40号	03頁08段		女子円盤投の花形「健康状態良好」
1948.06.28	第39・40号	04頁01段		"必ず勝ちます"
1948.06.28	第39・40号	04頁04段		朝鮮代表選手団 各国 経由 略図
1948.07.19	第41号	01頁01段		〈建青動向微妙〉現常委総辞職決行す建青前途暗胆
1948.07.19	第41号	01頁01段		他山の石
1948.07.19	第41号	01頁07段		風見どり
1948.07.19	第41号	02頁01段	在日朝鮮体育会 会長 蔡洙仁	〈オリンピック雑記〉其の歴史や吾が選手団のことども
1948.07.19	第41号	02頁03段		乏しい中にも心尽しの贈物　準備委員会は存続-準備委員　李禧元氏は語る
1948.07.19	第41号	02頁05段		五輪大会派遣選手 歓迎寄附金
1948.07.19	第41号	02頁06段		オリンピック開会式

발행일	발행호	지면정보	필자	기사제목(원문)
1948.07.19	第41号	02頁08段		五輪聖火出発
1948.07.19	第41号	02頁09段		五輪吾蹴球団-香港で中国に快勝
1948.07.19	第41号	03頁01段		ファシズムと官僚主義を如何に排除するか…(下)
1948.07.19	第41号	03頁01段	成常煥	マルクス主義批判(五)
1948.07.19	第41号	03頁05段		〈人間の動き〉話題の主 朴魯禎氏
1948.07.19	第41号	03頁06段		芸術家の町に暴行
1948.07.19	第41号	03頁06段		左翼運動対限界-理論的ビルは許容
1948.07.19	第41号	03頁09段		〈祖国便り〉独立記念行事着々進む/到る所に断水/各学校に英語週報配代 外
1948.07.19	第41号	04頁01段		啓示者か破壊者か フロイドに注がれる検討
1948.07.19	第41号	04頁03段		イタリー文壇の新傾向現在は過渡期
1948.07.19	第41号	04頁04段		〈泰西文豪夜話〉バイロンの秘密
1948.07.19	第41号	04頁08段		〈書評〉戦後ソビエト紀行
1948.07.19	第41号	04頁09段		〈童話〉フランダースの犬(11)
1948.07.26	第42号	01頁01段		歴史的大統領選挙終る 初代大統領に李承晩氏 副統領に李始栄氏と決定
1948.07.26	第42号	01頁01段		呂運亨先生を偲ぶ
1948.07.26	第42号	01頁03段		行政権移譲の準備完了
1948.07.26	第42号	01頁05段		鎮、大邱に
1948.07.26	第42号	01頁05段		大韓民国憲法公布式 厳粛に挙行
1948.07.26	第42号	01頁06段		風見どり
1948.07.26	第42号	01頁08段		大韓民国憲法全文(上)
1948.07.26	第42号	02頁01段		軍政支持案否決され転落の建青踏とどまる 刮目すべき真摯な討議
1948.07.26	第42号	02頁01段		109票対92票統一政府支持を採決
1948.07.26	第42号	02頁04段		現常委留任に決定 一部代議員席を蹴る-成果を得て幕を閉づ
1948.07.26	第42号	02頁01段		独立門
1948.07.26	第42号	02頁05段	成常煥	マルクス主義批判(六)
1948.07.26	第42号	02頁07段		〈南北統一独立促進会-ソウル演武館で結成大会〉運動活溌化を期し会長に趙素昂氏
1948.07.26	第42号	02頁10段		北鮮に選挙とは遺憾だ-両金氏 特別声明発表
1948.07.26	第42号	03頁01段		〈各社新映画紹介特輯〉悪魔が夜来る
1948.07.26	第42号	03頁01段		〈各社新映画紹介特輯〉五人の目撃者
1948.07.26	第42号	03頁05段		〈各社新映画紹介特輯〉夜のプラットホーム
1948.07.26	第42号	03頁07段		〈各社新映画紹介特輯〉ラヴレター
1948.07.26	第42号	04頁01段		〈文化〉ソ連高等教育の現状-
1948.07.26	第42号	04頁02段		幸福を得るには-モロア「感情と慣習」より
1948.07.26	第42号	04頁04段		純粋感動的作家-シルヴェストルの死
1948.07.26	第42号	04頁07段		〈童話〉フランダースの犬(12)

발행일	발행호	지면정보	필자	기사제목(원문)
1948.08.02	第43号	01頁01段		南北の単選単政を排し民族自決原則により独立へ統一独立促進会結成趣旨書
1948.08.02	第43号	01頁01段		建青に送る言葉
1948.08.02	第43号	01頁06段		米英中国近く大韓民国を承認か
1948.08.02	第43号	01頁06段		親政府を承認の用意あり
1948.08.02	第43号	01頁07段		風見どり
1948.08.02	第43号	01頁07段		大韓民国憲法全文(中)
1948.08.02	第43号	02頁01段		大統領, 部大統領就任式-二十四日予定通挙行
1948.08.02	第43号	02頁01段		祖国の危機に老躯を献げん
1948.08.02	第43号	02頁02段		李承晩大統領就任演説要旨
1948.08.02	第43号	02頁01段		妓生の舞い姿
1948.08.02	第43号	02頁03段		大統領宣誓文
1948.08.02	第43号	02頁03段		韓国初代総理に李範奭氏を承認
1948.08.02	第43号	02頁04段		大韓民国組閣完了
1948.08.02	第43号	02頁05段		〈八一五解放記念前奏曲〉建青側の条件つきで共同主権と決定
1948.08.02	第43号	02頁05段		南朝鮮人民の参加要望 北朝鮮選挙委員会発表
1948.08.02	第43号	02頁06段		民族自主独立原則履行要望…最近政情自由論評…
1948.08.02	第43号	03頁01段	朴慶植	朝鮮歴史学の再出発
1948.08.02	第43号	03頁01段	成常煥	マルクス主義批判(七)
1948.08.02	第43号	03頁07段		脱皮した「お蝶婦人」時代考証的に東劇で上演
1948.08.02	第43号	03頁08段		北鮮に国家文献保管法発布
1948.08.02	第43号	04頁01段		〈文化〉人間としての小説家-大宰治の死について
1948.08.02	第43号	04頁02段		朝鮮語大辞典編纂に
1948.08.02	第43号	04頁02段	金無作	文盲退治
1948.08.02	第43号	04頁05段	盧天命	鹿
1948.08.02	第43号	04頁06段		クロスビー今年も米書の最高か
1948.08.02	第43号	04頁07段		〈童話〉フランダースの犬(13)
1948.08.15	第44号	01頁01段	朝鮮文化教育会 会長 崔鮮	今こそ民族総反省の秋-解放記念日に際し三千万同胞に訴ふ-
1948.08.15	第44号	01頁08段		朝鮮解放日誌
1948.08.15	第44号	02頁01段		〈北鮮の北と南について〉右派の占める南鮮/選挙問題で右派分裂/金日成氏の率いる左派一色の北鮮/北鮮で徹底的な社会主義政策/なお統一の希望は残る
1948.08.15	第44号	03頁01段		〈解放三ヶ年の回顧〉朝鮮人の意志を無視した米ソ両国角逐の一大図絵(一)米ソが作った運命の三十八度線(二)三相会議の決定は朝鮮の解放に水を入れた(三)米ソ共委の責任は七三でソ連が悪い(四)UN朝委は朝鮮問題を解決し得ず(五)国際連合は米ソ共委の轍を踏むな
1948.08.15	第44号	04頁01段		済州島動乱の全貌…貧官汚史とたたかう民衆

발행일	발행호	지면정보	필자	기사제목(원문)
1948.08.15	第44号	04頁01段		北朝鮮文学, 芸術祝典 八一五解放三週年記念
1948.08.15	第44号	04頁03段		大韓民国政府樹立慶祝大会準備
1948.08.15	第44号	04頁07段	崔淑子	記念日に憶う
1948.08.15	第44号	04頁09段	鄭軒	手術を拒む重病人
1948.08.15	第44号	04頁09段	鄭義禎	解放日を四度えて迎
1948.08.15	第44号	04頁09段	洪吉童	解放のために
1948.08.23.30	第45号	01頁01段		解放第三週年迎朝鮮色日比谷公園
1948.08.23.30	第45号	01頁01段		五輪精神を体して
1948.08.23.30	第45号	01頁07段		風見どり
1948.08.23.30	第45号	01頁08段		大韓民国憲法全文(下)
1948.08.23.30	第45号	02頁01段		境界ならぬ国境が生じ失望と痛恨のみ-金九氏の八一五談話
1948.08.23.30	第45号	02頁01段		大韓民国独立を宣言-解放日に建国式典
1948.08.23.30	第45号	02頁02段		韓国政府機構
1948.08.23.30	第45号	02頁03段		平壌政治会議出席の洪, 李氏ら消息絶つ
1948.08.23.30	第45号	02頁03段		「自由不滅」を立証マ元帥式典に祝辞
1948.08.23.30	第45号	02頁05段		統一の日を待つのみ
1948.08.23.30	第45号	02頁07段		五輪大会幕を閉づ朝鮮は極東最高二五位 母国選手団後半に得点
1948.08.23.30	第45号	03頁01段	朴慶植	朝鮮歴史学の再出発(下)
1948.08.23.30	第45号	03頁01段		ソ連再建の蔭に目指ましい婦人の進出-共産主義下の女性
1948.08.23.30	第45号	03頁06段	大英作品	〈映画批評〉「母」
1948.08.23.30	第45号	03頁08段		アジア民族平和文化祭
1948.08.23.30	第45号	03頁09段		〈童話〉フランダースの犬(終)
1948.08.23.30	第45号	04頁01段	権祥順	〈コントコンクール〉微風
1948.08.23.30	第45号	04頁03段	金奇竜	春子
1948.08.23.30	第45号	04頁08段	崔万貴	嫉妬
1948.09.06	第46号	01頁01段		第二次南北協商決議の無効　統一促成会コンミュニケを発表
1948.09.06	第46号	01頁01段		李承晩大統領に望む
1948.09.06	第46号	02頁01段		南鮮国会反民族行為 処罰法草案を審議
1948.09.06	第46号	02頁01段		ホッジ南鮮米司令官解任後任はコウルター少将
1948.09.06	第46号	02頁02段		占領費二十億ドル棒引か 朴烈氏随員金氏と語る
1948.09.06	第46号	03頁01段		経済社会理事会と婦人の地位
1948.09.06	第46号	03頁03段		泰西文豪逸話
1948.09.06	第46号	03頁07段		〈映画評〉植物ですか?音楽二十の扉
1948.09.06	第46号	03頁07段		朝鮮文学を紹介したい-ソ連より書簡
1948.09.06	第46号	04頁01段		〈文化〉近頃の英仏文学界
1948.09.06	第46号	04頁04段	金和子	〈コント〉せらぎ

발행일	발행호	지면정보	필자	기사제목(원문)
1948.09.06	第46号	04頁05段		興德王陵碑片を発掘
1948.09.06	第46号	04頁07段	文与甲作 明華春 書	雲二つ会はんとして(1)
1948.09.20	第47号	01頁01段	崔鮮	偉大なる創立精神を体し常に民衆の先頭に立て-創立三周年を迎えて
1948.09.20	第47号	01頁03段		創立三周年を迎え感激に湧く文教　重なる喜び新聞も一年
1948.09.20	第47号	01頁06段		創立一週年迎会員並に読者諸氏へ!
1948.09.20	第47号	01頁06段		会長に記念品を贈与 文教同志心尽しの贈物
1948.09.20	第47号	02頁01段	李康勲	〈各界の奇せること期待-文教創立三週年記念日(9.15)に〉救国の唯一の道は文化の育成におり
1948.09.20	第47号	02頁02段	朝鮮新聞社 林竹松氏	〈各界の奇せること期待-文教創立三週年記念日(9.15)に〉青年の希望となれ
1948.09.20	第47号	02頁03段	居留民団 李海竜氏	〈各界の奇せること期待-文教創立三週年記念日(9.15)に〉民族の期待に背かぬよう　建闘を祈る
1948.09.20	第47号	02頁03段		〈各界の奇せること期待-文教創立三週年記念日(9.15)に〉偉大なる事業に共に協力しよう
1948.09.20	第47号	03頁01段		〈大統領特使日本通過〉無用な摩擦を避けよ在日同胞にステートメント
1948.09.20	第47号	03頁03段		政府反対者は本国に送還 趙博士民団歓迎会席上で語る
1948.09.20	第47号	03頁01段		常委員金科奉氏　首相に金日成氏選任-人民共和国政府樹立
1948.09.20	第47号	03頁04段		在留同胞にマ元師 最大の援助を確約
1948.09.20	第47号	03頁05段		年内に代表団設置 団長に朴烈氏?-民団公認団体に
1948.09.20	第47号	03頁06段		対馬問題で芦田首相を駁す-公報処長談を発表
1948.09.20	第47号	04頁01段		〈文化〉ソ連国内にキリスト教徒の地下組織結成
1948.09.20	第47号	04頁02段	成正建	〈随想〉朝鮮と日本の漢子問題
1948.09.20	第47号	04頁03段		泰西文豪逸話
1948.09.20	第47号	04頁05段	李泰俊 著	〈書評〉「ソ連紀行」
1948.09.20	第47号	04頁07段	文与甲作 明華春 書	雲二つ会はんとして(2)
1948.10.11	第48号	01頁01段		ハングル·を護つた人々日帝迫害と語学会事件
1948.10.11	第48号	01頁01段		死を賭してハングル護れ…十·九ハングル記念日に際し
1948.10.11	第48号	01頁05段		朝鮮語学会略史
1948.10.11	第48号	01頁07段		ハングルの優秀性を生かせ　李大統領国民に要請
1948.10.11	第48号	02頁01段		〈文教、第六回定期総会開催〉会長辞任を固執するも留任-緊急諸件を審議
1948.10.11	第48号	02頁04段		傍聴席に異例の民青員 崔振東の策動と判明
1948.10.11	第48号	02頁05段		傘下団体を整理し　創立精神を忠実に履行せん-政治路線問題は却下

발행일	발행호	지면정보	필자	기사제목(원문)
1948.10.11	第48号	02頁01段		教育問題大朗報　近く自主的教育実施の運びへ-CIEと原則的に諒解到達
1948.10.11	第48号	03頁01段	張鳳仙	ハングル普及新しい問題
1948.10.11	第48号	03頁02段		泰西文豪逸話
1948.10.11	第48号	03頁08段		〈祖国便り〉北鮮よりソ軍撤兵を声明/ソ軍撤兵に南鮮の見解/ソ軍撤兵に金首相より書翰/全国的選挙実行を統一促進会国連に要請/文教局長会議/特殊児童教育に国立学園を設立
1948.10.11	第48号	04頁01段		〈文化〉二重人格だったラスキン明らがにされた離婚の真相
1948.10.11	第48号	04頁03段	洪城	〈新作〉一水会展評
1948.10.11	第48号	04頁04段		韓国教育使節団-米国文教施設視察に
1948.10.11	第48号	04頁05段		解放記念芸術祝典閉幕
1948.10.11	第48号	04頁06段		名優カチヤーロフの死去
1948.10.11	第48号	04頁06段		〈映画評〉カンサス騎兵隊
1948.10.11	第48号	04頁07段	異河潤	〈詩〉遠砧
1948.10.11	第48号	04頁08段		公文書にハングル使用-韓国々会で法律案通過
1948.10.11	第48号	04頁09段	文与甲作　明華春 書	雲二つ会はんとして(3)
1948.10.25	第49号	01頁01段		学校問題朗報を招くまで　十六次に及ぶ交渉遂に結実
1948.10.25	第49号	01頁01段		北鮮指導者に寄す
1948.10.25	第49号	01頁04段		「朝鮮語教科書の発行使用ともに自由」CIE遂に認可す
1948.10.25	第49号	01頁08段		居留民団全体会議開催
1948.10.25	第49号	02頁01段		〈南鮮軍政三年は何を残したか?八一五ソウル新聞より〉政治-貪官汚吏の乱舞場　日帝機構存続原因
1948.10.25	第49号	02頁04段		〈南鮮軍政三年は何を残したか?八一五ソウル新聞より〉治安-日帝残滓濃厚　遺滅な人権にうりん
1948.10.25	第49号	02頁04段		〈南鮮軍政三年は何を残したか?八一五ソウル新聞より〉産業-見捨てられた生産陣　悪質管理人の跋扈で一層破綻
1948.10.25	第49号	02頁04段		〈南鮮軍政三年は何を残したか?八一五ソウル新聞より〉食糧-輸入外穀で延命　常に疑問符の食糧
1948.10.25	第49号	02頁07段		〈南鮮軍政三年は何を残したか?八一五ソウル新聞より〉文化-民族文化は危機に直面し劇場には洋画だけが氾濫
1948.10.25	第49号	03頁01段		米教育会の平和促進教育方針-いたずらな感傷を排撃-
1948.10.25	第49号	03頁02段	朴慶植	朝鮮歴史講座(1)
1948.10.25	第49号	03頁09段		〈祖国便り〉全国的選挙施行を両金氏国連に要請/朝鮮最大の圧延機朝鮮人の手で完成/米赤十字社代表南朝を鮮訪問/ソ連赤十字社病院北鮮で活躍/世宗大王銅像建立計劃
1948.10.25	第49号	04頁01段		〈文化〉北鮮舞姫　崔承喜

발행일	발행호	지면정보	필자	기사제목(원문)
1948.10.25	第49号	04頁02段		己衞氏に招待狀 藤原義江氏も渡米願を出す
1948.10.25	第49号	04頁03段		米映画にも課税
1948.10.25	第49号	04頁04段		ハングル日記念式典 朝鮮語学会主催で
1948.10.25	第49号	04頁04段		〈書評〉金達寿氏の「後裔の街」
1948.10.25	第49号	04頁06段	盧時春	緑の祖国
1948.10.25	第49号	04頁08段	洪吉童	〈短篇〉うたうカナリヤ(上)
1948.11.08	第50号	01頁01段		〈教育問題　第二次声明書〉今後の支援をい微生表明 CIE当局感謝狀
1948.11.08	第50号	01頁01段		民族の恥を晒すもの
1948.11.08	第50号	01頁07段		風見どり
1948.11.08	第50号	02頁01段		祖国奉事日としたい-開天節を迎えて-
1948.11.08	第50号	02頁02段		李大統領二日間の日程を終えて帰国
1948.11.08	第50号	02頁01段		安重根義士 近い三十九年!
1948.11.08	第50号	02頁04段		裏!裏!裏に裏あり 李大統領を金儲けの材料に
1948.11.08	第50号	02頁06段		同胞保護をマ元師言明機の技術祖国持込を希望 アーニバイルで李大統領の演説
1948.11.08	第50号	02頁09段		〈資料〉大韓民国軍組織法
1948.11.08	第50号	03頁01段		日本における世界連邦樹立運動
1948.11.08	第50号	03頁03段	朴慶植	朝鮮歴史講座(2)
1948.11.08	第50号	03頁07段		「朝鮮医学の総督」世界最高学位を獲得
1948.11.08	第50号	03頁07段		〈祖国便り〉土地改革準備/南韓各地自家発電活溌化/軍紀遂卒業式/南北交易中止米・中国等に貿易/外蒙共和国北鮮政府を承認/北鮮とポーランド外交協定成立
1948.11.08	第50号	04頁01段		〈文化〉狂死したモーバッサン
1948.11.08	第50号	04頁02段		〈洋書〉気の抜けた風船?第四回 日展評
1948.11.08	第50号	04頁03段		ユネスコ事務総長にサラリー
1948.11.08	第50号	04頁04段		新羅仏教研究教授学生慶州に
1948.11.08	第50号	04頁04段		豆指揮者大好評
1948.11.08	第50号	04頁05段		〈書評〉推名麟三作「永遠なる序章」
1948.11.08	第50号	04頁05段	柳致環	非力詩
1948.11.08	第50号	04頁06段		韓国留学生に一米人が資金提供
1948.11.08	第50号	04頁07段	洪吉童	〈短篇〉うたうカナリヤ(下)
1948.11.15	第51号	01頁01段		吉田首相の反動性
1948.11.15	第51号	01頁01段		朝鮮は経済の独立が最も重要　南北何れも統一を熱望-UN朝委 国連дに報告書提出
1948.11.15	第51号	01頁02段		〈建青〉八全大会, 幹部入替を断行　大韓民国を支持し名称も変更か
1948.11.15	第51号	01頁07段		風見どり
1948.11.15	第51号	02頁01段		過去を怨まず拓道の雄々しくもいたいけな大々

발행일	발행호	지면정보	필자	기사제목(원문)
1948.11.15	第51号	02頁01段		〈解説〉国軍反乱の重大性　問題は今後にあり試錬に立つ大韓民国
1948.11.15	第51号	02頁04段		民団幹部総辞職決定　執行部の弱体暴露
1948.11.15	第51号	02頁06段		徳寿宮石造殿
1948.11.15	第51号	02頁09段		在日本同胞傷夷者名簿
1948.11.15	第51号	02頁08段		「施政月報」を発刊
1948.11.15	第51号	03頁01段		朝鮮の鉱産資源
1948.11.15	第51号	03頁02段	朴慶植	朝鮮歴史講座(3)
1948.11.15	第51号	03頁05段		南北鮮鉱産数量比較表
1948.11.15	第51号	03頁09段		〈祖国便り〉呂運弘氏被検/朝鮮は三合配給/海外引揚者二百万越北者は百四十万/「高麗通信」発足/国際通信網拡張/失業者百五十万/北鮮で無煙炭配給
1948.11.15	第51号	04頁01段	金光洲	〈文化〉文化失格-真に反動的非進歩的なもの
1948.11.15	第51号	04頁02段		ノーベル賞受賞者決定
1948.11.15	第51号	04頁03段		モーバッサンと違う狂者ガルシンの墜死
1948.11.15	第51号	04頁05段	趙重洽	瓦片
1948.11.15	第51号	04頁07段		極東裁判記録映画　三社の共同作成に決る
1948.11.15	第51号	04頁07段		五輪大会映画
1948.11.15	第51号	04頁07段		北鮮の日本人学校
1948.12.06	第52号	01頁01段		〈解説〉世紀の断罪下るも　問題は依然今後に残る
1948.12.06	第52号	01頁01段		国軍反乱が教えるもの
1948.12.06	第52号	01頁05段		A級戦犯原刑通り　死刑当日　世界平和を祈願
1948.12.06	第52号	01頁07段		風見どり
1948.12.06	第52号	02頁01段		言論は自由ならず　干渉する新聞紙法とは?
1948.12.06	第52号	02頁01段		暴君には反逆的な民族　南鮮の反乱につき　在米金氏の論評
1948.12.06	第52号	02頁03段		「在日本朝鮮体育協会は完全に謀略の産物だ」在日本朝鮮体育会スポークスマン談
1948.12.06	第52号	02頁06段		結ぶ韓国、蘭印貿易　人情秘話が取り持つ縁
1948.12.06	第52号	02頁07段		報国軍を組織
1948.12.06	第52号	02頁07段		〈祖国便り〉北鮮電力代金千七百万円計上/三部制分離工事完了/全国厚生対策委員会発足/アジア極東委員会出席代表二氏決定/陸軍士官学校第七回卒業式挙行
1948.12.06	第52号	03頁01段		中国に於ける学生運動の性格
1948.12.06	第52号	03頁02段	朴慶植	朝鮮歴史講座(4)
1948.12.06	第52号	03頁03段		戦後の六大学生運動
1948.12.06	第52号	03頁05段		国際結婚の凡ゆる権利平等　国連社会委員会で採択
1948.12.06	第52号	03頁07段		中国学生層の特殊性
1948.12.06	第52号	03頁10段		反乱地区の学校順調に復旧

발행일	발행호	지면정보	필자	기사제목(원문)
1948.12.06	第52号	04頁01段	T·T·生	〈文化〉エゴイストの挽歌を奏る　偏狭詩人の再考を望む
1948.12.06	第52号	04頁02段		オッタワ大学百年際挙行
1948.12.06	第52号	04頁02段	成正夫	オペラ「春香」を見て
1948.12.06	第52号	04頁05段	鄭夢慘	秋に泣く
1948.12.06	第52号	04頁07段	鄭世美	性文化の問題(상)
1948.12.06	第52号	04頁09段		国家保安法の全文
1948.12.27	第53号	01頁01段	崔鮮	より大きな中心へ-一九四八年を送る言葉
1948.12.27	第53号	01頁01段	曺廷漢	祖国統一独立成否外国軍隊の撤退に
1948.12.27	第53号	01頁05段		新役員を挙げ　政治闘争の犠牲化を防止
1948.12.27	第53号	01頁07段		風見どり
1948.12.27	第53号	01頁07段		関西方面の同胞啓蒙に京都支部設立の機運高まる
1948.12.27	第53号	02頁01段		〈闘争に明け闘争に幕れる一年-吾らの信念は教育問題に勝利を〉懸案の教育問題解決こそ大会が誇る一大業績
1948.12.27	第53号	02頁02段		〈闘争に明け闘争に幕れる一年-吾らの信念は教育問題に勝利を〉「朝鮮人あり」の気概示す本紙の果した役割又偉大
1948.12.27	第53号	02頁06段		〈闘争に明け闘争に幕れる一年-吾らの信念は教育問題に勝利を〉期待に副う日近し教材出版計劃なる
1948.12.27	第53号	02頁04段		本年の重要日誌
1948.12.27	第53号	03頁01段		世界大学生の数-欧米大学風景その四
1948.12.27	第53号	03頁02段	朴慶植	朝鮮歴史講座(5)
1948.12.27	第53号	03頁07段		世界人権憲章(第一章)
1948.12.27	第53号	03頁08段		国連「世界人権宣言」を採択-平和, 自由, 正義の憲章
1948.12.27	第53号	03頁10段		フランスの坑夫自力で学校建設
1948.12.27	第53号	04頁01段	鄭達鉉	〈文化〉新しい朝鮮文学
1948.12.27	第53号	04頁03段	山処人	一九四八年の晩歌
1948.12.27	第53号	04頁05段	夢慘人	暮
1948.12.27	第53号	04頁07段		民族文化の遺跡を調査　北朝鮮に保存委員会生る
1948.12.27	第53号	04頁07段		北鮮とソ連の文化交流実現
1948.12.27	第53号	04頁08段		大韓映画協議会
1948.12.27	第53号	04頁08段	鄭世美	性文化の問題(下)
1949.01.03	第54号	01頁01段	崔鮮	〈年頭の辞〉物質革命とならんで精神命を!
1949.01.03	第54号	02頁01段	山処人	〈随筆〉齢と人生
1949.01.03	第54号	02頁03段	文連委員長　姜謂鐘	文化団体統合を望む
1949.01.03	第54号	02頁06段	鄭義禎	古い日記帖
1949.01.03	第54号	02頁06段	金哲洙	今年こそはの言葉も今年まで

발행일	발행호	지면정보	필자	기사제목(원문)
1949.01.03	第54号	03頁01段		〈居留民団に望むもの〉更生の道，謀利輩退陣にあり 革新勢力の推進目覚まし/迷夢より覚めよ英雄崇拝主義者
1949.01.03	第54号	04頁01段	曺廷漢	〈文化〉キリスト教と私
1949.01.03	第54号	04頁03段	鄭夢慘	〈随筆〉「歳拝」
1949.01.03	第54号	04頁05段	張相根	若人の春
1949.02.14	第55号	01頁01段	崔鮮(主筆)	悲壮な頑張りも遂空捲土重来して再刊を期すのみ
1949.02.14	第55号	01頁05段		鄭翰郷博士を迎えに
1949.02.14	第55号	01頁08段		在日二世国民教育にために
1949.02.14	第55号	02頁01段	山処人	南北内戦危機を前にして　社会民主々義民族戦線確立の要
1949.02.14	第55号	03頁01段		内戦を外戦に恃むなかれ　永久の絶対多数に主意せよ
1949.02.14	第55号	04頁01段		南朝鮮民間貿易の実態
1949.02.14	第55号	04頁06段		国際児童文化協会再発足星の国・子供新聞も復刊
1949.02.28	第56号	01頁01段		皆さまの声援と叱タのみが吾々を奮い立たせる
1949.02.28	第56号	02頁01段	崔秉昊	〈指導〉早急解決問題　日本週報誌(第20-3号)をみて
1949.02.28	第56号	02頁01段	政治学博士 赤神良讓	二院制について　本会研究講座速記録より
1949.02.28	第56号	02頁06段		朝鮮文化教育会はユーレイ団体?
1949.02.28	第56号	03頁01段	石湖山人	対馬島の朝鮮レイ層について-己亥征東をめぐる一断面
1949.02.28	第56号	04頁01段		体刑なくし百万円以下の日割金に　光武十一年法令と軍政令は廃止-新しい聞紙法-
1949.02.28	第56号	04頁02段	洪吉童	無垢の美しさ
1949.02.28	第56号	04頁07段	山処人	狂へる若者
1949.04.11	第57号	01頁01段		外軍撤退は民族至上命題　南北統一は私達の手で解決!-韓委はUN決議を寛践せよ!-
1949.04.11	第57号	01頁01段		在日二世国民教育の危機
1949.04.11	第57号	02頁01段		文化の名に於て朝連のテロ葬れ!〈小野田事件〉金・羅両会員に無罪の判決
1949.04.11	第57号	02頁04段	事務局次長 羅日相	裏切分子金哲洙一味を徹底的に葬れ!扶らは当座の恥・扶らぬは未来の恥
1949.04.11	第57号	03頁01段	山処人	〈指導〉社会民主主義基礎〈その一〉
1949.04.11	第57号	04頁01段	白鉄	〈朝鮮文芸評論〉形式と内容の問題(技巧的一傾向に対する批判
1949.04.11	第57号	04頁05段	曺寧柱	マルクス主義批判根本点-本会研究講座速記録より

문총월보(文総月報)

1 서지적 정보

「문총월보」는 재일본조선민주문화단체총연맹(문총)의 기관지로 1948년 5월 10일에 첫 호를 발행했다. 편집과 발행은 문총의 위원장인 권평(権平)이 담당했다. 문총은 전후 35개의 문화단체 연합회로서 봉건 잔재의 일소, 파쇼 문화 배격, 민족문화의 건설을 목표로, 1947년 2월에 창립된 재일본조선문화단체연합회(문련)에서 좌파 계열의 사람들이 분리되어 1947년 6월 14일에 결성된 단체이다. 창간호에는 슬로건으로 '민주민족문화수립'과 '단선단정(単選単政) 절대반대'를 내걸고 있다.

2 목차

발행일	발행호	지면정보	필자	기사제목
1948.05.10	第1号	01頁01段		学校事件に関し日本の諸団体調査団派遣
1948.05.10	第1号	01頁01段		単選が持たらすもの
1948.05.10	第1号	01頁05段		生活の科学化
1948.05.10	第1号	01頁08段		偉大なる文化指導者 千里眼氏に寄す
1948.05.10	第1号	02頁01段	黄昏生	演劇
1948.05.10	第1号	02頁01段	権平	文化団体の正しい発展の為めに(上)
1948.05.10	第1号	02頁06段	S生	〈評〉逆行する「新世界ニュース映画」
1948.05.10	第1号	02頁09段		エチュード社楽器部開設
1948.05.10	第1号	02頁09段		窓

문화공작

○ ○ ○

1 서지적 정보

「문화공작」은 조선학생동맹 관동본부의 문화공작대 기관지로 1953년 3월 20일에 창간된 국문판 신문이다. 창간호에서 문화공작대는 1952년 10월에 각 대학 축제를 계기로 결성된 단체로 각 대학 축제에 민족무용과 합창을 소개하여 조일 친선에 이바지해 왔다고 평가하며, 작년 이후로 지금까지 30회 정도의 공연에 5만명 정도의 인원이 동원되었다고 한다. 또한 앞으로의 계획으로 '이타바시 지역 등에 한글강습소 설치', '아사쿠사 등에서 문화제를 개최', '북해도지방 하기공연을 준비' 등을 들고 있다. 1953년 5월 20일자 제5호 지면에는 주로 무료로 배포되던 「문화공작」을 제6호부터는 문화공작대에 직접 연락을 해서 구독을 해줄 것을 요청하고 있다. 대금은 한 부에 5엔, 한 달은 10엔으로 월 2회, 6개월은 60원, 1년 구독은 120원이었다.

2 주장 「처음호를 내놓으면서」

"우리들의 투쟁에는 여러 가지 전선(戰線)이 있으나 그것을 크게 나누면 문(文)과 무(武), 즉 문화전선과 군사전선의 두 가지가 있다. 우리들이 원수들과의 싸움에서 승리를 얻으려면 우선 손에 총을 쥔 군대가 필요한 것은 말할 것도 없거니와 그 외에 다시 문화군대를 가지지 아니해서는 안 될 것이다. 이것은 우리들을 단결시키고 적과 싸워이기기 위해서 없어서는 안 될 군대인 것이다."

모택동 주석은 그의 유명한 "문예강화"에서 문예공작의 중요성에 관해서 이렇게 말씀

하셨다.

일본에 있는 六〇만 조선인민은 본국동포가 전 세계의 존경 속에서 싸우고 있는 모습에 부끄럽지 않는 싸움의 경력을 가져왔으며 또 현재도 그렇게 하면서 있기는 하다. 그러나 우리진영의 단결은 더욱더 철통처럼 강화되어야만 하겠고, 아직도 진영에 포섭되지 못한 동포, 진영 속에 있다고는 하나 소극성으로부터 벗어나지 못한 많은 동포로 하여금 시급히 우리진영 안으로 뛰어들어오게 해야만 하며, 적극성있는 싸우는 인민이 되게 해야만 할 것이다.

그렇게 하기 위해서 오늘처럼 문화전선의 임무가 중요한 때가 없을 것이다.

일본에는 우수한 우리 작가예술가들이 더러 있기는 하나, 불행하게도 대다수의 동포들은 그 혜택을 입지 못하고 있으며, 정신문화 특히 민족문화에 굶주리고 있는 것을 숨길 수 없는 실태라고 할 것이다. 이 슬픈 실태는 그저 그대로 내버려둘 문제가 결코 아니며, 조직적으로, 대중적으로 이 모순의 해결을 위해서 적극적인 대책이 수립되어야 할 것은 물론이다. 따라서 오늘날처럼 재일조선인에게 있어서 문화전선의 임무가 중대한 때도 또한 없을 것이다. 학생동맹문화공작대는 이 임무를 수행하는 전위대가 되려고 나섰으며, 그 임무를 수행하는데 있어서 정신적으로나 사상적으로 언제나 올바르게 무장되어 있기 위해서 기관지「문화공작」을 내놓게 되는 것이다.

앞으로 우리 학동문화공작대가 대중에게 옳게 봉사할 수 있는 힘이 되기 위해서는 일반대중으로부터 부단히 계몽교육을 받아야 하겠고, 상부와 동포의 여러 조직으로부터도 편달을 받아야 할 것이다. 이「문화공작」은 일반대중과 우리 문공대 사이에서 그러한 사다리 역할을 할 것을 스스로 자부하는 것이다.

위대한 우리들의 스승이신 쓰딸린 대원수의 서거의 슬픔이 우리들에게서 채 사라지기도 전에 총선거의 중대한 과업이 우리 앞에 놓여졌다. 우리들의 투쟁이 더욱 맹렬하여야 하며, 더욱 지혜로워야 할 것을 절실히 느끼면서「문화공작」의 처음 호를 여러분 앞에 내놓는 것이다.

3 목차

문화전선(文化戰線)

1 서지적 정보

「문화전선」은 도카이조선문화인협회의 기관지로 편집과 발행은 장철(張徹)이 담당했다. 열람이 가능한 지면은 1954년 5월 1일자 제3호로 재일조선문화단체총연합(문단련) 결성 특집호이다. 지면에는 슬로건으로 '영웅적인 조선인민의 민족문화를 선진적 수준으로 끌어올리자', '전선을 통일강화하여 문화반동과 대결하자', '재일조선문화단체총연맹의 결성대회를 성공시키자'를 내걸고 있다. 발행처는 나고야시(名古屋市)로 전후 지방의 재일조선인들의 미디어 활동을 엿볼 수 있다.

2 목차

발행일	발행호	지면정보	필자	기사제목
1954.05.01.	第3号	01頁01段		文化反動との対決は文化戦線の統一と拡大を要求する-文化団体総連盟結成に関して-
1954.05.01.	第3号	01頁01段		文団連結成大会に如何に臨むべきか
1954.05.01.	第3号	02頁01段		〈激励の手紙〉貴方達は栄えある朝鮮民族の一個の文化部隊であるゎとを今一度想い起せ!
1954.05.01.	第3号	02頁01段	民愛青 許雄	サークル活動のために
1954.05.01.	第3号	02頁05段		編集室便り
1954.05.01.	第3号	02頁07段	金泰京	〈創作〉娘の嫁入り(続)
1954.05.01.	第3号	03頁01段	愛大国際問題研究所 朴庸坤	〈研究〉朝鮮経済史を展開すべきか
1954.05.01.	第3号	03頁05段		待望の文化センター成る 辛秉孝氏の美挙で

발행일	발행호	지면정보	필자	기사제목
1954.05.01.	第3号	03頁05段		輝く教育賞二つ-愛知県で獲得
1954.05.01.	第3号	03頁05段		輝く教育賞二つ
1954.05.01.	第3号	03頁07段		〈映画〉祖国映画偵察兵続々上映する
1954.05.01.	第3号	03頁07段		サークル便り
1954.05.01.	第3号	04頁01段	李浩成	〈論壇〉アメリカに於けるクライシスとファッシズム論(二)

민단신문(民団新聞)

○ ○ ○

1 서지적 정보

「민단신문」은 1947년 1월 20일에 재일본조선거류민단중앙총본부(이하, 중총)가 집행위원회를 개최하여 중총의 진영을 정비한 다음 달인 1947년 2월 21일에 중총기관지로서 제1호가 발행되었다. 발행처는 재일조선거류민단중앙총본부, 주소는 동경도 우시고메구 와카마츠초21(제3호부터 신주쿠구로 변경), 발행 겸 편집은 최준. 전화번호는 9단(33)2843(제5호부터 2694로 변경, 제4호는 결호)이고 가격은 1부에 3엔이었다.

주간으로 발행된 「민단신문」의 지면은 발행초기에는 3~4단을 혼용하며 매호마다 16페이지의 분량으로 발행되다가 제15호부터는 10단에 4페이지로 체계화되어 1947년 10월 25일에 종간호인 제20호까지 계속된다.

기사 내용은 주로 민단과 관련된 단체들의 동향과 조선의 현 상황 등을 무기명으로 게재하였고, 민청과 조련, 그리고 「민청기폘」과 「해방신문」과 같은 기관지의 민단비판에 대한 대응기사도 볼 수 있다. 민단의 단장인 박열이 주로 집필을 하고 있고, 중총문교부에서 각 분야의 명사들을 초대하여 주최한 상식수양강좌에서 강의한 내용을 지면에 게재하여 전 경성대학교수 오다카 아사오를 필두로 변호사 후세 다쓰지, 야나기 무네요시 등이 이름을 올리고 있다.

이런 민단신문은 1947년 10월 25일자 제20호를 마지막으로 종간을 하게 된다. 종간호에서 민단신문의 편집 겸 발행을 맡았던 박열은 민단신문의 '민단'이라는 두 자가 여러 가지로 잘못된 선입관을 주어 독자층도 어느 정도 한계가 있었다고 지적하며, 앞으로 시야를 더 넓히고 독자층을 확대해야 한다고 주장하고 있다. 이런 박열의 주장은 제호를 「민주신문」으로 변경해 1947년 11월 11일부터 재발행되는 후속지로 이어진다.

2 창간사

　인류역사상 전례가 없는 비참한 희생에 의해 학대받고 저주받은 반세기의 암흑시대에 새로운 서광이 비치고, 평화와 자유의 노래가 드높이 우리 삼천만은 해방되었다. 기쁨과 감격이 넘쳐 오직 조국재건에 매진하였다. 특히 재류 이백만 동포의 기개는 실로 하늘을 찌르고 태극기를 앞세워 조국의 자주독립에 열정을 집중했다. 하지만 현재 우리가 얻은 것, 목격하고 있는 것은 무엇인가? 일부 자칭 지도자 권리욕에 눈먼 무리들과 모리배 그리고, 그 앞잡이의 선동에 의해 순진한 민중의 열정은 낭비되고 쟁취한 민족적 명예와 국제신의는, 땅에 떨어지고 불행의 구렁텅이로 떨어져 버렸다. 심한 자는 혁명 선배에게 민족반역자, 반동 등의 욕설을 지껄이는 행동을 일삼으며, 자신이 범한 과오와 그 책임을 다른 사람에게 전가하려고 급급해하고 있는 지경이다. 이러한 가운데에 창립된 민단은 이러한 죄를 태어날 때부터 짊어지고, 온갖 욕설의 폭풍 앞에 서게된 것이다. 일부 단체에서는 박멸이 결의가 되고, 그 외에 다른 곳에서는 반동의 소굴이라고 공격받았다. 전쟁중 일본제국침략정치의 강제에 의해 '나는 제국신민이며, 충성으로 군국에 보답한다'고 소리 높여 낭독한 입으로, 박열 씨가 옥중에서 뭐라 했다며 있는 일 없는 일 들춰서 그를 매장하려고, 초조해하고 있는 그 한심하고 불쌍함에 정말 어떻게 대응해야 좋을지 모르겠다. 할 말은 하겠다. 누구의 죄를 추궁하거나 적대할 시기가 아니다. 우리들은 외국에 사는 사람으로서 실추된 민족적 명예와 국제신의를 되찾지 않으면 안된다. 생활은 어찌 되든 모든 능력과 시간을 정치적으로 동원하여 타국의 내각타도를 부르짖은 결과, 범죄자로서 처단되는 것은 너무나도 한심하다. 거류민단은 창립이래 오늘날까지 삼개월간 묵묵히 복잡한 국제정세와 점령하의 특수한 정세에 놓여진 재류 동포의 동태를 제대로 파악하여, 새로운 사태에 대처하도록 민단신문을 발행하게 되었다. 물론 거류민단자체가 어떠한 정치이념이나 정치운동에 편중하지 않는 것처럼, 민단 신문도 어떠한 주의주장을 고집하지 않고 민생문제, 문화향상, 국제친선의 실적을 올리도록 매진할 것이다.

3 목차

(1) 민단신문

발행일	발행호	지면정보	필자	기사제목
1947.02.28	第2号	05頁04段		三一運動記念大会
1947.02.28	第2号	05頁04段		在東京文化団体協議会結成
1947.02.28	第2号	06頁01段	太林人	三一運動紀念と吾人の態度
1947.02.28	第2号	07頁01段	布施辰治	三一運動の追憶
1947.02.28	第2号	08頁01段	九峯山人	三一独立革命運動追想
1947.02.28	第2号	08頁04段		朝鮮問題解決の軌道に呈上されたか?
1947.02.28	第2号	12頁01段	本間清子	協同組合の理念と実践
1947.02.28	第2号	14頁01段	雞林児編	朝鮮歴史講座
1947.02.28	第2号	16頁01段	黒丘	四十年の嵐(二)
1947.03.20	第3号	01頁01段		第廿八回三一独立記念式典
1947.03.20	第3号	01頁01段		民族統一前線と三一運動
1947.03.20	第3号	02頁03段		在日本朝鮮人聯盟主催 三一独立記念大会
1947.03.20	第3号	02頁03段		三一運動記念大会-新潟市に於て盛大に挙行さる
1947.03.20	第3号	02頁04段		南鮮の経済援助 米六億支出
1947.03.20	第3号	03頁01段		渋谷支部結成
1947.03.20	第3号	03頁02段		八幡支部結成
1947.03.20	第3号	03頁03段		群馬懸太田支部結成
1947.03.20	第3号	03頁03段		新宿支部結成
1947.03.20	第3号	03頁04段		建青声明書
1947.03.20	第3号	04頁01段		朝鮮問題解決の五方式
1947.03.20	第3号	05頁01段		三一独立革命運動以来
1947.03.20	第3号	06頁01段		選挙権獲得の陰謀を粉砕せよ
1947.03.20	第3号	07頁03段		文化団体紹介
1947.03.20	第3号	08頁01段	朴烈	再び朝日両国民衆に訴う
1947.03.20	第3号	08頁03段		全体定期大会-新潟懸本部で
1947.03.20	第3号	10頁01段	柳宗悦	世界芸術に於ける朝鮮の位置
1947.03.20	第3号	12頁01段		注目の的米の新外交政策-トルーマン声明と朝鮮の独立問題
1947.03.20	第3号	13頁02段		日本色放逐
1947.03.20	第3号	13頁02段		佐賀懸本部初等学院
1947.03.20	第3号	13頁03段		懸賞論文募集
1947.03.20	第3号	14頁01段		美国大統領宛独立請願決議全文
1947.03.20	第3号	15頁02段		原稿募集
1947.03.20	第3号	16頁01段	黒丘	四十年の嵐(三)
1947.03.30	第4号	01頁01段	太林人	総選挙と朝鮮人団体
1947.03.30	第4号	02頁01段		民団幹部に私刑加ふ-

발행일	발행호	지면정보	필자	기사제목
1947.03.30	第4号	03頁01段		公約の実現か和平の鍵－モスクワ会議に重大関心
1947.03.30	第4号	03頁04段		朝鮮だより-各地の米穀莵/各地に公務出張の宿舎
1947.03.30	第4号	04頁01段		朝鮮三代表来京-印度の汎亜細亜会議に出席
1947.03.30	第4号	04頁04段		特別講演同胞慰安-二三日立川で呼物の舞踊に満場大喝来
1947.03.30	第4号	05頁01段		財産税徴発問題でバ大佐との一問一答
1947.03.30	第4号	06頁01段	金光史	米の新外交政策拡大と朝鮮独立援助の計劃
1947.03.30	第4号	07頁01段		「朝鮮青年使令」懸賞論文募集
1947.03.30	第4号	08頁04段		誠実と愛で生長-予防医学の重要性に就いて
1947.03.30	第4号	09頁02段		日本煽動者の事業-済州島事件の真相を発表
1947.03.30	第4号	10頁01段		常識講座
1947.03.30	第4号	12頁01段	朴烈	新朝鮮生活革新運動の提唱(一)
1947.03.30	第4号	13頁04段		朝鮮の古典演劇東京で好評博す
1947.03.30	第4号	14頁03段		南鮮の盟休騒動対策
1947.03.30	第4号	14頁04段		民団暦
1947.03.30	第4号	15頁01段	金海声	選挙運動是否
1947.03.30	第4号	15頁01段		「建国運動」の原稿募集
1947.03.30	第4号	15頁03段		西本部の活躍
1947.03.30	第4号	15頁03段		延期は許されぬ-南永洋浦鯨期あと一周間
1947.03.30	第4号	16頁01段	黒丘	四十年の嵐(四)
1947.03.30	第4号	16頁03段		電話番号変更お知らせ
1947.04.20	第5号	01頁01段		日本の四月総選挙に当りて
1947.04.20	第5号	02頁01段		朝鮮問題に深き理解
1947.04.20	第5号	02頁01段		排地主義的ファッショを葬れ-解放新聞を読んで
1947.04.20	第5号	03頁01段		あ!先烈安重根-祖国解放の大義に殉ず
1947.04.20	第5号	05頁03段		侵略に対し共同防衛-第一回亜細亜大会で決議
1947.04.20	第5号	05頁04段		南鮮米軍の三倍　北鮮のソ聯兵力
1947.04.20	第5号	06頁01段		義人高村尾氏に在留同胞の感謝-恩義に酬ひる納骨塔
1947.04.20	第5号	07頁01段		入宣教師故国へ-四十年の迫害から蘇へる
1947.04.20	第5号	08頁01段		解放から自由独立へ-世界平和確立と朝鮮の立場
1947.04.20	第5号	09頁02段	CIS	操縦法と人生味
1947.04.20	第5号	09頁03段		建青第四回大会
1947.04.20	第5号	10頁01段	共同通信 小林広勝	世界経済の在り方
1947.04.20	第5号	13頁01段	朴烈	新朝鮮生活革新運動の提唱
1947.04.20	第5号	15頁01段		協同組合生る-在日同胞の生活安定策
1947.04.20	第5号	15頁01段		「建国運動」の原稿募集

발행일	발행호	지면정보	필자	기사제목
1947.04.20	第5号	15頁03段		民団暦
1947.04.20	第5号	16頁01段	黒丘	四十年の嵐(五)
1947.04.25	第6号	01頁01段		朝鮮への正しき理解を怠るな
1947.04.25	第6号	02頁01段		建設は吾等自らの手で-組織的力強反託運動
1947.04.25	第6号	02頁05段		建青，朝青の山口県本地部合流
1947.04.25	第6号	03頁01段		在日同胞の協同組合生る-六十万の生活安定に貢献
1947.04.25	第6号	03頁01段		在日本朝鮮居留民団協同組合設立趣意書
1947.04.25	第6号	06頁01段		同胞の輿論調査
1947.04.25	第6号	06頁01段		「朝鮮青年使令」懸賞論文募集
1947.04.25	第6号	06頁01段		民団暦
1947.04.25	第6号	07頁01段		提携と融和を促す-民主的訓練にも貢献
1947.04.25	第6号	08頁01段		財産税の問題解決へ
1947.04.25	第6号	08頁01段		安昌浩氏遺勲顕揚-朝鮮独立運動大先覚者
1947.04.25	第6号	09頁01段	共同通信 小林広勝	世界経済の在り方
1947.04.25	第6号	11頁01段		性病の知識とその予防に就いて
1947.04.25	第6号	12頁01段	黒波	嵐の前夜(一)-十九世紀の東洋-
1947.04.25	第6号	13頁03段		三一独立革命運動以来 民族蜂起対日抗戦年度(其三)
1947.04.25	第6号	15頁01段		「建国運動」の原稿募集
1947.04.25	第6号	15頁01段	黒丘	四十年の嵐(六)
1947.05.15	第7号	01頁01段	雲竜洞人	正しきものと率直な告白
1947.05.15	第7号	02頁01段	朴烈	日本総選挙の結果を観て
1947.05.15	第7号	02頁04段		日本のレクリェーションについて
1947.05.15	第7号	03頁01段		朝鮮臨時政府樹立-二十日京城で合同委員会開く　米ソの援助態度注目さる
1947.05.15	第7号	05頁01段	雅世記者	共に手を取り合って-朝鮮とは切っても切れぬ兄弟関係 華橋聯合会訪問の記
1947.05.15	第7号	06頁01段		「建国運動」の原稿募集
1947.05.15	第7号	07頁01段		金融機関を設立せよ 在留同胞の民生問題解決策
1947.05.15	第7号	08頁01段	共同通信社東亜部大塚勇吉	五億ドル借款実現か 米国の対華援助注目さる
1947.05.15	第7号	08頁02段	雅世	独立
1947.05.15	第7号	09頁01段		作家よ正直であれ
1947.05.15	第7号	09頁01段		法律と愛の矛盾
1947.05.15	第7号	09頁03段		モ市で八白年祭
1947.05.15	第7号	09頁04段		作曲にもいゝ腕
1947.05.15	第7号	09頁05段		米小説の抗議

발행일	발행호	지면정보	필자	기사제목
1947.05.15	第7号	10頁01段	朴烈	新朝鮮生活革新運動の提唱
1947.05.15	第7号	13頁01段		前後の復興に一役 先づ家庭経済の確立へ
1947.05.15	第7号	14頁01段	黒波	嵐の前夜(二)-十九世紀の東洋-
1947.05.15	第7号	15頁03段		熱を使わぬ加熱
1947.05.15	第7号	15頁03段		炎で鉱石を堀出す
1947.05.15	第7号	15頁03段		電球を大量配給
1947.05.15	第7号	16頁01段		財産税問題で朝鮮各団体会合
1947.05.15	第7号	16頁01段		対外貿易第一船-ニウヨーク出帆
1947.05.15	第7号	16頁01段		監八千屯垂山へ
1947.05.15	第7号	16頁02段		朝聯加盟を不定 三団体, 民団と協議
1947.05.15	第7号	16頁02段		技術者の養成
1947.05.15	第7号	16頁04段		米国の援助が必要
1947.05.15	第7号	16頁04段		民団暦
1947.06.10	第8号	01頁01段	朴烈	米ソ会談再開に熱望す
1947.06.10	第8号	02頁01段	太林人	民団全国大会に際して
1947.06.10	第8号	04頁01段	太林人	居留民団 山形本部結成さる
1947.06.10	第8号	04頁03段		長崎南風崎地区 民衆大会
1947.06.10	第8号	04頁04段		同胞慰安音楽映画大会
1947.06.10	第8号	04頁05段		学同関東本部 定期総会
1947.06.10	第8号	05頁01段		五月一日以後結成された民団支部
1947.06.10	第8号	05頁01段		司法関係日本諸名士招待-民団司法育成会　懇親会を開催す
1947.06.10	第8号	06頁01段		共産党と絶縁目が覚めたフランス社会党
1947.06.10	第8号	07頁01段		嵐の前夜(三)-十九世紀の東洋-
1947.06.10	第8号	08頁03段	雅世	人 思ひびと
1947.06.10	第8号	09頁01段	歯科医師 張聖達	民族の前衛的要素としての予防医学に就いて
1947.06.10	第8号	09頁04段	B.M生	批評と辱説
1947.06.10	第8号	10頁01段		協同組合の是非米国で街頭討論
1947.06.10	第8号	11頁03段		民団暦
1947.06.10	第8号	11頁01段		「建国運動」の原稿募集
1947.06.10	第8号	12頁01段	宮内彰	朝鮮青年の使命
1947.06.10	第8号	15頁01段		米国人は国連の状況に不満足
1947.06.10	第8号	16頁01段	黒丘	四十年の嵐(六)
1947.06.30	第9号	01頁01段	太林人	米ソ共同委員会と我等の態度
1947.06.30	第9号	02頁01段	朴烈	朝鮮独立と南鮮臨時政権の動き
1947.06.30	第9号	03頁03段		米ソ巨頭会談提案す(ウオーレス氏の演説)

발행일	발행호	지면정보	필자	기사제목
1947.06.30	第9号	03頁04段		独の民主は遠し
1947.06.30	第9号	04頁01段		正しき外国人登録令を要請す-外国人登録令に対する見解
1947.06.30	第9号	06頁01段	朴烈	外国人登録令の実施を機として-我等の地位を高めよ
1947.06.30	第9号	06頁04段		使節団の態度が決す-和蘭インドネシア両国前途憂慮
1947.06.30	第9号	07頁01段		米国の世界政策
1947.06.30	第9号	07頁03段		第三回中央委員会開催
1947.06.30	第9号	07頁04段		平和か戦いか
1947.06.30	第9号	07頁05段		朴烈援護会解散
1947.06.30	第9号	08頁01段	黒波	嵐の前夜(四)-十九世紀の東洋-
1947.06.30	第9号	09頁03段		化学の動き-天然色テレビジョン完成近し
1947.06.30	第9号	09頁05段		第二回中央議事会開催
1947.06.30	第9号	10頁01段		「世界新記録樹立」マラソン王　徐選手凱旋す
1947.06.30	第9号	10頁03段		美蘇共同委員会に送るメッセージ
1947.06.30	第9号	11頁01段		国際親善の契り　林信雄氏の美挙
1947.06.30	第9号	11頁02段		朝連長崎県各地解散民団支部新発足
1947.06.30	第9号	11頁03段		協同組合役員改選さる
1947.06.30	第9号	12頁01段		愛する朝鮮国青少年に告ぐ-一日本婦人の手記
1947.06.30	第9号	13頁03段		在日朝鮮人公論調査回答
1947.06.30	第9号	13頁05段		民団暦
1947.06.30	第9号	14頁01段		アジア復興が目的-極東経済会議で事務次長画が強調
1947.06.30	第9号	14頁03段		反共教育書配布-米国陸軍省で将兵に
1947.06.30	第9号	14頁04段		京都商工会第一回 定期総会開かる
1947.06.30	第9号	14頁05段		共産党の地下工作に紛争
1947.06.30	第9号	15頁01段		在日本朝鮮居留民団 司法育成会規約
1947.06.30	第9号	16頁01段	黒丘	四十年の嵐(八)
1947.06.30	第9号	16頁04段		千葉県長生支部結成
1947.06.30	第9号	16頁04段		民団千葉県本部
1947.08.09	第11号	01頁01段	太林生	二つの矛盾
1947.08.09	第11号	02頁01段		平壌市,守山ミルク工場事件-正義は完徹さる　嫌疑者八名釈放
1947.08.09	第11号	02頁01段		米軍, 中国代表出席して盛大な結成式挙行-長崎県本部産る
1947.08.09	第11号	02頁04段		東京西本部 拝島支部結成
1947.08.09	第11号	03頁01段		民団東京本部結成近し
1947.08.09	第11号	03頁01段		文化団体聯合会総会
1947.08.09	第11号	03頁02段		ウェデマイヤー特派大使来鮮

발행일	발행호	지면정보	필자	기사제목
1947.08.09	第11号	03頁04段		新興マーケット落成
1947.08.09	第11号	03頁05段		"リンゴ"二万箱日本に輸出
1947.08.09	第11号	04頁01段		四百名射殺、二千名負傷、ソ連軍の武力断圧 反託支持者の誓い犠牲
1947.08.09	第11号	04頁03段		初の弁理士試験施行
1947.08.09	第11号	04頁03段		故呂運亨氏(朝鮮オチンピック協会会長)宛書簡
1947.08.09	第11号	04頁04段		朝鮮援助案は来年へ
1947.08.09	第11号	04頁04段		学ぶひとたちに
1947.08.09	第11号	04頁05段		名所の製監状況
1947.08.09	第11号	05頁01段	若山光郎	朝鮮の古代美術-楽浪の遺物(中)
1947.08.09	第11号	05頁05段		在日朝鮮人 商工会館 起工式
1947.08.09	第11号	07頁01段	Y生	精神の独立
1947.08.09	第11号	08頁01段	黒丘	四十年の嵐(10)
1947.08.09	第11号	08頁04段		バウアリアの事である
1947.08.09	第11号	08頁05段		忘れられたひと
1947.08.16	第12号	01頁01段		朝鮮勤労人民堂堂首 呂運亨氏を悼む
1947.08.16	第12号	02頁01段		愈愈「外国人登録」実施-我が方の要求全面的に受諾
1947.08.16	第12号	02頁01段		〈声明書〉外国人登録制に就いて
1947.08.16	第12号	02頁03段		貿易は国営とせよ
1947.08.16	第12号	02頁04段		南鮮民生人民戦線大会
1947.08.16	第12号	02頁05段		南鮮中国から米人引揚計昼
1947.08.16	第12号	02頁05段		予防注射
1947.08.16	第12号	03頁01段		朝連テロ 暴行! 一時間民団幹部人事不省
1947.08.16	第12号	03頁01段		民団千葉県本部 結成
1947.08.16	第12号	03頁04段		米軍士官孤児と交歓
1947.08.16	第12号	03頁04段		米国向民間郵便始る
1947.08.16	第12号	03頁05段		米国から白米四千屯
1947.08.16	第12号	04頁01段		〈東京 西本部〉期待される化学化 知識向上にも 一役
1947.08.16	第12号	04頁04段		産業別統計表(西本部)
1947.08.16	第12号	04頁04段		呂運亨氏追悼会-七月八一於共立講堂
1947.08.16	第12号	04頁05段		第一回 育英生募集
1947.08.16	第12号	05頁01段		南鮮必需品製産工場大半運営停止 最大の原因は機械修理不可能と原料不足
1947.08.16	第12号	05頁02段		東洋で朝鮮農業に希望
1947.08.16	第12号	05頁02段		平壌風景 加奈陀人の視察談
1947.08.16	第12号	05頁05段		安重根史記公演
1947.08.16	第12号	06頁01段	ロバート・	望郷、外国より

발행일	발행호	지면정보	필자	기사제목
			ブラウニング	
1947.08.16	第12号	06頁03段		青年よ団結しよう
1947.08.16	第12号	06頁04段		秋田県下大洪水 同胞罹災者を慰問せよ
1947.08.16	第12号	07頁01段	若山光郎	朝鮮の古代美術-楽浪の遺物(下)
1947.08.16	第12号	08頁01段	黒丘	四十年の嵐(11)
1947.08.16	第12号	08頁05段		ピックアップ
1947.08.23	第13号	01頁01段		解放二周年記念大会 独立へ進む我等が足音
1947.08.23	第13号	02頁01段	朴烈	三たび 八月十五日を迎えて
1947.08.23	第13号	03頁03段		朴烈団長西尾官 房長官と会見
1947.08.23	第13号	04頁01段		〈声明文〉祖国再建を祈念する同胞赤心の集い日比谷大音楽堂にて盛大に挙行
1947.08.23	第13号	05頁01段		東京西本部でも祝典挙行
1947.08.23	第13号	05頁02段		右翼は民族の反逆者だ 在日朝連の祝賀大会
1947.08.23	第13号	06頁01段		朝連の陰謀暴露され民団総合自多数-静岡本部結成の経過
1947.08.23	第13号	06頁03段	田中営	近代美術の発展
1947.08.23	第13号	07頁01段		民団 東京本部結成さる於中総講堂盛大に開催
1947.08.23	第13号	07頁04段		秋田角館支部結成
1947.08.23	第13号	07頁05段		アジア民族文化祭典
1947.08.23	第13号	07頁05段		京城で解放祝賀会
1947.08.23	第13号	08頁01段	黒丘	四十年の嵐(13)
1947.08.30	第14号	01頁01段		外国人登録問題に寄せて
1947.08.30	第14号	02頁01段		〈声明書〉相互の諒解を得て「登録令」に明るいきざし-民団、建青、内務共同声明発表
1947.08.30	第14号	02頁03段		登録委員同胞を代表してマ元師に感謝文
1947.08.30	第14号	02頁04段		渉外局にても発表
1947.08.30	第14号	02頁04段		大阪支部の新役員
1947.08.30	第14号	03頁01段		援助物資も水の泡-沈み行く朝連 "転落の詩集"
1947.08.30	第14号	03頁02段		秋田県同胞の損害判明
1947.08.30	第14号	03頁03段		山形県暴行事件地方裁判所書類廻送
1947.08.30	第14号	03頁03段		民主国家侵略すれば原子爆で弾報復
1947.08.30	第14号	03頁04段		米国の提案にソ連同意
1947.08.30	第14号	03頁05段		南鮮の左翼分子逮捕
1947.08.30	第14号	04頁01段		アチソン大使追に悼文-哀惜の情に堪えず
1947.08.30	第14号	04頁01段		輝く未来を荷う印度独立を祝賀
1947.08.30	第14号	04頁03段		十日間駐在、経済実態視察 朝鮮人の資料提供を要望 ウ特派大使ソウルで声明

발행일	발행호	지면정보	필자	기사제목
1947.08.30	第14号	04頁05段		米国南鮮援助計昼
1947.08.30	第14号	04頁05段		南鮮選挙費六千万円
1947.08.30	第14号	05頁01段	朴烈	留日朝鮮学徒の進路
1947.08.30	第14号	05頁05段		「国府は失望」ウ特使声明
1947.08.30	第14号	06頁01段		「国際問題」最近の動き 二つの翼に身を托す世界 国際聯合いま岐路に立つ
1947.08.30	第14号	07頁01段	原雅樹	朝鮮民族と科学性
1947.08.30	第14号	07頁03段		〈朝鮮民謡〉砧
1947.08.30	第14号	07頁03段		ピックアップ
1947.08.30	第14号	07頁04段		声
1947.08.30	第14号	08頁01段	黒丘	四十年の嵐(13)
1947.09.13	第15号	01頁01段		外国人登録問題解決 マ元師感謝文-登録委員代表総司令部訪問
1947.09.13	第15号	01頁01段	朴烈	第二十五回 関東大地震
1947.09.13	第15号	01頁04段		国際親善懇談会 千葉県本部で開催
1947.09.13	第15号	01頁06段		民団茨城本部落成
1947.09.13	第15号	01頁07段		社会団体要因と会見ウ特使
1947.09.13	第15号	01頁07段		朝鮮の旧日本 軍露殆ど整理
1947.09.13	第15号	01頁08段		自動車タイヤ不足
1947.09.13	第15号	01頁08段		警察の取調民主化
1947.09.13	第15号	02頁01段		九一関東大震災記念 瞑せよ、同胞犠牲の霊 憤激を新たにして再建を期す
1947.09.13	第15号	02頁04段		米の四カ国会議提案の意義
1947.09.13	第15号	02頁05段		三多摩地区の盛大な追悼式 民団府中支部 建青府中支部 共同主催
1947.09.13	第15号	02頁06段		哀れ!!日本共産党の拘走"朝連" 北鮮から二十八歳の連絡員 新メンバーの獲得に日本に密行
1947.09.13	第15号	02頁06段		UP東京支局長ライーツオース氏半占領政策を煽動
1947.09.13	第15号	02頁08段		最高幹部の性格
1947.09.13	第15号	02頁09段		北朝鮮に輸血管
1947.09.13	第15号	02頁10段		輸出入品目決る
1947.09.13	第15号	02頁10段		大阪で登録懇談
1947.09.13	第15号	03頁01段		関東震災25周年を迎えて
1947.09.13	第15号	03頁03段		英国の危機を救ふ「背景」
1947.09.13	第15号	03頁05段		ソ連の提案は非民主主義 ブラウン少将反駁
1947.09.13	第15号	03頁08段		四カ国招集の理由 米国今後の方策
1947.09.13	第15号	03頁10段		肥料農機の会義
1947.09.13	第15号	04頁01段		善隣育英会発足 苦学生に明るい知らせ

발행일	발행호	지면정보	필자	기사제목
1947.09.13	第15号	04頁02段		人類の平和は無学征代から
1947.09.13	第15号	04頁03段		論語と人生観
1947.09.13	第15号	04頁03段		ピックアップ
1947.09.13	第15号	04頁07段	黒丘	四十年の嵐(15)
1947.09.13	第15号	04頁09段		声
1947.09.13	第15号	04頁10段		警察校開かる
1947.09.20	第16号	01頁01段		敢えて朝連幹部諸君に高ぐ―マルクス主義乃至ボルセヴズムを信奉する朝連幹部よ聴け
1947.09.20	第16号	01頁02段		マ元師朝鮮占領報告-五月分発表
1947.09.20	第16号	01頁04段		軍政下の朝鮮(米ソ地区色分け図)
1947.09.20	第16号	01頁05段		ソ連、四国会談拒絶-米国は国連総会に提訴か
1947.09.20	第16号	01頁07段		米ソ共同報告中止
1947.09.20	第16号	01頁07段		朝鮮に注目せよ 程天放博士強調
1947.09.20	第16号	01頁09段		朝鮮人廿万名 登録九月三日理在
1947.09.20	第16号	02頁01段		速かに独立を与へよ 四国支援の意義はこの一点
1947.09.20	第16号	02頁01段		反動分子の妨害を退げ 朋友団体つぎづきと誕生 栃木県建青民団鹿沼支部結成
1947.09.20	第16号	02頁03段	ソウル発 K・I・P	ローマ法皇が朝鮮に使節団
1947.09.20	第16号	02頁02段	ソウル発 K・I・P	南朝鮮選挙法案
1947.09.20	第16号	02頁04段	ソウル発 K・I・P	無医村に医者を
1947.09.20	第16号	02頁04段	神戸発	建青の受刑者育成運動
1947.09.20	第16号	02頁05段	ソウル発 K・I・P	大同青年団と同調
1947.09.20	第16号	02頁05段	ソウル発 K・I・P	食糧二合三勺
1947.09.20	第16号	02頁05段	ソウル発 K・I・P	立法議員会義
1947.09.20	第16号	02頁06段		ソ連外交政策(上)資本主義没落の時こそソ連の危機-米議会図書館報告
1947.09.20	第16号	02頁07段		プロレタリヤ国家の変遷
1947.09.20	第16号	02頁08段		第二次戦後の膨脹
1947.09.20	第16号	02頁09段		衛星国家樹立に成功
1947.09.20	第16号	02頁10段		ソ連外交主眼平和
1947.09.20	第16号	03頁01段		外国人登録令 条文の項目不当改正成る実施公布迄に若干の時日
1947.09.20	第16号	03頁01段		独立したく脳 低を流れる二つの宗派(印度)
1947.09.20	第16号	03頁07段		国際(ソ連、英国、米国、中国、スイス、東亜、ギリシヤ)
1947.09.20	第16号	04頁01段		李光洙氏に就いて
1947.09.20	第16号	04頁03段		新書紹介-初戀時代
1947.09.20	第16号	04頁04段		協力して同胞を救え

발행일	발행호	지면정보	필자	기사제목
1947.09.20	第16号	04頁06段		反省すべき問題
1947.09.20	第16号	04頁07段		もう真平だ
1947.09.20	第16号	04頁07段	黒丘	四十年の嵐(16)
1947.09.20	第16号	04頁10段		中国や朝鮮と商業電報開始
1947.09.27	第17号	01頁01段		朝鮮独立・蔭の恩人-ラーチ長官逝去
1947.09.27	第17号	01頁02段	朴烈	少将の逝去は三千万同胞の悲哀
1947.09.27	第17号	01頁06段		第三回民団居留全体大会　十月一、二、三日於大阪開催
1947.09.27	第17号	01頁06段		民青幹部四名送還
1947.09.27	第17号	02頁01段	朴烈	小児病的左翼陣の暴挙を排す　幻想を逐ぶ狂心者　算盤のみでは割り切れぬ
1947.09.27	第17号	02頁05段		ソ連の外交政策(上)　資本主義没落の時こそソ連の危機-米議会図書館報告
1947.09.27	第17号	03頁01段		戦勝国の苦悩　ドルの救援を待つ英仏
1947.09.27	第17号	03頁01段		二分か、単一か　ソ連態度決定　選挙後に国連に加入
1947.09.27	第17号	03頁04段		米の単独援助　南朝鮮に実施か
1947.09.27	第17号	03頁04段		朝鮮の重要性　APハイト氏言及
1947.09.27	第17号	03頁06段		国際(国連、アメリカ、アルゼンチン、イタリア、フインランド)
1947.09.27	第17号	04頁01段		読書の回帰性
1947.09.27	第17号	04頁01段		自由に情報を交換　国際協定草案成る
1947.09.27	第17号	04頁02段		「孤独をあいす」
1947.09.27	第17号	04頁05段		理解
1947.09.27	第17号	04頁06段		林語堂の新発明
1947.09.27	第17号	04頁06段		あれこれ
1947.09.27	第17号	04頁07段		新聞談義
1947.09.27	第17号	04頁07段		朝鮮詩歌抄
1947.09.27	第17号	04頁09段		平壌に美術学校
1947.09.27	第17号	04頁09段		北朝鮮新学校
1947.09.27	第17号	04頁09段		経済人に告ぐ
1947.09.27	第17号	04頁10段		スポーツ
1947.09.28	号外	01頁01段		民族の血潮を凝集して我等所信邁進せん　"民団"定期大会大阪で開催
1947.09.28	号外	02頁01段	裵正	事は必ず正に帰す
1947.09.28	号外	02頁01段		朝鮮問題「国聯」へ　祖国独立は自からの手で　信託統治絶対反対
1947.09.30	第18号	01頁01段		「記念大会」に寄せて
1947.09.30	第18号	01頁02段		米ソの対立緊迫化四一対六で祖国独立を支持(国連)

발행일	발행호	지면정보	필자	기사제목
1947.09.30	第18号	01頁02段		米ソの対立緊迫化四一対六で祖国独立を支持
1947.09.30	第18号	01頁04段		一人ボッチで何処へ行く
1947.09.30	第18号	01頁07段		(新声)国際的養老院というものがある
1947.09.30	第18号	01頁07段		放言
1947.09.30	第18号	02頁01段		秋風落葉の如し「朝連」民団支持の声巷に溢る
1947.09.30	第18号	02頁02段		同胞の属望を担って　大阪西成支部結成さる
1947.09.30	第18号	02頁03段		民団関東水害救援
1947.09.30	第18号	02頁02段	黄性弼	我々の力で国連へ提訴
1947.09.30	第18号	02頁03段	康興玉	独立観念を統一せよ
1947.09.30	第18号	02頁05段	玄桂琫	親子の精で民団に協力
1947.09.30	第18号	02頁04段		東京本部　第一回　臨時大会
1947.09.30	第18号	02頁05段	天放	望郷述懐
1947.09.30	第18号	02頁06段	隆正	個人と社会
1947.10.18	第19号	01頁01段		第二次定期全体大会団長に朴烈氏再就-協同組合は事務局に直属、商工業同盟、「業種別生産者同盟」新設
1947.10.18	第19号	01頁02段	副団長 高順欽	米ソ両軍徹兵
1947.10.18	第19号	01頁05段	黄性弼	中総の副団長に就任して
1947.10.18	第19号	01頁09段		徹兵が必要　極東使節団長談
1947.10.18	第19号	01頁09段		自称朝鮮代団を認めず
1947.10.18	第19号	02頁01段		開天節記念民衆大会 欺瞞を弄す吾等の敵は反動政権なり断結して建国に怒めん　十月三日於大阪中之島公会堂
1947.10.18	第19号	02頁01段	朴烈	関東、東北の風水害に同胞の義挙を望む
1947.10.18	第19号	02頁05段		国際名士懇談会
1947.10.18	第19号	02頁06段		民衆大会決議文
1947.10.18	第19号	02頁06段		米ソ連案拒否か
1947.10.18	第19号	02頁06段		第三回　中央議事会　開催
1947.10.18	第19号	02頁08段		政治委員で討議
1947.10.18	第19号	02頁09段		群馬県下の水害現状
1947.10.18	第19号	02頁09段		水災救済に大阪生野支部総けつ起
1947.10.18	第19号	02頁10段		興南工場予定量突破
1947.10.18	第19号	02頁10段		朝鮮、台湾の自由貿易再開
1947.10.18	第19号	03頁01段		静岡テロ事件を突く-強盗カ?ギャングか?狂った"朝連"の断末魔
1947.10.18	第19号	03頁05段		米の輸出超過は何を意味するか
1947.10.18	第19号	03頁08段		朝連と民青
1947.10.18	第19号	04頁01段		朝鮮学徒の教育整備　終戦後五十名米国に留学

발행일	발행호	지면정보	필자	기사제목
1947.10.18	第19号	04頁01段		住宅五十倍 引揚者大量移住が原因
1947.10.18	第19号	04頁01段		政治の貧困は犯罪である
1947.10.18	第19号	04頁04段		農業講習好成績
1947.10.18	第19号	04頁04段	S、N、	秋
1947.10.18	第19号	04頁04段		慶州古跡作品展
1947.10.18	第19号	04頁05段		万徳炭鉱の増産
1947.10.18	第19号	04頁05段		朝鮮放送局のコールサイン
1947.10.18	第19号	04頁05段	Y	靴
1947.10.18	第19号	04頁05段		平等の不合理
1947.10.18	第19号	04頁06段	松竹 製作	(映画評)"安城家の舞磘会"
1947.10.18	第19号	04頁06段	黒丘	四十年の嵐(16)
1947.10.25	第20号	01頁01段		徹兵は新政府と協議＝米国が国連に提案
1947.10.25	第20号	01頁04段		「民団新聞」を改題 「民主新聞」創刊
1947.10.25	第20号	01頁01段	民団新聞編集発行人 朴準	惜別の辞
1947.10.25	第20号	01頁06段		国連は速かに朝鮮問題を討議せよ
1947.10.25	第20号	01頁09段		愛知県本部結成
1947.10.25	第20号	01頁10段		朝鮮人類学会 世界学会に加盟
1947.10.25	第20号	02頁01段		〈元朝連財政部長悔悟録〉朝連解散·民団え 合流を叫ぶ 北鮮は配給不足で人民フラく
1947.10.25	第20号	02頁01段		世界は小さくなる
1947.10.25	第20号	04頁04段		朝連と民青の反省を促す
1947.10.25	第20号	04頁09段	黒丘	四十年の嵐(17)

(2) 민주신문

발행일	발행호	지면정보	필자	기사제목
1947.11.01	第21号	01頁01段	民主新聞社長 黄成弼	〈改題の言葉〉朝鮮独立を祈念して 大衆と共に進まん
1947.11.01	第21号	01頁01段		新聞のあり方
1947.11.01	第21号	02頁01段		民族の意志を強圧する誰か 全体主義愈々拍車その仮面を暴露、反省を促す
1947.11.01	第21号	02頁03段		〈中国危機＞底を知らぬ物価騰貴 対岸の火事では済されぬ
1947.11.01	第21号	02頁08段		駐日弁事処は民団と無関係-民団事務局談
1947.11.01	第21号	03頁01段		学生同盟中央委員会 苦難と失望の学徒を救え 在日同胞の理解協力を要望
1947.11.01	第21号	03頁02段		又、不法侵入! 朝連 "名古屋"事件(十月十五日)

발행일	발행호	지면정보	필자	기사제목
1947.11.01	第21号	03頁03段		戦争の犠牲者病床に世を呪う 民団東本全国に呼びかく
1947.11.01	第21号	03頁05段		共産党の魔手 南米へ波及す
1947.11.01	第21号	04頁01段	林竹松	教育こそ正しき民族の土台
1947.11.01	第21号	04頁01段	梁元圭	白鷺
1947.11.01	第21号	04頁01段	金永佑	柿(上)
1947.11.22	第24号	01頁01段		南北朝鮮合作の機運-「南朝鮮政党代表会議」発足米国の提案と歩調合はす
1947.11.22	第24号	01頁01段		所謂有能者を排撃す
1947.11.22	第24号	01頁05段		朝鮮の独立促進 国連の結意に就いて ホッチ中将特別声明
1947.11.22	第24号	01頁07段		第四回中央議事会開催 十二月五日於中総議事室
1947.11.22	第24号	01頁07段		南鮮の現状は良好 米下院軍事委員会報告
1947.11.22	第24号	01頁07段		朝鮮民主独立党 中央青年団体 合作か
1947.11.22	第24号	01頁08段		米商社代表来鮮
1947.11.22	第24号	01頁09段		肥科生産不振食糧増産計暗影
1947.11.22	第24号	01頁09段		官使資格審査基準
1947.11.22	第24号	01頁10段		選挙有権者の人口調査を実施か
1947.11.22	第24号	01頁10段		国連朝鮮委員会事務局長任命
1947.11.22	第24号	01頁10段		南鮮大学総長会議
1947.11.22	第24号	02頁01段		八・一五暴動陰謀裏面に隠された悪虐手段-首都警察庁真相発表
1947.11.22	第24号	02頁02段		英国植民地の独立は何を意味する
1947.11.22	第24号	02頁07段		経済危期を助長する 三十八度線
1947.11.22	第24号	03頁01段		建青二周年記念大会名士各位の講演に花を咲す(第二日目)
1947.11.22	第24号	03頁01段		軽率であったことを謝罪 読売新聞の記事に就いて
1947.11.22	第24号	03頁05段		青空に駈る人の波 蹴球大会白熱(第三日目)
1947.11.22	第24号	03頁08段		北鮮貿易動態 政治に連結産金奨励で貿易決済
1947.11.22	第24号	03頁09段		URANIUM
1947.11.22	第24号	03頁10段		四国会談を招集 朝鮮問題解決を提案せん
1947.11.22	第24号	03頁10段		四国会談招集 朝鮮問題解決提案
1947.11.22	第24号	04頁01段	白楊生	文学者の使命
1947.11.22	第24号	04頁02段		サンヂカリズムえの若干の疑問
1947.11.22	第24号	04頁04段		〈映画女優を解剖すれば〉日本映画のモデル-高峰秀子の巻
1947.11.22	第24号	04頁06段		在日各団体よ合流せよ
1947.11.22	第24号	04頁06段		KIPソウル通信一そく
1947.11.22	第24号	04頁07段		米式教育法講習所開設
1947.11.22	第24号	04頁07段		絶讃を博した六歳のピアニスト

발행일	발행호	지면정보	필자	기사제목
1947.11.22	第24号	04頁08段		南鮮電力危機
1947.11.22	第24号	04頁07段	金昌奎	眠れる墓(一)
1947.12.06	第25号	01頁01段		朝鮮の政治路線を民団の態度
1947.12.06	第25号	01頁02段	民団副団長 高順欽	国連結定案絶対支持
1947.12.06	第25号	01頁04段		南鮮過渡政府 時局対策原案 公報部発表全文
1947.12.06	第25号	02頁01段		世界経済の危機 貿易振興を計る関税引下げ 立直るか戦後の世界
1947.12.06	第25号	02頁04段		頼るは自のら組織のみ日本の経済危機と同胞の生活問題
1947.12.06	第25号	02頁03段		対立する二つの世界－マーシャル計量と極東コミンフォルム
1947.12.06	第25号	03頁01段		名古屋事件の結末　朝連・瀬戸笠寺両支部解散さる
1947.12.06	第25号	03頁02段		越冬必需品を水災同胞へ　大阪本部より
1947.12.06	第25号	03頁03段	崔秉昊	東拓罪悪史(上) 宮三面土地争議事件真相(韓国暴史の巻)
1947.12.06	第25号	03頁04段		赤魔、北鮮人民委員の陰謀 南朝鮮の破壊と占領を計画 平壌保安隊長の陳述
1947.12.06	第25号	03頁08段		URANIUM
1947.12.06	第25号	04頁01段	蓮山	朝鮮の芸術
1947.12.06	第25号	04頁03段		多摩俳句会だより
1947.12.06	第25号	04頁03段		サルトルとアラゴン　現代フランス文壇の動向
1947.12.06	第25号	04頁06段		在日各団体よ合流せよ
1947.12.06	第25号	04頁06段		読書録より
1947.12.06	第25号	04頁07段	金昌奎	眠れる墓(二)
1947.12.06	第25号	04頁10段		映画短評
1947.12.13	第26号	01頁02段		民団の政治路線再検討
1947.12.13	第26号	01頁03段		来るべき総選挙を前に
1947.12.13	第26号	01頁03段	朴烈	世紀の流れに逆ふな総選挙に立候補代表を派遣か (朴烈団長の挨拶)
1947.12.13	第26号	01頁03段		スローガンの断定は中央議事会の意に反す(五月の中議)
1947.12.13	第26号	01頁06段		路線問題 小委員会(六月の中議)
1947.12.13	第26号	01頁08段		国連総会の朝鮮独立案を支持民族、中央議事会で声明
1947.12.13	第26号	02頁01段		仏の冬期労働攻撃激化 国家機能もマヒ 罷業参加人員二百十万に及ぶ
1947.12.13	第26号	02頁01段		経済闘争から政治闘争へ 仏政府武力で強圧か
1947.12.13	第26号	02頁03段		日本秘密政府は？ 問題はそれ以前 加盟希望者が絶対多数
1947.12.13	第26号	02頁04段		マーシャル案の妨害 赤化するCGT

발행일	발행호	지면정보	필자	기사제목
1947.12.13	第26号	02頁05段		不偏的デモクラシー中総事務局次長尹微夏氏談
1947.12.13	第26号	02頁06段		外相会議より重大 ダ米最高顧問が警告
1947.12.13	第26号	02頁07段		人事往来
1947.12.13	第26号	02頁08段		国連朝鮮委員会来月二日ソウル着
1947.12.13	第26号	03頁01段		学生同盟ついに分裂 急進分子を除き 明大グループ新出発へ向う
1947.12.13	第26号	03頁03段		朝鮮音楽の会 熱狂した日比谷公園堂
1947.12.13	第26号	03頁03段	崔秉昊	東拓罪悪史(二) (韓国暴史の巻)
1947.12.13	第26号	03頁04段		正月のプレゼント
1947.12.13	第26号	03頁06段		東大阪支部の人事移動
1947.12.13	第26号	03頁07段		民団中総九州出張所を新設
1947.12.13	第26号	03頁08段		土浦事件判結
1947.12.13	第26号	03頁08段		URANIUM
1947.12.13	第26号	04頁01段	仙草	東方の言葉-比較言語の今後
1947.12.13	第26号	04頁02段		圧巻伽倻琴併唱朝鮮古典芸術の粋
1947.12.13	第26号	04頁04段	蔡生	モーパッサンに就いて
1947.12.13	第26号	04頁06段		政治的常識を持って
1947.12.13	第26号	04頁06段		日本に於ける近代国家の成立
1947.12.13	第26号	04頁07段	添田知道	演芸団一行
1948.01.03	第28号	01頁01段		完全独立獲得の秋 黄社長、新春への言葉
1948.01.03	第28号	01頁02段		栄誉ある独立完成の年は明けた-先進国自ら不安の禍根一掃せよ
1948.01.03	第28号	01頁04段		朝鮮独立の危機は運命に対する反省の貧困
1948.01.03	第28号	01頁05段		今年こそ独立を世界平和樹立のため
1948.01.03	第28号	02頁01段		一九四七年の祖国の動き 国連総会各政党
1948.01.03	第28号	02頁01段		左右未だ混沌 南北合作運動が進む
1948.01.03	第28号	02頁03段		(今年の問題) 主権獲得が第一
1948.01.03	第28号	02頁04段		問題は国民の総意
1948.01.03	第28号	03頁01段		破局的な朝鮮経済
1948.01.03	第28号	03頁01段		(仏デフレ政策)労動政策が問題 永続にはマ案の救援
1948.01.03	第28号	03頁02段		日本人の最後の置土産
1948.01.03	第28号	03頁03段		火遊びする大人
1948.01.03	第28号	03頁06段		今年度の食糧事情は深刻 二百万石を国委請願
1948.01.03	第28号	04頁01段		一九四八年の朝鮮 握手を送る新年の祝福 布施辰治氏の言葉
1948.01.03	第28号	04頁01段		民団一年の管見と私の提言
1948.01.03	第28号	04頁01段		"民生問題"が緊急 健青も民団の発展に全的協力
1948.01.03	第28号	04頁04段		平和と光あれ 新年のことば 新居格

발행일	발행호	지면정보	필자	기사제목
1948.01.03	第28号	05頁01段	民主党政務調査会長 稲垣平太郎	今後の朝鮮には技術が必要
1948.01.03	第28号	05頁02段		この機会を無駄にするな(国民協同党事務長大幡ゼ氏談)
1948.01.03	第28号	05頁02段		小説について
1948.01.03	第28号	05頁04段		被水害民へ救護の手
1948.01.03	第28号	05頁05段	金昌奎	眠れる墓(3)
1948.01.03	第28号	06頁01段		一九四七年の世界の動き労動攻勢の拡大 四八年へ暗影を投ず
1948.01.03	第28号	06頁02段		米ソ対立が問題
1948.01.03	第28号	06頁02段	崔秉昊	東拓罪悪史(四)(総督府の巻)
1948.01.03	第28号	06頁04段		米の欧洲援助案拡まる共産主義との対立
1948.01.03	第28号	07頁01段	金昌奎	文学の商道
1948.01.03	第28号	07頁02段		自由な思想と探究心 新代表委員ら "燃ゆる熱情"で新出発
1948.01.03	第28号	07頁03段		食糧不足は世界的インフレにあえぐ欧洲
1948.01.03	第28号	07頁05段		(英労働党) 敗北に涼しい顔 国民に耐乏生活を要求
1948.01.03	第28号	08頁01段	管秋原	自国語の純化
1948.01.03	第28号	08頁01段	添田知道 辻まこと画	演芸団一行(3)
1948.01.10	第29号	01頁01段	高順欽	委員団をむかえて
1948.01.10	第29号	01頁03段		喜びにわき立つソウル市 街頭行れつ等、歓げいの準備成る
1948.01.10	第29号	01頁05段		朝鮮委員会の設置は国際友誼の現れ 安民政長官 記者団ニ語る
1948.01.10	第29号	01頁07段	黄性弼	完全独立のため
1948.01.10	第29号	01頁07段		国連の監視は独立精神に反 "愛国的同胞に警告"(李博士声明)
1948.01.10	第29号	01頁09段		三寒四温
1948.01.10	第29号	01頁09段		代表団京城に到着
1948.01.10	第29号	02頁01段		一九四八年の民団の抱負
1948.01.10	第29号	02頁01段		民団は国連の決定案を支持 完全主権獲得に全力を傾注
1948.01.10	第29号	02頁01段		徹兵は総選挙後九十日以内か?-国際連合のスタートメント
1948.01.10	第29号	02頁04段	添田知道	演芸団一行(5)
1948.01.10	第29号	02頁04段		委員団の一行 途中東京に入寄る "北鮮に入る"と強力い言葉
1948.01.10	第29号	02頁06段		貨幣改革とは?-北朝鮮その後
1948.01.10	第29号	02頁07段		商品は赤軍の独り占め

발행일	발행호	지면정보	필자	기사제목
1948.01.10	第29号	02頁08段		使命重大シリヤ代表語る
1948.01.17	第30号	01頁01段		反対の為反対
1948.01.17	第30号	01頁02段		待望久しき完全独立の鍵-再健国第一歩歴史的朝鮮委員開かる
1948.01.17	第30号	01頁04段		委員会不成立と比島代表の発言で波乱(弟一次会合)
1948.01.17	第30号	01頁04段		"早き統一国家を"各国代表 見解声明を発表(中国、シリヤ、印度)
1948.01.17	第30号	01頁06段		"朝委は無用の長物"北朝鮮で抗議大会を開く
1948.01.17	第30号	01頁06段		中協の暗闘と政界に失望趙素昂氏隠退を声明
1948.01.17	第30号	02頁01段		朝鮮のカイライ国化企図-独立の前途暗たんソ連は公正自由選挙を許ず
1948.01.17	第30号	02頁01段	モーパッサン	小説について
1948.01.17	第30号	02頁04段	添田知道 辻まこと画	演芸団一行(5)
1948.01.17	第30号	02頁04段		英国対ソ外交の転換
1948.01.17	第30号	02頁04段		平和伝道者の攻撃は国際友情を知らぬ行為　統一国家建設に協力せよ
1948.01.17	第30号	02頁07段		米価急激に低下
1948.01.31	第31号	01頁01段		"援助"の意義
1948.01.31	第31号	01頁02段		国連朝委全国歓迎大会-人民の多数は朝委の事業を援助 小数分子に耳を籍すな(朝委員長 代表団への歓迎の辞)
1948.01.31	第31号	01頁04段		(メ委員長談)"統一なき独立なし"自からの団結が必要
1948.01.31	第31号	01頁06段		暗躍する北朝鮮
1948.01.31	第31号	01頁07段		飢える失業者の群
1948.01.31	第31号	01頁08段		蔵出百九十四億円
1948.01.31	第31号	01頁09段		三寒四温
1948.01.31	第31号	02頁01段		(第二分科会)侮じよく的好意 無反省に過ぎる国民
1948.01.31	第31号	02頁01段		立法議院は何をする-その失敗の最大原因
1948.01.31	第31号	02頁03段		自派の扶植協力の道具 新年度計劃もない無力さ
1948.01.31	第31号	02頁04段		英国対ソ外交の転換(下)
1948.01.31	第31号	02頁07段		北朝鮮の貨幣改革 南鮮に影響なし-具朝鮮銀行副総裁談
1948.01.31	第31号	02頁10段		南京百人斬り戦犯銃殺
1948.01.31	第31号	03頁01段		第二回全体大会(民団大阪本部)北市民会館で
1948.01.31	第31号	03頁01段		苦難はこれから 真解放のために闘う
1948.01.31	第31号	03頁02段		拭いぎれぬ不安 委員団の誠意にまつのみ
1948.01.31	第31号	03頁04段		生活権よう護-団体連合会議
1948.01.31	第31号	03頁03段		団長に黄氏再選 事務総長には朴玄氏は選ばる
1948.01.31	第31号	03頁04段		内部組織を強化

발행일	발행호	지면정보	필자	기사제목
1948.01.31	第31号	03頁06段		京都本部全体大会
1948.01.31	第31号	03頁06段		(第二分科会)協議の対象に九氏に協力を希望
1948.01.31	第31号	03頁07段		オリンピック参加種目決定
1948.01.31	第31号	03頁08段		生野支部 活動範囲拡充
1948.01.31	第31号	03頁09段		民団渋谷支部再発足
1948.01.31	第31号	04頁01段	モーパッサン	小説について(4)
1948.01.31	第31号	04頁03段		三千冊の書物
1948.01.31	第31号	04頁05段	添田知道 辻まこと画	演芸団一行 (6)
1948.01.31	第31号	04頁04段		港
1948.01.31	第31号	04頁05段		神話的なものの排除へ-国史科学性
1948.01.31	第31号	04頁05段		二つの国家建設
1948.02.07	第32号	01頁01段		独立の見解
1948.02.07	第32号	01頁02段		朝鮮内争実相(十三回中央委員会)
1948.02.07	第32号	01頁02段		欺瞞中傷自滅 暴力恐喝狂騒曲
1948.02.07	第32号	01頁03段		今後の動向を正視! 洪建青委員長語る
1948.02.07	第32号	01頁05段		ト教書と極東
1948.02.07	第32号	01頁06段		(民団総事務総長談)分裂は当然のこと三年間の罪悪に終止符
1948.02.07	第32号	01頁06段		政治問題にはふれず-安民政長官談
1948.02.07	第32号	01頁07段		生産率は上昇 紡績は昨年の三倍半
1948.02.07	第32号	01頁10段		三寒四温
1948.02.07	第32号	02頁01段		共和党の勝利か(米大統領選挙)
1948.02.07	第32号	02頁01段		強さ性格の政治家を米の経済危機が要求
1948.02.07	第32号	02頁01段		共和党の言分
1948.02.07	第32号	02頁01段	朴烈	民団の旗の下に(上)
1948.02.07	第32号	02頁08段		名古屋事件 青同内紛の犠牲
1948.02.07	第32号	02頁08段		世界人の視角-毒殺事件について
1948.02.07	第32号	02頁10段		臨時全体大会開く-民団の路線をめぐって
1948.02.07	第32号	03頁01段		インドの悲劇-ガンヂーの死の犠牲
1948.02.07	第32号	03頁02段		文学への期待-朝鮮文学の将来
1948.02.07	第32号	03頁04段	モーパッサン	小説について(5)
1948.02.07	第32号	03頁05段		ギリシャ彫刻の美
1948.02.07	第32号	03頁05段		近代文学
1948.02.07	第32号	03頁07段	正秋	わがふるさと
1948.02.07	第32号	03頁06段		ニピリズムの克服
1948.02.07	第32号	03頁09段		在日同胞六十万余 外人登の録統計
1948.02.07	第32号	03頁10段		綺談
1948.02.07	第32号	04頁01段		立体派の内容 セザンヌの影響

발행일	발행호	지면정보	필자	기사제목
1948.02.07	第32号	04頁02段	添田知道 辻まこと画	演芸団一行 (7)
1948.02.07	第32号	04頁02段		廻転の世の中
1948.02.07	第32号	04頁05段		自動車の無線電話 米で実用化-アメリカ科学の勝利
1948.02.07	第32号	04頁07段		ペニシリン-米国における研究
1948.02.07	第32号	04頁09段		事大主義
1948.02.14	第33号	01頁01段		不当収税問題
1948.02.14	第33号	01頁02段		何を要望? (南朝鮮の政界)波に押される祖国
1948.02.14	第33号	01頁02段		(政務会議)卅八度線撤廃は不可能南朝鮮単独選挙を建議-無準備の中に両軍の撤退は危険
1948.02.14	第33号	01頁04段		南朝鮮単独選挙は 永久に民族を両断-南北の統一政府が絶対念願
1948.02.14	第33号	01頁06段		金九氏指導者会談を提案
1948.02.14	第33号	01頁07段		三寒四温
1948.02.14	第33号	01頁08段		罹災者に燃料配合
1948.02.14	第33号	01頁09段		小総会への報告案討議
1948.02.14	第33号	01頁06段		朝鮮問題の行方
1948.02.14	第33号	02頁01段		民族復興の妨害工作(名古屋事件)
1948.02.14	第33号	02頁01段		青同の赤化を陰謀 一部幹部の左翼小児病的な手段
1948.02.14	第33号	02頁01段		大衆意志無視
1948.02.14	第33号	02頁05段		欺瞞に満ちた裏切分子の声明書-自己保身には手段を選ばず
1948.02.14	第33号	02頁05段	朴烈	民団の旗の下に(下)
1948.02.14	第33号	02頁09段		世界人の視角-内角総辞退以後
1948.02.14	第33号	03頁01段	小牧茂夫	隈取りの約束-中国芝居の場合
1948.02.14	第33号	03頁02段		日本伝統文化の将来(上)-短歌に現れたその抒情
1948.02.14	第33号	03頁03段		ギリシャ彫刻の美
1948.02.14	第33号	03頁05段	モーパッサン	小説について(6)
1948.02.14	第33号	03頁06段	正秋	わがふるさと-その二
1948.02.14	第33号	03頁08段		テレピンから樟脳-大量生産に成功
1948.02.14	第33号	03頁09段		各部署決定三・一記念準備委員会
1948.02.14	第33号	03頁09段		藤枝支部結成
1948.02.14	第33号	03頁09段		綺談
1948.02.14	第33号	04頁01段		(日本の作家)絶望の流行-文学に現れた近代性
1948.02.14	第33号	04頁01段	添田知道 辻まこと画	演芸団一行 (8)
1948.02.14	第33号	04頁03段	竹内節夫	東洋の墓
1948.02.14	第33号	04頁05段		電文綴り機発明-一分間に漢字三十字送信
1948.02.14	第33号	04頁06段		民主(投書歓迎)
1948.02.14	第33号	04頁07段		盗めばスグわかる-学校へ銀線ガラス配給

발행일	발행호	지면정보	필자	기사제목
1948.02.21	第34号	01頁01段		"血の粛正"の変貌
1948.02.21	第34号	01頁02段		血の闘争迫る!!-遂にかいらい政府樹立
1948.02.21	第34号	01頁02段		底意は世界かく乱-東洋は赤色共産細胞の暗躍の舞台
1948.02.21	第34号	01頁04段		紛砕せよ・この旗
1948.02.21	第34号	01頁06段		わが国旗を赤旗に-ソ連の手先は南鮮包括も企図
1948.02.21	第34号	01頁07段	東京地区代議員 金仁洙	政治路線について
1948.02.21	第34号	01頁09段		北鮮問題公報待つ
1948.02.21	第34号	01頁08段		北鮮警官・米軍将校に暴行
1948.02.21	第34号	01頁08段		国府・北鮮政府を承認せず
1948.02.21	第34号	01頁10段		三寒四温
1948.02.21	第34号	02頁01段		民団の路線いずこ 臨時全体大会に臨んで
1948.02.21	第34号	02頁01段		南朝鮮だけの自立に電力問題がおおきな打撃 理解と協力が最大限必要
1948.02.21	第34号	02頁02段		美名の陰に悲劇 黄副団長 朝連問題に言及
1948.02.21	第34号	02頁05段		米国経済異変の波紋
1948.02.21	第34号	02頁06段		帰国者に宿舎
1948.02.21	第34号	02頁08段		世界人の視角-北朝鮮人民共和国
1948.02.21	第34号	03頁01段		物体の変化-初現実主義の発展
1948.02.21	第34号	03頁02段		日本伝統文化の将来(下)-定型律と美的感動
1948.02.21	第34号	03頁03段	モーパッサン	小説について(7)
1948.02.21	第34号	03頁05段	洪建青	知られざる作家
1948.02.21	第34号	03頁05段		ギリシャ彫刻の美
1948.02.21	第34号	03頁08段	正秋	わがふるさと-その三
1948.02.21	第34号	03頁10段		綺談
1948.02.21	第34号	04頁01段		(フランス)文学界の動き
1948.02.21	第34号	04頁02段	夢仙(作) 石川秀(画)	リディキュール
1948.02.21	第34号	04頁04段		自由像徴"ヒゲ"
1948.02.21	第34号	04頁08段		臨時大会を控えて
1948.02.21	第34号	04頁09段		肺結核患者に朗報-金博士切開に手術成功
1948.02.28	第35号	01頁01段		(独立宣言書)世界改造に順応
1948.02.28	第35号	01頁02段		三・一革命の精神を我等に
1948.02.28	第35号	01頁04段	高副団長談	北朝鮮の独立は内戦へ拍車-米ソの対立抗争をやめよ
1948.02.28	第35号	01頁07段		独立革命の精神
1948.02.28	第35号	01頁08段	洪建青委員長	偏見を捨てて-互の融合を計る秋
1948.02.28	第35号	02頁01段		正視せよ、赤い星-民団で声明書発表
1948.02.28	第35号	02頁01段		偏見を捨てて-互の融合を計る秋

발행일	발행호	지면정보	필자	기사제목
1948.02.28	第35号	02頁03段		白熱的論戦を展開-飽くまで国連案支持
1948.02.28	第35号	02頁05段		三・一記念準備大会を開く
1948.02.28	第35号	02頁06段		東京本部 常任執行部改選-新団長に徐氏が決定
1948.02.28	第35号	02頁05段		米援助の意義
1948.02.28	第35号	02頁07段		世界人の視角-組閣を監視せよ
1948.02.28	第35号	02頁07段		男を煙にまく-婦人代議員
1948.02.28	第35号	02頁09段		交易物品好評-価格も一割上昇
1948.02.28	第35号	02頁10段		三寒四温
1948.02.28	第35号	03頁01段		三・一記念日を迎えて-文化人に対する要望
1948.02.28	第35号	03頁02段		まず朝鮮で選挙-米代表・国連小総会要請
1948.02.28	第35号	03頁04段		団体主権は禁
1948.02.28	第35号	03頁05段		米ソ両巨頭会談 秘密会議でソ連側提案か
1948.02.28	第35号	03頁05段		ギリシャ彫刻の美
1948.02.28	第35号	03頁04段		近代人の性格-知戦階級の規定
1948.02.28	第35号	03頁08段	正秋	不在結婚式
1948.02.28	第35号	03頁09段		鎌と赤い星の旗
1948.02.28	第35号	04頁01段		アメリカ文学界の動き
1948.02.28	第35号	04頁02段	美川又二	中国"酒"物語 （一）
1948.02.28	第35号	04頁03段		近代美術
1948.02.28	第35号	04頁03段		飜訳された憲法-民主主義的自由の確立
1948.02.28	第35号	04頁07段	夢仙(作) 石川秀(画)	リディキュール
1948.02.28	第35号	04頁09段		綺談
1948.03.06	第36号	01頁01段		新しき抱負を訊く
1948.03.06	第36号	01頁01段		生活安定に全力-金事務総長新任の挨拶
1948.03.06	第36号	01頁01段		独裁を夢みる者
1948.03.06	第36号	01頁02段		活動の戦術-李情報部長談、李地方部長談
1948.03.06	第36号	01頁04段		総選挙実施か?-五月十日以内 朝委で発表
1948.03.06	第36号	01頁04段		空から啓蒙宣伝 世界視聴集まる
1948.03.06	第36号	01頁06段		総選挙をめがって
1948.03.06	第36号	01頁06段		危機にたつ立法議院
1948.03.06	第36号	01頁07段		南北指導者協議を主張
1948.03.06	第36号	01頁08段		三巨頭の意見対立が焦点
1948.03.06	第36号	01頁09段		建青首脳部改選
1948.03.06	第36号	01頁08段		世界人の視角-文盲退治運動
1948.03.06	第36号	02頁01段		共産主義と闘う-建青第六回全体大会
1948.03.06	第36号	02頁03段		再び叫ぶ独立を三・一記念大会
1948.03.06	第36号	02頁03段		マ案世界拡張
1948.03.06	第36号	02頁06段		両軍撤退が急務-朝委議長朝鮮人へメッセージ

발행일	발행호	지면정보	필자	기사제목
1948.03.06	第36号	02頁08段		世界物笑い-レ氏声明を発表
1948.03.06	第36号	02頁09段		盛大な記念行事－ソウル運動場で
1948.03.06	第36号	02頁10段		医師獎学生募集
1948.03.06	第36号	03頁01段	モーパッサン	小説について(8)
1948.03.06	第36号	03頁02段	美川又二	中国"酒"物語(一)
1948.03.06	第36号	03頁03段		"背徳者"今日的意義
1948.03.06	第36号	03頁05段		ギリシャ彫刻の美
1948.03.06	第36号	03頁08段		新役員に望む
1948.03.06	第36号	03頁08段	正秋	前奏曲
1948.03.06	第36号	04頁01段		禮節的な集い-三・一記念大会に参加して
1948.03.06	第36号	04頁02段	夢仙(作) 石川秀(画)	リディキュール
1948.03.06	第36号	04頁03段	三島春夫	山の性格
1948.03.06	第36号	04頁05段		近代美術-ルヌアル
1948.03.06	第36号	04頁08段		映画演劇雑評
1948.03.06	第36号	04頁08段		今春から義務教育実施
1948.03.13	第37号	01頁01段		目標は全鮮選挙へ "単選"は誤解のもと-中央国総公館長 赴任の途東京に寄る
1948.03.13	第37号	01頁02段		真正独立の路
1948.03.13	第37号	01頁04段		赤色魔手に備え
1948.03.13	第37号	01頁08段		殺人と破壊の鬼-趙警務部長警告
1948.03.13	第37号	01頁10段		三寒四温
1948.03.13	第37号	02頁01段		赤魔の最後のあがき 破壊妨害工作激化 耐えかねた居留民団報告書を発表
1948.03.13	第37号	02頁01段		見よ・この暴虐を
1948.03.13	第37号	02頁02段		ソ連攻撃北欧
1948.03.13	第37号	02頁06段	和勇	故島山先生のこと
1948.03.13	第37号	02頁07段		民団と極力協力-前建青委員長新任の挨拶
1948.03.13	第37号	02頁09段		横領した旧弊で買収 ホ中将、声明
1948.03.13	第37号	02頁10段		故安昌浩先生追悼会
1948.03.13	第37号	03頁01段		ギリシャの絵画-文献的記録による描写
1948.03.13	第37号	03頁02段		薄田泣菫の古典詩-日本近代文学に関する覚え書的ノート
1948.03.13	第37号	03頁03段	モーパッサン	小説について(8)
1948.03.13	第37号	03頁05段		ギリシャ彫刻の美
1948.03.13	第37号	03頁06段		英・出版便り
1948.03.13	第37号	03頁07段	正秋	前奏曲
1948.03.13	第37号	04頁01段		日本文学界の動き
1948.03.13	第37号	04頁02段		アメリカ文化

발행일	발행호	지면정보	필자	기사제목
1948.03.13	第37号	04頁03段	夢仙(作) 石川秀(画)	リディキュール
1948.03.13	第37号	04頁04段		近代美術-ドガ
1948.03.13	第37号	04頁08段		目醒めよ!
1948.03.13	第37号	04頁09段		超高空測定V2号ロケット使用
1948.03.13	第37号	04頁10段		朝鮮産業地図
1948.03.20	第38号	01頁01段		総選挙をめぐって米ソの冷き戦争か　世界注目の焦点五月九日迫る
1948.03.20	第38号	01頁02段		太極旗の尊厳
1948.03.20	第38号	01頁03段		朝鮮委員会　総選挙実施を可決
1948.03.20	第38号	01頁06段		祖国挽回方策　連席会議で共同声明発表
1948.03.20	第38号	01頁06段		ラジオ受信者は申請
1948.03.20	第38号	01頁07段		金九氏も関係か　長氏暗殺者　重大発言
1948.03.20	第38号	01頁09段		民戦、ハ中将に抗議文
1948.03.20	第38号	01頁08段		世界人の視覚-学問に国境なし
1948.03.20	第38号	01頁09段		三寒四温
1948.03.20	第38号	02頁01段		世界を混乱に導く者日につのる赤色フラクの陰謀
1948.03.20	第38号	02頁01段		日本の果にも魔手　共産主義と崔氏ら祖国建設に努力
1948.03.20	第38号	02頁04段		崔氏報告　民団支部結成か緊要
1948.03.20	第38号	02頁04段		対華政策の明確化
1948.03.20	第38号	02頁06段		地方拡大に総力　地方部長会議開かる
1948.03.20	第38号	02頁07段		新生活紙に忠信
1948.03.20	第38号	03頁01段		パルテノン神殿-ギリシャ彫刻美の精
1948.03.20	第38号	03頁01段		ボオドレエルを囲む一リヤダンとウグアナ
1948.03.20	第38号	03頁04段		一ぱいのコーヒー　或る学生の手配より
1948.03.20	第38号	03頁05段		ヒュペーリオンについて　ドイチ浪漫派ニ於けるヘルデリルーンの位地
1948.03.20	第38号	03頁08段		自己の偶劣さを知らぬ者
1948.03.20	第38号	03頁09段	モーパッサン	小説について(10)
1948.03.20	第38号	04頁01段		藤村の結論-日本近代文学に関する覚え書的ノート
1948.03.20	第38号	04頁02段		近代美術-ピカソ
1948.03.20	第38号	04頁01段	夢仙(作) 石川秀(画)	リディキュール
1948.03.20	第38号	04頁04段	美川又雄	雨のソウル
1948.03.20	第38号	04頁05段		フランクリンの言葉　朝鮮の指導者たちに興う
1948.03.27	第39号	01頁01段		祖国に流れる三つの大河　世界反共攻撃は南鮮の総選挙にどう驚くか
1948.03.27	第39号	01頁02段		二大潮流のうずまく世界
1948.03.27	第39号	01頁05段		メ議長の後任に仏代表

발행일	발행호	지면정보	필자	기사제목
1948.03.27	第39号	01頁05段		朝鮮だけの選挙の意義　金九·金奎植両氏の歩む線
1948.03.27	第39号	01頁07段		賛成は韓国民主党のみか
1948.03.27	第39号	01頁07段		選挙日五月九日に反対
1948.03.27	第39号	01頁08段		世界人の視覚-平和を踏襲するもの
1948.03.27	第39号	01頁09段		南北要人会談の拒絶は虚報か
1948.03.27	第39号	01頁09段		公唱を廃止　行政命令十六号発表
1948.03.27	第39号	01頁09段		三寒四温
1948.03.27	第39号	02頁01段		自由な雰囲気を保障　団体の不法活動を禁ず
1948.03.27	第39号	02頁03段		"自由を獲得せよ"メ議長帰国の途につく
1948.03.27	第39号	02頁01段		伊選挙の重大性
1948.03.27	第39号	02頁04段		選挙は分割にあらず　ハ米軍司令官声明を発表
1948.03.27	第39号	02頁07段		米大統領選挙にマ元師の出馬は?
1948.03.27	第39号	02頁08段		警けんなつどい　廿日翁追悼式
1948.03.27	第39号	02頁10段		日本でも取人が出来るか　朝鮮貿易界に朗報
1948.03.27	第39号	03頁01段		教連夏休用学習帳
1948.03.27	第39号	03頁01段		亭主泣かせの女の衣裳
1948.03.27	第39号	03頁01段		愛と自由と平和　本社黄社長ガの翁追悼式
1948.03.27	第39号	03頁02段		新ヒューマニズム
1948.03.27	第39号	03頁04段		精霊の古木-ふるさとの古い伝説
1948.03.27	第39号	03頁06段		今年度米映ア賞決定
1948.03.27	第39号	03頁07段		知らざる者は幸なり　経済社会崩かいの危機
1948.03.27	第39号	03頁09段		興えられる物をとるな
1948.03.27	第39号	04頁01段		武者小路実篤論-日本近代文学に関する覚え書的ノート
1948.03.27	第39号	04頁01段		近代美術-コッポ
1948.03.27	第39号	04頁03段	夢仙(作) 石川秀(画)	リディキュール
1948.03.27	第39号	04頁04段		基督の受難と復活
1948.03.27	第39号	04頁06段		梅の里と乙女
1948.03.27	第39号	04頁10段		ソ連の原爆完成近きか
1948.03.27	第39号	04頁10段	モーパッサン	小説について(10)
1948.04.17	第41号	01頁01段		民族的差別な社会実現へ
1948.04.17	第41号	01頁01段		未だに抜けね優越性両国融和へ大障害　消えぬボス勢力の暗躍
1948.04.17	第41号	01頁02段		南北要人会談への疑問
1948.04.17	第41号	01頁05段		(浜松事件)封建時代のまま　なわ張り根性が原因
1948.04.17	第41号	01頁07段		世界人の視覚-北からの脅威
1948.04.17	第41号	01頁08段		南北単政反対　建青の態度決定す
1948.04.17	第41号	01頁10段		朝四暮三

발행일	발행호	지면정보	필자	기사제목
1948.04.17	第41号	02頁01段		全体主義排撃 健全な祖国再建へ 熱と和気に溢れた民衆大会
1948.04.17	第41号	02頁03段		南朝鮮代表の交通を保証
1948.04.17	第41号	02頁03段		(静岡事件)赤色詐謀手段 耐え忍んだ一年の暴発
1948.04.17	第41号	02頁04段		米国の対外援助実施さる
1948.04.17	第41号	02頁06段		日本政府発行の紙幣使用禁止
1948.04.17	第41号	02頁09段		忠武公碑竣工
1948.04.17	第41号	02頁09段		長谷川氏防共政策を強調
1948.04.17	第41号	02頁10段		北鮮を総選挙に開放せよ-張女史語る
1948.04.17	第41号	02頁10段		アメリかから楽器輸入
1948.04.17	第41号	03頁01段		妨害運動はソ連の指令 特権の行使を切望 来る総選挙についてハ中将特別声明を発表
1948.04.17	第41号	03頁01段		フランス文学通信
1948.04.17	第41号	03頁03段		陸海警備隊員は警察の取締り外 ディーン軍政長官
1948.04.17	第41号	03頁05段		キスカ島の観測と放棄
1948.04.17	第41号	03頁04段		ふるさと物語-ムルクィシン
1948.04.17	第41号	03頁04段		経済援助が必要-ド陸軍次官 記者団に語る
1948.04.17	第41号	03頁06段		三十八度線を緩和 南北物資の交流を計れ
1948.04.17	第41号	03頁06段		経済統一の是認は必然－ハ中将政治顧問ヂ氏談
1948.04.17	第41号	03頁08段		国宝愛護週間-返還運動も計劃
1948.04.17	第41号	03頁10段		欧洲経済協力機構案完成
1948.04.17	第41号	03頁10段		西独六千万新通貨
1948.04.17	第41号	04頁01段		巴里生活の愛－ヴィヤール小論
1948.04.17	第41号	04頁01段	夢仙(作) 石川秀(画)	リディキュール
1948.04.17	第41号	04頁04段	モーパッサン	小説について(10)
1948.04.17	第41号	04頁06段		電気事情視察に技術者を日本へ派遣
1948.04.17	第41号	04頁08段		百薬無効の病
1948.04.17	第41号	04頁07段		在日教育を検討 留学生の学費問題も
1948.04.17	第41号	04頁08段		火の消えた灯台
1948.04.17	第41号	04頁09段	正秋	春の旅
1948.04.24	第42号	01頁01段		国聯決定案を絶対支持
1948.04.24	第42号	01頁01段		同胞民生問題解決にも主権の獲得が先決民団、公使館設置へも協力-事務総長談
1948.04.24	第42号	01頁02段		朝鮮人学校閉鎖指令について
1948.04.24	第42号	01頁06段		税務署監督権中央庁に移管
1948.04.24	第42号	01頁06段		"一切の独裁に反対"会談出席条件を承認か
1948.04.24	第42号	01頁07段		(朝鮮委員会)"釈放"措置に満足 ハ中将に書簡を伝達
1948.04.24	第42号	01頁08段		民団比島大使館へ弔詞

발행일	발행호	지면정보	필자	기사제목
1948.04.24	第42号	01頁08段		世界人の視覚-蔣介石総統
1948.04.24	第42号	01頁09段		朝四暮三
1948.04.24	第42号	01頁09段		民団傘下に集る民衆激増-群馬にも県本部創設か
1948.04.24	第42号	02頁01段		総選挙後はどうなる-デ長官と一問一答
1948.04.24	第42号	02頁01段		行政権は国民議会へ国連総会の決定で国防軍創設
1948.04.24	第42号	02頁02段		世界平和へ光明　民団、蔣将軍へ祝辞
1948.04.24	第42号	02頁01段		(臨時政府樹立大綱)臨協の米ソ共委諮問案答申(資料)(1)
1948.04.24	第42号	02頁05段		和歌山県本部結成
1948.04.24	第42号	02頁05段		"ド・ゴールの東洋版"ピブン政権成る
1948.04.24	第42号	02頁07段		有望遠洋漁業　在日同胞にも呼びかけ
1948.04.24	第42号	02頁09段		(戸籍)民団で調査開始　同胞の協力を要望
1948.04.24	第42号	02頁09段		裡里地方土地払下げ終わる
1948.04.24	第42号	02頁10段		婦人に選挙の知識を普及
1948.04.24	第42号	02頁10段		国民人事往来
1948.04.24	第42号	03頁01段		梅崎春生論-日本近代文学に関する覚え書的ノート
1948.04.24	第42号	03頁01段		"祖国"を知らない共産主義政体
1948.04.24	第42号	03頁03段		フランス演劇界通信-暈やくするスイ・ジュベ
1948.04.24	第42号	03頁05段		(劇)アンドロマック
1948.04.24	第42号	03頁07段		(南北要人会談)収穫がなければ"死"を覚悟金九氏心境を語る
1948.04.24	第42号	03頁07段		知能検査に重点　中等学校の選抜法決定
1948.04.24	第42号	03頁09段		技術者の資格検定試験
1948.04.24	第42号	03頁09段		スポーツ短信
1948.04.24	第42号	04頁01段		彷得する悪の鬼
1948.04.24	第42号	04頁01段	夢仙(作) 石川秀(画)	リディキュール
1948.04.24	第42号	04頁04段		"後裔の街"の作者-金達壽おぼえ書
1948.04.24	第42号	04頁06段	西秋	宿命抄
1948.04.24	第42号	04頁07段		先週の話題
1948.04.24	第42号	04頁10段		在日同胞学生に朗報
1948.05.01	第43号	01頁01段		朝鮮人学教閉鎖指令問題-居留民団中央総本部で声明
1948.05.01	第43号	01頁01段		傍路へそれた自主性　不当圧迫の口実を藉す
1948.05.01	第43号	01頁01段		張本人は共産党員　死して同胞に罪を謝せ
1948.05.01	第43号	01頁02段		学校閉鎖指令と共産主義
1948.05.01	第43号	01頁06段		(阪神観察報告)留守は婦女子だけ　建青、徹夜で前後措置に奔走
1948.05.01	第43号	01頁07段		授業はなお断続不当な弾圧には　イデオロギーを捨て闘争へ-黄教師談

발행일	발행호	지면정보	필자	기사제목
1948.05.01	第43号	01頁10段		人事往来
1948.05.01	第43号	02頁01段		南北朝鮮要人会商共産主義の策謀を警戒せよ
1948.05.01	第43号	02頁02段		ソ連附輿の自主権 檄文に見られる非自主性
1948.05.01	第43号	02頁01段		(臨時政府樹立大綱)臨協の米ソ共委諮問案答申(資料)(2)
1948.05.01	第43号	02頁04段		自らの手で政治を 金奎植氏所感を述ぶ
1948.05.01	第43号	02頁05段		世界人の視覚-伊国反共涙の勝利
1948.05.01	第43号	02頁06段		民団和歌山県本部役員
1948.05.01	第43号	02頁06段		イタリア選挙につづくもの
1948.05.01	第43号	02頁08段		先週の話題
1948.05.01	第43号	02頁08段		朝連の放害を撃砕 民団建青埼玉県本部公同結成
1948.05.01	第43号	03頁01段		「縮円」諦観性-日本近代文学に関する覚え書的ノート
1948.05.01	第43号	03頁01段		国民議会駐日公事処解散-朴烈声明を発表
1948.05.01	第43号	03頁05段		ラブレーの生涯と作品
1948.05.01	第43号	03頁06段		各区で一名ずつ 女性参政熱高まる
1948.05.01	第43号	03頁05段		児童愛護週間
1948.05.01	第43号	03頁07段		(民団大阪本部報告)学童の死者も出る自主性獲得の犠牲大
1948.05.01	第43号	03頁09段		朝鮮の三女史近く渡来
1948.05.01	第43号	03頁09段		民団大阪本部遠報
1948.05.01	第43号	03頁10段		在鮮米軍家族渡航を禁止
1948.05.01	第43号	04頁01段		獣性をあばく者-狂熱の画家ゴヤの生涯
1948.05.01	第43号	04頁01段	夢仙(作) 石川秀(画)	リディキュール
1948.05.01	第43号	04頁05段		私か持つ貞操観
1948.05.01	第43号	04頁07段		民主(投書歓迎)
1948.05.01	第43号	04頁08段	正秋	はるのひとこま
1948.05.01	第43号	04頁08段		選挙前の文化啓蒙は舞台芸術団体で
1948.05.01	第43号	04頁10段		新聞記者協会で"協報"発行
1948.05.01	第43号	04頁10段		回収日銀券四十四億
1948.05.08	第44号	01頁01段		運命の日あと二日 朝鮮総選挙
1948.05.08	第44号	01頁01段		新朝鮮門出の日 万難を排して総選挙を 朴烈氏談
1948.05.08	第44号	01頁02段		総選挙の効果を拡大させよ
1948.05.08	第44号	01頁06段		存亡を約する日 赤色の悪宣伝に乗るな 黄副団長談
1948.05.08	第44号	01頁07段		総選挙の陣強固 人民大衆の支持は確然 高副団長談
1948.05.08	第44号	02頁01段		朝鮮の奴隷化を策謀ソ連、米の悪宣伝に躍起 ハ中将声明
1948.05.08	第44号	02頁02段		同時徹兵を拒否 ホ中将、米の態度を声明
1948.05.08	第44号	02頁01段		(臨時政府樹立大綱)臨協の米ソ共委諮問案答申(資料)(3)

발행일	발행호	지면정보	필자	기사제목
1948.05.08	第44号	02頁03段		(京都)閉鎖指令もなく有為な二世教育に専念　金九洞氏談
1948.05.08	第44号	02頁04段		裁判三審制に
1948.05.08	第44号	02頁05段		中国の正副総統きまる
1948.05.08	第44号	02頁07段		可能な最善の途　南北会商は同床異夢
1948.05.08	第44号	02頁07段		(金事務総長の談)阪神事件の導火線は　まだ醒めぬ排他的な(日本) 大衆の犠牲を要求する(朝連)
1948.05.08	第44号	03頁01段		朝鮮総選挙をどう思う-本社主催 記者座談会
1948.05.08	第44号	03頁01段		自治態勢確立のため 南鮮総選挙は不可避
1948.05.08	第44号	03頁02段		南鮮の選挙は時機尚早の感
1948.05.08	第44号	03頁04段		朝鮮問題は世界問題の一環
1948.05.08	第44号	03頁05段		政治力の培養が総てを解決
1948.05.08	第44号	03頁07段		連席会議はソ連の妨害工作
1948.05.08	第44号	04頁01段		"旧主人"の位置-再び島崎藤村について
1948.05.08	第44号	04頁01段		先ず何より主権獲得が先決
1948.05.08	第44号	04頁04段		朝鮮の赤化は想像できない
1948.05.08	第44号	04頁04段	夢仙(作) 石川秀(画)	リディキュール
1948.05.08	第44号	04頁04段		阪神事件も両国民の理解が不足
1948.05.08	第44号	04頁09段		緑の訪れ
1948.05.08	第44号	04頁10段		在華同胞帰還船現地に派遣
1948.05.15	第45号	01頁01段		歴史的な総選挙行わる-赤色の妨害を排し 大成功
1948.05.15	第45号	01頁02段		独立への信念の交流を切望
1948.05.15	第45号	01頁01段		出足すこぶる順調　韓国民主党が圧倒的に進出
1948.05.15	第45号	01頁08段		先週の話題
1948.05.15	第45号	01頁08段		無競争当選十二名
1948.05.15	第45号	01頁09段		朝四暮三
1948.05.15	第45号	02頁01段		義侠的英断の腸 中総・卜大統領祝賀文送る
1948.05.15	第45号	02頁01段		電力・危機に瀕す 済州島の暴動激化
1948.05.15	第45号	02頁01段		妨害に狂奔の共産分子
1948.05.15	第45号	02頁03段		公正なる選挙支持に激減 ホ中将 民団団長に書簡で米の所信を披瀝
1948.05.15	第45号	02頁04段		パレスチナ問題重大化
1948.05.15	第45号	02頁06段		赤の謀略に乗るな 民団中総、在日同胞に檄
1948.05.15	第45号	02頁06段		投票率九十パーセント
1948.05.15	第45号	02頁07段		世界人の視覚-総選挙の結果
1948.05.15	第45号	02頁10段		長崎県本部で臨時大会
1948.05.15	第45号	03頁01段		朝鮮人学教問題その後
1948.05.15	第45号	03頁01段		被告の釈放を懇請 民団中総ア中将に陳情書を送る
1948.05.15	第45号	03頁02段		閉鎖は堪あられず 朴烈民団団長芦田氏に書簡送る

발행일	발행호	지면정보	필자	기사제목
1948.05.15	第45号	03頁06段		南風崎支部で朝日親睦会
1948.05.15	第45号	03頁06段		学校の問題は解決 民団文相今後の方針を懇談
1948.05.15	第45号	03頁07段		自主性は認める
1948.05.15	第45号	03頁08段		中総で総選挙祝賀会を開く
1948.05.15	第45号	03頁08段	李杏村	山の思い出
1948.05.15	第45号	04頁01段		唯美主義作家 荷風潤一郎の場合
1948.05.15	第45号	04頁01段	夢仙(作) 石川秀(画)	リディキュール
1948.05.15	第45号	04頁03段	金学秀	法の精神
1948.05.15	第45号	04頁07段		運命のクローバ
1948.05.15	第45号	04頁07段		他に優されない国
1948.05.15	第45号	04頁09段		下半期の外国映画
1948.05.22	第46号	01頁01段		ソ連遂に南鮮向送電停止
1948.05.22	第46号	01頁01段		重大な政治問題に進展 電力の自給態勢は全く成る
1948.05.22	第46号	01頁01段		常とう的報復手段 米軍はソ連と妥協する用意を持つ ハ中将声明
1948.05.22	第46号	01頁02段	朴烈	総選挙の結果を見て
1948.05.22	第46号	01頁04段		送電停止は政治的行動 ハ中将 コ中将に書簡で協議を要請
1948.05.22	第46号	01頁06段		10万キロも不足京電スポークスマン談
1948.05.22	第46号	01頁07段		ロ長官から祝辞
1948.05.22	第46号	01頁07段		需要量の2/3減少 三八度線の徹廃が先決
1948.05.22	第46号	01頁10段		節電に努めよ
1948.05.22	第46号	01頁10段		先週の話題
1948.05.22	第46号	02頁01段		南朝鮮選挙の成功 自主要望の表われ マ米国務長官祖国の民衆に祝辞
1948.05.22	第46号	02頁01段		国会の議事討議は 手続を終え六月中旬か
1948.05.22	第46号	02頁01段		米ソ関系調整の扉
1948.05.22	第46号	02頁03段		個人の利害を超越 祖国建設に邁進せよ 李博士談
1948.05.22	第46号	02頁04段		金九氏保護に麻谷寺へ
1948.05.22	第46号	02頁04段		第一回国会の手続を協議
1948.05.22	第46号	02頁06段		南朝鮮選挙当選者
1948.05.22	第46号	03頁01段		見よ共産主義の本態 彼らの掃滅なしに 祖国の健全な発展はない
1948.05.22	第46号	03頁01段	李建鎬	南鮮の電力問題とその対策(1)
1948.05.22	第46号	03頁03段		済州島の暴動 北鮮から工作
1948.05.22	第46号	03頁06段		朴団長を囲んで時局懇談会(京都)
1948.05.22	第46号	03頁06段		朴団長の挨拶 文化国家建設に両国相互の理解が必要
1948.05.22	第46号	03頁07段		世界人の視覚-イスラエル共和国

발행일	발행호	지면정보	필자	기사제목
1948.05.22	第46号	03頁07段		南北協商は今後に
1948.05.22	第46号	04頁01段		宗教の問題-戦後文学とクリスト教
1948.05.22	第46号	04頁04段	朴漢成	湯け島行
1948.05.22	第46号	04頁07段	正秋	重量感
1948.05.22	第46号	04頁07段		統一の完全を期す秋は到来　民団、中国両総統にメッセーズを送る
1948.05.22	第46号	04頁07段		不合理な待遇
1948.05.22	第46号	04頁09段		新原子兵器
1948.05.29	第47号	01頁01段		単政反対に対処　李博士、右翼団体を領導統一国民会強化に積極的工作
1948.05.29	第47号	01頁02段		派閥的闘争をやめよ　政府樹立に専念せよ　李博士談
1948.05.29	第47号	01頁02段		朝鮮を政争の具とする勿れ
1948.05.29	第47号	01頁04段		貸出者登録制に建議
1948.05.29	第47号	01頁04段		廿万の国防軍創設が急務
1948.05.29	第47号	01頁05段		運輸部で減員
1948.05.29	第47号	01頁06段		民団本国　連絡本部は名称盗用　金事務総長が警告
1948.05.29	第47号	01頁08段		危機に瀕した海運
1948.05.29	第47号	01頁08段		国民議会卅一日招集ホ米軍司令官声明
1948.05.29	第47号	01頁09段		不良少年収容所を新設
1948.05.29	第47号	01頁08段		先週の話題
1948.05.29	第47号	01頁10段		朝四暮三
1948.05.29	第47号	02頁01段		速かな国会招集を　権限は、国議選挙委員会に
1948.05.29	第47号	02頁01段		(臨時政府樹立大綱)臨協の米ソ共委諮問案答申(資料)(5)
1948.05.29	第47号	02頁02段		北済州の選挙無効　国会選委　軍政長官に要請
1948.05.29	第47号	02頁02段		北海道本部を結成　民団、建青共同で挙行
1948.05.29	第47号	02頁04段		原皮四万枚輸入
1948.05.29	第47号	02頁04段		襲共産分子襲撃　張首都警察庁長声明
1948.05.29	第47号	02頁05段		機械類は証明書が必要　孫所長　一般帰国者に主意
1948.05.29	第47号	02頁06段		南北郵便物交換
1948.05.29	第47号	02頁06段		郷保、自衛団解散命令
1948.05.29	第47号	02頁06段		パレスチナ問題の行方
1948.05.29	第47号	02頁07段		旧百円券交換六十五億
1948.05.29	第47号	02頁07段		38度線も変るか　日軍地円の錯誤を発見
1948.05.29	第47号	02頁08段		民間物資入荷
1948.05.29	第47号	02頁09段		原始生活にかえった暴徒　金公安局長談
1948.05.29	第47号	03頁01段		建青・民団幹部懇談会朝連の希望的逆宣伝を尻目祖国再建に一層の協力を誓う
1948.05.29	第47号	03頁01段	李建鎬	南鮮の電力問題とその対策(1)
1948.05.29	第47号	03頁03段		根本精神は同じ　青年の協力を要望　朴団長挨拶

발행일	발행호	지면정보	필자	기사제목
1948.05.29	第47号	03頁07段		世界人の視覚-ジョンストン報告
1948.05.29	第47号	03頁09段		火力に主力 デ少将談
1948.05.29	第47号	03頁10段		五輪大会選手六月中旬出発
1948.05.29	第47号	04頁01段		敗北と前進の文学 日本近代文学覚書(上)
1948.05.29	第47号	04頁01段	夢仙(作) 石川秀(画)	リディキュール
1948.05.29	第47号	04頁03段		朝米美術展 米国文化研究会で
1948.05.29	第47号	04頁04段		郷校を道管理下に
1948.05.29	第47号	04頁04段		法令第一九四号が発令
1948.05.29	第47号	04頁06段	金世根	文化人と暴力
1948.05.29	第47号	04頁06段		政治の遇かしさ
1948.05.29	第47号	04頁08段	正秋	城のある町にて
1948.05.29	第47号	04頁10段		独立門修理 五十六万円予算
1948.05.29	第47号	04頁10段		昌慶苑の管理問題をめぐって 市庁側と王宮側が対立
1948.05.29	第47号	04頁10段		南鮮製紙月百万磅
1948.06.05	第48号	01頁01段		歴史的国会開く 自主独立へ力強く踏出す
1948.06.05	第48号	01頁02段		真正独立解放への第一歩
1948.06.05	第48号	01頁03段		国防軍の創設が急務 美軍撤退も近く実現せん 李博士談
1948.06.05	第48号	01頁04段		(ハ中将祝辞) 国会は重大責務を持つ 今後の協力も惜まず
1948.06.05	第48号	01頁06段		国会の成功を祈る デ軍政長官から祝辞
1948.06.05	第48号	01頁06段		国会の成功を祈る
1948.06.05	第48号	01頁06段		(国会第二日)国会法作成の委員 各道から一名を選出
1948.06.05	第48号	01頁06段		推進委員会の部署決定
1948.06.05	第48号	01頁08段		先週の話題
1948.06.05	第48号	01頁09段		朝四暮三
1948.06.05	第48号	02頁01段		ハ米軍司令官の書簡に憤激 特別委員会を設け検討
1948.06.05	第48号	02頁01段		命令的な二提案 議員に送る書簡内容
1948.06.05	第48号	02頁01段		(臨時政府樹立大綱)臨協の米ソ共諮問案答申(資料)(5)
1948.06.05	第48号	02頁03段		反共の革新同盟生る
1948.06.05	第48号	02頁03段		民生問題の解決に絶望 安委員長ら朝連を脱退
1948.06.05	第48号	02頁05段		ソ連は朝鮮統一を阻害
1948.06.05	第48号	02頁06段		中国政府新発足の意義
1948.06.05	第48号	02頁06段		差別観なお牢固 浜松事件第二回公判
1948.06.05	第48号	02頁08段		金九・金奎植両氏が"統一推進委員会"を結成
1948.06.05	第48号	02頁09段		電力使用に制限

발행일	발행호	지면정보	필자	기사제목
1948.06.05	第48号	02頁09段		又も赤の謀略 混乱の学同大会
1948.06.05	第48号	03頁01段		(第五次中央議事会)選挙支持の根拠をせん明火をはくような論戦を展開
1948.06.05	第48号	03頁03段		窮極目的は完全統一に 朴団長、議事会で挨拶
1948.06.05	第48号	03頁01段	李建鎬	朝鮮の石炭事情(上)
1948.06.05	第48号	03頁05段		名誉を重んじょ 与商務部長 在日同胞に要望
1948.06.05	第48号	03頁07段		水産の宝庫済州島 海女おこる夢の国
1948.06.05	第48号	03頁07段		世界人の視覚-兵は凶器である
1948.06.05	第48号	04頁01段	南逸作 三浦次郎 画	嫉妬(1)
1948.06.05	第48号	04頁01段	金仁守	仮頭に盗れた英語
1948.06.05	第48号	04頁02段	小牧茂夫	あきない
1948.06.05	第48号	04頁04段	ボードレール	犬と化粧びん
1948.06.05	第48号	04頁07段		電力と米ソ
1948.06.05	第48号	04頁08段		国会休み 三日から八一まで
1948.06.12	第49号	01頁01段		独促、韓民早くも対立 選挙起草委員出でもう
1948.06.12	第49号	01頁02段		南北統一と完全独立の方途
1948.06.12	第49号	01頁03段		(第四次本会議)憲法起草委員決る
1948.06.12	第49号	01頁05段		北鮮で総選挙実施か ル比島代表が言明
1948.06.12	第49号	01頁06段		朴憲永氏南朝鮮に侵入か
1948.06.12	第49号	01頁07段		北鮮ソ連軍減少か
1948.06.12	第49号	01頁07段		通貨二億円又もや膨張
1948.06.12	第49号	01頁08段		対香港換算率を引上げ
1948.06.12	第49号	01頁09段		朝四暮三
1948.06.12	第49号	01頁10段		民主議院解放
1948.06.12	第49号	02頁01段		学校問題は 朝連一方的解決 民族威信回復の共同声明
1948.06.12	第49号	02頁01段		(臨時政府樹立大綱)臨協の米ソ共委諮問案答申(資料)(7)
1948.06.12	第49号	02頁04段		朝委ソウルに帰環
1948.06.12	第49号	02頁04段		李博士からも激励の書信
1948.06.12	第49号	02頁05段		敵産目録作成を急ぐ
1948.06.12	第49号	02頁06段		米大統領選挙戦活溌に展開
1948.06.12	第49号	02頁08段		呉越同舟論戦 青訓記者座談会
1948.06.12	第49号	03頁01段		朝鮮の石炭事情(下)
1948.06.12	第49号	03頁01段		朝連学同懐柔躍起
1948.06.12	第49号	03頁03段		破壊分子の手から学同を救出せよ 同窓会幹部に呼びかく
1948.06.12	第49号	03頁06段		総選挙建青路線合致
1948.06.12	第49号	03頁07段		世界人の視覚-祖国を見る眼

발행일	발행호	지면정보	필자	기사제목
1948.06.12	第49号	03頁08段		五輪大会の朝鮮代表決定
1948.06.12	第49号	03頁09段		南鮮政府を支持 建青神奈川本部
1948.06.12	第49号	03頁10段		国定教科書をほん刻
1948.06.12	第49号	03頁10段		らい病患者の楽園 小鹿島復興
1948.06.12	第49号	04頁01段		敗北前進文学-近代日本文学の覚書(下)
1948.06.12	第49号	04頁02段		売買
1948.06.12	第49号	04頁02段	南逸作 三浦次郎 画	嫉妬(2)
1948.06.12	第49号	04頁02段	栄川又雄	世相雑感
1948.06.12	第49号	04頁07段	三谷純代	憂きことの多き世
1948.06.12	第49号	04頁09段		学士はどこえ
1948.06.12	第49号	04頁09段		桜の円
1948.06.18	第50号	01頁01段		朝鮮政治路線の見解 笑止な反対理由
1948.06.18	第50号	01頁01段		朝鮮政治路線の見解
1948.06.18	第50号	01頁02段		現段階における建国指標
1948.06.18	第50号	01頁03段		統一は当然の倫理 前提条件に三要素が必要
1948.06.18	第50号	01頁05段		正確な未来の把握
1948.06.18	第50号	01頁06段		二重利潤の支払は愚
1948.06.18	第50号	01頁07段		世界人の視覚-正しい目で見よ
1948.06.18	第50号	01頁08段		協調が最も進歩的
1948.06.18	第50号	01頁10段		朝四暮三
1948.06.18	第50号	02頁01段		(臨時政府樹立大綱)臨協の米ソ共委諮問案答申(資料)(8)
1948.06.18	第50号	02頁01段		南労党撲滅全力 趙部長声明
1948.06.18	第50号	02頁01段		不法な政治運動には厳刑 伝単の取締りは特に強化
1948.06.18	第50号	02頁03段		ハ中将 国会不干渉 駐屯米軍勢の拡充は全くの誤報 軍政長官記者団言明
1948.06.18	第50号	02頁04段		北鮮の国会参加を勧告
1948.06.18	第50号	02頁05段		南北統一推進活躍
1948.06.18	第50号	02頁06段		西部ドイチ処理の方式
1948.06.18	第50号	02頁07段		唯一の活路は国会 新政府について米紙論評
1948.06.18	第50号	02頁07段		今後政治決議を調査 朝委、報告書作成を完了
1948.06.18	第50号	02頁09段		国会だより
1948.06.18	第50号	03頁01段		独立の誓い新たに 総選挙祝賀大会開催
1948.06.18	第50号	03頁01段		UNに感謝のメッセージを送る 赤の児戯を一笑に附し郷土音楽に陶然と酔う
1948.06.18	第50号	03頁03段		故国の夢が命の綱 在満同胞極度に窮乏
1948.06.18	第50号	03頁04段		中学の義務制困難
1948.06.18	第50号	03頁05段		晴れの五輪大会選手 自信満満の心強い顔ぶれ
1948.06.18	第50号	03頁07段		接境地方へ送電線 電力不足で潅漑に打撃

발행일	발행호	지면정보	필자	기사제목
1948.06.18	第50号	03頁07段		夏穀弟一次収穫予想高
1948.06.18	第50号	03頁09段		一週年記念全体大会 下京支部
1948.06.18	第50号	03頁09段		ア氏水原を訪問
1948.06.18	第50号	03頁09段		水に赤信号 電力が原因
1948.06.18	第50号	03頁10段		朝委報告書、総会に提出後発表か
1948.06.18	第50号	03頁10段		ソウル市の電力緊迫
1948.06.18	第50号	04頁01段		抒情詩の本質 近代詩精神関小論
1948.06.18	第50号	04頁02段	南逸作 三浦次郎 画	嫉妬(3)
1948.06.18	第50号	04頁03段		博物館の思い出
1948.06.18	第50号	04頁05段	ボードレル	鏡
1948.06.18	第50号	04頁07段	徐完山	骨董品とからくり
1948.06.18	第50号	04頁09段		感情に走り過ぎる
1948.06.18	第50号	04頁10段		医学生、米軍病院で研究
1948.06.18	第50号	04頁10段		仁川赤十字再開
1948.07.03	第52号	01頁01段		ユ共産党の除名で 赤色主意の虚妄を曝す
1948.07.03	第52号	01頁02段		特権を有するものに非ず
1948.07.03	第52号	01頁02段		独裁制組織を暴露 思想の取捨批判にも制ちゆう
1948.07.03	第52号	01頁05段		憂慮される北鮮 今ぞ彼らの野望を知れ
1948.07.03	第52号	01頁06段		速かな国家樹立を祈る 国聯朝委団、議会を訪問
1948.07.03	第52号	01頁07段		米人技師招聘 南鮮電力拡張を検討
1948.07.03	第52号	01頁08段		朝四暮三
1948.07.03	第52号	01頁09段		敵山農土売受七五%完了
1948.07.03	第52号	02頁01段		総選挙支持の意義
1948.07.03	第52号	02頁01段		ソ連の外交手段 撤退意志全々ない
1948.07.03	第52号	02頁01段		デューイ氏と極東民主主義世界に大きな期待
1948.07.03	第52号	02頁02段		世界公認の政府樹立が目的
1948.07.03	第52号	02頁04段		存亡の秋傍観は許されない
1948.07.03	第52号	02頁04段		現実的未来を把握せよ
1948.07.03	第52号	02頁06段		対香港貨幣換算率百二十円
1948.07.03	第52号	02頁07段		不正貿易の対策をねる
1948.07.03	第52号	02頁07段		呉商務部長帰国
1948.07.03	第52号	02頁06段		日本人入国の理由を闡明にせよ
1948.07.03	第52号	02頁06段		日本再武装明らか 奇怪な独島の惨事
1948.07.03	第52号	02頁07段		日本を極東の工場に
1948.07.03	第52号	02頁08段		世界人の視覚-わが選手に幸あれ
1948.07.03	第52号	02頁09段		労動者のため講習会
1948.07.03	第52号	03頁01段		建青13回議事会 総選支持派に凱歌 民団、建青の協力に注目

발행일	발행호	지면정보	필자	기사제목
1948.07.03	第52号	03頁02段		尼崎事件 執ような暴挙行為 対立抗争の波及が憂慮さる
1948.07.03	第52号	03頁01段		(臨時政府樹立大綱)臨協の米ソ共諮問案答申(資料)(10)
1948.07.03	第52号	03頁03段		国際加入に備え赤十字増員
1948.07.03	第52号	03頁03段		発電船の経費は徴集 ハ中将のマ元帥訪問は定例的 チ将官と一問一答
1948.07.03	第52号	03頁05段		震災地へ球護班 民団中総から現地に派遣
1948.07.03	第52号	03頁07段		国会だより
1948.07.03	第52号	03頁07段		交通緩和さる 一日より増発
1948.07.03	第52号	03頁07段		在日同胞の協力を要望 李博士より民団に書簡
1948.07.03	第52号	03頁09段		物資の統制解除に努力
1948.07.03	第52号	03頁10段		迎日湾に鯨群
1948.07.03	第52号	03頁10段		義務教育の実績上がる
1948.07.03	第52号	04頁01段		李博士の横顔 エヴェリ・コードン女史記
1948.07.03	第52号	04頁03段		飛しようの瞬間 個性の自由な発展について
1948.07.03	第52号	04頁05段		罹災同胞へ援助を懇請 民団現地軍政官に弔電
1948.07.03	第52号	04頁06段		民主
1948.07.03	第52号	04頁06段		言論協会が結成さる
1948.07.03	第52号	04頁06段		余りに苛酷な判決 寛大なる処置を嘆願
1948.07.03	第52号	04頁07段		ソウルの人口百五十万
1948.07.03	第52号	04頁07段		ソ外務省に送電再開を要望
1948.07.03	第52号	04頁08段		米の搬出はデマ
1948.07.03	第52号	04頁08段		米国から野球道具
1948.07.03	第52号	04頁08段		児童心理学者ウ氏来朝
1948.07.03	第52号	04頁09段	南逸作 三浦次郎 画	嫉妬(5)
1948.07.17	第53号	01頁01段		宿命の38度線
1948.07.17	第53号	01頁03段		赤色 独善的な民主主義 理論的トリックで仮装
1948.07.17	第53号	01頁04段		先週の話題
1948.07.17	第53号	01頁08段		朝四暮三
1948.07.17	第53号	01頁05段		北鮮報道反響 連席会議支持派に分裂か
1948.07.17	第53号	02頁01段		われらの憲法が成立
1948.07.17	第53号	02頁01段		無限の喜びを感ず 政府樹立は七月以内 李博士談
1948.07.17	第53号	02頁03段		赤い内紛の本質 アジアに擬装で現る
1948.07.17	第53号	02頁04段		領導権で遂に分裂
1948.07.17	第53号	02頁08段		(臨時政府樹立大綱)臨協の米ソ共諮問案答申(資料)(11)
1948.07.17	第53号	02頁08段		与論は李氏に 初代大統領

발행일	발행호	지면정보	필자	기사제목
1948.07.17	第53号	03頁01段		難しく立上る罹災同胞 家屋倒破壊三百五十戸 民団では個別に薬品見舞金を送る
1948.07.17	第53号	03頁03段		或わされた知識層 不可解な彼等の行動
1948.07.17	第53号	03頁05段		南朝鮮の食糧 豊年飢饉珍現象127億円外債を負う
1948.07.17	第53号	03頁06段		西日本本部 準備委員会開く 八月十日に結成式挙行が
1948.07.17	第53号	03頁08段		帰国希望者へ主意
1948.07.17	第53号	04頁01段		観光客を迎え
1948.07.17	第53号	04頁02段		震災について
1948.07.17	第53号	04頁04段		窓
1948.07.17	第53号	04頁06段		世界人の視覚-わが選手に幸あれ
1948.07.17	第53号	04頁08段		孫基禎氏全快
1948.07.17	第53号	04頁09段	南逸作 三浦次郎 画	孫基禎氏全快
1948.07.24	第54号	01頁01段		初代大統領に李承晩博士 副統領には李始栄氏が当選
1948.07.24	第54号	01頁02段		圧倒的得票で当選 組閣完了までは一周間
1948.07.24	第54号	01頁03段		李大統領の略歴
1948.07.24	第54号	01頁04段		最も心強い適材 高副団長談
1948.07.24	第54号	01頁05段		先週の話題
1948.07.24	第54号	01頁08段		本腰でかかる 新大統領談
1948.07.24	第54号	01頁09段		独促部長会議 徐氏推就に反対
1948.07.24	第54号	02頁01段		憲法の制定
1948.07.24	第54号	02頁01段		平和時代の自由獲得へ 初めて味わう感激 憲法公布式厳粛に挙行
1948.07.24	第54号	02頁02段		子孫の安全を獲得 国際平和の断続に努力(憲法全文)
1948.07.24	第54号	02頁02段		すべての権力は国民に
1948.07.24	第54号	02頁04段		名誉に対する挑戦 幕切れ近づくベルリン劇
1948.07.24	第54号	02頁07段		世界人の視覚-解放必至の臨時国会
1948.07.24	第54号	02頁10段		国民宛招待狀 政府樹立慶祝会より
1948.07.24	第54号	03頁01段		大韓民国の大統領は国家を代表 国務委員の任命権を持つ
1948.07.24	第54号	03頁03段		外国人登録者へ
1948.07.24	第54号	03頁05段		社会主義の実現へ 利用出来る自然力は国有に
1948.07.24	第54号	03頁08段		三十八度線で米兵撃たる
1948.07.24	第54号	03頁09段		赤十字社社長より禮狀
1948.07.24	第54号	03頁10段		増えた火炎 ソウル市の損害十一億
1948.07.24	第54号	04頁01段		太極旗の解説
1948.07.24	第54号	04頁02段		南朝鮮の食-農土所有の限度を正当に 日帝農業政策を一掃せよ

발행일	발행호	지면정보	필자	기사제목
1948.07.24	第54号	04頁07段		謀略に踊る人々
1948.07.31	第55号	01頁01段		若し選挙を実施すれば北は完全な奴隷状態　中国紙が米軍の徹退を警告
1948.07.31	第55号	01頁02段		共産党勢力下に光明なし
1948.07.31	第55号	01頁03段		忠誠を国民に宣誓　盛大な初代大統領の就任式
1948.07.31	第55号	01頁05段		世界人の視覚-大韓民国の出発点
1948.07.31	第55号	01頁10段		朝四暮三
1948.07.31	第55号	02頁01段		大韓民国に告ぐ　赤色は独立を妨害　太極旗の下に統一を許れ　ハ中将声明
1948.07.31	第55号	02頁02段		中国の通貨改革　米二つの借款を供与
1948.07.31	第55号	02頁03段		行政経験を生かし　新生国家のため努力　政務会声明
1948.07.31	第55号	02頁05段		国務総理指命否決さる
1948.07.31	第55号	02頁07段		先週の話題
1948.07.31	第55号	03頁01段		第14回オリンピック大会予想　在日本朝鮮体育会理事　談
1948.07.31	第55号	03頁02段		円盤投で光る紅一点
1948.07.31	第55号	03頁02段		重量拳は優勝確実か
1948.07.31	第55号	03頁04段		レスリングに希望
1948.07.31	第55号	03頁05段		自転車は仏が強敵
1948.07.31	第55号	03頁06段		老将ぞろいの籠球
1948.07.31	第55号	03頁01段		(石灰) 不足高六一万トン　代償物資の対策が注目
1948.07.31	第55号	03頁10段		陸上競技の日程
1948.07.31	第55号	04頁01段		ラテン文学素描　テレンティウスについて(上)
1948.07.31	第55号	04頁02段		中国人一面
1948.07.31	第55号	04頁03段	三谷純子	大韓民国の母をうたえる
1948.07.31	第55号	04頁02段	小牧茂夫	都会田舎
1948.07.31	第55号	04頁05段		韓日融和のため
1948.07.31	第55号	04頁09段	南逸作 三浦次郎　画	嫉妬(6)
1948.08.21	第58号	01頁01段		世紀の大祝典　大韓民国の独立宣誓式
1948.08.21	第58号	01頁01段		自由と平和を宣言　北韓の解放は正式に交渉
1948.08.21	第58号	01頁02段		"軍政は終了した"　新政府発展に協力を約す
1948.08.21	第58号	01頁05段		朝四暮三
1948.08.21	第58号	01頁05段		マ元師祝辞-三八線は打破せよ　東亜の将来を決定する統一
1948.08.21	第58号	01頁06段		先週の話題
1948.08.21	第58号	02頁01段		日本でも盛んな大祝賀典　マ元師の先導を要望　居留民祝典で懇請文を提出
1948.08.21	第58号	02頁01段		流行る"二つの世界"　赤色中国政府の樹立運動
1948.08.21	第58号	02頁05段		朴烈団長記者団と会見

발행일	발행호	지면정보	필자	기사제목
1948.08.21	第58号	02頁08段	李興韓	大韓民国憲法釈義 第二章 国民権利の義務
1948.08.21	第58号	03頁01段		極東平和確立日 南中国代表より祝賀状
1948.08.21	第58号	03頁01段		前途に多難 安井都知事
1948.08.21	第58号	03頁02段		祝賀使節団 帰国途次東京みに立寄る
1948.08.21	第58号	03頁02段		人類史上に光明 駐兵維続は歴史を汚す
1948.08.21	第58号	03頁03段		世界人の視覚-大韓民国独立万歳
1948.08.21	第58号	03頁04段		難局充腹を確信
1948.08.21	第58号	03頁05段	甘文芳	先烈の苦闘が実を結ぶ
1948.08.21	第58号	04頁01段	李興韓	独立祝典に際して
1948.08.21	第58号	04頁02段	光町雀	人間の悲劇
1948.08.21	第58号	04頁03段	竹中徹	膳上の感
1948.08.21	第58号	04頁07段		結核は何故蔓延ですか(2)
1948.09.11	第59号	01頁01段		使節団の祖国視察報告 米国軍進駐費韓国復興に提供 共産党の逆宣伝も水の泡
1948.09.11	第59号	01頁03段		民団は在日代表団体 国務委員会で公的に認む
1948.09.11	第59号	01頁05段		先週の話題
1948.09.11	第59号	01頁06段		朝四暮三
1948.09.11	第59号	01頁06段		使節団の日程
1948.09.11	第59号	01頁07段		駐日代表内定流説
1948.09.11	第59号	02頁01段		"最善を尽す"と固い決意 国連代表東京に立寄る
1948.09.11	第59号	02頁01段		祖国政府マ元師に謝意を表明趙炳玉氏日本を訪ねる
1948.09.11	第59号	02頁02段		大韓民国政府要人一覧
1948.09.11	第59号	02頁03段		常識を超えた宣伝
1948.09.11	第59号	02頁04段		中国幣制改革 米の対華援助がヤマ
1948.09.11	第59号	02頁05段		会費不納で僕らる 朝連民青山梨で暴力ふるう
1948.09.11	第59号	02頁05段		国を汚す蛮行
1948.09.11	第59号	02頁05段		世界人の視覚-反民族行為者追放
1948.09.11	第59号	02頁06段		米軍の徹退は進行中 マ長官韓国問題に言及
1948.09.11	第59号	03頁01段		つのる独裁狂への非難 風と共に消える運命
1948.09.11	第59号	03頁01段		反民族行為処罰法
1948.09.11	第59号	03頁03段		批判的になった大衆 如実に物語る三重県事件
1948.09.11	第59号	03頁06段		地方だより
1948.09.11	第59号	03頁08段		犠牲同胞の追悼式
1948.09.11	第59号	03頁09段		第三章 特別裁判部構成及び手続
1948.09.11	第59号	04頁01段		対馬返還要求は何故妥当か
1948.09.11	第59号	04頁01段	朴文福	憲法と社会意識
1948.09.11	第59号	04頁03段		最初は韓国の属領-日本人学者も証言
1948.09.11	第59号	04頁03段		妙な男-或るモヒ患者の話

발행일	발행호	지면정보	필자	기사제목
1948.09.18	第60号	01頁01段		居留民団は在日同胞の統一体　外務部長官より正式公任状
1948.09.18	第60号	01頁01段		居留民団法も制定　内政的保護に完璧を期す
1948.09.18	第60号	01頁03段		"行政権も獲得した"
1948.09.18	第60号	01頁03段		もういらない軍用品
1948.09.18	第60号	01頁05段		先週の話題
1948.09.18	第60号	01頁06段		糧穀買上法案を国会に上程
1948.09.18	第60号	01頁08段		敵産を韓国へ　李企劃処長談
1948.09.18	第60号	01頁08段		第六十四次国会
1948.09.18	第60号	02頁01段		法的承認を受くべく努力　張代表ニューヨークで語る
1948.09.18	第60号	02頁01段		張群氏訪日の意義-今後の中日関係に光明
1948.09.18	第60号	02頁02段		米の行政移譲は完了　物資は数億ドルか　人事協定の調印も終わる
1948.09.18	第60号	02頁04段		千葉県民団建青支部結成　南北統一の大業成就に
1948.09.18	第60号	02頁07段		赦免令案国会を通過
1948.09.18	第60号	02頁08段	李興韓	大韓民国憲法釈義(3)
1948.09.18	第60号	03頁01段		頻発する赤の破壊工作　正しい線路復帰阻止に躍起
1948.09.18	第60号	03頁02段		世界人の視角-密輸問題について
1948.09.18	第60号	03頁02段		結社妨害者には断　フ憲兵司令官団体の紛騒警告
1948.09.18	第60号	03頁03段		李承晩大統領の警備に万全　交通部長　協力を要望
1948.09.18	第60号	03頁05段		岩手県本部　赤色牙城に結成　調練から脱退して集まる
1948.09.18	第60号	04頁01段	李興韓	アリランの唄　語源的の一考察
1948.09.18	第60号	04頁03段		行詰りか、麻薬か　太宰情死なおナゾを残す
1948.09.18	第60号	04頁04段	松田圭介	白雲
1948.09.18	第60号	04頁07段		結社の自由
1948.09.25	第61号	01頁01段		遅過きる撤兵・ソ連は韓国に何を残したか-軍国主義者を養成
1948.09.25	第61号	01頁02段		"父"の民にくめない国
1948.09.25	第61号	01頁06段		被害地対策委員会を構成
1948.09.25	第61号	01頁07段		朝四暮三
1948.09.25	第61号	02頁01段		糧穀買入法案を審議　肥料ｂ配給方法消費節約対策をめぐって紛糾
1948.09.25	第61号	02頁01段		軍政時代の弊害を除去　李大統領国民の協力を要望　他部長官の出席も要望
1948.09.25	第61号	02頁04段		米ソ対立の舞台
1948.09.25	第61号	02頁05段		撤退よりも統一　国連総会の検討に待つ
1948.09.25	第61号	02頁08段	李興韓	大韓民国憲法釈義(3)
1948.09.25	第61号	03頁01段		必死の狂奔空しく　ひたすら自滅の途を辿る

발행일	발행호	지면정보	필자	기사제목
1948.09.25	第61号	03頁01段		民主大同会暴虐なテロにも屈せず 居留民団の路線に共感 民団の支部として再発足
1948.09.25	第61号	03頁03段		断末魔のあがき 朝連中総 夜を徹して鳩首
1948.09.25	第61号	03頁04段		先週の話題
1948.09.25	第61号	03頁06段		ス氏肖像を背に"ソ連は祖国なり"
1948.09.25	第61号	04頁01段	和勇	良心と民主主義
1948.09.25	第61号	04頁01段		日の神と月の神 朝鮮の古い物語りから(1)
1948.09.25	第61号	04頁06段		国際日日に駁す
1948.10.02	第62号	01頁01段		本国政府の公認を受けて 居留民団朴烈団長
1948.10.02	第62号	01頁01段		民団の立場を認識大韓民国としての権利を行使せよ
1948.10.02	第62号	01頁06段		先週の話題
1948.10.02	第62号	01頁08段		在日代表として参列 この日本報道は虚構
1948.10.02	第62号	02頁01段		国連拒否権の制限 誰がための平和か 全会一致の疑念深まる
1948.10.02	第62号	02頁04段		世界人の視角-帝銀犯人の自由
1948.10.02	第62号	02頁08段	李興韓	大韓民国憲法釈義(5)
1948.10.02	第62号	03頁01段		全体大会に先立ち 金事務総長 在日同胞に要望
1948.10.02	第62号	03頁01段		民団中総機構の強化に協力 思想を問わず終結せよ
1948.10.02	第62号	03頁02段		下関事件 朝連の残虐な暴行 同胞の非難いよいよ高まる
1948.10.02	第62号	03頁05段		崩かいの前奏曲 赤の暴虐を尻目に無事大会終了
1948.10.02	第62号	03頁05段		熊本県本部結成大会
1948.10.02	第62号	03頁06段		北鮮撤兵は擾乱を惹起
1948.10.02	第62号	03頁07段		李無任相辞任正式に受理さる
1948.10.02	第62号	03頁08段		第七章 財政
1948.10.02	第62号	03頁09段		第八章 地方自治
1948.10.02	第62号	03頁10段		第九章 憲法改正
1948.10.02	第62号	04頁01段	議長 洪賢基	居留民団の発展
1948.10.02	第62号	04頁01段	千田善睍	志良宜歌寸考
1948.10.02	第62号	04頁03段		日の神と月の神 朝鮮の古い物語りから (2)
1948.10.02	第62号	04頁06段		朝鮮語の教科書 近い中に正式に発行される 教育対策委員会の労報いらる
1948.10.02	第62号	04頁07段		光と影-マガヒものの文化人
1948.10.02	第62号	04頁10段		韓国問題の国連上程は十月中ば
1948.10.09	第63号	01頁01段		在日大韓民国居留民団第五会定期全体大会
1948.10.09	第63号	01頁02段		李大統領訪日
1948.10.09	第63号	01頁02段		公認を得て初の大会 在留同胞に新しい指針与う 団長には朴烈氏が重任
1948.10.09	第63号	01頁04段		先週の話題

발행일	발행호	지면정보	필자	기사제목
1948.10.09	第63号	01頁07段		朝四暮三
1948.10.09	第63号	02頁01段		大統領施政方針演説要旨　対日賠償について発言権を要請　早急に土地改革を断行
1948.10.09	第63号	02頁02段		大分県本部結成なるここでも朝連の妨害たやまる
1948.10.09	第63号	02頁02段		混乱の三つ巴対立
1948.10.09	第63号	02頁04段		迫害と戦い抜き　民団広島県本部生る
1948.10.09	第63号	02頁06段		"朝鮮の苦悩を世界に"張氏り事務総長に書簡
1948.10.09	第63号	02頁07段		世界人の視角
1948.10.09	第63号	02頁08段		土建技術協会設立
1948.10.09	第63号	03頁01段		最高幹部新しい抱負を披歴　祖国の軽重の批判の基
1948.10.09	第63号	03頁01段		"従来の観念を一掃"祖国発展に協力を要望
1948.10.09	第63号	03頁03段		民権確保が緊要　根本問題は組織の強化
1948.10.09	第63号	03頁04段	金鐘在	"理解が望ましい"
1948.10.09	第63号	03頁06段		技術者養成に協力
1948.10.09	第63号	03頁08段		民団賛同者が激増
1948.10.09	第63号	03頁09段		祖国の歌唄を満載した朝鮮流行歌集
1948.10.09	第63号	03頁10段		交通部長に許氏
1948.10.09	第63号	04頁01段	緒方社一	東洋の回帰
1948.10.09	第63号	04頁02段		"カラフト"脱出記
1948.10.09	第63号	04頁02段		残虐極まる待遇　反対思想者は即時銃殺
1948.10.09	第63号	04頁05段	朴文福	民族性主体の確立
1948.10.09	第63号	04頁06段	白神	赤広の夜が明ける
1948.10.16	第64号	01頁01段		李大統領を迎えて　諸政堅実化を立証　在留同胞の民生問題も解決か
1948.10.16	第64号	01頁05段		愛国的誠実の証左　黄本社社長談
1948.10.16	第64号	01頁06段		物価漸次下る
1948.10.16	第64号	02頁01段		貨幣改革に用意　港湾行政を一元化する　財務部長官と一門一答
1948.10.16	第64号	02頁02段		国家建設に悪影響
1948.10.16	第64号	02頁02段		義務教育五ヵ年計画で　安長官　記者団と一門一答
1948.10.16	第64号	02頁02段		反共体勢強化へ　東北アジヤブロックの結成
1948.10.16	第64号	02頁04段		韓米会談
1948.10.16	第64号	02頁05段		同胞の財産搬出連合団人待遇も要求　国会建議案
1948.10.16	第64号	02頁07段		世界人の視角-歓迎! 李大統領
1948.10.16	第64号	02頁08段		朝四暮三
1948.10.16	第64号	03頁01段		恥を晒す赤い星　朝連宮城でまた狂態
1948.10.16	第64号	03頁01段	朴準	暴力への私感
1948.10.16	第64号	03頁02段		朝鮮の外映
1948.10.16	第64号	03頁02段		反民法調査委員　裁くの顔ぶれ決る　各道から一人づつ選出

발행일	발행호	지면정보	필자	기사제목
1948.10.16	第64号	03頁06段		李大統領を迎えて
1948.10.16	第64号	03頁06段		502週年記念式典
1948.10.16	第64号	03頁07段		朝連の妨害続く 千葉県支部結成式に暴力団
1948.10.16	第64号	04頁01段		ラテン文学雑感 ホレーティウスに就いて
1948.10.16	第64号	04頁03段		先週の話題
1948.10.16	第64号	04頁04段	安芸能利	ポウ雑感
1948.10.16	第64号	04頁07段	モーパサン作 崔星訳	乞食(1)
1948.10.23	第65号	01頁01段		李承晩大統領歓迎大会李大統領夫婦訪日マ元師の出迎えで羽田着
1948.10.23	第65号	01頁05段		歓喜盗まれた音楽堂
1948.10.23	第65号	01頁06段		先週の話題
1948.10.23	第65号	01頁07段		大統領の訓辞
1948.10.23	第65号	01頁07段		韓民の体面を維持 完全統一のため奮闘せよ
1948.10.23	第65号	01頁09段		朝四暮三
1948.10.23	第65号	02頁01段		国の威信を守れ 大統領と一門一答 内戦は避けられる 米軍の駐留は国軍の完備するまで
1948.10.23	第65号	02頁03段		戦後の新しい宿題
1948.10.23	第65号	02頁04段		民国の威信を尊重 同族相愛の大儀を守れ
1948.10.23	第65号	02頁06段		吉田内閣の氏出現
1948.10.23	第65号	03頁01段		南韓全土に戒厳令 赤色分子の反乱激化
1948.10.23	第65号	03頁02段		政府軍現地に派遣 反乱分子脱出防止に麗水港を閉鎖
1948.10.23	第65号	03頁03段		旅団長が陰謀の主 反乱軍智異山に
1948.10.23	第65号	03頁01段		嗤うべき観念論 自称進歩分子の思考力
1948.10.23	第65号	03頁06段		要請すれば出動 米官邊筋 態度を言明
1948.10.23	第65号	03頁07段		当然のこと
1948.10.23	第65号	03頁07段		韓米会談 来週中に援助案内容討議
1948.10.23	第65号	03頁08段		趙特使、英京に
1948.10.23	第65号	04頁01段		ラテン文学雑感 ホレーウエルギリウスに就いて
1948.10.23	第65号	04頁03段	緒方壮一	或る男
1948.10.23	第65号	04頁07段	モーパサン作 崔星訳	乞食(2)
1948.11.06	第66号	01頁01段		うらみの卅八線解決の道の南北統一のみ 冷酷極まる行為 除口に平穏に帰る
1948.11.06	第66号	01頁03段		朝四暮三
1948.11.06	第66号	02頁01段		共産分子の反乱 大統領と一門一答 民警団を組織か?"民族のため青年を坡てき"
1948.11.06	第66号	02頁03段		北大西洋の同盟 国際的反共戦線強化か
1948.11.06	第66号	02頁02段		受動から能動へ 中国対ソ外交の新転換

발행일	발행호	지면정보	필자	기사제목
1948.11.06	第66号	02頁06段		ソ連式民主主義とは? 北韓人民は果して幸福か
1948.11.06	第66号	02頁06段		世界人の視角-米大統領選挙
1948.11.06	第66号	02頁10段		韓国に二国なし
1948.11.06	第66号	03頁01段		第三回臨時全体大会
1948.11.06	第66号	03頁01段		黄氏無投票で重任 事務総長に金聖洙氏が当選
1948.11.06	第66号	03頁03段		婦女指導部長 李女史に決定
1948.11.06	第66号	03頁04段		松本で結成準備会 十日には民団本部生れるか
1948.11.06	第66号	03頁05段		大韓民国政府絶対支持 建青第八回全国大会
1948.11.06	第66号	03頁06段		先週の話題
1948.11.06	第66号	03頁08段		在日同胞府県別調査表
1948.11.06	第66号	03頁10段		大統領を先頭に犠牲者放済基金
1948.11.06	第66号	04頁01段		ラテン文学雑感　ホレーウエルギリウスに就いて(2)
1948.11.06	第66号	04頁03段		東洋のバイロン
1948.11.06	第66号	04頁02段		人間の絶望
1948.11.06	第66号	04頁06段		朝連派の宣伝
1948.11.06	第66号	04頁06段		韓米会談
1948.11.06	第66号	04頁07段		大邱に反乱波及
1948.11.06	第66号	04頁08段		ただ涙のみ
1948.11.06	第66号	04頁08段	モーパサン作 崔星訳	乞食(3)
1948.11.20	第67号	01頁01段		トルーマン政策と東洋 世界平和確立の途 国際外交の打開を希望 朴烈団長談
1948.11.20	第67号	01頁05段		総辞職の意義 新しい理念に立つもの
1948.11.20	第67号	01頁06段		朝四暮三
1948.11.20	第67号	02頁01段		内閣改造をめぐって 改造は共産党後押し 国会議員の反省を要望大統領談
1948.11.20	第67号	02頁02段		東洋の危機迫る 米の対華援助が緊要
1948.11.20	第67号	02頁06段		韓国承認は確か 国連代表議員 全氏語る
1948.11.20	第67号	02頁07段		世界人の視角-東京裁判の判決
1948.11.20	第67号	02頁10段		支部結成通知
1948.11.20	第67号	03頁01段		同胞の血を流す北韓 参加人民十五万か 独善政治が大きな原因
1948.11.20	第67号	03頁01段		役員改選に就いて 停滞性の打開が要点
1948.11.20	第67号	03頁04段		"青年を生かせ" 三週年記念日を迎えて 洪委員長
1948.11.20	第67号	03頁04段		事務総長に裵氏古烈士を遇ばせる人
1948.11.20	第67号	04頁01段		ソ連の民主主義 越南者防止に猛犬
1948.11.20	第67号	04頁02段	安芸能利	S博士のこと
1948.11.20	第67号	04頁02段		東洋のバイロン(下)
1948.11.20	第67号	04頁04段		夢遊病患者を数え

발행일	발행호	지면정보	필자	기사제목
1948.11.20	第67号	04頁04段	モーパサン作 崔星訳	乞食(4)
1948.11.27	第68号	01頁01段		鉄のカーテン極東に進出危機に瀕した中国韓国が 健全な限り 赤色防衛の堤は切れぬ
1948.11.27	第68号	01頁05段		先週の話題
1948.11.27	第68号	01頁06段		朝四暮三
1948.11.27	第68号	01頁07段		首謀者捕わる 反乱事件
1948.11.27	第68号	02頁01段		米軍は南韓に駐屯 すべき責任がある 駐屯の必要を 認定 国会で決議を上程可決
1948.11.27	第68号	02頁02段		北軍の南下を防衛 李国務総理駐屯の必要を説く
1948.11.27	第68号	02頁01段		原子力戦への陣立 ソ連の生産能力が進点
1948.11.27	第68号	02頁05段		農家補償物資 輸送計画進む
1948.11.27	第68号	02頁05段		国連韓国代表の感謝国民大会
1948.11.27	第68号	02頁06段		世界人の視角-中国内内戦の重大性
1948.11.27	第68号	02頁08段		張代表より李大統領にメッセージ
1948.11.27	第68号	02頁10段		近く日本に 外交使節団
1948.11.27	第68号	03頁01段		極東裁判が教えるもの 審判の尺度を尊敬 侵略主義 終息と断じるは早計 朴烈団長
1948.11.27	第68号	03頁01段	大韓民国婦人会 大阪本部会長 金又粉	男女平等問題(上)
1948.11.27	第68号	03頁05段		国旗を死守する人 愛知県権団長を讃う
1948.11.27	第68号	03頁10段		亀山支部結成 ソ連の暴力を排除
1948.11.27	第68号	04頁01段		崔致遠の詩-韓国の古代詩考
1948.11.27	第68号	04頁01段		ソ連の民主主義(3)-華やかな金日星の生活
1948.11.27	第68号	04頁03段		時代思想
1948.11.27	第68号	04頁06段		経済の安定を図れ
1948.11.27	第68号	04頁08段		韓米間に電話 一日に開通式
1948.11.27	第68号	04頁09段	モーパサン作 崔星訳	乞食(5)
1948.12.04	第69号	01頁01段		アメリかに望むもの
1948.12.04	第69号	01頁04段		先週の話題
1948.12.04	第69号	01頁07段		朝四暮三
1948.12.04	第69号	01頁10段		国民運動展開
1948.12.04	第69号	02頁01段		国会に七建議案を上程 賃金支仏を要求 教育施設も 二倍に拡充が
1948.12.04	第69号	02頁02段		韓国問題近く上程
1948.12.04	第69号	02頁04段		韓国問題次期まで延期か
1948.12.04	第69号	02頁05段		国防軍の訓練に 近く米軍師事使節団が来朝
1948.12.04	第69号	02頁07段		物交が原則 貿易について 任長官談
1948.12.04	第69号	02頁08段		完全意見一致 金長官談

발행일	발행호	지면정보	필자	기사제목
1948.12.04	第69号	03頁01段		他地から流れ込み 卑劣な妨害策す朝連
1948.12.04	第69号	03頁04段	大韓民国婦人会 大阪本部会長 金又粉	男女平等問題(下)
1948.12.04	第69号	03頁04段		渡り物の寄合い 朝鮮人連盟
1948.12.04	第69号	03頁07段		二人の欲物 松本を歩く
1948.12.04	第69号	04頁01段		"北韓人為"の過誤 その政権をみる(1)
1948.12.04	第69号	04頁01段		ソ連の民主主義(4)-絶え間なき夫婦喧嘩
1948.12.04	第69号	04頁03段	緒方壮一	文豪の半面
1948.12.04	第69号	04頁06段		ソ連映画寸感
1948.12.04	第69号	04頁09段	モッパーサン 原作 松木 英 訳	小さな酒横(1)
1948.12.18	第70号	01頁01段		韓国委員団を設置 加・ウ両国は除外 三十日以内に来朝
1948.12.18	第70号	01頁02段		列国の一員に飛躍 李大統領 承認に感謝
1948.12.18	第70号	01頁04段		韓米会談
1948.12.18	第70号	01頁05段		先週の話題
1948.12.18	第70号	01頁05段		正義と人道の勝利 本社社長 黄性弼
1948.12.18	第70号	02頁01段		既定路線に邁進せよ 李大統領より民団宛感謝状
1948.12.18	第70号	02頁02段		以北にも援助 ホウマン氏談
1948.12.18	第70号	02頁03段		米は連合を認容か 人望、民心を離れたとは言え 後世に誇るべき功績
1948.12.18	第70号	02頁05段		ソウルで慶祝大会 反民族者排撃が急務 李大統領感謝演説を行う
1948.12.18	第70号	02頁07段		世界人の視角-争臣の死
1948.12.18	第70号	02頁07段		信頼のもとに援助 ホ長官 ソウルで語る
1948.12.18	第70号	02頁10段		韓民の生活向上は自ら手で
1948.12.18	第70号	03頁01段		国連承認祝賀大会民団中総
1948.12.18	第70号	03頁01段		前途ますます多難 完全独立まで決集
1948.12.18	第70号	03頁03段		姫路事件 ソ連的野望の走狗 正邪の判別は自ら明白
1948.12.18	第70号	03頁05段		姫路事件の真相
1948.12.18	第70号	03頁08段		遂に滋賀本部結成なる 京都本部の援助を得る
1948.12.18	第70号	03頁09段		青年指導部長に李裕天氏
1948.12.18	第70号	03頁10段		建青大阪本部でも祝賀会
1948.12.18	第70号	04頁01段		"北韓人為"の過誤 その政権をみる(2)
1948.12.18	第70号	04頁02段		俳諧詩
1948.12.18	第70号	04頁05段	南明	民族を売る者
1948.12.18	第70号	04頁06段		民主日本に訴う

발행일	발행호	지면정보	필자	기사제목
1948.12.18	第70号	04頁09段	モッパーサン 原作 松木 英 訳	小さな酒横(1)
1949.01.01	第71号	01頁01段		異端的思想を撃破 国家百年の見透しを持て
1949.01.01	第71号	01頁03段		提携の誠を尽し 反逆者には膺懲の鞭 裵事務総長
1949.01.01	第71号	02頁01段		輝かしい年の始国連朝鮮委員団が来朝
1949.01.01	第71号	02頁02段		世界注視の総選挙行わる
1949.01.01	第71号	02頁02段		独立達成の年一九四八を顧めて 大韓民国憲法成る 厳粛な独立宣言式典を挙行
1949.01.01	第71号	03頁01段		新春を迎え韓民に寄す感情対立の解消へ隣国への 理解を要望
1949.01.01	第71号	03頁03段	新居 格	新生韓国によせる
1949.01.01	第71号	03頁03段		世界人の視角-真の勇気を!!
1949.01.01	第71号	04頁01段		新聞の協力を要請 朴烈団長 取扱の不当を指適
1949.01.01	第71号	04頁01段		大韓民国々連承認祝賀大会
1949.01.01	第71号	05頁01段		日本の逆を行け 一つんの世界に前進の時
1949.01.01	第71号	05頁02段		南北統一は必要 勝利は敵を呑むこと
1949.01.01	第71号	05頁02段	和田斉	一九四九年 の大韓民国
1949.01.01	第71号	04頁04段		独立革命に思う
1949.01.01	第71号	04頁05段		民主化のため尽力 よりよき提携を誓い合う
1949.01.01	第71号	06頁01段	朴烈民団長	一九四九年の新課題 対立する二つの世界
1949.01.01	第71号	06頁01段		外憂去って内患広まる疑獄事件(中国日本)
1949.01.01	第71号	07頁01段		駐日代表団長来日 記者団と会見
1949.01.01	第71号	07頁02段		駐日代表団長来日 期待に沸く在日同胞
1949.01.01	第71号	07頁02段	民団副団長 高順欽	新年に際して
1949.01.01	第71号	07頁03段	議長団 賢基	総力を挙げて結集
1949.01.01	第71号	07頁04段	議長団 賢基	科学的批判性に徹せよ
1949.01.01	第71号	08頁01段		無から有を生む男 アメリカのものがたり
1949.01.01	第71号	08頁02段		新人展望 一九四八年の日本
1949.01.01	第71号	08頁04段	モッパーサン 原作 松木 英 訳	小さな酒横(3)
1949.01.22	第72号	01頁01段		新しき年への課題
1949.01.22	第72号	01頁01段	李始栄 副統領	前途は障碍に満つ 鞏固たる団結を要望
1949.01.22	第72号	01頁03段	李承晩 大統領	新年を迎えて 新聖なる貴業を成就 東洋の範たる民 主国建設へ
1949.01.22	第72号	01頁07段		世界の視聴は祖国に集注 在外同胞の富起をまつ - 金公報所長
1949.01.22	第72号	01頁03段		国土完全統一へ国民全部が解放勇士たれ -李国務総 理

発行日	発行号	紙面情報	筆者	記事題目
1949.01.22	第72号	02頁01段	金九 年頭辞	統一が唯一の念願 民族の団結が解決の途
1949.01.22	第72号	02頁03段		張勉博士 駐米大使に任命 趙炳玉氏ら近く帰国
1949.01.22	第72号	02頁03段		民団兵庫県本部団長 玄氏射殺さる 赤テロの嫌疑濃厚
1949.01.22	第72号	02頁06段		世界人の視角-何をなすべきか
1949.01.22	第72号	02頁07段		朝四暮三
1949.01.22	第72号	02頁08段		反民法施行に同族愛を要望 大統領談
1949.01.22	第72号	03頁01段		中国韓国を正式承認 両国は旧い友交国高外務部長官中国政府に謝電
1949.01.22	第72号	03頁01段		韓国のよき指導国 政府要人 友誼的措置に感謝
1949.01.22	第72号	03頁03段		〈本国の経済〉 人超防止に全力 生産力欠乏が致命
1949.01.22	第72号	03頁04段		新韓国委員団 歓迎準備委員会
1949.01.22	第72号	03頁04段		初代中国大使
1949.01.22	第72号	03頁05段		南韓米軍司令部移任にラ代将
1949.01.22	第72号	03頁05段		増える自転車
1949.01.22	第72号	03頁05段		アメリカ人気質 復員軍人の重いつき
1949.01.22	第72号	03頁06段		先週の話題
1949.01.22	第72号	04頁01段		北韓人委の過誤 労農独裁政権
1949.01.22	第72号	04頁02段		知る権利の反逆
1949.01.22	第72号	04頁06段	モッパーサン 原作 松木 英 訳	小さな酒横(3)
1949.02.19	第74号	01頁01段		外資問題 在留同胞には適用せず
1949.02.19	第74号	01頁01段		同胞は特殊な地位 代表部、司令部と交渉成る
1949.02.19	第74号	01頁01段		建国に飛躍的発展 食糧問題に万全を期す 金処長談
1949.02.19	第74号	01頁02段		韓国加入問題を可決
1949.02.19	第74号	01頁03段		先週の話題
1949.02.19	第74号	01頁03段		公務員法案を上程 反民法該当者問題でもある
1949.02.19	第74号	01頁05段		海員の待遇を改善 海軍発展に新計劃
1949.02.19	第74号	01頁06段		以北側米兵に発砲
1949.02.19	第74号	01頁06段		団長氏重任 民団に東京本部第五次臨時全体大会
1949.02.19	第74号	01頁08段		朝四暮三
1949.02.19	第74号	02頁01段		韓委歓迎国民大会 使令は完全な統一 韓民の期待に添うよう全力 シ議長答辞
1949.02.19	第74号	02頁01段		卞比島特使を歓迎 重責全うに全力を尽す
1949.02.19	第74号	02頁02段		り国連事務総長にメッセージ
1949.02.19	第74号	02頁03段		国委全体会議 外軍の撤退を監視完全統一に万全の援助 りー事務総長メッセージ
1949.02.19	第74号	02頁04段		入北問題は楽観 べ議長記者団と会見
1949.02.19	第74号	02頁05段		委員の暗殺を陰謀 協議場に時限爆弾を装置

발행일	발행호	지면정보	필자	기사제목
1949.02.19	第74号	02頁04段		芸術委員会を設置
1949.02.19	第74号	02頁07段		日政ついに屈服
1949.02.19	第74号	02頁05段		中共へ国際的焦点 第三次人戦の爆発点?
1949.02.19	第74号	03頁01段		大韓民国居留民団第七回中央議事会三つの対策委員会全体大会場は関西に決定
1949.02.19	第74号	03頁01段		民団とは表裏一体 同胞の民権擁護に努力 鄭団長
1949.02.19	第74号	03頁02段		焦慮に狂う的鬼 暴徒、民団員を傷害 岩手県下にまたも不詳事
1949.02.19	第74号	03頁04段		朝連系学校 内部的に混乱
1949.02.19	第74号	03頁04段		在日大韓民国人調査表
1949.02.19	第74号	03頁06段		生徒に独善思想を強制 成績証明発行を停止
1949.02.19	第74号	03頁09段	朝鮮文化教育会本部	児童教育に標準教科書を使いませよ
1949.02.19	第74号	04頁01段		共産党徒の反逆相　新民主主義とは？
1949.02.19	第74号	04頁02段		文化と風土
1949.02.19	第74号	04頁02段		猫と詩人
1949.02.19	第74号	04頁03段		国際学生を交換 国際育英会生る
1949.02.19	第74号	04頁07段		文化教育に望む 創造的頭脳の養成へ
1949.02.26	第75号	01頁01段		三・一紀念日を迎えて　奮起の前の静けさ新たなる覚悟を要望
1949.02.26	第75号	01頁02段		三・一記念行事放送陣も特別組織公報処の指令を発表
1949.02.26	第75号	01頁04段		独立宣言書
1949.02.26	第75号	01頁04段		五月一日に総人口調査 法令第十八号を公布
1949.02.26	第75号	01頁07段		世界平和への前進ソ連とは強力な実力外交
1949.02.26	第75号	01頁07段		韓米間に小包
1949.02.26	第75号	01頁08段		国連加入を承認 資格審査委員会で決る
1949.02.26	第75号	01頁08段		特使館を大使館に
1949.02.26	第75号	01頁09段		ソ連との幹旋方を要請
1949.02.26	第75号	02頁01段		多彩な記念祝賀 三一革命運動三十周年
1949.02.26	第75号	02頁01段	金鍾在	三一独立運動の余燼 呂運亨氏と原敬氏のこと
1949.02.26	第75号	02頁03段	黄性弼	先烈士の遺志再現を誓うべき日　”人類宣言”の気魄を味わえ
1949.02.26	第75号	02頁05段		法的根拠を賦興 商工会議所の強化に乗出す
1949.02.26	第75号	02頁01段		共産党徒の反逆相 新民主主義とは？
1949.02.26	第75号	02頁04段		芸術の政治性 危険な内容的聯関
1949.02.26	第75号	02頁11段		北韓の旗問題
1949.02.26	第75号	02頁12段	徐一石	兄への手紙
1949.03.02	第76号	01頁01段		民団機構を刷新
1949.03.02	第76号	01頁02段		駐日代表団長更送 鄭恒範中国大使が信任

発行日	発行号	지면정보	필자	기사제목
1949.03.02	第76号	01頁02段		韓日通商予備会談 使節団九日羽田へ 平和会義前の暫定措置として十日開催
1949.03.02	第76号	01頁05段		油脂類百五十万カロン輸入海陸運輸に大きな奇与
1949.03.02	第76号	01頁03段		代表団の使節 賠償問題の交渉 李大統領内外記者団と会見
1949.03.02	第76号	01頁05段		国連加入を支持
1949.03.02	第76号	01頁08段		モ外務相辞任
1949.03.02	第76号	01頁09段		楽観許さぬソ連政策 不健康なクレムリンの夢
1949.03.02	第76号	01頁11段		北太平洋問題ソ連含む対独会議当分考慮せず
1949.03.02	第76号	01頁09段		比島韓国を正式に承認 卞特使報告のため帰国か
1949.03.02	第76号	01頁09段		47次国会 商工と農林を独立 地方自活法案を討議
1949.03.02	第76号	01頁10段		女流教育使節団米を視察
1949.03.02	第76号	01頁11段		朝四暮三
1949.03.02	第76号	02頁01段		広島県民団本部三・一祝賀大会で
1949.03.02	第76号	02頁01段		九州地方防共に 民団の連合本部を結成
1949.03.02	第76号	02頁04段		北鮮人委反逆相新民主主義とは？
1949.03.02	第76号	02頁04段		代表員の割当決る 民団議長団有能者の選出を要望
1949.03.02	第76号	02頁07段		在日同胞権益擁護会生る
1949.03.02	第76号	02頁04段		三一革命三十周年記念大会先烈の偉業を偲ぶ意義深い式典閉幕
1949.03.02	第76号	02頁05段		先烈の魂を忘れず
1949.03.02	第76号	02頁08段		三・一精神で団結
1949.03.02	第76号	02頁09段		日比谷に大会に参例して
1949.03.02	第76号	02頁13段	沈一石	異端者の日記
1949.03.26	第77号	01頁01段		矛盾を克服して行け
1949.03.26	第77号	01頁02段		済州島の調査報告李国務総理、記者団に語る
1949.03.26	第77号	01頁04段		適当な宣伝啓策が必要暴徒は無意識的な主義者
1949.03.26	第77号	01頁04段		内務長官の報告食糧、衣料が必要
1949.03.26	第77号	01頁02段		日本の公債等を登録 財務部告示第一号を発表
1949.03.26	第77号	01頁02段		対日賠償の資料蒐集 三月末までに要求条項を提出ポツダム宣言の線に沿って
1949.03.26	第77号	01頁04段		代表団長の歓迎会 東京本部主催で開く
1949.03.26	第77号	01頁06段		日韓通商会談順調に進む
1949.03.26	第77号	01頁08段		三八線近境へ援助物資
1949.03.26	第77号	01頁07段		産業資金萎縮する憂なし 北韓の選挙実施を要請か 李大統領談
1949.03.26	第77号	01頁06段		暴露的醜態 計劃壊した躍起
1949.03.26	第77号	01頁11段		朝四暮三
1949.03.26	第77号	01頁09段		前途を憂慮脱退民団参加を申し出
1949.03.26	第77号	01頁11段		貿易再開を祝福

발행일	발행호	지면정보	필자	기사제목
1949.03.26	第77号	01頁13段		済州島の治安近し
1949.03.26	第77号	01頁12段		先週の話題
1949.03.26	第77号	02頁01段		日本入国を許可　近親者だけに限る食糧持参、期間六十日
1949.03.26	第77号	02頁01段		赤色牙城を破る　宮城県に民国本部を結成
1949.03.26	第77号	02頁04段		代表なる適格者を要望　代議員選出法を発表
1949.03.26	第77号	02頁06段		ウビョン主教韓国を訪問
1949.03.26	第77号	02頁07段		代表団と協力を切に望む　趙博士羽田に立寄る
1949.03.26	第77号	02頁01段		北鮮人委反逆相新民主主義とは？
1949.03.26	第77号	02頁04段	甲中のぶる	排中律否定
1949.03.26	第77号	02頁06段		ピカソ詩
1949.03.26	第77号	02頁06段		民主
1949.03.26	第77号	02頁06段		職業別統計調査一覧表
1949.03.26	第77号	02頁10段	加美川信	あきらめ
1949.04.02	第78号	01頁01段		新国防長官に申氏　内務長官には金孝錫氏
1949.04.02	第78号	01頁01段		安堵感を与える
1949.04.02	第78号	01頁02段		申国防長官談
1949.04.02	第78号	01頁03段		国会、政府予算を報告
1949.04.02	第78号	01頁03段		年間八千万ドル　韓日通商協定成る
1949.04.02	第78号	01頁06段		友誼に深い感謝　比大統領より李博士に親書
1949.04.02	第78号	01頁07段		援助物資廿十六万キロ　金山臨時外資総局発表
1949.04.02	第78号	01頁08段		功労者に報賞　民団に調査依頼
1949.04.02	第78号	01頁06段		朝四暮三
1949.04.02	第78号	01頁01段	本社社長　黄性弼	在留同胞の指標
1949.04.02	第78号	02頁01段		北海道朝連の根本的脱線耐えかねて最高幹部脱退声明書
1949.04.02	第78号	02頁01段	洪賢基	重大な転換期
1949.04.02	第78号	02頁01段	金鍾在	野に偉材を残すな
1949.04.02	第78号	02頁04段		封
1949.04.02	第78号	02頁06段		民団大会に望む　建青宣伝教育部
1949.04.02	第78号	02頁07段	田炳呉	居留民団と学生
1949.04.02	第78号	02頁11段		民族絶叫
1949.04.23	第79号	01頁01段		居留民団第六回全体大会転換期に立つ民団生滅をかけた意義深い士会
1949.04.23	第79号	01頁01段		新団長に鄭博士初代駐日代表団長二つの対策案は無で修正通過
1949.04.23	第79号	01頁01段		日常闘争の実体深川事件を見て
1949.04.23	第79号	01頁04段		電力生産に全力　なお一万二千キロ不足
1949.04.23	第79号	01頁07段		米政府代表と協議李大統領特別声明と発表

발행일	발행호	지면정보	필자	기사제목
1949.04.23	第79号	01頁09段		三千万同胞が渇望 南北統一へ一歩前進
1949.04.23	第79号	01頁09段		深川事件 一警の行為は完全な人権じゆうりん 新聞の報道も非人道的
1949.04.23	第79号	01頁10段		総人口調査日迫る
1949.04.23	第79号	01頁10段		ソ連の敵意表明列国の正当な権利行便を要望 李大統領談
1949.04.23	第79号	01頁11段		農民の互助愛に訴ふる 李総理談
1949.04.23	第79号	01頁12段		ソ連軍撤退はウソ 農民・労働者生活非惨
1949.04.23	第79号	01頁13段		李大統領夫妻 済州島視察 家なき民衆三十万 救護に一致協力を要望
1949.04.23	第79号	01頁15段		朝四暮三
1949.04.23	第79号	02頁01段		新役員所信 頼もしい顔ぶれ 在留同胞の期待も大きい
1949.04.23	第79号	02頁01段		"真"の一字に尽く力強い覚悟の程を被歴 裵事務総長
1949.04.23	第79号	02頁01段	権逸	事務処理の機構に重点
1949.04.23	第79号	02頁02段	宣伝情報部長鄭哲	逆宣伝を封殺せよ
1949.04.23	第79号	02頁01段	崔?宇	二つの思想の対立
1949.04.23	第79号	02頁04段	社会部長 金熙明	仕事で答えたい心
1949.04.23	第79号	02頁06段		民団組織強化に全力
1949.04.23	第79号	02頁06段		赤色分子巣となった 対馬島に民団支部
1949.04.23	第79号	02頁07段		ム米大使 信任狀の奉呈式 中央庁で静粛に挙行
1949.04.23	第79号	02頁07段		使令達城を確信
1949.04.23	第79号	02頁08段		代表部と両輪の役割
1949.04.23	第79号	02頁09段	青年団長 曹寧柱	青年の実力養成に努む
1949.04.23	第79号	02頁10段		在日朝鮮人貿易協会生る生産業者の発展が目的
1949.04.23	第79号	02頁10段		代表部と民団の対立流説
1949.04.23	第79号	02頁11段		民族の同化を指導 韓人代表 李淑子談
1949.04.23	第79号	02頁10段		民団積極的活動を要望
1949.05.07	第80号	01頁01段		韓日通商協定調印さる 建国の地歩を固む 廿三日ソウルで盛大に挙行
1949.05.07	第80号	01頁01段		経済復興に不可決韓国に対する認識を要望 李総理談
1949.05.07	第80号	01頁01段		五・一〇記念日を迎えての三顧
1949.05.07	第80号	01頁04段		韓民としての権利 民団を支持する者のみが亨有 鄭団長五・一〇祝辞を寄す
1949.05.07	第80号	01頁06段		5.10選挙史上光輝ある日 多彩な記念行事を展開
1949.05.07	第80号	01頁06段		5.10選挙史上光輝ある日
1949.05.07	第80号	01頁07段		朝四暮三
1949.05.07	第80号	01頁08段		東大阪支部が布施支部に役員も改選
1949.05.07	第80号	01頁08段		五・一〇一週年記念大会

발행일	발행호	지면정보	필자	기사제목
1949.05.07	第80号	01頁10段		人事往来
1949.05.07	第80号	01頁10段		四月十一日
1949.05.07	第80号	02頁01段		南韓送電停止実相 殆んどの発電機ソ軍が接収 独裁病患者の夢の跡
1949.05.07	第80号	02頁01段		米軍徹退を囲ぐる韓国政局
1949.05.07	第80号	02頁05段		婦女部で代表団を訪問
1949.05.07	第80号	02頁07段		朝連傘下離脱 銚子民団支部を結成
1949.05.07	第80号	02頁07段		税金、貿易に関する決議文を採択神奈川県本部臨時大会
1949.05.07	第80号	02頁09段		同胞要員募集 帰国事業開始
1949.05.07	第80号	03頁01段		在日韓国人貿易協会創立総会開く 韓日貿易に明るい希望
1949.05.07	第80号	03頁02段		李承晩大統領 地方民政を視察
1949.05.07	第80号	03頁02段		余命を捧げる覚悟釜山の歓迎大会で演説
1949.05.07	第80号	03頁05段		水鄭支部を結成
1949.05.07	第80号	03頁05段		罹災民の救済に関心
1949.05.07	第80号	03頁04段		代表部事務所 服部ビルに決定 異郷の空に仰ぐ太極旗 鄭大使 感激のほどを語る
1949.05.07	第80号	03頁06段		暴虐無道な判決 海州愛国青年に断
1949.05.07	第80号	03頁08段		青年史上啓豪に第一回指導議会開く
1949.05.07	第80号	03頁09段		目黒支部総会団長金炳栄氏
1949.05.07	第80号	04頁01段	鄭寅錫	韓日貿易協定の意義(상)
1949.05.07	第80号	04頁02段		女の美
1949.05.07	第80号	04頁05段	社会部	三ッ峠行き
1949.05.07	第80号	04頁07段		先人の議をふむな
1949.05.14	第81号	01頁01段		〈学同事件〉赤鬼とも最後のあがき場 場内混乱策も効なく 赤い暴漢は退散 定期総会は秩序正しく終了
1949.05.14	第81号	01頁01段		不純分子よ駆逐せよ
1949.05.14	第81号	01頁05段		凋落の路上に狂う 暴力団同盟本部を占拠
1949.05.14	第81号	01頁08段		人事往来
1949.05.14	第81号	01頁09段		公開狀〈朝鮮学生同盟関東本部〉
1949.05.14	第81号	02頁01段		不純学生には断平処置近く確固たる結論発表か鄭大便談
1949.05.14	第81号	02頁02段		日本へ留学生安文教部長官談
1949.05.14	第81号	02頁03段		"暴力は正義を支配し得ず"学同常任委員神がかり的思想を戒しむ
1949.05.14	第81号	02頁05段		学同の自治性を尊重
1949.05.14	第81号	02頁07段		平和的な解決へ学生同盟会義団長強い信念を語る
1949.05.14	第81号	02頁09段		声明書〈朝鮮建国促進青年同盟中央総本部〉

발행일	발행호	지면정보	필자	기사제목
1949.05.14	第81号	03頁01段		朝連またも静岡県で暴力 言語に絶する狂気四白名の凶漢沼津支部関係者に暴行
1949.05.14	第81号	03頁02段		”虎”で正体を暴露 メーデー参加拒否者を殴打
1949.05.14	第81号	03頁02段		西欧側強硬政策の成功東西関係改善に前進
1949.05.14	第81号	03頁06段		団長に金光男氏大阪本部臨時大会開く 民団の性格は無色透明
1949.05.14	第81号	03頁06段		地方行政は安定 李大統領 視察の所感
1949.05.14	第81号	03頁08段		活発な運動推進を結議 新鳥県本部大会
1949.05.14	第81号	03頁09段		先週の話題
1949.05.14	第81号	03頁09段		関東地方本支部の協議会
1949.05.14	第81号	04頁01段		5.10記念民主陳栄の団結を誓う中総講堂で盛大な式典
1949.05.14	第81号	04頁01段	鄭寅錫	日韓貿易協定の意義(下)
1949.05.14	第81号	04頁04段		建青訓練所の買収を完結
1949.05.14	第81号	04頁05段		来月初旬に総会貿易協会第二回理事会
1949.05.14	第81号	04頁07段		三八境界備へ堅し 金内務長官の発表
1949.05.14	第81号	04頁08段		同胞要員募集〈社会部相談係〉
1949.05.14	第81号	04頁09段		”職場日記”募集〈民主新聞社編輯局〉
1949.05.21	第82号	01頁01段		学同問題について声明書を発表自由と独立を希求学生層の自主権擁護のため戦う
1949.05.21	第82号	01頁01段		二カ年人民経済計劃の裏
1949.05.21	第82号	01頁04段		米韓相互理解を要望李大統領新たに声明書を発表した
1949.05.21	第82号	01頁07段		朝四暮三
1949.05.21	第82号	01頁08段		済州島選挙開票
1949.05.21	第82号	02頁01段		南北協商説は策謀 内閣の改造も必要でない 李大統領談
1949.05.21	第82号	02頁02段		南韓の発電十万キロに向上ソウル新聞に言及
1949.05.21	第82号	02頁02段		韓人許可品結る
1949.05.21	第82号	02頁04段		地方自治法案廃止憲法違反で否決さる
1949.05.21	第82号	02頁05段		武力を回避せよ韓氏記者会見で要望
1949.05.21	第82号	02頁05段		肥料配合は農会に再移管李農林部長記者団と会見
1949.05.21	第82号	02頁09段		人事往来
1949.05.21	第82号	03頁01段		崩れゆく赤い堤防
1949.05.21	第82号	03頁01段		会館もろ共民団へ感激に満ちに新発田支部の結成式
1949.05.21	第82号	03頁03段		学同事件学生を政治道具に共産党の悪らつな陰謀
1949.05.21	第82号	03頁05段		済州島の治安成る 内務次官記者と会見
1949.05.21	第82号	03頁05段		朝連を県外に追放 尹団長強い決意を表明
1949.05.21	第82号	03頁09段		機関車四十台米国輸入

발행일	발행호	지면정보	필자	기사제목
1949.05.21	第82号	03頁09段		公文書発送に関して〈居留民団中央総本部〉
1949.05.21	第82号	03頁09段		声明書〈新発田支部管内同胞一同〉
1949.05.21	第82号	04頁01段	鄭寅錫	日韓貿易協定の意義(三)
1949.05.21	第82号	04頁02段	山口県本部 金恭三	丹陽号を迎えて
1949.05.21	第82号	04頁03段		マチスに絵
1949.05.21	第82号	04頁04段		本国で煙草値上　赤色分子の暴虐ぶりに住民おびえる
1949.05.21	第82号	04頁06段		無煙炭で機関車運転 援助資金の有効な利用に
1949.05.28	第83号	01頁01段		学同本部屋上に翻える太極旗　無知な婦女子を楯悪の巣つく完全に掃とう
1949.05.28	第83号	01頁01段		民主主義民族統一前線と金日成政権
1949.05.28	第83号	01頁04段		生活再出発の設計九原則施風に直面して民団の指導方針
1949.05.28	第83号	02頁01段		太平洋同盟は緊要　対日賠償に就いては韓国独自の行動をとる李大統領談
1949.05.28	第83号	02頁02段		文化視察団 訪米 途次東京に立寄る
1949.05.28	第83号	02頁05段		UN韓委北韓との交渉経過えを発表金日成氏に書簡送る
1949.05.28	第83号	02頁05段		米軍撤退を周って 米国は責任を果 林、申長官共同声明で軍事援助を要請
1949.05.28	第83号	02頁08段		朝四暮三
1949.05.28	第83号	02頁08段		先週の話題
1949.05.28	第83号	02頁01段		中共を周って　奇怪な"平和"の真意 美名にかくれた侵略戦術
1949.05.28	第83号	03頁01段		増長し切った日共に告ぐ 中共の勝利に眩惑 成り上り者の横暴を極む
1949.05.28	第83号	03頁01段		増長し切った日共に告ぐ 独裁病膏毛に入る 自己の非には頬かむり
1949.05.28	第83号	03頁01段		技術員養成所生る 極東経済復興事業団の企劃
1949.05.28	第83号	03頁08段		人事往来
1949.05.28	第83号	04頁01段		不可思議な神戸事件一週年記念人民大会宇都宮本部で悪宣伝完封に活動
1949.05.28	第83号	04頁01段		世界文化興隆·古きもの打破へ
1949.05.28	第83号	04頁03段		囲霊出版業者を取締る金公報処長、談話を発表
1949.05.28	第83号	04頁05段		民主新聞発展を祈りつつ
1949.06.04	第84号	01頁01段		第七回臨時大会を前に"愚夫能く山を移す"大いなる試練の時にある
1949.06.04	第84号	01頁01段	宣伝情報部 鄭哲	逆宣伝と陰謀を封殺せよ 大会を前に再び要望
1949.06.04	第84号	01頁01段		高順欽への公開状
1949.06.04	第84号	01頁07段		日韓貿易協会創立さる　増えて来た韓日貿易団体

발행일	발행호	지면정보	필자	기사제목
1949.06.04	第84号	01頁07段		遊休鉱山の操業近く開始
1949.06.04	第84号	02頁01段		分裂は米ソの責任 ソウルで南北協商を開け 金九氏談
1949.06.04	第84号	02頁03段		李景吉の第一回反民公判
1949.06.04	第84号	02頁03段		南韓の完全武装後 申炳久氏 米軍撤退に言及
1949.06.04	第84号	02頁04段		米軍より二十三万ドル支払
1949.06.04	第84号	02頁05段		統一が最も重要 韓委議長記者団と会見
1949.06.04	第84号	02頁07段		チリ、韓国を承認
1949.06.04	第84号	02頁07段	建青委員長 洪賢基	建青全体大会に臨んで
1949.06.04	第84号	02頁09段		第九回大会を迎えて 建青大会対策委員
1949.06.04	第84号	02頁10段		人事往来
1949.06.04	第84号	02頁01段		上海侵略の中共勝敗の岐路に立つ新民主主義崩壊の前触か
1949.06.04	第84号	03頁01段		日に増す狂態 転落にあえぐ朝連
1949.06.04	第84号	03頁01段		民団の発展に狼狽暴力団をけしかけ豊島支部を襲げき
1949.06.04	第84号	03頁02段		朝連民青逆宣伝に汲々丹陽丸の積荷は"のり"
1949.06.04	第84号	03頁05段		装備は世界水準に達す 申国防長官記者団と会見
1949.06.04	第84号	03頁05段		先週の話題
1949.06.04	第84号	03頁08段		弱小国家の友 李総理談
1949.06.04	第84号	04頁01段	鄭寅錫	韓日貿易協定の意義(4)
1949.06.04	第84号	04頁01段		祖国の声が聴ける民団で安いラジオを提供
1949.06.04	第84号	04頁01段	時余雨	近来雑感
1949.06.04	第84号	04頁06段		マイヨール作品
1949.06.18	第85号	01頁01段		団長に曹圭訓氏構太抑留生活の報告など 意義深き大会盛会裡に閉幕
1949.06.18	第85号	01頁03段		経済活動の基本方針を確立 在留同胞の絶大なる支援を要望
1949.06.18	第85号	01頁05段		人の和を得よ 憂国の情で報いるのみ
1949.06.18	第85号	01頁06段		米軍撤退監視分委を設置
1949.06.18	第85号	01頁07段		知、愛、信をもって 李元京副団長の就任の辞
1949.06.18	第85号	01頁09段		済州島の帰順者を釈放
1949.06.18	第85号	01頁09段		金泰錫無期懲役
1949.06.18	第85号	02頁01段		侵略主義の本態 元山、清津、羅津売らる 売国奴の具象的実例日帝からの解放も夢か
1949.06.18	第85号	02頁07段		先週の話題
1949.06.18	第85号	02頁01段		政府・国会の対立重要視するに足りぬ北韓の政略は数週間で可能李大統領談
1949.06.18	第85号	02頁03段		中共との妥協は困難
1949.06.18	第85号	02頁05段		民生安全に特に留意 在日同胞の支援のもの努力 金事務総長談話

발행일	발행호	지면정보	필자	기사제목
1949.06.18	第85号	02頁06段		張大、使米国務次官と会談
1949.06.18	第85号	02頁06段		朝四暮三
1949.06.18	第85号	02頁07段		外資導入歓迎 李大統領談
1949.06.18	第85号	02頁08段		台湾を'売物に六億ドルで
1949.06.18	第85号	03頁01段		建青第九回全体大会 名称改正で一もめ委員長には洪氏が留任
1949.06.18	第85号	03頁01段		帰国申請 民団中総受理
1949.06.18	第85号	03頁03段		建青分裂のデマ粉砕 発足精神には不変
1949.06.18	第85号	03頁04段		朝連の妨害を尻目栃木県本部創立二週年記念大会盛大に開催
1949.06.18	第85号	03頁05段		在留同胞の奮起を望む
1949.06.18	第85号	03頁06段		民団発展のために
1949.06.18	第85号	04頁01段		デュフィと野獣派夢に生きる絵師
1949.06.18	第85号	04頁01段		MRA年次大会"人間性の改善"ブックマン氏血のたまもの
1949.06.18	第85号	04頁04段		反共の一線に結集せよ 文化人の理性に大きな期待
1949.06.18	第85号	04頁05段		マ・ライン援助に反対 本国政府鄭大使に要請
1949.07.02	第86号	01頁01段		金九氏・暗殺さる 犯人は独立党員と自称
1949.07.02	第86号	01頁01段		金九氏とは莫逆の友遺業を継承完遂を誓う
1949.07.02	第86号	01頁03段		金九氏 国民葬に決定
1949.07.02	第86号	01頁05段		国家民族の一大損失 申議長 哀悼の言葉を述ぶ
1949.07.02	第86号	01頁06段		これを転機に奮発 金事務総長 哀心より哀惜
1949.07.02	第86号	01頁08段		多大な成果る収め 第三回臨時国会終る
1949.07.02	第86号	01頁09段		対韓援助一億五千万ドル米下院外務委員会で可決
1949.07.02	第86号	01頁13段		朝四暮三
1949.07.02	第86号	01頁13段		人事往来
1949.07.02	第86号	01頁01段		民団の発展を期して 新役員抱負をひれき
1949.07.02	第86号	01頁01段		重大なる転換期に 金副団長 八大方針を語る
1949.07.02	第86号	01頁05段		真実と正義のために 辛事務次長努力を要望
1949.07.02	第86号	01頁07段		米軍の撤退に際して-防衛体制に万全を期せ
1949.07.02	第86号	01頁09段		自主性ある民団へ 規約の番兵たらん
1949.07.02	第86号	02頁01段		群馬県下の朝連系学校に閉鎖命令
1949.07.02	第86号	02頁01段		一方的覚書に憤慨 県本部陳監察局長当局の注意を喚起
1949.07.02	第86号	02頁01段		東京本部第六次臨時大会新団長に元心昌氏新役員に前中総執行部を吸収
1949.07.02	第86号	02頁05段		川崎駅前仮屋に立浪命令民団の交渉で五百坪受く
1949.07.02	第86号	02頁05段		建青同盟員を本国へ派遣 祖国の青年運動を視察
1949.07.02	第86号	02頁07段		青年への理解
1949.07.02	第86号	02頁08段		健全な愛国思想で

발행일	발행호	지면정보	필자	기사제목
1949.07.02	第86号	02頁10段		尹炳久氏逝く
1949.07.02	第86号	02頁06段		青年指導部の方向-横の連繋を計り"理論武装"強化に努めよ
1949.07.02	第86号	02頁10段		今週映画ロードショウ
1949.07.02	第86号	02頁01段		矛盾だらけの理論 統一は韓民誰もが望むところ
1949.07.02	第86号	02頁09段		指導者に訴う
1949.07.16	第87号	01頁01段		太平洋条約を歓迎 国土防衛に廿万の民兵を組織李大統領記者団を定例会見
1949.07.16	第87号	01頁02段		非合理を自ら認む "総選挙"は新たな攻撃
1949.07.16	第87号	01頁01段		国会内のクラス 南労党の指令政府破壊に金氏も署名
1949.07.16	第87号	01頁04段		副議長に尹致瑛氏少壮派の勢力は振わず国会二日
1949.07.16	第87号	01頁06段		継児扱いのチトー止権 ソ連への隷属を排し空論から脱皮するユーゴ
1949.07.16	第87号	01頁05段		最後の勝利を確信中日戦争記念日に李総理、将総統を讃う
1949.07.16	第87号	01頁07段		総辞職要求を撤回
1949.07.16	第87号	01頁08段		最後まで共産主義と闘う
1949.07.16	第87号	01頁11段		朝四暮三
1949.07.16	第87号	01頁07段		反共闘争のため 太平洋諸国の団結を要望 李承晩大統領談
1949.07.16	第87号	01頁09段		将総統、比島訪問 防共対策を協議か
1949.07.16	第87号	01頁01段		"統一"への渇望と戦略
1949.07.16	第87号	01頁11段		先週の話題
1949.07.16	第87号	01頁11段		太平洋同盟問題が中心
1949.07.16	第87号	01頁12段		人事往来
1949.07.16	第87号	01頁13段		朝四暮三
1949.07.16	第87号	02頁01段		故白凡金九先生追悼式粛然と涙にくれる "巨星墜つ"感ひとしお
1949.07.16	第87号	02頁05段		卑屈な妨害 朝連の撹乱工作を排し崎卓本部成る
1949.07.16	第87号	02頁07段		仙台事件民団々長脅迫に
1949.07.16	第87号	02頁07段		反民調査官の辞表 国会本会議正式受連
1949.07.16	第87号	02頁08段		一部落が越南 共産政権下から逃避
1949.07.16	第87号	02頁09段		韓日親善学生同志会 道行く人に呼掛け"ソ連侵略に備へ団結せよ"
1949.07.16	第87号	02頁12段		岐阜飛驒支部生る
1949.07.16	第87号	02頁12段		京都で近建協議会
1949.07.16	第87号	02頁12段		京でも追悼式行わる
1949.07.16	第87号	02頁12段		山口県本部役員決る
1949.07.16	第87号	02頁13段	朴建実作 呉水栄 画	夢の中の夢
1949.07.16	第87号	02頁01段		混迷期の社会-赤い思想への反省

발행일	발행호	지면정보	필자	기사제목
1949.07.16	第87号	02頁07段	陳昌九	南北統一を研究せよ
1949.07.16	第87号	02頁08段		情熱に関して
1949.08.06	第88号	01頁01段		ソウルで反共同盟 李大統領中国比島に招請
1949.08.06	第88号	01頁01段		共同の敵は共産党 韓国は万端の準備終了 李大統領談
1949.08.06	第88号	01頁02段		世界は一つ 条約締結は必然的 李総理談
1949.08.06	第88号	01頁01段		憲法発布一週年 多彩記念祝典展開 李大統領談
1949.08.06	第88号	01頁01段		アジア赤化を防止せよ
1949.08.06	第88号	01頁04段		米の協力を確信 林長官談
1949.08.06	第88号	01頁04段		ソウル大卒業式大統領に名誉博士一、一八五名が社会へ
1949.08.06	第88号	01頁04段		パキオで得た成果
1949.08.06	第88号	01頁05段		新韓委 米軍撤退を確認
1949.08.06	第88号	01頁06段		臨時国会 兵役は国民の義務 満二〇から二年間服役
1949.08.06	第88号	01頁06段		李烈士の追悼式
1949.08.06	第88号	01頁06段		極東経済韓の国加入申請を接受
1949.08.06	第88号	01頁06段		カナダ政府韓国を正式に承認
1949.08.06	第88号	01頁06段		ドミニカンも韓国を承認
1949.08.06	第88号	01頁09段		大使用務打合せに帰国
1949.08.06	第88号	01頁09段		先週の話題
1949.08.06	第88号	01頁10段		麗水地区復興早急実現 金材務長官談
1949.08.06	第88号	01頁10段		人事往来
1949.08.06	第88号	01頁11段		朝四暮三
1949.08.06	第88号	01頁06段		反共への結束強固 米国の反響如何がやま
1949.08.06	第88号	02頁01段		東北の赤色牙城も遂に崩壊か! 壊滅一歩前に狂気の限 日供に踊らされる者の最後の醜態
1949.08.06	第88号	02頁05段		登録の拒否は韓民の権利を放棄 八月一日外人登録令施行さる
1949.08.06	第88号	02頁06段		対北韓態勢は万全鄭大使を囲んで懇談会
1949.08.06	第88号	02頁06段		黒汐丸帰る!! 民団の努力を奏す
1949.08.06	第88号	02頁08段		大阪に女子青年団団長に韓玉順女史
1949.08.06	第88号	02頁10段		奇怪な朝連の指令カーテンの陰で悪事に専念
1949.08.06	第88号	02頁01段		日共の操り人形"平和革命"の意の動き
1949.08.06	第88号	02頁04段		記録文学の再考新しい文化国家への反逆
1949.08.06	第88号	02頁07段	松田芳夫	欠けている風景詩
1949.08.06	第88号	02頁08段		健全なる思想へ 祖国復光のため努力 林文教部長官談
1949.08.06	第88号	02頁11段		新潟県に二支部 赤の妨害を排し誕生
1949.08.13	第89号	01頁01段		在日韓国同胞に告ぐ 感激の瞬間を回想 建国の聖業完遂を誓う

발행일	발행호	지면정보	필자	기사제목
1949.08.13	第89号	01頁01段		解放の真意義を再認識せよ
1949.08.13	第89号	01頁05段		台湾の帰属問題とポ宣言　弱小民族解放民族の神経を刺戟　宣言再検討は矛盾を表明
1949.08.13	第89号	01頁05段		防共なくして世界平和なし　諸国の団結を要請　李将共同コムミニュケ
1949.08.13	第89号	01頁06段		韓日通商協議会　九月十五日　ソウルで開催
1949.08.13	第89号	01頁07段		金九氏暗殺犯人に終身刑
1949.08.13	第89号	01頁08段		ギリシャ韓国を正式に承認
1949.08.13	第89号	01頁07段		政府とは同じ運命　李大統領談
1949.08.13	第89号	01頁11段		朝四暮三
1949.08.13	第89号	01頁10段		先週の話題
1949.08.13	第89号	02頁01段		暴力団の本性暴露結成妨害に狂気の沙汰
1949.08.13	第89号	02頁01段		本国へ使節団　在日同胞の民生保護も要請
1949.08.13	第89号	02頁01段		"毒蛇を温める農夫"共産党への新しき批判
1949.08.13	第89号	02頁03段		赤い暴力しきり　仙台の余火なおくすぶる
1949.08.13	第89号	02頁05段		学団千葉県支部成る"綜合的概念を掴め"軍政府教育課ブラウン氏教育の在り方を説く
1949.08.13	第89号	02頁08段		真の独立は今後に
1949.08.13	第89号	02頁09段		文連第六回定期大会
1949.08.27	第90号	01頁01段		盛大な"民族の祭典"くり展げらる　南北統一へ総結集感激の嵐の中に大会終了
1949.08.27	第90号	01頁05段		大阪でも慶祝式典　統一への前進を断る
1949.08.27	第90号	01頁01段	金九淵	下関事件をみて
1949.08.27	第90号	01頁06段		慶祝大会で可決されたメッセージ
1949.08.27	第90号	01頁07段		民主陳営の最前線韓国への軍事援助を要請
1949.08.27	第90号	01頁08段		偉容を誇る観艦式独立記念日に仁川沖合で
1949.08.27	第90号	01頁08段		左翼の破かい工作　本国でも列車事故頻発
1949.08.27	第90号	01頁11段		ボース中佐帰国青年訓練に功績残し
1949.08.27	第90号	01頁11段		先週の話題
1949.08.27	第90号	01頁12段		新韓委で運営委員会
1949.08.27	第90号	01頁12段		朝四暮三
1949.08.27	第90号	02頁01段		下関事件鬼畜暴行民団側重軽傷五十余命尹鳳九の指導か　日本刀、竹槍で荒れ狂う
1949.08.27	第90号	02頁01段		残虐性は彼らの本質　力をもって粉砕覆滅せよ
1949.08.27	第90号	02頁03段		在日学生問題の一二
1949.08.27	第90号	02頁08段		軍事教育に明暮　選挙も"白箱"に強制
1949.08.27	第90号	02頁09段		姿を見せぬ永田氏　朝連の雰囲気にあきあき
1949.08.27	第90号	02頁11段		大阪本部新団長に金元竜氏
1949.08.27	第90号	02頁11段		同胞手足となる覚悟　李参事官

발행일	발행호	지면정보	필자	기사제목
1949.09.24	第91号	01頁01段		遂に朝連と民青系崩壊過去を反省民主陣栄に参ぜよ 駐日韓国代表部で声明書を発表
1949.09.24	第91号	01頁01段		朝連および民青の解散について
1949.09.24	第91号	01頁05段		財産の完全没収は不合法 民団団長朝連解散について語る
1949.09.24	第91号	01頁07段		抜け切れぬ蔑視感金事務総長日本の新聞を非難
1949.09.24	第91号	01頁05段		民団中総で声明書を発表日共の政争道具化民主主義擁護の正当措置
1949.09.24	第91号	01頁09段		忍び難き民族の恥辱
1949.09.24	第91号	01頁12段		建青大阪本部大会委員長に尹教夏氏が当選
1949.09.24	第91号	01頁12段		先週の話題
1949.09.24	第91号	01頁14段		朝四暮三
1949.09.24	第91号	02頁01段		李康勲氏の声明に答えて曲学者の浅ましさ便乗主義者の保身術
1949.09.24	第91号	02頁02段		李康勲氏の声明に答えて飛やくの秋は到来学生同盟朝連の解散に寄せ声明
1949.09.24	第91号	02頁01段		統一民主同志会その徒輩民主陣栄より完全追放民団中総常任委員会で声明
1949.09.24	第91号	02頁05段	司法育成中央連合会理事長金鐘在	司法育成会について 同胞の福利を計る今後は宣教防共に尽力
1949.09.24	第91号	02頁06段		米議員団南韓を視察
1949.09.24	第91号	02頁09段		民主陣営の下に結集

민족교육(民族教育)

1 서지적 정보

「민족교육」은 재일조선통일민주전선(민전) 산하의 단체로 1951년 5월에 결성된 조선인학교PTA전국연합회와 1947년 7월 8일에 결성된 조선인교육자동맹본부(교동)의 합동 기관지로 1953년 5월 15일에 창간되었다. 월 2회 국문판으로 발행을 시작하였으나 1954년 1월 25일자 제4호부터는 한 부 8엔의 일본어판으로 발행된 지면을 볼 수 있다. 1953년 6월 1일자 제2호 지면에는 'P·T·A 교동 각급기관에 요청'이란 제목으로 지면을 풍부히 하기 위해 기관과 동포들의 움직임을 보내줄 것과, 앞으로 '민족교육'을 각 학교별로 발송할 예정이니 각 학교의 필요부수를 6월 30일까지 연락줄 것, 그리고 지대는 정가 5원이지만 한 부에 4원씩을 내줄 것을 요청하고 있다.

2 목차

발행일	발행호	지면정보	필자	기사제목
1953.06.01	第2号	01頁01段	民戦中央委員 이진규	祖国戦線「号召文」을맏드는学習運動을광범히展開하자
1953.06.01	第2号	01頁02段		中央師範学校設置를 結議一千万円基金活動을 展開
1953.06.01	第2号	01頁05段		公立学校設置를 要求 京都同胞教育闘争에 蹶起
1953.06.01	第2号	01頁08段		備品費등을市에서獲得青森에自主校三,民族学級二
1953.06.01	第2号	01頁09段		文化쎈-터를 건설
1953.06.01	第2号	01頁08段		PTA校同 各級機関에 要請
1953.06.01	第2号	01頁10段		朝鮮児童教育問題婦人大会시決議

발행일	발행호	지면정보	필자	기사제목
1953.06.01	第2号	02頁01段		都에教育費增加를要求-一·四半期予算昨年比五割減少
1953.06.01	第2号	02頁01段	김학연	〈동시〉 우리들입니다
1953.06.01	第2号	02頁03段		世界教員会議를成功시키자-教同本部方針発表
1953.06.01	第2号	02頁03段		PTA,교동全国大会開催-六月二七,八日京都시에서
1953.06.01	第2号	02頁05段		朝鮮青少年一千百名을 체코政府서 招請
1953.06.01	第2号	02頁09段		新学年度부터教科書를改編
1953.06.01	第2号	02頁10段		〈사진〉 중국에 있는 조선고아들
1953.08.01	第3号	01頁01段		우리들의基本課業과금후教育闘争의方向-PAT,教同全国大会決定
1953.08.01	第3号	01頁02段		재일조선인학교 PTA강령, 재일조선인교육자동맹강령
1953.08.01	第3号	01頁09段		修業年限을 延長-전진하는 공화국의 교육
1953.08.01	第3号	01頁10段		「사과」신문이 정기적으로 출판되지 않음을 사과드리며 금후 정기적으로 출판하겠습니다.
1953.08.01	第3号	02頁01段		一千万円基金으로中央師範学校를設置
1953.08.01	第3号	02頁01段		철자법 통일에 관한 결정
1953.08.01	第3号	02頁06段		東京도, 학교폐쇄를 음모 同胞들 連日抗議闘争
1953.08.01	第3号	02頁09段		창립기념大文化祭開최-大阪西今理中学校
1954.01.25	第4号	01頁01段		朝鮮人教育に最大の危機政府,完全な破壊を企図
1954.01.25	第4号	01頁03段		在日朝鮮人教育の現況
1954.01.25	第4号	04頁01段		朝鮮人は日本人の血税を喰っていますか? 政府のデマと中傷を反駁する
1954.01.25	第4号	06頁01段		すだに破壊の90%を回復　戦後復興三ヶ年計劃の基礎を固む
1954.09.20	第5号	01頁01段		「朝鮮の子供の教育を守るために」声明する
1954.09.20	第5号	02頁01段		朝鮮人教育の破壊を企図
1954.09.20	第5号	04頁04段		平和運動の先頭に立つ朝中高校生!

민청뉴스(民青ニュース)

○ ○ ○

1 서지적 정보

「민청뉴스」는 재일본조선민주청년동맹(민청)에서 발행한 일본어 신문으로 1948년 5월 21일에 창간되어 3호까지 발행되었다. 민청은 조련의 동맹단체로 1947년 3월에 결성되었다. 조련의 지도하에 총선거에서 공산당 후보를 지원하거나 외국인등록령 반대투쟁, 민단, 건청 등과의 투쟁 등의 활동을 하였다. 민청뉴스는 이러한 민청의 성격을 잘 보여주는데 현재 확인 가능한 지면은 1948년 5월 28일자 학교폐쇄령에 대한 교육투쟁을 다룬 '효고사건특집호'뿐이다. 정가는 2엔으로 1만 5천 부에서 2만 부 정도 발행되었다..

2 목차

발행일	발행호	지면정보	기사제목(원문)
1948.05.28	兵庫事件特集号	01頁01段	近人民大会開催-朝連兵本十九回執委て決議
1948.05.28	兵庫事件特集号	01頁06段	強盗暴行お手のもの 惨胆たる被害をみよ-兵庫県本部の惨状
1948.05.28	兵庫事件特集号	01頁08段	〈声明書〉全朝鮮人民統一自主政府を欲す-南朝鮮単選無効を声明
1948.05.28	兵庫事件特集号	02頁01段	〈九同志の公判ひらく〉朝鮮語の使用を禁止-人権侵害と弁護団主張
1948.05.28	兵庫事件特集号	02頁04段	〈メッセージ〉兵庫水上警察十四同志
1948.05.28	兵庫事件特集号	02頁04段	起訴状に対する所見
1948.05.28	兵庫事件特集号	02頁09段	事態収拾に努力-金君の口述書は語る
1948.05.28	兵庫事件特集号	02頁11段	手記
1948.05.28	兵庫事件特集号	03頁01段	天井え吊られる 十七歳の崔外述君
1948.05.28	兵庫事件特集号	03頁03段	忠犬建青の行状売族行為・あの手この手
1948.05.28	兵庫事件特集号	03頁05段	見てくれこの暴行しかし僕らは元気だ

민청시보(民靑時報)

1 서지적 정보

「민청시보」는 재일본조선민주청년동맹 중앙기관지로 1947년 7월 5일에 제1호를 발행했다. 열흘에 한번 발행하는 순간(旬刊)의 일본어신문이었다. 발행처는 조선민주청년동맹총본부로 발행은 윤봉구(尹鳳求)가 담당했다. 현재 열람가능한 1948년 9월 15일자 제25호에는 발행인이 박재로(朴在魯)로 되어 있고, 1948년 10월 23일자 제28호부터는 전영춘(全永春)으로 다시 변경된다. 1949년 6월 15일자 제52호에는 '8중위 슬로건'으로 '동맹원은 기본조직인 반(班)에 결집하자' 와 '전(全)맹원의 생활을 보호하기 위해 거주, 학교, 직장에서 「민청시보」의 전(前)납제를 확립하자'를 내걸고 있다. 발행부수는 1만 5천부.

2 창간사 「젊은 '10만인의 목소리' 우리의 기관지는 이렇게 태어났다」(윤봉구)

현재 누구라도 언론의 자유가 있는 것처럼 믿고 있는 듯하다. 하지만 그 자유를 행사하는 신문, 잡지 등을 발행하는 공장도 인쇄기도 가질 수 없는 우리에게 있어서는, 그 자유는 그림의 떡과 같은 것이다.

그리고 우리가 말하고 싶은 대부분은 우리 동지의 피와 땀으로 만들어진 공장과 시설을 점유하고 자신들의 이익만을 주장하는 부르주아계급이 보기에는, 자기파열■■이며, 그들이 듣기에는 거북한 것임에 틀림없다. 때문에 우리들이 말하고 싶은 것, 발표하고 싶은 것, 그것이 매우 올바르고 좋은 것이라 해도 자신들의 이익을 위해서는 거짓말이나 속임수를 아무렇지 않게 사용하는 그들의 기관에서 보도하고 발표할 리가 없다.

동시에 우리가 말하고 싶은 것은 현재 정치권력을 휘둘러 우리를 옛날처럼 억압하려고 달려드는 그들에게 있어서는 달갑지 않을 것이다.

때문에 우리에게 용지를 배급하는 것은 그들에게는 적에게 탄환을 주는 것과 같다. 그렇기에 그들에게는 '실적과 통제'가 필요한 것이고, 한편 우리에게는 배급이 없는 것이다! 이것이 현대사회에 있어서 '그들'이 말하는 언론, 자유의 내막이며, 우리 10만 맹원의 의지를 표시할 기관지가 이렇게 늦게 나온 원인은 여기에 있는 것이다.

한편 권력과 공장 설비를 차지한 그들 부르주아들의 기관으로부터는 매일매일 그들 소수자의 일방적 이익만을 주장하는 언론이 홍수처럼 흘러넘치고 있다.

예전에 우리들은 이렇게 우리의 머릿속에 교묘하게 주입된 독약 때문에 침략전쟁에 내몰려, 그들의 가장 악랄한 착취의 대상으로 비참한 생활을 보내 왔다. 그리고 이 독약의 중독에 걸린 사람들 중에는 지금도 자신들의 지위는 각성하지 못하고, 끝가지 그들의 앞잡이가 되려는 자도 있다.

이 민청시보의 임무는 이러한 그들의 일반적 언론의 기만성을 폭로하고 그들의 음모를 철저하게 분쇄하여, 우리의 올바른 의지를 보도하고 많은 청년을 피압박적 지위로부터 구출하여, 우리 경험과 이상을 전국의 동지 여러분에게 보도하여 우리 운동의 전면적 발전을 기하는 것이다.

따라서 나는 전 10만 맹원 여러분이 이 점을 올바르게 인식하여 이 기관지에 대해 항상 관심을 끊지 말고, 이것을 더욱 더 완전한 것으로 하기 위해 마음을 써 주시기를 부탁하는 바이다. 1947년 7월 1일

3 목차

발행일	발행호	지면정보	기사제목
1947.07.05	第1号	02頁01段	血と犠牲の代価-共委を反動の妨害から守れ民青総本部·見解発表
1947.07.05	第1号	02頁03段	〈民青·七月の活動目標〉高めよ,政治意識研究班,読書班を作れ
1947.07.05	第1号	02頁06段	祖国の土台築く文化活動の役割－朝鮮連文教局長強調す
1947.07.05	第1号	02頁10段	マラソン王 徐選手 民青へ来訪
1947.07.05	第1号	02頁01段	欧洲の頂点·ハンカリ
1947.07.05	第1号	02頁03段	民青の期-地方だより
1947.07.05	第1号	02頁05段	創刊辞-尹鳳九
1947.07.05	第1号	02頁10段	創刊辞-尹鳳九
1947.07.15	第2号	01頁02段	民族の栄誉双肩に
1947.07.15	第2号	01頁01段	粛清を徹底せよ-警告など鼻にもかけぬ反託派
1947.07.15	第2号	01頁02段	"若き力"は国境を越えて 集う代表五万余人-けんらん、多彩民族絵巻
1947.07.15	第2号	01頁08段	人民の意志を共委に反映せよ
1947.07.15	第2号	01頁09段	民総だより
1947.07.15	第2号	01頁11段	青年芸能祭典
1947.07.15	第2号	02頁01段	解放の意義徹底化-大衆に深く根をはれ
1947.07.15	第2号	02頁01段	<板本殺しの真相>絹を裂く女の悲鳴
1947.07.15	第2号	02頁04段	組合運動から芽-日本青年運動の展望
1947.07.15	第2号	02頁07段	皆さんが委員長-朝連福島事務巡回制
1947.07.15	第2号	02頁09段	南風崎に朝連出張所を設置
1947.07.15	第2号	02頁09段	なんど連動費五十万円-建青の殺人幹部釈放さる
1947.07.25	第3号	01頁01段	大衆の道にを二中委開巻の意義
1947.07.25	第3号	01頁02段	呂運亨氏暗殺さる-右翼テロの犯行か
1947.07.25	第3号	01頁05段	〈共委再開〉決裂の危険なし協議方式の討議続く
1947.07.25	第3号	01頁07段	青年のホープ
1947.07.25	第3号	01頁09段	民総だより
1947.07.25	第3号	02頁01段	＜文化を青年の手に＞若き創造力こそ"革命の道"を開く-民主主義民族文化の樹立
1947.07.25	第3号	02頁10段	原稿募集
1947.07.25	第3号	02頁07段	地方通信
1947.09.05	第7号	01頁02段	本国情勢緊迫化す-米、四ヶ国管理を提案
1947.09.05	第7号	01頁01段	きり開け新生面-朝連十一中に望む
1947.09.05	第7号	01頁05段	意外に早く解決かーもり上げる大衆運動
1947.09.05	第7号	01頁07段	〈曹氏と一問一答〉朝連民主化徹底へ-民青に要望あり
1947.09.05	第7号	01頁09段	九月七日国際青年の日-八日 東京で多彩な行事
1947.09.05	第7号	01頁11段	民総だより
1947.09.05	第7号	02頁01段	軍閥の残党亡びず-大震災 犠牲者追悼大会
1947.09.05	第7号	02頁03段	〈外国人登録令〉日政と覚書手交　悪用せぬと確約
1947.09.05	第7号	02頁05段	六月から八月まで国語習得者千名に達せん

발행일	발행호	지면정보	기사제목
1947.09.05	第7号	02頁06段	〈アメリカ青年の生活＞血で築いた平和　失われた世代はもうたくさんだ
1947.09.05	第7号	02頁09段	〈地方通信〉朴 手勝つ
1947.09.05	第7号	02頁09段	〈寸劇〉秘密
1948.08.25	第23号	01頁01段	八,二五選挙準備進む 南鮮各地で活発に展開
1948.08.25	第23号	01頁03段	自由独立の象徴 南労党呼訴文を発表
1948.08.25	第23号	01頁02段	傀儡「大韓民国」対立に対し 民青総本部宣伝見解発表
1948.08.25	第23号	01頁05段	侵略者の残党を弊 "反ファッショ人民大会"
1948.08.25	第23号	01頁07段	陳列品の雄大に感激
1948.08.25	第23号	01頁09段	国際労働青年大会 ウルシャウにて盛大に開催
1948.08.25	第23号	01頁09段	指導者協議会支持民連ソール地区中央建議
1948.08.25	第23号	02頁01段	〈人民中央政府樹立促進東京人民大会〉誉りに燃える同胞 断半、売国政権を粉砕
1948.08.25	第23号	02頁01段	民族独立の為斗う　東南アジア民族
1948.08.25	第23号	02頁05段	守れ独立と平和を!
1948.08.25	第23号	02頁07段	勤労青年の戦線統一 青婦全国代表者会議
1948.08.25	第23号	02頁09段	共斗軌道にのる 京都の民主団体懇談会
1948.09.15	第25号	01頁02段	〈朝鮮民主主義人民共和国うまる〉首相,金日成氏 中央政府内閣成立す
1948.09.15	第25号	01頁02段	われらの人民共和国
1948.09.15	第25号	01頁07段	最高人民会議常任委員会顔ぶれ
1948.09.15	第25号	01頁09段	かがやく前途 南労党朝鮮人民に訴う
1948.09.15	第25号	02頁01段	いまぞ輝く闘争史 民族解放捧指導者略歴
1948.09.15	第25号	02頁03段	歴史に巨歩印す人民会議終る
1948.09.15	第25号	02頁01段	第三全大会活動スローガン
1948.09.15	第25号	02頁07段	共和国樹立と日本人民の声 "世界平和の"礎
1948.09.15	第25号	02頁09段	「樹立」の日祝う
1948.09.15	第25号	03頁01段	"建青テロ"を怒る糾弾の火の手高し
1948.09.15	第25号	03頁04段	"建青"は解散せよ-東京民青が強硬に通達
1948.09.15	第25号	03頁07段	民擁結成準備進む
1948.09.15	第25号	03頁07段	民族を守る誓いがたし南北民青にメッセージをおくる
1948.09.15	第25号	04頁01段	対馬島便り
1948.09.15	第25号	04頁01段	「美軍布告令」いまなお運用
1948.09.15	第25号	04頁02段	南鮮国防軍訓練に元日本軍将校 辰巳, 岩田ら七十六名
1948.09.15	第25号	04頁05段	国を売った話(下)
1948.09.15	第25号	04頁07段	"民族愛"故の行動
1948.10.23	第28号	01頁01段	よろこびの花の輪"民族の歓呼"に揺ぐ「朝鮮史に輝く日」祝う
1948.10.23	第28号	01頁01段	独立の味方は誰か ソ代表の挨拶
1948.10.23	第28号	01頁03段	世界人民の喜び 野坂日共大表
1948.10.23	第28号	01頁01段	旗をまもれ

발행일	발행호	지면정보	기사제목
1948.10.23	第28号	01頁05段	同胞に重傷者　日警デモになだれこんで発砲
1948.10.23	第28号	01頁07段	守るは"栄誉の旗"断じて法強圧に闘わん
1948.10.23	第28号	01頁10段	国旗問題に声明朝連五全大会にも暴圧
1948.10.23	第28号	02頁01段	＜朝・ソ両国間に外交関係樹立す＞スターリンソ同盟首相より親電
1948.10.23	第28号	02頁03段	警官が勧告"多数で運営せよ"
1948.10.23	第28号	02頁04段	金日成首相の要請電
1948.10.23	第28号	02頁05段	温い理解と協力
1948.10.23	第28号	02頁05段	ソ連北鮮撤退を開始
1948.10.23	第28号	02頁11段	われわれの手に科学の技術を(上)
1948.10.23	第28号	02頁11段	朝鮮史の勉強(2)-反動の夢「大韓民」
1948.10.23	第28号	02頁11段	＜投書函＞建青のウソ
1948.11.09	第31号	01頁01段	＜中総・国旗使用禁止事件を対日理事会に提訴＞国際信義・ポ宣言の違反禁止令に何ら法的根拠なし
1948.11.09	第31号	01頁01段	＜国旗事件反撃に起つ＞民青・女同行同隊
1948.11.09	第31号	01頁02段	国旗掲揚禁止に関する民青総本部の声明書
1948.11.09	第31号	01頁08段	警察部隊と交戦
1948.11.09	第31号	01頁11段	野獣的な迫害　日本官憲強圧の報に朝鮮の怒り
1948.11.09	第31号	02頁01段	＜全同胞青年を民青へ＞文化活動を活発化　各地協ごとに組織、文化部長会議
1948.11.09	第31号	02頁01段	国旗合法化へ闘争　中部地協　署名運動を展開
1948.11.09	第31号	02頁01段	＜さあ文盲退治へ＞二千名を目標　おかあさん学校出現
1948.11.09	第31号	02頁06段	"朴興業"大もうけ
1948.11.09	第31号	02頁07段	技術へいどむ　北鮮工業技術連盟
1948.11.09	第31号	02頁07段	建青隊に分裂　大阪大会テロ通す決議
1948.11.09	第31号	02頁09段	われわれの手に科学の技術を(2)
1948.11.09	第31号	02頁10段	＜同盟生活＞
1948.11.09	第31号	02頁09段	朝鮮史の勉強(4)
1949.06.15	第52号	01頁01段	＜民青第八会中央執行委員会ひらく＞生活問題を地域の権力え　班こそわれらのきよ点
1949.06.15	第52号	01頁01段	各級組織の点検と同盟の整備拡大
1949.06.15	第52号	01頁07段	北鮮民青をたたう　ポーランド民青同盟から書翰
1949.06.15	第52号	01頁09段	ブダペストの世界青年祭に日本代表送れ
1949.06.15	第52号	01頁09段	朝連第十八中終る　統一民戦支持を決議
1949.06.15	第52号	01頁12段	南鮮各地　人民委員会復活　土地改革をも断行
1949.06.15	第52号	01頁13段	韓日ヤミ貿易摘発　下関
1949.06.15	第52号	02頁01段	警官、労働者を虐殺-東京都公安条例反対を弾圧　民主陣営、抗議の火の手
1949.06.15	第52号	02頁01段	国会で決議す　同胞の主張ついに通る
1949.06.15	第52号	02頁14段	芽生えゆく群衆性

민청오사카(民青大阪)

○ ○ ○

1 서지적 정보

「민청오사카」는 재일본조선민주청년동맹 오사카본부의 기관지로 1949년 1월 25일 창간호를 발행했다. 매월 2회 일본어로 발행했고 편집발행은 강동원(姜同元)이 담당했다. 프란게 문고에 들어있는 신문사 측의 '신문보고'에 의하면 신문의 편집방침은 동맹원의 교양과 계몽을 위한 것으로 되어있다. 창간호에는 제호 옆에 '총력을 조선민주주의 인민공화국 발전으로!'라는 표어와 함께, '조선인민을 학살한 이승만 괴뢰정권을 완전히 분쇄하자!'라는 문구가 게재되어 있다. 그 외에 2월 5일자 제2호에는 '문맹퇴치, 맹원교육, 간부교육을 완전히 실시하자!', '조직방위 철저', 2월 25일자 제3호에는 '일본재무장화 반대', '남선주둔미군 철퇴요구', 4월1일자 제4호에는 '200만엔 기부금을 서두르자!', '4·24건 기념을 돌격 목표로!'등의 표어를 볼 수 있다. 발행부수는 5백에서 1천부.

2 「창간에 즈음하여」(민대본 집행위원장 윤상철)

오는 2월 8일로 민청오사카본부 결성 2주년을 맞이하게 된다. 그 동안 1만의 맹원이나 되는 오사카본부에서는 독자적인 기관지를 발간하지 못 했지만, 이번에 '민청오사카' 발행에 즈음하여 창간사를 쓰는 나는 한없는 부끄러움과 그 책임을 절실히 느끼는 바이다.

우리는 과거 수많은 투쟁을 통해 또한 부르주아 상업신문의 매일의 유언비어 선전기사를 읽을 때마다, 이것을 철저하게 분쇄하여 이에 대항할 수 있는 강력한 우리의 기관지의 필요성을 몸소 느꼈다. 몇 번이나 발간의 결의를 다졌지만 실현할 수 없었던 것에 대해 실로 우리 본부의 상임은 자기비판을 하지 않으면 안 되고, 이것으로 인해 조직이 약화된 하나의 원인이 되기도 했다.

일본의 반동지배계급은 국민의 공기여야 하는 언론보도기관을 완전히 독점하여 인민 대중의 투쟁의식을 마비시키고 있을 뿐만 아니라, 민주세력의 탄압의 무기로써 구사하고 있지만, 그것만으로도 불충분해서 에로, 그로 신문을 거리에 범람시켜 혁명적 청년층을 반혁명의 길로 유도하고 있는 것이 현상태이다.

작년 일이지만 일본의 부르주아 상업신문은 총동원해서 큰 공이라도 세운 듯이 기고만장하여, 북조선정부가 수립되었다는 허위선전을 하여 남조선 이승만 괴뢰정부를 정말이지 올바른 정부인 것 같은 인상을 일본인에게도 준 사실이 있다. 하지만 이것은 부르주아 신문이기 때문에 일단은 납득이 가지만, 소위 중립의 위치에서 진실된 정보를 있는 그대로 전달한다고 말했던 조선신문, 지금은 '신세계신문'도 거류민단건청의 기관지로 둔갑하여 조선민주주의인민공화국을 비방하고 더욱이 조선민청에 대해 중상과 파괴를 다반사로 하는 기사를 게재하여 민족통일을 방행하는 것을 지상의 사명으로 하고 있다.

우리는 전 조직이 다 함께 보이콧운동을 전개하여 지금도 여명을 유지하며 필사적으로 그 독니를 드러내고 있다. 이런 부르주아 상업신문 때문에 의식수준이 낮은 대중은 어떻게 속고 있는지 알지 못한다. 특히 감각이 예민한 청년층에게 미치는 영향은 막대하다. 앞으로 민주세력의 경이로운 발전에 따라 반동의 무리는 국제반동언론기관을 총동원하여 민주전선의 방해에 분주할 것이다. 반동공세가 점점 격화됨에 따라 우리의 활동은 치밀해지지 않으면 안 된다. 또한 투쟁의 방향을 명확히 세우지 않으면 안 된다. 이러한 의미에서 이번에 발간하는 기관지는 민청활동의 ■■로서의 중요성을 통감하는 바이다.

더욱이 맹원 여러분에게 미리 양해를 구해두고 싶은 것은 본부는 현재 재정난과 상임위원의 일손부족으로 시작부터 여러분의 요망을 충족시킬 정도의 기관지가 아닐지도 모른다. 이것은 단지 본부의 상임책임일 뿐만 아니라 맹원 여러분의 기관지로서 지속시키는 것이 중요하다. 중소의 기관지도 올해부터는 지대전납제로 되었지만 아직도 대금은 받지 못했다. 중소로부터는 매일 송금독촉 연락이 온다. 각 지부에서도 본부의 입장을 이해하여 대금회수 노력을 해 갔으면 한다. 또한 일반 맹원이 기관지를 제대로 읽고 있지 않다. 고정독자망이 어느 지부에도 생기지 않았다. 단, 본부에서 지부로, 그리고 지부에서 분회로 가서는 쌓여버리기 때문에 지대를 징수할 수 없다. 이러면 중요한 기관지중소의 동지들이 철야하면서 힘겹게 만든 이 기관지가 부르주아 신문보다도 형편없게 되어버리는 것은 실로 미안한 일이다.

그러면 어떻게 해서 이 기관지들을 충분히 활용할까, 맹원에게 가능한 한 신속히 읽히게 할까, 지대를 완전징수 할까가 이번 기관지를 발간하면서 해결하지 않으면 안 되는 문제라고 생각한다. 이는 이번 민청오사카본부결성 2주년 기념투쟁주간의 목표이기도 하지만, 신속히 반을 확립하여 반마다 고정 독자를 정해야 한다. 그리고 반회를 정기적으로 갖고 기관지를 중심으로 토론을 한다. 혹은 독자모임 등을 열어 비로소 정치교육과 이론수준도 높아질 것이다. 이렇게 하는 것으로 우리에게 승리에 대한 확고한 신념이 심어지고, 투쟁에 대한 자신을 갖고 헌신할 수 있게 된다.

마지막으로 바라건대 맹원 여러분은 우리의 투쟁의 무기, 투쟁의 지침인 이 기관지를 아무쪼록 무용지물 취급하지 마시고 많이 활용해 주시기를 간절히 바라마지 않는다.

3. 목차

발행일	발행호	지면정보	필자	기사제목
1949.1.25	第1号	02頁02段	総務部 李京現	救援活動について
1949.1.25	第1号	02頁03段		駐ソ大使朱寧河氏空路出発
1949.1.25	第1号	02頁05段		南北郵便物交換 断続の用意あり
1949.1.25	第1号	02頁06段		獄中だより
1949.1.25	第1号	02頁08段		支部通信
1949.1.25	第1号	02頁09段		機関紙を守れ
1949.02.05	第2号	01頁01段		在日十万民青の指導者 一堂に会す
1949.02.05	第2号	01頁01段		湖南一帯遊撃戦熾烈 智異山麓一帯砲撃戦展開
1949.02.05	第2号	01頁01段		〈主張〉民青大本結成二周年記念日を迎えて
1949.02.05	第2号	01頁03段		忠北道方面でも有勢な遊撃軍出現
1949.02.05	第2号	01頁05段		全南北道地帯各村落遊撃隊の出没頻り
1949.02.05	第2号	01頁06段		支部長会議開かる
1949.02.05	第2号	01頁08段		少年団を如何に組織すべきか!
1949.02.05	第2号	01頁08段		民青高等学院修了生の研究会開かる
1949.02.05	第2号	02頁01段		全国的に展開せよ 厳粛なる追悼会 済州島大静面トップを切る
1949.02.05	第2号	02頁01段	教同S生	〈文化〉選挙権獲得について
1949.02.05	第2号	02頁02段	総務部	財政難打開のために
1949.02.05	第2号	02頁05段	東淀川民青 T生	〈投稿〉民青文工隊の意義と任務
1949.02.05	第2号	02頁07段		同志よふるひ起て獄中同志より激情のメッセージ
1949.02.05	第2号	02頁10段		編輯後記
1949.02.25	第3号	01頁01段		在日同胞の生活権ねらわる 斗争態勢を急速に確立せよ 総蹶起して反動と斗へ
1949.02.25	第3号	01頁01段		〈主張〉文盲は人民共和国民の恥だ
1949.02.25	第3号	01頁07段		斗ひの歩武は進めらる!! 民青第二十一回拡大執行委員会開催
1949.02.25	第3号	02頁01段		闘日のために。。。新しい武器を備える。。。同志たち
1949.02.25	第3号	02頁01段		〈論壇〉外国人財産取得政令の法的根拠
1949.02.25	第3号	02頁02段		朝鮮の古代文化を象徴する春香伝関西公演
1949.02.25	第3号	02頁05段		嫌悪すべき歴史の残滓これが民主化の妨害物だ獄中の安同志よりメッセージ来る
1949.02.25	第3号	02頁08段		大本結成二周年記念大会 盛大に挙行
1949.04.01	第4号	01頁01段		〈主張〉幹部の指導性を発揮せよ
1949.04.01	第4号	01頁01段		二百万円カンパについて 第二十三回常任執行委員会

발행일	발행호	지면정보	필자	기사제목
1949.04.01	第4号	01頁09段		民高入試始まる
1949.04.01	第4号	02頁01段		第二十二回執行委員会 七中計劃事業断続推進
1949.04.01	第4号	02頁01段	中村九一郎	変革の論理
1949.04.01	第4号	02頁05段		再建支部に絶大の支援をおくれ
1949.04.01	第4号	02頁06段		大阪華僑遂に起つ!! 吉田反動内閣打倒のために
1949.04.01	第4号	02頁09段		解放運動無名戦士合葬式に故金太一君も起られる
1949.04.20	第5号	01頁01段		4.24教育事件記念斗争宣言文
1949.04.20	第5号	01頁01段		〈主張〉金太一君の死殺を銘記せよ
1949.04.20	第5号	01頁04段		大阪の斗争もあと一息!!
1949.04.20	第5号	01頁07段		みよ! 反動居留民団の実態 売国賊貿易使節団と結託して策動
1949.04.20	第5号	02頁01段		突如!! 教斗犠牲同志を送還
1949.04.20	第5号	02頁01段		四、一四人民大会に臨む我等の態度に就て
1949.04.20	第5号	02頁05段		韓中民青班確立さる
1949.04.20	第5号	02頁06段		李承晩殺人政策に実践をもって同志尹相哲の父君を殺害
1949.04.20	第5号	02頁08段		二百万円カンパ完遂のために同胞一人に二十円カンパを展開せよ
1949.04.20	第5号	02頁08段		民青泉南支部総蹶起

민청효고시보(民青兵庫時報)

◦ ◦ ◦

 서지적 정보

「민청효고시보」는 재일본조선민주청년동맹 효고현본부에서 발행한 일본어 신문으로 편집발행은 이승이(李承二)가 맡았다. 1948년 7월 15일자 제13호 2면의 '편집후기'에는 본지의 편집위원은 이승이를 포함하여, 전쾌수(田快秀), 김고홍(金高弘)으로 결정되었고, 한신교육투쟁으로 피해를 본 조직의 재건과 그 외 활동에 대한 보고 및 기사를 투고해 줄 것을 요청하고 있다. 발행부수는 2천부.

 목차

발행일	발행호	지면정보	기사제목
1948.07.15	第13号	01頁01段	獄中同志救出に総力を結集せよ!
1948.07.15	第13号	01頁01段	斗争の経験より
1948.07.15	第13号	01頁04段	<第三回委員長会議) 兵庫再建具体策練る
1948.07.15	第13号	01頁08段	一曲の革命歌は百万人の斗士を生む
1948.07.15	第13号	01頁10段	獄中同志より基金カンパ
1948.07.15	第13号	02頁01段	教育再建の骨子築く
1948.07.15	第13号	02頁01段	肺病三期の建青 民青盟員を強制留置
1948.07.15	第13号	02頁05段	兵庫同胞救援状況一覧
1948.07.15	第13号	02頁07段	美ノ・有馬出張記
1948.07.15	第13号	02頁09段	朝鮮・樺太・台湾・満洲を現政府は奪還出来るか
1948.07.15	第13号	02頁11段	編輯後記

세기신문(世紀新聞)

○ ○ ○

1 서지적 정보

「세기신문」은 전후 후쿠오카현에서 발행된 일본어 주간신문이다. 1946년 4월 1일에 발행인 강형길, 편집인을 박혁우세로 하여, 한 부 50전에 '세기신보' 제1호를 발행하였다. 발행처는 조선인연맹 후쿠오카현본부로, 기획처는 재일조선언론협회였다. 제2호도 '세기신보'라는 제호 아래 발행처는 재일조선언론협회, 기획처는 조선인연맹후쿠오카지부와 재일조선언론협회로 되어있고, 발행인은 강형길에서 손만헌으로 변경되었다. 제3호부터는 세기신문사가 발행을 맡아 제호를 '세기신문'으로 바꾸었고, 조련후쿠오카현본부의 기획 하에 편집은 장계주가 맡았다. 9월 16일자 제15호부터는 세기신문사 대표로 고순흠이 취임하여 발행 겸 편집과 인쇄를 맡게 된다. 다음 해인 1947년 1월 1일 신년호부터 인쇄담당으로 최영두가 새로이 이름을 보인다. 4월에는 신사옥을 신축하고 윤전기와 공장설비등을 완비하고, 사내의 인사기구도 확대 및 강화해나가, 6월 4일자 제61호부터 일간지 간행을 시작한다.

이러한 세기신문은 사시를 '일본조선의 친선제휴'로 하여 조선국내정보를 재일동포와 조선에 관심이 있는 일본인에게 보도하는 활동을 하였다. 또한, 재일조선인의 계몽과 민주문화의 향상발전을 도모하는 것을 그 편집강령으로 정했다. 1947년 4월 13일자 지면에는 '본지의 신조'로 '국제친선융화', '조선동포문화계몽선도', '국제경제부흥', '세계인류의 정상적인 문화건설'의 네 가지를 들고 있다.

현재 열람가능한 세기신문은 1948년 8월 31일자 450호 지면까지이다. 그 약 한 달 후인 10월 2일에는 규슈매일신문사 발행의 후속지인 '규슈매일'로 제호를 변경해 재발행 되었다.

2 창간사

폭풍의 계절은 지나갔다.

지금은 눈부신 빛과 평화의 세상이다. 우리 조선도 오랜 밑바닥 생활에서 벗어나 지금은 세계 각국과 평등한 입장에 서서 걸어 나가게 되었다.

하지만 이제 막 일 년도 채 되지 않았는데도 불구하고, 더욱 우리들을 애태우고 슬픔을 금치 못하게 하는 이유는 무엇 때문인지를 통감하여, 여기에 우리 유지들은 미력하나마 모든 역량을 발휘하여 일반민중의 계몽운동에 곧장 돌진하려고 마음 속 깊이, 굳건히 각오하여 의연히 궐기한 것이다.

본지는 조선 내의 확실한 정보의 제공과 함께 여러 부문에 걸쳐 문화국가인으로서의 인격, 식견, 시야로, 세계 각국의 사람들에게 뒤쳐지지 않도록 한발 앞으로 나아가기 위해 온 힘을 다해 정상적인 문화건설에 주저함 없이 매진할 것을 다짐하는 바이다.

아무쪼록 질타와 함께 애독해 주시기를 간절히 바란다.

3 목차

발행일	간종별	지면정보	필자	제목
1946.04.25	朝刊	02頁03段		われ等の民族へ自由と独立を与へよ一全国学生蹶起大会で叫号
1946.04.25	朝刊	02頁04段		不法貯蔵米は押収一所在通告者には賞金制
1946.04.25	朝刊	02頁07段		三十八度絞首線　撤廃要求を世界に訴へ一我等は死を以って抗議する
1946.04.25	朝刊	02頁08段	蜷川豊文	朝鮮国民に訴ふ
1946.04.25	朝刊	03頁01段		逃た罰に石炭二千屯成鏡丸再び母港へ一キャスウエル大尉の手柄
1946.04.25	朝刊	03頁01段		朝聯福岡県本部の声
1946.04.25	朝刊	03頁03段		日本人との対立行為は建国途上に絶対禁物
1946.04.25	朝刊	03頁04段		韓国同胞にして日本人妻同件の場合
1946.04.25	朝刊	03頁05段		過去を反省して同胞啓蒙運動に起て
1946.04.25	朝刊	03頁06段		原稿を募る
1946.04.25	朝刊	03頁07段		南方朝鮮同胞三百八十名十五日博多に入港
1946.04.25	朝刊	03頁07段		飢死に直面した咸南道学生住民大示威運動
1946.04.25	朝刊	04頁01段		東洋人の目に映る　アメリカの文化
1946.04.25	朝刊	04頁06段		新聞に見る祖国回顧
1946.04.25	朝刊	04頁06段		平和の天使
1946.04.25	朝刊	04頁06段		在朝鮮米国陸軍司令部軍政庁発表法令我莘一在日朝鮮同胞に便宜を供与すべく特に此の法令を掲載する
1946.05.02	朝刊	01頁01段		朝鮮国民よ一余の真撃なる友情を享けよ
1946.05.02	朝刊	01頁01段		[社説]日本国民に与ふ
1946.05.02	朝刊	01頁04段		三八度以南の帰国は十一月末で特権喪失一軍政本部スポークスマン発表
1946.05.02	朝刊	01頁08段		朝鮮内各学校に男女共学要望
1946.05.02	朝刊	01頁08段		ソウル一釜山間列車運転好調
1946.05.02	朝刊	01頁09段		引揚人員の動静
1946.05.02	朝刊	01頁10段		一九四六、七年　軍政庁予算決定
1946.05.02	朝刊	01頁09段		朝鮮国民に依る国家予算編成
1946.05.02	朝刊	01頁09段		韓国民主党　宋鎮禹暗殺犯人一韓賢宇を逮捕す
1946.05.02	朝刊	01頁11段		世紀論風
1946.05.02	朝刊	02頁01段	妙香道人	一九一九年三月一日革命鳴呼此の惨虐!!
1946.05.02	朝刊	02頁04段	張支用	我民族性への反省
1946.05.02	朝刊	02頁06段	尹相哲	朝鮮民主主義に就いて
1946.05.02	朝刊	03頁01段		在日同胞輸送方法決める
1946.05.02	朝刊	03頁01段		帰国について注意
1946.05.02	朝刊	03頁01段		朝鮮に於いて行われたる一軍国主義政治の裏面を暴く(1)
1946.05.02	朝刊	03頁02段		朝鮮に偽造紙幣現れる
1946.05.02	朝刊	03頁03段		大邱国立博物館設立計画成る

발행일	간종별	지면정보	필자	제목
1946.05.02	朝刊	03頁03段		文化と歴史保存委員会組織
1946.05.02	朝刊	03頁05段		朝鮮国内では右側通行が復活
1946.05.02	朝刊	03頁06段		三十八度線を越えて北鮮難民還る
1946.05.02	朝刊	03頁08段		民主化はこれからだ農業会農地調整法
1946.05.02	朝刊	03頁08段		復活メーデー繰り展げられた大行進
1946.05.02	朝刊	04頁01段		祖国建設の闘士ー李承晩博士(1)
1946.05.02	朝刊	04頁06段		小国民の希ひ
1946.05.02	朝刊	04頁08段		指導者諸公に警告しnoる
1946.05.16	朝刊	01頁01段		祖国の前途容易ならず美蘇ソウル会談遂に無期休会臨時政府樹立、団十八度線撤廃をソ側代表が拒否す
1946.05.16	朝刊	01頁01段		동포에게부르지즘
1946.05.16	朝刊	01頁06段		自力本願を痛感韓国民主党
1946.05.16	朝刊	01頁05段		西北鮮便り
1946.05.16	朝刊	01頁07段		建国途上に特急列車蜜月旅行に寝台車もOKー五月一日より南鮮の列車大増発
1946.05.16	朝刊	01頁11段		朝鮮独立援助のためー美国より「ブー」氏来朝か
1946.05.16	朝刊	01頁11段		朝鮮民主党本部をソウルに移転
1946.05.16	朝刊	01頁11段		朝鮮噺
1946.05.16	朝刊	02頁01段		朝鮮に於いて行われたるー軍国主義政治の裏面を暴く(2)
1946.05.16	朝刊	02頁01段		帰国について注意
1946.05.16	朝刊	02頁03段		朝鮮及び日本の覚醒
1946.05.16	朝刊	02頁06段		祖国に帰還した同胞の真相ー食と住に悩む
1946.05.16	朝刊	02頁10段		祖国建設の闘士ー金九先生(2)
1946.05.16	朝刊	02頁11段		帰国同胞の新天地建設
1946.05.16	朝刊	02頁12段	タカセ·カスミ	世紀新聞を讃ふ
1946.05.23	朝刊	01頁02段		噫!殉国の御霊幾山河を越えて今ぞ懐かしの祖国へ
1946.05.23	朝刊	01頁07段		反動分子の悪宣伝に注意『民戦』談話
1946.05.23	朝刊	01頁10段		朝鮮の対日賠償占領費を要求か
1946.05.23	朝刊	01頁11段		李承晩博士　ハーチ中将と要談
1946.05.23	朝刊	01頁11段		朝鮮国防軍警備隊辞令
1946.05.23	朝刊	02頁01段		帰国について注意
1946.05.23	朝刊	02頁01段		声の解放ー在日親善を阻害するものは誰か
1946.05.23	朝刊	02頁03段		近く帰国輸送杜絶か
1946.05.23	朝刊	02頁07段	岸田勉	東洋美術史上の朝鮮
1946.05.23	朝刊	02頁10段		日本駐在外務官長ー曹正煥氏赴任
1946.05.23	朝刊	02頁11段		唐津港·送還準備成る
1946.05.30	朝刊	01頁01段		[社説]日本の食糧危機と我らの態度
1946.05.30	朝刊	01頁03段	金泰善	朝鮮工業建設(上)

발행일	간종별	지면정보	필자	제목
1946.05.30	朝刊	01頁05段		帰国同胞に喜報ー援護施設完備
1946.05.30	朝刊	01頁09段		同情と尊敬受ける朝鮮婦人
1946.05.30	朝刊	01頁11段		祖国を育てよ母の手で
1946.05.30	朝刊	01頁13段		朝鮮最初の公式女性使節
1946.05.30	朝刊	01頁14段		大邱の果樹園有能な農夫へ
1946.05.30	朝刊	02頁01段		在日朝鮮人に告ぐ在博多朝鮮美軍政願　ギルバート・エフ・カツスウエル
1946.05.30	朝刊	02頁01段		声の解放ー宣言、網領に泥を塗る朝聯幹部を一掃せよ
1946.05.30	朝刊	02頁02段		余波朝鮮国民に余の希望を付け加へ度い
1946.05.30	朝刊	02頁04段	岸田勉	東洋美術史上の朝鮮
1946.05.30	朝刊	02頁07段		アリラン峠
1946.05.30	朝刊	02頁08段		青葉の下・若人による民族の祭典挙行さる名古屋鶴舞公園に於て在日全朝鮮青年敢闘す
1946.05.30	朝刊	02頁09段		幾多の功績残して高炳秀外務官帰国
1946.06.06	朝刊	01頁01段		自治の用意は充分政府樹立は朝鮮人に委せ
1946.06.06	朝刊	01頁02段		独立戦取国民大会右翼各政党主催の下ソウル運動場で挙行
1946.06.06	朝刊	01頁04段	金泰善	朝鮮工業建設(中)
1946.06.06	朝刊	01頁05段		三八度線撤廃に対しソ聯拒否は不当
1946.06.06	朝刊	01頁09段		近日開催の某種政治会合に警告
1946.06.06	朝刊	02頁01段		生死の境を越えて同胞仙崎に到着
1946.06.06	朝刊	02頁01段		声の解方ー朝鮮における民主戦線
1946.06.06	朝刊	02頁05段		アリラン峠
1946.06.06	朝刊	02頁06段	岸田勉	東洋美術史上の朝鮮(下)
1946.06.06	朝刊	02頁10段		釜山線就航禁止ー仁川＝博多間に新航路
1946.06.13	朝刊	01頁01段		[社説]鮮日人の衝突をやめよ
1946.06.13	朝刊	01頁02段		日本よりも悪い状態ー朝鮮民族の悲哀
1946.06.13	朝刊	01頁08段		[短編消息]釜山のコレラ
1946.06.13	朝刊	01頁09段		[短編消息]晋陽の同胞愛
1946.06.13	朝刊	01頁05段		日本人千三百余名ー残留許可者は七十名
1946.06.13	朝刊	01頁05段	金泰善	朝鮮工業開設(下)
1946.06.13	朝刊	02頁01段		在日朝鮮同胞よ!自粛自重しよう!!ーこれでよいのか？欲しい"恩讐の超越"今度は熊本県下に不祥事
1946.06.13	朝刊	02頁01段		アリラン峠
1946.06.13	朝刊	02頁07段		声の解方ー在外朝鮮同胞の過去と現在
1946.06.13	朝刊	02頁07段		朝聯執行委員会一九大講堂で開くー
1946.09.18	朝刊	01頁01段		[社説]日本残留同胞に提言
1946.09.18	朝刊	01頁01段		京畿道よりソウル離脱ー自治都市として権利賦与
1946.09.18	朝刊	01頁02段		新朝鮮建設同盟九州地方本部結成
1946.09.18	朝刊	01頁08段		朝鮮出身の二社長同胞救済に乗り出す

발행일	간종별	지면정보	필자	제목
1946.09.18	朝刊	01頁11段		南北左右合作のため民族戦線統一を期す
1946.09.18	朝刊	01頁10段	康炳吉	退任の挨拶
1946.09.18	朝刊	01頁10段		就任の挨拶
1946.09.18	朝刊	01頁10段		新代表を迎へて
1946.09.18	朝刊	02頁07段		アリラン峠
1946.09.18	朝刊	02頁08段	股相煥	[随想]同胞女性に与ふ
1946.09.27	朝刊	01頁01段		マ元師近く南鮮訪問ー朝鮮問題解決期待さる
1946.09.27	朝刊	01頁01段		米・対鮮方針を声明ー朝鮮統一の前途に曙光
1946.09.27	朝刊	01頁06段		南鮮地図訂正のため米軍技師測量計画
1946.09.27	朝刊	01頁07段		朝鮮の看護事業水準向上に着手
1946.09.27	朝刊	01頁07段		面目一新した北朝鮮に教育、文化、技術の躍進
1946.09.27	朝刊	01頁10段		南鮮各道の夏穀収集計画は順調
1946.10.09	朝刊	01頁03段		朝鮮貿易協会発足ー商工業大いに期待さる
1946.10.09	朝刊	01頁04段		李承晩博士狙撃さる犯人(四名)は直ちに逮捕
1946.10.09	朝刊	01頁07段		朝鮮共産党の政権に反対米国々務省見解を声明
1946.10.09	朝刊	01頁11段		朝鮮考古学会将来を期待さる
1946.10.09	朝刊	02頁01段		米対朝鮮態度明確"臨時政府樹立まで米軍撤退せず"
1946.10.09	朝刊	02頁04段		[時事解説]北鮮の労働法令
1946.10.09	朝刊	02頁06段		朝聯福岡県本部第四回定期大開
1946.10.09	朝刊	02頁07段		朝鮮聯盟長崎支部第二回委員協議会開催
1946.10.09	朝刊	02頁09段		朝鮮体育大会来る十月ソウルで開催
1946.10.12	朝刊	01頁01段		[社説]新聞の影響とその使命
1946.10.12	朝刊	01頁01段		平和、安全、自由を朝鮮国民に公約ーハーチ中将声明書発表
1946.10.12	朝刊	01頁02段		済州島の道昇格に軍政長官前途を祝福ー道民の生活改善も勧告
1946.10.12	朝刊	01頁02段		朝鮮教育施設団より米国滞在の成果発表ー構成者の調査研究期待
1946.10.12	朝刊	01頁04段		占領地域考案保持のため朝鮮国民に告ぐ
1946.10.12	朝刊	01頁06段		朝鮮親善に蒔苦一粒の麦ー過去棄てて新国交建設へ叫ぶ先覚鄭在文氏
1946.10.12	朝刊	02頁04段		[時事解説]朝鮮政界最近の動向ー統一への歩み
1946.10.12	朝刊	02頁09段		嬉しや救済物資!!南北鮮とも分配
1946.10.12	朝刊	02頁12段	張赫宙	[新連載小説予告]"民族の旗"
1946.10.30	朝刊	01頁01段		在日朝鮮団体を統合して朝鮮居留民団結成さるー檀君建国記念日に大会開催
1946.10.30	朝刊	01頁02段	李鐘泰	朝鮮同胞に告ぐ朝聯中央総本部
1946.10.30	朝刊	01頁02段		朝鮮の独立と統一南北鮮処理が先決
1946.10.30	朝刊	01頁05段		独立の機運高まるー祖国再建は三千万の手で
1946.10.30	朝刊	01頁07段		世紀の動きーオランダ婦女子解放
1946.10.30	朝刊	01頁09段		軍閥財閥官僚に翻弄された朝鮮の蹶起と日本の反省

발행일	간종별	지면정보	필자	제목
1946.10.30	朝刊	01頁09段		朝鮮占領報告(下)
1946.10.30	朝刊	02頁01段		運行中の被疑者を射殺一殺されたのは朝鮮同胞
1946.10.30	朝刊	02頁01段		正当行為か行き過ぎか一警察・朝聯見解対立
1946.10.30	朝刊	02頁01段	荒井茂	受話器に繋がる友愛に感泣ー在鮮最後の日
1946.10.30	朝刊	02頁12段	張赫宙	[連載小説]民族の旗
1946.11.15	朝刊	01頁01段		国際市場の胎動近し朝鮮貿易いよいよ米国に登場
1946.11.15	朝刊	01頁01段		在日同胞の財産は搬入加納ーラーチ少将重ねて声明
1946.11.15	朝刊	01頁01段		[社説]居留同胞に告ぐ
1946.11.15	朝刊	01頁05段	花村美樹	朝鮮人と犯罪
1946.11.15	朝刊	01頁07段	三木藤四郎	朝鮮の横顔
1946.11.15	朝刊	01頁10段		国旗掲揚は許可を要す
1946.11.15	朝刊	02頁01段	村里勇雄	[随筆]朝鮮女性に望む
1946.11.15	朝刊	02頁12段	張赫宙	[連載小説]民族の旗
1946.11.30	朝刊	01頁01段		国際貿易を目指して朝鮮商工聯盟盛大に発足ー前途の発展を注目さる
1946.11.30	朝刊	01頁03段		朝鮮の統一独立問題を国際連合総会に要請
1946.11.30	朝刊	01頁06段		米蘇両軍撤退の時期は?朝鮮は火薬庫の危険性ー米下院軍事委員極東地区観察談
1946.11.30	朝刊	01頁07段		朝鮮と米国の貿易には魚肉と綿布を交換したい
1946.11.30	朝刊	01頁08段		共産党の怠惰を非難
1946.11.30	朝刊	01頁09段		本国情報ー秋の豪華版"オリンピック競技"
1946.11.30	朝刊	01頁10段		朝鮮帰国者は92万人
1946.11.30	朝刊	01頁13段		朝鮮にアメリカ小学校
1946.11.30	朝刊	02頁10段	張赫宙	民族の旗
1946.11.30	朝刊	02頁11段		話題の交差点
1946.12.23	朝刊	01頁01段		食糧を収集せねばー朝鮮人は不幸を招来慌てないで協力せよーローチ長官食糧対策に声明
1946.12.23	朝刊	01頁02段		南鮮には食糧不足
1946.12.23	朝刊	01頁06段		朝鮮美軍々政庁博多連絡事務所の新陳容整ふ
1946.12.23	朝刊	01頁07段	朴先奉	鮮日新国家再建と東洋平和に協力せよ
1946.12.23	朝刊	01頁09段		マ元師と会見した金氏朝鮮事情を語るー日本の一流新聞記者も出席
1946.12.23	朝刊	02頁02段		在日同胞は我等で護れー困窮者救済密航者慰問に猛運動展開
1946.12.23	朝刊	02頁10段		南鮮への引揚再開
1946.12.23	朝刊	02頁12段	張赫宙	民族の旗
1947.01.01	朝刊	01頁06段	趙永俊	稜線民主国家樹立へ一路まい進せん、最後の捷利は一に「正義」と「誠意」にありー新春初頭在日同胞に訴ふ
1947.01.01	朝刊	01頁11段		朝鮮商工聯盟の意義

발행일	간종별	지면정보	필자	제목
1947.01.01	朝刊	02頁01段	洪聖郁	祖国解放第三春をむかえるー民族隆盛には命をも惜しまん朝鮮同胞団結の力をしめせ「固めば生きるし散れば死ぬ」
1947.01.01	朝刊	02頁01段	康炯吉	一九四七年をむかえ真実に目覚めた同胞に訴ふ
1947.01.01	朝刊	02頁03段		[朝鮮本国短]信北支の朝鮮人追放命令は悪質分子のみ
1947.01.01	朝刊	03頁09段	張赫宙	民族の旗
1947.01.19	朝刊	01頁09段		朝鮮の対外貿易を語るー貿易再開は経済安定の基礎
1947.01.19	朝刊	01頁09段		進駐兵の五十員以上の朝鮮紙ヘイの所持を禁止
1947.01.19	朝刊	01頁09段		文化朝鮮の礎石成る釜山に大学新設
1947.01.19	朝刊	02頁03段		鮮日親善へ心の紐帯ー開いて見たらお金と手紙
1947.01.19	朝刊	02頁08段	張赫宙	民族の旗
1947.01.29	朝刊	01頁01段		アメリカの朝鮮政策ー自由独立へ努力いまや一転機に直面
1947.01.29	朝刊	01頁01段		[社説]民族の本領と世界の理想
1947.01.29	朝刊	01頁03段		米ソ両軍の撤退要求ー朝鮮外事協会声明ー
1947.01.29	朝刊	01頁11段		在日鮮居留民団佐賀本部結成
1947.01.29	朝刊	01頁11段		朝鮮特別志願兵の方へ
1947.01.29	朝刊	02頁05段		在日朝鮮人のよき標本
1947.01.29	朝刊	02頁05段	大夢庵	懐かしき朝鮮の人々(1)
1947.01.29	朝刊	02頁10段	張赫宙	民族の旗
1947.02.14	朝刊	01頁09段		南鮮地方選挙法を実施
1947.02.14	朝刊	02頁01段		日本及朝鮮の将来を語る　日本憲法を尊重一般朝鮮人の文化的向上を肝要
1947.02.14	朝刊	02頁02段		日在朝鮮人問題
1947.02.14	朝刊	03頁01段		北鮮帰還者の心得
1947.02.14	朝刊	03頁06段		青同美鹿支部朝連と合流
1947.02.14	朝刊	04頁07段	張赫宙	民族の旗
1947.02.21	朝刊	01頁05段		南北統一政府樹立まで朝鮮占領
1947.02.21	朝刊	02頁01段		日本及朝鮮の将来を語る　新しき政治望む日本人の奮観念を是正
1947.02.21	朝刊	02頁10段		[座談会]朝鮮引揚者の悪感情
1947.02.21	朝刊	03頁01段		[経済一斉取締悪質犯はないー少ない朝鮮人のヤミ
1947.02.21	朝刊	03頁06段		九州朝鮮人物列伝(1)ー森山浩助氏
1947.02.21	朝刊	04頁01段	大夢庵	[生活の文化]朝鮮革命の志士
1947.02.21	朝刊	04頁05段		[読者の声]引揚者の転入を抑制
1947.02.21	朝刊	04頁06段		帰還映画人の就職あつせん
1947.02.21	朝刊	04頁07段	張赫宙	民族の旗
1947.02.28	朝刊	01頁01段		[在日]潮流と同胞の運命
1947.02.28	朝刊	01頁09段		貿易復興計画朝鮮にも適用

발행일	간종별	지면정보	필자	제목
1947.02.28	朝刊	02頁01段		日本及朝鮮の将末を語る　職場拒れた朝鮮人日本側は迷惑なお客さん
1947.02.28	朝刊	02頁02段		[朝鮮短信]医薬品を配給
1947.02.28	朝刊	02頁03段		[朝鮮短信]朝鮮貿易の振興
1947.02.28	朝刊	02頁06段		[朝鮮短信]北鮮女性代表派遣
1947.02.28	朝刊	02頁07段		[朝鮮短信]文化団体の声明
1947.02.28	朝刊	02頁08段		[朝鮮短信]運輪局の再組織
1947.02.28	朝刊	03頁01段		病む貧しい人へー国境を越えた隣人愛　ロー大尉の床しい贈り物
1947.02.28	朝刊	03頁01段		同胞に惜しまれて帰国する趙崔朴三氏
1947.02.28	朝刊	03頁08段		鮮日親善座談会開催
1947.02.28	朝刊	04頁07段	張赫宙	民族の旗
1947.03.07	朝刊	01頁01段		[社説]日本及朝鮮関係の将来
1947.03.07	朝刊	01頁02段		鮮華間に貿易協定ちかく正式締結の運び
1947.03.07	朝刊	01頁09段		滞米の李博士
1947.03.07	朝刊	02頁01段		祖国再建え総力結集　道義的国民たる衿持もて
1947.03.07	朝刊	02頁06段		朝連執行委員会
1947.03.14	朝刊	01頁05段		南鮮の生産は著減ー極東食糧事情なお深刻
1947.03.14	朝刊	02頁01段		同胞民生問題の懇談会
1947.03.14	朝刊	02頁04段		復員世話部設置ー朝連県本部が幹旋の手
1947.03.19	朝刊	01頁01段		在日資産のい搬入ー経済上の緊急物語優先的に取扱う　各道商工局で申請書受理
1947.03.19	朝刊	01頁06段		経済復興なお遅滞ー南鮮商業活動は幾分旺盛
1947.03.19	朝刊	02頁02段		北鮮の通信網完成へ
1947.03.19	朝刊	02頁02段		北鮮で三・八節慶祝
1947.03.19	朝刊	02頁03段		朝鮮商工聯盟総裁
1947.03.19	朝刊	02頁04段		民族を超えた魂と魂　固く結ぼれた友情　美しく咲いた鮮日美談一輪
1947.03.19	朝刊	02頁06段		南鮮帰国希望者調べ、二十日までに届け出て
1947.03.19	朝刊	02頁07段		朝鮮文化団体連合会
1947.03.19	朝刊	02頁08段		北鮮向送還開始
1947.03.19	朝刊	02頁08段		朝連の救済事業成果
1947.03.23	朝刊	01頁02段		朝鮮の自主独立は朝鮮人の団結のみ　中国記者団の視察談
1947.03.23	朝刊	01頁02段		朝鮮問題
1947.03.23	朝刊	01頁03段		三八度線問題
1947.03.23	朝刊	01頁02段		北鮮から引揚げー進駐ソ連軍の一部隊帰国
1947.03.23	朝刊	01頁06段		米ソの妥協なるか　朝鮮問題双方歩みよる
1947.03.23	朝刊	01頁06段		救済よりも秩序　米国の朝鮮援助計画
1947.03.23	朝刊	01頁08段		李承晩氏等分滞米

발행일	간종별	지면정보	필자	제목
1947.03.23	朝刊	02頁01段		朝鮮人誤殺事件発生す　警察官の威かく発砲上陸中の同胞に命中
1947.03.23	朝刊	02頁01段	申徹	[生活の文化]わが民族のほこり
1947.03.26	朝刊	01頁02段		米国の南鮮援助六億ドル供与かー三ヵ年の産業復興計画
1947.03.26	朝刊	01頁06段		問題は三十八度線
1947.03.26	朝刊	01頁08段		食糧四十万トン米国より朝鮮へ輸入
1947.03.26	朝刊	01頁09段		南鮮一部に左右衝突
1947.03.26	朝刊	01頁10段		北鮮女性の決意表明
1947.03.26	朝刊	02頁02段		保管証があれば大丈夫　朝鮮に残した日本人の手荷物
1947.03.26	朝刊	02頁02段	高山行夫	[生活と文化]日鮮問題の打開へ
1947.03.26	朝刊	02頁02段		複雑な民族性
1947.03.26	朝刊	02頁04段		見直せ朝鮮を
1947.03.26	朝刊	02頁06段		朝鮮赤十字社創立式
1947.03.26	朝刊	02頁08段		日鮮史の創造
1947.03.28	朝刊	01頁08段		南鮮の重要物資消費高
1947.03.28	朝刊	01頁08段		アジア会議出席ー朝鮮代表空路出発
1947.03.28	朝刊	01頁09段		鮮華貿易交渉再開ー双方の見解歩みよる
1947.03.31	朝刊	01頁02段		困難な三十八度線問題まず南鮮の復興へーアメリカの朝鮮援助計画
1947.03.31	朝刊	01頁05段		[窓時]米ソの試金石ー朝鮮民主主義の育成
1947.03.31	朝刊	02頁08段		戸籍申告は至急にー朝連の希望
1947.04.02	朝刊	01頁02段		国賓的存在の徐博士ー韓国政府唯一の生存者
1947.04.02	朝刊	01頁05段		追放に関する特別法案ー南鮮立法議院で審議開始
1947.04.02	朝刊	01頁06段		済州等事件真相趙警務局長が公表
1947.04.02	朝刊	01頁09段		朝鮮資産会議
1947.04.02	朝刊	01頁09段		綿花一万俵朝鮮に供給
1947.04.02	朝刊	01頁10段		民青同県本部結成へ
1947.04.02	朝刊	02頁01段		沸る祖国解放の熱血悲願破れ海外亡命ーいま同胞救済の大業を荷う
1947.04.02	朝刊	02頁09段		朝鮮人の財産税免除
1947.04.06	朝刊	01頁05段		朝鮮政策は検討中ー米国務省見解ー
1947.04.06	朝刊	01頁05段		朝鮮の即時独立ー五大国に覚書発送
1947.04.06	朝刊	01頁07段		米評論家の朝鮮観
1947.04.06	朝刊	01頁08段		在日同胞資金搬入ー総重量約十四万トン
1947.04.06	朝刊	02頁01段		インフレ対策に一億円を没収せよー怒る朝連、逃げ出す弁士
1947.04.06	朝刊	02頁04段		北鮮工業の現状　生産能率は向上　勤務成績も良好
1947.04.06	朝刊	02頁06段		三八度線の悲劇ー愛児のために母親遭難
1947.04.06	朝刊	02頁07段		人事行収権を朝鮮人に移譲

발행일	간종별	지면정보	필자	제목
1947.04.10	朝刊	01頁01段		[社説]朝鮮の精神的革命の急務
1947.04.10	朝刊	01頁01段		南鮮に"臨政"組織気運
1947.04.10	朝刊	01頁02段		金九氏を中心として要人の往来頻繁ー政界今後の動向注目さる
1947.04.10	朝刊	01頁02段		大統領に李博士推戴説
1947.04.10	朝刊	01頁02段		朝鮮統一阻害ーハッヂ中将重大声明
1947.04.10	朝刊	01頁06段		朝鮮は"世界の危険地区"モスコー会議で解決せよ
1947.04.10	朝刊	01頁07段		南鮮国防警備隊二万五千二増加
1947.04.10	朝刊	01頁08段		アジアの眼朝鮮に集中
1947.04.10	朝刊	01頁09段		伊国のインフレ増大
1947.04.10	朝刊	02頁02段		米鮮の親善につくすーラーチ長官夫人の談
1947.04.10	朝刊	02頁05段		南鮮に伝染病しょけつ
1947.04.10	朝刊	02頁05段		朝鮮文学賞受賞者きまる
1947.04.12	朝刊	01頁02段		ラーチ長官、朝鮮国民に公開状ー仮面冠る朝鮮の敵甘い密の誘惑にのるな
1947.04.12	朝刊	01頁05段		[対日講和]朝鮮も出席加納ーマ元帥が言明
1947.04.12	朝刊	01頁08段		朝鮮は社会主義政府
1947.04.12	朝刊	01頁09段		金九氏らブ少将と会見
1947.04.12	朝刊	02頁02段		杉本県政に期待ー在日朝鮮団体の見解
1947.04.12	朝刊	02頁04段		朝民青同県本部結成
1947.04.12	朝刊	02頁04段		社会堂の善処方を要請ー中傷問題で朝連が抗議
1947.04.12	朝刊	02頁08段		隠れた同胞科学者
1947.04.12	朝刊	02頁08段		同胞慰安音楽園
1947.04.25	朝刊	01頁01段		南北鮮の現状をみる
1947.04.25	朝刊	01頁06段		大邱リンゴ海外輸出計画
1947.04.25	朝刊	02頁01段		[鮮日交渉史]日本の虚偽を是正ー真の朝鮮史を
1947.04.25	朝刊	02頁01段	朴赫宇世	創刊一周年を顧みて
1947.04.25	朝刊	02頁01段		第二周年への決意
1947.04.25	朝刊	01頁01段		[社説]マ長官の書簡と朝鮮
1947.04.25	朝刊	01頁01段		朝鮮の独立に米積極ー独自の措置をソ連に警告
1947.04.25	朝刊	01頁01段		朝鮮に関する対ソ通版ーマ国務長官の書簡全文
1947.04.25	朝刊	01頁02段		朝鮮建設の目標
1947.04.30	朝刊	01頁03段		[ホッチ中将談]繁栄、統一の朝鮮を米軍地区に建設する
1947.04.30	朝刊	01頁07段		南鮮に行政権移譲ー南北の統一は困難
1947.04.30	朝刊	01頁07段		南鮮の土地革命ハッヂ中将同意
1947.04.30	朝刊	01頁09段		米の朝鮮援助は当然ー戦争防止の安全弁
1947.04.30	朝刊	01頁10段		朝鮮の統一は東洋平和の鍵
1947.04.30	朝刊	01頁11段		朝鮮問題を中国より提議
1947.04.30	朝刊	01頁12段		植民地の再現はアジアの爆発

발행일	간종별	지면정보	필자	제목
1947.04.30	朝刊	02頁01段		三八度線を境界に北も南も軍票時代　赤い兵隊にインフレ昂進
1947.04.30	朝刊	02頁02段		朝鮮にルパン現れる警官の服装に疑問符
1947.04.30	朝刊	02頁02段		[鮮日交渉史]元寇は日本が誘発ー外交知識の欠除から悲劇
1947.04.30	朝刊	02頁04段		釜山は人生の波止場　　悩み果てなし引揚者ー海を渡った哀話集ー
1947.04.30	朝刊	02頁07段		結ばれぬ国際愛
1947.04.30	朝刊	02頁08段		北鮮脱出者名簿
1947.05.12	朝刊	01頁01段		[社説]米ソ共委の再開と朝鮮
1947.05.12	朝刊	01頁02段		臨政樹立に努力ー朝鮮政界挙って歓迎
1947.05.12	朝刊	01頁06段	曉星楼客	[論壇]戦後世界と朝鮮
1947.05.12	朝刊	01頁09段		資金と資材難で操業不能ー朝鮮漁業、伝楽者が続出
1947.05.12	朝刊	02頁01段		鮮日文化の握手ー日本文連から宣誓文
1947.05.12	朝刊	02頁04段		第三国人の不法弾圧ー民青提案、メーデーで決議
1947.05.12	朝刊	02頁10段		朝鮮人財産税
1947.05.23	朝刊	01頁01段		[社説]朝鮮独立に一つの自覚
1947.05.23	朝刊	01頁05段		[朝鮮占領報告]反託問題に集中経済復興末に遅延
1947.05.23	朝刊	01頁14段		くえん酸等朝鮮等に放出
1947.05.23	朝刊	01頁15段		米の朝鮮経済援助
1947.05.23	朝刊	02頁03段		本紙創刊一周年記念典ー鮮日各代表多数招いて挙行
1947.05.23	朝刊	02頁06段		朝鮮特別引揚げーー般も今月中開始か
1947.05.23	朝刊	02頁07段		在日女性よ奮いたて
1947.05.23	朝刊	02頁09段		標準メートル尺朝鮮に贈る
1947.05.26	朝刊	01頁01段		南北鮮統一に努力両代表、力強い挨拶
1947.05.26	朝刊	01頁07段		在日朝鮮人統一ーまず文化団体が動く
1947.05.26	朝刊	01頁08段		二十五歳以上に選挙権ー南鮮立法議会で表決
1947.05.26	朝刊	01頁09段		軍政聴発表ー朝鮮の山林保護
1947.05.26	朝刊	02頁07段		在日朝鮮人飲食業組合を組織
1947.06.03	朝刊	01頁01段		南鮮の軍政移管急速に文官行政へ完了は八、九月頃か
1947.06.03	朝刊	01頁01段		北鮮帰還二十三日出港
1947.06.03	朝刊	01頁05段		”信統”は不可解ー李博士、不参加を表明ー
1947.06.03	朝刊	01頁05段		北鮮からのメッセージ
1947.06.03	朝刊	02頁02段		朝連、値下運動に協力
1947.06.04	朝刊	01頁01段		朝鮮側の要求きくー米代表ブ少将語る
1947.06.05	朝刊	01頁01段		朝鮮代表と協調
1947.06.05	朝刊	01頁01段		[社説]朝鮮統一の機運と反省
1947.06.06	朝刊	01頁01段		[共同委員会]米ソ間に激論展開朝鮮側参加問題めぐり

발행일	간종별	지면정보	필자	제목
1947.06.06	朝刊	02頁01段		在日朝鮮人の登録—四月末日までに申請
1947.06.07	朝刊	02頁08段		朝連、華僑が協力物価引下運動に合流
1947.06.08	朝刊	01頁01段		[社説]日本の光明と朝鮮独立
1947.06.08	朝刊	01頁04段		朝鮮政党参加問題　南鮮の中間政党—米側、新政治情勢指摘
1947.06.11	朝刊	02頁09段		朝鮮残留日本人
1947.06.12	朝刊	01頁04段		協議参加を決定—南鮮韓国独立党の態度
1947.06.12	朝刊	01頁04段		在満朝鮮人救護
1947.06.12	朝刊	01頁06段		南鮮の民間貿易許可
1947.06.12	朝刊	02頁01段		政体は共和、日本親善在日朝鮮人の民論調査
1947.06.13	朝刊	01頁01段		在日朝鮮人の民論調査
1947.06.13	朝刊	02頁03段		日本と朝鮮の砂糖政党を引き上げ
1947.06.13	朝刊	02頁04段		朝鮮との貿易再開近し各方面で早くも準備開始
1947.06.14	朝刊	01頁01段		朝鮮統一を期待—マーシャル長官語る
1947.08.01	朝刊	01頁07段		朝鮮、中国を調査　米ソ対立解決に努力
1947.08.01	朝刊	02頁02段		朝鮮と日本
1947.08.01	朝刊	02頁03段		外国人登録
1947.08.02	朝刊	01頁01段		難関速に打開せよ　一切の権利を朝鮮人の手に　南鮮過度政府が声明
1947.08.02	朝刊	02頁02段		朝鮮と日本
1947.08.03	朝刊	01頁01段		反託分子の除外は当然の政党措置　北鮮諸団体態度を表明
1947.08.03	朝刊	02頁05段		外国人登録　福岡は不振
1947.08.05	朝刊	01頁01段		朝鮮にクレヂット設定
1947.08.05	朝刊	02頁01段		朝鮮人労働者達
1947.08.09	朝刊	02頁07段		片山首相宛の紹介状　密航の朝鮮人が持参
1947.08.10	朝刊	01頁01段		朝鮮の民政管理権　米陸軍　国務省へ移管
1947.08.10	朝刊	02頁09段		釜山青少年のマラソン
1947.08.14	朝刊	02頁08段		朝連臨時人民大会
1947.08.14	朝刊	02頁08段		朝鮮へ石けん密輸未遂
1947.08.15	朝刊	01頁01段		米ソ関係を反映し南北の対立尖鋭化　朝鮮の前途苦難多し
1947.08.15	朝刊	02頁02段		神がかり一掃され明朗・ソウルの夏姿　在留日本婦人も幸福
1947.08.15	朝刊	02頁04段		民族の栄光を浴びて
1947.08.15	朝刊	02頁05段		あらゆる問題は遠慮なく大阪公館へ　九州在留朝鮮人に温情
1947.08.15	朝刊	02頁06段		北鮮では武装訓練　米側では意図を疑問視
1947.08.15	朝刊	02頁08段		福岡市の祝賀大会　民青同盟支部中心に記念行事
1947.08.16	朝刊	01頁01段		朝鮮経済援助案　米来議会に提出
1947.08.16	朝刊	02頁01段		貿易再開に朝鮮商人も活発化　密航・密輸は極力防止

발행일	간종별	지면정보	필자	제목
1947.08.16	朝刊	02頁06段		朝鮮人の犯罪漸減　多いとの風説はデマ
1947.08.19	朝刊	01頁01段		[社説]米ソ関係と朝鮮国民
1947.08.19	朝刊	02頁04段		南鮮引揚船　黄金丸出帆
1947.08.19	朝刊	02頁05段		釜山レプラ患者増加　三千名が毎日市内をぞろぞろ
1947.08.20	朝刊	01頁03段		朝鮮民間貿易　米代業戦後初の入国
1947.08.20	朝刊	02頁05段		福岡市内の朝鮮人大部分が未登録　期限まであと十一日
1947.08.21	朝刊	02頁10段		南鮮中等校入学難
1947.08.21	朝刊	02頁10段		民青同盟東南支部発足
1947.08.24	朝刊	01頁01段		朝鮮統一遂に流産か　米・失敗を確認
1947.08.24	朝刊	01頁04段		南鮮の右翼分子　大量検挙さる
1947.08.26	朝刊	01頁09段		朝鮮四種目に参加　明年のオリンピック大会
1947.08.26	朝刊	02頁01段		朝鮮人登録はかどる
1947.08.27	朝刊	02頁08段		朝鮮人登録　一両日に完了か
1947.08.28	朝刊	02頁03段		朝鮮人の登録決調　二十六日だけで二百三名
1947.08.30	朝刊	02頁08段		登録促進に朝連声明
1947.08.31	朝刊	02頁05段		朝鮮人登録きよう限り
1947.09.02	朝刊	01頁01段		朝鮮統一への途　重大転換期に立つ!
1947.09.02	朝刊	01頁03段		米ソの妥協絶望　シビレ切らした朝鮮民衆
1947.09.02	朝刊	02頁02段		朝・日貿易は預かり　一方的の渡日は不可能
1947.09.02	朝刊	02頁13段		案外少ない福岡の朝鮮人
1947.09.06	朝刊	01頁01段		朝鮮統一に最後の切札　米、国連に提訴か　四カ国会議も見込薄
1947.09.06	朝刊	01頁05段		南鮮選挙法承認
1947.09.09	朝刊	01頁01段		もつれる朝鮮独立　ソ連、招請拒絶　四国会談延期?　"米の独断"と非難
1947.09.09	朝刊	01頁01段		米、南鮮援助強行か
1947.09.10	朝刊	02頁11段		交付は20日ごろ　外国人の登録証明書
1947.09.11	朝刊	01頁01段		朝鮮問題も提起
1947.09.11	朝刊	02頁03段		船待ち焦る朝鮮帰国者
1947.09.12	朝刊	01頁01段		ソ連除外に反対　朝鮮独立速やかに
1947.09.13	朝刊	02頁04段		四千円で売買　朝鮮人の帰還証明
1947.09.14	朝刊	01頁01段		[朝鮮問題]国連提訴せず　マーシャル長官言明
1947.09.14	朝刊	01頁01段		米の退却を確信　朝鮮でねばるソ連
1947.09.17	朝刊	01頁01段		米、国連総会へ日本問題提議か　朝鮮問題の関連事項
1947.09.17	朝刊	01頁14段		南朝鮮軍政長官後任
1947.09.18	朝刊	01頁02段		米ソ撤兵案も用意　朝鮮問題今週中にも提案か
1947.09.19	朝刊	01頁09段		朝連独立の審議　米代表、正式に提訴
1947.09.19	朝刊	01頁11段		朝鮮代表・マ提案を歓迎
1947.09.19	朝刊	02頁01段		九州貿易業者の顧客は中国・朝鮮　対米は東京と大阪

발행일	간종별	지면정보	필자	제목
1947.09.20	朝刊	01頁01段		戦争挑発止めよ　朝鮮提案は協定違反
1947.09.20	朝刊	01頁07段		国連解決に期待薄　朝鮮の空気は悲観的
1947.09.20	朝刊	02頁05段		西福岡巡査が密航朝鮮人に発砲
1947.09.21	朝刊	02頁10段		朝鮮の三選手も出場
1947.09.23	朝刊	01頁01段		朝鮮独立の提案
1947.09.23	朝刊	02頁13段		朝鮮と日本の通信　在日朝鮮人に利用を呼びかく
1947.09.25	朝刊	01頁01段		朝鮮問題正式採択　英、仏反対を表明
1947.09.25	朝刊	01頁09段		北鮮でキリスト教弾圧か
1947.09.26	朝刊	01頁13段		朝鮮と日本視察
1947.09.30	朝刊	01頁01段		[社説]朝鮮は一つだ
1947.10.02	朝刊	01頁01段		即時、無条件撤兵　李承晩博士ソ連へ要求
1947.10.03	朝刊	01頁01段		米、朝鮮独立問題を正式提案か　憲法議会と撤兵 国連監視下に実施
1947.10.03	朝刊	02頁01段		学生は日本留学希望　針尾で船待つ朝鮮帰還者
1947.10.04	朝刊	02頁05段		望郷のベッド生活　あれから三年・歎く朝鮮勇士
1947.10.05	朝刊	01頁01段		朝鮮に共産政府　朝鮮から樹立指令反動分子を一掃
1947.10.09	朝刊	01頁01段		朝鮮独立決議案　米、近く国連総会提出
1947.10.09	朝刊	01頁09段		南鮮の食糧順調　米陸軍次官視察談
1947.10.09	朝刊	02頁01段		朝鮮独立の道は強力な民族自決　中国内戦今年がヤマ
1947.10.10	朝刊	02頁09段		待望の校舎なら　朝鮮学童のよろこび
1947.10.16	朝刊	01頁01段		年内に朝鮮撤兵　ソ連代表、重ねて要求
1947.10.16	朝刊	02頁01段		朝鮮向けの竹材　次期発注は望みうす
1947.10.21	朝刊	01頁03段		南鮮警察長官　即時罷免要求　ソ連代表から抗議
1947.10.21	朝刊	02頁05段		保管の引揚荷物　朝鮮へ輸送開始か
1947.10.23	朝刊	01頁08段		南鮮の財政最悪　リ国連事務総長報告
1947.10.28	朝刊	01頁01段		日鮮独間に実施　貿易増進に積極措置
1947.10.28	朝刊	01頁05段		ソ連勢力の展開　駈引の撤兵提案　朝鮮支配企図の 手段
1947.10.28	朝刊	01頁11段		共産党の脅威から　日本朝鮮守れ　米下院議員が言明
1947.10.29	朝刊	01頁12段		日本朝鮮の肥料増産　エジプト代表が提唱
1947.10.31	朝刊	01頁01段		朝鮮代表と協議　調査団を現地派遣
1947.10.31	朝刊	01頁01段		[社説]朝鮮独立案について
1947.11.01	朝刊	01頁01段		朝鮮代表と協議　米国案採択　ソ連は不参言明
1947.11.02	朝刊	01頁01段		[社説]朝鮮独立への一歩前進
1947.11.06	朝刊	01頁01段		米、朝鮮問題新提案　中央政府来春三月樹立　米ソ 撤兵三ヵ月後実施
1947.11.07	朝刊	01頁01段		朝鮮独立審議終る
1947.11.07	朝刊	01頁01段		[社説]朝鮮の重大関心事
1947.11.07	朝刊	01頁06段		[国際政治展望]欧州に赤の施風！ 朝鮮は東洋のバル カン

발행일	간종별	지면정보	필자	제목
1947.11.08	朝刊	01頁11段		国連に期待せず　朝鮮日報の世論調査
1947.11.11	朝刊	01頁06段		朝鮮派遣予算を可決
1947.11.15	朝刊	01頁01段		朝鮮独立に努力
1947.11.16	朝刊	01頁01段		朝鮮独立案成立　国連総会・米提案を支持
1947.11.21	朝刊	02頁01段		朴朝連代表も熱弁　気勢あげた労働者蹶起大会
1947.11.22	朝刊	01頁01段		[社説]在日朝鮮子弟の教育問題
1947.11.25	朝刊	01頁12段		朝鮮問題討議に反対　アジア極東会議のソ連代表
1947.11.26	朝刊	02頁01段		巨頭・李承晩氏在日同胞を気遣う　朝鮮伝道四十年を語る会田翁
1947.11.27	朝刊	02頁01段		朝鮮・九州の貿易促進　手始に情報交換　朝鮮貿易協会を設立
1947.12.02	朝刊	02頁03段		援護院梨の礫　朝鮮帰還見通しなし
1947.12.16	朝刊	02頁11段		朝連九州協議会
1947.12.19	朝刊	01頁01段		[社説]朝鮮統一を通じて米ソ強調の機会に
1947.12.20	朝刊	01頁01段		日本、朝鮮を援助　ト大統領米議会　教書
1947.12.20	朝刊	01頁05段		朝鮮の共産化
1947.12.20	朝刊	01頁07段		南鮮単独選挙問題
1947.12.21	朝刊	02頁04段		朝鮮解方の記念体拝堂
1947.12.23	朝刊	02頁08段		朝鮮とは是非協力　くだけて抱負述べる西尾長官
1948.07.02	朝刊	01頁07段		国連、南鮮国会承認　朝鮮委員会メッセージ発表
1948.07.02	朝刊	02頁05段		朝鮮人の失業対策　中小商工業や養豚
1948.07.04	朝刊	02頁03段		朝鮮帰国の手続き
1948.07.04	朝刊	02頁08段		北鮮残留の日本人
1948.07.06	朝刊	01頁12段		済州島の暴動なお続く
1948.07.08	朝刊	01頁01段		南朝鮮政府の樹立
1948.07.08	朝刊	01頁01段		南北統一を既定　南鮮憲法は審議終る
1948.07.08	朝刊	01頁03段		北鮮人民議会を招集
1948.07.11	朝刊	01頁05段		北鮮でも憲法審議　南鮮は8月15日に独立祝典
1948.07.13	朝刊	01頁07段		北鮮のみの総選挙　8月25日実施を決定
1948.07.13	朝刊	02頁02段		ソ連と北鮮の引揚者
1948.07.13	朝刊	02頁06段		南鮮風水害
1948.07.15	朝刊	01頁01段		政府樹立準備進む　南鮮国会　組織法案審議
1948.07.15	朝刊	01頁01段		大韓民国憲法要旨
1948.07.15	朝刊	01頁01段		北鮮の新国旗
1948.07.17	朝刊	01頁01段		日鮮復興援助費を増額　米陸軍省特別議会に要求か
1948.07.17	朝刊	01頁01段		李承晩氏が確定的　19日に大統領選挙
1948.07.18	朝刊	01頁03段		大韓民国憲法発布　17日盛大な式典挙行
1948.07.18	朝刊	01頁05段		朝鮮に内戦か　中国紙、危機を指摘
1948.07.18	朝刊	01頁07段		南鮮豊作を予想去る
1948.07.18	朝刊	02頁04段		外国人登録の照り合わせ

발행일	간종별	지면정보	필자	제목
1948.07.21	朝刊	01頁01段		李承晩博士当選　韓国初代大統領決定
1948.07.21	朝刊	01頁01段		副大統領に李始栄氏当選
1948.07.21	朝刊	01頁05段		新韓国独立の父
1948.07.21	朝刊	01頁05段		北鮮憲法実施に反対
1948.07.21	朝刊	01頁05段		南鮮に軍隊育成
1948.07.24	朝刊	01頁09段		朝鮮人間の交渉許可
1948.07.25	朝刊	01頁08段		北鮮の売国行為を反撃　李承晩大統領の就任演説
1948.07.25	朝刊	01頁10段		北鮮、南鮮の招請拒絶説
1948.07.27	朝刊	01頁01段		韓国政府に統治権　米、8月15日に移譲
1948.07.27	朝刊	01頁04段		南鮮の発電計画促進
1948.07.27	朝刊	02頁01段		外国人登録のねらい　朝連と福岡市の見解
1948.07.29	朝刊	02頁01段		朝鮮は白(ベルギー)と対戦
1948.07.29	朝刊	02頁01段		朝連ボス撲滅に協力
1948.07.30	朝刊	01頁09段		李将軍を要請
1948.07.31	朝刊	02頁04段		断然きょう限り　外国人登録忘れぬよう
1948.08.02	朝刊	01頁06段		南鮮に武器供給　米国へ援助要請
1948.08.02	朝刊	02頁01段		米、水陸に独舞台　朝鮮、比島に惜敗
1948.08.03	朝刊	01頁01段		南・北朝鮮の憲法検討
1948.08.04	朝刊	01頁06段		南北統一に努力
1948.08.08	朝刊	01頁05段		韓国新政府の発足　前途に幾多の困難横る　李大統領の指導力に期待
1948.08.08	朝刊	02頁01段		朝鮮、籠球決勝へ　建国のクン夫人に栄冠三重奏
1948.08.11	朝刊	01頁05段		南北統一実行へ　金日成委員長が言明
1948.08.14	朝刊	01頁01段		韓国15日独立祝典　16日から軍政移譲
1948.08.14	朝刊	01頁01段		米、韓国を事実上承認
1948.08.14	朝刊	02頁08段		五輪大会　韓選手破る
1948.08.15	朝刊	01頁01段		北戦の参加を希望　韓国新政府を承認
1948.08.15	朝刊	01頁01段		大韓民国の独立式典に当たって
1948.08.15	朝刊	02頁09段		五輪大会　朝鮮籠球に八位
1948.08.16	朝刊	01頁01段		大韓民国樹立の盛典　喜色満つ首都京城　マ元師ほか外国使臣参席
1948.08.16	朝刊	01頁01段		南北統一に努力
1948.08.16	朝刊	01頁01段		韓国統一必ず実現　マ元師、熱烈の祝辞
1948.08.19	朝刊	01頁09段		韓国、対馬割譲要求
1948.08.20	朝刊	01頁01段		在日同胞の帰国　マ元師に援助を懇請
1948.08.21	朝刊	01頁09段		日鮮、琉球へ穀物　132万5千トン割当
1948.08.29	朝刊	01頁01段		南北で572名　最高人民会議の代議員
1948.08.29	朝刊	01頁01段		朝鮮援助計画　対中国計画から分離

어린이의 별

1 서지적 정보

「어린이의 별」은 재일조선민주소년단 아이치현본단의 기관지로 발행된 국문판 신문이다. 한 부에 3원으로 월 2회 발행했다. 재일조선민주소년단은 1951년 11월 3일에 도립 조선인중학교에서 전국적 단일조직으로 결성되었고, 단장은 요코하마 사립 원도(猿渡) 조선인 초등학교 교장 이은직(李殷直)이었다. 본지는 아이치현에서 설립된 재일조선민주소년단에서 발행한 신문으로, 현재 확인 가능한 지면은 1954년 5월 4일자 제7호뿐이다. 지면에는 '재일12만 조선소년, 소녀는 소년단 깃발 아래 굳게 뭉치자!'라는 표어가 눈에 띈다.

2 목차

발행일	발행호	지면정보	기사제목
1954.05.04	第7号	01頁01段	六·一국제어린이데-향하여!
1954.05.04	第7号	02頁01段	참으로 모-든 소년, 소녀를 위한 소년단으로
1954.05.04	第7号	02頁05段	동무들에게 호소함
1954.05.04	第7号	03頁01段	빛나는 김태일상
1954.05.04	第7号	03頁03段	〈결심〉누구에게나친절한태도로서…日·韓親善을!
1954.05.04	第7号	04頁01段	〈나의 괴로움〉빨리 돌아오지않는다고 욕을 하는 어머니
1954.05.04	第7号	04頁01段	단원동부가 단장에게 낸 편지
1954.05.04	第7号	04頁05段	소년단이란 무엇인가 모른다

오사카민단시보(大阪民団時報)

1 서지적 정보

「오사카민단시보」는 재일본조선인거류민단(민단) 오사카본부의 기관지로 1948년 5월 1일에 첫 호를 일본어로 발행했다. 발행인은 오사카본부의 선전부장인 김성수(金聖洙)가 맡아 월 2회 발행되었다. 프란게 문고에 들어있는 신문사 측의 '신문보고'에는 발행부수 3천부로 편집방침은 재류조선인들에게 진실을 보도하고 일본인과 외국인에게 조선인과 거류민단의 진상을 철저하게 주지시키는 것으로 되어있다. 1948년 8월 14일자 제5호에는 대한민국신정부수립을 축하하는 제목과 함께, '신정부수립에 즈음하여'라는 문장에서 민단 오사카본부의 단장으로 민단신문의 후속지인 민주신문의 사장 겸 발행편집을 담당했던 황성필(黃性弼)이 신정부에 대해 기대감을 들어내고 있다. 같은 호 지면의 제호 옆에는 '우리는 재류동포의 민생안정을 기한다', '우리는 재류동포의 문화향상을 기한다', '우리는 재류동포의 국제친선을 기한다'라는 세 가지 강령을 볼 수 있다. 여기에 10월 25일자 제8호에는 '우리는 대한민국의 국시를 준수한다'와 '우리는 재류동포의 민권옹호를 기한다'는 강령이 추가되어 있어 단체의 성격을 잘 보여주고 있다.

2 창간사

불굴의 민족정신과 피의 투쟁으로 획득한 해방, 전 세계가 그 독립을 약속한 조국은 오늘날 예상외로 미소의 세력다툼의 발판이 되어, 인위적인 38선의 비극이 일어나 남북의 형태는 전부 달리하게 되었다.

그런데도 유엔은 미국의 안을 채택하여 총선거를 5월 10일을 기해 실시하려고 하고 있지만, 여전히 북조선은 철의 장막으로 들어가 버렸다. 그 반면 우리들 일본에 재류하는 동포는 어떨까? 국가의 대외적인 위력을 갖는 민족의 실체일까? 예전에는 통일단체였던 조련은 얼마 되지 않아 정당화되었고, 독선과 일방적인 운동을 전개해 본래의 모습을 상실하기에 이르렀다. 그리하여 우리 민단이 대중의 요망에 대답하고자 재류동포의 이권옹호와 문화운동에 전진하려고 결성된 것이 벌써 1년하고 반년이 지났다. 이러한 이유로 인해 재류동포의 자치적 민족운동도 양분되지 않으면 안 되는 정세에 있었던 것이다.

이러한 약점을 이용한 일본정부는 과거의 지배관, 우월감, 배타사상을 고지하여 사사건건 부당한 탄압이나 불법으로 간섭을 해 왔다. 최근에는 의정자의 선동에 의한 보스세력의 횡행은 민족을 여러 곤경에 빠지게 하여, 잘 알려진 하마마쓰 사건, 이누야마 사건, 그리고 지금 각지에서 발생하고 있는 자주적인 교육기관의 폐쇄령 등, 너무나도 모욕적인 자주성의 침해를 당당히 하고 있다. 이러한 이유로 우리 재류동포의 밀집지역인 오사카에서 민족운동의 임무를 부여받은 우리 민단은, 최근의 비관적인 정세를 감안하여 새로운 결의를 굳건히 하는 바이다.

과거 우리의 운동은 오로지 통일을 위한 노력과 함께 민단자체의 조직 확장에 전념하지 않을 수 없었지만, 지금은 어느 정도의 내실을 기하며 오사카에 거주하는 10여만 동포의 이권옹호와, 조련의 ■■운동이 야기한 위신상실의 회복과, 우리 동포의 문화운동에 적극적으로 나서 획기적인 운동방침의 전환을 하기에 이르렀다.

따라서 이 운동을 추진하여 민단의 조직 확대와 대외적 선전의 입장에서 여기에 민단 오사카본부의 기관지로서 민단시보의 창간을 하게 되었다.

우리는 이 기관지를 통해 우리 민족의 특수한 입장을 발양함과 동시에, 이 추진에 앞서 근본문제인 연합국군의 점령지인 일본의 특수한 지역성의 확인, 미소의 대립에 기초한 미국외교방침이 초래한 일본의 보스세력의 암약의 철저한 규명, 우리 민족자체의 냉정한 자기비판, 일본의 공산주의운동에 의한 재류동포의 희생의 배제 등, 진실한 민족운동을 전개하지 않으면 안 된다. 이러한 의미에 있어서 이 민단시보는 모든 악선전을 배재하고 명실상부한 민족운동의 첨병이 되려 한다.

3 목차

발행일	발행호	지면정보	필자	기사제목
1948.07.26	第4号	02頁01段		北陸罹災同胞を救へ!! 同胞愛に訴へ救護を急げ 民団対策委員会活動目覚し
1948.07.26	第4号	02頁01段		韓国憲法全文(1) 一九四八年七月十七日決定
1948.07.26	第4号	02頁06段		民団の傘下に積々集る三 重県本部結成
1948.07.26	第4号	02頁08段		是正せよ日本人の先入観-朝鮮人を無教養呼ばはりした 津田左右吉氏に答る
1948.08.14	第5号	01頁02段		大統領に李承晩博士 副大統領に李始栄氏当選
1948.08.14	第5号	01頁02段	黄性弼	新政府樹立に当りて
1948.08.14	第5号	01頁05段		国務総理に李範奭氏 各国務委員決定
1948.08.14	第5号	01頁06段		国会議長に申翼熙氏
1948.08.14	第5号	01頁08段		八・一五軍政撤廃
1948.08.14	第5号	01頁09段		朝鮮問題解決されん 今秋総会にて
1948.08.14	第5号	01頁09段		金九、金奎植氏 北鮮政府反対声明
1948.08.14	第5号	01頁09段		北鮮人民五万樺太追放
1948.08.14	第5号	02頁01段		躍進する民団!!積々と各支部誕生
1948.08.14	第5号	02頁01段		韓国憲法全文(2)
1948.08.14	第5号	02頁04段		各組織長会議開催 細胞組織拡大を決議
1948.08.14	第5号	02頁06段		大韓民国婦人会結成 於北支部講堂
1948.08.14	第5号	02頁07段		在留同胞の商権擁護 大阪商工会役員改善
1948.08.14	第5号	02頁09段		同胞便り
1948.09.10	第6号	01頁01段		大韓民国政府樹立慶祝大会 独立宣言も高らかに一万の同胞感激にむせび泣く 金日成委員長に政府参加を要請
1948.09.10	第6号	01頁04段		聯合国各代表及マッカアサー元師にメッセージ
1948.09.10	第6号	01頁08段		大韓民国独立祝賀懇談会 アラスカに於て
1948.09.10	第6号	02頁01段		地方組職拡大 在留同胞の与論は民団支持 朝聯脱退 積々支部を結成四国中国地方県本部誕生
1948.09.10	第6号	02頁01段		大韓民国憲法(3)
1948.09.10	第6号	02頁08段	組織部長 金秀哲	民団は斯く闘へり
1948.09.10	第6号	02頁08段		信仰と実践
1948.09.30	第7号	01頁01段		民団は同胞の統一団体 九月八一付外務長官正式公認
1948.09.30	第7号	01頁02段		〈主張〉国連に訴ふ
1948.09.30	第7号	01頁06段		国連代表に張勉氏 東京に立寄り巴里にお向ふ
1948.09.30	第7号	01頁07段		趙特派使節団 マ元師と要談
1948.09.30	第7号	02頁01段		下から盛上る婦人運動 在日大韓民国婦人会大阪本部結成
1948.09.30	第7号	02頁01段		大韓民国憲法(4)
1948.09.30	第7号	02頁04段		燊明市に於て婦人会支部結成
1948.09.30	第7号	02頁04段		民団奈良県本部結成

발행일	발행호	지면정보	필자	기사제목
1948.09.30	第7号	02頁08段		〈声〉建青に与ふ
1948.09.30	第7号	02頁08段		建青本大臨時全体大会 大韓民国支持決議 委員長趙永吉氏
1948.09.30	第7号	02頁09段		民団西成支部全体大会 支団長崔仁俊氏選ばる
1948.10.25	第8号	01頁01段		中総第五回全体大会在留同胞の主権獲得に主力公認団体としての責を果さん
1948.10.25	第8号	01頁01段	黃性弼	大阪全体会を迎へて 全体性確立に務めよ
1948.10.25	第8号	02頁01段		援助金募集帰国同胞の収容所を造ちう南風崎出張所拡張を急ぐ 一般同胞の御同情を請
1948.10.25	第8号	02頁01段		大韓民国憲法(5)
1948.10.25	第8号	02頁06段		其後の婦人運動自覚しい 組織に現わる婦人の熱意注目に値す
1948.10.25	第8号	02頁09段		〈文化活動〉民主主義講演会開催 大本文教部主催

전위대(前衛隊)

1 서지적 정보

「전위대」는 전위대편집국에서 발행한 일본어 신문으로 재일본조선민주청년동맹의 문화부장인 최우균(崔吁均)이 편집과 발행을 담당했다. 1948년 6월 28일에 창간되어 제5호까지 발해되었다. 정가 1엔. 1948년 7월 5일자 지면에는 제호 우측에 '한신사건희 생자를 무죄석방하라!'는 표어를 볼 수 있다. 「민청뉴스」와 함께 1948년 7월부터는 「민청시보」로 일원화된다.

2 목차

조국방위뉴스(祖国防衛ニュース)

○ ○ ○

1 서지적 정보

「조국방위뉴스」는 조국방위위원회의 기관지로 일본어로 발행된 주간신문이다. '조국방위뉴스'라는 같은 제호의 복수의 신문과 함께, '조선의 빛'(일본어판), '조선의 별'(일본어판)이라는 신문이 각지의 조국방위위원회에서 발행된 것으로 추정된다. 조국방위위원회는 일본공산당의 조선인활동가들이 주가 되어 1950년 6월에 결성된 비합법 활동단체로서, 조국방위뉴스는 각지에 조직된 지부의 선전지 역할을 하였다. '조국방위위원회 기관지'라고 명기된 1951년 2월 5일자 조국방위뉴스 19호 2면의 '주의'에는 '이 방위뉴스는 한 장이라도 적에게 넘어가서는 안 된다'고 강조하며 다 읽고 나서는 태워서 버릴 것을 부탁하고 있다. 월 구독료는 15엔.

2 목차

발행일	발행호	지면정보	기사제목
1951.02.05	第19号	01頁01段	侵略戦争の火つけ人ダレスを叩き出せ!
1951.02.05	第19号	01頁04段	米帝国主義は日本軍国主義を復活させている--一月二十五日の『スラウタ』紙
1951.02.05	第19号	02頁01段	兄弟殺しの手助ける出来ない!
1951.02.05	第19号	02頁01段	効果ある資料の読上は工作
1951.02.05	第19号	02頁01段	日本婦人の向に朝鮮人送還反対の声=各地域婦人の動き
1951.02.05	第19号	02頁06段	平壌『若親衛隊』
1951.02.05	第19号	02頁08段	主意

조련속보(朝連速報)

●○○

1 서지적 정보

「조련속보」는 재일본조선인연맹 중앙총본부에서 윤근(尹槿)이 발행한 국문판 신문이다. 현재 열람가능한 지면은 1946년 10월 3일자 제5호뿐이다. 지면은 2면 구성으로 1면에는 조련속보 제5호가 발행된 같은 날짜에 발촉한 재일본조선거류민단을 비판하는 '소위, 「거류민단」에 대하야 재류동포에게 고함!!'라는 글이 게재되어 있다. 이 글에서 진정한 '거류민단'은 조련으로 '소수반동분자'들의 '거류민단'의 모략에 속지 말고 조련의 깃발 아래에 일치단결 할 것을 주장하고 있다.

조련속보 제5호가 발행되던 때의 재일본조선인연맹 중앙총본부의 기관지는 '조련시보'로 발행처도 '조련속보'와 같은 도쿄도 시바구 다무라초로 되어있다. 이로 볼 때 기관지와는 별개로 중요한 소식이 있을 때마다 호외 형식의 '조련속보'가 때때로 발행되었을 것으로 생각된다. 그 외에 1면과 2면에 걸쳐 '조국단신'과 2면의 '동경조선중학교개교' 소식을 전하는 기사를 볼 수 있다.

2 목차

조련중앙시보(朝連中央時報)

○ ○ ○

1 서지적 정보

「조련중앙시보」는 재일본조선인연맹 중앙총본부의 기관지로 1947년 8월 15일에 첫호를 발행했다. '조련회보', '조련시보', '조선인생활권옹호위원회뉴스'의 후속지로서 발행된 조련중앙시보는 한 부에 50전 하는 주간신문이었다.

초기 편집발행을 담당한 김만유는 창간호에서 조련중앙시보의 편집 방침을 '중소에서 발하는 지령에 대한 해설', '조련정치노선에 대한 인식', '중소 및 지방조직의 활동성과에 대한 보도', '지도자의 조직 활동을 돕는 선전계몽자료의 해설'이라 강조하고 있다.

창간초기부터 용지난을 겪던 조련중앙시보는 1948년 3월 5일에 제29·30호를 발행하고 2개월간의 휴간에 들어간다. 편집발행을 김만유에서 이종태로 변경하며 조직을 개편하여 1948년 4월 23일자 제31·32합병호부터 발행을 계속하지만, 1948년 12월 11일자 제66호부터 김사철로 편집발행을 재차 변경하여 종간호인 1949년 9월 6일자 제185호까지 이어진다.

창간초기부터 2면짜리 타블로이드판형으로 발행되던 조련중앙시보는 1947년 말부터 4면으로 지면을 확대하였고, 1948년 9월 10일자 제51호부터는 대형판형으로 발행을 하였다. 제4호까지 한국어로 발간이 되었으나, 제5호부터는 전면 일본어로 발행이 된다. 하지만 1949년 3월 21일 제86호부터 2면의 반을 국문판 기사로 게재하기 시작하며 점차 국문판 지면을 늘려나가던 조선중앙시보는 1949년 9월 1일자 133호부터는 2면 전체를 국문판으로 발행하기에 이른다. 같은 날자에 실린 '양면 국문판을 내면서'에서 김사철은 조직간부들에게 '금후 본지가 우리조직의 신경으로서 혹은 무기로서 어느 정도 예리해지며 공을 이룰 것인가는 전체조직의 간부와 독자여러분에게 있다는 것을 재강조하는 바이다'라며 기관지를 적극 활용할 것을 주문하고 있다. 김사철은 편집발행을 맡게 되는

1948년 말부터 조련중앙시보 지면을 통해 자주 기관지의 활용을 강조해 왔다. 1949년 2월 26일자 지면에는 '우리들 최대의 무기 기관지를 강화하자'라는 제목 하에, '500만엔 기부금을 5월까지 완수하자', '지대 미납급을 3월까지 완납하자', '독자망, 배부망, 통신망 확립을 3월 투쟁으로!', '용지할당요청 서명운동을 적극적으로 전개하자'라고 주장하고 있는데, 특히 '500만원 기부금'은 조련중앙시보를 일간지화 하기 위해 필요한 금액이었다.

이렇게 조련의 '신경'이자 '무기'로써 발행되어 국내외의 소식을 전하던 조련중앙시보 지면의 문화란에는 1948년 8월 27일자 4면에 '감나무9·1학살 기념일에-'라는 글을 쓴 이은직(李殷直)을 필두로, 김달수, 임광철, 신홍식 등이 잇달아 글을 투고하고 있다. 또한, 1945년 5월 24일자 제100호에는 '위대한 시명과 훌륭한 성과'라는 제목으로 조일친선협회이사장 후세 다쓰지의 축사가 게재되어 100호 발행을 축하하면서도 앞으로는 기사내용을 조금 더 평이하게 써 줄 것을 부탁하고 있다.

2 발간의 말

이번에 지난 8월 5일에 제88회 중앙상임위원회의 결의로 해방 2주년 기념일을 기하여, 국문판 주간 조련중앙시보를 발간하게 된 것은 시기에 있어서 너무나 늦었고, 발행에 있어서 겨우 주간이라는 점, 그리고 '타블로이드'판이라는 점에서 그리 자랑할 만한 것은 못되나 없는 것보다는 나으리라는 점에서 즐거운 일이라 아니할 수 없다.

이 시보는 주로 조련지도자, 분회 이상의 임원 1만 7천여명을 목표로 하고, 일반대중을 종적대상으로 하여 편집하려 하기 때문에, 내용에 있어서 평이하지 못하다는 비난을 받을지 모르나, 그것은 어쩔 수 없는 일이다. 편집방침의 주요한 점은 1 중소에서 발하는 지령에 대한 해설, 2 조련정치노선에 대한 인식, 3 중소 및 각 지방조직의 활동성과에 대한 보도, 4 지도자의 조직 활동을 돕는 선전계몽자료의 해설 등을 주로 하기 때문에 흥미 면에서 손색이 있음은 면치 못하나 지도자에게는 필요한 지침이 될 줄 안다.

현재 우리 손으로 만드는 국문판 인쇄능력이 너무나 빈약한 것과 예전의 용지난이라는 두 개의 큰 치명적인 곤란을 극복하고 과감히 나오려는 이 시보는 그 장래가 그리

다행하다고 말 할 수 없는 상황임을 슬퍼하는 바이다.

오직 1만 7천명의 임원 여러분의 적극적인 육성력 없이는 훌륭한 발전은 기대할 수 없다. 여러분의 육성력은 이 시보의 활용에 달려있는 것이다. 활용에는 두 가지 방법이 있는데, 하나는 이것을 자료로 삼아 활동의 지원군으로 활용하는 것과 또 하나는 여러분 각자의 의견을 솔직히 문자로 표현한 논설과 그 외의 것을 투고하는 것이다.

이 두 가지 활용은 반드시 본 시보의 발전을 약속해 줄 것으로 믿는다.

 목차

발행일	발행호	지면정보	필자	기사제목(원문)
1947.08.16	第1号	01頁01段	尹槿	〈主張〉解放二周年을 마지하야
1947.08.16	第1号	01頁02段		解放二周年記念万歳! 記念週間의 焦点 現実과 結符한鬪争을
1947.08.16	第1号	01頁03段		日警 介在反対 外国人登録令 関하야
1947.08.16	第1号	01頁06段		〈週間活動〉解放祝賀大会 東京은 共立講堂에서
1947.08.16	第1号	01頁06段	金万有	発刊의말
1947.08.16	第1号	01頁06段		中総에 激励文
1947.08.16	第1号	01頁08段		中総・月島에 移転 交通不便이 頭痛
1947.08.16	第1号	01頁09段		放呂先生追悼会
1947.08.16	第1号	02頁01段		8・29 9・1을어떠케마지할까 記念週間下期活動
1947.08.16	第1号	02頁01段		米쏘共委 右三左二 米国의 要求하는 閣僚
1947.08.16	第1号	02頁01段		民主建設의 二年 四党共同声明을 一夜에 破棄
1947.08.16	第1号	02頁01段		人民의손으로 人共誕生
1947.08.16	第1号	02頁01段		夏期教員講習
1947.08.16	第1号	02頁01段		移舎余話
1947.08.16	第1号	02頁01段		莫府協定支持의 共同声明
1947.08.22	第2号	01頁01段		〈主張〉또다시難関에 逢着한 美쏘共委의 活路를 打開하라
1947.08.22	第2号	01頁02段		盛大한 民族의 祭典 臨政樹立을 絶叫!!
1947.08.22	第2号	01頁02段		五千会衆의 意気衝天 解放祝賀東京大会
1947.08.22	第2号	01頁04段		「婦女의모임」
1947.08.22	第2号	01頁07段		亜細亜民族親善의모임
1947.08.22	第2号	01頁07段		本国의 解放記念式典 南北에서 盛大히 挙行
1947.08.22	第2号	01頁07段		인도네시아独立宣言二周年記念式

발행일	발행호	지면정보	필자	기사제목(원문)
1947.08.22	第2号	01頁08段		印度独立祝賀会
1947.08.22	第2号	01頁09段		民団湘南本部 朝聯支部 合流
1947.08.22	第2号	01頁10段		民団残党 対馬에 出没
1947.08.22	第2号	02頁01段		「8・15解放記念歌」「朝鮮人聯盟歌」入選作発表
1947.08.22	第2号	02頁01段		民主建設의二年 反託運動때문에 共委遂無期休会
1947.08.22	第2号	02頁01段		歴史的共委五号声明
1947.08.22	第2号	02頁01段		啓蒙運動을힘있게 展開하자
1947.08.22	第2号	02頁01段		時報配付와 紙代納入에 対하여
1947.08.29	第3号	01頁01段		〈主張〉売国賊의 再現 封殺하라 国恥의날을맞는우리의 覚悟
1947.08.29	第3号	01頁01段		外国人登録期限目捷에 切迫 交渉 為先位置段落 나민問題는 継続 아交渉 27日午前10時中総全国에 電文指令
1947.08.29	第3号	01頁01段		建青・民団의 民族 背叛行為를 糾弾하라 그들의行動은이러하다
1947.08.29	第3号	01頁01段		原則的으로는 拒否치안는다 朝聯의 基本方針
1947.08.29	第3号	01頁01段		絶対反対에서 無条件受諾 欺瞞은 建青輩의 常習的行為
1947.08.29	第3号	02頁01段		第11回中央委員会召集 9月6、7、8 三日間
1947.08.29	第3号	02頁02段		記念問題 나머지活動은이러케 報告를早速히
1947.08.29	第3号	02頁01段		民主建設의二年 美蘇共委成功에의길
1947.08.29	第3号	02頁05段		美쏘共委週間解説 마샬提言에 外相同意 決裂一歩前에서 希望
1947.08.29	第3号	02頁08段	金秉稷	한日合併前後 朝鮮(上)
1947.09.05	第4号	01頁01段		〈主張〉財政確立을 為하야
1947.09.05	第4号	01頁01段	曹喜俊	第4回全体大会를앞두고 朝聯의 根本的欠陥과 弱■對한 批判
1947.09.05	第4号	01頁07段		中野刑務所三同志 드디어本国에 追放決定
1947.09.05	第4号	01頁08段		米蘇共委週間解説 또다시転換四大国会議를 新提案 쏘側의 全의同意는 困難?
1947.09.05	第4号	02頁01段		外国人登録問題에 関하야 中総外務部発表 実施에이르기까지의 関係当과의 交渉顚末
1947.09.05	第4号	02頁01段	金秉稷	한・日合邦前後의 朝鮮
1947.09.05	第4号	02頁04段		7月10日総司令에 意見書提出
1947.09.05	第4号	02頁05段		「노보트니」氏声明書発表 約束
1947.09.05	第4号	02頁06段		外国人登録期限은 8月31日
1947.09.05	第4号	02頁07段		総司令部、国籍問題에 対하야 日本政府에 指令
1947.09.05	第4号	02頁09段		外国局長「시-볼드」氏의回答文
1947.10.17	第9.10号	01頁01段		朝聯会館建設へ在日同胞蹶起す!
1947.10.17	第9.10号	01頁01段		近畿先ず大丈夫 遊説隊第一陣かへる
1947.10.17	第9.10号	01頁01段		第三年은内実の期 四全大代議員에寄す

발행일	발행호	지면정보	필자	기사제목(원문)
1947.10.17	第9,10号	01頁05段		前途明るい中国、四国 もりあがる同胞の民族的情熱を正しく生かせ
1947.10.17	第9,10号	02頁01段		朝連はいかに活動して来たか! 見よこの輝く記録
1947.10.17	第9,10号	02頁01段		〈序言〉われらかく斗へり 祖国民戦と呼応し日本人民とも提携
1947.10.17	第9,10号	02頁04段		赫々たるこの成果 初等学校 541 中等学校其他 39
1947.10.17	第9,10号	02頁06段		〈組織活動〉個人及団体加盟制 本部48 支部632 盟員61万を擁す
1947.10.17	第9,10号	02頁10段		同胞の生活を防衛 協同組合等107 税金斗争にも勝利
1947.10.17	第9,10号	02頁01段		宣言・綱領
1947.10.17	第9,10号	02頁03段	尹槿	目標額突破確信あり 近畿地方同胞の熱誠に感謝
1947.10.17	第9,10号	02頁07段		〈結論〉民族統一戦線確立!! 不利な情勢を克服し組織強化に一歩前進
1947.10.17	第9,10号	03頁01段		米ソ両軍同時撤兵を急速して実現させよう!
1947.10.17	第9,10号	03頁01段		撤退反対の大会 李承晩直下6万のデモ
1947.10.17	第9,10号	03頁02段		又もや反ソ行為 常軌を逸した極右青年
1947.10.17	第9,10号	03頁04段		民族の易氏に順応せよ なぜ彼らは撤兵を反対するか
1947.10.17	第9,10号	03頁06段		見よ!この陰謀! 登録令を強圧の具に用う 同胞相次いで被検 下関事件其の後
1947.10.17	第9,10号	03頁09段		無罪釈放を要求 下関事件に外務部動く
1947.10.17	第9,10号	03頁09段		悪質テロほとんど右翼団体
1947.10.31	第11,12号	01頁01段		独立選取の新機運胎動す 新情勢に即応 注目すべき新左右統一工作
1947.10.31	第11,12号	01頁01段		民戦、新三大原則を発表 指導者は誠と勇を以て団結せよ
1947.10.31	第11,12号	01頁01段	白武	〈主張〉最大限の雅量を以て抱擁ー民族の総結集体具現のためにー
1947.10.31	第11,12号	01頁05段		左右意見と運動を統一 両翼愛国者の力に期待 南労働撤兵実現を期し重大声明
1947.10.31	第11,12号	01頁08段		新体制編成を提唱
1947.10.31	第11,12号	02頁01段		第4回全体大会の成果 民族統一戦線体など活動方針決定
1947.10.31	第11,12号	02頁01段		数字で示す偉大な業績 曹氏、一年間の活動経過を報告
1947.10.31	第11,12号	02頁03段		機構問題で大論戦 議長団制度遂に通過
1947.10.31	第11,12号	02頁05段		財政一元化可決 婦同李女史熱弁振るう
1947.10.31	第11,12号	02頁07段		新中央委員は131名
1947.10.31	第11,12号	02頁09段		初代義長団選挙 三人連記制の一般投票
1947.10.31	第11,12号	02頁09段		毎日新聞記事問題追及
1947.10.31	第11,12号	03頁01段		朝連運動に新局面開くか 注目される白書記長の所見発表
1947.10.31	第11,12号	03頁01段	元容徳	1946年文教活動について

발행일	발행호	지면정보	필자	기사제목(원문)
1947.10.31	第11,12号	03頁05段		書記長に白武氏 新常任陣容7名選任
1947.10.31	第11,12号	03頁04段		民族統一こそ最大要務
1947.10.31	第11,12号	03頁09段	卓喜洙	自由の本質について
1947.10.31	第11,12号	04頁01段		不当千万な寄居警察 殺人犯逮捕功労者を不法行為だと逆に起訴
1947.10.31	第11,12号	04頁01段		〈解説〉早期撤兵の可能性生る 左右合意こそ米ソ接近の鍵
1947.10.31	第11,12号	04頁07段		建青の自省を求む 邪は正に勝ち得るものでない！
1947.10.31	第11,12号	04頁07段		ソ連案を心から支持 国連王中国代表生命
1947.11.07	第13号	01頁01段		会館建設具体化へ地方の推進状況報告まつ
1947.11.07	第13号	01頁02段		学生の進歩性を確認学同二中朝連との協調を決議
1947.11.07	第13号	01頁01段		〈主張〉一人愛国連動を展開せよ民戦新三人原則の正しい意義
1947.11.07	第13号	01頁06段		退兵、総選挙の順序こそ自主統一政権樹立の方法
1947.11.07	第13号	02頁01段		〈朝鮮問題解説〉鍵は朝鮮民族の掌中にあり多難を予想される調査委員会
1947.11.07	第13号	02頁01段		〈寄居事件統報〉公正かく求刑論告布施弁護へ田上検事を痛烈に論難
1947.11.07	第13号	02頁05段		十二氏有罪判決
1947.11.07	第13号	02頁07段		全国文教部長会議十二月六、七日同本会館で
1947.11.07	第13号	02頁09段	李鍾泰	若松八幡で大運動会 九州出張中間報告
1947.11.07	第13号	02頁11段		オリンピック参加決る
1947.11.14	第14号	01頁01段		〈主張〉"時局対策要綱"を駁す 軍政延長希望は反民族的行為
1947.11.14	第14号	01頁01段		財政一元化をいかになすべきか 健全財政は盟費制組織強化こそ成功への道
1947.11.14	第14号	01頁06段		"時局対策要綱"とは？
1947.11.14	第14号	01頁11段		宋性徹氏 送還
1947.11.14	第14号	01頁11段		姜希守氏起訴 公判十一日
1947.11.14	第14号	01頁11段		帰国に新手続軍政で取扱
1947.11.14	第14号	02頁01段		法廷で暴弾の圧陰謀ボロを出したどろもどろの永田証人-下関事件控訴審
1947.11.14	第14号	02頁01段		日警,憲法をふみにじる住居不可侵を犯す令狀なして侵込みをおそう
1947.11.14	第14号	02頁03段		民族侮蔑の秘密指令全文令狀はなき不法家宅捜索計劃書
1947.11.14	第14号	02頁10段		全要求遂無条件受諾"秘密指令"つきつけやっと屈服
1947.12.05	第17号	01頁01段		〈主張〉税金問題をとりあげよ
1947.12.05	第17号	01頁01段		大衆斗争に偉大な教訓 十二月事件記念斗争方針決る
1947.12.05	第17号	01頁03段		あの日去って既に一年-戦いはやぶれたれ共千秋に残る貴重な教訓

발행일	발행호	지면정보	필자	기사제목(원문)
1947.12.05	第17号	01頁06段		関東地協当面の重要方針論議会館建設基金は年末まで完納せん
1947.12.05	第17号	01頁08段		知識人の使令重大 朝連主権大学卒業生懇談会
1947.12.05	第17号	01頁11段		朴元変氏辞任
1947.12.05	第17号	02頁01段		民族代表機関生れるか国内政界俄然活溌化す注目の政党懇談
1947.12.05	第17号	02頁01段		〈会館獲得〉納金遅滞で蹉跌中央事務局で督促状
1947.12.05	第17号	02頁04段		〈土浦公判〉歴史的被告弁論に検、判事青くなって狼狽日警公約破って弾圧をたくらむ
1947.12.05	第17号	02頁05段	中総文教部	教育対策について(一)
1947.12.05	第17号	02頁07段		姜希守氏弁論要旨
1947.12.12	第18号	01頁01段		〈主張〉改正税法をあばく
1947.12.12	第18号	01頁01段		〈12月18日 人民劇場で〉最低生活権確保人民大会-朝連も参加、共同斗争にたつ 全人民の要求と総力結集 資本家的復興様式を排除
1947.12.12	第18号	01頁10段		張徳秀殺さる
1947.12.12	第18号	02頁01段		〈中国革命と朝鮮〉国府徹底打倒を宣言 主目される中共の戦術転換
1947.12.12	第18号	02頁05段		太極旗を空高く掲げん
1947.12.19	第19号	01頁01段		〈主張〉なぜ送金がおくれるか
1947.12.19	第19号	01頁01段		難治の病床あら涙の基金"小島の春"に咲く民族愛
1947.12.19	第19号	01頁02段		救国運動に立て南労党愛国の士に呼びかく
1947.12.19	第19号	01頁05段		時局要綱の波紋立議、民政長官等を不信任
1947.12.19	第19号	01頁06段		北朝鮮新貨幣発行
1947.12.19	第19号	01頁08段		南朝鮮政党めぐり(その一) 中間政党篇
1947.12.19	第19号	01頁10段		朝連大阪時報創刊 国文版で月二回発行
1947.12.19	第19号	02頁01段		教育機関の再編成え 全国文教部長学校代表者会議開く
1947.12.19	第19号	02頁01段		〈時事解説〉ロンドン外相会議決裂と朝鮮問題
1947.12.19	第19号	02頁03段		内務省の新たな"外国人活動調査"を警戒せよ
1947.12.19	第19号	02頁06段		下関事件の第二審
1947.12.19	第19号	02頁06段		求刑通りの言渡 土浦事件、一方的な判決
1947.12.19	第19号	02頁08段		三一政治学院卒業式
1948.01.16	第23号	01頁01段		経済的規範確立が急務 1948年度経済部活動目標
1948.01.16	第23号	01頁01段		＜主張＞反動の分裂作を封ぜよ
1948.01.16	第23号	01頁10段		3・1政治学院第8期生募集
1948.01.16	第23号	02頁01段		児童たちも続々と参加 この純情に答えよ 大人を泣かす手紙の数々
1948.01.16	第23号	02頁01段		朝連を強化拡大する道 実践の不忠実は思想の貧困と自己批判の欠如にある
1948.01.16	第23号	02頁04段		広く深い活動を 48年度文化活動展望
1948.01.16	第23号	02頁10段		中総文教部からのお願い

발행일	발행호	지면정보	필자	기사제목(원문)
1948.01.16	第23号	02頁08段		＜映画＞ナグネ
1948.01.23	第24号	01頁01段		日本の経済破綻深化と克服のための斗い
1948.01.23	第24号	01頁01段		＜主張＞十三中委に与う
1948.01.23	第24号	01頁07段		第13回中央委員会会順
1948.01.23	第24号	02頁01段		国連委員団とその反響 われらの斗争対象
1948.01.23	第24号	02頁01段		南朝鮮政党めぐり(その二)
1948.01.23	第24号	02頁04段		支持反動派の延命策 北朝鮮三大政党機関誌所論
1948.01.23	第24号	02頁08段		民青員数名重傷
1948.02.06	第25・26号	01頁01段		意義と成果は重大 民戦路線盤石上に堅持
1948.02.06	第25・26号	01頁01段		歴史的第13回中央委員会
1948.02.06	第25・26号	01頁01段	李心喆	十三中の教訓を生かせ
1948.02.06	第25・26号	01頁04段		十三中委議事概要
1948.02.06	第25・26号	01頁07段		＜金民化議長開会辞＞山頂に登る程苦しくなる　懐疑と妥協は敗北えの道
1948.02.06	第25・26号	01頁08段		スローガン(十三中委)
1948.02.06	第25・26号	02頁01段		生活危機打開について
1948.02.06	第25・26号	02頁01段		十三中委決定活動方針 全盟員の協力な団結下 祖国民主独立戦線の陳頭に立つ
1948.02.06	第25・26号	02頁05段		文教活動強化について
1948.02.06	第25・26号	02頁07段		組織宣伝強化対策について
1948.02.06	第25・26号	02頁09段		白書記長を罷免 組織的背信が致命的誤謬
1948.02.06	第25・26号	02頁10段		新書記長に李心喆氏当選
1948.02.06	第25・26号	03頁02段		朝鮮完全自主独立戦取について
1948.02.06	第25・26号	03頁05段		財政一元化と財政確立について
1948.02.06	第25・26号	03頁07段		前書記長白武氏に対する　決定書
1948.02.06	第25・26号	03頁08段		朝連財産管理財団設立について
1948.02.06	第25・26号	04頁01段		ガ翁の死を悼む
1948.02.06	第25・26号	04頁01段		白武決定書解説 反朝連的背信行為 民戦路線抹殺を企図
1948.02.06	第25・26号	04頁01段		朝鮮新報をボイコットせよ　露骨な破壊の記事で同胞迷わす
1948.02.06	第25・26号	04頁06段		印度独立とガ翁 宗派斗争最大の犠牲
1948.02.06	第25・26号	04頁06段		朝連開館建設基金納付状況
1948.02.20	第27・28号	01頁01段		南鮮全域罷免の波 国連委反対、両軍撤退を要求
1948.02.20	第27・28号	01頁01段		＜主張＞祖国人民の蹶起に呼応　週間活動方針の完全遂行へ
1948.02.20	第27・28号	01頁05段		線路、通信戦切断
1948.02.20	第27・28号	01頁08段		問題小総会へ移す 国連委員団の活動が原因
1948.02.20	第27・28号	02頁01段		3・1記念斗争週間活動要綱
1948.02.20	第27・28号	02頁01段		引き続け革命先烈の志 3・1革命記念日を迎え

発行日	発行号	紙面情報	筆者	記事題目(原文)
1948.02.20	第27・28号	02頁05段		3・1記念斗争スローガン
1948.02.20	第27・28号	02頁06段		敵の正体はこれだ 韓民党独裁下単政を陰謀
1948.02.20	第27・28号	02頁11段		1948年度進学者に告ぐ
1948.02.20	第27・28号	03頁01段		祖国の永久繁栄を保障 朝鮮人民軍閲兵で金委員長演説
1948.02.20	第27・28号	03頁05段		南北鮮の分裂を策す 来鮮民戦侵略政策を痛撃
1948.02.20	第27・28号	03頁06段		国連委員団に望む
1948.02.20	第27・28号	03頁09段		共委は何故決裂したか ソ連が見た米の対朝鮮政策
1948.02.20	第27・28号	03頁11段		ブルガリア祖国戦線単一正当化
1948.02.20	第27・28号	04頁01段		独立の国・自主の民 万物よみがえる復活のあした 独立宣言書
1948.02.20	第27・28号	04頁05段		3・1とはどんな日か 検挙60万に及ぶ "万才"叫び続けた一年
1948.02.20	第27・28号	04頁08段		妥協的解決を計る 土地問題と結付せず
1948.02.20	第27・28号	04頁10段		自力自主の独立 主体は戦斗的革命階級
1948.03.05	第29・30号	01頁01段		三一革命記念万々歳 東京人民大会人民広場で開催
1948.03.05	第29・30号	01頁01段		胸に溢る伝統の血 六群衆国連委退去絶叫
1948.03.05	第29・30号	01頁01段		"天皇"え痛憤の涙 人民の利益を守る人民車各弁士、両軍の撤退要求
1948.03.05	第29・30号	01頁05段		秩序整然なデモ 飛躍的女性の進出
1948.03.05	第29・30号	01頁05段		民族自決権を与えよ
1948.03.05	第29・30号	01頁07段		斗争中の全遞従業員が「朝鮮人民共和国万歳」 地方の記念大会も盛大に開催さる
1948.03.05	第29・30号	02頁01段		国連朝委に送る決議文
1948.03.05	第29・30号	02頁01段		日本教育を強要 文教部、文相に厳重抗議
1948.03.05	第29・30号	02頁03段		ソ連は両軍撤退を主張 対日理事会ソヴィエト代表代理
1948.03.05	第29・30号	02頁07段		古語辞典の発刊に際して 朝鮮古語辞典編集部
1948.03.05	第29・30号	03頁01段		没収船舶の損害数十億 社会部で対策を極力講究中
1948.03.05	第29・30号	03頁01段		朝鮮民主人民共和国樹立の報道に関して
1948.03.05	第29・30号	03頁03段		抑留朝鮮人船舶調査
1948.03.05	第29・30号	03頁07段		<解説>朝鮮民主人民共和国憲法草案発表について
1948.03.05	第29・30号	03頁07段		3.1革命29周年記念人民大会宣言
1948.03.05	第29・30号	04頁01段		朝鮮新報社崩壊? 配給物資綱領罪で柳社長告訴さる
1948.03.05	第29・30号	04頁01段		密輸等の事実暴露 詐取額数千万円に達せん
1948.03.05	第29・30号	04頁01段		単独選挙を排すー議長団声明ー
1948.03.05	第29・30号	04頁04段		具範植氏検束さる 3・1記念斗争準備中
1948.03.05	第29・30号	04頁05段		青道民青に合流 17日正式調印終る
1948.03.05	第29・30号	04頁05段		臨時憲法草案討議に各政党団体の活躍
1948.03.05	第29・30号	04頁07段		美術工芸品の寄贈二つ

발행일	발행호	지면정보	필자	기사제목(원문)
1948.03.05	第29・30号	04頁08段		<国際問題>チェコの政変
1948.04.30	第33・34号	01頁01段		ペンヤン懐疑の第一声
1948.04.30	第33・34号	01頁01段		参千万民族の真のさけび 単政反対、統一要求 第一回決定書発表
1948.04.30	第33・34号	01頁01段		全朝鮮同胞に告ぐ
1948.04.30	第33・34号	01頁01段		<主張>救国運動と教育斗争
1948.04.30	第33・34号	01頁01段		本国の対日文化擁護聯盟より 在日同胞へメッセージ
1948.04.30	第33・34号	01頁05段		米ソ両国に書簡 ペンヤン懐疑伝達
1948.04.30	第33・34号	01頁07段		日本政府の頑迷さ 神戸事件に対し朝連中総声明
1948.04.30	第33・34号	01頁07段		在日各団体に招請状 救国斗争に参加を要請
1948.04.30	第33・34号	02頁01段		われらはかく闘っている老若男女民族を問わず獄内外相互応じて -兵庫県の例-
1948.04.30	第33・34号	02頁01段		各方面理解を深くす 中央の交渉経過
1948.04.30	第33・34号	02頁03段		強力な斗争に知事屈す 岡山県斗争経過
1948.04.30	第33・34号	02頁04段		大衆を苦しめる悪税といかに斗ったか
1948.04.30	第33・34号	02頁04段		成果をあげた京都 部分的闘争に終らすな
1948.04.30	第33・34号	02頁07段		私はこう思う
1948.04.30	第33・34号	03頁01段		臨時憲法草案討議 特別人民会議召集す 28日ペンヤンで
1948.04.30	第33・34号	03頁01段		浜松事件の真相 何をする警察か? 反動の報道に迷わされるな!
1948.04.30	第33・34号	03頁03段		全国に起る開館建設の熱
1948.04.30	第33・34号	03頁08段		教育自主性を認めよ 不当弾圧反対大会 開かる
1948.04.30	第33・34号	03頁08段		新常任委員決まり 部署一部変更さる
1948.04.30	第33・34号	03頁10段		民主文化を教え!
1948.04.30	第33・34号	04頁01段		日政、朝鮮人弾圧を企途
1948.04.30	第33・34号	04頁01段		民主党議員又も暴言 第三国人非ぼうで人気狙う
1948.04.30	第33・34号	04頁02段		十分間の結成大会 三百名警官出動下に -民団建青合同結成-
1948.04.30	第33・34号	04頁02段		"敵の住宅を教えろ" 武装警官百四十名の襲撃
1948.04.30	第33・34号	04頁03段		暴行の限りをつくす
1948.04.30	第33・34号	04頁05段		目下不法検索
1948.04.30	第33・34号	04頁05段		被害六十万円におよぶ
1948.04.30	第33・34号	04頁05段		在日朝鮮人教育の実情(2) その過去と現在
1948.04.30	第33・34号	04頁05段		追出された反動 埼玉建青・民団合同大会
1948.04.30	第33・34号	04頁06段		餓死境を越えて日本え
1948.04.30	第33・34号	04頁09段		朝鮮人教育問題に関し 日本の人民に訴う!
1948.05.14	第35号	01頁01段		共同声明発表 両軍撤退後も内戦のおそれなし 民主主義臨時政府はわれらの手で
1948.05.14	第35号	01頁03段		<主張>民族文化の危機

발행일	발행호	지면정보	필자	기사제목(원문)
1948.05.14	第35号	01頁04段		干渉されなければ 独立国家えの実力あり
1948.05.14	第35号	01頁08段		朝鮮臨時憲法草案無修正通過 北朝鮮人民特別会議終る
1948.05.14	第35号	01頁09段		北朝鮮特別人民会議開く
1948.05.14	第35号	02頁01段		朝鮮人教育問題一応協定成立 私立学校の自主性で朝鮮人独自の教育 日本法令に従い認可申請
1948.05.14	第35号	02頁01段		<教育問題>覚え書細目決定 文部省各地方長官あて指令発す
1948.05.14	第35号	02頁04段		教育問題に対する 中央の交渉経過
1948.05.14	第35号	02頁05段		<解説>ペンヤン会議の経過
1948.05.14	第35号	02頁08段		注目すべき反動の言動 南朝鮮単選に対し 民団一支持 建青一反対
1948.05.14	第35号	02頁10段		自由雰囲気とはウソ 単選反対斗争全国委員会声明
1948.05.14	第35号	03頁01段		大衆の圧力に逃げ廻る知事ら 反動を利用して挑発
1948.05.14	第35号	03頁01段		神戸・大阪事件の責任は誰にあるか?
1948.05.14	第35号	03頁03段		教育問題解決に際し 朝連中総声明書発表
1948.05.14	第35号	03頁05段		北平在留朝鮮人 日本政府の指令に抗議
1948.05.14	第35号	03頁07段		見よ! この陰謀と無誠意 戦犯、特高を縦横に駆使
1948.05.14	第35号	03頁09段		実情を調査せよ 神戸事件は虐待の結果
1948.05.14	第35号	04頁01段		日本民主団体調査団声名 世界平和に関連する 重大問題なり
1948.05.14	第35号	04頁02段		日本民主団体代表と共同調査団出発
1948.05.14	第35号	04頁03段		万国の労働者団結せよ!民族の独立を叫ぶ青年ら 六十万の大デモ
1948.05.14	第35号	04頁05段		不当弾圧に共に斗おう
1948.05.14	第35号	04頁06段		<投書欄>日本人の誤解
1948.05.14	第35号	04頁06段		神戸・大阪事件 公判斗争 準備進む
1948.05.14	第35号	04頁08段		日本政府に抗議 少年射殺の責任追及
1948.05.14	第35号	04頁08段		世界の動き 危機はらむパレスチナ
1948.05.14	第35号	04頁10段		救国人民大会 各地で開かる
1948.05.21	第36号	01頁01段		民族総意に反した南朝鮮単選 国土両断、民族分裂 5・10選挙認めず
1948.05.21	第36号	01頁01段		<主張>教育弾圧に抗して
1948.05.21	第36号	01頁01段		南朝鮮総選挙の反響
1948.05.21	第36号	01頁04段		断乎粉砕すべし 朝鮮文化団体総連盟
1948.05.21	第36号	01頁07段		ソ連撤退の用意あり コ中将 連席会議え回答
1948.05.21	第36号	01頁09段		一万五百の大デモ 福岡県救国人民大会
1948.05.21	第36号	01頁11段		国連朝委より回答文
1948.05.21	第36号	02頁01段		在日朝鮮人学校事件 真相調査団報告会ひらく
1948.05.21	第36号	02頁01段		こもごもさけぶ反動政策 五百聴衆の胸を打つ

발행일	발행호	지면정보	필자	기사제목(원문)
1948.05.21	第36号	02頁03段		神戸事件その後 組織は急速に再建中 中総派遣調査団の活動成果上る
1948.05.21	第36号	02頁04段		教育斗争先進のため 第五回全国文化部長会議
1948.05.21	第36号	02頁07段		<論結>火事泥で一もうけ 阪神事件における建青の背族行為
1948.05.21	第36号	02頁08段		朝鮮教育者協会より激 民族の言語は不滅 民族の生命守れ!
1948.05.21	第36号	02頁10段		大阪事件起訴拘禁者名 起訴65名 拘禁35名
1948.05.21	第36号	03頁01段		緊迫した神戸の空気
1948.05.21	第36号	03頁01段		在日朝鮮人学校事件真相調査団 みて来た阪神学校事件 渡邊三知夫氏の報告(1)
1948.05.21	第36号	03頁02段		ものものしい警戒
1948.05.21	第36号	03頁02段		下から盛り上った運動
1948.05.21	第36号	03頁02段		当局行過ぎを認む
1948.05.21	第36号	03頁04段		文部省の指令が悪い
1948.05.21	第36号	03頁04段		必死に逃げる知事ら
1948.05.21	第36号	03頁04段	李同変	さながら「朝鮮人狩り」の神戸 一九日間の獄中記ー(上)
1948.05.21	第36号	03頁06段		教育問題犠牲者を救おう 解放運動救援会動く
1948.05.21	第36号	03頁07段		芸者をあげて息抜き
1948.05.21	第36号	03頁08段		<注意>救援基金取り扱いに就いて
1948.05.21	第36号	03頁10段		建青を御馳走によぶ
1948.05.21	第36号	04頁01段		在日朝鮮人教育の実情(3) その過去と現在 弾圧と文盲が最大のはなむけ
1948.05.21	第36号	04頁03段		<解説>二十億の赤字 解放後の南朝鮮貿易
1948.05.21	第36号	04頁06段		建青・日警提携の豪華版会衆より多い警官 建青主観中央政府樹立促成大会
1948.05.21	第36号	04頁07段		教育弾圧の発端は建青の密告から
1948.05.21	第36号	04頁08段		片山氏逃げ出す 教育問題で問い詰められ
1948.05.21	第36号	04頁10段		盗まれた民映機械あがる 関係者四名に三年以下求刑
1948.05.21	第36号	04頁10段		朝連横須賀支部大会
1948.05.21	第36号	04頁11段		働くものの文化を守る会
1948.05.28	第37号	01頁01段		九同志の公判ひらく-法てい用語問題でもむ-朝鮮語使用禁止は人権侵害
1948.05.28	第37号	01頁01段		五・三〇事件 十八周年を迎えて
1948.05.28	第37号	01頁04段		南朝鮮への送電はなぜ中止されたか?
1948.05.28	第37号	01頁08段		反日慶尚南道委員より-在日同胞え メッセージ
1948.05.28	第37号	01頁09段		民族の総意を無視-五一〇選挙は無効-南朝鮮選挙反対 全国闘争委員会
1948.05.28	第37号	02頁01段		福岡地方- 出張を終えて(上)
1948.05.28	第37号	02頁02段		例を見ない裁判-布施弁護士語る
1948.05.28	第37号	02頁04段		上五条罪状-軍事委員会告訴狀全文

발행일	발행호	지면정보	필자	기사제목(원문)
1948.05.28	第37号	02頁09段		〈獄中同志書簡〉最終まで闘う-祖国に向って糸礼
1948.05.28	第37号	03頁01段		〈在日朝鮮仁学校事件真相調査団〉みて来た阪神学校事件
1948.05.28	第37号	03頁01段		＜言語に絡する建青のテロ＞最終まで闘った女性たち-9日間獄中記(下)-
1948.05.28	第37号	03頁07段		十二月事件犠牲者 留守家族の美挙
1948.05.28	第37号	03頁08段		解放運動救援会 全国結成近し
1948.05.28	第37号	03頁09段		単選単政反対救国闘争 人民大会開催現況
1948.05.28	第37号	03頁11段		探照灯
1948.06.04	第38号	01頁01段		〈歴史的解放闘争日〉6.10万歳22周年記念日に際し-在日同胞に激す
1948.06.04	第38号	01頁01段		早く初日より論争-いわゆる南朝鮮国会開催
1948.06.04	第38号	01頁05段		着々進む建設工作-北朝鮮物価引下げ実施
1948.06.04	第38号	01頁05段		＜主張＞6.10革命記念日 二十三周年を迎えて
1948.06.04	第38号	02頁01段		〈大阪事件公判〉解放の歌声も高く 朝鮮語の使用を主張-武装警官の出勤は何故?
1948.06.04	第38号	02頁02段		初夏の太陽に映えるチョコリ 民族の体育祭典開く
1948.06.04	第38号	02頁04段		〈神戸地方〉出張を終えて(中)
1948.06.04	第38号	02頁07段		〈6.10万歳事件〉亡国の怒り爆発-無数の同胞殺傷さる
1948.06.04	第38号	02頁09段		六十万同胞に誓う-六十万歳事件記念日に
1948.06.04	第38号	03頁09段		〈在日朝鮮仁学校事件真相調査団〉みて来た阪神学校事件
1948.06.04	第38号	04頁01段		のびゆく和歌山本部-急ぐ六十万歳カンパ
1948.06.04	第38号	04頁04段		〈ぺにゃん日本人勤労者大会〉幸福な日を送る日本人-日本政府の野望を粉砕せよ!
1948.06.04	第38号	04頁05段		学者,資金の援助も受ける-北朝鮮在留日本人金委員長みにメッセージ
1948.06.04	第38号	04頁06段		禁煙禁酒で救援基金-愛知県同胞の活躍
1948.06.04	第38号	04頁08段		ギリシャの民主愛国者救
1948.06.04	第38号	04頁08段		〈世界の動き〉米国の対日策をめぐる 各国の動き
1948.06.04	第38号	04頁11段		〈書評〉金紅園著「朝鮮人狩り」
1948.06.11	第39号	01頁01段		神戸学校事件に対し 本国弁護士団訪日か
1948.06.11	第39号	01頁01段		＜主張＞歴史は人民が作る
1948.06.11	第39号	01頁04段		＜解説＞いわゆる南朝鮮国会について
1948.06.11	第39号	01頁05段		4-6倍の生産 躍進する鉄道工場
1948.06.11	第39号	01頁06段		上昇する物価 労力不足の南朝鮮
1948.06.11	第39号	01頁08段		オリムピック出場選手決る 22日出発予想
1948.06.11	第39号	02頁01段		雄々しく起ち上る同胞 日警の残虐さ世界に知らる
1948.06.11	第39号	02頁03段		罪を造るにも骨が折れる 事件に関係ない被告
1948.06.11	第39号	02頁06段	編集部	不当弾圧反対斗争を組織しよう
1948.06.11	第39号	02頁07段		釈放救援運動を展開せよ

발행일	발행호	지면정보	필자	기사제목(원문)
1948.06.11	第39号	03頁01段		被害の本質をつかみ新たな斗争へー神戸地方出張を終えて(完)ー
1948.06.11	第39号	03頁02段		生活協同組合の大衆化について(一)
1948.06.11	第39号	03頁02段		1. 組織推進と再整備に関して
1948.06.11	第39号	03頁05段		米国の朝鮮政策(一) 一、その歴史的検討
1948.06.11	第39号	03頁06段		最後の勝利を確信 獄中同士にメッセージ
1948.06.11	第39号	03頁08段		愛国者の大量虐殺
1948.06.11	第39号	04頁01段		学同組織強化す
1948.06.11	第39号	04頁02段		待望の「朝鮮古語辞典」出版近づく
1948.06.11	第39号	04頁01段	南廷揚	北信、東北地方出張を終えて
1948.06.11	第39号	04頁05段		法廷同志を救おう 著名陳情運動を急げ
1948.06.11	第39号	04頁07段		阪神地方に応援隊をおくる
1948.06.11	第39号	04頁09段	朝鮮古語辞典編集部	朝鮮古語辞典発刊に際して(中)
1948.06.18	第40号	01頁01段		在日朝鮮人教育問題 極東委員会に提訴 日帝残さいの罪悪 全世界に暴露せん
1948.06.18	第40号	01頁01段		基本的人権のじゅうりん 極東委員会基本政策の否定
1948.06.18	第40号	01頁06段		英連邦代表より回答 関心もって研究中
1948.06.18	第40号	02頁01段		単政反対統一政府樹立促成 人民大会ひらく 力強い救国の叫び
1948.06.18	第40号	02頁02段		法廷斗争とは別途に教育問題覚書交換す
1948.06.18	第40号	02頁02段		済州島の人民抗争 済州島同胞の犠牲を無にする
1948.06.18	第40号	02頁04段		南朝鮮民主主義民族戦線に送るメッセージ
1948.06.18	第40号	02頁09段		済州再選挙不能 選挙期日延期を要請
1948.06.18	第40号	03頁01段		朝鮮解放運動救援会 中央本部結成さる
1948.06.18	第40号	03頁01段		第15中委ひらく
1948.06.18	第40号	03頁01段		米国の朝鮮政策(完) 二、その解放後の考察
1948.06.18	第40号	03頁02段		生活協同組合の大衆化について(二) 二、経営確立
1948.06.18	第40号	03頁02段		1. 協同購入運動に起訴を置こう
1948.06.18	第40号	03頁06段		2. 班会代表者で運営委員会を構成しよう
1948.06.18	第40号	03頁09段		3. 調査活動はあらゆる活動の基礎である
1948.06.18	第40号	03頁04段		＜解説＞日本における今日の話題 帰還問題をめぐる反動の宣伝とその真相
1948.06.18	第40号	03頁11段		金日成将軍各職場農村を視察
1948.06.18	第40号	04頁01段		雨降って地固まる茨城県の学校礎固し 百万円カンパも完遂か
1948.06.18	第40号	04頁01段		真相調査を要請
1948.06.18	第40号	04頁03段		充実した内容と広範囲な教材を 朝連教材編さん委員会
1948.06.18	第40号	04頁03段		北朝鮮に帰順
1948.06.18	第40号	04頁05段		フランスのアンナン分裂政策

발행일	발행호	지면정보	필자	기사제목(원문)
1948.06.18	第40号	04頁08段	朝鮮古語辞典編集部	朝鮮古語辞典発刊に際して(下)
1948.06.18	第40号	04頁10段		教育問題犠牲者救援基金
1948.06.25	第41号	01頁01段		米ソ両軍は同時に即時撤退せよ! 北朝鮮ソ軍大量縮減の反響
1948.06.25	第41号	01頁02段		米軍も撤退せよ 北朝鮮労働党
1948.06.25	第41号	01頁01段		沸き起こる万才の声 オリンピック出場選手来る
1948.06.25	第41号	01頁04段		提案の実行 北朝鮮民主党
1948.06.25	第41号	01頁05段		救国闘争に一大こ舞 天道教青友党
1948.06.25	第41号	01頁05段		公正な態度 北朝鮮職業総同盟
1948.06.25	第41号	01頁06段		援助に感謝 北朝鮮農民同盟
1948.06.25	第41号	01頁06段		友好政策の現れ 北朝鮮民主女性同盟
1948.06.25	第41号	01頁07段		米軍も即時撤兵せよ 勤労人民党談
1948.06.25	第41号	01頁09段		民族自決の機会を与えよ
1948.06.25	第41号	01頁09段		信頼感は大きい 民主青年同盟
1948.06.25	第41号	01頁09段		誠意ある実践に感謝 社会民主党談
1948.06.25	第41号	01頁10段		撤退は祖国解放の原則 民族自主連盟
1948.06.25	第41号	01頁10段		米軍の立場困る 英国官邊の見解
1948.06.25	第41号	02頁01段		うごめく反動ども 日政はねらう経済弾圧
1948.06.25	第41号	02頁01段	金万有	<論時>単政に希望は待てるか?
1948.06.25	第41号	02頁03段		単政に反対して祖国を救え! 各地でさけぶ6・10人民大会
1948.06.25	第41号	02頁07段		朝連初等学校の皆さまえ
1948.06.25	第41号	02頁09段		代表派遣急げ 電力問題に民戦談話
1948.06.25	第41号	02頁11段		電力は人民委員会所管 北朝鮮ソ連軍司令官回答
1948.06.25	第41号	02頁11段		腐敗官史を粛正せよ 済州島事件に民独党談
1948.06.25	第41号	03頁01段		影をひそめる建青 関東地協 阪神に救援隊派遣
1948.06.25	第41号	03頁01段	金万有	赤字と取り組むー東北地方出張を終えてー
1948.06.25	第41号	03頁02段		救援対策ねる 第13回近畿地協
1948.06.25	第41号	03頁04段		世界労連加盟を目指す 五百万人の大組織
1948.06.25	第41号	03頁06段		機関の固定化さけよ 九州地協ひらく
1948.06.25	第41号	03頁09段		療養施設を設く 解救常任委員会決議
1948.06.25	第41号	03頁10段		米国の対日政策を批判
1948.06.25	第41号	04頁01段		組織の育てた指導者 坂東を排して斗争は強化 福井県から帰って
1948.06.25	第41号	04頁01段		社会保険制の成果 449万名助かる
1948.06.25	第41号	04頁02段		日帝の再興 上海朝鮮人神戸事件に抗議
1948.06.25	第41号	04頁02段		送電停止の影響 南朝鮮産業危機に直面
1948.06.25	第41号	04頁05段		アメリカ石油トラスト及び中東問題
1948.06.25	第41号	04頁05段		固く結んだ協同斗争 慰安会で救援金二万円

발행일	발행호	지면정보	필자	기사제목(원문)
1948.06.25	第41号	04頁05段		「国会」のデマに抗議
1948.06.25	第41号	04頁07段		百万円カンパ急ぐ 成績不振に李氏活躍
1948.07.02	第42号	01頁01段		真の犯罪者を罰せよ!六十万、あげて抗議せん 中央常任委員会声明
1948.07.02	第42号	01頁01段		日本政府の失政だ 田辺次席検事言明
1948.07.02	第42号	01頁03段		笑止!二十五年の求刑 布施弁護士その不当をつく
1948.07.02	第42号	01頁05段		愛国者を救おう
1948.07.02	第42号	01頁06段		同胞死者22名に上る
1948.07.02	第42号	01頁06段		救援対策決る 中央常任委員会
1948.07.02	第42号	01頁07段		朝鮮問題は朝鮮人にまかせ!!
1948.07.02	第42号	01頁09段		朝鮮人代表派遣せよ!
1948.07.02	第42号	02頁01段		大阪の軍事公判18名に最高四年の判決下る
1948.07.02	第42号	02頁02段		九同志からメッセージ
1948.07.02	第42号	02頁05段		われら孤軍に非ず 三千万同胞の叫びを聴け 本国各団体よりのメッセージ
1948.07.02	第42号	02頁07段		神戸事件関係者に対する 二十五年求刑に関して
1948.07.02	第42号	02頁09段		日本再武装を警戒せよ
1948.07.02	第42号	03頁01段		7・1万宝山事件とは? 日帝軍閥の侵略 民族離間政策の犠牲
1948.07.02	第42号	03頁01段	金万有	朝連は政治学校ー東北地方出張を終えて(その二)ー
1948.07.02	第42号	03頁03段		京城の全学校え 反日帝ビラを撒く
1948.07.02	第42号	03頁06段		さらに前進 生協第二次会議
1948.07.02	第42号	03頁06段		造船労働者の統一戦線
1948.07.02	第42号	04頁01段		再開した東北高等学院 組織委員の活躍で財政確立
1948.07.02	第42号	04頁03段		飛行機は米B29 米人の伝える独島爆声事件の真相
1948.07.02	第42号	04頁05段	尹翰鶴	地方の音楽人に
1948.07.02	第42号	04頁07段		人民解放歌謡集出る
1948.07.02	第42号	04頁09段	朴元俊	弾圧の下でー神戸事件秒ーある新聞記者の手記(一)
1948.07.09	第43号	01頁01段		百万円の救援金と二百万の署名を-
1948.07.09	第43号	01頁05段		<主張>北陸地方の被害同胞を救え
1948.07.09	第43号	01頁07段		教育暴圧を粉粋せよ-日本再武装に抗議
1948.07.09	第43号	02頁01段		〈故呂運亨先生暗殺一周年〉追悼会は支部又は分会単位で
1948.07.09	第43号	02頁04段		祖国の同胞も総進撃始まる-本国各団体よりのメツセージ
1948.07.09	第43号	02頁04段		祖国の同胞も総進撃始まる-本国各団体よりのメツセージ
1948.07.09	第43号	02頁09段		難治病の同胞を救済
1948.07.09	第43号	03頁01段		〈進め!二百万署の名達成え!〉 阪神北陸え慰問団派遣-具体的運動方針決る

발행일	발행호	지면정보	필자	기사제목(원문)
1948.07.09	第43号	03頁02段		生活協同組合の大衆化について(三)
1948.07.09	第43号	03頁04段		単選支持を決議-建青中委のどろ仕合い
1948.07.09	第43号	03頁06段		〈ある新聞記者の手記(二)〉弾圧の下で-神戸事件抄-
1948.07.09	第43号	04頁01段		なつかしい祖国が見える-対馬の組織は大多忙
1948.07.09	第43号	04頁03段		米機13台による爆撃-目撃者の語る独島事件の真相
1948.07.09	第43号	04頁09段		<書評>"ソ連紀行"を読んで
1948.07.23	第44号	01頁01段		第5次北朝鮮人民会議 第二日 朝鮮民主主義人民共和国憲法実施さる 総選挙施行、満場一致可決
1948.07.23	第44号	01頁02段		慶祝に酔う北朝鮮各地
1948.07.23	第44号	01頁05段		<主張>芦田内閣の反人民的政策をつく
1948.07.23	第44号	01頁05段		朝鮮最高人民会議選挙実施に関する決定書
1948.07.23	第44号	01頁05段		中央選挙委員会 十七人で組織さる
1948.07.23	第44号	01頁07段		祖国の統一と独立に斗う 南北政治指導者協議会ひらく
1948.07.23	第44号	01頁09段		再審申立書 幕僚会議で検討中
1948.07.23	第44号	02頁01段		民青第五中委上諏訪でひらく すぐ実行にうつせる結論 直ちに福井え操作団派遣す
1948.07.23	第44号	02頁02段		同胞よ奮起せよ
1948.07.23	第44号	02頁03段		働く農民と懇談会
1948.07.23	第44号	02頁05段		軍事委員会判決に対し 祖国各界の反響
1948.07.23	第44号	02頁05段		奇怪!!罪人扱い
1948.07.23	第44号	02頁07段		第十五中委 京都で開催
1948.07.23	第44号	02頁09段		夜を徹して熱論 朝連第四回組織委員会
1948.07.23	第44号	02頁10段		阪神北陸え慰問団を弾圧にめげず再び派遣
1948.07.23	第44号	03頁01段		正当な路線に立ち 全人民の支持を確信
1948.07.23	第44号	03頁02段	金万有	遊説と言葉と-東北地方出張を終えて(その二)-
1948.07.23	第44号	03頁04段		朝連開館移転開始 基金完納を期待
1948.07.23	第44号	03頁08段		神戸軍事委員会における 布施弁護士の最終弁論(一)
1948.07.23	第44号	04頁01段		文盲をなくした田野支部 立ち上がる完崎の組織
1948.07.23	第44号	04頁02段		金の入る弾圧 警視庁、教育問題に200万円
1948.07.23	第44号	04頁01段		南北政治指導者協議会 決議文
1948.07.23	第44号	04頁05段		我が財産を誰に? 各政党団体の憤激
1948.07.23	第44号	04頁06段	吉野耕	その後の崔承喜
1948.07.23	第44号	04頁09段	朴元俊	弾圧の下で-神戸事件秒-ある新聞記者の手記(二)
1948.07.30	第45号	01頁01段		最高 四年九ヶ月の判決 米軍憲兵裁判で言渡す 神戸学校事件のB級十一同志
1948.07.30	第45号	01頁01段		第十五回中央委員会開催の意義
1948.07.30	第45号	01頁03段		同胞弁護士なぜ立たせぬ? ソウル"朝鮮日報"社説
1948.07.30	第45号	01頁05段		南朝鮮にカイライ政権生る 「大統領」に李承晩氏
1948.07.30	第45号	01頁06段		大韓民国承認せず 国連朝委談

발행일	발행호	지면정보	필자	기사제목(원문)
1948.07.30	第45号	01頁08段		芦田内閣の責任を追求 李書記長談話発表
1948.07.30	第45号	01頁09段		徳田氏襲撃さる 犯人は反共連盟員
1948.07.30	第45号	01頁10段		外資カクトクの寒天大量腐敗
1948.07.30	第45号	02頁01段		署名運動をも禁ずすでに犠牲者四名出す
1948.07.30	第45号	02頁02段		＜解説＞朝鮮民主主義人民共和国憲法実施と総選挙施行について
1948.07.30	第45号	02頁03段		日本政府に抗議 福井市公安条例は憲法違反
1948.07.30	第45号	02頁04段		呂先生をしのぶ 中総における追悼会
1948.07.30	第45号	02頁06段		意地か?遊戯か? A級裁判と同じ起訴状
1948.07.30	第45号	03頁01段		布施弁護士の最終弁論(二)
1948.07.30	第45号	03頁02段		朝連中総と同居するの記
1948.07.30	第45号	03頁03段		豚にも予防注射 養豚業者にS・O・S
1948.07.30	第45号	03頁05段		日帝再侵略路の防止
1948.07.30	第45号	03頁07段		民主的改革が解決の鍵
1948.07.30	第45号	03頁09段		北海道の民団、建青独立化す
1948.07.30	第45号	04頁01段		栃木県に不当弾圧 全組織をあげて斗争中
1948.07.30	第45号	04頁01段		＜資料＞全朝鮮人民に告ぐ 北朝鮮民戦中委発表
1948.07.30	第45号	04頁03段		青年見えぬ済州島 ソウル新聞記者現地報告
1948.07.30	第45号	04頁06段		武装警官の包囲
1948.07.30	第45号	04頁07段	朴元俊	弾圧の下で―神戸事件抄―
1948.08.06	第46号	01頁01段		朝連第十五回中央委員京都で開く
1948.08.06	第46号	01頁01段		＜主張＞8・15記念日に際し 同胞に激す
1948.08.06	第46号	01頁05段		中委代表元氏ら 軍司令官を訪問
1948.08.06	第46号	01頁06段		極東委員会提訴 決定を問合す
1948.08.06	第46号	01頁07段		代議員候補に金日成を推す
1948.08.06	第46号	01頁08段		南鮮同胞も参加せよ 北鮮選挙委員会発表
1948.08.06	第46号	01頁09段		憲法実施に全力傾注 南朝鮮民戦声明発表
1948.08.06	第46号	02頁01段		五年以下の判決 大阪教育事件18同志に
1948.08.06	第46号	02頁01段		正義は永遠の勝利 滅亡は彼らこそ
1948.08.06	第46号	02頁03段		阪神教育事件犠牲者 無罪釈放要求決議文
1948.08.06	第46号	02頁04段		万雷の拍手で無迎う犠牲者
1948.08.06	第46号	02頁07段		強化される中央機関紙 朝連会館は今一いき
1948.08.06	第46号	02頁08段		女盟兵庫本部に表彰状を授与
1948.08.06	第46号	02頁09段		独田氏暗殺の企図は全民主勢力えの挑戦
1948.08.06	第46号	03頁02段		もり上る人民勢力と共に斗え 第3回目の解放記念日斗争
1948.08.06	第46号	03頁03段		登録証悪用は御法度 米穀通帳との照合は今回限り
1948.08.06	第46号	03頁05段		南北政党団体指導者協議決定の支持決議文
1948.08.06	第46号	03頁08段		神戸軍事委員会における 布施弁護士の最終弁論(三)
1948.08.06	第46号	04頁01段		寄居事件の二つの舞演ず 暴力団の無差別暴行

발행일	발행호	지면정보	필자	기사제목(원문)
1948.08.06	第46号	04頁02段		罪なき青年を監禁して差入れも署名も禁止
1948.08.06	第46号	04頁04段		市田警部ほかを告訴 不当弾圧に栃木本部で
1948.08.06	第46号	04頁05段		ファッショを倒せ! 徳田氏迎える人民大会
1948.08.06	第46号	04頁06段		富山県婦負本部 全同胞家屋浸水す
1948.08.06	第46号	04頁08段	朴元俊	弾圧の下で―神戸事件抄―
1948.08.13	第47号	01頁01段		あくまで無罪主張 神戸軍事裁判七同志再審を申立つ
1948.08.13	第47号	01頁01段		＜主張＞8・25総選挙の意義
1948.08.13	第47号	01頁05段		中委大教六氏基地司令部動かす
1948.08.13	第47号	01頁06段		陳情書を拒否 ア中将の回答
1948.08.13	第47号	01頁07段		南朝鮮も選挙実施か南
1948.08.13	第47号	01頁07段		選挙を控えて華やかな祝賀
1948.08.13	第47号	02頁01段		民族文化擁護の若き戦士 故金太一君の人民葬
1948.08.13	第47号	02頁03段		日本再武装反対決議文
1948.08.13	第47号	02頁09段		朝連も参加す 日本教育復興会議
1948.08.13	第47号	02頁10段		弾圧下の南朝鮮 大学教授を拷問
1948.08.13	第47号	03頁01段		学校事件記念日設く 文教活動強化に関し
1948.08.13	第47号	03頁01段		神戸軍事委員会における 布施弁護士の最終弁論(四)
1948.08.13	第47号	03頁05段		会館建設は着々進行中 基金完納は8・15まで
1948.08.13	第47号	03頁08段		奈良が真先に実行
1948.08.13	第47号	03頁10段		既に十部移転 8・15までには完了の見込み
1948.08.13	第47号	03頁10段		朝・日両民族の独立の為闘う
1948.08.13	第47号	04頁01段		中央機関紙を日刊に 紙代は八月中に清算
1948.08.13	第47号	04頁04段		華やか平和文化祭 アジアの七民族共同主催で
1948.08.13	第47号	04頁07段	朴元俊	弾圧の下で―神戸事件抄―
1948.08.20	第48号	01頁01段		解放の歌声も高く 中央政府の樹立を叫ぶ
1948.08.20	第48号	01頁03段		偉武堂々のデモ行進
1948.08.20	第48号	01頁04段		＜主張＞"大韓民国の傀儡政権を葬れ"
1948.08.20	第48号	01頁06段		北朝鮮各地の盛大な8・15記念式典
1948.08.20	第48号	01頁08段		南朝鮮人民も総決起 8・25選挙の勝利え!
1948.08.20	第48号	02頁01段		民族の平和と文化を守れ アジア民族平和文化祭ひらく
1948.08.20	第48号	02頁03段		各地の8・15人民大会
1948.08.20	第48号	02頁05段		朝鮮人教育に特別規定設けよ 芦田首相に決議文
1948.08.20	第48号	02頁08段		北朝鮮大会参加者 五百万におよぶ
1948.08.20	第48号	02頁10段		独立を妨害しながら何の独立祝典ぞ
1948.08.20	第48号	03頁01段		百万円カンパの完成え!!
1948.08.20	第48号	03頁02段		民族分裂を策す 新世界新聞のデマ報道
1948.08.20	第48号	03頁04段		ファッショを倒せ! 東京の反ファッショ人民大会
1948.08.20	第48号	03頁05段		六十万を侮辱 朴烈の濠現に宣伝部談話

발행일	발행호	지면정보	필자	기사제목(원문)
1948.08.20	第48号	03頁06段		教同大会ひらく 組織再建と教育強化
1948.08.20	第48号	03頁08段		統一政府必ず樹立 8・15に南労党談話
1948.08.20	第48号	04頁01段		雄々しく学生は叫ぶ ファッショとカイライ政権の打倒 朝鮮学生救国大演説会ひらく
1948.08.20	第48号	04頁01段		姜氏らに判決
1948.08.20	第48号	04頁02段		デモ隊に警官暴行 見物人もあんまりだ
1948.08.20	第48号	04頁04段		一目に見る建設譜 北朝鮮の解放記念展覧会
1948.08.20	第48号	04頁05段		見よ!殺人犯鈴木局長の目に余る罪状(上)
1948.08.20	第48号	04頁07段	朴元俊	弾圧の下で—神戸事件抄—
1948.08.27	第49号	01頁01段		完全独立の前夜! 南朝鮮人民代表者会議ひらく 南朝鮮代表千余名 選挙のため海州え
1948.08.27	第49号	01頁01段		南北労働者の歓呼裡に 済州島代表も参加して
1948.08.27	第49号	01頁02段		南鮮代表ら北上 政界の動向注目さる
1948.08.27	第49号	01頁04段		8・25選挙は歴史的偉業 金日成委員長—人民に呼びかく
1948.08.27	第49号	01頁05段		国際ファッショを打倒せよ 第39回国恥記念日に際して
1948.08.27	第49号	01頁05段		ホッヂ中将帰国 後任クールター少将
1948.08.27	第49号	01頁06段		南鮮選挙終了か 右翼各正当も参加
1948.08.27	第49号	01頁07段		地下選挙を促進 南朝鮮各政党団体
1948.08.27	第49号	01頁08段		北朝鮮第四次中央選挙委員会
1948.08.27	第49号	01頁09段		民連も全政会議支持 ソウル市組織委員会が声明
1948.08.27	第49号	01頁11段		李承晩政府に親日派
1948.08.27	第49号	02頁01段		弾圧に抗する組織の力 感心な川崎女盟の活動 くめども尽きぬ神奈川県の組織力
1948.08.27	第49号	02頁02段		想起せよ九月一日
1948.08.27	第49号	02頁04段		民叛らの買弁機関 "大韓民国"に対し民総声明
1948.08.27	第49号	02頁05段		<資料>朝鮮に延ばした魔手 日帝はこうして呑んだ 韓日合併の史実
1948.08.27	第49号	02頁06段		民青三全大会 10月1日より東京でひらく
1948.08.27	第49号	03頁01段		解放後の朝鮮経済—国恥記念日に因んで—
1948.08.27	第49号	03頁03段		<解説>東宝争議について
1948.08.27	第49号	03頁11段		見よ!殺人犯鈴木局長の目に余る罪状(下)
1948.08.27	第49号	04頁01段		統一か?分裂か? ドイツ問題と四カ国会談
1948.08.27	第49号	04頁05段	李股直	柿の木—9・1の虐殺記念日に—
1948.09.03	第50号	01頁01段		第一次朝鮮最高人民会議 九月二日に召集
1948.09.03	第50号	01頁01段		最高人民会議代議員総選挙終る 南朝鮮代議員も選出完了
1948.09.03	第50号	01頁01段		喜びに溢れる 北鮮の選挙風景
1948.09.03	第50号	01頁04段		<主張>定期大会に備えて新たな決意を固めよ
1948.09.03	第50号	01頁04段		金日成氏ら212名当選 支持投票97%以上

발행일	발행호	지면정보	필자	기사제목(원문)
1948.09.03	第50号	01頁04段		99％以上の成績 中間報告
1948.09.03	第50号	01頁06段		南鮮で360名当選 人民代表者会議終る
1948.09.03	第50号	01頁08段		南鮮代表の内訳 代表者大会主席団発表
1948.09.03	第50号	02頁01段		女同の意気高まる 緊急動機の続出 女同第二中も無事に終る
1948.09.03	第50号	02頁01段	金民	中国地方から 中国地方活動の概観
1948.09.03	第50号	02頁03段		二日間の慰問 女同三中の全委員が
1948.09.03	第50号	02頁05段		試練を経た強い力 第二回教同大会
1948.09.03	第50号	02頁06段		一年間の宿望成り 中総移転完了す
1948.09.03	第50号	02頁08段		大会対策など討議 第22回中国地協ひらく
1948.09.03	第50号	02頁09段		衣食住みな不足 北陸慰問隊かえる
1948.09.03	第50号	03頁01段		宣言、網領も改正 五全大会準備終る
1948.09.03	第50号	03頁01段		朝鮮人民共和国旗を掲揚 青森の8・15人民大会
1948.09.03	第50号	03頁03段		私たちの字とことばを学ぼう！
1948.09.03	第50号	03頁06段		立候補者を発表 南朝鮮人民代議者会議第三日
1948.09.03	第50号	03頁08段		真の犯罪者は日本の官僚
1948.09.03	第50号	03頁08段		神戸軍事委員会における 布施弁護士の最終弁論(五)
1948.09.03	第50号	03頁09段		日帝時代の警官 忠誠尽して今退職
1948.09.03	第50号	04頁01段		震災、反動、財政難 試練の多い石川県ー七月の報告からー
1948.09.03	第50号	04頁02段		＜文化＞雄弁家ー委員長が猫をねむらしたはなしー
1948.09.03	第50号	04頁06段	朴元俊	弾圧の下でー神戸事件抄ーある新聞記者の手記(七)ー
1948.09.10	第51号	01頁01段		第一次朝鮮民主主義人民共和国最高人民会議開く 歴史に輝く初会議 憲法案等八議案討議決定
1948.09.10	第51号	01頁01段		代議員四角審査報告 満場一致採択さる
1948.09.10	第51号	01頁01段		＜主張＞総選挙とその教訓
1948.09.10	第51号	01頁02段		富強祖国の創建と人民の幸福を 人民会議に労働者の期待
1948.09.10	第51号	01頁06段		売国計画はいつの日から？
1948.09.10	第51号	01頁06段		朝鮮民主主義人民共和国 国章と国旗
1948.09.10	第51号	01頁09段		南北鮮交易活躍 八ヶ月間に八億三千万円
1948.09.10	第51号	01頁10段		済州調査拒絶さる
1948.09.10	第51号	02頁01段		虐殺犯を処断せよ！9・1自信25周年追悼大会
1948.09.10	第51号	02頁03段		朝鮮民青へメッセージ
1948.09.10	第51号	02頁02段		中国解放戦二年の成果 国府の崩壊も時の問題 輝く過去一年の成果
1948.09.10	第51号	02頁08段		裁判もまた裁かれる
1948.09.10	第51号	02頁12段	朴元俊	弾圧の下でー神戸事件抄ーある新聞記者の手記(完)ー

발행일	발행호	지면정보	필자	기사제목(원문)
1948.09.17	第52号	01頁01段		祖国の独立今や成る 朝鮮人民共和国内閣成立す 全国の愛国斗士総網羅す
1948.09.17	第52号	01頁01段		新憲法採択す 骨子に改変なし
1948.09.17	第52号	01頁01段		<主張>この政府を見よ!
1948.09.17	第52号	01頁04段		政権すでに移譲 金日成委員長声明
1948.09.17	第52号	01頁07段		人民のための人民の政府 朝連議長団声明
1948.09.17	第52号	01頁07段		長年の宿望達す 在日本朝鮮人聯盟
1948.09.17	第52号	01頁08段	徳田球一	将来を祝福する
1948.09.17	第52号	01頁09段	吉田資治	大きな味方を得た
1948.09.17	第52号	01頁10段		国民総意による政府だ
1948.09.17	第52号	01頁10段		心から称讃します
1948.09.17	第52号	01頁11段		われわれも起ち上ろう
1948.09.17	第52号	01頁11段		世界の支持受験 女同でも声明書
1948.09.17	第52号	01頁13段		独立祝賀は盛大に第13回関東地協ひらく
1948.09.17	第52号	01頁14段		広場を埋め尽す 中央政府を祝う人民大会
1948.09.17	第52号	02頁01段		山梨県に不当弾圧 民叛者とくむ警察
1948.09.17	第52号	02頁01段		東南アジアの焦点 マレイの革命情勢
1948.09.17	第52号	02頁04段		<時事解説>教育委員選挙をめぐる 民主、保守の対立
1948.09.17	第52号	02頁05段		朴烈氏のおみやげ 「八百万円の宝石」問題化す
1948.09.17	第52号	02頁07段		驚くべき毒舌ーアノドキハヨカッタネー
1948.09.17	第52号	02頁08段	李殷直	オペラ春香伝の上演について
1948.09.17	第52号	02頁13段		今日の日本トピック 首相以下全閣僚を告発
1948.09.17	第52号	02頁13段		違憲問題で論戦 ポ政令公聴会
1948.09.24	第53号	01頁01段		ソ連・北鮮から撤兵 十二月末までに完了 ソ同盟最高会議より回答
1948.09.24	第53号	01頁01段		撤兵機宣に適す ソ政府の声明要旨
1948.09.24	第53号	01頁01段	金日成	朝鮮民主主義人民共和国政網
1948.09.24	第53号	01頁03段		祖国建設と人民幸福への道 見よこの偉大なる政網
1948.09.24	第53号	01頁05段		ソ連撤退に感謝し 米軍の撤退望む 朝連中央常任委員会声明
1948.09.24	第53号	01頁06段		<主張>亡国政府を葬れ
1948.09.24	第53号	01頁08段		駐兵理由なし 両軍撤退要求書
1948.09.24	第53号	01頁09段		米国は撤兵せず
1948.09.24	第53号	01頁11段		韓米協定はこんのもの 民連宣伝局長批判
1948.09.24	第53号	01頁11段		全国的慶祝日決定 第136回中央常任委員会
1948.09.24	第53号	01頁12段		中央政府を支持 南鮮各政党団体声明
1948.09.24	第53号	01頁12段		物資移譲数億ドル
1948.09.24	第53号	02頁01段		反動のデマに迷うな 中総宣伝部談話発表

발행일	발행호	지면정보	필자	기사제목(원문)
1948.09.24	第53号	02頁01段		＜世界の動き＞解放を叫ぶ東南アジア　躍進する革命勢力
1948.09.24	第53号	02頁02段		殺人未遂の民叛者　全同胞が絶交
1948.09.24	第53号	02頁04段		人民共和国保建相　李氏家族拉致さる
1948.09.24	第53号	02頁05段		勿驚二百五十万　日帝徴発者補償要求
1948.09.24	第53号	02頁06段		二千三百余万石　南朝鮮の本年度産米
1948.09.24	第53号	02頁07段		軍政以上に弾圧　南朝鮮の言論界
1948.09.24	第53号	02頁09段		南鮮最近の社会相
1948.09.24	第53号	02頁09段	河東一	＜文化＞「北鮮の一夜」短評
1948.09.24	第53号	02頁13段		東宝重役間分裂　日映最後の攻勢
1948.10.01	第54号	01頁01段		本国へ慶祝代表派遣を決定　祖国へ送ろう、わが代表　すでに準備活動始まる
1948.10.01	第54号	01頁01段		祝賀準備委員会生る　中央は十七日共立講当
1948.10.01	第54号	01頁01段		宣伝を広範に　第一回実行委員会ひらく
1948.10.01	第54号	01頁01段		金首相ソ政府へ感謝の書簡
1948.10.01	第54号	01頁03段		湧き上がる独立祝賀熱　慶祝に酔う両人民
1948.10.01	第54号	01頁06段		続々行わる　東京の慶祝大会
1948.10.01	第54号	01頁06段		ソ軍撤退に関し　ス首相に謝電
1948.10.01	第54号	01頁06段		国連第三回総会を観る
1948.10.01	第54号	01頁08段		朝鮮問題の討議　国連総会では不可
1948.10.01	第54号	01頁10段		改悛の情状を重んじ解放以後は問わず　反民族行為処断法の反動性
1948.10.01	第54号	02頁01段		第二次韓米会談　今週中にひらくか
1948.10.01	第54号	02頁04段		工場は使ってもよいが畳部屋は温突に直すな　夢ではない日帝の再侵略
1948.10.01	第54号	02頁05段		民団結成大会が朝連人民大会に
1948.10.01	第54号	02頁10段	金達寿	演説会について
1948.10.08	第55号	01頁01段		金日成首相より招請状　朝連の健斗振に代表を平譲へ
1948.10.08	第55号	01頁01段		朝連より金首相に返電
1948.10.08	第55号	01頁01段		＜主張＞国連第三次総会に対する我々の態度
1948.10.08	第55号	01頁01段		朴憲永氏らパリ国連へ　朝鮮人民共和国、代表を派遣
1948.10.08	第55号	01頁06段		中央の慶祝大会　準備着々進む
1948.10.08	第55号	01頁07段		感激にむせび泣く　神奈川県の慶祝大会
1948.10.08	第55号	01頁09隊		あゝ、国旗を!長蛇のトラックデモ隊
1948.10.08	第55号	01頁12段		郷土色豊かな飛び入り
1948.10.08	第55号	01頁13段		国旗への感心異様に昂まる
1948.10.08	第55号	02頁01段		朝連事務所を破壊し交渉員をめった打ち
1948.10.08	第55号	02頁01段		新国旗南朝鮮各地に翻る

발행일	발행호	지면정보	필자	기사제목(원문)
1948.10.08	第55号	02頁01段		ハイデラバードの人民斗争 英の分割統治政策のぎせい
1948.10.08	第55号	02頁01段		<解説>大規模の農民斗争 併合のみを考えるインド連邦
1948.10.08	第55号	02頁04段		たままた起こる人民抗争 武装烽起熾烈化す
1948.10.08	第55号	02頁08段		国旗掲揚式挙行 大阪本部定期大会
1948.10.08	第55号	02頁10段		巣立つ中学生達
1948.10.08	第55号	02頁10段		<自由論檀>李承晩はなぜ日本へ来るか?
1948.10.08	第55号	02頁14段		米軍撤退を要求 北朝鮮民戦第33中委
1948.10.15	第56号	01頁03段		第五回全体大会開幕 共和国 国旗に最敬礼 代議員等四百余名参集
1948.10.15	第56号	01頁06段		日本政府に抗議「女性同盟」の全体大会
1948.10.15	第56号	01頁07段		国旗問題 米禁止に賛成 「だが別に禁止命令は出してない」とGHQのウ少将答弁
1948.10.15	第56号	01頁08段		ソ当然の主張 英「同情に堪えぬ」対日理事会諸国の反響
1948.10.15	第56号	02頁01段		新聞記者の見た南朝鮮の実情 人民外車の撤退を熱望 歌姫を自動車に乗せて乱行
1948.10.15	第56号	02頁01段		韓米協定 米十カ条を提示 第二次韓米会談内容
1948.10.15	第56号	02頁04段		撤退要望の火の手 大韓国会にすら上る
1948.10.15	第56号	02頁06段		北朝鮮の情実 入学難は昔話
1948.10.15	第56号	02頁10段		"言論の自由を!"「淡水会」が韓政府に建義
1948.10.15	第56号	02頁08段		右翼すら反対
1948.10.15	第56号	02頁13段		労働者の手で「火の男」製作か
1948.10.26	第57号	01頁01段		討伐反対を宣して大韓政府軍が蜂起 翻るは共和国の国旗
1948.10.26	第57号	01頁01段		順天を完全に占領 大韓軍も合流の気配
1948.10.26	第57号	01頁01段		蔚山ではウ翼の要人四名を殺害
1948.10.26	第57号	01頁01段		<主張>前途は明るい大胆に進もう
1948.10.26	第57号	01頁05段		狼狽の大ハン政府 記事発表を禁止
1948.10.26	第57号	01頁05段		反乱解説 李承晩政府の屋台骨ゆるぐ
1948.10.26	第57号	01頁06段		朝ソ間に正式国交遠からず大使を交換
1948.10.26	第57号	01頁06段		各国相次いで承認 外交関係設定を快諾
1948.10.26	第57号	01頁08段		大韓政府の糧穀買入策は日帝強奪主義の再現
1948.10.26	第57号	01頁08段		ソ軍撤退開始 全国に燃上る感謝の炎
1948.10.26	第57号	01頁10段		米の長期駐とん 韓民党から哀願
1948.10.26	第57号	01頁11段		言論の自由よりも政府の自由が大切 李承晩大統領の帰来談
1948.10.26	第57号	01頁13段		中国々旗を侮辱 血迷った日本の巡査殿
1948.10.26	第57号	02頁01段		朝鮮民主人民共和国中央政府樹立慶祝大会 首相金日成将軍の肖像画を前に歓呼 熱狂した地区代表等六千名

발행일	발행호	지면정보	필자	기사제목(원문)
1948.10.26	第57号	02頁03段		五全大会続報
1948.10.26	第57号	02頁05段		行動綱領　民族統一戦線を強化して自由と平和を戦い取らん
1948.10.26	第57号	02頁05段		日本の民主勢力と結び 反動を粉砕せよ! 我等共和国を死守せん
1948.10.26	第57号	02頁08段		犠牲者を製造 横須賀の慶祝大会で
1948.10.26	第57号	02頁11段	李殷直	北朝鮮紀行について
1948.10.26	第57号	02頁11段		朝鮮民主主義人民共和国解説
1948.10.26	第57号	02頁11段		主人公のいない珍無類の歓迎会逃げ廻った李大統領大韓政府の性格反映
1948.11.01	第58号	01頁01段		大韓政府軍の反乱続発 麗水の人民軍一万二千
1948.11.01	第58号	01頁01段		<主張>外国人として政党に遇せよ
1948.11.01	第58号	01頁04段		順天奪還は眉つば　米国の四大通信記者と動向した朝鮮人従軍記者の報道
1948.11.01	第58号	01頁06段		大韓政府発表のデタラメを追及 大韓国会本会議風景
1948.11.01	第58号	01頁08段		たまりかねて政府へ抗議 南朝鮮の言論団体
1948.11.01	第58号	01頁10段		遂に非公開で報告
1948.11.01	第58号	01頁12段		同穴のムジナ 李承晩と吉田 占領軍の残留を熱望
1948.11.01	第58号	02頁01段		目覚めた各地の民団建青大衆 大学朝連に加盟 在日反動陣営、凋落の秋
1948.11.01	第58号	02頁01段		在日外国人として正当な待遇をせよ　朝連中総活動を開始
1948.11.01	第58号	02頁01段		朝鮮民主主義人民共和国をルーマニアも承認
1948.11.01	第58号	02頁01段	金四哲	よい機関紙を作るために(一)
1948.11.01	第58号	02頁04段		国旗事件に極刑　大阪の民青員二名に重労八年と本国送還
1948.11.01	第58号	02頁06段		血と涙で綴った光州学生事件 朝鮮民族の解放運動
1948.11.01	第58号	02頁08段		李中春氏逮捕令の撤回を要求
1948.11.01	第58号	02頁07段		国旗問題 日本民主主義擁護同盟起つ 関係当局の責任追及
1948.11.01	第58号	02頁11段		ソ連軍の撤退に南朝鮮でも感謝
1948.11.06	第59号	01頁01段		朝鮮人民共和国国旗の掲揚禁止 法的根拠なし ”無法者を処罰せよ”と中総が対日理事会に提訴
1948.11.06	第59号	01頁03段		大韓軍の反乱大邱に波及 悪質の将校を処断 羅州でも反乱、山獄占拠
1948.11.06	第59号	01頁07段		中学生79名を銃殺 南朝鮮に暗黙時代来る
1948.11.06	第59号	01頁07段		隊内の細胞組織を壊そうとして籔蛇
1948.11.06	第59号	01頁08段		ユーゴも正式承認
1948.11.06	第59号	01頁10段		武力克服は不可能 李議員、大韓政府の無能を難詰
1948.11.06	第59号	01頁10段		小さな子供達が竹槍で対抗
1948.11.06	第59号	02頁01段		新国旗の下 反動分子と斗わん 大極旗は封建の遺物

발행일	발행호	지면정보	필자	기사제목(원문)
1948.11.06	第59号	02頁01段		仙台の国旗事件 軍事裁判を延期
1948.11.06	第59号	02頁01段	金四哲	よい機関紙を作るために(二)
1948.11.06	第59号	02頁04段		注目すべき仏国の動向 フランス再建の希望は共産党に
1948.11.06	第59号	02頁06段		10月革命の意義と教訓
1948.11.06	第59号	02頁07段		建青八全大会 得意のテロで反動派が幸勝
1948.11.06	第59号	02頁12段	李殷直	「朝鮮民主主義人民共和国解説」をすすめる
1948.11.11	第60号	01頁01段		反乱軍と人民部隊 行動範囲を拡大
1948.11.11	第60号	01頁01段		各地で激戦を展開 政府軍、人民部隊に合流
1948.11.11	第60号	01頁01段		<主張>戦犯はまだいる 厳重に処刑せよ
1948.11.11	第60号	01頁04段		抗争軍民の死刑執行 祖国統一万歳! 微笑を浮かべ乍ら受刑
1948.11.11	第60号	01頁05段		「北朝鮮に暴動」は笑う可きデマ 大韓政府の謀略宣伝
1948.11.11	第60号	01頁07段		大韓政府 遂に仮面を脱ぎ 弾圧を開始
1948.11.11	第60号	01頁07段		反乱軍は人民の味方 大韓政府崩壊の前夜
1948.11.11	第60号	01頁09段		政府の改造を決議 四面楚歌の大韓政府
1948.11.11	第60号	01頁11段		南朝鮮の入超 2億を突破
1948.11.11	第60号	01頁11段		国民新聞 廃刊処分 韓米協定報道が理由
1948.11.11	第60号	02頁01段		オペラになる春香伝 二十日から有楽座で上演
1948.11.11	第60号	02頁01段		慶祝大会の決議 写真を急送せよ
1948.11.11	第60号	02頁01段	金四哲	よい機関紙を作るために(三)
1948.11.11	第60号	02頁04段		ソ連引揚者は叫ぶ「デマを粉砕背よ!」
1948.11.11	第60号	02頁06段		反動教育反対「光州事件」記念日の朝鮮学生大会で決議
1948.11.11	第60号	02頁06段		生活に即して斗え 議論のための議論は極力排撃せよ 女性同盟の新方針決定
1948.11.16	第61号	01頁01段		朝鮮民主主義人民共和国憲法 世界に誇る 我らの典法決定版
1948.11.16	第61号	01頁01段		反韓部隊 山岳地帯へ 抗争かくて持久戦化
1948.11.16	第61号	01頁01段		大韓政治下に又も別個の反乱
1948.11.16	第61号	01頁01段		朝鮮侵略の真は?
1948.11.16	第61号	01頁04段		南朝鮮にも燃上がった ス首相へ感謝の火焔
1948.11.16	第61号	01頁07段		朝鮮問題討議に北朝鮮を国連に参加させよ ソとチェコ、政委で主張
1948.11.16	第61号	01頁10段		大韓国会又も大混乱
1948.11.16	第61号	01頁10段		文盲治は国民運動だ 関東地方組織活動会議
1948.11.16	第61号	02頁01段		見よこの日警の弾圧 数百名の日警と少年同胞が対峙
1948.11.16	第61号	02頁01段		学同委員長ら被検 共和国慶祝大運動会で国旗五分間掲揚が理由
1948.11.16	第61号	02頁01段	金四哲	よい機関紙を作るために(四)
1948.11.16	第61号	02頁04段		日警の不当弾圧 その対抗策について

발행일	발행호	지면정보	필자	기사제목(원문)
1948.11.16	第61号	02頁07段		慶祝代表派遣 費用は四百万 日本情勢の報告書製作
1948.11.16	第61号	02頁07段		注目すべき政局の動向 明日の中国中共が主導
1948.11.21	第62号	01頁01段		電気機械、137倍 共和国の経済二ヵ年計画
1948.11.21	第62号	01頁01段		＜主張＞文盲退治に蹶起せよ
1948.11.21	第62号	01頁04段		大韓のナチ式宣伝 尹の大ウ「北鮮暴動」
1948.11.21	第62号	01頁05段		これぞ解放民族の誇り 朝鮮民主主義人民共和国憲法決定版 労農大衆の夢ここに結実
1948.11.21	第62号	01頁12段		「国家保安法」は「治安維持法」だ 大韓国会採決を延期
1948.11.21	第62号	01頁14段		倒閣を主張する議院連に脅迫状
1948.11.21	第62号	02頁01段		職場と正当な外国人待遇を斗争でかく得せよ
1948.11.21	第62号	02頁01段		文盲退治に本腰
1948.11.21	第62号	02頁01段		北鮮へ帰国の希望者が続出
1948.11.21	第62号	02頁01段	金四哲	よい機関紙を作るために(五)
1948.11.21	第62号	02頁04段		日本農民組合に加入を奨励せよ 同胞農民の実態調査
1948.11.21	第62号	02頁05段		今日の日本トピック 泥仕合の日本政界
1948.11.21	第62号	02頁06段		春香はオペラに絶好の題材 脚色・演出の村山氏談
1948.11.21	第62号	02頁05段		民青活動に対する朝連の方針 机上の空論を排し民主陣営を死守せよ 反動青年を抱擁し啓家
1948.11.21	第62号	02頁08段		国旗禁止反対と暴力団排撃運動
1948.11.21	第62号	02頁10段		慶祝派遣団員の旅券不付問題解決近し
1948.11.21	第62号	02頁11段		大切な分会会合持ち方について 朝連荒川支部・金赫基
1948.11.26	第63号	01頁01段		共和国の経済二ヵ年計画 民族の実力で示威 部品は二倍、国営商業は三倍弱 図書発行も凡そ二倍
1948.11.26	第63号	01頁01段		問題の国家保安法反対を押して可決
1948.11.26	第63号	01頁01段		不当弾圧の根本対策は先ず職場獲得斗争から
1948.11.26	第63号	01頁05段		地方機関は人民委員会 朝鮮民主主義人民共和国憲法決定版 裁判所は選挙で横成す
1948.11.26	第63号	01頁06段		華僑の生活向上 北朝鮮華僑総会で公表
1948.11.26	第63号	01頁06段		郵便物を勝手に検閲 差し押さえ送達停止も自由
1948.11.26	第63号	01頁06段		教職員 61名を罷免
1948.11.26	第63号	01頁09段		無茶な配給 糧穀購入法のカラクリ
1948.11.26	第63号	01頁09段		智異山で激戦 五台山では学生が反撃
1948.11.26	第63号	01頁10段		国連に再度要請
1948.11.26	第63号	01頁12段		勝利の日まで斗いましょう
1948.11.26	第63号	02頁01段		朝鮮民族が永遠に 唱和する国家募集
1948.11.26	第63号	02頁01段		人民の膏血を絞る予算案のカラクリ
1948.11.26	第63号	02頁03段		在日同胞も立候補
1948.11.26	第63号	02頁04段		在留朝鮮人に対する弾圧絶対反対 日本でも人民は叫ぶ

발행일	발행호	지면정보	필자	기사제목(원문)
1948.11.26	第63号	02頁06段		文盲退治は女から 茨城で幹部養成の講習
1948.11.26	第63号	02頁08段		朝連中央会館のお化粧進歩
1948.11.26	第63号	02頁06段		中国問題解決の鍵は米対華の政策 その対戦かん必至か
1948.11.26	第63号	02頁10段		朝鮮人を羨む
1948.11.26	第63号	02頁12段		唱劇と過劇
1948.12.01	第64号	01頁01段		避難民八百を殺射 暴虐な北済州の大韓軍
1948.12.01	第64号	01頁01段		国務総理が暴挙を激動 片っ端から死刑
1948.12.01	第64号	01頁01段		全組織を挙げて非道を抗議せよ
1948.12.01	第64号	01頁01段		<主張>機関紙を生かせ
1948.12.01	第64号	01頁05段		人民共和国の経済二年計画
1948.12.01	第64号	01頁05段		意味深い重労三年 仮択放者は不在、重傷者は延期 仙台国旗事件の判決
1948.12.01	第64号	01頁05段		微妙で重大な問題
1948.12.01	第64号	01頁05段		米軍もソ連と 同時撤退せよ 北朝鮮各地で群集大会
1948.12.01	第64号	01頁06段		外軍駐屯の陰謀 断乎粉砕せん! 北朝鮮民青の放送
1948.12.01	第64号	01頁10段		圧迫は革命を呼ぶ
1948.12.01	第64号	01頁09段		祖国の自主権と「人民の自由」 朝鮮民主主義人民共和国憲法決定版 その擁護のための「朝鮮人民軍」
1948.12.01	第64号	01頁12段		在留の中国人は共和国絶対支持
1948.12.01	第64号	02頁01段		神戸学校事件の犠牲者を忘れるな!解放運動救援会一行 神戸刑務所を訪問す
1948.12.01	第64号	02頁01段		悪質の天然痘が京城で流行
1948.12.01	第64号	02頁01段		調査資料を送れ 生活安定策樹立に必要
1948.12.01	第64号	02頁01段		生活保護法を活用せよ
1948.12.01	第64号	02頁04段		心残りなし 病床に憂国の詩作
1948.12.01	第64号	02頁04段		在京各団体及支部代表者会議 権力者を波状攻撃
1948.12.01	第64号	02頁05段		民主勢力を支持し選挙権を斗い取れ日本にも人民政府を!
1948.12.01	第64号	02頁10段		ファッショ化の前夜 右傾を拒む炭鉱スト!
1948.12.01	第64号	02頁08段		却って激動された
1948.12.06	第65号	01頁01段		在日同胞60万も起たん!朝連中央常任委員会の声明書
1948.12.06	第65号	01頁01段		南朝鮮の右翼すら反対「学童すら首肯し得ず」
1948.12.06	第65号	01頁04段		ソウルで罷業 テロやデモ等も頻発
1948.12.06	第65号	01頁06段		"参加者は射殺!"
1948.12.06	第65号	01頁07段		法に藉口して人民を虐殺 大韓の報復処刑続く
1948.12.06	第65号	01頁07段		随所に上る群衆の叫び
1948.12.06	第65号	01頁08段		南朝鮮の各政党絶対反対を表明
1948.12.06	第65号	01頁09段		国連のソ連代表へ感謝の手紙
1948.12.06	第65号	01頁09段		全組織を挙げて吾等斗わん 朝連常任委員会で声明

발행일	발행호	지면정보	필자	기사제목(원문)
1948.12.06	第65号	01頁12段		民族の敵大韓政府 教育者同盟の声明書
1948.12.06	第65号	01頁12段		球体に人民政府 反乱各地に広がる
1948.12.06	第65号	02頁01段		当面の最大課題は生活擁護の斗い 先ず態勢を確立せ
1948.12.06	第65号	02頁04段		見よこの収穫!何れも斗争の賜 減税実に1/54 朝連で取纏め納税
1948.12.06	第65号	02頁04段		団結の力で 遂に営業権獲得
1948.12.06	第65号	02頁06段		斗士の家族に喝采 京都の慶祝大会盛況
1948.12.06	第65号	02頁08段		浮動生活一掃の諏訪地方見聞記
1948.12.06	第65号	02頁09段		生活困窮者の為に農地15町歩を獲得
1948.12.06	第65号	02頁12段		女性講習会 文盲退治の基本運動
1948.12.06	第65号	02頁11段		朝連の旗の下に結束して斗わん 大阪市施の慶祝大会
1948.12.11	第66号	01頁01段		外軍祖国駐屯反対の一大署名運動展開 朝連中央常委で決定
1948.12.11	第66号	01頁01段		外軍の駐屯下に企業の自由なし
1948.12.11	第66号	01頁01段		十校280名が人民軍に参加 順天・麗水の中等学生
1948.12.11	第66号	01頁01段		我々はいかに斗うべきか
1948.12.11	第66号	01頁04段		農民は政府を信用せず 秋穀買入法の現地報告
1948.12.11	第66号	01頁06段		全職員の忠誠検査 端末魔の大韓政府が
1948.12.11	第66号	01頁06段		阪神教育犠牲者 留守宅訪問記(1)
1948.12.11	第66号	01頁08段		政府軍が出動し 買入を強制
1948.12.11	第66号	01頁08段		肥料の増産 計画量を突破 興南肥料工場の実績
1948.12.11	第66号	01頁09段		労働者の献身と科学技術の勝利
1948.12.11	第66号	01頁09段		五人の子供を抱え 朝四時に離床
1948.12.11	第66号	01頁11段		マーシャル案を大韓にも適用 ホフマン氏の言明
1948.12.11	第66号	01頁13段		亡国々会の典型
1948.12.11	第66号	02頁01段		斗争の結果 遂に選挙権を獲得 栃木県小山支部の朗報
1948.12.11	第66号	02頁01段		共和国こそ希望の国家 大阪の慶祝大会盛況
1948.12.11	第66号	02頁01段		同胞の保護施設 朝連寮誕生 明春二月に竣工
1948.12.11	第66号	02頁01段		暴力好きの民団員
1948.12.11	第66号	02頁03段		人民を絞殺す 悪税と斗え!
1948.12.11	第66号	02頁06段		民青にスパイ 機関防衛に注意せよ
1948.12.11	第66号	02頁06段		救援活動の具体的方策
1948.12.11	第66号	02頁11段	申鴻湜	歌劇"春香"の初演
1948.12.11	第66号	02頁11段		朝連民青 活動の科学化 特に調査活動の必要性について
1948.12.16	第67号	01頁01段		国連政委の決定は朝鮮人民を侮辱! 各地で糾弾の民衆大会
1948.12.16	第67号	01頁01段		如何なる決議も断じて承認せず 朴外相、国連に抗議
1948.12.16	第67号	01頁02段		大韓政府の承認 国連で可決

발행일	발행호	지면정보	필자	기사제목(원문)
1948.12.16	第67号	01頁01段		<主張>12月事件を忘れるな!
1948.12.16	第67号	01頁05段		米、徹兵期を示さず ペルシャ代表の質問黙殺
1948.12.16	第67号	01頁06段		われら団結して あく迄抗争
1948.12.16	第67号	01頁05段		<解説>外力に縋ろうとも 審判者は人民 国連の「韓国承認」は人民抗争に油を注ぐ
1948.12.16	第67号	01頁08段		大邱の政府軍に逃亡兵がぞく出
1948.12.16	第67号	01頁08段		人民の増収二倍半 物価指数38%に低下
1948.12.16	第67号	01頁11段		大韓に早くも憲法改正の動き
1948.12.16	第67号	01頁11段		平南道の農民現物税を完納
1948.12.16	第67号	02頁01段		朝連を母胎として大企業会社を設立 生活擁護の大施策
1948.12.16	第67号	02頁01段		外軍駐屯要請反対の署名運動 同胞宅を戸別訪問
1948.12.16	第67号	02頁03段		虐殺にも反対 日本人迄が署名した黒田の背年蹶起大会
1948.12.16	第67号	02頁05段		日警に包囲されて同胞十余名が負傷 宇部の生活擁護大会
1948.12.16	第67号	02頁08段		朝連民青 活動の科学化 特に調査活動の必要性について(2)
1948.12.16	第67号	02頁09段		組織的な斗争で遂に要求を貫徹
1948.12.16	第67号	02頁09段		十二月事件の遺家族を救え
1948.12.16	第67号	02頁10段		伸ばせ!救援の手 見よ12月事件の遺家族の生活
1948.12.16	第67号	02頁13段		不法日警と斗争 凱歌を挙ぐ
1948.12.21	第68号	01頁01段		国連の決定は 祖国の統一を遷延「われ等断固斗わん」と中央常委で声明書発表
1948.12.21	第68号	01頁01段		学生も蹶起 東京朝鮮中学、高校生
1948.12.21	第68号	01頁01段		<主張>中国の進む可き道
1948.12.21	第68号	01頁04段		問題の国家保安法 果たして乱用! 良民をやたらに逮捕
1948.12.21	第68号	01頁04段		韓国承認案 国連総会で可決
1948.12.21	第68号	01頁06段		「朝鮮人民に幸あれ」 引揚げのソ軍も叫ぶペンヤン駅頭の感激
1948.12.21	第68号	01頁08段		国営の地方産業は実に去年の三倍! 衣料品は数倍の増産
1948.12.21	第68号	01頁08段		独逸は遂に分裂か それとも統一か? 伯林問題が其試験台
1948.12.21	第68号	01頁09段		軒下で石けん売り めっきり衰えた母堂張元校長の遺家族
1948.12.21	第68号	01頁13段		民族文化を再生
1948.12.21	第68号	01頁11段		韓米協定「継続駐屯」を保証するもの
1948.12.21	第68号	02頁01段		四三戸で15町歩 大阪「高槻朝鮮人農業実行組合」で集団生活を自力で安定
1948.12.21	第68号	02頁01段		大阪夕刊謝罪す 朝日離反記事の扱いで

발행일	발행호	지면정보	필자	기사제목(원문)
1948.12.21	第68号	02頁03段		民団員の暴力に日本側民主団体も起つ
1948.12.21	第68号	02頁04段		日警が虚偽の証言 大阪のポスター事件証拠不充分で無罪!
1948.12.21	第68号	02頁06段		文盲退治には空念仏をやめよう 先ず基本調査から!
1948.12.21	第68号	02頁07段		誤謬を指摘 外国人待遇と四合獲得斗争
1948.12.21	第68号	02頁07段		科学の驚異!掌中のラジオ
1948.12.26	第69号	01頁01段		韓米協定に反対 議員連席を蹴って退場
1948.12.26	第69号	01頁01段		新聞紙法制定の意図を捨てよ!
1948.12.26	第69号	01頁01段		弾圧に抗して ス首相へ感謝の署名運動展開 大韓政府、感謝文を押収
1948.12.26	第69号	01頁01段		<主張>規律を重んぜよ
1948.12.26	第69号	01頁04段		乱発の大韓紙幣418億を突破
1948.12.26	第69号	01頁06段		米の南北 絡将校引揚げ
1948.12.26	第69号	01頁07段		世界政局の中心は新中国の誕生 948年の世界史
1948.12.26	第69号	01頁11段		虐殺行為 抗議運動 教同本部からの指令
1948.12.26	第69号	01頁12段		牧畜大増加 役牛は45年の一倍半
1948.12.26	第69号	02頁01段		拳銃乱射のなかで共和国万才を絶叫 宇部事件の真相
1948.12.26	第69号	02頁01段		重軽傷34名 全組織を挙げて抗議
1948.12.26	第69号	02頁04段		文盲退治突撃機関 山口県本部の新計画
1948.12.26	第69号	02頁05段		古物商と科学
1948.12.26	第69号	02頁07段		涜職の署長を告発
1948.12.26	第69号	02頁08段		仕事があるまで醸造を黙認
1948.12.26	第69号	02頁08段		忘れるな在獄の同志 その遺家族を救え 特別救援期間を設定
1948.12.26	第69号	02頁11段		名問迷答の見本 李承晩の記者団会見
1948.12.26	第69号	02頁11段		民団への加入を恐迫で奨励 民団西播支部の陰謀
1949.01.01	第70号	01頁01段		朝鮮民主主義人民共和国指導者の横顔-一族揃って革命家
1949.01.01	第70号	01頁05段		弁舌の志士
1949.01.01	第70号	01頁04段		<迎春 われ等何を為す何きか!!) 共和国の旗の下に反動と斗い抜こう-課題は祖国の統一と民族の防衛 朝連議長団迎春の辞
1949.01.01	第70号	01頁06段	野坂参三	新しいの為に
1949.01.01	第70号	01頁09段	平野義太郎	日・朝・華人の共同斗争
1949.01.01	第70号	01頁11段	蔡峻	<漫評>李承晩のお正月
1949.01.01	第70号	01頁12段	編輯局長 金四哲	建国第二年は完全勝利の年
1949.01.01	第70号	01頁12段	中総書記 長李心喆	60万同胞に与う
1949.01.01	第70号	02頁01段		ソ連軍の撤退完了 12月26日司令部出発
1949.01.01	第70号	02頁01段		最後の見送り 平壌駅頭、群衆の歓呼

발행일	발행호	지면정보	필자	기사제목(원문)
1949.01.01	第70号	02頁01段		晩作の現場税全部納付終る
1949.01.01	第70号	02頁03段		解放前の記録破り 一九四八年の藍生産
1949.01.01	第70号	02頁01段		国連総会の決定は民族への侮辱-北朝鮮各紙の論評
1949.01.01	第70号	02頁04段		解放功労者に初の国旗勲章授与
1949.01.01	第70号	02頁07段		又も嶺南地方に三次暴動計畫
1949.01.01	第70号	02頁09段		戸籍制を廃棄自分登録制殆ん完了
1949.01.01	第70号	02頁10段		大韓政府は違法 カナダ、フランスも力説-国連政委ソ代表マリク￥氏演説(2)
1949.01.01	第70号	02頁12段		五台山一帯でも抗争勢力増大-延2400名が80回も警察を襲撃
1949.01.01	第70号	02頁15段	小椋広勝	平和と人民勢力〈昨年の世界政治史と新課題〉
1949.01.01	第70号	02頁15段		〈窮余策〉日帝時代の将校を大量採用
1949.01.01	第70号	03頁01段		三多摩本部の財政難委員長の断食で解決
1949.01.01	第70号	03頁01段		文化コンクール-民青大阪本部が開催
1949.01.01	第70号	03頁01段		私には権利も対策もない-鄭「大韓代表」の告白
1949.01.01	第70号	03頁02段		"分裂の策動を"警戒せよ!-崔組宣部次長は語る
1949.01.01	第70号	03頁04段		〈静岡西部〉飲食税全廃非戦災家屋税の無用
1949.01.01	第70号	03頁04段		〈阪神事件〉七同志の特赦を嘆願
1949.01.01	第70号	03頁04段		朴柱範氏仮保釈-神戸で入院加療中
1949.01.01	第70号	03頁06段		断結の力で不当弾圧を粉砕 都下中野支部の収獲
1949.01.01	第70号	03頁07段	朝鮮解放運動救援会 高鳳得	阪神教育犠牲者留守宅訪問記(4)
1949.01.01	第70号	03頁09段		崔阪神支部総務部長の民葬
1949.01.01	第70号	03頁08段		〈科学蘭〉技術研究生達がたどる茨の途
1949.01.01	第70号	03頁13段		三君は無罪 大阪民青の国旗事件
1949.01.01	第70号	04頁01段		〈漫画〉1948年の歴史
1949.01.01	第70号	04頁02段		＜祖国の一年を回顧〉完全な統一の実現に 決定的な年を迎える
1949.01.01	第70号	04頁02段		北朝鮮は希望の暁
1949.01.01	第70号	04頁05段		斗争に明け暮れた朝連の一九四八年
1949.01.01	第70号	04頁07段		南朝鮮は暗黒時代-外軍支配下
1949.01.01	第70号	04頁07段		同胞千名が眠る南海孤島の秘録
1949.01.01	第70号	04頁12段		一九四九年の展望
1949.01.06	第71号	01頁01段		完全独立遠からす経済二カ年計劃の完遂を期して祖国再植民地化の陰謀と斗え!金日成首相年頭の辞
1949.01.06	第71号	01頁01段		在日同胞の感謝文 デ中将に手交す-祖国統一に努力を確約
1949.01.06	第71号	01頁04段	蔡峻	〈漫評〉ソ連軍は撤退したが、君の方はどうだい?
1949.01.06	第71号	01頁02段		ソ軍の完全撤退に感謝米軍の即時撤退要望-中央常任委員会声明書

발행일	발행호	지면정보	필자	기사제목(원문)
1949.01.06	第71号	01頁07段		ス首相へ感謝署名 南朝鮮で一千万名 特に抗争地帯で大歓迎
1949.01.06	第71号	01頁13段		人民抗争参加者を片っ端から死刑
1949.01.06	第71号	01頁13段		反民法該当容疑の七十％は現職官史
1949.01.06	第71号	01頁14段		増産の準備成る 北朝鮮の工場めぐり
1949.01.06	第71号	02頁01段		日警共を操従する地方ボスの任わざ「姫路事件」踏査報告
1949.01.06	第71号	02頁01段		「韓米経済援助協定」全文(その一)
1949.01.06	第71号	02頁04段		先ず選挙権を無権利者は奴れいだ
1949.01.06	第71号	02頁04段		インドネシア協会起つ 朝鮮よりメッセージ署名運動に欣烈参加
1949.01.06	第71号	02頁06段		猛省を要する生活協同組合の運動
1949.01.06	第71号	02頁07段	朝鮮解放運動救援会 高鳳得	阪神教育犠牲者留守宅訪問記(5)-正に暗黙時代病苦の長男を抱えて老母嘆き 技術者辛基植さん宅
1949.01.06	第71号	02頁09段		植民地化の陰謀 平壌放送の韓米協定評
1949.01.11	第72号	01頁01段		物価を大幅引下げ 国営の有難さ、三度目の英断 二千余種で平均一割安
1949.01.11	第72号	01頁01段		生活必需物資四割安-煙草は半年目に又もや三割値下げ
1949.01.11	第72号	01頁01段		捕虜の学徒兵ヲ連より帰る
1949.01.11	第72号	01頁01段		〈主張〉対反動斗争に撤底せよ
1949.01.11	第72号	01頁02段		重要生産手段を人民が共有の賜
1949.01.11	第72号	01頁03段		〈北朝鮮〉満身の斗志秘めて二カ年計畫、突撃!!更に昨年の倍加目標
1949.01.11	第72号	01頁05段		巷に満つるモヒ中毒 暗黙の街「ソウル」630名が野たれ死
1949.01.11	第72号	01頁04段	蔡峻	〈漫評〉なに言ってやがんだ!人に「選挙権」も与えず、「教」や「国籍」の鎖で縛っておきながら「民主選挙」もないもん
1949.01.11	第72号	01頁07段		大量虐殺の功で15万円
1949.01.11	第72号	01頁06段		生産斗争OK労動者も奮起
1949.01.11	第72号	01頁08段		去年は計畫量を突破
1949.01.11	第72号	01頁11段		民族青年団に解散を強要-李承晩との一問一答
1949.01.11	第72号	01頁10段		弾圧でも塞げぬ 大韓治下人民の口
1949.01.11	第72号	01頁05段		〈解説〉平和富強新興国家の象徴-朝鮮民主主義人民共和国の国旗
1949.01.11	第72号	01頁11段		〈各紙論調〉迎春の決意
1949.01.11	第72号	01頁15段	朴元俊作 蔡峻 画	M地下室(15)ある新聞記者の手記
1949.01.11	第72号	02頁01段		団体力で懸案解決 同胞一万八千に日本人も加わった 山口懸下の人民大会
1949.01.11	第72号	02頁01段		「韓米経済援助協定」全文(その二)

발행일	발행호	지면정보	필자	기사제목(원문)
1949.01.11	第72号	02頁04段		日警の包囲裡に大韓の暴虐暴露　韓日共同札幌の真相発表会
1949.01.11	第72号	02頁07段	李中春	ファシズムの民族難間策
1949.01.11	第72号	02頁07段		〈京都だより〉九戸の同胞宅に五百の武装警官-陳情の婦女子に暴行
1949.01.11	第72号	02頁07段		〈世界窓〉注視の的インドネシア　人民の腹背に敵
1949.01.11	第72号	02頁09段		旧幹部打揃って朝連で活躍
1949.01.16	第73号	01頁01段		朝鮮民主主義人民共和国駐劄　ソ連特命全権大使-スチコフ氏空路着任
1949.01.16	第73号	01頁01段		済州島で抗争激化大韓政府青年会を強制狩立て
1949.01.16	第73号	01頁01段		〈主張〉「経済九原則」とわれわれの態度
1949.01.16	第73号	01頁04段		誉れの国旗勲章授与式
1949.01.16	第73号	01頁05段		各地で防火焦土戦術-農村の婦女子も虐殺
1949.01.16	第73号	01頁06段		親日の巨頭浦わる　朴「朝鮮飛行機」社長
1949.01.16	第73号	01頁06段		米穀買入失敗李承晩遂に兜を脱ぐ
1949.01.16	第73号	01頁07段		石油外資南鮮に君臨韓米協定実践の第一歩
1949.01.16	第73号	01頁08段		永久の奴れい化「労力紙」の韓米協定評
1949.01.16	第73号	01頁09段		斗士達を売った李鍾栄も就ばく
1949.01.16	第73号	01頁10段		半島ホテル遂に身売り
1949.01.16	第73号	01頁11段		張切鉄道工場　新年度増産計畫OK
1949.01.16	第73号	01頁11段		〈着々進む北半部経済二カ年計劃〉技術者と労動者手を携えて突撃
1949.01.16	第73号	01頁12段		十カ月間の犯罪検挙十三万六天
1949.01.16	第73号	01頁13段		国際女同大会南半部女性の偉大な斗争賞讃
1949.01.16	第73号	01頁14段		農民の汗が結実-北半部　農業経、営面目を新
1949.01.16	第73号	02頁01段		〈注目す可き発展〉朝・日の共同斗争第十一回関東地協の重要報告
1949.01.16	第73号	02頁01段		座込み戦術に凱歌　十一軒の家に500武装警官!!
1949.01.16	第73号	02頁01段		学同支援を積極化朝連・学同奬学会の座談会
1949.01.16	第73号	02頁01段		第十七回中委延期二月十二・三日開催
1949.01.16	第73号	02頁04段		慶祝大会に参加のトラックを営業停止-運輸省当局の意識的反動攻勢に朝連神奈川県本部起つ
1949.01.16	第73号	02頁05段		機関紙の差入れと仮釈放を要求　布施弁護士ら法務庁へ
1949.01.16	第73号	02頁05段		阪神の在監同志　年頭慰問行-朝鮮解放運動救援会
1949.01.16	第73号	02頁08段		侵略者を倒せ!「インドネシア協会」の主催で　在日各民族代表絶叫
1949.01.16	第73号	02頁11段		幾多の美談残し「朝連福井」復興-震災跡に熱誠が結実
1949.01.16	第73号	02頁13段		〈文化〉国営の第一作に「故郷」を映画化-南北の専門人を網羅

발행일	발행호	지면정보	필자	기사제목(원문)
1949.01.16	第73号	02頁13段		中国だより
1949.01.16	第73号	02頁13段	洪登	科学技術への道
1949.01.21	第74号	01頁01段		朱駐ソ朝鮮全権特命大使赴任
1949.01.21	第74号	01頁01段		朝ソ両国共通の利害に基く親善－シュチコフ大使の信任状棒呈辞
1949.01.21	第74号	01頁01段		国営商業を三倍に 産業去年に較べて更に倍加-二年計畫本年度第一「四半期」
1949.01.21	第74号	01頁01段		駐韓美軍司令官更送
1949.01.21	第74号	01頁01段		〈主張〉ソ連との大使交換を祝す
1949.01.21	第74号	01頁04段		通学距離三粁以内五キロ毎に一校本年中に教育施設完了
1949.01.21	第74号	01頁07段		土に厚く下に薄い
1949.01.21	第74号	01頁08段		反民特調委 更に三名検挙
1949.01.21	第74号	01頁09段		警察内に反旗「自家粛清」を厳命す
1949.01.21	第74号	01頁10段		政治と絶縁して命令に従え 李承晩の「青年に告ぐ」
1949.01.21	第74号	01頁10段		UN韓委に政党の接触を許さない 何を怖がるか李承晩
1949.01.21	第74号	01頁10段	채준	〈漫評〉奴等"UN韓委歓迎"
1949.01.21	第74号	01頁13段		昔の火田民も文化生活
1949.01.21	第74号	01頁13段	中央本部事務局長高鳳得	救援斗争積極化を熱望-朝鮮解放運動救援会
1949.01.21	第74号	01頁13段		愛国者続々検挙
1949.01.21	第74号	02頁01段		敵の挑発に乗すな 西日本生活防衛斗争の教訓
1949.01.21	第74号	02頁01段		ヤミ商売追放山口県下海抜800米の山奥更生の同胞三十七戸
1949.01.21	第74号	02頁01段		税金査定に参与、市会へも参加朝連松坂支部の大収穫
1949.01.21	第74号	02頁03段		"人斬り横丁"抹殺に朝・日呼応して蹶起 かくて新宿に明るい街
1949.01.21	第74号	02頁05段		文盲退治に本腰 張切る山口県 本部文教部教育者同盟
1949.01.21	第74号	02頁07段		大阪 民青文化祭り
1949.01.21	第74号	02頁07段		児童文学賞 誉入賞者発表
1949.01.21	第74号	02頁11段		〈文化〉グランドオペラ オンダル 平壤国立劇場で上演
1949.01.21	第74号	02頁11段		作家農村工場派遣 羨 はし、祖国作家達雄大計畫
1949.01.26	第75号	01頁01段		二次最高人民会議 1月28日平壤召集
1949.01.26	第75号	01頁01段		技術教育施設を完備 五十五校に二万五千名
1949.01.26	第75号	01頁01段		〈主張〉亡国政府打倒の実力を養え
1949.01.26	第75号	01頁04段		平元満浦線を一部電化 厳寒押して急勾配征服
1949.01.26	第75号	01頁05段		発電機の分解 組立に成功 日帝が諦めた難工事
1949.01.26	第75号	01頁06段		パレスチナ問題の解剖

発行日	発行号	지면정보	필자	기사제목(원문)
1949.01.26	第75号	01頁07段		人民抗争拡大 各地に共和国の旗靡る
1949.01.26	第75号	01頁08段		戒厳令下、 抗争激化 済州島の情勢ひつ迫
1949.01.26	第75号	01頁08段		〈世界の窓〉解決の鍵は只一つ アラブユダヤ民主勢力の提携-列強の利権争奪場
1949.01.26	第75号	01頁11段		警察署を新設
1949.01.26	第75号	01頁11段		〈モスクワ〉南韓政府の虚偽を痛撃
1949.01.26	第75号	01頁10段	蔡峻	〈漫評〉穴だらけゴム風船(つめてもつめても…)
1949.01.26	第75号	01頁12段		米穀の買上げに 遂に警察を動員
1949.01.26	第75号	01頁13段		反民三名逮捕
1949.01.26	第75号	01頁13段		大韓政府機関に米人相談役 ECA韓国課長発表
1949.01.26	第75号	01頁14段		国民政府親善李承晩一問一答「寝ごと」
1949.01.26	第75号	02頁01段	中総社会部長 朴章鎬	生協を活用せよ 大衆の要望を知れ
1949.01.26	第75号	02頁03段		北海道本部にもスパイ 泥棒は民団社会部次長
1949.01.26	第75号	02頁03段		あく迄斗争 神奈川トラック営業停止事件
1949.01.26	第75号	02頁05段		"司法権の洪水"-水原事件「大韓議会」大混乱裏面を脱いだCIC
1949.01.26	第75号	02頁06段		行方不明25名-住吉患難波で五名死亡
1949.01.26	第75号	02頁07段	張美	新しい斗争
1949.01.26	第75号	02頁10段		〈水原事件〉結団式乱入50名拉致
1949.01.26	第75号	02頁10段		中共の完全支配根し
1949.01.26	第75号	02頁11段	厳在鶴	〈文化〉文化工作とは何か
1949.02.01	第76号	01頁01段		民自の没落も必至-東亜の提携は人民政権の手で 議長団日本総選挙見解発表
1949.02.01	第76号	01頁01段		機械化で面目一新 北半部の農村大変貌
1949.02.01	第76号	01頁01段		〈主張〉中国人民の勝利
1949.02.01	第76号	01頁02段		続々計劃突破
1949.02.01	第76号	01頁05段		働く者の楽園「社会保険法」実施わづか二年間に-見よこの休養施設!
1949.02.01	第76号	01頁05段		北半部の水産業 飛やく的に発展
1949.02.01	第76号	01頁07段		官権乱用が因議員の抗争地視察報告
1949.02.01	第76号	01頁09段		海州暴動説は大韓のデマ
1949.02.01	第76号	01頁08段		〈世界の窓〉偽装降伏蹴とばし新中国の誕生近し-自覚し中共の躍進
1949.02.01	第76号	01頁10段		反民特調のメス釜山
1949.02.01	第76号	01頁12段		売国弾圧予算二九七億円 今ごろ作年下半期分
1949.02.01	第76号	01頁11段		国際女性大会 総括報告大会
1949.02.01	第76号	01頁13段		新記録積出-民青三周年水上競技選手権大会
1949.02.01	第76号	02頁01段		民青を祖国に'直結 民青中央執行委員会開幕
1949.02.01	第76号	02頁01段		在日東亜諸国民族を糾合 反帝斗争を展開 第三十回三・一革命記念方針

발행일	발행호	지면정보	필자	기사제목(원문)
1949.02.01	第76号	02頁01段		本紙を国文で日刊 に受入れ態勢を整備せよ
1949.02.01	第76号	02頁01段		二月のこよみ
1949.02.01	第76号	02頁04段		金太一氏射殺事件不起訴処分にあくまで告訴
1949.02.01	第76号	02頁04段	金西哲	日刊化をまえに
1949.02.01	第76号	02頁05段		＜幹部教室＞大衆の基盤の上に財政を確立せよ！
1949.02.01	第76号	02頁05段		「生活防衛」転じて職場の獲得へ 徳山同胞 貴い体験
1949.02.01	第76号	02頁05段		朝連資産企業化の第一歩当分300万円の資本で中央産業株式会社発足
1949.02.01	第76号	02頁07段		バッヂで重労動三年 日警の禁止令伝達サボが原因
1949.02.01	第76号	02頁08段		スパイ横行-今度は佐県に出現
1949.02.01	第76号	02頁08段		われ等の「春香伝」を三月の中旬に二週間大阪で上演
1949.02.01	第76号	02頁11段		朝連中央会館の 建設委員会を召集 二月十四日午前十時
1949.02.01	第76号	02頁14段		李摠理電話機を叩割る
1949.02.06	第77号	01頁01段		朝鮮民主主義人民共和国最高人民会議開幕 三月中に地方選挙 南半部は常委に委任
1949.02.06	第77号	01頁01段		期待と視聴を集め 南北全代議員参集 平壤石頭に湧上る歓呼
1949.02.06	第77号	01頁01段		人民経済体系の勝利 報告書を全面的に支持
1949.02.06	第77号	01頁05段		朝鮮古代文化遺物保存事業
1949.02.06	第77号	01頁06段		商品の交流は計劃の一倍半 昨年度の商業成績
1949.02.06	第77号	01頁05段		第2日来年の経済計劃に着手
1949.02.06	第77号	01頁05段		朱大使モスクワ着
1949.02.06	第77号	01頁07段		第3日首相の演説で閉幕重要法案悉く成立す
1949.02.06	第77号	01頁05段		最高裁判所の参審員決まる
1949.02.06	第77号	01頁07段		最高裁判員の補選
1949.02.06	第77号	01頁10段		雪中に激戦武装の国軍と人民遊撃隊が呼応し智異山中心に益々激化
1949.02.06	第77号	01頁10段	蔡峻	問題は奈落に
1949.02.06	第77号	01頁11段		抗争軍は秩序整然 大韓国会で実情報告
1949.02.06	第77号	01頁13段		又も国軍が叛乱 浦項で部落民も呼応
1949.02.06	第77号	01頁13段		山岳地帯を連結 忠北から忠南・全北地域へ拡大
1949.02.06	第77号	01頁14段		各国代表宿舎を歴訪して哀願！国連派遣代表の報告
1949.02.06	第77号	01頁14段		農民呼応 全南・慶北地帯
1949.02.06	第77号	01頁14段		警官と獄使大増員 これが唯一の人民抗争対策
1949.02.06	第77号	01頁16段		曹農林長官公金を費消
1949.02.06	第77号	01頁16段		警官や軍人も反民法に該当
1949.02.06	第77号	02頁01段		在日同胞生活に一大危機到来
1949.02.06	第77号	02頁01段		外国人待遇に籍口財産取得を大制限同胞在留の特殊性を無視し権利伴わぬ義務のみ強要の反動施策と死斗せよ

발행일	발행호	지면정보	필자	기사제목(원문)
1949.02.06	第77号	02頁02段		既得権のはく奪だ委員会作って斗争開始
1949.02.06	第77号	02頁02段		神奈川トラック営業停止事件大衆運動展開か
1949.02.06	第77号	02頁02段		機関紙の日刊化に第一歩をふみ出す
1949.02.06	第77号	02頁05段		ユーレイ連盟朝鮮自主連盟行方不明の件
1949.02.06	第77号	02頁05段		朝・日共同斗争 高崎で大規模に展開中
1949.02.06	第77号	02頁05段		静岡にもスパイ 反動団体のしゅん動監視せよ
1949.02.06	第77号	02頁06段		民族朝鮮幹部養成目指し 奨学会の再出発 認定試験期日など変更
1949.02.06	第77号	02頁07段		本部と連絡し対策を考究中令状も持たぬ日警の暴動!
1949.02.06	第77号	02頁07段		引揚品制度援和の即時実施をしぶる所持金も八十万円に
1949.02.06	第77号	02頁08段	元容徳	〈組織者〉新学年を前にして
1949.02.06	第77号	02頁10段	白浜研一郎	〈文化〉在日朝鮮演劇の出発 茨城文工隊の発足から(1)
1949.02.06	第77号	02頁10段		〈幹部教室〉反動の正体をつかんで生活に即した斗争へ!三・一革命三十周年記念斗争指針
1949.02.07	号外	01頁01段		外国人財産取得政令案に朝鮮人の特殊性を認めよ-朝連中総斗争を決意
1949.02.07	号外	01頁01段		総司令部にも陳情
1949.02.07	号外	01頁04段		日本における外国人の財産取得に関すつ総司令部日本覚書
1949.02.07	号外	01頁06段		在京の同胞立上る
1949.02.07	号外	01頁06段		慈江島を新設 第二次最高人民会議で決定
1949.02.07	号外	01頁07段		機関紙「の夕」盛会
1949.02.07	号外	02頁01段		在日同胞の生活権ねらわる間借りにも認可必要-外国人財産取得政令案の正体
1949.02.07	号外	02頁02段		外国人の財産取得政令案〈全文〉
1949.02.11	第78号	01頁01段		峻厳な課題山積す「偉大な成果も建設の第一歩」と金日成首相最高会議で訓す
1949.02.11	第78号	01頁01段		朱駐ソ大使、親任状捧呈
1949.02.11	第78号	01頁04段		「農奴」は過去の夢 今では農村経営者
1949.02.11	第78号	01頁05段		越境して逆宣伝目的は「外軍駐屯要請の合理化」人民軍来襲説の真相
1949.02.11	第78号	01頁06段		日帝の残滓 経済の跛行性打破 断統計畫樹立の目的
1949.02.11	第78号	01頁07段		人民軍倉設記念日 燃上祝賀熱待たれるその日2月8日
1949.02.11	第78号	01頁09段	蔡峻	〈漫評〉カギの嘘は有名なもの
1949.02.11	第78号	01頁10段		合作社運動に剴歌 今年の生産は三倍増
1949.02.11	第78号	01頁10段		増産に邁進 重要部門は二部制で
1949.02.11	第78号	01頁10段		生活向上には軽工業を振興
1949.02.11	第78号	01頁11段		二年経済完遂こそ 完全統一への捷径 技術者の養成が急務

발행일	발행호	지면정보	필자	기사제목(원문)
1949.02.11	第78号	01頁14段		70名連署の外軍撤退要望案 又も混乱の大韓議会
1949.02.11	第78号	02頁01段		外資政令の適用は生存権のはく奪 総蹶起して反動と斗え
1949.02.11	第78号	02頁01段		都下では斗争開始
1949.02.11	第78号	02頁01段		日刊化の前提に国文五日刊 3月15日から実施
1949.02.11	第78号	02頁01段	金西哲	機関紙の日刊化を前に(2) 啓家は耳よりも眼から!! 機関紙はよき組織者
1949.02.11	第78号	02頁04段		斗争体制を確立せよ
1949.02.11	第78号	02頁05段	洪賢	言論自由の正体 戦犯紙「日本週報」を斬る
1949.02.11	第78号	02頁05段		関東地協も蹶起
1949.02.11	第78号	02頁06段		令状もなしに襲撃婦女子歐打発砲島根県下、日警の暴行
1949.02.11	第78号	02頁08段		理由も示さず投獄 朝連千葉支部の五氏
1949.02.11	第78号	02頁08段		香川県下に農楽隊
1949.02.11	第78号	02頁09段		九州に燃上る署名運動 朝連芦屋支部活躍
1949.02.11	第78号	02頁10段		地方だより
1949.02.11	第78号	02頁05段	林光徹	三・一運動終わったか？-その世界史的観鏡
1949.02.11	第78号	02頁11段		下関に「人間広場」丘を崩して朝連小学校の運動場に
1949.02.11	第78号	02頁11段	文教部次長 許南麒	〈文化〉文化工作どういうふうにすべきであるか
1949.02.11	第78号	02頁16段		
1949.02.16	第79号	01頁01段		〈満堂の拍手裡、最高会義で金日成首相叫ぶ〉我等の勝利は必至弾圧と餓に泣く南半同胞を救え民意は南北既に結合
1949.02.16	第79号	01頁01段		大学十一校五五技術専門校一万の技術者を養成 青年五百がソ連留学
1949.02.16	第79号	01頁04段		南北の連席会義で共和国樹決定
1949.02.16	第79号	01頁07段		祖国金城鉄壁人民軍倉立記念祝典盛会
1949.02.16	第79号	01頁07段		反帝斗争激化 祖国経済一年計畫協力 第十七回中央委員会開幕
1949.02.16	第79号	01頁08段		我に人民軍あり! 民主主義の基地大盤石
1949.02.16	第79号	01頁10段		人民軍の成長故に我等も勝利を確信 南半部人民代表の叫び
1949.02.16	第79号	01頁11段		友邦新中国の誕生を祝こぶ
1949.02.16	第79号	01頁12段		内閣から祝電
1949.02.16	第79号	01頁13段		〈ソ連はじめ〉民主陣営諸国と友好政策を強化
1949.02.16	第79号	02頁01段		〈外国人財産取得政令 反対斗争の嵐〉対策は斗争のみ 東京商工人蹶起大会
1949.02.16	第79号	02頁01段		スローガン
1949.02.16	第79号	02頁01段	金西哲	読者網を拡大せよ!-機関紙の日刊化を前に(3)
1949.02.16	第79号	02頁04段		我等も共に斗わん-日本共産党 風早代議士激励

발행일	발행호	지면정보	필자	기사제목(원문)
1949.02.16	第79号	02頁04段		日本政府宛決議文
1949.02.16	第79号	02頁06段		敵味方を判別し手を携え斗わん
1949.02.16	第79号	02頁07段		政変のドサクリに討議抜で可決 安本の副長官言明!
1949.02.16	第79号			斗争委員会日誌
1949.02.16	第79号	02頁09段		〈わか指導理念への賛同者続出〉大金を寄贈-孫・咸の両有力経済人
1949.02.16	第79号	02頁10段		オペラ春香伝 関西公演本極り 二月末から三月にかけ
1949.02.16	第79号	02頁11段		組織活動の手本 かくて岡山本部、未納金を全納
1949.02.16	第79号	02頁11段		建青栃木本部委員長転向 朝連さん下で活躍期待
1949.02.16	第79号	02頁14段		朝鮮人はどの位 食ったらいか
1949.02.21	第80号	01頁01段		〈最高人民会議金首相演説〉米軍の即時撤退が朝鮮問題解決の鍵
1949.02.21	第80号	01頁01段		第十七回中委席上「朝連活動報告」戦術に長足の進歩白熱化す愛国の情熱!
1949.02.21	第80号	01頁05段		五全大会決定の正しさを情勢の進展が立証
1949.02.21	第80号	01頁05段		斗争意慾旺盛 機関依存主義を一擲
1949.02.21	第80号	01頁05段		大学生の八割に奨学金支給家族には食糧特配
1949.02.21	第80号	01頁06段		最終迄斗う-斗争委員会で声明
1949.02.21	第80号	01頁07段		自覚し女性の斗争 見よ!進駐軍も驚いた軍士官の事例 陳頭活躍の数々の実例
1949.02.21	第80号	01頁09段		反動の凋落けん著 テロやスパイは彼等の最後のあがき
1949.02.21	第80号	01頁10段		海南署正面攻撃全南一帯抗争激化
1949.02.21	第80号	01頁10段		献金二億五千万円義務教育の実施基金
1949.02.21	第80号	01頁11段		計畫の二培生産 国営の地方産業部門
1949.02.21	第80号	01頁13段		堕性を捨てよ 猛省要する数々の欠点
1949.02.21	第80号	01頁14段		味噌ヤショウユの自家製は昔の夢
1949.02.21	第80号	02頁01段		一大欠点調査活動の不備政令適用反対の署名運動を起せ第十七回中央委員会の経過
1949.02.21	第80号	02頁01段		政令斗争方針決定 朝連中央会館と中央産業会社は分離
1949.02.21	第80号	02頁01段		斗委を結成 埼玉県本部も活動開始
1949.02.21	第80号	02頁02段		足立では早くも署名運動に着手
1949.02.21	第80号	02頁04段		獄中からも声援神戸刑務所の12同志
1949.02.21	第80号	02頁05段		文盲退治を推進 新学年に備えよ 中央委員も補改選
1949.02.21	第80号	02頁06段		〈第五回女同中央委員会〉みどり児抱えた母親も絶叫
1949.02.21	第80号	02頁06段		本紙の日刊化順調に進捗
1949.02.21	第80号	02頁07段		〈解放・救援会第二回全体大会開幕〉花火式活動清算 斗士から後援の憂除
1949.02.21	第80号	02頁10段		教育斗争の神戸に本建築の校舎雨降って地固まる再建斗争の成果

발행일	발행호	지면정보	필자	기사제목(원문)
1949.02.26	第81号	01頁01段		金日成首相一行モスクワ訪問 スチュフ大使同行
1949.02.26	第81号	01頁01段		南鮮各地に解放区 人民委員会を復興して土地改革 軒並に靡る人民共和国旗
1949.02.26	第81号	01頁01段		抗争愈々激化
1949.02.26	第81号	01頁01段		全国的に捲き上る外資問題政令反対の斗争日華兩人民と共斗体制
1949.02.26	第81号	01頁02段		経済団体も蹶起 五つの重大要求決定
1949.02.26	第81号	01頁05段		<主張>現下の情勢と当面の任務
1949.02.26	第81号	01頁05段		新設された"慈江島" 急速発展期待さる
1949.02.26	第81号	01頁05段		お膝下で警察襲撃重武装の白川署全焼
1949.02.26	第81号	01頁06段		日華民主陣営も起つ 別項座談会の成果
1949.02.26	第81号	01頁08段		人民は抗争支持 目に余る官史の非行
1949.02.26	第81号	01頁09段		外資政令の適用は生活権のはく奪だ 議会人や華橋代表との座談会(1)
1949.02.26	第81号	01頁09段		我等が最大の武器機関紙を強化せよ
1949.02.26	第81号	01頁10段		世紀喜劇反民法泥棒が泥棒を裁く立役者李承晩馬脚
1949.02.26	第81号	02頁01段		まず直腸獲得斗争日本人民と提携し 大衆課税を叩遣せ中委で生活擁護斗争方針決定
1949.02.26	第81号	02頁02段		新学年生も準備
1949.02.26	第81号	02頁03段	金西哲	近視を排す 中央委員の責任重大-機関紙の日刊化を前に(4)
1949.02.26	第81号	02頁06段		進学認定試験 朝鮮奬学会が施行
1949.02.26	第81号	02頁07段		朝日手を携えて反動を撲滅せん
1949.02.26	第81号	02頁07段		3月18日 無名解放戦士の幕に 同胞数氏を合葬
1949.02.26	第81号	02頁10段		〈科学欄〉朝鮮人はどの位食べたらよいか
1949.02.26	第81号	02頁08段	白浜研一郎	在日朝鮮演劇の出発 茨城文工隊発足から(4)
1949.03.01	第82号	01頁01段		〈主張〉三・一革命期を迎えて
1949.03.01	第82号	01頁03段		三・一革命後ここに満三十年 この日に置かれた完全独立への基盤
1949.03.01	第82号	01頁07段		米軍駐屯の要請よ 民意無視の延命策
1949.03.01	第82号	01頁08段		三尺の童児も笑う笑劇「踊る新韓委」
1949.03.01	第82号	01頁09段		民族産業壊滅
1949.03.01	第82号	01頁08段	蔡峻	〈漫評〉もう一打ちた!
1949.03.01	第82号	01頁11段		民意遂に暴発嘯!三十年前の革命先烈の精神この救国斗争に輝
1949.03.01	第82号	01頁12段		ソ連国創建21周年 その恩功記念室公開-記念大会盛況
1949.03.01	第82号	01頁13段		起上 植民地支配崩壊寸前
1949.03.01	第82号	02頁01段		第二国民育成の大使令を悟れ! 文教部より協力要請
1949.03.01	第82号	02頁01段		勝手な反動大臣共追放すれば即ち黙して答えず外資問題繞を座談会(2)

발행일	발행호	지면정보	필자	기사제목(원문)
1949.03.01	第82号	02頁01段		〈外国人財産取得政令反対斗争の嵐〉中国人と共斗日本政府に強硬抗議
1949.03.01	第82号	02頁04段		外資問題では共斗が必要 体制を強化整備せて自信を以て斗え-在日朝鮮人生活防衛中央斗争委員会
1949.03.01	第82号	02頁05段		2月のこのみ
1949.03.01	第82号	02頁07段		学同国旗事件両氏に重労三年見よこの裁判の経過
1949.03.01	第82号	02頁07段		高崎の減税斗争朝・日共斗で勝つ
1949.03.01	第82号	02頁10段		人民虐殺の写真に泣いて斗争誓う
1949.03.01	第82号	02頁10段	金秉稷	三・一運動文化的関係(一)
1949.03.01	第82号	02頁13段		緘口令を布いた一方的裁判-布施弁護人は語る
1949.03.01	第82号	02頁15段		斗争期の犠牲者
1949.03.05	号外	01頁01段		戦後引続き在留の同胞財産の取得は自由日本政府代表して声明
1949.03.05	号外	01頁01段		反動、退却の第一歩中小商工業者よ起て！喜びと覚悟を語る地方の代表ら
1949.03.05	号外	01頁05段		全国的に燃上った斗争の後を振返る
1949.03.05	号外	01頁05段		斗争功奏し日本政府遂に屈す
1949.03.05	号外	01頁05段		やめろ弾圧政策 埼玉県人民大会の決議文例
1949.03.05	号外	02頁01段		<生活権防衛中拡斗ひらく>勝因は大衆斗争！機関紙を強化して次の斗ひに備えん
1949.03.05	号外	02頁05段		解放マークも御法度?金ス文氏検束さるマーク書いた基金箱が因
1949.03.05	号外	02頁04段		共斗絶対必要日共両代議士強調
1949.03.05	号外	02頁04段		全中央委員および全組織幹部に訴う
1949.03.05	号外	02頁09段		北鮮ソ軍基地なし脱走兵談に朝連議長談
1949.03.05	号外	02頁11段		反動陰謀-横浜の実例
1949.03.06	第83号	01頁02段		外資問題斗争に凱歌一九四五年九月二日迄に日本国籍を有し引続き在留者は適用から除外
1949.03.06	第83号	01頁02段		三・一革命30周年記念人民大会 遺志は祖国に開花覚悟新たに上野に集う千名
1949.03.06	第83号	01頁02段		革命精神を継承 尹議長団代表の叫び
1949.03.06	第83号	01頁05段		堂々デモ行進 斗争委員は首相官邸へ
1949.03.06	第83号	01頁02段		〈主張〉民青結成第二周年記念をむかえて
1949.03.06	第83号	01頁09段		忽ちカンパ71万-栃木県下の人民大会
1949.03.06	第83号	01頁08段		新出鬼没の遊撃隊人民抗争依き然
1949.03.06	第83号	01頁11段		金日成首相에게보내는멧세-지
1949.03.06	第83号	01頁13段		大韓政府軍の焼土戦術で完然無人島に 惨たる済州島の実情
1949.03.06	第83号	01頁13段		30年前も今も旗のため 舌端火吐く韓徳銖氏
1949.03.06	第83号	02頁01段		政令問題解斗態勢漁夫利反動粉砕日本政府反撃備
1949.03.06	第83号	02頁01段		外資政令問題解決まで経過「言外の意を汲め」三・一革明記念大会席上で選ばれた交渉委員と官房長官の禅問答

발행일	발행호	지면정보	필자	기사제목(원문)
1949.03.06	第83号	02頁01段	鄭白雲	言論機関を統一せよ！
1949.03.06	第83号	02頁03段		「紙をよこせ」署名運動展開 機関紙は君の武器だ
1949.03.06	第83号	02頁06段		共に斗わん 目指す敵は同一 - 日本共産党代議士の祝辞
1949.03.06	第83号	02頁05段		三月八一国際婦人デー
1949.03.06	第83号	02頁07段		軍国的徴税一段に朝華共斗気運
1949.03.06	第83号	02頁07段		今も差別待遇 天に向かって唾する反動政策だ 外資問題續る座談会(三)
1949.03.06	第83号	02頁10段	金天海	六十万同胞は第一線部隊だ
1949.03.06	第83号	02頁12段		吾々の最大の武器だ 機関紙を強化しよう
1949.03.06	第83号	02頁12段	金秉稷	〈文化〉三・一運動文化的関係(二)
1949.03.11	第84号	01頁01段		獄中でハンスト断行既に旬日衰弱甚だしきも治療拒絶 阪神教育大阪国旗両事件の朝・日二十一氏
1949.03.11	第84号	01頁01段		死を堵して反動に抗議 全国の青年、一大記念斗争展開
1949.03.11	第84号	01頁01段		モスクワ来訪は平和擁護のため金首相駅頭で放送
1949.03.11	第84号	01頁01段		〈主張〉外資政令問題に勝利して
1949.03.11	第84号	01頁02段		競争の増産
1949.03.11	第84号	01頁05段		電化で輸送力倍加 平元線山岳地帯で二月末開幕
1949.03.11	第84号	01頁08段		明るい農村 土地改革後三年の実績
1949.03.11	第84号	01頁08段		警官をおっ払って機密書類を焼却 全南各地に激化展開
1949.03.11	第84号	01頁09段	蔡峻	〈漫評〉今更そんな
1949.03.11	第84号	01頁10段	金秉稷	〈文化〉三・一運動文化的関係(三)
1949.03.11	第84号	01頁08段		先烈の遺去をしのび全国各地大衆蹶起-三一革命30周年記念人民大会
1949.03.11	第84号	02頁01段		反フケッショアジア文化祭り-在京各国民主団体共催
1949.03.11	第84号	02頁01段	金西哲	配布 に一刻を争え-機関紙の日刊化を前に(5)
1949.03.11	第84号	02頁02段		傷病同胞が蹶起
1949.03.11	第84号	02頁04段		福島税務署長が暴言注目される斗争の成行
1949.03.11	第84号	02頁05段	中総組織宣戦部次長 成惠永	〈幹部教室〉調査は活動の基礎
1949.03.11	第84号	02頁08段		議長団に感謝狀広島県可部小学の生徒
1949.03.11	第84号	02頁08段		政令問題中国人の除外は民族離間策朝・華は依然共斗！
1949.03.11	第84号	02頁09段		やっと処分解除
1949.03.11	第84号	02頁11段		〈科学欄〉朝鮮人はどの位食ったらいいか
1949.03.16	第85号	01頁01段		訪ソ中の首相一行勇士の墓前に花環
1949.03.16	第85号	01頁01段		軍に在獄同志の釈放再審嘆願 近畿一円に署名運動
1949.03.16	第85号	01頁01段		朝・日で共斗
1949.03.16	第85号	01頁01段		亡国使節を排！-韓・日通常問題に付き中総で声明

발행일	발행호	지면정보	필자	기사제목(원문)
1949.03.16	第85号	01頁04段		3月30日　近ずく地方選挙　かくして人民は直接国政に参与! 平壤地区では挙って金将軍推挙
1949.03.16	第85号	01頁01段		〈主張〉救援活動を強化せよ!
1949.03.16	第85号	01頁05段	蔡峻	＜漫評＞お互に　これで　注射を...
1949.03.16	第85号	01頁07段	朝連中総本部財政部長　朴尚午	機関紙を守れ　斗争の基礎財政問題
1949.03.16	第85号	01頁08段		山奥で新聞雑誌を刊行し　解放区人民に配布　若い女性も混る抗争軍
1949.03.16	第85号	01頁08段		流浪の民六万午千言語に絶した済州島
1949.03.16	第85号	01頁09段		支分局を作れ-機関紙の日刊化を前に(6)
1949.03.16	第85号	01頁12段		中央庁に翻る共和国旗　ソウルの市民胸らせ踊見物
1949.03.16	第85号	01頁13段		機関紙日刊化の五百万円カンパ決る
1949.03.16	第85号	02頁01段		桑名民団のテロとデマに反動日警が後押し　わが近畿地方組職蹶起
1949.03.16	第85号	02頁01段		奇怪! 解救マーク事件拡大
1949.03.16	第85号	02頁01段		朝・日携えて蹶起
1949.03.16	第85号	02頁02段		税の査定には朝連を通じて布施の三一斗争成果
1949.03.16	第85号	02頁03段		外資政令華僑除外問題に韓・日あく迄応援　アジアの民族親善会結成
1949.03.16	第85号	02頁03段		暴力一本槍
1949.03.16	第85号	02頁05段		指導者が不足　近畿地方の児童教育
1949.03.16	第85号	02頁07段		〈幹部教室〉中委決定の実践化　組宣部ラ・フンボン氏の報告　中国地方普及(1)
1949.03.16	第85号	02頁07段		われ等60万同胞の誇り東京朝連中学校創立二周年・高校併設記念大学芸会
1949.03.16	第85号	02頁09段		あたりまえの事を先ず守れ
1949.03.16	第85号	02頁11段		中学の入試を終えて　正しい指導のために
1949.03.16	第85号	02頁12段	金秉稞	三・一運動と文化的関係(四)
1949.03.21	第86号	01頁01段		四・一四教育事件を忘れるな-大釈放斗争を起せ　中央の記念斗争態勢成る
1949.03.21	第86号	01頁01段		金首相一行モスクワ着
1949.03.21	第86号	01頁01段	金西哲	この言論弾圧振りの実状を世界に知れせ-機関紙の日刊化を前に(7)
1949.03.21	第86号	01頁04段		反動施策絶対反対-記念の日三・一五朝華日の人民大会
1949.03.21	第86号	01頁06段		斗い取れ、知る権利　用紙の九十九％はプル新聞が独占　ここにも酷い差別待遇
1949.03.21	第86号	01頁06段		国旗ベッチ両事件犠牲者釈放運動起!「解救」で活動指針提示
1949.03.21	第86号	01頁09段		頭の下る獄中斗争　在獄同志の近況　解放救援会　高事務局長
1949.03.21	第86号	01頁08段		島根県下大勝利　暴行警官四名罷免　18日、公安委員全員辞職の入電

발행일	발행호	지면정보	필자	기사제목(원문)
1949.03.21	第86号	01頁09段	蔡峻	〈만평〉あいつらをやつつけるためには先ず之を…
1949.03.21	第86号	01頁11段		新聞用紙 独占の大陰謀 政党用紙再調整の反動性 機関紙協会けつ起
1949.03.21	第86号	01頁11段		反動民団の集団暴行 今度は函館に発生 人民大会で重軽傷七名
1949.03.21	第86号	02頁01段		十一先烈の御霊合祠青山「無名戦士の墓」前の感激
1949.03.21	第86号	02頁01段		四・二四記念斗争 近畿手本に総蹶起せよ
1949.03.21	第86号	02頁01段		反動の凋楽けん著兵庫で続々朝連に加盟
1949.03.21	第86号	02頁04段		大衆課税反対生権中委当面の斗争目標決定
1949.03.21	第86号	02頁04段		三・一学院記念式
1949.03.21	第86号	02頁05段		歌劇春香が産んだ大阪の美談-女同布施支部の活躍
1949.03.21	第86号	02頁09段	임광철	〈어린이란〉어린동무들에게
1949.03.21	第86号	02頁09段	김사철	국문판을내면서
1949.03.21	第86号	02頁09段		益田事件勝利の真相 人民の圧力ㅇ로権力機関을撃破
1949.03.21	第86号	02頁15段	허남기	四・二四의노래
1949.03.26	第87号	01頁01段		朝ソ経済・文化協定成る両国のコミュニケ全文
1949.03.26	第87号	01頁01段		〈誇れ!!祖国を在留外人教育方針〉中国人の教育は国家が保証共和国内閣で正式決定
1949.03.26	第87号	01頁03段		歓送裡モスクワ出発
1949.03.26	第87号	01頁05段		極東に平和と安全-金首相駅頭の別辞
1949.03.26	第87号	01頁06段		南半部の人民抗争三市七八郡で活躍
1949.03.26	第87号	01頁07段		革命家の貴族を国家が教育 金将軍を父と慕って
1949.03.26	第87号	01頁06段	中総経済社会部次長 崔瑢根	経済九原則実施と単一為替率の問題
1949.03.26	第87号	01頁12段		人民抗争軍一人は政府軍百人に匹敵新内務部長官済州島の踏査報告
1949.03.26	第87号	01頁10段		人民会議常任委員長金枓奉氏還暦祝ソ連や中総からも祝電
1949.03.26	第87号	02頁01段		四・二四教育事件の一周年記念斗争方針生活防衛に直結し強力なカンパを起せ!
1949.03.26	第87号	02頁01段		常任委員は地方へ 部員は署名運動 中総の記念斗争決定
1949.03.26	第87号	02頁01段		華僑遂に起つ 朝・日の共斗気運横溢
1949.03.26	第87号	02頁04段		中央委員諸君は陣頭に立て 中央常委から要望
1949.03.26	第87号	02頁06段		盛上る斗争熱 反動陣営に顔色なし
1949.03.26	第87号	02頁07段		〈幹部教室〉中委で決定の実践化 組宣部ラ・フンボン氏の報告 中国地方普及(2)
1949.03.26	第87号	02頁10段		〈文化〉帝国主義戦争の放火者痛撃「パリ平和擁護世界大会」を前に朝鮮北半部文化人声明
1949.03.26	第87号	02頁10段		〈宣言〉平和の脅威に目覚よ文化人
1949.04.01	第88号	01頁01段		初の地方選挙 午前中に大体終了 記念の日「三月三十日」

발행일	발행호	지면정보	필자	기사제목(원문)
1949.04.01	第88号	01頁01段		提携せよ朝・日人民理解は先ず「文化の交流」から 教育斗争一周年記念懇談会
1949.04.01	第88号	01頁01段		平和絶対支持「平和擁護世界大会」の開催を前に　朝連議長団声明書発表
1949.04.01	第88号	01頁04段		産業戦士先頭に挙って投票 金首相推載の平南37区
1949.04.01	第88号	01頁07段		在獄同志釈放と大愚改善
1949.04.01	第88号	01頁05段	蔡峻	〈漫評〉戦争挑発者を叩き出せ!
1949.04.01	第88号	01頁11段		在獄の同志達に慰問文を送ろう
1949.04.01	第88号	01頁12段		教育事件記念斗争 先ず機関紙の完全配布から
1949.04.01	第88号	01頁13段		脅威統一は反対外軍の駐屯下真の統一あり得ず大韓国会六議員の新韓委会見所感
1949.04.01	第88号	01頁13段		慶南人民抗争熾烈火
1949.04.01	第88号	02頁01段		斗えば必ず勝つ!
1949.04.01	第88号	02頁01段		広汎な要求掲げて千葉県本部けっ起
1949.04.01	第88号	02頁04段		四月のこよみ
1949.04.01	第88号	02頁04段		兇器を持参の賊 青森県下に現わる!
1949.04.01	第88号	02頁05段		カードで同胞の資産調査 中総から厳重に抗議
1949.04.01	第88号	02頁05段		仙台で46万類焼 朝連支部、救援活動
1949.04.01	第88号	02頁05段	李賛義	〈文化〉朝鮮民族文化
1949.04.01	第88号	02頁09段		〈신통한어린이들〉옥중형님들께편지와구원을
1949.04.01	第88号	02頁11段		영광의아동문화상-김신자군의아버지와岡山초등학교의기쁨
1949.04.01	第88号	02頁13段		글쓰게된기쁨을편지로서위원장에
1949.04.01	第88号	02頁13段	남시우	〈동요〉太一이가죽는날
1949.04.01	第88号	02頁15段		指令
1949.04.01	第88号	02頁09段		四・二四를맞으면서神戸옥中동지가中総장단장에게便紙
1949.04.06	第89号	01頁01段		投票率実に九九・九八% 栄ある各級地方五、八五三代議員決定
1949.04.06	第89号	01頁01段		労農代表六割五分　女代議員が八六九名
1949.04.06	第89号	01頁01段		"기관지を守れ"起ち上支部二つ
1949.04.06	第89号	01頁04段		未納紙代実に一七六万円今月中に清算を切望
1949.04.06	第89号	01頁05段		白日下に晒された笑止な大韓の陰謀　海州の逆宣伝事件公判
1949.04.06	第89号	01頁07段		広範囲で共斗-本紙の日刊化のカンパ推進
1949.04.06	第89号	01頁07段		斗争と建設同胞失業群更生出口美弥支部訪問記
1949.04.06	第89号	01頁08段		近畿は総蹶起 一糸乱れぬ其統制ぶり
1949.04.06	第89号	01頁09段	蔡峻	〈漫評〉"目には目歯には歯"を似たせず
1949.04.06	第89号	01頁10段		各地で女同大活躍職場を獲得京都の朝日共斗成果
1949.04.06	第89号	01頁12段		人民大会いて要求を貫徹
1949.04.06	第89号	01頁12段		貿易使節を排撃

발행일	발행호	지면정보	필자	기사제목(원문)
1949.04.06	第89号	02頁01段		先ず教育費を獲得　岡崎の記念斗争前哨戦に凱歌
1949.04.06	第89号	02頁01段		千葉でも考慮約す請負工事の裏面も追及
1949.04.06	第89号	02頁01段		反動共の陰謀判明　愛知県の実例に備えよ
1949.04.06	第89号	02頁01段		巣立一つ六四名　前途を祝し朝鮮桑学会で挙式
1949.04.06	第89号	02頁04段		九州南端や四国にも烽火
1949.04.06	第89号	02頁05段		松山でも日警暴行　朝連愛媛県本部蹶起
1949.04.06	第89号	02頁05段		韓・日で共斗
1949.04.06	第89号	02頁07段		〈文化〉文化ㅜㅐ大衆化
1949.04.06	第89号	02頁09段		〈국제정세〉北平会談의展望
1949.04.06	第89号	02頁09段		教育当実施決定四・二四教育事件記念日에
1949.04.06	第89号	02頁09段		帰国同胞들에게針尾収容所消息
1949.04.06	第89号	02頁11段		〈詩〉조선
1949.04.06	第89号	02頁12段	金潤淑	눈물로日本中学校에우리中学못가는어린이편지
1949.04.06	第89号	02頁12段		〈通告〉壁新聞発行中総組宣部에서
1949.04.06	第89号	02頁13段		偉大한女性科学者　큐리부인의半生
1949.04.11	第90号	01頁01段		金日成首相一行　大任果して帰国　平壤飛行場大の歓呼
1949.04.11	第90号	01頁01段		自主教育発展　在日同胞断- 全国文教責任者会議
1949.04.11	第90号	01頁01段		勝利の旗は台東支部へ　民青東本民主主義競争成果発表大会
1949.04.11	第90号	01頁04段		議員連も驚く本紙の用紙不配全国文教部長会、議厳重抗議
1949.04.11	第90号	01頁07段		阪神在獄同志間に'断食斗争再然気配
1949.04.11	第90号	01頁08段		学童署名隊日本人民共和・文工隊の活躍　神戸に鉄桶の布陣
1949.04.11	第90号	01頁08段		報告書の手本〈四・二四斗争総結事業のために〉-京部本部の綜合報告
1949.04.11	第90号	01頁09段		七条の朝連校　教育費全額獲得　京都の記念斗争大活躍
1949.04.11	第90号	01頁11段		教育費問題を県会附議確約滋賀県でもカンパ強行
1949.04.11	第90号	01頁12段		先頭の女盟
1949.04.11	第90号	01頁13段		兵庫の解救基金　忽ら十六万円也
1949.04.11	第90号	01頁14段		"俺を信じてくれ"なんとかの一つおぼえて　貿易使節団各地で醜態
1949.04.11	第90号	02頁01段		抱え起こして発射民族離間目的のテマに迷うな　深川の警官暴行事件の真相
1949.04.11	第90号	02頁01段		盛岡市警の密醸検挙陰謀甘酒の摘発に女性同盟起す　韓・日で一大共斗展開か
1949.04.11	第90号	02頁04段		日警支援バックに反動のテロ団横行　北海道本部に又も勃発
1949.04.11	第90号	02頁05段		民団遂に分裂ペニシリン劇と「乱斗」実演?京都非常全国大会
1949.04.11	第90号	02頁07段		朝鮮で共斗

발행일	발행호	지면정보	필자	기사제목(원문)
1949.04.11	第90号	02頁09段		〈어린이란〉平和의샛별-자멘호프란어떠한사람인가?
1949.04.11	第90号	02頁09段		全同胞에게呼訴!
1949.04.11	第90号	02頁09段		〈火曜会消息〉人民的新体育観
1949.04.11	第90号	02頁15段		〈詩〉愛의노래
1949.04.11	第90号	02頁15段		4.24의노래
1949.04.16	第91号	01頁01段		19日に最高人民会議召集　地方の人民委員会議は12日から14日迄の間に
1949.04.16	第91号	01頁01段		平和擁護世界会議　朝連代表金民化氏決まる
1949.04.16	第91号	01頁01段		朝鮮代表出発
1949.04.16	第91号	01頁01段		米ソ会談を提唱　平和叫がウォーレス氏
1949.04.16	第91号	01頁01段		〈主張〉日警の暴行　断固排げき
1949.04.16	第91号	01頁05段		機関紙問題中心に拡執委を開け　滞納本・支部の猛省を望む
1949.04.16	第91号	01頁07段		第七回朝連文教部長　学校長・教同責任者　全体会議の総結(一)
1949.04.16	第91号	01頁07段		〈拡がる深川事件の波紋〉日警の非民主性をあくまで追及
1949.04.16	第91号	01頁07段		言論機関総合せず　各紙それぞれ所信邁進
1949.04.16	第91号	01頁09段		人民抗争軍　依然　優勢　各地で激戦!
1949.04.16	第91号	01頁10段		決然起ち上った人権擁護委員会
1949.04.16	第91号	01頁11段		全組織を挙げて暴力警察と斗え　中総書記局
1949.04.16	第91号	01頁11段	蔡峻	〈漫評〉超現実派?
1949.04.16	第91号	01頁14段		東本もけっ起
1949.04.16	第91号	02頁01段		在獄の六同志遂に本国送還　教育事件犠牲者釈放は一名
1949.04.16	第91号	02頁01段		朝・日提携えて救援活動を強化　両者の救援懇談会
1949.04.16	第91号	02頁01段		目標の四倍確実　頭の下う少年署名隊の活躍
1949.04.16	第91号	02頁01段		日朝親善協会　4月23日に総会準備委員会で決定
1949.04.16	第91号	02頁02段	李賛義	朝連各級学校規定案梗概
1949.04.16	第91号	02頁04段		白万円カンパ
1949.04.16	第91号	02頁07段		壮하다!在獄동무들의熱誠
1949.04.16	第91号	02頁07段		〈機関紙는우리의武器다〉機関紙日刊化에-全조직의힘을동원하라!
1949.04.16	第91号	02頁09段		〈어린이란〉平和의샛별(二)-자멘호프란어떠한사람인가?
1949.04.16	第91号	02頁14段		〈어린동무들에게격려의편지〉神戸在獄동무들
1949.04.21	第92号	01頁01段		民族の独立自由と平和のため　われ等あくまで斗い抜かん!
1949.04.21	第92号	01頁03段		帰っても反動と死斗諸君はこの日本で任務を果せ!　本国送還の教育事件六同志駅頭声明

발행일	발행호	지면정보	필자	기사제목(원문)
1949.04.21	第92号	01頁03段		教え子たちを父のように 金石松氏の令嬢は語る
1949.04.21	第92号	01頁03段		〈沿道〉涙の歓送 下ノ関駅頭、大衆の誓い
1949.04.21	第92号	01頁03段		〈主張〉四・二四事件一週年を迎えて
1949.04.21	第92号	01頁06段		抗議尻目に再弾圧 在日同胞を仮装敵視の戦争訓練と死を賭せて斗い抜かん
1949.04.21	第92号	01頁07段		新潟でも不法弾圧 事態の重大化に中総から応援急派
1949.04.21	第92号	01頁08段		政府軍四百が巨済島で叛乱
1949.04.21	第92号	01頁07段		平和運動への動員
1949.04.21	第92号	01頁11段		俺達も共和国民 靴磨き少年、尊い拠金
1949.04.21	第92号	01頁11段		四・二四記念斗争今やたけなわ
1949.04.21	第92号	01頁12段		日警・朝日共斗に屈す 盛岡市署の不当弾圧解決
1949.04.21	第92号	01頁14段		国会に抗議 関東地方議員会談から
1949.04.21	第92号	01頁16段		4・24教育斗争現地報告 尹鳳九特派員手記①
1949.04.21	第92号	02頁01段		米軍撤退説에관하야尹議長談話発表-数個月内가아니라即時撤退하라고-
1949.04.21	第92号	02頁01段		〈조련소학교교과서편찬출발완구기념상을결정하면서〉전동포에세호소함!중앙상님이원회
1949.04.21	第92号	02頁01段		教育費獲得斗争을強力히推進하라!
1949.04.21	第92号	02頁06段		米軍撤退를協議그대신軍事援助強化
1949.04.21	第92号	02頁07段		世界平和会義支持者는六億
1949.04.21	第92号	02頁08段		〈解説〉米軍撤退를要求하는全人民的压力에屈伏-李承晩도드디어撤退協議의声明이것은또무슨欺瞞인가?
1949.04.21	第92号	02頁08段		中央会館建設事業完遂를為하여-基金活動推進班派遣-
1949.04.21	第92号	02頁08段		学校実態調査報告督促-中総文教部에서各地方에要請
1949.04.21	第92号	02頁11段		회상하라!피흘린그날을-교육사건일주년의날을맞이하야
1949.04.21	第92号	02頁12段		촌일본인선생의뺑손이우리아동에게말이막혀
1949.04.21	第92号	02頁15段		〈詩〉懐抱
1949.04.21	第92号	02頁13段		機関紙日刊化를為하야神戸在獄李珖同志-全同胞에게激励!
1949.04.26	第93号	01頁01段		畫期的協定・対等で締結-金日成首相から訪ソ経過報告
1949.04.26	第93号	01頁01段		〈主張〉日政の陰謀を労働祭で叩け
1949.04.26	第93号	01頁04段		〈公明正大 自由平等〉終始一貫したソの対外政策
1949.04.26	第93号	01頁03段		〈漫評〉
1949.04.26	第93号	01頁05段		〈著しい対照〉(歳入)負担減さく取(歳出)人民のための建設民族資本産業破壊
1949.04.26	第93号	01頁07段		我要求を快諾 かくして友好平等の協定成る
1949.04.26	第93号	01頁08段		日和見捨て朝連に復帰す
1949.04.26	第93号	01頁09段		建設に必要な入超 快済は借款で三年間に二億ルーブルずつ

발행일	발행호	지면정보	필자	기사제목(원문)
1949.04.26	第93号	01頁11段		来朝の技術者は朝鮮人と同待遇　技術者養成にも努力　定期的に留学生派遣
1949.04.26	第93号	01頁11段		協定其間は十年　希望次第で延長可能
1949.04.26	第93号	01頁11段		(輸出)金属や皮製品(輸入)機械類と綿花
1949.04.26	第93号	01頁13段		較べて見よ　大韓の対外協定　彼に自主性の片影なし
1949.04.26	第93号	01頁13段		本協定を活用して国土完整促進せん
1949.04.26	第93号	02頁01段		세기적투쟁四・二四를겪고-其後一年間의回顧
1949.04.26	第93号	02頁01段		4.24記念斗争을各地에서成功的으로推進
1949.04.26	第93号	02頁13段		〈연재만화〉철뚝이
1949.04.26	第93号	02頁13段		神奈川教育斗争新戦術広汎한「共闘」로成果多大民団子弟도우리학교에
1949.04.26	第93号	02頁13段		억울한六同志는이렇게갔다
1949.04.26	第93号	02頁15段		〈어린이란〉平和의샛별(三)-자멘호프란어떠한사람인가?
1949.05.01	第94号	01頁01段		去年のあの日組織かい滅の地に　今年のこの日相会した同胞五万
1949.05.01	第94号	01頁01段		朝華日の共斗陣成る　深川事件　不当弾圧反対　人民大会盛会
1949.05.01	第94号	01頁01段		〈主張〉平和擁護運動に希望と勇気を
1949.05.01	第94号	01頁04段		人民収奪を告白
1949.05.01	第94号	01頁01段		〈予算案〉無修正可決　最高人民会議閉幕
1949.05.01	第94号	01頁05段		斗争展開の好典型　福島県石川分会に凱歌
1949.05.01	第94号	01頁06段		陰謀排しデモ完遂　万余の日警、わが組織力に驚嘆
1949.05.01	第94号	01頁09段		震災当時さながら計劃的大弾圧　近県各地から守り集めた日警八千　新潟県高田事件重大化
1949.05.01	第94号	01頁14段		4・24教育斗争現地報告　尹鳳九特派員手記②
1949.05.01	第94号	02頁01段		神戸在獄五同志各々期日附釈放神戸基地司令官言明
1949.05.01	第94号	02頁01段		教育犠牲者를釈放코저全国代表第八軍에陳情　対日理事会各国代表도訪問
1949.05.01	第94号	02頁01段		再審을要求하여再次断食闘争!
1949.05.01	第94号	02頁01段		五百万円캄파拠金者芳名録
1949.05.01	第94号	02頁04段		〈연재만화〉철뚝이
1949.05.01	第94号	02頁05段		獄中同志を激励四・二四記念全国人民大会獄中志慰問団派遣
1949.05.01	第94号	02頁05段		機関紙日刊化캄파에総動員
1949.05.01	第94号	02頁05段		四。二四中央「実委」国会에要求条件提出　教育犠牲者無罪釈放　教育費負担　등을力説
1949.05.01	第94号	02頁05段		五月달력
1949.05.01	第94号	02頁08段		文部大臣訪問코教育費負担要請-確答은못하나考慮하겠다고-
1949.05.01	第94号	02頁08段		括目할大阪闘争의成果캄파署名者는二十三万名어머니学院二十七校新設

발행일	발행호	지면정보	필자	기사제목(원문)
1949.05.01	第94号	02頁08段		캄파基金・署名의中央集中을督促-中央「実委」에서 指令
1949.05.01	第94号	02頁08段	元容德	第七回朝連文教部長・学校長・教同責任者　全体会 議　総結(二)
1949.05.01	第94号	02頁11段		獄中同志들의報告-獄中生活도闘争의一翼
1949.05.01	第94号	02頁14段		〈어린이란〉平和의샛별(四)-자멘호프란어떠한사람 인가?
1949.05.05	第95号	01頁01段		首席団に金首相ら　三十万群衆歓喜絶頂
1949.05.05	第95号	01頁01段		〈主張〉教育斗争はかく斗われた
1949.05.05	第95号	01頁06段		日本各地のメーデーに朝・日共斗の足音高し
1949.05.05	第95号	01頁08段	李賛義	朝連学校規程案の梗概 教育活動家達のために(二)
1949.05.05	第95号	01頁09段		中共の勝利を祝う 元山で華僑大会盛会
1949.05.05	第95号	01頁09段		南朝鮮失業者二百万 米誌評論
1949.05.05	第95号	01頁09段		祖国統一の途は米軍の即時撤退
1949.05.05	第95号	01頁11段		"一人二殺してもよい"学同総会を前に殺人訓練 反 動民団の学同乗取策
1949.05.05	第95号	01頁12段		白万の署名完遂近し
1949.05.05	第95号	01頁12段		反動日警の卑劣さ見よ！神奈川起きたかずかずの 例韓宇済氏検束事件基他
1949.05.05	第95号	01頁13段		共和国支持決議民団の分裂策を粉砕　明大朝鮮学同
1949.05.05	第95号	02頁01段		〈民主人民政府樹立에拍車-第二十回메・데-를転機로-〉 全国代表連続獄中訪問断食에여원顔面에도感激의 우슴-同志들의命令으로断食中止-
1949.05.05	第95号	02頁01段		〈民主人民政府樹立에拍車-第二十回메・데-를転機로-〉 自信満満의徳田氏九月까지反動内閣打倒를言明
1949.05.05	第95号	02頁01段		〈民主人民政府樹立에拍車-第二十回메・데-를転機로-〉 吉田内閣打倒絶叫!!各代表戦線統一의緊急을力説
1949.05.05	第95号	02頁02段		〈民主人民政府樹立에拍車-第二十回메・데-를転機로-〉 朝連代表演説에霹靂같은拍手喝采
1949.05.05	第95号	02頁05段		中央時報는獄中의光明-在獄同志들異口同声
1949.05.05	第95号	02頁07段		朝連小学生이멧세-지朗読-福岡県메・데-
1949.05.05	第95号	02頁08段		〈연재만화〉철뚝이
1949.05.05	第95号	02頁08段		暴圧속에서一躍模範支部로再建-民団幹部도우리陣 営에協力
1949.05.05	第95号	02頁08段		獄中의大愚改善을要求尹議長一行京都,滋賀両刑務 所訪問
1949.05.05	第95号	02頁08段		成人教育施設도要求盛大한文化祭로同胞를啓蒙滋賀 県人民大会
1949.05.05	第95号	02頁13段	임광철	〈어린이란〉어린이날을맞이하여
1949.05.05	第95号	02頁14段		破船(一)
1949.05.05	第95号	02頁14段	정백운	〈동여〉어린이날의노래
1949.05.05	第95号	02頁14段		〈만화〉낙시질

발행일	발행호	지면정보	필자	기사제목(원문)
1949.05.10	第96号	01頁01段		大韓政府軍続々越境入北裏切者に対する憤怒遂に暴発し重武装のまま寝返る
1949.05.10	第96号	01頁01段		北と南の1949年度予算片や建国の巨歩片や破局迫る尨大予算
1949.05.10	第96号	01頁01段		5.10単選一周年
1949.05.10	第96号	01頁01段		〈主張〉単選一周年を迎えて
1949.05.10	第96号	01頁05段		朝鮮民主主義人民共和国 綜合予算
1949.05.10	第96号	01頁06段		全員民団を脱退徳山に朝連新分会誕生
1949.05.10	第96号	01頁07段		南半部蚕事業 絶滅危機
1949.05.10	第96号	01頁05段	李賛義	朝連学校規程案の梗概 教育活動家達のために(三)
1949.05.10	第96号	01頁10段		大韓の歳出内訳
1949.05.10	第96号	01頁11段		仁川一港だけで入超月額七億円
1949.05.10	第96号	01頁12段		大韓政府 一年実蹟罪悪史
1949.05.10	第96号	02頁01段		各地で機関紙日刊化闘争で県下全盟員総蹶起!
1949.05.10	第96号	02頁01段		同胞들의感涙에新築小学校드디어上梁式挙行(西神戸)
1949.05.10	第96号	02頁01段	崔容根	危機에直面한中小企業
1949.05.10	第96号	02頁04段		〈연재만화〉철뚝이
1949.05.10	第96号	02頁03段		機関紙日刊化를為한拠金-神戸在獄権同志의熱誠
1949.05.10	第96号	02頁05段		大阪도運動積極的推進
1949.05.10	第96号	02頁06段		教育賞候補者의推薦報告를督促-文教部에서各地方에通達
1949.05.10	第96号	02頁07段		〈간부교실〉深川・高田事件의本質은闘争目標
1949.05.10	第96号	02頁10段		東京各地에서盛大한어린이行事-故金太一君의追悼式도挙行
1949.05.10	第96号	02頁13段		〈어린이란〉破船(二)
1949.05.13	第97号	01頁01段		南半農民に救の手土地改革断行内閣制14次会議で決定
1949.05.13	第97号	01頁01段		暴力とサイネンで反動学生議事妨害-学同第五回定期総会-
1949.05.13	第97号	01頁01段		人間バリケードで反動暴力封殺
1949.05.13	第97号	01頁01段		〈声明書〉暴力団の横行許す 元兇は背後に 朝連は本質を斯く断ず
1949.05.13	第97号	01頁04段		〈主張〉学同事件の本質は何か
1949.05.13	第97号	01頁05段		暴力雇学同襲撃!!反動擁護淀橋署員
1949.05.13	第97号	01頁07段		大韓政府の亡命を見越す大陰謀 学同関東本部の声明書
1949.05.13	第97号	01頁09段		歓呼に迎えられ義挙部隊平壌着
1949.05.13	第97号	01頁10段		暴力団の動員と議事妨害を確認
1949.05.13	第97号	01頁09段		大韓軍の大部分はわれ等と同心 大変動起らんと元山着部隊予言

발행일	발행호	지면정보	필자	기사제목(원문)
1949.05.13	第97号	01頁13段		暴力は取り締るトラックの使用は偽瞞的違反　わが追及に日警も確約
1949.05.13	第97号	02頁01段		県検察両党局에百余日婦人들이交渉気溢을吐하는神奈川女同盟
1949.05.13	第97号	02頁01段		本紙100号記念祝賀大会朝・叢経済文化協定朝連小学校教材編纂出版完遂祝賀와아울러
1949.05.13	第97号	02頁01段		東京台東支部学管에서六十万円増築基金캄파
1949.05.13	第97号	02頁03段		危機에直面한中小企業(二)
1949.05.13	第97号	02頁04段		感激에充満한富山記念大会
1949.05.13	第97号	02頁05段		張在鎬氏(川崎)의熱誠-機関紙日刊化를為하여　五万円을寄附
1949.05.13	第97号	02頁07段		神奈川教育費護得
1949.05.13	第97号	02頁08段	金四哲	獄中同志들을만나보고(一)
1949.05.13	第97号	02頁10段	鄭白雲	文工隊活動에対하야
1949.05.13	第97号	02頁13段		〈어린이란〉破船(三)
1949.05.17	第98号	01頁01段		今度は海軍が義挙 而も「旗艦」が釜山から元山へ
1949.05.17	第98号	01頁01段		義挙の陸軍部隊 韓国将兵に呼訴
1949.05.17	第98号	01頁01段		南半部の到る処に 共和国旗翻ろ 村にも山にも学校にも
1949.05.17	第98号	01頁01段		〈主張〉学生達を教え
1949.05.17	第98号	01頁03段		わが共和国の戦士 後顧の優皆無 家族援護の特法を実施
1949.05.17	第98号	01頁04段	蔡峻	＜漫評＞
1949.05.17	第98号	01頁05段		大阪でも民団員が　朝連本部を襲撃奇怪極まる日警の態度
1949.05.17	第98号	01頁07段		〈学同事件〉淀橋署の前で又も暴行-民青の李君生命危篤
1949.05.17	第98号	01頁08段		教育弾圧再開 日校内での特殊教育法を定た 契約を京都附が破棄！
1949.05.17	第98号	01頁07段		朝・日の共斗で先づ六名を釈放高田事件の公判斗争
1949.05.17	第98号	01頁08段		テロ団中に警官 犯人はそのまま釈放！
1949.05.17	第98号	01頁10段		検事が法廷で暴言兵庫県下不法弾圧事件の公判中朝日の共斗で判決延期
1949.05.17	第98号	01頁11段		虎の威をかりて教育部長が食言
1949.05.17	第98号	01頁14段	김달수	メイ通俗物語
1949.05.17	第98号	02頁01段		〈学同事件〉各地의女盟救援活動에蹶起!!反動의暴力는依然히断続
1949.05.17	第98号	02頁01段		韓国船의亡国貿易民団과民主党의謀利陰謀朝連下関支部의活動으로正体暴露
1949.05.17	第98号	02頁01段		어린이날大阪布施少年団結成式挙行
1949.05.17	第98号	02頁03段	金英進	第六回学同総会의意義(上)
1949.05.17	第98号	02頁05段	채준	〈漫評〉

발행일	발행호	지면정보	필자	기사제목(원문)
1949.05.17	第98号	02頁06段		〈연재만화〉 철뚝이
1949.05.17	第98号	02頁06段		在日朝鮮文学者들은日本文化人들과共闘를提起
1949.05.17	第98号	02頁09段		有名無実의汚名을返上在日朝鮮文学会定期大会
1949.05.17	第98号	02頁08段		淀橋早稲田兩警察署에抗議
1949.05.17	第98号	02頁08段	金四哲	獄中同志를만나보고(二)
1949.05.17	第98号	02頁11段	鄭白雲	"人間바리켙"
1949.05.23	号外	01頁01段		暴力団を狩集めて 依然乗取工作 学同事件重大化の兆
1949.05.17	第99号	01頁01段		祖国の完全統一目指し 南北全民主勢力合体を提唱
1949.05.17	第99号	01頁01段		土地改革実施決定に南半部に挙った反響 挙って歓迎 各団体で声明書発表
1949.05.17	第99号	01頁01段		〈主張〉十八中委会議を成果あらしめよ
1949.05.17	第99号	01頁04段		是ぞ吾等の宿願「南朝鮮労動党中央委」
1949.05.17	第99号	01頁07段		その実現のために死を堵して斗わん 全農中央委員会声明
1949.05.17	第99号	01頁10段		今こそ時期や到来 北民戦中委・準備委員会結成提議
1949.05.17	第99号	01頁10段		おれ達が先頭に-南朝鮮 民主愛国青年同盟
1949.05.17	第99号	01頁10段		東京のまん中で手榴弾を入手!遂に四分五裂の暴力団
1949.05.17	第99号	01頁11段		学同事件 民擁ս 起つ「日本民主勢力の浮沈問題だ」 背後関係暴露せん
1949.05.17	第99号	02頁01段		学校を護る為には日攻入党の外なし六十八寸の老人交え神奈川学校管理組合員ら大量入党
1949.05.17	第99号	02頁01段		大阪も大挙入党
1949.05.17	第99号	02頁01段		進駐軍に気兼で地
1949.05.17	第99号	02頁01段		資金付で荒地開拓 和歌山の職場獲得斗争の成果
1949.05.17	第99号	02頁04段		逃げ口上の日警も遂に逮捕itす大阪本部の襲撃事件
1949.05.17	第99号	02頁05段		役人の不正は自由暴露した者を逮浦武将野税務署長らの脅喝事件を報道した新聞を弾圧
1949.05.17	第99号	02頁07段		土浦朝連校 盛大に開校
1949.05.17	第99号	02頁08段	金英進	第六回学同総会의意義(中)
1949.05.17	第99号	02頁11段		危機에直面한中小企業(三)
1949.05.17	第99号	02頁11段	組織宣伝部	通達
1949.05.17	第99号	02頁11段		職場獲得闘争方針을決定-関東地方協議会에서
1949.05.17	第99号	02頁13段		〈어린이란〉破船(四)
1949.05.24	第100号	01頁01段		南半から代表派遣 25日・祖国統一民主戦線準備委
1949.05.24	第100号	01頁01段		本紙第百記念号発刊に常り60万全盟員に訴う
1949.05.24	第100号	01頁04段		深川事件 全員釈放 三刑事を起訴 自今専ら法廷斗争
1949.05.24	第100号	01頁04段		日警最後密航者扱教育事件六同志来信十日出発
1949.05.24	第100号	01頁04段	蔡峻	〈漫評〉朝連中央時報第100号万才!
1949.05.24	第100号	01頁07段		県・市税の中から教育費相当額控除小田原の税金斗争結実

발행일	발행호	지면정보	필자	기사제목(원문)
1949.05.24	第100号	01頁06段		断末魔 大韓の軍警八十名を虐殺 屍体には十余発の弾丸
1949.05.24	第100号	01頁07段		大韓 各目だけの農地改革法すら廃棄
1949.05.24	第100号	01頁08段		朝連校建設に補助「日本校学委託学校」の名義にて宮崎県下 四・二四斗争の成果
1949.05.24	第100号	01頁09段		反動内閣打倒へ朝日の「共斗陣」石川の記念斗争延長戦
1949.05.24	第100号	01頁10段		おびえる李承晩米国に軍事協定再泣訴
1949.05.24	第100号	01頁11段		食糧と土地問題大韓の失政在米の金龍中氏が論評
1949.05.24	第100号	02頁01段		日警の動員実に延べ十一万日本政府はあくまで弾圧を企図すわが犠牲三七六名、受刑二三六年九カ月 本紙第百号記念号を送るに当り最近二年の統計に聞く
1949.05.24	第100号	02頁01段		重要問題統発の虚を突き日政、弾圧と逆宣伝に狂奔
1949.05.24	第100号	02頁04段	日朝親善協会理事長 布施辰治	偉大なる使命と立派な成果
1949.05.24	第100号	02頁05段		赤手空拳 われ等は斗つた 金も人も用紙もなしに
1949.05.24	第100号	02頁06段	日本機関紙協会理事長 岡七郎	用紙のかく得にも朝日の共斗が必要
1949.05.24	第100号	02頁08段		〈読者の声〉「われ等の武器」
1949.05.24	第100号	02頁06段		茨の道を振返る
1949.05.24	第100号	02頁10段	民主主義擁護同盟準備委員長 平野義太郎	共同統一斗争 へ！！
1949.05.24	第100号	03頁01段	民青総本委員長 南廷揚	〈本機関紙百号発行을記念하여〉"팟쇼들에게偉大한武器"
1949.05.24	第100号	03頁03段	女盟総本委員長 金恩順	〈本機関紙百号発行을記念하여〉在日六十万同胞의代弁者이다
1949.05.24	第100号	03頁01段	解放救援会事務局長 高鳳得	〈本機関紙百号発行을記念하여〉機関紙의重大性을再認識하자
1949.05.24	第100号	03頁05段	東京朝鮮人商工会理事長李在東	〈本機関紙百号発行을記念하여〉真正한報道에敬意를表示한다
1949.05.24	第100号	03頁07段	教同委員長 李珍珪	〈本機関紙百号発行을記念하여〉今後는紙面의充実과日刊化를目標로
1949.05.24	第100号	03頁09段	在日朝鮮文学会 朴元俊	〈本機関紙百号発行을記念하여〉百歳記念祝賀를用紙獲得斗争으로
1949.05.24	第100号	03頁11段	東亜通信社 殷武巌	〈本機関紙百号発行을記念하여〉火速히日刊化로
1949.05.24	第100号	03頁05段	朝連中央機関紙日刊期成委員会常任委員 張 美	〈本機関紙百号発行을記念하여〉우리의機関紙를살리자
1949.05.24	第100号	03頁03段		쓰타-린大元師에게보내는메세-지
1949.05.24	第100号	03頁09段		第六回学同総会의意義(下)
1949.05.24	第100号	04頁01段		우리民族의자랑小学校教材出版의完遂

발행일	발행호	지면정보	필자	기사제목(원문)
1949.05.24	第100号	04頁01段		声明書
1949.05.24	第100号	04頁01段		感激에찬開校式新潟県에우리学校発展教材編纂委員会에感謝文
1949.05.24	第100号	04頁05段	尹鳳求	〈간부교실〉機関紙日刊化運動의根本問題
1949.05.24	第100号	04頁05段	金四哲	獄中同志를만나보고(三)
1949.05.24	第100号	04頁07段		〈연재만화〉철뚝이
1949.05.22	号外	01頁01段		学同本部を再襲撃 ばん行の限りをつくす
1949.05.22	号外	01頁01段		日警、テロ団を擁護 淀橋署長、善良な学生達をだます
1949.05.22	号外	02頁01段		同抱の教育費は日本政府で支辨遂に衆議元を正式通過
1949.05.22	号外	02頁01段		当然権利 日共今野代議士語る
1949.05.22	号外	02頁03段		学同事件 当局の責任追及に起つ
1949.05.22	号外	02頁05段		入院中の同志朴桂範氏突如再入獄憂慮されるその病状
1949.05.31	第101号	01頁01段		反動大攻勢のさ中 第十八回中央委員会開幕
1949.05.31	第101号	01頁01段		第一回中央委員会スローガン
1949.05.31	第101号	01頁01段		〈世界情勢〉世界中どこでも民主勢力大勝利 反動陣営も亦最後のあがき
1949.05.31	第101号	01頁04段		〈生権擁護活動報告〉叩潰せ、反動内閣朝・日共斗の成果はそれからだ-斗争の跡を顧てみ
1949.05.31	第101号	01頁06段		〈組織強化活動報告〉空前の大衆動員反動陣営からの転向続出起勢
1949.05.31	第101号	01頁07段		〈宣伝強化活動報告〉機関紙を護れ紙代完納焼眉の急
1949.05.31	第101号	01頁07段		〈漫評〉
1949.05.31	第101号	01頁08段		文化闘争の大成果
1949.05.31	第101号	01頁10段		今後学同事件い米軍は中立氏CICのペア言明
1949.05.31	第101号	01頁08段		アルバニア共和国の外交設定申入れを受だく
1949.05.31	第101号	01頁13段		政府軍の義挙に軍上属部大こん乱 政府狼狽し多数を龍免
1949.05.31	第101号	01頁15段		ソウル市内も動揺始む
1949.05.31	第101号	02頁01段		朝蘇経済文化協定 教材出版社業完遂 中央時報百号発行 記念祝賀大会大盛況
1949.05.31	第101号	02頁01段		五月三十日부터六月三十日까지本紙日刊化를為해機関紙強化月刊運動을展開第十八回中央委員会에서決定
1949.05.31	第101号	02頁02段		日本各界에서熱ијјан祝辞教材出版完遂의功労者李珍珪林光澈千鍾圭三氏에게満場拍手裡에朝聯賞을受与
1949.05.31	第101号	02頁04段		上海完全解放의喜報에毛沢東主席에게멧세-지第十八回中央委員会
1949.05.31	第101号	02頁04段		教育事件의獄中同志가感謝文第十八回中央委員会에
1949.05.31	第101号	02頁07段		反動分子의一大掃蕩의決意-愛知県本部幹部会에서

발행일	발행호	지면정보	필자	기사제목(원문)
1949.05.31	第101号	02頁09段		民族文化発展을為해生命을바친薔薇一輪嗚呼!許恩恵先生(浜松朝連小学校)
1949.05.31	第101号	02頁09段		民青第八回中央委員会在日同胞生活権防衛를為한活動方針을熱誠的으로討議
1949.05.31	第101号	02頁13段		愛息葬事費節約으로機関紙日刊化推進에
1949.05.31	第101号	02頁15段		帝国主義打倒運動中国全土에拡大
1949.06.03	第102号	01頁01段		機関紙는最大의武器だ六月은その「強化月間」中央委で正武決定
1949.06.03	第102号	01頁01段		先す起て! 組織の幹部そして一戸に必ず一枚
1949.06.03	第102号	01頁01段		祖国の統一に発足 51の南北民主団体政党一堂会し統一戦線結成準備委開幕
1949.06.03	第102号	01頁01段		＜主張＞教育費の要求衆議院を通過
1949.06.03	第102号	01頁04段		毛主席祝電 祖国統一民主主義戦線へはメッセージUN委員団抗議文 第18回中央委
1949.06.03	第102号	01頁05段		〈漫評〉
1949.06.03	第102号	01頁06段		南半部に解放区続出 各地に人民委員会復活
1949.06.03	第102号	01頁07段		衆院通過N お同胞教育費問題戦はこれから冷淡極まる文部当局!
1949.06.03	第102号	01頁08段		五・卅記念日朝・日・華の共斗
1949.06.03	第102号	01頁10段		土足で踏込む無聯係の人達まで令状なしで検挙栃木県下でも不法弾圧
1949.06.03	第102号	01頁11段		地方でも斗い取れ 愛知県下の快ニュース
1949.06.03	第102号	01頁12段		民団結成の陰謀 沼津で瓦解
1949.06.03	第102号	01頁13段		全国的指令 小山田次席検事が言明
1949.06.03	第102号	01頁15段		組織は足で
1949.06.03	第102号	02頁01段		第18回中央委員会決定書生活権防衛闘争決論反動権力打倒에総集結하라一層더実質的인共同斗争으로
1949.06.03	第102号	02頁01段		宮城県어린小学生들五二四記念大会에参加-文化祭에서도演出
1949.06.03	第102号	02頁01段		六月달력
1949.06.03	第102号	02頁05段		〈연재만화〉털털이記者
1949.06.03	第102号	02頁05段		唯一한児童雑誌「우리동무」등育成하자드디어上下兩巻을発刊
1949.06.03	第102号	02頁09段	허남기	〈詩〉가장큰선물
1949.06.07	第103号	01頁01段		没収も分配も無償で 南半部土地改革法令の草案成る
1949.06.07	第103号	01頁01段		"もっと居てくれ"これが大韓国務総理ドノの米軍撤退説に関する泣訴談
1949.06.07	第103号	01頁01段		山岳地帯で人民抗争激化
1949.06.07	第103号	01頁01段		奨学会、事務再開 学同問題で淀橋署依然逃げ口上
1949.06.07	第103号	01頁01段		〈主張〉機関紙月間を斗い抜け
1949.06.07	第103号	01頁03段		朝・日の共斗で大部分保釈 栃木の不当弾圧事件
1949.06.07	第103号	01頁04段		職場獲得斗争へ進展

발행일	발행호	지면정보	필자	기사제목(원문)
1949.06.07	第103号	01頁04段		失政の責任を追及総辞職要求案通過 大韓議会
1949.06.07	第103号	01頁07段		6.10万歳事件の歴史的意義—大民族革命記念日
1949.06.07	第103号	01頁07段		文工隊を統一 8.15芸術祝典
1949.06.07	第103号	01頁07段	蔡峻	〈漫評〉
1949.06.07	第103号	01頁08段		噴火山上に躍る 民団反動陣営 八日の大会が見もの
1949.06.07	第103号	01頁10段		今ぞ逆襲の秋! 公安条例契機に都下一大攻勢
1949.06.07	第103号	01頁10段		丸内警察署民主陣営は玄関払いブル新聞だけ客扱い
1949.06.07	第103号	01頁10段		石川の不当弾圧 わが方無罪逆に税務署を告発準備
1949.06.07	第103号	01頁11段		〈大阪〉東京と大阪で本家争い 所謂"韓日貿易協会"
1949.06.07	第103号	01頁12段		ユーレイ会社に大量の物資配給 これが民団の財源か
1949.06.07	第103号	01頁15段		地味で不断の活動が不足だ 特派員の地方通信
1949.06.07	第103号	02頁01段		第18回中央委員会決定書(大衆을基盤으로盟費의中央納入沈滯原因은各下部機関의流用에있다/盟費制完全実施火急分会에서各機関에直接納金財政活動報告의結論/「캄파」活動流行은基本活動을忘却한다/正確한会計事務는組織力量強化에直結한다/直営事業은同胞의生活文化向上과結附하다
1949.06.07	第103号	02頁01段		"大韓製暴君네로"三族을滅하는李承晩解救委員長姜氏兄의家族全滅
1949.06.07	第103号	02頁02段		日本人도우리組合에吸収川崎「生協」総会方針
1949.06.07	第103号	02頁04段		〈연재만화〉털털이記者
1949.06.07	第103号	02頁04段		群馬우리学校児童들에게日本学校에転学을軍政에서通告全同胞가民族文化擁護運動을展開
1949.06.07	第103号	02頁08段		民団大衆偽瞞粉砕本国往来의禁止를撤廃한다고 花歌山에서基金募集策動
1949.06.07	第103号	02頁09段		6.10記念日에神奈川에서大運動会
1949.06.07	第103号	02頁10段		〈大阪・生野〉同胞家屋倒壊에組織的救援活動
1949.06.10	第104号	01頁01段		亡命은時期의問題祖国統一民主主義戦線의結成에李承晩府의命脈尽く
1949.06.10	第104号	01頁01段		6.10事件 23周年
1949.06.10	第104号	01頁01段		祖国統一戦線は民意の結晶 金結成準備会委員長 記者連に明答
1949.06.10	第104号	01頁01段		〈主張〉6.10斗争の精神を継承しファシズム粉砕に総蹶起せよ
1949.06.10	第104号	01頁04段		大韓政府売族輩の巣「民衆の反感をどうするか」所謂国会で問題化
1949.06.10	第104号	01頁04段		南半部土地改革の技術者を養成 法令起草の期限は延長
1949.06.10	第104号	01頁05段	蔡峻	〈漫評〉絶対絶命!
1949.06.10	第104号	01頁07段		特委本部占領る検察総長まで裸にされ誰の命令か皆目不明
1949.06.10	第104号	01頁08段		京都の同胞500名日共へ又も大挙入党

발행일	발행호	지면정보	필자	기사제목(원문)
1949.06.10	第104号	01頁08段		空白地帯の責任 大阪の紙代未納実に二五万円 金特派員の地方通信(3)
1949.06.10	第104号	01頁08段		校舎と資金を獲得館山の教育斗争に凱歌
1949.06.10	第104号	01頁10段		学同事件糾弾し日本青年会議朝鮮民主青年共同声明
1949.06.10	第104号	01頁11段		25万円行方不明テンヤワンヤの建青大会
1949.06.10	第104号	01頁13段		同志打ちの乱斗 大韓青年同盟と着板替
1949.06.10	第104号	01頁14段		蒋介石に氏国外退去を求む 米軍事顧問団主席が提案説
1949.06.10	第104号	01頁15段		〈放言〉
1949.06.10	第104号	02頁01段		〈第18回中央委員会決定書〉地協単位로組織을強化 組織宣伝活動의結論
1949.06.10	第104号	02頁01段		六一六解教結成一周年記念大会를大阪에開催
1949.06.10	第104号	02頁01段		"고망영감태도도배워야한다고"川崎婦女夜学盛行
1949.06.10	第104号	02頁03段		危機에直面한中小企業(四)
1949.06.10	第104号	02頁05段		〈연재만화〉틸틸이記者
1949.06.10	第104号	02頁05段		女盟中央委員会開催二日間朝連東京会館에서
1949.06.10	第104号	02頁08段		5.30節에朝鮮問題時局講演
1949.06.10	第104号	02頁09段		群馬節米動運으로犠牲者救援活動을実施
1949.06.10	第104号	02頁12段		민주만담실
1949.06.10	第104号	02頁13段		〈通達〉各支分局長 貴下
1949.06.10	第104号	02頁13段		〈緊急通達〉
1949.06.14	第105号	01頁01段		大韓内閣総辞職を再決議国会遂に政府と正面衝突
1949.06.14	第105号	01頁01段		策士、策に溺る反民特委本部の襲撃も政府の陰謀 自ら弔鐘鳴らす李承晩
1949.06.14	第105号	01頁01段		統一戦線結成大会開催案-第2回準備委員会
1949.06.14	第105号	01頁01段		〈主張〉吉田内閣の打倒は祖国の繁栄と直結
1949.06.14	第105号	01頁03段		犠牲者釈放要求の著名一、二百万を突破 その八五％日本人!
1949.06.14	第105号	01頁04段	蔡峻	〈漫評〉
1949.06.14	第105号	01頁04段		空百地帯の責任 金特派員の大阪通信(4)
1949.06.14	第105号	01頁06段		自覚める学生反動陣営の崩壊は「知性」から!かくて学同の体制強化
1949.06.14	第105号	01頁06段		監視せよ 八百長裁判自主連盟事件の公判で裁判長ドノが御用証人助舟
1949.06.14	第105号	01頁07段		盟費直送の新制下完納の筆頭は奈良
1949.06.14	第105号	01頁10段		川崎の男女48名又も日共へ入党
1949.06.14	第105号	01頁10段		又もや反動のテロ解新記者重傷
1949.06.14	第105号	01頁11段		当局の責任追及 言論機関の共同声明
1949.06.14	第105号	01頁13段		腕力で傍聴禁止 結論の産める民団大会
1949.06.14	第105号	01頁13段		＜放言＞
1949.06.14	第105号	02頁01段		〈第18回中央委員会決定書〉自主教育擁護発展은全人民의大権力闘争과結附文教活動의結論(上)

발행일	발행호	지면정보	필자	기사제목(원문)
1949.06.14	第105号	02頁04段		民青全国各地協今月下旬에一斉開催
1949.06.14	第105号	02頁05段		十八中委決定을実践에広島県本部執行委員会의決定
1949.06.14	第105号	02頁04段		獄中同志들을만나보고(四)
1949.06.14	第105号	02頁08段		〈연재만화〉털털이記者
1949.06.14	第105号	02頁12段		민주만담실
1949.06.14	第105号	02頁13段		教職員履歴書를보내라
1949.06.14	第105号	02頁14段		찾을사람
1949.06.14	第105号	02頁13段		八一五一大行事文化作品懸賞도募集-文工隊中央協議会의決定
1949.06.14	第105号	02頁13段		〈通達〉
1949.06.20	第106号	01頁01段		朝ソ間の貿易躍進 人民経済の建設も飛躍
1949.06.20	第106号	01頁01段		祖国は勤労者の楽園模範的労働法下文化生活向上
1949.06.20	第106号	01頁01段		〈主張〉反動の本質を見極めて中委決定を実践に移せ
1949.06.20	第106号	01頁03段		「ソマーシャル・プランも韓国の存続保証し得ず」所詮免かれぬ「国府援助」の二ノ舞
1949.06.20	第106号	01頁03段	蔡峻	〈漫評〉そんなもので生きてゆけるか！
1949.06.20	第106号	01頁05段		〈時のことは〉祖国統一民主主義戦線とは
1949.06.20	第106号	01頁05段		人民虐殺激化慶北では農家を包囲して一斉射撃全南では家庭婦人銃殺
1949.06.20	第106号	01頁07段		揺ぐ反動陣営 鶴見の建青盟員殆と朝連に加盟
1949.06.20	第106号	01頁07段		〈名古屋〉弾圧蹴って起上り 職場獲得の斗争へ
1949.06.20	第106号	01頁07段		燃上る民意を反映 右翼の韓国独立党や民主共和党も統一民主主義戦線に参加表明
1949.06.20	第106号	01頁09段		日本の再武装は警官の養成から旭川警察校で軍事訓錬
1949.06.20	第106号	01頁10段		応援の同胞を不当弾圧 国鉄スト後
1949.06.20	第106号	01頁11段		＜放言＞
1949.06.20	第106号	01頁11段		軍事的警察を粉砕せん!! 5.30事件人民蹶起大会
1949.06.20	第106号	01頁12段		淀橋署長を問責 学同事件に同窓生起つ
1949.06.20	第106号	01頁13段		朝鮮近海を侵す日本の陰謀出漁制限線を拡大説!
1949.06.20	第106号	02頁01段		〈第18回中央委員会決定書〉自主教育擁護発展은全人民의大権力闘争과結附文教活動의結論(中)
1949.06.20	第106号	02頁01段		本紙強化月間動連推進活溌 熱烈한大阪生野・分局長会議
1949.06.20	第106号	02頁02段		経済団体의統一과韓日貿易排撃을決議商工会全国大会
1949.06.20	第106号	02頁05段	金西哲	機関紙月間을어떻게싸울가?(1)
1949.06.20	第106号	02頁03段		東京・静岡・三重各地方에서도活溌
1949.06.20	第106号	02頁05段		川崎同胞들이六万二千余円拠金
1949.06.20	第106号	02頁06段		愛知県下24支部 目標超過達成!
1949.06.20	第106号	02頁05段		日本学校在学児童의実態調査達成과「特設学級」設置를拡大

발행일	발행호	지면정보	필자	기사제목(원문)
1949.06.20	第106号	02頁07段		〈연재만화〉털털이記者
1949.06.20	第106号	02頁08段		日本人에게養子간者가分会長을打殺
1949.06.20	第106号	02頁08段		6.10記念日에愛知民青高院卒業式도挙行
1949.06.20	第106号	02頁08段		〈女盟〉「캄파」週間을設定
1949.06.20	第106号	02頁11段		十八中・委侵透를為해천엽에서幹部講習会
1949.06.20	第106号	02頁11段		찾을사람
1949.06.20	第106号	02頁12段	張飛	五・二四文化祭를畢하고
1949.06.20	第106号	02頁12段	松芽枝	〈시〉"저녁駅頭"
1949.06.20	第106号	02頁12段		충치를없세자
1949.06.21	第107号	01頁01段		祖国統一民主主義戦の線結成大会派遣代表決まる模範的労働者や農民、インテリ等
1949.06.21	第107号	01頁01段		世界労聯大会参加代表出発
1949.06.21	第107号	01頁01段		誉れの勲章制定 一般人民にも授与規定
1949.06.21	第107号	01頁01段		<主張>教育費獲得斗争を即刻に展開せよ！
1949.06.21	第107号	01頁04段		咲誇る人民文化 近づく解放四周年記念祝辞
1949.06.21	第107号	01頁05段		鮮かな色彩"高句麗壁画墳"黄海道安岳郡下で発見
1949.06.21	第107号	01頁04段		〈時のことば〉国家保安法
1949.06.21	第107号	01頁07段		七七一工場間に労動法三周年記念増産競争
1949.06.21	第107号	01頁07段		区長が国会の決議を無視 教育費問題の斗争は今後が大切！
1949.06.21	第107号	01頁07段		吾々学校公立にせよ 東京本部執行委蹶起
1949.06.21	第107号	01頁08段		堂々と抗争軍警側遊撃戦
1949.06.21	第107号	01頁10段	蔡峻	〈漫評〉叩きつぶせ！暴力
1949.06.21	第107号	01頁11段		区議会通過せても朝鮮人に教育費は出せぬ 杉並反動区長の大暴言
1949.06.21	第107号	01頁11段		同胞三二七名が日共へ集団入党 金天海の氏巡回講演中
1949.06.21	第107号	01頁12段		日本製鋼問題に広島の同胞起つ二千名が労組側に合流
1949.06.21	第107号	01頁13段		放言
1949.06.21	第107号	02頁01段		〈第18回中央委員会決定書〉自主教育擁護発展은全人民의大権力闘争과結附文教活動의結論(下)
1949.06.21	第107号	02頁01段		覚醒한愛知県機関紙読者一七六倍에飛躍
1949.06.21	第107号	02頁01段		機関紙強調人民大会開催
1949.06.21	第107号	02頁02段		新奈川県에서新会議機構를採用各級機関役員大会開催
1949.06.21	第107号	02頁05段		〈연재만화〉털털이記者
1949.06.21	第107号	02頁07段		기관지월간을어떻게싸울가?(2)
1949.06.21	第107号	02頁07段		私服만아는民団幹部日警弾圧에内部分裂
1949.06.21	第107号	02頁07段		失業対策에万全을期한東京本部執行委員会
1949.06.21	第107号	02頁09段		〈가정〉세탁을자주합시다

발행일	발행호	지면정보	필자	기사제목(원문)
1949.06.21	第107号	02頁10段		生活을為하여鬪爭하자
1949.06.24	第108号	01頁01段		日警またも同胞を殺害　抗議の斗争委は片っ端から検束
1949.06.24	第108号	01頁01段		三港のソ連租借例による悪宣伝
1949.06.24	第108号	01頁01段		デマは聞き飽きた「日本のブル新聞には心せよ」と尹議長の徴苦笑談
1949.06.24	第108号	01頁01段		〈主張〉女盟第六回中央委員会に寄せて
1949.06.24	第108号	01頁03段		入院中無理再投獄された朴桂範氏、果然危篤に陥る
1949.06.24	第108号	01頁04段		鉱山の従業員に大福音内閣制十九次会で議決定発表
1949.06.24	第108号	01頁04段		〈時のことば〉生産合作社
1949.06.24	第108号	01頁05段		こん棒で乱打　陳情団60名は血まみれ
1949.06.24	第108号	01頁06段		軍事顧問団に反対
1949.06.24	第108号	01頁08段		北へ行く学生二百　越境村前に一部捕わる
1949.06.24	第108号	01頁08段		総辞職の要求を改善でごまかす
1949.06.24	第108号	01頁08段	蔡峻	〈漫評〉
1949.06.24	第108号	01頁09段		米の武器95%大韓軍に譲渡
1949.06.24	第108号	01頁09段		統一民戦参加表明
1949.06.24	第108号	01頁10段		証人を捏造例によって日警が陰謀
1949.06.24	第108号	01頁11段		事件報道の責で学同の康君受難
1949.06.24	第108号	01頁11段		〈放言〉
1949.06.24	第108号	01頁12段		元兇は誰?奇怪な淀橋署長の答弁
1949.06.24	第108号	02頁01段		所得税減額一千四百万円教育費二百八十万円戦取愛知県下의巨大한鬪争成果
1949.06.24	第108号	02頁01段		民族企業을死守하자朝鮮人고무業者懇談会
1949.06.24	第108号	02頁01段		人民芸術大学生募集文化工作活動強化를期해
1949.06.24	第108号	02頁03段		解放四周年記念芸術祝典一切規定等準備活動을推進全組織을드리参加하자
1949.06.24	第108号	02頁05段		"모-든투쟁은기관지를토대로…"愛知에서本紙通信員養成講習会를開催
1949.06.24	第108号	02頁05段		〈연재만화〉틸틸이記者
1949.06.24	第108号	02頁06段		「文工隊中協」에서高倉氏와懇談会
1949.06.24	第108号	02頁07段		大韓民族幹部生学院　第一期卒業
1949.06.24	第108号	02頁07段	金西哲	機関紙強化月間을어떻게싸울가?(3)
1949.06.24	第108号	02頁09段	박또금	太極旗게양을粉粋大阪西成支部
1949.06.24	第108号	02頁11段		〈가정〉職場家庭
1949.06.28	第109号	01頁01段		6月25日　待望の結成大会　厳重極まる　警戒網を突破し　南半部代表平壌安着
1949.06.28	第109号	01頁01段		又も逆宣伝
1949.06.28	第109号	01頁01段		「政策批判の罪」?!五議員を逮捕　大韓政府五を体現わす

발행일	발행호	지면정보	필자	기사제목(원문)
1949.06.28	第109号	01頁01段		〈主張〉機関紙月間を終りながら
1949.06.28	第109号	01頁03段		釈放運動奏効して先ず文氏出所教育事件の東福戸校で歓迎大会
1949.06.28	第109号	01頁04段		〈時のことば〉大韓の地方自治法
1949.06.28	第109号	01頁05段		教育費獲得の斗争 岡山にも凱歌挙る
1949.06.28	第109号	01頁07段		万難を排して隔日刊を断行
1949.06.28	第109号	01頁07段		忘れる尚獄中十一同志呻吟文徳在氏出所第一声
1949.06.28	第109号	01頁09段		祖国の進展に歓喜大阪の「解放一週年」記念慰問に神戸の在獄同志語る
1949.06.28	第109号	01頁09段		反動官憲の責任朴柱範氏、こん睡状態
1949.06.28	第109号	01頁10段	蔡峻	〈漫評〉李承晩なに、조국?そんなもの…
1949.06.28	第109号	01頁10段		共斗の典型 広島日本製鋼事件詳報
1949.06.28	第109号	01頁11段		法律が悪い
1949.06.28	第109号	01頁14段		〈放言〉
1949.06.28	第109号	02頁01段		女盟第六回中委開会日本女性과의共闘를더욱強調熱烈한自記批判第一日盛大
1949.06.28	第109号	02頁01段		地協強化를決議中部地協勢를整備
1949.06.28	第109号	02頁01段		金台三의夫人인사에感激解救中本結成一週年記念式本会大阪本部도再組織
1949.06.28	第109号	02頁01段		組織拡大強化를為해
1949.06.28	第109号	02頁03段		地方組職의支柱인機関紙六日間幹部講習会開催
1949.06.28	第109号	02頁04段		드디어校舎를獲得三日間幹部講習会로三重에우리組織더욱活潑化
1949.06.28	第109号	02頁05段		또東大阪에서日共党에大量入党
1949.06.28	第109号	02頁05段	金西哲	機関紙強化月間을어떻게싸울가?(4)
1949.06.28	第109号	02頁07段		関東朝鮮人土建「協組」結成決議業者懇談会에서
1949.06.28	第109号	02頁09段		〈연재만화〉털털이記者
1949.06.28	第109号	02頁09段		基本調査의活潑한推進組織이全般的으로再生大阪本部의새로운運動成果
1949.06.28	第109号	02頁11段		会館基金完遂와読者網을確立決議広島県執行委員会
1949.06.28	第109号	02頁10段		起工式을盛大히挙行愛知県本部会館建設에着手
1949.07.02	第110号	01頁01段		三千万人民の歓呼裡に国土完整の暁鐘鳴響く 祖国統一戦線の結成大会開幕
1949.07.02	第110号	01頁01段		主席団に金首相以下41名 我が朝連代表は大会編集委員に
1949.07.02	第110号	01頁01段		金九氏を暗殺 加害者三名で二名逃走
1949.07.02	第110号	01頁03段		軍警を総動員して金大韓民国副議長を逮捕
1949.07.02	第110号	01頁05段		共斗の余勢駆って教育費に凱歌 広島、日鋼ストの発展
1949.07.02	第110号	01頁06段		堺市日本小学校長会から医療施設と校医を
1949.07.02	第110号	01頁07段		反動区長の悩み 大勢は好転

발행일	발행호	지면정보	필자	기사제목(원문)
1949.07.02	第110号	01頁09段		本紙は諸君のものだ 組織を挙げて守り育てよ
1949.07.02	第110号	01頁10段		朝鮮・満洲の併呑みは正当な行為だった
1949.07.02	第110号	02頁01段		제十八회중앙위원회결성은각지방에서어떻게추진되고있나
1949.07.02	第110号	02頁01段		중위결정실천에총돌격중국'지협'열렬한토의
1949.07.02	第110号	02頁02段		맹비직납제의표본나라현본부활동의성과다대
1949.07.02	第110号	02頁02段		폭력단응호를항의신주쿠구의산업교육방위대회
1949.07.02	第110号	02頁04段		실천적간부양성에전력을집중
1949.07.02	第110号	02頁05段		4국각본부의융합을결의6전력회까지의준비위원도선출
1949.07.02	第110号	02頁06段		민청시보창간2주년기념
1949.07.02	第110号	02頁07段		중총승강기반서분해제소송재판진행중
1949.07.02	第110号	02頁09段		아세아여성대회에참가를결의
1949.07.02	第110号	02頁10段		직장을획득하며맹비완잡을결의
1949.07.05	第111号	01頁01段		組織統一戦線」満々たる自信もて先ず平和攻勢
1949.07.05	第111号	01頁01段		九月南北統一総選挙 反動」妨害の徒は人民の名にて処断
1949.07.05	第111号	01頁01段		祖国統一戦線綱領
1949.07.05	第111号	01頁01段		先ず機関紙刊行 中央委第一次会で決定
1949.07.05	第111号	01頁05段		民主勢力を総結集し 外軍の撤退と李政権粉砕に一路邁進せん
1949.07.05	第111号	01頁06段		国土完整の大方針 韓雪野氏大会綱領草案報告
1949.07.05	第111号	01頁08段		吾らは勝っている 遊撃隊からメッセージ
1949.07.05	第111号	01頁09段		共和国の誕生こそ救国斗争の結晶だ こうして生活は飛躍的に向上
1949.07.05	第111号	01頁12段		先ず外軍の総撤退を
1949.07.05	第111号	01頁12段		愛国歌の奏楽裡 壮厳な閉幕
1949.07.05	第111号	01頁13段		土地の徹底革命 絶対に必要
1949.07.05	第111号	02頁01段		なぜ完全独立が出来ないか
1949.07.05	第111号	02頁01段		完全独立か 永久の植民地か 最初からこの二方途
1949.07.05	第111号	02頁01段		金九氏の受難こそ反動最後のあがき
1949.07.05	第111号	02頁03段		空文と化し去ったモスクワ三相会議の決定
1949.07.05	第111号	02頁05段		大韓の叩頭政策
1949.07.05	第111号	02頁07段		斯くしてわれら国際舞台に登場
1949.07.05	第111号	02頁06段		国際反動の陰謀 白日の下に暗黙「大韓政府」の実相
1949.07.05	第111号	02頁09段		全面的に賛同
1949.07.05	第111号	02頁11段		宣言書二千を南朝鮮へ伝達
1949.07.05	第111号	02頁13段		朝鮮語辞典と朝鮮地図
1949.07.07	第112号	01頁01段		朝連旗の下に結集し祖国統一の偉業に参加せん 大韓に最後の審判迫る

발행일	발행호	지면정보	필자	기사제목(원문)
1949.07.07	第112号	01頁01段		祖国戦線の宣言に泣いて喜ぶ一方大衆
1949.07.07	第112号	01頁02段		ソ連引揚者迎え 共斗を誓う
1949.07.07	第112号	01頁05段		平壤の慶祝大会参加者実に25万
1949.07.07	第112号	01頁05段		国内外の情勢と吾らの任務
1949.07.07	第112号	01頁09段		先ず北区に凱歌 教育費三千万円を獲得
1949.07.07	第112号	01頁11段		傍聴席で人民大会 教育費問題に無誠意な市会に朝日人民憤激
1949.07.07	第112号	02頁01段		財政確立은闘争의血脈
1949.07.07	第112号	02頁01段		健全한財政確立을為한盟費制全実施에熱烈히熟議
1949.07.07	第112号	02頁01段		東京小等学院児童들의 学芸会盛大히開催
1949.07.07	第112号	02頁05段		千葉民青員仮釈放
1949.07.07	第112号	02頁07段		資材獲得에蹶起
1949.07.07	第112号	02頁10段		看護保健教育받는우리女性들의壮한抱負
1949.07.09	第113号	01頁01段		人民の祝意ばく発 北半部労働者は一斉にきつ起し祖国戦線慶祝増産闘争
1949.07.09	第113号	01頁01段		朝日人民の共闘に忘れるな本来の闘争
1949.07.09	第113号	01頁01段		＜主張＞全組織あげ財政確立
1949.07.09	第113号	01頁04段		民団結成大会が朝日共闘大会へ山口小野田市の珍景
1949.07.09	第113号	01頁06段		皮肉!反動の大凋落は先ず巣窟の北海道から
1949.07.09	第113号	01頁08段		暴行に反対し生権闘争へ
1949.07.09	第113号	01頁09段		国内外の情勢と吾らの任務 許憲氏の大演説(三)
1949.07.09	第113号	01頁09段		反動の暴力排して大学朝連に加盟
1949.07.09	第113号	01頁11段		奇怪極める日警 例によって傍観
1949.07.09	第113号	02頁01段		日本民主主義擁護同盟誕生 自由와平和를지키盟員一千二百万이人民政府樹立에邁進을決意
1949.07.09	第113号	02頁01段		夏期教員講習会実施에 中総文今教部에서支持
1949.07.09	第113号	02頁05段		基金不足으로学校工事中止에再奮起
1949.07.09	第113号	02頁05段		不法検挙索捜에抗議静岡同胞闘争用応急米를獲得
1949.07.09	第113号	02頁06段		栃木生活保障金과百万円의職場을獲得
1949.07.09	第113号	02頁08段		生活保障金도獲得
1949.07.09	第113号	02頁11段		中小企業共同組合 組織을為하여
1949.07.12	第114号	01頁01段		祖国戦線宣言と綱領下に全大衆を把握せよ 中央常委の緊急指令
1949.07.12	第114号	01頁01段		祖国統一戦線の結成とわれ等当面緊急の任務
1949.07.12	第114号	01頁04段		鬼畜の「大韓軍警」一ヶ中隊が又も越境して放火虐殺
1949.07.12	第114号	01頁06段		陣営崩壊に狼狽し反動又も集団暴行
1949.07.12	第114号	01頁08段		祖国内外情勢と吾らの任務 許憲氏の大演説(四)
1949.07.12	第114号	01頁09段		朝連支部けつ起
1949.07.12	第114号	01頁09段		不正の暴露恐れ 面会を拒絶
1949.07.12	第114号	02頁01段		共和国基礎는永遠히不変 平和的統一이 根本精神

발행일	발행호	지면정보	필자	기사제목(원문)
1949.07.12	第114号	02頁01段		岐阜의 組織鉄壁 民団再結成大会 또朝連人民大会로 変함
1949.07.12	第114号	02頁01段		補助金아니라 教育費全額을내라
1949.07.12	第114号	02頁07段		우리組織力을 発揮하라 反動의 暗躍에 警戒를 要望
1949.07.12	第114号	02頁06段		全国大会十月上旬頃決定 学同第六回中央委員会
1949.07.12	第114号	02頁08段		同胞의 自殺死体를 日警이 強奪
1949.07.12	第114号	02頁12段	나훈봉	大衆이알기쉽고좋아하는말로
1949.07.12	第114号	02頁12段		中小企業共同組合 組織을為하여(下)
1949.07.14	第115号	01頁01段		人民抗争愈よよし烈 祖国戦線宣言に呼応
1949.07.14	第115号	01頁01段		祖国戦線宣言国連受理発表
1949.07.14	第115号	01頁01段		<主張>教育費獲得闘争をあくまで闘い抜け
1949.07.14	第115号	01頁01段		越境部隊に断乎鉄槌
1949.07.14	第115号	01頁02段		入超実に十一億 六月中の仁川港貿易
1949.07.14	第115号	01頁04段		愛国少年三千名を内乱罪等で投獄
1949.07.14	第115号	01頁06段		下山事件と結び 朝連弾圧の陰謀 中総の抗議でとん座
1949.07.14	第115号	01頁08段		与太者横行 学同盟員襲わる
1949.07.14	第115号	01頁08段		大阪の教育斗争に続々がい歌挙る
1949.07.14	第115号	01頁09段		祖国内外情勢と吾らの任務 許憲氏の大演説(五)
1949.07.14	第115号	02頁01段		荒川支部13分会 表彰 東京でも 活動家会議開催
1949.07.14	第115号	02頁01段		組織闘争의成果 税金을免税시키고 教室도 獲得
1949.07.14	第115号	02頁02段		朝連中央会館基金 아직도一千五百余万円未納
1949.07.14	第115号	02頁03段		栃木同胞의 市民権要求闘争
1949.07.14	第115号	02頁07段		日警의 暴力取調
1949.07.14	第115号	02頁08段		城山同胞民団을 脱退하여또다시 朝連旗밑에
1949.07.14	第115号	02頁11段	文在蓮	今後의 教育政策에 関하여 －六全大会를앞두고－
1949.07.16	第116号	01頁01段		反動の陰謀愈よ激化「同胞虐殺事件」頻発す
1949.07.16	第116号	01頁01段		日警、通行人を射殺 筑豊地協、断乎総けつ起
1949.07.16	第116号	01頁01段		大阪では民青員が不良の兇刃に倒る
1949.07.16	第116号	01頁01段		<主張>組織破壊の陰謀に備えよ
1949.07.16	第116号	01頁05段		拷問に堪えかね とび下り自殺 福岡署の責任を追及
1949.07.16	第116号	01頁07段		「教育弾圧」の実態 文教部発表の教育白書
1949.07.16	第116号	01頁08段		教育費問題の共斗を決議
1949.07.16	第116号	01頁08段		奇怪な政党誌が朝連をひぼう デマを重視厳重抗議
1949.07.16	第116号	01頁09段		祖国戦線宣言を双手挙げて支持 湧立つ南半部の与論
1949.07.16	第116号	01頁12段		世界民青連から在日民青招請状来る
1949.07.16	第116号	01頁13段		共に懇談の結果 建青を近く解散
1949.07.16	第116号	02頁01段		注目되는 兵庫県의 六全大会代議員選挙方法 候補者는 模範的実践者
1949.07.16	第116号	02頁02段		責任転嫁는 日政의 常套手段

발행일	발행호	지면정보	필자	기사제목(원문)
1949.07.16	第116号	02頁03段		人民大会를 開催하여 学校建設推進
1949.07.16	第116号	02頁04段		祖国統一戦線에 覚醒 建青幹部의 良心的動向
1949.07.16	第116号	02頁06段		関東土建協同組合発足
1949.07.16	第116号	02頁10段	文在蓮	今後의教育政策関하여 -六全大会를앞두고ー
1949.07.19	第117号	01頁01段		闘争で得る全世界 失うはた、鉄鎖のみ 教育事件の日本側同士が声明
1949.07.19	第117号	01頁01段		<主張>祖国統一戦線の綱領・宣伝を凡ゆる闘争の中で大衆化せよ
1949.07.19	第117号	01頁02段		学位論文審査を人民に公開
1949.07.19	第117号	01頁04段		国境を越えて共に闘わん 尹議長感激して語る
1949.07.19	第117号	01頁06段		「祖国戦線委」を道毎に結成 一斉にその結成大会
1949.07.19	第117号	01頁09段		「教育弾圧」の実態 文教部発表の教育白書
1949.07.19	第117号	01頁09段		南半の未加人 各界へ勧告状
1949.07.19	第117号	01頁08段		入北の義挙部隊 人民軍に編入学式
1949.07.19	第117号	01頁10段		「団結して死闘」平壌の委員会結成式
1949.07.19	第117号	01頁12段		反民の徒輩は日本でも横行「基督の弟子」後報
1949.07.19	第117号	02頁01段		有馬의 人民大会 生活権不当課税 決議要項을 貫徹
1949.07.19	第117号	02頁02段		神奈川運動大会 마라손에十三歳少年이 一等
1949.07.19	第117号	02頁02段		映画를 通하여 機関紙의 重要性을 啓蒙
1949.07.19	第117号	02頁03段		日本民主化運動에 積極参加하라
1949.07.19	第117号	02頁06段		帰国問題에 対하여
1949.07.19	第117号	02頁06段		機関紙幹部 講習会開講 全国各地에서 43名이 参加
1949.07.19	第117号	02頁06段		盟費直納制 各地方에서 続々実施
1949.07.19	第117号	02頁08段		教育費獲得과 機関紙推進을 討議
1949.07.21	第118号	01頁01段		文部省の一属史が国会の決議を無視
1949.07.21	第118号	01頁01段		<主張>宣伝戦に勝て!
1949.07.21	第118号	01頁04段		明らかに越権 依然、植民地扱い 教育者同盟が抗議
1949.07.21	第118号	01頁06段		学童も動員して教育費獲得斗争へ 教同東京支部新方針を確立
1949.07.21	第118号	01頁08段		民意に逆らって勝った歴史なし 人民の叫びになぜ耳を塞ぐか
1949.07.21	第118号	02頁01段		地域日本人民闘争과 結附 東本의 基本方針決定
1949.07.21	第118号	02頁01段		栃木에서 朝日婦人들 教同闘争의 成果多大
1949.07.21	第118号	02頁02段		六全大会準備会議 七月二十九日부터 三日間開催
1949.07.21	第118号	02頁04段		仙台市에서도 民団幹部가 同胞를 殺害 宙目되는 反動에 挑発
1949.07.23	第119号	01頁01段		大和党遂に正体を現す 第三国人をひぼう 秋田で怪ビラをまく
1949.07.23	第119号	01頁01段		人民の歓び爆発 8・15四周年記念
1949.07.23	第119号	01頁01段		<主張>敵の陰謀を粉砕せよ
1949.07.23	第119号	01頁03段		市や郡にも祖国戦線委

발행일	발행호	지면정보	필자	기사제목(원문)
1949.07.23	第119号	01頁04段		東京観光 在日60万同胞を侮辱
1949.07.23	第119号	01頁07段		文部省の二属吏が東京朝鮮高校生に平謝り
1949.07.23	第119号	01頁08段		朝連秋田本部起つ 民族離問陰謀を爆撃
1949.07.23	第119号	01頁08段		教育費の審議に警官百五十動員
1949.07.23	第119号	01頁09段		民団支部を解散 大挙朝連へ加盟
1949.07.23	第119号	01頁12段		祖国戦線結成に寄せて
1949.07.23	第119号	02頁01段		祖国統一民主戦線結成に 応하여 北海道各地에서 祝賀人民大会를 開催
1949.07.23	第119号	02頁01段		8・15記念 芸術作品募集
1949.07.23	第119号	02頁01段		朝・日貿易을 促進 経済人懇談会
1949.07.23	第119号	02頁02段		日警強盗를 養成 鶴見支部厳重히 抗議
1949.07.23	第119号	02頁03段		教育費職場獲得에 全力을 集中 栃木의 闘争成果
1949.07.23	第119号	02頁03段		祖国統一戦線 支持 万場一致決議 朝鮮人商工連合会第二次理事会
1949.07.23	第119号	02頁06段		宣伝戦強化를 為하여 中総組宣伝部에서 指令
1949.07.23	第119号	02頁07段		第二十四回関東地協会
1949.07.23	第119号	02頁09段		機関紙幹部 講習会閉幕 受講者는 実践에 自信満々
1949.07.23	第119号	02頁11段		機関紙強化와 通信活動에 対하여
1949.07.26	第120号	01頁01段		鈴木社会党書記長 朝連의 抗議로 謝罪
1949.07.26	第120号	01頁01段		<主張>民青의 壮途를 祝す
1949.07.26	第120号	01頁01段		祖国戦線民意에 応えて最大의 援助 許憲氏記者에 確答
1949.07.26	第120号	01頁04段		文部省도 陣謝
1949.07.26	第120号	01頁06段		警官의 暴行은 正当 大阪「大淀署」의 暴言
1949.07.26	第120号	01頁07段		民団의 一幹部가 又도 同胞를 指す
1949.07.26	第120号	01頁11段		大阪府가 契約破棄 布施駅前商店街의 立退延期問題
1949.07.26	第120号	02頁01段		国鉄防衛人民大会 朝・日両人民当局에 不当馘首를 追求
1949.07.26	第120号	02頁01段		祖国統一民戦을 絶対支持 岡山・加茂分会定期総会에서
1949.07.26	第120号	02頁02段		教育者同盟第三回定期大会 오는28,29両日東京에서 開催
1949.07.26	第120号	02頁02段		教育費支払을 布施市助役確約
1949.07.26	第120号	02頁03段		"韓日貿易"의 買国性을 指摘 自主貿易促進労働者大会
1949.07.26	第120号	02頁04段		教育費獲得闘争人民大会 民団建青들도 参集
1949.07.26	第120号	02頁05段		教育費三支部合同 闘争委員을 選出
1949.07.26	第120号	02頁06段		日朝両民族의 分裂을 策動 反動幹部를 除名
1949.07.26	第120号	02頁07段		新生의 民団幹部들이 朝連分会 事務所를 建築
1949.07.26	第120号	02頁07段		共闘로서 職場과 加配米獲得
1949.07.26	第120号	02頁08段		学校経営難에 朗報 大阪鶴橋学営의 新打開策
1949.07.26	第120号	02頁09段		南朝鮮의文教状態(三)

발행일	발행호	지면정보	필자	기사제목(원문)
1949.07.26	第120号	02頁09段		掲示板을 設置하여 宣伝戦의 偉力発揮
1949.07.28	第121号	01頁01段		大和党の排外運動を対日理事会に提訴 あわせて日政の責任をも追及
1949.07.28	第121号	01頁01段		＜主張＞「太平洋同胞」締結の陰謀を断乎粉砕せよ!
1949.07.28	第121号	01頁03段		新韓委崩壊か
1949.07.28	第121号	01頁04段		学校施設は放置し専ら弾圧の経費へ荒川の朝日区民けつ起
1949.07.28	第121号	01頁07段		国会を通過の教育費請願内容
1949.07.28	第121号	01頁07段		区長のドロン後すわりこみ戦術 台東の朝日区民百名
1949.07.28	第121号	01頁09段		慶北各地縦横に遊撃
1949.07.28	第121号	01頁09段		大淀署の非法を白日にさらす
1949.07.28	第121号	01頁11段		同胞150万 安居楽業
1949.07.28	第121号	01頁11段		社会党代議士が又もや暴言 植民地喪失を不当視
1949.07.28	第121号	02頁01段		7360名同胞가 失業者登録을 完了 勝利하는 山口県의 生権闘争
1949.07.28	第121号	02頁01段		活発한 小野田의 文盲退治運動
1949.07.28	第121号	02頁02段		千葉의 教育費 獲得闘争活発化 村会本会議에서 満場一致로可決
1949.07.28	第121号	02頁02段		老人도 受講 九州高等学院
1949.07.28	第121号	02頁03段		反民法特別委員会에서 在日反逆者逮捕
1949.07.28	第121号	02頁06段		民青関東地協에서 幹部講習을 開催
1949.07.28	第121号	02頁06段		"反動権力의 粉砕는 地方으로부터
1949.07.28	第121号	02頁08段	김사철	機関紙講習会를마치고(一)
1949.07.28	第121号	02頁08段		民青第二次地協代表者会議
1949.07.28	第121号	02頁08段		在日商工会聯合本部
1949.07.28	第121号	02頁09段		中・日貿易促進協議 同胞経済人参加도 期待
1949.07.28	第121号	02頁10段		合同宣伝会議 下部에서도 組織하라
1949.07.28	第121号	02頁12段		"共斗"를 強力히 推進 会津若松同胞大挙日共에 入党
1949.07.30	第122号	01頁01段		南半部全域の労働者がゼネストで祖国戦線支持表明
1949.07.30	第122号	01頁01段		弾圧に対抗して鉱山労働者も起つ
1949.07.30	第122号	01頁01段		＜主張＞日政の陰謀を粉砕せよ
1949.07.30	第122号	01頁02段		慶北の武装遊撃隊大韓軍警の足を奪う
1949.07.30	第122号	01頁04段		崩壊せまる大韓韓委とも泥仕合
1949.07.30	第122号	01頁07段		南の商工業者にきつ起促す
1949.07.30	第122号	01頁06段		警官と暴力団を使って悪屋主、同胞を追出す
1949.07.30	第122号	01頁08段		自由抹殺の序曲 ソ連科学者は斯く見る
1949.07.30	第122号	01頁09段		いい加減な訴因結局九月に延期深川事件の公判紛糾
1949.07.30	第122号	02頁01段		8・15解放四周年記念슬로-간 中央常任委員会에서決定

발행일	발행호	지면정보	필자	기사제목(원문)
1949.07.30	第122号	02頁01段		平和와 民族独立을지키는 亜細亜婦人会議 歓迎 北平民主婦人同盟
1949.07.30	第122号	02頁01段		組織의 灯火인 우리機関紙가 危機에 直面
1949.07.30	第122号	02頁03段		関東地協主催夏期教員講習会開講
1949.07.30	第122号	02頁04段		鶴見・西部分会同胞들을 感動시킨 十二歳의 少年提琴家
1949.07.30	第122号	02頁06段		曖昧한 路線을 清算코 祖国統一戦線旗 아래로
1949.07.30	第122号	02頁08段		岡山의 居留民団解散直前에 逢着
1949.07.30	第122号	02頁09段		教育費支出을 確約 川崎市長이
1949.07.30	第122号	02頁10段		機関紙講習会를마치고(二)
1949.07.30	第122号	02頁11段	文在蓮	教育活動의 基本問題두가지(上)
1949.08.04	第123号	01頁01段		大韓의越境暗殺団 虎林部隊를せん滅
1949.08.04	第123号	01頁01段		祖国戦線支持에 蹶起의 南半部労働者에 続け!
1949.08.04	第123号	01頁01段		ソ英代表 全面同意日政도 善処確約「大和党」提訴의 反響
1949.08.04	第123号	01頁04段		不良かばう福岡署朝連遂に起つ 民主団代と共闘陣布く
1949.08.04	第123号	01頁05段		目黒の区議会同胞をだます
1949.08.04	第123号	01頁06段		葛飾区に先ず凱歌 教育費獲得 戸別訪問が奏効
1949.08.04	第123号	01頁07段		同胞を射殺の責任も追及「教育費問題」と共に
1949.08.04	第123号	01頁09段		太田区は善処確約 朝日民主陣の圧力奏効
1949.08.04	第123号	01頁10段		教育防衛対価も都に強硬な要請
1949.08.04	第123号	01頁11段		嘘つき町長ら覚書を破棄 大阪選町の同胞起つ
1949.08.04	第123号	01頁11段		民団の大阪住吉支部解散し朝連に加盟 青年部の副団長が率先断行
1949.08.04	第123号	01頁13段		解教カンパで李氏出ごく 歓迎会で帰国を表明
1949.08.04	第123号	02頁01段		弾圧 破壊 狂奔 反動権力機関
1949.08.04	第123号	02頁01段		우리의基本人権을 死守하자!! 犠牲者救援活動方針을 樹立
1949.08.04	第123号	02頁01段		統一을 妨害하는 駐日代表団을 粉砕
1949.08.04	第123号	02頁02段		第六回全体大会 議案을 決定
1949.08.04	第123号	02頁04段		基本調査完了 山口県本部
1949.08.04	第123号	02頁05段		夏期教員 講習閉会関東地域主催 受講者全員이 日共에게 入党
1949.08.04	第123号	02頁06段		祖国戦線의 決定을 大衆에게 滲透
1949.08.04	第123号	02頁08段		十三支部를 三支部로 統合 埼玉・組織簡素化에 着手
1949.08.04	第123号	02頁09段	文在蓮	教育活動基本問題두가지(1)
1949.08.04	第123号	02頁08段	김사철	機関紙講習会를마치고(三)
1949.08.09	第124号	01頁01段		わが大阪本部を襲撃 分裂に直面した民団最後のあがき
1949.08.09	第124号	01頁01段		祖国戦線参加の賛否両派に分裂 暴力団組織に暗躍中

발행일	발행호	지면정보	필자	기사제목(원문)
1949.08.09	第124号	01頁01段		戸別に訪問して組織戦線の意義を解明　わが闘争方針決る
1949.08.09	第124号	01頁01段		前進する祖国戦線と歩調を揃えて進め!!
1949.08.09	第124号	01頁02段		蛮行に憤慨して北部民団長辞任
1949.08.09	第124号	01頁05段		物価は益々低下
1949.08.09	第124号	01頁07段	李学潤	在日朝鮮人新聞の性格と方向　新たな発展のために
1949.08.09	第124号	01頁08段		支出差支えなし
1949.08.09	第124号	01頁11段		民主党と結託　物価を横領　反動学生の本性現す
1949.08.09	第124号	01頁10段		闘えば必ず勝つ　黒田区の朝日主婦連　不正配給米から蹶起
1949.08.09	第124号	02頁01段		同盟을飛躍的으로発展시킬闘争方針을더욱具体化
1949.08.09	第124号	02頁01段		教育費을要求를確約　鶴見의闘争点々活発
1949.08.09	第124号	02頁03段		8・15記念　突撃週間을設置
1949.08.09	第124号	02頁06段		地方의有力者를重要部署에서　中央産業会社幹部総辞職
1949.08.09	第124号	02頁10段	文在蓮	教育活動의基本問題두가지(下)
1949.08.09	第124号	02頁10段		人民芸術大学講座　全国各地에서48名이受講
1949.08.11	第125号	01頁01段		祖国戦線和平統一宣言に南半の人民総蹶起　弾圧蹴って闘争拡大
1949.08.11	第125号	01頁01段		個人対外貿易を挙って歓迎
1949.08.11	第125号	01頁03段		大学の収容力六割力増加
1949.08.11	第125号	01頁04段		ソウル市内はビラの海　街頭解説者50万名
1949.08.11	第125号	01頁06段		生命かけて守れ　統一総選挙　ゼネスト指導部宣言
1949.08.11	第125号	01頁08段		民主党代議士が名古屋市で暴言　責任を追及され逃亡
1949.08.11	第125号	01頁10段		教育費82万円　宇都宮で可決
1949.08.11	第125号	02頁01段		政治宣伝을強力히展開하자　民青地協代表者会議의結論(中)
1949.08.11	第125号	02頁01段		執行部를直接選挙도　山口指導委員을選出
1949.08.11	第125号	02頁04段		女子同権法実施三周年記念　最高人民会議第議員33名
1949.08.11	第125号	02頁05段		人民虐殺射撃練習場　奈良黒髪山에建設
1949.08.11	第125号	02頁09段		教育費上程代身에公安条例를上程한　岐阜県会
1949.08.15	第126号	01頁01段		反動を一蹴して勝利の栄光斗い取らん
1949.08.15	第126号	01頁04段		勝利の日は目前に　未完整裡に迎える最後の解放記念日
1949.08.15	第126号	01頁04段		生産率は来年中解放時の五倍!!
1949.08.15	第126号	01頁04段		国土完整救国闘争に総決起せよ　祖国戦線記念標語
1949.08.15	第126号	01頁07段		日帝以上の暴圧　全産業今や破滅　頻す
1949.08.15	第126号	01頁10段		人民抗争の火焔　南半全域に拡大
1949.08.15	第126号	01頁09段		地獄変じて楽土に　農村は面目を全く一変
1949.08.15	第126号	01頁11段		ソウル警察局の警監殺さる
1949.08.15	第126号	02頁01段		反動輩の不法侵入は不問　逆に滋賀本部幹部を総検束

발행일	발행호	지면정보	필자	기사제목(원문)
1949.08.15	第126号	02頁01段		新指どう者起って全員釈放を要求 支持の人民大会
1949.08.15	第126号	02頁01段		越境部隊をせん滅 牲懲りもない大韓軍警
1949.08.15	第126号	02頁04段		地菅第25号指令 効力停止仮処分を申請か
1949.08.15	第126号	02頁05段		朝・日婦人共闘に凱歌 米四百キロを獲得
1949.08.15	第126号	02頁05段		「太平洋」同盟陰謀の新転回と我々の任務
1949.08.15	第126号	02頁08段		自主貿易目指して祖国へ使節団派遣 関東の商工人 蹶起大会
1949.08.15	第126号	02頁09段		東京観光 遠からず退去か 仮処分執行中の昇降機 皮肉にも判決前に開通
1949.08.15	第126号	02頁10段		配給券を二日分
1949.08.15	第126号	03頁01段		8・15解放四周年万歳!祖国戦線結成祝賀와아울러日本全域에서祝典盛行
1949.08.15	第126号	03頁01段		同胞30戸가浮動生活을清算三島朝鮮人農業実行組合結成
1949.08.15	第126号	03頁01段		共同闘争으로서生活難을打開하자
1949.08.15	第126号	03頁02段		山梨本部의書類를反動分子들이盗取
1949.08.15	第126号	03頁04段		島根에도闘争의不吉同胞製炭업자総蹶起
1949.08.15	第126号	03頁05段		奈良本部의拡大執委決定
1949.08.15	第126号	03頁05段		고무協同組合結成式
1949.08.15	第126号	03頁07段		祖国戦線 支持署名運動
1949.08.15	第126号	03頁08段		九州地方協議会
1949.08.15	第126号	03頁10段		職場과生活補助金내라三百余同胞参席下에朝鮮人失業者同盟結成
1949.08.15	第126号	03頁10段		戦争放火者와싸우고平和闘争에蹶起하자
1949.08.15	第126号	04頁01段		祖国情勢는飛躍的으로発展한다経験을土台로一大運動을展開하자
1949.08.15	第126号	04頁01段		大勢는人民勢力에有利하게展開되고있다
1949.08.15	第126号	04頁02段		1. 生活防衛
1949.08.15	第126号	04頁03段		2. 組織宣伝活動
1949.08.15	第126号	04頁06段		3. 文化教育活動
1949.08.18	第127号	01頁01段		祖国へ使節団を派遣 各国代表参席裡に同胞六千、固き誓い(東京)
1949.08.18	第127号	01頁01段		警察の増強に反対
1949.08.18	第127号	01頁04段		遊撃隊の勢力増大
1949.08.18	第127号	01頁04段		国営産業実に三割五分増 二ヵ年計画上半期の実績
1949.08.18	第127号	01頁08段		平壌でも盛大に挙行
1949.08.18	第127号	01頁08段		平和擁護会議にソ連許憲氏招待
1949.08.18	第127号	01頁11段		又もや同胞を射殺 福岡支部決然と起つ
1949.08.18	第127号	02頁01段		金首相祖国전선遊撃隊등各方面에보내는멧세지
1949.08.18	第127号	02頁01段		朝鮮民主主義人民共和国内閣수상金日成将軍에게올리는글월

발행일	발행호	지면정보	필자	기사제목(원문)
1949.08.18	第127号	02頁01段		祖国統一民主主義戦線中央委員会에보내는글월
1949.08.18	第127号	02頁05段		祖国南半部遊撃隊동무들에게보내는글월
1949.08.20	第128号	01頁01段		団結こそ勝利への保証 解放四周年記念平譲大会の席上 朴憲永副首相の報告演説
1949.08.20	第128号	01頁02段		平壌の女社長が大金を寄贈
1949.08.20	第128号	01頁05段		たった三名を残して全員が朝連に加盟 民団の千葉県君津支部壊滅
1949.08.20	第128号	01頁07段		機関紙について
1949.08.20	第128号	01頁08段		警官の人垣を作り陳情団代表を監禁 神奈川県会で同胞敢闘
1949.08.20	第128号	01頁09段		闘争にがい歌 全員を釈放 滋賀の不当弾圧事件
1949.08.20	第128号	01頁10段		北半部の農村驚異的に発展
1949.08.20	第128号	01頁12段		民団を告訴
1949.08.20	第128号	01頁15段		愛読者の皆様へ
1949.08.20	第128号	02頁01段		各地에서多彩한行事를挙行
1949.08.20	第128号	02頁03段		祖国統一民主主義戦線慶祝人民大会建青,中間派들도参加
1949.08.20	第128号	02頁04段		吉田内閣打倒의意気沖天盛大한愛知의行事
1949.08.20	第128号	02頁01段		建青統一派,青同等이祖国戦線支持를声明
1949.08.20	第128号	02頁07段		本国에使節団派遣을決定
1949.08.20	第128号	02頁09段		統一戦線에멧세지들
1949.08.23	第129号	01頁01段		盤石の譲り誇る人民軍の閲兵式解放記念日に平壌で
1949.08.23	第129号	01頁01段		判事選挙 過半数が労働者女性も一割近く当選流石は「働くの国」
1949.08.23	第129号	01頁01段		＜主張＞教育闘争に総せよ
1949.08.23	第129号	01頁04段		祖国完整の秋到る 整えよ!先頭準備
1949.08.23	第129号	01頁06段		30万人のデモ行進 花束乱れ飛ぶ平譲の街
1949.08.23	第129号	01頁07段		旬刊日本語版の固定読者を募れ 9月1日より両面国文科断行
1949.08.23	第129号	01頁09段		主食の掛買を確約
1949.08.23	第129号	01頁09段		客船、入北を企図 ほかに64名殺害さる
1949.08.23	第129号	01頁12段		北半部の教育改革報告 世界労連の教育者会議
1949.08.23	第129号	01頁12段		教育費の獲得は大衆の力で
1949.08.23	第129号	01頁12段		南半の選手も参加 豪華な解放記念全国体育祝電
1949.08.23	第129号	01頁12段		共闘威力発揮 静岡県二俣町にも凱
1949.08.23	第129号	02頁01段		＜社説＞祖国統一戦線中央委員会機関紙
1949.08.23	第129号	02頁01段		朝鮮人民들은 平和的祖国独立을 民族自体의 力量으로 戦取
1949.08.23	第129号	02頁01段		祖国統一戦線의 参加와 商工業者大同団結을 決議大阪 決起大会

발행일	발행호	지면정보	필자	기사제목(원문)
1949.08.23	第129号	02頁01段		関東全域에걸쳐 土建協組 支部를 結成
1949.08.23	第129号	02頁01段		失業問題의 解決為하 一大鬪争의 展開
1949.08.23	第129号	02頁01段		買出나간 同胞軋死 原因不明으로 探求中
1949.08.23	第129号	02頁01段		祖国統一戦線을 絶対支持 名古屋・中小商工業者
1949.08.23	第129号	02頁01段		校舎新築落成式에 脚戯大会를 開催
1949.08.25	第130号	01頁01段		スターリン首相や 友邦各国から祝電殺到 解放記念日を迎えた祖国の悦び
1949.08.25	第130号	01頁04段		暴行の取締りは不能 小野田署長のメイ論
1949.08.25	第130号	01頁07段		凶器を携え大学来襲 朝連盟員生命危篤 傍観の警官 犯人探す同胞を襲撃
1949.08.25	第130号	01頁07段		ブル新こぞって大デマ宣伝 例によって反局の報道
1949.08.25	第130号	01頁08段	李仲春	不法検束拘留記
1949.08.25	第130号	01頁10段		屍体を腐らんさせ責任のなすり合い 福岡の同胞射殺事件
1949.08.25	第130号	01頁13段		警察増強断念し予算増額で強化
1949.08.25	第130号	02頁01段		六全大会의 綱領・草案
1949.08.25	第130号	02頁01段		"팟쇼"勢力을 打倒하고 権利 擁護
1949.08.25	第130号	02頁01段		兵庫의 人民大会 二万同胞의 切実한 要求 県同局 드디어受諾
1949.08.25	第130号	02頁04段		民主勢力弾圧을 為하여 計画的으로 捏造
1949.08.25	第130号	02頁06段		8・15記念大会를 契機로 継続的으로 鬪争을 展開
1949.08.25	第130号	02頁09段		"쏘連軍은 東独에서 任務完了
1949.08.25	第130号	02頁10段		反팟쇼 平和擁護 人民大会 茨城県에서 盛大히 開催
1949.08.25	第130号	02頁12段		西独選挙의 陰謀 共産党의 文書를 破棄
1949.08.25	第130号	02頁13段		教育費獲得을 中心으로 富山의 記念鬪争
1949.08.25	第130号	02頁15段		斗争의 結実 生活保護法適用者200名
1949.08.27	第131号	01頁01段		責任者を厳重処罰せよ 下関事件に厳重な抗議を提出
1949.08.27	第131号	01頁04段		血迷った武装警官引続き無差別検挙 阪神事件宛らの暴圧振
1949.08.27	第131号	01頁04段		<主張>教同の対価によせて
1949.08.27	第131号	01頁05段		陰謀を痛烈に追及
1949.08.27	第131号	01頁08段		財政の許す限り支払え 教育費問題に衆院支部委が断
1949.08.27	第131号	01頁09段		公正な立場で善処する 監視せよ国務相の契約
1949.08.27	第131号	01頁10段		一触即発の現状 意気愈々挙る人民抗争
1949.08.27	第131号	01頁11段	鄭白雲	青い鳥の歌
1949.08.27	第131号	01頁14段		極右と結ぶ民団 脱退者続出 これぞ事件捏造の原因
1949.08.27	第131号	01頁14段	李仲春	不法検束拘留記
1949.08.27	第131号	02頁01段		下関事件・民団徒輩の裏面に 帝国主義者들이 操縦 民族의 怨讐民団이 断乎粉砕를 決意
1949.08.27	第131号	02頁01段		市警当局署名으로 確約 広島同胞 모든 要求를 貫徹

발행일	발행호	지면정보	필자	기사제목(원문)
1949.08.27	第131号	02頁03段		日本人十万이 国民党軍에 志願
1949.08.27	第131号	02頁06段		同胞여러분 団結하자 反動陣営은 動揺하고있다
1949.08.27	第131号	02頁08段		全少年団들의 猛抗議에 蛮行의 警察드디어 先生들을 釈放
1949.08.27	第131号	02頁11段	金英進	8・15反팟쇼 人民 文化祭를도라다보고
1949.08.30	第132号	01頁01段		忘れるな27年前의九月一日 奴等의使うテ는いつも同じだぞ!
1949.08.30	第132号	01頁01段		震災当時 同胞의大虐殺는下関事件捏造理由と同じ
1949.08.30	第132号	01頁01段		軍警当局がデマを拡大 忠良な臣民これに乗る
1949.08.30	第132号	01頁01段		友好国の祝賀電에金日成首相返電
1949.08.30	第132号	01頁04段		<主張>関東大震災第26周年にあたって
1949.08.30	第132号	01頁05段		生残った同胞は強制徴用で酷使 本国では寄付を強制
1949.08.30	第132号	01頁09段		本紙記者를怖れて下関署長面会拒絶
1949.08.30	第132号	01頁11段		人民軍後援会に寄付が続出 個人企業を保証の証左
1949.08.30	第132号	01頁12段		国際学同から民青に招請状
1949.08.30	第132号	01頁14段	李仲春	不法検束拘留記
1949.08.30	第132号	02頁01段		蛮警의責任追求熾烈 広島에서는 不法弾圧真相調査団 闘争指導部를 構成現地에 派遣
1949.08.30	第132号	02頁01段		対権力闘争에 活発 東京少年団들
1949.08.30	第132号	02頁05段		区役所와 交渉에 私服刑事侵入
1949.08.30	第132号	02頁05段		9・9、人民共和国創建의날
1949.08.30	第132号	02頁05段		民青緊急地協会議를 第九重委開催로 代行
1949.08.30	第132号	02頁07段		淀橋警察、警備口実로 受験者의 入管을 拒絶
1949.08.30	第132号	02頁10段		"解放記念芸術作品 人民共和国創建記念日前後에 発表
1949.08.30	第132号	02頁13段		民青委員長選挙에 女子青年도 立候補
1949.08.30	第132号	02頁11段	文在蓮	K先生에게
1949.09.01	第133号	01頁01段		祖国統一総選挙 在日同胞 参加 中央常任委員会 決定
1949.09.01	第133号	01頁01段		暗黒의 下関・満酔한 警官 서로発砲
1949.09.01	第133号	01頁01段		調査団 朝連代表의 質問에 署長自己陰謀를 暴露
1949.09.01	第133号	01頁01段		共産党員을 逮捕 눈빠진盲人警官
1949.09.01	第133号	01頁01段		<主張>失業反対闘争을 精力的으로 推進하라
1949.09.01	第133号	01頁04段		在日仏教徒의 決意 祖国戦線参加는 当然 京都万寿寺劉宗黙大師訪問한 韓議長에 言明
1949.09.01	第133号	01頁07段		朝、日人民의군은 握手 不法弾圧에 猛抗議
1949.09.01	第133号	01頁10段		「憲法違反이」田中共産党代議士厳重히 抗議
1949.09.01	第133号	01頁10段	김사철	両面国文版実施 両面国文版을내면서
1949.09.01	第133号	01頁11段		警察署냐? 暴力団集会所냐?
1949.09.01	第133号	01頁12段		署長은 面会拒否 市長은 行方不明 共産党代表憤激
1949.09.01	第133号	01頁15段		下関事件의 真相(上)
1949.09.01	第133号	02頁01段		塩尻同胞드디어 選挙権 被選挙権을 獲得

발행일	발행호	지면정보	필자	기사제목(원문)
1949.09.01	第133号	02頁01段		生活保護法続々適用 同胞闘争의 効果를 自覚
1949.09.01	第133号	02頁01段		盟費直納完了
1949.09.01	第133号	02頁03段		怨恨의 九月一日! 関東地震26周年記念
1949.09.01	第133号	02頁05段		同胞의 生活権確立까지 骨肉을아끼지않고 闘争
1949.09.01	第133号	02頁05段		貧困者에게는 無料로 治療 人民의 安息所・国際平和病院
1949.09.01	第133号	02頁08段		要求六条件을 貫徹 川崎의 闘争熾烈化
1949.09.01	第133号	02頁08段		滋賀国旗事件의 韓、鄭両同志釈放
1949.09.01	第133号	02頁09段		中間派青年同盟全員이 祖国戦線支持를 宣言
1949.09.01	第133号	02頁13段	어당	<어린이란>下関의어린이동무들에게박수를올립니다
1949.09.03	第134号	01頁01段		六全大会目前에두고 各地協各団体代表者合同会議
1949.09.03	第134号	01頁01段		三千里強土에 野望 暴言吐하는 社会党代議士西村栄一
1949.09.03	第134号	01頁02段		暴力代議士小西寅末大阪에서 同胞를 加害
1949.09.03	第134号	01頁05段		没落瞬前의 李政府 検察庁巨頭続々辞職
1949.09.03	第134号	01頁06段		海上警察의 密貿易 黄金丸船長国警長官에 抗議
1949.09.03	第134号	01頁09段		下関事件의 真相(下)
1949.09.03	第134号	01頁13段		「台湾은 中国의 領土다」帝国主義者들의 陰謀에 台湾民主同盟生命
1949.09.03	第134号	01頁14段		下関事件弾圧費 一千四万円!
1949.09.03	第134号	02頁01段		下関事件 狂犬같은 日警当局 関連없는 労組員를 逮捕 共産党事務所도包囲捜索試図
1949.09.03	第134号	02頁01段		捜索에失敗하고登録問題로同胞検挙
1949.09.03	第134号	02頁01段		調査団의真相発表에五百群衆가憤激
1949.09.03	第134号	02頁01段		真正한革命戦士라고해도栄誉스러운使命을遂行教同三全大会의盛況
1949.09.03	第134号	02頁03段		全同胞의先頭로 教育防衛闘争를推進
1949.09.03	第134号	02頁04段		挑発를一掃 民団長、民青에謝過
1949.09.03	第134号	02頁05段		闘争만이進路 新委員長의人事
1949.09.03	第134号	02頁06段		岐阜県執委라도下関事件에抗議
1949.09.03	第134号	02頁09段		当面의情勢와組織防衛에関하여
1949.09.03	第134号	02頁07段		機関紙基金에日雇労働者들도協力
1949.09.03	第134号	02頁07段		下館小学校 同胞의熱誠으로落成
1949.09.03	第134号	02頁10段		一千五百万円資金会社에서中央産業를拡大強化 臨時株主総会로決議
1949.09.06	第135号	01頁01段		暴風雨에同胞被害도甚大東京에侵水家屋三百民青救援隊에全人民이感激
1949.09.06	第135号	01頁01段		<主張>風水害에대한復旧闘争을組織하다
1949.09.06	第135号	01頁04段		町政을人民管理
1949.09.06	第135号	01頁04段		風水害復興闘争에巨大한成果

발행일	발행호	지면정보	필자	기사제목(원문)
1949.09.06	第135号	01頁04段		殺人放火散毒을計劃越北한全員射殺及逮捕所謂李政府의虎林部隊
1949.09.06	第135号	01頁08段		朝連小学校를避難所로提供
1949.09.06	第135号	01頁08段		팟쇼化한치도의行為는自由와民主主義를사랑하는全世界人民에对한蛮行
1949.09.06	第135号	01頁09段		躍進拡大하는祖国의交通
1949.09.06	第135号	01頁13段		台湾을包含한전中国을一年以内에婉転解放
1949.09.06	第135号	02頁01段		下関事件의 本質 李承晩卒徒들의 亡命地入り口를 爲한 陰謀 挑発에는 広汎한 宣伝으로 粉砕
1949.09.06	第135号	02頁01段		闘争으로 獲得한 職場에서 奉仕運動으로 財政難을 克服 若松六十名同胞들의 熱誠
1949.09.06	第135号	02頁02段		機関紙不振에 自己批判 大阪本部執行委員会
1949.09.06	第135号	02頁05段		密酒捜索을 口実로 朝聯支部謄写版押収 日警의 蛮行漸々拡大
1949.09.06	第135号	02頁08段		鉄窓속에서도 熱烈한 学習 出獄한 李珖氏中総을 訪問 神戸獄中同志들의 消息을 報告
1949.09.06	第135号	02頁08段		人民虐殺報道에 深夜不眠의 激憤 獄中生活의 感想
1949.09.06	第135号	02頁09段		大衆에뿌리를막아라 東北地方協議会

조선신문(朝鮮新聞)

1 서지적 정보

「조선신문」은 1949년 9월에 재일본조선인연맹이 해산된 후, 한국전쟁을 계기로 1951년 1월에 창립된 재일조선통일민주전선의 기관지이다. 1951년 9월 7일에 책임자를 김한일로 하여 창간호를 발행하였다. 1952년 9월 16일자 지면에는 '각 정당은 조선, 조선인문제를 어떻게 보고 있는지'라는 제목 하에 각 정당들이 조선과 조선인들에 대한 인식을 분석한 기사가 눈에 띈다. 1952년 8월 12일자 제22호와 9월 16일자 호외를 마지막으로 폐간된다. 한 부 5엔.

2 목차

발행일	발행호	지면정보	기사제목
1952.04.01	第15号	02頁05段	一만三千명 추방예상 예산一억六千万원 통과
1952.04.01	第15号	02頁06段	악독한 찬성연설에 동포들 분기
1952.04.01	第15号	02頁06段	사·공·로에서수정안
1952.04.01	第15号	02頁08段	"참말 싸움은 이제부터"
1952.09.16	号外	01頁01段	団結し平和と繁栄の道へ＝朝鮮統一民戦アピール
1952.09.16	号外	01頁01段	在日朝鮮人の要求
1952.09.16	号外	01頁05段	〈平和, 独立, 友好か!戦争, 隷属, 離間か!〉民族自治区を認む-中華人民共和国
1952.09.16	号外	01頁05段	戦争放火者に祖国を売渡すな!
1952.09.16	号外	01頁06段	民族解放連立政府樹立を共に斗わん!
1952.09.16	号外	01頁07段	共産党-社会党へ救国の申入れ
1952.09.16	号外	02頁01段	各政党は朝鮮, 朝鮮人問題をどうみるか

조선의 별

1 서지적 정보

「조선의 별」은 일본공산당관동지방위원회의 기관지로 1948년 6월 15일에 제1호를 발간했다. 편집은 민족대책위원회가 맡았고 현재 1949년 1월 27일자 제7호까지 열람이 가능하다. 제1호는 제호가 아직 정해지지 않았는지 '제명?모집'으로 되어 있다. 7월 15일자 제2호부터는 제호만 국문으로 되어있고 나머지 기사는 일본어로 발행되었다. 제2호와 제3호는 정동문(鄭東文)이 편집과 발행을 담당했고, 11월 25일자 제4호부터는 류옥현(柳玉鉉)으로 변경되었다. 창간호에는 슬로건으로 '남조선단독선거는 무효다', '국토를 양단하는 남조선단정(南朝鮮単政) 절대반대', '미소양군은 동시에 즉각 철병하라', '남북통일 자주정부수립을 위해 싸우자' 등을 내세우고 있지만, 제2호와 제3호에는 레닌과 스탈린과 같은 공산당의 지도자들의 표어를 인용하고 있다. 또한 편집과 발행이 류옥현으로 바뀐 제4호와 제5호에는 '민족의 독립인가, 외국자본의 노예인가', '민주주의의 승리인가, 파시즘에 굴복인가', '인민의 생활안정인가, 파괴인가', '인민을 위해 일하는 공산당인가, 썩은 4당인가', '자유와 평화와 독립의 인민민주정부', '평화의 민주민족전선인가, 전쟁의 보수반동인가', '재일조선인에 선거권, 피선거권을 부여하라'와 같은 슬로건을 내걸고 있다.

2 창간취지

일본에 살고 있는 모든 조선인 여러분.
지금 조선도 일본도 똑같이 하나의 커다란 민족의 운명을 결정하는 중대한 시기가

다가오고 있습니다. 조선도 일본도 일을 하는 인민대중의 생활은 고통스러운 소용돌이가 치고 있습니다.

조선에서도 일본에서도 아주 소수의 반동적인 지배계급은 이 상황을 냉담히 바라보며, 자신들의 사리사욕을 추구하기에만 급급합니다.

그들은 일본에서는 전쟁 중에도, 그리고 전후의 현재도 조선인과 일본인이 일을 하는 동지로서의 이해와 결속을 굳건히 하는 것을 방해하여, 그로 인해 특히 최근에는 인권유린에 폭력까지도 서슴지 않는 폭력성도 보여주고 있습니다.

과거에도 현재에도 각각의 민족의 선두에 서서 일하는 대중의 이익을 위해, 투쟁해온 공산당은 당에 대한 많은 유언비어와 오해의 불씨를 제거하여 여러분에게 올바른 당의 모습을 알리기 위해, 이 신문을 여러분에게 보내드립니다.

조선의 독립을 위해 일본의 민주화를 위해 재일조선인과 일본노동자의 생활 안정과 단결을 위해, 여러분의 뜨거운 협력과 비판으로 이 신문과 공산당을 강하게 키워주실 것을 희망하며 발간사를 마치겠습니다.

3 목차

발행일	발행호	지면정보	필자	기사제목
1948.07.15	第2号	01頁01段		朝鮮人に自国の運命をまかす 北鮮ソ軍大縮減-ソ同盟は弱小民族の友
1948.07.15	第2号	01頁02段		歴史は見まもる 二つの判決 -大阪事件
1948.07.15	第2号	01頁05段		平和と民族の良心の為断食をもって判決に抗す 重労動15年 -福戸事件
1948.07.15	第2号	01頁06段		アシダ内閣は挑戦 つきつけられた予算の銃口
1948.07.15	第2号	02頁01段		〈アジアは動く〉アメリカの中共援助? 上を向いてはくツバ
1948.07.15	第2号	02頁01段		北鮮の産業は人民が主人 メルコロフ少将の返事
1948.07.15	第2号	02頁01段		水門は開いた! 38度線を越えて 流れ入る友情の水 料金横領は誰か
1948.07.15	第2号	02頁05段		〈電力問題〉料金は横領 応援船はガラクタ お先はマッ暗
1948.07.15	第2号	02頁07段		辛いすむと人の言う 38度線をわれ越えて
1948.07.15	第2号	02頁08段		〈党活動〉党友獲得のはじめての経験
1948.07.15	第2号	02頁09段		〈明日の問題〉大公使さまは果して来られるか
1948.07.15	第2号	02頁09段		〈宣伝活動〉下 ある行商の経験(続)
1948.08.01	第3号	01頁01段		ファッショをうち倒せ
1948.08.01	第3号	01頁01段		全朝鮮統一選挙おわる 全人民の与望をにない 金日成、金斗奉ともに立つ-北鮮九九,七%投票金日成に熱狂的な支持
1948.08.01	第3号	01頁04段		朝鮮の華 崔承喜の生涯
1948.08.01	第3号	01頁08段		恐れ入った総理大臣
1948.08.01	第3号	02頁01段		大阪警察局長告訴
1948.08.01	第3号	02頁01段		朝鮮人に職業紹介 共同斗争に町長確約 栃木県 今市町
1948.08.01	第3号	02頁01段		朝鮮人中小企業家 共産党と語る
1948.08.01	第3号	02頁03段		文化人よ団結せよ 国際知識人会議
1948.08.01	第3号	02頁04段		外人記者が見た南鮮
1948.08.01	第3号	02頁04段	全永春	私はなぜ共産党に入党したか
1948.08.01	第3号	02頁08段		本当に戦争はないか？
1948.11.25	第4号	01頁01段		政治的自由を与へよ 前進する朝鮮人と日本人民の共同斗争
1948.11.25	4号	01頁01段		李さんを当選させろ 農調委朝鮮人候補
1948.11.25	第4号	01頁01段		朝鮮人のおくさんえ
1948.11.25	第4号	01頁04段		ソ同盟スターリン賞を受く 金マンサン氏米作りの名人
1948.11.25	第4号	01頁07段		山梨県吉田町 市民権を与えよ 市民税をとる前えよ
1948.11.25	第4号	01頁07段		第二の神戸事件を公約 吉田-民自党早わがり
1948.11.25	第4号	02頁01段		停電の町に灯をつけるのは誰か 電力闘争の凱歌 朝鮮民青共産党の共同闘争

발행일	발행호	지면정보	필자	기사제목
1948.11.25	第4号	02頁04段		なぜものが売れぬか　生活の安徒は政治的自由から
1948.11.25	第4号	02頁07段		朝鮮人民共和国を承認した国
1948.11.25	第4号	02頁07段	李民善	〈紙上提案〉文字なくして民族なし　文盲退治と青年再教育
1948.12.20	第5号	01頁01段		前進する在日朝鮮人　政治的自由なくして生活の安定はない
1948.12.20	第5号	01頁01段		朝鮮人のおくさんえ-朝鮮民族問題と日本の選挙
1948.12.20	第5号	01頁06段		〈討議〉外国人待遇とはお米四合の事か
1948.12.20	第5号	02頁01段		追徴金をもどさす　隣村の日本人をも指導
1948.12.20	第5号	02頁01段		朝鮮人に職場を与えよ　新しい転換は進む
1948.12.20	第5号	02頁03段	金学根	〈R君えの手紙〉朝鮮人の生活を守るものは誰か
1948.12.20	第5号	02頁04段		〈資料〉祖国の憲法
1948.12.20	第5号	02頁05段		〈解説〉どぶろく密造でいつまでやっていけるか　生活改善の道はいずこ
1949.01.01	第6号	01頁01段		朝鮮人中小企業の生きる道　日本人との共斗で資金と資材を獲得
1949.01.01	第6号	01頁04段		党支持第一位学同で世論調査
1949.01.01	第6号	01頁06段		外国人待遇とは何か　特権と特徴性について
1949.01.01	第6号	02頁01段	李民善	〈随筆〉こどものころのお正月
1949.01.01	第6号	･02頁01段		与えよ！われらに！　職場カク得斗争のたかまり
1949.01.01	第6号	02頁03段	李民善	私はこう斗った　居住細胞の手記
1949.01.01	第6号	02頁07段		＜共産党の政策〉失業対策では/中小企業対策は
1949.01.27	第7号	01頁01段		アジア解放の戦列に加はれ　そのほかに途があるか在日朝鮮人の共産党えの集団入党
1949.01.27	第7号	02頁01段		すべての斗いを政治斗争え-高崎市の共同斗争　はじめは不当弾圧えの抗議　権力機関こそ不定
1949.01.27	第7号	02頁01段		テキハツ物資は行防知らず　文憲のかわりに武装警官
1949.01.27	第7号	02頁03段	金学根	〈紙上提案〉伝問配布者をおこう　紙代完納のために
1949.01.27	第7号	02頁07段		〈文化問題〉明治時代で朝鮮語と朝鮮歴史を正料に編入
1949.01.27	第7号	02頁07段		群馬に共斗の烽火　電産労動者のゲキレイ

조선인생활권옹호위원회뉴스
(朝鮮人生活権擁護委員会ニュース)

○ ○ ○

1 서지적 정보

「조선인생활권옹호위원회뉴스」는 1946년 11월에 발촉한 조선인생활권옹호위원회가 발행한 재일본조선인연맹 중앙총본부의 기관지이다. 제1호는 1946년 11월 29일 일본어판으로 발행되었다. 편집발행은 제2호부터 이병석(李秉晢, 창간호 미확인)의 이름이 보이고, 제6호부터는 이종태(李鐘泰, 제5호 미확인)로 변경된다. 주로 주간으로 발행되던 위원회뉴스는 1947년 7월 28일자 제27호 발행을 마지막으로, 같은 해 8월 5일에 위원회가 해산됨에 따라 위원회뉴스도 폐간을 한다. 그 후 조련 총본부의 기관지는 곧바로 8월 15일 창간되는 조련중앙시보로 이어지게 된다.

2 목차

발행일	발행호	지면정보	기사제목(원문)
1946.12.02	第2号	01頁01段	「生活委員会」二旬の成果
1946.12.02	第2号	01頁02段	侵略戦争しりぬくい絶対反対
1946.12.02	第2号	01頁02段	〈主張〉我らの財産を護れ
1946.12.02	第2号	01頁07段	朝聯に責任者
1946.12.02	第2号	01頁09段	解放言
1946.12.02	第2号	02頁01段	軍国の夢を追ふ一松遁相の失言
1946.12.02	第2号	02頁03段	北氏しどろもどろ
1946.12.02	第2号	02頁04段	ピストルと警官

1946.12.02	第2号	02頁01段	見て来た北鮮-解放された人民四合配給で楽な食生活
1946.12.02	第2号	02頁08段	特高の再現？-徳山大会乱入警官
1946.12.02	第2号	02頁09段	〈演説〉生活権擁護委員会設立へ-反動攻撃に反撃
1946.12.16	第4号	01頁01段	生活権と人権護る
1946.12.16	第4号	01頁01段	〈主張〉民族の栄誉かけて-差別弾圧ご戦争負担反対!
1946.12.16	第4号	01頁06段	米の対朝鮮策不変-独立国家実現が根本方針
1946.12.16	第4号	01頁10段	解放言
1946.12.16	第4号	02頁01段	血に彩られた朝鮮解放史(2)
1946.12.16	第4号	02頁04段	〈文化部長会義〉文盲のない世界へ-学校もごしごし増設
1946.12.16	第4号	02頁05段	まず女性の解放
1946.12.16	第4号	02頁07段	同胞廿三が死傷-狂暴飽くなき日本官憲
1946.12.31	第6号	01頁01段	12.20事件裁判-十氏に懲役五年罰金七万円言渡し
1946.12.31	第6号	01頁01段	〈主張〉誤解をとくに全力-十名の無罪を立証せん!
1946.12.31	第6号	02頁01段	裁判も一万人の暴動否定-生活委員会 声明発表
1946.12.31	第6号	02頁02段	血に彩られた朝鮮解放史(3)
1947.01.26	第9号	01頁01段	倒せ反動吉田内閣 同じ轍に起こう
1947.01.26	第9号	01頁01段	〈主張〉最大の協力を果せ-官公労のゼネ・スト勝たせろ
1947.01.26	第9号	01頁03段	協力態勢七方針-万全革命史の一頁をかざれ
1947.01.26	第9号	02頁01段	獄窓に闘う同志達
1947.01.26	第9号	02頁01段	いきなり政談風発-十人揃ってこの元気
1947.01.26	第9号	02頁04段	反動内閣打倒へ - 韓日人民大衆の握手こそ
1947.01.26	第9号	02頁02段	白万円基金カンパ-十日間廿四万円
1947.02.20	第11.12号	01頁01段	三一運動廿八周年万歳!
1947.02.20	第11.12号	01頁01段	〈主張〉反動内閣を倒せ-民主選挙実現のために
1947.02.20	第11.12号	01頁09段	在日同胞に-重大な意義 共に陣頭に起とう
1947.02.20	第11.12号	01頁09段	朝日の共同戦線
1947.02.20	第11.12号	02頁01段	朝鮮独立宣言書
1947.02.20	第11.12号	02頁03段	検挙総数五十八万-独立万歳叫びつづけた一ヵ年
1947.02.20	第11.12号	02頁03段	三一とはどんな日か
1947.03.01	第13号	01頁01段	十同志本国強制送還反対!-居住地で釈放せよ! 送還は一種の刑罰
1947.03.01	第13号	01頁01段	〈主張〉民族的行動への態勢-三一革命の教訓を生かせ
1947.03.01	第13号	01頁03段	全国的に釈放運動-十同志をあくまで救え
1947.03.01	第13号	01頁07段	全労も送還反対-共同闘争全国的に展開
1947.03.01	第13号	02頁01段	〈政治〉建設1ヵ年北鮮の現状
1947.03.01	第13号	02頁01段	社会機関は共有-農地解放 労動権を確立
1947.03.01	第13号	02頁05段	〈経済＞巨大な復興計劃-生活必需品の生産努力傾注
1947.06.05	第22号	01頁01段	主体的力量を強化
1947.06.05	第22号	01頁03段	独立完成へ四段階-日帝の悪毒清掃が先決条件
1947.06.05	第22号	01頁01段	〈主張〉共委進行と留日問題
1947.06.05	第22号	01頁06段	参加資格問題米ソの意見対立

1947.06.05	第22号	01頁07段	地方民主選挙の実施-人民の勝利期す"民戦"
1947.06.05	第22号	02頁01段	〈政治〉注目の米ソ共同委員会-成功への道ひらく
1947.06.05	第22号	02頁04段	独立を遅らせる-李承晩一派の策動
1947.06.05	第22号	02頁04段	米ソ共同委員会の任務と意義
1947.06.05	第22号	02頁08段	世界平和確立へ団結誓う若き力-朝日民主青年交換会開く

조선통일민주동지회회보(朝鮮統一民主同志会会報)

1 서지적 정보

「조선통일민주동지회회보」는 조선통일민주동지회에서 발행한 기관지로 1954년 2월 5일에 첫 호를 일본어로 발행했다. 편집과 발행은 고성호(高成鎬)가 담당했다. 동지회는 조선건국촉진청년동맹(건청)에서 분리되어 나와 1948년 10월 8일에 결성된 단체로, 위원장은 민단의 초대 부단장이었던 이강훈(李康勲)이 맡았다. 창간호에는 재일조선통일민주전선에 가입했다가 탈퇴를 한 이강훈을 비판하며 제명추방에 관한 기사로 채워져 있다.

2 목차

발행일	발행호	지면정보	기사제목
1954.02.05	第1号	01頁01段	第三回大会を迎えるに際して
1954.02.05	第1号	01頁05段	中央書記局声明書
1954.02.05	第1号	01頁05段	〈声明書〉李康勲の処分に関する朝鮮統一民主同志会の拡大中央委員会の決定
1954.02.05	第1号	02頁01段	李康勲を除名追放 民戦中央常任委員会の決定

조선학생신문(朝鮮学生新聞)

○ ○ ○

1 서지적 정보

「조선학생신문」은 재일조선학생동맹(학동)이 1951년 5월에 조직을 개편해 재일조선통일민주전선에 가입한 재일조선학생동맹(조학동)이 발행한 일본어 기관지이다. 조선학생신문의 창간일은 정확하지 않으나 학동시절 때부터 발행이 되던 신문으로 몇 차례 발행금지처분을 받았다. 현재 확인 가능한 1953년 2월 20일자 지면에는 '복간 제5호'로 되어 있다. 책임자는 송■천(宋■天)으로 정가 8엔에 판매되었다.

2 목차

발행일	발행호	지면정보	기사제목
1953.02.20	第34号	01頁05段	ピース・センター建設運動着々進
1953.02.20	第34号	01頁07段	中国学連に朝鮮学生実践調査と報告書を送る
1953.02.20	第34号	01頁08段	〈祖国消息〉約一万二千を殺傷
1953.02.20	第34号	01頁07段	台湾封鎖解除と朝鮮戦争
1953.02.20	第34号	02頁01段	全在日朝鮮学生の要求と任務
1953.02.20	第34号	02頁02段	学同組織の拡大と強化
1953.02.20	第34号	02頁01段	民族文化教育の擁護発展学生の任務
1953.02.20	第34号	02頁03段	平和問題に関して
1953.02.20	第34号	02頁05段	われわれの生活防衛闘争
1953.02.20	第34号	02頁06段	反ファッショ闘争をいかに進む
1953.02.20	第34号	02頁08段	機関紙及び財政問題
1953.02.20	第34号	02頁10段	三・一記念日を迎えて

발행일	발행호	지면정보	기사제목
1953.02.20	第34号	02頁10段	朝鮮学生の生活実態
1953.02.20	第34号	02頁12段	学同,朝校連春季講座
1953.02.20	第34号	02頁12段	学生の組織強化未だし
1953.02.20	第34号	02頁12段	〈地方通信〉
1953.02.20	第34号	02頁13段	学同卒業生歓送会開かる

중앙통신(中央通信)

● ● ●

1 서지적 정보

「중앙통신」은 조국방위전국위원회의 기관지로 주 2회 발행된 일본어신문이다. 조국방위전국위원회는 한국전쟁 이후 조국 방위와 조직 방위의 강화를 목적으로 일본공산당 민족대책부가 조직한 조국방위위원회의 전국 조직이다. 1951년 6월 4일자 제40호에는 독자들에게 지대의 체납정리와 전납제의 실시를 촉구하는 내용과 함께 '우리의 생명을 지켜주는 자료를 한 부라도 적의 손에 넘기지 마라'는 공고문이 눈에 띈다.

2 목차

발행일	발행호	지면정보	필자	기사제목
1951.06.04	第40号	01頁01段		敵の損害六二五二六名
1951.06.04	第40号	04頁01段		勝利の旗はやがて全朝鮮にひるがえる
1951.06.04	第40号	05頁01段		朝鮮人民の斗争は日本人民の光明である
1951.06.04	第40号	07頁01段		東欧諸国人民の熱烈な声援
1951.06.07	第41号	01頁01段		対日講和に関するソ連政府の提案を熱烈に支持
1951.06.07	第41号	02頁01段		連日猛活躍する人民軍戦斗桟隊
1951.06.07	第41号	03頁01段		単鴨刑務所の愛国者たちは欺瞞的告発
1951.06.07	第41号	03頁02段		国際民婦連調査団一行朝鮮に到着

통일전선

○ ○ ○

1 서지적 정보

「통일전선」은 재일조선통일민주전선 중앙상임위원회의 기관지로 폐간된 「조선신문」의 후속지로서 발행된 국문판 신문이다. 정확한 연도는 확인이 되지 않으나 8월 13일자 제11호까지 발간되고 폐간, 다시 1955년 4월 5일자로 재일조선통일민주전선 중앙상임위원회의 기관지로 복간된다.

2 목차

발행일	발행호	지면정보	기사제목
1955.04.12	第2号	01頁01段	五·一절을 성과적으로 맞이하자!-중앙상임위원회
1955.04.12	第2号	02頁01段	원자전쟁준비 반대서명운동을 성과적으로 추진시키자!-중앙상임위원회
1955.04.12	第2号	03頁01段	『해방신문』에 대한 의견-민전근기지방협의회
1955.04.12	第2号	04頁01段	리호연의장의 도항문제에 관하여-중앙상임위원회

1 서지적 정보

「학동관동시보」는 「학동뉴스」와 같은 재일조선학생동맹(학동) 관동본부에서 발행한 일본어 신문이다. 현재 1949년 6월 1일자 제7호, 8월 3일자 제8·9호와 같은 해 8월 10일에 발행된 호외 지면 만이 확인가능하다. 발행은 강원주(康元周)가 담당하였고 호외에는 '9월 통일 선거로! 국토완비체제완성하여 실력으로 이승만정권타도'라는 제목을 볼 수 있다.

2 목차

발행일	발행호	지면정보	필자	기사제목
1949.06.01	第7号	01頁01段		見よ暴力団背後を学同事件全国波及!=警察現行犯黙視
1949.06.01	第7号	01頁02段		日警テロ団を擁護 淀橋署長はウンツキ
1949.06.01	第7号	01頁01段		政権傀儡 駐日代表団をしめ出せ
1949.06.01	第7号	01頁04段		第三回臨時執委開催
1949.06.01	第7号	01頁06段		被害者C-D陳情
1949.06.01	第7号	01頁07段		CIC厳正中立(ペーアー氏語る)
1949.06.01	第7号	01頁08段		宣伝の重要性五·八事件が教えるもの
1949.06.01	第7号	01頁09段		民団潰して下さい 朝小生陳中見よう
1949.06.01	第7号	01頁11段		人事移動
1949.06.01	第7号	02頁01段		民族独立のために「朝·日」離間策「条例」葬れ青年戦線統一え
1949.06.01	第7号	02頁03段		同胞の教育費 日本政府負担

발행일	발행호	지면정보	필자	기사제목
1949.06.01	第7号	02頁02段	車松子	五・八体験記
1949.06.01	第7号	02頁03段		姜李兩君健在 獄中から激励
1949.06.01	第7号	02頁04段		〈獄中通信〉姜・李兩君を訪ねて
1949.06.01	第7号	02頁05段		文化サークル設置
1949.06.01	第7号	02頁06段		ブル新聞恥知らず
1949.06.01	第7号	02頁07段		李姜万 論語 巻一跲
1949.06.01	第7号	02頁09段		長野から救援米
1949.06.01	第7号	02頁09段		金聖潤恥さらす
1949.06.01	第7号	02頁10段		学同千葉支部結成
1949.06.01	第7号	02頁10段		警視庁へ抗議-学同中委協義会
1949.06.01	第7号	02頁10段		救援カンパ芳名録

학동뉴스(学同ニュース)

● ● ●

1 서지적 정보

「학동뉴스」는 재일조선학생동맹 관동본부의 기관지로 1948년 6월 25일에 창간되었다. 현재 확인 가능한 지면은 1949년 3월 5일자 제5호까지인데, 제2호와 제3호는 국문판 기사와 일본어 기사가 같이 실려 있으나 그 외의 호는 일본어로 발행되었다. 편집과 발행은 제4호까지는 강이문(姜理文)이 담당했고, 제5호는 배성■(裵成■)으로 바뀐다. 창간호에서는 '우리는 학동의 조직 아래에 단결합시다', '우리는 모든 고난을 극복하여 학도의 품위를 지킵시다', '우리는 조국통일정부실현에 노력합시라'라는 슬로건을 내세우고 있다. 또한 1949년 1월 20일자 제4호 지면에는 제호 옆에 '조선민주주의 인민공화국만세', '외국군대주둔요청절대반대'라는 구호가 게재되어 있다.

2 목차

발행일	발행호	지면정보	필자	기사제목
1949.01.20	第4号	02頁07段		〈学生運動の回顧と展望〉学生はファシズムと戦争に反対する
1949.01.20	第4号	03頁01段		学生運動における二・三の問題
1949.01.20	第4号	03頁01段		各部報告-文化部
1949.01.20	第4号	03頁06段		祖国建設日誌-一九四八年下半期
1949.01.20	第4号	04頁01段	洪登	十九世紀末 自然科学一断面
1949.01.20	第4号	04頁01段	李智仁	我等の朝
1949.01.20	第4号	04頁03段	白哲	民主革命のために農業問題を論す
1949.01.20	第4号	04頁06段		一九四八年度 朝鮮文学の概観
1949.01.20	第4号	04頁08段		北朝鮮文学界の近況
1949.01.20	第4号	04頁09段		レーニン・デー
1949.01.20	第4号	04頁10段		編輯後記
1949.01.20	第5号	01頁01段		重労働二年判決さる-学同国旗事件軍事裁判 布施先生弁論に立つ
1949.01.20	第5号	01頁01段		三・一革命と学同国旗事件
1949.01.20	第5号	02頁01段		不解な起訴理由 両被告人民共和国国旗を主張ず
1949.01.20	第5号	03頁03段		とにかく占領目的違反だ-笑ってうけた重労働三年
1949.01.20	第5号	04頁01段	洪登	十九世紀末 自然科学一断面
1949.01.20	第5号	04頁03段		崩壊の極南朝鮮経済(建設通信社提供)
1949.01.20	第5号	04頁05段		不合格者が民団へ
1949.01.20	第5号	04頁06段		両斗士を送る
1949.01.20	第5号	04頁08段		救へ!!吾等の斗士を三人の父、姜代表委員フィナンスの待ち李君
1949.01.20	第5号	04頁10段		編輯後記

한국학생신문(韓国学生新聞)

○ ● ○

1 서지적 정보

「한국학생신문」은 1950년 11월에 재일조선학생동맹에서 분리되어 나와 민단에 가입한 재일본한국학생동맹(한학동)의 기관지로 1951년 6월 15일에 창간된 일본어 신문이다. 발행은 동경대 학생으로 재일본한국학생동맹의 문화위원인 김두영(金斗鈴)이 담당했다. 현재 1951년 7월 10일자 제3호까지의 지면이 열람 가능한데, 지면은 한국전쟁에 관한 동향과 정전에 대한 기사가 주를 이루고 있다.

2 목차

발행일	발행호	지면정보	기사제목
1951.06.15	第1号	01頁01段	廃虚の中から不滅の光を目指して
1951.06.15	第1号	01頁03段	綱領
1951.06.15	第1号	01頁04段	愛される学同に
1951.06.15	第1号	01頁04段	新常任執行委員の顔ぶれ
1951.06.15	第1号	01頁06段	6.25記念行事
1951.06.15	第1号	02頁01段	韓国研究会-中央大学にて
1951.06.15	第1号	02頁02段	朴千石君スイスに
1951.06.15	第1号	02頁03段	育英会朝韓発足せん
1951.06.15	第1号	02頁03段	中大富士河口湖え
1951.06.15	第1号	02頁04段	米二回執行委員会十六日
1951.06.15	第1号	02頁04段	50日異変
1951.06.25	第2号	01頁01段	六二五一週年記念日に察して

발행일	발행호	지면정보	기사제목
1951.06.25	第2号	02頁01段	中大韓国研究所に望む
1951.06.25	第2号	02頁01段	故金九二週年を迎えて
1951.06.25	第2号	02頁06段	韓国戦勝祈願する全ハウイ住民
1951.07.10	第3号	01頁01段	亭戦に対する我等の態度
1951.07.10	第3号	01頁03段	侵略帝国主義にそなえて亜細亜民族統一戦線をはれ!
1951.07.10	第3号	01頁04段	三八度線と国連の同向
1951.07.10	第3号	01頁05段	本国の動態
1951.07.10	第3号	02頁01段	三八度線の諸考察

후카가와투쟁뉴스(深川鬪争ニュース)

○ ○ ○

1 서지적 정보

「후카가와투쟁뉴스」는 후카가와부당탄압반대 투쟁위원회가 1949년 4월 16일에 창간한 일본어 신문이다. 발행처는 도쿄도 에토구 후카가와 에다카와마치로, 발행은 이우■(李祐■)이 담당했다. 1947년 4월 6일에 일본형사의 발포에 의한 경찰들과 조선인들의 충돌로 인해 발생한 '후카가와사건'을 계기로 설립된 후카가와부당탄압반대 투쟁위원회가 사건의 진상과 검거된 조선인들의 법정지원활동을 위해 만든 기관지였다.

2 목차

발행일	발행호	지면정보	기사제목
1949.04.16	第01号	01頁01段	金如斗氏警察のヒレツを糾弾する法廷斗争のため
1949.04.16	第01号	01頁02段	声明書
1949.04.16	第01号	01頁03段	ファッショ的警察の暴圧にメス-国会訟員団調査に乗り岁す-
1949.04.16	第01号	02頁01段	事件拡大の原因
1949.04.16	第01号	02頁02段	われらのスローガン
1949.04.16	第01号	02頁03段	〈ピストル〉悲喜交々猿芝居「ピストル」の役げた これはその波紋である….
1949.04.16	第01号	02頁04段	斗争日誌
	第02号	01頁01段	深川不当弾圧反対人民大会
	第02号	01頁03段	〈ピストル〉
	第02号	02頁01段	真相は広く深く人民の中へ-民青宣伝工作隊猛活動中-
	第02号	02頁02段	斗争日誌

발행일	발행호	지면정보	기사제목
	第02号	02頁04段	告示
	第02号	02頁05段	文工隊の諸君に告ぐ
	第03号	01頁01段	集う千五百名の雄叫び 不当弾圧反対人民大会
	第03号	01頁02段	여러同胞의 絶大한協力에 感謝 斗争委員会感謝狀을
	第03号	01頁03段	五月十日全同胞よ参加しよう 抱留理由開示裁判
	第03号	01頁04段	獄中斗争の勝利金如斗他二名釈放
	第03号	02頁01段	斗争日誌
	第03号	02頁01段	支援基金及救護物資芳名

전후 재일조선인 마이너리티 미디어 해제 및 기사명 색인
┃제1권┃
(1945.8~1969.12)

메이저 신문

마이니치신문(每日新聞)

○ ○ ○

1 서지적 정보

「마이니치신문」은 아사히신문과 요미우리신문에 비해 재일조선인 관련 기사의 게재 빈도는 지극히 낮은 편이다. 사설란에서 재일조선인에 관한 내용은 거의 보이지 않고 주로 투고란에서 재일조선인관련 투고문을 자주 볼 수 있다. 1951년 11월 22일자 투고 '조선인의 입장에서'와 같이 동경의 조선인 승려는 안 좋은 일을 한 조선인도 있지만 그들은 탓하지만 하지 말고 너그러운 마음으로 이해를 해 주길 바란다는 취지의 내용이 게재되어 있다. 또한 1952년 6월 28일자 투고란에는 '조선인과 폭력'이라는 제목으로 재일조선인의 폭력성을 비판하는 내용이 게재되는데, 이 투고에 대해 1952년 7월 1일자 투고란에는 '조선인의 입장'이라는 투고문이 실려, 현재의 폭력사태의 원인과 책임은 '요시다 내각의 조선인 정책의 빈곤과 모순', '이러한 모순과 부당한 취급으로 인해 발생 하는 조선인 운동에 대한 관의 불법적인 간섭과 탄압', '일부 일본인의 섬나라 근성적인 언동과 차별관'을 거론하며 앞의 투고를 비판하는 글이 실리기도 한다.

이 외에도 1952년 8월 14일자 투고란 '조선인의 생활부조', 1955년 12월 13일자 '두 개의 조국에 고민하는 재일중국인과 조선인', 1956년 5월 21일자 투고란 '귀화하고 싶은 조선인 부모와 자식', 1958년 11월 20일자 토픽란 '재일조선인의 귀국문제', 1959년 7월 17일자 투고란 '조선인백서는 늦었다', 1963년 9월 1일자 시계대 '조선인중고생을 평등 히' 등과 같이 주로 투고란을 통해 재일조선인 문제들을 다루고 있다. 1964년 2월 6일자 지면에는 처음으로 사설란에서 '재일한국인의 법적지위'를 다루는 기사와, 1967년 5월 21일자 '조선인학교를 방문해서', '외국인학교제도의 문제점을 보다'와 같은 기사들이 게재되기도 하지만, 60년대 말까지 매일신문의 지면의 사설과 같은 코너를 통한 재일조 선인에 관한 기사의 게재는 다른 3대 신문에 비해 소극적이었음을 알 수 있다.

발행일	지면정보	간종별	기사제목(원문)
1945.08.20	01頁09段	朝刊	新京（満州国首都＝現・長春市）に日本居留民団結成
1945.09.06	02頁12段	朝刊	米バーンズ国務長官、マッカーサー連合軍総司令官の臨時補佐官にアチェソン(アチソン)元在日大使館参事官任命へ
1945.09.12	02頁11段	朝刊	内鮮人(在日朝鮮人)民族大会の開催、米軍側は関与しないとの方針示す
1945.09.20	01頁10段	朝刊	在日朝鮮人の帰国、労務者を優先　松村謙三厚相、日本産業のための挺身に感謝表明
1945.09.27	02頁08段	朝刊	東京都内の朝鮮人学生有志が「朝鮮学生青年同盟」を結成
1945.10.16	02頁11段	朝刊	在留朝鮮人連盟が全国結成大会(在日本朝鮮人連盟全団結成大会)開く
1945.10.18	02頁10段	朝刊	米軍総司令部、帰還邦人の所持金を制限　日本から引き揚げる朝鮮人・中国人にも制限課す
1945.10.25	02頁10段	朝刊	北海道石炭、朝鮮人・中国人のストで激減
1945.11.02	02頁07段	朝刊	北海道米軍司令官が鮮華労務者に「北海道炭坑にある華人・朝鮮人に対する布告」石炭増産者は優先帰国
1945.11.02	02頁08段	朝刊	米軍司令官の布告文要旨「北海道炭坑にある華人・朝鮮人に対する布告」
1945.11.08	02頁04段	朝刊	連合軍当局、朝鮮人の帰国への機帆船の使用を禁止
1945.11.15	01頁05段	朝刊	米第8軍政部のバラード経済部長(大佐)、石炭危機克服に中国・朝鮮人から日本人坑夫(炭鉱労働者)への切り替えなどの決断が必要と語る
1945.11.15	02頁12段	朝刊	連合軍最高司令部、太平洋諸島から日本経由で帰国する朝鮮人に対し証券などの金融書類の日本持ち込みを許可
1945.11.20	01頁12段	朝刊	連合軍最高司令部、朝鮮人を含む在日連合国人への食糧の追加配給求める指令を準備
1945.11.23	02頁11段	朝刊	あすから帰還朝鮮人の輸送再開
1945.12.03	01頁10段	朝刊	国民政府軍、北平地区居住の朝鮮人の収容を開始と発表
1945.12.04	02頁14段	朝刊	連合軍最高司令部、日本政府の朝鮮人・中国人労働者の送還計画を若干修正
1945.12.06	02頁12段	朝刊	東京駅発博多行きの第33列車、7-11日は一般客の乗車は停止 計画輸送による帰国朝鮮人輸送のため
1945.12.26	02頁05段	朝刊	在日朝鮮人連盟が人民大会　食糧増配及び帰国促進に関して大衆運動展開へ
1948.02.18	01頁01段	朝刊	北朝鮮人民委員会、朝鮮半島北半部を民主主義人民共和国とする旨布告
1948.04.27	01頁01段	朝刊	神戸の朝鮮人暴動事件(朝鮮人学校閉鎖反対)で米司令官声明
1949.09.08	01頁	号外	政府、朝連など４団体を団体等規正令該当団体に指定
1949.09.09	01頁01段	朝刊	在日本朝鮮人連盟など在日朝鮮・韓国人4団体を解散
1949.10.20	01頁01段	朝刊	在日本朝鮮人連盟系学校を閉鎖接収
1950.03.28	02頁10段	朝刊	韓国：在日挑戦人の強制送還を交渉
1950.04.20	01頁07段	朝刊	国会 衆議院　外務委員会：朝鮮人送還の密約なし－殖田総裁答弁
1950.04.27	03頁01段	朝刊	犯罪 偽造：朝鮮人首魁ら検挙

발행일	지면정보	간종별	기사제목(원문)
1950.05.01	02頁06段	朝刊	犯罪：朝鮮人暴力団13名検挙
1950.05.22	02頁05段	朝刊	教育 大学：法大で朝鮮人学生衝突
1950.05.24	02頁06段	朝刊	民団と朝学同盟また小競合い
1950.06.02	01頁04段	朝刊	占領政策違反 人民大会事件：友好態度変りなし在日連合国筋観測
1950.06.10	02頁08段	朝刊	教育：元朝連学校保全処分
1950.06.27	01頁14段	朝刊	朝鮮 内戦：停戦命令拒否せば在日米軍出動か
1950.06.27	03頁06段	朝刊	朝鮮 内戦：戦局を案ずる民団本部
1950.06.30	01頁01段	朝刊	朝鮮 内戦：在日部隊待機す
1950.07.02	02頁09段	朝刊	警官隊と乱闘－旧朝連品川支部を接収
1950.07.03	01頁12段	朝刊	ソ連：朝鮮人民同情大会モスクワで開く
1950.07.06	03頁06段	朝刊	司法・警察 公判：朝連の上告却下
1950.07.06	01頁13段	朝刊	運輸 航空：直ちに運航可能－在日外国七社で声明
1950.08.21	02頁09段	朝刊	朝鮮人、荒川署で騒ぐ
1950.08.28	01頁11段	朝刊	朝鮮 南北戦：在日韓人義勇軍近く戦線へ
1950.09.08	02頁10段	朝刊	雑記帳：元濠州兵が愛の帰化願
1950.09.13	01頁10段	朝刊	朝鮮 動乱：在日韓人三千従軍志願
1950.11.29	02頁01段	朝刊	政党・団体 日本共産党：赤い朝鮮人の実体
1950.12.02	01頁08段	朝刊	総司令部：在日軍に対空措置令
1950.12.19	03頁09段	朝刊	第十通常国会 衆議院 法務委員会：旧朝連、日共の合作朝鮮人騒擾に結論
1950.12.21	02頁05段	朝刊	司法・警察：愛知旧朝連財産接収妨害、五十名を検挙
1950.12.03	03頁03段	朝刊	犯罪 朝鮮人騒擾事件：背後に調整動乱が関係
1950.12.03	03頁03段	朝刊	犯罪 朝鮮人騒擾事件：大橋法務総裁ら答弁
1950.12.03	03頁03段	朝刊	犯罪 朝鮮人騒擾事件：衆院で調査団を派遣
1950.12.03	03頁04段	朝刊	犯罪 朝鮮人騒擾事件：大津きのうも学童デモ
1950.12.04	02頁01段	朝刊	神戸騒擾事件(神戸長田区役所を朝鮮人が襲撃)の全貌
1950.12.04	02頁01段	朝刊	犯罪 朝鮮人騒擾事件：神戸事件の全貌、操るは日共長谷川氏?
1950.12.04	02頁01段	朝刊	犯罪 朝鮮人騒擾事件：佐藤検事総長ら現地へ
1950.12.06	03頁09段	朝刊	犯罪 朝鮮人騒擾事件：警察の焼討ちも計画?
1950.12.06	03頁09段	朝刊	犯罪 朝鮮人騒擾事件：速かに警察力強化の要
1950.12.07	02頁03段	朝刊	犯罪 朝鮮人騒擾事件：首謀者金を逮捕
1950.12.12	03頁07段	朝刊	第十通常国会 衆議院 運営委員会：朝鮮人騒擾事件調査
1950.12.14	02頁06段	朝刊	犯罪 朝鮮人騒擾事件：大阪高検、日共の秘密文書を入手
1950.12.17	02頁02段	朝刊	犯罪 朝鮮人騒擾事件：殆んど全員起訴方針
1950.12.19	03頁09段	朝刊	第十通常国会 衆議院 法務委員会：旧朝連、日共の合作朝鮮人騒擾に結論
1950.12.25	02頁08段	朝刊	犯罪 密航・国外脱出：民団副団長ら乗船京城の和洋丸だ捕
1950.12.27	01頁09段	朝刊	法令・法案：朝鮮人不穏分子強制的送還政令明春公布－岡崎官房長官談
1951.01.13	02頁01段	朝刊	国家保安：朝鮮人の転住活発、北海道に赤色ルート－国警本部長報告

발행일	지면정보	간종별	기사제목(원문)
1951.01.17	03頁06段	朝刊	犯罪 神戸朝鮮人騒擾事件：首謀者八名を逮捕
1951.02.05	02頁01段	朝刊	犯罪 密輸・密出入国：密入国の朝鮮人捕う
1951.03.03	03頁07段	朝刊	犯罪：朝鮮人小学校父兄らが荒川署で暴れる
1951.03.08	02頁06段	朝刊	犯罪：上十条朝鮮人暴力事件八十四名が重軽傷
1951.03.11	03頁08段	朝刊	犯罪 殺傷　築地八宝亭四人殺し：怒りっぽい"成子"本名は西野つや子
1951.03.22	03頁01段	朝刊	政令第三百廿四号違反：朝鮮人、米兵に暴行四十五名を留置
1951.03.22	03頁01段	朝刊	司法・警察 朝鮮人の米兵暴行事件：徹底的に摘発－大橋法務総裁言明
1951.03.23	03頁03段	朝刊	第十通常国会衆議院　法務委員会：口論から腹部刺す－朝鮮人の米兵暴行事件法務総裁答弁
1951.03.23	03頁03段	朝刊	司法・警察 朝鮮人の米兵暴行事件：口論から暴行
1951.03.23	03頁04段	朝刊	司法・警察 朝鮮人の米兵暴行事件：直接の加担は十七名
1951.03.23	03頁07段	朝刊	司法・警察 朝鮮人の米兵暴行事件：下手人は金か
1951.03.24	03頁08段	朝刊	司法・警察 朝鮮人の米兵暴行事件：更に一名逮捕
1951.04.05	01頁11段	朝刊	韓国：在日居留氏団全体大会
1951.04.09	02頁08段	朝刊	ホッケー：全日本対在日外人戦
1951.04.27	03頁08段	朝刊	犯罪 殺傷：朝鮮人二百名が乱闘－旧朝連建物めぐり
1951.04.27	03頁08段	朝刊	犯罪 殺傷：朝鮮人二百名が乱闘－旧朝連建物めぐり
1951.06.14	02頁01段	朝刊	犯罪 殺傷：朝鮮人、警官と乱闘－横浜で卅六名を検挙(写真附)
1951.06.15	03頁04段	朝刊	犯罪 殺傷：朝鮮人、警官と乱闘－翌十四日も騒ぐ
1951.06.23	03頁01段	朝刊	犯罪：新宿区で朝鮮人騒ぐ
1951.07.21	03頁08段	朝刊	政令違反：各所で一斉に反戦ビラ数千枚－南多摩で朝鮮人騒ぐ
1951.08.27	01頁08段	朝刊	法令・法案：在日外国人管理強化に三政令根本的改正
1951.08.30	01頁10段	朝刊	外交：政治問題は依然口をつむぐ－在日ソ連代表キスレンコ少将
1951.10.10	01頁10段	朝刊	韓国：在日朝鮮人に韓国国籍－政府で決定
1951.10.20	01頁07段	朝刊	日韓外交予備会談：廿日開く－在日朝鮮人問題討議(写真附)
1951.10.04	02頁06段	夕刊	犯罪 殺傷：韓国民団荒川支部を夜襲の二名を捕う
1951.10.09	01頁01段	朝刊	朝鮮開城休戦会談：リ大将"板門店"に同意、中立地帯拡大は拒否－十日朝連絡将校会見
1951.10.09	03頁09段	朝刊	犯罪：旧朝連系、荒川で騒ぐ
1951.10.10	01頁10段	夕刊	韓国：在日朝鮮人に韓国国籍－政府で決定
1951.10.20	01頁07段	朝刊	日韓外交予備会談：廿日開く－在日朝鮮人問題討議(写真附)
1951.11.22	03頁02段	朝刊	■岡で朝鮮人騒ぐ－廿一名を検挙
1951.11.22	03頁08段	朝刊	犯罪 密造・密売：覚醒剤密造朝鮮人検挙
1951.11.22	03頁09段	朝刊	投書：朝鮮人の立場から
1951.12.06	02頁01段	夕刊	犯罪 強窃盗：自動車会社を乗取る－女も混る朝鮮人暴力団検挙(写真附)
1951.12.17	03頁01段	朝刊	犯罪：大阪で旧朝連系騒ぐ－特需工場等で暴行
1952.01.03	01頁03段	朝刊	対日講和の瀬踏みか－在日外交筋観測
1952.01.05	02頁01段	夕刊	犯罪：兵庫県で朝鮮人騒ぐ－容疑者数十名検挙
1952.01.09	03頁06段	朝刊	司法・警察：滋賀県の朝鮮人デモ十七名を起訴

발행일	지면정보	간종별	기사제목(원문)
1952.01.18	03頁04段	朝刊	犯罪：パチンコ屋に偽の『光』卸売の朝鮮人捕る
1952.02.08	01頁10段	朝刊	北鮮：金日成最高司令官激励メッセージ－朝鮮人民軍創設記念日
1952.03.01	03頁08段	朝刊	犯罪 暴行：荒川で朝鮮人騒ぐ－警察手帳奪収事件
1952.03.04	01頁04段	朝刊	会談、ほぼ一致－在日朝鮮人は講和発効後日本国籍を離脱
1952.03.07	03頁08段	朝刊	朝鮮人千名が上京－送還反対を陳情
1952.03.07	02頁02段	夕刊	朝鮮人千名が上京－続々国会へ(写真附)
1952.03.07	02頁08段	夕刊	犯罪 暴行：小岩で朝鮮人騒ぐ
1952.03.12	02頁08段	夕刊	犯罪 暴行：兵庫の暴力化朝鮮人－廿三名を検挙
1952.03.13	02頁03段	夕刊	朝鮮人が交番を襲撃－宇治市で七名検挙
1952.03.26	03頁04段	夕刊	大阪で朝鮮人五百、手入れの警官隊襲いトラック七台破壊
1952.03.31	03頁05段	朝刊	犯罪 暴行：朝鮮人が交番を襲撃－卅日、首謀者ら捕る
1952.04.02	03頁01段	朝刊	犯罪 暴行：国歌練習中の民団支部へ硫酸瓶－火傷六
1952.04.02	03頁01段	朝刊	犯罪 暴行：国歌練習中の民団支部へ硫酸瓶－葛飾へは卅名が乱入
1952.04.02	03頁02段	朝刊	犯罪 暴行：国歌練習中の民団支部へ硫酸瓶－目黒旧朝連へ殴込み
1952.04.05	03頁07段	朝刊	犯罪 暴行：火焔ビン?目黒の民団総務部長宅が全焼
1952.04.09	03頁01段	夕刊	犯罪 暴行：デモ隊が交番を包囲－大津旧朝連系騒ぐ
1952.04.14	02頁01段	夕刊	犯罪 暴行：姫路で十九朝鮮人検挙
1952.04.19	02頁01段	夕刊	犯罪 暴行：川崎特飲街で朝鮮人学校教官ら三名検挙
1952.04.20	03頁08段	朝刊	犯罪 暴行：民団支部長宅に汚物瓶
1952.04.22	01頁08段	夕刊	争議 破防法・労法改正反対スト：総連、第三波も確認
1952.04.24	02頁10段	夕刊	犯罪 暴行：朝鮮人、都庁に押掛く－四・二四記念日
1952.04.25	03頁08段	朝刊	犯罪 暴行：朝鮮人、都庁に押掛く－八重州口で大乱闘
1952.05.04	03頁10段	朝刊	犯罪 暴行：広島県下で朝鮮人大手入れ－火炎瓶事件
1952.05.08	01頁09段	朝刊	在日米軍・米極東軍・国建軍司令部クラーク司令官：週内に朝鮮へ、リッジウェー大将も同行
1952.05.08	01頁02段	夕刊	在日米軍・米極東軍・国建軍司令部クラーク司令官：八日朝鮮へ(写真附)
1952.05.09	01頁07段	夕刊	在日米軍・米極東軍・国建軍司令部クラーク司令官：ジョイ休戦会談代表と会談(写真附)
1952.05.10	01頁04段	朝刊	在日米軍・米極東軍・国建軍司令部クラーク司令官：国連軍の朝鮮撤退防止に努力 －言明
1952.05.11	01頁01段	朝刊	在日米軍・米極東軍・国建軍司令部リッジウェー司令官："細菌戦"悪意の宣伝－記者団と一問一答(写真附)
1952.05.11	01頁02段	朝刊	在日米軍・米極東軍・国建軍司令部リッジウェー司令官：国連軍にメッセージ
1952.05.11	02頁05段	夕刊	犯罪 暴行：姫路で朝鮮人暴ばる
1952.05.13	03頁01段	朝刊	犯罪 殺傷：朝鮮人、焼鳥屋を殺す
1952.05.13	01頁04段	朝刊	在日米軍・米極東軍・国建軍司令部クラーク司令官：休戦交渉妨害の下心－ドッド事件で釈明
1952.05.13	01頁05段	夕刊	在日米軍・米極東軍・国建軍司令部クラーク司令官：休戦交渉妨害の下心－コ准将の声明、米国防当局重視、ク大将に報告を要求

발행일	지면정보	간종별	기사제목(원문)
1952.05.14	03頁06段	夕刊	司法・警察 公判：法廷から被告を奪う－広島で朝鮮人と労務者が
1952.05.14	01頁02段	夕刊	行政 内閣：在日国連軍協定、月末には調印へ
1952.05.23	02頁06段	夕刊	米国 政治・経済：上院本会議でマ移民帰化法案を可決
1952.05.27	02頁01段	夕刊	第二十三回メーデー：江東の朝鮮人部落急襲廿一名を逮捕
1952.05.30	03頁05段	夕刊	政党・団体 日本共産党 五・三〇記念日：奈良地検で乱闘朝鮮人が押かく
1952.05.30	03頁05段	夕刊	犯罪 暴行：奈良地検で朝鮮人乱闘
1952.06.02	01頁01段	夕刊	在日米軍・米極東軍国連軍司令部クラーク司令官：二日釜山へ、李大統領と情勢を検討
1952.06.03	01頁08段	朝刊	在日米軍・米極東軍国連軍司令部クラーク司令官：二日釜山へ、李大統領と情勢を検討
1952.06.05	02頁02段	夕刊	犯罪 暴行：朝鮮人七十名が、宇部の三工場を襲撃
1952.06.05	03頁04段	朝刊	犯罪 暴行：背後に旧朝連？日共関係の書類も押収
1952.06.05	01頁01段	朝刊	アジヤ：米、東南ア開発を推進－在日出先機関拡充、コロンボ計画日本参加英と折衝
1952.06.12	03頁01段	朝刊	組合 メーデー暴動事件：火炎ビンを造る兵器廠枝川町朝鮮人部落へ警官千名大手入
1952.06.15	07頁07段	朝刊	戦犯は日本人だけ－朝鮮人らが釈放要求
1952.06.21	03頁01段	夕刊	組合 メーデー暴動事件：指導者朝鮮人七名検挙－牡丹江に手入れ
1952.06.25	03頁01段	夕刊	犯罪 暴行 六・二五記念日騒擾事件：新宿で国際平和デー－朝鮮人各地で騒ぐ
1952.06.28	07頁08段	朝刊	投書：朝鮮人と暴力
1952.07.01	01頁09段	朝刊	第十三通常国会 衆議院：強制送還実現に努力－岡崎外相、朝鮮人問題で答弁
1952.07.01	03頁07段	朝刊	投書：朝鮮人の立場
1952.07.05	01頁05段	夕刊	居留民：在日朝鮮人の本国送還－英紙論ず
1952.07.09	03頁07段	朝刊	犯罪 暴行：舞鶴の朝鮮人逮捕十三－造船所暴行事件
1952.07.09	01頁11段	夕刊	在日米軍・米極東軍国連軍司令部 コリンズ米参謀総長：来週日本、朝鮮を訪問
1952.07.12	01頁11段	夕刊	在日米軍・米極東軍国連軍司令部 コリンズ米参謀総長：十二日羽田着(写真附)
1952.07.13	01頁10段	朝刊	政党・団体 日本共産党：革命方式変えず、全学連、朝鮮人の行動には批判的－徳田放送の自己批判
1952.07.13	03頁08段	朝刊	犯罪：予備隊へ嫌らせ、デモ朝鮮人十一名検挙
1952.07.13	01頁07段	朝刊	在日米軍・米極東軍国連軍司令部コリンズ米参謀総長：十三日朝鮮前線視察(写真附)
1952.07.14	01頁09段	夕刊	在日米軍・米極東軍国連軍司令部コリンズ米参謀総長：十三日朝鮮前線視察(写真附)
1952.07.15	03頁04段	夕刊	犯罪：朝鮮人学校急襲－火炎瓶製造の材料押う
1952.07.16	01頁07段	朝刊	司法・警察：予備隊出勤も検討－朝鮮人中心に対策
1952.07.18	01頁01段	夕刊	対日講和 日韓友好条約基本会談：悪質朝鮮人の強制退去会談で処理－吉田首相早急交渉指示
1952.07.25	03頁06段	夕刊	犯罪 殺傷：朝鮮人、刺し殺さる

발행일	지면정보	간종별	기사제목(원문)
1952.07.27	03頁10段	朝刊	犯罪　暴行：朝鮮人仲裁の警官殴る
1952.07.27	01頁01段	朝刊	ソ連：在日代表部、部員名簿を提出－五十名の留日日本へ通告か
1952.08.03	07頁07段	夕刊	犯罪　暴行・暴動：原町田の朝鮮人小学校襲い凶器多数押収
1952.08.05	01頁10段	朝刊	在日米軍・米極東軍　ケ米アラスカ地区司令官：四日来日、朝鮮視察へ
1952.08.07	03頁06段	朝刊	外交　居留民：極く悪質なものを送還－鈴木入国管理局長に朝鮮人の送還問題をきく
1952.08.09	03頁11段	夕刊	戦犯：朝鮮人戦犯の釈放問題弁論再開を請求
1952.08.09	03頁11段	夕刊	司法・警察　公判　朝鮮人戦犯釈放問題：弁論再開を請求
1952.08.10	03頁01段	朝刊	司法・警察：悪質朝鮮人も容赦せぬ－三検事長言明
1952.08.14	03頁08段	朝刊	投書：朝鮮人の生活扶助
1952.08.18	02頁09段	朝刊	在日米軍・米極東軍　国連軍司令部：在鮮米軍の名称、『国連軍』に統一
1952.08.19	01頁10段	夕刊	在日米軍・米極東軍　国連軍司令部：米駐留軍との労働契約改訂－今週中交渉
1952.08.22	01頁06段	夕刊	行政　内閣：朝鮮人対策を練る－政府関係者連絡会議
1952.09.03	03頁01段	夕刊	組合："私は確かに朝鮮人"－田中炭労委員長血統問題から辞意
1952.09.06	02頁03段	夕刊	在日米軍・米極東軍国連軍司令部　米極東陸軍部隊司令部：ハリソン朝鮮休戦会談首席代表中将に昇進－司令官代理に任命さる
1952.09.09	02頁09段	夕刊	在日米軍・米極東軍国連軍司令部　米国下院議員団：朝鮮の軍事施設視察へ
1952.09.18	01頁08段	夕刊	在日米軍・米極東軍国連軍司令部　米極東陸軍部隊司令部：ハリソン朝鮮休戦会談首席代表中将に昇進－司令官代理に任命さる
1952.09.21	01頁07段	朝刊	在日米軍・米極東軍国連軍司令部　　クラーク司令官：補給源爆撃を進む、北鮮発電所、半ば崩壊－ク司令官言明
1952.09.25	02頁02段	朝刊	在日米軍・米極東軍国連軍司令部：日米新労務契約、対等の立場で締結、給与は公務員並みに－三ヵ月間修正延長を決定
1952.09.25	01頁11段	朝刊	在日米軍・米極東軍国連軍司令部　クラーク司令官：廿四日京城へ
1952.10.05	02頁07段	朝刊	韓国：在日韓国居留民団大会
1952.10.13	01頁11段	朝刊	在日米軍・米極東軍国連軍司令部　マッグリガー英海軍軍令部長：英、朝鮮で新鋭機使用用意－記者に語る
1952.10.17	03頁10段	夕刊	外交　居留民：外国人の登録切換えに反対－在日韓国人
1952.10.18	07頁01段	朝刊	外交　居留民：外国人の登録切換えに反対－民戦、在留朝鮮人に登録切換拒否指令
1952.10.22	03頁05段	夕刊	外交　居留民：朝鮮人に職務質問を－登録拒否に国警
1952.10.22	02頁04段	朝刊	在日米軍・米極東軍国連軍司令部　フォスター米国防次官：廿一日朝鮮へ
1952.10.27	03頁03段	夕刊	外交　居留民：朝鮮人四十名拒否を叫び江東区役所へ
1952.10.29	01頁06段	朝刊	在日米軍・米極東軍国連軍司令部　クラーク司令官：韓国訪問
1952.11.01	01頁05段	朝刊	在日米軍・米極東軍国連軍司令部　クラーク司令官：韓国軍の広範囲使用指令－米国務省声明
1952.11.10	01頁11段	朝刊	在日米軍・米極東軍国連軍司令部　ローゼンバーグ米国防次官補：朝鮮前線を視察
1952.11.12	03頁07段	朝刊	犯罪　暴行・暴動：朝鮮人六百九州で騒ぐ

발행일	지면정보	간종별	기사제목(원문)
1952.11.17	02頁05段	夕刊	在日米軍・米極東軍国連軍司令部　ヴァ米空軍参謀総長：在鮮米軍の増強否定－十七日来日・談(写真附)
1952.11.18	01頁09段	朝刊	在日米軍・米極東軍国連軍司令部　ヴァ米空軍参謀総長：在鮮米軍の増強否定－十七日来日・談(写真附))
1952.11.18	02頁01段	朝刊	在日米軍・米極東軍国連軍司令部　クラーク司令官：米国以外の国連軍を朝鮮へ優先増強－アイクに提案か
1952.11.18	02頁06段	朝刊	在日米軍・米極東軍国連軍司令部　クラーク司令官：米国以外の国連軍を朝鮮へ優先増強－国防省へ要請を否定
1952.11.19	01頁05段	夕刊	在日米軍・米極東軍国連軍司令部　ヴァ米空軍参謀総長：十九日朝鮮へ
1952.11.21	02頁01段	夕刊	貿易・為替：進出する在日外国商社
1952.11.27	08頁01段	朝刊	芸術　文学：朝鮮人作家たちの運命－保高徳蔵
1952.11.29	07頁10段	朝刊	犯罪　殺傷：黒人兵の死体埋める－過失殺人の朝鮮人
1952.12.01	03頁06段	朝刊	居留民：外人登録証受取りを拒否－枝川、王子朝鮮人六百名
1952.12.15	03頁10段	夕刊	犯罪　強窃盗：四十四名の情婦持つ朝鮮人窃盗犯を逮捕
1952.12.24	02頁09段	朝刊	朝鮮　動乱：ブ在日鮮英連邦軍司令官、ウ中将と更迭
1952.12.28	01頁05段	夕刊	在日米軍・米極東軍国連軍司令部　クラーク司令官：李韓国大統領、一月五日に来日訪問
1952.12.29	01頁01段	朝刊	在日米軍・米極東軍国連軍司令部　クラーク司令官：アイク訪鮮後の結論を討議せん
1952.12.30	03頁06段	朝刊	在日米軍・米極東軍国連軍司令部：米海軍機日本海に墜落
1953.01.05	01頁10段	朝刊	アジヤ：各国駐在日本大使、六日会議開く
1953.01.06	01頁07段	夕刊	在日米軍・米極東軍国連軍司令部　クラーク司令官：李韓国大統領と夕食会(写真附)
1953.01.06	01頁06段	夕刊	在日米軍・米極東軍国連軍司令部　クラーク司令官：李韓国大統領と夕食会(写真附)
1953.01.06	01頁10段	朝刊	外交 李韓国大統領訪日：反共闘争への努力望む－在日韓人に声明
1953.01.06	01頁09段	夕刊	外交 李韓国大統領訪日：反共闘争への努力望む－在日居留民代表会見
1953.01.07	02頁09段	夕刊	アジヤ：各国駐在日本大使、六日会議開く
1953.01.07	02頁09段	夕刊	外交：各国駐在日本大使ニューデリーへ集る－六日大使館で開催
1953.01.07	01頁10段	夕刊	外交 李韓国大統領訪日：民団の歓迎大会取止め
1953.01.07	01頁11段	朝刊	外交 李韓国大統領訪日：朝鮮人百名がデモ
1953.01.10	02頁09段	夕刊	韓国：李大統領来月訪台か－在日韓国人に二百万ドル融資を命令
1953.01.16	01頁11段	夕刊	在日米軍・米極東軍国連軍司令部　クラーク司令官：韓国建軍記念日で韓国軍を称賛
1953.01.29	02頁08段	朝刊	在日米軍・米極東軍国連軍司令部　コリンズ米陸軍参謀総長：攻勢計画はない－李韓大統領に言明か
1953.02.03	02頁06段	夕刊	在日米軍・米極東軍国連軍司令部：三日京城に到着
1953.02.08	01頁10段	夕刊	在日米軍・米極東軍国連軍司令部　クラーク司令官：韓国軍十四個師に増強米陸軍省指令発表
1953.02.09	02頁09段	夕刊	在日米軍・米極東軍国連軍司令部：無電誘導艦第七艦隊準備－米極東軍発表

발행일	지면정보	간종별	기사제목(원문)
1953.02.12	03頁05段	夕刊	ソ連：在日旧代表部員十一名が突然帰国－三橋事件関連の二名も
1953.02.12	01頁08段	朝刊	在日米軍・米極東軍国連軍司令部：フ前第八軍司令官十一日入京(写真附)
1953.02.12	03頁01段	朝刊	在日米軍・米極東軍国連軍司令部：公共施設の返還－調達庁で再要求
1953.02.16	01頁08段	夕刊	在日米軍・米極東軍国連軍司令部：在鮮英軍最高司令官ブ大将とウ大将更迭
1953.02.21	02頁09段	夕刊	北鮮：在日朝鮮人へ呼掛け－平壌放送
1953.02.21	02頁09段	朝刊	北鮮：在日朝鮮人へ呼掛け－平壌放送
1953.02.23	02頁05段	夕刊	在日米軍・米極東軍国連軍司令部：韓国軍を視察
1953.02.25	03頁07段	夕刊	捕虜・抑留・引揚：日本帰化は寛大に
1953.02.26	02頁09段	夕刊	在日米軍・米極東軍国連軍司令部：韓国に借入金を返済
1953.03.01	02頁06段	夕刊	日韓漁業問題：大邦丸事件早急に平和解決－水産会、居留民団長ら会談
1953.03.02	02頁05段	夕刊	在日米軍・米極東軍ソ連軍司令部：日韓問題解決に協力－テ中将、朝鮮独立記念日に日本に呼びかく(写真付)
1953.03.03	02頁07段	夕刊	在日米軍・米極東軍ソ連軍司令部　タルボット米空軍長官ら言動：二日京城に到着
1953.03.05	03頁06段	夕刊	在日米軍・米極東軍ソ連軍司令部　クラーク司令官：四日朝鮮へ－日韓漁業紛争も協議
1953.03.16	03頁08段	夕刊	火事：杉並の朝連中央訓練所
1953.03.19	07頁06段	夕刊	争議：総連、調停案を拒否
1953.04.01	01頁10段	夕刊	韓国：在日韓国人の徴兵、現状では困難－国防省筋言明
1953.04.03	01頁07段	夕刊	在日米軍・米極東軍国連軍司令部　スティーヴンス米陸軍長官：二日韓国から帰京
1953.04.12	01頁05段	夕刊	在日米軍・米極東軍国連軍司令部　タスカ米大統領顧問：朝鮮経済調査にマ少将同行出発
1953.04.12	04頁01段	夕刊	移民：アマゾン第一回移民十四名が耕地を脱出－アリと闘う日本移民団(写真付)
1953.04.13	07頁09段	朝刊	犯罪　暴行・暴動：酔った刑事と朝鮮人が暴行－警官負傷七
1953.04.19	02頁10段	夕刊	在日米軍・米極東軍国連軍司令部　クラーク司令官：十九日京城に到着
1953.04.22	02頁07段	夕刊	在日米軍・米極東軍国連軍司令部：ヴェトナム軍参謀総長近く来日
1953.04.23	02頁05段	夕刊	ドイツ　西独：在日工業権の是正－廿三日交渉開く
1953.04.23	03頁05段	夕刊	犯罪：米兵専門の朝鮮人のカメラ詐欺窃盗団
1953.01.23	01頁09段	夕刊	韓国：韓国籍の戦犯釈放－政府、日本に要求
1953.01.23	01頁09段	夕刊	戦犯：韓国籍の戦犯釈放を要求－韓国政府から
1953.05.22	07頁12段	夕刊	朝鮮休戦会談：在日朝鮮人二千が停戦促進大会でデモ
1953.05.22	07頁12段	朝刊	朝鮮休戦会談：在日朝鮮人二千が停戦促進大会でデモ
1953.05.22	02頁05段	朝刊	朝鮮休戦会談　本会談：朝鮮人捕虜中立国への移管依然反対か
1953.06.15	03頁01段	夕刊	日米行政協定在日米軍・米極東軍国連軍司令部：十五日朝第一弾試射－警官隊必死の説得(写真付)
1953.06.21	08頁06段	夕刊	学術　宗教：基督教協議会で在日韓国指導者と懇談会
1953.06.27	03頁05段	夕刊	犯罪：武器隠匿容疑で大久保の朝鮮人部落急襲
1953.07.08	07頁10段	朝刊	犯罪：送還朝鮮人八名が脱走

발행일	지면정보	간종별	기사제목(원문)
1953.07.12	01頁10段	夕刊	朝鮮 動乱：在日米軍韓国に移動説
1953.07.12	02頁06段	夕刊	在日米軍・米極東国連軍司令部 ロバートソン米国務次官補：休戦後の日本の役割－今週首相と協議
1953.07.23	03頁01段	夕刊	犯罪 密造・密売：覚醒剤密造は朝鮮人
1953.07.25	03頁06段	夕刊	犯罪 偽造：さらに朝鮮人三名捕わる－軍票偽造事件
1953.07.26	07頁08段	朝刊	犯罪 偽造：さらに朝鮮人三名捕わる－主犯川上兄弟を捕う
1953.07.28	03頁09段	夕刊	司法・警察：元朝連品川支部、強制明渡し
1953.08.07	07頁01段	朝刊	日米安保条約　日米合同委員会：朝鮮人の日本人捕虜の帰国－外務省申入れ
1953.08.22	03頁07段	夕刊	犯罪 暴行・暴動：朝鮮人百八十名が乱闘－広島で負傷廿七
1953.08.25	03頁09段	夕刊	犯罪 暴行・暴動：北鮮祖防隊員を逮捕－旧朝連事務所手入
1953.08.28	01頁05段	夕刊	在日米軍・米極東軍国連司令部 クラーク司令官：李ラインの取扱注視
1953.08.29	02頁01段	夕刊	在日米軍・米極東軍国連司令部 クラーク司令官：一方的停止は不当－孫韓国国防長官談
1953.08.29	02頁01段	夕刊	在日米軍・米極東軍国連司令部 クラーク司令官：李ラインは継続－金韓国公使言明
1953.08.31	01頁08段	夕刊	在日米軍・米極東軍国連司令部 クラーク司令官：防衛水域の復活－韓国が要請
1953.09.01	07頁10段	朝刊	犯罪 密出入国：朝鮮人ソ連へ密航企つ
1953.09.04	01頁10段	夕刊	在日米軍・米極東軍国連軍司令部　クラーク司令官：四日空路朝鮮へ
1953.09.14	02頁09段	朝刊	朝鮮：金天海氏、在日朝鮮人に平壌から呼かけ
1953.10.28	01頁09段	朝刊	第十七臨時国会 衆議院 外務委員会：朝鮮人強制送還も考慮－岡崎外相、木村長官答弁
1953.10.28	01頁06段	夕刊	第十七臨時国会 衆議院 外務委員会：朝鮮人強制送還も考慮－岡崎外相、木村長官答弁
1953.11.02	07頁05段	朝刊	犯罪 暴行・暴動：朝鮮人廿二名を逮捕－梅田ビル土地争い
1953.11.15	02頁08段	夕刊	在日米軍・米極東軍国連軍司令部：比国船員と交代－韓国の要求で
1953.12.11	07頁01段	夕刊	犯罪 暴行・暴動：暴行監禁で民団荒川支部急襲－七名逮捕
1953.12.12	07頁05段	夕刊	犯罪 暴行・暴動：暴行監禁で民団荒川支部急襲－被害者はサギ男
1953.12.16	03頁01段	夕刊	犯罪　密出入国：都内五ヵ所で朝鮮人八名を逮捕(写真付)
1953.12.19	03頁05段	夕刊	犯罪：売春の朝鮮人十名捕る
1954.01.09	02頁09段	夕刊	在日米軍・米極東軍国連軍司令部：八日韓国に帰任
1954.01.27	06頁04段	夕刊	芸術 美術・工芸 写真：在日外人の写真と全米アマチュア賞入選作品展評(写真付)
1954.02.20	06頁02段	朝刊	東京都 教育：朝鮮人学校側で再考－都教委勧告七項目
1954.03.02	01頁03段	夕刊	在日米軍・米極東軍国連軍司令部　ハル国連軍司官：吉田首相を訪問・用談
1954.03.10	03頁10段	夕刊	在日米軍・米極東軍国連軍司令部 ハル国連軍司令官：李韓国大統領と会談
1954.03.11	03頁06段	夕刊	犯罪 偽造：教員ら六名逮捕－朝鮮人小学校に手入れ
1954.03.11	01頁11段	夕刊	在日米軍・米極東軍国連軍司令部 ハル国連軍司令官：十日韓国から帰京

발행일	지면정보	간종별	기사제목(원문)
1954.03.25	07頁07段	朝刊	東京都 教育：都立朝鮮人学校存続
1954.04.03	07頁08段	朝刊	東京都 教育：朝鮮人学校に授業延期命令－都四要求拒否・両者の談話
1954.04.04	08頁04段	朝刊	東京都 教育：朝鮮人学校に授業延期命令－細目協定会見物別れ
1954.04.05	03頁05段	夕刊	東京都 教育：朝鮮人学校に授業延期命令－大部分が入学式強行
1954.04.06	07頁10段	朝刊	東京都 教育：朝鮮人学校に授業延期命令－六日も授業を強行か
1954.04.08	03頁08段	夕刊	東京都 教育：総力あげ闘争－朝鮮人学校側声明
1954.04.08	03頁07段	夕刊	在日亡命者送還せよ－李韓国大統領要求
1954.04.12	07頁05段	夕刊	犯罪 暴行・傷害：民団本部で監禁袋叩き
1954.04.16	03頁10段	夕刊	在日米軍・米極東軍国連軍司令部 ハル司令官：韓国首脳と十五日会談
1954.04.24	03頁04段	夕刊	朝鮮人教育者同盟デモ
1954.04.25	01頁10段	夕刊	在日米軍・米極東軍国連軍司令部：ディーン氏入京、朝鮮へ
1954.04.28	02頁07段	夕刊	ベルギー：在日連軍刑事裁判権議定書を承認通報
1954.05.05	01頁08段	夕刊	在日米軍・米極東軍国連軍司令部　ヴァ・フリート米大統領特使：五日朝入京す(写真付)
1954.05.06	02頁08段	夕刊	在日米軍・米極東軍国連軍司令部　ヴァ・フリート米大統領特使：六日空路韓国へ
1954.05.11	01頁06段	夕刊	在日米軍・米極東軍国連軍司令部ハル司令官：ディ特使ら在韓米軍事外交首脳入京、ハ司令官と会談
1954.05.12	03頁03段	夕刊	在日米軍・米極東軍国連軍司令部ハル司令官：ディ特使ら在韓米軍事外交首脳入京、ハ司令官と会談
1954.05.16	03頁09段	夕刊	在日米軍・米極東軍国連軍司令部　ウィルソン米国防相：十六日京城到着
1954.05.17	01頁11段	夕刊	在日米軍・米極東軍国連軍司令部　ウィルソン米国防相：十六日京城到着
1954.05.17	01頁11段	夕刊	在日米軍・米極東軍国連軍司令部　ハル司令官：十六日朝鮮へ
1954.05.22	03頁07段	夕刊	犯罪 暴行：朝鮮人部落急襲－乱闘で警官八名が負傷
1954.05.28	03頁09段	夕刊	東京都 教育：指示守らねば廃校－朝鮮人学校へ都教委再び警告
1954.05.29	03頁01段	夕刊	失踪：朝鮮学校長不明
1954.06.01	07頁10段	朝刊	失踪：神戸朝鮮人学校長帰る
1954.06.09	03頁07段	夕刊	在日米軍・米極東軍国連軍司令部　ハル司令官：韓国からの輸送機制限
1954.06.17	03頁08段	夕刊	犯罪：闇米横流しで朝鮮人留学生渋谷寮を捜索
1954.06.19	03頁09段	夕刊	在日米軍・米極東軍国連軍司令部　Ｖ・フリート米特使：日韓会談の再開を－特使韓国説得か
1954.07.11	03頁01段	夕刊	米国 軍事：極東に着々新戦略態勢－在日・鮮空軍の配置転換
1954.07.17	07頁03段	夕刊	朝鮮：日共指導の北鮮系十六万人－参院自由党在日朝鮮人の動向を聴取
1954.07.17	07頁03段	夕刊	政党・団体 自由党 参院自由党：日共指導の北鮮系十六万人－在日朝鮮人の動向を聴取
1954.07.17	07頁03段	夕刊	司法・警察：在日外人の指紋採取を強行－法務省、来年四月から
1954.08.08	01頁10段	夕刊	在日米軍・米極東軍国連軍司令部　ハル司令官：朝鮮休戦監視委解散がよい－八日帰任談
1954.08.17	03頁06段	夕刊	犯罪 密造・密売：ドル買朝鮮人ら三名逮捕
1954.08.31	03頁04段	朝刊	北鮮：日本、朝鮮人を圧迫－南日外相が言明

발행일	지면정보	간종별	기사제목(원문)
1954.08.31	03頁04段	朝刊	外交：日本、朝鮮人を圧迫－南日北鮮外相声明
1954.09.03	03頁03段	朝刊	東南ア防衛機構(SEATO)：朝鮮人共産スパイ逮捕、米草案暴露も彼等の仕業?－比陸軍情報部発表
1954.09.08	03頁01段	夕刊	東京都 教育：朝鮮人学校に廃校の断－十月から都の予算停止・談話
1954.09.08	03頁03段	夕刊	東京都 教育：朝鮮人学校に廃校の断－全国のテスト・ケース
1954.09.12	03頁01段	夕刊	在日米軍・米極東軍国連軍司令部：韓国から航空四個連隊引揚－米極東空軍発表
1954.09.14	01頁10段	夕刊	在日米軍・米極東軍国連軍司令部 ハル司令官：十六日韓国へ
1954.10.04	03頁01段	夕刊	東京都 教育：五日ＰＴＡに通告－朝鮮人学校の廃校
1954.10.07	03頁06段	夕刊	犯罪：班組織で五千万円－朝鮮人窃盗団を検挙
1954.11.08	03頁08段	夕刊	北鮮：在日韓国指導者に呼びかけ－平壌放送
1954.11.09	07頁08段	夕刊	東京都 教育：旧朝連系十四校を再開－韓国当局言明
1954.11.21	07頁12段	朝刊	朝鮮軍事休戦委員会：南北朝鮮人の往来を提案－李北鮮中将
1954.11.24	03頁09段	朝刊	教育 都内関係：朝鮮人学校来月末で廃止－都教育庁告示
1955.01.30	01頁12段	夕刊	朝鮮 動乱：在日米軍ジェット機連隊韓国へ移動
1955.01.30	01頁12段	夕刊	在日米軍・米極東軍国連軍司令部：米ジェット機連隊、韓国へ廿九日移動
1955.02.04	07頁07段	朝刊	教育 都内関係：朝鮮人学校来月末で廃止－都教育庁告示
1955.02.04	07頁01段	夕刊	朝鮮：元朝鮮王公族の国籍はどこに－桃山氏の"帰化願"で問題化
1955.02.06	03頁04段	夕刊	在日米軍・米極東軍国連軍司令部：米機、共産側ミーグ二機を撃墜、朝鮮西方の公海上で－米空軍発表・(注)
1955.02.11	07頁04段	朝刊	教育 内関係：朝鮮人学校来月末で廃止－PTA立学校の認可を申請
1955.02.13	03頁08段	夕刊	在日米軍・米極東軍国連軍司令部：委員会、監視委員を北鮮に派遣
1955.02.13	01頁10段	夕刊	在日米軍・米極東軍国連軍司令部：米機の"北鮮侵犯"調査－監視委員会
1955.02.18	03頁07段	夕刊	在日米軍・米極東軍国連軍司令部：パ極東空軍司令官ら十七日京城に到着
1955.02.25	03頁01段	夕刊	犯罪・暴行・脅迫：民団、民戦の五名検挙－乱闘事件手入れ
1955.02.26	03頁08段	夕刊	犯罪 選挙違反：朝鮮人学生がビラまき
1955.03.02	03頁09段	夕刊	外交 鳩山首相：日韓問題解決に首相の訪韓望む、在日韓国居留民団決議
1955.03.03	03頁07段	夕刊	犯罪 選挙違反：元民団幹部も違反で
1955.03.11	01頁10段	夕刊	北鮮：北鮮外交方針実行へ－十一日から在日民戦中央委開く
1955.03.11	07頁08段	朝刊	朝鮮：桃山氏(李鍵公)の帰化を許可－法務省、旧法消滅で朝鮮人と解釈
1955.03.22	02頁08段	夕刊	投書：在日外人の横暴を怒る
1955.03.24	03頁06段	夕刊	朝鮮：『朝鮮学園』を設立－東京の朝鮮人学校、私立各種校に
1955.03.29	03頁06段	夕刊	在日米軍・米極東軍国連軍司令部 スティーヴンス米陸軍長官：廿九日朝来日
1955.03.29	01頁11段	夕刊	在日米軍・米極東軍国連軍司令部 スティーヴンス米陸軍長官：廿九日朝来日
1955.04.25	07頁10段	朝刊	犯罪 密出入国：五百余名を密入国－福岡で朝鮮人宿急襲
1955.06.07	01頁11段	夕刊	韓国：田中中央日韓協会長鳩山首相を訪問懇談－在日韓人問題で

발행일	지면정보	간종별	기사제목(원문)
1955.06.16	02頁01段	夕刊	生活 衣料：ゆかたドレス－在日外人に披露の会から(写真付)
1955.06.21	02頁01段	夕刊	生活 衣料：ゆかたドレス－在日外人に披露の会から(写真付)
1955.07.02	05頁04段	夕刊	生活相談＝結婚で日本に帰化するには
1955.07.26	03頁09段	夕刊	在日米軍・米極東軍国連軍司令部：米極東軍・米第八軍司令部京城に移転
1955.07.26	01頁10段	夕刊	在日米軍・米極東軍国連軍司令部：レ極東軍司令官ら廿六日韓国へ出発
1955.07.27	03頁08段	夕刊	在日米軍・米極東軍国連軍司令部：レ司令官ら京城着
1955.08.10	01頁11段	夕刊	在日米軍・米極東軍国連軍司令部：十日帰国の途へ
1955.08.14	07頁08段	夕刊	在日米軍・米極東軍国連軍司令部："警察の弾圧"と抗議－警視庁、合法運動要求に
1955.08.22	01頁04段	夕刊	在日米軍・米極東軍国連軍司令部：原子弾頭は持ってこぬ－砂田長官語る
1955.08.24	09頁01段	夕刊	在日米軍・米極東軍国連軍司令部：廿四日朝八時半から強制測量－"その前夜"の砂川町町民千名に集合命令
1955.08.26	05頁02段	夕刊	在日米軍・米極東軍国連軍司令部："拡張"には応ぜず－廿六日朝町民会議、闘争委で決定
1955.09.13	03頁08段	夕刊	在日米軍・米極東軍国連軍司令部：日赤で救護班を派遣
1955.10.23	03頁07段	朝刊	北鮮：極左冒険主義をやめよ－金首相、在日朝鮮人に要望
1955.10.23	03頁07段	朝刊	極左冒険主義やめよ－金北鮮首相、在日朝鮮人に要望
1955.11.30	07頁08段	朝刊	目立つ不正や乱給－朝鮮人の生活扶助監査
1955.12.07	01頁10段	朝刊	日韓問題 李ライン問題：李ラインに反対－北鮮系在日朝鮮人総連声明
1955.12.13	03頁01段	朝刊	トピック解説(写真・絵・表付)＝二つの祖国に悩む在日中国人と朝鮮人
1956.01.01	11頁09段	夕刊	外交 日韓問題 在日朝鮮人問題：北鮮から代表を派遣－日赤へ電報
1956.02.01	01頁08段	夕刊	日韓問題　在鮮邦人帰国と大村収容朝鮮人問題：北鮮が釈放要求－大村収容の朝鮮人児童
1956.02.02	07頁01段	朝刊	日韓問題　在鮮邦人帰国と大村収容朝鮮人問題：佐々木氏と李少年は父子ではなかった－血液検査でバレる
1956.02.07	07頁01段	朝刊	日韓問題　在鮮邦人帰国と大村収容朝鮮人問題：もつれる引揚げ交渉 在日朝鮮人の帰国も議題に北鮮要求－日赤へ極秘報告
1956.02.07	03頁04段	夕刊	犯罪 密造・密売：七億円の覚せい剤密造団捕る－主犯は薬専中退の朝鮮人
1956.02.09	02頁09段	夕刊	宣言・綱領を発表－在日朝鮮民主社会主義者同盟
1956.02.09	07頁10段	朝刊	日韓問題 在鮮邦人帰国と大村収容朝鮮人問題：宮腰氏、邦人と会議
1956.02.09	07頁11段	夕刊	日韓問題 在鮮邦人帰国と大村収容朝鮮人問題：韓国が抗議－日赤の北鮮訪問
1956.02.10	07頁12段	朝刊	日韓問題 在鮮邦人帰国と大村収容朝鮮人問題：正式交渉に入る
1956.02.11	07頁13段	朝刊	日韓問題 在鮮邦人帰国と大村収容朝鮮人問題："朝鮮人帰国"で難航
1956.02.11	07頁14段	朝刊	日韓問題 在鮮邦人帰国と大村収容朝鮮人問題：日赤木内調査課長談
1956.02.12	07頁16段	夕刊	日韓問題 在鮮邦人帰国と大村収容朝鮮人問題：宮腰氏、北鮮外相訪問
1956.02.12	07頁15段	朝刊	日韓問題　在鮮邦人帰国と大村収容朝鮮人問題：日赤代表重ねて断る－在日朝鮮人問題
1956.02.12	11頁05段	夕刊	日韓問題　在鮮邦人帰国と大村収容朝鮮人問題：日赤代表重ねて断る

발행일	지면정보	간종별	기사제목(원문)
			－在日朝鮮人問題
1956.02.14	07頁17段	朝刊	日韓問題　在鮮邦人帰国と大村収容朝鮮人問題：朝鮮人問題は別個に審議を－葛西代表が提案
1956.02.16	07頁18段	朝刊	国際赤十字委員会連盟：在日朝鮮人の帰国問題に乗出す－近く代表が現地を見る
1956.02.16	07頁19段	朝刊	日韓問題　在鮮邦人帰国と大村収容朝鮮人問題：十六日全体会議開く
1956.02.16	07頁01段	朝刊	日韓問題　在鮮邦人帰国と大村収容朝鮮人問題：国際赤十字が乗出す－在日朝鮮人帰国問題近く代表が現地を見る・解説
1956.02.16	02頁07段	夕刊	イギリス：在日鮮部隊撤退－英今週中計画発表か
1956.02.16	07頁01段	夕刊	日韓問題　在鮮邦人帰国と大村収容朝鮮人問題：国際赤十字が乗出す－在日朝鮮人帰国問題近く代表が現地を見る・解説
1956.02.17	07頁08段	夕刊	日韓問題　在鮮邦人帰国と大村収容朝鮮人問題："引揚は天津経由で"－日本側が提案
1956.02.18	07頁07段	朝刊	日韓問題　在鮮邦人帰国と大村収容朝鮮人問題："柳発言は照会中"－日赤代表答う
1956.02.21	07頁05段	朝刊	日韓問題　在鮮邦人帰国と大村収容朝鮮人問題：せめて安否調査でも－待ちわびる人々が訴え
1956.02.24	07頁07段	朝刊	日韓問題　在鮮邦人帰国と大村収容朝鮮人問題：共同声明案ける－北鮮側不誠意と非難
1956.02.24	07頁07段	朝刊	日韓問題　在鮮邦人帰国と大村収容朝鮮人問題：会談が進展しないなら帰る－日赤交表が言明
1956.02.25	01頁01段	朝刊	日韓問題　在鮮邦人帰国と大村収容朝鮮人問題：代表団引揚げか－議題で最悪事態・談
1956.02.25	01頁05段	朝刊	日韓問題　在鮮邦人帰国と大村収容朝鮮人問題：日赤、再交渉を訓令
1956.02.25	01頁05段	朝刊	日韓問題　在鮮邦人帰国と大村収容朝鮮人問題：帰国に北鮮援助申出
1956.02.26	03頁01段	朝刊	日韓問題　在鮮邦人帰国と大村収容朝鮮人問題：トピック－雲行き悪い「平壌交」
1956.02.26	03頁03段	朝刊	日韓問題　在鮮邦人帰国と大村収容朝鮮人問題：両国代表会談(写真)
1956.02.26	01頁01段	夕刊	日韓問題　在鮮邦人帰国と大村収容朝鮮人問題：北鮮の引揚げ妥結－帰国は来月下旬以後、東海岸の遮湖港を指定
1956.02.26	01頁01段	夕刊	日韓問題　在鮮邦人帰国と大村収容朝鮮人問題：北鮮側が態度急変－在日朝鮮人問題は別個に
1956.02.26	01頁01段	夕刊	日韓問題　在鮮邦人帰国と大村収容朝鮮人問題：ほんとうにうれしい－島津日赤社長談
1956.02.26	01頁02段	夕刊	日韓問題　在鮮邦人帰国と大村収容朝鮮人問題：帰国者は約五十名
1956.02.26	02頁01段	朝刊	日韓問題　在鮮邦人帰国と大村収容朝鮮人問題："帰国"話合い続く
1956.02.26	01頁01段	夕刊	日韓問題　在鮮邦人帰国と大村収容朝鮮人問題：北鮮側が態度急変－在日朝鮮人問題は別個に
1956.02.27	02頁09段	朝刊	日韓問題　在鮮邦人帰国と大村収容朝鮮人問題：卅六名・帰国者氏名
1956.02.27	01頁09段	朝刊	日韓問題　在鮮邦人帰国と大村収容朝鮮人問題：技術問題討議続く－日本代表を非難
1956.02.27	01頁10段	朝刊	日韓問題　在鮮邦人帰国と大村収容朝鮮人問題：原則は妥結のはず－日赤の見解

발행일	지면정보	간종별	기사제목(원문)
1956.02.27	01頁10段	朝刊	日韓問題　在鮮邦人帰国と大村収容朝鮮人問題：竜山の邦人墓地を訪う－代表団から便り
1956.02.28	07頁05段	朝刊	日韓問題　在鮮邦人帰国と大村収容朝鮮人問題：技術問題も解決
1956.02.28	03頁01段	夕刊	日韓問題　在鮮邦人帰国と大村収容朝鮮人問題：共同声明を発表
1956.02.29	01頁10段	朝刊	日韓問題　在鮮邦人帰国と大村収容朝鮮人問題：朝鮮人送還に努める－宮腰氏北鮮と声明
1956.02.29	01頁01段	夕刊	日韓問題　在鮮邦人帰国と大村収容朝鮮人問題：収容所の四、五百名仮釈放－韓国婦人等
1956.03.21	07頁01段	朝刊	赤十字国際委員会：在日朝鮮人問題斡旋を受諾－五月に二氏来日・関係者談
1956.03.21	07頁01段	朝刊	外交　日韓問題　日・韓・鮮抑留者問題：『国際赤十字』在日朝鮮人問題の斡旋受諾－五月に二氏来日・関係者談
1956.04.07	01頁04段	朝刊	日韓問題　日・韓・北鮮抑留者問題：日赤で泊込み－朝鮮人帰国させよと
1956.04.08	09頁05段	朝刊	日韓問題　日・韓・北鮮抑留者問題：日赤で泊込み－朝鮮人帰国させよと
1956.04.09	01頁07段	朝刊	日韓問題　日・韓・北鮮抑留者問題：北鮮が異議唱う－大村の朝鮮人"釈放"
1956.04.13	07頁06段	夕刊	日韓問題　日・韓・北鮮抑留者問題：外相室前に座り込む－乗船希望朝鮮人
1956.04.17	07頁01段	朝刊	日韓問題　日・韓・北鮮抑留者問題：「こじま」出港に波乱?-乗船要求、朝鮮人舞鶴に集る
1956.04.28	07頁12段	夕刊	◇雑記帳(写真付)＝在日外人記者が五輪募金パーティー
1956.05.07	02頁03段	夕刊	韓国：李大統領の三選やむを得ず－在日韓国人声明
1956.05.09	03頁06段	夕刊	事件："交番爆破"と関連か－朝鮮人高校生逮捕
1956.05.13	05頁06段	朝刊	生活：家庭相談＝日本に帰化したい
1956.05.21	03頁02段	朝刊	◇問答特集(答付)＝帰化したい朝鮮人親子
1956.05.24	07頁07段	朝刊	年間五億円削る－朝鮮人の生活保護
1956.05.30	09頁08段	朝刊	外交　日韓問題　日・韓・北鮮抑留者送還問題：自費で北鮮へ帰りたい－朝鮮人が申入れ
1956.06.16	02頁08段	夕刊	◇ポスト(絵付)＝最初の帰化人は
1956.06.17	09頁06段	朝刊	外交　日韓問題　日・韓・北鮮抑留者問題：月末自費で帰国－座込み朝鮮人
1956.07.18	05頁09段	夕刊	外交　日韓問題　日・韓・北鮮抑留者帰国問題：北鮮側ソ連船使用を望む－朝鮮人四十八名の帰国問題
1956.07.26	05頁01段	夕刊	北鮮へ帰国援助を－在日朝鮮人問題国際赤十字から覚書
1956.08.02	07頁10段	朝刊	外交　日韓問題　在日朝鮮人・在鮮邦人釈放問題：政府も国際赤十字に賛成－在日朝鮮人自由意思による帰国
1956.08.21	03頁01段	朝刊	◇投書＝朝鮮人中学生からの願い
1956.08.22	01頁12段	夕刊	外交　日韓問題　在日朝鮮人・在鮮邦人釈放問題：日韓人抑留者相互釈放－李大統領に要望
1956.08.29	05頁07段	夕刊	外交　日韓問題　在日朝鮮人・在鮮邦人釈放問題：北鮮引揚団代表ハンスト－早期帰国叫び
1956.09.08	01頁07段	夕刊	外交　日韓会談　在日朝鮮人・北鮮邦人釈放問題：李大統領に邦人漁夫の釈放を求む－訪韓の金載華氏
1956.09.15	01頁03段	夕刊	外交　日韓会談　在日朝鮮人・北鮮邦人釈放問題：今月中に釈放か－金公

발행일	지면정보	간종별	기사제목(원문)
			使、打合せに帰国
1956.10.09	01頁06段	夕刊	在日米軍・米極東軍国連軍司令部：韓国将校退去撤回せねば日本記者追放－韓国半官紙論評
1956.11.20	08頁01段	朝刊	朝鮮人の生活保護金－大幅に停止、削減
1956.12.05	09頁09段	夕刊	在日米軍・米極東軍国連軍司令部："帰国証明"でやっと帰れた
1956.12.17	05頁01段	夕刊	在日米軍・米極東軍国連軍司令部：帰国者は千卅四人
1956.12.22	10頁07段	夕刊	在日米軍・米極東軍国連軍司令部：帰国者を流感から守る－日赤都支部でマスク作り
1956.12.24	09頁07段	夕刊	在日米軍・米極東軍国連軍司令部：帰国千廿五人に減る－皆な元気で乗船
1956.12.24	09頁09段	夕刊	在日米軍・米極東軍国連軍司令部：河越元少将は死亡
1956.12.24	09頁11段	夕刊	在日米軍・米極東軍国連軍司令部：近衛文隆氏の遺品もかえる
1956.12.24	09頁07段	夕刊	在日米軍・米極東軍国連軍司令部：興安丸廿六日舞鶴へ－出発直前一人自殺
1956.12.25	09頁01段	夕刊	在日米軍・米極東軍国連軍司令部：ソ連帰国者名わかる－総数千廿五人
1956.12.25	07頁01段	夕刊	在日米軍・米極東軍国連軍司令部：帰国者氏名＝戦犯民間人
1956.12.25	09頁01段	夕刊	在日米軍・米極東軍国連軍司令部：帰国者氏名＝マリク名簿外
1956.12.26	03頁01段	夕刊	在日米軍・米極東軍国連軍司令部：千廿五人舞鶴へ感激の上陸(写真付)
1956.12.26	03頁02段	夕刊	在日米軍・米極東軍国連軍司令部：小畑元少将も帰る
1956.12.26	03頁03段	夕刊	在日米軍・米極東軍国連軍司令部：「責任」感じ男泣きする後宮氏
1956.12.26	03頁05段	夕刊	在日米軍・米極東軍国連軍司令部：柄沢元少佐は自殺
1956.12.26	09頁02段	夕刊	在日米軍・米極東軍国連軍司令部：密出国者十三人－上陸待って逮捕状
1956.12.27	09頁05段	夕刊	在日米軍・米極東軍国連軍司令部："今後は個別帰国で"－厚生省
1956.12.27	09頁07段	夕刊	在日米軍・米極東軍国連軍司令部：残留者問題国会で究明－益谷議長語る
1956.12.27	10頁07段	夕刊	在日米軍・米極東軍国連軍司令部：都出身のソ連内生存推定者
1956.12.28	09頁03段	夕刊	在日米軍・米極東軍国連軍司令部：帰国の帰郷ダイヤ
1956.12.28	05頁08段	夕刊	在日米軍・米極東軍国連軍司令部：品川駅、引揚者の出迎え三人に制限
1956.12.30	07頁01段	夕刊	在日米軍・米極東軍国連軍司令部：帰ったのに妻は再婚－嘆きの百余人
1957.03.08	10頁08段	夕刊	事業：在日外人と語る会
1957.05.07	03頁07段	夕刊	事件 心中：神田駅で朝鮮人父子が
1957.05.23	09頁10段	朝刊	事件 心中：神田駅で朝鮮人父子が
1957.05.30	09頁01段	朝刊	朝鮮人代表駐日米大使館ヘデモ－南鮮の暴行で
1957.06.28	02頁05段	夕刊	在日米軍・米極東軍国連軍司令部：韓国軍に核兵器訓練－デッ司令官語る
1957.07.30	09頁01段	朝刊	戦犯：来月一日舞鶴へ－多い朝鮮人との結婚女性
1957.07.31	09頁04段	朝刊	戦犯：家族の同伴認める帰国する朝鮮人の妻－政府の見解
1957.07.02	01頁10段	夕刊	在日米軍・米極東軍国連軍司令部：京城で司令部移駐式
1957.08.02	01頁01段	夕刊	在日米軍・米極東軍司令部：在韓部隊を第一騎兵師団に改称－米国防省声明

발행일	지면정보	간종별	기사제목(원문)
1957.08.11	11頁10段	朝刊	事件 強窃盗：松坂屋荒しの朝鮮人二人組－山形で捕る
1956.09.22	08頁01段	夕刊	◇大東京五百年・木村毅(写真付)－(明治編)＝筆名か本名か
1957.10.20	11頁 05段	朝刊	外交　日韓交渉：朝鮮人の帰国問題赤十字会議に訴える－日赤解決促進提案
1957.10.20	03頁04段	夕刊	戦犯："戦前組"には永住権－帰国した朝鮮人らの処遇
1957.11.22	02頁07段	朝刊	韓国：教育補助金八万ドル、在日朝鮮人に贈ると決定
1958.01.08	01頁11段	朝刊	日韓交渉 日韓釈放問題：身元確実な者は百五十人－朝鮮人刑余者
1958.02.02	09頁04段	朝刊	日韓交渉 日韓抑留者相互釈放："韓国の特務がテロ"－大村収容所、朝鮮人連合会訴える
1958.02.28	01頁01段	夕刊	日韓交渉 日韓抑留者相互釈放："韓国送還"強く反対－大村収容所の北鮮帰国希望者、朝連"非常体制"指令
1958.03.01	01頁05段	夕刊	日韓会談　日韓抑留者相互釈放：一日朝鮮総連が決起大会－韓国送還反対
1958.03.04	03頁07段	夕刊	日韓会談　日韓抑留者相互釈放：一日朝鮮総連が決起大会－韓国人第二次送還四日出発
1958.03.19	02頁09段	夕刊	第二十八通常国会 衆議院 外務委員会：在日朝鮮人四氏が公述－日韓会談などで
1958.03.24	01頁06段	夕刊	日韓会談 日韓抑留者相互釈放：在日朝鮮人の韓国送還非難－北鮮放送
1958.04.11	07頁12段	夕刊	ジア競技大会　第三回大会：北鮮の大会参加に協力求む－在日朝鮮体育連盟が要望
1958.04.29	09頁08段	夕刊	在日米軍司令部：釜山で日本船を砲撃
1958.05.08	05頁06段	夕刊	生活：法律相談＝日本人妻が韓国籍得るには
1958.05.20	01頁10段	夕刊	外交 日韓会談：在日韓人委初顔合せ
1958.05.26	01頁10段	夕刊	外交 日韓会談：在日韓人委開く
1958.06.02	01頁06段	夕刊	外交 日韓会談：終戦前からの居住者に限定－在日韓人処遇問題
1958.07.04	01頁06段	朝刊	外交　日韓問題：希望の国へ帰す－抑留朝鮮人で藤山外相衆院外務委で答弁
1958.07.22	05頁05段	朝刊	事件 強窃盗：スリ百余人を検挙－朝鮮人の集団目立つ
1958.11.20	03頁01段	朝刊	◇トピック(写真・図付)＝在日朝鮮人の帰国問題
1958.11.27	09頁10段	朝刊	遺骨：福岡県から国へ移管－引取手のない朝鮮人遺骨
1958.12.02	03頁06段	夕刊	事件 密造・密売：朝鮮人麻薬密売団摘発
1958.12.27	01頁04段	朝刊	外交 日韓会談：「勝野通達」訂正約す－愛知法相、朝鮮人の帰国問題で
1958.12.31	02頁08段	夕刊	外交 日韓会談：北鮮外相、再び非難声明－在日朝鮮人帰還
1959.01.12	01頁08段	夕刊	外交 日韓交渉：北鮮への送還を阻止－韓国、在日鮮人に対策
1959.02.01	01頁10段	夕刊	外交 日韓関係 北鮮帰国：すぐ帰国船出せ－朝連声明
1959.02.05	01頁08段	夕刊	第三十一通常国会：社会党が朝鮮人送還決議案－自民に共同提案を申入れ
1959.02.10	01頁08段	朝刊	外交 日韓関係 北鮮帰国：補償あれば全朝鮮人受入れ－金外務次官語る
1959.02.14	11頁09段	夕刊	外交 日韓関係 北鮮帰国：朝鮮総連、大よろこび
1959.02.14	11頁08段	夕刊	外交 日韓関係 北鮮帰国：韓国居留民団
1959.02.19	01頁12段	夕刊	外交 日韓関係 北鮮帰国：朝連、日本の"帰国調査"に反対声明

발행일	지면정보	간종별	기사제목(원문)
1959.02.20	09頁09段	朝刊	外交 日韓関係 北鮮帰国：朝鮮人の対立激化－警察庁、革命記念日を警戒
1959.02.25	03頁08段	夕刊	外交 日韓関係 北鮮帰国：送還反対で二千人集会－在日居留民団
1959.03.07	01頁03段	夕刊	外交 日韓関係 北鮮帰還問題：日赤と北鮮赤十字の直接会談を－朝鮮総連が申入れ
1959.03.09	09頁01段	朝刊	外交 日韓関係 北鮮帰還問題：南北対立の縮図－大村朝鮮人収容所ルポ
1959.03.25	02頁01段	夕刊	事件 密造・密売：御徒町でも朝鮮人街
1959.04.14	01頁04段	夕刊	外交 日韓関係 北鮮帰還問題："手続きは総連窓口で"－北鮮側主張
1959.04.15	05頁08段	夕刊	外交 日韓関係 北鮮帰還問題：二千人が「帰国促進」を訴える－朝鮮人決起大会
1959.04.28	04頁07段	夕刊	家庭・生活：法律相談＝帰化したい朝鮮国籍の高校生
1959.05.19	10頁02段	朝刊	アジア 韓国：在日韓国人も運動－死刑の〓氏助命嘆願
1959.05.14	05頁08段	夕刊	外交 日韓関係 北鮮帰還問題：早く帰せと朝鮮人七百人が気勢
1959.05.19	10頁02段	朝刊	アジア 韓国：在日韓国人も運動－死刑の〓氏助命嘆願
1959.05.21	01頁05段	夕刊	外交：施設の朝鮮人の子を引取って帰国させよ－朝連宮城支部が申入れ
1959.05.22	11頁10段	朝刊	外交 日韓関係 北鮮帰還問題：北鮮帰還反対の朝鮮人外務省に押しかく－守衛、指を切断
1959.05.28	05頁04段	夕刊	外交 日韓関係 北鮮帰還問題：帰還促進陳情－朝鮮総連百余人
1959.06.06	01頁10段	朝刊	外交 日韓関係 北鮮帰還問題 北鮮帰還と在日朝鮮人：帰還反対運動に資金－韓国政府が民団へ
1959.06.11	05頁06段	夕刊	外交 日韓関係 北鮮帰還問題 北鮮帰還と在日朝鮮人：交渉妥結で在日朝鮮人の明暗
1959.06.12	05頁05段	夕刊	外交 日韓関係 北鮮帰還問題 北鮮帰還と在日朝鮮人：在日朝鮮人八百人が祝賀パレード
1959.06.16	01頁05段	夕刊	外交 日韓関係 北鮮帰還問題 北鮮帰還と在日朝鮮人：李政府を不信－在日韓国民団本部が声明
1959.06.16	01頁05段	夕刊	韓国：李承晩政府を不信－在日民団本部が声明
1959.06.18	01頁05段	夕刊	外交 日韓関係 北鮮帰還問題 北鮮帰還と在日朝鮮人：帰国希望者一万人に－在日朝鮮人総連が発表
1959.06.18	01頁05段	夕刊	外交 日韓関係 北鮮帰還問題 北鮮帰還と在日朝鮮人：帰国希望者一万人に－在日朝鮮人総連が発表
1959.06.18	02頁07段	朝刊	韓国：外務部の陣容一新、在日代表部も－国会決議
1959.06.18	01頁05段	夕刊	外交 日韓関係 北鮮帰還問題 北鮮帰還と在日朝鮮人：帰国希望者一万人に－在日朝鮮人総連が発表
1959.06.19	05頁06段	夕刊	外交 日韓関係 北鮮帰還問題 北鮮帰還と在日朝鮮人：韓国民団仲間割れ?－"李不信任は全員の意思でない"
1959.06.20	02頁10段	朝刊	外交 日韓関係 北鮮帰還問題 北鮮帰還と在日朝鮮人：韓国国会議員が来日－在日朝鮮人の反対運動激励に
1959.06.21	01頁02段	朝刊	外交 日韓関係 北鮮帰還問題 北鮮帰還と在日朝鮮人：経済交流を本国に要望－在日韓国人経済連合会が
1959.06.21	01頁02段	朝刊	外交 日韓関係 北鮮帰還問題 北鮮帰還と在日朝鮮人：経済交流を本国

발행일	지면정보	간종별	기사제목(원문)
			に要望ー在日韓国人経済連合会が
1959.06.21		朝刊	外交 日韓関係 北鮮帰還問題 北鮮帰還と在日朝鮮人：経済交流を本国に要望ー在日韓国人経済連合会が
1959.06.25	05頁05段	朝刊	韓国：朝鮮動乱記念日に在日南北朝鮮人がそれぞれ気勢
1959.06.25	05頁05段	夕刊	韓国：朝鮮動乱記念日に在日南北朝鮮人がそれぞれ気勢
1959.06.26	02頁07段	朝刊	外交 日韓関係 北鮮帰還問題 北鮮帰還と在日朝鮮人：民団幹部総辞職へー韓国政府不信問題
1959.07.02	05頁02段	夕刊	外交 日韓関係 北朝鮮帰還問題：早く処置せよー朝鮮人帰国協力会が声明
1959.07.09	11頁12段	朝刊	外交 日韓関係 北朝鮮帰還問題：外務省でデモー総連系朝鮮人
1959.07.09	05頁03段	夕刊	外交 日韓関係 北朝鮮帰還問題：金刺全国市長会会長に陳情ー帰国希望の朝鮮人ら
1959.07.10	11頁06段	朝刊	外交 日韓関係 北朝鮮帰還問題：新潟で陳情、デモの動きー朝鮮総連
1959.07.13	01頁04段	朝刊	朝鮮人の戦時徴用はわずか、滞日は「自由意思」に基づくー日本外務省発表
1959.07.15	01頁05段	朝刊	外交 日韓関係 北朝鮮帰還問題：韓国民団三代表が辞任
1959.07.17	05頁08段	夕刊	外交 日韓関係 北朝鮮帰還問題：五千人がデモ行進ー帰国促進朝鮮人大会
1959.07.17	01頁12段	朝刊	外交 日韓関係 北朝鮮帰還問題：十七日、統一行動ー帰国要求の朝鮮総連
1959.07.17	03頁07段	朝刊	投書：朝鮮人白書は遅かった
1959.08.03	05頁04段	夕刊	外交 対韓国・北朝鮮関係 北朝鮮帰還問題：北朝鮮系在日朝鮮人が第二次統一行動
1959.08.07	11頁04段	朝刊	外交 対韓国・北朝鮮関係 北朝鮮帰還問題：うれし涙でお祭気分ー朝連本部
1959.08.07	01頁06段	朝刊	外交 対韓国・北朝鮮関係 北朝鮮帰還問題：円滑な帰国をー朝鮮総連声明
1959.08.11	01頁08段	朝刊	外交 対韓国・北朝鮮関係 北朝鮮帰還問題：在日朝鮮人帰還業務連絡会議を新設ー次官会議できめる
1959.08.12	02頁09段	朝刊	在日米軍：日米間で在日米軍事顧問団経費についての合意文書を交換ー経費四億円
1959.08.13	01頁06段	夕刊	外交 対韓国・北朝鮮関係 北朝鮮帰還問題：共産陣営への屈服ー民団が決議文
1959.08.16	01頁10段	夕刊	外交 対韓国・北朝鮮関係 北朝鮮帰還問題：朝鮮人民の大きな喜びー金首相語る
1959.08.18	01頁01段	夕刊	外交 対韓国・北朝鮮関係 日韓会談再開：国籍処遇の検討をー韓国が在日朝鮮人で提案
1959.08.18	01頁01段	夕刊	外交 対韓国・北朝鮮関係 日韓会談再開：国籍処遇の検討をー韓国が在日朝鮮人で提案
1959.08.23	01頁03段	夕刊	外交 対韓国・北朝鮮関係 北朝鮮帰還問題：ジュノー氏に帰還中止を要求して民団が押しかける
1959.08.27	01頁10段	夕刊	外交 対韓国・北朝鮮関係 日韓会談再開：法的地位委開催に抗議ー朝鮮人総連合

발행일	지면정보	간종별	기사제목(원문)
1959.08.31	05頁06段	夕刊	外交　対韓国・北朝鮮関係　北朝鮮帰還問題：ジュノー氏、朝鮮人の登録事務など視察
1959.09.03	01頁09段	夕刊	外交　対韓国・北朝鮮関係　北朝鮮帰還問題：朝鮮総連が抗議
1959.09.04	01頁08段	朝刊	外交　対韓国・北朝鮮関係　北朝鮮帰還問題：朝鮮総連は誤解－日赤副社長見解
1959.09.07	05頁08段	夕刊	外交　対韓国・北朝鮮関係　北朝鮮帰還問題：朝鮮総連が日赤に修正を求める
1959.09.07	01頁09段	朝刊	外交　対韓国・北朝鮮関係：戦時徴用者に補償すれば在日朝鮮人引受ける－李大統領談
1959.09.09	05頁07段	夕刊	外交　対韓国・北朝鮮関係　北朝鮮帰還問題：帰還の実力阻止やらぬ－韓国居留民団が戦術転換
1959.09.12	01頁11段	朝刊	外交　対韓国・北朝鮮関係：在日朝鮮人の呼称は「在日韓人」に
1959.09.19	05頁01段	夕刊	外交　対韓国・北朝鮮関係　北朝鮮帰還問題：国際委、朝鮮人の自由意思観察のため七地区に二十二団員分駐
1959.09.21	01頁08段	夕刊	外交　対韓国・北朝鮮関係　北朝鮮帰還問題：民団側も大会
1959.09.21	01頁08段	夕刊	外交　対韓国・北朝鮮関係　北朝鮮帰還問題：ジュノー副委員長に抗議－朝鮮総連代表
1959.09.22	10頁02段	朝刊	外交　対韓国・北朝鮮関係　北朝鮮帰還問題：許せぬ背信行為－李朝連委員長
1959.09.22	01頁10段	朝刊	外交　対韓国・北朝鮮関係　北朝鮮帰還問題：違反条項撤回を－総連が声明
1959.09.22	11頁05段	朝刊	外交　対韓国・北朝鮮関係　北朝鮮帰還問題：民団側断食闘争
1959.09.23	01頁06段	朝刊	外交　対韓国・北朝鮮関係　北朝鮮帰還問題：「案内」の国旗で日赤に抗議－朝鮮総連
1959.09.25	07頁07段	夕刊	外交　対韓国・北朝鮮関係　北朝鮮帰還問題：民団側三百人が日赤へ押かく
1959.10.02	05頁09段	夕刊	外交　対韓国・北朝鮮関係　北朝鮮帰還問題：案内の撤回を叫んで朝鮮人が全国で大会
1959.10.08	11頁02段	朝刊	外交　対韓国・北朝鮮関係　北朝鮮帰還問題：「案内」でこじれっ放し「総連」にも苦情殺到
1959.10.08	01頁10段	夕刊	外交　対韓国・北朝鮮関係　北朝鮮帰還問題：「案内」で日赤と朝鮮総連の会談物別れ
1959.10.12	11頁08段	朝刊	外交　対韓国・北朝鮮関係　北朝鮮帰還問題：総連内部でも対立
1959.10.20	01頁05段	朝刊	外交　対韓国・北朝鮮関係　北朝鮮帰還問題：あくまで不当条項の撤回を－朝鮮総連代表が要請
1959.10.21	01頁03段	朝刊	外交　対韓国・北朝鮮関係　北朝鮮帰還問題：総連との調整へ－社党などが活発な動き
1959.10.21	01頁06段	朝刊	外交　対韓国・北朝鮮関係　北朝鮮帰還問題：「案内」の緩和試案を斡旋団が総連に示す
1959.10.21	11頁07段	朝刊	事件　殺傷：妻を殺して逃げる－荒川の旅館で朝鮮人
1959.10.27	01頁06段	朝刊	外交　対韓国・北朝鮮関係　北朝鮮帰還問題：運営措置を総連もほぼ了承－廿七日にも解決？
1959.10.28	11頁05段	朝刊	外交　対韓国・北朝鮮関係　北朝鮮帰還問題：妥結報告に拍手わく朝連本部

발행일	지면정보	간종별	기사제목(원문)
1959.10.28	01頁01段	朝刊	北朝鮮帰還問題解決　日赤と朝鮮総連の双方があっせん案を了承
1959.10.28	01頁06段	朝刊	外交　対韓国・北朝鮮関係　北朝鮮帰還問題：「帰還」やっと解決－総連なお三点で不満
1959.11.01	01頁01段	朝刊	外交　対韓国・北朝鮮関係　北朝鮮帰還問題：第五次まで五千人－総連、六日完了指令
1959.11.04	05頁01段	夕刊	外交　対韓国・北朝鮮関係　北朝鮮帰還問題：静かな総連・民団両本部
1959.11.05	09頁08段	朝刊	外交　対韓国・北朝鮮関係　北朝鮮帰還問題：警官が不当介入－石川県で朝連抗議
1959.11.05	01頁01段	朝刊	外交　対韓国・北朝鮮関係　北朝鮮帰還問題：末端に「帰国者集団」－綿密な総連の計画
1959.11.05	01頁02段	朝刊	外交　対韓国・北朝鮮関係　北朝鮮帰還問題：末端に「帰国者集団」－総連の帰還計画と申請者数
1959.11.16	05頁01段	夕刊	外交　対韓国・北朝鮮関係　北朝鮮帰還問題：帰国大会で乱闘－民団が説得隊
1959.11.17	11頁01段	朝刊	外交対韓国・北朝鮮関係　北朝鮮帰還問題：警視庁、集会の取消しも考慮－朝連・民団の衝突で
1959.11.19	01頁04段	朝刊	争議：来月十日、時限スト－私鉄総連きめる
1959.11.28	05頁07段	朝刊	生活：くらしと法律＝帰化
1959.12.02	01頁10段	朝刊	外交　対韓国・北朝鮮関係：在日韓国人帰国は十四日までに解決－柳大使語る
1959.12.10	07頁10段	夕刊	災害・事故　火事：浅草朝鮮人商店街焼く
1959.12.10	11頁07段	朝刊	外交　対韓国・北朝鮮関係　北朝鮮帰還：民団系青行隊、新潟へ百六十人向う－現地は警戒態勢しく
1959.12.10	07頁05段	夕刊	外交　対韓国・北朝鮮関係　北朝鮮帰還：二千人が反対気勢－民団側、異様な緊張
1959.12.11	07頁01段	夕刊	外交　対韓国・北朝鮮関係　北朝鮮帰還：民団系が列車妨害
1959.12.12	07頁01段	夕刊	外交　対韓国・北朝鮮関係　北朝鮮帰還：民団の妨害について警察庁が警告
1959.12.13	05頁01段	夕刊	外交　対韓国・北朝鮮関係　北朝鮮帰還：北朝鮮代表の歓迎会場変える－民団や右翼が活発な動き
1959.12.13	05頁04段	夕刊	外交　対韓国・北朝鮮関係　北朝鮮帰還：民団本部団長に警告
1959.12.14	11頁08段	朝刊	外交　対韓国・北朝鮮関係　北朝鮮帰還：帰還反対のビラ－民団系が宣伝車で
1959.12.18	11頁08段	朝刊	外交　対韓国・北朝鮮関係　北朝鮮帰還：丁元民団総本部団長、"列車妨害"で手配
1959.12.23	07頁09段	夕刊	外交　対韓国・北朝鮮関係　北朝鮮帰還：民団北送反対委員長取調べ－列車妨害で
1959.12.28	09頁01段	朝刊	渡航：今年最後の移民団も
1960.01.13	05頁07段	夕刊	事業：日本名流芸能大会
1960.04.20	07頁01段	夕刊	韓国　反政府デモ　暴動・各国の反響：韓国居留民団が声明
1960.04.20	01頁01段	夕刊	第三十四通常国会　衆議院　安保特別委：在日米軍の"韓国出動"の事態ではない－韓国デモで政府答弁
1960.04.21	04頁01段	朝刊	韓国　反政府デモ　暴動・各国の反響：韓国暴動の診断書－在日朝鮮人三氏にきく

발행일	지면정보	간종별	기사제목(원문)
1960.04.26	01頁11段	朝刊	韓国 反政府デモ：居座りへ反感爆発－在日弁護士権逸氏の話
1960.04.27	03頁01段	朝刊	韓国 反政府デモ 李大統領辞意表明とその後：李承晩引退をえぐる－在日韓国人三氏に聞く
1960.05.02	04頁05段	夕刊	対韓国・北朝鮮関係：祖国建設に－在日韓国学生てい身隊を組織
1960.06.14	02頁09段	朝刊	諸国関係 対韓国・北朝鮮関係：統一で民団と話合い望む在日朝連が新方針
1960.06.27	02頁10段	朝刊	韓国：ハワイの李承晩氏－在日韓国人の財産調査
1960.07.16	07頁06段	夕刊	事件 強窃盗：タイヤ泥三千万円－朝鮮人の七人組捕まる
1960.10.03	01頁09段	夕刊	対韓国・北朝鮮関係 北朝鮮帰還 協定1年延長：協定期限切れ後の対策検討－島津日赤社長、総連代表に答える
1960.10.08	07頁08段	夕刊	対韓国・北朝鮮関係 北朝鮮帰還 協定1年延長：総連、各地で統一行動
1960.10.14	07頁01段	夕刊	対韓国・北朝鮮関係 北朝鮮帰還 協定延長を－在日朝鮮人が決起大会
1960.10.18	01頁07段	朝刊	対韓国・北朝鮮関係 北朝鮮帰還 協定1年延長：期限後の配船要求－朝鮮総連が無修正延長を要請
1960.12.28	02頁04段	朝刊	対韓国・北朝鮮関係 日韓予備会談：日本側、在日韓国人の地位で10日ごろ要綱案
1961.03.02	07頁01段	夕刊	事件 殺傷：蒲田で朝鮮人親子ら五人殺傷－復縁断わられて凶行
1961.04.03	01頁01段	朝刊	対韓国・北朝鮮関係 日韓予備会談：在日韓国人の法的地位妥結か－永住権認める
1961.04.19	07頁10段	夕刊	韓国：在日朝鮮人が集合－革命1周年記念日
1961.04.30	02頁09段	朝刊	アジア ラオス内戦 全面解決になお懸念：米は沖縄・韓国の部隊派遣か－在日米軍筋語る
1961.05.08	08頁04段	朝刊	出版：書評＝日本名城伝
1961.05.10	01頁01段	朝刊	対米関係 在日米軍：朝霞五輪村、全面返還できぬと米軍回答
1961.05.16	07頁03段	夕刊	韓国 クーデター：面会拒む駐日代表部－居留民団は団長選挙そっちのけ
1961.05.17	10頁08段	朝刊	韓国：大韓民国居留民団の新団長に権逸氏
1961.05.23	01頁07段	夕刊	韓国 クーデター後の韓国＝粛清・逮捕：総連の六人を逮捕－戒厳司令部発表
1961.05.24	02頁06段	朝刊	韓国 クーデター後の韓国＝粛清・逮捕：朝連系の浸透追及－密告も採用と発表
1961.06.09	02頁04段	夕刊	韓国 クーデター後の韓国：在日教員も再教育
1961.06.24	07頁01段	夕刊	事件 殺傷 芦ノ湖畔運転手殺し：朝鮮人部落に潜む？海田町で消えた二人
1961.08.08	04頁03段	朝刊	貿易 対共産圏貿易：北朝鮮貿易専門商社を在日朝鮮人有志が設立
1961.08.29	07頁06段	夕刊	韓国：三新聞人に死刑の判決－総連が無罪を要求
1961.11.11	07頁01段	夕刊	対韓国・北朝鮮関係 日韓会談 池田・朴会談めぐって：警官8千が厳戒－検問で「総連」しめ出す
1961.11.22	06頁01段	夕刊	犯罪 強窃盗：車を利用"午前３時"に盗む朝鮮人五人組捕る
1961.12.29	02頁10段	朝刊	韓国：在日韓国実業家も母国の再建へ－朴議長要請
1962.02.23	11頁12段	朝刊	犯罪 暴行・強迫：東京租界の顔役は朝鮮人
1962.03.11	05頁01段	夕刊	渉外：韓国引揚妻に在日の人々が励まし－電波に乗った悲しみの歌

발행일	지면정보	간종별	기사제목(원문)
1962.03.12	01頁09段	夕刊	対韓国・北朝鮮関係 日韓交渉　外相会談：朝鮮総連が会談反対声明
1962.05.31	01頁09段	夕刊	対韓国・北朝鮮関係 北朝鮮送還：協定打切るな－朝鮮総連が決議発表
1963.03.07	06頁05段	夕刊	災害・事故 火事：北区で朝鮮人学校焼ける
1963.05.29	01頁08段	夕刊	第43通常国会衆院公選法改正特別委員会：橋本勝は朝鮮人－竹内刑事局長答弁
1963.07.21	02頁01段	夕刊	教育：在日朝鮮学生の人権侵犯調査終わる
1963.08.24	02頁07段	夕刊	政党・団体 日本社会党：在日朝鮮人の自由往来で質問状－成田書記長ら
1963.08.24	02頁07段	夕刊	政党・団体 日本社会党：在日朝鮮人の自由往来で質問状－成田書記長ら
1963.09.01	02頁06段	夕刊	教育 大学：時計台＝朝鮮人中高生を平等に
1964.02.01	02頁10段	朝刊	政党・団体："在日朝鮮人の祖国往来"実現を要望－社共両党代表
1964.02.05	01頁05段	朝刊	対韓関係：永住権など合意－在日韓国人の法的地位
1964.02.06	05頁03段	朝刊	社説：在日韓国人の法的地位
1964.03.26	01頁10段	朝刊	対韓国関係 日韓会談：在日韓国学生代表金議長に帰国要望
1964.04.20	07頁07段	夕刊	対韓国関係 日韓交渉：歩いて東京入り－朝鮮人自由往来要請団
1964.07.08	02頁01段	朝刊	行政法務省：在留外国人は六五万、不法入国、九六パーセントが朝鮮人－5年ぶり「出入国白書」発表
1964.07.13	02頁10段	朝刊	対韓国関係：韓国居留民団が臨時大会
1964.07.16	07頁01段	夕刊	犯罪 強窃盗：新宿で売込み中－犯人の朝鮮人ら三人逮捕
1964.07.27	01頁08段	朝刊	北朝鮮人入国見送り、五輪まで－首相指示
1964.12.16	02頁08段	朝刊	対韓関係：在日韓国人処遇を協議
1965.03.28	05頁06段	夕刊	犯罪 暴行・脅迫：警官四人を閉じこめる－韓国居留民団に手入れ
1965.04.03	03頁01段	夕刊	対韓関係　日韓交渉：仮調印に賛否こもごも－居留民団、青年同盟、米国、各政党
1965.04.03	14頁01段	朝刊	対韓関係 日韓交渉：はっきり賛否の対立－仮調印と在日朝鮮人
1965.04.03	01頁01段	夕刊	日韓3懸案(請求権・漁業・在日韓国人の法的地位)に仮調印(日韓条約関連)
1965.05.03	01頁07段	夕刊	韓国：在日韓国人に兵役の義務ない－発表
1965.06.18	02頁09段	朝刊	対韓関係：在日韓国人の差別をなくせ－居留民団申入れ
1965.06.23	04頁01段	朝刊	対韓関係　日韓交渉：これからの日韓関係－在日韓国人や水産業界の明暗など
1965.08.20	02頁09段	朝刊	対韓関係：条約の無効を声明－韓国居留民団反主流派
1965.09.28	06頁08段	夕刊	諸国関係：北朝鮮と自由往来を－在日総連系が大会
1965.10.01	07頁01段	夕刊	対米関係 在日米軍：富士のリトル・ジョン－早朝、農民千人を動員
1965.11.06	03頁09段	朝刊	北朝鮮：日本は韓国籍をしいる－外務省が非難声明
1965.11.12	02頁04段	夕刊	第50臨時国会衆議院日韓特別委員会：自由陣営を強化－韓国、民団、朝連の反響
1965.12.18	11頁01段	夕刊	対韓関係　日韓条約批准問題：晴れて「大使館」の表札－民団、総連の表情
1965.12.28	02頁05段	朝刊	行政 文部省：在日韓国人の公立小、中学入学認めると通達
1965.12.28	02頁05段	夕刊	教育：公立小、中学校に入学認める－在日韓国人
1965.12.30	02頁04段	朝刊	韓国：在日朝鮮人の北鮮往復許可に抗議

발행일	지면정보	간종별	기사제목(원문)
1965.12.30	02頁04段	朝刊	対韓関係：在日朝鮮人の北朝鮮往復許可に－抗議を訓令
1966.02.12	15頁01段	朝刊	どうなる八千万円－帰化婦人の遺産
1966.03.17	11頁14段	朝刊	三年たてば五輪日本代表に－韓国帰化選手
1966.03.20	06頁05段	朝刊	金融 銀行・公金庫：在日韓国人の「韓商銀行」大蔵省、認めぬ方針
1966.03.20	06頁05段	夕刊	金融 銀行・公金庫：在日韓国人の「韓商銀行」大蔵省、認めぬ方針
1966.04.09	01頁08段	朝刊	行政 法務省：第1号は3家族20人－在日韓国人に永住許可
1966.04.10	02頁10段	朝刊	行政 文部省：朝鮮総連が反対声明
1966.07.17	02頁09段	朝刊	行政 法務省：在日朝鮮人の永住申請－半年で九千三百人も
1967.01.16	02頁05段	朝刊	行政 法務省：在日韓国人の永住申請－予想、大きく下回る
1967.02.05	16頁07段	朝刊	青少年：念願のボーイスカウト活動－在日韓国青少年
1967.05.21	14頁01段	朝刊	教育：朝鮮学校を訪れて－外国人学校制度の問題点
1967.05.21	14頁01段	朝刊	法令・法案：朝鮮人学校を訪れて－制度の問題点をみる
1967.06.25	02頁09段	朝刊	韓国：在日韓国居留民団を政府管轄に－統制強化
1967.09.18	02頁10段	朝刊	条約・協定：日本・北朝鮮赤十字会談－総連の代表招けと提案
1967.09.18	02頁10段	夕刊	条約・協定：日本・北朝鮮赤十字会談－総連も参加要請の声明
1967.09.08	02頁09段	朝刊	教育 大学 朝鮮大学校認可問題：認可反対申入れ－在日居留民団
1967.11.02	14頁06段	朝刊	教育 大学：朝鮮大学を仮想敵に訓練－総連が防衛庁抗議
1967.11.11	03頁09段	朝刊	キューバ：北朝鮮人民会議委員長ハバナ入り
1967.11.25	18頁06段	朝刊	会議 北朝鮮帰還問題：帰国協定の延長求め朝鮮総連が中央大会
1967.11.30	11頁05段	夕刊	犯罪：背後に幹部工作員?在日朝鮮人連合抗議
1968.01.26	08頁01段	夕刊	対米関係 在日米軍：朝鮮危機で緊張の国内基地－外出禁止態勢も
1968.02.07	04頁03段	朝刊	北朝鮮：ソウルのゲリラ、北朝鮮人と認める－北の宣伝放送が
1968.02.20	19頁06段	朝刊	芸術 音楽：第二作は盗作か－朝鮮総連が抗議
1968.02.22	08頁06段	夕刊	犯罪 殺傷 静岡のライフル魔事件：民団組織離れ孤独な男
1968.04.03	14頁01段	朝刊	対米関係 在日米軍：朝霞の陸軍病院を公開
1968.04.11	02頁08段	朝刊	教育 朝鮮大学校認可問題：認可反対申入れ－韓国居留民団長
1968.07.24	02頁08段	朝刊	渉外：北朝鮮への祝賀団再入国に許可を－朝鮮総連が要望
1968.08.08	06頁01段	夕刊	司法・裁判高裁：国へ帰れる朝鮮人被告
1968.08.20	02頁10段	夕刊	行政・各省法務省：総連代表団再入国認めず－北朝鮮へ一時出国
1968.08.22	02頁10段	朝刊	司法・裁判地裁：朝鮮総連代表団、東京地裁へ再入国不許可取消し求める行政訴訟
1968.09.22	15頁11段	朝刊	災害・事故 火事：朝鮮学校の物置が焼ける
1968.09.28	01頁01段	朝刊	米国 軍事：米「在日顧問団」解散へ－国務省など決める
1968.10.08	11頁01段	夕刊	天文・気象 地震：日本列島グラグラ－8日朝連続三回
1968.11.14	15頁06段	朝刊	犯罪 殺人：民団愛知県本部団長ら殺傷－金融暴力団が除名を怒って
1969.05.07	19頁07段	朝刊	司法起訴・告訴：韓国大使館に呼出され夫が帰って来ない－在日韓国人の家族訴え
1969.06.02	14頁05段	朝刊	法令・法案 出入国管理法に反対：韓国居留民団が大会開く
1969.07.02	18頁08段	朝刊	第61通常国会 衆議院：出入国管理法案の撤回を要請－在日留学生ら

발행일	지면정보	간종별	기사제목(원문)
1969.07.04	02頁07段	朝刊	防衛 在日米軍 基地問題：大泉飛行場、朝霞の一部返還で合意－日米委
1969.07.06	02頁10段	朝刊	韓国：政府と在日民留民団との合同会議を28日開く
1969.07.29	18頁07段	朝刊	防衛 在日米軍 基地問題：朝霞米軍病院の女子要員五人がガス中毒に
1969.07.30	02頁09段	朝刊	韓国：樺太から日本入りの朝鮮人に韓国籍を与える－法務省が通知
1969.08.09	02頁10段	朝刊	ソ連 政治・外交：在日朝鮮人の帰還問題をモスクワで交渉中
1969.08.17	02頁10段	朝刊	韓国 政治・外交：在日韓国人の永住権許可緩和を政府が要求
1969.08.17	02頁10段	朝刊	対韓関係：在日韓国人の永住権許可緩和を韓国が要求
1969.11.07	11頁01段	夕刊	防衛 在日米軍 王子病院の閉鎖：秋晴れ、王子の朝－"こんどは施設返還"
1969.12.09	19頁01段	朝刊	犯罪：在日人を本国で訓練－北朝鮮スパイ一斉検挙
1969.12.26		朝刊	防衛 在日米軍：民間、自衛隊の飛行場使用を45年早々、米側に申入れ－施設庁

아사히신문(朝日新聞)

1 서지적 정보

「아사히신문」은 전후 이른 시기부터 사설과 '목소리'란을 통해 재일조선인에 관한 내용의 기사를 게재해 왔다. 1946년 6월 18일자 '목소리'의 '조선인의 도의'를 시작으로, 1946년 7월 13일자 사설 '조선인의 취급에 대해서'와 이에 대한 대응하는 내용이 다음날인 7월 14일자 '목소리'란에 '조선인의 입장'이라는 투고문 등이 그 예이다.

1948년 이후에도 재일조선인과 일본인의 문제를 거론하며 서로의 이해를 촉구하는 4월 28일자 사설'일선(日鮮)의 상호이해가 필요'와 8월 1일자 '목소리'란의 '조선인 문제'와 1949년 5월 8일자 사설 '재류조선인의 생활문제' 등의 기사를 볼 수 있다. 하지만 1949년 9월 조련이 강제해산 된 후에는 9월 9일자 '조련 등 4단체해산' '간부 36명은 공직추방', '점령군반항'도 조련이 처음, 9월 10일자 사설 '조련 등 해산 후의 문제'와 같은 기사들과 함께, 10월 21일자 사설 '대한국거류민단에게 바란다'는 민단의 역할을 강조하는 기사도 게재된다.

1950년대에 들어가서는 1951년 12월 29일자 사설 '일한친선을 위해서'와 같이 현재 진행 중인 일한 회담이 무사히 성공하기를 바라는 내용과 1952년 7월 17일자 사설 '재일조선인을 둘러싼 여러 문제'가 눈에 띈다. 후자의 경우 최근에 대도시를 중심으로 발행한 여러 사건들을 거론하면 재일조선인 문제는 일본에게 있어서 근심거리라며 현 상황을 다음의 세 가지 이야기 하고 있다. 조선은 남북으로 갈라져서 현재 전쟁 중인데 특히 북조선 계열의 조국방위단체의 행동이 여러 가지로 일본에 문제를 일으키고 있다는 점과 남북이 통일되지 전까지는 한국 정부와 국제관계를 맺어야 할 것, 그리고 재일조선인들의 경제적 상황이 악화되고 있는 점 등을 지적하며 일본에서 여러 가지 문제를 일으키는 일분 재일조선인들에게 자각과 반성을 촉구하고 있다. 그 외에도 1952년 10월 24일자 목소리란에 '조선인의 등록', 1952년 12월 25일자 목소리란의 '조선인과 치안', 1954년 4월 25일자 목소리란 '조선인학교의 고민', 1954년 4월 27일자 목소리란 '조선인학교의 문제', 1954년 6월 6일자 오늘의 문제란의 '조선인의 귀국' 등 조선인등록과 학교 그리고 귀국문제에 관한 기사가 주로 독자들의 투고란에서 빈번히 게재되고 있다.

또한, 1955년 2월 25일자 논단에는 일한우호협회회장 정한영의 '재일조선인동포에게 고함'에서는 남북통일촉진협의회 아래에서 민단과 민전이 서로 이해하고 협력할 것을 요청하고 있다. 1956년 8월 14일자 논단에는 재일본조선인총연합회중앙본부 외무부장 김경현 '정부의 적극성을 바란다' 귀국문제와 재일조선인의 입장 이승만정부의 북조선 귀국문제의 방해를 비난하며 일본정부의 적극성을 촉구하고 있다. 이후 아사히신문 지면에는 재일조선인 관련 기사가 많이 보이지 않지만 1965년 한일기본조약을 계기로 1965년 10월 27일자 "한국'만이 국적 조선인등록 정부정식견해'와 같은 기사를 통해 국적과 관련된 문제가 거론되고 있음을 볼 수 있다.

2 목차

발행일	지면정보	간종별	기사제목(원문)
1945.08.20	02頁13段	朝刊	民団籌備委員会成る
1945.09.10	02頁01段	朝刊	迫る戦火・山中避難　邦人10万死地へ "嵐の38度線" 北部朝鮮
1945.09.12	01頁12段	朝刊	朝鮮独立への胎動　全国人民代表大会開く
1945.09.13	01頁12段	朝刊	米の朝鮮管理進捗
1945.09.13	02頁10段	朝刊	鉄箒/朝鮮人より
1945.09.13	02頁12段	朝刊	鮮人集会には不関与
1945.09.16	02頁	朝刊	(広告)在日本朝鮮人連盟中央本部　移転通知
1945.09.22	01頁08段	朝刊	朝鮮で「神社法」廃棄
1945.09.24	01頁05段	朝刊	在支邦人40万　平穏に避退態勢　第1次引揚げ予定17万＜表＞
1945.09.30	02頁01段	朝刊	外地復員第1陣　メリヨン島の将兵、故国へ上陸
1945.10.03	02頁	朝刊	(広告)在日本朝鮮人連盟中央本部「朝鮮同胞ノ船舶所有者ニ告グ」
1945.10.02	01頁14段	朝刊	特高警察の内容を報告
1945.10.05	02頁	朝刊	(広告)帝国交通協会「在日朝鮮人連盟千葉県支部結成式開催」
1945.10.07	02頁01段	朝刊	血に彩られた"特高"の足跡　文化も人権も蹂躙、言語に絶する拷問
1945.10.09	02頁11段	朝刊	夕張炭鉱の半島人罷業
1945.10.11	02頁08段	朝刊	夕張炭坑、罷業解決

발행일	지면정보	간종별	기사제목(원문)
1945.10.11	02頁08段	朝刊	(広告)在日本朝鮮人連盟中央本部厚生部「朝鮮同胞ノ船舶所有者ニ告グ」
1945.10.12	02頁	朝刊	(広告)在日本朝鮮人連盟中央本部「朝鮮ヘ帰国者ニ告グ」
1945.10.13	02頁	朝刊	満人が集団的に襲撃 外出も出来ぬ満州の日本人/掠奪、発砲、暴行の巷
1945.10.13	02頁	朝刊	在日本朝鮮人連盟中央本部厚生部「朝鮮同胞ノ船舶所有者ニ告グ」
1945.10.15	02頁	朝刊	日比谷公会堂「在日本朝鮮人連盟全国結成大会」
1945.10.15	01頁	朝刊	(広告)朝鮮経済連盟「朝鮮人事業家諸氏ニ告グ」
1945.10.16	02頁05段	朝刊	朴烈の釈放を要求
1945.10.17	02頁01段	朝刊	取残された同胞たち/沖縄 集団生活・畑作り 洗濯婦は自動車で出勤/朝鮮 善良邦人に迫害なし 握りしめた復讐の拳を解く 残留者は登録/満州 奉天の満人暴徒、掠奪と放火 婦女子籠城、引揚は困難
1945.10.18	02頁09段	朝刊	一般邦人は1000円、将校は500円、兵は200円迄 帰還者の所持金を制限
1945.10.19	01頁10段	朝刊	志賀氏、社会党訪問
1945.10.20	02頁02段	朝刊	講壇を追われた教授達/神話と専制の束縛 冬眠した進歩の足 苦境と戦う真理の擁護者＜写＞
1945.10.21	01頁13段	朝刊	結党後再協議 共産党、社会党の協力
1945.10.21	02頁06段	朝刊	新世界録音/フランス総選挙 憲法改正を民意に 左翼が絶対優位獲得か
1945.10.21	01頁01段	朝刊	被選挙権も男女同権 満25歳に決定 15名を標準、大選挙区制を採用
1945.10.23	02頁13段	朝刊	鮮人労務者不穏
1945.10.24	02頁	朝刊	(広告)朝鮮経済連盟「朝鮮人」
1945.10.25	02頁03段	朝刊	朝鮮人にも退職年金 連合軍司令部発表
1945.10.27	01頁07段	朝刊	石炭生産に緊急対策 閣議決定、労賃値上げ、食糧増配
1945.10.30	01頁01段	朝刊	国民生活にも危機 石炭事情逼迫す 豊田商工次官の報告＜表＞
1945.10.31	02頁01段	朝刊	石炭不足で国鉄とガスの危機 貯炭僅か4日分 東鉄、1、2月が最悪事態
1945.11.01	01頁01段	朝刊	社説/石炭危機を救え
1945.11.03	01頁01段	朝刊	復興へ雄大な構想 供出の促進に配慮 初の地方長官会議開く 幣原首相訓示/公正自由な選挙 干渉の弊風を一掃 内相説示/石炭の生産挽回 主要物資以外は自由価格に 商相説示/明年春夏数ケ月の食糧危機突破へ 克服へ国民運動期待 農相説/石炭労務を確保 争議調停機関を新設 厚相説示
1945.11.03	02頁05段	朝刊	各県知事に聴く地方民政/心うつ農民の奮闘 畠田新潟県知事談、早場米供出は順調/住宅目鼻つく 岡田徳島県知事談/警察の手は使わぬ 堀田静岡県知事談/農具確保緊要 金井青森県知事談/供出に全力 永野長崎県知事談
1945.11.04	02頁04段	朝刊	比島同胞の現況 マニラより帰りて南井本社特派員談 軍の強圧で死の彷徨 横行のデマを封じた「落下傘新聞」
1945.11.04	02頁11段	朝刊	帰鮮は自宅で待機
1945.11.05	01頁12段	朝刊	朝鮮、政党の統合成る
1945.11.05	02頁10段	朝刊	探鉱夫を優先 復員兵士の引揚げ
1945.11.05	02頁10段	朝刊	本国の独立達成に気勢＜写＞
1945.11.06	01頁03段	朝刊	炭砿へ13万人、明春3月までに労務確保 施設改善に優先施策
1945.11.07	02頁12段	朝刊	中央興生会解散
1945.11.09	01頁13段	朝刊	石炭やや増産 官会議に報告
1945.11.10	02頁09段	朝刊	10万人引揚ぐ 1日2000人ずつ

발행일	지면정보	간종별	기사제목(원문)
1945.11.12	01頁08段	朝刊	日本共産党の人民戦線綱領
1945.11.12	01頁	朝刊	(広告)朝鮮科学技術協会「朝鮮人科学技術者ニ告グ」
1945.11.12	01頁	朝刊	(広告)朝鮮人造石油「従業員各位ニ告グ」
1945.11.14	01頁15段	朝刊	チトー派、絶対優勢
1945.11.14	01頁04段	朝刊	衛生保健調査、週1回報告
1945.11.14	02頁01段	朝刊	6割は失業の苦海に　報いられぬ船員の健闘
1945.11.14	02頁12段	朝刊	復員船便り
1945.11.15	01頁06段	朝刊	決定的措置とらねば炭砿回復に数年 バラード大佐視察談
1945.11.16	01頁08段	朝刊	人民解放連盟の結成 共同闘争に共産党提唱
1945.11.17	02頁14段	朝刊	綴方教室事件
1945.11.17	01頁08段	朝刊	すでに33党派 在野の新人続々結党-21日朝刊1面に訂正
1945.11.17	01頁14段	朝刊	炭砿へ短期応援 鉱山労務者1万を緊急動員
1945.11.18	02頁	朝刊	朝鮮学生同盟　大隈講堂「在日本朝鮮学生大会」
1945.11.20	02頁	朝刊	在日本朝鮮工業会「朝鮮出身事業家諸氏ニ告」
1945.11.20	02頁03段	朝刊	暴れ出した地下要塞 都の真中で路面に亀裂、菜園は埋没　近所迷惑「参」の坑道
1945.11.22	02頁05段	朝刊	鉄道、危篤に陥る 石炭飢饉　筆頭は東鉄と仙鉄
1945.11.23	01頁14段	朝刊	ソ連、昭和製鋼を破壊
1945.11.24	01頁05段	朝刊	外国商社と契約取締
1945.11.24	02頁	朝刊	(広告)在日本朝鮮人連盟中央総本部経済管理部「朝鮮帰国同胞ニ告グ」
1945.11.24	02頁01段	朝刊	船を待つ海外同胞700万/ぐっと早くなる引揚 40万は既に祖国に/樺太 内地思び神経衰弱 真岡は街の半分焼失/満州 望郷の南下 飢え漸く募る/華北 集結地で越冬か/朝鮮 第2次輸送も完了/在外居留民数＜表＞
1945.11.29	02頁	朝刊	(広告)在日本朝鮮人連盟中央総本部
1945.11.29	02頁07段	朝刊	朝鮮の独立、ここ数箇月が重大期 米軍政長官談
1945.11.29	03頁01段	朝刊	石炭飢饉・危機の国鉄 旅客5割、貨物3割を切捨か/炭坑へ、米を、人を…　労務、食糧不足を至急解決せよ/崩れる「生活の源泉」こう響く石炭飢饉＜写＞
1945.11.29	02頁	朝刊	在日本朝鮮人連盟中央総本部
1945.12.01	01頁07段	朝刊	"統一朝鮮"への指導 金九氏の使命は重大
1945.12.02	02頁04段	朝刊	喰い違225万 食糧輸入要請のわが人口
1945.12.03	02頁03段	朝刊	騒擾事件が二つ 帝都在住華人労務者
1945.12.04	02頁10段	朝刊	青函連絡で船便規定
1945.12.06	02頁01段	朝刊	採炭に参る自慢の体 入れよう空腹の山へ活　記者入坑記
1945.12.09	01頁09段	朝刊	経済的潰滅必至 ス中佐談 打開せよ石炭危機
1945.12.09	02頁06段	朝刊	声/半島から帰る 帰って来ぬ父 満州の引揚者
1945.12.12	03頁02段	朝刊	"石炭飢饉"の真因は何か/たたった濫掘り 待遇と出炭は正比/鍵は機構より人に 松本治一郎代議士国営を説く
1945.12.12	03頁10段	朝刊	軍需品窃盗団
1945.12.13	01頁01段	朝刊	資産の凍結を指令 336会社に及ぶ(C)
1945.12.15	02頁11段	朝刊	買出しがすべての癌
1945.12.20	02頁06段	朝刊	朝鮮独立の音楽会

발행일	지면정보	간종별	기사제목(원문)
1945.12.22	02頁	朝刊	(広告)在日本朝鮮人連盟中央総本部財務部「朝鮮人事業家ニ告グ」
1945.12.24	01頁08段	朝刊	石炭 危機はなお今後に 労務者の定着と能力に問題
1945.12.25	02頁	朝刊	(広告)在日本朝鮮人居留民団創立準備事務所
1945.12.25	02頁	朝刊	在日本朝鮮人居留民団創立準備事務所
1945.12.26	02頁01段	朝刊	帰国好まぬ軍人 家財売って露命つなぐ邦人 華北の現状
1945.12.27	01頁01段	朝刊	社説/人民戦線に就て
1945.12.28	01頁04段	朝刊	実情を地方長官に聴く/茨城 凶作で実収少し 責任量完遂に官民協力 供出 友末知事談 宮城 供出意欲強し 千葉知事談 富山 肥料の不足 吉武知事談 滋賀 今後に期待 稲田知事談/福島 出炭量漸増 労務充足に今後努力 石炭 増田知事談 北海道 労働争議波及 早坂内政部長談 福岡 増産に確信 曾我知事談/青森 選挙の関心低調 現議員責任追及の声 政情 群馬 立上る意欲 高橋知事談 愛媛 現議員殆ど引退 豊島知事談 広島 現実を直視 楠瀬知事談
1946.01.14	01頁01段	朝刊	人民戦線の急速な結成の機運-民主連盟(人民戦線)問題
1946.01.14	01頁01段	朝刊	旧勢力の牙城、幣原内閣-民主連盟(人民戦線)問題
1946.01.14	01頁03段	朝刊	共同戦線への要請熾烈-民主連盟(人民戦線)問題
1946.01.16	01頁09段	朝刊	人民戦線結集へ山川均氏も提唱-民主連盟(人民戦線)問題
1946.01.17	02頁01段	朝刊	民主戦線統一の胎動を各政党諸団体に聴く-民主連盟(人民戦線)問題
1946.01.18	02頁07段	朝刊	全国農業会 民主化運動に乗出す-民主連盟(人民戦線)問題
1946.01.19	02頁06段	朝刊	朝鮮、中国人の送還法に警告-在日第三国人と沖縄人
1946.01.23	01頁07段	朝刊	農民戦線統一を黒田氏ら提唱 声明書を発表__農業
1946.01.25	01頁01段	朝刊	選挙前に民主戦線の結成を強調 野坂氏見解表明-民主連盟(人民戦線)問題
1946.01.27	01頁04段	朝刊	民主主義こそは不朽の真理 尾崎翁声明の要旨-民主連盟(人民戦線)問題
1946.01.27	01頁09段	朝刊	人民政府樹立せよ 水谷氏演説-民主連盟(人民戦線)問題
1946.01.28	01頁04段	朝刊	共産党が入れば民主戦線には反対 進歩・自由両党の態度
1946.01.28	02頁02段	朝刊	村政配給一切、農民の手で 栃木県に民主村生る-民主連盟(人民戦線)問題
1946.01.28	02頁05段	朝刊	石川県の民主統一戦線-民主連盟(人民戦線)問題
1946.01.29	02頁01段	朝刊	村の顔役続々退陣 青年団結、旧指導者を追放-民主連盟(人民戦線)問題
1946.02.01	02頁05段	朝刊	人民戦線へ-声欄
1946.02.07	02頁07段	朝刊	在日朝鮮人連盟中央委員会開催-在日第三国人と沖縄人
1946.02.07	01頁11段	朝刊	連合軍関係以外の在留外人、日本で取締 マ司令部見解表明
1946.02.07	02頁07段	朝刊	在日朝鮮人連盟中央委員会開催-在日第三国人と沖縄人
1946.02.13	01頁14段	朝刊	京都の民主戦線結成-民主連盟(人民戦線)問題
1946.02.16	02頁09段	朝刊	新朝鮮建設同盟設立-__在日第三国人と沖縄人
1946.02.22	02頁10段	朝刊	日本の旧判決を再審査 朝鮮人等に対し適用-司法・警察
1946.02.23	02頁12段	朝刊	朝鮮商工会の全国結成大会-在日第三国人と沖縄人
1946.02.24	02頁11段	朝刊	在日朝鮮人連盟青年大会-在日第三国人と沖縄人
1946.02.25	01頁06段	朝刊	総選挙と民主戦線/小異を捨てて民主戦線を促進せ-民主連盟(人民戦線)問題
1946.02.26	01頁06段	朝刊	総選挙と民主戦線/盛上る下からの力 "政権めあて"はとらず

발행일	지면정보	간종별	기사제목(원문)
1946.02.26	01頁08段	朝刊	在日連合国人の逮捕に見解表明-総司令部
1946.03.03	04頁01段	朝刊	新物価に即応、税制を改正 入場税率引下げ 営業税・遊興税、免税点引上げ-租税
1946.03.05	01頁02段	朝刊	逓信院の昇格本決り-行政整理協議会
1946.03.05	01頁02段	朝刊	各地方民主戦線の動き-民主連盟(人民戦線)問題
1946.03.06	01頁01段	朝刊	野坂氏、咢堂翁訪問 民主戦線に意見一致-民主連盟(人民戦線)問題
1946.03.06	01頁12段	朝刊	通信事業特別会計支出-財政
1946.03.10	01頁07段	朝刊	民主戦線統一世話人会成る-民主連盟(人民戦線)問題
1946.03.10	01頁14段	朝刊	東鉄局長に下山定則氏任命-運輸省
1946.03.10	02頁10段	朝刊	中国、朝鮮人等の登録-在日第三国人と沖縄人
1946.03.11	01頁07段	朝刊	兵器、鉄鋼会社重役も-財界への影響
1946.03.11	01頁12段	朝刊	「民主人民連盟」発-民主連盟(人民戦線)問題
1946.03.12	01頁10段	朝刊	付属法整備に新機関-新憲法草案発表
1946.03.12	01頁12段	朝刊	民主人民連盟の発足に、共産党歓迎の意を表明-民主連盟(人民戦線)問題
1946.03.13	01頁14段	朝刊	天声人語=14日朝刊1面に正誤
1946.03.16	01頁09段	朝刊	食糧対策、生産増強方策協議-経済閣僚懇談会
1946.03.23	02頁08段	朝刊	民主主義促進講演会-民主連盟(人民戦線)問題
1946.03.24	01頁01段	朝刊	健全財政へ予算大削減 蔵相談__予算
1946.03.24	02頁07段	朝刊	朝鮮人服役者に再審の申出希望-司法・警察
1946.03.28	01頁06段	朝刊	物品税等大幅引上、増税案を近く決定-租税
1946.03.28	01頁13段	朝刊	民主人民連盟綱領原案成る__民主連盟(人民戦線)問題
1946.04.02	01頁08段	朝刊	人民戦線促進 アナキスト連盟提唱__民主連盟(人民戦線)問題
1946.04.04	01頁09段	朝刊	民主人民連盟、結成準備大会開く__民主連盟(人民戦線)問題
1946.04.12	02頁10段	朝刊	中国、朝鮮人送還日__渉外
1946.04.16	01頁05段	朝刊	与党工作にみる舞台裏 偽装の魅力「国民戦線」首相を動かした楢橋氏-総選挙後の政局
1946.04.16	02頁05段	朝刊	民主戦線を語る青山和男氏 社共のハンダづけ__民主連盟(人民戦線)問題
1946.04.19	01頁12段	朝刊	農民戦線統一 社共首脳懇談__日農
1946.04.26	01頁12段	朝刊	民主人民連盟、社会党代議士と懇談-民主連盟(人民戦線)問題
1946.05.03	01頁07段	朝刊	民主戦線具体化 社会党きょう方策協議-民主連盟(人民戦線)問題
1946.05.04	01頁09段	朝刊	民主戦線 近日中に呼びかけ-民主連盟(人民戦線)問題
1946.05.09	02頁01段	朝刊	社会党の尻を叩く 進め人民戦線へ 労組デモ本部に押かく-民主連盟(人民戦線)問題
1946.05.11	01頁11段	朝刊	人民戦線派の勝利-総選挙と国王亡命
1946.05.14	01頁07段	朝刊	救国民主連盟結成に乗出す-民主連盟(人民戦線)問題
1946.05.14	01頁10段	朝刊	幹部反省せよ 社会党の青年部大会で決議-民主連盟(人民戦線)問題
1946.05.16	01頁07段	朝刊	社会党 代議士会で民主連盟推進-民主連盟(人民戦線)問題
1946.05.17	01頁09段	朝刊	建設的無血革命へ 救国民主連盟発足す-民主連盟(人民戦線)問題
1946.05.22	01頁04段	朝刊	促進会、社会党へ 結成要請-民主連盟(人民戦線)問題
1946.05.23	01頁06段	朝刊	民主戦線展開へ 救国民主連-民主連盟(人民戦線)問題
1946.05.24	01頁09段	朝刊	民主連盟纏らず 社会党議論百出-民主連盟(人民戦線)問題

발행일	지면정보	간종별	기사제목(원문)
1946.05.25	01頁05段	朝刊	民主連盟の結成 両三日に決定-民主連盟(人民戦線)問題
1946.05.25	01頁05段	朝刊	即時結成せよ 人民連盟声明-民主連盟(人民戦線)問題
1946.05.26	01頁11段	朝刊	結成は足踏み 救国民主連盟-民主連盟(人民戦線)問題
1946.05.27	01頁01段	朝刊	議会、大衆の両部で推進-民主連盟(人民戦線)問題
1946.05.28	01頁01段	朝刊	組織論は不変 社会党の態度-民主連盟(人民戦線)問題
1946.05.28	01頁04段	朝刊	社会党へ申入れ 促進会より-民主連盟(人民戦線)問題
1946.05.29	01頁10段	朝刊	二部制は危険 宮本顕治氏談-民主連盟(人民戦線)問題
1946.05.29	01頁10段	朝刊	救国連盟案に慎重 社会党-民主連盟(人民戦線)問題
1946.05.29	01頁12段	朝刊	促進会、社会党へ反対申入れ-民主連盟(人民戦線)問題
1946.05.31	02頁11段	朝刊	殺人容疑者釈放に朝鮮人押かく-殺人
1946.05.31	01頁11段	朝刊	議院内政党への堕落警戒 山川氏-民主連盟(人民戦線)問題
1946.06.01	01頁06段	朝刊	文化面で促進 民主人民連盟-民主連盟(人民戦線)問題
1946.06.02	01頁04段	朝刊	在日占領軍十九万-*進駐軍
1946.06.02	01頁03段	朝刊	民主戦線をどう作るか(座談会) (1)揺らぐ保守支配
1946.06.03	01頁05段	朝刊	民主戦線をどう作るか(座談会) (2)組合も積極参加
1946.06.04	01頁03段	朝刊	民主戦線をどう作るか(座談会) (3)大衆団体を重視
1946.06.06	01頁03段	朝刊	民主戦線をどう作るか(座談会) (4)中心は食糧問題
1946.06.07	01頁04段	朝刊	民主戦線をどう作るか(座談会) (5)食糧メーデーの決議尊重
1946.06.07	01頁06段	朝刊	救国民主連盟本決り 社会党各派交渉-民主連盟(人民戦線)問題
1946.06.09	01頁10段	朝刊	日農は超党派 民主連盟支持-民主連盟(人民戦線)問題
1946.06.10	01頁07段	朝刊	挙党一致で実践へ 社会党、民主連盟を確認__民主連盟(人民戦線)問題
1946.06.10	01頁11段	朝刊	青年協議会を結成-政治思想団体
1946.06.11	01頁11段	朝刊	朝鮮政府樹立促成会-朝鮮
1946.06.18	02頁05段	朝刊	朝鮮人の道義-声欄
1946.06.19	01頁05段	朝刊	救国連盟停頓す 社会党既定方針-民主連盟(人民戦線)問題
1946.06.19	01頁08段	朝刊	協同民主党は参加せず-民主連盟(人民戦線)問題
1946.07.13	01頁04段	朝刊	朝鮮人の取扱について-17日朝1面に訂正-社説
1946.07.13	01頁01段	朝刊	共産党 社会党の「救国民連」案を支持-人民戦線・救国連盟
1946.07.14	02頁06段	朝刊	朝鮮人の立場-声欄
1946.07.14	01頁08段	朝刊	共産党受入れに両論 社党再検討-人民戦線・救国連盟
1946.07.16	01頁01段	朝刊	共産党の参加拒絶 社会党-人民戦線・救国連盟
1946.07.16	01頁01段	朝刊	政治的絶縁を示唆 森戸案方向-人民戦線・救国連盟
1946.07.17	01頁07段	朝刊	訂正/13日朝刊1面「朝鮮人の取扱について」-社説
1946.07.17	01頁01段	朝刊	共と絶縁方針承認 社党代議士会-人民戦線・救国連盟
1946.07.17	01頁05段	朝刊	社会党の裏切り 共産党・志賀氏談-人民戦線・救国連盟
1946.07.19	01頁02段	朝刊	社共の絶縁に賛否両論 地方態度-人民戦線・救国連盟
1946.07.20	01頁05段	朝刊	割れた民主戦線 大衆の期待裏切る-人民戦線・救国連盟
1946.07.20	01頁14段	朝刊	総同盟、社会党の決定承認-人民戦線・救国連盟
1946.07.21	02頁05段	朝刊	民主人民連盟創立会-人民戦線・救国連盟
1946.07.22	01頁04段	朝刊	在日連合国人の税金__租税

발행일	지면정보	간종별	기사제목(원문)
1946.07.22	01頁09段	朝刊	一切の民主勢力結成へ 民主人民連盟創立大会-人民戦線・救国連盟
1946.07.27	02頁04段	朝刊	救国民主連盟協議会-人民戦線・救国連盟
1946.08.17	01頁04段	朝刊	在日連合国人に司法権適用-司法・警察
1946.09.16	01頁04段	朝刊	軍政庁の朝鮮人登用-朝鮮
1946.09.26	02頁10段	朝刊	朝鮮人居留民団結成-第三国人と沖縄人
1946.09.27	02頁10段	朝刊	朝鮮人連盟居留民団に反対-第三国人と沖縄人
1946.11.13	01頁14段	朝刊	帰国せぬ朝鮮人は日本国籍を保持すると認める旨言明-第三国人と沖縄人
1946.11.16	02頁10段	朝刊	朝鮮人無料病院開く-医事・衛生
1946.11.21	01頁13段	朝刊	在日朝鮮人の引揚 来月十五日までに-第三国人と沖縄人
1946.12.03	01頁09段	朝刊	民主連盟結成準備会ひらく-人民戦線・救国連盟
1946.12.19	02頁03段	朝刊	残留朝鮮人人会-第三国人と沖縄人
1946.12.21	02頁08段	朝刊	朝鮮人首相官邸へデモ-第三国人と沖縄人
1946.12.27	02頁03段	朝刊	朝鮮人商工会の義金-南海大地震
1946.12.28	02頁09段	朝刊	朝鮮人生活擁護デモ 主催者らに五年の体刑-三国人の不法と渋谷事件
1947.01.01	03頁04段	朝刊	首相官邸デモ朝鮮人、重労働一年に減刑-裁判
1947.01.04	02頁08段	朝刊	朝鮮人などの引揚は完了-復員・引揚
1947.01.22	02頁10段	朝刊	南部朝鮮人は一月末までに引揚げ-復員・引揚
1947.02.05	02頁10段	朝刊	在日朝鮮人、お寺建立-宗教
1947.03.06	02頁01段	朝刊	北朝鮮人の引揚げ-台湾人の引揚
1947.03.25	02頁08段	朝刊	在日代表、アジア連絡会議支持-アジア
1947.05.27	02頁06段	朝刊	華僑・朝鮮人連盟、積極的に協力-値下げ運動
1947.05.28	01頁14段	朝刊	在日連合国人の商業-渉外
1947.05.30	02頁08段	朝刊	朝鮮人連盟本部、全国へ協力指令-値下げ運動
1947.06.03	02頁08段	朝刊	在日越南人総会-在日第三国人
1947.06.11	02頁04段	朝刊	朝鮮居留民団の民論調査-在日第三国人
1947.07.12	02頁04段	朝刊	朝鮮からの不法入国者、一万八千余名送還-在日第三国人
1947.07.29	02頁04段	朝刊	呂運亨氏追悼会-社会
1947.10.22	02頁05段	朝刊	朝鮮人、派出所を襲う-犯罪
1947.10.30	02頁05段	朝刊	朝鮮人傷痍厚生協会-社会
1947.11.24	02頁04段	朝刊	朝鮮人二人、金塊25万円奪う-強盗
1948.04.21	02頁03段	朝刊	通牒違反で朝鮮人学校十四校、都で閉鎖を命令-朝鮮人学校問題
1948.04.24	02頁01段	朝刊	日本の法律に従え 軍政部-朝鮮人学校問題
1948.04.25	01頁	朝刊	神戸など非常事態宣言 朝鮮人学校閉鎖問題に発端
1948.04.26	01頁	朝刊	暴徒行為絶対許さず第8軍司令官声明(朝鮮人学校閉鎖問題)
1948.04.27	01頁01段	朝刊	集団暴行容認し得ず 米司令官-朝鮮人学校問題
1948.04.27	02頁08段	朝刊	朝鮮人七名サギの疑-サギ
1948.04.28	01頁01段	朝刊	日鮮の相互理解が必要-社説
1948.04.28	01頁03段	朝刊	日本の法律で律す 首相、国会で言明-朝鮮人学校問題
1948.04.28	02頁03段	朝刊	正規の手続を拒む くい違った教育方針-朝鮮人学校問題
1948.04.29	02頁01段	朝刊	朝鮮人の密入国者が激増-渉外

발행일	지면정보	간종별	기사제목(원문)
1948.04.29	02頁01段	朝刊	文部省で話合い-朝鮮人学校問題
1948.04.30	02頁02段	朝刊	神戸事件 日本警察の手へ-朝鮮人学校問題
1948.05.01	02頁10段	朝刊	校長ら収容-朝鮮人学校問題
1948.05.02	02頁01段	朝刊	朝鮮両団体とも声明-朝鮮人学校問題
1948.05.04	02頁07段	朝刊	連盟側も折れる-朝鮮人学校問題
1948.05.05	02頁01段	朝刊	私立で認可申請-朝鮮人学校問題
1948.05.05	02頁02段	朝刊	都下の十五校で仮申請-朝鮮人学校問題
1948.05.05	02頁06段	朝刊	拘置中の校長釈放-朝鮮人学校問題
1948.05.05	02頁06段	朝刊	神戸事件取調一段落-朝鮮人学校問題
1948.05.07	02頁04段	朝刊	三星学院を正式認可-朝鮮人学校問題
1948.05.07	02頁08段	朝刊	朝鮮人二十四名起訴-朝鮮人学校問題
1948.05.09	02頁04段	朝刊	教育問題解決す-朝鮮人学校問題
1948.05.13	02頁08段	朝刊	私立学校で再出発-朝鮮人学校問題
1948.05.14	02頁04段	朝刊	朝鮮人五校に認可-朝鮮人学校問題
1948.05.18	02頁05段	朝刊	九名軍事裁判へ-朝鮮人学校問題
1948.05.18	02頁05段	朝刊	神戸の非常事態解消-朝鮮人学校問題
1948.05.26	02頁06段	朝刊	密入国朝鮮人送還-渉外
1948.05.28	02頁02段	朝刊	朝鮮人神戸事件に初判決-朝鮮人学校問題
1948.05.30	02頁02段	朝刊	神戸事件三名に判決-朝鮮人学校問題
1948.06.16	02頁08段	朝刊	朝鮮人事件に判決-裁判
1948.06.27	02頁01段	朝刊	全遞村上(朝鮮人学校問題)に重労四年-裁判
1948.07.20	02頁03段	朝刊	朝鮮人事件に判決-進駐軍裁判
1948.08.01	03頁08段	朝刊	朝鮮人問題-声欄
1948.09.04	01頁11段	朝刊	北鮮人民会議開く-朝鮮人民共和国
1948.09.10	01頁10段	朝刊	北鮮の新首相に金日成氏-朝鮮人民共和国
1948.09.10	01頁11段	朝刊	在日扇動者を本国に送還 李大統領考慮を言明-大韓民国政府
1948.09.11	01頁10段	朝刊	朝鮮人民共和国の閣僚決定-朝鮮人民共和国
1948.09.21	01頁03段	朝刊	ソ連、北鮮撤兵を声明 年内の完了を目標に-朝鮮人民共和国
1948.10.06	02頁07段	朝刊	在日居留民団長に朴烈氏-大韓民国
1948.10.14	02頁10段	朝刊	朝鮮人民共和国慶祝大会-人民共和国
1948.10.20	01頁05段	朝刊	居留民団で歓迎会-李韓国大統領訪日
1948.12.11	02頁07段	朝刊	宇部の朝鮮人大会で警官乱闘-渉外
1948.12.11	02頁09段	朝刊	姫路で朝鮮人乱闘-渉外
1949.02.04	02頁10段	朝刊	居留民団で中央議事会-大韓民国
1949.03.02	01頁10段	朝刊	在日米空軍は九連隊-進駐軍
1949.04.07	02頁03段	朝刊	窃盗容疑者かばう朝鮮人部落　警察隊対抗-深川事件
1949.04.08	02頁08段	朝刊	双方に言い分-深川事件
1949.04.10	03頁10段	朝刊	高田で朝鮮人と警官隊乱闘-朝鮮関係
1949.04.10	03頁10段	朝刊	朝鮮人側が刑事を告発　月島乱闘事件-深川事件
1949.04.11	02頁06段	朝刊	朝連は検問中止申入れ　負傷者を臨床尋問-深川事件

발행일	지면정보	간종별	기사제목(원문)
1949.04.14	02頁01段	朝刊	朝鮮人側抗議-深川事件
1949.04.27	02頁03段	朝刊	朝鮮人デモ-深川事件
1949.05.08	01頁01段	朝刊	在留朝鮮人の生活問題-社説
1949.05.09	02頁03段	朝刊	在日朝鮮学生同盟 左右両派で大もめ-朝鮮関係
1949.06.19	03頁09段	朝刊	京都で朝鮮人と警官隊もむ-朝鮮関係
1949.07.18	02頁08段	朝刊	豊島区で朝鮮人腐敗死体-朝鮮関係
1949.08.06	01頁15段	朝刊	農民団体が申入れ-米価問題
1949.08.21	03頁07段	朝刊	韓国民団、朝連に襲わる-暴行
1949.08.21	03頁08段	朝刊	七十四名検挙-暴行
1949.08.25	02頁01段	朝刊	米券制度は行過ぎ 事務当局、農民団体も反対-超過供米自由販売問題
1949.09.08	01頁	大阪/号外	朝鮮人連盟など解散
1949.09.09	01頁01段	朝刊	朝連など四団体解散-朝鮮人四団体解散問題
1949.09.09	01頁01段	朝刊	団体等規正令を適用法務府特審局発表-朝鮮人四団体解散問題
1949.09.09	01頁01段	朝刊	金天海氏等幹部36名追放-朝鮮人四団体解散問題
1949.09.09	01頁02段	朝刊	「極左翼」への第一弾〈解説〉朝鮮人四団体解散問題
1949.09.09	01頁06段	朝刊	再建企図を監視、取締り緩めず 殖田法務総裁-朝鮮人四団体解散問題
1949.09.09	01頁08段	朝刊	指定無視は懲役二十年 法務府特審局吉橋第四課長談-朝鮮人四団体解散問題
1949.09.09	01頁09段	朝刊	国警、管下へ通達-朝鮮人四団体解散問題
1949.09.09	01頁09段	朝刊	不法入団者は送還 国務相-朝鮮人四団体解散問題
1949.09.09	01頁10段	朝刊	朝連代表ら法務総裁に抗議-朝鮮人四団体解散問題
1949.09.09	01頁10段	朝刊	民団側は受理-朝鮮人四団体解散問題
1949.09.09	01頁11段	朝刊	預金も封鎖-朝鮮人四団体解散問題
1949.09.09	01頁11段	朝刊	接収財産は貿易特別会計に-朝鮮人四団体解散問題
1949.09.09	01頁11段	朝刊	総本部に強制執行、指定受領拒否 朝連・民青-朝鮮人四団体解散問題
1949.09.09	01頁12段	朝刊	学校の授業は存続-朝鮮人四団体解散問題
1949.09.09	01頁13段	朝刊	接収拒否で鶴見で三名検束-朝鮮人四団体解散問題
1949.09.09	01頁14段	朝刊	長野で二名検束-朝鮮人四団体解散問題
1949.09.09	01頁14段	朝刊	富山で十六名検束-朝鮮人四団体解散問題
1949.09.09	01頁14段	朝刊	熊本で約四十名検束-朝鮮人四団体解散問題
1949.09.09	01頁14段	朝刊	大阪は非常警戒態勢-朝鮮人四団体解散問題
1949.09.09	01頁14段	朝刊	日比谷の朝連大会中止-朝鮮人四団体解散問題
1949.09.09	01頁15段	朝刊	日本人四団体にも解散指定-朝鮮人四団体解散問題
1949.09.10	01頁01段	朝刊	朝連等解散後の問題-社説
1949.09.10	01頁10段	朝刊	朝連の接収は順調-朝鮮人四団体解散問題
1949.09.10	01頁10段	朝刊	都も一両日で完了-朝鮮人四団体解散問題
1949.09.10	01頁11段	朝刊	福岡で五百名検挙-朝鮮人四団体解散問題
1949.09.10	03頁10段	朝刊	接収を終る 朝連総本部-朝鮮人四団体解散問題
1949.09.10	01頁10段	朝刊	朝連の接収は順調-朝鮮人四団体解散問題
1949.09.12	02頁05段	朝刊	四団体の接収総本部を設置-朝鮮人四団体解散問題
1949.09.12	02頁07段	朝刊	解散団体への債権返却-朝鮮人四団体解散問題

발행일	지면정보	간종별	기사제목(원문)
1949.09.13	02頁05段	朝刊	財産接収終了-朝鮮人四団体解散問題
1949.09.17	01頁04段	朝刊	李韓国大統領、解散を非難-朝鮮人四団体解散問題
1949.10.01	03頁01段	朝刊	不法入国者に対する扱い決る 強制令書で退去-朝鮮人問題
1949.10.01	03頁06段	朝刊	在日朝鮮人を登録-朝鮮人問題
1949.10.03	01頁07段	朝刊	注目あびる「特別審査局」＝解説-司法・警察
1949.10.06	02頁09段	朝刊	朝連、解散の取消しを提訴-朝鮮人問題
1949.10.18	01頁09段	朝刊	農民団体と懇談-社会党
1949.10.19	02頁01段	朝刊	朝連各校近く閉鎖他の朝鮮学校にも改組命令-朝連系学校閉鎖
1949.10.19	02頁03段	朝刊	弾圧ではない 法務総裁、土橋氏らに回答-朝連系学校閉鎖
1949.10.19	02頁01段	朝刊	十九日全国一せいに閉鎖一部除き全般に平静-朝連系学校閉鎖
1949.10.19	02頁01段	朝刊	朝連各校近く閉鎖他の朝鮮学校にも改組命令-朝連系学校閉鎖
1949.10.20	01頁02段	朝刊	当然の措置 殖田法務総裁談-朝連系学校閉鎖
1949.10.20	01頁03段	朝刊	差別待遇ではない 文相-朝連系学校閉鎖
1949.10.20	01頁03段	朝刊	教育法違反の傾＝解説-朝連系学校閉鎖
1949.10.20	01頁05段	朝刊	妥協の余地 曹居留民団長談-朝連系学校閉鎖
1949.10.20	01頁06段	朝刊	朝鮮人学校の改組 新設教職員に適格審査-朝連系学校閉鎖
1949.10.20	01頁06段	朝刊	即時閉鎖五十八校-朝連系学校閉鎖
1949.10.20	01頁08段	朝刊	各地の閉鎖、接収状況-朝連系学校閉鎖
1949.10.20	01頁10段	朝刊	曹団長再選さる 韓国居留民団大会-朝鮮人問題
1949.10.21	01頁01段	朝刊	大韓国居留民団に望む-社説
1949.10.22	01頁13段	朝刊	閉鎖は遺憾 鄭駐日韓国代表団長談-朝連系学校閉鎖
1949.10.23	03頁07段	朝刊	閉鎖校に侵入 横浜で朝鮮人三十七名検挙-朝連系学校閉鎖
1949.10.27	02頁01段	朝刊	朝鮮語教育 義務教育を履行すれば自由-朝連系学校閉鎖
1949.11.01	01頁06段	朝刊	農民戦線統一会議-組合
1949.11.03	02頁01段	朝刊	強制閉鎖せず 朝連系各学校-朝鮮人団体問題
1949.11.05	03頁07段	朝刊	九十校を閉鎖-朝鮮人団体問題
1949.11.10	01頁13段	朝刊	朝連等の接収財産 朝鮮人の福利厚生に-朝鮮人団体問題
1949.11.17	01頁06段	朝刊	朝鮮人の身分不確定 参院で殖田法務総裁-本会議
1949.11.17	02頁01段	朝刊	まず十二名を起訴-裁判
1949.11.30	02頁05段	朝刊	朝鮮人百名が座りこみ 船橋市署前で-朝鮮人団体問題
1949.12.02	02頁07段	朝刊	朝鮮人の強窃盗団八〇名-強盗
1949.12.08	01頁10段	朝刊	農民団体で糾弾声明-食確法とポツダム政令
1950.01.06	01頁12段	朝刊	在日外国人課税に特例-対外課税関係
1950.01.08	01頁09段	朝刊	朝鮮人は邦人扱い＝外国人事業活動政令-一般
1950.03.11	02頁01段	朝刊	強制立退きに決定＝四月末に朝連建物居住者-朝連建物強制立退
1950.03.11	02頁01段	朝刊	台東会館を接収-朝連建物強制立退
1950.03.11	02頁03段	朝刊	"止むを得ず強制" 都側談-朝連建物強制立退
1950.03.15	01頁10段	朝刊	所得税の五割控除 在日外人課税に特例
1950.03.16	02頁05段	朝刊	ついに退去命令＝接収に応ぜぬ台東会館-朝連建物強制立退
1950.03.21	02頁05段	朝刊	警官六百と乱闘 台東会館を強制接収-朝連建物強制立退

발행일	지면정보	간종별	기사제목(원문)
1950.03.20	02頁01段	朝刊	"漢字の手引"成る バカーリ夫妻の近著-文化
1950.05.06	01頁07段	朝刊	イタリア最近の政情首相"妥協の魔術" "人民戦線"は後退の兆=黒住特派員特電-イタリア
1950.05.12	01頁14段	朝刊	韓国代表団長着任-来日
1950.05.19	01頁10段	朝刊	外人商社に戒告 ダンピング初の摘発-経済
1950.06.10	02頁07段	朝刊	旧朝連港支部を接収-東京都
1950.06.28	03頁01段	朝刊	米兵力出動に歓声 韓国代表部と民団本部-戦火の様相
1950.06.30	02頁06段	朝刊	三千名が志願 大阪の義勇兵募集-日本
1950.07.02	02頁03段	朝刊	元朝連品川支部 建物接収-取締
1950.07.02	01頁01段	朝刊	米陸軍、韓国へ空輸 大田目指して北上 在日軍四万急行か-米・国際軍
1950.07.03	02頁08段	朝刊	赤化防止基金募集 韓国居留民団で決議＿渉外
1950.07.03	02頁09段	朝刊	朝鮮人商工組合に手入 勅令違反
1950.07.19	02頁07段	朝刊	二百六十名が乱闘 韓国民団系と旧朝連系-事件
1950.08.14	02頁09段	朝刊	朝鮮人四名を検挙-一般
1950.08.21	02頁04段	朝刊	荒川で朝鮮人騒ぐ-事件
1950.09.10	03頁07段	朝刊	朝鮮人学校へ手入れ-勅令違反
1950.09.10	01頁13段	朝刊	在日韓国義勇兵出発＿戦況
1950.09.16	02頁01段	朝刊	"遅すぎたくらい" 仁川上陸 沸く民団本部-仁川・京城作戦
1950.09.18	02頁09段	朝刊	京都朝鮮人文化協会長逮捕-勅令違反
1950.11.25	03頁01段	朝刊	学童ら四百参加 "赤い群衆"騒ぐ 神戸で-朝鮮人騒擾
1950.11.25	03頁01段	朝刊	長田署へ"奪還隊"-朝鮮人騒擾
1950.11.25	03頁04段	朝刊	姫路でも襲わる-朝鮮人騒擾
1950.11.26	03頁03段	朝刊	姫路署に乱入 朝鮮人50名-朝鮮人騒擾
1950.11.28	02頁01段	朝刊	朝鮮人一九二名検挙 神戸で警官隊と衝突-朝鮮人騒擾
1950.11.28	02頁02段	朝刊	現場付近で火災-朝鮮人騒擾
1950.11.28	02頁03段	朝刊	愛知県庁に三百名-朝鮮人騒擾
1950.11.29	03頁05段	朝刊	さらに十二名逮捕 神戸朝鮮人騒動の首脳-朝鮮人騒擾
1950.11.29	03頁05段	朝刊	反権力闘争開始か 重視すべきその背景-朝鮮人騒擾
1950.11.29	03頁07段	朝刊	愛知県庁でまた騒ぐ-朝鮮人騒擾
1950.11.30	03頁01段	朝刊	背後関係を追及 神戸事件 衆議院で取上ぐ-朝鮮人騒擾
1950.11.30	03頁01段	朝刊	首脳七名拘留-朝鮮人騒擾
1950.12.01	03頁01段	朝刊	共産党、暴力革命を企図? 神戸事件、朝鮮動乱と関連 大橋総裁言明
1950.12.01	03頁04段	朝刊	日共の線に沿う 第一線承る青年行動隊=解説-朝鮮騒乱
1950.12.01	03頁08段	朝刊	百四十七名を拘留 神戸の朝鮮人騒乱事件-朝鮮人騒乱
1950.12.01	03頁08段	朝刊	名古屋でまた騒ぐ-朝鮮人騒乱
1950.12.02	03頁01段	朝刊	朝鮮人の騒乱波状化す 大津地検を襲う 雨中で乱闘 四十数名検挙
1950.12.02	03頁01段	朝刊	市長室に居座る 京都でも百名押かく-朝鮮人騒乱
1950.12.02	03頁02段	朝刊	さらに二首脳検挙 神戸-朝鮮人騒乱
1950.12.03	03頁06段	朝刊	次は関東地区か 朝鮮人騒乱 法務府で重大視-朝鮮人騒乱
1950.12.03	03頁06段	朝刊	"暴力運動の前触れ" 大橋総裁再び強調-朝鮮人騒乱
1950.12.03	03頁06段	朝刊	旧朝連名古屋支部急襲-朝鮮人騒乱

발행일	지면정보	간종별	기사제목(원문)
1950.12.03	03頁08段	朝刊	旅費ももらう 大津デモ-朝鮮人騒乱
1950.12.04	02頁05段	朝刊	検察陣に機動性 朝鮮人騒乱 佐藤検事総長談-朝鮮人騒乱
1950.12.04	02頁05段	朝刊	逮捕者を全員拘留 大津地検の騒乱事件-朝鮮人騒乱
1950.12.04	02頁01段	朝刊	朝鮮人らまた騒ぐ 各地で座込みや陳情-朝鮮人騒乱
1950.12.05	02頁01段	朝刊	鶴見区役所へ六十名-朝鮮人騒乱
1950.12.05	02頁02段	朝刊	川崎でも三十名-朝鮮人騒乱
1950.12.05	02頁03段	朝刊	盛岡では七十名-朝鮮人騒乱
1950.12.05	02頁04段	朝刊	名古屋でも-朝鮮人騒乱
1950.12.06	01頁14段	朝刊	"警察力強化が必要" 検事総長名古屋を視察-朝鮮人騒乱
1950.12.08	02頁04段	朝刊	朝鮮難民へ食糧 在日補給 司令部、月数千トン積出-韓国
1950.12.11	02頁01段	朝刊	徹底的に究明 衆院法務委 騒乱事件現地調査へ-朝鮮人騒乱
1950.12.11	02頁01段	朝刊	六十七名を送検 京都事件-朝鮮人騒乱
1950.12.14	02頁05段	朝刊	日共、裏面で指導? 騒乱事件有力な資料入手-朝鮮人騒乱
1950.12.14	02頁06段	朝刊	法務委 関西へ飛ぶ 背後関係重視で現地調査-朝鮮人騒乱
1950.12.16	03頁07段	朝刊	大津事件調査 衆院法務委員ら-朝鮮人騒乱
1950.12.17	03頁01段	朝刊	「騒擾罪」で起訴 神戸事件の百十余名-朝鮮人騒乱
1950.12.17	03頁01段	朝刊	授業見学で妨害 大阪で朝鮮人今度は小学校へ-朝鮮人騒乱
1950.12.18	02頁02段	朝刊	百十一名起訴神戸騒乱事件-朝鮮人騒乱
1950.12.19	02頁08段	朝刊	神戸事件98名を起訴-朝鮮人騒乱
1950.12.20	03頁06段	朝刊	神戸事件の37名釈放-朝鮮人騒乱
1950.12.21	02頁06段	朝刊	三十八名を検挙 名古屋で旧朝連接収-朝鮮人騒乱
1950.12.24	01頁09段	朝刊	不穏朝鮮人を送還 政府、ポツダム政令で処置か-不穏朝鮮人送還
1950.12.27	01頁11段	朝刊	一月中に送還 騒乱朝鮮人四十名程度か-不穏朝鮮人送還
1951.02.08	01頁08段	朝刊	在日朝鮮人の厚生・福祉に 旧朝連の財産-地方行政委員会
1951.02.11	03頁08段	朝刊	舞鶴管区特別警戒 旧朝連の移動目立つ-海上保安庁
1951.03.04	03頁07段	朝刊	荒川署に押かく 旧朝連系、学童百名つれて-事件
1951.03.08	02頁02段	朝刊	警官二十七名負傷 朝鮮人無届集会で騒ぐ-事件
1951.03.22	02頁01段	朝刊	主犯容疑者捕わる 浅草で朝鮮人の米兵暴行-朝鮮人暴行
1951.03.23	03頁08段	朝刊	46名を留置 米兵殺傷事件-朝鮮人暴行
1951.03.23	03頁08段	朝刊	偶発的な事件 大橋総裁答弁-朝鮮人暴行
1951.03.24	03頁06段	朝刊	さらに一名を逮捕 米兵に暴力事件容疑者-朝鮮人暴行
1951.06.14	02頁01段	朝刊	朝鮮人 警官と乱闘 横浜市内 小学校運動会で 三十九名検挙-事件
1951.06.15	03頁08段	朝刊	きょう六名送検 横浜の朝鮮人事件-取締・裁判
1951.06.24	03頁06段	朝刊	樺太から密入国か 宗谷沖 朝鮮人五名消える-犯罪
1951.07.01	03頁03段	朝刊	韓国民団で声明-韓国
1951.07.07	03頁08段	朝刊	幹部に反米教育 関西で朝鮮人グループ検挙-犯罪
1951.07.21	03頁04段	朝刊	朝鮮人百五十名乱入 町田町署 警官七名が負傷-事件
1951.08.14	03頁07段	朝刊	民戦系の会合禁止 関東青年納涼大会-取締
1951.09.22	01頁07段	朝刊	在日外人六十四万 一番多い朝鮮在籍者-一般
1951.09.28	03頁07段	朝刊	民団と北鮮系の争い 責任者を袋だたき-事件

발행일	지면정보	간종별	기사제목(원문)
1951.10.10	01頁10段	朝刊	二十日から会談　在日朝鮮人の国籍-日韓会談
1951.10.09	03頁10段	朝刊	朝鮮人荒川署へ押かく-犯罪
1951.10.10	01頁10段	朝刊	二十日から会談　在日朝鮮人の国籍-日韓会談
1951.10.11	01頁11段	朝刊	在日朝鮮人に韓国国籍　韓国政府決定-韓国
1951.10.21	01頁07段	朝刊	在日朝鮮人は韓国民　将来は韓国を承認　西村局長答弁-条約委員会
1951.10.31	02頁06段	朝刊	朝鮮人学生寮捜査-日共対策
1951.11.06	03頁09段	朝刊	ビラ数万枚まく朝鮮人一名逮捕-犯罪
1951.11.12	01頁09段	朝刊	交渉、一応持ち越しか　在日朝鮮人の待遇問題-政治
1951.11.21	01頁09段	朝刊	農民戦線統一図る右派社会党-社会党
1951.11.21	03頁04段	朝刊	脅迫状　大橋総裁に二千通　旧朝連地下で再組織か-犯罪
1951.11.22	03頁07段	朝刊	警官と大乱闘　福岡で朝鮮人騒ぐ-犯罪
1951.12.02	03頁01段	朝刊	警察へ催涙ガス　大阪　朝鮮人８０名押かく-犯罪
1951.12.06	03頁01段	夕刊	自動車会社乗っ取る　暴力団　朝鮮人ら九名検挙-犯罪
1951.12.17	03頁02段	朝刊	朝鮮人大暴れ　大阪で数工場を襲う-犯罪
1951.12.19	03頁06段	朝刊	警官二十六名が負傷　滋賀朝鮮人デモ隊と衝突-犯罪
1951.12.23	01頁05段	朝刊	講和発効時に日本国籍喪失　在留朝鮮人-渉外
1951.12.25	03頁10段	朝刊	衆院、調査団を派遣　朝鮮人デモ事件に-衆議院
1951.12.29	01頁01段	朝刊	日韓親善のために-社説
1951.12.30	03頁08段	朝刊	“一部の悪宣伝が刺激”朝鮮人事件調査　衆院法務委結論-犯罪
1952.01.06	03頁04段	朝刊	二十九名を検挙　兵庫県の朝鮮人騒ぐ-事件
1952.01.11	03頁01段	朝刊	日共、今年の動き　“国民戦線”結集へ　援護射撃のスターリン首相メッセージ？
1952.01.19	01頁06段	朝刊	農民戦線の結成　四団体協議-組合
1952.01.25	03頁10段	朝刊	約三十名がなぐりこみ　民団品川支部へ-暴行・傷害
1952.02.22	01頁05段	夕刊	巨済島で抑留朝鮮人が暴動-韓国
1952.03.01	02頁02段	夕刊	国籍獲得など決議　韓国居留民団　日比谷に九百名-三・一記念日デモ
1952.03.01	02頁05段	夕刊	韓国民団支部に賊-犯罪
1952.03.02	03頁01段	朝刊	特審局(広島)に催涙薬　三・一記念日　朝鮮人デモ二百名-三・一記念日デモ
1952.03.05	03頁08段	朝刊	警官宿舎など襲撃　大阪で　旧朝連系の朝鮮人？-三・一記念日デモ
1952.03.07	03頁08段	朝刊	国会に陳情デモ出入国管理令反対　きょう朝鮮人七百名-国会
1952.03.07	02頁01段	夕刊	国会に陳情　強制送還反対で朝鮮人代表-国会
1952.03.12	02頁06段	夕刊	朝鮮人十七名を検挙　兵庫県　三・一記念日の暴行事件-三・一記念日デモ
1952.03.13	02頁03段	夕刊	宇治で派出所を襲う　朝鮮人十名が捕まる__警官に暴行
1952.03.29	03頁04段	朝刊	朝鮮人、警官と乱闘　水戸日韓会談の決定反対で-警官に暴行
1952.03.31	03頁08段	朝刊	警官隊ともみ合う　神戸で朝鮮人がデモ-警官に暴行
1952.04.02	03頁10段	朝刊	硫酸ビンで六名負傷　大韓民国居留民団支部で-民団関係
1952.04.05	03頁08段	朝刊	火炎ビン？で全焼　韓国居留民団の役員宅に投込む-民団関係
1952.04.07	02頁05段	夕刊	投石一夜に三件　民団や警察へ__民団関係
1952.04.11	02頁08段	夕刊	火炎ビン、石を投げる　都内三カ所朝鮮人同士の争い？-民団関係

발행일	지면정보	간종별	기사제목(원문)
1952.04.14	02頁01段	夕刊	姫路で朝鮮人部落急襲　警官隊一千名　暴力容疑１９名検挙-朝鮮人デモ事件
1952.04.15	02頁01段	夕刊	５５万人に永住を許す　在日朝鮮人問題ほぼ成案-政治
1952.04.16	03頁03段	夕刊	また汚物投入　民団支部員宅へ-民団関係
1952.04.17	03頁08段	朝刊	民団支部幹部宅襲わる-民団関係
1952.04.20	03頁03段	朝刊	汚物ビン投込む-民団関係
1952.04.21	03頁09段	朝刊	予備隊員が襲撃さる姫路で朝鮮人約三十名に-朝鮮人デモ事件
1952.04.22	02頁06段	夕刊	福岡県で朝鮮人と警官衝突-朝鮮人デモ事件
1952.04.24	02頁05段	夕刊	朝鮮人六百名　都庁に押かく-朝鮮人デモ事件
1952.04.25	03頁08段	朝刊	朝鮮人デモ隊警官隊と衝突　都内各所で-朝鮮人デモ事件
1952.04.26	03頁09段	朝刊	朝鮮人のなぐりこみ-朝鮮人デモ事件
1952.04.29	02頁07段	夕刊	朝鮮人押かく送還者奪還に　久里浜刑務所へ-朝鮮人デモ事件
1952.04.29	02頁08段	夕刊	十七名が死傷　朝鮮人乱闘-朝鮮人デモ事件
1952.05.01	03頁07段	朝刊	朝鮮人など75名帰化-政治
1952.05.14	03頁05段	朝刊	法廷から被告を奪取　広島で傍聴席の朝鮮人-被告奪取事件
1952.05.16	01頁07段	朝刊	『連絡協議会』結成　農民四団体-農民団体
1952.05.16	01頁08段	朝刊	〈解説〉-農民団体
1952.05.21	03頁10段	朝刊	脱走を企つ　送還の朝鮮人-韓国
1952.05.24	03頁05段	夕刊	朝鮮人中学生騒ぐ-事件
1952.05.27	02頁03段	夕刊	解説＝「民戦」祖防隊」とは-「枝川部落」急襲
1952.05.27	02頁01段	夕刊	江東の朝鮮人部落に手入れ　幹部級21名を逮捕　警官千名で包囲＝写真
1952.05.27	02頁01段	夕刊	枝川町の朝鮮人部落に手入れをする警官と押収した火炎ビン
1952.05.28	02頁05段	夕刊	北鮮系朝鮮人の破壊活動　吉橋特審局次長の説明「民戦」「祖防」が中核　三月中暴力行為八十件
1952.06.06	03頁01段	朝刊	朝鮮人、警官と乱闘　宇部市双方の負傷百余名＝写真-宇部市
1952.06.10	03頁01段	朝刊	検事にイス投げつく　松本　法廷で被告ら暴行-松本市
1952.06.11	03頁09段	朝刊	九警官が火傷　パトロール車に火炎ビン-京都市
1952.06.12	03頁09段	朝刊	西新井署へ朝鮮人押しかく-東京都
1952.06.13	03頁02段	夕刊	滋賀県で46名を逮捕　朝鮮人部落襲い警官も負傷-滋賀県
1952.06.17	02頁05段	夕刊	都教育庁へ押しかく　朝鮮人女生徒-東京都
1952.06.17	02頁06段	夕刊	文部省へも-東京都
1952.06.21	02頁06段	夕刊	朝鮮人六名を逮捕“荒川部落”に手入れ-荒川部落手入れ
1952.06.22	05頁01段	朝刊	戦犯に人身保護令状巣鴨服役中の朝鮮人ら三十名に-戦犯対策
1952.06.28	03頁05段	朝刊	弁護側特別抗告　朝鮮人戦犯の釈放訴訟-最高裁
1952.07.01	01頁07段	朝刊	朝鮮人問題で緊急質問-衆議院本会議
1952.07.04	03頁10段	朝刊	刑務所に北鮮旗　金沢で朝鮮人騒ぐ-朝鮮人デモ事件
1952.07.06	03頁08段	朝刊	九日に第一回審問　戦犯朝鮮人などの釈放訴訟-最高裁
1952.07.06	02頁07段	夕刊	朝鮮人の子供デモ-朝鮮人デモ事件
1952.07.09	03頁04段	朝刊	朝鮮人、舞鶴署襲う　容疑者逮捕から警官に暴行-朝鮮人デモ事件
1952.07.09	03頁01段	夕刊	人身保護、審問開く　大法廷に朝鮮人戦犯ら三十名＝写真-最高裁
1952.07.10	03頁08段	朝刊	交番五カ所で暴行　十一名検挙　姫路で朝鮮人デモ-朝鮮人デモ事件

발행일	지면정보	간종별	기사제목(원문)
1952.07.15	03頁07段	朝刊	朝鮮人30名が暴行 パチンコ屋襲い百台壊す-暴行・傷害
1952.07.15	01頁01段	夕刊	朝鮮人対策に本腰 治安閣僚懇談会開く-治安閣僚懇談会
1952.07.15	02頁08段	夕刊	教室の床下に硫酸など 都立第一朝鮮人小学校に手入-火事
1952.07.16	01頁04段	朝刊	強制的隔離 不法朝鮮人考慮-治安閣僚懇談会
1952.07.17	01頁01段	朝刊	在日朝鮮人をめぐる諸問題-社説
1952.07.20	02頁01段	朝刊	朝鮮人対策に"妙案" やっとこさ駐印大使ら決まる-週間報告
1952.07.26	01頁11段	朝刊	在日国連機関に"外交特権"二十五日 協定署名-安保理事会
1952.07.27	03頁01段	朝刊	朝鮮人、町田署に押しかく-朝鮮人デモ事件
1952.07.27	03頁02段	朝刊	上野でも暴れる-朝鮮人デモ事件
1952.07.30	03頁04段	夕刊	"釈放請求"を却下 最高裁 朝鮮人戦犯らに判決-最高裁
1952.08.03	03頁07段	夕刊	教員・学童ら十名逮捕 都下の朝鮮人部落に手入れ-犯罪
1952.08.04	01頁07段	夕刊	首相答弁=不法朝鮮人は送還-全国知事会議
1952.08.06	03頁03段	夕刊	朝鮮人部落に手入れ 田町と忠生村 秘密文書など押収-朝鮮人検挙
1952.08.06	03頁06段	夕刊	名古屋で一せい捜索 朝鮮人七名を検挙-朝鮮人検挙
1952.08.07	01頁01段	朝刊	収容設備まず拡充 政府協議 不法朝鮮人送還で-在日朝鮮人対策
1952.08.12	01頁01段	夕刊	朝鮮人対策に新機関 法相談 公安有害分子は送還-在日朝鮮人対策
1952.08.17	01頁03段	夕刊	解説=大阪中心の在日朝鮮人の動き 漸増する困窮者-地方
1952.08.20	02頁04段	朝刊	J・P・A-経済語のカギ
1952.08.22	01頁01段	夕刊	米政府あっせん乗出し 不法朝鮮人送還問題-在日朝鮮人対策
1952.08.26	01頁03段	朝刊	「公安有害」三、四千名 法務省、不法朝鮮人対策急ぐ-在日朝鮮人対策
1952.08.27	01頁07段	朝刊	関係省間で会合 政府、朝鮮人対策を強化-在日朝鮮人対策
1952.08.31	02頁01段	夕刊	"少年自衛隊"に手入れ 町田町朝鮮人部落-朝鮮人検挙
1952.09.04	01頁01段	夕刊	韓国から使節団 在日朝鮮人視察に-韓国
1952.09.10	01頁09段	夕刊	東満に朝鮮人自治区-中共
1952.09.11	03頁05段	夕刊	懲役六年の求刑 米兵殺しの朝鮮人-求刑
1952.09.30	01頁07段	夕刊	日本育ちの朝鮮人CBS放送 日本人部隊の正体-誘導無人機
1952.10.24	05頁06段	朝刊	朝鮮人の登録-声欄
1952.10.28	03頁03段	朝刊	七、八割登録か 民戦本部指令-外国人登録
1952.11.02	01頁01段	夕刊	朝鮮人対策など協議 新内閣 治安会議近く開催-治安会議
1952.11.16	07頁10段	朝刊	かみつかれた強盗＿強盗
1952.11.20	04頁09段	朝刊	韓国・マニラ向け肥料入札 JPAとMSAで-肥料
1952.11.22	01頁02段	朝刊	第四次吉田内閣の公約、どう具体化するか 賠償を積極的に解決 悪質朝鮮人は強制送還-新政策発表
1952.11.23	07頁12段	朝刊	騒乱扇動で逮捕 大須球場事件の朝鮮人-事件
1952.11.25	02頁06段	朝刊	在日韓国人代表、韓国国会出席-韓国
1952.11.28	03頁10段	夕刊	六・二五事件の公判始まる-公判
1952.11.29	07頁09段	朝刊	「六・二五」事件公判-公判
1952.12.02	02頁09段	朝刊	在日中小企業者の救済 韓国銀行が勧告-韓国
1952.12.17	08頁02段	朝刊	"引揚寮へも入れぬ" 韓国籍婦女子の訴え-引揚げ
1952.12.25	03頁07段	朝刊	朝鮮人と治安-声欄
1953.01.07	01頁05段	朝刊	首相官邸、外務省へ 米日韓会談反対の朝鮮人-李大統領動静

발행일	지면정보	간종별	기사제목(원문)
1953.01.20	03頁04段	夕刊	御徒町のマーケット手入れ 朝鮮人ら36名検挙＝写真-密造
1953.01.20	03頁04段	夕刊	鳴り渡る非常ベル さながら"朝鮮人租界"-密造
1953.02.03	03頁07段	夕刊	就学通知取止めで朝鮮人騒ぐ-学校・教育
1953.02.07	07頁05段	朝刊	朝鮮人学校で申入れ-学校・教育
1953.02.12	07頁08段	朝刊	卒業まで"退去"延期 密航朝鮮大学生に温情-学校・学生
1953.03.29	07頁10段	朝刊	夫を毒殺 朝鮮人の妻-殺人
1953.04.23	03頁08段	夕刊	外務省で騒ぐ 朝鮮人が陳情-運動・陳情
1953.05.06	01頁01段	夕刊	休戦成立後、全朝鮮人捕虜の釈放 国連側提案-休戦会談
1953.05.13	01頁01段	夕刊	国連側、条件付き受諾 朝鮮人捕虜は除外-休戦会談
1953.05.14	01頁02段	夕刊	韓国の態度軟化す 朝鮮人捕虜釈放提案に-休戦会談
1953.05.29	05頁08段	朝刊	東京－大阪飛び回る 朝鮮人スリ団の一味を逮捕-スリ
1953.06.12	03頁05段	夕刊	元教員逮捕 朝鮮人リンチ事件犯人-殺人
1953.06.17	03頁02段	夕刊	興奮剤密造 朝鮮人を逮捕__密造・密売
1953.06.27	07頁02段	夕刊	警官隊に肩透し 短銃隠匿容疑の朝鮮人集落-犯罪
1953.06.30	03頁09段	夕刊	ワグナーさんや移民団出港-離日
1953.07.30	03頁06段	夕刊	ボーイは朝鮮人-バー・メッカの殺人事件
1953.08.07	06頁04段		在日朝鮮文学会-文化短信
1953.08.10	01頁04段	朝刊	解説＝右社へ窓を開いた左社統一への道は多難-両社統一問題
1953.08.25	03頁01段	夕刊	民戦品川委員会捜索 武装警官百五十名動員-暴行・傷害
1953.10.23	03頁09段	朝刊	路上で刺し殺さる 朝鮮人風-傷害致死・過失致死
1953.11.11	07頁01段	朝刊	国境越えた学生同士の友情 在日韓国学生同盟起つ-李ライン問題
1953.11.26	01頁08段	夕刊	朝鮮に"冷凍戦"続く 在日米首脳の見解-北鮮・中共協定
1953.12.11	03頁07段	夕刊	重役を暴行、監禁韓国居留民団支部長ら七名を逮捕-暴行・傷害
1953.12.20	03頁08段	夕刊	社長らサギで逮捕 民団荒川支部監禁事件の被害者-詐欺
1954.01.16	03頁08段	夕刊	民戦を脱退 議長団李主席-渉外
1954.01.17	07頁09段	朝刊	"脱退の李はスパイ"民戦中央委で声明-渉外
1954.01.31	07頁01段	朝刊	"人民戦線"の陰に武器 ピストル製法配布-事件
1954.02.08	07頁07段	朝刊	米軍票一億円偽造 大阪で朝鮮人ら八人捕る-犯罪
1954.02.13	08頁01段	朝刊	警告を全面的に拒否 朝鮮人学校 都教委に回答-学校
1954.03.08	02頁05段	朝刊	米共産党の新政策綱領 人民戦線結成を目標-米国
1954.03.11	03頁09段	夕刊	朝鮮人学校手入れ ニセ校長印で入学通知書出す-犯罪
1954.03.23	08頁04段	朝刊	都教委朝鮮人学校へ最後通告-教育・学校
1954.03.25	08頁04段	朝刊	都の要求六項目を認む 朝鮮人学校問題解決す-教育・学校
1954.04.03	08頁03段	朝刊	新学期の授業延期? 細目協定で難航-朝鮮人学校問題
1954.04.04	08頁04段	朝刊	交渉ほとんど決裂-朝鮮人学校問題
1954.04.05	03頁05段	夕刊	ＰＴＡで入学式 朝鮮人学校は無期延期-学校
1954.04.06	08頁06段	朝刊	交渉再び物別れ 都教育長PTA代表と会見-朝鮮人学校問題
1954.04.08	07頁01段	朝刊	規則守らねば廃校 都から通告 朝鮮人学校十四校に-朝鮮人学校問題
1954.04.08	03頁09段	夕刊	民主戦線中央委声明-朝鮮人学校問題
1954.04.08	03頁09段	夕刊	都教育庁に陳情-朝鮮人学校問題

발행일	지면정보	간종별	기사제목(원문)
1954.04.09	03頁01段	夕刊	警官隊三百人が出動 都庁へ陳情団押しかく-朝鮮人学校問題
1954.04.10	07頁02段	朝刊	十二日すぎから授業 無条件受諾で解決-朝鮮人学校問題
1954.04.24	03頁03段	夕刊	朝鮮人の平和教育防衛大会-教育
1954.04.25	03頁06段	朝刊	朝鮮人学校の悩み-声欄
1954.04.27	03頁06段	朝刊	朝鮮人学校の問題-声欄
1954.05.22	03頁01段	夕刊	手配の朝鮮人二人検挙 千葉の民団結成式襲撃関係者-犯罪
1954.05.28	08頁02段	朝刊	「朝鮮人学校」を調査 参院文部委の十三氏-教育
1954.05.28	03頁02段	朝刊	廃校も止むなし 都教委、朝鮮人学校に警告-学校(学生)
1954.06.06	01頁06段	朝刊	朝鮮人の帰国-今日の問題
1954.06.10	03頁09段	夕刊	民戦支部書記長を起訴 ウソの陳述勧めて-取締・裁判
1954.06.26	02頁10段	朝刊	本国で軍事訓練 在日韓国青年に許可-韓国
1954.07.13	02頁10段	朝刊	在日抑留韓国人の釈放要求-韓国
1954.07.15	03頁07段	夕刊	主犯は五年、他は無罪 目黒の民団幹部宅放火に判決-判決
1954.07.16	01頁06段	朝刊	総評はどうなる 国民戦線の先頭に-総評大会
1954.08.06	07頁07段	朝刊	朝鮮大学校に強硬策 文部省 来年度から実施へ-教育
1954.08.20	02頁02段	朝刊	人民戦線政府出現せん修正案失敗せば-EDCブラッセル会議
1954.08.31	02頁08段	朝刊	在日北鮮人保障で声明 南日外相-北鮮
1954.09.21	07頁01段	朝刊	朝鮮人学校は廃止「各種学校」の扱いに 都教育庁方針-学校
1954.09.26	08頁01段	朝刊	廃校延期の必要なし 朝鮮人学校問題に強硬論-都議会
1954.10.04	03頁07段	夕刊	違反あれは即時廃校 都教委が方針表明-朝鮮人学校問題
1954.10.06	08頁05段	朝刊	廃校を通告-朝鮮人学校問題
1954.10.06	03頁10段	夕刊	朝鮮人学校側反対 都の廃校通知に申入書-朝鮮人学校問題
1954.10.07	03頁05段	夕刊	朝鮮ら三十人検挙三千万円かせぐ 商店街荒す窃盗団-窃盗
1954.10.21	07頁10段	朝刊	ヒロポン密造の朝鮮人検挙-ヒロポン禍一掃
1954.11.09	07頁10段	朝刊	教師派遣を考慮 在日韓国児童の教育に-韓国
1954.12.07	07頁06段	朝刊	朝鮮人五人検挙 ヒロポン密造-ヒロポン手入
1954.12.10	07頁11段	朝刊	区役所で暴れた三人を逮捕 朝鮮人団体幹部-犯罪
1954.12.15	02頁10段	朝刊	韓国から教師団 在日子弟の教育に-韓国
1954.12.19	03頁01段	夕刊	五十万円以上ねらう朝鮮人窃盗団捕る-窃盗
1954.12.22	07頁09段	夕刊	密造酒五斗六升押収 板橋の朝鮮人家屋-密造
1955.02.01	03頁08段	夕刊	ヤミ軍票で千九百万円 朝鮮人ブローカー二人捕る-犯罪
1955.02.09	05頁10段	夕刊	朝鮮人圧迫が原因 金被告の陳述-平事件
1955.02.18	08頁01段	朝刊	朝鮮人学校 各種学校に移管 新年度予算計上されず-学校
1955.02.23	03頁08段	夕刊	鉄格子を破り脱走 密入国の朝鮮人五人-犯罪
1955.02.25	03頁01段	夕刊	乱闘の民団など手入れ 統一大会事件 十数人手配、五人逮捕-暴力・脅し
1955.02.25	03頁01段	朝刊	在日朝鮮人同胞に訴う-論壇
1955.02.26	07頁09段	朝刊	短銃持って競輪場へ 後楽園 朝鮮人一人逮捕-犯罪
1955.02.27	07頁09段	朝刊	「民団」で声明-在日朝鮮人
1955.03.04	07頁05段	朝刊	四月から私学として都へ設置認可申請-朝鮮人学校
1955.03.12	08頁06段	朝刊	朝鮮人学校に補助金 文教委 特例として提案-都議会

발행일	지면정보	간종별	기사제목(원문)
1955.03.21	03頁01段	朝刊	正しい民族教育の場へ－都立朝鮮人学校よさようなら-論壇
1955.03.24	03頁05段	夕刊	来月から発足認可 東京都最大の"各種学校"で-朝鮮人学校
1955.05.10	07頁05段	朝刊	朝鮮統一署名運動始る-在日朝鮮人
1955.05.24	07頁12段	朝刊	「民戦」解散-在日朝鮮人
1955.05.27	07頁09段	朝刊	「在日朝鮮人総連合」発足-在日朝鮮人
1955.05.27	07頁09段	朝刊	「民団」で声明-在日朝鮮人
1955.05.29	03頁02段	夕刊	沈没船から密輸品 東京港 朝鮮人五人を逮捕-密輸
1955.07.02	03頁01段	朝刊	在日朝鮮人の動向 治安当局の見解-渉外
1955.07.03	03頁05段	夕刊	二千万円取込みサギ 朝鮮人三人組三信ビルを舞台に-詐欺
1955.08.05	07頁09段	朝刊	ブラジル移民団出発-渡航
1955.08.30	03頁01段	夕刊	容疑者は朝鮮人 別の短銃も使用か-銀行ギャング
1955.09.03	03頁01段	夕刊	抑留朝鮮人と引替に日本人漁夫を送還 柳駐日代表語る-韓国
1955.09.04	07頁11段	朝刊	戦前入国者を先ず釈放せよ 在日韓国筋談-在韓抑留漁夫
1955.09.05	02頁01段	夕刊	朝鮮人として思う-ひととき
1955.09.12	01頁12段	朝刊	在日オネスト砲部隊を視察 陸軍参謀長官-韓国
1955.09.14	01頁10段	朝刊	韓国参謀総長ら、在日米軍基地を視察-米極東軍
1955.09.19	02頁01段	夕刊	日本人と朝鮮人 もっと仲良く生きてゆこう＝平等の自覚から
1955.10.23	01頁06段	朝刊	"日本人の意思尊べ" 金首相、在日運動に警告-北鮮
1955.11.19	01頁12段	朝刊	農民団体と連絡協議会-社会党
1955.12.06	01頁10段	朝刊	李ラインに反対 朝鮮人総連合声明-李ライン強硬態度
1956.02.03	01頁03段	朝刊	韓国人(大村収容所)釈放を協議 きょう法相らが-朝鮮人帰国問題
1956.02.03	07頁10段	夕刊	大村収容所で朝鮮人一人を虐殺説__朝鮮人帰国問題
1956.02.11	07頁01段	朝刊	日赤側が反対提案在日朝鮮人問題などの討議で-北鮮引揚交渉
1956.04.07	07頁12段	朝刊	北鮮帰国者を「こじま」で返せ 在日代表が陳情-北鮮へ帰国希望の朝鮮人
1956.02.14	03頁06段	夕刊	北鮮へは帰せない 政府の態度-朝鮮人帰国問題
1956.02.19	11頁04段	朝刊	代表引揚げ論も出る「朝鮮人帰国」で進まず-北鮮引揚交渉
1956.04.04	09頁06段	朝刊	旅客機借切った移民団 羽田から米国へ出発-渡航
1956.04.07	03頁01段	夕刊	政府側の見解をただす 葛西日赤副社長-北鮮へ帰国希望の朝鮮人
1956.04.09	01頁06段	朝刊	農民戦線統一急ぐ 主体性派 各組合へ呼掛け-労組
1956.04.12	09頁01段	朝刊	平壌からも乗船要請 日赤前の座り込み続く-北鮮へ帰国希望の朝鮮人
1956.04.13	07頁07段	夕刊	警官と小競合い-北鮮へ帰国希望の朝鮮人
1956.04.15	11頁01段	朝刊	日赤で立退き要求 座りこみ朝鮮人-北鮮へ帰国希望の朝鮮人
1956.04.15	01頁05段	夕刊	日本人なみに引下げ 朝鮮人への生活保護-福祉・厚生
1956.04.16	03頁04段	夕刊	署長立退き求める-北鮮へ帰国希望の朝鮮人
1956.04.17	09頁05段	朝刊	座込み解く-北鮮へ帰国希望の朝鮮人
1956.04.17	09頁08段	朝刊	舞鶴でも引揚げる-北鮮へ帰国希望の朝鮮人
1956.04.22	11頁06段	朝刊	日赤正門前で座り込む-北鮮へ帰国希望の朝鮮人
1956.04.26	03頁01段	朝刊	朝鮮人の生活保護 二割ほどは取止めか減額へ-福祉・厚生
1956.05.10	02頁06段	朝刊	韓国の英連邦軍司令部廃止 在日軍司令官にブ准将-英連邦軍
1956.05.17	01頁11段	夕刊	日・韓・北鮮の話合いを提案 赤十字国際委代表-朝鮮人帰国問題

발행일	지면정보	간종별	기사제목(원문)
1956.05.24	11頁08段	朝刊	年に約五億円を削減 朝鮮人の生活保護費-厚生省
1956.05.30	07頁01段	朝刊	自費帰国を申し出 北鮮への帰国希望者-朝鮮人帰国問題
1956.07.03	02頁10段	朝刊	柳参事官の解任を要請 在日韓国人-韓国
1956.07.10	07頁05段	朝刊	外部からの圧力? 配船見込みなし-朝鮮人の帰国問題
1956.07.10	07頁07段	朝刊	米国に送還阻止を要請 韓国政府-朝鮮人の帰国問題
1956.07.16	08頁01段	朝刊	夏休みに帰れぬ在日留学生-学生・生徒
1956.07.18	11頁09段	朝刊	ソ連船利用に北鮮側は同意-朝鮮人の帰国問題
1956.07.22	02頁10段	朝刊	在日朝鮮人の北鮮送還反対-韓国
1956.07.26	03頁06段	夕刊	国際赤十字委員会、日赤に予備的提案-朝鮮人の帰国問題
1956.08.14	03頁01段	朝刊	政府の積極性を望む=帰国問題と在日朝鮮人の立場-論壇
1956.08.22	07頁11段	朝刊	釜山の日本人収容所を訪問 在日韓国民代表-韓国
1956.11.22	01頁11段	朝刊	統一促進に実行委員会 農民団体-労組
1956.11.27	05頁03段	夕刊	在日朝鮮人へ送金 北鮮赤十字社から-渉外
1957.02.15	07頁12段	朝刊	ひき逃げの朝鮮人少年捕る-ひき逃げ
1957.04.20	02頁09段	朝刊	在日子弟へ教育費十二万ポンド送金-北鮮
1957.05.17	01頁08段	朝刊	金裕沢氏大使に 在日韓国代表部首席交代-韓国
1957.06.21	05頁05段	夕刊	校庭で乱暴 朝鮮人生徒が侵入して-強盗
1957.06.25	05頁04段	夕刊	朝鮮人、米大使館へデモ 南鮮へ核兵器持込み反対-一般
1957.07.26	07頁10段	夕刊	在日朝鮮人大会開く-渉外
1957.08.18	12頁04段	朝刊	公園指定地にバラック 強制立退きの朝鮮人など-都政
1956.09.28	02頁04段	朝刊	農民戦線統一の動き-社説
1956.12.08	01頁08段	朝刊	「農民戦線統一協議会」発足 日農など七団体が参加-労組
1957.09.05	09頁11段	朝刊	大田では大韓居留民団支部など-火事
1957.09.22	11頁08段	朝刊	三分の二は朝鮮人 樺太からの帰国者-ソ連引揚
1957.11.29	04頁01段	朝刊	原乳買たたきに反対 農民団体、運動を起す-農林
1957.12.17	05頁07段	夕刊	日本人になりすます 密入国した朝鮮人工員-密輸・密航
1958.01.21	01頁08段	朝刊	朝鮮人、北鮮へ返せば日本人釈放遅らす、外務部示唆-抑留邦人漁夫送還
1958.01.22	01頁10段	朝刊	抑留者釈放で決議 在日朝鮮人総連合会-韓国人釈放
1958.02.04	02頁08段	朝刊	在留朝鮮人の無条件釈放を 北鮮赤十字電報-北鮮
1958.03.19	02頁06段	朝刊	在日朝鮮人の見解きく国籍、生活、教育問題など-外務委員会
1958.05.09	02頁08段	朝刊	「在日韓人の地位」から-日韓会談
1958.05.19	02頁01段	朝刊	"人民戦線"の可能性も 仏軍 右翼の動き次第で-ドゴール将軍出馬
1958.05.26	01頁01段	夕刊	ドゴール政権か人民戦線か フ内閣崩壊のおそれ-ドゴール将軍出馬
1958.06.10	02頁09段	朝刊	在日韓人の取扱い協議-日韓会談
1958.07.20	11頁09段	朝刊	"収穫皆無で売り食い"パラグアイ移民団からSOS-移民
1958.07.30	03頁06段	朝刊	米軍の即時撤退を主張せよ 国民戦線派声明-反政府軍
1958.08.08	02頁01段	朝刊	再入国審査、厳重に 在日韓国人の悪用防ぐ-渉外
1958.10.11	11頁07段	朝刊	帰国希望は一万七千人 朝鮮総連委終る-北鮮帰国問題
1958.11.15	11頁07段	朝刊	朝鮮人帰国に協力 文化人、民主団体で-朝鮮人の帰国問題
1958.11.16	01頁05段	夕刊	立消え国民戦線論-8ミリ政局

발행일	지면정보	간종별	기사제목(원문)
1958.11.20	11頁06段	朝刊	ソ連領経て北鮮へ　密出国企て漂流　朝鮮学校生四人-犯罪
1958.11.27	09頁01段	朝刊	法大、在日韓国に敗る　全慶・名古屋ク・全法は勝進む-全日本ホッケー
1958.11.28	09頁01段	朝刊	決勝は全慶と在日韓国　女子は全羽衣対小野-全日本ホッケー
1958.11.29	09頁01段	朝刊	在日韓国が連勝　女子は全小野-全日本ホッケー
1958.12.03	02頁09段	朝刊	日韓会談と無関係に　外相談-朝鮮人の帰国問題
1958.12.24	07頁08段	夕刊	"日本政府が帰国妨害"北鮮系在日朝連で声明-朝鮮人の帰国問題
1958.12.27	02頁06段	朝刊	朝鮮人帰国問題通達に抗議　愛知法相に-社会党
1959.01.15	02頁07段	朝刊	北鮮帰国促進運動をきめる朝鮮人総連合-北鮮送還問題
1959.01.25	02頁08段	朝刊	四月、第一船を目標　在日朝鮮人、帰国で決議-北鮮送還問題
1959.02.05	05頁01段	朝刊	在日朝鮮人の帰国問題　根本は生活の問題"帰えす方がお互いのため"
1959.02.05	01頁09段	夕刊	機種問題矢島氏、参院で質問　社党、朝鮮人送還決議案を用意-国会対策
1959.02.05	05頁01段	朝刊	在日朝鮮人の帰国問題　根本は生活の問題"帰えす方がお互いのため"
1959.02.06	01頁06段	朝刊	岸首相の再考望む　韓国政府声明-北鮮帰還(在日朝鮮人)問題
1959.02.06	01頁07段	朝刊	米国などの介入要請政府系紙社説-北鮮帰還(在日朝鮮人)問題
1959.02.08	02頁05段	朝刊	野党も北鮮送還反対-北鮮帰還(在日朝鮮人)問題
1959.02.09	01頁09段	夕刊	北鮮帰国で要望　在日朝鮮人総連合会の代表-"北鮮帰還"問題
1959.02.10	01頁05段	朝刊	実力阻止ありうる　高官談-北鮮帰還(在日朝鮮人)問題
1959.02.12	03頁05段	夕刊	"北鮮帰国反対"で座込む在日韓国居留民団側-"北鮮帰還"問題
1959.02.12	01頁11段	朝刊	国連提訴も考える　高官談-北鮮帰還(在日朝鮮人)問題
1959.02.13	01頁06段	朝刊	韓国政府が重大決定-北鮮帰還(在日朝鮮人)問題
1959.02.13	01頁05段	夕刊	海空軍は待機-北鮮帰還(在日朝鮮人)問題
1959.02.14	03頁01段	朝刊	学生らが反対デモ-北鮮帰還(在日朝鮮人)問題
1959.02.14	03頁02段	朝刊	軍の待機を否定　国防部スポークスマン-北鮮帰還(在日朝鮮人)問題
1959.02.15	01頁01段	朝刊	対日措置に慎重-北鮮帰還(在日朝鮮人)問題
1959.02.15	01頁03段	朝刊	国連へ介入を要望　国際赤十字へも帰還反対を-北鮮帰還(在日朝鮮人)問題
1959.02.15	01頁04段	朝刊	信用状の開設を中止　ICA関係の十万ドル-北鮮帰還(在日朝鮮人)問題
1959.02.15	01頁06段	朝刊	林代表国連へ-北鮮帰還(在日朝鮮人)問題
1959.02.15	03頁06段	朝刊	武力阻止は不可能　京城での観測-北鮮帰還(在日朝鮮人)問題
1959.02.15	01頁05段	夕刊	日貨排斥運動開始をきめる　韓国商工会議所-北鮮帰還(在日朝鮮人)問題
1959.02.16	01頁06段	朝刊	"米、マ大使に訓令"日韓関係の調停　梁駐米大使語る
1959.02.16	01頁08段	朝刊	李大統領の命令を待機　海空軍-北鮮帰還(在日朝鮮人)問題
1959.02.16	01頁10段	夕刊	京城で国民大会-北鮮帰還(在日朝鮮人)問題
1959.02.17	01頁07段	朝刊	日赤と会談望む　平壌か東京で　北鮮赤十字が打電-在日朝鮮人の帰還問題
1959.02.17	01頁10段	朝刊	公平なら米介入歓迎　駐米韓国大使が言明-北鮮帰還(在日朝鮮人)問題
1959.02.17	01頁11段	朝刊	超党派で全国委員会-北鮮帰還(在日朝鮮人)問題
1959.02.17	01頁11段	朝刊	韓国各地で反対集会-北鮮帰還(在日朝鮮人)問題
1959.02.18	01頁04段	朝刊	韓国"柔軟政策"とる-北鮮帰還(在日朝鮮人)問題
1959.02.19	01頁04段	朝刊	赤十字は手を引け　韓国から要請-北鮮帰還(在日朝鮮人)問題
1959.02.20	01頁04段	朝刊	北鮮帰還に同意せず　李大統領が言明-北鮮帰還北鮮帰還(在日朝鮮人)問題

발행일	지면정보	간종별	기사제목(원문)
1959.02.20	01頁05段	朝刊	韓国国会も反対決議
1959.02.20	02頁04段	朝刊	南北両派の衝突を警戒「最近の在日朝鮮人の動向」柏村警察庁長官が報告
1959.02.21	01頁10段	朝刊	赤十字国際委で争う　韓国議会が決議-北鮮帰還北鮮帰還(在日朝鮮人)問題
1959.02.21	03頁09段	朝刊	京城、仁川で北鮮送還反対デモ-北鮮帰還北鮮帰還(在日朝鮮人)問題
1959.02.21	01頁11段	夕刊	北鮮帰還撤回へ日本を説得　柳公使、帰任前に語る
1959.02.22	01頁10段	朝刊	赤十字国際委の介入は不当　北鮮赤十字委員長語る-在日朝鮮人の帰還問題
1959.02.24	09頁01段	朝刊	警視庁、衝突を警戒　両派朝鮮人の集会続く-"北鮮帰還"問題
1959.02.28	01頁07段	朝刊	"北鮮帰還船の妨害には自信"海軍参謀総長語る
1959.02.28	01頁11段	夕刊	ジュネーブへ李元首相派遣、韓国赤十字-北鮮帰還(在日朝鮮人)問題
1959.03.06	05頁07段	夕刊	朝鮮人帰還で日赤に申入れ　北鮮帰還問題
1959.03.07	01頁05段	夕刊	朝鮮総連、日赤へ申入れ-北鮮帰還問題
1959.03.17	10頁01段	朝刊	匿名の婦人を捜す「私の名は朝鮮人」の一人-東京都
1959.03.25	05頁07段	夕刊	朝連側が勝訴　団規令接収の損失補償-判決
1959.04.17	11頁05段	朝刊	法務省、控訴手続き　旧朝連財産の補償問題-裁判
1959.04.17	01頁03段	夕刊	朝鮮人帰還問題に日本は誠意を示せ　北鮮労働新聞-北鮮帰還問題
1959.04.26	10頁03段	朝刊	朝鮮人の帰化ふえる-一般
1959.05.10	02頁08段	朝刊	政府・日赤へ要望在日朝鮮人帰国促進大会開く-北鮮帰還問題
1959.05.22	11頁03段	朝刊	民団外務省で騒ぐ　北鮮送還反対叫び-北鮮帰還問題
1959.06.06	01頁10段	夕刊	韓国、在日居留民団へ補助金送る-韓国
1959.06.07	12頁04段	朝刊	帰還促進を要請　朝連東京大会-渉外
1959.06.10	05頁08段	夕刊	朝鮮総連全体大会始る-韓国
1959.06.11	05頁01段	夕刊	明暗二重の表情　朝鮮総連　民団本部、下関-北鮮
1959.06.12	08頁01段	朝刊	朝鮮人部落の表情-北鮮
1959.06.16	01頁09段	夕刊	本国政府に不信を表明　韓国居留民団-韓国
1959.06.16	11頁04段	朝刊	密入国の朝鮮人　法務省で取扱い協議-北鮮
1959.06.18	02頁07段	夕刊	李承晩への不信から民団から脱退相つぐ-韓国
1959.06.19	07頁05段	夕刊	幹部の退陣を要求　居留民団団長会議で声明-韓国
1959.06.25	01頁01段	夕刊	民団幹部が総辞職　李非難声明の責任とり-韓国
1959.06.25	07頁01段	夕刊	民団側でも大会開く-北鮮
1959.06.25	07頁08段	夕刊	朝鮮総連中央集会-北鮮
1959.06.26	05頁07段	夕刊	北多摩に朝鮮大学-学校
1959.06.27	01頁12段	夕刊	午前二時半に終る　農相農民団体会見-米・麦価
1959.07.05	03頁08段	夕刊	朝鮮人被告の帰還を促進へ　吹田事件弁護団-裁判
1959.07.08	01頁06段	朝刊	責任は日本政府に　在日朝連が声明-北鮮・帰還問題
1959.07.08	01頁01段	夕刊	在日朝鮮人帰還、無期限に延期　調印で妥協ならず-北鮮・帰還問題
1959.07.08	01頁10段	夕刊	日赤で一時座り込み　在京の朝鮮人-北鮮・帰還問題
1959.07.11	05頁08段	夕刊	帰国信じ明るい顔　新潟で朝鮮人青年大会-北鮮・帰還問題
1959.07.12	10頁04段	朝刊	南北朝鮮人の動きで指示　警察庁-渉外
1959.07.13	02頁08段	朝刊	大半、自由意思で居住　外務省、在日朝鮮人で発表-外務省

발행일	지면정보	간종별	기사제목(원문)
1959.07.14	02頁01段	夕刊	外務省発表はデタラメ 朝鮮総連が反論-北鮮・帰還問題
1959.07.15	01頁12段	朝刊	新潟などで強力闘争 民団帰還阻止方針決定-北鮮・帰還問題
1959.07.17	09頁10段	朝刊	朝鮮総連、きょう統一行動 帰国調印要求-北鮮・帰還問題
1959.07.17	07頁04段	夕刊	帰還遅延に非難宣言 朝鮮人総連 四千人が大会-北鮮・帰還問題
1959.07.30	01頁08段	夕刊	大村の朝鮮人、いつでも帰す 法務省当局談-日韓会談
1959.08.03	01頁12段	夕刊	協定即時調印で申入れ 朝連総連、日赤へ-帰還問題(日韓・日鮮会談)
1959.08.04	01頁12段	夕刊	早期帰還を陳情 朝鮮総連代表-帰還問題(日韓・日鮮会談)
1959.08.14	03頁01段	朝刊	在日朝鮮人帰還協定(条文)-帰還問題(日韓・日鮮会談)
1959.08.18	09頁06段	朝刊	朝鮮人も救援に一役　塩山市　帰国のお礼にと-台風七号
1959.08.19	01頁04段	朝刊	在日朝鮮人で新協定 韓国政府・対日提案を訓令
1959.08.22	01頁03段	朝刊	帰国方針決める 朝鮮総連-帰還問題(日韓・日鮮会談)
1959.08.23	01頁06段	朝刊	ジュノー氏きょう来日　警視庁・朝鮮人の動き警戒
1959.09.03	02頁10段	朝刊	民団団長が帰国-韓国
1959.09.03	01頁10段	夕刊	総連が反対-北朝鮮帰還・日韓会談
1959.09.08	01頁10段	朝刊	民団も「帰還案内」反対-北朝鮮帰還・日韓会談
1959.09.09	10頁08段	朝刊	朝鮮総連が台風見舞-一般
1959.09.16	02頁10段	朝刊	在日韓国人の補償など協議-北朝鮮帰還・日韓会談
1959.09.18	07頁01段	夕刊	帰国前に朝鮮人四少年姿消す　誘かいされたか-事件
1959.09.19	07頁07段	夕刊	容疑者を全国手配 朝鮮人少年連れ出し事件で-事件
1959.09.21	11頁07段	朝刊	朝鮮人少年一人だけ保護 川崎の行方不明事件-事件
1959.09.22	01頁06段	朝刊	民団側がハンスト-北朝鮮帰還・日韓会談
1959.09.23	01頁01段	朝刊	国旗問題で日赤に謝罪要求 朝鮮総連-北朝鮮帰還・日韓会談
1959.09.25	07頁01段	夕刊	日赤に乱入、大さわぎ 北送反対 韓国民団員ら-北朝鮮帰還・日韓会談
1959.09.26	02頁08段	夕刊	日本政府の態度を非難 朝鮮総連-北朝鮮帰還・日韓会談
1959.09.26	07頁05段	夕刊	大村収容所で騒動 朝鮮人二百 門外で座込む-事件
1959.09.27	06頁01段	夕刊	朝鮮人の妻になった日本女性-家庭
1959.10.07	10頁08段	朝刊	朝鮮人の被災者へ救援物資 北朝鮮から通告-伊勢湾台風被害救援
1959.10.08	07頁10段	夕刊	二点につき申入れ 朝鮮総連、日赤に-北朝鮮帰還・日韓会談
1959.10.09	02頁06段	夕刊	あくまで修正要求 朝鮮総連、声明を出す-北朝鮮帰還・日韓会談
1959.10.29	01頁12段	夕刊	レ団長と会談 朝鮮総連-北朝鮮帰還・日韓会談
1959.11.05	02頁08段	夕刊	柳大使 協定申し入れ 在日韓国人の集団帰-日韓関係
1959.11.07	11頁05段	朝刊	新潟で朝鮮総連が植樹-北朝鮮帰還
1959.11.16	05頁01段	夕刊	総連大会 民団らが妨害-北朝鮮帰還
1959.11.16	05頁01段	夕刊	民団・総連 衝突すでに十六件、帰還問題で対立-北朝鮮帰還
1959.11.24	02頁10段	朝刊	民団幹部秘密会議-韓国
1959.12.09	11頁02段	朝刊	「韓国テロ分子が上陸」朝鮮総連、府警へ取締り要望-北朝鮮帰還
1959.12.12	11頁04段	朝刊	民団に警告 新潟県警本部-北朝鮮帰還
1959.12.12	07頁08段	夕刊	民団側すごむ-北朝鮮帰還
1959.12.13	05頁06段	夕刊	十一人の即時釈放を要求 都民団総本部団長-北朝鮮帰還
1959.12.15	11頁09段	朝刊	朝鮮総連が声明-北朝鮮帰還

発行日	지면정보	간종별	기사제목(원문)
1959.12.17	11頁08段	朝刊	Ｔ元民団団長に逮捕状-北朝鮮帰還
1959.12.24	11頁08段	朝刊	民団元団長ら書類送検-北朝鮮帰還
1960.01.15	10頁01段	朝刊	朝鮮人にも暖かい成人式-成人式
1960.01.23	11頁08段	朝刊	朝鮮総連で反対声明　赤十字国際委の助言に-北朝鮮帰還
1960.01.26	11頁03段	朝刊	朝鮮人妻といっしょに渡航-北朝鮮帰還
1960.02.29	07頁07段	夕刊	朝連が三・一大会-一般
1960.03.01	07頁10段	夕刊	韓国民団でも三・一節大会-韓国
1960.03.17	07頁01段	夕刊	放火させ保険金詐取　水戸民団副団長を手配-放火
1960.04.18	07頁03段	夕刊	朝鮮人ら二十三人逮捕　麻薬密売で一千万円かせぐ-犯罪
1960.04.20	11頁06段	朝刊	在日朝鮮人が中央決起大会-韓国
1960.04.23	06頁01段	朝刊	朝鮮人のひとりとして思う-学芸
1960.04.26	05頁07段	夕刊	李承晩の写真をおろす　民団青年団-韓国
1960.04.30	01頁11段	夕刊	李参事官が首相代理に　在日代表部-韓国
1960.05.12	02頁07段	朝刊	浅沼委員長に抗議　韓国居留民団が-対日関係
1960.06.09	02頁08段	夕刊	李前大統領の在日資産　韓国政府調査を命ず-韓国
1960.06.26	01頁12段	夕刊	在日韓国人の財産調査「不正蓄財」を追及-韓国
1960.06.29	01頁05段	夕刊	「総裁は公選で」自民戦前派議員が意見書-首班問題
1960.07.17	01頁12段	朝刊	自民戦前派議員会合-自由民主党
1960.07.28	10頁08段	朝刊	現協定無修正延長を　朝鮮総連-北朝鮮帰還問題
1960.09.25	02頁03段	朝刊	朝鮮総連が声明-北朝鮮帰還問題
1960.10.03	01頁11段	夕刊	朝鮮総連代表が日赤社長と会見　帰還協定延長要求-北朝鮮帰還問題
1960.10.18	01頁03段	朝刊	現行協定の無修正要求して統一行動　在日朝鮮人総連合会-北朝鮮帰還問題
1960.10.28	11頁05段	朝刊	にぎやかに合唱、輪舞協定延長を喜ぶ朝鮮人-北朝鮮帰還問題
1960.11.08	02頁01段	朝刊	委員会の討議始まる　「在日韓国人の法的地」で-日韓会談
1960.11.12	03頁04段	朝刊	人民戦線のビラ-クーデター
1960.11.19	01頁08段	夕刊	引き渡すべきだ　朝鮮総連が声明発表-張元韓国内務部長官密入国事件
1960.11.23	09頁01段	朝刊	全明大、在日韓国降す　全法大決勝へ-全日本選手権
1961.01.10	01頁09段	夕刊	在日韓国人の法的地位　日本側から文書-日韓会談関係
1961.01.25	01頁10段	朝刊	日韓会談の中止要求　朝鮮総連中央委-日韓会談関係
1961.01.26	11頁05段	朝刊	一審くつがえし合憲　旧朝連財産の"団規令"接収　東京高裁判決-裁判
1961.02.26	10頁07段	朝刊	在日留学生に送別会-学校・学生
1961.04.05	07頁01段	夕刊	戦前に朝鮮人と結婚した婦人は朝鮮国籍最高裁で新判例-裁判
1961.04.06	02頁05段	夕刊	在日韓国人の"処遇"を討議-日韓会談関係
1961.04.18	07頁03段	夕刊	初の合同集会　南北両派朝鮮人-アジア
1961.04.24	01頁01段	朝刊	来月中にも妥結か　在日韓国人の法的地位-日韓会談関係
1961.05.08	11頁06段	朝刊	朝鮮人少女自殺-自殺
1961.05.16	07頁01段	夕刊	判断に迷う在日韓国人　車のラジオに殺到-韓国クーデターと日本
1961.05.18	10頁03段	朝刊	総連…民団協調にブレーキ　クーデターで抗争激化か-韓国クーデターと日本
1961.05.23	01頁04段	夕刊	朝鮮総連員捕える-韓国軍がクーデター

발행일	지면정보	간종별	기사제목(원문)
1961.06.04	10頁01段	朝刊	「二重国籍」の帰化韓国人 "日本代表"になれぬ 射撃選手権-国内
1961.09.17	02頁08段	夕刊	北朝鮮人口一千万-北朝鮮
1961.09.23	15頁02段	朝刊	朝鮮人か 東京租界の顔役-犯罪
1961.10.18	01頁12段	夕刊	会談中止せよ 朝鮮総連声明-日韓会談関係
1961.10.25	03頁05段	朝刊	四党で国民戦線政府 グルセル将軍を大統領に-トルコ
1961.11.11	01頁08段	朝刊	「朝連」が抗議集会 きょう羽田空港に動員-朴議長来日
1961.11.11	07頁01段	夕刊	ものものしい羽田 「朝連」はしめ出し-朴議長来日
1961.11.11	01頁08段	朝刊	「朝連」が抗議集会 きょう羽田空港に動員-朴議長来日
1961.11.12	11頁01段	朝刊	朝連が抗議声明-朴議長来日
1961.12.20	02頁06段	夕刊	在日韓国人実業家六十人が訪韓-韓国
1962.01.27	02頁10段	朝刊	来月二日に再開 「在日韓国人法的地位委」-日韓会談関係
1962.03.01	11頁08段	朝刊	水戸では朝鮮学校-火事
1962.03.12	01頁09段	夕刊	総評・朝連代表面会求めて気勢 議場の周辺-崔長官来日 日韓政治会談
1962.04.21	15頁05段	朝刊	四人に無期懲役 福島地裁判決 朝鮮人金貸し殺し-裁判
1962.05.21	01頁12段	朝刊	天声人語
1962.06.20	02頁10段	朝刊	日韓交渉、来月になれば少し活発化 朴議長語る-韓国
1962.06.23	03頁06段	朝刊	イタリア裁判所受理 市民団体の核実験告訴-イタリア
1962.06.23	02頁06段	夕刊	帰還協定一年延長を申入れ 北朝鮮から日赤へ-北朝鮮帰還
1962.06.29	02頁01段	夕刊	在日朝鮮人帰国協定を延長せよ-想林
1962.07.05	01頁11段	朝刊	政府へ米価大幅値上げ陳情 農民団体が大会開く-米価
1962.07.09	10頁01段	朝刊	"在米日系人の歴史"出版 日系市民団とカ大が共同計画-出版
1962.08.12	02頁02段	朝刊	在日米空軍も参加 核戦争想定 米韓の合同演習-韓国
1962.09.01	02頁11段	夕刊	在日韓国代表部存在の理由-読者応答室から
1962.09.23	01頁01段	朝刊	重点は両分科委へ 二十六日に顔合せ-日韓会談関係
1962.09.29	01頁10段	夕刊	旧島民側、調整案のむ 小笠原補償配分が解決-渉外
1962.10.02	01頁09段	朝刊	二分科委 きょう顔合せ-日韓会談関係
1962.10.02	02頁01段	朝刊	日韓交渉分科委の焦点 漁業規制で対立か-日韓会談関係
1962.10.03	01頁05段	朝刊	双方の専門家が顔合せ 九回目の予備折衝-日韓会談関係
1962.10.04	14頁08段	朝刊	イラン地震へ在日各国学生が40万円-大地震
1962.10.11	01頁01段	朝刊	週二回開き審議促進 日韓合意「漁業」と「法的地位」-日韓会談関係
1962.10.13	01頁04段	夕刊	兵庫県(8)-新人国記＝1962年10月21日夕刊1面に訂正
1962.10.19	02頁06段	朝刊	日韓政治折衝首相訪欧後か外相、大野氏に説明-日韓会談関係
1962.10.21	01頁01段	朝刊	日韓交渉 大平・金会談で一歩前進 四億ドル以下示す 韓国-日韓会談関係
1962.11.28	04頁01段	朝刊	農民団体、強い反対、乳価引下げ政治問題に-農林
1962.12.29	01頁03段	朝刊	同意の「朴回答」を携行 請求権問題 帰任の崔参事官-日韓会談関係
1963.03.07	07頁06段	夕刊	四教室焼く 朝鮮人学校火事
1963.05.26	14頁08段	朝刊	在日韓国居留民団新役員きまる-韓国
1963.06.11	06頁08段	夕刊	"偵察を命令され"密入国 朝鮮人逮捕-密輸・密売・密出入国
1963.06.13	01頁09段	朝刊	農民団体、活発な運動 米価の引上げ要求-米・麦価
1963.06.15	02頁04段	夕刊	政治問題に発展か 各党・農民団体取組む 成長作物の価格-農業

발행일	지면정보	간종별	기사제목(원문)
1963.07.03	02頁10段	夕刊	二億円送る 在日朝鮮人子弟に-北朝鮮
1963.08.03	01頁08段	朝刊	帰還協定を延長 北朝鮮申入れに同意 日赤-北朝鮮帰還
1963.09.04	02頁10段	朝刊	法相報告に反対表明 在日朝鮮人祖国往来委-渉外
1963.09.23	02頁10段	朝刊	反マレーシア司令部を結成 インドネシア国民戦線-マレーシア断交紛争
1963.10.05	03頁08段	朝刊	日本のインドネシア援助に警告 マレーシア人民戦線-マレーシア問題
1963.11.26	14頁07段	朝刊	都議会が採択 朝鮮人総連合会の「祖国往来の請願」-都議会
1964.01.19	03頁09段	朝刊	ジャカルタで反英デモ
1964.02.04	01頁04段	夕刊	妥結は早まる可能性 日韓交渉 外相、閣議で報告-日韓会談関係
1964.03.05	16頁06段	朝刊	今月中に立退き 浅草寺境内の朝鮮人部落-土地・住宅
1964.03.06	01頁01段	夕刊	韓国の管轄権など 外相、閣議に報告-日韓会談関係
1964.03.12	01頁08段	朝刊	きょうから本会談-日韓会談関係
1964.03.16	01頁02段	朝刊	成否にぎる漁業交渉-日韓会談関係
1964.03.17	01頁08段	朝刊	19日、進め方を協議-日韓会談関係
1964.03.17	01頁10段	夕刊	臨時基地対策審は設置せず 閣議で了承-基地
1964.03.19	01頁01段	夕刊	外相「日韓」で国会報告 李ライン撤廃前提-国会
1964.03.23	05頁01段	朝刊	(1)日本を追いかける-南と北
1964.03.25	01頁07段	夕刊	全駐労の闘争-今日の問題
1964.03.30	02頁01段	夕刊	「日韓会談粉砕を」AA連帯機構が決議-アフリカ
1964.04.17	02頁08段	朝刊	本会談非公式に開く__日韓会談関係
1964.04.22	14頁05段	朝刊	北朝鮮との往来を要求し朝鮮人大会-渉外
1964.05.14	07頁10段	夕刊	朝鮮人学校焼ける-火事
1964.05.18	11頁09段	夕刊	在日韓国人の工作を中心に北朝鮮スパイの二人-密輸・密売・密出入国
1964.07.04	02頁08段	夕刊	共産党、人民戦線内閣要求のデモ-イタリア
1964.07.09	12頁04段	朝刊	再入国は認めぬ 北朝鮮の五輪予選出場の在日朝鮮人-外国
1964.07.22	01頁12段	朝刊	天声人語
1964.07.28	01頁10段	夕刊	帰国協定一年再延長を提案 北朝鮮赤十字会-北朝鮮
1964.07.31	02頁08段	朝刊	日赤、一年延長に同意 北朝鮮帰還協定-渉外
1964.08.13	02頁09段	朝刊	五輪参加在日朝鮮人の再入国で要望 浜野衆院法務委員長-東京五輪
1964.09.22	14頁01段	朝刊	在日韓国学生に奨学金 私財11億余円で 韓国実業家が計画-教育
1964.10.09	10頁05段	夕刊	韓国からも五輪参観団 民団の招きで-外来客
1964.10.30	03頁04段	朝刊	スーダン、軍政を清算 軍・国民戦線で暫定政府-スーダン
1964.11.10	02頁10段	夕刊	ゼネスト呼びかけ スーダン国民戦線-スーダン
1964.11.24	01頁12段	朝刊	事業税払わねば商社員の出国認めぬ韓国財務部長官語る-韓国
1964.12.03	02頁07段	夕刊	在日朝鮮人総連も-第七次日韓会談
1964.12.11	02頁09段	朝刊	持帰り財産で対立 法的地位委-第七次日韓会談
1964.12.17	02頁08段	朝刊	北朝鮮往来を再検討 通常国会再開までにメド "人道上"の理由に限り
1964.12.25	02頁01段	朝刊	朝鮮総連が手を引けば北朝鮮と往来認める 法相ら三者会談で基本方針
1964.12.26	02頁10段	朝刊	朝連、政府に反論-北朝鮮との往来問題
1964.12.27	03頁06段	朝刊	(解説)共産党が呼びかけ 人民戦線の結成-大統領選挙
1965.02.16	03頁01段	朝刊	(上)"国民団結"に力コブ-現地に見るサバ、サラワク

발행일	지면정보	간종별	기사제목(원문)
1965.02.24	01頁11段	朝刊	法的地位問題は慎重に 法相談-第七次日韓会談
1965.03.04	01頁05段	夕刊	「退去強制」で実質合意 日韓法的地位委
1965.03.07	02頁04段	朝刊	在日韓国人と永住権の限界-社説
1965.03.18	01頁06段	夕刊	法的地位協定の適否で大差は生じぬ 法相 朝鮮人の処遇で答弁-参議院
1965.03.23	02頁04段	朝刊	主張、いぜん対立-法的地位委
1965.03.25	01頁09段	朝刊	永住許可の範囲中心に検討-法的地位委
1965.03.25	01頁02段	夕刊	大詰の折衝-法的地位委
1965.03.26	01頁03段	朝刊	永住韓国人に義務教育 文相答弁 条約成立後は便宜図る-予算委
1965.03.27	06頁01段	夕刊	私はこう思う 「法的地位」 在日朝鮮人の声-法的地位委
1965.03.27	01頁05段	朝刊	日韓外相 「法的地位」で合意 きょう要綱に仮調印-法的地位委
1965.03.27	01頁01段	夕刊	日韓「請求権」で大詰の折衝 漁船補償は相殺 韓国の船舶補償と-請求権委
1965.03.27	01頁05段	夕刊	「法的地位」合意に達す 「子」の永住も認める 明朝までに仮調印-法的地位委
1965.03.27	01頁07段	夕刊	北朝鮮系の地位は協定後に検討-外務委
1965.03.27	01頁08段	夕刊	(解説) ねばり抜いた韓国側 問題残す「永住許可」の譲歩法的地位委
1965.03.27	01頁10段	夕刊	でき次第閣議了解 法的地位の協定要綱-法的地位委
1965.03.27	06頁01段	夕刊	私はこう思う 「法的地位」 在日朝鮮人の声-法的地位委
1965.03.28	01頁02段	朝刊	仮調印延期か-法的地位委
1965.03.28	01頁08段	朝刊	対立深まる韓国内 与野党 懸命の宣伝戦 学生の動向も微妙-日韓会談
1965.03.28	01頁01段	夕刊	-請求権委
1965.03.29	01頁01段	朝刊	「処遇」は切離せぬ 韓国、法的地位で申入れ きょう外相会談で打開
1965.03.29	01頁01段	夕刊	日韓外相会談 なお曲折 「処遇」で韓国具体案-法的地位委
1965.03.30	01頁01段	朝刊	日本側、譲らぬ方針 在日韓国人の処遇問題 韓国 新提案かなり強硬
1965.03.30	05頁01段	朝刊	「法的地位」の問題点 日韓交渉-特集記事
1965.03.30	01頁03段	夕刊	明確な取決めを 「法的地位」で首相要望-法的地位委
1965.03.31	01頁01段	朝刊	日韓外相 局面打開を協議 日本、一括解決求む 「処遇」切離しを確認
1965.03.31	02頁01段	朝刊	「法的地位」には筋を通-社説
1965.03.31	01頁08段	夕刊	韓国「処遇」で対案 金大使 牛場審議官と会談-法的地位委
1965.04.01	01頁01段	朝刊	日韓「処遇」で歩み寄る 原則だけ取決めへ-法的地位委
1965.04.01	01頁01段	朝刊	韓国きょう最終態度 漁業問題-漁業協定交渉
1965.04.01	01頁01段	夕刊	韓国、本国に請訓 「漁業」はなお細目調整-日韓会談 三懸案に仮調印
1965.04.02	02頁03段	朝刊	「法的地位」で声明 自由法曹団など五団体-法的地位委
1965.04.02	01頁08段	朝刊	持帰り財産にも"考慮-法的地位委
1965.04.02	02頁03段	朝刊	「法的地位」で声明 自由法曹団など五団体-法的地位委
1965.04.02	02頁01段	夕刊	日韓三懸案 あす仮調印 漁業細目でも合-日韓会談 三懸案に仮調印
1965.04.02	01頁04段	夕刊	仮調印には和田水産庁次長らが署名 漁業協定要綱
1965.04.02	01頁07段	夕刊	韓国政府承認 法的地位と請求権要綱案-日韓会談 三懸案に仮調印
1965.04.03	01頁01段	夕刊	日韓三懸案に仮調印「椎名・李」「赤城・車」共同コミュニケ発表
1965.04.04	02頁09段	朝刊	「善隣友好の基礎」 在日居留民団が声明-日韓会談 三懸案に仮調印
1965.04.04	02頁01段	朝刊	日韓三懸案の仮調印-社説
1965.04.04	02頁01段	朝刊	在日外人教育を再検討文部省 日韓仮調印を機に-在日外国人

발행일	지면정보	간종별	기사제목(원문)
1965.04.06	08頁01段	夕刊	(8)差別の壁-非行を追う
1965.04.08	02頁05段	朝刊	在日朝鮮人を弾圧 日韓会談に北朝鮮声明-日韓会談 三懸案に仮調印
1965.04.16	02頁01段	朝刊	在日基地使用せず 首相答弁 米のベトナム作戦-本会議
1965.04.17	02頁04段	朝刊	北朝鮮が代表十人を東京へ 朝総連十周年式-在日外国人
1965.04.28	03頁08段	朝刊	デモ再燃の気配 国会前にすわり込み 韓国学生
1965.04.29	01頁05段	夕刊	詳細は語らず 在日第五空軍-北朝鮮
1965.05.03	02頁06段	夕刊	"在日韓国人徴兵説"を否定 韓国国防省-韓国
1965.05.05	02頁10段	朝刊	韓国、在日中小企業に融資-韓国
1965.05.07	02頁07段	朝刊	法的地位 総連にも適用 韓国外務次官が答弁-日韓会談
1965.05.12	02頁08段	朝刊	韓国側も草案提出 日韓法的地位委-日韓会談
1965.05.21	03頁10段	朝刊	北朝鮮人民会議開く-北朝鮮
1965.05.22	03頁08段	朝刊	日韓協定は認めぬ 北朝鮮人民会議が決議 必ず賠償は請求-日韓会談
1965.06.20	12頁01段	朝刊	在日朝鮮人の今後 大筋がまとまった「法的地位」-日韓会談
1965.06.21	01頁10段	朝刊	ＡＡ会議にふれず 代理大使が外務省訪問-アルジェリアのクーデター
1965.06.21	01頁11段	朝刊	対外政策は不変 在日大使館声明-アルジェリアのクーデター
1965.06.23	03頁10段	朝刊	民団、総連が声明-調印
1965.06.23	15頁07段	朝刊	民団は乾杯 総連は非難-調印
1965.07.01	15頁05段	朝刊	ミサイル弾を落す 米軍機が誤って 大島－厚木-在日米軍
1965.07.01	10頁07段	夕刊	海中に落下か-在日米軍
1965.07.02	02頁10段	朝刊	LST 日本人以外雇わぬ横浜の米軍当局言明-在日米軍
1965.07.10	02頁10段	朝刊	来年六月閉鎖で六百人整理 北区の米軍極東地図局＿在日米軍
1965.07.14	14頁08段	朝刊	安全旗はずす 厚木基地周辺の農民-在日米軍
1965.07.18	02頁01段	朝刊	(4)在日米軍 日米協力のCOC(作戦指揮室) 実戦要員は第5空軍が主力-現地に見る防衛力
1965.07.28	02頁09段	朝刊	在日米海軍司令官にジョンソン少将-在日米軍
1965.08.06	02頁10段	夕刊	北朝鮮人の入国申請に弾力措置 石井法相が表明-その他の委員会
1965.08.19	02頁04段	夕刊	日韓条約の批准無効を声明 韓国居留民団の一部-「日韓」批准問題
1965.08.19	06頁06段	夕刊	「ミサイル基地作るな」 多摩・稲城両町民が申入れ 防衛庁に署名簿渡す
1965.08.21	02頁10段	朝刊	「世論をまどわせる『日韓批准無効声明』」在日韓国居留民団声明
1965.08.29	02頁10段	朝刊	韓国学生弾圧に抗議在日青年同盟が声明-「日韓」反対学生デモ
1965.09.03	03頁04段	朝刊	人民戦争の勝利強調 林彪中国国防相が論文-中国
1965.09.09	01頁05段	朝刊	11月に東京大集会 当面は米の出荷拒否闘争 値上げ反対 共闘会議きめる
1965.09.25	03頁01段	朝刊	"新人民戦線"めざすソ連 "民族解放"明確に 中国とは一線 AAを結集
1965.10.05	05頁01段	朝刊	(特集)「日韓国会」と各党の態度-50臨時国会(日韓条約批准)
1965.10.12	02頁08段	朝刊	韓国人の北朝鮮移籍 申請受理せぬよう 福島県が市町村に「厳秘通達」
1965.10.14	01頁06段	朝刊	北系の「移籍」認めぬ法務省、近く見解-在日朝鮮人の移籍問題
1965.10.20	14頁06段	朝刊	朝鮮籍へ移籍請願を採択 都総務整備委-都議会
1965.10.21	03頁01段	朝刊	変質する米国の反戦運動極左分子が前面に-平和解決への動き
1965.10.22	02頁01段	朝刊	朝鮮人移籍問題 政府答弁に食違い 首相「公平に取扱う」 法相「原則は認め-本会議
1965.10.22	02頁02段	朝刊	特別委などで 社党、追及の構え-本会議

발행일	지면정보	간종별	기사제목(원문)
1965.10.22	02頁02段	朝刊	(解説)統一見解まとめる矢先-本会議
1965.10.22	01頁09段	夕刊	政府答弁、食違いない 朝鮮人の移籍問題 閣議で統一見解-本会議
1965.10.22	01頁10段	夕刊	原則論述べた首相答弁 法相語る-本会議
1965.10.23	02頁01段	朝刊	きょう中に統一見解 政府-在日朝鮮人の移籍問題
1965.10.24	01頁01段	朝刊	政府が統一見解"北へ移籍"できぬ 「朝鮮」は符号 「韓国」は実質国籍
1965.10.24	01頁06段	朝刊	首相発言の訂正求める 社党の態度-在日朝鮮人の移籍問題
1965.10.24	02頁08段	朝刊	(解説)一種の先制攻撃 国会での論争を予測-在日朝鮮人の移籍問題
1965.10.27	01頁01段	朝刊	「韓国」だけが国籍 再書換え認めぬ 政府正式見解-在日朝鮮人の移籍問題
1965.10.27	01頁04段	朝刊	(解説)「朝鮮」は符号-在日朝鮮人の移籍問題
1965.10.28	01頁02段	朝刊	(主な論争点) 約の性格 竹島帰属 国籍変更-日韓特別委
1965.10.28	03頁01段	朝刊	27日 横山利秋氏(社)「朝鮮人登録」「韓国」は国籍 在日朝鮮人
1965.10.29	02頁01段	朝刊	国籍問題で疑義を残すな-社説
1965.10.29	02頁09段	朝刊	「日韓国会」などの社党の発言に抗議 在日韓国居留民団
1965.10.30	15頁10段	朝刊	朝総連幹部ら強制収容 密入国の疑い札幌-密輸・密売・密航
1965.10.30	01頁01段	夕刊	外相、答弁を訂正基本条約第三条修正は不必要-日韓特別委
1965.10.31	03頁08段	朝刊	経済機動部隊を設置-インドネシアにクーデター
1965.11.01	02頁04段	夕刊	日米協議 機会ふやせ アメリカ会議が勧告を採択- メリカ会議
1965.11.06	01頁06段	朝刊	社党、問題点を発表- 韓特別委
1965.11.06	02頁01段	朝刊	社党の「日韓」審議問題点-日韓特別委
1965.11.06	02頁01段	朝刊	民社の決定と質問主意書-日韓特別委
1965.11.06	02頁10段	朝刊	国籍問題で日本政府を非難 北朝鮮が声明-日韓関係
1965.11.12	02頁08段	夕刊	「日韓」通過 心から歓迎 民団声明-日韓案件衆院を通過
1965.11.12	15頁01段	朝刊	在日朝鮮人二つの表情-日韓案件衆院を通過
1965.11.12	02頁08段	夕刊	平和的統一を妨害するもの 総連、抗議声明- 韓案件衆院を通過
1965.11.25	01頁07段	朝刊	重要事項、明文なし 社党協定の不備つく-日韓特別委
1965.11.25	02頁04段	朝刊	(解説)強制送還に照明 過去にも複雑な経緯-日韓特別委
1965.12.09	02頁10段	朝刊	終戦後の"密出国"に免訴措置 韓国政府検討-日韓関係
1965.12.12	02頁08段	朝刊	従来通り徴兵免除 在日韓国人-日韓関係
1965.12.18	01頁03段	朝刊	条約、四協定に署名 朴大統領-日韓条約批准書交換
1965.12.18	01頁01段	夕刊	日韓 国交正常化なる 両国、批准書を交換 法的地位を除き条約・協定が発効
1965.12.19	02頁08段	朝刊	総連系同胞の前歴は不問に 朴大統領呼びかけ-日韓関係
1965.12.21	02頁08段	朝刊	国籍変更の自由認めよ 大阪府議会が決議-日韓関係
1965.12.28	01頁05段	夕刊	北朝鮮との往来許可 在日朝鮮人二人の帰国申請 法務省が踏切る-日朝関係
1965.12.28	02頁07段	夕刊	義務教育は日本人と同様に 在日韓国人で次官通達-日韓関係
1965.12.30	02頁06段	朝刊	韓国が強く反発 外務部 対日抗議を指示-日朝関係
1966.01.12	02頁08段	朝刊	法的地位協定発効後は不法入国者も救済 金韓国駐日大使語る
1966.01.12	02頁10段	朝刊	(注)日本側は別解釈-在日朝鮮人の永住許可
1966.01.16	01頁01段	朝刊	あす受付けを開始 在日朝鮮人の永住許可-在日朝鮮人の永住許可
1966.01.16	01頁01段	朝刊	北朝鮮系の反発は必至-在日朝鮮人の永住許可

발행일	지면정보	간종별	기사제목(원문)
1966.01.17	03頁10段	朝刊	人民戦争の展開を強調 タイ愛国戦線-タイ
1966.01.17	06頁01段	夕刊	いっせいに受付け 韓国人の永住許可申請-在日朝鮮人の永住許可
1966.01.19	02頁08段	朝刊	査証手続き一週間で 韓国事務を法務部に移管-在日朝鮮人の永住許可
1966.01.20	07頁01段	夕刊	学生寮焼く 朝鮮大学-火事
1966.01.23	03頁03段	朝刊	大統領支持の司令部 国民戦線が設置 司令官にサレー副首相
1966.01.28	02頁10段	朝刊	樺太の朝鮮人引揚げに協力要請 韓国政府-日韓関係
1966.02.02	06頁01段	夕刊	樺太にまだ四万人の朝鮮人 引揚げ促進訴える-在外日本人・引揚げ
1966.02.20	02頁01段	朝刊	韓国へ入籍強要 在日朝鮮人に 法務省名で自治体 石野氏(社)-予算委
1966.03.01	08頁01段	朝刊	張斗植著「ある在日朝鮮人の記録」-読書
1966.03.01	01頁01段	夕刊	管理権、日本側へ 米軍の東富士演習場 防衛庁、地元と覚書-在日米軍
1966.03.07	02頁03段	夕刊	"人民戦線"の敗退 クラウス首相語る-オーストリア
1966.03.29	02頁07段	朝刊	外国人学校問題を追及 春日氏(共)-予算委
1966.03.30	01頁08段	朝刊	日ソ関係の発展阻む 米軍基地と日韓条約-党大会
1966.04.09	01頁09段	朝刊	初の永住許可 在日韓国人三家族に 法務省-日韓関係
1966.04.09	14頁03段	朝刊	「もう帰る気せぬ」永住許可された姜さん-日韓関係
1966.04.10	02頁10段	朝刊	民族教育の権利を保障せよ 朝鮮総連声明-日朝関係
1966.04.28	02頁07段	夕刊	在日留学生-読者応答室から
1966.04.29	02頁06段	夕刊	安保騒動の再発を予見米の元在日大使館員-日米安保条約問題
1966.05.02	15頁04段	朝刊	米軍チャーター機が着陸の事故 立川-空の遭難と事故
1966.05.10	14頁08段	朝刊	引揚げ希望者から順に受入れる サハリン在住朝鮮人 韓国外務部筋表明
1966.05.27	03頁07段	朝刊	文民政府復帰を要求 大宗教市民戦線-キ首相居すわりで内紛
1966.06.21	02頁08段	朝刊	「在日朝鮮人の民族教育保障せよ」大阪府議会が要望決議-地方
1966.06.21	07頁01段	夕刊	民族と教育 在日朝鮮人の場合について-寄稿
1966.06.29	02頁08段	夕刊	左派系の参謀総長らを逮捕-コンゴ(ブラザビル)
1966.07.02	02頁10段	夕刊	日赤に送還協定延期申入れ 北朝鮮赤十字-日朝関係
1966.07.03	02頁08段	朝刊	北朝鮮送還の業務 来年で打切りか 政府 近く関係各局と協議-日朝関係
1966.07.13	02頁01段	朝刊	条件つきで延長か 在日朝鮮人の北朝鮮帰還協定 政府、態度決定急ぐ
1966.07.15	02頁05段	朝刊	「朝鮮」移籍認める 国が「韓国」籍の23人に-日朝関係
1966.07.15	02頁08段	朝刊	手違いによる例外-日朝関係
1966.07.16	01頁12段	朝刊	北朝鮮帰還協定廃棄を 韓国が覚書-日朝関係
1966.07.16	02頁01段	夕刊	期限つけ早急にケリ 北朝鮮帰還問題 政府が近く次官級会合-日朝関係
1966.07.17	02頁08段	朝刊	すくない永住申請 在日朝鮮人の法的地位 協定が発効して満半年-日韓関係
1966.07.19	06頁08段	夕刊	北朝鮮への引揚船 清津を出港、新潟へ-日朝関係
1966.08.01	08頁09段	夕刊	在日外人のための能と狂言の会-能評
1966.08.10	01頁12段	夕刊	北朝鮮帰還協定延長認めよ 在日総連が声明-北朝鮮帰還協定延長問題
1966.08.12	03頁08段	朝刊	在日朝連系スパイ逮捕 韓国陸軍発表-韓国
1966.08.18	02頁07段	夕刊	在日朝鮮人の帰国協定 無修正で延長せよ北朝鮮赤十字が声明
1966.08.24	02頁10段	朝刊	朝鮮総連も反対声明-北朝鮮帰還協定延長問題
1966.09.20	15頁05段	朝刊	入管収容でひと騒ぎ 居留民団員がかこむ-北朝鮮漁船員亡命事件
1966.09.20	02頁10段	朝刊	北朝鮮に引渡せ 平新艇で朝鮮総連申入れ-北朝鮮漁船員亡命事件

발행일	지면정보	간종별	기사제목(원문)
1966.09.21	10頁06段	夕刊	総連、民団が引渡しを要求 平新艇と乗組員-北朝鮮漁船員亡命事件
1966.09.28	01頁01段	夕刊	護送に厳重な警戒 朝鮮総連系が抗議-北朝鮮漁船員亡命事件
1966.09.29	01頁09段	朝刊	朝鮮総連が抗議-北朝鮮漁船員亡命事件
1966.10.04	15頁11段	朝刊	不審火で寮焼く 上十条の朝鮮人学校-火事
1966.10.08	02頁08段	夕刊	国民戦線解散の決定に署名 スカルノ大統領-反中国・反スカルノ運動
1966.11.27	02頁09段	朝刊	日韓合同委の設置で交渉中 韓国政府筋語る-日韓関係
1966.12.01	02頁01段	夕刊	社民から入閣九人-大連立内閣成立
1966.12.07	05頁01段	朝刊	(特集)「大連立」は両刀の剣 発足した西独新内閣-大連立内閣成立
1966.12.10	11頁01段	夕刊	「人権デー」に“政治の壁”認められぬ里帰り 北鮮へ在日朝鮮人の願い
1966.12.10	11頁05段	夕刊	人道上当然の要求 茅誠司氏-出入国
1966.12.31	02頁07段	朝刊	課税問題が実質的解決 韓国駐在日本商社 オファー認める-日韓貿易
1967.01.16	02頁10段	朝刊	予想を大幅に下まわる 在日朝鮮人の永住申請-日韓関係
1967.01.18	02頁10段	朝刊	韓国居留民団が声明 法的地位協定一周年-日韓関係
1967.02.03	08頁12段	朝刊	天声人語
1967.02.05	14頁01段	朝刊	丸正事件韓国にも波紋 正木、鈴木両氏救おう-人権侵害問題
1967.02.15	15頁06段	朝刊	在日留学生がデモ “スカルノ来日”に反対-スカルノ大統領、全権委譲
1967.02.26	14頁04段	朝刊	本番直前に制作中止「いまに陽が昇る」(第八回)NET-放送
1967.03.09	02頁08段	夕刊	北朝鮮が教育費送金 在日朝鮮人向けに-北朝鮮
1967.03.10	11頁07段	朝刊	在日外国人の悩みと喜び-ひととき
1967.03.19	02頁09段	朝刊	朝鮮総連が反対の大会 学校教育法改正案-法令・法案
1967.03.20	02頁10段	朝刊	在日朝鮮人学校問題で抗議デモ 平壌-日朝関係
1967.03.21	10頁03段	夕刊	学校教育法改正に反対 全学連など声明-教育
1967.04.04	13頁04段	朝刊	組織委員会に抗議 在日北朝鮮団体-東京大会(国名問題)
1967.04.11	05頁07段	朝刊	(5)系列化する市民団体-くらしの政治
1967.04.21	02頁08段	朝刊	協定打切り後はソ連船 北朝鮮帰還 政府が対ソ折衝-北朝鮮帰還打切り問題
1967.04.22	14頁06段	朝刊	帰還打切りに抗議在日朝鮮人総連合会-北朝鮮帰還打切り問題
1967.04.23	01頁09段	朝刊	北朝鮮、打切り非難 在日朝鮮人の帰国協定-北朝鮮帰還打切り問題
1967.04.29	02頁10段	朝刊	社党、打切りに反対 在日朝鮮人帰還協定-北朝鮮帰還打切り問題
1967.05.02	11頁01段	夕刊	祖国へ帰れぬ朝鮮人遺骨 従軍の2331柱 いまだ厚生省に-渉外
1967.05.13	11頁01段	夕刊	北朝鮮帰還協定打切り 私は帰れないのか 不安つのる在留者
1967.06.04	14頁04段	朝刊	立候補した在日居留民団幹部を逮捕 韓国の国会議員選挙-総選挙と不正事件
1967.06.19	02頁08段	夕刊	首相訪韓に反対 朝鮮総連が声明-首相、韓国を訪問
1967.07.24	10頁01段	夕刊	都知事検討を約束 朝鮮大学校の各種学校認可-美濃部都知事
1967.07.26	02頁01段	朝刊	抑制の根拠失う法改正の流産 朝鮮人学校の認可-法令・法案
1967.08.13	02頁10段	朝刊	世論をあざむく “一般外国人なみ” 朝鮮総連が声明-北朝鮮帰還問題
1967.08.16	03頁04段	朝刊	「北」の全土に人民戦闘組織 ニャンザン紙が強調-北ベトナム
1967.08.19	14頁05段	朝刊	協定の延長を要請してデモ 北朝鮮帰還で朝鮮総連-北朝鮮帰還問題
1967.08.23	01頁08段	朝刊	都知事、認可の意向 朝鮮大学校「反対理由薄い」-朝鮮大学校認可問題
1967.08.23	01頁12段	朝刊	法改正いずれ実現 剣木文相の話-朝鮮大学校認可問題

발행일	지면정보	간종별	기사제목(원문)
1967.08.23	01頁04段	夕刊	都の認可方針には反対 官房長官談-朝鮮大学校認可問題
1967.08.24	02頁01段	朝刊	正式警告出す用意 文部省方針 名称も変更さす-朝鮮大学校認可問題
1967.08.24	01頁09段	夕刊	永住者優遇など 在日韓国人の法的地位 協定運用で了解-日韓関係
1967.08.25	02頁07段	朝刊	来月の私学審に諮問 朝鮮大学校問題で都の方針-朝鮮大学校認可問題
1967.08.25	02頁09段	朝刊	韓国が認可阻止へ-朝鮮大学校認可問題
1967.08.26	02頁06段	朝刊	純行政ベース 朝鮮人大学校問題で都地事語る-朝鮮大学校認可問題
1967.08.26	01頁08段	夕刊	認可申請書を提出 朝鮮大学校-朝鮮大学校認可問題
1967.08.26	02頁06段	朝刊	純行政ベース 朝鮮人大学校問題で都知事語る-朝鮮大学校認可問題
1967.08.29	03頁10段	朝刊	朝鮮大学校問題に重大関心 韓国総理ら法相に表明-朝鮮大学校認可問題
1967.09.03	14頁01段	朝刊	決着待つ朝鮮大学校/都知事、11日に認可諮問-朝鮮大学校認可問題
1967.09.03	14頁01段	朝刊	「反日」否定する学生 全寮、半数は学費免除 小平市の校舎をみる
1967.09.04	03頁09段	朝刊	敗れたら反政府国民戦線を結成 民間候補フォン氏語る-人統領選挙
1967.09.05	01頁01段	夕刊	都の朝鮮大学校認可 行政措置で阻止 剣木文相語る-朝鮮大学校認可問題
1967.09.06	02頁01段	朝刊	監督権を主張 文部省-朝鮮大学校認可問題
1967.09.06	14頁07段	朝刊	帰還協定の延長要求 朝鮮総連、全国で集会-北朝鮮帰還問題
1967.09.07	01頁06段	朝刊	対決姿勢強める 美濃部都政と政府・自民-朝鮮大学校認可問題
1967.09.07	01頁07段	朝刊	文相は介入するな 社・共が申入れ-朝鮮大学校認可問題
1967.09.07	01頁09段	朝刊	きょう意志統一 都選出自民議員-朝鮮大学校認可問題
1967.09.07	10頁06段	朝刊	都知事に不認可陳情 朝鮮大学校で民団側-朝鮮大学校認可問題
1967.09.08	01頁09段	朝刊	行政権で認可を阻止 文相強い態度表明-朝鮮大学校認可問題
1967.09.08	01頁10段	朝刊	自民都議団も反対を表明へ-朝鮮大学校認可問題
1967.09.08	01頁11段	朝刊	認可反対運動起す 韓国居留民団長語る-朝鮮大学校認可問題
1967.09.08	02頁01段	夕刊	指揮権は合法的剣木文相が答弁 参院委-朝鮮大学校認可問題
1967.09.08	02頁01段	夕刊	地方自治法百五十条が根拠-朝鮮大学校認可問題
1967.09.08	01頁11段	朝刊	認可反対運動起す 韓国居留民団長語る-朝鮮大学校認可問題
1967.09.09	01頁08段	夕刊	文相との協議要請 都知事に次官通達-朝鮮大学校認可問題
1967.09.09	01頁09段	夕刊	都知事は気乗り薄 手続きの正当性強調-朝鮮大学校認可問題
1967.09.09	02頁05段	夕刊	(解説)法的根拠見つからず 文相の強腰シリすぼみ-朝鮮大学校認可問題
1967.09.10	02頁09段	朝刊	朝鮮大学校問題で抗議声明 認可促進の会と日教組-朝鮮大学校認可問題
1967.09.11	01頁09段	朝刊	朝鮮大学校きょうから審議都私学審会-朝鮮大学校認可問題
1967.09.11	02頁01段	夕刊	強圧的態度はとらぬ 朝鮮大学校で文相答弁 衆院文教委
1967.09.11	10頁01段	夕刊	私はこう思う 朝鮮大学校の認可問題 和歌森太郎氏ほか
1967.09.11	10頁01段	夕刊	文化人ら認可の要望書-朝鮮大学校認可問題
1967.09.12	01頁06段	朝刊	都私学審で審議始る 公聴会も検討へ-朝鮮大学校認可問題
1967.09.12	01頁12段	朝刊	意思表示は見送り 都議会自民党-朝鮮大学校認可問題
1967.09.12	02頁10段	朝刊	文化人ら、剣木文相に認可要請書-朝鮮大学校認可問題
1967.09.12	02頁10段	朝刊	韓国民団が抗議文-朝鮮大学校認可問題
1967.09.17	02頁10段	朝刊	朝鮮総連代表の参加を提案 帰還交渉で北朝鮮側-北朝鮮帰還問題
1967.09.21	14頁05段	朝刊	"朝鮮大学校ぜひ認可を"社党など街頭呼びかけ-朝鮮大学校認可問題
1967.09.28	02頁05段	夕刊	朝鮮大学校の認可を 日教組大会最終日 要請決議を採択-日教組定期大会

발행일	지면정보	간종별	기사제목(원문)
1967.10.04	02頁08段	夕刊	帰還協定延長を要求し大会 朝鮮総連-北朝鮮帰還問題
1967.10.17	14頁01段	朝刊	結論まで時間かかる? 私学審が第二回会合-朝鮮大学校認可問題
1967.10.23	10頁10段	夕刊	朝鮮大学校の認可を要望 大阪弁護士会の有志-朝鮮大学校認可問題
1967.10.27	02頁03段	夕刊	朝鮮大学校の認可要望 学長級五十人が連名-朝鮮大学校認可問題
1967.11.03	14頁05段	朝刊	科学者集会が認可促進決議-朝鮮大学校認可問題
1967.11.06	10頁08段	夕刊	会談再開など要求 在日朝鮮人が大会-北朝鮮帰還協定延長問題
1967.11.07	02頁08段	朝刊	文部省通達重視せず 都知事、審議会で表明-朝鮮大学校認可問題
1967.11.13	10頁04段	夕刊	現行帰還協定の延長を要求 朝鮮総連が大会-北朝鮮帰還協定延長問題
1967.11.24	05頁01段	朝刊	朝鮮大学校認可 持て余す私学審議会-朝鮮大学校認可問題
1967.11.30	11頁08段	夕刊	スパイ事件の容疑者とは無関係 朝鮮人商工連が声明-外務省員のスパイ事件
1967.12.05	14頁06段	朝刊	認可基準に合っている 美濃部知事語る-朝鮮大学校認可問題
1967.12.07	14頁08段	朝刊	朝鮮大を現地調査 都私学審議会が決定-朝鮮大学校認可問題
1967.12.19	14頁01段	朝刊	「施設は欠格でない」都私学審議会 朝鮮大学校を視察-朝鮮大学校認可問題
1968.01.06	01頁06段	夕刊	妥結までなお一、二週間か-北朝鮮帰還協定交渉決裂
1968.01.14	02頁10段	朝刊	帰還で最終的に合意-北朝鮮帰還協定交渉決裂
1968.01.16	02頁09段	朝刊	五万千余人が永住権を獲得 在日韓国人-在日外国人
1968.01.17	02頁10段	朝刊	朝鮮大学校問題で小委員会作る 東京都私学審議会-朝鮮大学校認可問題
1968.01.21	02頁10段	朝刊	帰還交渉、数日中に妥結へ-北朝鮮帰還協定交渉決裂
1968.01.24	09頁08段	朝刊	北朝鮮人含む 三人を逮捕 日本円も密輸出-密輸
1968.01.25	01頁01段	朝刊	帰還交渉が決裂-北朝鮮帰還協定交渉決裂
1968.01.25	02頁04段	朝刊	今後も出国の道開く 木村官房長官語る-北朝鮮帰還協定交渉決裂
1968.01.25	02頁07段	朝刊	政府に交渉継続を要求 帆足代議士語る-北朝鮮帰還協定交渉決裂
1968.01.26	02頁08段	朝刊	平壌放送日本を非難 在日朝鮮人帰還問題で-北朝鮮帰還協定交渉決裂
1968.01.26	09頁01段	夕刊	緊迫感ひしひし 険悪化した北朝鮮情勢 在日米軍基地 一斉「警戒体制」
1968.01.29	02頁01段	朝刊	話合い、もう無益日赤代表団が帰国-北朝鮮帰還協定交渉決裂
1968.01.31	08頁03段	夕刊	また米兵脱走 警視庁に逮捕協力要請-在日米軍
1968.02.04	02頁08段	朝刊	12日にも答申か 都私学審議会-朝鮮大学校認可問題
1968.02.07	03頁01段	朝刊	「北朝鮮人だった」ソウル侵入のゲリラ 「北」の放送が認む
1968.02.11	02頁09段	朝刊	急ぎ朝鮮大学校認可答申を 中野好夫氏らが声明-朝鮮大学校認可問題
1968.02.12	08頁09段	夕刊	朝鮮大学校認可促進を-朝鮮大学校認可問題
1968.02.13	14頁08段	朝刊	四起草委員を選ぶ 朝鮮大の認可問題-朝鮮大学校認可問題
1968.02.14	02頁07段	夕刊	北朝鮮帰還会談の再開申入れ 日朝協会-北朝鮮帰還問題
1968.02.20	10頁04段	夕刊	「イムジン河」に物いい 朝鮮総連 作者名を明示せよ-音楽
1968.02.21	14頁08段	朝刊	レコードの発売を中止 フォーク・クルセイダーズの「イムジン河」-音楽
1968.02.21	11頁07段	夕刊	自分に死刑を執行 朝鮮人といわれカッと-ライフル男事件
1968.02.21	15頁09段	朝刊	学生ら36人を逮捕 北区野戦病院反対デモ-王子の米軍野戦病院
1968.02.22	02頁05段	朝刊	外国人学校法案の提出反対を申入れ 在日朝鮮人中央教育会-文教三法案
1968.02.23	01頁05段	夕刊	心境にやや変化? 居留民団代表の説得に-ライフル男事件
1968.02.23	02頁09段	朝刊	佐世保に入港 米情報収集艦-米軍基地

발행일	지면정보	간종별	기사제목(원문)
1968.02.27	14頁01段	朝刊	(下)在日朝鮮人の心-88時間の対決
1968.02.28	02頁03段	朝刊	私学審会長の"喚問"を検討 朝鮮大学校問題で都議会委員会
1968.02.29	14頁08段	朝刊	朝鮮大学校問題で児玉氏の出席求む 首都整備委-都議会
1968.03.02	02頁01段	朝刊	日本の中の38度線 対立関係が激化 朝鮮総連と大韓民団-アジア
1968.03.07	02頁10段	朝刊	外国人学校法案は民族教育への弾圧 北朝鮮・労働新聞が非難
1968.03.11	10頁05段	夕刊	朝鮮大学校問題で代表者会 文化人・野党・労組-朝鮮大学校認可問題
1968.03.13	02頁05段	朝刊	帰還交渉を再開の用意 北朝鮮赤十字が言明
1968.03.16	02頁07段	朝刊	来月五日には答申まとめる 朝鮮大学校の認可問題-朝鮮大学校認可問題
1968.03.20	03頁06段	朝刊	作戦本部の一部、韓国へ 米第五空軍-在日米軍
1968.03.22	02頁02段	朝刊	射撃訓練計画当初からなし 韓国側返答-米海軍、日本海での射撃訓練中止
1968.03.29	09頁08段	朝刊	かみ合わぬ面白さ 朝鮮人問題若者の対話-波
1968.03.31	02頁08段	朝刊	東富士練習場 自衛隊の使用を認めぬ 地元農民団体が決定-自衛隊
1968.04.02	06頁03段	朝刊	国民団結で大統領と会談を ケネディ氏語る
1968.04.04	14頁01段	朝刊	朝鮮大学校 認可問題あす答申 都私学審-朝鮮大学校認可問題
1968.04.06	01頁05段	朝刊	朝鮮大学校 認可は知事の決断に 私学審答申 可否に触れず
1968.04.06	01頁05段	朝刊	答申 認可反対の色濃い-朝鮮大学校認可問題
1968.04.06	14頁01段	朝刊	(解説)異例の"差戻し答申"「基準」のワク越える からむ政治的な背景
1968.04.06	14頁05段	朝刊	文部省は一応歓迎-朝鮮大学校認可問題
1968.04.06	14頁07段	朝刊	難問題で慎重検討-朝鮮大学校認可問題
1968.04.06	14頁07段	朝刊	政治的内容の答申-朝鮮大学校認可問題
1968.04.06	14頁08段	朝刊	関係団体が不満声明-朝鮮大学校認可問題
1968.04.07	02頁04段	朝刊	朝鮮大学校答申への疑問-社説
1968.04.07	14頁03段	朝刊	設置不認可を要望 知事に都議会自民党-朝鮮大学校認可問題
1968.04.09	10頁03段	夕刊	十一日に話合い 文相と都知事-朝鮮大学校認可問題
1968.04.09	10頁03段	夕刊	答申を分析 法学者五人-朝鮮大学校認可問題
1968.04.09	10頁06段	夕刊	認可要望して集会-朝鮮大学校認可問題
1968.04.11	11頁06段	夕刊	「検討に少し時間を」都知事学校側と話合い-朝鮮大学校認可問題
1968.04.12	01頁04段	朝刊	来週、朝鮮大学校を認可 美濃部知事が意向固む-朝鮮大学校認可問題
1968.04.12	01頁04段	朝刊	文相、慎重検討を要望-朝鮮大学校認可問題
1968.04.12	01頁09段	朝刊	韓国大使が申入れ 朝鮮大学校に反対-朝鮮大学校認可問題
1968.04.13	02頁10段	朝刊	朝鮮大の認可促進で要望書-朝鮮大学校認可問題
1968.04.13	10頁06段	夕刊	朝鮮大学校の認可で都知事に要望書 民主法律家協会など
1968.04.14	02頁10段	朝刊	韓国、朝鮮大学校の不認可を要請-朝鮮大学校認可問題
1968.04.16	02頁01段	朝刊	答申の線で決定を 都私学審が臨時総会-朝鮮大学校認可問題
1968.04.18	01頁01段	朝刊	◆◆都知事 朝鮮大学校を認可「憲法第一に判断」行政上の手続き終る
1968.04.18	01頁02段	朝刊	違法でないが不適 文相 外国人学校法案急ぐ-朝鮮大学校認可問題
1968.04.18	01頁07段	朝刊	審議会の条件無視 児玉都私学審議会会長の話-朝鮮大学校認可問題
1968.04.18	01頁08段	朝刊	反日教育などせぬ 韓徳銖朝鮮大学校学長の話-朝鮮大学校認可問題
1968.04.18	14頁01段	朝刊	(解説)深まる? 政治的対立 今後の都政運営に影響-朝鮮大学校認可問題
1968.04.18	14頁01段	朝刊	都知事の身辺を厳戒 一部右翼に不穏な動き-朝鮮大学校認可問題

발행일	지면정보	간종별	기사제목(원문)
1968.04.18	14頁01段	朝刊	韓国政府 遺憾の意表明-朝鮮大学校認可問題
1968.04.18	14頁01段	朝刊	きょう数百人集り抗議デモ-朝鮮大学校認可問題
1968.04.18	01頁01段	夕刊	今国会成立めざす 外国人学校法案 自民役員会が確認-朝鮮大学校認可問題
1968.04.18	01頁01段	夕刊	進退問題を協議 東京都私学審総会-朝鮮大学校認可問題
1968.04.18	01頁02段	夕刊	都の決定に文教議員が硬化-朝鮮大学校認可問題
1968.04.18	01頁05段	夕刊	国会は早く成立を 文相が要望-朝鮮大学校認可問題
1968.04.19	01頁04段	朝刊	都私学審が批判声明 進退は結論延ばす-朝鮮大学校認可問題
1968.04.19	02頁01段	朝刊	朝鮮大学校の認可に思う-社説
1968.04.19	02頁08段	夕刊	美濃部知事は反省を 文相朝鮮大学校問題を閣議に報告-朝鮮大学校認可問題
1968.04.20	01頁08段	朝刊	美濃部都知事に抗議書 私学審会長会-朝鮮大学校認可問題
1968.04.20	02頁10段	夕刊	群山で反対のデモ 朝鮮大学校問題-朝鮮大学校認可問題
1968.04.23	02頁07段	朝刊	日本政府が無効化約束 韓国外相が国会で語る 朝鮮大学校の認可
1968.04.23	02頁04段	夕刊	朝鮮大学校不認可約束せず 外相が答弁-外務委
1968.04.23	02頁07段	朝刊	ソウル大に予備学校 在日韓国人子弟のため-韓国
1968.04.24	02頁08段	朝刊	韓国の抗議デモ広がる 朝鮮大学校認可-朝鮮大学校認可問題
1968.04.26	10頁08段	夕刊	あす八つの市民団体がデモ-米軍王子野戦病院反対デモ
1968.04.26	02頁08段	夕刊	韓国が在日米軍の移駐ものぞむ-韓国
1968.04.28	15頁11段	朝刊	八つの市民団体がデモ-米軍王子野戦病院反対デモ
1968.05.02	02頁01段	朝刊	児玉会長ら辞意撤回 都私学審-朝鮮大学校認可問題
1968.05.06	01頁05段	朝刊	大統領も停止を指示 比国駐在日本18商社の営業 上院の調査が終るまで
1968.05.11	10頁03段	夕刊	密入国の韓国人少年が出頭-密航・密入国
1968.05.11	15頁05段	朝刊	密入国で逮捕の韓国少年 朝鮮総連員が連去る 横浜入管前-密航・密入国
1968.05.27	02頁05段	夕刊	南北軍民団結を 北ベトナム国会閉幕-北ベトナム
1968.05.29	02頁01段	朝刊	帰国問題再び討議 北朝鮮赤十字 日赤との会談を提案-日朝関係
1968.05.29	02頁01段	夕刊	北朝鮮の誠意いかん 帰還会談の再開-日朝関係
1968.05.30	01頁12段	夕刊	日本を非難 韓国、北朝鮮帰還問題で-日朝関係
1968.06.14	03頁02段	朝刊	"人民戦争の主要戦術" ニャンザン紙が称賛-サイゴン地区
1968.06.19	02頁04段	朝刊	赤十字会談すぐ再開を 北朝鮮外務省が声明-北朝鮮帰還問題
1968.06.20	05頁01段	朝刊	(特集)一万五千人の行方 北朝鮮帰還問題-北朝鮮帰還問題
1968.06.22	02頁01段	朝刊	申請ずみの一万五千人 旧協定扱いで帰国 日赤、近く北朝鮮へ回答
1968.06.22	02頁02段	朝刊	韓国への影響心配 外務省-北朝鮮帰還問題
1968.06.22	02頁10段	夕刊	北朝鮮帰還で協議 官房長官と厚相-北朝鮮帰還問題
1968.06.25	01頁06段	朝刊	会談再開を拒否 北朝鮮へ日赤回答-北朝鮮帰還問題
1968.06.25	02頁10段	朝刊	(解説)北朝鮮反発か 日赤回答-北朝鮮帰還問題
1968.07.10	11頁05段	朝刊	朝鮮人の友人の就職問題-ひととき
1968.07.15	10頁06段	夕刊	朝鮮大学校に学割-学校・学生
1968.07.23	10頁01段	夕刊	他校交流も胸はって 朝鮮大学校の認可三カ月 存在認められた落着き
1968.07.23	10頁01段	夕刊	今年こそ動いてもらわにゃ 米審2日目 農民団体、陳情活発-米価審議会
1968.07.24	02頁10段	朝刊	祝賀団の再入国で要望 朝鮮総連-北朝鮮帰還問題

발행일	지면정보	간종별	기사제목(원문)
1968.07.25	11頁01段	夕刊	"晴のち雨"渦巻く怒号 つめよる被告 嘆く朝鮮人家族ら-吹田事件控訴審
1968.08.02	03頁06段	朝刊	学生らが反政府デモ 人民戦争呼びかけ-ボリビア
1968.08.14	02頁09段	朝刊	赤十字会談に応ぜよ 朝鮮人総連合会が声明-北朝鮮帰還問題
1968.09.07	01頁05段	夕刊	クリーゲル議長を解任 チェコ国民戦線-チェコ問題
1968.09.10	02頁04段	夕刊	新国民戦線法案を承認 チェコ政府-チェコ問題
1968.09.22	15頁11段	朝刊	朝鮮学校で物置-火事
1968.09.23	14頁03段	朝刊	「密入国者リスト」押収 北朝鮮日本海沿岸ルート 警視庁 朝鮮総連幹部から
1968.10.12	01頁05段	朝刊	北朝鮮からの再入国 不許可を取消す 東京地裁判決 法務省すぐ控訴-裁判
1968.11.14	15頁08段	朝刊	乱入し二人殺傷 日本刀で切込む 韓国居留民団愛知県本部-殺人
1968.11.19	15頁08段	朝刊	北朝鮮へ密出国指導 在日朝鮮人組織静岡県の幹部を逮捕
1968.12.13	14頁08段	朝刊	北海道も認可 朝鮮初・中級学校-学校・学生
1968.12.20	02頁08段	朝刊	韓国から抗議覚書 在日朝鮮人の再入国許可に-北朝鮮への里帰り問題
1969.01.08	03頁08段	朝刊	現政権打倒へ人民戦争 タイ解放軍が成立宣言-タイ
1969.01.16	08頁04段	夕刊	韓国の貧しい日本人妻 帰国に援助の手 大韓居留民団-日韓関係
1969.01.27	14頁08段	朝刊	金さんら清津入港 里帰り 在日朝鮮人-北朝鮮里帰り
1969.02.06	03頁05段	朝刊	チェコ国民戦線の活動 ソ連、支持を表明 訪ソ団帰国-チェコスロバキア
1969.02.21	14頁01段	朝刊	燃え続ける民族問題 金嬉老事件から満一年-裁判
1969.02.22	02頁09段	夕刊	人民戦線が爆破と発表 エルサレムのスーパー
1969.02.26	02頁05段	夕刊	爆破テロつづく イスラエル英領事館と商店街-解放戦線の爆発テロ続く
1969.02.26	02頁06段	夕刊	爆破は解放戦線 英の戦車供与に抗議-解放戦線の爆発テロ続く
1969.03.12	02頁03段	朝刊	第三者介入は"違反" 北朝鮮側から回答-在日朝鮮人帰還問題
1969.03.15	14頁06段	朝刊	朝鮮総連が抗議声明 出入国管理法案-法令・法案
1969.04.03	13頁10段	朝刊	朝鮮人体育連が非難声明を発表　世界卓球選手権の返上71年世界卓球選手権
1969.04.05	03頁10段	朝刊	二十四日から北朝鮮人民会議-国際短信
1969.04.17	13頁01段	朝刊	非情な外人制限 はみ出した安田選手(大洋) ひびいた韓国籍-プロ野球
1969.04.21	02頁04段	夕刊	まるで市民戦争 北アイルランドで"内乱"-アイルランド
1969.04.25	14頁01段	朝刊	北富士演習場 米軍の訓練で被害 ガラス割れ授業も中止
1969.05.07	15頁05段	朝刊	韓国人実業家が蒸発 "大使館が不法拘禁"家族ら訴え "自発的な一時帰国"韓国大使館側
1969.05.07	15頁05段	朝刊	スパイ事件に関連? 複雑な背景-韓国人実業家の蒸発事件
1969.05.15	02頁06段	夕刊	ソ連との団結強調 北朝鮮人民会議委員長
1969.05.21	14頁08段	朝刊	原水禁の訪米使節団が出発 反戦市民団体と交流-原水禁運動
1969.05.23	10頁07段	夕刊	反代々木系と6・15統一行動 ベ平連など市民団体-安保問題
1969.06.01	01頁01段	朝刊	チェコ、自由化派を粛清 中央委の一部追放 「二千語」の署名者など
1969.06.01	01頁02段	朝刊	(解説)強硬保守派に譲歩? きびしいフサーク路線 チェコスロバキア
1969.06.01	01頁02段	朝刊	オタ・シク、クリーゲル氏ら　チェコスロバキア
1969.06.03	14頁08段	朝刊	民団、機動隊ともみ合う 出入国管理法案に反対 出入国管理法案反対運動

발행일	지면정보	간종별	기사제목(원문)
1969.06.03	07頁01段	夕刊	一在日朝鮮人の日本観 寄稿
1969.06.09	02頁06段	朝刊	農民団体の事業育成 社会党が過疎地域対策 日本社会党
1969.06.29	16頁09段	朝刊	動き出した市民団体 都民会議 違反監視やアンケート
1969.07.01	10頁04段	夕刊	在日留学生らも撤回申入れ 出入国管理法案-出入国管理法案
1969.07.30	04頁10段	夕刊	カラフト引揚げの朝鮮人に韓国籍-韓国
1969.07.30	14頁08段	朝刊	内政不干渉を堅持 朝鮮総連が表明-在日外人
1969.08.19	01頁07段	夕刊	在日韓国人の永住権 弾力的な運用を 李長官-日韓法相会談
1969.08.20	01頁09段	夕刊	米軍機も不明 乗員二人-在日米軍
1969.08.21	01頁07段	朝刊	在日韓国人の永住許可 弾力運用で合意 日韓法相会談終る-日韓法相会談
1969.09.07	14頁08段	朝刊	再入国許可を申請 在日朝鮮人体育連合会-出入国
1969.09.09	03頁03段	朝刊	パレスチナ解放人民戦線が襲撃-パレスチナ解放機関(PLO)
1969.10.11	16頁04段	朝刊	デモ列にタクシー 市民団体の三人けが
1969.11.11	02頁03段	朝刊	日朝協会 内部対立が表面化 在日朝鮮人帰国めぐり-国際親善
1969.11.12	15頁09段	朝刊	朝鮮学校生なぐらる-傷害
1969.12.06	01頁08段	夕刊	韓国へもCBU爆弾 山田弾薬庫から積出し-CBU爆弾、沖縄へ
1969.12.07	01頁09段	朝刊	山田弾薬庫 CBU爆弾 沖縄へ積出し 釜山向けを変更
1969.12.10	14頁04段	朝刊	朝鮮総連の幹部ら五人逮捕 北朝鮮工作員事件-出入国問題
1969.12.12	03頁04段	朝刊	アラブゲリラが団結 武力闘争司令部に統合-アラブ・ゲリラ
1969.12.18	14頁01段	朝刊	やりきれぬ年の瀬また… 北朝鮮帰還足止め二年 金順子さんの場合

요미우리신문(読売新聞)

○ ○ ○

1 서지적 정보

「요미우리신문」은 아사히 신문과 마이니치와 같은 일본의 3대 신문 중에서 사설과 독자의 목소리와 같은 코너를 통해서 재일조선인 관련 기사를 비교적 적극적으로 게재해 왔다.

1949년 12월 3일 석간 사설 '조선인 문제'에는 12월 1일에 조선인 절도단을 대거 검거했다는 기사와 함께, 일본은 현재 일본인만으로도 제대로 먹을 수 없는 경제상황이지만 조선은 식량 면에서는 일본보다는 나을테니, 그 점을 잘 생각해서 근본적인 대책을 마련할 것을 촉구하고 있다. 또한 1950년 4월 3일자 석간에는 '폭력단사냥'이라는 '시평'에 4월 1일에 있었던 경창청의 폭력단 검거를 칭찬하면서 조선인 폭력단이 많았다는 점을 지적하고 있다. 전 해에 일본인에 의한 상해와 공갈 범죄가 5359명이었던 것에 비해, 조선인은 548명으로 100만인 안 되는 재일조선인이 이 정도의 많다는 것에 일본국민들은 불쾌하게 생각하고 있고 조선인들도 반성을 해야 한다고 주장하고 있다.

한국전쟁이 발발한 후인 1950년 12월 4일자 조간 사설에는 '관서의 조선인소동의 여러 문제'라는 제목 하에 최근 고베와 나고야 지역에서 발생한 사건을 거론하면서 이것은 결코 단순한 것이 아니라 현재 한반도에서 벌어지고 있는 전쟁과 결부시키고 있다. 특히 현재 일본에 거주하며 등록된 조선인은 약 54만으로 그 중 6할이 구조련 계열이라며, 그들이 주장하는 레드퍼지 반대, 주민세철폐, 생활보호법적용 등은 단순한 핑계에 불과하다고 비난하고 있다. 결국에는 '우리는 그들이 우리나라에 거주하고 있는 것을 민폐라고 생각한다'며 앞으로의 사태가 안 좋은 쪽으로 흐르더라도그 책임은 전부 조선인들에게 있기에 스스로 뿌린 씨는 스스로 거둬야한다고 강한 어조로 이야기하고 있다.

이와 같은 주장은 1952년 6월 27일자 조간 사설 '좌파조선인에게 경고한다'에서도 그대로 되풀이되고 있다. 좌파 계열의 단체인 민주민족전선과 조국방위대의 지도 아래에 폭력사태가 일어나고 있다고 지적하며, 좌파조선인은 일본인들에게 환영받지 못 하는 손님인데 손님이면서 주인행세까지 하려 든다며 반성과 함께 폭력사건에 대한 경고의 메시지를 보내고 있다. 7월 15일자 조간에는 이러한 상황에 대해 소설가 장혁주가 '조선동포에게 고함'이라는 글을 기고하여 일련의 폭력사건은 일본인들에게 조선인의 안 좋은 감정을 줌과 동시에, 일본 정부에게 '강제소환'의 구실이 될 수 있기에 다른 방법을 찾아보기를 부탁하고 있다.

한국전쟁이 끝나고는 한일문제에 관한 기사가 자주 지면에 게재되고 있는데 특히 1955년 8월 26일자 조간에는 8월 20일자 지면에 '"폭발점"의 일한관계 이정부의 국내대책 인플레 하 긴장감을 부채질하다'라는 글로 이승만 정부의 대일정책을 비판하는 평론가 나카야스 요사쿠의 글을 반박하는 권일의 글이 게재되어 있다. 권일은 글에서 나카야스의 글과 같은 무책임한 한일론에 일본인들이 휘둘리지 않을 것과 남북통일 운동을 이해해 줄 것을 부탁하고 있다. 같은 지면에는 남북의 평화통일을 바라지만 일본을 북한과 조총련의 보호국 취급하는 이승만 정부의 발언을 재차 비판하는 나카야스의 권일에 대한 반박문도 같이 게재되어 있어, 북한과 총련, 그리고 권일이 위원을 맡고 있는 남북평화통일협의회를 둘러싼 한일 양국의 팽팽한 긴장감을 엿볼 수 있다.

한일기본조약이 체결되는 1965년에는 한국관련 기사들이 자주 지면에 게재되는데, '가깝고도 먼 옆 나라'라는 특집도 4월 1일부터 4월 29일까지 총 17회에 걸쳐서 연재가 되었다. 제목만을 몇 가지 들어보면, '왜 '경멸'하는가', '고국에서 쫓겨나 슬픈 기억의 재일조선인', '서투른 일본어', '민족은 단 하나' 등이다. 그 중 4월 6일자 지면에는 '고국에서 쫓겨나 슬픈 기억의 재일조선인'과 '서투른 일본어'는 재일조선인들이 어떻게 고국을 떠나 일본까지 오게 되었는지를 재일조선인들의 말을 인용하며 소개하고 있다.

또한 1966년부터는 북조선귀환문제에 관한 기사를 많이 볼 수 있는데 특히 1966년 8월 17일자 사설 '북조선귀환은 인도문제'에서 1959년 이래로 추진되어 온 조선인귀환 사업이 인도적인 차원에서 재개되기를 바라면서도 현실적으로 국교가 없는 나라에 사람들을 보내는 것을 여러 가지 절차가 필요하기 때문에 협정과 같은 방법을 강구할 것을 촉구하고 있다.

2 목차

발행일	지면정보	간종별	기사제목
1945.12.28	02頁11段	朝刊	首相へ要求提出　在日朝鮮人民大会
1946.01.01	02頁07段	朝刊	朝鮮向け上陸用舟艇削減
1946.01.21	02頁15段	朝刊	[広告]朝鮮信託統治反対民衆大会/朝鮮建国促進青年同盟 朝鮮人諸団体
1946.01.26	02頁15段	朝刊	[広告]朝鮮人事業家ニ告グ/在日本朝鮮人連盟中央総本部財務部
1946.02.07	02頁10段	朝刊	暴力、闇を善導 朝鮮人連盟
1946.02.16	02頁08段	朝刊	新朝鮮建設同盟生る
1946.02.16	02頁08段	朝刊	在監者釈放闘争/在日朝鮮人連盟
1946.02.17	03頁15段	朝刊	[広告]朝鮮青年よ集れ　青年自治隊東京大隊結成式/在日本朝鮮人連盟東京本部
1946.02.18	02頁15段	朝刊	[広告]朝鮮同胞よ!来れ!! 殉国烈士追悼会/朝鮮建国促進青年同盟
1946.02.20	03頁1段	朝刊	朝鮮へ煙草巻紙輸出
1946.02.22	02頁15段	朝刊	[広告]在日本朝鮮商工会全国結成大会／在日本朝鮮商工会総本部
1946.03.01	02頁13段	朝刊	朝鮮3・1運動記念大会/東京・神田
1946.03.03	03頁09段	朝刊	在日朝鮮人連盟で代表派遣
1946.03.14	02頁15段	朝刊	[広告]帰還登録 朝鮮人 中華民国人 台湾省民/厚生省 内務省 司法省
1946.03.28	01頁	朝刊	[広告]日本に居住する朝鮮人船員に告ぐ/在日本朝鮮人連盟中央総本部労働部
1946.03.18	02頁01段	朝刊	中国、朝鮮への帰国輸送
1946.03.26	02頁08段	朝刊	朝鮮芸術協会誕生/東京
1946.03.27	02頁05段	朝刊	朝鮮人保安隊に警告/GHQ
1946.03.28	01頁15段	朝刊	[広告]日本に居住する朝鮮人船員に告ぐ／在日本朝鮮人連盟中央総本部労働部
1946.04.11	02頁12段	朝刊	150万が朝鮮に帰国
1946.04.12	02頁13段	朝刊	朝鮮人らの送還日決る
1946.05.11	01頁15段	朝刊	[広告]在日本朝鮮人商工業者諸氏に告ぐ/在日本朝鮮人商工連合本部
1946.06.01	01頁15段	朝刊	[広告]朝鮮へ帰える希望者へ御知らせ/引揚援護院
1946.06.01	02頁	朝刊	[広告]朝鮮芸術協会創立公演/在日本朝鮮人連盟中央総本部
1946.06.08	02頁15段	朝刊	[広告]朝鮮民主臨時政府樹立促成人民大会/在日本朝鮮人連盟中央総本部
1946.06.11	02頁01段	朝刊	"時の記念日"の催し ▽朝鮮の民主政府促進
1946.06.22	02頁06段	朝刊	9月までに輸送 朝鮮人の引揚問題/総司令部
1946.06.28	02頁01段	朝刊	人口調査訂正発表 総数7311万4059人/内閣統計局＝訂正30日付2面
1946.07.07	01頁11段	朝刊	[海外録音]南朝鮮に新政治機関樹立/米軍政長官
1946.07.12	02頁12段	朝刊	密航朝鮮人の取締り
1946.07.21	03頁11段	朝刊	器具、機械持帰りを許可 帰国朝鮮人に
1946.07.21	03頁12段	朝刊	朝鮮人連盟員 支部へ暴込む
1946.07.25	02頁15段	朝刊	[広告]朝鮮人を夫にせる日本女性に告ぐ/芙蓉会事務所

발행일	지면정보	간종별	기사제목
1946.07.26	03頁15段	朝刊	[広告]集えよ同胞諸氏　在日同胞民生問題解決民衆大会/朝鮮建国促進青年同盟
1946.07.26	03頁2段	朝刊	解放在留人の不法行為　日本の法令で厳正取締り　内相言明
1946.07.26	03頁	朝刊	[広告]集えよ同胞諸氏　在日同胞民生問題解決民衆大会/朝鮮建国促進青年同盟
1946.07.27	02頁15段	朝刊	[広告]朝鮮解放壱周年慶祝大会/朝鮮情報社　朝鮮特信社
1946.07.31	01頁15段	朝刊	[広告]在日本朝鮮同胞に急告/朝鮮水災救済委員会
1946.08.04	01頁07段	朝刊	[広告]職なき朝鮮同胞に告ぐ!!/在日本朝鮮人聯盟中央総本部
1946.08.15	03頁09段	朝刊	朝鮮解放記念祝典
1946.08.19	01頁09段	朝刊	英空軍海上警備　朝鮮からの密航者　5000名を収容
1946.09.26	02頁11段	朝刊	在口朝鮮人大会開く
1946.09.27	02頁07段	朝刊	朝鮮人連盟見解発表
1946.09.29	02頁05段	朝刊	朝鮮人中学10月開校／東京
1946.10.02	01頁	朝刊	[広告]朝鮮居留民団結成大会/在日本朝鮮居留民団準備会
1946.10.02	02頁06段	朝刊	朝鮮人居留民団結成
1946.10.02	02頁08段	朝刊	渋谷事件裁判
1946.10.09	01頁10段	朝刊	大邱戒厳令/朝鮮
1946.10.13	01頁15段	朝刊	[広告]朝鮮同胞に告ぐ/在日本朝鮮居留民団
1946.10.13	01頁15段	朝刊	[広告]朝鮮同胞に告ぐ/在日本朝鮮人連盟
1946.11.02	01頁12段	朝刊	交渉再開用意　米、朝鮮臨時政府問題で声明
1946.11.06	02頁01段	朝刊	在日余剰の生必品を放出　米政府、総司令部に権限付与
1946.11.13	01頁03段	朝刊	帰還拒めば日本国籍へ　在日朝鮮人に警告
1946.11.13	01頁01段	朝刊	進歩党・朝鮮人連盟紛争解決　“椎熊問題”諒解
1946.11.22	01頁14段	朝刊	在日朝鮮人の地位　残留者の日本国籍入りは誤報　総司令部声明
1946.11.26	02頁04段	朝刊	送還朝鮮人の携行品
1946.11.30	01頁01段	朝刊	[気流]難民救済資金
1946.12.03	01頁14段	朝刊	自由党　在日朝鮮人問題解決す
1946.12.11	02頁15段	朝刊	[広告]在日朝鮮居留民大会/在日朝鮮居留民団
1946.12.19	02頁15段	朝刊	[広告]朝鮮人生活権擁護全国大会/在日本朝鮮人生活権擁護中央委員会
1946.12.21	02頁01段	朝刊	白昼強盗は早大生　戸山ヶ原にかくした9万円/東京
1946.12.21	02頁08段	朝刊	20余名重軽傷　朝鮮人と警官、官邸で衝突
1946.12.29	01頁01段	朝刊	国籍法も一部改正
1947.01.01	03頁11段	朝刊	首相官邸デモ　朝鮮人に減刑/米憲兵裁判所
1947.01.22	02頁07段	朝刊	南部朝鮮への引揚者集結命令/渉外局発表
1947.01.23	01頁15段	朝刊	[広告]北朝鮮向け、帰還希望者に御知らせ/引揚援護院
1947.02.04	02頁01段	朝刊	日本・朝鮮結ぶ仏教教世
1947.02.08	02頁02段	朝刊	議員にもなれる　帰化人へ・国籍法の一部を改正

발행일	지면정보	간종별	기사제목
1947.04.16	01頁15段	朝刊	[広告]在日本朝鮮同胞に告ぐ/在日本朝鮮居留民団
1947.05.17	02頁15段	朝刊	[広告]朝鮮人統一民衆大会/建青 民団 商工会 学同 各文化団体
1947.05.28	02頁09段	朝刊	北朝鮮へ最後の引揚船
1947.05.30	01頁10段	朝刊	南朝鮮の軍政を文官に移管 今秋初め完了
1947.06.06	02頁05段	朝刊	華僑と朝鮮人 値下げに協力
1947.06.09	02頁15段	朝刊	[広告]朝鮮民主臨時政府樹立促成人民大会/朝鮮人聯盟
1947.06.11	02頁06段	朝刊	朝鮮臨時民主政府促成大会/日比谷公会堂
1947.07.10	01頁01段	朝刊	戦死2世の両親帰化案が下院通過/米議会
1947.07.27	02頁15段	朝刊	[広告]故呂運亨先生追悼会/在日本朝鮮人連盟中央総本部
1947.08.14	02頁15段	朝刊	[広告]朝鮮解放2周年記念大会/在日本朝鮮人連盟
1947.08.23	02頁15段	朝刊	[広告]移転御通知/在日本朝鮮人聯盟中央総本部
1947.11.08	02頁05段	朝刊	密輸朝鮮人を処罰
1948.02.05	01頁01段	朝刊	国連参加外国人の円収入は課税 総司令部当局談
1948.02.08	01頁11段	朝刊	朝鮮問題を小総会に委託 朝鮮委員会決定/国連
1948.02.27	02頁	朝刊	[広告]三・一運動記念民衆大会/朝鮮建国促進青年同盟 在日本朝鮮居留民団
1948.04.09	02頁02段	朝刊	新警察に汚点 委員長の小野氏/浜松事件
1948.04.09	02頁04段	朝刊	静岡でも襲撃事件
1948.04.21	02頁06段	朝刊	朝鮮人学校15校閉鎖命令/東京都
1948.04.22	02頁09段	朝刊	閉鎖命令返上 朝鮮人学校から/東京都
1948.04.24	02頁03段	朝刊	大阪府庁を占拠 閉鎖反対の8000人が警官と乱闘/朝鮮人学校問題
1948.04.24	02頁03段	朝刊	朝鮮人学校問題 日本の法律遵守は在日の第1条件 軍政部の見解を発表
1948.04.25	02頁07段	朝刊	閉鎖命令を撤回 朝鮮人学校問題、兵庫は折れる
1948.04.25	02頁09段	朝刊	負傷43名 大阪の占拠事件/朝鮮人学校問題
1948.04.27	01頁02段	朝刊	朝鮮人騒擾にア司令官声明 軍事裁判で処断 中将神戸へ急行/神戸騒乱事件
1948.04.27	01頁01段	朝刊	[社説]朝鮮人諸君の反省を望む
1948.04.27	02頁01段	朝刊	学校再開と留置人釈放 知事らを監禁、強要 神戸で朝鮮人暴徒続々と逮捕
1948.04.27	01頁04段	朝刊	朝鮮人騒擾にア司令官声明 軍事裁判で処断中 将神戸へ急行/神戸騒乱事件
1948.04.28	01頁02段	朝刊	法律無視許さず 朝鮮人問題の方針明示 政府声明/阪神騒乱事件
1948.04.28	01頁07段	朝刊	大衆不満の爆発 問題は日本の態度 朝連宣伝部次長談/阪神騒乱事件
1948.04.28	02頁01段	朝刊	校長ら16名を逮捕 都でも朝鮮人学校に強硬措置／警視庁
1948.04.28	02頁04段	朝刊	三星学院近く認可/朝鮮人学校
1948.04.28	02頁02段	朝刊	朝鮮人連盟分裂か 反共派は近く声明/大阪騒乱事件
1948.04.29	02頁04段	朝刊	「全面閉鎖に非ず」 朝連代表、文相の説明を了解/朝鮮人学校問題

발행일	지면정보	간종별	기사제목
1948.04.29	02頁05段	朝刊	16校長ら身柄送検／朝鮮人学校問題
1948.04.29	02頁03段	朝刊	デモ関連者全部逮捕せよ 不法朝鮮人 神戸基地憲兵司令官厳命/神戸騒乱事件
1948.05.02	02頁08段	朝刊	日朝両語併用も認め難い 朝連文教部の回答に文相が強調
1948.05.03	03頁01段	朝刊	共産分子のせん動 神戸事件に朝鮮民団、建青声明
1948.05.04	02頁06段	朝刊	都内朝鮮人学校問題 円満に解決す
1948.05.05	02頁03段	朝刊	覚書に仮調印 朝鮮人学校問題
1948.05.05	02頁04段	朝刊	留置の校長ら釈放/朝鮮人学校
1948.05.07	02頁01段	朝刊	朝鮮人校に初の認可
1948.05.10	01頁02段	朝刊	きょう南朝鮮総選挙 はやくも各地にテロ頻発
1948.05.14	02頁03段	朝刊	5朝鮮人学校を認可
1948.05.16	02頁04段	朝刊	騒擾朝鮮人懲役求刑/兵庫県神戸市
1948.05.18	02頁09段	朝刊	騒擾朝鮮人氏名発表
1948.05.21	02頁06段	朝刊	神戸事件初公判/朝鮮人騒乱事件
1948.05.22	02頁09段	朝刊	不法朝鮮人に懲役
1948.06.03	01頁13段	朝刊	ホッジ司令官の書簡問題化 南朝鮮国会憤慨
1948.06.16	02頁08段	朝刊	大阪騒擾事件判決
1948.06.26	02頁09段	朝刊	朝鮮人両団体尼崎で衝突/兵庫県尼崎市
1948.06.26	02頁09段	朝刊	神戸騒擾事件 重労働の求刑
1948.06.27	02頁09段	朝刊	大阪騒擾事件に判決
1948.06.27	02頁10段	朝刊	尼崎事件署長調停
1948.08.20	02頁09段	朝刊	大阪府庁騒擾事件の控訴審
1948.08.28	01頁02段	朝刊	現地視察が目的 張氏側近 マ元帥・将総統会見説否定
1948.09.25	02頁07段	朝刊	「大韓民国居留民団」公認
1948.10.19	01頁02段	朝刊	李大統領きょう来訪
1949.01.30	02頁07段	朝刊	30名を検挙 島根の朝鮮人騒擾事件
1949.04.08	02頁05段	朝刊	暴行者きょう出頭 現場の"解釈"に意見/警官傷害事件
1949.04.09	02頁01段	朝刊	集落の捜査開始 暴行者出頭せず/深川事件
1949.04.09	02頁02段	朝刊	向島で2警官負傷/東京都墨田区
1949.04.10	02頁01段	朝刊	問題の深川枝川/深川事件
1949.04.10	02頁02段	朝刊	水陸で厳重警戒 深川事件実地検証
1949.04.10	02頁04段	朝刊	税務署へ押かく 高田事件
1949.04.14	02頁08段	朝刊	朝連支部から抗議/深川事件
1949.04.15	03頁01段	朝刊	調査団派遣請願 朝連から/深川事件
1949.04.21	02頁04段	朝刊	深川事件の9名送検
1949.04.23	01頁01段	朝刊	駐日韓国代表部移転

발행일	지면정보	간종별	기사제목
1949.05.09	02頁03段	朝刊	朝鮮人学生乱闘騒ぎ/東京・神田
1949.05.09	02頁01段	朝刊	深川事件の5氏釈放/警視庁
1949.05.24	02頁01段	朝刊	また乱闘騒ぎ 朝鮮学生/同盟/東京・新宿
1949.07.08	02頁08段	朝刊	朝連本部の自動車盗難/東京・中央区
1949.07.09	03頁08段	朝刊	朝連本部の盗難自動車発見
1949.08.17	02頁09段	朝刊	朝鮮解放記念日に乱闘/山口県小野田市
1949.08.21	03頁03段	朝刊	下関で朝鮮人衝突 連盟側が民団を夜襲
1949.08.21	03頁01段	朝刊	国警で調査員派遣/下関事件
1949.08.21	03頁01段	朝刊	朝連応援隊と警官衝突/下関事件
1949.08.22	02頁10段	朝刊	下関事件逮捕を続行
1949.09.09	01頁02段	朝刊	朝連など4団体解散 幹部36名を公職追放指定 全国一斉に財産接収
1949.09.09	01頁02段	朝刊	解散理由と4団体の組織 占領軍に反抗 反民主、暴力団体と認定/朝連解散
1949.09.09	01頁08段	朝刊	朝連総本部を接収/朝連解散
1949.09.09	01頁01段	朝刊	[社説]朝鮮人連盟の解散命令
1949.09.09	01頁03段	朝刊	再組織を監視 殖田法務総裁談/朝連解散
1949.09.09	01頁02段	朝刊	日本の措置は正当 在日韓国使節団当局言明/朝連解散
1949.09.09	01頁01段	朝刊	合法的に闘う 尹議長団主席談/朝連解散
1949.09.09	01頁01段	朝刊	規正令第2、第4条/朝連解散
1949.09.09	01頁01段	朝刊	19か所を接収 きのうの都内状況/朝連解散
1949.09.09	01頁02段	朝刊	地方支部の接収状況/朝連解散
1949.09.09	01頁01段	朝刊	追放36氏の氏名/朝連解散
1949.09.09	01頁01段	朝刊	異議申立て許されず/朝連解散
1949.09.10	02頁01段	朝刊	密入国に強制退去権 全国一本化、外国人登録切換え 法務府で改正準備
1949.09.10	02頁01段	朝刊	世田谷以外完了 東京/朝連解散
1949.09.10	02頁02段	朝刊	一部小ぜり合い 地方/朝連解散
1949.09.10	02頁03段	朝刊	195名検束 朝連等の財産接収妨害/朝連解散
1949.09.09	01頁03段	朝刊	解散理由と4団体の組織 占領軍に反抗 反民主、暴力団体と認定/朝連解散
1949.09.09	01頁02段	朝刊	日本の措置は正当 在日韓国使節団当局言明/朝連解散
1949.09.09	01頁03段	朝刊	朝連総本部を接収/朝連解散
1949.09.11	02頁06段	朝刊	本部接収終る 検挙302名/法務府
1949.09.15	01頁11段	朝刊	構成の制限緩和か 朝鮮人の福利厚生機関/法務府
1949.09.16	01頁02段	朝刊	朝連に非合法化の気配 政府、対応策を協議
1949.09.16	01頁10段	朝刊	[気流]朝鮮人に望む
1949.09.20	02頁08段	朝刊	朝鮮婦人らが座込み/東京・町田町役場

발행일	지면정보	간종별	기사제목
1949.09.21	02頁02段	朝刊	前朝連支部副委員長召喚 三鷹事件＝続報注意
1949.09.26	03頁01段	朝刊	金氏を判事拘留 三鷹事件＝続報注意
1949.10.06	02頁01段	朝刊	朝連解散取り消し請求
1948.10.09	01頁01段	朝刊	李大統領19日に来日
1949.10.12	01頁01段	朝刊	朝鮮、沖縄訪問 コ参謀総長日程
1949.10.19	01頁05段	朝刊	全国朝連系学校へ 政府、強硬措置の通告 反民主主義団体の温床
1949.10.19	01頁07段	朝刊	韓国政府で運用希望 鄭駐日代表談
1949.10.20	01頁02段	朝刊	104校を閉鎖 在日朝鮮人学校への通達 全国ほぼ平穏に完了
1949.10.20	01頁09段	朝刊	遺憾な措置 鄭韓国代表語る
1949.10.20	01頁10段	朝刊	都内2校閉鎖20校に通達完了
1949.11.05	02頁05段	朝刊	16件を不許可 朝鮮人学校
1949.11.18	02頁07段	朝刊	警官隊と衝突 朝鮮学生18名を検挙/大阪
1949.11.18	02頁08段	朝刊	朝鮮学童、学校で暴行/横須賀市
1949.11.20	03頁04段	朝刊	閉鎖朝鮮人校に執行停止採決 大阪あわてる
1949.12.21	02頁01段	朝刊	朝鮮人学校長決る/東京都
1949.11.26	01頁03段	朝刊	外国人を再登録 来春早々実施 密入国の取り締まり強化
1949.11.30	01頁02段	夕刊	明年から軍票廃止説
1949.11.30	01頁06段	夕刊	外人登録令改正1月実施
1949.12.02	02頁06段	朝刊	82名を一斉検挙 朝鮮人強窃盗団に手入
1949.12.02	02頁08段	朝刊	11名を釈放／朝鮮人強窃盗団
1949.12.02	01頁01段	夕刊	朝鮮人ギャング一斉検挙 今暁、80名を逮捕 関東に巣食う大強窃盗団
1949.12.02	01頁02段	夕刊	鶴見小野町・暁の奇襲同行 ボロの中に金塊 続々と銃、火薬/朝鮮人ギャング
1949.12.02	01頁01段	夕刊	トラックで波状強盗 終戦以来、3億円を荒稼ぎ▽主なる犯行例/朝鮮人ギャング
1949.12.02	01頁13段	夕刊	[よみうり寸評
1949.12.03	01頁01段	夕刊	[社説]暁の大捜査陣
1949.12.03	01頁02段	夕刊	[社説]朝鮮人の問題
1949.12.10	01頁01段	朝刊	ボ陸軍次官きのう帰国
1949.12.21	02頁06段	朝刊	朝鮮人学校長決る/東京都
1949.12.25	02頁05段	朝刊	日本人朝鮮人窃盗団の黒幕 金井田を逮捕 100万円の妾宅構えて豪勢な暮し
1950.01.08	01頁09段	朝刊	朝鮮人を外国人から除外
1950.01.10	02頁03段	朝刊	最近の南朝鮮 金竜周氏 各種生産は倍増 数年後には自立経済
1950.01.21	02頁05段	夕刊	赤い教員最期の日 整理基準案・教育委員会で正式可決 学童まで大騒ぎ
1950.01.22	02頁02段	朝刊	戦犯600名移送 あすジャカルタから内地到着

발행일	지면정보	간종별	기사제목
1950.01.24	03頁01段	朝刊	外国人登録今月一杯
1950.01.25	02頁01段	夕刊	日本と朝鮮結ぶ愛にむくい "天の母"政府葬 伝道・保育50年の邦人
1950.01.30	02頁03段	夕刊	巡査と看護婦射殺 凶悪、殺人強盗一味捕わる/東京・四谷署
1950.01.31	02頁01段	夕刊	アリラン版想夫恋 戦傷の夫を慕い密入国 8年ぶり涙の対面
1950.02.13	02頁01段	夕刊	8月ごろ渡米 ウイリー・フライ氏 帰化が具体化
1950.02.15	02頁02段	朝刊	夫婦別々でよい "新国籍法"7月実現へ
1950.02.19	02頁02段	夕刊	自由守る戦いに 日韓協力せん 李大統領・離日の声明
1950.02.20	01頁01段	朝刊	マ元帥帰国せず
1950.02.24	02頁01段	朝刊	外人登録3月20日迄
1950.03.03	02頁02段	朝刊	日本に裁判権なし 団体等規正令による解散/東京地裁判決
1950.03.11	02頁05段	夕刊	台東会館けさ接収 旧朝連財産に強制措置/東京都
1950.03.11	03頁03段	朝刊	2か月居住認む 強制接収の台東会館
1950.03.12	02頁02段	朝刊	朝鮮人押しかく 会館の接収で蔵前署に要求
1950.03.15	01頁02段	朝刊	5割を控除 在日外国人の課税に特例
1950.03.21	03頁07段	朝刊	105名を留置 台東会館強制退去 警官と朝鮮人乱闘
1950.03.21	03頁07段	朝刊	13団体代表警視庁へ/台東会館接収
1950.03.21	01頁01段	夕刊	接収の会館に強制退去 朝鮮人、警官と乱闘 重軽傷100余名を出す
1950.03.21	01頁01段	夕刊	退去勧告に応ぜず 乱闘30分・130名を検挙▽旧朝連財産は確認
1950.03.27	02頁	朝刊	[広告]李実善独唱会/韓国居留民団 日比谷公会堂
1950.03.31	01頁01段	朝刊	外国人が高率課税に抗議
1950.04.01	01頁04段	夕刊	韓国民の強制送還否定/殖田総裁
1950.04.03	01頁01段	夕刊	[時評]暴力団取り締まり
1950.04.04	01頁10段	夕刊	韓国、総司令部に申入れ 在日韓国人問題
1950.04.06	01頁01段	朝刊	外資法は不当 外商、首相に陳情/在日外国商社
1950.04.09	02頁01段	夕刊	外人課税は世界最高 在日実業家声明
1950.04.11	02頁01段	朝刊	"平和日本"へ憧れる密入国 釜山に数千人待機 死んでも本望と身を運ぶ/韓国
1950.04.14	01頁02段	朝刊	外人課税を修正 蔵相が課税国際委に書簡
1950.04.16	02頁02段	夕刊	外人の課税半減 首相同意 国会提案準備中
1950.04.27	02頁04段	夕刊	210名の強窃盗団 日朝人、被害実に5億/警視庁
1950.05.01	02頁06段	夕刊	歌手も混る 再建朝鮮人暴力団13名を検挙
1950.05.18	02頁01段	夕刊	京都元朝連建物接収
1950.05.22	02頁06段	夕刊	朝鮮学生大会で乱闘
1950.05.23	02頁04段	朝刊	女子同盟本部で乱闘/東京都新宿区
1950.05.23	02頁02段	夕刊	1名遂に死亡 朝鮮学生乱闘
1950.05.23	02頁01段	朝刊	朝鮮左派学生を検挙

발행일	지면정보	간종별	기사제목
1950.05.26	03頁01段	朝刊	外人登録用紙プレス機盗難 中野区役所で/東京都
1950.05.26	03頁01段	朝刊	都特別調査課談/外人登録用紙プレス機盗難
1950.06.04	02頁07段	朝刊	朝鮮人大乱闘 千葉県で7名検挙
1950.06.10	02頁01段	夕刊	旧朝連港支部の建物を接収/東京都
1950.06.23	02頁10段	朝刊	朝鮮人が乱闘騒ぎ/岡崎市
1950.06.26	02頁03段	朝刊	「隠忍もアダに」居留民団幹部、必勝の信念/朝鮮戦争
1950.06.26	02頁02段	朝刊	留守番ただ1人 北朝鮮系の在日学同本部/朝鮮戦争
1950.06.26	02頁03段	朝刊	「なんでもありません」静まり返る韓国代表部の公館/朝鮮戦争
1950.06.26	02頁03段	朝刊	「隠忍もアダに」居留民団幹部、必勝の信念/朝鮮戦争
1950.06.27	02頁01段	夕刊	"襲撃"に備う 学生同盟本部/在日韓国学生同盟
1950.06.27	02頁02段	夕刊	情報蒐集に大童 けさの居留民団本部/朝鮮戦争
1950.06.27	01頁04段	朝刊	米、戦闘機10機供給/朝鮮戦争
1950.06.27	01頁03段	朝刊	在日米軍の出動 停戦こばめば命令せん/朝鮮戦争
1950.06.27	01頁06段	夕刊	米、韓国に武器援助 第1回分既に空輸 米政府、マ元帥に指令/朝鮮戦争
1950.06.27	01頁01段	夕刊	米人婦女子一行 27日九州上陸/朝鮮戦争
1950.06.27	02頁04段	夕刊	在日機関の表情 物々しい平静さ 金公使、記者団と会見/朝鮮戦争
1950.06.27	03頁07段	朝刊	国内治安確保へ 特審局・朝鮮人団体監視を通達/朝鮮戦争
1950.06.27	02頁01段	夕刊	治安は十分監視 斉藤国警長官談 密航潜入取締り/朝鮮戦争
1950.06.27	02頁01段	夕刊	デマに迷うな 警視総監都民に切望/朝鮮戦争
1950.06.29	03頁01段	夕刊	米軍出撃 対馬の空轟く爆音▽一まず安心 金公使 義勇軍は指示待つ/朝鮮戦争
1950.06.29	01頁04段	夕刊	米歩兵部隊も出動 昨夜・日本から空輸▽1ケ師使用の可能性/朝鮮戦争
1950.06.29	03頁04段	朝刊	焦げた戦闘機銃口 南日本の米空軍基地を訪う/朝鮮戦争
1950.06.29	03頁03段	朝刊	南朝鮮まで翼の掛橋 昼も点灯、トラック群 臨戦態勢の北九州/朝鮮戦争
1950.06.29	01頁04段	夕刊	北朝鮮陣地を爆撃▽水原に前進基地/朝鮮戦争
1950.06.30	01頁04段	朝刊	米、地上部隊派遣か 在日軍に出動準備命令／朝鮮戦争
1950.06.30	01頁01段	朝刊	在日豪軍の引揚げ中止／朝鮮戦争
1950.06.30	02頁05段	朝刊	突如・北九州黒一色 月光下に冷静な街 轟く爆音、夕涼みの話題／朝鮮戦争
1950.06.30	01頁05段	夕刊	極東空軍の主力出動 数秒間隔で基地発進▽水原に出撃／朝鮮戦争
1950.07.01	03頁01段	朝刊	北朝鮮系の学生同盟総本部を急襲 反米ビラ押収 勅令違反、2名を検挙
1950.07.01	03頁01段	朝刊	在日60万人 韓国4・北朝鮮6の割合 左右分裂の学生同盟
1950.07.01	02頁01段	夕刊	在留の南北朝鮮人対立 九州も真二つ 灯管が刺激 義勇兵に殺到
1950.07.02	01頁06段	夕刊	米先発部隊、前線に急行 在日部隊4万出動 重砲部隊も移動開始／朝鮮戦争
1950.07.02	01頁03段	夕刊	緊迫する韓国戦乱＝写真

발행일	지면정보	간종별	기사제목
1950.07.02	03頁04段	夕刊	地上部隊出撃·米兵の表情／朝鮮戦争
1950.07.03	02頁10段	朝刊	朝鮮人商工協組を急襲／東京·浅草
1950.07.06	02頁03段	朝刊	審理の要なし朝連解散の取消し上告却下の新判例
1950.07.06	02頁01段	夕刊	在日韓国人蹶起大会
1950.07.07	02頁04段	朝刊	北朝鮮系活発な動き　対馬に厳重警戒指令
1950.07.09	02頁01段	朝刊	輸送破壊　金首相の指令発見／山口県下関市
1950.07.12	03頁01段	朝刊	６月１９日　追放幹部と新首脳　共産党が"麻布会談"旧朝連指導者も交え
1950.07.14	01頁05段	夕刊	米陸空首脳けさ入京　滞在１日半　マ元帥と情勢検討／朝鮮戦争
1950.07.15	01頁10段	夕刊	金北朝鮮首相、中共代表と会談
1950.07.18	02頁08段	夕刊	日本人に還りたい　朝鮮人になりすました窃盗男
1950.07.20	02頁03段	朝刊	北朝鮮系の２大団体　規正令違反で１両日中に解散命令
1950.08.01	04頁11段	朝刊	［広告］在日本朝鮮人連盟等に対する債権申出に関連する公告
1950.08.09	03頁02段	夕刊	知事暗殺の計画　怪文書持つ朝鮮人追及／福岡
1950.08.17	02頁02段	夕刊	街に国連マーク　韓国戦災民救援募金始まる
1950.08.17	01頁01段	朝刊	第４６回紙上討論　安全保障をどうするか／読売新聞社（社告）
1950.08.17	02頁02段	夕刊	街に国連マーク　韓国戦災民救援募金始まる
1950.08.18	02頁02段	夕刊	国際色も豊かに　新宿御苑でボーイスカウト大会
1950.08.21	03頁02段	朝刊	検挙者釈放を要求　荒川署で２００名の朝鮮人ら騒ぐ
1950.08.22	02頁07段	夕刊	朝鮮人もむ　反米ビラの４名釈放叫んで／東京都荒川区
1950.08.27	01頁01段	夕刊	在日韓国人義勇軍近く出動／朝鮮戦争
1950.08.28	02頁01段	夕刊	在日大韓青年団結成
1950.09.01	03頁10段	朝刊	朝連系６校に閉鎖命令　倉敷で
1950.09.02	02頁05段	朝刊	３００名、警官と乱闘　整理の関配大田営業所の騒ぎ
1950.09.03	01頁01段	夕刊	満州で朝鮮人徴発か　マ元帥報告　戦線著しく安定／朝鮮戦争
1950.09.04	01頁02段	夕刊	きのう６００機出動／朝鮮戦争
1950.09.10	01頁04段	夕刊	米対日講和方針成る　米軍駐屯規定含む　安全保障問題に弾力性
1950.09.15	02頁09段	夕刊	帰化法案　下院押し切る
1950.09.16	02頁04段	夕刊	狂喜の在京韓国人　迫るソウル帰還　この朝自願兵出陣、林外務部長渡米
1950.09.17	03頁05段	朝刊	そらッ、京城奪回だ　わきかえる自願軍本部／朝鮮戦争
1950.09.17	03頁04段	朝刊	"もう突入ですか"　監禁職員案じる金公使／朝鮮戦争
1950.09.17	02頁04段	夕刊	京城を憶う両女性　もうじき帰宅　金公使夫人　祖先墳墓の地　李方子夫人
1950.09.18	02頁04段	朝刊	勝利に沸く韓国　国際電話　「京城に大極旗翻る？」　早くも釜山で飛ぶ情報
1950.09.19	01頁03段	夕刊	マ元帥報告　安保理事会　中ソの援助は歴然　１４万の北朝鮮軍を訓練

발행일	지면정보	간종별	기사제목
1950.10.08	01頁09段	夕刊	決議要旨／国連・朝鮮戦争
1950.10.13	02頁04段	夕刊	生埋めにして撲殺　北朝鮮軍の残虐　公式報告届く／朝鮮戦争
1950.10.19	01頁04段	夕刊	台湾防衛で一致　ト大統領華府帰還　北朝鮮停止線も決定
1950.10.20	01頁03段	夕刊	[外人記者の直言] 中共破壊のみ考う／ロバート・マーチン
1950.10.20	02頁01段	朝刊	朝鮮に自由を日本には自立　世界平和は婦人の手で　ル前大統領未亡人の便り
1950.10.25	01頁07段	朝刊	６２名銃殺刑　韓国軍事法廷／朝鮮戦争
1950.11.02	01頁01段	夕刊	[読者の声] 韓国人の気持
1950.11.21	01頁09段	朝刊	先ず満浦鎮から　中共軍侵入の経路判明／朝鮮戦争
1950.11.28	02頁02段	夕刊	神戸騒擾の首謀者　旧朝鮮連連幹部ら10名検挙/神戸市警
1950.11.28	03頁01段	朝刊	神戸に戦後最大の騒擾事件　1/6名を検挙　在口朝鮮人ら警官隊と乱闘
1950.11.28	03頁08段	朝刊	朝鮮人学校の運動会を禁止　大阪警視庁で／神戸事件
1950.11.29	03頁01段	夕刊	神戸騒擾に法務委　背後関係究明に乗出す／衆院
1950.11.29	03頁03段	夕刊	171名を送検／神戸朝鮮人騒乱事件
1950.11.30	01頁01段	朝刊	[社説]重大段階に入った朝鮮動乱
1950.11.30	03頁09段	朝刊	155名送検　神戸事件　16名釈放さる／神戸市警
1950.12.02	02頁03段	朝刊	検察庁を再度襲う　関西騒乱・大津へ波及　40余名検挙
1950.12.03	03頁06段	朝刊	また滋賀県で騒ぐ／朝鮮語教師の越冬資金要求
1950.12.04	01頁01段	朝刊	[社説]関西の朝鮮人騒乱の諸問題
1950.12.04	02頁04段	夕刊	横浜で朝鮮人騒ぐ
1950.12.18	02頁01段	夕刊	関西騒擾は日共の指導　法務委現地視察の結論　パルチザン戦術　決死隊や硫酸
1950.12.21	02頁06段	朝刊	57名を検挙　愛知の旧朝連支部接収
1950.12.26	01頁07段	夕刊	責任者を強制送還　朝鮮人騒擾　官房長官談で警告
1950.12.27	01頁08段	朝刊	明春、新政令か　朝鮮人騒擾　関係者の送還措置
1951.01.06	02頁05段	夕刊	6000万円荒稼ぎ　朝鮮人窃盗団12名捕る／東京・万世橋署
1951.01.13	01頁07段	朝刊	強制送還の用意　韓国代表部声明
1951.01.23	03頁05段	夕刊	旧朝鮮人会館接収で大乱闘　警官ら12名が負傷/三重県四日市市
1951.01.28	01頁02段	朝刊	長びけば再上陸　ラ提督、東京で語る／朝鮮戦争
1951.02.05	02頁07段	夕刊	武装、裏日本へ集結　北朝鮮系の200名密航計画/朝鮮戦争
1951.02.08	03頁05段	朝刊	北朝鮮系と共産党員の合作　騒乱事件に衆院法務委の報告書
1951.02.21	02頁08段	夕刊	朝鮮民団焼く　出火原因重視/神奈川県川崎市
1951.02.28	02頁03段	夕刊	生徒、警官へ投石　朝鮮人校反戦ビラ押収/警視庁
1951.03.01	02頁02段	夕刊	太田成子の過去　朝鮮人か　指紋を残さぬ手口
1951.03.01	02頁01段	夕刊	韓国独立記念大会
1951.03.01	02頁02段	夕刊	朝鮮人校また暴る　3・1記念日
1951.03.04	03頁10段	朝刊	荒川署へまた押しかく／在日朝鮮人

발행일	지면정보	간종별	기사제목
1951.03.07	02頁04段	夕刊	隣接11署に非常呼集/朝鮮人学校騒動
1951.03.07	02頁04段	夕刊	1000余の朝鮮人王子で騒ぐ 拳銃奪い袋叩き 無届集会 警官隊に暴行
1951.03.08	02頁03段	朝刊	80名が重軽傷 王子朝鮮人校 戦後最大の警官動員
1951.03.21	02頁06段	夕刊	朝鮮人1名を逮捕/米兵殺傷事件
1951.03.23	03頁05段	朝刊	"朝鮮人送還"の立法急ぐ 米兵殺傷事件 衆院で大橋総裁答弁
1951.04.06	03頁05段	夕刊	2名殺さる 朝鮮人同士のケンカ／京都
1951.04.08	03頁07段	朝刊	朝鮮人学生寮手入れ 選挙妨害のビラ配布
1951.04.28	03頁01段	朝刊	北朝鮮との密貿団 20数名を検挙、起訴▽起訴された一味/舞鶴
1951.04.28	03頁02段	朝刊	国際タイピスト競技 日米英仏の代表・来月東京で大会
1951.05.12	02頁07段	夕刊	護送の2名が死傷 密航朝鮮人が飛降り/滋賀県内東海道線
1951.05.29	02頁03段	夕刊	韓国から59名 のびのびの第1船入港
1951.06.14	02頁03段	朝刊	朝鮮人36名検挙 横浜で騒ぐ
1951.06.14	02頁08段	夕刊	12名を留置 横浜朝鮮人事件/横浜市神奈川区
1951.06.25	03頁02段	夕刊	人類平和の基礎 闘う韓国₩ 金公使の談
1951.06.25	03頁04段	朝刊	5名検挙さる 反戦ビラをまく北朝鮮系/東京都
1951.06.25	03頁01段	夕刊	民族の悲劇 朝鮮動乱1周年 46名を検挙 北朝鮮系 反米ビラ、大ダコ、集会
1951.06.25	03頁03段	夕刊	横浜市内警成/北朝鮮系反戦闘争
1951.06.30	02頁02段	夕刊	案外な平静さ けさの韓国駐日代表部/朝鮮戦争休戦提案
1951.07.19	02頁01段	朝刊	北朝鮮スパイ団の18名 軍裁あす判定 身を売った日本人2人も
1951.07.19	02頁04段	朝刊	訴因4つ 起訴状/北朝鮮スパイ団
1951.07.21	02頁08段	朝刊	町田町で朝鮮人騒ぐ/東京都
1951.07.25	03頁01段	夕刊	林金城を護送/かご抜け詐欺事件
1951.08.15	03頁01段	朝刊	民団側行事は許す 朝鮮解放記念日/東京
1951.08.15	02頁04段	夕刊	各所で朝鮮人会合 8・15記念日/東京
1951.08.16	03頁06段	朝刊	東京では即時解散／朝鮮解放記念日
1951.08.23	02頁03段	夕刊	来るべきものが来た 居留民団の談/朝鮮休戦会談
1951.09.16	02頁08段	夕刊	元朝連幹部殺さる/横浜
1951.09.18	02頁03段	夕刊	旧朝連淀橋支部接収 虚をつかれた泊込み学生
1951.09.26	01頁05段	夕刊	在日外国人の国籍離脱 首相、総司令部との折衝へ
1951.09.27	02頁01段	夕刊	朝鮮人拉致さる/東京都足立区
1951.09.28	03頁08段	朝刊	朝鮮人30名が殴込み／東京都荒川区
1951.09.28	02頁06段	夕刊	朝鮮人国籍問題 近く話合い開始
1951.09.29	01頁07段	朝刊	日本国籍を離脱 朝鮮人問題 政府の折衝方針決る
1951.09.30	03頁05段	朝刊	わが恋は実りぬ 巨星クロイツァー氏日本女性と結婚
1951.09.30	01頁02段	朝刊	朝鮮人財産の措置 労務費6000万円など返還

발행일	지면정보	간종별	기사제목
1951.10.09	03頁07段	朝刊	警官4名負傷 朝鮮人と小ぜり合い/東京・荒川署
1951.10.10	01頁08段	朝刊	国籍問題に重点 日韓交渉に政府の態度
1951.10.10	01頁03段	夕刊	在日朝鮮人の国籍復帰 韓国政府決定
1951.10.18	01頁10段	朝刊	駐米韓国梁大使来日
1951.10.20	01頁09段	夕刊	日韓会談ひらく 国籍問題
1951.10.30	01頁07段	朝刊	朝鮮人国籍は慎重に 首相答弁
1951.11.21	02頁01段	夕刊	公判も中止 朝鮮人、福岡で官庁へ押しかける
1951.11.22	03頁04段	朝刊	更に5名検挙 福岡の朝鮮人送還反対デモ
1951.11.27	03頁08段	朝刊	民団側と旧朝連系対立 神奈川で殴込み
1951.11.27	02頁04段	夕刊	朝鮮人騒ぐ 神戸地裁 騒擾事件・1周年目の公判で
1951.11.27	03頁01段	朝刊	民団側と旧朝連系対立 神奈川で殴込み
1951.11.28	03頁05段	朝刊	15名を検挙 朝連系が暴行／神奈川県
1951.12.06	02頁01段	夕刊	朝鮮人暴力団を検挙 「城西タク」乗取り 女も一役 殴り込みの9名
1951.12.17	03頁01段	朝刊	朝鮮人工場襲う 大阪で機械など破壊
1951.12.22	01頁02段	夕刊	原則的了解成る 明春から細目討議 朝鮮人国籍問題 日韓会談
1952.01.25	03頁10段	朝刊	朝鮮人2か所で殴り込み/東京
1952.02.08	03頁08段	夕刊	朝鮮人100名押かく 深川のふん尿処理場問題
1952.02.11	02頁06段	夕刊	朝鮮人学校の施設拡充せず 都教育委で決定
1952.02.28	02頁01段	夕刊	在日朝鮮人学生ら騒ぐ 台湾独立運動記念日
1952.02.29	02頁01段	夕刊	荒川署巡査に暴行 警察手帳を奪う 旧朝連朝鮮人7名を逮捕/東京
1952.03.01	03頁01段	朝刊	国警で3・1記念日警戒指示 偽装の集会注視 関西では乙号非常召集
1952.03.01	03頁02段	朝刊	許可集会、都内1か所/3・1記念日
1952.03.01	02頁01段	夕刊	3・1独立民衆大会
1952.03.02	03頁01段	朝刊	大阪でゲリラ闘争 3・1記念日 広島では催涙瓶襲撃▽都内は案外平静
1952.03.04	01頁03段	朝刊	在日朝鮮人は韓国籍 発効と同時日韓両国で了解成る
1952.03.06	03頁07段	夕刊	"デモ隊列車"東上 福岡から旧朝連ら
1952.03.07	03頁01段	朝刊	700名になる 上京の朝鮮人
1952.03.08	03頁09段	朝刊	朝鮮人陳情団解散
1952.03.12	03頁08段	朝刊	今暁一斉検挙 兵庫の左系朝鮮人/国警兵庫県本部
1952.03.12	02頁01段	夕刊	朝鮮人30名検挙 けさ兵庫の一斉手入れ/国警兵庫県本部、神戸地検
1952.03.13	02頁01段	夕刊	棍棒で交番襲撃 宇治市 朝鮮人9名を逮捕/京都府・宇治市警
1952.03.30	03頁03段	朝刊	尖鋭分子1000名送還へ/在日朝鮮人
1952.04.02	03頁01段	朝刊	朝鮮人30名が殴込み 6名負傷／東京・葛飾区
1952.04.04	03頁01段	朝刊	韓国居留民団改組
1952.04.05	03頁04段	朝刊	韓国民団委員の宅へ 火焔ビンで放火 目黒で3人組、1棟全焼▽火事/渋谷

발행일	지면정보	간종별	기사제목
1952.04.06	01頁02段	夕刊	韓国側請訓か 日韓会談なお対立続く
1952.04.07	03頁03段	朝刊	韓国民団支部へ5人組 横浜で重要書類強奪
1952.04.14	02頁01段	夕刊	朝鮮人、警官ともみ合う 姫路で19名検挙
1952.04.15	03頁03段	朝刊	警察襲われ署長負傷 姫路事件 竹槍持って朝鮮人不穏
1952.04.16	03頁04段	朝刊	朝鮮人登録に抜け穴 有罪、免訴で混乱 最高裁の統一解釈まつ
1952.04.16	02頁01段	夕刊	"黄金ビン"投入 民団事務員宅へ／東京都
1952.04.20	03頁01段	朝刊	またも"黄金瓶" 居留民団支部長宅へ／東京
1952.04.21	03頁01段	朝刊	民団支部長宅へ"黄金ビン"／東京都渋谷区
1952.04.22	02頁01段	夕刊	警官25名が負傷 福岡 朝鮮人と乱闘、17名検挙
1952.04.25	03頁03段	朝刊	銀座、東京駅前で乱闘 巡査負傷、朝鮮人12名を検挙
1952.04.29	03頁06段	夕刊	自立の朝は強風に明けて 国連旗と日米両国旗 司令部屋上にハタめく
1952.04.30	03頁	朝刊	大分で朝鮮人乱闘
1952.05.03	01頁02段	朝刊	本社座談会[暴動メーデーをかく見る]＝上 北朝鮮軍の先遣部隊
1952.05.11	02頁01段	夕刊	姫路騒擾で13名逮捕 朝鮮人、警官乱闘
1952.05.12	03頁01段	朝刊	姫路の朝鮮人解散／騒じょう事件
1952.05.14	03頁03段	朝刊	法廷の被告奪回 広島地裁 朝鮮人ら押かく
1952.05.15	07頁04段	朝刊	逆送朝鮮人を強制収容
1952.05.18	04頁02段	朝刊	明大で朝鮮留学生騒ぐ
1952.05.18	02頁01段	朝刊	追撃砲弾70万発入札
1952.05.18	02頁01段	朝刊	マ少将送別野球▽赤十字募金日米野球▽関東高校野球１回戦
1952.05.18	04頁02段	朝刊	明大で朝鮮留学生騒ぐ
1952.05.21	03頁03段	朝刊	収容所で乱闘 朝鮮人が脱走企つ／長崎・大村
1952.05.27	02頁01段	夕刊	騒擾参加の朝鮮人集団検挙 北朝鮮系幹部ら21名 火焔瓶も押収
1952.05.28	03頁01段	夕刊	朝鮮人押しかく 伊丹でまた騒ぐ
1952.05.28	03頁01段	夕刊	「民戦」が"祖防"が指導 吉橋局次長説明 左系朝鮮人の動向
1952.06.06	03頁02段	朝刊	120名負傷 宇部 朝鮮人、警官と乱闘
1952.06.10	03頁08段	朝刊	朝鮮人ら巡査に暴行
1952.06.11	02頁01段	朝刊	[オリンピック短信] 派遣補助金を手交▽韓国選手団の歓迎準備
1952.06.15	03頁08段	朝刊	朝鮮人戦犯ら即時釈放要求
1952.06.17	02頁01段	夕刊	都庁へ押かく 朝鮮人女学生
1952.06.17	02頁01段	夕刊	民団部長宅を襲撃／東京・日暮里
1952.06.19	07頁03段	朝刊	23名を検挙 民団支部へなぐり込み／東京・文京区
1952.06.19	02頁03段	夕刊	公判廷へ100名乱入 田川市で朝鮮人ら▽赤ちゃん圧死／東京・板橋
1952.06.21	02頁03段	夕刊	今8か所を急襲 メーデー騒擾容疑 朝鮮人7名を逮捕
1952.06.25	03頁01段	夕刊	福岡では爆弾 居留民団支部へ投げ込む
1952.06.25	01頁01段	朝刊	[社説]3年目に入った朝鮮動乱

발행일	지면정보	간종별	기사제목
1952.06.25	03頁04段	朝刊	不穏の前夜祭(大阪) 火焔ビン持つ朝鮮人ら集結
1952.06.25	03頁07段	朝刊	下関で朝鮮人集落急襲
1952.06.26	07頁03段	朝刊	敦賀市役所屋上に北朝鮮旗 朝鮮人100名助役から日当奪う
1952.06.27	01頁02段	朝刊	[社説]左系朝鮮人に警告する
1952.06.28	03頁01段	朝刊	松本で警官隊と乱闘 朝鮮人ら裁判所襲う／長野県
1952.06.29	01頁03段	朝刊	在日韓国人に措置 政府、近く連絡会議で決定
1952.07.01	03頁01段	夕刊	朝鮮人の乱闘騒ぎ／東京都台東区
1952.07.01	03頁04段	朝刊	朝鮮人の強制送還実施 騒乱事件の関係者は厳重処断
1952.07.02	03頁07段	夕刊	朝鮮人の軍票偽造団を逮捕／東京・本郷
1952.07.04	03頁01段	朝刊	金沢刑務所に北朝鮮旗／金沢市
1952.07.06	01頁03段	朝刊	特需用にインド炭 過剰ポンドで仲介貿易
1952.07.07	03頁09段	朝刊	朝鮮人宅へ火炎ビン／東京・板橋
1952.07.09	02頁01段	朝刊	近く大型砲弾も発注／朝鮮戦争特需
1952.07.09	03頁01段	夕刊	朝鮮人戦犯保護請求審問始る 不当拘禁でない 戦争当時は日本人／最高裁
1952.07.09	03頁05段	夕刊	「日本国民」の解釈で対立 解説／朝鮮人戦犯保護請求審問
1952.07.10	03頁08段	朝刊	"釈放"の争点明示 朝鮮人戦犯審問
1952.07.12	01頁07段	朝刊	会談促進への圧力 国連側政策硬化の現れ 解説／朝鮮戦争
1952.07.13	03頁07段	朝刊	京都で48名逮捕 北朝鮮系が自転車でデモ／京都府相楽郡精華村
1952.07.15	03頁04段	夕刊	校内で火炎瓶製造? 第1朝鮮人学校(日暮里)を急襲
1952.07.15	03頁04段	朝刊	朝鮮同胞に告ぐ 張赫宙 他人の国で騒ぐな 逆効果を生むテロ行為
1952.07.15	03頁05段	朝刊	血書嘆願書も提出 朝鮮戦犯釈放請求 弁護人ら条約文解釈で反論
1952.07.15	01頁02段	夕刊	朝鮮人対策など検討 治安閣僚会議ひらく
1952.07.15	03頁04段	夕刊	資金獲得が狙い 北朝鮮系の上野襲撃事件
1952.07.16	03頁05段	朝刊	北朝鮮祖防隊の正体わかる 血判の"特攻"3万 騒擾凶悪化をねらう
1952.07.16	01頁04段	朝刊	政府の治安対策成る 予備隊を出動 不法朝鮮人 集団拘禁も辞せず
1952.07.16	03頁05段	朝刊	北朝鮮祖防隊の正体わかる 血判の"特攻"3万 騒擾凶悪化をねらう
1952.07.16	03頁03段	朝刊	"国鉄大会"へ乱入 民戦系朝鮮人別府でデモ
1952.07.17	01頁04段	夕刊	韓国人処遇の原則 確立急ぐ
1952.07.17	03頁04段	朝刊	日本に潜入した北朝鮮部隊 全国に約80万 日共の指導下に組織化
1952.07.21	02頁01段	朝刊	第8軍司令官細菌戦を確認 北京放送／朝鮮戦争
1952.07.25	03頁02段	夕刊	民団本部で殺人／東京都新宿区
1952.07.25	04頁01段	朝刊	恩返しに"銀座の夜番" 善行の1朝鮮人を近く表彰
1952.07.27	03頁07段	夕刊	朝鮮人上野署でさわぐ／東京都台東区
1952.07.30	03頁03段	夕刊	釈放請求を棄却 朝鮮人戦犯"審問5分間で終る
1952.08.03	03頁02段	夕刊	ピストルも押収 3多摩の朝鮮人地区に手入れ／東京都南多摩郡町田町

발행일	지면정보	간종별	기사제목
1952.08.04	01頁03段	夕刊	強制送還を断行 首相答弁 不法朝鮮人対策／全国知事会議
1952.08.07	03頁05段	朝刊	赤い朝鮮人に食われる血税 既に1000億円支出 警視庁捜査費の1年分
1952.08.07	01頁02段	夕刊	赤い北朝鮮人の動向 軽視許さず 法相強調／検事長会同
1952.08.09	03頁02段	朝刊	北朝鮮系もまじる 武銀重役切り・電話切断を指揮／埼玉県比企郡・横川事件
1952.08.09	03頁02段	夕刊	弁論再開申立て／韓国人戦犯らの釈放請求事件
1952.08.13	03頁01段	夕刊	逃走中の朝鮮人逮捕／千葉市
1952.08.15	03頁03段	夕刊	日韓人暗殺団を追及 目黒の放火も祖防隊／東京・杉並署捜査本部
1952.08.17	02頁02段	夕刊	死傷者5名出す 八幡で 南、北朝鮮人衝突／福岡県八幡市
1952.08.20	03頁04段	朝刊	朝鮮学校の日本人教官追放闘争 "スパイだ"と吊し上げ 生徒が殴る、ける
1952.08.22	03頁05段	朝刊	朝鮮学校 校務主任の手記 インターで朝礼 つるし上げに日を暮す
1952.08.22	03頁03段	朝刊	校舎で祖防隊も訓練 朝鮮人学校では何が教えられるか
1952.08.22	01頁01段	夕刊	朝鮮人問題協議
1952.08.24	03頁05段	朝刊	朝鮮人学校の実態はこうだ 日本人教官匿名座談会 赤い教練の拠点
1952.08.25	03頁01段	朝刊	[訂正]8月24日付朝鮮人学校記事
1952.08.26	01頁07段	朝刊	日韓会談の再開急ぐ 法務省は強制収容所拡充
1952.08.26	03頁05段	朝刊	極左の指令で動く朝鮮人学校 無視される法規 手ぬるい当局に批判の声
1952.08.27	01頁02段	朝刊	[社説]朝鮮人学校と当局
1952.08.28	01頁01段	朝刊	収容所を拡充 朝鮮人対策／法務省
1952.08.31	02頁04段	夕刊	朝鮮人校の父兄手入れ 襲撃10余件の少年祖防隊全貌判る
1952.08.31	03頁08段	朝刊	両教官転校きまる 朝鮮人学校追放事件
1952.09.03	03頁01段	朝刊	"父は朝鮮人 炭労・田中委員長が釈明
1952.09.24	04頁	朝刊	[広告]外国人登録証明書の切替え／法務省
1952.09.26	03頁04段	夕刊	北朝鮮系が"登録"拒否 浅草でデモ 通知書突返す
1952.09.30	01頁07段	夕刊	見たり"東京義勇軍の正体" 日本から来た朝鮮人部隊／米CBS放送
1952.10.01	04頁01段	朝刊	都教員異動 夕刊続き 高校校長▽朝鮮人学校校長
1952.10.12	03頁03段	朝刊	張赫宙氏が帰化 南北朝鮮に容れられず 滞日20年、宿願の手続き
1952.10.18	03頁03段	夕刊	民団10万は協力 注目の外国人登録
1952.10.19	03頁01段	朝刊	[気流]朝鮮学校の事情
1952.10.20	03頁01段	朝刊	登録拒否に政府は強腰 北朝鮮系の大衆動員に対策 国警本部きょう重大指示
1952.10.21	03頁04段	朝刊	外国人登録拒否に勧告 23日から朝鮮人居住地等で検問 国警指示
1952.10.21	03頁03段	夕刊	登録通知書を突返す 朝鮮人20余名 台東区役所へ押かく／東京
1952.10.22	01頁02段	朝刊	[社説]朝鮮人登録問題
1952.10.26	03頁04段	朝刊	外国人登録拒否を煽るもの 朝鮮人連盟、各地で再建▽岡山では3名逮捕
1952.10.28	03頁04段	朝刊	北朝鮮系の妨害警戒 外人登録きょう締切

발행일	지면정보	간종별	기사제목
1952.10.29	03頁03段	朝刊	仮申請を再調査 外人登録来月一斉に不正摘発
1952.10.29	03頁01段	朝刊	登録締切日に修学旅行 王子朝鮮人中、高校
1952.10.29	03頁01段	朝刊	[気流]朝鮮人の登録
1952.11.02	01頁03段	朝刊	日韓会談今週再開か
1952.11.07	02頁03段	朝刊	再開申入れん 日韓会談
1952.11.12	03頁10段	夕刊	朝鮮人暴れる
1952.11.20.	01頁07段	朝刊	大村収容所で朝鮮人を虐遇 韓国、日本へ抗議
1952.11.20	07頁06段	朝刊	240名強制送還 密入国の朝鮮人
1952.11.27	03頁06段	夕刊	主犯・謎の朝鮮人 外人登録証偽造団
1952.12.06	03頁03段	夕刊	密入国、登録証を変造 朝鮮人学校教師ら9名検挙
1952.12.12	03頁02段	朝刊	韓国向硫安全量落札か
1952.12.21	07頁04段	朝刊	日共6全協の前ぶれ? 民戦、全国大会で闘争方針決定
1952.12.28	02頁01段	朝刊	日韓交渉再開へ 政府、新春早々申入れか
1953.01.05	01頁01段	朝刊	在日韓国人が歓迎大会／李承晩韓国大統領訪日
1953.01.06	01頁05段	朝刊	李大統領入京第一声 誰とでも会見 日本と折れ合う用意▽吉田・李きょう会談
1953.01.06	03頁01段	夕刊	北朝鮮系がデモ 李大統領訪日に
1953.01.06	01頁02段	朝刊	"韓国人送還に誤解" 京城でも声明 日本の了解を希望
1953.01.06	07頁04段	朝刊	アイク張りの李大統領 姿なき羽田入り 花束抱え韓国婦人もブツブツ
1953.01.06	07頁01段	朝刊	北朝鮮系の動き 警備に万全／警視庁
1953.01.06	08頁01段	朝刊	李大統領歓迎で在日韓国民衆大会／東京都新宿区
1953.01.06	03頁01段	夕刊	北朝鮮系がデモ 李大統領訪日に
1953.01.07	01頁02段	朝刊	[社説]李大統領の訪日に際して
1953.01.07	07頁01段	朝刊	クラーク大将へ抗議 朝鮮人100名が押かく／東京・極東軍司令部
1953.01.08	07頁01段	朝刊	朝鮮人ら小競り合い 日韓会談再開反対
1953.01.18	07頁11段	朝刊	朝鮮人女性の窃盗団 ダットサン乗りつけ工場荒し／東京都江戸川区
1953.02.07	08頁01段	朝刊	朝鮮人学校PTAが申入れ
1953.02.09	03頁10段	朝刊	北朝鮮系が軍事訓練
1953.02.10	03頁01段	朝刊	朝鮮人と乱闘騒ぎ／飯能
1953.02.24	02頁03段	朝刊	政府の態度軟化 大邦丸事件 韓国の出方待つ
1953.03.01	03頁05段	夕刊	4000人が気勢 3・1記念大会の朝鮮人
1953.03.16	03頁01段	夕刊	元朝連訓練所焼く／東京都杉並区
1953.03.16	03頁02段	夕刊	朝鮮人抗議デモ 政府機関など12か所に／東京
1953.03.16	03頁09段	夕刊	全学連も合流／朝鮮人陳情団
1953.03.17	02頁04段	夕刊	[第122回紙上討論・大邦丸射殺事件をどう見るか]韓国の猛省促す 多数意見
1953.04.14	02頁01段	夕刊	韓国政府は交渉資格なし 在日朝鮮統一戦線要求

발행일	지면정보	간종별	기사제목
1953.04.15	03頁01段	夕刊	朝鮮人、外務省へ押かける 日韓会談に反対
1953.04.23	03頁04段	夕刊	外務省へ朝鮮人押掛く
1953.05.06	01頁08段	夕刊	休戦後に朝鮮人捕虜釈放 国連側 休戦本会談で提案▽共産側拒否／朝鮮休戦会談
1953.05.19	02頁01段	夕刊	休戦会談 更に6日延期▽"朝鮮人釈放"撤回か 国連側妥協案を検討中
1953.05.19	02頁05段	夕刊	韓国、国連側に要求 朝鮮人即時釈放
1953.06.15	03頁04段	夕刊	朝鮮貴族に化け1億円 通帳偽造、銀行相手のサギ男捕る
1953.06.22	07頁01段	朝刊	日共、朝連を闘争から締出し 浅間、妙義の群馬県民大会
1953.06.25	07頁01段	朝刊	朝鮮人学校で文化祭／東京都
1953.06.25	01頁02段	夕刊	戦争に疲れた韓国民衆 動乱3周年 "李批判"強まる "北進統一"もうつろ
1953.06.25	07頁01段	朝刊	慰霊実行委承諾を渋る 遺骨送還問題
1953.06.25	03頁02段	夕刊	4000人、日比谷で気勢 朝鮮動乱3周年 各地で大会開く
1953.06.26	07頁02段	朝刊	名古屋では24名検挙 案外平穏な朝鮮動乱記念日
1953.06.27	03頁04段	夕刊	新宿三角山朝鮮人集落手入れ 情報筒抜け"警官帰れ" 各戸にアザ笑いのビラ
1953.07.01	06頁01段	朝刊	朝鮮人マーケットを急襲 浅草の麻薬市場／東京・浅草公園
1953.07.11	03頁06段	夕刊	騒ぐ3傍聴人を監置 朝鮮人高校生公判"法廷秩序維持"適用
1953.07.13	03頁01段	夕刊	朝鮮人学生ら500名教育庁へ 4項目を要求／東京
1953.07.17	07頁03段	朝刊	波立ちさわぐ竹島 韓国も欲しがる領海と漁業の根拠地
1953.07.17	03頁03段	夕刊	幹部は既に逃亡 米軍機使用韓国密輸団
1953.07.27	03頁01段	夕刊	日比谷で祝賀会 北朝鮮系3000名
1953.07.27	07頁03段	朝刊	本国の空気をそのまま"2つの朝鮮"東京の表情／朝鮮休戦
1953.08.12	07頁03段	朝刊	[休戦以後]=7 在日朝鮮人 高ぶる祖国意識 会話も機関紙も母国語(連載)
1953.08.26	07頁02段	朝刊	旧朝連強制立退き 品川で妨害の4名を逮捕／東京都品川区
1953.08.26	03頁08段	夕刊	密航朝鮮人30名捕う 島根に集団密入国、5名は逃走
1953.09.06	07頁01段	朝刊	ひそかに敷地切り売り 紛争再発か 警視庁管理の朝鮮奨学会館
1953.09.08	07頁01段	朝刊	韓国学生押かく 奨学会館問題
1953.09.09	03頁07段	夕刊	釜山－羽田間空の密輸 2名を逮捕／警視庁蒲田署
1953.10.10	01頁01段	夕刊	日韓会談国籍分科会
1953.10.24	01頁05段	朝刊	対韓報復措置を検討 在日代表部の閉鎖 警備船護衛の出漁など
1953.10.24	01頁03段	朝刊	駐韓代表部の設置 政府通告
1953.10.27	01頁04段	夕刊	対韓経済断交も考慮 緒方副総理 右社の申入れに答う
1953.10.28	01頁04段	夕刊	岡崎外相中間報告 ＭＳＡ援助と日韓交渉／早急に平和的解決 日韓漁業
1953.10.29	02頁01段	朝刊	[気流]一韓国人として思う▽日韓国民外交に寄す▽会談決裂と右翼台頭
1953.10.30	03頁04段	夕刊	祖防隊最高首脳捕る 北朝鮮系の財政責任者盧在浩 覚せい剤違反／東京・千代田
1953.11.06	02頁04段	朝刊	日韓会談決裂への反省 対等立場認めよ 双方白紙に還れ

발행일	지면정보	간종별	기사제목
1953.11.06	07頁09段	朝刊	空とぶドル買い 羽田空港で朝鮮人5名捕る
1953.11.11	02頁01段	朝刊	大山氏ら、金首相と会見
1953.11.20	07頁01段	朝刊	朝鮮人学生袋だたき 李ライン問題の演説ヤジり／東京・新橋
1953.11.21	07頁03段	朝刊	朝鮮人学校の2校長 陛下侮辱で辞意　教え子の仮装行列に／東京
1953.11.22	07頁01段	朝刊	他の校長は謹慎 仮装行列問題／朝鮮人学校
1953.12.02	02頁02段	朝刊	韓国に再び申入 代表部設置
1953.12.11	03頁02段	夕刊	専務を軟禁、暴行 民団支部長ら7名検挙／東京・荒川署
1953.12.14	01頁02段	夕刊	「魚族保護法」認めず 政府、韓国に正式通告
1953.12.16	03頁02段	夕刊	密航朝鮮人8名を逮捕／東京警視庁
1953.12.17	01頁02段	朝刊	不穏韓国人の送還 日韓会談再開へ 李大統領要求
1953.12.20	03頁03段	夕刊	詐欺社長ら検挙 民団支部の監禁から足／東京・荒川署
1953.12.29	02頁01段	夕刊	日本と同様の国連軍協定 韓国外相希望
1953.12.31	02頁01段	朝刊	日本駐留軍の縮小意味せず 在朝鮮2個師引揚
1954.01.07	02頁01段	朝刊	[気流]物価引下げと節約▽政治家と遺家族▽日韓解決に一役
1954.01.10	02頁04段	朝刊	釈放阻止せば戦闘　テイラー司令官警告▽捕虜釈放計画の細目発表／朝鮮休戦協定
1954.01.16	03頁03段	夕刊	李議長、民戦を脱退
1954.01.21	03頁01段	夕刊	北朝鮮系祖防隊 京都で8名逮捕
1954.01.26	07頁04段	朝刊	北朝鮮スパイ団 秘密警察隊が飛来 空路、主犯を運ぶ
1954.02.05	07頁06段	朝刊	クモの巣、ソ連スパイ組織 元代表部に5つの系統 ラ氏、北朝鮮とも関連
1954.02.12	07頁02段	朝刊	きょう朝鮮人学校へ禁止事項を通達 都教委、補助打切りに強硬
1954.02.13	07頁02段	朝刊	禁止事項を拒否 朝鮮人学校、PTA強硬
1954.02.19	03頁02段	夕刊	民戦外務部長検挙 飲み倒し、店主と警官に暴行／東京都大田区
1954.02.20	01頁05段	朝刊	国連軍協定に調印 米軍と同様の待遇 朝鮮引揚げ後90日内に撤兵
1954.03.11	03頁04段	夕刊	学齢児童の強制入校 策謀した赤い朝鮮人学校を捜索
1954.03.13	07頁03段	朝刊	特殊教育をやめねば廃校 朝鮮人学校問題に都教委強硬
1954.03.23	03頁03段	朝刊	復興特需も禁止か 政府 韓国の輸入禁止を重視
1954.03.23	07頁01段	朝刊	了承また持越し 朝鮮人学校問題
1954.03.25	07頁01段	朝刊	朝鮮人学校存続 6項目を承認／東京都
1954.03.26	03頁02段	朝刊	復興特需影響なし 韓国代表部回答
1954.04.03	07頁01段	朝刊	始業延期を指示 都立朝鮮人学校
1954.04.04	07頁01段	朝刊	交渉物別れ 朝鮮人学校問題／東京都
1954.04.05	03頁05段	夕刊	朝鮮人学校ついに指示を無視 都で実力行使か けさ全15校で入学式
1954.04.06	07頁03段	朝刊	臨休か閉鎖を強行 朝鮮人学校問題物別れ
1954.04.06	03頁04段	夕刊	あすから臨休へ 都教委　朝鮮人学校問題協議
1954.04.07	07頁02段	朝刊	結論また持越し 朝鮮人学校強硬措置か

발행일	지면정보	간종별	기사제목
1954.04.08	03頁03段	夕刊	民戦で闘争を声明 朝鮮人学校問題／東京
1954.04.08	07頁04段	朝刊	無条件承諾か、廃校 朝鮮人学校へ都教委業務命令
1954.04.08	07頁02段	朝刊	回答期限あす午後 解説／朝鮮人学校問題
1954.04.09	03頁04段	夕刊	朝鮮人、都庁へつめかける 学校問題今夕最後回答 竹ザオ持ち、近県からも呼応
1954.04.09	03頁03段	夕刊	池袋で警官隊と衝突 3名逮捕／朝鮮人学校問題
1954.04.09	03頁01段	夕刊	王子で決起大会 ぞくぞく集結／朝鮮人学校問題
1954.04.10	07頁04段	朝刊	朝鮮人学校問題解決す 5か月ぶり、都教委の要求を受諾
1954.04.10	03頁01段	夕刊	承諾書を提出 朝鮮人学校
1954.04.12	03頁02段	夕刊	朝鮮人学校、静かな始業式／東京都
1954.04.12	07頁02段	朝刊	車で連れ込み暴行 民団本部で朝鮮人学生ら2名を／東京都杉並区
1954.05.21	07頁03段	朝刊	李民戦議長の乗船拒否 北朝鮮行をめぐり警官隊出動／神戸港
1954.05.21	03頁03段	夕刊	1500名が気勢 李民戦議長乗船強行か／神戸港
1954.05.21	03頁01段	夕刊	証明書取消し 当局出国阻止／民戦議長出国問題
1954.05.22	07頁03段	朝刊	座込みの朝鮮人強制退去 外務省へ陳情／民戦議長出国問題
1954.05.22	03頁04段	夕刊	乱闘、警官8名が負傷 芝に逃亡の朝鮮人2名逮捕／東京都港区
1954.05.22	07頁05段	朝刊	共産陣営の中国、北朝鮮行運動活発 "裏口"から"公然"へ
1954.05.22	07頁03段	朝刊	雨中300名がデモ 李議長の乗船交渉決裂／神戸港
1954.05.25	07頁01段	朝刊	"会談必要なし"李民戦議長渡航問題に当局談
1954.05.25	07頁01段	朝刊	柳文代氏 死去
1954.05.26	03頁01段	朝刊	対韓貸越し解消に輸入促進
1954.05.27	03頁04段	夕刊	朝鮮解放救援会など 北朝鮮密貿関係で3か所を捜索／警視庁
1954.05.28	03頁03段	夕刊	朝鮮人校へ警告 現状では廃校と都教委
1954.05.30	07頁01段	朝刊	草津で静養中と判る 捜索願の朝鮮人学校長／東京都教育庁
1954.06.05	07頁02段	朝刊	8日から実体再調査 朝鮮人学校廃校必至
1954.06.11	07頁01段	朝刊	民戦鳥取委員長逮捕
1954.06.12	07頁02段	朝刊	今月中に廃校手続か／朝鮮人学校の実情調査報告
1954.06.12	03頁01段	朝刊	FOA本部に善処を要望／韓国の日本商品締出し
1954.06.12	07頁02段	朝刊	今月中に廃校手続か／朝鮮人学校の実情調査報告
1954.06.18	03頁02段	夕刊	"李氏証明は私文書"鈴木局長帰る
1954.06.21	07頁01段	朝刊	主犯の民主愛国青年同盟副委員長を逮捕 韓国居留民団支部長宅放火
1954.06.26	02頁01段	朝刊	在日青年団軍事訓練 韓国、特典付与を決定
1954.07.08	01頁01段	朝刊	北海道、韓国から米軍引揚か
1954.07.09	07頁02段	朝刊	近く抜打ち調査 無資格教員の給与打切り 朝鮮人学校
1954.07.17	03頁02段	夕刊	韓国人送還は当然 文書偽造の事実なし 外務省近く通告
1954.07.21	02頁01段	夕刊	ア大統領署名 日系米人の市民権回復法

발행일	지면정보	간종별	기사제목
1954.07.31	07頁01段	朝刊	韓国代表部が抗議 大村収容所の視察拒否
1954.08.06	02頁10段	朝刊	韓国、対日強硬覚書
1954.08.07	01頁02段	夕刊	日韓会談再開4条件 外務省、井口駐米大使に提示 来週にも交渉
1954.08.16	07頁04段	朝刊	朝鮮人左右が対立 独占ねらうパチンコの"景品買い"
1954.08.19	01頁02段	夕刊	日本からも5000名? 米、在韓4個師を引揚げ
1954.09.11	07頁05段	朝刊	朝鮮人学校は廃止 都教委で内定 時期は来年4月 文部省もきょう対策協議
1954.09.11	03頁01段	夕刊	アパート取壊し／東京都渋谷区
1954.09.23	07頁01段	朝刊	朝鮮人学校の廃止本決まり
1954.10.05	03頁03段	夕刊	朝鮮人学校へ廃校通告
1954.10.05	02頁01段	朝刊	金公使らきょう帰国
1954.10.06	03頁01段	夕刊	廃校処分の撤回申入れ 朝鮮人学校PAT連理事長
1954.10.15	07頁01段	朝刊	手配の朝鮮人逮捕 関税、外国為替法違反／東京・蒲田署
1954.10.21	07頁01段	朝刊	司令官ら告発 朝霞の全駐労
1954.10.22	02頁02段	夕刊	日韓調整で要談 柳参事官外務省訪問▽韓国、日本2漁船を捕獲
1954.10.27	02頁01段	朝刊	北朝鮮系朝鮮人の登録申請励行 法相勧告
1954.11.05	03頁03段	夕刊	会社乗取り、監禁 薬品詐欺も1000万円 朝鮮人ら3名逮捕／東京
1954.12.10	07頁01段	朝刊	民戦都委員会議長ら逮捕／警視庁
1954.12.14	03頁04段	朝刊	きょう第9回日米特需会談 7億ドル復元は困難 朝鮮復興特需へ参加要請か
1954.12.15	07頁01段	朝刊	韓国教師団が来日
1954.12.17	02頁01段	朝刊	統一へ団結宣言 両朝鮮準備委発表
1955.01.10	03頁01段	夕刊	1万3000人検挙 昨年度の取締り 朝鮮人に多いヒロポン密造
1955.01.24	07頁11段	朝刊	表彰の優良工場借り ヒロポンを密造 菓子に擬装? 朝鮮人ら4名逮捕
1955.01.31	07頁04段	朝刊	刺す、殴る大乱闘 朝鮮人大会／東京都台東区
1955.02.06	07頁01段	朝刊	ヒロポン撲滅運動に協力 韓国居留民団
1955.02.11	07頁01段	朝刊	生活問題などで要望 朝鮮人学校廃止問題
1955.02.23	03頁08段	夕刊	朝鮮人5名が脱走 不法入国で留置中
1955.02.25	03頁04段	夕刊	郷軍会長ら一せい逮捕 浅草の朝鮮人殴り込み事件
1955.02.26	07頁09段	朝刊	短銃を持つ朝鮮人を逮捕 後楽園競輪場で
1955.03.01	03頁10段	夕刊	脱走の朝鮮人逮捕／東京都中央区
1955.03.02	07頁02段	朝刊	登録外人の指紋 4月末から実施決る
1955.03.04	01頁01段	夕刊	外人登録に指紋押なつの政令を公布
1955.03.13	07頁05段	朝刊	在日朝鮮人・統一に動く 民戦(北朝鮮系)解散を準備▽戦術大転換図る
1955.03.24	03頁04段	夕刊	"私立"で存続認める 朝鮮人学校に私学審議会答申
1955.05.24	07頁03段	朝刊	民戦改組、総連合結ぶ
1955.05.24	07頁11段	朝刊	25名くらい 北朝鮮、帰国希望の邦人

발행일	지면정보	간종별	기사제목
1955.05.24	07頁03段	朝刊	民戦改組、総連合結ぶ
1955.06.28	07頁05段	朝刊	北朝鮮地下代表部"漁業協約"を押収　合作公社の資金に6000万円
1955.07.03	07頁03段	朝刊	"外人入国"に大穴　北朝鮮地下代表部捜査で暴露
1955.07.09	07頁03段	夕刊	幹部ら4名逮捕　北朝鮮地下代表部を追及
1955.07.15	03頁03段	夕刊	一家4名が惨殺さる　京都　家のもつれ?同居の朝鮮人取調べ
1955.07.23	07頁01段	朝刊	李康勲氏宅焼く／東京都杉並区
1955.07.25	01頁02段	夕刊	門脇次官、金公使に要請　漁師送還と北朝鮮引揚者通過
1955.07.26	01頁02段	朝刊	北朝鮮引揚げ邦人の通過　政府　韓国代表部へ要請
1955.08.20	01頁04段	朝刊	"爆発点"の日韓関係　李政府の国内対策　インフレ下　緊張をあおる／中保与作
1955.08.26	02頁03段	朝刊	日韓問題　統一運動に理解を　中保氏の所論を正す　権逸
1955.08.26	02頁03段	朝刊	日韓問題　李政府のいう反逆者「爆発点の日韓関係」について　中保与作
1955.08.30	03頁02段	夕刊	犯人は朝鮮人　大阪の銀行ギャング
1955.09.07	07頁05段	朝刊	"北朝鮮地下代表部"の全容　ジェット機の奪取企つ／東京都
1955.09.12	01頁01段	朝刊	ネオスト・ジョン見学?　韓国参謀総長来日
1955.10.16	01頁06段	朝刊	朝鮮人釈放(大村収容所)要求　北朝鮮声明　日韓一方的会談認めず
1955.10.21	01頁04段	朝刊	送還問題速に解決　日本議員団、金・北朝鮮首相と会談
1955.12.15	07頁01段	朝刊	日朝協定で申入れ　朝鮮人送還問題で
1955.12.30	01頁08段	朝刊	北朝鮮代表の派遣考慮　南日外相声明　在日朝鮮人問題で
1956.01.09	01頁10段	夕刊	抑留朝鮮人の即時釈放　北朝鮮法律家協会が要求
1956.01.29	02頁04段	朝刊	李ライン問題　漁業代表の話合い　海員組合　大韓労連へ申入れ
1956.02.10	07頁04段	朝刊	日朝会談ひらく　公開で引き揚げ問題討議／北朝鮮
1956.02.14	05頁03段	夕刊	"国際赤十字の線で"　衆院外務委　在日朝鮮人問題で喚問
1956.02.16	07頁02段	朝刊	きょう分科会開く　平壌会談　北朝鮮側提案を受諾／日朝赤十字会談
1956.02.18	07頁03段	朝刊	"韓国観光"の女サギ　居留民団の会長
1956.02.22	03頁01段	夕刊	韓国婦人会長捕わる
1956.02.23	03頁02段	夕刊	"早く解決したい"平壌の日赤代表　団長会談で申入れ／日朝赤十字会談
1956.02.25	03頁04段	夕刊	"韓国の態度が心配"平壌会談　政府、打開に慎重／衆院外務委
1956.03.01	07頁07段	朝刊	李承晩暗殺団一味／長崎厳原海保
1956.03.06	01頁01段	朝刊	日韓問題も議題に　ダレス・李会談
1956.03.07	07頁13段	朝刊	朝鮮人13名起訴　密航、短銃乱射事件／長崎地検
1956.03.21	07頁03段	朝刊	国際赤十字が調査　北朝鮮の帰国問題
1956.03.30	01頁02段	朝刊	[社説]日韓会談の再開に望む
1956.04.01	02頁08段	夕刊	法務省、2条件を出す　韓国人の釈放
1956.04.03	01頁04段	朝刊	日韓で相互釈放　刑期満了漁船員と朝鮮人▽釈放後の治安に問題　解説
1956.04.05	01頁05段	朝刊	日本と話合い望む　北朝鮮、在日朝鮮人問題で

발행일	지면정보	간종별	기사제목
1956.04.07	01頁06段	朝刊	漁船員を引取るため 朝鮮人釈放止むを得ぬ▽大村収容者合計1435名
1956.04.07	01頁11段	夕刊	朝鮮人抑留者釈放など協議 自民6者会談
1956.04.07	07頁01段	朝刊	申入れ断る 北朝鮮人の"こじま"便乗
1956.04.08	07頁01段	朝刊	在日朝鮮人いぜん座込み 葛西副社長と会談物別れ
1956.04.09	02頁08段	朝刊	収容朝鮮人、一方的解決反対 北朝鮮放送強調
1956.04.12	07頁02段	朝刊	"こじま"で送還出来ぬ 日赤返電 北朝鮮向けの朝鮮人問題
1956.04.13	07頁01段	朝刊	東京都内でも1名逮捕／北朝鮮スパイ事件
1956.04.13	03頁02段	夕刊	朝鮮人陳情デモ "こじま"乗船拒否で外務省、国会へ
1956.04.16	03頁05段	夕刊	朝鮮人の日赤座込みに断 警官隊くり出す 退去を勧告、実力行使へ／北朝鮮帰国
1956.04.16	03頁02段	夕刊	舞鶴で座込み開始 引揚援護局に約100名／北朝鮮帰国
1956.04.17	05頁03段	夕刊	強行乗船ねらう もめる座込み組 「こじま」きょう出発／北朝鮮帰国
1956.04.18	01頁02段	朝刊	[社説]日韓会談と抑留者問題
1956.04.18	01頁03段	朝刊	20日に初会談 日韓相互釈放問題
1956.04.18	01頁01段	夕刊	けさ下打合せ 日韓交渉
1956.04.20	01頁02段	夕刊	日韓初打合せ
1956.04.20	03頁03段	夕刊	日赤で再び座込み 朝鮮人20名
1956.04.21	07頁01段	朝刊	北朝鮮人の日赤座り込み解く▽北朝鮮引揚船こじま、けさ遮湖出港
1956.04.22	07頁02段	朝刊	実力で座込み退去 日赤の朝鮮人、今度は正門わきに
1956.04.25	01頁04段	朝刊	外務、法務調整急ぐ きょう日韓2次会談
1956.04.26	01頁02段	朝刊	法務省の態度硬化 日韓問題 韓国側主張を重視
1956.04.26	01頁01段	朝刊	会談続行は無意味 韓国代表部声明発表
1956.05.01	01頁04段	朝刊	日韓折衝・来週再開か 米の打開工作にかかる
1956.05.06	02頁01段	夕刊	北朝鮮代表団を派日 朝鮮人総連合会大会
1956.05.10	02頁02段	朝刊	日韓抑留問題を調停 国際赤十字代表2氏韓国へ
1956.05.17	01頁04段	夕刊	"3者会談"を勧告 国際赤十字代表 朝鮮人問題で語る
1956.06.14	02頁01段	朝刊	大村収容所へ慰問団送る 北朝鮮赤十字決議
1956.06.17	01頁03段	朝刊	日赤へ便宜を要請 北朝鮮赤十字 大村へ慰問団派遣
1956.06.28	02頁01段	朝刊	北朝鮮出国、韓国抗議
1956.07.20	01頁02段	朝刊	[社説]国連軍の旗が韓国へ移る
1956.07.26	05頁03段	夕刊	希望地域に帰す 在日朝鮮人問題 国際赤十字が提案
1956.08.09	07頁01段	朝刊	北朝鮮側も受諾 赤十字あっ旋案／在日朝鮮人帰国
1956.08.09	07頁02段	朝刊	李大統領に会見申入れ 小沢山口知事が漁民問題で
1956.10.07	02頁03段	朝刊	北朝鮮と三角貿易仲介 南貿委主席語る "指紋"継続なら交渉拒む
1956.11.11	07頁00段	朝刊	[広告]外国人の方へ御注意 登録証明書／法務省
1956.11.22	02頁04段	夕刊	金日成・北朝鮮首相と語る 本社秋元記者単独会見 日本・北朝鮮国交を準備

발행일	지면정보	간종별	기사제목
1956.12.01	02頁04段	朝刊	日韓会談再開を要望 社党 政府に解決策提案へ
1956.12.01	02頁02段	朝刊	まず韓国人釈放 首相答弁 抑留漁船員善処まつ 参院外務農林連合委
1956.12.28	01頁04段	朝刊	年内実現は難しい? 相互釈放 韓国側の態度待ち／抑留者相互釈放
1956.12.30	01頁03段	朝刊	韓国側が新条件 相互釈放交渉持越し
1957.01.16	05頁08段	夕刊	朝鮮人と内妻逮捕 立川「巡査射殺」のカギにぎる／東京・昭島署
1957.02.03	01頁10段	朝刊	近く同時釈放 韓国外務長官談
1957.03.21	01頁05段	夕刊	ソ連、名簿を手交 帰国希望の225名 朝鮮人146名も
1957.03.22.	02頁01段	朝刊	帰国希望在ソ邦人名簿 日本人225名▽朝鮮人146名
1957.03.22	07頁09段	朝刊	韓国人には暖い特例? 短期間在留など受入れ協議
1957.03.25	06頁02段	朝刊	[人生案内]愛する彼は韓国人／大浜英子
1957.05.11	01頁03段	朝刊	日韓の政治折衝 石井国務相、首相へ進言
1957.05.17	01頁01段	朝刊	韓国駐日大使に金裕沢氏
1957.06.08	01頁	朝刊	[社説]抑留者釈放を早く実現せよ
1957.06.13	01頁03段	朝刊	保護団体に身元委託 法務省方針 引受けのない韓国人
1957.06.21	07頁01段	夕刊	朝鮮学生?が20人殴り込み 帝京商業へ／東京都板橋区
1957.06.23	02頁03段	朝刊	韓国増強には使えぬ 日本撤退の地上軍 米国防省表明
1957.06.23	02頁01段	夕刊	まず3万撤退 米在日地上軍
1957.07.22	01頁04段	夕刊	あす日韓交渉再開 抑留問題など 韓国側から申入れ
1957.07.24	01頁02段	朝刊	[社説]不可解な韓国政府の態度
1957.07.26	07頁01段	夕刊	朝鮮人1500人デモ
1957.07.30	07頁05段	朝刊	帰国希望者は1050余人▽生活保護も適用 朝鮮人の受入れ
1957.07.30	05頁01段	夕刊	朝鮮人同士の対立 紛争を避け優先送還か／樺太引き揚げ問題
1957.08.18	01頁01段	朝刊	日韓交渉で資産問題討議を 韓国外務部長談
1957.08.27	07頁09段	朝刊	芝のドブロク密造地区急襲 朝鮮人11人逮捕／東京・港区
1957.09.22	02頁10段	朝刊	朝鮮人が大半 樺太引き揚げ者
1957.10.20	11頁01段	朝刊	韓国 抑留漁民に具体案 日赤4代表、国際会議へ出発
1957.10.23	05頁01段	夕刊	浜松の韓国人抑留所を廃止 全員大村へ移す
1957.11.02	02頁01段	朝刊	韓国抑留船員の釈放に努力 日本赤十字代表
1957.12.11	01頁02段	朝刊	日韓抑留者の釈放 国際赤十字あっせん用意 両国へ手紙で提案
1957.12.28	01頁01段	朝刊	日韓交渉の早期終結 金大使語る
1957.12.29	02頁04段	夕刊	今夕、藤山・金会談 韓国譲歩
1957.12.31	01頁04段	朝刊	3月17日に再開 きょう決定 日韓正式会談
1958.01.05	01頁11段	朝刊	北朝鮮が抗議 日韓抑留者釈放
1958.01.08	01頁11段	夕刊	北朝鮮、日赤に要請 韓国人釈放に参加
1958.01.08	05頁08段	夕刊	韓国から集団密航 福岡の海岸で37人捕る／福岡県津屋崎町
1958.01.11	01頁03段	朝刊	日赤、北朝鮮の要求拒否 大村調査

발행일	지면정보	간종별	기사제목
1958.01.18	05頁01段	夕刊	朝鮮人学校焼く／東京都北区
1958.01.22	01頁01段	夕刊	韓国人第2陣66名釈放
1958.01.23	01頁09段	朝刊	矢次氏の訪韓行悩み
1958.01.27	01頁01段	朝刊	韓国治安局長を東京に派遣 漁民釈放遅れる
1958.01.28	01頁04段	朝刊	日韓で名簿を交換 抑留漁民、月末に第1陣
1958.01.28	07頁01段	朝刊	SAS航空に招待
1958.01.30	05頁04段	夕刊	日共の北朝鮮ルート急襲 20数か所捜索 党員ら10人逮捕／海上保安庁
1958.02.04	04頁04段	朝刊	北朝鮮も参加望む アジア大会 正式手続とる
1958.02.09	02頁03段	朝刊	北朝鮮、韓国人送還に抗議声明
1958.02.18	07頁01段	朝刊	都内に赤い「朝鮮総合大学」すでに敷地を交渉 文部省ともめるか
1958.02.18	07頁05段	朝刊	名古屋駅でもむ 大村へ移送の韓国人
1958.02.18	05頁08段	夕刊	5人に懲役判決 北朝鮮対日工作グループ
1958.02.18	07頁04段	朝刊	都内に赤い「朝鮮総合大学」すでに敷地を交渉 文部省ともめるか
1958.02.20	05頁03段	夕刊	249人けさ乗船 釈放韓国人の送還始る▽見送り組、ガラス割って騒ぐ
1958.02.21	07頁04段	朝刊	主犯の金を逮捕 北朝鮮密航団の元日共幹部
1958.02.21	05頁01段	夕刊	送還船釜山へ入港
1958.02.28	01頁02段	朝刊	不穏な動き示す 北朝鮮への帰国希望者
1958.03.01	07頁01段	朝刊	きょう朝鮮人団体のデモ 3・1記念日
1958.03.01	01頁04段	朝刊	送還あくまで条件 日韓会談の延期 外務省、韓国に反ばく
1958.03.04	01頁01段	夕刊	第2次252人が帰国 送還韓国人
1958.03.11.	04頁01段	朝刊	北朝鮮の申し入れもの別れ アジア大会参加
1958.03.24	02頁01段	朝刊	北朝鮮、国際赤十字に警告 南朝鮮強制送還に
1958.04.08	01頁03段	朝刊	会談8日再開は無理 韓国回答
1958.04.12	02頁03段	朝刊	日韓会談 本格折衝は5月以降 漁業・財産請求権を優先
1958.05.09	01頁01段	朝刊	まず「在日韓国人国籍」を討議 日韓会談
1958.05.14	01頁01段	夕刊	19日から委員会で討議 日韓会談で一致
1958.05.31	01頁	夕刊	106点を韓国に贈与 板垣局長答弁 在日の「朝鮮文化財」参議院外務委員会
1958.06.02	01頁01段	夕刊	日韓"国籍"委ひらく
1958.06.10	02頁01段	朝刊	日韓"国籍委"続開
1958.06.14	02頁01段	朝刊	国際赤十字へ援護資金渡せ 北朝鮮赤十字通告
1958.06.24	01頁04段	夕刊	社党、日韓問題を質す 衆院予算委 「財産請求」解決へ 外相答弁
1958.07.06	01頁03段	朝刊	病弱者ら仮放免 北朝鮮への帰国希望者▽人道問題の見地で 藤山外相談
1958.07.11	01頁01段	朝刊	[社説]韓国は帰国の自由を認めよ
1958.07.29	02頁01段	朝刊	北朝鮮関係者は釈放 観測船の放射能禍で米に補償請求 外相答弁／衆院外務委
1958.07.30	02頁02段	朝刊	来月初めから逐次 北朝鮮希望者釈放の方針

발행일	지면정보	간종별	기사제목
1958.08.15	01頁01段	夕刊	北朝鮮系の3人釈放
1958.08.20	01頁01段	夕刊	抑留者、北朝鮮へ帰すな 保証すれば漁業委開く 韓国外務部筋
1958.08.21	01頁07段	朝刊	日韓会談また暗礁 韓国要求、北朝鮮へ帰さぬ保証
1958.09.04	01頁03段	朝刊	当分、北朝鮮に帰さない 韓国へ回答／藤山外相
1958.09.05	01頁04段	夕刊	韓国「不満」と回答 柳公使が再検討を要求 北朝鮮送還問題
1958.09.10	01頁02段	朝刊	やや歩み寄り 日韓会談
1958.09.13	02頁02段	朝刊	再開へ進む 日韓会談▽金大使が英に転任
1958.09.14	02頁03段	朝刊	日韓会談 今週中に再開で韓国同意 李ライン、初討議へ
1958.09.16	09頁01段	朝刊	小牧飛行場の返還式／名古屋
1958.09.22	01頁01段	夕刊	日韓会談再開で話し合い 柳・山田会談
1958.09.29	01頁03段	朝刊	今週中に外相指示 台湾問題の対ソ回答や日韓会談の本格的交渉
1958.10.02	01頁04段	朝刊	日韓会談再開 漁業問題で難航か 近く平和ライン委
1958.10.07	02頁02段	朝刊	日韓"国籍委"ひらく
1958.10.15	09頁04段	朝刊	李は刑事処分に 女高生殺し 東京地検に逆送
1958.10.17	02頁01段	朝刊	旅費も準備 金北朝鮮副首相 帰国問題で語る
1958.10.22	11頁05段	朝刊	北朝鮮への帰国運動起きる30日に"要請デー" 朝連で全国に呼びかけ
1958.10.24	02頁04段	夕刊	[焦点]北朝鮮人帰国運動のねらい 日韓会談を妨げる
1958.10.28	02頁02段	朝刊	[気流]"人間天皇"のご健在を喜ぶ▽交通事故に厳罰主義▽北朝鮮帰国受入れよ
1958.11.09	02頁05段	朝刊	政局の混乱 外交に深刻な影響 日韓交渉はお手上げ
1958.11.20	04頁02段	夕刊	[ニュース映画評]強く訴える好ルポ 朝日の「忘れられた人々」
1958.11.28	07頁03段	朝刊	男子 慶応と韓国で決勝 全日本ホッケー 女子は羽衣と小野
1958.11.29	04頁04段	朝刊	男子は韓国が2連勝 全日本ホッケー▽女子は全小野学園 羽衣を振切る
1958.12.02	02頁07段	朝刊	韓国、日本に抗議か 北朝鮮系15人の釈放
1958.12.03	02頁02段	朝刊	日韓の首脳会談 柳韓国公使が示唆▽"北朝鮮帰国"日韓会談の成行で
1958.12.20	01頁01段	朝刊	日韓会談きょうから休会
1959.01.21	09頁11段	朝刊	日赤、朝鮮人帰国援助を確認 北朝鮮へ打電
1959.01.22	01頁01段	朝刊	韓国側「来月16日」を申入れか 日韓会談の再開
1959.01.30	01頁04段	夕刊	近く北朝鮮人帰す 藤山外相踏み切る
1959.01.30	01頁03段	夕刊	李大統領 新提案を撤回／李ライン問題
1959.01.31	01頁04段	朝刊	外相、北朝鮮送還を急ぐ 日韓会談に深刻な影響?
1959.01.31	01頁01段	朝刊	日韓会談を妨げる 柳公使が語る
1959.01.31	01頁05段	夕刊	外務省、韓国の抗議に反論 人道上、延ばせぬ 北朝鮮送還 日韓会談と関係ない
1959.01.31	01頁02段	夕刊	閣議決定、遅れぬよう 北朝鮮送還、赤城長官語る
1959.01.31	01頁01段	夕刊	韓国、北朝鮮送還で日本に警告

발행일	지면정보	간종별	기사제목
1959.02.01	01頁08段	朝刊	今週、党意見を報告 福田幹事長談▽正式抗議も考慮 柳公使／北朝鮮帰還問題
1959.02.01	02頁11段	夕刊	北朝鮮、強い関心 朝鮮人送還問題
1959.02.00	01頁05段	朝刊	北朝鮮送還・今週中にメド 首相、さらに党内調整 希望調査は国際赤十字で
1959.02.02	01頁02段	夕刊	衆院予算委 総括質問始まる 北朝鮮送還は行う 首相答弁 日韓会談と別問題
1959.02.03	01頁05段	夕刊	北朝鮮送還 来週、正式に決定"韓国も了解ずみのはず"
1959.02.03	01頁03段	朝刊	北朝鮮送還 自民も同意に傾く 6日の閣議で決定へ
1959.02.03	01頁02段	朝刊	韓国、再び硬化
1959.02.03	02頁01段	朝刊	[気流]北朝鮮帰還で韓国こそ反省を▽社会施設予算の無視▽教科書販売に一考を
1959.02.04	01頁02段	朝刊	日韓会談再開せぬ 韓国外務次官言明 北朝鮮送還やめぬ限り
1959.02.04	01頁01段	夕刊	北朝鮮送還を急げ 社、自民に申入れ
1959.02.05	01頁03段	夕刊	グラマン 両院で緊急質問 社党、北朝鮮送還共同提案申入れ
1959.02.05	02頁04段	夕刊	[焦点]人道問題になった北朝鮮送還 希望者10万 国際赤十字で調査へ
1959.02.06	02頁04段	朝刊	北朝鮮送還認める 自民合同会議
1959.02.06	01頁02段	夕刊	北朝鮮送還で覚書 昨夜帰任の柳公使が携行
1959.02.07	01頁04段	朝刊	厚生省は危ぶむ 航海安全と希望者確認 北朝鮮送還
1959.02.07	01頁03段	朝刊	柳公使 きょう覚書提示か／北朝鮮送還
1959.02.07	01頁01段	朝刊	自発的引揚げは認める 韓国高官談／北朝鮮送還問題
1959.02.07	01頁04段	夕刊	柳公使、口頭で抗議 北朝鮮送還 けさ外相と会談▽厚相は了解ずみ 外相語る
1959.02.08	02頁02段	夕刊	13日の閣議にはかる 赤城長官 北朝鮮問題で語る
1959.02.09	01頁02段	夕刊	日韓に悪影響 北朝鮮送還 柳公使が申入れ
1959.02.10	01頁01段	朝刊	送還すれば対日断交の用意 金外務次官言明▽柳公使、板垣局長とも激論
1959.02.10	01頁04段	朝刊	北朝鮮送還 きょう閣僚懇談会 手続きなど打合せ
1959.02.10	01頁03段	朝刊	北朝鮮行の船舶阻止 韓国外務部が検討中
1959.02.10	01頁01段	朝刊	北朝鮮送還の早期実現 在日朝鮮人総連合会、政府に申入れ
1959.02.10	01頁05段	夕刊	北朝鮮送還・13日発表 閣僚懇談会、断行を確認
1959.02.11	01頁01段	夕刊	柳公使、マ大使に援助求める 北朝鮮送還問題
1959.02.12	01頁04段	朝刊	韓国へ了解求める 北朝鮮送還 山田・柳会談へ
1959.02.12	01頁03段	朝刊	秘密文書暴露する 柳公使言明▽国連に訴える／北朝鮮帰還問題
1959.02.12	01頁01段	夕刊	藤山外相が柳公使と会談 山田次官に代り／北朝鮮帰還問題
1959.02.12	05頁03段	夕刊	出港見合せ続出 送還問題 波高い?日韓航路
1959.02.12	05頁08段	夕刊	韓国人、外務省に座込み／在日朝鮮人帰還問題
1959.02.13	01頁05段	朝刊	北朝鮮送還 きょう閣議決定へ "人道的見地から実施"韓国側なお反対

발행일	지면정보	간종별	기사제목
1959.02.13	01頁01段	朝刊	国連で日本の立場説明 松平大使に訓令／在日朝鮮人帰還問題
1959.02.13	01頁03段	朝刊	韓国、緊急閣議 重大決定下す／在日朝鮮人帰還問題
1959.02.13	01頁03段	朝刊	韓国向け配船停止 運輸省 各汽船会社に勧告／在日朝鮮人帰還問題
1959.02.13	02頁02段	朝刊	[政界メモ]韓国人ら、外相と押し問答
1959.02.13	01頁05段	夕刊	閣議"北朝鮮帰還"を了解 国際赤十字に仲介依頼
1959.02.13	01頁04段	夕刊	日韓会談打切る 柳公使 口頭で4項申入れ／在日朝鮮人帰還問題
1959.02.13	01頁01段	夕刊	政府、各国に了解工作／在日朝鮮人帰還問題
1959.02.13	01頁00段	夕刊	予想される韓国の措置▽北朝鮮、受入れ態勢整う／在日朝鮮人帰還問題
1959.02.13	01頁03段	夕刊	米、介入の意なし／在日朝鮮人帰還問題
1959.02.13	01頁04段	夕刊	正式態度きょう通告 韓国、海軍に待機指令／在日朝鮮人帰還問題
1959.02.14	09頁03段	朝刊	訪問者も一々検問 こわばる外務省の表情▽明暗の2つの団体／北朝鮮帰還
1959.02.14	01頁01段	朝刊	[社説]北朝鮮帰還を政治から切離せ
1959.02.14	01頁05段	朝刊	北朝鮮帰還問題 政府、韓国の出方を静観 既定方針は貫く
1959.02.14	01頁02段	朝刊	帰還は基本的人権 政府、韓国へ口上書／北朝鮮帰還問題
1959.02.14	01頁04段	朝刊	国際赤十字に依頼 きょう日赤へ要請／北朝鮮帰還問題
1959.02.14	01頁03段	朝刊	"自由意志"なら援助 国際赤十字言明▽日韓会談打切る 柳公使／北朝鮮帰還
1959.02.14	01頁03段	朝刊	帰還船は阻止 韓国政府、8項目を決定▽軍待機説否定 韓国国防部／北朝鮮帰還
1959.02.14	01頁02段	朝刊	日本船の航行まだ自由／在日朝鮮人帰還問題
1959.02.14	02頁01段	朝刊	京城沸きかえる 北朝鮮帰還反対で
1959.02.14	02頁01段	朝刊	韓国与野党結束 北朝鮮帰還
1959.02.14	03頁04段	朝刊	肥料除き影響ない "貿易断交"政府、成行みて対策／在日朝鮮人帰還問題
1959.02.14	03頁04段	朝刊	日韓関係悪化 経済界対策いそぐ 北朝鮮貿易の再開望む／在日朝鮮人帰還問題
1959.02.14	09頁04段	朝刊	北朝鮮帰還 どう行われるか ソ連の船を雇う?▽頭が痛い希望者選び
1959.02.14	09頁02段	朝刊	大半は韓国出身 苦しい生活から帰国を望む人々
1959.02.14	09頁01段	朝刊	日韓漁業対策本部で声明／在日朝鮮人帰還問題
1959.02.14	09頁04段	朝刊	西日本漁業基地に憂いの色 海員組合は出港拒否 出漁船へ警戒電報／北朝鮮帰還
1959.02.14	01頁05段	夕刊	日赤に正式依頼 北朝鮮帰還 国際委の仲介 厚生省▽沢田・柳会談は延期
1959.02.14	01頁01段	夕刊	朝鮮総連、感謝の声明／在日朝鮮人帰還問題
1959.02.14	01頁04段	夕刊	北朝鮮帰還に各国の反響 "国連提訴は迷惑"▽武力行使できぬ 米、韓国へ警告
1959.02.14	01頁01段	夕刊	国連提訴あるまい 日本代表団語る▽武力衝突なかろう 英の観測／北朝鮮帰還

발행일	지면정보	간종별	기사제목
1959.02.15	11頁02段	朝刊	北朝鮮帰国 都内の希望1万人
1959.02.15	01頁05段	朝刊	北朝鮮帰国 国際問題化へ 韓国、国連に要請▽あらゆる手段使う 外務部声明
1959.02.15	01頁01段	朝刊	沢田・柳会談延期／在日朝鮮人帰還問題
1959.02.15	01頁02段	朝刊	人道上、公正に扱う 国際赤十字当局語る／在日朝鮮人帰還問題
1959.02.15	01頁03段	朝刊	世界世論にきく機会 外務省はむしろ歓迎／在日朝鮮人帰還問題
1959.02.15	02頁03段	朝刊	国連の介入が必要 "北朝鮮帰還"で米紙が主張
1959.02.15	03頁03段	朝刊	[週間レポート]政治 日韓に冷たい風 社党"汚職"で一本とる
1959.02.15	11頁02段	朝刊	北朝鮮帰国 都内の希望1万人
1959.02.15	02頁04段	夕刊	首相、当面の問題を語る 国連提訴も考慮 韓国から実害うければ／北朝鮮帰還
1959.02.15	02頁01段	夕刊	日本品ボイコット運動へ 韓国商工会議所／在日朝鮮人帰還問題
1959.02.16	01頁01段	朝刊	韓国人がデモ 外相の車かこむ／在日朝鮮人帰還問題
1959.02.16	05頁03段	朝刊	共感を呼ぶにあんちゃん NHKの連続放送劇 兄妹いたわり合う韓国少女の日記
1959.02.16	01頁01段	朝刊	国連の介入を要請せず 林韓国代表談／在日朝鮮人帰還問題
1959.02.17	02頁02段	朝刊	日赤に会談提案 北朝鮮赤十字／在日朝鮮人帰還問題
1959.02.17	02頁03段	朝刊	各国、日本を支持 北朝鮮帰還 外務省への報告
1959.02.17	02頁01段	朝刊	韓国に反対全国委▽デモ参加120万人／在日朝鮮人帰還問題
1959.02.17	05頁01段	夕刊	藤山さんに陳情 韓国抑留漁民留守家族
1959.02.18	02頁01段	朝刊	「北朝鮮帰還」を審議 赤十字国際委▽日赤、結論得ず 北朝鮮赤十字との会談
1959.02.18	01頁02段	夕刊	柔軟政策をとる 韓国"北朝鮮帰還"で決定▽結論出さず▽社党、促進決議申入れ
1959.02.19	03頁04段	夕刊	帰国する朝鮮人 "日本人"も朝鮮へ／金達寿
1959.02.19	05頁01段	夕刊	官庁の調査は拒否 北朝鮮帰国・朝鮮総連で声明
1959.02.19	01頁04段	朝刊	釜山の日本人漁民送還 赤十字国際委へ仲介を依頼 外務省、検討始める
1959.02.19	01頁01段	朝刊	北朝鮮帰還、不介入を 韓国、赤十字国際委へ要請▽決定には時間 赤十字国際委
1959.02.19	01頁01段	夕刊	対日非難決議 韓国国会で可決／在日朝鮮人帰還問題
1959.02.20	02頁04段	朝刊	漁民送還で正式依頼 井上氏きょう出発 赤十字国際委へ書簡▽北朝鮮帰還で要望
1959.02.20	02頁01段	朝刊	韓国、赤十字国際委を説得中 金駐仏大使派遣
1959.02.20	02頁01段	朝刊	非人道的な日本の行為 李承晩大統領談
1959.02.20	09頁05段	朝刊	「北朝鮮帰還」トラブル警戒 警察庁指示 深まりゆく対立 在日両団体、切崩し
1959.02.20	01頁03段	夕刊	赤十字国際委依頼決まる 韓国抑留漁民の送還 井上日赤外事部長が出発
1959.02.21	02頁01段	朝刊	北朝鮮帰還、赤十字国際委付託 韓国国会で決議
1959.02.21	04頁02段	朝刊	韓国で肥料急騰

발행일	지면정보	간종별	기사제목
1959.02.22	02頁01段	朝刊	北朝鮮帰還、断じて阻止する 李大統領演説
1959.02.22	02頁01段	夕刊	"帰還"国際委持込みは不当 北朝鮮赤十字委員長談
1959.02.24	02頁03段	朝刊	北朝鮮帰還 藤山書簡を手渡す 井上氏、赤十字委員長と会談
1959.02.24	01頁01段	夕刊	藤山書簡手交 赤十字国際委へ
1959.02.25	05頁02段	夕刊	「永久に日本で暮す」北朝鮮帰還 在日韓国人が反対集会で決議
1959.02.26	01頁03段	朝刊	赤十字委は慎重 北朝鮮帰還 井上氏から報告
1959.02.26	01頁04段	夕刊	日本漁船員送還が先決 井上氏要請 赤十字国際委に
1959.02.26	01頁01段	夕刊	北朝鮮帰還で交渉始める 国際委コミュニケ
1959.02.26	01頁01段	夕刊	日赤ヘソ連から援助の電報／北朝鮮帰還問題
1959.02.27	01頁03段	朝刊	"帰還"決定急がぬ 赤十字国際委表明
1959.02.27	01頁01段	朝刊	韓国・北朝鮮代表の派遣歓迎／赤十字国際委員会
1959.02.27	01頁01段	朝刊	韓国赤十字、代表派遣を言明
1959.02.27	01頁03段	夕刊	北朝鮮帰還に再び反論 金韓国大使、国際委で
1959.02.28	02頁04段	夕刊	[焦点]足ぶみする北朝鮮帰還 赤十字、慎重に診察中
1959.02.28	01頁05段	朝刊	日中、日韓問題 早急打開は望めず 党代表に慎重論▽再開メドつかず
1959.02.28	01頁03段	朝刊	韓国側いぜん強硬 会談再開で 沢田・柳非公式会談
1959.02.28	01頁01段	朝刊	北朝鮮帰還、中止もありうる 日赤へ報告
1959.02.28	01頁02段	朝刊	漁船員送還 重ねて要請 井上部長▽"帰還"協力できない？▽韓国3代表を派遣
1959.02.28	01頁03段	夕刊	外相が見通し説明 外交閣僚懇談会 日中、日韓問題中心に
1959.02.28	01頁03段	夕刊	"北朝鮮還はかけひき" 林大使 国連記者会見で語る
1959.02.28	02頁04段	夕刊	[焦点]足ぶみする北朝鮮帰還 赤十字、慎重に診察中
1959.03.01	01頁02段	朝刊	対日代表派遣に賛成 李大統領 北朝鮮帰還阻止で
1959.03.01	02頁01段	夕刊	日本を非難 李大統領演説／北朝鮮帰還問題
1959.03.01	03頁02段	夕刊	"北朝鮮帰国"の悲劇 ノイローゼになり自殺／東京都品川区
1959.03.02	02頁04段	朝刊	北朝鮮帰還に望む 日赤副社長 葛西嘉資 国際委の仲介が当然
1959.03.03	02頁01段	朝刊	韓国赤十字代表出発
1959.03.03	05頁04段	夕刊	波乱を呼ぶ北朝鮮帰還 民団側 外務省で3人検挙▽朝連側では大会
1959.03.04	02頁01段	朝刊	赤十字国際委の介入は有望 井上部長語る／北朝鮮帰還問題
1959.03.05	01頁01段	朝刊	北朝鮮帰還放棄すれば再開 金外務次官語る
1959.03.05	01頁02段	朝刊	[社説]赤十字国際委の決断を望む
1959.03.05	01頁01段	夕刊	李代表日本を非難／韓国
1959.03.06	01頁02段	朝刊	安全航行保障せぬ 韓国代表 赤十字委と会談
1959.03.07	01頁05段	朝刊	複雑化した北朝鮮帰還 葛西日赤副社長派遣▽直接交渉望む 北朝鮮赤十字
1959.03.07	01頁02段	朝刊	北朝鮮赤十字拒否 ジュネーブへの代表派遣▽井上代表驚く／北朝鮮帰還問題

발행일	지면정보	간종별	기사제목
1959.03.07	01頁04段	朝刊	国際委あっせん押す 政府・日赤／北朝鮮帰還問題
1959.03.08	01頁04段	朝刊	帰還あっせんは絶望 "北朝鮮と交渉しない" 赤十字国際委当局が表明
1959.03.08	01頁05段	夕刊	北朝鮮帰還問題 政府、微妙な段階へ 成否暗い国際委方式
1959.03.08	01頁01段	夕刊	国際委、極東に代表派遣か／北朝鮮帰還問題
1959.03.10	01頁04段	朝刊	日赤、近く北朝鮮へ回答 3者会談崩せぬ 帰還は自由意志を尊重
1959.03.10	01頁02段	朝刊	社党 北朝鮮大使に依頼▽韓国、国際委と会談／北朝鮮帰還問題
1959.03.10	01頁04段	夕刊	「国際委の仲介」崩さぬ 北朝鮮帰還 閣議で再確認
1959.03.11	01頁01段	朝刊	日赤、ソ連へ返電 北朝鮮帰還問題
1959.03.11	01頁01段	朝刊	北朝鮮大使に協力要請 北京の社党使節団
1959.03.11	01頁01段	夕刊	北朝鮮帰還審査の助力を要請 井上日赤部長
1959.03.12	01頁05段	朝刊	帰還問題 日赤、北朝鮮へ回答 国際委仲介で交渉▽きょう態度発表 国際委
1959.03.12	01頁01段	朝刊	日韓直接会談の用意あり 金外務次官言明／北朝鮮帰還問題
1959.03.12	01頁02段	朝刊	相互交換 真意ただす 山田次官、柳公使と会談／北朝鮮帰還問題
1959.03.12	01頁02段	夕刊	北朝鮮譲らねば中止 北朝鮮帰還 井上部長語る
1959.03.12	01頁01段	夕刊	14日に出発 葛西日赤副社長▽国際委、今週末声明か／北朝鮮帰還問題
1959.03.13	01頁01段	朝刊	国際委声明のびる／北朝鮮帰還問題
1959.03.14	01頁05段	朝刊	北朝鮮帰還問題 赤十字国際委が声明 "自ら選ぶ祖国へ" 協力へ役割検討
1959.03.14	01頁02段	朝刊	まだ決定ではない 国際委筋語る "原則"述べたもの／北朝鮮帰還問題
1959.03.14	01頁01段	朝刊	井上部長も声明を承認／北朝鮮帰還問題
1959.03.14	01頁01段	朝刊	韓国代表反論／北朝鮮帰還問題
1959.03.14	01頁04段	朝刊	葛西代表きょう出発 既定方針で交渉進める／北朝鮮帰還問題
1959.03.14	01頁05段	夕刊	事実上の北朝鮮招請 帰還問題の国際委声明 ジュネーブ 日本代表は楽観
1959.03.14	01頁01段	夕刊	韓国代表反論／北朝鮮帰還問題
1959.03.14	01頁01段	夕刊	国際委は原則的に了解 赤城長官談／北朝鮮帰還問題
1959.03.14	03頁04段	夕刊	日本の少数民族 在日朝鮮人 食うために移住 8割は職がない
1959.03.14	03頁01段	夕刊	昭和21年3月の在日朝鮮人総数と帰還希望者＝表
1959.03.15	01頁03段	朝刊	葛西氏ジュネーブへ出発▽北朝鮮へ派遣要請打電／北朝鮮帰還問題
1959.03.15	01頁01段	朝刊	北朝鮮の同意ない限り不能 国際委当局言明／北朝鮮帰還問題
1959.03.15	01頁05段	夕刊	ジュネーブ会談に同意 北朝鮮赤十字、日赤へ回答 いつでも代表送る
1959.03.15	01頁01段	夕刊	日赤、電報を受理／北朝鮮帰還問題
1959.03.15	01頁03段	夕刊	"実現へ一歩前進" 外務省筋歓迎／北朝鮮帰還問題
1959.03.16	01頁04段	朝刊	国際委の仲介を説得 日赤、近く北朝鮮に回答／北朝鮮帰還問題
1959.03.16	01頁01段	朝刊	代表の来訪歓迎 国際赤十字／北朝鮮帰国問題
1959.03.16	01頁01段	朝刊	あくまで反対 韓国代表語る／北朝鮮帰還問題
1959.03.16	01頁01段	朝刊	ジュネーブ着 葛西副社長／北朝鮮帰還問題

발행일	지면정보	간종별	기사제목
1959.03.16	01頁04段	夕刊	国際委と会談へ 葛西代表"長期交渉も覚悟"／北朝鮮帰還問題
1959.03.16	01頁03段	夕刊	人道問題支持訴う 日赤82か国に書簡／北朝鮮帰還問題
1959.03.17	01頁05段	朝刊	日本 北朝鮮直接交渉を 葛西氏と会談 ボ国際委員長語る／北朝鮮帰還問題
1959.03.17	01頁01段	朝刊	北朝鮮同意せば 帰還審査監督／赤十字国際委員会
1959.03.17	01頁01段	朝刊	国際委の静観方針を確認 葛西副社長／北朝鮮帰還問題
1959.03.17	01頁03段	夕刊	日本・北朝鮮直接交渉を ボ国際委員長語る 葛西氏と会談後に
1959.03.17	01頁01段	夕刊	直接方式はとらない 外相説明／北朝鮮帰還問題
1959.03.18	01頁04段	朝刊	ジュネーブ予備折衝 日赤、北朝鮮に呼びかける／北朝鮮帰還問題
1959.03.18	01頁01段	朝刊	ソ連、北朝鮮へ強硬指示か／北朝鮮帰還問題
1959.03.19	01頁01段	朝刊	5か国委へ依頼も考慮 北朝鮮帰還問題
1959.03.19	01頁01段	夕刊	日赤・北朝鮮交渉に干渉しない 国際委声明／北朝鮮帰還問題
1959.03.20	02頁01段	朝刊	国際委は歓迎 中立5か国委での帰還審査／北朝鮮帰還問題
1959.03.21	01頁05段	朝刊	日赤、北朝鮮赤十字へ回答 国際委方式押す 朝鮮人の帰還意思確認
1959.03.21	01頁01段	朝刊	北朝鮮帰還に援助用意 在日チェコ大使館声明
1959.03.23	01頁04段	朝刊	北朝鮮帰還 調査機関の必要訴う 井上氏 在日朝鮮人の実情あげ
1959.03.24	02頁04段	朝刊	当分介入しない 北朝鮮帰還で国際委表明
1959.03.24	02頁01段	朝刊	日韓航路、再開 第1船が出港
1959.03.25	05頁04段	夕刊	"国は400万円支払え" 接収建物の補償 旧朝連の訴え勝つ／東京地裁
1959.03.25	01頁04段	朝刊	北朝鮮、ジュネーブ会談受諾か／帰還問題
1959.03.25	05頁04段	夕刊	"国は400万円支払え" 接収建物の補償 旧朝連の訴え勝つ／東京地裁
1959.03.26	01頁02段	朝刊	国際委方式行詰り 井上代表語る 日赤・北朝鮮直接交渉まで
1959.03.27	03頁02段	朝刊	[気流]朝鮮問題に本腰入れよ▽高すぎる大学受験料▽右翼団体の猛省促す
1959.03.29	02頁04段	朝刊	北朝鮮、ジュネーブ会談に含み 対日貿易の再開要望
1959.03.30	01頁04段	夕刊	北朝鮮代表送る 島津日赤社長に返電 双方会談に参加▽確認、選別は討議せぬ
1959.03.31	02頁04段	朝刊	ジュネーブへ代表 意思確認には反対 北朝鮮、日赤へ回答
1959.03.31	02頁00段	朝刊	日朝会談実現しても長期化 井上外事部長談
1959.03.31	01頁01段	夕刊	国際委にまかせる "帰還意思"扱い
1959.04.02	01頁01段	朝刊	北朝鮮代表団長に李氏決まる／帰還問題
1959.04.02	01頁01段	夕刊	沢田・柳会談／日韓会談
1959.04.02	01頁01段	夕刊	日赤、高木社会部長を派遣／北朝鮮帰還事業
1959.04.03	01頁01段	夕刊	北朝鮮代表出発／帰還問題
1959.04.04	01頁01段	朝刊	日本・北朝鮮話合い長びくまい 葛西副社長談
1959.04.04	01頁06段	朝刊	"中国人民を侮辱" 中国紅十字会 井上文書に抗議 北朝鮮帰還問題
1959.04.06	01頁04段	夕刊	日韓会談 再開を提案 韓国外務長官が声明

발행일	지면정보	간종별	기사제목
1959.04.07	02頁01段	朝刊	北朝鮮代表近く到着／朝鮮人帰還問題
1959.04.07	02頁01段	朝刊	日韓会談の再開を提案　韓国外務長官
1959.04.08	02頁03段	朝刊	高木氏ジュネーブへ　北朝鮮帰還"意思確認に妥協案"
1959.04.09	02頁04段	朝刊	北朝鮮代表ジュネーブ入り　日赤と"実務"話合う　李団長声明
1959.04.09	01頁04段	夕刊	きょう北朝鮮と会談　高木氏もジュネーブ着／朝鮮人帰還問題
1959.04.10	02頁04段	朝刊	日本・北朝鮮一致が前提　北朝鮮代表談　国際委の仲介／朝鮮人帰還問題
1959.04.10	02頁03段	朝刊	日朝第1回会談は延期／朝鮮人帰還問題
1959.04.11	01頁01段	朝刊	日本・北朝鮮赤十字会談13日開始か
1959.04.11	01頁04段	夕刊	会談見通しつかず　日本・北朝鮮　きょう予備折衝／ジュネーブ
1959.04.12	01頁05段	朝刊	帰還問題の正式会談　日・朝赤十字が合意　あすにも交渉開始
1959.04.12	01頁01段	朝刊	不幸な事件　韓国代表声明／北朝鮮帰還問題
1959.04.12	01頁02段	朝刊	国際委は立会わぬ　井上代表語る　審査には介入要請／北朝鮮帰還問題
1959.04.12	03頁03段	朝刊	[週間レポート]国際　帰還交渉軌道に　ア西独首相ついに"引退"
1959.04.13	01頁04段	夕刊	きょう日朝会談　帰国意思確認が焦点▽漁民家族、首相を訪問
1959.04.14	01頁05段	朝刊	日朝会談始まる　友好的に一般論交換
1959.04.14	01頁01段	朝刊	国際委、韓国の抗議を拒否／日朝会談会場問題
1959.04.14	01頁02段	朝刊	[社説]北朝鮮赤十字の再考を求む
1959.04.14	01頁05段	夕刊	帰国申請で主張対立　日本・北朝鮮会談　国際委承認下に　日本側
1959.04.14	01頁02段	夕刊	北朝鮮代表も入国　李代表　北朝鮮側計画示す
1959.04.14	01頁04段	夕刊	国際委当局者乗船立ち会い　葛西代表　日本の計画説明
1959.04.15	01頁05段	朝刊	国際委、日赤代表に抗議"葛西言明"秘密もらす　韓国の抗議でいや気?
1959.04.15	01頁02段	朝刊	国際委きょう声明▽国際委の介入拒否／北朝鮮帰還問題
1959.04.15	01頁02段	夕刊	「ソ連船」座視できぬ　北朝鮮帰還問題　韓国大統領語る
1959.04.16	01頁04段	朝刊	共同提案には考慮　赤十字国際委、日朝会談で声明▽国際委声明全文
1959.04.16	01頁04段	夕刊	北朝鮮、日赤案に反論　第2回会談　帰還交渉、全く対立
1959.04.17	01頁01段	朝刊	日朝赤十字会談延びる▽日韓会談再開メドつかず　沢田・柳会談
1959.04.18	01頁04段	夕刊	会談決裂の恐れも　日朝会談　葛西代表、日赤に請訓"意思確認"で対立
1959.04.18	01頁03段	朝刊	北朝鮮が国際委介入断る　第3回会談　葛西代表も回答／北朝鮮帰還問題
1959.04.18	01頁04段	夕刊	会談決裂の恐れも　日朝会談　葛西代表、日赤に請訓"意思確認"で対立
1959.04.19	02頁01段	夕刊	北朝鮮帰還、国際委介入すまい　崔韓国公使帰任
1959.04.20	01頁01段	朝刊	柳大使、対日警告を繰り返す／韓国
1959.04.20	01頁04段	夕刊	岸首相、福岡で外交問題語る　日中打開へ"打診"日韓会談は既定方針で
1959.04.21	01頁04段	朝刊	日朝第4回会談開く／北朝鮮帰還問題
1959.04.21	02頁01段	朝刊	日本側、帰還選別で前後矛盾　北朝鮮、放送で論評／北朝鮮帰還問題
1959.04.21	01頁05段	夕刊	日朝会談やや進む　"意思確認"の誤解とく　帰還問題　具体的段階へ
1959.04.21	01頁01段	夕刊	抑留漁船員問題は切離せ　李代表演説

발행일	지면정보	간종별	기사제목
1959.04.22	02頁01段	朝刊	北朝鮮帰還中止を 韓国赤十字声明
1959.04.23	01頁03段	朝刊	日朝第5回会談開く 双方三たび中座秘密協議／北朝鮮帰還問題
1959.04.23	01頁01段	朝刊	総連名簿そのまま受入れぬ 日赤、政府が訓電／北朝鮮帰還問題
1959.04.23	01頁05段	夕刊	日朝、意思確認で合意 焦点は"介入"と"名簿" 北朝鮮、条件4項つける
1959.04.23	01頁01段	夕刊	楽観はできぬ 葛西代表語る／北朝鮮帰還問題
1959.04.25	01頁04段	朝刊	国際委介入に同意 帰還問題・北朝鮮代表団／日朝会談
1959.04.25	01頁05段	夕刊	日朝会談 国際委介入で歩み寄り 4日、ヤマ場へ
1959.04.25	01頁01段	夕刊	北朝鮮計画案は非公式 井上代表談／日朝会談
1959.04.25	01頁04段	夕刊	北朝鮮、実務協定案出す 帰国2年以内 総連合名簿による
1959.04.26	01頁03段	朝刊	総連名簿のめぬ 北朝鮮提案に厚生省難色／日朝赤十字会談
1959.04.27	01頁05段	朝刊	楽観を許さぬ北朝鮮帰還 外務省の見解 国際委仲介渋るか
1959.04.27	01頁01段	朝刊	きょう再開 日朝会談／北朝鮮帰還問題
1959.04.28	01頁04段	朝刊	北朝鮮、重ねて拒否 日朝会談 国際委の積極介入
1959.04.28	01頁01段	朝刊	井上・ギャロパン会談／北朝鮮帰還問題
1959.04.28	01頁02段	朝刊	北朝鮮案認められぬ 常駐代表と総連名簿 日本訓電／北朝鮮帰還問題
1959.04.28	02頁01段	朝刊	会談中絶は韓国の責任 外務省態度表明／日韓会談
1959.04.28	01頁04段	夕刊	北朝鮮が反ばく 国際委介入 あす更に討議▽北朝鮮のゼスチュアか／日朝会談
1959.04.30	01頁03段	朝刊	日朝第8回会談開く／日朝会談
1959.04.30	02頁04段	朝刊	中絶状態長びこう 日韓会談 互いに主張曲げず
1959.04.30	01頁05段	夕刊	日朝会談、まっこう対立 "国際委介入"で激論 日本、北朝鮮案に回答
1959.05.03	01頁03段	朝刊	日本側が引き延ばし 日朝会談 北朝鮮代表が非難▽北朝鮮側が回答
1959.05.03	01頁05段	夕刊	北朝鮮帰還 日本側、協定草案を提示 国際委の介入は付属書譲る▽協定草案内容
1959.05.04	01頁05段	夕刊	日・朝赤十字会談第4週に入る きょう北朝鮮側回答
1959.05.05	01頁04段	朝刊	北朝鮮、日本案に異議 第10回会談
1959.05.07	05頁01段	夕刊	帰国順位きめる 朝鮮人代表者会議
1959.05.07	01頁01段	朝刊	日朝第11回会談開く
1959.05.07	02頁03段	夕刊	北朝鮮の要求拒む 日本の協定草案内容
1959.05.07	03頁06段	夕刊	掘り下げた北朝鮮見聞記 寺尾五郎著「三十八度線の北」
1959.05.09	01頁01段	朝刊	日朝第12回会談終わる
1959.05.09	01頁04段	夕刊	苦情処理 対立解けず 日・朝とも 本国の訓令待つ
1959.05.09	01頁01段	夕刊	日本案は韓国の介入助ける 北朝鮮代表が非難
1959.05.09	01頁03段	夕刊	日本側、妥協案出す／北朝鮮帰還問題
1959.05.13	01頁04段	朝刊	政府、葛西氏呼び戻し 日朝会談 行き詰り打開策協議か／北朝鮮帰還問題
1959.05.13	04頁01段	朝刊	人絹糸買付けの商談再開 ソ連から申入れ

발행일	지면정보	간종별	기사제목
1959.05.13	01頁01段	夕刊	日朝会談あすに延期
1959.05.14	05頁01段	夕刊	朝鮮人700人日赤へ 帰還問題早期解決叫び
1959.05.15	01頁01段	朝刊	日朝会談また延期／朝鮮戦争
1959.05.15	01頁01段	夕刊	柳・山田会談物別れ 日韓問題
1959.05.16	01頁04段	夕刊	東京とジュネーブにズレ 日朝会談 日本側訓令待ち
1959.05.20	01頁01段	夕刊	きょう日朝会談
1959.05.21	01頁04段	朝刊	苦情処理で譲歩 北朝鮮帰還 日朝会談再開
1959.05.21	11頁01段	朝刊	施設の子50人北朝鮮へ引取る 帰国朝鮮人が申入れ／宮城県
1959.05.21	01頁05段	夕刊	北朝鮮、日本案に反発 日朝会談 微妙な段階に▽日本案は後退 北朝鮮非難
1959.05.22	01頁02段	朝刊	[社説]帰還問題で北朝鮮は再考せよ
1959.05.22	09頁05段	朝刊	朝鮮人の放火サギ団 余罪追及でわかる 2年間に6000万円
1959.05.22	09頁02段	朝刊	外務省に押しかく 北朝鮮帰還反対の居留民団 3人検挙
1959.05.24	02頁01段	朝刊	岸政府"送還"で責任免かれぬ 平壌放送
1959.05.26	01頁05段	朝刊	日朝会談、無期休会へ 帰還計画 北朝鮮、日本案を拒否▽きょう葛西・李会談
1959.05.26	09頁01段	朝刊	北朝鮮帰国きょう3000人が陳情
1959.05.26	05頁02段	夕刊	"北朝鮮帰国を早く" 朝鮮人1500人が陳情
1959.05.27	01頁04段	朝刊	29日で打切りも 北朝鮮"苦情処理"で通告 葛西・李会談／北朝鮮帰還問題
1959.05.28	01頁05段	夕刊	政府、帰還交渉に訓令 苦情処理撤回認める▽"赤十字精神"で解決／北朝鮮問題
1959.05.28	01頁02段	夕刊	妥結は困難か 日本側、一応は大幅譲歩 解説／北朝鮮帰還問題
1959.05.28	01頁04段	夕刊	"帰還、武力で阻止" 韓国が強硬な申入れ／北朝鮮問題
1959.05.28	01頁01段	夕刊	北朝鮮系200人外務省へ／帰還問題
1959.05.29	01頁01段	夕刊	武力阻止容認できぬ 朝鮮人帰国協力会が声明／北朝鮮帰還問題
1959.06.01	01頁05段	朝刊	日朝会談へ最終訓令 字句譲り、基本貫く▽きょうの解決はムリ
1959.06.01	01頁05段	夕刊	藤山外相 当面の外交を語る 中共と政治話合いも 安保、首相外遊前に調印
1959.06.02	01頁03段	朝刊	日本、原則で譲らず 北朝鮮代表団談／北朝鮮帰還問題
1959.06.02	01頁03段	夕刊	米、600万ドル補償か 小笠原島民に
1959.06.03	02頁01段	朝刊	効力発生、北朝鮮案をのむ 外務省訓令
1959.06.05	01頁04段	朝刊	"苦情処理"削除の明示 帰還交渉 北朝鮮、日赤に確答迫る
1959.06.05	01頁05段	夕刊	日朝会談 8日に持越し 苦情処理 北朝鮮、全面撤回を要求▽外務省は楽観
1959.06.06	02頁02段	朝刊	北朝鮮の出方期待 日赤へ入電
1959.06.06	02頁01段	朝刊	意思表示の例示を訓令／日朝赤十字会談
1959.06.09	01頁04段	朝刊	"苦情処理"で譲歩訓令 日朝会談 北朝鮮の主張をのむ

발행일	지면정보	간종별	기사제목
1959.06.09	01頁03段	朝刊	日朝会談あすに延期
1959.06.10	01頁03段	朝刊	日本側が再請訓 帰還交渉
1959.06.11	01頁05段	朝刊	日朝会談、事実上の妥結 国際委助言で一致 北朝鮮、日本案を了承▽解説
1959.06.11	01頁05段	夕刊	15日から協定起草 日朝交渉・共同コミュニケ 国際委は助言だけ
1959.06.11	01頁03段	夕刊	"自由意志"守れる 外務省発表 基本線譲らず▽韓国の了解を求める
1959.06.11	05頁05段	夕刊	やっと帰れる!"マンセイ"のうず 品川で喜びの朝鮮人1000人
1959.06.12	01頁09段	朝刊	国際委、独自の態度決定 帰還問題
1959.06.12	01頁02段	朝刊	[社説]北朝鮮帰還の実現に望む
1959.06.12	01頁01段	朝刊	山田・柳会談物別れ
1959.06.12	03頁03段	朝刊	60日内に第1船 北朝鮮最終案の内容
1959.06.12	01頁03段	夕刊	協定不承認を要請 韓国赤十字、国際委に
1959.06.12	02頁04段	夕刊	日本側の北朝鮮帰還協定草案 船舶は北朝鮮側の負担 帰還申請は自由意志で
1959.06.13	01頁01段	朝刊	強力な解決策 李大統領指示
1959.06.13	01頁10段	朝刊	韓国再びジュネーブに代表団 北朝鮮帰還阻止へ
1959.06.13	01頁10段	朝刊	強力な解決策 李大統領指示
1959.06.14	01頁03段	朝刊	帰還阻止には武力も 韓国閣議▽おどしでない▽崔駐日公使らジュネーブへ
1959.06.15	02頁02段	朝刊	きょう超党派会議 韓国、北朝鮮帰還阻止で
1959.06.15	02頁01段	朝刊	韓国世論、外務部を批判 対日貿易断交
1959.06.15	01頁02段	夕刊	きょう起草委初会合 北朝鮮帰還協定作成へ
1959.06.16	05頁03段	夕刊	李政権に強い不信 民団、北朝鮮帰還で
1959.06.16	01頁04段	朝刊	対日貿易断つ 韓国閣議で正式決定▽困るのは韓国 外務省の見解
1959.06.16	01頁04段	朝刊	日朝協定、起草始まる▽残るは表現だけ 葛西代表語る
1959.06.16	05頁03段	夕刊	李政権に強い不信 民団、北朝鮮帰還で
1959.06.17	01頁01段	朝刊	日朝起草委を続開
1959.06.17	04頁01段	朝刊	在日韓国人経済連合会の結成急ぐ
1959.06.17	01頁01段	夕刊	国際委不参加を確約 韓国外相言明
1959.06.18	02頁03段	朝刊	柳大使解任を決議 韓国議会が満場一致で
1959.06.18	02頁01段	朝刊	国際委、協定不参加約す 韓国外相言明▽国際委当局は否定
1959.06.18	04頁01段	朝刊	韓国側がICA買付停止せぬよう… 外務省、米政府に協力を要請
1959.06.19	11頁03段	朝刊	テロに備えて厳戒 民団と朝連の対立深まる 帰還問題
1959.06.19	02頁04段	朝刊	帰還協定起草終る 日朝赤十字
1959.06.19	11頁03段	朝刊	テロに備えて厳戒 民団と朝連の対立深まる 帰還問題
1959.06.19	01頁01段	夕刊	民団声明総意でない 県本部団長会議声明
1959.06.20	01頁01段	夕刊	対韓輸出に多少のふくみ

발행일	지면정보	간종별	기사제목
1959.06.21	03頁04段	夕刊	北朝鮮への帰国船 興安丸も名乗り出る 安全航行の保証が問題
1959.06.21	01頁01段	朝刊	正式調印は来週以降に 日朝起草委
1959.06.21	02頁01段	朝刊	韓国、日本への旅行禁止
1959.06.21	04頁01段	朝刊	[フラッシュ]在日韓国人経済連合会が発足
1959.06.21	01頁01段	夕刊	金韓国赤十字副総裁、ジュネーブ着
1959.06.23	02頁01段	朝刊	日韓赤十字会談で交渉 抑留漁船員問題
1959.06.23	07頁08段	朝刊	[人生案内]まじめな人柄の彼 朝鮮人なので父が結婚に反対／木々高太郎
1959.06.25	01頁05段	朝刊	日朝協定起草全く終る▽日本側単独宣言も 国際委の了解まち調印
1959.06.25	01頁02段	朝刊	7月第2週以降か 赤十字国際委の検討／日朝協定
1959.06.25	01頁01段	朝刊	帰還問題で介入しない 米赤十字総裁談
1959.06.25	01頁02段	夕刊	あす対策を検討 李ライン、国連提訴も 椎名官房長官談
1959.06.26	09頁01段	朝刊	民団の執行部総辞職
1959.06.26	02頁04段	夕刊	[焦点]対日政策めぐる韓国の内情 "通商断交かえって損"
1959.06.28	01頁02段	夕刊	北朝鮮、調印申入れ 日朝協定 日本は国際委まち
1959.06.30	01頁04段	朝刊	"帰還"再検討の必要 国際委、日朝協定で言明▽協定調印は延びる
1959.06.30	01頁04段	朝刊	日韓貿易の中継地に 沖縄政財界が働きかけ▽検討してよい三角貿易方式
1959.06.30	01頁04段	夕刊	国際委の介入困難 帰還交渉で外相報告▽調印、6日に延びる
1959.07.01	01頁04段	朝刊	今明日中にも提出 日朝帰還協定、国際委に▽日赤、再び調印を拒否
1959.07.03	01頁04段	夕刊	受諾と拒否半々 日朝協定 来週初めに決定 国際委発表
1959.07.04	01頁03段	朝刊	帰還参加まで数週間 国際委言明 日赤、協定の仏訳提出
1959.07.04	01頁04段	夕刊	国際委、6日に討議 北朝鮮帰還 諾否決定遅れるか／ジュネーブ
1959.07.05	01頁02段	朝刊	[社説]赤十字国際委の決断を求む
1959.07.06	01頁04段	夕刊	国際委きょう「介入」検討
1959.07.07	01頁05段	朝刊	国際委、結論持越す 日朝協定
1959.07.07	01頁05段	夕刊	日朝帰還協定 条件つき調印か 日赤申入れ 公算強まる
1959.07.07	01頁01段	夕刊	調印は慎重にする 藤山外相談／日朝帰還協定
1959.07.07	01頁03段	夕刊	国際委決定持越す／北朝鮮帰還問題
1959.07.08	07頁10段	夕刊	日赤で警官隊と小ぜり合い 北朝鮮陳情団／東京
1959.07.08	01頁05段	朝刊	日朝帰還協定暗礁へ 李代表、きょう帰国 日本、調印を拒否 北朝鮮側発表
1959.07.08	01頁05段	夕刊	日朝協定調印遅れる 承認、調印が先決 ボ国際委委員長が言明
1959.07.08	01頁04段	夕刊	いつでも応ずる 北朝鮮声明／日朝協定調印▽事前承認固執公然の裏切り
1959.07.08	07頁01段	夕刊	日赤で警官隊と小ぜり合い 北朝鮮陳情団／東京
1959.07.09	11頁01段	朝刊	デモの朝鮮人逮捕／東京・霞ヶ関
1959.07.09	01頁02段	朝刊	[社説]日朝交渉の混乱を収拾せよ

발행일	지면정보	간종별	기사제목
1959.07.09	01頁01段	朝刊	韓国代表団も会談
1959.07.09	01頁01段	朝刊	北朝鮮代表団帰国／ジュネーブ
1959.07.09	03頁02段	朝刊	"帰還"を円滑に 入国管理所長会同で協議
1959.07.09	11頁01段	朝刊	デモの朝鮮人逮捕／東京・霞ヶ関
1959.07.09	01頁04段	夕刊	国際委の役割明確 政府・日赤、承認を楽観▽仮署名協定に規定▽協定
1959.07.10	02頁03段	朝刊	承認決定すれば非公式に通告 帰還協定で 国際委当局談
1959.07.11	02頁02段	朝刊	韓国側も受入れか 沖縄経由、日韓の三角貿易
1959.07.11	01頁02段	夕刊	国際委承認内定と同時に調印へ 日朝協定政府方針／北朝鮮帰還問題
1959.07.11	02頁01段	夕刊	麻薬 むしばまれるハイティーン
1959.07.12	11頁03段	朝刊	新潟で促進大会 朝鮮帰国1800人がデモ
1959.07.13	01頁04段	朝刊	自由意志で残留 戦時徴用者は245人 在日朝鮮人出入国白書
1959.07.14	01頁04段	朝刊	"国際委、承認しよう" 日朝協定 帰国の葛西代表語る
1959.07.14	01頁02段	朝刊	"役割"を明確に 国際委が日本に要請
1959.07.14	01頁01段	朝刊	米大使に帰還介入を要請 李韓国大統領
1959.07.14	01頁01段	夕刊	外務省白書に反対 朝鮮総連が声明
1959.07.14	02頁04段	夕刊	[焦点]北朝鮮帰還いつ実現する? 第1船早くても11月
1959.07.15	09頁04段	朝刊	新潟に「闘争委本部」 北朝鮮帰還 民団、幹部を改選
1959.07.15	01頁01段	朝刊	山田・柳会談 日韓会談を打診
1959.07.15	01頁04段	朝刊	ボアシエ委員長、帰還問題語る 国際委の役割だけ検討▽米、成行きに関心
1959.07.15	01頁01段	夕刊	葛西副社長"静観"を報告 椎名官房長官に／北朝鮮帰還問題・漁船員釈放問題
1959.07.16	01頁04段	朝刊	米大使が説得工作か 帰還問題 李大統領と会見
1959.07.16	01頁01段	朝刊	北朝鮮連絡員も帰国
1959.07.16	01頁01段	朝刊	葛西氏、朝連に協力求める
1959.07.17	01頁01段	朝刊	北朝鮮、ソ連に配船をたのむ 帰還問題
1959.07.17	01頁05段	夕刊	決定、また見送り 日朝協定 責任の範囲を検討 国際委
1959.07.17	01頁01段	夕刊	北朝鮮、ソ連に配船をたのむ 帰還問題
1959.07.17	05頁02段	夕刊	即時調印叫びデモ 朝鮮総連 日比谷で5000人／東京
1959.07.18	01頁04段	夕刊	韓国、米の妥協案拒む 日朝協定
1959.07.18	01頁04段	夕刊	処罰せず釈放を 外務省、柳大使に要求 漁船員デモ
1959.07.19	01頁01段	朝刊	韓国、米の勧告拒む 帰還問題
1959.07.19	01頁01段	夕刊	漁船員送還、米の調停頼らぬ 藤山外相語る／韓国抑留漁船員問題
1959.07.21	01頁01段	朝刊	国際委の同意ありしだい調印日提案 島津社長、北朝鮮へ返電
1959.07.22	09頁02段	朝刊	"韓国に調査団を" 抑留漁船員に日朝協会が声明
1959.07.22	01頁04段	夕刊	5日までに協定調印 新潟か清津で 北朝鮮が提案
1959.07.22	01頁01段	夕刊	日赤、きょうにも態度を協議

발행일	지면정보	간종별	기사제목
1959.07.24	01頁03段	朝刊	日赤、きょう拒否 北朝鮮の調印要求
1959.07.25	02頁01段	朝刊	韓国、貿易再開拒む
1959.07.25	02頁04段	朝刊	調印 国際委同意後に 日赤、北朝鮮へ回答
1959.07.25	02頁01段	朝刊	日赤本社に帰還業務本部
1959.07.25	02頁01段	朝刊	韓国、貿易再開拒む
1959.07.29	01頁04段	朝刊	調印後に正式依頼 外務省 日朝協定の手続き
1959.07.30	02頁03段	朝刊	"承認"の立場にない ボ委員長 韓国代表に言明▽まだ決定せぬ
1959.07.30	02頁01段	朝刊	"国際委承認"はウソか 韓国政府非難
1959.07.30	01頁05段	夕刊	日韓会談で覚書 柳大使、藤山外相へ手交 無条件再開求む▽解説 裏面工作
1959.07.30	01頁01段	夕刊	帰還阻止討議 金次官談
1959.07.30	01頁04段	夕刊	国際委も真意理解 椎名長官語る
1959.07.30	01頁02段	夕刊	北朝鮮再び要求 早期調印
1959.07.30	01頁01段	夕刊	収容韓国人送還の用意あり 法務省反ばく
1959.07.31	01頁02段	朝刊	"帰国受入れの用意"新亜通信 韓国覚書内容発表
1959.07.31	07頁02段	朝刊	[人生案内]韓国人の夫が家出 北朝鮮帰還に加わるといって／小山いと子
1959.07.31	01頁05段	朝刊	北朝鮮帰還 国際委、介入を内示 実施責任は日朝で▽日赤、北朝鮮に返電
1959.07.31	01頁05段	夕刊	会談再開を受諾 あす韓国へ回答 閣議決定
1959.07.31	01頁01段	夕刊	正式決定は10日後か 国際委の介入
1959.08.01	01頁01段	朝刊	[社説]日韓会談の再開に望む
1959.08.01	01頁01段	朝刊	帰還実施で厚生省、日赤会合
1959.08.02	01頁01段	朝刊	帰還阻止の議員団を派日／韓国
1959.08.03	05頁03段	夕刊	5000人がデモ 北朝鮮人中央集会
1959.08.04	02頁03段	朝刊	今月半ばに調印 北朝鮮帰還 日赤、一両日に提案か
1959.08.04	01頁03段	夕刊	調印地はインドか 日朝帰還協定 きょう北朝鮮へ提案▽朝連、益谷副総理に要請
1959.08.05	01頁05段	夕刊	帰還協定で北朝鮮へ提案 10-15日に調印 インド了承 カルカッタで
1959.08.05	01頁01段	夕刊	総会を来月10日に延ばす 赤十字国際委
1959.08.06	01頁03段	夕刊	再開取消しも 日韓会談 柳大使言明▽個人的見解 柳大使語る
1959.08.06	01頁05段	夕刊	13日、調印に応ず 北朝鮮返電 カルカッタで
1959.08.06	01頁04段	夕刊	帰還方針は変えない 外務省、柳言明で確認▽北朝鮮側も発表
1959.08.07	01頁02段	朝刊	解説 "人道外交"の成功／日朝協定調印
1959.08.07	01頁11段	夕刊	韓国海軍、竹島沖で演習／ソウル
1959.08.07	01頁05段	朝刊	北朝鮮帰還交渉4か月ぶりに解決 13日カルカッタで調印▽国際委10日に声明
1959.08.07	01頁01段	夕刊	国際委、10日に同意声明か／在日朝鮮人問題

발행일	지면정보	간종별	기사제목
1959.08.07	01頁01段	夕刊	国際委の参加確実 金韓国公使報告／在日朝鮮人帰還計画
1959.08.08	01頁01段	朝刊	[社説]北朝鮮帰還協定の調印
1959.08.08	01頁01段	朝刊	帰還問題、日韓会談で取上げ 金外務次官語る▽韓国代表に梁大使か
1959.08.08	01頁01段	朝刊	北朝鮮代表、インドへ出発▽国際委声明は11日に
1959.08.08	01頁01段	夕刊	国際委、代表団を派日 帰還業務の視察／在日朝鮮人帰還
1959.08.09	03頁03段	朝刊	[週間レポート]政治 韓国の態度微妙 北朝鮮帰還の解決で
1959.08.10	01頁04段	朝刊	政府、日韓の懸案打開に慎重 実質討議急がない 再開会談 日朝協定からみ
1959.08.11	01頁04段	朝刊	韓国の出方まち あす日韓会談再開 日本側で態度協議
1959.08.11	01頁01段	朝刊	帰還業務連絡会議 内閣に設置／在日朝鮮人帰還問題
1959.08.11	01頁03段	夕刊	国際委今夜声明 北朝鮮帰還に協力▽日韓会談通じ帰還阻止に全力 許代表言明
1959.08.11	01頁01段	夕刊	李大統領、日韓貿易再開約す
1959.08.11	05頁01段	夕刊	団令子さん盗難／京都市中京区
1959.08.12	02頁03段	朝刊	名・実ともに整う 北朝鮮帰還の国際委声明 複雑だった背後の政治情勢 解説
1959.08.12	01頁05段	朝刊	北朝鮮帰還を援助 国際委、コミュニケ発表 近く東京に使節派遣
1959.08.12	01頁01段	朝刊	韓国にも通告／在日朝鮮人帰還計画で赤十字国際委員会
1959.08.12	01頁01段	朝刊	国際委使節ジュノ氏
1959.08.12	01頁03段	朝刊	"日韓調整を確信" 韓国代表団入京
1959.08.12	01頁01段	朝刊	葛西氏きょうカルカッタへ／在日朝鮮人帰還協定調印
1959.08.12	01頁04段	朝刊	本格交渉、来週から 伊関、柳会談一致 きょう日韓会談再開
1959.08.12	02頁01段	朝刊	帰還業務の準備いそぐ 島津社長声明
1959.08.12	02頁01段	朝刊	米国務省歓迎／赤十字国際委員会の在日朝鮮人帰還支援
1959.08.12	09頁03段	朝刊	国際委の朗報に乾杯 その夜の朝連
1959.08.12	01頁05段	夕刊	日韓会談を再開 18日から実質討議 許代表、前提条件を強調▽相互釈放連絡委
1959.08.12	01頁03段	夕刊	人道主義の現われ 李代表到着声明
1959.08.13	01頁04段	朝刊	日朝協定、きょう調印 ジュノ氏 来週末東京へ▽葛西氏到着
1959.08.13	09頁04段	朝刊	"帰還の基地"新潟 歌と踊りの合戦 朝連、民団 市民は50億ブームの夢
1959.08.13	01頁04段	夕刊	今夕5時半調印 帰還協定／在日朝鮮人帰還問題
1959.08.13	01頁03段	夕刊	"決闘も辞さない"民団側、帰還反対の声明
1959.08.13	01頁01段	夕刊	協定調印は宣伝効果だけ 李大統領語る
1959.08.13	09頁04段	朝刊	"帰還の基地"新潟 歌と踊りの合戦 朝連、民団 市民は50億ブームの夢
1959.08.13	01頁03段	夕刊	"決闘も辞さない"民団側、帰還反対の声明
1959.08.14	11頁03段	朝刊	朝連、遅くまで歌声 その夜の両本部 民団の幹部は新潟へ／日朝帰還協定調印
1959.08.14	01頁03段	朝刊	帰国者は10万人程度 韓国との衝突起るまい 解説

발행일	지면정보	간종별	기사제목
1959.08.14	11頁03段	朝刊	朝連、遅くまで歌声 その夜の両本部 民団の幹部は新潟へ／日朝帰還協定調印
1959.08.14	01頁06段	朝刊	日朝帰還協定に調印 11月12日までに第1船▽国際委に謝意 共同コミュニケ
1959.08.14	01頁01段	朝刊	両代表談話／日朝帰還協定調印
1959.08.14	02頁04段	朝刊	在日朝鮮人帰還協定の全文
1959.08.14	02頁02段	朝刊	選択の自由貫く 外務省情報文化局長談話／北朝鮮帰還問題
1959.08.14	02頁01段	朝刊	調印を喜ぶ 社党が声明／北朝鮮帰還協定
1959.08.14	03頁04段	朝刊	北朝鮮帰還者の手引き 申請は必ず本人で 意思変更、乗船まで自由
1959.08.14	11頁03段	朝刊	朝連、遅くまで歌声 その夜の両本部 民団の幹部は新潟へ／日朝帰還協定調印
1959.08.14	11頁03段	朝刊	帰国記念に植樹 四日市では校舎を寄付
1959.08.15	01頁04段	朝刊	在日朝鮮人 帰還業務を急ぐ "自由意志を尊重" 初の連絡会議開く
1959.08.16	03頁02段	朝刊	[気流]がん迷な韓国の帰還反対▽大ぶろしきの低所得層対策▽相も変らぬ岸首相
1959.08.16	09頁01段	朝刊	帰還協定調印祝賀会
1959.08.16	01頁	夕刊	井上氏帰国／ジュネーブで在日朝鮮人帰還交渉
1959.08.16	01頁01段	夕刊	北朝鮮帰国実現を喜ぶ 金首相演説
1959.08.17	01頁05段	朝刊	日韓会談、難航を予想 あすから実質討議 "送還"からみ微妙 李ラインも対立
1959.08.18	01頁02段	朝刊	葛西日赤代表帰る "北朝鮮、住宅2万を準備"
1959.08.18	01頁05段	夕刊	日韓会談 相互送還の促進で一致 "国籍処遇"の討議 20日に連絡委開く
1959.08.18	01頁02段	夕刊	軽率な行動警戒 運輸相報告 李ライン出漁船
1959.08.19	01頁05段	朝刊	韓国"集団帰還"提案か 日朝協定に対抗 許代表に訓令▽外務省、慎重に検討
1959.08.21	01頁01段	朝刊	ジュノー赤十字国際委副委員長が23日に来日／北朝鮮帰還問題
1959.08.22	01頁01段	朝刊	ジュノ赤十字副委員長、あす訪日 朝鮮人帰還協定に参加
1959.08.22	02頁04段	朝刊	日本ー北朝鮮 帰還を待つ平壌の表情 受け入れに自信満々 居住地と職業は自由
1959.08.23	09頁01段	朝刊	朝日山親方(相撲協会検査役-死去
1959.08.23	01頁04段	朝刊	漁船捕獲やめれば自衛船の出動を自粛 外務省が韓国と折衝
1959.08.23	01頁01段	朝刊	韓国人まず釈放せよ 韓国外務省筋談
1959.08.23	03頁03段	朝刊	[週間レポート]政治＝韓国も"帰還"提案 妥協の社党運動方針案
1959.08.23	01頁05段	夕刊	ジュノ副委員長が来日 帰還選択の自由強調 あす日赤側と打合せ
1959.08.23	01頁01段	夕刊	民団、ジュノ副委員長に北送反対を陳情／羽田
1959.08.23	01頁01段	夕刊	柳大使あす帰国 日韓会談打ち合わせ
1959.08.24	01頁04段	夕刊	2、3日中に決定 代表団の構成と来日 ジュノ副委員長会見 李ライン視察も
1959.08.25	01頁03段	夕刊	"帰還に公正な立場を" 朝連代表がジュノ赤十字副委長に申し入れ

발행일	지면정보	간종별	기사제목
1959.08.25	01頁04段	朝刊	レーナー氏ら20人、国際委代表団 第1陣は9月来日／北朝鮮帰還問題
1959.08.25	01頁01段	朝刊	北朝鮮帰還、早期解決を約す ジュノ・藤山会談
1959.08.25	01頁01段	朝刊	3団体で連絡会議▽韓国赤十字代表が近く訪日／北朝鮮帰還問題
1959.08.25	01頁03段	夕刊	"帰還に公正な立場を" 朝連代表がジュノ赤十字副委長に申し入れ
1959.08.25	01頁01段	夕刊	柳韓国大使が帰国
1959.08.26	01頁01段	朝刊	きょう第3回本会議開く 日韓会談
1959.08.27	01頁04段	朝刊	在日韓国人の3分類案 日本、討議に応ずる 31日に法的地位委開く
1959.08.28	02頁01段	朝刊	日韓国連代表がラジオで論争 在日朝鮮人の送還問題
1959.08.28	01頁01段	夕刊	ジュノ赤十字副委員長が帰京 新潟で北朝鮮帰還者収容施設など視察
1959.08.28	09頁01段	朝刊	北朝鮮帰国者に暴行加える 大村収容所で韓国人騒ぐ
1959.08.29	02頁01段	朝刊	きょう帰任 柳韓国大使
1959.08.29	01頁04段	夕刊	まず名簿を交換 日韓相互送還遅れる 連絡委一致
1959.08.30	02頁01段	朝刊	柳韓国大使帰任
1959.08.30	03頁	朝刊	[週間レポート]政治＝石橋湛山氏近く訪中 北朝鮮帰還、準備整う
1959.08.31	01頁02段	朝刊	日韓法的地位委 きょう初会合
1959.08.31	01頁04段	夕刊	法的地位委ひらく 韓国側、帰還問題にふれる
1959.09.01	01頁01段	夕刊	7日に法的地位委／日韓会談
1959.09.02	01頁04段	夕刊	韓国に名簿手渡す 日本側 抑留者980人
1959.09.03	01頁01段	夕刊	業務の円滑化に強い配慮 解説／在日朝鮮人帰還問題
1959.09.03	01頁04段	朝刊	レーナー博士入京 "北朝鮮帰還、公正に協力"
1959.09.03	01頁01段	朝刊	韓国へ抑留者名簿を手交 980人
1959.09.03	01頁06段	夕刊	北朝鮮帰還 登録機構案内を発表 21日から受付 意思の変更を保証
1959.09.03	01頁01段	夕刊	ジュノ氏、了承の書簡／北朝鮮帰還問題
1959.09.03	01頁04段	夕刊	申請は本人自身で 案内書の内容／北朝鮮帰還問題
1959.09.03	01頁04段	夕刊	"居住地の自由"確保 島津社長談／北朝鮮帰還問題
1959.09.03	01頁01段	夕刊	業務の円滑化に強い配慮 解説／在日朝鮮人帰還問題
1959.09.05	01頁01段	夕刊	北朝鮮「帰還案内」に反対／在日朝鮮人送還問題
1959.09.07	01頁02段	朝刊	戦時補償すれば在日韓国人引取る 李大統領言明
1959.09.07	01頁03段	夕刊	日韓の立場確認 韓国人の法的地位委
1959.09.07	05頁01段	夕刊	「帰還案内」で日赤に抗議 朝鮮総連／北朝鮮送還問題
1959.09.07	01頁04段	朝刊	双方、妥協の機運 日韓会談 今週から全面再開
1959.09.08	01頁03段	夕刊	「平和ライン」委を設置 日韓本会議できめる
1959.09.09	01頁01段	夕刊	日韓分科委20日以後に開く
1959.09.10	09頁04段	朝刊	登録妨害など警戒 全国警備課長会議 北朝鮮帰還で指示
1959.09.11	02頁01段	朝刊	ジュノ氏、李大統領と会談
1959.09.11	01頁01段	夕刊	進展みせず 日韓法的地位委

발행일	지면정보	간종별	기사제목
1959.09.12	02頁01段	朝刊	帰還案内、二重の意思確認 李代表非難／北朝鮮帰還問題
1959.09.12	01頁01段	夕刊	ジュノ氏、韓国から帰る／北朝鮮帰還問題
1959.09.13	02頁01段	朝刊	北朝鮮帰還阻止は困難 兪韓国代表語る
1959.09.14	11頁01段	朝刊	帰還船の団長逮捕 新潟で窃盗容疑手配
1959.09.15	07頁01段	夕刊	北朝鮮帰還 21日から受付
1959.09.16	05頁01段	夕刊	「帰還案内」に再考求める 自由人権協会が日赤に／北朝鮮帰還問題
1959.09.16	01頁01段	朝刊	在日韓国人の補償問題協議 帰国の韓国代表
1959.09.17	01頁01段	夕刊	日韓法的地位委を延期
1959.09.18	11頁02段	朝刊	日赤、2点を譲る 北朝鮮「帰還案内」で
1959.09.18	07頁01段	夕刊	全国で帰還案内撤回大会 日赤で座込み／朝鮮総連
1959.09.19	05頁04段	夕刊	国際委顔ぶれきまる 北朝鮮帰還 7ブロックに常駐
1959.09.20	11頁04段	朝刊	北朝鮮帰国 登録申請あすから受付 初日から混乱か 総連、ボイコットの動き
1959.09.21	01頁05段	夕刊	北朝鮮帰還 登録受付けを開始 各地で申請拒否「帰還案内」の撤回を求む
1959.09.21	05頁04段	夕刊	抗議に明けた帰国申請 第1日 係員をつるし上げ ジュノさんも"窓口視察"
1959.09.21	09頁02段	朝刊	朝鮮人学生の歓送会 登録申請の前夜、200人が集る／東京都新宿区
1959.09.22	01頁02段	朝刊	[社説]北朝鮮帰還に紛糾を避けよ
1959.09.22	01頁04段	朝刊	初日、わずか105人 北朝鮮帰還の登録申請
1959.09.22	01頁01段	朝刊	案内書変えぬ 官房長官談話／北朝鮮帰還問題
1959.09.22	11頁04段	朝刊	対立する帰還案内 安全上譲れない・日赤 非人道的な"監禁"・朝連
1959.09.22	11頁03段	朝刊	民団、無期限ハンスト 芝公園で帰還反対叫び60人／北朝鮮送還問題
1959.09.22	11頁01段	朝刊	案内書の3か所撤回申入れ 京都府知事／北朝鮮帰還問題
1959.09.22	07頁04段	夕刊	"窓口抗議"つづく 2日に「帰還案内」撤回大会／北朝鮮帰還問題
1959.09.23	01頁03段	朝刊	日赤、修正で苦慮 帰還案内 政府はいぜん強硬／北朝鮮帰還問題
1959.09.23	01頁01段	朝刊	改定を否定椎 名官房長官とジュノ氏／北朝鮮帰還案内
1959.09.23	01頁01段	朝刊	2日目は40人 登録申請者／北朝鮮帰還問題
1959.09.23	07頁02段	夕刊	岐阜で7人取下げ 登録申請、きょう1人もなし／北朝鮮帰還問題
1959.09.24	02頁01段	朝刊	26日法の地位委開く 日韓会談
1959.09.24	01頁03段	朝刊	帰還案内 修正あす公表 日赤、政府の了解取付けへ／北朝鮮帰還問題
1959.09.24	01頁01段	朝刊	申請者172人に／北朝鮮帰還
1959.09.24	11頁01段	朝刊	盗みの北朝鮮帰還団長に執行猶予の判決／新潟県十日町簡易裁判所
1959.09.25	01頁04段	夕刊	帰還案内、変えぬ 政府決定／北朝鮮帰還問題
1959.09.25	07頁02段	夕刊	日赤に乱入、座込み 韓国民団団長ら300人／北朝鮮帰還問題
1959.09.25	01頁04段	夕刊	帰還案内、変えぬ 政府決定／北朝鮮帰還問題
1959.09.25	01頁01段	夕刊	竹島は日本領 韓国へ厳重抗議
1959.09.25	02頁01段	夕刊	新潟に出張所 引揚援護局／北朝鮮帰還

발행일	지면정보	간종별	기사제목
1959.09.26	01頁01段	朝刊	規定方針変えない 閣議で確認／北朝鮮帰還問題
1959.09.26	01頁01段	夕刊	日本政府、韓国と取り引き 在日総連非難声明／北朝鮮帰還問題
1959.09.26	01頁04段	朝刊	窓口返上の直訴も 日赤帰還案内の修正遅れ／北朝鮮帰還問題
1959.09.26	11頁01段	朝刊	[USO放送]南北朝の争い
1959.09.26	01頁01段	夕刊	日韓法的地位委開く
1959.09.27	09頁01段	朝刊	大村収容所で500人騒ぐ 中庭でデモ、投石／長崎県
1959.09.28	09頁01段	朝刊	大村収容所でまた100人騒ぐ／長崎県
1959.09.28	09頁01段	朝刊	[USO放送]帰還反対と申請拒否
1959.09.29	03頁02段	朝刊	[気流]予算めあての特殊会社▽"案内"修正し帰還を急げ
1959.09.30	01頁01段	朝刊	来週から漁業委も開く 日韓一致
1959.10.01	11頁01段	朝刊	大村の韓国人ハンスト ろう城体制で
1959.10.01	01頁04段	夕刊	北朝鮮、帰還案内の撤回要求
1959.10.02	01頁04段	朝刊	協定に違反しない 帰還案内抗議に日赤回答▽北朝鮮、困窮者に送金
1959.10.02	05頁02段	夕刊	全国で15万人参加 "帰還案内"の撤回要求でデモ
1959.10.03	01頁02段	朝刊	"送還"今月はムリ 韓国側の調査遅れる
1959.10.05	05頁02段	夕刊	30人を強制隔離 大村収容所騒動の首謀者／長崎
1959.10.07	01頁03段	夕刊	運用に幅もたす 北朝鮮帰還案内 藤山外相答弁／参議院外務委員会
1959.10.08	11頁01段	朝刊	北朝鮮の救援物資で回答／伊勢湾台風
1959.10.09	02頁02段	朝刊	29日から3か月間 沖縄の米ミサイル演習
1959.10.10	01頁02段	朝刊	行政協定なお異論 藤山外相、マッカーサー大使と会談
1959.10.12	02頁01段	朝刊	韓国代表きょう帰任
1959.10.12	01頁05段	夕刊	来月初めに相互送還 日韓非公式会談で一致 貿易再開も話し合いつく
1959.10.13	01頁04段	朝刊	行き詰まる帰還問題 北朝鮮、新会談を提案か
1959.10.13	01頁03段	朝刊	一両日中に配船要請 日赤、北朝鮮赤十字へ／北朝鮮帰還
1959.10.13	02頁02段	朝刊	[政界メモ]シーソー・ゲームの朝鮮問題
1959.10.14	01頁04段	朝刊	配船要請だけ打電 "修正問題"回答延ばす／北朝鮮帰還
1959.10.15	01頁03段	朝刊	"協定違反の意思ない" 日赤がきょう北朝鮮へ回答▽社党、あっせん申し入れ
1959.10.15	01頁03段	夕刊	「案内」の修正未定 帰還問題で伊関局長が答弁／衆議院外務委員会
1959.10.15	02頁04段	夕刊	[焦点]振り出しに戻るか北朝鮮帰還 第2次会談の公算も
1959.10.16	01頁04段	朝刊	"協定違反に誤解"日赤が丁重な返電 帰還問題
1959.10.16	07頁01段	夕刊	富士運輸を指定 北朝鮮帰国の船舶代理店／日赤
1959.10.17	01頁02段	朝刊	[社説]北朝鮮の一方的主張を排す
1959.10.17	07頁01段	夕刊	帰国朝鮮人の歓送大会開く
1959.10.18	05頁03段	朝刊	[週間レポート]政治 西尾派が離党を決意
1959.10.20	01頁03段	夕刊	帰還業務に試案 あっせんの3氏 日赤と朝連へ示す

발행일	지면정보	간종별	기사제목
1959.10.20	01頁03段	朝刊	「協定」に忠実な「案内」を 北朝鮮、日赤に返電 配船準備は完了
1959.10.20	01頁01段	朝刊	「帰還案内」の不当条項撤回を 朝鮮総連要求
1959.10.20	01頁01段	夕刊	韓国に具体的帰還措置説明 日韓法的地位委
1959.10.21	13段	朝刊	朝鮮総連もほぼ了承 帰還業務 3氏あっせん案
1959.10.21	01頁01段	朝刊	帰還措置を説明 日韓法的地位委
1959.10.21	01頁01段	朝刊	「返電」で政府、日赤と協議／北朝鮮帰還
1959.10.22	11頁01段	朝刊	北朝鮮帰還に日赤の再考を 高峰秀子ら33人が要望
1959.10.24	01頁03段	朝刊	"面会、外出認める" 帰還案内 運用で歩み寄り
1959.10.25	01頁04段	朝刊	北朝鮮帰還 一両日中に解決 今週から申請増す
1959.10.27	01頁05段	朝刊	「通達」で自由を保障 総連も了承 事実上の妥結／北朝鮮帰還
1960.10.28	11頁02段	朝刊	歌と踊りで調印を喜ぶ 朝鮮総連本部
1959.10.28	02頁03段	朝刊	3団体あっせん実る 北朝鮮帰還の解決 名をとった政府(解説)
1959.10.28	11頁04段	朝刊	[亡命者]＝4 活仏ダライ・ラマ "祖国"いつの日返る(連載)
1959.10.28	02頁05段	夕刊	話し合い外交を歓迎 ベトナム賠償、国際信義からも必要 藤山外相の外交演説
1959.10.28	01頁05段	朝刊	帰還業務、軌道に 日朝3者で「通達」を了承
1959.10.29	01頁01段	夕刊	第1船の早期出港を要望 朝鮮総連、日赤に／北朝鮮帰還
1959.10.29	01頁02段	朝刊	北朝鮮帰還を阻止 李大統領、柳大使に指示
1959.10.29	02頁04段	朝刊	米、増額を要求か 日本の国防費負担
1959.10.29	11頁03段	朝刊	[亡命者]＝5 胡蘭成元汪政権法制局長官 息子は中国の役人(連載)
1959.10.29	01頁03段	夕刊	岸首相発言を追及 安保問題 社党声明
1959.10.30	02頁01段	朝刊	国際委、帰還から手を引け 韓国が書簡／北朝鮮帰還問題
1959.10.30	02頁01段	朝刊	日韓交渉は継続
1959.10.30	01頁02段	夕刊	強制送還ではない 米、韓国に反論／北朝鮮帰還
1959.10.31	01頁01段	夕刊	韓国、帰還問題の米声明に反論
1959.10.31	01頁02段	朝刊	"帰還"は"強制送還" 韓国居留民団が声明
1959.10.31	01頁01段	朝刊	韓国与野党、米声明に硬化／北朝鮮帰還問題
1959.11.01	01頁04段	朝刊	国際委も通達了承 北朝鮮帰還 第1船は12月中旬▽赤十字国際委メッセージ
1959.11.02	02頁01段	朝刊	韓国、国際委説得つづける 帰還問題
1959.11.02	01頁04段	夕刊	レーナー団長帰国の記者会見 帰還業務に満足▽後任はアンドレ・ジュラン氏
1959.11.03	02頁01段	朝刊	国際委は新通達に同意せず 柳大使語る▽柳韓国大使が帰任
1959.11.03	02頁01段	朝刊	日韓法的地位委開く
1959.11.04	11頁04段	朝刊	帰還申請きょう再開 受入 準備はOK 新潟 警備計画も慎重
1959.11.04	01頁05段	夕刊	北朝鮮帰還 軌道にのる 申請、各地とも順調▽順序きめて申請

발행일	지면정보	간종별	기사제목
1959.11.04	05頁05段	夕刊	ニコニコの窓口 国際赤十字委も視察 お正月は北朝鮮で▽帰還申請提出者数
1959.11.05	01頁01段	夕刊	韓国人集団帰還協定を提案 柳大使、沢田代表へ
1959.11.05	11頁04段	朝刊	北朝鮮帰還の登録申請▽帰還希望者は13万人▽帰還申請提出者数
1959.11.06	11頁03段	朝刊	予定の5000人突破 順調な北朝鮮帰還申請
1959.11.07	11頁02段	朝刊	帰還の申請まず一段落 5船まで5603人▽帰還申請提出者数
1959.11.08	03頁04段	朝刊	帰還者を迎える 北朝鮮の復興ぶり 8分間に1戸建つ▽"自由がない"の声も
1959.11.09	05頁02段	夕刊	「朝鮮展」ひらく "帰国の人たち"もつめかける
1959.11.09	01頁05段	夕刊	来月14日に第1船 北朝鮮帰還 年内に3回配船する 日赤決定
1959.11.10	11頁10段	朝刊	懲役2年の判決 北朝鮮の密入国スパイ連絡員に
1959.11.10	02頁01段	朝刊	北朝鮮へ配船方を打電
1959.11.11	01頁04段	朝刊	台湾、朝鮮紛争も波及 "出動範囲"で論争激化か／日米安全保障条約
1959.11.11	02頁01段	朝刊	伊関・柳会談物別れ／日韓抑留者帰還問題
1959.11.13	11頁01段	朝刊	北朝鮮代表に邦人の調査依頼 葛西日赤副社長語る
1959.11.13	07頁01段	夕刊	日赤センターの改装決議 日朝協全国大会／新潟市
1959.11.14	01頁04段	朝刊	12月14日に第1船 北朝鮮から配船の返電
1959.11.14	05頁02段	夕刊	400余人は次の船へ 第1次申請1456人▽北朝鮮帰還第1次申請希望者数
1959.11.16	05頁05段	夕刊	「帰国祝賀会」大荒れ 池袋 民団、押かけ乱闘 総連ピケ隊ゴボウ抜き
1959.11.17	11頁01段	朝刊	警官ら6人がケガ 朝鮮総連と民団の衝突
1959.11.22	11頁02段	朝刊	第1次1003人 北朝鮮帰還の乗船者▽第1次帰国確定数
1959.11.27	11頁04段	朝刊	「第1船は10日送る」北朝鮮側から電報 日赤は12日を希望
1959.11.29	13頁03段	朝刊	北朝鮮帰還 第1船を待つ新潟港＝写真グラフ
1959.12.03	01頁01段	夕刊	清津に入港 北朝鮮帰還用のソ連船2隻
1959.12.04	11頁01段	朝刊	ソ連の2船清津に入港 北朝鮮帰還
1959.12.05	11頁04段	朝刊	「北送反対」の実力隊？ 民団の動きに警察庁が警戒／北朝鮮帰還問題
1959.12.05	11頁02段	朝刊	第2次配船を要請 日赤 3次までの帰還者きまる／北朝鮮帰還
1959.12.05	01頁04段	夕刊	年内に引取りか 韓国抑留の漁船員 山田・柳会談
1959.12.05	07頁03段	夕刊	日赤センターなど爆破計画？ 新潟で韓国人2人捕る／北朝鮮帰還
1959.12.06	01頁02段	朝刊	[社説]抑留漁船員をまず釈放せよ
1959.12.06	11頁05段	朝刊	北朝鮮帰還 阻止計画の背後追及 爆薬持った工作員
1959.12.06	11頁01段	朝刊	日赤センター開所／北朝鮮帰還
1959.12.07	07頁01段	夕刊	9日、清津出港 帰還船の2隻
1959.12.08	07頁01段	朝刊	ラジオ東京、北朝鮮帰還で共同取材
1959.12.08	07頁02段	夕刊	"工作隊員"で追及 衆院法務委で北送反対問題
1959.12.09	02頁02段	朝刊	日韓帰還合意急ぐ
1959.12.09	11頁04段	朝刊	警官1万2000を動員 あすデモと北朝鮮帰還に備え／安保闘争

발행일	지면정보	간종별	기사제목
1959.12.09	07頁02段	夕刊	2家族、新潟へ出発 宮崎から北朝鮮帰還のトップ
1959.12.09	07頁01段	夕刊	北朝鮮赤十字代表団 引取り10氏の氏名打電
1959.12.10	11頁01段	朝刊	帰還を前に姿を消す 大牟田で人妻2人▽韓総連議長新潟入り／北朝鮮帰還
1959.12.10	01頁05段	朝刊	24日に日韓相互送還 あす共同声明 伊関・柳会談で合意
1959.12.10	11頁05段	朝刊	あす北朝鮮帰還列車迎える新潟 警官2000を動員 テロ情報に陸と海に警戒陣
1959.12.10	11頁01段	朝刊	警察庁に取締りを要望 猪俣代議士ら▽民団100余人上野出発／北朝鮮帰還
1959.12.10	11頁01段	朝刊	帰還を前に姿を消す 大牟田で人妻2人▽韓総連議長新潟入り／北朝鮮帰還
1959.12.10	07頁03段	夕刊	沿線、1000人が警戒 北朝鮮帰国列車、今夜たつ
1959.12.10	07頁01段	夕刊	続々新潟入り 民団、総連2000人／北朝鮮帰還
1959.12.10	07頁02段	夕刊	朝連事務所など 浅草で4世帯を焼く▽池袋でパン屋全焼
1959.12.11	11頁03段	朝刊	線路へなだれ込む 民団側の8人を逮捕
1959.12.11	01頁04段	夕刊	新潟へ続々到着 北朝鮮帰国者 一部に列車妨害も
1959.12.11	07頁04段	夕刊	帰還列車が立往生 線路に座込み
1959.12.11	01頁04段	朝刊	無事、新潟へ出発 北朝鮮帰国者の第一陣
1959.12.12	11頁04段	朝刊	帰還者の全員が新潟入り 宿舎に静かな一夜 汗もフロでさっぱり
1959.12.12	11頁01段	朝刊	短刀で朝連支部長の妻おどす
1959.12.12	01頁04段	朝刊	事前協議のワク内で 国連軍としての米軍行動▽国会で究明する 佐多氏談
1959.12.12	02頁03段	朝刊	韓国"帰還"で強硬抗議 外交交渉をこわす▽一致し抵抗 李大統領言明
1959.12.12	11頁02段	朝刊	市内に警官600人 民団側の妨害で再び警告
1959.12.12	11頁03段	朝刊	次の配船は20日 帰港地に清津を使う 李団長と一問一答▽きょうから意思確認
1959.12.12	01頁04段	夕刊	韓国、司法裁提訴へ 北朝鮮帰還問題▽柳大使、抗議文を手交 伊関局長と会談
1959.12.12	01頁04段	夕刊	吉田・アチソン交換公文を追及 「国連軍出動」も含む 外相答弁
1959.12.12	07頁04段	夕刊	帰還業務はじまる 笑顔で「意思確認」 きょう中に600人終る
1959.12.13	01頁06段	朝刊	安保改定・大詰めの波乱 国連軍出動と事前協議めぐり 社党、さらに追及へ
1959.12.13	01頁03段	朝刊	朝鮮だけは対象外 米当局筋 絶対的拒否権ない
1959.12.13	01頁01段	朝刊	島元、秋元両記者北朝鮮へ
1959.12.13	02頁03段	朝刊	日本、条件付応訴も 帰還問題 韓国の国際裁提訴
1959.12.13	02頁04段	朝刊	国連軍出動の問題点 "しばれない国連軍" 抜け道に利用の危険も 解説
1959.12.13	05頁04段	夕刊	帰還業務、全部終る お別れの催し数々 あわただしい出発前日
1959.12.13	05頁03段	夕刊	年内帰還は3回 葛西副社長 李代表会談
1959.12.13	05頁02段	夕刊	愛犬の乗船"待った" 検疫を忘れた帰還者

발행일	지면정보	간종별	기사제목
1959.12.14	07頁01段	夕刊	行友李風氏死去
1959.12.14	11頁01段	朝刊	全市にビラまき　北送反対デモ
1959.12.14	01頁03段	夕刊	国際裁応訴せぬ　帰還問題
1959.12.14	01頁01段	朝刊	帰還阻止を検討　韓国閣僚会議
1959.12.14	01頁05段	朝刊	あすから延長国会　デモ規制に集中　自民　安保で巻き返し　社党
1959.12.14	11頁01段	朝刊	李団長、日赤センターを視察
1959.12.14	11頁01段	朝刊	全市にビラまき　北送反対デモ
1959.12.14	01頁06段	夕刊	帰還第1船、希望の船出　一路、清津へ向う　新潟港　わき起る"マンセイ"
1959.12.15	01頁04段	朝刊	"年内送還"困難に　韓国"北朝鮮帰還"実現で硬化　外務省に強硬対策論も
1959.12.15	01頁02段	朝刊	八国連総長に提訴　北朝鮮帰還　韓国国会が議決▽あくまで北送阻止
1959.12.15	11頁04段	朝刊	帰還船を見送って　故国へかける夢　しみじみと平和の喜び　手記／金達寿
1959.12.15	11頁01段	朝刊	第2次配船19日に　北朝鮮に要請へ
1959.12.15	11頁03段	朝刊	意思確認室を明るく　新潟で帰還業務の反省会
1959.12.16	11頁01段	朝刊	第2次は明晩10時品川出発　北朝鮮帰還列車
1959.12.16	07頁03段	夕刊	帰還の2隻清津入港
1959.12.17	11頁04段	朝刊	民団、大衆動員やめる　第2次北朝鮮帰還　今夜も品川駅厳戒　こんどは998人
1959.12.17	01頁04段	夕刊	日韓会談の再開を　柳大使申入れ
1959.12.17	01頁01段	夕刊	韓国全艦艇、李ラインに動員
1959.12.17	07頁01段	夕刊	元民団団長に逮捕状　列車妨害の疑い
1959.12.18	02頁01段	朝刊	国際裁に応訴しない　きょう韓国へ回答
1959.12.18	01頁01段	夕刊	きょう韓国へ拒否を回答　国際裁への応訴
1959.12.18	07頁01段	夕刊	帰還を前に少年家出
1959.12.19	11頁01段	朝刊	民団側の9人釈放
1959.12.19	07頁01段	夕刊	帰還業務順調　新潟の第2陣
1959.12.19	02頁04段	朝刊	国際裁付託必要ない　韓国へ拒否の口上書　北朝鮮帰還
1959.12.19	02頁01段	朝刊	韓国外相が辞表を提出　帰還阻止失敗で
1959.12.19	11頁02段	朝刊	無事センター入り　雪の中を第2次帰還者
1959.12.19	11頁01段	朝刊	民団側の9人釈放
1959.12.19	11頁01段	朝刊	三角亡命に抗議　韓国の柳大使
1959.12.19	11頁01段	朝刊	帰還船、清津を出港
1959.12.19	07頁01段	夕刊	帰還業務順調　新潟の第2陣
1959.12.19	07頁01段	夕刊	乗船代表の氏名連絡
1959.12.20	11頁03段	朝刊	初の"意思確認保留"　13の少女と4人兄妹▽北朝鮮に義父がいる
1959.12.20	05頁04段	夕刊	初の"意思変更者"　16の少女、帰還断わる　さらに1人保留
1959.12.20	05頁01段	夕刊	清津での歓迎ぶり　北朝鮮の新聞が報道

발행일	지면정보	간종별	기사제목
1959.12.21	01頁01段	朝刊	日本人記者団、平壤着／ピョンヤン放送
1959.12.21	11頁04段	朝刊	北朝鮮帰還第1陣、平壤入り 15万人の歓迎 不安も消えた"日本妻"
1959.12.21	11頁03段	朝刊	第2船きょう出港／北朝鮮帰還
1959.12.21	11頁01段	朝刊	日赤の窓口の手落ち 手続きの徹底を要請／北朝鮮帰還
1959.12.21	07頁03段	夕刊	帰還第2船 風雪ついて出港 生まれたての赤ん坊も
1959.12.22	09頁01段	朝刊	第2船新潟出港 北朝鮮帰還
1959.12.22	09頁01段	朝刊	金日成首相、帰還者代表と会見／新華社
1959.12.22	01頁01段	朝刊	韓国外務部長官が辞任／北朝鮮帰還
1959.12.23	02頁01段	朝刊	「相互送還」話し合い 伊関・柳会談
1959.12.23	02頁01段	朝刊	建設への努力に期待する 金首相、帰還者と会見
1959.12.24	11頁01段	朝刊	帰還第2船清津入港／朝鮮中央通信
1959.12.24	05頁01段	夕刊	日赤が通達 16歳未満の帰還申請で／北朝鮮帰還
1959.12.25	07頁02段	夕刊	第3陣、無事新潟入り／北朝鮮帰還
1959.12.25	09頁01段	朝刊	平壤、見違える復興 生活もゆたかに 帰還者に首相自ら心をくばる
1959.12.25	09頁09段	朝刊	第3船清津を出港／北朝鮮帰還
1959.12.25	07頁06段	夕刊	第3陣、無事新潟入り／北朝鮮帰還
1959.12.26	09頁04段	朝刊	"帰還の少女"はどうなる？ 新潟でつづく争い 心ぼそさに泣く洪采仙さん
1959.12.26	05頁04段	夕刊	北朝鮮みたまま 村に続々文化住宅 落第や恋を忘れた学生
1959.12.26	05頁01段	夕刊	家と職場決る 第1陣帰還者／平壤放送
1959.12.27	09頁04段	朝刊	韓国代表部が指令 日赤センター爆破 車氏語る
1959.12.27	09頁03段	朝刊	きょうに持ち越し 洪さんの帰国決定
1959.12.28	02頁05段	朝刊	北朝鮮 対日交流の拡大を決意 まず石炭買い付け 帰還の実現に謝意示す
1959.12.28	09頁03段	朝刊	洪さんらの願いかなう きょう出港の第3船で帰る／北朝鮮帰還
1959.12.28	05頁03段	夕刊	洪さんも笑顔で 今年最後の帰還船 雨の新潟を出港／北朝鮮帰還
1959.12.28	05頁01段	夕刊	就職望み通り 第1船帰還者 引っ越しを終わる／北朝鮮帰還
1959.12.29	09頁08段	朝刊	歓送陣の政治的行動やめよ 実行委へ警告／北朝鮮帰還
1959.12.30	09頁01段	朝刊	韓国、抑留9人を送還▽第2船帰国者平壤へ
1959.12.31	02頁05段	朝刊	"漁船員送還"は持ち越し 2月以降に 日韓共同声明も 伊関・柳会談
1959.12.31	09頁01段	朝刊	帰還第3船、清津に／朝鮮中央通信
1960.01.04	01頁02段	朝刊	日韓交渉続ける 韓国次官談
1960.01.04	02頁03段	朝刊	帰還船回数ふやそう 消息不明の邦人調査 北朝鮮赤十字副会長談
1960.01.07	02頁01段	朝刊	月末まで持ちこし 日韓交渉
1960.01.08	01頁04段	朝刊	国際委代表帰国も 北朝鮮帰還 政治的示威を非難
1960.01.08	05頁02段	夕刊	北朝鮮帰還 送迎デモ"禁止 日赤、国際委勧告で
1960.01.10	02頁01段	夕刊	日本から引き揚げは未定 赤十字国際委

발행일	지면정보	간종별	기사제목
1960.01.12	09頁02段	朝刊	政治的示威しない　北朝鮮帰還歓送▽第4船は1015人▽第4船、清津を出港
1960.01.12	05頁01段	夕刊	北朝鮮から救護金
1960.01.13	09頁01段	朝刊	第4船帰還者新潟着
1960.01.13	05頁01段	夕刊	第4船が入港　北朝鮮帰還
1960.01.14	11頁01段	朝刊	2人が保留　北朝鮮帰還
1960.01.15	11頁01段	朝刊	帰還者も成人祝い
1960.01.15	05頁01段	夕刊	第4船出港　北朝鮮帰還
1960.01.17	03頁05段	朝刊	"お金持ち"の北朝鮮を見て　国営企業、ウマ味発揮　豊富な金産出もささえる
1960.01.17	01頁01段	夕刊	帰還第4船、清津着
1960.01.19	09頁01段	朝刊	きょう新潟へ　北朝鮮帰還者▽東京組みも無事出発
1960.01.22	02頁04段	夕刊	[焦点]日朝をとりもつ帰還船　往復ごとに育つ友好
1960.01.22	05頁01段	夕刊	北朝鮮へ第5船たつ／新潟港
1960.01.23	05頁03段	夕刊	代筆禁止は人権侵害　日朝協会など　国際委へ申し入れ
1960.01.27	11頁01段	朝刊	4児の乗船取りやめ　北朝鮮帰還第6船
1960.01.29	05頁01段	夕刊	帰還船出港も遅れる　吹雪／新潟発
1960.01.30	11頁01段	朝刊	永田さん、別れの"アリラン"　帰還第6船出港
1960.02.07	03頁01段	夕刊	三河島にまた放火　今暁　朝鮮人の店など3件／東京・荒川区
1960.02.09	09頁02段	朝刊	朝鮮人被告の帰国　平事件などの被告団協が陳情
1960.02.09	05頁01段	夕刊	あす新潟入港　帰還第8船
1960.02.11	11頁04段	朝刊	ふえる外人被告の逃亡　日本は野ばなしの天国　半数は韓国入り
1960.02.12	05頁01段	夕刊	ハシカの少女は残る　第8次帰還船出港
1960.02.13	11頁01段	朝刊	乗員、連行される　沈没の第5・八幡丸▽外務省、韓国に抗議
1960.02.17	01頁05段	夕刊	3月、相互送還か　伊関・柳会談　日韓歩み寄る
1960.02.18	01頁02段	夕刊	会談の成否月内に　伊関局長答弁　日韓相互送還
1960.02.19	01頁02段	朝刊	[社説]釜山抑留者を即時釈放せよ
1960.02.20	02頁04段	朝刊	日韓相互送還で取り引き　韓国米の輸入要求　衆院予算委
1960.02.24	01頁05段	夕刊	在日基地は維持　レ米陸軍参謀総長が証言　韓国、台湾の防衛力増強
1960.02.26	03頁01段	朝刊	[気流]朝鮮人は下働ばかりでない▽教科書販売を登録制にせよ
1960.02.26	11頁01段	朝刊	きょう第10船出港　新潟で祝賀会や写真展／北朝鮮帰還
1960.02.26	01頁01段	夕刊	相互送還の話し合い進まず　伊関・柳会談
1960.02.26	05頁01段	夕刊	帰還第10船が出港／新潟港
1960.03.10	01頁03段	夕刊	当面、米に頼まぬ　外相答弁　日韓関係の調整　衆議院外務委員会
1960.03.13	01頁05段	朝刊	日韓あす連絡委　相互送還　期日明示求める
1960.03.14	01頁01段	夕刊	日韓連絡委きょう午後開く
1960.03.15	02頁03段	朝刊	今月末に送還へ前進　日韓連絡委で情報交換

발행일	지면정보	간종별	기사제목
1960.03.17	07頁03段	夕刊	主犯の「李」(民団副団長)手配 水戸のキャバレー放火
1960.03.22	07頁01段	夕刊	朝鮮総連の決起大会 "李承晩打倒"で気勢
1960.04.10	07頁01段	夕刊	船出を前に死亡 北朝鮮帰還の康さん
1960.04.12	01頁01段	朝刊	きょう日韓会談打ち合わせ
1960.04.14	02頁01段	朝刊	日韓会談再開へ打ち合わせ
1960.04.15	01頁05段	朝刊	日韓本会談きょう再開 李ラインへ強い態度 ヤマはアイク来訪の前後
1960.04.15	01頁02段	朝刊	[社説]日韓会談の再開に望む
1960.04.16	01頁04段	朝刊	日韓本会談再開 分科会討議は月末から
1960.04.19	02頁05段	朝刊	日韓正常化の基本大綱 アイク訪日前に出す 伊関・柳会談 審議促進で一致
1960.04.20	11頁04段	朝刊	その夜、祖国を憂えて 門閉じヒッソリ 韓国代表部 民団本部電話で問い合わせ
1960.04.20	11頁01段	朝刊	朝連系は"テロ統治反対"大会
1960.04.25	02頁02段	夕刊	米で韓国学生がデモ
1960.04.25	07頁01段	夕刊	"李承晩打倒"で気勢 朝鮮総連の5000人参加
1960.05.02	03頁01段	夕刊	朝鮮と台湾 韓国の動乱に思う／邱永漢
1960.05.03	02頁04段	朝刊	"米韓・米華なみに"受田氏"10年固定"を追及 衆議院安保特別委員会
1960.05.06	02頁03段	夕刊	北朝鮮送還やめよ 許大統領代理言明
1960.05.07	01頁05段	夕刊	米、韓国の対日政策に失望 李ラインを固執 改善示さぬ許声明
1960.05.08	02頁10段	朝刊	日本の態度遺憾 北朝鮮送還で許首班語る
1960.05.09	01頁01段	朝刊	[社説]韓国政府の反省を求む
1960.05.10	02頁03段	朝刊	米にあっせんを要請 許大統領代理 北朝鮮送還の中止▽米官辺筋否定
1960.05.14	01頁03段	朝刊	京城で日韓会談 許政大統領代理談
1960.05.21	02頁04段	朝刊	日韓、反共で協力 李ライン 漁業協定で解決 張韓国民主党首に聞く
1960.05.21	07頁03段	夕刊	北朝鮮帰還を願う被告に"執行猶予を" メーデー公判 異例の分離求刑
1960.05.24	11頁02段	朝刊	"執行猶予"の判決 メーデー事件 北朝鮮帰国の被告に／東京地裁
1960.06.02	01頁04段	夕刊	"北送"で日本を非難 許政氏▽反政府デモに高姿勢
1960.06.09	11頁01段	朝刊	メーデー事件被告逃亡 帰還船で北朝鮮へ 統一組の朴桂順
1960.06.17	03頁02段	朝刊	[気流]日本U2は朝鮮を飛ぶな
1960.06.19	07頁03段	夕刊	朝鮮総連の会館焼く 新宿 放火の疑い、2人ケガ
1960.06.20	07頁01段	夕刊	失火説強まる 朝鮮会館の火事
1960.06.22	11頁01段	朝刊	放火とみる 朝鮮総連本部の火事
1960.06.25	02頁01段	夕刊	1万人がデモ 在日朝鮮総連
1960.06.26	11頁01段	朝刊	4つの"時差デモ" 朝鮮動乱の10周年に
1960.06.27	02頁04段	朝刊	帰還協定を延長 外務省 北朝鮮と交渉準備
1960.06.28	02頁01段	朝刊	外務省、韓国へ釈放を要求 第22漁生丸
1960.06.30	02頁01段	夕刊	米に仲介求む 韓国、北朝鮮送還協定延長で

발행일	지면정보	간종별	기사제목
1960.06.30	07頁04段	夕刊	李ラインでまた捕獲 シケの海上、続けて2隻▽外務省、韓国に抗議
1960.07.01	02頁03段	朝刊	強硬策に転換か 韓国、日本の"北送問題"で
1960.07.01	01頁01段	夕刊	駐日韓国公使に李載コウ氏
1960.07.08	02頁03段	朝刊	韓国、李ライン警備強化▽日本、誠意示せ 李公使語る▽日韓口上書の内容
1960.07.09	11頁01段	朝刊	3万人を越す 北朝鮮帰還
1960.07.09	02頁02段	夕刊	在日朝鮮人に生業資金 韓国 北朝鮮帰国阻止に
1960.07.16	06頁01段	夕刊	全国マタにタイヤ泥 朝鮮人グループ7人つかまる
1960.07.17	01頁01段	朝刊	在日韓国人学生に奨学金 韓国で学ぶため／許政・政府
1960.07.17	01頁03段	朝刊	李ライン再検討し漁業協定を結ぶ 韓国民主党の対日政策
1960.07.19	11頁01段	朝刊	韓国特務工作員24人に執行猶予
1960.07.19	02頁03段	夕刊	11月で打ち切り 北朝鮮帰還 韓国が妥協案
1960.07.20	02頁01段	朝刊	北朝鮮帰還協定の延長阻止 李公使申し入れ
1960.07.21	01頁01段	夕刊	北朝鮮帰還協定を延長せよ 社党申し入れ
1960.07.22	01頁01段	朝刊	きょう帰還協定延長で協議 関係省、日赤
1960.07.22	02頁04段	夕刊	[焦点]延長せまる北朝鮮帰還協定 人道の線を押す日赤 韓国は阻止へPR
1960.07.23	10頁02段	夕刊	帰還協定延長望む 北朝鮮赤十字要請 修正することなく
1960.07.24	02頁01段	朝刊	帰還協定の延長を要請 北朝鮮赤十字
1960.07.26	10頁02段	朝刊	北朝鮮帰国を記念し 上野公園で植樹献納式
1960.07.26	01頁04段	夕刊	北朝鮮帰還早める 政府打電 新潟で話し合い
1960.07.27	02頁01段	朝刊	厚生省異論で打電遅れる 北朝鮮帰還会談
1960.07.28	08頁02段	朝刊	日朝親善のウメやツバキ 帰国を記念、上野公園に植樹
1960.07.28	09頁03段	朝刊	北朝鮮帰還 "新潟会談"難航か 総連、スピードアップ反対
1960.07.28	01頁04段	夕刊	李ライン話し合う 韓国公使申し入れ 北送延長やめれば
1960.07.29	11頁02段	朝刊	日赤、きょう返電 北朝鮮帰還の"新潟会談"
1960.07.29	01頁04段	夕刊	帰還促進へ新潟会談 延長問題 日赤、北朝鮮に返電▽円滑な進行を望む
1960.07.30	01頁05段	朝刊	東京で会談開きたい 北朝鮮帰還問題 韓国赤十字申し入れ
1960.07.30	01頁04段	夕刊	"東京会談断われぬ" 韓国提案 日赤・厚生省で協議▽来週態度決定
1960.07.31	01頁05段	朝刊	日韓正常化へ積極外交 小坂外相構想 "京城へ会談移す"8月下旬に提案
1960.07.31	01頁02段	朝刊	[社説]韓国民主党圧勝と日韓関係
1960.08.01	01頁02段	夕刊	人道問題だけ討議 金広報部長 "東京会談"で語る／日韓交渉
1960.08.03	01頁03段	夕刊	あす新潟会談困難 北朝鮮回答なし／北朝鮮帰還問題
1960.08.04	01頁04段	夕刊	新潟会談は不用 帰還協定 無条件延長を 北朝鮮赤十字 金代表語る
1960.08.04	01頁01段	夕刊	帰還協定の解釈が先決 大平長官語る／北朝鮮送還問題
1960.08.05	01頁03段	夕刊	北朝鮮帰還に反対 韓国政府声明
1960.08.05	01頁04段	朝刊	東京会談に応ず 日赤、韓国赤十字へ回答

발행일	지면정보	간종별	기사제목
1960.08.05	02頁04段	夕刊	[焦点]もつれる"北朝鮮帰還延長" 韓国が政治的横ヤリ
1960.08.06	01頁02段	朝刊	[社説]北朝鮮帰還協定を延長せよ
1960.08.06	01頁05段	朝刊	"新潟会談"に同意 北朝鮮赤十字 日赤へ返電▽早ければ11日に来日
1960.08.06	07頁01段	夕刊	帰還船遅れる 9月1日新潟着
1960.08.07	01頁04段	朝刊	顔ぶれ、日程知らせ 日赤、北朝鮮へ返電 記者団入国認めぬ／新潟会談
1960.08.07	01頁04段	夕刊	李副委員長ら派遣 記者団入国再要求める 北朝鮮から返電／新潟会談
1960.08.08	01頁03段	夕刊	記者団入国認めぬ 日赤、北朝鮮に回答▽日本側代表に葛西副社長ら
1960.08.09	01頁04段	朝刊	まず"スピード化" 新潟会談 日本側の基本態度／北朝鮮帰還問題
1960.08.09	01頁03段	夕刊	北朝鮮代表を送る まず前提問題解決 日赤へ回答／新潟会談
1960.08.10	01頁02段	朝刊	あす新潟予備会談 金代表と井上外事部長／北朝鮮帰還問題
1960.08.10	01頁01段	朝刊	北朝鮮の回答電報▽38次船は欠航／北朝鮮帰還問題
1960.08.10	02頁01段	夕刊	金代表ら乗船 第34次船 清津出港／北朝鮮帰還問題
1960.08.11	01頁04段	夕刊	"北朝鮮記者入国"を除き了承 新潟予備会談開く／北朝鮮帰還
1960.08.12	01頁04段	朝刊	日朝赤十字"新潟会談打ち切り" 宿舎の不備 葛西副社長、東京会談を請訓
1960.08.13	01頁01段	夕刊	北朝鮮記者入国認めぬ 日赤から金代表に打電
1960.08.13	01頁01段	夕刊	社党調査では核弾頭を積む 横須賀入港の米ミサイル潜水艦
1960.08.15	01頁02段	朝刊	日本の使節団歓迎 尹韓国大統領が語る
1960.08.15	07頁01段	夕刊	朝総連、解放15年大会
1960.08.17	01頁02段	夕刊	新潟会談遅れる 第35次船 金代表乗船せず
1960.08.19	03頁01段	朝刊	[気流]在日韓国人の地位の向上を▽教員検定制度の復活を望む
1960.08.19	01頁03段	夕刊	25日、新潟会談再開へ 北朝鮮赤十字から入電 新聞記者は随員で
1960.08.19	01頁01段	夕刊	日赤、応諾打電／日朝赤十字・新潟会談
1960.08.20	01頁04段	朝刊	小坂外相と保利氏 来週中にも韓国へ特使派遣
1960.08.20	02頁01段	朝刊	日赤、応諾打電 北朝鮮記者"参加"
1960.08.23	02頁01段	夕刊	北朝鮮赤十字代表清津出発
1960.08.24	03頁01段	朝刊	[気流]「在日韓国人」に答える▽救難航空隊をつくれ
1960.08.24	01頁05段	朝刊	鄭韓国外務部長官 日韓関係打開を語る まず外相級の会談▽小坂外相訪韓に賛成
1960.08.24	01頁03段	朝刊	いま訪韓は不適当 韓国閣僚語る
1960.08.24	02頁01段	朝刊	朝赤代表、清津出発
1960.08.24	01頁05段	夕刊	韓国、日韓会談で提案 京城会談開こう 鄭長官言明 "北送"は別問題
1960.08.25	02頁04段	朝刊	きょう新潟会談 「促進」と「延長」で難航か 北朝鮮帰還
1960.08.25	02頁03段	朝刊	"小坂訪韓"来月実現か 外務相は正式回答待ち
1960.08.25	01頁05段	夕刊	日朝代表、新潟に勢ぞろい 本格会談27日以降 李団長あいさつ
1960.08.26	01頁04段	夕刊	"プレス電"なお難航 朝赤 日赤の妥協案を拒否
1960.08.26	02頁04段	朝刊	新聞電報扱いで対立 新潟会談 北朝鮮側が強硬声明

발행일	지면정보	간종별	기사제목
1960.08.26	01頁01段	夕刊	本会談応ぜられぬ 朝赤代表団が声明／北朝鮮帰還
1960.08.27	01頁04段	朝刊	"北送"の延長阻止 韓国、国際委に介入要請▽金元公使外務次官に
1960.08.27	01頁03段	夕刊	在日韓国人に経済援助 張総理施政演説 日韓正常化いそぎ
1960.08.28	01頁03段	朝刊	"北送"国際委へ ジュノー氏談
1960.08.28	02頁03段	朝刊	こじれる新潟会談 人事交流の実績に 北朝鮮 記者入国を正当化
1960.08.28	01頁01段	夕刊	新聞報道は国際慣例 北朝鮮紙、日本を非難
1960.08.29	01頁01段	夕刊	電報解決せねば本会談せぬ 朝赤側が声明／日朝赤十字会談
1960.08.30	01頁01段	夕刊	新潟会談遅れる／日朝赤十字会談
1960.08.31	01頁03段	朝刊	きょう日赤新提案 新潟会談
1960.08.31	01頁02段	夕刊	朝赤は拒否 電報問題 日赤が妥協案／日朝赤十字新潟会談
1960.09.01	02頁01段	夕刊	在日朝鮮人にまた援助金 北朝鮮赤十字
1960.09.02	01頁04段	朝刊	"新潟会談"ご破算か 朝赤代表帰国示唆
1960.09.03	01頁03段	夕刊	日韓会談、来年東京で 韓国外交懇談会の方針 平和ライン協定用意
1960.09.03	01頁04段	朝刊	5日、本会談開く 「プレス電扱い」保証 日朝赤十字共同声明／北朝鮮帰還問題
1960.09.04	02頁04段	朝刊	鄭長官10月訪日か 韓国、対日調整急ぐ
1960.09.05	01頁05段	朝刊	小坂外相、あす訪韓 全面会談で2案 鄭長官に提案
1960.09.05	01頁05段	夕刊	新潟本会談はじまる 帰還、1年以内に 申請は3か月内に 日赤が原則提案
1960.09.06	01頁04段	朝刊	"来月に小頂上会談" 小坂訪韓 韓国側の態度固まる
1960.09.07	01頁04段	朝刊	東京で日韓予備会談開く 小坂外相韓国首脳と一致▽日本の善意信じて
1960.09.11	02頁04段	朝刊	配船をふやせるか 朝赤側へ回答求める 新潟会談
1960.09.12	02頁04段	朝刊	無修正延長以外ない 平壌放送 北送で日赤を非難
1960.09.13	01頁05段	朝刊	新潟会談、決裂の様相 「無修正延長拒む」日赤 朝赤、あす最終態度
1960.09.14	01頁01段	朝刊	香港中継の対日貿易中止 北朝鮮通告説
1960.09.14	01頁04段	夕刊	あす最終態度 帰還協定政府・日赤
1960.09.15	01頁04段	朝刊	現協定で"促進"可能 朝赤側がふくみのこす発言 決裂回避、17日に再開
1960.09.15	01頁03段	夕刊	北朝鮮帰還 あす朝最終調整 政府・日赤・結論を得ず
1960.09.16	01頁04段	朝刊	来春には国交正常化 韓国、日本側意向に賛意▽駐日韓国公使に厳氏
1960.09.16	01頁02段	朝刊	日赤案に沿い 帰還協定 政府、きょう結論
1960.09.16	01頁05段	夕刊	政府与党"新潟会談"で結論 朝赤案くみ新提案 最終方針、日赤へ通告
1960.09.16	02頁01段	夕刊	予備会談で原則確立 韓国側の方針
1960.09.17	02頁01段	朝刊	帰還第38船が出港
1960.09.17	02頁02段	朝刊	新潟会談打ち切れ 韓国外務次官が言明
1960.09.17	01頁01段	夕刊	新潟会談、夕刻にのびる
1960.09.18	01頁05段	朝刊	新潟会談、決裂状態に 朝赤が全面拒否 日赤側の"最終"提案
1960.09.18	03頁03段	朝刊	[今週の問題]政治 北送、中断の恐れ 風当たり強いきょ出年金

발행일	지면정보	간종별	기사제목
1960.09.19	01頁00段	朝刊	朝赤「政治策動で決裂」 日赤「人道主義を貫く」 新潟会談で声明
1960.09.19	02頁03段	夕刊	朝赤側の再考を望む 帰還問題 大平官房長官語る
1960.09.20	01頁01段	朝刊	[社説]北朝鮮側の反省を求む
1960.09.22	02頁06段	朝刊	在京朝鮮人が大会／北朝鮮帰還問題
1960.09.22	02頁02段	朝刊	新潟会談 日朝とも難色 岩本・帆足あっせん
1960.09.23	02頁04段	朝刊	新潟会談絶望か 朝赤きょう引き揚げ 日赤、窓口閉鎖へ
1960.09.24	01頁04段	夕刊	北朝鮮代表が帰国 新潟会談、決裂に終わる
1960.09.24	01頁01段	夕刊	一切の責任は日本側に 朝赤代表が声明▽期限までは便宜／北朝鮮帰還会談決裂
1960.10.06	03頁02段	朝刊	[気流]帰還問題と朝鮮総連の態度▽桑園増反に農家の慎重望む
1960.10.06	07頁10段	夕刊	川島に1年22月の判決 朝鮮人少年誘かい事件／横浜地裁川崎支部
1960.10.08	02頁02段	朝刊	李ライン含め新提案を出す▽北朝鮮帰還の中止 韓国、国際委に要請
1960.10.08	07頁01段	夕刊	決起大会開く 帰還協定延長／朝鮮総連
1960.10.09	02頁01段	朝刊	北朝鮮帰還の監督は続ける 国際委言明
1960.10.10	01頁05段	朝刊	日韓会談・外務省の方針 4月復交メドに 本会談は来年2月ごろ
1960.10.12	02頁01段	夕刊	北朝鮮帰還交渉早急再開を 社党申し入れ
1960.10.12	07頁05段	夕刊	倉庫破り1600万円 朝鮮人らグループ15人逮捕／警視庁
1960.10.13	02頁04段	朝刊	帰還協定で再考要望 島津社長 小坂外相と会談
1960.10.14	02頁04段	朝刊	失効後は配船せぬ 北朝鮮帰還 金氏、高木氏に言明
1960.10.14	02頁02段	朝刊	厚相へも要望 北送延長で葛西副社長
1960.10.14	01頁02段	夕刊	さらに事務的検討 閣議 日朝帰還協定を協議
1960.10.15	01頁04段	朝刊	懸案の打開に期待 日韓予備会談 日本側で協議
1960.10.16	01頁04段	夕刊	日赤案で具体策 “朝赤主張と事実上同じ” 帰還協定外相語る
1960.10.18	07頁01段	夕刊	朝鮮人8000人が大会 帰国協定無修正延長要求
1960.10.18	01頁04段	朝刊	期限後も配船を 帰還問題 日赤、朝赤へ打電
1960.10.19	02頁03段	朝刊	香港経由で日朝貿易 暫定取りきめ
1960.10.19	07頁01段	夕刊	北朝鮮帰還 円満解決を 文化人が要望書
1960.10.20	01頁04段	朝刊	協定の延長が先決 帰還配船 朝赤から返電▽追いつめられた日赤
1960.10.20	01頁04段	夕刊	“帰還促進話し合う” 金朝赤代表申し入れ 高木氏新潟へ▽政府打開へ全力
1960.10.21	01頁05段	朝刊	国際委、日赤へ書簡 北朝鮮帰還問題 業務の継続望む▽政府、譲歩を追られよう
1960.10.21	01頁04段	朝刊	朝鮮赤十字、一歩を譲る 高木・金会談 “促進”討議に応ず
1960.10.21	01頁01段	朝刊	協定延長に反対 金韓国外務次官談
1960.10.22	02頁03段	朝刊	効果あったボ書簡 帰還協定・日朝歩み寄り 頭ひやして出直し
1960.10.22	02頁03段	夕刊	日韓会談に重大影響 北送延長、韓国外相語る
1960.10.25	11頁01段	朝刊	皇太子ご夫妻帰国歓迎晩さん会

발행일	지면정보	간종별	기사제목
1960.10.26	01頁05段	朝刊	"あす結論を回答" 日赤、帰還問題で返電 会談再開、28日解決か
1960.10.26	01頁05段	夕刊	韓国、日韓会談に期待 "漁業"で新提案か 北送問題ではなお強硬
1960.10.27	01頁01段	朝刊	4分科会設置 日韓会談、2日に第2回本会議
1960.10.27	01頁05段	夕刊	"帰還延長"ようやく解決 日赤回答で合意 "1年延長、促進も協議"
1960.10.28	01頁05段	朝刊	帰還協定延長に調印 日・朝赤十字 3か月ぶりに円満解決
1960.10.28	01頁02段	朝刊	[社説]日韓会談と北朝鮮帰還問題
1960.10.28	02頁04段	朝刊	人道主義の原則通る 北朝鮮帰還延長の妥結▽韓国の出方注目 外務省見解
1960.10.28	11頁02段	朝刊	歌と踊りで調印を喜ぶ 朝鮮総連本部
1960.10.28	01頁03段	夕刊	日本に抗議文送る 北送延長 韓国閣議で決定▽厳公使"遺憾"申し入れ
1960.10.29	02頁01段	朝刊	日韓国交正常化が先決 張勉総理言明
1960.10.29	07頁01段	夕刊	朝鮮総連が感謝デモ／東京・日比谷
1960.10.31	01頁04段	朝刊	分科会難航しそう 日韓2日に第2回予備会談 「北送」障害にはなるまい
1960.10.31	11頁02段	朝刊	米軍の廃棄照明弾? 剣崎沖の怪爆発音 水中テレビで海底調査／東京湾
1960.11.01	02頁04段	朝刊	北送延長 韓国、不満押える まず内政の打開 日韓会談こわさずに
1960.11.02	07頁03段	夕刊	"千恵子に頼まれ毒殺" 金融業者失跡事件 鈴木ら一部を自供／福島
1960.11.02	01頁01段	朝刊	きょう第2回本会議 日韓予備会談
1960.11.02	01頁04段	夕刊	4分科会設ける 日韓、7日から実質討議 第2回予備会談
1960.11.03	03頁03段	朝刊	国民審査を受ける8裁判官の横顔 死刑の規定認める 島保
1960.11.03	03頁03段	朝刊	国民審査を受ける8裁判官の横顔 安保条約は合憲 石坂修一
1960.11.03	03頁03段	朝刊	国民審査を受ける8裁判官の横顔 "松川"で原判決破棄 高木常七＝続報注意
1960.11.05	02頁01段	朝刊	日赤帰還業務引き続き協力 国際委から返電／北朝鮮帰還問題
1960.11.05	11頁02段	朝刊	国が補償金交付 ジョンソン基地の周辺農家に／埼玉県狭山市
1960.11.07	01頁03段	朝刊	きょうから実質討議 日韓予備会談の分科会
1960.11.08	01頁03段	朝刊	日韓分科委審議開く まず「法的地位」あす「李ライン」
1960.11.10	01頁04段	夕刊	日朝、帰還促進を協議 日赤「1回1500人」提案
1960.11.11	01頁04段	朝刊	"帰還促進"持ち越す 新潟会談 次の機会に再協議
1960.11.14	01頁04段	朝刊	今週から実質討議 日韓予備会談 韓国側、主張変わらず
1960.11.14	01頁03段	朝刊	煮つまれば政治折衝 外相、韓国記者団に語る
1960.11.15	02頁01段	朝刊	李ラインを固守せよ 韓国学生が決議
1960.11.15	01頁03段	朝刊	強制送還で対立 日韓「法的地位」委▽250人強制送還
1960.11.16	01頁04段	朝刊	新潟会談あす再開 帰還促進 朝赤の出方がカギ
1960.11.17	11頁02段	朝刊	韓国学生の文化使節団 23日に来日計画
1960.11.17	02頁03段	夕刊	米大使館前でデモ 韓国学生52人検挙される
1960.11.17	01頁04段	夕刊	朝赤、態度を変えず 帰還促進の新潟会談
1960.11.18	02頁02段	朝刊	また持ち越し 帰還促進の新潟会談

발행일	지면정보	간종별	기사제목
1960.11.19	01頁01段	夕刊	即時引き渡しを 朝鮮総連が声明
1960.11.23	02頁01段	朝刊	日韓会談は非友好的行為 北朝鮮外相非難
1960.11.24	01頁01段	夕刊	再延長問題むし返しは必至 解説／北朝鮮帰還
1960.11.24	01頁04段	朝刊	きょうにも妥結 新潟会談 1回1200人送還で▽帰国の希望者底を見せる?
1960.11.24	01頁05段	夕刊	帰還促進協定に調印 3月1日から実施　新潟会談▽共同コミュニケ
1960.11.25	02頁02段	夕刊	新生活の喜び 北朝鮮帰還者近況
1960.11.26	02頁01段	朝刊	日韓法的地位委／外務省
1960.12.05	02頁03段	朝刊	日本の投資、可能に 韓国、外資法改定を準備
1960.12.12	02頁03段	朝刊	日韓4月復交めざす 政府方針 1月には小坂・鄭会談／日韓予備会談
1960.12.12	11頁05段	朝刊	1周年迎える北朝鮮帰還 乗船者は減る一方 "統一待ち"や"生活不安"?
1960.12.13	02頁01段	朝刊	日韓法的地位委開く／日韓予備会談
1960.12.15	11頁02段	朝刊	判決を前に帰国 関税法違反の被告が北朝鮮へ
1960.12.16	01頁04段	朝刊	日韓会談急進展か 新春から
1960.12.17	11頁01段	朝刊	ことし最後の北朝鮮帰還船
1960.12.23	02頁02段	朝刊	「法的地位」協定急ぐ 日韓 沢田・愈会談で一致
1960.12.24	04頁01段	朝刊	「日韓経済協会」の人選で韓国公使と会談 足立、植村両氏
1960.12.24	02頁04段	夕刊	ドル防衛 日韓交渉に新情勢 必要ます経済提携 早期復交で呼び水
1960.12.27	01頁02段	朝刊	柳氏の送還要求 韓国政府 代表部に指令
1960.12.28	02頁04段	朝刊	10日までに日本案 法的地位協定／日韓会談
1961.01.04	01頁04段	朝刊	北朝鮮無視は不当 社党、日韓正常化で声明
1961.01.08	01頁02段	朝刊	近く韓国へ提示 法的地位、漁業協定 日本の基本態度
1961.01.10	10頁01段	夕刊	韓人「法的地位」で打診 高瀬局長、厳公使会談
1961.01.10	01頁01段	朝刊	日本側、きょう骨子を説明 日韓法的地位協定
1961.01.14	11頁03段	朝刊	李ラインで漁船捕獲 張勉政府下ではじめて▽外務省で釈放要求
1961.01.15	02頁02段	朝刊	船舶返還で合意 張首相、日韓会談で説明
1961.01.19	02頁04段	夕刊	[焦点]日韓会談、再開後の見通し 6月国交回復で押す
1961.01.21	02頁04段	夕刊	対日態度を協議 韓国首脳 世論硬化に悩む
1961.01.22	02頁01段	朝刊	日韓、懸案を1つずつ解決 愈代表が言明
1961.01.25	02頁04段	朝刊	日韓予備会談 韓国のハラ 3、4月に鄭外務長官訪日 6月ごろ国交正常化
1961.01.27	01頁04段	朝刊	財産6億ドル船2万トン 自民外交調査会で伊関局長説明 韓国側、請求権で主張
1961.03.17	03頁01段	朝刊	[気流]韓国の学生も就職は平等に▽大学入試の"1次"再検討せよ
1961.03.21	11頁01段	朝刊	帰還船再開を要請
1961.03.22	07頁03段	夕刊	"帰還再開したい" 日赤 北朝鮮へ配船を打電
1961.03.25	01頁03段	夕刊	即時釈放、陳謝求む 第2秋田丸事件 韓国へ厳重抗議
1961.03.25	07頁01段	夕刊	来月中旬配船 北朝鮮から返電

발행일	지면정보	간종별	기사제목
1961.04.06	01頁01段	夕刊	財産請求権、日韓交渉は無効 金日成北朝鮮首相が回答
1961.04.06	01頁01段	夕刊	日韓法的地位委ひらく
1961.04.07	07頁04段	夕刊	帰還船、13日新潟へ 北朝鮮が再開通告
1961.04.11	02頁02段	朝刊	日韓本会議は9月 韓国外務部筋観測 来月から自然休会
1961.04.12	07頁01段	夕刊	帰還船、清津を出港
1961.04.13	07頁02段	夕刊	帰還船新潟へ入港 73日ぶりの再開▽来週の配船は中止
1961.04.18	10頁01段	朝刊	[取材ノートから]人のいのち　どちらが大切か　李被告の助命運動めぐって
1961.04.18	10頁03段	朝刊	きょう合同文化 "統一"に動く在日朝鮮人
1961.04.27	02頁02段	夕刊	生活保護など要望 韓国、日韓法の地位委で
1961.05.12	01頁01段	夕刊	朝霞問題の早期解決はかる 閣議で了承
1961.05.16	11頁04段	朝刊	朝霞返還で意見書　都議会"五輪後は住宅に"▽政府、きょう正式態度きめる
1961.05.16	07頁04段	夕刊	在日韓国代表部の門ぴったり　民団全体大会ではひそひそ話／韓国クーデター
1961.05.17	02頁01段	朝刊	反共体制の強化めざす 朝鮮総連議長談／韓国クーデター
1961.05.17	11頁03段	朝刊	来月中に話し合い 朝霞キャンプ返還で東都知事語る
1961.05.17	07頁04段	夕刊	全面返還こだわらぬ 朝霞 政府、交渉に弾力性
1961.05.22	03頁06段	朝刊	新しい韓国の方向 在日韓国人識者にきく 衆知集め経済再建 軍が手をひくこと
1961.05.22	01頁03段	夕刊	現代表団は引き揚げ／日韓会談
1961.05.23	10頁03段	朝刊	韓国からの密入国 取り締まりを強化 警察庁
1961.05.28	02頁01段	朝刊	反クーデター声明文 在日韓国学生同盟／韓国政変
1961.06.08	07頁01段	夕刊	朝霞問題で話し合い 小坂外相、ライシャワー大使
1961.06.10	02頁01段	朝刊	韓国政変で声明 在日朝鮮商工人大会／新潟
1961.06.19	07頁03段	夕刊	朝霞五輪村 桃手隣接キャンプの一部 200万平方メートルも一時使用
1961.06.20	06頁03段	朝刊	"してやられた"組織委 東京五輪・朝霞選手村地区の返還交渉／解説
1961.06.20	01頁02段	夕刊	韓国、民間代表訪日 革命を理解さすため
1961.06.24	10頁01段	朝刊	64次帰還船、北朝鮮へ／新潟港
1961.06.27	02頁01段	朝刊	日韓正常化は早まろう 帰京の権団長談
1961.07.22	02頁02段	朝刊	「ソウル代表部」設置 伊関局長、覚え書き手交
1961.07.23	01頁01段	朝刊	韓国、北送中止要求
1961.07.24	01頁03段	夕刊	「北朝鮮帰還」延長へ 政府と日赤で近く結論▽打ち切りはあるまい
1961.07.25	02頁03段	夕刊	[焦点]頭が痛い北朝鮮帰還問題 "人道""政策"の谷間
1961.07.26	01頁03段	朝刊	北朝鮮 帰還延長 外務省認める
1961.07.27	01頁04段	夕刊	まず"北送問題"から 李公使きょう来日 日韓間の窓口に
1961.07.29	01頁01段	夕刊	李公使、あす着任▽前田課長の訪韓歓迎

발행일	지면정보	간종별	기사제목
1961.08.01	01頁05段	朝刊	北朝鮮帰還を1年延長 日赤 無条件同意を回答 昨年の混乱を避ける
1961.08.02	01頁03段	朝刊	代表部問題も回答か きょう伊関局長・李公使会談
1961.08.08	02頁02段	朝刊	"北送"など意見交換 訪韓の前田アジア課長
1961.08.11	11頁03段	朝刊	韓国やソ連から続々 学生視察団など着く
1961.08.15	06頁03段	朝刊	ハイツ返還に未練 組織委 きょう緊急懇談会開く／東京オリンピック
1961.08.25	11頁01段	朝刊	日赤から抗議文 北朝鮮帰還船の休航
1961.08.26	11頁01段	朝刊	北朝鮮へ帰還船出航
1961.08.29	10頁02段	朝刊	[0993]拒否された北朝鮮帰還
1961.09.15	0頁	夕刊	李公使帰国 日韓本会談打ち合わせか
1961.09.20	01頁01段	夕刊	李公使きょう東京へ帰任
1961.10.13	08頁01段	夕刊	[ステージ]朝鮮人の大阪弁 新国劇の明治座「アリラン軒」のおもしろさ
1961.10.19	01頁01段	夕刊	韓国へ漁船釈放要求／外務省
1961.10.19	01頁05段	朝刊	日韓会談あす再開 ペ首席ら代表団来日 韓国、年内妥結希望か
1961.10.20	01頁05段	朝刊	日韓打開・橋渡し期待 4日の池田・ラスク会談 外務省
1961.10.20	01頁04段	夕刊	年内妥結の可能性 日韓会談 宋総理が言明
1961.10.21	01頁50段	朝刊	日韓会談はじまる 26日から委員会審議 政治・事務並行させて
1961.10.23	01頁05段	朝刊	日韓、26日から委員会審議 12月に政治折衝 来月中には煮つめて
1961.10.26	02頁04段	朝刊	きょうから事務折衝 日韓会談 まず漁業問題討議
1961.10.26	02頁04段	夕刊	第2回本会談開く 日韓 4委員会に分け検討
1961.10.27	02頁01段	夕刊	日韓請求権小委ひらく ふり出しから審議
1961.11.03	02頁01段	朝刊	韓国側、要求を説明 請求権小委開く▽法的地位委も開く／日韓会談
1961.11.11	01頁05段	朝刊	日韓首脳会談 首相のハラ固まる 請求権、妥協急がず▽外相と最終協議
1961.11.11	11頁04段	朝刊	朴議長に警8000人 きょう、ミコヤン氏上回る警戒
1961.11.11	09頁05段	夕刊	緊迫する羽田空港 朴議長の来日 朝から小ぜり合い 朝総連、入場を阻止され
1961.11.12	01頁05段	朝刊	きょう日韓首脳会談 誠意で解決急ごう▽朴議長空港あいさつ
1961.11.17	02頁03段	夕刊	"言論人死刑"変えぬ 朴議長言明／韓国
1961.11.18	05頁04段	夕刊	控訴被告がまた逃亡 判決を前に帰還船で 堂々と本名で北朝鮮へ
1961.11.18	02頁01段	朝刊	日韓、年内妥結ムリではない ペ代表談
1961.11.21	11頁02段	朝刊	北朝鮮の工作員 15か所捜索、病院長逮捕
1961.11.23	10頁02段	朝刊	また帰還船で逃亡 盗品買いの朝鮮人被告
1961.12.01	10頁01段	朝刊	乗船者わずか32人 83次の北朝鮮帰還船
1961.12.08	20頁01段	朝刊	日韓首席非公式会談▽請求権小委ひらく
1961.12.15	09頁01段	夕刊	帰還船月1回1隻に 北朝鮮新提案
1961.12.22	01頁04段	朝刊	1月にも大物派遣 日韓政治解決急ぐ
1961.12.22	02頁04段	夕刊	懸案に実質的進展 日韓本会議ひらく 杉代表報告

발행일	지면정보	간종별	기사제목
1962.01.15	01頁04段	朝刊	日韓会談あす再開 政治折衝を要求 韓国側 自民にも慎重論高まる
1962.01.18	07頁01段	夕刊	北朝鮮帰還配船会談物別れ
1962.01.19	10頁01段	朝刊	月2隻で一致 北朝鮮帰還会談
1962.01.28	01頁04段	朝刊	日韓会談再び軌道に 今週から委員会審議
1962.02.03	02頁01段	朝刊	日韓法的地位委開く
1962.02.09	02頁01段	夕刊	"不法入国"全員今月中に送還 日韓で決定
1962.02.23	02頁01段	夕刊	韓国、120人の邦人帰国許可 外務省へ通告
1962.02.23	09頁02段	夕刊	韓国から46人 来月1日 2次引き揚げ
1962.02.24	02頁03段	夕刊	首相の誠意認める 金韓国情報部長帰国 竹島、政治会談後に
1962.03.16	02頁01段	朝刊	きょう再び日韓4者会談
1962.03.17	01頁03段	朝刊	日韓第4回外相会談 結論つかず きょう請求権で紛糾か
1962.03.18	01頁04段	朝刊	請求権ミゾ深まる 開きすぎた双方の思惑 解説／日韓外相会談
1962.03.31	10頁01段	朝刊	ドミニカ帰国者の救援追及 衆院決算委
1962.04.26	06頁03段	夕刊	韓国映画 初めて公開 悲恋物語り「成春香」 大映が映画交流はかる
1962.04.30	11頁01段	朝刊	権逸氏に法学博士号 韓国人で戦後はじめて
1962.05.03	03頁01段	夕刊	[世界探訪]韓国 産業博は"日本景気"
1962.05.14	02頁03段	朝刊	革命1周年迎える韓国 再建へまっしぐら 消えぬ知識層の不満
1962.05.17	02頁03段	朝刊	清算勘定廃止も検討 日韓経済会談・7月ごろ
1962.05.24	01頁02段	夕刊	11月に打ち切り 北朝鮮帰還協定 外務省表明
1962.06.02	02頁01段	朝刊	8月までには通告か 北朝鮮送還打ち切り
1962.06.05	03頁02段	朝刊	[気流]北朝鮮帰国打ち切るな▽恐るべき江崎氏原爆発言▽抜き取り可能な開き封
1962.06.08	01頁01段	朝刊	[社説]日韓政治会談に先立つもの
1962.06.09	02頁01段	夕刊	北朝鮮帰還協定の継続要望 帰国協力会
1962.06.10	01頁04段	朝刊	期限切れ後も認める 北朝鮮帰還、政府の方針
1962.06.12	11頁01段	朝刊	北朝鮮系学生騒ぐ 米大使館へ抗議、6人逮捕／東京・赤坂
1962.06.14	02頁03段	朝刊	政府、新協定も考慮 北朝鮮帰還 最小限の援護措置
1962.06.15	10頁04段	朝刊	[0993]韓国にも"王室ブーム"か
1962.06.19	11頁03段	朝刊	船底に密航室3つ 韓国の貿易船、14人捕える／広島
1962.06.20	02頁01段	朝刊	日韓交渉近く活発化 朴議長語る
1962.06.23	01頁03段	夕刊	帰還協定の延長 北朝鮮提案
1962.06.23	09頁02段	夕刊	孤児2000人招いて 大磯ロングビーチ開き
1962.07.06	02頁01段	朝刊	きょう政府の態度決める 北朝鮮帰還問題
1962.07.06	01頁03段	夕刊	期限後は日赤で 北朝鮮帰還・閣議で決定
1962.07.07	02頁01段	朝刊	北朝鮮帰還、協定打ち切りの根拠ない 帆足帰国協力会幹事長談
1962.07.20	01頁03段	朝刊	日赤、帰還新協定示す 業務規模を大幅に縮小 北朝鮮側は不満

발행일	지면정보	간종별	기사제목
1962.08.06	02頁02段	朝刊	日赤案に反対回答 送還問題 北朝鮮から電報
1962.08.09	07頁05段	夕刊	新手の韓国密輸手入れ 主犯ら5人逮捕 バーター貿易を擬装／海上保安庁
1962.08.09	02頁01段	朝刊	帰還協定の延期を提案 朝鮮赤十字会／北朝鮮帰還
1962.08.11	01頁02段	夕刊	韓国新政策か 崔参事官新訓令もち帰任
1962.08.13	02頁04段	朝刊	日韓、20日ごろ予備折衝 請求権、金額提示か きょう段取り打ち合わせ
1962.08.15	02頁02段	朝刊	日韓正常化へ最後のチャンス ペ大使がメッセージ
1962.08.15	11頁01段	朝刊	京都の"大文字"点火にきまる
1962.08.18	09頁03段	夕刊	アパートで絞殺さる 韓国から密入国の女 男を逮捕／江戸川区
1962.08.20	03頁04段	夕刊	韓国の学生生活 訪日使節団との座談会から 自発的に「農村活動」
1962.08.22	01頁02段	朝刊	韓国、一応好感▽即時会談中止を要求 社党声明▽朝鮮総連も反対声明
1962.09.14	01頁05段	朝刊	日韓予備折衝 新提案なく足ぶみ "時間をかけ討議"
1962.09.15	02頁01段	朝刊	両委開催、交渉転機意味せぬ 崔長官語る／日韓会談
1962.09.26	11頁07段	朝刊	北朝鮮工作員と断定 密入国の3人 暗号書など押収
1962.09.26	02頁03段	朝刊	債権国会議で借款 韓国経済援助に新構想
1962.10.01	02頁01段	朝刊	北朝鮮帰還船あす入港
1962.10.02	09頁01段	夕刊	北朝鮮、2漁船を釈放▽北朝鮮帰還船が入港
1962.10.03	01頁03段	朝刊	両委(漁業・法的地位)初顔合わせ 日韓第9次折衝
1962.10.06	01頁01段	朝刊	討議の進め方で協議 日韓両会合開く
1962.10.19	02頁01段	朝刊	日朝帰還協定交渉物別れ
1962.10.19	01頁05段	朝刊	日韓会談、最終的段階へ "無償額"煮つめる あす 大平外相・金部長会談
1962.10.21	01頁05段	朝刊	日韓折衝促進で一致 無償供与で歩み寄り 大平・金会談▽解決へ理解深まる
1962.10.21	01頁01段	朝刊	[社説]韓国は日本船捕獲をやめよ
1962.10.23	01頁03段	朝刊	解釈なお食い違い 無償額、妥結時期など 解説／日韓会談
1962.11.01	01頁04段	朝刊	政府代表を韓国に 中川局長ら7氏 漁業など協定仕上げ
1962.11.08	01頁01段	夕刊	北朝鮮帰還日朝会談開く
1962.11.09	02頁02段	朝刊	帰還協定、1年延長 日・北朝鮮合意書に調印
1962.11.10	02頁04段	朝刊	残る2点を調整 金韓国情報部長きょう来日
1962.11.12	01頁05段	朝刊	きょう大平・金会談 韓国、妥協案を用意?
1962.11.18	03頁03段	朝刊	[今週の問題政治「35条」次々に解決 日韓交渉は首相待ち
1962.11.22	10頁02段	朝刊	[0993]"李珍宇処刑"の反響
1962.11.28	02頁04段	朝刊	無償供与3億ドルの線 日韓問題 きょう首、外相協議
1962.12.05	10頁01段	朝刊	恩人の艦長わかる 韓国引き揚げ者救助
1962.12.06	10頁01段	朝刊	全駐労スト入り 府中基地でピケ
1962.12.07	02頁03段	朝刊	大野氏訪問に韓国の期待 一挙に「大綱」決定も▽針谷外務参事官を任命
1962.12.09	01頁02段	朝刊	アジア安定の基礎 日韓促進、自民が統一見解

발행일	지면정보	간종별	기사제목
1962.12.13	11頁01段	夕刊	亡命の張 韓国元内務部長官 に懲役4月 福岡高裁判決
1962.12.16	02頁01段	朝刊	日本への賠償請求権を留保 北朝鮮が声明
1962.12.28	01頁04段	朝刊	最高首脳会議も同意 請求権、日本案の大綱 韓国、きょう回答
1963.01.04	02頁04段	朝刊	[試練の年63年]＝2 日韓会談 避けられぬ"宿題"(連載)
1963.01.13	02頁03段	朝刊	韓国で空前の政治ブーム 相次ぎ政党結成へ
1963.01.18	01頁04段	朝刊	月末から日韓本会議 妥結促進に 韓国側提案か
1963.02.02	01頁01段	朝刊	こげつき債権歩み寄りみず 日韓予備折衝
1963.02.05	02頁01段	朝刊	日韓交渉、あす分科会を再開／外務省
1963.02.07	02頁03段	朝刊	漁業1次案で交渉 日韓分科委で一致▽韓国側代表を強化
1963.02.13	01頁01段	朝刊	[社説]日韓漁業交渉と日本の立場
1963.02.13	02頁03段	朝刊	きょうから専門家会合 日韓予備折衝と並行
1963.02.14	01頁01段	朝刊	日韓専門家会合ひらく／東京
1963.03.14	06頁01段	朝刊	朝霞と代々木を折衝 体協、強化合宿練習場に
1963.05.01	02頁01段	朝刊	在日韓国代表部公使に方熙氏
1963.05.16	02頁01段	朝刊	韓国、抑留漁船員を全員釈放
1963.05.28	11頁01段	夕刊	朝日山四郎衛門氏(日本相撲協会勝負検査役、元関脇高津山、本名喜多芳信)死去
1963.06.15	06頁01段	朝刊	日韓親善ハンドボール▽デ杯庭球欧州ゾーン準々決勝第1日
1963.06.16	07頁04段	夕刊	北朝鮮スパイの正体 目立つ対韓工作 野放しの中継基地 密入国ルート 日本海側
1963.06.21	02頁01段	朝刊	きょう引き渡し 韓国釈放漁船員
1963.07.02	01頁05段	夕刊	韓国へ米麦4万トン 政府決定 日赤を通じ贈与▽朝鮮総連も救援計画
1963.08.14	06頁02段	朝刊	朝霞施設の使用OK 米軍回答 五輪選手強化で
1963.08.17	02頁01段	朝刊	韓国、在日代表部に調査を指示 韓国学生への差別待遇
1963.08.23	01頁01段	夕刊	北朝鮮と「往来の自由」認めず 政府が確認
1963.09.03	01頁02段	夕刊	在日朝鮮人の北朝鮮渡航 自由に認めぬ
1963.09.04	02頁01段	朝刊	在日委員会が非難 北朝鮮との往来問題
1963.09.24	15頁01段	朝刊	韓国からの米軍用船入港停止を申し入れ▽韓国へワクチン50万人分贈る
1963.09.26	15頁04段	朝刊	疑似コレラ保菌者 神戸 釜山帰りの韓国人
1963.09.28	01頁01段	夕刊	韓国へ抗議の口上書 捕獲や銃撃に▽韓国6漁船員の釈放通告
1963.10.02	15頁03段	朝刊	漁船員15人返す 韓国から連絡
1963.10.25	01頁01段	夕刊	日韓会談急進展は望み薄 杉・ハイ予備折衝
1963.11.01	02頁01段	朝刊	目立った進展なし マレーシア補償交渉▽日韓予備折衝も
1964.01.27	08頁01段	朝刊	最終戦飾る 訪韓日大卓球
1964.01.27	08頁01段	朝刊	韓国学生選抜に敗れる 明大バスケット・チーム
1964.02.21	14頁01段	朝刊	日朝往来実現都民集会開く

발행일	지면정보	간종별	기사제목
1964.03.03	01頁04段	朝刊	10日に農相会談 日韓、本会談も早まる?
1964.03.04	01頁05段	朝刊	金鍾泌氏、15日ごろ来日 高級会談テコ入れ 首・外相らと非公式会談
1964.03.04	02頁02段	朝刊	"在日米軍に不当請求" 米下院海外活動小委 電電公社を非難
1964.03.05	01頁03段	夕刊	「日韓」で中間報告 社党が要求 来週両院で
1964.03.06	02頁01段	夕刊	日韓会談で各省協力求める 大平外相閣議で
1964.03.08	01頁05段	朝刊	日韓・今週から政治交渉 10日まず農相会談 最大の懸案、漁業問題
1964.03.08	03頁03段	朝刊	[今週の問題政治 政府「日韓」に本腰 「ILO」与野党瀬踏み
1964.03.09	01頁04段	朝刊	韓国 懸案の詰め急ぐ まず元農林部長官きょう来日
1964.03.10	02頁01段	朝刊	日韓漁業問題にスジを通す 農相、自民に説明
1964.03.12	01頁04段	朝刊	あす双方妥協案 日韓農相会談 実質討議に入る
1964.03.12	01頁04段	夕刊	2年ぶり 日韓本会談開く
1964.03.15	01頁02段	朝刊	民社 首相に申し入れ 日韓交渉の合理的解決
1964.03.16	14頁02段	朝刊	韓国国楽院歓迎レセプション
1964.03.19	14頁02段	朝刊	韓国への墓参り実現へ 在日居留民団のキモいりで
1964.03.19	01頁06段	夕刊	日韓交渉で中間報告 基線、国際通念で 漁業問題 合理的な解決を 内容発表
1964.03.21	01頁04段	朝刊	"日韓阻止"一色で 社会党
1964.03.22	03頁03段	朝刊	[今週の問題政治 日韓、4つに組む 社党、阻止に強い構え
1964.03.24	02頁04段	朝刊	きょう池田・金会談 "漁業妥結へ決断求む"/日韓会談
1964.03.24	02頁03段	朝刊	38度線以北の李ライン 韓国の意思しだい 参院予算委で赤城農相答弁
1964.03.25	01頁04段	夕刊	韓国学生再びデモ 1万2000人、3都市で▽鎮圧に軍隊
1964.03.28	03頁04段	朝刊	韓国学生デモと金氏召還 朴政権、世論を説得 争えぬ妥結時期の後退/日韓会談
1964.04.19	02頁04段	朝刊	「日韓」カギ握る学生 韓国きょう学生革命記念日 独自の集会、政府も注目
1964.04.28	01頁01段	朝刊	韓国から 中曾根氏帰る
1964.05.14	09頁01段	夕刊	深川の朝鮮人学校焼く/東京・江東
1964.05.20	02頁01段	朝刊	韓国学生、きょう無許可集会 政府が対策協議
1964.05.20	02頁02段	夕刊	対日復交前に一部導入考慮か 韓国、請求権問題で検討▽韓国学生集会を中止
1964.05.26	02頁02段	朝刊	韓国政情やや小康 学生デモ、平静に終わる
1964.05.26	02頁03段	夕刊	[焦点]再開される日韓交渉 デモ抑制にかかる
1964.05.27	01頁03段	夕刊	朴大統領の退陣要求 韓国学生デモ 警官隊と衝突/光州
1964.05.30	03頁02段	朝刊	韓国学生"実力行使"を警告
1964.05.31	01頁01段	朝刊	韓国学生、総理と会見
1964.06.01	02頁04段	夕刊	平和的闘争に転換 韓国学生、ハンスト入り▽金鍾泌議長解任か
1964.06.08	09頁03段	夕刊	韓国の学生たち "反日感情"の背後にあるもの/赤塚行雄

발행일	지면정보	간종별	기사제목
1964.06.15	12頁02段	夕刊	韓国の女優が登場 NET「特別機動捜査隊」に 孔美都里 密航者の適役で
1964.06.16	02頁02段	朝刊	日韓貿易会談 7月東京で開催か▽延べ払い輸出早急に許可を 韓国べ大使要望
1964.06.23	02頁01段	夕刊	学生デモで軍法会議 韓国、首謀の3人
1964.06.30	02頁01段	夕刊	北朝鮮帰還業務2か月中止 総連副議長語る
1964.07.09	09頁01段	朝刊	予選に出場後の再入国認めよ 在日朝鮮人体育連が声明
1964.07.13	02頁01段	朝刊	韓国民団団長に権逸氏
1964.07.24	01頁01段	夕刊	北朝鮮選手の再入国認めぬ 法相の方針
1964.07.28	02頁01段	夕刊	帰国協定の1年延長を 北朝鮮赤十字が提案
1964.08.03	02頁01段	夕刊	北朝鮮五輪選手再入国認めぬ 高橋法相語る
1964.08.05	15頁03段	朝刊	北朝鮮スパイ逮捕 在日10年の"首領"ら2人／警視庁公安部
1964.08.17	01頁04段	夕刊	日韓早期解決へ 米、支援の用意 ソウルで共同声明
1964.08.23	02頁01段	朝刊	韓国、学生44人を釈放
1964.08.31	03頁04段	夕刊	韓国学生の愛国心 訪日親善使節団に聞く 祖国再建への情熱
1963.09.04	02頁01段	朝刊	在日委員会が非難 北朝鮮との往来問題
1964.09.06	14頁01段	朝刊	疑似コレラで隔離 韓国へ帰った明大生
1964.09.07	15頁01段	朝刊	2次検査でも陰性 疑似コレラの韓国学生
1964.10.02	02頁03段	朝刊	漁船捕獲で応酬 「日韓」打開悲観的見通し 非公式折衝
1964.10.06	15頁03段	朝刊	北朝鮮選手団東京入り／東京五輪
1964.10.15	02頁03段	朝刊	「日韓」早期解決は可能 20日赴任の金大使語る
1964.11.04	07頁02段	夕刊	北朝鮮へ亡命希望 韓国五輪客が自由法曹団へ
1964.11.05	15頁01段	朝刊	北朝鮮へ亡命きまる 韓国の五輪客
1964.11.11	15頁10段	朝刊	北朝鮮のスパイら3人逮捕／大阪府警
1964.11.12	15頁12段	朝刊	さらに韓国人夫婦も 北朝鮮へ亡命
1964.11.14	02頁01段	朝刊	椎名外相、来年1月に訪韓か 韓国外務部筋表明
1964.11.19	11頁01段	夕刊	また北朝鮮へ亡命希望 韓国五輪客
1964.11.20	03頁02段	朝刊	[読者と編集者]亡命者の出国費用は
1964.12.02	01頁02段	朝刊	[社説]日韓交渉再開に望む
1964.12.02	02頁01段	朝刊	韓国の2代表来日／第7次日韓会談
1964.12.03	01頁04段	朝刊	日韓きょうから本会談 漁船釈放で好転か 韓国、強い意欲
1964.12.04	01頁05段	朝刊	日韓本会談を再開 漁業解決を望む 牛場代表
1964.12.05	14頁04段	朝刊	[続・日本の土]=32 100点とって北朝鮮へ(連載)
1964.12.09	02頁01段	朝刊	次回から煮つめる 日韓法的地位委／第7次日韓全面会談
1964.12.14	01頁04段	朝刊	1月、政治会談か 日韓、漁業歩みより困難
1964.12.16	02頁01段	朝刊	在日韓国人の処遇 法的地位委で討議
1964.12.17	01頁03段	朝刊	北朝鮮との往来問題 政府再検討始める

발행일	지면정보	간종별	기사제목
1964.12.20	02頁01段	夕刊	[官庁イヤホン]建設省 ねらわれる「都計法」▽法務省 "北朝鮮往来"の難問
1964.12.20	02頁03段	朝刊	日韓 高級政治会談待ち あす年内最後の本会議
1964.12.20	02頁02段	夕刊	[官庁イヤホン]建設省 ねらわれる「都計法」▽法務省 "北朝鮮往来"の難問
1964.12.24	02頁03段	朝刊	きょう3者(法相、外相、官房長官)協議 北朝鮮往来で意思統一
1964.12.25	02頁03段	朝刊	北朝鮮往来認めぬ 外相ら一致
1964.12.27	03頁02段	朝刊	[週間展望]北朝鮮へ門ひらくか
1965.01.17	01頁04段	朝刊	日韓会談あす再開 外相訪韓控え 懸案煮つめる▽金大使ら帰任
1965.01.23	02頁01段	朝刊	韓国学生、代表部にすわり込み 南ベトナム派兵反対
1965.01.31	02頁03段	朝刊	日韓、妥結ムード 外相訪韓で懸案解決へ 今春調印か
1965.01.31	02頁01段	朝刊	在日同胞視察が目的 来日の韓国議員団会見
1965.02.02	01頁01段	夕刊	日韓法的地位委開く
1965.02.06	02頁01段	朝刊	法的地位委ひらく／第7次日韓会談
1965.02.07	02頁04段	朝刊	日韓会談 今週から交渉促進 椎名訪韓で大筋合意めざす
1965.02.09	02頁02段	夕刊	在韓米軍も非常体制▽在日の沖縄米軍予定を変更／ベトナム戦争
1965.02.11	02頁01段	朝刊	椎名訪韓を打ち合わせ 日韓両首席代表／日韓会談
1965.02.14	01頁04段	朝刊	日韓交渉急進展か 椎名訪韓を機に 下旬に漁業閣僚会談／日韓会談
1965.02.17	01頁03段	朝刊	外相きょう訪韓／日韓会談
1965.02.21	01頁05段	朝刊	日韓交渉いよいよ最終段階 残る難関は「漁業」5月本調印めざす
1965.02.21	01頁02段	朝刊	[社説]日韓関係の一歩前進
1965.02.22	01頁01段	夕刊	韓国、法務次官を派遣 法的地位交渉促進
1965.02.23	01頁04段	朝刊	来月初め東京で 日韓農相会談再開 外・農相、金大使と一致
1965.02.24	02頁01段	朝刊	審議促進で合意 日韓法的地位委
1965.02.25	02頁04段	夕刊	日韓条約 5月調印みこむ 朴大統領、訪米の前後に
1965.02.25	01頁05段	朝刊	日韓、3日ごろ農相会談 来月中に法的地位妥結、外相会談も▽朴大統領に報告
1965.02.26	01頁05段	夕刊	「日韓」「夕張」で緊急質問 一括解決貫く 政府答弁 参院本会議▽衆院本会議
1965.02.27	02頁01段	朝刊	子孫にも日本永住権 韓国、法的地位委で要求
1965.03.02	02頁02段	朝刊	貿易会談早く開こう 李韓国公使が申し入れ
1965.03.04	02頁01段	朝刊	日韓法的地位20日ごろ大綱 首席会談で合意▽貿易交渉で通航暫定協定を検討
1965.03.04	01頁04段	夕刊	強制退去で合意 日韓法的地位委
1965.03.05	02頁02段	朝刊	"法的地位"妥結へ一歩 日韓「強制退去」の合意
1965.03.11	01頁05段	夕刊	首相・李外務部長官会談1日も早く妥結を日韓懸案朴大統領の親書手交
1965.03.11	01頁01段	夕刊	両外相、懸案で意見交換／日韓交渉
1965.03.16	01頁05段	夕刊	首相、日韓妥結へ決意閣議で表明 李長官の来日機に▽李長官を政府賓客に

발행일	지면정보	간종별	기사제목
1965.03.17	01頁04段	朝刊	法的地位、きょう提案 日本案 永住権、子孫にふれず／日韓会談
1965.03.18	01頁05段	朝刊	日韓交渉、最終段階に 首席会談▽農相会談▽貿易会談▽法的地位委
1965.03.19	02頁02段	朝刊	日韓漁業 20日仮調印望み薄 車長官が病気▽日韓法的地位委進展なし
1965.03.20	14頁02段	朝刊	韓国から遺骨50体帰る 在日韓国人の好意
1965.03.22	01頁05段	朝刊	政治折衝に注目 李外務部長官あす再び来日 日韓「法的地位」仮調印も
1965.03.23	01頁05段	朝刊	李外務部長官きょう来日 椎名外相と4回会談 第10回農相会談開かれず
1965.03.23	01頁02段	朝刊	[社説]日韓外相会談に望む
1965.03.23	01頁05段	夕刊	「日韓交渉」で政府方針明示参院予算委李ラインの撤廃を記録にとどめる
1965.03.24	01頁04段	朝刊	李外務長官来日▽李長官到着ステートメント▽椎名外相歓迎ステートメント
1965.03.25	15段	朝刊	日韓全面妥結を促進 外相会談で一致 法的地位仮調印へ 請求権のメドも
1965.03.25	01頁02段	夕刊	法的地位協定最終仕上げへ／日韓会談
1965.03.26	15頁01段	朝刊	韓国人デモ騒ぐ 代表部前で警官9人ケガ／日韓会談
1965.03.26	01頁04段	夕刊	今夜さらに会談 日韓外相「法的地位」の詰め
1965.03.27	14頁01段	朝刊	韓国学生ら警官とじこめる "居留民団監視した"と
1965.03.27	02頁02段	朝刊	韓国学生 日韓会談反対集会／ソウル
1965.03.27	01頁05段	朝刊	法的地位きょう仮調印へ 徹夜の日韓外相会談 貿易も急転妥結
1965.03.27	14頁01段	朝刊	韓国学生ら警官とじこめる "居留民団監視した"と
1965.03.27	01頁06段	夕刊	法的地位でも合意 日韓外相会談 子にも永住許可 請求権打開も▽解説
1965.03.28	02頁04段	朝刊	子孫永住なしくずし?「日韓」法的地位の合意 微妙な北朝鮮系の処遇
1965.03.28	07頁01段	夕刊	民団本部を捜索／東京・富坂署
1965.03.29	01頁04段	夕刊	「処遇」で強い要求 外相会談 韓国が法的地位要綱案 漁業請求権一括
1965.03.29	01頁04段	朝刊	きょうも外相会談 日韓 請求権など決着へ全力
1965.03.30	01頁02段	朝刊	日韓懸案の仮調印 早くてあす朝
1965.03.30	02頁03段	夕刊	将来に疑義残すな 首相、日韓交渉で要望
1965.03.31	01頁03段	朝刊	「処遇」離し仮調印を 椎名外相 日韓外相会談で要望
1965.03.31	01頁04段	夕刊	日韓漁業 再び農相会談で
1965.04.01	01頁04段	夕刊	「日韓」で信を問う 参院選、挙党一致で 議員総会で首相強調
1965.04.02	02頁01段	夕刊	日韓正常化阻止に闘争委 韓国学生指導者が設立
1965.04.02	01頁04段	朝刊	「処遇」合意に達す 日韓一括仮調印へ 漁業で最後の折衝
1965.04.02	01頁05段	夕刊	日韓3懸案あす仮調印 漁業細目も合意 韓国側の回訓まち
1965.04.02	01頁01段	夕刊	韓国閣議 法的地位、請求権承認
1965.04.03	03頁02段	夕刊	日韓仮調印・各党が談話 自民党▽社会党▽民社党▽公明党
1965.04.03	02頁01段	夕刊	在日2団体声明／日韓仮調印
1965.04.03	01頁05段	朝刊	日韓東京会談、きょう終幕 漁業 請求権 法的地位の3合意事項 仮調印
1965.04.03	02頁04段	朝刊	波乱きわめた日韓"14年交渉" 朴政権の決意で決着▽日韓交渉の足どり

발행일	지면정보	간종별	기사제목
1965.04.03	01頁05段	朝刊	日韓東京会談、きょう終幕 漁業 請求権 法的地位の3合意事項 仮調印
1965.04.03	01頁07段	夕刊	日韓、合意事項に仮調印 閣僚会談終え共同声明 漁業相互繁栄めざす
1965.04.03	01頁03段	夕刊	「処遇」協定を急ぐ 日韓外相声明
1965.04.03	03頁04段	夕刊	日韓3合意事項の内容 漁業▽在日韓国人の待遇▽請求権と経済協力
1965.04.04	02頁04段	朝刊	日韓総仕上げへの問題点 「竹島」は2段構えで 調停と国際司法裁提訴
1965.04.04	03頁05段	朝刊	日韓仮調印とこんごの政局 本社記者座談会 自信強めた首相
1965.04.06	01頁04段	夕刊	[近くて遠い隣の国]＝5 故国を追われて 悲しい思い出の在日朝鮮人（連載）
1965.04.11	01頁04段	朝刊	対韓漁業協力 協定発効前にも実現 親善促進ねらう 外務省
1965.04.13	02頁01段	朝刊	ソウル、抗議集会続く／日韓会談
1965.04.15	02頁01段	夕刊	「日韓」でPR 19、20日、都道府県部長招き
1965.04.17	02頁01段	朝刊	北朝鮮、代表を派遣 朝鮮総連式典に
1965.04.28	03頁01段	朝刊	韓国学生デモ再発
1965.05.03	02頁01段	夕刊	在外の青年に徴兵義務ない 韓国政府が声明
1965.05.05	02頁01段	朝刊	日本側草案を提示 法的地位協定／日韓会談
1965.05.05	03頁02段	朝刊	[気流]日韓親善へ文化交流を▽国連に強大な平和擁護軍を
1965.05.07	02頁04段	朝刊	本調印早くて月末 韓国、巻き返し図る／日韓会談
1965.05.21	02頁01段	夕刊	日韓文化財で要望 金大使、愛知文相に
1965.05.28	02頁04段	朝刊	本調印は参院選後 旗国主義譲らず 日韓首席会談
1965.06.09	01頁05段	朝刊	日韓交渉 20日前後妥結の公算 箱根会談で難点解決
1965.06.15	02頁04段	朝刊	22日までに妥結 日韓会談 首、外相の方針一致
1965.06.17	01頁04段	夕刊	日韓交渉 19日に協定案文 李長官迎え本調印へ
1965.06.18	14頁01段	朝刊	韓国人4000人がデモ／東京
1965.06.18	01頁04段	夕刊	22日調印きめる 日韓問題点で閣僚協議
1965.06.18	01頁01段	朝刊	「国保」残し決着 法的地位委／日韓交渉
1965.06.18	01頁01段	夕刊	きょう中に実質解決へ 日韓委
1965.06.19	01頁04段	夕刊	3点最後の詰め 日韓交渉
1965.06.21	02頁03段	夕刊	学生5000、警官と衝突 ソウル 日韓調印反対し
1965.06.21	11頁01段	夕刊	4人ハンスト 日韓交渉で
1965.06.22	01頁06段	朝刊	「日韓」きょう正式調印 基本条約など全案件 竹島、漁業きょう決着
1965.06.22	01頁03段	朝刊	署名される条約、協定、議定書の概略／日韓交渉
1965.06.22	02頁01段	夕刊	日韓妥結後の外人管理協議 入管事務所長会同
1965.06.23	15頁03段	朝刊	ソウルデモ 学生600人を連行
1965.06.23	01頁09段	朝刊	日韓いよいよ国交正常化 基本条約・協定調印終わる 今年中には批准
1965.06.23	01頁02段	朝刊	調印された文書／日韓基本条約・協定
1965.06.23	03頁04段	朝刊	新時代迎えた日韓関係 「条約解釈」問題残す 批准後もトラブルの恐れ

발행일	지면정보	간종별	기사제목
1965.06.23	02頁02段	朝刊	[社説]日韓正式調印と今後
1965.06.23	14頁03段	朝刊	在日朝鮮人の思うこと 日本にも"38度線" ▽心のキズナ結ぼう
1965.06.25	02頁03段	朝刊	[日韓新時代の課題]=2 在日韓国人 差別警戒の総連系(連載)
1965.06.29	03頁01段	朝刊	学生250余人を逮捕 韓国各地でデモ
1965.06.29	03頁02段	朝刊	[気流]在日朝鮮人に差別つけるな▽東京で乗り換えない列車も
1965.07.03	02頁02段	朝刊	[時の人]日韓共同経営に移るホテルニュージャパンの社長に内定した 勝田国夫
1965.07.22	03頁07段	朝刊	朝鮮非武装地帯で撃ち合い
1965.08.12	01頁05段	朝刊	韓国特別委を通過 日韓批准案、与党が強行 あすから本会議
1965.08.21	03頁04段	朝刊	韓国学生デモ再開 夏休みあけ 日韓批准の無効叫ぶ
1965.08.27	15頁04段	朝刊	また亡命を希望 北朝鮮へ 来日の韓国研修生▽きょう意思確認 亡命韓国選手
1965.09.09	02頁01段	夕刊	韓国学生デモ処罰を拒否 高麗、延世大
1965.10.03	01頁04段	朝刊	[日韓国会へ各党の態度]=3 民社党・西村書記長疑問を徹底解明(連載)
1965.10.05	01頁01段	朝刊	日韓条約、諸協定きょう提出／日韓批准国会
1965.10.06	01頁06段	朝刊	[日韓正常化への総決算]批准国会を迎えて=1 韓国の表情(連載)
1965.10.09	02頁01段	朝刊	日朝協などが抗議
1965.10.15	02頁04段	朝刊	[日韓正常化への総決算]批准国会を迎えて=7完わしい善隣の道(連載)
1965.10.21	02頁03段	夕刊	日韓条約 椎名外相の趣旨説明
1965.10.21	01頁04段	夕刊	「日韓」で趣旨説明 井手氏代表質問 北との関係ただす
1965.10.22	02頁02段	朝刊	"朝鮮籍への変更"で 首相、法相食い違う 衆院本会議
1965.10.22	02頁02段	朝刊	[政界メモ]無気味な幕あき、日韓特別委
1965.10.22	01頁04段	夕刊	首相発言は原則論 韓国人国籍 政府が意思統一
1965.10.23	01頁05段	夕刊	「韓国」は国籍と認める 政府方針 「朝鮮」切り替えできぬ
1965.10.23	01頁04段	朝刊	在日韓国人の国籍問題 法的基準作成急ぐ 25日に政府統一見解
1965.10.24	02頁04段	朝刊	「処遇」「請求権」に響く 韓国籍の政府見解 野党追及へ
1965.10.24	07頁05段	朝刊	[「日韓条約」韓国国会の議事録]日本政府との解釈の相違点=下(連載)
1965.10.25	01頁03段	朝刊	日韓特別委 きょう提案理由説明
1965.10.26	01頁02段	朝刊	韓国議事録出さぬ 政府決定
1965.10.26	14頁04段	朝刊	嘆きの7000人 在日朝鮮人の国籍変更問題 家族内でも韓国 朝鮮分裂
1965.10.26	02頁01段	朝刊	在日朝鮮人を迫害 北朝鮮抗議
1965.10.27	01頁01段	朝刊	金駐日大使の免職勧告 韓国外務委
1965.10.27	02頁01段	朝刊	朝鮮総連が声明発表
1965.10.27	01頁05段	夕刊	日韓特別委社党質問始まる新たな紛争必死竹島、李ライン、管轄権 松本氏
1965.10.27	02頁04段	朝刊	「朝鮮」は国籍でない 法務省 最終見解まとめる
1965.10.28	01頁05段	朝刊	14年前まで及ぶ 国籍認定で政府答弁 法的地位で論戦緊迫 日韓特別委

발행일	지면정보	간종별	기사제목
1965.10.28	02頁02段	朝刊	[日韓国会から]拙速調印におわす 国籍、行政面で混乱招こう
1965.10.28	02頁01段	朝刊	北系団体の土地返せ 韓国、東京地裁提訴を訓令
1965.10.30	01頁04段	夕刊	「法的地位」ただす 首相、前向き審議要請 日韓特別委
1965.10.31	02頁02段	朝刊	[社説]日韓論議と南北問題
1965.11.01	01頁06段	朝刊	ヤマ場迎えた「日韓」審議 各党幹事長・書記長にきく▽自社、激突の様相
1965.11.01	01頁04段	夕刊	同時承認できぬ韓国・北朝鮮、国際慣例で首相答弁 衆院日韓特別委員会
1965.11.04	01頁05段	夕刊	日韓特別委、審議を再開 参考人(自民推薦3氏)の意見きく
1965.11.04	06頁02段	夕刊	在日外交使節ら1000人を招待 新宿御苑で恒例の観菊会
1965.11.05	01頁06段	夕刊	日韓特別委 自民、あす採決強行 質疑、異常な緊迫 社党は阻止に全力
1965.11.05	01頁01段	夕刊	マレーシア駐日大使きまる
1965.11.06	02頁01段	夕刊	「日韓条約」審議を顧みて 割り切れぬ請求権 "攻守"ともに弱点さらす
1965.11.06	01頁04段	朝刊	民社 批准賛成きめる 相違点解明など条件 質問主意書も提出／衆院日韓特別委
1965.11.06	01頁03段	朝刊	25項目の疑問点 社党、徹底究明を要求／衆院日韓特別委員会
1965.11.08	02頁04段	朝刊	[日韓これからの問題点]=上 政府の見解 日本人の財産請求権(連載)
1965.11.09	02頁04段	朝刊	[日韓これからの問題点]=中社会党の態度"軍事同盟"更に追及(連載)
1965.11.10	02頁04段	朝刊	[日韓これからの問題点]=下国民の疑問悪例残す専管12カイリ(連載)
1965.11.12	01頁08段	朝刊	日韓案件 衆院を通過未明、一瞬の強行突破 再開冒頭 議長が職権を行使
1965.11.12	02頁01段	夕刊	朝鮮総連が抗議声明▽民団は歓迎の声明／日韓条約の衆院通過
1965.11.12	02頁03段	夕刊	北朝鮮交流妨げぬ「日韓」で政府、民社に回答
1965.11.15	02頁02段	朝刊	[社説]参院の日韓審議に期待
1965.11.19	15頁01段	朝刊	市主事が不明者の戸籍売る 密航韓国人に／福井県敦賀市
1965.11.22	14頁02段	朝刊	韓国へ集団里帰り 24日まず40人
1965.11.23	01頁04段	朝刊	実質審議、あすから 参院日韓特別委 提案説明だけ終わる
1965.11.23	03頁01段	朝刊	[気流]朝鮮統一の時こそ帰国の日▽同一家族だけの投票管理人
1965.11.25	01頁03段	夕刊	[韓国の素顔=4 日本の巡視船 刺激になる3カイリ(連載)
1965.11.26	02頁01段	朝刊	在日朝鮮人25年後に68万人 法務省が資料
1965.11.27	02頁02段	朝刊	[社説]参院の日韓審議に望む
1965.11.27	07頁05段	夕刊	心の"38度線" 在日朝鮮人になお残る"影" 国籍の壁に破れた父の愛
1965.12.02	02頁02段	夕刊	"アジア開銀"をつく 首相答弁 冷淡には扱わぬ 参院日韓特別委員会
1965.12.04	01頁06段	夕刊	参院日韓委、採決を強行 関係国内法も一括 委員長不信任及ばず
1965.12.11	01頁01段	夕刊	参議院本会議／日韓条約案件
1965.12.11	02頁04段	夕刊	日韓条約承認各党の声明▽関係国内3法の内容
1965.12.12	02頁04段	朝刊	スタートする日韓協力 漁業▽経済協力▽貿易▽在日韓国人の法的地位
1965.12.17	02頁03段	朝刊	[日韓61年目の握手]=5 見守る学生たち 対日不信消えず(連載)
1965.12.18	05頁05段	朝刊	日韓14年交渉の歩み "対日不信"で波乱曲折▽日韓交渉小史

발행일	지면정보	간종별	기사제목
1965.12.28	01頁01段	夕刊	在日韓国人の教育措置通達 文部省
1965.12.29	01頁03段	朝刊	北朝鮮へ一時帰国 申請の3人許可 法務省
1966.01.16	02頁01段	朝刊	韓国人の永住申請受け付けあすから開始
1966.01.17	09頁01段	夕刊	受け付け始まる 韓国人の永住申請
1966.01.28	07頁03段	夕刊	人も山河も変わっていた 北朝鮮里帰りの2人 1月ぶりに帰る／兵庫·飾磨港
1966.01.30	14頁04段	朝刊	みてきた祖国北朝鮮 里帰り2人の手記 みんながコメ豊かに 電灯も85%普及
1966.02.16	03頁01段	朝刊	[気流]理解できぬ韓国の反日政策
1966.03.15	01頁04段	夕刊	韓国に釈放申し入れ 連行漁船 政府、円満解決へ
1966.03.25	02頁01段	夕刊	朝鮮人学校教育で追及 矢山氏／参議院予算委員会
1966.04.09	14頁04段	朝刊	やっとつかんだ永住権 韓国人の許可第1号 苦難の道越えて40年
1966.04.09	01頁03段	朝刊	韓国人3家族20人に初の永住許可
1966.04.10	02頁10段	朝刊	民族教育に保障を 朝鮮総連が声明
1966.04.10	07頁08段	朝刊	[時のことば]永住権
1966.04.10	02頁01段	朝刊	民族教育に保障を 朝鮮総連が声明
1966.04.11	07頁04段	夕刊	韓国の日本文化研究 戦後20年、学問的提携の機運／金廷鶴
1966.04.12	08頁02段	朝刊	[相談室]法律 名前の変更は認められるか
1966.04.13	02頁02段	朝刊	[社説]外国人学校と"反日教育"
1966.04.20	10頁01段	朝刊	日韓親善アイスホッケー最終戦
1966.05.04	02頁01段	朝刊	韓国経済公使が来日
1966.06.22	02頁01段	夕刊	韓国人159人送還
1966.06.23	02頁01段	朝刊	日韓祝賀パーティー 条約調印1周年記念
1966.07.02	01頁01段	夕刊	北朝鮮帰還協定廃棄強まる 下田外務次官談▽協定の1年延長要請 北朝鮮赤十字
1966.07.05	0頁	朝刊	北朝鮮帰還延長を検討 厚相指示
1966.07.13	11頁01段	朝刊	呼称は本名の"李"で 東京入団の韓国選手
1966.07.13	02頁03段	朝刊	北朝鮮帰還協定の延長 政府、取り扱い苦慮 賛否入り乱れ板ばさみ
1966.07.14	01頁01段	朝刊	韓国、木村大使に抗議 北朝鮮送還問題などで
1966.07.15	02頁02段	朝刊	朝鮮籍へ変更認める 法務省 新潟の韓国人23人
1966.07.17	02頁01段	朝刊	在日居留民団も抗議／北朝鮮技術者入国
1966.07.17	02頁01段	朝刊	予想下回る永住申請 在日朝鮮人
1966.07.27	02頁01段	朝刊	韓国、対日抗議を訓令 北朝鮮スポーツマン入国
1966.08.02	02頁02段	夕刊	北朝鮮帰国協定 来年は打ち切り? ソウル放送
1966.08.07	02頁04段	朝刊	北朝鮮帰還協定 政府決定は今週 1年延長で打ち切りか
1966.08.08	14頁03段	朝刊	ピストル 米軍将校が横流し 松葉会へ13丁 書類送検へ
1966.08.11	01頁05段	朝刊	北朝鮮問題を追及 技術者入 帰還協定 あす衆院外務委で

발행일	지면정보	간종별	기사제목
1966.08.11	01頁03段	朝刊	帰還協定延長問題 決定持ち越し
1966.08.11	01頁03段	朝刊	悪例のこす入国延期 帰還協定、無修正延長を 社会党▽総連、協定破棄に反対
1966.08.12	02頁01段	朝刊	北朝鮮帰還の無修正延長を 総評が要望
1966.08.13	02頁02段	朝刊	1か月内には結論 帰還協定、北朝鮮に打電
1966.08.16	01頁05段	朝刊	北朝鮮帰還協定 半年か1年延長▽打ち切り後も人道的措置を日赤社長語る
1966.08.17	02頁02段	朝刊	[社説]北朝鮮帰還は人道問題
1966.08.17	02頁04段	朝刊	延長は1年限りに 北朝鮮帰還協定 23日にも閣議決定
1966.08.19	01頁04段	朝刊	1年延長きょう決定 北朝鮮帰還協定 閣僚会議で
1966.08.20	02頁01段	夕刊	社党、来年11月打ち切りに抗議 北朝鮮帰還協定
1966.08.21	02頁01段	朝刊	韓国、廃棄を要望 北朝鮮帰還協定
1966.08.23	01頁01段	夕刊	北朝鮮帰還協定を1年延長 閣議で了承
1966.08.25	02頁01段	朝刊	期限切れ後も弾力的に対処 北朝鮮帰還で厚相
1966.08.26	02頁02段	朝刊	1年限定延長を非難 北朝鮮、帰還協定で
1966.09.27	02頁03段	朝刊	[韓国の3つの顔＝1 対日感情 こびりつく不信感(連載)
1966.10.04	15頁01段	朝刊	上十条で朝鮮学校の寮焼く／東京
1966.10.25	11頁03段	夕刊	韓国へ時計3億円密輸 北九州の商社など捜索
1967.01.16	02頁01段	朝刊	満1年で1万1285人許可 韓国人の永住権
1967.01.24	08頁01段	朝刊	[相談室]法律 外国人との結婚と国籍
1967.02.04	07頁03段	夕刊	在日韓国人がボーイスカウト隊 結成取りきめで日韓調印
1967.03.09	02頁01段	夕刊	北朝鮮が3億円送金 在日子弟の教育費に
1967.03.10	02頁03段	夕刊	日韓経済協力の第2年度分 実施計画で合意
1967.03.16	09頁04段	夕刊	中央線の韓国人スリ団逮捕"日1万円"が目標 7人で1000万円荒かせぎ
1967.03.20	02頁01段	朝刊	平壌で抗議デモ 在日朝鮮人学校問題で
1967.03.25	05頁01段	朝刊	対韓借款事業で調印 海外経済協力基金
1967.03.31	08頁01段	朝刊	ユニバーシアードの国名呼称で抗議 在日朝鮮人体育連合会
1967.04.23	02頁01段	朝刊	送還打ち切りを非難 北朝鮮が声明発表
1967.05.17	13頁01段	朝刊	チョゴリを宙に舞わせ 韓国婦人ブランコ競技／東京・豊島園野外ステージ
1967.05.17	02頁01段	朝刊	帰還協定無修正延長求める 北朝鮮赤十字
1967.05.17	08頁01段	朝刊	[気流]一方的な朝鮮人帰国協定破棄
1967.06.13	02頁04段	夕刊	韓国のデモ全国波及 総選挙やり直しを要求▽ソウル大学休校
1967.06.14	03頁04段	朝刊	韓国情勢、再び騒然 総選挙の不正問題 学生、警官隊と衝突
1967.06.14	02頁02段	夕刊	ソウル学生デモ拡大／韓国
1967.06.15	03頁04段	朝刊	韓国デモ更に激化 ソウルで3万人以上参加 警官隊と衝突 55人負傷

발행일	지면정보	간종별	기사제목
1967.06.15	02頁03段	夕刊	韓国デモ高校生中心に続く野党の決起大会決める ▽学生革命そっくり解説
1967.06.15	10頁08段	朝刊	国名でユニバーシアード組織委に抗議 在日朝鮮人体育連合会
1967.06.16	02頁03段	朝刊	[社説]韓国の政局不安を憂う
1967.06.16	03頁02段	朝刊	ソウル、休校78校に ▽政府、対策を協議／韓国
1967.06.16	02頁02段	夕刊	選挙の不正一部認める 朴大統領特別談話／韓国
1967.06.16	02頁01段	夕刊	高校も多数休校／韓国
1967.06.29	02頁03段	夕刊	感情の融和促進 韓国訪問を前に首相語る
1967.07.29	02頁01段	朝刊	帰還協定延長で会談を提案 北朝鮮赤十字
1967.07.30	02頁01段	朝刊	北朝鮮、帰還問題で会談提案 政府・日赤あす協議
1967.08.11	03頁02段	朝刊	[時の人]北朝鮮帰還協定の打ち切り問題で北朝鮮代表と会談する 田辺繁雄
1967.08.01	02頁03段	朝刊	帰還問題 北朝鮮と近く会談
1967.08.01	02頁03段	夕刊	終了後は出国証明で 北朝鮮帰還協定 法相答弁
1967.08.02	01頁02段	夕刊	韓国側が硬化 北朝鮮帰還、田中発言に
1967.08.03	02頁01段	朝刊	田中発言、誤解なら十分説明 韓国態度硬化で外務省表明
1967.08.05	02頁01段	朝刊	会談、ナホトカかモスクワで 日赤、北朝鮮赤十字へ電報
1967.08.06	02頁01段	朝刊	11日からモスクワで会談 北朝鮮赤十字、帰還問題で回答
1967.08.08	02頁01段	朝刊	北朝鮮赤十字の提案に同意 日赤が回答
1967.08.10	02頁02段	朝刊	日韓閣僚個別会談の内容 北朝鮮帰還協定 打ち切り了承
1967.08.10	02頁01段	朝刊	米艦の小樽寄港に警告 モスクワ放送
1967.08.11	02頁02段	朝刊	"会談、もっと早く" 北朝鮮、日赤に要望
1967.08.11	03頁02段	朝刊	[時の人]北朝鮮帰還協定の打ち切り問題で北朝鮮代表と会談する田辺繁雄
1967.08.11	01頁06段	夕刊	日韓、共同声明を発表 閣僚会議終わる 経済協力を促進 韓国側も二重課税善処
1967.08.12	02頁01段	朝刊	北朝鮮帰還申請きょう締め切り
1967.08.12	09頁03段	夕刊	帰国申請締め切り 北朝鮮へ"最後の行列"
1967.08.14	01頁03段	夕刊	期限後も特別配慮 政府、北朝鮮帰還で 1万4000人が申請
1967.08.14	02頁01段	夕刊	社党、政府に抗議 北朝鮮帰還協定打ち切り
1967.08.15	02頁01段	夕刊	帰還協定打ち切りを非難 北朝鮮赤十字
1967.08.16	08頁01段	朝刊	[気流]北朝鮮帰国協定を延長せよ
1967.08.17	10頁02段	夕刊	田中法相、来月訪韓
1967.08.20	02頁01段	朝刊	法相、24日訪韓
1967.08.21	01頁01段	夕刊	北朝鮮帰還、3月まで協定準用 厚生政務次官談
1967.08.23	02頁03段	朝刊	北朝鮮帰還、3月まで 25日からモスクワ会談 政府・日赤、最終方針
1967.08.24	14頁03段	朝刊	朝鮮大の認可諮問へ 美濃部さん政府と対立

발행일	지면정보	간종별	기사제목
1967.08.24	14頁04段	夕刊	永住権大幅に緩和 在日韓国人"往来"も自由 日韓合意
1967.08.26	01頁01段	朝刊	日赤·北朝鮮会談始まる 送還問題で
1967.08.26	14頁02段	朝刊	来月、審議会に諮問 朝鮮大学で美濃部知事
1967.08.26	02頁01段	夕刊	きょうから実質討議 日赤·北朝鮮帰還会談
1967.08.26	09頁01段	夕刊	都、申請を受理 朝鮮大の認可
1967.08.27	02頁03段	朝刊	帰還協定無修正延長を 北朝鮮、正式に要求 モスクワ交渉
1967.08.29	02頁03段	朝刊	本交渉にはいれず 北朝鮮帰還協定 日朝、主張全く対立／モスクワ
1967.08.30	02頁01段	夕刊	交渉いぜん進まず 北朝鮮帰還協定／モスクワ
1967.09.05	02頁01段	朝刊	北朝鮮接近と抗議 韓国、議員交流などで
1967.09.08	01頁01段	朝刊	民団、認可に反対
1967.09.10	02頁02段	朝刊	"外国人学校制"に拍車 朝鮮人学校、異例の文部省通達
1967.09.11	09頁03段	夕刊	自民、意思表示さける 朝鮮大学校問題に態度
1967.09.11	01頁05段	夕刊	朝鮮大学校の認可諮問 美濃部知事 都私学審に
1967.09.12	02頁01段	朝刊	"在日朝鮮人を弾圧" 赤十字会談で北朝鮮非難
1967.09.13	01頁01段	朝刊	帰還問題、北朝鮮が軟化 政府、最終方針連絡へ
1967.09.17	02頁01段	朝刊	北朝鮮、総連代表の参加要求 帰還協定会談
1967.09.19	02頁01段	夕刊	日赤が朝鮮総連の出席拒否 モスクワ交渉
1967.09.23	14頁04段	朝刊	「あなたは日本人ではない」元韓国人に寝耳の通達 "20年前の入籍無効"
1967.09.26	02頁01段	朝刊	「帰還」会談打ち切りを非難 北朝鮮代表団声明
1967.10.17	01頁02段	朝刊	政府、打ち切り確認 北朝鮮帰還協定 今後は赤十字間で
1967.10.17	01頁01段	朝刊	無修正延長せよ 朝赤が声明 北朝鮮帰還協定
1967.10.17	14頁01段	朝刊	朝鮮大学校、審議長びきそう
1967.10.19	02頁01段	夕刊	日本課長を更迭 ソ連外務省
1967.10.25	08頁01段	朝刊	[気流]朝鮮人帰国問題の円満解決望む
1967.10.27	09頁01段	夕刊	朝鮮大学校の認可促進声明 全国の学長ら代表
1967.10.31	02頁01段	朝刊	コロンボで交渉へ 北朝鮮帰還協定期限切れの措置
1967.11.03	02頁01段	朝刊	コロンボ会談見送る公算も 北朝鮮帰還 政府結論出ず
1967.11.04	01頁01段	夕刊	政府·日赤が最後の調整 北朝鮮送還
1967.11.05	02頁01段	朝刊	「北朝鮮帰」還最終結論あすに
1967.11.07	02頁03段	朝刊	4月以降一般船で 北朝鮮帰還 政府が方針
1967.11.08	02頁02段	朝刊	12日前にもコロンボ会談か 北朝鮮帰還 朝鮮赤十字会に交渉打電
1967.11.10	02頁01段	朝刊	韓国外務省が抗議 北朝鮮帰還決定で
1967.11.12	02頁10段	朝刊	帰還船、22日日本に派遣 北朝鮮が打電
1967.11.12	02頁10段	朝刊	韓国が重ねて要請 北朝鮮帰還協定打ち切り
1967.11.14	02頁01段	朝刊	日赤、北朝鮮の配船を拒否

발행일	지면정보	간종별	기사제목
1967.11.15	15頁05段	朝刊	初判決待つ"亡命裁判" モデルケースの韓国人に結審 学者の鑑定は3者3様
1967.11.27	02頁01段	朝刊	きょうからコロンボで会談 北朝鮮帰還
1967.11.28	02頁03段	夕刊	2-3年で帰還完了 北朝鮮赤十字が新提案 コロンボ会談
1967.11.28	11頁01段	夕刊	ローマ法王庁大使 正力社主を訪問
1967.11.29	02頁01段	朝刊	北朝鮮案、帰還期限に難点 第2回会談で日本説明
1967.11.30	03頁01段	朝刊	北朝鮮帰還きょうから本格討議
1967.12.05	13頁01段	朝刊	朝鮮大認可で都へ陳情
1967.12.24	02頁01段	朝刊	帰還協定、年内に合意書か 北朝鮮、急に軟化
1967.12.26	01頁01段	朝刊	年内妥結は絶望 日朝赤十字会談
1967.12.27	02頁01段	朝刊	北朝鮮、暫定措置期間で譲歩 日朝帰還交渉
1967.12.27	02頁01段	朝刊	帰還継続に対抗措置 韓国外務部長官語る／在日朝鮮人帰還問題
1967.12.28	02頁05段	朝刊	北朝鮮帰還交渉 暫定措置7月まで 両赤十字、事実上の合意
1968.01.06	02頁01段	朝刊	北朝鮮帰還協定 10日すぎ調印
1968.01.11	02頁08段	夕刊	北朝鮮、帰還交渉で日本非難
1968.01.14	02頁04段	朝刊	北朝鮮帰還協定問題 最終的に合意
1968.01.16	02頁01段	朝刊	在日朝鮮人の永住申請ふえる 昨年3万7000人
1968.01.16	02頁10段	朝刊	韓国、赤十字国際委に協力要請 樺太の朝鮮人帰国
1968.01.17	02頁01段	朝刊	協定切れ後初の北朝鮮帰還
1968.01.17	07頁01段	夕刊	北朝鮮民間帰国の第1号 バイカル号で横浜から
1968.01.21	02頁01段	朝刊	日赤、共同声明最終草案示す 北朝鮮帰還交渉
1968.01.23	02頁01段	朝刊	日本最終案を非難 朝鮮人帰還で「北」代表
1968.01.25	01頁04段	朝刊	日朝「帰還」会談決裂朝赤、日本側最終案ける ▽今後も出国の道木村官房長官
1968.01.26	02頁01段	朝刊	北朝鮮帰還交渉決裂で抗議声明
1968.01.26	01頁02段	朝刊	在日・沖縄米機 韓国へ急派／プエブロ号事件
1968.01.26	02頁01段	朝刊	北朝鮮帰還交渉決裂で抗議声明
1968.01.27	11頁01段	朝刊	韓国スポーツ界統一 3団体を合わせ新組織
1968.02.06	09頁01段	夕刊	韓、罪状を認める バラバラ事件初公判
1968.02.07	03頁04段	朝刊	[アジアの平和と日本]=28 暗雲ふたたび朝鮮半島=7(連載)
1968.02.12	15頁01段	朝刊	脱走米兵、韓国で逮捕
1968.02.13	14頁03段	朝刊	注目の答申案、来月に? 朝鮮大学校の認可 起草委4人きまる
1968.02.14	07頁04段	朝刊	朝鮮大学校 認可問題どう結論 民族教育の見方一つ 審議会なお慎重
1968.02.14	02頁01段	夕刊	新潟の日赤センター存置を 日朝協会が要望
1968.02.17	02頁01段	夕刊	韓国が対日政策閣僚会議開く
1968.02.24	11頁04段	夕刊	"民族差別"と別問題ライフル犯…気づかう民団、総連友好に水をさす英雄視

발행일	지면정보	간종별	기사제목
1968.02.24	15頁11段	朝刊	調子にのってぶつ 金が牧師介添えに"記者会見"／金嬉老事件
1968.02.24	15頁11段	朝刊	文化人グループが会う／金嬉老事件
1968.02.24	10頁01段	夕刊	あと味悪いライフル犯事件 本社記者座談会／金嬉老事件
1968.02.25	02頁03段	朝刊	[社説]ライフル犯事件の終末
1968.02.25	07頁01段	朝刊	甘やかしすぎたライフル犯 人命尊重果たしたが／本社座談会
1968.02.25	14頁04段	朝刊	民族問題にすり替え 殺人犯が"検事"に化ける／金嬉老事件
1968.03.11	11頁01段	夕刊	代表者集会開く 朝鮮大学校の認可要求
1968.03.16	02頁01段	朝刊	"朝鮮大学校"来月答申の方針 都私学審きめる
1968.03.19	03頁01段	朝刊	韓国に第5空軍前進司令部 朝鮮危機で／在日米軍
1968.04.03	14頁03段	朝刊	"早く本国へ"と負傷兵 朝霞の米軍病院も初公開
1968.04.03	10頁01段	夕刊	国際赤十字の2氏に金色有功章 朝鮮人帰還で
1968.04.06	01頁04段	朝刊	朝鮮大学校の名は不適当 認可、都知事に任す 審議会答申
1968.04.06	02頁02段	朝刊	ゲタあずけられた都知事どう裁く 「朝鮮大学校」の審議会答申 解説
1968.04.09	13頁01段	朝刊	朝鮮大認可を都知事に要請 都議会の社共両党
1968.04.10	01頁04段	朝刊	朝鮮大学校 都知事、認可決意
1968.04.16	14頁01段	朝刊	答申不採用なら説明求める 朝鮮大学校で審議会
1968.04.18	14頁04段	朝刊	「お礼申します」と学長 民団側、さっそく抗議 認可された朝鮮大学校
1968.04.18	14頁01段	朝刊	民団の抗議声明▽きょう都庁へデモ／朝鮮大学校認可
1968.04.18	11頁02段	夕刊	朝鮮大学校 総辞職の意見も 都私学審、異例の総会
1968.04.18	11頁01段	夕刊	韓国の40人都庁へ／朝鮮大学校認可
1968.04.19	01頁02段	朝刊	韓国"重大措置"か 朝鮮大学校の認可 緊急閣議で協議
1968.05.12	15頁02段	朝刊	朝鮮学校生と乱闘 集団の高校生、112人補導／東京都
1968.06.04	15頁02段	朝刊	3000人の音楽舞踊詩 北朝鮮建国20周年祝う
1968.06.15	15頁01段	朝刊	東京・昭島市も抗議文書／在日米軍基地問題
1968.06.20	02頁01段	朝刊	朝鮮総連が促進声明／在日朝鮮人帰還問題
1968.06.20	02頁04段	朝刊	北朝鮮が暫定措置のめば 帰還業務の再開も 日赤方針
1968.06.20	02頁01段	朝刊	官房副長官、協力約す／在日朝鮮人帰還問題
1968.06.21	01頁01段	夕刊	北朝鮮への回答来週に 帰還問題
1968.06.22	02頁01段	夕刊	25日にも日赤回答 北朝鮮帰還問題
1968.06.23	02頁02段	朝刊	[社説]北朝鮮帰還は人道的に
1968.06.24	02頁01段	夕刊	政府、北朝鮮にあす回答 帰還問題で
1968.06.24	14頁03段	朝刊	「金嬉老」あす初公判 弁護団、民族問題で応戦
1968.06.25	02頁01段	朝刊	北朝鮮の提案拒否 日赤、帰還問題で
1968.06.25	11頁06段	夕刊	金嬉老裁判も振り回すどたん場、出廷こばむ静岡地裁 初公判を来月に延期
1968.06.25	11頁02段	夕刊	あくまで民族問題前面に／金嬉老裁判

발행일	지면정보	간종별	기사제목
1968.06.25	11頁01段	夕刊	文化人、学者は証人の方が…／金嬉老裁判
1968.07.01	02頁02段	夕刊	いつでも話し合う 帰国問題 北朝鮮赤十字声明
1968.07.07	08頁01段	朝刊	[気流]北朝鮮帰国を再開して
1968.07.11	02頁07段	朝刊	議題に租税協定など 日韓閣僚会議 来月27日から
1968.07.11	02頁02段	朝刊	沖縄基地の移転説 韓国国防部は否定
1968.07.24	02頁01段	朝刊	北朝鮮創建祝賀団の入国許可を 総連が要望書
1968.08.08	08頁02段	夕刊	「朝鮮へ帰れる」「吹田事件」喜ぶ被告団／大阪府
1968.08.18	02頁02段	朝刊	東京にソウル大分校 大韓民国居留民団副団長が計画発表
1968.08.21	07頁02段	夕刊	金嬉老が初の入廷／静岡地裁
1968.09.06	02頁02段	朝刊	帰還問題進展か 北朝鮮譲歩の意向 宮本書記長が伝える
1968.09.08	02頁01段	朝刊	帰還問題など調査訓令 丁韓国総理
1968.09.11	02頁03段	夕刊	"日韓関係に悪影響も" 北朝鮮へのプラント輸出 韓国総理が親書
1968.09.13	02頁01段	朝刊	厚生省が赤十字国際委仲介要請 北朝鮮帰還問題
1968.09.22	14頁01段	朝刊	朝鮮学校で不審火
1968.09.25	02頁01段	朝刊	提案あれば会談に応じる 朝赤副委員長談
1968.09.26	01頁01段	夕刊	韓国がミサイル訓練 あすから
1968.09.26	02頁01段	夕刊	日朝両赤十字の早期接触を 社党申し入れ
1968.09.27	01頁03段	夕刊	北朝鮮帰還促進へ 赤十字会談を政府了承
1968.09.28	02頁01段	朝刊	きょう北朝鮮へ書簡 日赤、帰還再開で
1968.09.29	02頁02段	朝刊	「帰還」早急に合意を 日赤 北朝鮮赤十字に書簡▽韓国が抗議
1968.10.02	10頁01段	夕刊	金嬉老4回目の公判
1968.10.12	14頁02段	朝刊	北朝鮮渡航の再入国 "不許可"取り消せ 東京地裁
1968.10.25	05頁02段	朝刊	特需収入は高水準 上期19%増 朝鮮動乱以来
1968.11.14	15頁01段	朝刊	韓国民団の2人を殺傷 日本刀ふるい／名古屋市
1968.12.17	02頁01段	朝刊	政府、一両日中に事務的処理 北朝鮮帰還問題
1968.12.18	02頁01段	夕刊	北朝鮮の8人、自由往来許可
1968.12.19	01頁04段	朝刊	再入国許可すべきだ 在日朝鮮人の祝賀団問題東京高裁＝訂正20日付朝刊１面
1968.12.19	01頁01段	朝刊	あすにも出発したい 在日北朝鮮人の祝賀団団長代理
1968.12.19	02頁03段	夕刊	韓国、報復措置検討か 在日北朝鮮人の再入国許可で
1968.12.19	02頁01段	夕刊	韓国が抗議談話／在日朝鮮人再入国許可
1968.12.20	02頁02段	朝刊	抗議の覚書渡す 朝鮮総連の再入国許可 韓国が金山大使へ
1968.12.21	01頁04段	朝刊	朝霞南など16基地 既に米へ返還・整理要求
1968.12.21	02頁01段	朝刊	丁韓国総理が取り消し要求 北朝鮮への"里帰り"許可
1968.12.22	02頁01段	朝刊	出発1か月延期 北朝鮮里帰りで政府決定
1968.12.29	04頁01段	朝刊	韓国ダム建設に47億 海外経済協力基金融資

발행일	지면정보	간종별	기사제목
1969.01.17	02頁10段	朝刊	北朝鮮里帰りの8人再入国許可
1969.02.20	02頁07段	朝刊	北朝鮮帰還できょう協議 政府、日赤
1969.02.20	01頁08段	夕刊	北朝鮮帰還 月内に交渉開始 代表"承認国並みで" 政府部内意思統一
1969.03.02	02頁10段	朝刊	北朝鮮帰還で仲介 国際赤十字
1969.04.03	09頁07段	朝刊	世界卓球返上を非難 在日朝鮮人体育連会長
1969.04.21	02頁01段	朝刊	北朝鮮帰還交渉再開 首相の訪米後か 米機撃墜で政府内に延期論
1969.06.25	05頁01段	朝刊	[社説]出入国管理法案と人権問題
1969.07.18	02頁01段	朝刊	[本の素顔李恢成「またふたたびの道」 日本の中の朝鮮人
1969.08.08	02頁09段	朝刊	北朝鮮帰還、正式交渉強まる 両国、モスクワで非公式交渉
1969.08.09	02頁05段	朝刊	北朝鮮帰還交渉を韓国重視
1969.08.11	02頁03段	朝刊	"韓国刺激"と難色 北朝鮮帰還交渉で外務省
1969.08.17	02頁10段	朝刊	韓国が覚え書き 日韓法相会談前に
1969.08.19	02頁07段	夕刊	永住手続きゆるやかに 韓国法務長官が西郷法相に要請
1969.08.21	02頁01段	朝刊	在日朝鮮人の永住、再入国 調査、手続き緩和 日韓"協定永住"で合意
1969.08.27	01頁07段	朝刊	日韓の調整難航 閣僚会議
1969.08.28	01頁08段	夕刊	[サイドライト]大韓民国の国籍
1969.09.19	02頁10段	朝刊	北朝鮮への帰国も
1969.12.11	02頁10段	朝刊	帰国事業で声明 在日朝鮮人総連合

저자약력

이경규　동의대학교 일본어학과 교수
임상민　동의대학교 일본어학과 조교수
소명선　제주대학교 일어일문학과 교수
김계자　고려대학교 글로벌일본연구원 연구교수
박희영　대진대학교 창의미래인재대학 조교수
엄기권　한남대학교 일어일문학과 강사
정영미　동의대학교 문헌정보학과 부교수
이행화　동의대학교 동아시아연구소 연구원
현영미　동의대학교 동아시아연구소 연구원

이 저서는 2016년도 정부(교육부)의 재원으로 한국연구재단의 지원을 받아 수행된 연구임(NRF-2016S1A5B4914839).

전후 재일조선인 마이너리티 미디어
해제 및 기사명 색인
┃제1권┃ (1945.8~1969.12)

초판인쇄　2018년 06월 22일
초판발행　2018년 06월 30일

편　　자　동의대학교 동아시아연구소
저　　자　이경규 임상민 소명선 김계자 박희영 엄기권 정영미 이행화 현영미
발 행 인　윤석현
발 행 처　박문사
등록번호　제2009-11호
책임편집　최인노

우편주소　서울시 도봉구 우이천로 353 성주빌딩 3F
대표전화　(02) 992-3253(대)
전　　송　(02) 991-1285
전자우편　bakmunsa@hanmail.net
홈페이지　www.jncbms.co.kr

ⓒ 동의대학교 동아시아연구소 2018 Printed in KOREA

ISBN 979-11-89292-08-9　93910　　　　　　　　**정가 90,000원**